LEEDS LIBRARY AND INFORMATION SERVICE

LD 3340483 6

خس و خاشاک زمانے

ناول

مستنصر حسین تارڑ

سنگِ میل پبلی کیشنز، لاہور

891.4393 Tarar, Mustansar Hussain
Khas-o Khaashaak Zamaanay/
Abdullah Hussain.- Lahore : Sang-e-Meel
Publications, 2013.
740pp.
1. Urdu Literature - Novel.
I. Title.

اس کتاب کا کوئی بھی حصہ سنگ میل پبلی کیشنز/مصنف سے باقاعدہ
تحریری اجازت کے بغیر کہیں بھی شائع نہیں کیا جاسکتا۔ اگر اس قسم کی
کوئی بھی صورتحال ظہور پذیر ہوتی ہے تو قانونی کارروائی کا حق محفوظ ہے۔

2013ء
نیاز احمد نے
سنگ میل پبلی کیشنز لاہور
سے شائع کی۔

LEEDS LIBRARY AND
INFORMATION SERVICES

LD 33404836	BFBA065580
BOOKS ASIA	15/12/2014
URD AF TAR	£29.47

www.booksasia.co.uk

ISBN-10: 969-35-2307-5
ISBN-13: 978-969-35-2307-2

Sang-e-Meel Publications
25 Shahrah-e-Pakistan (Lower Mall), Lahore-54000 PAKISTAN
Phones: 92-423-722-0100 / 92-423-722-8143 Fax: 92-423-724-5101
http://www.sang-e-meel.com e-mail: smp@sang-e-meel.com

حاجی حنیف اینڈ سنز پرنٹرز، لاہور

عطّار کے پرندوں اور نئے آدم کے نام

شیشم کی دہیز چوکھٹ کے پار.. جس کی پوروں میں شیشم کے پتّوں کی تالیوں کی گونج ابھی باقی تھی اور اُس پر سے محمد جہان' الف جہان' نمبر دارنی بہشت بی بی اور ماہلو کے جنازے گزر چکے تھے' اُس کے پار.. دھریک کے موئے ہوئے مُردہ پتّے ابھی لُو کا جو گرم تھپیڑا آیا تھا اُس کی تاب نہ لا کر زرد آنسوؤں کی مانند گرتے ہی چلے جاتے تھے.. محمد جہان نمبر دار کے ویہڑے کے کچّے فرش پر بچھتے ہی چلے جاتے تھے تو اُن کی زردی کے فرش پر ابھی تک اپنے پاؤں پر کھڑے صاحب بہادر مُرغ کے زرد پنجے نظر نہ آتے تھے.. اُس کی موت کی منتظر زرد آنکھیں بھی گویا آنکھیں نہ تھیں دھریک کے دو خزاں رسیدہ پتّے تھے جو اُس کے ناتواں وجود کے سر میں چپکے ہوئے تھے.. جونہی اُس کی لامبی پُرشکوہ اور کبھی پُرتکبّر رہ چکی گردن' ضُعف سے ذرا ڈھلکنے لگتی تو وہ اُسے اپنی انا کے کچوکوں سے سیدھی کرنے کی سعی کرتا.. پر وہ کب تک اپنی ڈھلکتی گردن کو قائم رکھ سکتا تھا..

وہ جان تو گیا تھا.. صاحب بہادر مُرغ کہ.. وہ اس جہانِ رنگ بُو میں بس چند لمحوں کا مہمان ہے لیکن ہار نہ مانتا تھا..

وہ تنہا رہ گیا تھا۔

نور بیگم کی درجنوں چہیتی' سہانی' سوہنی اور من موہنی مرغیوں اور بانکے چھبیلے مرغوں میں سے بس وہ تھا جو ابھی تک بچا ہوا تھا..

ابھی تک اُس کی گردن ڈھلکی نہ تھی' وہ قائم تھا اپنی اُن ٹانگوں پر جن میں سے جان نکلتی جاتی تھی اور جن کے آخر میں جو زرد پنجے تھے وہ دھریک کے پتّوں میں پانچ پانچ پتّے ہوتے اُن میں دکھائی نہ دیتے تھے..

ہوا کا ایک اور جھونکا اُس بھری دوپہر میں سرسرایا اور ٹنڈ منڈ ہوتی دھریک کی ٹہنیوں سے منسلک اُس کے آخری پتّے بھی اُس سے جدا کر دیئے.. وہ بھی صاحب بہادر پر زرد آنسوؤں کی مانند ٹپ ٹپ گرے..

یوں تنہا کھڑے.. اپنے آپ کو قائم رکھنے کی سعی میں مبتلا.. اُس کی مرگ کی زردی میں اُترتی آنکھوں نے چوکھٹ کے پار بخت جہان کے چہرے کو منتظر دیکھا.. اور اُس کی موہوم آس امید بھی رخصت ہوگئی کہ وہ چہرہ چوکھٹ کے پار تب ہی دکھائی دیتا تھا جب اس ویہڑے میں کسی نہ کسی مرغی یا مرغ کی موت واقع ہوتی تھی.. چوکھٹ کے پار جس کے اندر شیشم کے پتّوں کی تالیوں کی گونج ابھی باقی تھی' گلی میں منتظر وہ ایک زوال کی زردی میں آیا ہوا سفید دمکتا ہوا چہرہ تھا جس پر اگرچہ بوڑھی ہو چکی دو نیلی تتلیاں آنکھیں اب بھی پھڑ پھڑانے کی سکت رکھتی تھیں.. بوسیدہ پگڑی میں سے بہتے اُس کے

گھنگھریالے چٹے سفید بال اُس کی ٹیڑھی گردن کی مُردہ ہو چکی رگوں اور شریانوں کو ڈھانپتے تھے۔ ناک اتنی تیکھی تھی کہ وہ اتنی تیکھی ہونے سے تنگ آ کر قدرے ترچھی ہوئی جاتی تھی.. اُس منتظر بوڑھے کا پنڈا ایسا تھا کہ اُس پر پانی ٹھہرتا نہ تھا' اتنا چکنا اور پھسلواں.. بُھوری بھینسوں کے مکھن اور دودھ سے پلا ہوا پِنڈا.. اُس پر اتنی چکناہٹ کہ پانی اُس پر ٹھہر ہی نہ سکتا تھا.. ایسا بدن بخت جہان کا تھا جو چوکھٹ کے پار کھڑا اُس کی مرگ کا منتظر تھا.. اُس کی گردن ہمیشہ کے لیے ڈھلک جانے کے انتظار میں کھڑا تھا۔

اگرچہ اُس کی بخت جہان کی اپنی اکڑی ہوئی گردن بھی بار بار ڈھلکتی تھی.

اگر شام تک صاحب بہادر مرغ کی گردن نہ ڈھلکتی تھی' قائم رہتی تھی تو بخت جہان نے اپنی حویلی کے کھنڈر میں.. اُن گھوڑوں کے اصطبل میں جن کی نعلیں بھی زنگ آلود ہو چکی تھیں اور پچھلے پسار کے مسمار ہونے کو درو دیوار کی تاریکی میں بکھرے ہوئے ''جب دل ہی ٹوٹ گیا'' ''برسو رے..'' اور ''بدریا برس گئی اُس پار'' کے گِھس چکے سیاہ ریکارڈوں میں.. ایک تقریباً بُھوکی رات گزارنی تھی.. کنیز فاطمہ تو کچھ مانگ تانگ کر گزارہ کر سکتی تھی' پر وہ.. بخت جہان تو کسی کے آگے ہاتھ نہ پھیلا سکتا تھا۔ البتہ اپنے سگے بھائی محمد جہان کی بیٹی نور بیگم کی مری ہوئی مرغیوں پر تو اُس کا حق بنتا تھا۔ اپنوں سے مانگنے میں تو کوئی عار نہ تھا..

صاحب بہادر بمشکل قائم چوکھٹ کے پار اپنی زرد آنکھوں سے اُس شخص کو تکتا تھا جو اُس کے مسمار ہو جانے کا تمنائی تھا.. کہ کب وہ ڈھیر ہو جائے اور وہ نُور بیگم سے التجا کرے کہ تم میرے سگے بھائی محمد جہان نمبردار کی آخری بیٹی ہو تو ہمیشہ کی مانند میرا اپنے سگے چاچا کا اتنا لحاظ تو کرو کہ ایک مرا ہوا مُرغ رُوڑھی پر.. کسی گندگی کے ڈھیر پر پھینکنے کی بجائے مجھے عنایت کر دو..

اور نُور بیگم پسار کی سب سے پچھلی اندھیاری کوٹھڑی میں جہاں اُس نے روشن کو جنم دیا تھا' جہاں رانگلے پایوں کی نواری چارپائیاں ایک کے اوپر ایک' اوپر تلے کچّی چھت کے شہتیروں کے درمیان روشنی کا جو روزن مگ تھا اُس تک جاتی تھیں اور اُن میں وہ نواری چارپائی بھی تھی جس پر اُس کی بہشتن ماں بہشت بی بی نے آخری سانس لیے تھے تو نور بیگم اُس چارپائی پر لیٹی اُس کی نوار میں سے مہکتی اپنی ماں کے بدن کی خوشبو سانسوں میں بھرتی اپنی دل کش آنکھوں میں موٹے موٹے آنسو بھرتی تھی اور جس لمحے وہ چوکھٹ کے پار گلی میں آ کھڑا ہوتا ہے' اپنی نیلی اور بُھوکی آنکھوں سے ویہڑے کے اندر جھانکتا ہے تو نور بیگم کو گویا الہام ہو جاتا ہے کہ دھریک تلے ابھی تک اپنی ٹانگوں پر کھڑا اُس کا اکلوتا اور چہیتا مُرغ جس کا دم نکلا ہی چاہتا ہے اور وہ پچھلی کوٹھڑی میں اپنی ماں کے پاس اسی لیے آ لیٹی تھی کہ وہ اُسے مرتا ہوا نہیں دیکھ سکتی تھی تو اُس پر چاچا بخت جہان اس لمحے اُس پر نظریں جمائے ہوئے ہے تو وہ اپنے باریک ہونٹ بھینچتی باہر ویہڑے میں آ کر چوکھٹ تھام کر کہتی ہے ''چاچا' دفع ہو جا یہاں سے.. یہ صاحب بہادر نہیں مرنے والا.. مر بھی گیا تو تجھے نہیں ملے گا.. میں بھی محمد جہان نمبردار کی بیٹی ہوں' رُوڑھی پر پھینک دوں گی.. چُوڑی کو دے دوں گی پر تجھے نہیں دوں گی.. چلا جا یہاں سے..''

اس نُور بیگم کے شوق نرالے تھے..

آس پاس کے گاؤں سے' دور دراز سے سوہنی سوہنی بانکی چھبیلی مرغیاں منگواتی۔ اُن کے انڈوں کو بُھوسا بھرے

گولک میں اپنے ہاتھوں سے سجاتی اور کسی کڑ کڑ کرتی مُرغی کو اُن پر بٹھا کر چوزوں کے نکلنے کا انتظار کرنے لگتی.. راتوں کو اُٹھ اُٹھ کر اُن پر بیٹھی مُرغی کے پروں تلے جھانکتی کہ کیا کوئی ایک ایسا انڈہ ہے جو تڑخ چکا ہے اور اُس میں سے کسی چوزے کی چونچ جھانکتی ہے..اور جب پہلا چوزہ انڈے کے چھلکے میں سے برآمد ہوتا تو وہ اُسے اپنے پہلے جائے روشن کی مانند ہی پیارا لگتا.. ویہڑے کے اوپر رسیّوں کا ایک جال تنا تھا تا کہ ہمیشہ کی منتظر چیلیں جھپٹ کر کسی چوزے کو دبوچ نہ لے جائیں..وہ اپنی مرغیوں کے عشق میں ایسی مبتلا تھی کہ ہر مُرغی کو انفرادی طور پر اُس سے مخاطب ہو کر اُس سے گفتگو کرتی تھی..اُس کا حال چال پوچھتی اور اُس سے لاڈ پیار کی باتیں کرتی تھی یہاں تک کہ پچھلی کوٹھڑی میں لیٹے ہوئے اگر اُسے کسی مُرغی کی کُڑ کُڑ سنائی دیتی تو وہ اُس کی شناخت کر لیتی کہ یہ تو فلاں چتکبری ہے اور اُسے شائد پیاس لگی ہے..

دنیا پور والے خاص طور پر جو شریک تھے وہ اُسے تمسخر کے انداز میں مرغیوں کی ماں کہتے..اور اُسے اس لقب سے کچھ ملال نہ ہوتا بلکہ فخر مند ہوتی کہ اگر ایک بلّیوں کا باپ یعنی ابو ہریرہ ہوسکتا ہے تو وہ بھی مرغیوں کی ماں ہوسکتی تھی..

ایک روز ویہڑے پر تنے جال کے نیچے دِکھتے چوزوں اور مرغیوں پر لپکنے والی ایک چیل اُس جال میں پھنس کر پورے چھ روز تک پھڑ پھڑاتی فریاد کرتی رہی اور پھر مُردہ ہو کر لٹک گئی تو گویا نور بیگم کی پیاری راج دُلاری مرغیاں ہمیشہ کے لیے محفوظ ہوگئیں..اُس مُردہ چیل کو دیکھ کر بقیہ چیلوں نے وہ آسمان خالی کر دیا جس کے نیچے نور بیگم کا چوزوں اور مرغیوں سے بھرا پُرا آنگن تھا..لیکن پھر جانے کہاں سے سفر کرتی رانی کھیت کی بیماری اُس ویہڑے میں آن پہنچی..مرغیاں یکدم سُست اور مست سی ہونے لگیں، خوراک پر چونچ تک نہ مارتیں اور پانی پیتی رہتیں، ان کے بخار زدہ بدنوں کی پیاس نہ بجھتی، منہ سے رالیں ٹپکنے لگتیں، اُن کی بیٹ پتلی اور سبز رنگ کی ہوگئی جیسے انتڑیوں کی بیماری میں مبتلا سال چھ مہینے کے بچّوں کا پاخانہ ہوتا ہے..اور وہ سب کی سب ویہڑے میں چگنے اور کُڑ کُڑانے کی بجائے سراسیمگی کی حالت میں ایک کونے میں اکٹھی ہونے لگتیں۔اس رانی کھیت بیماری کا کوئی اپا کوئی علاج نہ تھا..وہ حفاظتی ٹیکے ابھی ایجاد نہ ہوئے تھے جو اُنہیں کسی حد تک موت سے محفوظ کر لیتے..

جب پہلی مرغی صحن میں ڈھیر ہوئی تو نُور بیگم اُسے اپنی آغوش میں لے کر دیر تک جُھلاتی رہی کہ شائد یہ بے ہوش ہے..ابھی ہوش میں آجائے گی..ہر مُرغی کی موت کے ساتھ نور بیگم بھی تھوڑی سی مر جاتی..

برسرِعام تو نہیں پر اندر ہی اندر وہ ہر مُرغی کی موت پر ماتم کرتی..ڈھیروں آنسو بہاتی یہاں تک کہ پوہ ماگھ کی راتوں میں اُس کی رضائی گیلی ہو جاتی اور وہ اُس کی گیلاہٹ میں لپٹی سردی سے ٹھٹھرنے لگتی..ایک ایک کر کے سب مُرغیاں اور مُرغ رخصت ہوتے گئے۔

اور جب وہ پہلی مُرغی جو نور بیگم کے اپنی آغوش میں جُھلانے سے بھی زندہ نہ ہوئی تو وہ اشکبار آنکھوں سے اُسے سینے سے لگائے کوڑے کرکٹ کی ڈھیری ایک رُوڑھی پر پھینکنے کے لیے جا رہی تھی تب چاچے بخت جہان کی پکار نے اُس کا پیچھا کیا تھا ''کُڑیئے، اسے رُوڑھی پر مت پھینک میں نے اسے مرتے ہوئے دیکھ کر کلمہ پڑھ لیا تھا، یہ حلال ہے..اسے مجھے دے دے..''

چاچے نے اب جانے کونسا کلمہ پڑھ لیا تھا پر نور بیگم نے وہ پہلی مُردہ مرغی اُس کے حوالے کر دی کہ اُس کے اندر حوصلہ نہ تھا کہ وہ اپنی لاڈلی کو یوں کوڑے کے ڈھیر پر پھینک دیتی۔

چاچے کی تو ہر روز عید ہو گئی۔ ایسی موج ہو گئی کہ وہ ہر روز کم سے کم ایک اور زیادہ سے زیادہ تین چار مرغیاں مری ہوئی بھون کر کھاتا تھا اور پھر پہلے سے بھی کہیں پاٹ دار آواز میں گلی میں سے گزرنے والوں اور چھت پر سے گُودکر اگلے کوٹھوں تک سفر کرنے والوں کو خوب گالیاں دیتا.. اوئے گڑی یا ہویو..

نُور بیگم کے سُونے ہو چکے صحن میں دھریک کے زرد پتّوں کا فرش بچھا تھا اور صاحب بہادر مُرغ کے زرد پنجے اُس میں یوں مدغم ہوتے تھے کہ پہچان نہ ہوتی تھی کہ وہ دھریک کے پتّے ہیں یا اُس کے پنجے ہیں.. وہ ابھی تک اگرچہ قدرے مشکل اور جانفشانی سے اپنی ٹانگوں پر قائم تھا اور بخت جہان اُس پر نظریں جمائے منتظر تھا۔

''تو کیسی میری سگی بھتیجی ہے نور بیگمے.. تیرے اس صاحب بہادر پر قضا نے اُترنا ہی ہے.. یہ مرجائے گا تو اپنے سگے چاچے کو نہیں دے گی.. کوڑے کرکٹ کے ڈھیر پر پھینک آئے گی..''

''ہاں.. تجھے نہیں دوں گی.. رُوڑھی پر پھینک آؤں گی..''

''تو میں اِسے وہاں سے اُٹھالاؤں گا پُتّر.. میں نے ابھی ابھی کلمہ پڑھ کر اس پر پھونک دیا ہے.. یہ حلال ہو گیا ہے.. یہ بے شک مرجائے پر اس کے گوشت میں جو گرمی ہے وہ مرنے سے زائل نہیں ہوگی' یہ میری بوڑھی ہڈیوں کو طاقت دے گی.. نور بیگم تو اپنے سگے چاچے کا کچھ لحاظ نہیں کرے گی؟''

''چاچا.. تو نے کبھی لحاظ کیا تھا؟''

''نہیں لحاظ کیا تھا دِھیے.. میں کوئی انکار کرتا ہوں.. تو خود چیمی ہے.. جانتی ہے کہ چیمہ جاٹ ذرا کھُردرے' اپنی خصلت اور تکبّر سے مجبور ہوتے ہیں.. اگر میں نے لحاظ نہیں کیا تو میں بھی مجبور تھا. میری گردن کوئی جماندرو ٹیڑھی تو نہ تھی.. ہولے ہولے اس تکبّر کی مجبوری نے اُسے ایسا جامد اور ٹیڑھا کر دیا کہ میں اُسے اب حرکت نہیں دے سکتا.. موئی ہوئی مرغیوں کے لیے منّت سماجت کرنے والا شخص محض اپنے جاٹ ہونے کے تکبّر کی وجہ سے بے بس اور مجبور ہو جاتا ہے..''

''چاچا' میرا بہشتی باپ' تیرا بھرا محمد جہان بھی تو ایک چیمہ جاٹ تھا۔ اُس میں درویشی' متانت اور قناعت کے سوا اور کچھ نہ تھا.. اور تو نے میرے نمبردار باپ کی درویشی کی کمائی کھائی.. اُسی نے تجھ سے لاڈ پیار کر کے بگاڑا.. تو نے کبھی ایک تنکا توڑ کر بھی دوہرا کیا تھا؟ ڈانگ تھام کر.. برچھی لشکا کر اپنے سکھ یاروں کے ساتھ موجیں کرتا دندناتا پھرتا تھا۔ میرے بہشتی باپ کی وجہ سے.. اور پھر تم نے اُس کی آل اولاد کے ساتھ کیا سلوک کیا چاچا..''

صاحب بہادر میں سکت کم ہوتی جاتی تھی' وہ کوشش کر رہا تھا کہ اُس حریص بوڑھے کی پژمردہ آنکھوں کے سامنے ڈھیر نہ ہو.. اُسے چاہنے والی چوکھٹ پر ہاتھ رکھے اُسے اُس بوڑھے کی منتظر نظروں سے بچاتی طیش میں تھی۔

''جو ہوا سو ہوا نور بیگمے.. کیوں گڑھے مردے اُکھیڑتی ہے.. ایک مرنے والے مُرغ کے لیے اپنے سگے چاچے کو یوں بے عزت کرتی ہے.. رُسوا کرتی ہے۔''

''تونے کیا ہمیں.. اپنے سگے بھائی محمد جہان کی گھر والی اور آل اولاد کو کیا کم رسوا کیا؟.. تونے ہماری ڈولیاں بھی اپنے اس گھر کے صحن سے اُٹھنے نہ دیں.. کچھ یاد ہے کہ میری بڑی بہن زینب بیگم کی ڈولی یہاں سے نہیں تیرے ڈر سے چاچے تحصیل دار کے گھر سے اُٹھائی گئی تھی.. ہمارا باپ مرگیا تو کچھ یاد ہے کہ تم نے میری بہشتن ماں کو کیا دھمکی دی تھی.. بہشت بی بی میں نے تیری یہ بیٹیاں جو صورت شکل کی سوہنی ہیں' میں نے انہیں مہاراجہ پٹیالہ کے ہاں بیچ دینا ہے اور اتنی قیمت وصول ہوگی کہ تم حج کر آنا اور میں دو چار گھوڑیاں خرید لوں گا..''

''پُتّر.. نہ ذلیل کر.. میں کوئی انکار کرتا ہوں.. جو ہوا سو ہوا۔''

''یہی ویہڑہ ہے ناں چاچا جس میں دھریک کے زرد پتّوں پر ابھی تک کھڑے صاحب بہادر کو حریص نظروں سے تکتے ہو.. جہاں سے تم نے میری بہن زینب بیگم کی ڈولی نہیں اٹھنے دی تھی..''

''ہاں نور بیگمے ایسا ہی ہوا تھا..'' بخت جہان کے چہرے پر کوئی پشیمانی نہ تھی.. پر وہ اپنی ٹیڑھی گردن جھکائے یوں کھڑا تھا جیسے اپنے گناہوں کے بوجھ سے ڈھے جائے گا اور صرف اس لیے کہ وہ فی الحال نور بیگم کے ساتھ بگاڑ نہیں سکتا تھا.. اُسے وہ مرغ درکار تھا.. اُس کے تالو میں اُس کے دیسی گھی میں بھنے ہوئے ماس کا سواد پھوٹتا تھا اور اُس نے طے کر لیا تھا کہ اس مرغ کی موت کے بعد جب وہ صحن سُونا ہو جائے گا تو وہ کسی روز سینہ تان کر اس چوکھٹ کے سامنے کھڑے ہو کر کہے گا.. آ ہو نور بیگمے میں.. نے تیری بہن اپنی سگی بھتیجی زینب بیگم کی ڈولی اس ویہڑے سے اُٹھنے نہیں دی تھی اور تمہاری ماں بہشت بی بی چوری چھپے اُسے تحصیل داروں کے گھر لے گئی تھی اور وہاں سے اُسے رخصت کیا تھا اور مجھے تب خبر ہوئی جب کہار ڈولی لے گئے اور میں اپنی ایک اُتھری گھوڑی پر سوار ہو کر اُس ڈولی کو روکنے کے لیے اُس کے پیچھے گیا تھا پر وہ چناب پار کر گئی... تو نے میرا جو کرنا ہے کر لے... پر ابھی اُسے سرنگوں رہنا تھا اُس مرغ کے لیے جو گڑی یا ہوا مرنے کا نام نہیں لے رہا تھا.. ''مجھے کیوں یہ سب کچھ یاد دلا کر ذلیل کرتی ہو.. جو ہوا سو ہوا پر دِھیئے... میں نے تیری ڈولی کو تو خود کاندھا دیا تھا اور تجھ سے بچھڑ جانے کے خیال سے یاد ہے رو رو کر بُرا حال کر لیا تھا.. تو میری اتنی لاڈلی بھتیجی تھی..''

''وہ میں خوب جانتی ہوں کہ میں تمہاری کتنی لاڈلی تھی چاچا.. تو آیا تو اسی نیّت سے تھا کہ میری ڈولی روک لے پر امیر بخش کی دراز قامتی نے تجھ پر قہر کی ایسی نظر ڈالی تھی چاچا کہ تیری اس ٹیڑھی گردن کا گُو دا خشک ہو گیا تھا.. تو اگر میری ڈولی کو ہاتھ بھی لگاتا تو وہ تیرے ٹکرے کر کے چیلوں کو کھلا دیتا.. تیری یہ گردن مروڑ کر تیری لاش کو رُوڑھی کے ڈھیر پر پھینک آتا.. ایک مرے ہوئے مُرغ کی طرح۔''

نور بیگم... محمد جہان نمبردار کی پانچوں بیٹیوں میں سے سب سے دھیمے مزاج اور خاموش طبع کی تھی۔ اُن میں سے دو تو بچپن میں ہی ہیضے کا شکار ہو کر مر گئیں اور ماہلو کو کسی بیماری نے نہیں اُس کے اپنے حسن نے مار ڈالا.. وہ اس چاچے سے نہ کوئی پرخاش رکھتی تھی اور نہ ہی اُس کی مسلسل مخاصمت کے باوجود اُس سے نفرت کرتی تھی اگرچہ بخت جہان کی بے حسی اور ظلم کا زہراب اُس کے بدن میں بھی اُترا ہوا تھا.. اُس کی حیات، کی کھیتی میں بھی اس چاچے کے بوئے ہوئے تھوہر کے بوٹوں کی بہتات تھی اور اس کے باوجود وہ درگزر کرتی تھی۔ شائد اس لیے کہ اُس کے بخت اچھے تھے کہ وہ امیر بخش ایسے شخص سے بیاہی گئی جس نے تھوہر کے اُن تمام بوٹوں کو اکھاڑ کر اُن کی جگہ ایسے رنگ رنگ پھول بو دیئے جن میں سے اُٹھتی محبت

کی مہک نے اُسے ایسا خمار عطا کیا کہ وہ تھوہر کی زہرنا کی بھول گئی..وہ اپنے رب کی اتنی شکر گزار تھی کہ اُسے روشن بخش ایسا بیٹا نصیب ہوا کہ اُس نے اس چاچے کے گناہوں کو بھی درگزر کر دیا..البتہ زینب بیگم اسے نظرانداز نہ کرسکی..وہ چاچے کی زیادتیوں پر ہر رات روتی..وہ کیسے ایک ایسے شخص کو معاف کر سکتی تھی جس نے صرف دھمکی نہیں دی تھی بلکہ سچ مچ اگر اُس کا بس چلتا تو اُسے مہاراجہ پٹیالہ کے آگے بیچ دیتا تھا..وہ ہر رات روتی اور یہ طے کر لیتی کہ اگلی سویر وہ اُس بوڑھے کو جب وہ افیون کی خود فراموشی میں حقہ گڑگڑا رہا ہوگا اُس کی ٹیڑھی گردن دبوچ کر سیدھی کر دے گی..اُسے مار ڈالے گی..لیکن نور بیگم اگر آج طیش میں تھی اپنے دھیمے پن کو ترک کر کے چاچے کو اُس کی زیادتیاں اور ظلم یاد دلا رہی تھی تو اس کا سبب صرف صاحب بہادر تھا جو اُسے اپنے آٹھ برس کے روشن کی طرح ہی عزیز تھا..بیٹوں کی طرح..اور بیٹوں کے لیے مائیں حواس کھو بیٹھتی ہیں.لحاظ نہیں کرسکتیں خاص طور پر اگر چوکھٹ کے پار ایک ٹیڑھی گردن والا بوڑھا اپنی گدلی ہو چکی نیلی آنکھوں میں ایک ایسے بیٹے کے مرجانے کی ہوس اور چاہت میں منتظر ہو..

''کچھ تو لحاظ کر دھیے..''

''چاچا تو نے کبھی لحاظ کیا تھا جواب میں کروں؟''

''کتنی بار کہوں کہ ہاں نہیں کیا تھا..اگر کرتا تو آج یہ کہتا کہ اگر تو اس مرغ کو مرنے کے بعد روڑھی پر پھینک آئے گی تو میں اسے وہاں سے بھی اُٹھا لاؤں گا..''

''تو چلا جا یہاں سے..''

''ابھی تھوڑی دیر میں اس نے مرجانا ہے..میں دیکھ رہا ہوں کہ اس کی ٹانگوں میں لرزش آ گئی ہے اور بار بار سبز رنگ کی بیٹیں کر رہا ہے..''

''دفع ہو جا چاچا..''

''سُن کڑیئے..'' بخت جہان کے بدن میں ایک اکڑ نے کروٹ لی..''ایک حد ہوتی ہے برداشت کی..'' وہ اُجڑ کر بے حیثیت ہو چکا تھا..فلک بدل گیا تھا پر وہ بخت جہان جو لمحۂ موجود میں ایک مرتے ہوئے مُرغ کا تمنائی تھا وہ خود اور اُس کی خصلت تو نہ بدلی تھی ''گلی میں کھڑا ہوں..اپنے محلّہ مغربی میں..اس چوکھٹ کے باہر گلی میں کھڑا ہوں تیرے ویہڑے میں تو نہیں کھڑا جو یوں رعب داب جما رہی ہے..ہیں کڑیئے..'' پر اس عزّت نفس کا ابال فوراً ہی جھاگ کی مانند بیٹھ گیا ''تو میری سگی بھتیجی ہے..کہتی ہے تو میں چلا جاتا ہوں..''

نور بیگم کا طیش بھی ٹھنڈا ہونے لگا..وہ کوئی غیر تو نہ تھا اُس کا سگا چاچا اُس کا اپنا خون تھا' اس سے انکار نہ ہو سکتا تھا..

''چلا جاتا ہوں..پر افیون کے لیے تو دو چار آنے دے د..چل اسے زکوٰۃ ہی سمجھ لے..ثواب کما لے..تجھے بہت بھاگ لگے ہیں' تجھے امیر بخش ایسا گھر والا مل گیا ہے..روشن جیسا بیٹا مل گیا ہے..شہر لاہور میں ٹھاٹھ سے رہتی ہو تو اپنی نیک کمائی میں سے اپنے سگے چاچے کے لیے کچھ زکوٰۃ ہی نکال دے۔'' بخت جہان نے اپنی ٹیڑھی گردن کو ایک جھٹکا سا دے کر سیدھا کرنے کی کوشش کی۔وہ جانتا تھا کہ وہ ذلّت کی عمیق ترین گہرائیوں میں گر چکا ہے..اپنی سگی بھتیجی سے خیرات کا

طلب گار رہے..اُس کی ملگجی آنکھوں کے دُھند لکے میں ٹھہرے ہوئے کچھ آنسو اُمڈ کر اُس کے گورے ٹھنڈے رخساروں پر بہنے لگے..ستواں ناک کے اندرون سے خُرخُر کرتی سسکیاں باہر آنے لگیں اور وہ پھوٹ پھوٹ کر رونے لگا ''آج میرا ابھرا محمد جہان نمبردار ہوتا تو وہ مجھ سے لاڈ پیار کرتا..میں یوں ایک مرے ہوئے مُرغ کی بھیک اور زکوٰۃ کا طلب گار نہ ہوتا.. بنا شک میں نے اُس کی آل اولاد سے بُرا کیا پر وہ تو مجھ سے بُرا نہ کرتا..میں اُس کا چھوٹا بھائی تھا..بھائیوں کے بغیر جوڑیاں نہیں ہوتیں..وہ چلا گیا تو جوڑی ٹوٹ گئی..'' بخت جہان کی ہچکی بندھ گئی اور وہ کچھ دیر کے لیے صاحب بہادر کو بھول گیا..

اُدھر نور بیگم کا چوکھٹ پر رکھا ہاتھ لرزنے لگا..وہ نہ صرف اپنے لاڈلے صاحب بہادر کی قریب المرگی کو فراموش کر گئی بلکہ اپنے چاچے کے سارے ستم بھی بُھول گئی اور اس کی سیاہ آنکھیں آنسوؤں سے لبریز ہو گئیں..وہ اپنے مر چکے باپ کی آخری نشانی..اپنے سگے چاچے بخت جہان سے چوکھٹ کے پار آ کر گلی میں لپٹ گئی، ہچکیاں بھرتی گویا اپنے باپ کے گلے لگ گئی..وہ دونوں سگے..چاچا اور بھتیجی گلی میں ایک دوسرے کے ساتھ لپٹے دیر تک نہایت خشوع و خضوع سے روتے دھوتے رہے اور بالآخر نور بیگم اپنے آنسو اور ناک پونچھتی بولی ''چاچا تو بے شک صاحب بہادر کو ابھی زندہ حالت میں لے جا..اسے حلال کر کے کھا لے..مجھے کچھ اعتراض نہیں..''

''نہ پُتّر..تیرے اس موہنے مُرغ کو شالا تتّی ہوا نہ لگے..یہ سدا جیوے..پر جے ہونی ہو کر رہنی ہے اور اس کی دھون ڈھلک جانی ہے تو بس اسے کوڑے کے ڈھیر پر مت پھینکنا..مجھے پکار لینا، میں آ کر لے جاؤں گا..''

''نہیں چاچا..'' نور بیگم کی آنکھوں میں جھڑی لگ گئی ''تو اسے ابھی زندہ حالت میں لے جا..مویا ہوا مُرغ کھائے گا؟''

''آہو پُتّر..تو ابھی بالڑی ہے ابھی مَت دینے جوگی ہے تجھے نہیں پتہ کہ موئے ہوئے مُرغ اور بندے میں کچھ فرق نہیں ہوتا..سارے بندے موئے ہوئے ہیں پھر بھی جیتے ہیں..بے شک کسی مر چکے مرغ اور بندے کا گوشت بھون کر کھا لو ان میں کچھ فرق نہیں ہوتا..میں نے تیری کتنی ہی لاڈلی..درجنوں موئی ہوئی مرغیاں اپنے چولہے پر چڑھائی ہیں پر حرام ہے کہ اُن میں حلال نہ ہونے سے سواد میں کچھ فرق آیا ہو..میں بُرا ہوں پر اتنا بُرا نہیں کہ تمہارے محبوب مُرغ صاحب بہادر کو زندہ حالت میں لے جاؤں..مجھے اس چوکھٹ کے باہر کھڑا رہنے دے..میں انتظار کر سکتا ہوں..اگر افیون کے چار آنے دے دے تو مجھے تسلّی ہو جائے گی..میں تیرا سگا چاچا ہوں نور بیگمے..''

✦ .... ✦

صاحب بہادر مُرغ نے مرنے سے صاف انکار کر دیا تھا..

وہ اپنی ڈھلکتی گردن کو کبھی سنبھالتا کبھی ڈھیلا چھوڑ دیتا..اُس کے موت کی زردی میں ڈوبے پنجوں پر دھریک کے زرد پتے سرسراتے..

بخت جہان کب کا ملول ہو کر جا چکا تھا.اس گُڑی یا ہوے نے آج نہیں مرنا..میں نے خواہ مخواہ جذبات میں بھیگ کر نور بیگم کی پیشکش قبول نہ کی ورنہ اب تک امرت کورا سے ہانڈی میں بُھون رہی ہوتی..وہ اُسے اب آواز دے کر بلانا بھی نہیں چاہتا تھا کہ نور بیگمے ٹھیک ہے میں اسے زندہ حالت میں ہی لے جاتا ہوں..چنانچہ وہ مایوس ہو کر کب کا جا چکا تھا..

نور بیگم ویہڑے کے کونے میں سیڑھیوں تلے اُپلوں کی مدھم حدّت پر چڑھی دودھ کی چاٹی کے قریب پیڑھی پر بیٹھی اپنے آخری مرغ کو دیکھتی رہی کہ یہ اب گرا کہ اب گرا پر وہ نہ گرتا تھا..شائد وہ بھی ضد میں آ گیا تھا کہ میں اُس ٹیڑھی گردن والے بوڑھے کی ہانڈی میں نہیں چڑھوں گا..نہیں مروں گا..

چاٹی میں کڑھتے دودھ کے اوپر بُھوری ہو جانے والی بالائی کی موٹی تہہ کو نور بیگم نے اُنگلیوں سے چھوا اور پھر چاٹی کو اُپلوں سے اُتار لیا..

صاحب بہادر جوں کا توں کھڑا تھا۔ گویا وہ بھی ایک بخت جہان ہو گیا تھا.اڑیل اتنا ہو گیا تھا کہ موت کے سامنے بھی اڑ گیا تھا کہ نہیں مرنا اور عین ممکن تھا کہ وہ دل ہی دل میں اپنی آنکھوں میں اُترتی موت کو گالیاں دے کر اُسے بھی خوفزدہ کر رہا ہو..کہ گُڑی یا ہوئیے..تو آ کر تو دیکھ..

اُس سے اب یہ اذیّت سہی نہ جاتی تھی..اُس کی موت کا انتظار کیا نہ جا تا تھا نور بیگم نے اپنے صاحب بہادر کو ایسے اٹھایا' احتیاط اور اُلفت سے جیسے ایک بیمار بیٹے کو اُٹھاتے ہیں اور ویہڑے سے نکل گئی..

چاچا اپنی ڈھے چکی حویلی کے صحن میں بان کی ایک بوسیدہ چارپائی پر یوں اکڑا پڑا تھا جیسے مر چکا ہو..البتہ حقّے کی نال اُس کے اب بھی خوبصورت ترشے ہوئے ہونٹوں میں دبی تھی اور ایک طویل وقفے کے بعد اُس کے گورے چٹے پژمردہ رخسار پچکتے' حُقّے کے پانیوں میں سے بُڑ بڑاہٹ سنائی دیتی اور پھر اُس کے نتھنوں سے خارج ہونے والا دھواں گواہی دیتا کہ وہ مرا نہیں..

"چاچا.."

''اوئے کون اے کُڑی یا ہوا...'' بخت جہان یکدم ہڑ بڑا کر اُٹھا' حقے کی نال اُس کے ہونٹوں سے جُدا کر زمین پر گر گئی اور پھر اُس نے اپنے سامنے نور بیگم کو صاحب بہادر کو آغوش میں لیے ہوئے دیکھ لیا ''معاف کریں دھیئے.. اس گُتی زبان کو میں لاکھ چھتّر ماروں پر اس کی خصلت نہیں بدلتی..''

''چاچا.. یہ ابھی زندہ ہے.. تو اسے حلال کر لے..''

چاچے کے تن بدن میں خوشی کے مارے کمیوں کے عنابی پھول کھلنے لگے.. ''کڑیئے تو ہی اسے چُھری پھیر دے مجھے تو حلال کرنے والا کلمہ ہی نہیں آتا..''

نور بیگم اپنے آنسو پونچھتی اُس کے قریب ہوئی۔ صاحب بہادر کو اُس کے حوالے کیا اور اُس کے سرہانے تلے ایک روپے کا ٹھپہ رکھ کر کہنے لگی ''چاچا یہ تیری افیون کے لیے ہے..'' اور چلی گئی..

''حق ادا کر دیا ہے تم نے نور بیگمے بھتیجی ہونے کا..''

اُس نے نہیں سنا.. وہ جا چکی تھی۔

زمانوں کا ڈھایا ہوا اُس کا جثہ صاحب بہادر مرغ کے بھنے ہوئے گوشت کی گرمائش سے سلگنے لگا.. اُس کی ناتواں ہڈیاں توانائی حاصل کرنے لگیں.. ایک مدت کے بعد یہ پہلا ماس تھا جو اُس کے حلق سے اُترا اور زندہ تھا.. مویا ہوا نہ تھا.. بے شک کچھ فرق نہ تھا پر پھر بھی ایک اطمینان تھا کہ آہو آج تو مُردار نہ تھا' حلال تھا..

وہ بڈھی ٹھیری امرت کور.. کنیز فاطمہ کب کی پچھلی کوٹھڑی میں جہاں صاحباں بھی تھی سو چکی تھی.. اُس نے اس مانگے تانگے مرغ کو چکھنے سے بھی انکار کر دیا تھا کڑی یا ہوی سکھنی نے..

صاحب بہادر کے ماس کی گرمائش نے بیتے زمانوں کی بے انت تصویروں کو جب گرمایا تو وہ سب ہولے ہولے سلگنے لگیں..

یہ تصویریں ہرگز صاحب بہادر کے ماس کی گرمائش سے نہ سلگتیں اگر ان میں افیون کی اُن تین گولیوں کی آمیزش نہ ہوتی جو اُس نے نور بیگم کے عطا کردہ روپے کے توسط سے اللہ دتہ شیخ کے ہاتھوں ٹھیکے سے منگوائی تھیں.. اور جنہیں نگل کر وہ ایک ایسی اونگھ میں چلا گیا تھا جہاں ماضی میں ڈھے چکی ساری حویلیاں' سارے گھوڑے.. ساری عورتیں اور سارے تکبر زندہ ہو رہے تھے..

وہ ناند اب تک موجود تھی جو بھائی محمد جہان کے گھر کی دیوار کے ساتھ شریک تھی جس میں کیسے کیسے گھوڑے اور گھوڑیاں منہ مارا کرتے تھے.. اور اب اُس میں بلّیاں بچے دیتی تھیں اور کبھی کبھار کوئی خارش زدہ کُتا آ لیٹتا تھا.. اس چھوٹے سے اصطبل کی صفائی ستھرائی کو ایک عرصہ بیت چکا تھا.. البتہ اس کی مٹی میں سے جب کبھی مینہ کی بوندیں پڑتیں تو گھوڑوں کی لید کی ایک ہلکی سی بُو اُٹھتی..

بخت جہان افیون کی سرمستی اور صاحب بہادر کے ماس کی گرمائش کے خمار میں اپنے کڑکڑاتے گھٹنوں پر ہاتھ رکھ کر بمشکل جتنا سیدھا ہو سکتا تھا ہوا اور پھر اُس ناند کے قریب ہو کر جھکا.. مٹی میں اُن تمام گھوڑوں اور گھوڑیوں کے لشکیلے

جُتّوں کی مہک تھی جو اُس ناند میں بھرے پانیوں پر اپنی تھوتھنیاں رکھا کرتے تھے..گئے زمانوں میں یہاں ہنہناتے اور پھنکارتے تھے..

اُن میں وہ اُتھری اور بانکی گھوڑی بھی تھی جو اُس نے نت کلاں کے سردار جسونت سنگھ کے ڈیرے سے کھول کھڑی تھی..اُس سردار کو اُس گھوڑی پر بہت ناز تھا اور وہ کہا کرتا تھا کہ مہاراجہ رنجیت سنگھ نے جس گھوڑی کے حصول کے لیے پٹھانوں کے ایک قبیلے سے جنگ کی تھی اور جب اُس کا فاتح جنرل اُسے لاہور کے شاہی قلعے میں دربار عام کرتے مہاراجہ کی خدمت میں پیش کرنے آیا تھا تو گھوڑی کے راستے میں گلاب کی پتیاں بچھائی گئی تھیں..دونوں جانب کنیزیں کھڑی اُس پر پُھولوں کی بارش کرتی تھیں اور جب مہاراجہ نے اپنے تخت سے اُٹھ کر اُس کی پشت پر تھپکی دی تھی تو وہ فوراً مطیع ہوگئی تھی. مہاراجہ کے بس دو ہی شوق تھے..خوبصورت عورتیں اور اتھری گھوڑیاں..تو یہ گھوڑی اُس کی آل اولاد میں سے تھی جس کے حصول کے لیے ایک جنگ لڑی گئی تھی..جسونت سنگھ اُسے کبھی اپنی نظروں سے اوجھل نہ ہونے دیتا تھا..یہاں تک کہ ایک بار اُس کی سردارنی نے شکایت کی کہ جسونت سنگھ کچھ تو حیا کر..یہ گھوڑی عین وقت پر ہنہنانے لگتی ہے..

بخت جہان اُسے کھولنے کے لیے اکیلا نہ گیا' سُکھ دیپ سنگھ کو ساتھ لے گیا..سُکھ دیپ نے جسونت سنگھ کی چارپائی کو جب کہ وہ اپنی سردارنی کے ہمراہ اُس پر نیند میں مدہوش تھا' مضبوطی سے جکڑے رکھا اور بخت جہان نے نہایت خاموشی سے اُس کے پائے کے ساتھ بندھی گھوڑی کو کھولا اور پھر ایک ہی جست میں اُس پر سوار ہوا تو نہ تو اُس نے ہنہنا کر کچھ احتجاج کیا اور نہ ہی اُسے اپنی پشت پر سے جھٹک کر گرانے کی کوشش کی..ایسے مطیع ہوئی جیسے اُس پر مہاراجہ رنجیت سنگھ سوار ہوگیا ہو۔

ایک اور گھوڑی مرزے کی بکّی بھی تھی..

نہ صرف آس پاس کے دیہات میں بلکہ اُن سے بھی پرے بخت جہان کے گھوڑیوں کے خبط کے بہت چرچے تھے..اور یہ چرچے مرزا جٹ کے گاؤں دانا باد تک بھی جا پہنچے..اور وہاں سے ایک سندیسہ آیا کہ یہاں اب بھی مرزے کی گھوڑی بکّی کی نسل موجود ہے تو وہ بہت پینڈے مارتا ننکانہ صاحب کے قریب واقع کریر اور جنڈ کی جھاڑیوں میں آباد' دانا باد تک جا پہنچا..سونے کے پاؤنڈ ادا کر کے اُس نے بکّی کی نسل کی وہ گھوڑی خریدی اور جب وہ اُس گھوڑی پر سوار ہو کر ایک مرزا ہو کر اپنی ڈانگ لہراتا دنیا پور میں نکلتا تو خدائی سہم جاتی' وہ انہیں ماؤں بہنوں کی گالیاں دیتا اپنی اُن زمینوں تک جا پہنچتا جو کبھی اُس کے بھائی محمد جہان کی ملکیت ہوا کرتی تھیں اور اب اُس کے ہل اُن زمینوں پر چلتے تھے..اور بہشت بی بی اُس کی بھرجائی اور اُس کی اولاد عُسرت کی زندگی بسر کرتے تھے..

جو مرزے کی بکّی پر سوار ہو اُسے کیا پرواہ کہ اُس کے مرحوم سگے بھائی کے گھر کے چولہے پر جو ہانڈی چڑھی ہے اُس کے اندر سوائے پانی کے اور کچھ نہیں..

بخت جہان مزید جھکا' اصطبل کی مٹی کے قریب اُس کی نیلی آنکھیں ہوئیں تو اُنہیں اُس مٹی میں ایک نعل دبی ہوئی دکھائی دی..ذرا سا کریدنے سے ایک زنگ آلود نعل اُس کے لرزتے ہاتھوں میں تھی..بخت جہان نے ایک ہَدکا بھرا اور اُس کے ساتھ ہی نعل کے زنگ آلود لوہے پر اُس کے آنسو گرنے لگے..

زمینیں کب کی فروخت ہو چکی تھیں.. اپنی بھی اور ہتھیائی ہوئی بھی۔

وہ جو کبھی شاندار تھا اب ایک مانگت ہو چکا تھا.. مانگ تانگ کر گزارہ کرتا تھا.. محلے والے جواب بھی اُس سے دہشت کھاتے تھے صدقے خیرات کے چاول چوری چھپے کنیز فاطمہ کو دے آتے تھے.. نور بیگم جب کبھی لاہور سے دنیاپور آتی تو کچھ دے دلا کر ہی واپس لاہور جاتی.. زینب بیگم بھی کسی آتے جاتے کے ہاتھ اُسے کچھ نہ کچھ بھیجتی رہتی.. اُس کا تو نہیں کنیز فاطمہ کا فوجی پتّر فتح محمد باقاعدگی سے کچھ رقم روانہ کرتا پر وہ اُسے ہوا نہ لگنے دیتی.. آپ چاہے بھوکی رہ لیتی پر صاحباں کی ہر حاجت پوری کرتی.. اُس کے کپڑے لتّے کا دھیان رکھتی اور اُسے گراموفون کی سُوئیوں کی تھوڑ نہ ہونے دیتی کہ یہی اُس کے درد کا درماں تھا.. یہی دوا دارو تھا ''بدریا برس گئی اُس پار'' اور ''جب دل ہی ٹوٹ گیا'' سننا اور ان گیتوں سے اپنے مسخ شدہ جثّے کو ٹکور کرنا..

اگر بخت جہان کی پُرتکبر شوکت اور شانداری نہ رہی تھی تو دنیاپور بھی تو وہ نہ رہا تھا..

اُس کے سِکھ یار چلے گئے تھے..

اپنی آبائی زمینوں، کوٹھوں، گھروں اور شمشان گھاٹوں سے بے دخل ہو کر جتنے بھی چھروں اور بلموں سے بچ نکلے تھے چلے گئے تھے.. بیشتر سردارنیوں نے نت کلاں کے برگد والے کنویں میں کود کر جانیں دے دی تھیں.. اُدھر جالندھر، امرتسر اور پٹیالے سے لُٹ پٹ کر آنے والے بھی بیشتر مرد تھے.. اُن کی عورتیں سِکھ اُٹھا کر لے گئے تھے.. اُن کی آنکھوں میں خون اُترا ہوا تھا جس میں اُن کی ماؤں بہنوں کے اُدھڑے ہوئے برہنہ بدن ڈوبتے ابھرتے تھے.. لہناں سنگھ کے گھر کا بھی گھیراؤ کر لیا گیا.. باہر مجنوں لوگ، مخبوط الحواس اپنے خنجروں اور تلواروں کو آبدار کیے اُنہیں سکھوں کا خون پلانا چاہتے تھے.. بخت جہان کو خبر پہنچی تو وہ اپنی اَتھری پر سوار ڈانگ لہراتا نت کلاں جا پہنچا.. اُس کی دہشت اور مہاندرے کی دہشت ایسی تھی کہ لہناں سنگھ اور اُس کے جیا جنت کے فرار کے لیے ایک راستہ وجود میں آ گیا.. اگرچہ وہ تو اپنے نت کلاں کو چھوڑنے پر آمادہ نہ تھا مسلمان ہو کر یہیں رہ جانا چاہتا تھا۔

''نکل جا لہنیاں.. اس سے پیشتر کہ یہ جان جائیں کہ میں بھی ایک معمولی انسان ہوں اور یہ جنونی میرے ڈکرے کر دیں.. اور امرت کور کے لیے تو نے مجھے معاف کر دینا ہے.. دل میں کدورت نہیں رکھنی.. رن تلوار اور گھوڑا کسی کے سگے نہیں ہوتے.. نکل جا.. حیاتی رہی تو کبھی نہ کبھی میل ہو گا اور ہم دونوں ایک مرتبہ پھر جوہڑ کے کنارے بیٹھ کر کیکر کی پہلے توڑ کی شراب پئیں گے..''

پاکستان کے وجود میں آنے کے سات برس بعد وہ صرف ایک مرتبہ نت کلاں گیا تھا.. وہاں لہناں سنگھ کے گھر میں کچھ بے رُوح عجیب سی اُجڑی ہوئی شکلوں والے پناہ گیر رہتے تھے۔

کچھ بھی باقی نہ رہا تھا.. نہ وہ گھوڑی اَتھری اور نہ ہی مرزے کی بکّی اور نہ وہ شانداری اور نہ وہ یار، صرف صاحب بہادر کے گوشت کی گرمائش بچی تھی اور وہ بھی ہولے ہولے زائل ہو رہی تھی..

زنگ آلود نعل اتنی بھیگ چکی تھی کہ اُس پر اگر ایک اور آنسو بھی گرتا تو وہ اسے جذب نہ کر سکتی اور اُس آنسو کو اصطبل کی اُس مٹی میں گرا دیتی جس میں وہ ایک عرصے سے دفن تھی..

وہ بھیگی ہوئی نعل کو تکتا اندازے لگاتا تھا کہ کیا یہ کبھی اُتھری کے سُموں کی سجاوٹ تھی یا بکّی کے سُموں میں ٹھونکی گئی تھی.. اگر یہ اُتھری کی تھی تو شائد اسے یاد ہو کہ کبھی اس کے اوپر ٹخنے کے قریب ایک جھانجھر چھنکتی تھی.. جب وہ اُسے سکھ دیپ کی مدد سے جسونت سنگھ کی چارپائی سے کھول کر لایا تھا تو اُس سے اگلے روز اُس نے گاموسُنیارے کو بلا بھیجا تھا کہ اس گھوڑی کے پاؤں کے ناپ کے مطابق چاندی کی چار جھانجھریں بنا دو.. اور اُس سے اگلے روز وہ نت کلاں میں سردار جسونت سنگھ کے ڈیرے کے قریب سے یوں گزرا تھا کہ اُتھری کی جھانجھریں چھن چھن کرتی اُسے خبر کرتی تھیں کہ سردار! دیکھ بخت جہان تیری گھوڑی پر سوار جا رہا ہے' باہوں میں زور ہے تو اسے روک کر دکھا.. جسونت سنگھ خون کے گھونٹ بھر کر رہ گیا تھا۔ دنیا پور کا یہ جاٹ بخت جہان اُس کی گھوڑی سے بھی زیادہ اُتھرا تھا اور اُس کے منہ لگنا اپنی موت کو گویا خود پکارنا تھا..

شکستہ ہو چکی ناند کی سُرخ چھوٹی اینٹوں کے درمیان چونے اور گارے کی جو چنائی تھی وہ کب کی بُھر چکی تھی اور وہ بس ایک دوسرے کے سہارے ہی قائم تھیں. بخت جہان پر اونگھ طاری ہو رہی تھی' وہ ناند سے ٹیک لگا کر زمین پر بیٹھ گیا.. کیا کہا تھا اُس نذر محمد راج نے جس نے ایمن آباد کے سرداروں کے لیے شاندار حویلیاں تعمیر کی تھیں کہ چودھری میں نے ایسی ناند بنائی ہے کہ قیامت تک تیری نسلوں کے گھوڑے اور گھوڑیاں اس میں سے پانی پیتے رہیں گے.. بخت جہان کی ٹیک سے ایک سُرخ اینٹ اپنے مقام سے کھسک کر اُس کی پشت پر آ گری..

امرت کور یا کنیز فاطمہ اُس کی آخری گھر والی ثابت ہوئی تھی اس لیے نہیں کہ اُس سکھنی نے اُسے دھمکی دی تھی کہ جہانیاں تو نے اگر آج کے بعد کسی اور عورت کی جانب آنکھ اُٹھا کر بھی دیکھا تو میں تیرے ڈکرے کر دوں گی بلکہ اُس کا اپنا جی بھی بھر گیا تھا.. ورنہ اُس کا جی چاہتا تو امرت کور کون تھی اُس کا راستہ روکنے والی' وہ اُس کے ڈکرے کر دیتا.. افیون زدہ منتشر دماغ میں ماضی کی صرف ایک تصویر ہی قدرے واضح تھی.. بھاگ بھری کی جو اُس روز اُس دروازے میں سے اپنے بچے گلے سے لگائے نکل گئی تھی جس میں سے امرت کور اپنے دو بیٹوں کے ہمراہ کنڈی کھڑکائے بغیر داخل ہوئی تھی. اُس کے سوا جو بھی تین چار اُس کی گھر والیاں رہی تھیں جو اُس کے دماغ میں سایوں کی مانند حرکت کرتی تھیں اور اُن کی کوئی شکل نہ بنتی تھی.. نہ ہی اُسے اُن میں سے اپنی آل اولاد کا کچھ حساب یاد تھا. اور اولاد کا بھی کیا ہے دو چار دھچکوں کی مار ہوتی ہے.. اُس کا حساب کیا رکھنا.. وہ جتنی بھی تھیں اُن میں سے دو کی میتّیں تو اسی ویہڑے میں سے اُٹھائی گئیں.. رابعاں ماچھن نے قسم اُٹھا کر کہا تھا کہ چودھری جسے پیر کوٹ سے نکال کر لے آیا تھا' اُس کا منہ میں نے آپ دیکھا تھا.. نیلو نیل ہو رہی تھی.. شُہدی کو زہر مورا دیا گیا تھا.. اور پھر اُس کی ایک اور بیوی کی موت کا ذمہ دار بھی شریکوں نے کھلے عام تو نہیں سرگوشیوں میں بخت جہان کو ہی ٹھہرایا۔ شیداں مُصّلن نے اُسے نہلایا کفنایا تھا اور اُس کا کہنا تھا کہ میں نے رَب سچّے کو جان دینی ہے پر میّت کے گلے میں نیل پڑے ہوئے تھے اور اُس کی زبان لاکھ سمیٹنے سے بھی منہ کے اندر نہ جاتی تھی.. اُسے پھاہے لگایا گیا تھا۔ ویسے شریکوں اور گاؤں والوں کے یہ شکوک محض قیاس آرائیوں پر مبنی تھے.. وہ دونوں طبعی موت مریں پر بخت جہان کے گھر میں مریں تو لوگ یقین نہ کر سکتے تھے کہ اُس کے گھر میں کوئی طبعی موت بھی مر سکتا ہے..

جب بھاگ بھری' امرت کور کے گھر میں داخل ہوتے ہی اُس دروازے سے ہمیشہ کے لیے نکل گئی تو اُسے کچھ

قلق نہ ہوا تھا اور تب بھی دن بھر اپنی زمینوں پر جنوروں کی مانند مشقت کرنے، چارہ کاٹنے، ہل چلانے، سہاگا پھیرنے کے بعد تھک ٹوٹ کر زمیندار دارے یا چوپال کے صحن میں جوہڑ کے کنارے درمیان میں رکھے حقّے کی نال گھماتے نتھنوں میں سے کڑوے دیسی تمباکو کا دُھواں خارج کرتے اپنے مویشیوں کی صحت، فصلوں کی بڑھوتری اور پانی کی کمیابی کی تذکرے کرتے تو اُن میں کہیں نہ کہیں بخت جہان کی بات بھی چھڑ جاتی..اور بھاگ بھری کی یکدم گمشدگی کی بات بھی نکلنے لگتی..
حسین بخش بیلدار کا کہنا تھا کہ اُس نے بڑی نہر کے کنارے اس رات بخت جہان کو ہی دیکھا تھا..اُس نے بھاگ بھری کو اُس کے بچّوں سمیت نہر میں ڈبو دیا تھا..

وہ برس جو بہت تیزی سے سرکتے گزرتے جاتے تھے اُن میں کہیں دنیا پور کے دارے میں ایک بارات اُتری تھی.

اُن زمانوں میں جب گاؤں میں کوئی بارات اُترتی تھی تو وہ صرف اُس گھر میں نہ اُترتی تھی جس کی پچھلی کوٹھڑی میں اُس دلہن کو سنگھار کیا جا رہا ہوتا تھا جو متوقع چیر پھاڑ کی دہشت کے مارے دھاڑیں مار مار کر روتی چلی جاتی تھی بلکہ برادری کے ہر گھر میں اُترتی تھی..

اُس روز پوری برادری کی بھینسوں کا دودھ گھر نہیں جاتا تھا، چوپال یا دارے میں اُترے ہوئے باراتیوں کی مدارات کے لیے جاتا تھا۔ کئی روز پیشتر دلہن والے برادری کے گھروں سے چارپائیاں اور بستر اکٹھے کرنے لگتے تھے..تب ایک چوہدرانی کے لیے سب سے پُرفخر وہ لمحہ ہوتا تھا جب وہ پچھلی کوٹھڑیوں میں سے نیچے اوپر رکھی نواری رانگلے پایوں والی متعدد چارپائیاں اور اُن پر تہہ شدہ درجنوں بستر برآمد کر کے دلہن کے گھر والوں کو پیش کر دیتی تھی اور وہ شکرگزار ہو کر کہتے تھے کہ چوہدرانی پورے گاؤں میں سب سے زیادہ اور نویں نکور بستر تمہارے گھر سے نکلے ہیں، سب کے ہاں سے بان کی چارپائیاں برآمد ہوئی ہیں پر تو نے ایک نہیں اکٹھے تین نواری پلنگ ہمارے آگے بچھا دیئے ہیں..وہ چوہدرانی مدتوں اس گھمنڈ میں مبتلا برادری کے دوسرے لوگوں کو ایک چشمِ حقارت سے دیکھتی رہتی تھی.

تو ایک ایسی ہی بارات دنیا پور کے دارے میں اُتری.

وہ کسی دور دراز کے علاقے سے آنے والی بارات تھی پر کسی بڑے گھر کی تھی کہ وہ سب کے سب گھوڑیوں پر سوار ہو کر آئے تھے۔ یہاں تک کہ اُن کے میراثی بھی پیدل نہ چلتے تھے تو رات گئے جب حقّے کا دور چلتا تھا ایک باراتی نے کہا ''یہاں..اس گاؤں میں کوئی چوہدری بخت جہان بھی ہے؟''

گاؤں والے تو اس نام سے سہمے سو سہمے پر دلہن کے عزیز و اقارب کی نبضیں بھی رُکنے لگیں کہ کہیں یہ بارات صرف اس لیے واپس نہ چلی جائے کہ بخت جہان ایسا شخص اُن کی برادری میں سے ہے.

''میرا کچھ رقبہ بہاولپور سے پرے چولستان کے آخری کناروں پر واقع قصبے یزمان منڈی میں ہے.وہاں آپ کے ہاں ایسی زمین نہیں ہے کہ بیج بکھیر دو تو وہ سب پھوٹ پڑیں..ویران، بے آباد اور صحرائی خصلت کی زمین ہے.اور اُسے اُدھر اِن علاقوں سے منتقل ہونے والے جاٹوں نے آباد کیا ہے..شنید ہے کہ اُن میں ایک کچی عمر کا نوجوان ایسا ہے جس نے ایک بے آباد صحرائی رقبے سے ایک طویل فاصلے پر واقع کنویں سے پانی کی مشکیں بھر کے اپنی پیٹھ پر ماشکیوں کی مانند لاد کر

اُس قہرناک گرمی اور دھوپ میں فاصلہ طے کر کے اُس ریتلی زمین پر برسوں وہ بھری ہوئی مشکیں اُنڈیلی تھیں..اور یہ بھی شنید ہے کہ جب رات ہوتی تھی تو اُس کی ماں اور دو بہنیں بھی پانی ڈھونے میں جُت جاتی تھیں..اور اب وہی برباد بے آباد صحرائی رقبہ گُل وگلزار ہو گیا ہے. ہریاول اتنی ہے کہ اُس پر جو نظر ٹھہرتی ہے اُس میں بھی ہرے ہرے گل بوٹے پھوٹنے لگتے ہیں..مجھے کسی نے بتایا تھا کہ وہ..دنیاپور کے کسی بخت جہان کے لگتے لانے ہیں تو اس لیے پوچھا تھا.''

دلہن والوں کی جان میں جان آئی اور اُنہوں نے درجن بھر حقّوں کو پھر سے تازہ کر دیا.

اُدھر امرت کور..کنیز فاطمہ کے دونوں بیٹے گوبند اور نونہال بلکہ فتح محمد اور غلام محمد اُس کے پلّو سے بندھے رہتے۔ ہاتھ پر ہاتھ دھرے بیکار بیٹھے روٹیاں توڑتے رہتے. اُنہوں نے اپنے باپ اور دھرم کو صرف اس لیے ترک کیا تھا کہ وہ اپنی ماں کے پلّو سے بندھے رہنا چاہتے تھے.. پر کسی ایک روز امرت کور نے بخت جہان کے زوال کی بو سونگھ لی..اُس کے ستارے گردش میں آنے والے تھے جان لیا اور اُس نے ان دونوں کو اپنے پلّو سے جھٹک دیا.اور جھڑک کر بولی' اس حویلی نے سدا باغ بہاراں نہیں رہنا..دفع دور ہو جاؤ اور کچھ کھا کما کر لاؤ' اپنے لیے بھی اور اپنی اس تتّی ماں کے لیے بھی..

پہلے تو وہ شدید صدمے میں آ گئے اور پلّوں کی مانند چوؤں چوؤں کرتے اپنی ماں سے لپٹنے لگے پر پھر اُنہیں چانن ہو گیا کہ وہ پتھر کی ہو چکی ہے اور اگر وہ عمر بھر اُس کے تلوے چاٹتے رہیں تو بھی وہ اُنہیں دوبارہ اپنے پلّو میں باندھنے والی نہیں.. اُنہیں گھر سے نکلنا پڑا..ان دونوں کے دُکھڑے اور داستانیں بہت المناک اور الگ الگ ہیں..فتح محمد بھٹکتا ہوا' بھوک کاٹتا دربدر ہوتا گوجرانوالہ پہنچ گیا جہاں اُن دنوں فوج کی بھرتی کھلی ہوئی تھی..کسی اور امیدوار کا قد کاٹھ اُس جیسا نہ تھا..وہ فوراً بھرتی کر لیا گیا..بے خوفی اور بیوقوفی کے جرثومے اُسے اپنے پہلے باپ لہناں سنگھ سے وراثت میں ملے تھے اور وہ تھوڑے عرصے بعد ہی صوبیدار کی نظروں میں آ گیا..وہ بلا سوچے سمجھے حکم ملنے پر کسی بھی خطرناک صورت حال میں کود جاتا..اگر فوجی مشقوں کے دوران دشمن کی جانب پھینکا جانے والا ہینڈ گرینڈ پھٹ نہیں رہا' صرف دُھواں دے رہا ہے اور سب لوگ خندقوں میں سر چھپائے اُس کے پھٹنے کے منتظر ہیں تو یہ صرف فتح محمد ہوتا جو فوراً خندق سے نکل کر گرنیڈ تک جاتا اور اُسے ہاتھ میں اُٹھا کر تادیر اُس کا مطالعہ کرتا کہ یہ کیوں نہیں پھٹا..اور گرنیڈ کو بھی علم ہو جاتا کہ وہ گوبند سنگھ عرف فتح محمد کے ہاتھوں میں ہے' تو وہ ٹُھس ہو کر رہ جاتا..

ہر ماہ باقاعدگی سے کنیز فاطمہ کو اُس کی پوری تنخواہ کا منی آرڈر وصول ہو جاتا اور وہ اُس میں سے کچھ رقم دوبارہ خرچے پانی کے لیے اپنے فرمانبردار بیٹے کو واپس بھیج دیتی..

البتہ نونہال سنگھ یعنی غلام محمد کا معاملہ الگ تھا..

وہ اپنی ماں کے پلّو سے کھلا' گھر سے نکلا تو دو چار برس یوں گم رہا جیسے کہتے ہیں کہ جانے اُسے زمین نگل گئی یا آسمان کھا گیا..کچھ سراغ نہ ملا۔

ایک سویر جب بخت جہان بیدار ہوا' چارپائی کے سہارے کھڑی ڈانگ گرفت میں لے کر اُسے حسب عادت زمین پر کھڑکاتے ہوئے ماں کی گالی دے کر کنیز فاطمہ کو پکارا جو صحن میں ہانڈی روٹی میں مصروف تھی..وہ پسار میں آئی تو سر سے پاؤں تک گہنوں ٹوموں میں لدی چھم چھم کرتی آئی..

بخت جہان کی آنکھیں زیورات کی لشک سے پھٹی کی پھٹی رہ گئیں ''یہ..یہ تجھے کس یار نے دیئے ہیں کُڑی یا ہوئیے...''

''جہانیاں.. یہ میرے پتّر نونہال سنگھ نے دیئے ہیں..تم گھوک سوئے ہوئے تھے پچھلی رات جب وہ آیا تھا.. میرے سینے کے ساتھ دیر تک لگ کر روتا رہا.. کلیجے میں ٹھنڈ پڑ گئی ہے..یہ گہنے وہ دے گیا ہے۔''

''پر وہ لہناں سنگھ کا تخم.. یہ اتنے ڈھیر سارے گہنے لایا کہاں سے ہے..کہیں ڈاکہ ڈالا ہے۔''

''آہو..'' کنیز فاطمہ نے سینہ پھلا کر کہا ''تو نے بُوجھ لیا ہے..وہ ڈکیت ہو گیا ہے واہ گرو کی کرپا سے..گوجرانوالہ سے پرے شیخوپورے تک جتنی خدائی ہے وہ اُس کی دہشت سے رات بھر سوتی نہیں تیری طرح ٹانگیں کھڑکاتی رہتی ہے...''

آنے والے دنوں میں جب کبھی وہ بیدار ہوتا اور کنیز فاطمہ ویہڑے میں گہنوں ٹوموں سے لدی چھم چھم کرتی ہوتی تو وہ جان جاتا کہ رات غلام محمد چوری چھپے آیا تھا.. پتّر لہناں سنگھ کا تھاناں' اُس کا تخم ہوتا تو اُس سے مل کر جاتا چاہے وہ کتنا ہی ڈاہڈا تھا' مار مار کر اُسے پھٹڑ کر دیتا پر اُسے مل کر ضرور جاتا..اُس نے ان برسوں میں اُس کی شکل کبھی نہ دیکھی.. کنیز فاطمہ اُسے اُن زیورات کو چھونے بھی نہ دیتی' اُنہیں جانے کہاں روپوش کر دیتی کہ جہانیاں میں نے اپنے دونوں پتّر بیاہنے ہیں.. بہورانیوں کو سونے سے لاد دینا ہے تو ان پر نظر نہ رکھ..صاحباں کا علاج معالجہ بھی کرنا ہے۔تنگی کے زمانے آچکے تھے بخت جہان نے اُسے بہت ڈرایا دھمکایا.. منّت ترلا بھی کیا کہ بھاگاں والیے کوئی ایک آدھ زیور ہی دے دیا کر میرا دانہ پانی چلتا رہے گا پر وہ اڑی رہی..

کنیز فاطمہ کو یہ گہنے بخت جہان سے بچانے کی خاطر بڑے پاپڑ بیلنے پڑے.. پہلے تو اُس نے اُن گہنوں کی پوٹلی بھڑولے میں ذخیرہ شدہ گندم کے ڈھیر کے اندر چھپائے رکھی پر جوں جوں گھریلو استعمال کے لیے گندم پستی جاتی اور بھڑولے میں کم ہوتی جاتی تو اُس کو دھڑکا لگ جاتا کہ کسی روز بخت جہان نے ترنگ میں آ کر اُس میں ہاتھ ڈال دیا تو کیا ہوگا.. پھر اُس نے اُسے چھپانے کے لیے ایسا پکّا پیڈا بندوبست کیا کہ وہ گہنے کبھی بخت جہان کے ہاتھ نہ لگے بلکہ کسی بھی زندہ انسان کے ہاتھ نہ لگے..ایک سویر منہ اندھیرے وہ کھیتوں میں بیٹھنے کے بہانے نکلی' قبرستان پہنچ کر محمد جہان کی قبر کے سرہانے دو تین ہاتھ گہرا گڑھا کھود کر پوٹلی کو اُس میں دفن کر دیا..کچھ مدت بیت گئی اور تنگی ترشی کے ایسے دن آ گئے کہ فتح محمد کی بھیجی ہوئی رقم بھی پوری نہ پڑتی اور جب وہ بخت جہان کو نور بیگم کی مرنے والی مرغیوں کے حصول کے لیے اُس کی چوکھٹ پر ایک گداگر کی مانند کھڑا دیکھتی تو اس کا کلیجہ کٹنے لگتا..غلام محمد کو بھی پھیرا ڈالے ہوئے ایک برس سے زیادہ ہونے کو آ رہا تھا..اُس نے سوچا اُس پوٹلی میں سیروں کے حساب سے سونا ہے اگر وہ اُس میں سے ایک دو گہنے نکال کر فروخت کر دے تو کچھ دن عزت آبرو کے گزر جائیں گے.. بیٹوں کی شادیوں اور صاحباں کے لیے بقیہ زیور کافی سے زیادہ تھے..وہ حسب عادت اُسی طور منہ اندھیرے باہر بیٹھنے کے بہانے گھر سے نکلی' قبرستان پہنچی اور محمد جہان کی قبر کے سرہانے کی مٹّی ایک کُھرپی سے کھودنے لگی..سورج نکلنے میں ابھی کچھ دیر تھی' قبرستان سے پرے کھیتوں کے درمیان ایک کچّے راستے پر ہل کاندھے پر اُٹھائے چلتے ایک کسان نوجوان کے سوا آس پاس کوئی بشر نہ تھا..اُس کے حساب سے مٹّی میں جس گہرائی تک وہ پوٹلی اُس کے ہاتھوں کو لگ جانی چاہیے تھی' نہ لگی..اُس نے کچھ اور گہرا کھودا اور جب سوائے مٹّی کے اُس کے ہاتھ کچھ نہ آیا تو وہ ایک خوفزدہ اضطراب میں مبتلا ہو کر کُھرپی کی بجائے قبر کے سرہانے کو دونوں ہاتھوں سے

تیزی سے کھودنے لگی جیسے ایک نیولا سانپ کی تلاش میں اُس کے بل کو دونوں پنجوں سے کھودنے لگتا ہے.. مقام وہی تھا جہاں اُس نے پوٹلی چھپائی تھی لیکن وہاں اب سوائے مٹّی کے اور کچھ نہ تھا.. وہ ایک ہسٹریائی حالت میں بے مہار غصّے اور مایوسی میں مبتلا نہ صرف سرہانے بلکہ قبر کے بقیہ حصّے پر بھی ہاتھ چلانے لگی.. اُس کا چہرہ مہرہ مٹی کی تہہ سے اٹا ہوا تھا کہ وہ اب اُس گڑھے میں سر ڈال کر اُس کے اندر دیکھنے کی کوشش بھی کرتی تھی اور اُس کے پہلو میں کھودی گئی مٹی کا ڈھیر قبر سے بھی ذرا اونچا ہونے لگا تھا.. سویر کی ہلکی سفیدی کھیتوں اور قبروں کو واضح کر رہی تھی جب چارے کا گٹّھا اٹھائے ہوئے اپنے کنوئیں کی جانب جاتے ہوئے قائم دین ہنجرا نے اُسے دیکھ لیا. پہلے تو وہ چارے کا گٹّھا زمین پر پھینک کر سر پر پاؤں رکھ کر بھاگ اُٹھنے کو تھا کہ جانے یہ کیا بھوت پریت ہے چڑیل ہے جو نمبردار کی قبر کو ایک نیولے کی بے چینی سے کھود رہی ہے اور پھر اُس نے اُسے پہچان لیا اور شور مچا دیا... لوگو... اوئے لوگو دوہائی رب کی.. بخت جہان کی سکھنی ہمارے بھرا نمبردار کی قبر کھود رہی ہے' اُس کی ہڈیاں چبانے کے لیے..

سر سے پاؤں تک مٹّی سے پوتی ہوئی' قبرستان سے بالوں سے گھسیٹ کر لائی جانے والی کنیز فاطمہ جب بخت جہان کے ویہڑے میں ڈھیر کر دی گئی تو کسی چڑیل سے بڑھ کر خوفناک دکھائی دے رہی تھی.. بخت جہان اُسے ایک پلّے کی مانند اُٹھا اُٹھا کر زمین پر پٹختا رہا.. بول امرت کورے.. تو میرے بھرا کی قبر کیوں کھود رہی تھی.. اس بری طرح اُسے زدوکوب کرتا رہا کہ وہ اٹھنے تو کیا دیکھنے اور سننے کے قابل بھی نہ رہی' نمبردار کی قبر کی وہ مٹّی جس میں وہ اٹی تھی خون آلود کیچڑ میں بدل گئی پر وہ نہ بولی.. نہ وہ کراہتی تھی اور نہ ہی روتی تھی اور نہ ہی بولتی تھی.. اگلے کئی روز تک مار پیٹ کا یہ تسلسل جاری رہا یہاں تک کہ بخت جہان کے بازو شل ہو گئے۔ اُس میں اُسے مزید پیٹنے کی سکت نہ رہی.. پر اُس میں اتنی سکت تھی کہ وہ روزانہ اُسے بالوں سے پکڑ کر گھسیٹتا ہوا چوکھٹ کے پار گلی میں دھکیل دیتا کہ دفع ہو نامراد چڑیلے میرے بھائی کی لاش کھانے والیے' میرے گھر کے اندر اب قدم رکھا تو میں تمہاری گردن کا منکا توڑ دوں گا..وہ رات بھر گلی میں پڑی رہتی اور پھر گھسٹتی ہوئی گھر کے اندر داخل ہو کر اصطبل کے قریب ڈھیر ہو جاتی.. پر وہ بولی نہیں.. پھر یک چشم حافظ جی کی منّت سماجت کرنے پر جنہوں نے تقریباً پچیس برس پیشتر اُن دونوں کا نکاح پڑھایا تھا کہ چوہدری یہ سکھنی اگرچہ سودائن ہو گئی ہے پر ہے تو اللہ کی مخلوق.. اسے اس کے حال پر چھوڑ دے..اس میں اور اچھو شیخ میں کچھ فرق نہیں.. اسے معاف کر دے.. بعد میں جتنے برس بھی وہ زندہ رہا بخت جہان کبھی لاڈ پیار سے اور کبھی گالیاں بکتا ہوا ہر دو چار روز کے بعد اُس سے یہی سوال کرتا رہا کہ امرت کورے.. پر اس کا جواب کبھی نہ آیا..

بس یہی وہ دن تھے.. جب امرت کور اُس کے بھائی نمبردار کی قبر کھودتی پکڑی گئی تھی جب اُس نے راتوں کو اُٹھ اُٹھ کر اپنے اُس بھرا کی یاد میں رونا دھونا شروع کر دیا..

محمد جہان کی دونوں بیٹیاں اپنے اپنے گھروں میں اپنی آل اولاد سمیت سکون اور طمانیت کی حیات گزارتی تھیں..

زینب بیگم وزیر آباد سے پرے چناب کے کناروں پر واقع جاٹوں کے ایک ایسے گھر میں بیاہی گئی تھی جو

زمین تو تھوڑی رکھتے تھے پر اُس گھرانے میں کچھ پڑھے لکھے بھی تھے..زینب کا سسر ایک مانا ہوا حکیم تھا جو دوا دارو کے علاوہ دم درود بھی کرتا تھا..اور اُس کا دھیما اور کم گو خاوند ایسا تھا کہ نہ پتہ چلتا تھا کہ وہ جاگتا ہے اور نہ ہی کوئی یقین سے کہہ سکتا کہ وہ سوتا ہے۔وہ اتنا گہرا تھا..واہی بیجی کرنے کی بجائے وہ پٹوار کے محکمے میں ملازم تھا..اُدھر نور بیگم بھی لاہور میں اپنے سفید بالوں والے لمبے تڑنگے ایک اجڈ پس منظر میں سے نکلنے والے تعلیم یافتہ صوفی منش خاوند امیر بخش کے ساتھ شاد اور آباد تھی..نور بیگم اگرچہ لاہور میں بیاہی ہوئی تھی پر وہ شہری زندگی اور طور طریقوں سے عمر بھر مفاہمت نہ کر سکی..اُس کے اندر کی دیہاتن ہمیشہ اُس پر غالب رہی..اُس نے دنیا پور سے اپنا رابطہ برقرار رکھا..ریشم نائن' بشیرا دھوبی..نذر میراثی..اچھو بروالا..شیداں ماچھن اور کرشیداں جولاہی اُس کے پاس آتے جاتے رہتے..وہ اُنہیں اپنے قریب بٹھا کر اُن کے دیہاتی لہجے سے ٹھنڈک محسوس کرتی اُن سے دنیا پور کے سکینڈل اور خبریں سنتی اور پہروں سنتی..اگر دس بیس روز یونہی خالی گزرتے تو وہ خاص طور پر ریشم نائن کو سندیسہ بھیجتی کہ بھیڑ یئے مر گئے ایں..

گاؤں کی یہی کھینچ یہی کشش اُسے اکثر دنیا پور لے آتی..وہ اپنے آبائی گھر کے زنگ آلود قفل کھولتی' شیداں ماچھن اور نذر میراثی کی بیوی کی مدد سے جھاڑ پونچھ اور صفائی ستھرائی ایسے کرتی کہ اُس گھر کی وہی قدیمی شکل نکل آتی جس میں اُس کا باپ نمبردار' ماں بہشت بی بی اور بہن ماہلو چلتے پھرتے نظر آنے لگتے..دھریک کے سائے میں اُس کی بڑی بہن زینب بیگم چرخہ کاتنے لگتی...

اور وہاں پیار کی سب سے پچھلی اندھیاری کوٹھڑی بھی تو تھی جہاں اُس نے فسادات کے زمانے میں روشن کو جنم دیا تھا جب امیر بخش کی ہمشیرہ صحن میں برتن بھانڈے کھڑکاتی شور کرتی تھی تاکہ بدروحیں اس پیدائش کے موقع پر اس صحن میں نہ اُتریں اور وہ نواری چارپائی جس پر اُس کی بہشتن ماں کی سکڑی ہوئی جس کا سارا خون جونکیں چوس گئی تھیں لاش رکھی گئی تھی اور وہ غش کھاتی اُس پر گرتی اُس کے مردہ ہونٹوں کو چومتی تھی اور جس کی نوار پر ناک رکھ کر وہ اب بھی اُس کی قربت محسوس کر سکتی تھی۔

ناشتے سے فارغ ہو کر وہ کسی ماچھن یا جولاہی کے ہمراہ بونوں والے کنویں کی جانب چل نکلتی..تب لوکائی نے اُس کے باپ کا کتنا ٹھٹھہ اُڑایا تھا کہ اس محمد جہان نمبردار کو دیکھو کیسے اپنی جمع پونجی کا بیری ہو گیا ہے کنکریوں بھرے ویرانے میں ایک کنواں کھدوا رہا ہے..نور بیگم بھی اُن بچّوں میں شامل ہوتی تھی جو سارا دن کنویں کی کھودی جا چکی مٹّی پر بیٹھے اُس میں سے بونوں کے نکلنے کے منتظر رہتے..جانے اُس میں سے کوئی بونا برآمد ہوا یا نہیں پر اُس کا نام بونوں والا کنواں پڑ گیا..اب اُس کے آس پاس اتنی ہریاول اور بلند فصلیں ہو چکی تھیں کہ اُن میں چلتا ہوا بندہ بھی نظر نہ آتا تھا..

لاہور سے روانہ ہوتے ہوئے وہ زینب بیگم کو سندیسہ روانہ کر دیتی کہ آپا میں آ رہی ہوں اور اگلے روز زینب بیگم ایک گھوڑی پر سوار چناب کے پار..نالہ پلکھو کے پار وزیر آباد کے راستے اپنے باپ کے ویہڑے میں اُتر رہی ہوتی' اُس کا حال احوال دریافت کر کے فوراً بخت جہان چاچے کی طرف چلی جاتی..وہ جتنے روز بھی دنیا پور میں ٹھہرتی نہ صرف چاچے کا بلکہ کنیز فاطمہ اور صاحباں کا کھانا بھی نمبردار کے چولہے پر پکتا..بخت جہان سر شام اُس چولہے کے آگے آ بیٹھتا..اپنی سمٹی ہوئی ٹانگوں کو کھیس سے جکڑ کر پیڑھی پر اپنے آپ کو قائم رکھتا..لاچار سا گردن ٹیڑھی کیے اپنی نیلی آنکھوں سے اُن

سلگتے اُپلوں کو تکتا رہتا جن کی طفیل اُسے روٹی پانی نصیب ہوتا تھا.. کبھی ایسا بھی ہوتا کہ کھانا کھاتے ہوئے کوئی لقمہ اُس کے ٹیڑھے حلق میں اٹک جاتا اور زینب کا رنگ فق پڑ جاتا.. وہ اُٹھ کر اُس کی گردن کے پچھلے حصے پر زور زور سے دھپّے مارتی اور لقمہ کھانستے ہوئے بخت جہان کے حلق سے اُتر جاتا... نور بیگم کبھی نہ اُٹھتی وہ اپنی بڑی بہن کی نسبت ذرا کٹھور دل کی تھی ماضی کو بھلا نہ سکتی تھی..

ہر سویر بیدار ہو کر زینب بیگم اپنے چاچے کے صحن کا رُخ کرتی.. اُس کا حقہ تازہ کرتی.. کڑوے تمبا کو کو ہتھیلیوں میں مسل کر اُس پر گُڑ کی ایک ڈھیلی جما کر ٹوپی میں سلگتے اُپلے بھرتی اور پھر اونگھتے ہوئے بخت جہان کے کھلے منہ میں حقے کی نال دے دیتی اور وہ اُس پر یوں منہ مارنے لگتا جیسے ایک بچّہ دودھ کی بوتل کے نپل پر منہ مارنے لگتا ہے۔ پچھلے پہر وہ اُسے خود پانی میں گھول کر افیون کی تین گولیاں پلاتی اور پھر احساس جرم کے مارے آبدیدہ ہو جاتی کہ میں یہ کیا کر رہی ہوں.. نیک پاک اعمال کرنے کی بجائے اپنے چاچے کو افیون پلا رہی ہوں.. اُس چاچے کو جو میری ڈولی کے تعاقب میں چناب کے کناروں تک گیا تھا.. پر اُس کے دل میں وہ سب کدورتیں دفن ہو چکی تھیں وہ تو صرف اتنا جانتی تھی کہ اگر افیون میں دو تین دن کا ناغہ ہو گیا تو شائد وہ مر جائے گا.. وہ جیسا بھی تھا اُس کے باپ محمد جہان اور چاچے الف جہان کا بھائی تھا.. اُس کا سگا چاچا تھا..

نور بیگم کٹھور دل والی تھی وہ اُن کدورتوں کو دفن نہ کر سکتی تھی.. اس لیے وہ کہتی تھی کہ چاچا میرا صاحب بہادر مر بھی جائے تو میں اسے کوڑے کے ڈھیر پر پھینک آؤں گی تجھے نہیں دوں گی.. تو نے کبھی لحاظ کیا تھا.. بے شک وہ اُس کے مرنے کی منتظر نہ رہی اُسے زندہ حالت میں چاچے کے سُپرد کر آئی پر وہ بُھول نہ سکتی تھی..

بس یہی وہ دن تھے.. جب امرت کور اُس کے بھائی نمبردار کی قبر کھودتی پکڑی گئی تھی جب اُس نے راتوں کو اُٹھ اُٹھ کر اپنے بھرا کی یاد میں رونا دھونا شروع کر دیا تھا..

اُس کے رونے ہچکیاں بھرنے کی بھرائی ہوئی آواز محلّہ مغربی کی گلیوں اور کچّے گھروں میں ٹکراتی پھرتی... چھمّو ماچھن دہکتے ہوئے تندور میں پک چکی روٹیوں کے لیے جھانکتی ساکت ہو جاتی اور وہ ساری روٹیاں جل بھن کر کالی سیاہ ہو کر تندور کی آگ میں گرنے لگتیں.. روٹیاں لگوانے والی عورتیں اپنا گندھا ہوا آٹا سروں پر رکھ کر گھروں کو لوٹ جاتیں۔ اچھو شیخ جس کی ماں نے اُسے بمشکل قابو کر کے بستر پر لٹایا تھا وہ اٹھ بیٹھتا اور اُس کی شہہ رگ ایک تیز دھار شیشے سے کٹ جانے کی آرزو میں دھڑکنے لگتی.. بابو لوہارن اپنے پر بوجھ ہوئے بھٹی کی طرح دہکتے بدن کے گھر والے کو دھکیل کر پرے کر دیتی کہ وہ آج پھر بین کر رہا تھا.. روتا کُرلاتا تھا..

کچھ بھی باقی نہ رہا تھا.. نہ وہ گھوڑی اُتھری اور نہ ہی مرزے کی بکّی اور نہ وہ شانداری اور نہ وہ یار.. صاحب بہادر مرغ کے گوشت کی جو گرمائش بچی تھی وہ بھی شام اُترنے کے ساتھ زائل ہو چکی تھی.. زنگ آلود نعل جو اتنی بھیگ چکی تھی کہ اُس پر اگر ایک اور آنسو گرتا تو وہ اُسے جذب نہ کر سکتی.. اُس پر بخت جہان کے آنسو پھر سے ٹپ ٹپ گرنے لگے اور نعل

اُنہیں جذب نہ کرسکی اور وہ اصطبل کی مٹّی میں گرنے لگے جیسے بخت جہان نہیں وہ نعل آنسو بہاتی ہو.. وہ آنسو پہلے کی طرح خاموش نہ تھے اُن کے ساتھ بخت جہان کی ہچکیاں بھی بلند ہو رہی تھیں.. وہ اپنے بھائی کو یاد کرتا رونے لگا' ایک ڈار سے بچھڑی ہوئی کونج کی مانند کُرلانے لگا.. اور محلّہ مغربی کے اوپر جتنا بھی آسمان تھا اُس پر وہ کُرلاہٹ دوہائیاں دینے لگی.. جیسے سبق یاد کرتے ہیں ایسے وہ بھائیاں باجھ نہ جوڑیاں' بھائیاں باجھ نہ جوڑیاں رو رو کر پڑھتا تھا.. اور جب اُس کی کُرلاہٹ اور دکھ بھری بوڑھی آواز سے متاثر ہو کر بھی اور خوفزدہ ہو کر بھی محلّے کے مکینوں نے اپنے دیئے بجھا دیئے مبادا وہ اُن پر پل پڑے کہ میں اپنے بھرا کے لیے روتا ہوں اور تم چراغاں کر رہے ہو کُڑی یا ہو یو.. تب پچھلی کوٹھڑی میں سے چیختی ایک فریاد آئی... چاچا اب بس کر... تجھے تو تیرے اعمال کی سزا مل رہی ہے.. مجھے کس جرم کی سزا مل رہی ہے..

اور بخت جہان پر جیسے سکتہ طاری ہو گیا.. اُس نے اپنی آخری ہچکی کو گلے میں گھونٹ لیا.. رخساروں پر بہتے آنسو بھی نہ پونچھے اور یکدم چپ ہو گیا.. اپنے آپ پر جبر کر کے اپنی آخری ہچکی کو بھی اپنے آپ میں دفن کر کے چپ ہو گیا.. وہ کبھی کسی بندے بشر کے حکم یا خواہش کے تابع نہیں ہوا تھا پر یہ فریاد سُن کر ساری آہیں اور آنسو اُس کے اندر دم توڑ گئے.. کنیز فاطمہ کے بطن سے وہ اُس کی اکلوتی اولاد تھی اور وہ اُسے پکارتی تھی کہ.. چاچا اب بس کر..

صاحباں ایسے بچّے اپنے والدین کے لیے ایک ایسا امتحان ہوتے ہیں کہ وہ ہر لمحے جیسے اپنے بچّے کو مرتا دیکھتے ہیں' پھر قبر میں اُتارتے ہیں' ابھی فارغ نہیں ہوتے تو وہی بچّہ اُن کے ہاتھوں میں دوبارہ جان دے دیتا ہے.. تھوڑی بہت معذوری' اپاہج پن.. بدن کے کسی حصّے کا ناکارہ ہو جانا یا ایک بڑی معذوری یعنی نابینا پن' ان سب کی ایک باقاعدہ تنظیم کے ساتھ کسی حد تک عادت ہو جاتی ہے یہاں تک کہ وہ بچّے جو پیدائشی طور پر ڈاؤن سنڈروم کا شکار ہوتے ہیں جنہیں منگولائڈ بھی کہا جاتا ہے اُن کے والدین کو بھی ابتدائی صدمے کے بعد کسی حد تک ایک جبریہ صبر آ جاتا ہے..

لیکن صاحباں کا معاملہ جدا تھا.. وہ پیدا ہی ایک مسخ شدہ' کچلے ہوئے' ناکارہ اور ٹیڑھے میڑھے بدن کے ساتھ ہوئی.. نیم مردہ بازو' سکڑی ہوئی ٹانگیں' پشت پر ایک کوہان.. وہ ایک انسان کے بچّے کی بجائے ایک عفریت لگتی تھی لیکن سب سے بڑی خرابی یہ تھی کہ اس تڑے مڑے بدن کے اوپر جو چہرہ تھا اُس کی خوش شکلی میں کوئی کلام نہ تھا.. وہ اتنی خوبصورت تھی کہ ایک ماہلو ہو سکتی تھی اور اُس سے بڑا آزار یہ تھا کہ اُس چہرے کے اندر جو دماغ تھا وہ بے حد زرخیز تھا.. سوچنے سمجھنے کی قوتوں سے مالا مال تھا۔ وہ ایک نہ سمجھ میں آنے والی آزمائش تھی' آسمان سے نازل ہونے والا ایک ایسا جہنم تھی جس کی آگ ٹھنڈی ہی نہ ہوتی تھی.. جب اُنہیں بتایا گیا تھا صاحباں ایسے بچّے جن کے بدن میں مسلسل ایک اذیّت بھری توڑ پھوڑ ہوتی رہتی ہے.. زیادہ سے زیادہ تیس برس کی عمر پا سکتے ہیں.. تو بخت جہان یہ خبر سُن کر گہرے دُکھ میں چلا گیا.. اُس کے دل کے پتھریلے پن کو اس بچّی نے موم کر دیا تھا.. وہ کبھی کبھی مہینے میں ایک آدھ بار گھسٹتی ہوئی اپنی نیم تاریک کوٹھڑی میں سے نکل کر اُس تقریباً ڈھے چکی کوٹھڑی میں چلی جاتی جس میں گراموفون ریکارڈوں کا ایک ڈھیر دُھول میں پنہاں ہوتا تھا.. اُن میں سے کچھ ابھی سلامت تھے.. کبھی سہگل' کبھی ماسٹر مدن اور کبھی کملا جھریا کی آوازیں صحن میں آنے لگتیں اور کنیز فاطمہ کو خبر ہو جاتی کہ صاحباں میں آج اتنی ہمت ہو گئی ہے اُس کی طبیعت اتنی سنبھل گئی ہے کہ وہ اُس کوٹھڑی میں پہنچ کر گراموفون کی سوئی بدل کر اُسے ریکارڈ پر رکھ کر اپنی پسند کے گیت سُن سکے.. بہت کم ایسا ہوا کہ وہ ویہڑے تک چلی آئی ہو.. بہرطور وہ اُس

گھر کی چوکھٹ کے پار کبھی نہیں گئی تھی..

وہی حافظ جی جو اُس کی سکھنی ماں کا نکاح پڑھانے آئے تھے وہ کنیز فاطمہ کی منّت سماجت پر اور ہر ماہ دو ٹوپے چاول اور دس ٹوپے کنک کے عوض اُسے اردو قاعدہ اور قرآن پاک پڑھانے پر رضامند ہو گئے تھے.. یہ تب ہوا تھا جب صاحباں چھ برس کی ہو گئی اور ایسے سوال پوچھنے لگی جن کا جواب کم از کم کنیز فاطمہ کے پاس تو نہ تھا..

حافظ جی ایک آیت پڑھ کر اُسے سناتے اور دوہرانے کے لیے کہتے تو وہ پوری آیت صرف ایک بار سننے کے بعد فر فر دوہرا دیتی اور وہ بھی حافظ جی کے معرّب لہجے میں.. اردو قاعدہ اُس نے دو دن میں پڑھ لیا اور زبانی یاد کر لیا..

اُن حافظ جی کو پختہ یقین تھا اگرچہ وہ اس کا اظہار نہیں کرتے تھے کہ صاحباں پر کسی آسیب کا سایہ ہے.. اُس پر کوئی جن قابض ہے ورنہ ایسا ممکن ہی نہیں کہ ایک چھ برس کی بچّی اور وہ بھی معذور یادداشت کا ایک ایسا معجزہ رکھتی ہو.. اُس کے ٹیڑھے میڑھے بدن کے اندر شکست و ریخت کا ایک مسلسل عمل جاری تھا اور وہ اس بدنی عذاب میں مبتلا راتوں کو سو نہ سکتی تھی.. جب اذیّت سہی نہ جاتی تو وہ چارپائی کے پائے پر اپنا سر پٹختی اور اُس کے اندر دماغ کی جو شادابی تھی وہ مسلسل سوال کرتی کہ آخر کیوں.. میں ہی کیوں؟

وہ اُس نیم تاریک کوٹھڑی میں اپنے بستر پر پڑی پڑی جوان ہو گئی.. کنیز فاطمہ کے لیے اب ایک اور عذاب شروع ہو گیا.. پہلے تو وہ اُس کی غلاظت صاف کرتی تھی، اُس کے بدن کے حصّوں کو دھوتی تھی اور اب اس کی بلوغت کی ماہوار نمود کا دھیان بھی رکھنا پڑتا..

باہر کی دنیا سے صاحباں کا واحد رابطہ کمہاروں کا لڑکا پیر بخش تھا جس کی آمد پر کنیز فاطمہ اُس کی شکرگزار ہوتی کہ صاحباں کی جانب دیکھنے کے لیے بھی بہت حوصلہ درکار تھا.. اور وہ اس سے دوستوں کی طرح باتیں کرتا، اُس کا حال احوال پوچھتا.. پیر بخش وزیر آباد کے ہائی سکول میں میٹرک کا طالب علم تھا چنانچہ اُس کا وہاں روزانہ آنا جانا لگا رہتا.. اور اکثر اُس کی جیب میں ناولوں اور رسالوں کی ایک فہرست ہوتی جو وہ سٹیشن کے بک سٹال سے صاحباں کی فراہم کردہ رقم سے خریدتا اور دنیا پور واپسی پر اُس کے حوالے کر دیتا.. صاحباں کے لیے کثرتِ مطالعہ سودمند ثابت نہ ہوا.. چوکھٹ کے پار وہ اُس جہان سے واقف ہو گئی جسے دیکھنا بھی اُس کے نصیب میں نہ تھا چہ جائکہ وہ کبھی اُس میں چلتی پھرتی.. اُس میں حیات کرتی.. چوکھٹ کے باہر روٹی کے منتظر کتّے اُس سے اچھے تھے.. وہ چوکھٹ کے باہر جو تھے..

کنیز فاطمہ نے تو محض عشق کی خاطر رسمی طور پر مذہب بدلا تھا، بخت جہان اگر ہندو ہوتا تو وہ رام نام جپنے لگتی، اُسے اس مذہب سے بھلا کیا لگاؤ ہو سکتا تھا جس کی الف بے سے اُس کا خاوند بھی واقف نہ تھا کہ اس واقفیت کی اُسے کبھی کچھ حاجت ہی نہ ہوئی تھی۔ اس کے باوجود وہ بنیادی طور پر ایک مذہبی عورت تھی، لہناں سنگھ کے گھر میں تھی تب بھی وہ باقاعدگی سے گرنتھ صاحب کو متھا ٹیکنے والی گوروبانی الاپنے والی عورت تھی. اُس کی یہ خصلت بدلی نہ تھی وہ اب بھی باقاعدگی سے نماز پڑھنے اور متّھا ٹیکنے کی کوشش کرتی.. رمضان کے مہینے میں پورے روزے رکھتی.. جب وہ صاحباں کو پیر بخش کمہار سے منگوائی ہوئی فضول کتابوں پر ہمہ وقت اپنے لرزش میں آئے ہوئے سر کو قائم رکھنے کی کوشش کرتی جھکی ہوئی دیکھتی تو اُسے بہت قلق ہوتا.. اُس نے پورا قرآن پاک دنوں میں پڑھ لیا تھا پر وہ اُس پر کبھی نہ جھکتی تھی.. اُس کی

خواہش تھی کہ وہ اپنے سوہنے ربّ کی لکھی ہوئی کتاب بھی پڑھے..ایک بار اُس نے گجرات کے سائیں کاواں والی سرکار کے دربار سے لائی ہوئی ایک تسبیح اور ایک تعویذ اُس کی اپاہج گود میں رکھتے ہوئے لجاجت سے کہا ''صاحباں..کبھی تسبیح پھیر لیا کر..اللہ اللہ کر لیا کر دھیئے..''

نیم مردہ بازوؤں کو اپنی اُس گود میں سمیٹتی جس میں ایک تسبیح اور ایک تعویذ متروک حالت میں پڑے تھے' بے اختیار جنبش میں آتے سر کو سنبھالتی اور اپنے باریک ترچھے ہوئے نازک لبوں سے اور آنکھوں کی سیاہ سحر انگیزی سے مسکراتے ہوئے صاحباں کہنے لگی ''پر کیوں؟''

''اُس کا شکر ہم پر واجب ہے..''

''مجھ پر نہیں..''

''صاحباں وہ ہمیں جس حال میں رکھے ہمیں شکر ادا کرنا چاہیے..''

''اس حال میں بھی؟..کس چیز کا شکر ادا کروں ماں..اُس نے کُل خدائی کو بنایا اور پھر مجھ تک آتے آتے بناوٹ سجاوٹ سب بھول گیا..بس مٹّی کا ایک تھوبا بنا کر اُس پر سر لگا دیا..مجھے ایک عفریت بنا دیا..ٹانگیں سکیڑ دیں' بازو لٹکا دیئے..میری کمر پر ایک کوہان بنا دیا اور پھر ان میں دن رات کی مسلسل ٹیسیں اور تیز دھار درد کے برچھے گھونپ دیئے..تو میں اِن کا' اِس حال کا شکر ادا کروں..کیا اس حال میں بھی شکر واجب ہے یا اُس کا انکار واجب ہے..''

وہ جو کبھی امرت کور ہوا کرتی تھی اور اب کنیز فاطمہ تھی سناٹے میں آ گئی..واہگرو کو یاد کرتی توبہ استغفار کرنے لگی..

'صاحباں..ناشکری نہ بن..''

''وہ تو میں بن چکی ماں جی..اُسے کہو کہ مجھے شکر کا کوئی ایک جواز مہیا کر دے تو میں شکر کر لوں گی..''

بخت جہان بھی اس ناشکری اولاد کی پکار پر یکلخت چپ ہو گیا تھا..

آنسوؤں سے آلودہ رخساروں پر اُس پکار نے اتنا اثر کیا کہ وہ بھی خشک ہو گئے اور وہ اپنے نمبردار بھائی کو بُھول کر اپنے بیج سے پھوٹنے والے ایک سوکھے کیکر کے تڑے مڑے ٹنڈ کے لیے آزردہ ہوا جو کہ اُس کی بیٹی تھی..

اُس نے وہ زنگ آلود نعل اتنی دیر سے تھام رکھی تھی اور اُس پر اتنے آنسو بہائے تھے کہ وہ اُس کے بدن کا ایک ایسا حصہ ہو گئی تھی جو الگ نہ ہو سکتا تھا۔ بخت جہان نے اس بھیگ چکی نعل کو جہاں سے وہ ظاہر ہوئی تھی وہیں اُس اصطبل کی مٹّی میں دبا دیا اور پھر اپنی کمر پر ہاتھ رکھ کر دوسرے ہاتھ سے شکستہ ہوتی نانک کی مُھرتی ہوئی سرخ اینٹوں کا سہارا لے کر اُٹھا اور پھر صاحباں کی اب..مکمل طور پر رات میں مزید رات ہوتی اندھی کوٹھڑی میں ٹھوکریں کھاتا داخل ہو گیا ''صاحباں پُتّر..''

کنیز فاطمہ بھی اُسی کوٹھڑی میں کہیں گھوک سوتی تھی..

''ہاں چاچا..''

وہ اُس تاریکی میں ایک ہیولا بھی نہ تھی..کہاں نظر آتی تھی.تاریکی میں تاریک کہیں تھی..

''پُتّر..تجھے بہت درد ہو رہی ہے؟''

''آہو چاچا..'' صاحباں کا متحرک دماغ ایک لمحے کے لیے ساکت ہوا کہ آج میرے اس باپ کو کیا ہوا ہے.جس

نے کبھی پرواہ نہ کی تھی' کوٹھڑی میں جھانکنے سے بھی گریز کرتا تھا اور آج مجھ سے پوچھ رہا ہے کہ پُتر تجھے بہت درد ہو رہی ہے..

گھپ اندھیرے میں دیکھا تو نہیں جا سکتا پر اگر کوئی دیکھ سکتا تو بخت جہان کی بجھتی نیلی آنکھوں میں سے جھرنوں کی مانند پھوٹنے والے آنسوؤں کو دیکھ لیتا..

''پُتر میں تیرے لیے کیا کروں؟''

''چاچا.. تو برابر کی کوٹھڑی میں گرد سے اٹے گراموفون کی چابی بھر.. ایک نئی سُوئی لگا کر اُس پر وہ ریکارڈ رکھ دے.. بدر یا برس گئی اُس پار.. اگر تو اس اندھیرے میں وہ تلاش نہ کر سکے تو ''غم دیئے مستقل'' پر سُوئی رکھ دے۔ ان کے سننے سے میری دردیں اور ٹیسیں جو مجھے سونے نہیں دیتیں' کم ہو جاتی ہیں' مجھے سکھ ملتا ہے.. میں نے اگر شکر ادا کرنا ہے تو ان گیتوں کا کرنا ہے جو میرے دُکھ کم کرتے ہیں۔ اُس کا کیا کرنا ہے جس نے مجھے یہ دُکھ دیئے اور مستقل دیئے۔''

گاؤں کی تاریکی میں جہاں ابھی بخت جہان کی آہ و زاری کی صدائیں ہر در پر دستک دیتی تھیں اور دیّے بجھاتی تھیں اب وہاں خورشید' مکیش اور حمیدہ بانو کا گایا ہوا گیت ''بدر دیا برس گئی اُس پار'' اُنہی دروازوں پر اپنی کوملتا اور مدھر پن کے کومل ہاتھوں سے دستک دیتا تھا کہ اپنے دیّے پھر سے روشن کر لو اور صاحباں کی دردوں اور اذیتوں پر ٹکور کرتا اُنہیں کم کرتا برداشت کے لائق بناتا تھا.. بدریا برس گئی اُس پار!''

✦.......✦

محلّہ مغربی کی مسجد کے صحن میں کنویں کے قریب ایک کچّے چبوترے پر کھڑے اُس دُھند آلود سویر میں ایک مدّت سے وہاں کے امام حافظ جی کانوں پر ہتھیلیاں جمائے ایک لرزتی آواز میں اذان دے رہے تھے اور جب وہ حیّی اللفلاح پکارتے تو اُن کے ناتواں پھیپھڑوں کی پُھوک کم ہوجاتی اور اُن کی ناکارہ بائیں آنکھ مزید بھنچ جاتی.....

لاکھ کوشش کے باوجود دل ہی دل میں استغفار کرنے کے باوجود اُن کی توجہ بھٹک رہی تھی..میں ان بے دین ان پڑھ جاٹوں کو کتنی مدّت سے فلاح کی جانب بُلا رہا ہوں اور ان پر کچھ اثر ہی نہیں ہوتا.کیسی ڈھیٹ مٹّی کے بنے ہیں۔ فجر کی نماز کے لیے جو دس بارہ لوگ ایک ایک کر کے مسجد میں داخل ہوتے ہیں اُن میں سے بیشتر کمّی کمین' جولاہے' لوہار یا کمہار ہوتے ہیں اور جاٹ ذات کا اگر کوئی ایک فرد بھولا بھٹکا آ بھی جاتا ہے تو وہ بھی جیسے اللہ پر احسان کر رہا ہو کہ مجھ سے تمہیں اور کیا بندگی درکار ہے' میں اپنے ڈھور ڈنگر چھوڑ کر آ گیا ہوں تو میری بخشش تو پکّی ہوگئی کہ نہیں؟..

یہ جاٹ اُنہیں' حافظ جی کو بھی اپنا ایک کاماہی سمجھتے..نائیوں' میراثیوں یا جولاہوں سے ذرا افضل سمجھتے پر کاماہی سمجھتے جن کا کام مسجد کی صفائی ستھرائی کرنا..اذانیں دینا..مُردے نہلانا' قبر پر کھڑے ہوکر عربی میں دعائیں کرنا' سقاووں میں پانی بھرنا اور بچّوں کو سیپارے پڑھانا تھا۔ اس کے عوض میں وہ سر شام محلّہ مغربی کے ہر جاٹ گھرانے کے باہر کھڑے ہو کر صدا لگاتے تھے کہ بہن جی مولوی جی کی گُلّی..

تو اُن کی پھیلائی ہوئی چادر میں وہ بہن جی..کوئی ایسی چوہدرانی جس کے پلّے میں سوائے جاٹ ہونے کے تکبر کے اور کچھ نہ ہوتا اُن کے حصّے کی گُلّی..ایک روٹی اُن کی جھولی میں ڈال دیتی..اور وہ روٹی..اور ہر روٹی ایک پگھلے ہوئے لوہے کی مانند اُن کی جھولی جلا ڈالتی..وہ اتنی تضحیک محسوس کرتے..اتنی ڈھیر ساری دیسی گندم کی موٹی تنور کی روٹیاں وہ خود تو کھا نہیں سکتے تھے' وہ اُن کی بھینس کے کام آتیں..گاؤں بھر میں سب سے پلی ہوئی بھینس ہمیشہ مولوی صاحب کی ہوتی تھی کہ وہ روزانہ دیسی گندم کی موٹی روٹیوں کی جگالی کرتی تھی.بہت سے لوگ صرف ایک روٹی کو ترستے تھے پر مولوی صاحب کی بھینس درجنوں روٹیوں پر منہ مارتی موٹی ہوتی تھی۔بھینسوں کو بھی مذہب کے فربہ فوائد ہوتے ہیں..

فجر کی اذان اور نماز کے بعد جب حافظ جی ایک بوسیدہ ہوچکی صف پر لیٹے کمر سیدھی کر رہے تھے تو کنیز فاطمہ آ گئی..''حافظ جی..وہ ساری رات کُفر بکتی رہی ہے صاحباں..آپ نے اُسے قرآن پاک پڑھایا اور کئی بار اپنے من کی موج میں وہ سیپارے کے سیپارے منہ زبانی پڑھتی جاتی ہے پر اب ایک اور عذاب نازل ہوگیا ہے..وہ میں کیا بتاؤں کہ کیا کیا

کہتی ہے اُس ذات کے بارے میں.. آپ سیانے بیانے ہیں آپ ہی اُسے کچھ سمجھائیں.. مہربانی کریں حافظ جی..''

صحن میں پھیلی ہوئی سویر کی سفیدی اُس اندھیری کوٹھڑی میں بھی سرائت کرتی تھی اور وہاں اُس کا من موہنا سُرخ وسفید چہرہ سوہنے نین نقشوں والا جگمگا رہا تھا.. ایسے روشن تھا کہ اُس پر نظر نہ ٹھہرتی تھی.. بقیہ دھڑ چادر میں روپوش تھا صرف چہرہ ظاہر ہو رہا تھا ایک سورج کی مانند.. حافظ جی ٹھٹک گئے' اُس کے سوہنے پن کی تاب نہ لا سکے.. اُنہوں نے سر جھکا کر زیرِلب دافع بلیّات وجنّات کے دم درود پڑھے اور آنکھیں بند کر کے سر کو بائیں سے دائیں جانب جنبش کرتے اُس پر.. اُس کے چہرے پر پھونکیں مارنے لگے.. صاحباں کے ہونٹوں پر ایک شرارت آمیز مسکراہٹ کھیلنے لگی.. اُن کے پاس دین کا جو تھوڑا بہت علم تھا وہ اُس کے حوالے سے اُسے سمجھاتے رہے کہ بھول چُوک سے اگر شرک یا کفر کا کوئی کلمہ منہ سے نکل جائے تو صدق دل سے اُس کی معافی مانگنے سے وہ جو معاف کرنے والا ہے معاف کر دیتا ہے..

''حافظ جی.. اُس کی مرضی کے بغیر ایک پتّہ بھی نہیں ہل سکتا.کیا یہ سچ ہے؟''

اُنہیں یکدم ایسے سوال کی توقع نہ تھی..''ہاں.. یہی سچ ہے۔''

''تو مجھے اُس نے اپنی مرضی سے ایسا بنایا جان بوجھ کر..تو کیا یہ بھی سچ ہے..''

وہ کچھ کہتے کہتے چپ ہو گئے اور پھر قدرے توقف کے بعد نرمی سے بولے''اُس کی مرضی کے سامنے ہم سب بے بس ہیں پُتّر..''

''تو وہ میرے لیے تو رحیم اور کریم نہ ہوا جو مجھے ایسا بنا دیا.. اُس کی قہاری اور جباری مجھ پر ہی کیوں آزمائی گئی.. میرے باپ بخت جہان پر کیوں نہ آزمائی گئی جس نے کُل خدائی پر زندگی تنگ کر دی تھی.. مجھ پر ہی کیوں حافظ جی.''اُس کا وہ چہرہ جو ابھی جگمگاتا تھا تاریکی میں ڈوبنے لگا..

حافظ جی اپنی پگڑی کے پلّو سے آنسو پونچھتے ہوئے اٹھے.. کہ صاحباں اُن کے ایمان کو بھی متزلزل کر رہی تھی اور چلے گئے..

شائد اُس کے اندر کڑواہٹ کا جو غبار تھا وہ حافظ جی کے اُن آنسوؤں سے قدرے دُھل گیا جنہیں وہ اپنی پگڑی کے پلّو سے پونچھتے اُٹھے تھے.. وہ جانتی تھی کہ دل ہی دل میں وہ بھی اُس کی حالت زار کے شاکی تھے.. یہ آنسو اُسی کا اظہار تھے.. بدن میں اُٹھتی ٹیسیں قدرے مدھم ہو گئیں اور وہ ایک اونگھ میں چلی گئی..

''حیّ الفلاح.... حیّ....''

اُس اونگھ کے اندر اُس نے سوچا کہ حافظ جی نے ابھی تو اذان دی تھی' اب دوبارہ کیوں شروع ہو گئے ہیں اور پھر اُس کے حواس ذرا بیدار ہوئے اور اُسے احساس ہوا کہ باہر دوپہر ہو چکی ہے' یہ عصر کی اذان تھی.. جو کچھ اُس نے کہا اگرچہ وہ سچ تھا پر کیا اُس کا اظہار ایسے سخت لہجے میں کرنا مناسب تھا حالانکہ آج کی مانند جو کچھ اُس نے کہا وہ بھی سچ تھا پر کہنا نہیں چاہیے تھا.. اور اس کہہ دینے کے لیے اگر صدق دل سے معافی مانگ لی جائے تو کیا حرج تھا.. اُسے یکدم ایک گیلاہٹ کا احساس

ہوا' وہ ایسی حالت میں نہ تھی کہ فلاح کی جانب آ سکے' اپنی غلاظت میں لتھڑی ہوئی پڑی تھی.. ناک میں آتی بدبو نے اُسے ہمیشہ کی طرح شرمندہ کر دیا اور وہ بہت دیر تک سمٹی ہوئی اپنی گندگی کو سہتی رہی اور جب اُس سے برداشت نہ ہو سکا تو اُس نے اپنی سکت کے مطابق فریاد کی ''بے بے..''

کنیز فاطمہ صحن کی دیوار کے سائے میں بخت جہان کے پاؤں کے ناخن ایک کُند قینچی سے کاٹ رہی تھی' اُس کی نظر اتنی کمزور ہو چکی تھی کہ بھری دھوپ میں بھی اُسے کچھ اندازہ نہ ہو رہا تھا کہ ناخن کہاں ختم ہوتے ہیں اور انگلیوں کا گوشت کہاں سے شروع ہوتا ہے' بس اٹکل پچو قینچی چلا رہی تھی.. جونہی اُسے صاحباں کی.. ''بے بے..'' کی فریاد سنائی دی وہ ٹھٹکی اور بخت جہان کی ایک آہ بلند ہوئی.. ناخن کے ساتھ اُس کے انگوٹھے کا تھوڑا سا گوشت بھی قینچی کی زد میں آ گیا تھا..

اندھیری کوٹھڑی کا دروازہ کھلتے ہی اُس نے پکارا ''بے بے.. میں فلاح کی جانب نہیں آ سکتی' سر سے پاؤں تک ناپاک ہوں.. گندی ہو گئی ہوں..''

کنیز فاطمہ نے بانہیں پھیلا کر لتھڑی ہوئی بیٹی کو اُن میں سمیٹا' اُسے اٹھانے لگی تو اپنے پاؤں پر ذرا لڑکھڑائی اور پھر سنبھل گئی' اب اُس میں اتنی سکت نہ رہی تھی' وہ اُس سے سنبھلتی نہ تھی.. وہ کوئی کومل نرم و نازک مزاج اور آسانی سے زیر ہونے والی عورت نہ تھی' ایک کٹھور دل پتھر دل والی مردوں سے بھی بھڑ جانے والی عورت تھی کہ جب بخت جہان کے لیے اُس کا دل پگھلا تھا تو اُس نے پل بھر میں لہناں سنگھ کو ترک کر دیا تھا' اپنے بیٹوں سمیت اسی ویہڑے میں دندناتی داخل ہو گئی تھی.. وہ تو بخت جہان سے بھی دبتی نہ تھی پر صاحباں آئی تو اُس میں گداگروں والی لجاجت پیدا ہو گئی' اُس کی ہڈیوں میں جو پارہ بھڑکتا تھا وہ پانی ہو گیا.. جس شب ویہڑے میں.. آج سے چوبیس برس پہلے دُلاری بائی....'' چھٹے درد فراق والیے.. ایسے گاتی ایسے ناچتی تھی کہ لہناں سنگھ تو کیا کنجوس اروڑوں نے بھی اپنی پوٹلیاں اُس پر لٹا دی تھیں اور وہ کنیز فاطمہ اُس کوٹھڑی میں جواب صاحباں کا دائمی مسکن تھا درد کی کرپانوں سے چری جاتی تھی اور جب اُس نے ایک سرسبز گل بہار ہری بھری بیٹی کی بجائے ایک سوکھے سڑے ٹنڈ منڈ' بے جان سے شجر ایسی بیٹی کو دیکھا تو اولین صدمے کے بعد وہ اُسے دنیا جہان سے پیاری ہو گئی.. ایک نامکمل وجود نے کنیز فاطمہ کو مکمل کر دیا.. وہ اُس کی جانب نظر کرتی تو اُس میں سے اُلفت کے جھرنے پھوٹنے لگتے.. اُس کی غلاظت صاف کرتی اُس کے کبڑے نیم جان کچلے ہوئے بدن کو صاف کرتی نہلاتی تو اُسے ذرہ بھر کراہت نہ آتی' بلکہ وہ ایک روحانی راحت کی کیفیت میں چلی جاتی جیسے وہ' صاحباں ایک عیسیٰ ہو جسے ابھی ابھی سُولی سے اُتارا گیا ہو اور وہ اُس کے بدن کو دھوتی ہو' اُس کے زخموں پر اپنے پیار کی مرہم لگاتی ہو.. اُسے کچھ گھن نہ آتی.. اگر وہ اُس ٹوموں بھری پوٹلی کو بخت جہان اور گُل جہان سے روپوش رکھتی تھی' محمد جہان کی قبر کھودنے کے الزام میں سب سہتی تھی اور بولتی نہ تھی تو وہ محض دونوں بیٹوں کی شادیوں کے لیے یہ سب نہ سہتی تھی' درپردہ صاحباں تھی.. کیا پتہ ڈاکٹر عنائت کی تشخیص درست نہ ہو جس کے مطابق اُسے اگلے چھ برس میں مر جانا تھا اور وہ جیتی رہے' تب زیوروں کی یہ پوٹلی اُس کے کام بھی آئے گی..

وہ اُسے بانہوں میں سمیٹ کر باہر ویہڑے میں لے آئی اور بخت جہان آگاہ تھا کہ وہ کیوں اُسے اٹھائے ہوئے چلی آ رہی ہے تو اُس نے اپنی نظریں جھکا لیں تا کہ وہ اُسے پانی کے نل تلے نہلاتے' پونچھتے نہ دیکھے۔

نہلا دھلا کر اُس کے کپڑے بدلے تو وہ ایسے نکھر گئی' تر وتازہ اور ستھری ہوگئی کہ اُسے' صاحباں کو یقین ہوگیا کہ وہ اُس بھیانک اور درد آمیز خواب سے جاگ گئی ہے جس میں وہ ایک تاریک کوٹھڑی میں لتھڑی پڑی تھی اور اُس کے اعضاء کام نہ کرتے تھے' ہاتھ پاؤں لٹکتے تھے.. درد کے تیر ہر مُو میں کھبتے تھے.. وہ تو ایسے نکھر گئی کہ اپنی ہم عمر مٹیاروں کی مانند کدکڑے مارتی' قلانچیں بھرتی اپنے باپ کی حویلی کا پھاٹک پار کر کے باہر کی اُس دنیا میں سانس لے سکتی تھی جس میں اُس نے کبھی سانس نہ لیا تھا۔

''صاحباں.. لے چلوں..''

''بے بے.. مجھے شیشہ تو دکھا دے.. میں اپنے آپ کو دیکھوں تو سہی..''

کنیز فاطمہ نے اچنبھے سے اپنی بیٹی کو آنکھوں میں پھوٹتے لاڈ پیار کے جھرنوں سے دیکھا' اُس نے ایسی فرمائش پہلے تو کبھی نہ کی تھی.. بہت کھوج کے بعد ایک دراڑوں سے شکستہ آئینہ ملا جسے سامنے رکھ کر وہ اپنے بالوں میں خضاب لگاتی تھی.. انگوٹھے اور چاروں اُنگلیوں کی گرفت میں لا کر اُس آئینے کو اُس نے صاحباں کے سامنے کر دیا..

اُس شکستہ آئینے میں جو اُس کی ماں کے ہاتھ میں لرز رہا تھا صاحباں نے اُس زندگی میں پہلی بار اپنی شکل دیکھی.. جو اُس نے دیکھا اُس پر اُسے اعتبار نہ آیا.. اُسے اپنے اس چہرے کو پہلے دیکھ لینا چاہیے تھا کہ ایسے چہرے تلے اگر ایک کچلا ہوا کبڑا بدن ہو تو بھی یہ جینا اس قابل تھا کہ جیا جا سکے.. وہ جمالِ ہیر کی تصویر تھی.. اُس کے ماتھے پر حُسن کا ماہتاب چمکتا تھا.. نین نرگسی ہرن ممولڑے تھے اور گال دہکے ہوئے گُل گلاب کے تھے.. بھویں مثل کمان لاہور کی تھیں جن کے حُسن کا انت حساب نہ تھا.. چہرے سوہنے پر خد وخال ایسے جچتے تھے جیسے خوش خط حرف کتاب کا ہو..

پر اس چہرے تلے ہیر نہ تھی ایک عفریت تھی اُس کا بیان کیا کرنا..

کنیز فاطمہ کی اُنگلیاں اُس آئینے کو تھامے ہوئے ساکت رکھنے کی کوشش میں ہارنے لگیں پر صاحباں اپنے آپ کو دیکھتی تھکتی نہ تھی.. دیکھے چلی جا رہی تھی اور مسکراتی چلی جا رہی تھی.. اگرچہ اُس کی مسکراہٹ میں بھی ایک ٹیڑھا پن تھا.. قدرے متکبر جیسا کہ بخت جہان کی گردن میں تھا' مسکراہٹ کونوں میں سے ماس کھینچتی تھی..

وہ اُس شہزادے کی مانند تھی جس کے محل میں تمام آئینے توڑ دیئے گئے تھے تاکہ وہ اپنی شکل نہ دیکھ سکے اور جب وہ ایک گھنے جنگل میں پوشیدہ ایک تالاب کے پانیوں پر جھکتا ہے اور زندگی میں پہلی بار اپنی شکل کا عکس دیکھتا ہے تو وہ اپنے آپ پر فریفتہ ہو جاتا ہے۔ اپنی شکل سے نظریں نہیں ہٹاتا اور بالآخر جان دے دیتا ہے۔

''اب چلیں صاحباں..'' اُس نے آئینہ پرے کیا تو صاحباں کی آنکھوں کے آگے نصیب کا اندھیرا چھا گیا۔

''ہاں بے بے..''

کنیز فاطمہ نے بمشکل اُسے اپنے بازوؤں میں سمیٹا اور کوٹھڑی کی جانب پہلا قدم اُٹھایا تو صاحباں نے بھی بمشکل اپنا سوکھا ہوا بازو اُٹھا کر اُس کے رخساروں پر رکھ دیا ''بے بے مجھے اُس اندھے کنویں میں ابھی نہ لے جا.. اُس چوکھٹ کے پار لے جا.. جس کے پار میں آج تک نہیں گئی.. جیسے میں نے آج حیاتی میں پہلی بار اپنے آپ کو دیکھا ہے ایسے میں اُس جہان کو بھی دیکھنا چاہتی ہوں جو اس چوکھٹ کے پار ہے..''

وہ آج کیسی کیسی آرزوئیں کر رہی ہے اور کیوں کر رہی ہے۔''پُتر.. باہر جا کر کیا کرنا ہے..وہاں ذات برادری کے لوگ ہوں گے..اُن کے لیے تم اب تک ایک واہمہ ہو،وہ حقیقت کو دیکھیں گے تو ایک مسرّت بھرے صدمے میں چلے جائیں گے..تم پر ترس کھائیں گے اور وہ مجھے قبول نہیں..''

''نہیں نہیں بے بے..'' وہ منّت کرتی بھی کیسی پیاری اور معصوم لگ رہی تھی۔''اس سمے..عصر کی اذان کے بعد تو گلیاں سُونی ہو جاتی ہیں..کوئی ایک مرد بھی محلّہ مغربی میں نہیں ہوتا سب کے سب اپنے کنوؤں اور کھیتوں میں جُتے ہوتے ہیں اور اُن کی عورتیں گھریلو کاموں میں رُجھی ہوتی ہیں، کوئی نہیں ہوگا..اور اگر کوئی ہوا بھی تو بخت جہان کی بیٹی کی جانب آنکھ اٹھا کر دیکھنے کی جرأت کر سکے گا..مجھے لے چل..'' کنیز فاطمہ اُس چارپائی کو کھینچتی گھسیٹتی ہوئی چوکھٹ کے پار گلی میں لے گئی جس پر صاحباں ڈھیر تھی..

اور وہاں گلی میں بھری دوپہر کا ایک سنسان سنّاٹا راج کرتا تھا..دور دور تک کوئی بندہ بشر نہ تھا، نہ آدم نہ آدم زاد..

''بے بے..'' اُس نے اُس نئے نویلے جہان میں ایک طویل سانس لی کہ ایسی ہوا اُس کے پچکے ہوئے پھیپھڑوں میں کبھی نہ اُتری تھی..''تم بناشک چاچے کے پاؤں کے ناخن کاٹو..وہ تمہارا منتظر ہے۔''

''تمہیں چھوڑ کر چلی جاؤں؟''

''ہاں بے بے..''

''تم نے ادھر سے ہلنا نہیں..کہیں جانا نہیں۔''

''بے بے..'' اُس نے اپنا ماہتاب چہرہ کنیز فاطمہ کے رخساروں کے ساتھ لگا دیا''میں کہیں آنے جانے جوگی ہوں..ایک قبر سے کہتی ہو کہ کہیں جانا نہیں..مجھے کچھ سانس لے لینے دو..مجھے کچھ نہیں ہوگا تسلّی رکھو۔''

وہ فکرمند ہوتی اُسے وہاں چھوڑ کر چوکھٹ کے پار اُس صحن میں چلی گئی جہاں اُس کا خاوند ابھی تک ناخن کے ساتھ اُس ماس کے کٹ جانے پر کراہ رہا تھا۔

باہر تو بھری دوپہر میں بہار آئی ہوئی تھی..کیسے رنگا رنگ انوکھے پھول کھلے ہوئے تھے اور وہ ایک تاریک کنویں میں پڑی..نابینا اور بے مہک پڑی تھی..اُس نے ایک اور اگرچہ مسمار ہوتے پھیپھڑوں میں سے کھینچ کر سانس لیا تو اُس میں کیسی کیسی سحر انگیز مہکیں تھیں..اُس کے مرجھائے ہوئے ہونٹ ذرا سکڑ سکڑ کر ایک مسکراہٹ میں پھیلنے لگے..یہ اُس کی حیات کا سب سے بخت آور دن تھا..اُس نے پہلی بار اپنے آپ کو دیکھا تھا اور اس جہان کو محسوس کیا تھا جو چوکھٹ کے پار تھا..

دوپہر کے رُکے ہوئے سنّاٹے میں محلّہ مغربی کے گھروں کی کچّی دیواریں دم بخود کھڑی تھیں اور اُن سے پرے مسجد کے میناروں کے پچّی کاری اور شیشوں کے ملتانی کام سے آراستہ گنبد دھوپ کی زد میں آکر لشکارے مارتے تھے..گنبدوں کے اوپر دھات کی بنی ہوئی بھنبھیریاں نصب تھیں جو ذرا سی ہوا کے چلتے ہی گھومنے لگتی تھیں..وہ تنگ گلی جو مسجد کی سیڑھیوں تک چلی گئی تھی اُس کے درمیان میں ایک کچّی نالی جو سیاہ کیچڑ سے بھری پڑی تھی اور اُس کیچڑ پر سے گندا پانی اٹک

اٹک کر بھی بہنے بھی لگتا تھا اُس کے گرد چھ سات بطخیں کیچڑ میں کیڑوں مکوڑوں کی تلاش میں چونچیں مارتی قیں قیں کرتی اُس رُکے ہوئے سناٹے کو توڑتی تھیں..وہ اپنی چونچوں میں کیچڑ بھر کر گردنیں آسمان کی جانب کرتیں اور پھر چونچوں کے دونوں جانب کے سوراخوں میں سے وہ کیچڑ بہہ جاتا اور اُس میں جو کیڑے مکوڑے پرورش پاتے تھے وہ اُن کی گردنوں کے راستے پیٹ میں اُتر جاتے تھے..

یہ اُس کی زندگی کی پہلی زندہ بطخیں تھیں..

وہ اُن بطخوں سے کتنی مختلف تھیں جن کی تصویریں اُس نے قاعدوں اور کہانیوں کی کتابوں میں دیکھی تھیں..اور کیا وہ تمام پرندے اور جانور بھی اتنے ہی مختلف ہوں گے جنہیں وہ محض تصویروں کے توسّط سے پہچانتی تھی..کبھی کبھار جب سرِ شام مویشی گھروں کو لوٹتے تھے تو اُس نے صحن میں پڑے اُن کی ایک جھلک دیکھی تھی..بھینسوں کی تصویریں سچ مچ کی بھینسوں سے کہیں بہتر تھیں..پر یہ بطخیں جو پَر پھڑ پھڑاتی گندی نالی میں چونچیں ڈالے غُل کرتی تھیں یہ تو ایک عجوبہ تھیں..ان کی آنکھیں سیاہ موتیوں ایسی تھیں جو اُن کی سفیدی میں جڑے ہوئے تھے..تو پھر اُن سارے پرندوں اور جانوروں کو دیکھنا..اپنی آنکھوں سے..زندہ دیکھنا کیسا ہوگا جنہیں وہ تصویروں میں دیکھتی آئی تھی..پر اُن سب کو دیکھنے کے لیے تو دنیا کو دیکھنا ہوگا..اور دنیا کو دیکھنے کے لیے ایک متحرک اور صحت مند بدن درکار ہوتا ہے..صرف اُس کا چہرہ جس کے اندر ایک متحرک دماغ تھا اپنے ناکارہ اور نیم مُردہ بدن کو ترک کر کے اُس دنیا میں تو نہیں جا سکتا تھا..وہ سب کے سب پرندے اَن دیکھے رہ جانے تھے...وہ سارے جانور تصویروں میں ہی دفن ہو جانے تھے...

وہ اس امر سے آگاہ ہو چکی تھی کہ اُس جیسے بدن والے لوگوں کی حیات مختصر ہوتی ہے..وہ تادیر نہیں جیتے..اور اس کے باوجود وہ ربّ اُنہیں اتنی سی سہولت بھی عطا نہیں کرتا کہ وہ مرنے سے پہلے سارے پرندے اور جانور اپنی آنکھوں سے زندہ حالت میں دیکھ لیں..وہ قادر تو ہے مگر عادل نہیں ہے..بابو درزن کے کچّے کوٹھے کے ویہڑے میں سے اُپلوں کا سلگتا ہوا دھواں سفید ہو کر دوپہر کی دُھوپ میں اٹھتا تھا..

وہ جو ابھی جینے کی تمنائی ہو رہی تھی محض چند بطخیں دیکھ کر مرنے کی آرزو کرنے لگی کہ ایسی بے کار، بے حس اور بے حرکت حیات کس کام کی جس میں دنیا نہ دیکھی جائے اور اُس کے آسمانوں پر اُڑتے اور جنگلوں میں کوکتے اور جھاڑیوں میں پُھدکتے اور تالابوں میں تیرتے پنکھ پکھیرو..نہ دیکھے جا سکیں۔

اگرچہ وہاں ایک رُکا ہوا سنسان سنّاٹا تھا..کوئی بندہ بشر نہ تھا، صرف چند بطخیں تھیں پر وہاں اچھو شیخ تھا..

وہ اُس دوپہر بھی کوڑے کرکٹ کی گندگی کی ڈھیر پر اطمینان سے براجمان کانچ کے ایک نوکیلے تیز دھار ٹکڑے کو نہایت دل جمعی اور دھیان سے اپنی گردن پر جہاں شہ رگ اُبھرتی ہے وہاں پھیر رہا تھا اور اُس پر تازہ خون کی بوندیں گرتی تھیں۔

صاحباں نے جب اُن بطخوں کے سحر سے اپنی نگاہوں کو آزاد کیا اور اُدھر شیخوں کے محلّے کی جانب نظر کی تو وہاں بڑھاپے کی دہلیز پر قدم رکھتا اچھو شیخ تھا جو ہولے ہولے اپنی گردن کو کانچ کے ایک ٹکڑے سے کاٹنے کے پُرمسرّت مشغلے میں مشغول تھا..

صاحباں کی نظر اُس پر گئی تو وہیں ٹھہری رہی.. اُس کی ماں محلّہ مغربی کے ہر مکین کے بارے میں اُسے نہایت تفصیل سے بتاتی رہتی تھی اور اُن میں اچھو شیخ کا کردار بھی تھا جو ہمہ وقت خودکشی پر آمادہ رہتا تھا' کوڑے کے ڈھیروں میں سے شیشے کے ٹکڑے تلاش کر کے اُنہیں اپنی گردن پر تب تک پھیرتا رہتا تھا جب تک کہ اُس میں سے نکلنے والے خون کی زیادتی سے یا تو وہ بے ہوش ہو جاتا تا اور یا پھر اُس کی ماں دوہائی دیتی ہوئی اُسے اپنے کلیجے سے لگا کر واپس گھر لے جاتی۔

بطخوں کے بعد وہ پہلا ذی رُوح تھا جسے وہ سچ مچ دیکھ رہی تھی' اُس کے چہرے کا نکھار جو اُس کے نہلائے جانے پر ظاہر ہوا تھا اچھو شیخ کو یوں مشغول دیکھ کر مُرجھانے لگا... شائد اُسے بھی احساس ہو گیا تھا کہ سارے کے سارے پرندے اور جانور اُن دیکھے رہ جاتے ہیں اس لیے اس بے کار حیات کا کیا فائدہ.. کیوں نہ اسے کانچ کے ایک ٹکڑے سے کھرچ کھرچ کر خون آلود کر دیا جائے اور اس سے نجات حاصل کر لی جائے..

اچھو شیخ اُس کی جانب کب دیکھتا تھا وہ تو اپنے فرض کی ادائیگی میں مگن اپنے لہو کی بوندوں کو دیکھ کر پُرمسّرت ہوتا تھا..

پر جب وہ اپنے ماتھے سے پسینہ پونچھنے کی خاطر.. ذرا دم لینے کے لیے رُکا تو اُسے بخت جہان کی چوکھٹ کے آگے گلی میں پڑی چارپائی پر صاحباں نظر آ گئی جو ٹکٹکی باندھے اُس کی جانب دیکھے چلی جا رہی تھی..

''بھرا جی..'' صاحباں نے اُسے پکارا..

وہ.. اچھو شیخ ٹھٹک گیا..

اُسے آج تک کسی نے اتنی قربت سے ''بھرا جی'' کہہ کر مخاطب نہ کیا تھا.. بے شک اُس کے دماغ کو اذیّت اور درد کے سندیسے پہنچانے والی شریانیں مُردہ ہو چکی تھیں پر وہاں کوئی ایک شریان ایسی تھی جو محبت کے اشارے وصول کر سکتی تھی..

''جی بہن جی..''

''میں بخت جہان کی بیٹی ہوں صاحباں.. پہلی بار چوکھٹ سے باہر آئی ہوں.. میں اس قابل نہیں ہوں کہ ترے پاس آ سکوں.. تم آ جاؤ بھرا جی۔''

اچھو شیخ اُس کاٹھ کباڑ کے ڈھیر سے اُٹھ کر خون آلود کانچ کا ٹکڑا سینے سے لگائے اُس کے قریب آ گیا۔ ''جی بہن جی..'' اُس کی گردن کے گھاؤ سے خون رِستا تھا۔

''بھرا جی.. تم ایسا کیوں کرتے ہو؟''

''میں..'' اُس کے ہونٹوں کے کناروں سے رال بہنے لگی ''کیا' ایسا کیوں کرتا ہوں''

''کانچ کے ٹکڑے سے اپنا گلا کاٹتے ہو تمہیں درد نہیں ہوتی؟''

''درد؟ وہ کیا ہے؟''

''جو مجھے مسلسل دن رات اُس اندھے کنویں میں ہوتا ہے۔''

ابھی تک پورے محلّہ مغربی میں دوپہر کی ویرانی تھی.. بابو درزن کے ویہڑے میں سے اُٹھنے والے دھویں کے سوا

زندگی کے کچھ آثار نہ تھے..

اچھو شیخ بہت پچھتایا کہ میں اپنی محفوظ آماجگاہ اُس کوڑے کرکٹ کے ڈھیر' ایک روہڑی سے اُٹھ کر یہاں کیوں آ گیا اور تب صاحباں نے اُس سے ایک سوال کیا' ایک درخواست گزاری.'' بھرا جی. میرا ایک کام کردو. اگر میں نے اس جہان کے سارے پنکھ پکھیرو اور جانور نہیں دیکھنے تو میرا ایک کام کردو.'' اُس کا ماہتاب چہرہ اور سوہنی ہیر شکل مرجھا رہی تھی ''میرے قریب آ جاؤ اور یہ سمجھو کہ میری گردن تمہاری ہے اور تم اس پر اپنا خون آلود کانچ کا ٹکڑا تب تک پھیرتے رہو جب تک کہ میرا ذہن میرے بقیہ دھڑ کی مانند مردہ نہیں ہو جاتا.''

''نہیں..'' وہ یکدم ذرا تشدّد پسند ہو گیا ''گردن اپنی اپنی..'' اور اُس نے وہ خون آلود کانچ کا ٹکڑا صاحباں کے سپرد کردیا..''میں روہڑی میں سے کوئی اور شیشے کا ٹکڑا تلاش کرلوں گا.'' اور سر ہلاتا کچھ گنگناتا واپس چلا گیا.

ٹوٹے ہوئے شیشے کے ٹکڑے کی تیکھی نوکیں بھی خون سے بھری تھیں..صاحباں نے اُسے بمشکل اپنی بے جان اُنگلیوں میں تھاما..ابھی یہ اُس کی حیات کا سب سے بخت آور دن تھا..اُس نے پہلی بار ایک شکستہ آئینے میں اپنا رُوپ دیکھا تھا..چوکھٹ کے باہر کے جہان میں سانس لیا تھا اور بطخیں دیکھی تھیں جو زندہ تھیں اور ابھی..نادیدہ پرندوں اور ان دیکھے جانوروں کا دُکھ اُسے بدبخت کرتا اس حیات کو اپنے ہاتھوں سے فنا کردینے کا فیصلہ کرتا تھا..

اُس نے گردن سیدھی کرکے اُس شیشے کے ٹکڑے کو رگ جاں کے قریب لاکر ذرا سا رگڑا..تو جونہی ماس میں سے پہلی خراش کی ایک بوند خون کی ٹپکی تو وہ اس اذیّت کو سہار نہ سکی اور چیخ اُٹھی..

ویہڑے کے اندر..بخت جہان کے پاؤں کے ناخن کُترتی کنیز فاطمہ جو ہمہ وقت چوکھٹ کے پار پڑی اپنی بیٹی کے دھیان میں تھی' لپک کر باہر آ گئی..

''بے بے..'' وہ اپنے نیم مردہ بازوؤں کو بلند کرنے کی ناکام سعی کر رہی تھی ''میں اپنی گردن خود سے نہیں کاٹ سکتی..بہت درد ہوتی ہے. تو میری مدد کر..کانچ کے اس ٹکڑے کو لے اور میری گردن پر پھیر دے..وہ بے شک قادر ہوگا پر اُس نے عدل نہیں کیا..پرندے سب کے سب اَن دیکھے رہ جائیں گے اور جانور سارے تصویروں میں قید ہو جائیں گے..میں اُن کو نہ دیکھ سکوں گی..مجھے مار ڈال..مائے!..''

؎ غم دیئے مستقل..اتنا نازک ہے دل..یہ نہ جانا..

✦ .... ✦

صحن سُونا ہو چکا تھا..

اُس کی درجنوں چہیتی، سوہنی سہانی اور من موہنی مرغیوں کے بعد وہ بانکا چھبیلا صاحب بہادر بھی رخصت ہو چکا تھا..اُسے تو وہ خود رخصت کر کے آئی تھی، چاچے بخت جہان کی گود کی ڈولی میں ڈال آئی تھی..ویہڑے پر دھریک کے زرد پتوں کا سر سراتا فرش بچھا تھا اور وہ کیسی شان سے اُس میں کھڑا اپنی گردن ڈھلکنے نہ دیتا تھا..

آپاں ماہلو بھی جب آج سے پینتیس برس پیشتر ڈولی میں رخصت ہوئی تھی تو صاحب بہادر کی طرح مرنے کے لیے ہی رخصت ہوئی تھی..اس چوکھٹ پر سے اُس کا جنازہ گزرا تھا..

دھریک کا ٹُنڈ منڈ ہو چکا درخت بھی نور بیگم کی رُوح میں تنہائی اور اداسی کے زرد پتّے آنسوؤں کی مانند گراتا تھا اور ہر پتّے پر آج ایک عرصے کے بعد آپاں ماہلو کی شکل تھی جو لُکن میٹی کھیلتی ہوئی جب اپنی سکھیوں سے چھپتی مٹّی کے بھڑولے میں روپوش ہو جاتی تھی تو وہ مٹّی اُس کی شکل کے سوہنے پن کے نور سے جگمگانے لگتی تھی اور وہ پکڑی جاتی تھی..

چاچے بخت جہان کے ویہڑے کی جانب سے ابھی ابھی ایک دل خراش چیخ سنائی دی تھی جو اُس کی کچلے ہوئے بدن والی اپاہج بیٹی صاحباں کی لگتی تھی.اگرچہ وہ اُس کی سگی چچازاد تھی پر اُس نے آج تک اُسے دیکھا نہ تھا..اور جن چند لوگوں نے اُسے دیکھا تھا اُن کا کہنا تھا کہ اُس کا چہرہ ماہلو کے حُسن والا تھا..اور ماہلو بھی زندہ نہیں رہتی اُس کی آسمانوں سے چُھوتی ہوئی پینگ کی رسّی پورے جوبن میں چیخ جاتی ہے..

آپاں ماہلو اُس کی یادوں کے صحن میں جھانجھریں چھنکاتی چلی آئی..

ساون بھادوں کا دم روکنے والا حبس ساکت تھا..گاؤں پر معلق، ٹھہرا ہوا تھا، ہر شے..کیا جاندار کیا بے جان بے دم ہوئی جاتی تھی..انسان کیا حیوان کیا منہ کھولے ہانپتے تھے..

کرونڈیا سانپ بھی سنگریزوں والے ویرانے میں حبس کا مارا زبان سرسراتا بل سے باہر اپنا تکونا سر زمین پر رکھے ادھ موا ہو رہا تھا..اور وہ ایک نیولا جو کرونڈیئے کی جان کا بیری تھا اُس کا سر دانتوں میں دبوچ کر اُسے کچل دینے کی آرزو ایک عرصے سے رکھتا تھا اور وہ دیکھ رہا تھا کہ کرونڈیا دو چار قدم کے فاصلے پر اپنے بل سے باہر سر رکھے بے جان پڑا ہے پھر بھی اُس کی جانب نہیں بڑھتا تھا کہ اُس کی ٹانگوں میں سے بھی جان جیسے کھینچ لی گئی ہو..حبس نے اُسے بھی بے حال کر

رکھا تھا.. جوہڑ کی تہہ میں پوشیدہ کچھوے اپنے چپّو نما پیر چلاتے کیچڑ سے پانیوں کو گدلا کرتے سطح آب میں سے اپنی گردنیں نکال کر اپنا منہ کھول دیتے اور وہاں بھی اُن کے لیے ہوا کا ایک سانس نہ ہوتا اور وہ پھر سے چپّو چلاتے تہہ میں اُتر کر کیچڑ میں روپوش ہو کر ہانپنے لگتے..

چھپکلیاں شہتیروں اور کچی دیواروں کے ساتھ چمٹی اپنے آپ کو اوندھا ہو جانے سے بمشکل بچاتی تھیں..

مینڈکوں کی آنکھیں جوہڑ کی سطح پر ساکت پڑی تھیں..

نواری چارپائی پر کروٹیں بدلتی اُس کی وائل کی قمیض بدن میں سے پھوٹنے والے پسینے میں بھیگی ہوئی ایک درزی کی مانند اُس کے نشیب و فراز کا ناپ لیتی تھی اور اُس کا بھی دم رُکتا تھا..

چارپائی کی سفید نوار بھی اُس کے پسینے سے نچڑنے کو آتی تھی..

یہ وہی دن تھے جن کے بارے میں کہاوت ہے کہ ان دنوں میں حبس کے مارے جاٹ بھی فقیر ہو جاتا ہے...

کیوں ہو جاتا ہے یہ تو صرف وہی جانتے ہیں جو ان موسموں میں گنّے کے کھیت میں گُم ہو کر اُس کی گوڈی کرتے ہوں..

''بے بے..'' ماہلو نے وائل کی نچڑتی ہوئی قمیض کے گریبان میں ہاتھ ڈال کر پسینے میں پھسلتی اپنی کومل چھاتیوں کو پونچھا اور صدا دی ''میرا ساہ بند ہونے لگا ہے.. میں خورشیداں لوہاری کے ساتھ دارے میں پینگ جھوٹنے کے لیے چلی جاؤں؟''

''نہیں..'' پسار کے کچّے فرش پر بے سُدھ پڑی بہشت بی بی پنکھے سے اپنے آپ کو تیزی سے جھلتی تھی پر مجال ہے کہ ہوا کا کوئی بھی شائبہ اُس کے پسینہ آلود چہرے کو چھوتا ہو..

بے بے پہلے تو ایسی نہ تھی. کبھی انکار نہ کرتی تھی.. پچھلے دو تین ماہ سے کچھ زیادہ ہی ڈاہڈی اور سخت گیر ہو گئی تھی.. چوکھٹ کے پار قدم دھرتی ہوں تو ڈانٹ دیتی ہے کہ ماہلو پاؤں اُٹھا کر اندر کر لے ورنہ اسے کاٹ دوں گی.. نہ سہیلیوں کے ساتھ لُکن میٹی کھیلنے دیتی ہے اور نہ ہی جُھولا جھولنے کی اجازت دیتی ہے.. تو کیوں اتنی سخت گیر ہو گئی ہے.

بہشت بی بی کے پاس ان پابندیوں کا مناسب جواز تھا.

تین ماہ پیشتر ماہلو کو کپڑے آ گئے تھے. وہ تب سے دن رات اُس کی حفاظت کرتی اُس پر نظر رکھتی تھی..

''بے بے..'' اُس نے پھر فریاد کی.. ''مجھے سانس نہیں آ رہا..''

پر اُس حبس آلود دوپہر میں بہشت بی بی پسیج گئی.. نرم پڑ گئی.. ایسی دم روکنے والی دوپہر میں یہ امکان ہی نہ تھا کہ کوئی اُس کی بیٹی پر نظر ڈالے.. کسی کا سانس چلتا ہو گا تو وہ نظر ڈالے گا ''چل دفع ہو جا.. پر خورشیداں لوہاری کے بغیر دارے میں پینگ جُھلانے کے لیے نہ جانا..''

ماہلو ایک جال میں پھنسی ہوئی ہرنی کی مانند کدکڑا مار کر اپنی بھیگی ہوئی نوار کی چارپائی سے اُٹھی، پاؤں میں جوتیاں اُڑسیں اور دھم سے پسار میں وارد ہو کر بہشت بی بی کے سامنے آ کھڑی ہوئی ''سچ مچ بے بے..''

''دفع ہو..''

صحن میں دھریک کا نو جوان بُوٹا بھی دم سادھے کھڑا تھا...

چوکھٹ پار کرتے ہوئے اُسے اُس کے اندر سے شیشم کے پتّوں کی تالیوں کی مدھم سی آواز آئی..

باہر گلی اتنی ویران تھی کہ نالی کے کیچڑ کو چونچوں میں بھر کر اُس میں سے کیڑے مکوڑے کشید کرنے والی بطخیں بھی موجود نہ تھیں..

شوکی لوہار کی کوٹھڑی کے باہر کھڑے ہو کر ماہلو نے خورشیداں کو کُرشیداں کہہ کر متعدد بار پکارا تو اندر سے کوئی جواب نہ آیا.. خصم کھانی جانے کہاں مرگئی ہے.. کچھ دیر بعد شوکی لوہار آنکھیں ملتا باہر آیا اور ماہلو کو اُس ویران گلی میں اپنی قمیض میں بھیگی ہوئی دیکھ کر چونکہ وہ ساری کی ساری ظاہر ہو رہی تھی، ششدر رہ گیا. اور پھر اُس نے اپنے آپ کو بہت مطعون کیا کہ یہ تمہاری بیٹی کے برابر ہے کچھ حیا کرو.. وہ نظریں نیچی کر کے بولا '' کُرشیداں تو اپنے مامے کے ساتھ چلی گئی ہے پتّر.. آج شام آجائے گی..''

بنا شک ماہلو نے بے بے سے وعدہ کیا تھا کہ وہ کُرشیداں کے بغیر دارے میں نہیں جائے گی پر اگر کُرشیداں اپنے مامے کے پاس چلی گئی تھی تو اس میں اُس کا تو کچھ قصور نہ تھا.

جاٹوں کے دارے یا چوپال کے صحن میں شیشم کے بلند اور گھنے شجر کی ٹہنیوں سے بندھا جھولا بھی حبس کا مارا ہوا یوں ساکت تھا جیسے اُس کی رسّی پٹ سن سے گُندھی ہوئی نہ ہو، پتھر کی ہو..

پتھر کی یہ رسّی جب ماہلو کے ہاتھوں سے چھوئی تو زندہ ہو کر حرکت کرنے لگی.

وہ سمٹ سمٹا کر اپنی بھیگی ہوئی پشت کو جھولے کے چوبی تختے پر جما کر ہولے ہولے اُسے جھلانے لگی..

دارے کے کنارے پر جو جوہڑ اُس سلگتی گرمی اور حبس میں بمشکل سانس لیتا تھا اور جس کی سطحِ آب پر متعدد مینڈکوں کی نیم مردہ آنکھیں پڑی تھیں اور اُس کے پار جو قبرستان تھا جس میں ماہلو کے آباؤ اجداد کی قبریں تھیں تو وہ کیسے جان سکتی تھی کہ اُن کے برابر میں اگلی قبر اُس کی ہوگی اور وہ جھولا جھلانے لگی. پسینے میں بھیگے ہوئے بدن کے زور سے جھولتی شیشم کے شجر کے سب سے بلند، آسمان کی قُربت میں حبس میں تھمے ہوئے پتّوں کو اپنی ناک سے چھونے لگی۔

اُس کے بدن میں سے ٹپکتے پسینے کے قطرے مٹّی پر جہاں جہاں گرتے وہاں سے پھُل جھڑیاں اور انار پھوٹنے لگتے۔

کوٹ مراد کا چوہدری امام بخش اپنے ماں باپ کا اکلوتا تھا.. مُراد بخش اُس کا دادا تھا جس نے ایک ویرانے میں اپنی مشقت کا خون پسینہ بہا کر اُسے آباد کر لیا تھا اور اُس کے ڈیرے کے گرد وہ بستی وجود میں آئی جسے کوٹ مراد پکارا جاتا تھا.. امام بخش اُس کا اکلوتا پوتا ساری زمینوں کا تنہا وارث تھا.. وہ ابھی سولہ برس کا نہ ہوا تھا جب اُس کی ماں نے اپنی سگی بھتیجی حیات بی بی کے ساتھ اُسے بیاہ دیا تھا تا کہ ان زمینوں میں اُس کے میکے والے بھی شریک ہو جائیں.. وہ اُس کی ماں کی سگی بھتیجی اُس سے پورے سات برس بڑی تھی، صورت شکل میں بھی ایسی تھی کہ امام بخش کے برابر میں بجتی نہ تھی کہ وہ ایک سجیلا گورے چٹے رنگ کا دراز قامت والا ایسا جوان تھا جس کی مونچھیں اتنی بھوری تھیں کہ سنہری دکھائی پڑتی تھیں، اُس کی

مسکراہٹ میں کوئی ایسا سحر تھا کہ وہ جس کی جانب دیکھ کر مسکرا دیتا وہ اُس کا اسیر ہو جاتا.. وہ ایک انتہائی شریف النفس، صابر شاکر اور مطیع شخص تھا. حیات بی بی کے ساتھ بخوشی گزارہ کرتا رہا..

حیات بی بی اُسے اپنے تین بچوں سے بڑھ کر چاہتی تھی اور اُس کی ہر ضرورت کا خیال رکھتی اُس کے آگے پیچھے پھرتی تھی..

اُس روز چوہدری امام بخش تحصیل ہیڈ کوارٹر میں ایک تاریخ بھگت کر کوٹ مراد واپس جا رہا تھا اور اُس کی گھوڑی کے آگے پیچھے دو میراثی اور تین جولاہے چلتے تھے اور حبس اتنا تھا کہ وہ پسینے کی وجہ سے بار بار کاٹھی پر سے پھسلتا تھا اور گھوڑی کے نتھنے سانس کھینچنے کی سعی میں پھول کر کُپا ہو رہے تھے اور وہ بار بار ٹھوکریں کھاتی تھی.. وہ راستے میں پڑتے دنیا پور کے اندر نہیں گئے بلکہ اُس سے پرے جوہڑ کے کناروں پر سے ہوتے ہوئے کوٹ مراد جا رہے تھے جب چوہدری امام بخش نے اُس جوہڑ کے پار جاٹوں کے کچّے دارے کے صحن میں سے اٹھتی ایک پینگ کو دور سے دیکھا..

اور اُس پینگ کو جُھوٹتی ماہلو کو دیکھ لیا..

پینگ ایک قوس کی شکل میں ہُلارا لیتی تو اپنے پیچھے ایک روشن کہکشاں چھوڑ جاتی.. امام بخش کا دل رُک گیا، اُس کے رکنے سے اُس کی گھوڑی رُک گئی اور اُس کے ہمراہ دونوں میراثی اور تینوں جولاہے رُک گئے..

اگلے روز ایک بنی ٹھنی میراثن بُوندی کے لڈوؤں کا ایک تھال سر پر اٹھائے ماہلو کے لیے چوہدری امام بخش کا رشتہ لے کر آ گئی تو بہشت بی بی اور محمد جہان نے صاف انکار کر دیا..

ماہلو پچھلی کوٹھڑی میں لیٹی اس صاف انکار کو سنتی تھی..

ہم محنت مشقت سے مختصر زمینوں پر گزارہ کرنے والے جاٹ ہیں اور کوٹ مراد والے ہم سے زیادہ حیثیت والے ہیں.. ہمارا اُن کا کوئی میل نہیں.. اور پھر چوہدری پہلے سے شادی شدہ ہے تین بچّوں والا ہے تو برادری کیا کہے گی کہ محمد جہان نے زمینوں کے لالچ میں اپنی بیٹی ایک سوکن پر بیاہ دی..

یہ تو نہیں کہ چوہدری امام بخش ایک ڈھلتی عمر کا، خضاب سے بال کالے سیاہ کیے ہوئے ایک پُر ہوس شخص تھا، وہ تو ابھی تیس برس کا بھی نہیں ہوا تھا لیکن شریکوں نے تو یہی کہنا تھا کہ نمبردار نے اپنی بیٹی کا حُسن فروخت کر دیا..

تو معاملہ یہیں ختم ہو گیا.. میراثن نامراد لڈوؤں سے بھرا ہوا تھال سر پر رکھ کر چلی گئی پر امام بخش کے اندر ماہلو کے عشق نے ایسے ڈیرے جمائے کہ وہ سودائی سا ہو گیا.. کنویں کے گرد مویشیوں کے جو کچّے کوٹھے تھے وہیں سو رہتا، گھر نہ جاتا، دنوں میں لاغر ہو گیا.. جس روز میراثن چوہدری کا رشتہ لے کر آئی تھی اُس کے پورے بیس دن بعد جب ماہلو ایک سویر بیدار ہوئی تو صحن میں دُودھ رڑھکتی اپنی نمبردارنی ماں کے گھٹنے سے لگ کر بولی ''بے بے.. میری بات غور سے سُن.. میں نے پچھلی رات خواب میں دیکھا ہے کہ عرشوں پر میرا نکاح چوہدری امام بخش سے ہو گیا ہے.. تو ہاں کر دے..''

بہشت بی بی کی چاٹی میں مدھانی کے مسلسل گھومنے سے جو دودھ، مکھن اور کچّی لسّی میں بدلنے کو تھا اور تلاطم میں تھا وہ یکدم ساکت ہو گیا ''ماہلو کچھ ہوش کر.. یہ تو کیا کہہ رہی ہے..''

''بے بے تو جانتی ہے کہ میں جھوٹ بولنے والوں میں سے نہیں ہوں.. میں دین ایمان سے سچ کہہ رہی ہوں.. عرشوں پر امام بخش کے ساتھ میرا نکاح ہو گیا ہے اور اب میں اُس کی منکوحہ ہوں..''

بہشت بی بی سر سے پاؤں تک لرز گئی.. اس براہ راست خدائی حکم اور مداخلت سے لرز گئی..

اُس روز محمد جہان نمبردار کا خاندانی میراثی کوٹ مراد جا رہا تھا.. چوہدری امام بخش کو اطلاع کرنے کہ ہمیں یہ رشتہ منظور ہے۔

یہ آج تک نہیں کھلا کہ کیا واقعی ماہلو نے ایک خواب میں عرشوں پر اپنا نکاح چوہدری امام بخش سے ہوتا دیکھا تھا یا اُس نے یہ سب کچھ گھڑا تھا کہ اُس نادیدہ محبوب کا سودائی پن اُس میں بھی سرائت کر گیا تھا اور وہ بھی اُس کے عشق میں گرفتار ہو گئی تھی.. امام بخش کی شکل اور بھوری مونچھوں کی بھی بڑی دھوم تھی' وہ جب گھوڑی پر سوار کسی گاؤں کی گلیوں میں سے گزرتا تو کنواریاں کواڑوں سے لگی اُسے چھپ چھپ کر دیکھتیں اور راتوں کو سو نہ سکتیں.. اور اگر ایسا سوہنا تمہیں جھولا جھلاتے دیکھ کر مر مٹے' خاک ہو جائے تمہارا ہاتھ مانگ لے اور صرف حیثیت کم ہونے کے باعث اور بیوی بچّوں کی وجہ سے اُسے کورا انکار ہو جائے تو یہ بھی عین ممکن تھا کہ اُسے حاصل کرنے کی خاطر ایک خواب بُن لیا جائے.. خواہش کی مٹّی کو خیال کے چاک پر چڑھا کر آرزو کا کوزہ تخلیق کر لیا جائے..

پر ایسا تو ہرگز نہ تھا..

ماہلو بے شک اُس شب اپنی نواری چارپائی پر بنا کسی خیال اور چاہت کے بے خبر سوئی تھی پر یہ حقیقت ہے کہ اُس کا وجود عرشوں تک جا پہنچا تھا جہاں امام بخش سہرا باندھے اُس کا منتظر تھا..

اُدھر بخت جہان افیون کی تیسری گولی نگلنے کے بعد چارپائی کا پایہ تھام کر اپنے آپ کو قائم رکھنے کی کوشش میں بے وجہ مسکراتا جاتا تھا' اُسے خبر کی گئی کہ محمد جہان نے کوٹ مراد کی جانب ہرکارہ روانہ کر دیا ہے کہ اُسے امام بخش کا رشتہ قبول ہے تو اُس کا نشہ سارے کا سارا غرق ہو گیا' حسد سے راکھ ہو گیا کہ وہ چوہدری جس کی گھوڑی کے سُموں تلے سے اُس کی زمینیں ختم نہ ہوتی تھیں وہ محمد جہان کا داماد ہو جائے.. اُس نے سر جھٹک کر اپنے گردن تک آئے ہوئے بالوں کو سنوارا اور مونچھیں مروڑتا ڈانگ پکڑ کر حویلی سے باہر آ گیا..

''اوئے محمد جہان..'' وہ اُس کی چوکھٹ کے قریب جا کر بند دروازے پر اپنی ڈانگ کھڑکا کر بولا.. اور ہاں یہ وہی چوکھٹ تھی جس کے باہر اُس نے آج سے برسوں بعد.. آنے والے بدل چکے زمانوں میں ایک مرنے والے مُرغ کے حصول کے لیے ہاتھ پھیلانے تھے'' کچھ تو شرم کر.. تجھے خاندان کی عزّت کا کچھ پاس نہیں.. میری سگی بھتیجی کا' ماہلو کا سودا کر لیا ہے.. اوئے بیچنی ہی تھی تو مجھے کہتا میں کسی راجے مہاراجے سے سودا کروا کے مہنگے داموں فروخت کر دیتا..''

کچھ عرصے سے اُس کے جُثّے کو ایک عجیب دُکھتی سلگتی حدّت نے اسیر کر کے چارپائی پر ڈال دیا تھا.. دوا دارو بہت ہوا پر اُس کا یہ مدھم بخار اُس کے بدن میں رچ گیا تھا' دن بہ دن سکت کم ہوتی جاتی تھی.. نقاہت کی اُس بے بسی میں اُس کے کانوں پر اُس کے چھوٹے بھائی کی آواز دستک دیتی تھی.. بیچنی ہی تھی تو مجھے کہتا میں کسی راجے مہاراجے سے سودا

کروادیتا..

''بہشتاں..''

وہ تو پاس ہی پائے کے ساتھ لگی تھی ''ہاں محمد جہان..''

''تو سُن رہی ہے کہ جہاناں کیا واہی تباہی بک رہا ہے گلی میں کھڑا ہو کر..سارا محلّہ سُن رہا ہے..''

''ہاں..''

''تو اُس بے دید کا منہ بند کر..مجھ سے تو اُٹھا نہیں جا رہا..''

''میں جاتا ہوں چاچا.'' اُس کا اکلوتا بیٹا عزیز جہان اگرچہ دل ہی دل میں اس چاچے کی دہشت سے لرزتا تھا پر اُس میں جو آبائی عزت نفس تھی سر اُٹھاتی تھی..

''نہیں پتر..'' محمد جہان نقاہت سے مسکرایا ''ابھی تیرا وقت نہیں..بہشتاں اٹھ'' نور بیگم بھی اٹھ کھڑی ہوئی.. اگرچہ وہ ابھی ایک بالڑی سی تھی پر اُس میں انکھ اتنی تھی کہ وہ بے دریغ اُس چاچے سے بھڑ سکتی تھی جس نے اُن کی حیاتی کو عذاب بنا رکھا تھا۔ ''چاچا میں جاتی ہوں..آپاں کے بارے میں باتیں کرنے والے کا میں بُوتھا بھن دوں گی..''

اور ماہلو ایک کونے میں بیٹھی خواہش کرتی تھی کہ کاش وہ عرشوں تک نہ پہنچی ہوتی..

''نہیں پتر..بہشتے تو اُٹھ۔''

بہشت بی بی نے اُترتی شام کی سیاہی کو زائل کرنے کی خاطر مٹّی کے دیئے میں کڑوا تیل ڈال کر اُسے روشن کیا اور طاق میں رکھ کر بولی ''میں جاتی ہوں..''

باہر ڈھلتی شام میں بخت جہان جُھولتا تھا..

اپنی ڈانگ کے سہارے اپنے آپ کو قائم رکھنے کی سعی کرتا تھا پر افیون کی تیسری گولی اُسے جُھولنے پر آمادہ کر لیتی تھی..

''جہانیاں''

وہ اس تخاطب سے اپنی جُھوم سے فوراً باہر آ کر قائم ہو گیا..کہ وہ اِس بھرجائی سے بے حد خائف تھا..اُس کا قیاس تھا کہ محمد جہان غضب ناک ہو کر باہر آئے گا تو وہ اُسے خوب لعن طعن کرے گا..پر وہاں بھرجائی اُس چوکھٹ کو تھامے اُس پر گرج رہی تھی ''تو کیسا بے حیا ہے جہانیاں، اپنی سگی بھتیجی کے بارے میں واہی تباہی بکتا ہے. تجھے تو کچھ حساب ہی نہیں کہ تیری کتنی بیٹیاں ہیں اور کہاں ہیں. تو جا اور اُن کے سودے راجوں مہاراجوں سے کر لے..''

''بھرجائی..'' وہ بھڑکتی آتش سے یکدم موم ہو کر راکھ ہو گیا ''ماہلو میری بیٹی ایک ایسے گھر میں جائے جہاں ایک سوکن اور اُس کے بچّے موجود ہوں مجھ سے برداشت نہیں ہوتا۔''

''تجھے بیٹیوں کے علاوہ کیا اپنی بیویوں کا کچھ حساب ہے جہانیاں..تیری اور تمہارے دادے کی متعدد بیویاں نہیں تھیں تو اگر ہم نے صرف ایک بیوی کی موجودگی میں ماہلو کا رشتہ قبول کر لیا ہے تو کونسا ظلم کمایا ہے..پوری برادری نے تیری یاوہ گوئی سُن لی ہے تو اب خوش ہے؟. دفع ہو جا یہاں سے..تجھے پتہ ہے کہ میں نیرور والے کے بُگر جاٹوں کی بیٹی

ہوں اور ہم اس دنیاپور والوں کی مانند بے غیرت نہیں ہوتے.. چلا جا بے غیرت..''

بخت جہان کا قد و قامت شرمندگی اور خجالت سے مختصر ہو گیا اور وہ کچھ کہے بغیر سر جھکا کر واپس چلا گیا.. واپس جا کر اُس نے دودھ کے ساتھ افیون کی اکٹھی مزید دو گولیاں حلق میں اُتاریں اور پھر ایک گہری اونگھ میں چلا گیا..

ماہلو اور چوہدری امام بخش کے بیاہ کی بہت دھوم پڑی.. بڑے چرچے ہوئے.. بہت تذکرے ہوئے..

ویسے اُس بیاہ میں وہ کچھ نہ ہوا جس سے دُھومیں پڑ جاتی ہیں. نہ تو سینکڑوں کی تعداد میں دیگیں اُتریں' پلاؤ' زردے اور گوشت کی.. نہ ہی کمی کمینوں کو کمخواب کے جوڑے دیئے گئے.. نہ ہی تُوتڑیاں یا شہنائیاں بجائی گئیں.. رواج تو یہی تھا کہ آمد بارات پر گاؤں کے کوٹھوں پر کھڑے میراثی اپنے ناتواں پھیپھڑوں کی پوری قوّت صرف کرتے تُوتڑیاں جگاتے تھے.. بارات نے بھی تین چار روز ٹھہر کر اپنی خدمت خاطر نہ کروائی.. نہ ہی کوئی ڈھول ڈھمکا ہوا اور نہ ہی جہیز کو چار پائیوں پر پھیلا کر اُس کی نمائش ہوئی' بلکہ محمد جہان کی خواہش کے مطابق چوہدری امام بخش نزدیکی عزیزوں اور برادری کے چند لوگوں کے ہمراہ خاموشی سے.. دو تین درجن گھوڑیوں پر سوار.. آیا اور ماہلو کو بیاہ کر لے گیا. تو دُھوم اگر پڑی.. اور چرچے جو ہوئے اور تذکرے جو چھڑے تو وہ اُن دونوں کے بے حساب حُسن کے تھے. اُن جیسے جوڑے کا ذکر تو کسی داستان امیر حمزہ' یوسف زلیخا یا سیف الملوک میں بھی درج نہ تھا کہ اُن کے حُسن کا کوئی حساب نہ تھا.

کہتے ہیں کہ اُس برس جب چودھری امام بخش اپنی دولہن کو ایک سجی ہوئی گھوڑی پر بٹھا کر اُس کے پیچھے پیچھے چلتا.. کہ اُس نے اپنی گھوڑی پر بیٹھنے سے انکار کر دیا تھا۔ کوٹ مراد جاتا تھا تو اُس برس گندم کے خوشوں میں دانے دُگنے ہو گئے..

یہ اُن کے ملاپ کا کرشمہ تھا کہ بھینسوں کے تھَن دودھ سے اتنے بوجھل ہو گئے کہ وہ چل نہ سکتی تھیں.. دو چار قدم اُٹھاتیں اور دودھ کے بوجھ سے ڈھیر ہو جاتیں.

جوہڑوں کی سطح کو ڈھکتی بوٹی کے کاسنی پھول جو کمیّاں کہلاتے ہیں اتنے کھلے کہ پانی دکھائی ہی نہ دیتے تھے.. دور سے ایک کاسنی چادر بچھی ہوئی نظر آتی تھی.

اُن کے بیاہ کی دُھوم ایسے پڑی..

اُس شب جب ماہلو نے بے حجاب ہو کر اُس کا چہرہ دیکھا تو وہ فوراً اُسے پہچان گئی. عرشوں پر یہی چہرہ تھا.. ایک فرق کے ساتھ کہ تب وہ سہرا باندھے ہوئے تھا..

اُسی شب جب امام بخش نے اُس کے سامنے یوں سر جھکایا جیسے ایک دیوی کے سامنے جھکاتے ہیں اور کہا ''ماہلو جو تُو چاہے..''

اُس نے بس دو چار فرمائشیں کیں.. جھجک کر.. لجاتے ہوئے' منہ میں پلّو گھسیڑتے ہوئے نہیں اُس کی آنکھوں میں بے حجاب دیکھتے ہوئے کہ وہ جو اُسے عرشوں پر ودیعت ہو چکا تھا اُس سے شرمانا لجانا کیا..

مجھے ہر چڑھتے مہینے کی پہلی جمعرات کو اپنے چاچے اور بے بے سے ملنے کے لیے دنیاپور جانے دیا کرنا..

میری اُس گھوڑی کے پاؤں میں جو مجھے دنیاپور سے گوٹ مراد لے کر آئی تھی جھانجھریں ڈلوا دینا..

اور تو... یہ کاشتکاری' واہی بیجی ترک کر.. کہیں آیا جایا نہ کر.. بس میرے سامنے بیٹھا رہا کر..

ان فرمائشوں کے جواب میں امام بخش نے صرف ایک فرمائش کی... تو ایک بار جاٹوں کے دارے کے صحن میں شیشم کی شاخوں سے بندھی ہوئی پینگ پر صرف ایک بار میرے لیے وہ پینگ جھوٹ.. اُس کے ہلارے لے..

پر ماہلو نے صاف انکار کر دیا' وہ کھڑ کھڑ ہنستی تھی.. امام بخشا.. پینگ کا وہ ہُلارا زندگی میں بس ایک بار ہوتا ہے.. جیسے عشق ایک بار ہوتا ہے.. اگر اُس ایک ہلارے سے کوئی تجھ سا نصیب ہو جائے تو پھر دوبارہ ہُلارے لینے سے فائدہ..

یہ جو عشق اور چاہت کے جھولے تھے جن پر ماہلو اور امام بخش جھولتے تھے.. اور حافظ برخوردار کا ہاتھی عشق سندور یا اُن دونوں کو روندتا تھا اور مرزے کی صاحباں کی مانند ماہلو ایک جام شراب کا تھی جس کے اندر جوش تھا اور وہ چشم پیالے یار کے پی کے مدہوش ہوتی تھی تو یہ سب کچھ امام بخش کی پہلی بیوی حیات بی بی بھی تو دیکھتی تھی' دیکھتی تھی تو دعائیں کرتی تھی کہ شالا یہ دونوں مر جائیں.. اُس کی عمر ڈھل رہی تھی اور دہکتی ہوئی ماہلو اُس کی حیاتی کے سُوکھتے کھلیان میں ایک انگارے کی مانند آ گری تھی اور اُسے جلا جلا کر راکھ کر رہی تھی..

اُسے یہ خدشہ بھی ہونے لگا کہ ماہلو کی سیپ میں امام بخش کا ابرِ نیساں جو برسا ہے اُس کے نتیجے میں کوئی بہت کام کا موتی وجود میں آنے کو ہے.. بے شک اُس کے تین بچّے تھے پر جیسے ماہلو کے سامنے وہ کچھ نہ تھی اسی طور اُس کے تین بچے ماہلو کے ایک بچّے کے سامنے کچھ نہیں ہونے تھے.. اُسے کچھ نہ کچھ تو کرنا تھا..

محمد جہان نمبردار کے خاندان میں قدیم زمانوں سے ایک ایسی روائت چلی آ رہی تھی جو ایک لوک داستان میں ڈھل چکی تھی.. اُن کی ہر نسل میں خاندان کے کسی نہ کسی فرد کے ہاں ایک سوہنی جنم لیتی تھی اور اُس نسل میں ایک کیدو بھی پیدا ہو جاتا تھا..

اور اس سوہنی کے ماتھے پر بھاگ کبھی اچھے نہیں ہوتے تھے۔

اور جو کیدو ہوتا تھا اُس کی عمر طویل ہوتی تھی اور وہ موجیں مانتا تھا..

یہی سوہنی جو ہمیشہ ماہلو کہلاتی تھی محمد جہان کے گھر پیدا ہوئی.. جوں جوں وہ جوان ہوتی گئی اُس کے حُسن کی روشنائی سے دنیاپور کے کچے بام و در روشن ہونے لگے... وہ چاندنی راتوں میں اپنی سکھیوں کے ہمراہ جب لُکن میٹی کھیلتی تو ہمیشہ پکڑی جاتی کہ وہ جہاں کہیں بھی جا کر چھپتی' کسی اندھیاری کوٹھڑی میں' روئی کے ڈھیر کے اندر یا کسی شجر کی گھنی شاخوں میں' اُس کے حُسن کے چکاچوند چراغ اُسے ظاہر کر دیتے.

اگرچہ اُس کا نام صغراں بی بی رکھا گیا تھا پر ہولے ہولے سب لوکائی بھول گئی کہ اُس کا اصل نام کیا تھا. وہ اس نسل کی ماہلو تھی جو کبھی بھاگ والی نہیں ہوتی پر وہ جہاں سے بھی گزرتی تھی اپنے پیچھے نور کی ایک کہکشاں چھوڑ جاتی تھی.. یہی لوکائی یہ بھی کب کی جان چکی تھی کہ اس نسل کا کیدو سوائے بخت جہان کے اور کوئی نہ ہو سکتا تھا۔

تقریباً دو سو برس پیشتر مولوی حاکم دنیاپوری نام کا ایک پنجابی شاعر ہو گزرا تھا جس نے اُن زمانوں کی ماہلو کے حُسن کی توصیف میں کئی سو صفحات پر محیط ایک قصیدہ لکھا تھا جو زبان زدِ عام ہوا. مولوی حاکم کا باہر کی دنیا میں کچھ زیادہ چرچا

نہ ہوا صرف اس لیے کہ وہ دنیاپور ایسے نسبتاً گمنام قصبے کا باسی تھا اور ایک ایسی زبان میں کلام کرتا تھا جس کے گرد اُن اجنبی زبانوں کے پہرے تھے جنہیں شاہوں کی سرپرستی حاصل تھی.. یہ عین ممکن تھا کہ اُس کی رِفعت خیال اور قادرالکلامی اگر اس پہرے سے نکل جاتی تو کل عالم میں اُس کی دُھوم مچ جاتی پر ایسا نہ ہوا اور وہ گمنامی میں مرگیا.. وہ مسجد والے حافظ جی کے آباؤ اجداد میں سے تھا اور اُن کے حُجرے میں اُس کے چھ دیوانوں میں سے ایک کے چند بوسیدہ اوراق اب بھی ایک طاق میں پڑے تھے.. شائد اُن زمانوں کی جو ماہلو تھی یہ مولوی حاکم اُس کے حُسن کا اسیر ہو کر ہی شاعر ہوا.. وہ اُس ماہلو کے بارے میں کچھ یوں بیان کرتا ہے..

۔تیرے رنگ رُوپ کے انگارے...
حجرے میں چلّہ کاٹتے درویش کو بھی جلا کر راکھ کر دیتے ہیں..
جو ایمان والے ہوتے ہیں وہ تجھے دیکھ کر بے ایمان ہو جاتے ہیں..
اور جو بے ایمان ہوتے ہیں وہ ایمان لے آتے ہیں.
تیرے بدن میں کوہ طور کا نور ہے..
اور اس میں سے عاشقوں کے لیے صحیفے نازل ہوتے ہیں..
ماہلو تو دُودھ بلوتے ہوئے چاٹی میں نہ جھانکا کر..
تیرے سانس سے سفید مکھن سُنہری ہو جاتا ہے..
تو گلی میں نہ نکلا کر..
کچی دیواریں تجھے چھونے کی آرزو میں ڈھیر ہو جاتی ہیں..
گندم کے ہرے کھیتوں میں نہ چلا کر..
تیرے بدن کی حدّت سے گندم کے کچّے دانے پک جائیں گے..
اور یہ جان لے کہ نصیب صرف شکل والوں کے نہیں ہوتے.
بدشکل دریا پار کر جاتے ہیں..
اور شکل والے بیچ منجدھار ڈوب جاتے ہیں..

یہ مولوی حاکم دنیاپوری کے زمانوں کی دو سو برس پیشتر کی ماہلو تھی اور عہد حاضر کی 1929ء کی ماہلو محمد جہان نمبردار کی بڑی بیٹی گھوڑی پر سوار اپنے میکے جاتی تھی..

یہ ماگھ کے مہینے کی پہلی جمعرات تھی..

اس گھوڑی کا نام بھی ''ماہلو'' تھا' اُس کے پاؤں میں چاندی کی جھانجریں چھنکتی تھیں' کاٹھی پر سونے اور چاندی کی پتریاں جڑی ہوئی تھیں.. اُس کے نتھنوں میں خالص سونے کی ایک بھاری نتھ دلکتی تھی۔ گھوڑی کی باگ جسے ایک نائن

نے تھام رکھا تھا وہ بھی سونے اور چاندی کی تاروں سے گُندھی ہوئی تھی۔

پہلے تو گھوڑی کو اُس کا وجود ایک پَر سے بھی ہلکا محسوس ہوا کرتا تھا اور وہ اُسے لے کر اُڑی اُڑی جاتی تھی پر آج.. وہ اُس کے بوجھ تلے دبی جاتی تھی' اُس کے گُھٹنے بھڑتے تھے اور ٹانگیں یوں لرزتی تھیں کہ اُس کے پاؤں میں بندھی چاروں جھانجھریں بھی لرزتی کھنکتی تھیں..

آج پچھلی تمام جمعراتوں کے نسبت ماہلو کا بوجھ اس لیے زیادہ تھا کہ وہ گہنوں سے لدی ہوئی تھی.. گلے میں اوپر نیچے تین چار کینٹھے تھے' دسوں اُنگلیاں انگوٹھیوں سے بھری ہوئی' کلائیوں میں درجن بھر دبیز خالص سونے کے گوکھڑو اور بازوؤں پر تنگ ہوتی کندھوں تک پہنچتی ہوئی ان گنت چوڑیاں. کانوں میں نہ صرف شانوں تک آتے جھمکے تھے بلکہ جڑاؤ مُرکیاں بھی سجی تھیں.. ناک میں لونگ اور ایک چوڑی نتھ جو اُس کے رخساروں کو چُھوتی تھی.. پورے ماتھے کو ڈھکتا ہوا جھومر اور ٹخنوں سے شروع ہو کر گھنٹوں تک سونے کی جھانجھروں کا انبار.. گھنی سیاہ چوٹی کے ہر بال کے ساتھ سونے کا ایک تار گُندھا ہوا. تبھی تو وہ اتنی بھاری ہو رہی تھی..

مثال مشہور تھی کہ امام بخش اُسے ہر روز ایک نیا زیور لا کر دیتا تھا اور زیوروں کے اس ڈھیر کو رکھنے کے لیے اُس نے لوہے کا ایک چھوٹا سا بھڑولا بنوایا تھا..

اُس بھڑولے میں ذخیرہ شدہ جتنے بھی گہنے تھے وہ سب کے سب آج ماہلو نے اپنے بدن پر سجا رکھے تھے اس لیے اُس کی گھوڑی بوجھ سے دبی جاتی تھی.. ماہلو دوسری ثروت مند زمیندارنیوں کی مانند اوچھی اور چھچھوری نہ تھی کہ ہر وقت گہنوں سے لدی پھندی اُن کی نمائش کرتی پھرے.. عام حالات میں وہ صرف ایک دو ٹومبوں کا سنگھار کرتی.. آج اگر اُس نے اپنے آپ کو یوں لاد لیا تھا تو جانے کیا رمز تھی' کیا بھید تھا.. پر جس کسی نے بھی اُسے گلی میں سے گزرتے دیکھا.. بابو جولاہی نے.. پھاتو گجری اور آشاں ماچھن نے.. یہاں تک کہ حافظ جی نے بھی.. وہ سب گنگ ہو کر رہ گئے' اُس پر ایسا رُوپ چڑھا ہوا تھا کہ اُس پر نظر نہ ٹھہرتی تھی.. ماہلو کبھی اتنی من موہنی اور حُسن آتش سے دہکتی ہوئی نظر نہ آئی تھی.. وہ سر سے پاؤں تک گہنوں میں ڈھکی نہ اوچھی لگتی تھی اور نہ چھوٹے دل والی بلکہ ایسی لگتی تھی کہ ہر ایک کے دل کو جا لگتی تھی اور اُس میں دمکنے لگتی تھی..

وہ ساری کی ساری گُل رنگ دمکتی سنہری کرنوں میں رنگی سنہری ہوتی تھی پر سنہرے پن کے اُس دمکتے کھیت میں یہ اُس کا چہرہ تھا جو زرد سرسوں ہو رہا تھا.. اُس کا رنگ رُوپ بجھا ہوا تھا اور اُس پر سرسوں کے پیلے سائے بڑھتے جاتے تھے..

مہنداں جولاہی کی تقریباً تاریک ہو چکی آنکھوں میں اُس شام ایک چھنک سی چمکی.. اُس نے چرخے کی گھماوٹ کو ہتھیلی سے یکدم روک دیا.. نامکمل پُونی کو تکلے سے اُتار کر چنگیر میں رکھا اور اپنی پیڑھی کو تھامتی ہوئی بمشکل اُٹھ کھڑی ہوئی..

وہ بے شک ایک مدّت سے اندھی ہو چکی تھی.. اُسے تیز دھوپ میں کبھی کوئی سائے سے تیرتے محسوس ہوتے پر اس کے سوا اُس کی آنکھیں تاریک تھیں اور اس کے باوجود اُس کے طور طریقے روزمرہ کے معمولات ویسے ہی چلتے تھے جیسے کہ وہ تب تھے جب اُسے دکھائی دیتا تھا. سرِ شام پہلا دِیا اُس کے صحن میں روشن ہوتا.. وہ دن بھر میں اتنا سُوت کاتتی کہ کوئی

آنکھوں والی بھی نہ کات سکتی.. اُس نے اپنی نابینائی میں پیڑھی کو تھام کر سمت کا تعین کیا اور وہ چھنک گلی میں سے آتی تھی.وہ کچّے صحن میں پاؤں دھرتی چوکھٹ کے ساتھ آ لگی اور اُس لمحے وہ چھنک اُس کی بے نور آنکھوں سے کانوں میں اُتر آئی..

''ماہلو..'' اُس نے جیسے چوکھٹ سے سرگوشی کی۔ ''یہ تُو ہے دھیئے؟''

چھنک جیسے اسی نام کی منتظر تھی.. رُک گئی..

''آہو چاچی.. میں ماہلو ہوں.. سلام اے..''

''واعلیکم سلام دھیئے.. تیری بے بے تو تیرے وچھوڑے میں کملی ہوگئی ہے.. کوئی بھی جمعرات ہو وہ چوکھٹ پر بیٹھی تجھے اڈیکتی رہتی ہے.. بھائی محمد جہان بھی تو چارپائی سے لگ گیا ہے.. ربّ خیر کرے.... پُتّر کوئی جِیا جنت کی بھی اُمید ہے؟''

گیلے اُپلوں میں پھونکیں مارتی اُس ڈھلتی شام میں بہشت بی بی کے کان جو صبح سے منتظر تھے اُن میں ماہلو کی گھوڑی کی پازیبوں کی چھنک تب آئی جب وہ چوکھٹ کے باہر آ رُکی.وہ بسم اللہ بسم اللہ کہتی اُٹھ کھڑی ہوئی' دھواں آلود آنکھوں کو دوپٹے سے پونچھتی اٹھ کھڑی ہوئی..

نائن نے باگ کو اپنے دانتوں تلے دبایا تو اُس میں گندھے چاندی کے تاروں نے اُسے بہت اذیّت دی۔ پر وہ سہہ گئی اور آگے بڑھ کر چوہدرانی ماہلو کو سہارا دے کر گھوڑی سے اُتارا۔ پہلے تو وہ اپنے ماں باپ کے گھر کی چوکھٹ کو دیکھ کر گھوڑی سے اُترتے ہوئے نائن کے بڑھے ہوئے ہاتھوں کو پرے پرے کرتی اُترا کرتی تھی پر آج اُسے سہارے کی حاجت تھی..

وہ اپنے میکے کے ویہڑے میں داخل ہوئی تو دھریک کا وہ بُوٹا جس کے ساتھ ساتھ وہ پلی بڑھی تھی اپنے زرد پتے گرانے لگا.. اور وہ پتّے اُس کے سرسوں چہرے کو اور بھی زرد کر گئے..

دھواں آلود آنکھوں میں سے گرتے آنسوؤں کو دوپٹے سے پونچھتی بہشت بی بی آگے بڑھی.. دھریک کے زرد پتوں میں زرد ہوتا چہرہ اُس کی ماہلو کا تھا اور وہ اُس کے گلے لگ گئی.. اُسے اُس کی ماں کو احساس ہوا کہ اُس کے رخساروں میں ایک ٹھنڈک ہے.. اُس کے سرسوں رنگ چہرے پر جدائی کی ایک نیم مردنی اور تھکاوٹ ہے اور اُسے اچنبھا بھی ہوا کہ دو چار ٹوموں سے سج جانے والی اُس کی بیٹی نے آج اپنے آپ کو اتنے ڈھیر سارے گہنوں سے کیوں بوجھل کر لیا ہے..

''بہشت بی بی..'' پسار کے اندر سے ایک چارپائی سے ایک لاغر آواز آئی ''ماہلو آئی ہے؟''

''آہو محمد جہان..''

''اُسے کہو کہ آ جائے..''

''اُسے اپنا سانس تو درست کر لینے دو.. آ جاتی ہے.. ماہلو'' بہشت بی بی نے اُس کے سرد ہوتے رخساروں پر ہاتھ رکھ کر ایک ایسی کلیجے کو کاٹنے والی تشویش سے کہا جو صرف ماؤں کے بدن میں سے تب جنم لیتی ہے جب کچھ نہ کچھ ہونے کو ہوتا ہے.. اور جو ہونا ہوتا ہے وہ اچھا نہیں ہوتا اور ہو کر رہتا ہے.. ''دھیئے تُو ٹھیک تو ہے ناں؟''

''آہو بے بے..''

ماہلو نے اپنے چار چفیرے ایک نگاہ کی، بابل کا یہی ویہڑا تھا جس میں وہ ایک چڑیا تھی.. کوٹھے تک جاتی سیڑھیوں کے نیچے جہاں گیلے اُپلے سلگ رہے تھے وہاں دودھ کی وہ چاٹی ہوا کرتی تھی جس کی سطح پر موٹی زرد رنگت کی بالائی کی تہہ ہولے ہولے دبیز ہوتی جاتی تھی اور وہ اپنی بے بے سے چوری چھپے گندم کے ایک تنکے سے اُس بالائی میں چھید کر کے دودھ سُرک جایا کرتی تھی اور بے بے کو کچھ خبر نہ ہوتی تھی.. ''میری بہنیں، میرا ننگا بھرا..... کہاں ہیں؟''

''وہ سب یہیں ہیں ماہلو.. پر تو ٹھیک ہے ناں؟''

''آہو بے بے..'' یہ کہتے ہوئے وہ اپنی ماں کی آغوش میں ذرا ٹھہر نہ سکی.. پر فوراً ہی سنبھل گئی.

ہر ماں.. کم از کم اُن گزر چکے زمانوں کی ماں اپنی کوکھ سے جنم لینے والوں کے چہرے پڑھ لینے پر قادر تھی.. اُس چہرے پر محبت کے کرشمے ہیں، دُکھ ہے یا سُکھ یا کوئی ایسی سوگواری ہے جس کا انجام نہیں معلوم.. بہشت بی بی نے بھی اپنی بیٹی کے زرد سرسوں چہرے پر جو کچھ عبارت تھا وہ پڑھ لیا تھا ''تو ٹھیک نہیں ہے ماہلو.. مجھے بتا دے.. مجھے بتا دے..''

اُس کے ماہلو کے زرد ہوتے چہرے پر ایک مسکراہٹ پھُوٹی جو یہ کہتی تھی کہ مائے میں یہ درد اور بچھڑنے کا حال کس سے کہوں ''آج صبح سویرے وہ میری سوکن حیات بی بی بوہلی کا ایک پیالا لے کر میرے پاس آئی کہ ماہلو ہماری بُھوری بھینس نے ایک کٹّی کو جنم دیا ہے تو یہ اُس بھینس کے تھنوں میں سے برآمد ہونے والا پہلا دودھ ہے، اس میں بڑی طاقت ہوتی ہے.. تیرے دن بھی ایسے ہیں کہ تجھے طاقت کی ضرورت ہے اسے پی لے.. تو میں نے بوہلی کا وہ پیالا پی لیا... بے بے میری سوکن حیات بی بی نے مجھے زہر دے دیا ہے.. بے بے اُس بوہلی میں اُس نے زہر گھول دیا تھا.. میں یہاں مرنے کے لیے آئی ہوں.. مجھے تو نے اُس دارے کے پار جہاں میں نے ایک مرتبہ پینگ جھوٹی تھی، اُس کے پار قبرستان میں چاچے الف جہان کی قبر کے برابر دفن کرنا ہے.. ان سارے گہنوں، زیوروں اور ٹومبوں سمیت.. مائے نیں!''

ماہلو کا یہ قصّہ بے شک ایک داستان ایک تصوّراتی لوک کہانی لگتی ہے.. لیکن ایسا ہوا تھا اور بلا مبالغہ سو فیصد ایسا ہی ہوا تھا..

اُس کی موت کے بعد امام بخش حواس کھو بیٹھا تھا اور دنیا پور کے قبرستان میں ماہلو کی قبر کے سرہانے ایک چھپّر ڈال کر اُس میں رہنے لگا تھا.. وہ پورے دو برس وہاں مقیم رہا پھر کوٹ مراد واپس آیا لیکن کنگن پور کے راستے جہاں کی سب سے بدنام طوائف شیداں پاؤنڈوں والی کے ساتھ نکاح کر کے وہ اُسے اپنے ساتھ لے آیا اور حیات بی بی سے کہنے لگا ''تو نے ماہلو کو زہر دیا.. نہ میں تیرا گلا گھونٹوں گا.. نہ ٹوکے سے تیرے ٹکرے کروں گا.. میں تجھے ایسی سزا دوں گا کہ تو دن رات تڑپے گی.. رو رو کر مجھ سے معافی کی خواستگار ہو گی پر میں تجھے بخشوں گا نہیں.. تو نے ماہلو کو قبول نہیں کیا تھا تو اب اس گشتی کو قبول کر.. آج سے یہ تیری سوکن ہے، گھر کی مالکہ ہے.. اور تو اس سے مانگ کر روٹی کھائے گی.. اس گھر میں میری خواہش پر دن رات مجرے ہوں گے.. اس کے عاشق آئیں گے اور تو.. اُن کی خدمت خاطر مدارات کرے گی اور اپنے ہاتھوں سے اپنی سوکن کو گھنگھرو باندھا کرے گی..''

اور دن رات ایسا ہی ہونے لگا..

ماہلو کی موت کے پورے تین برس بعد ماگھ کے مہینے کی پہلی جمعرات کو حیات بی بی نے اپنے کپڑے پھاڑ دیئے اور سودائن ہوگئی.. اب وہ تھی' آٹے کا ڈھیر تھا اور ایک چھلنی تھی.. وہ آٹے کو چھلنی میں چھانتی رہتی.. ایک بار چھانتی اور پھر اُس آٹے کو دوبارہ چھاننے میں جت جاتی... اُس نے آٹے کے اُس ڈھیر کو سینکڑوں بار تو چھانا ہوگا. ایک روز اُس کے چہرے مُہرے اور بالوں میں آٹے کے ذرّے اُسے ایک بھتنی کی شکل دیتے تھے جب امام بخش نے اُس کا ہاتھ پکڑا اور گھسیٹتا ہوا گھر کی چوکھٹ تک لے گیا.''اب تو بھی وہاں جا جہاں ماہلو چلی گئی ہے.. دفعان ہو چڑیلے.''

اس ماہلو داستان میں کہیں یہ درج نہیں کہ حیات بی بی اُس چوکھٹ کے پار ہو کر کہاں گئی.. کب تک زندہ رہی.. البتہ امام بخش نے اُسی روز شیداں پاؤنڈوں والی کو طلاق دی اور اُس کی جھولی سونے کے پاؤنڈوں سے بھر کر اُسے رخصت کر دیا..

وہ کبھی کبھار دنیا پور کے جاٹوں کے دارے میں شیشم کے درخت کی ٹہنیوں سے بندھے جُھولے کی رسّی کو تھام کر اُسے چومتا اور پہروں روتا رہتا.. ماہلو کو دفنا کر جب وہ واپس آیا تھا تو لوگوں نے دیکھا کہ اُس کی داڑھی چٹی سفید ہو چکی ہے..

ایک صبح جب دِینو تیلی جاٹوں کے دارے میں داخل ہوا تو اُس نے دیکھا کہ جُھولے کی رسّی چوہدری امام بخش کے گلے میں ایک پھندہ ہے اور وہ مر چکا ہے..

✦·······✦

اُس کرونڈیے سانپ کو یوں محسوس ہوا جیسے اُسے کالا شاہ کاکو کے دھان کے کھیتوں میں تیرنے والے اور ویران کھیتوں میں اُگنے والے ایک چمکیلے چاندی رنگے سانپ نے ڈس لیا ہے..وہ اتنی اِذیت میں تھا..

یہ کرونڈیا گاؤں سے بہت پرے جہاں جوہڑ کی بُو باس گرمی کی شدت میں جھلسی ہوئی بمشکل پہنچتی تھی۔ مالٹے کے باغوں سے بھی پرے جہاں ہریاول یکدم منقطع ہو جاتی تھی اور ایک رَڑھا ہموار میدان جس کی مٹی میں کنکر اور ٹھیکریاں گُندھے ہوئے تھے اور وہ شکر دوپہر میں یوں سلگنے لگتے تھے کہ اُن میں سے دھواں اُٹھتا دکھائی دیتا تھا اور وہاں ہریاول کا ایک تنکا بھی ناپید تھا..جس کے بارے میں جاٹ کہتے تھے کہ ہمیں حافظ جی جانے دوزخ سے کیوں ڈراتے ہیں اِس سے بڑھ کر بھڑکیلی آگ گرمی بھلا وہاں کہاں ہوگی..تو یہ کرونڈیا سانپ اپنے بِل میں سے نکل گرمی سے نیم مُردہ ہو چکی چھپکلیوں اور کھیتوں کے چوہوں کو نگلنے کی آرزو میں انہی سلگتے کنکروں اور ٹھیکریوں پر اپنا کومل بدن سمیٹتا سکڑتا رینگ سکتا تھا اور اُس پر کوئی عذاب نہ اُترتا تھا بلکہ وہ اُس سمٹنے اور بدن کے سکیڑنے سے کسی حد تک لطف اندوز ہوتا تھا..

لیکن..

آج..اپنے بِل کی تاریکی میں پوشیدہ ہونے کے باوجود وہ ایک اذیت بھرے عذاب میں مبتلا تھا..وہ طیش میں آکر اپنی زبان سرسراتا تو اُس پر بِل کی مٹی لتھڑی جاتی..وہ اُس اذیت کو برداشت نہ کرسکتا تھا جو زمین کے اندر ہی اندر ایک ملفوف دھمک کے ساتھ اُس کے کانوں پر نہیں کہ وہ نہیں تھے اُس کے لچکیلے بدن پر مسلسل دستک دیتی تھی..ویسے بھی وہ ان دنوں بے حد حساس ہو چکا تھا..بے آرام اور بے چین تھا کہ اُس کے بدن کو ملفوف کیے جو کینچلی تھی وہ بے جان اور مردہ ہو کر اُتر جانے کو تھی..اُس نے کئی بار اُس رڑھے میدان میں کنکروں پر لوٹ کر اُن کی رگڑ سے اُس کینچلی کو اُتارنے اور اُس سے چھٹکارا حاصل کرنے کی کوشش کی تھی لیکن شاید وہ ابھی تک مکمل طور پر خستہ نہ ہوئی تھی اور وہ اُس میں سے کسمسا کر باہر نہ آسکا..اسی لیے وہ ضرورت سے زیادہ حساس اور سُست ہو چکا تھا۔

یہ زمین کے اندر ہی اندر سفر کرتی دھمک کی اذیّت ہی اُسے یوں محسوس کرنے پر مجبور کر رہی تھی کہ جیسے ایک چمکیلے چاندی رنگے سانپ نے اُسے ڈس لیا ہے۔ کرونڈیا غریب تنہا نہ تھا جو اُس عذاب کو سہتا تھا۔

وہ شریف النفس صوفی منش چھپکلا جو دنیا پور کے قبرستان میں ماہلو کی کچی قبر کے اندر سُکھ چین کی حیاتی بسر کرتا تھا، اُس کی بوسیدہ ہڈیوں میں اور کبھی کھوپڑی کے اندر خوابیدہ رہتا تھا..البتہ کبھی کبھار وہ ذرا بے آرام ہوتا..اُسے واہمہ ہوتا

کہ ماہلو کی ہڈیاں جیسے جھول رہی ہیں..اور وہ گواہ تھا کہ اُن ہڈیوں میں گہنے پروئے ہوئے تھے۔ کھوپڑی کے نیچے پورے تین چھوٹے بڑے سونے کے کینٹھے مٹی میں ملے ہوئے تھے اور کولہے کی چوڑی ہڈی تلے ٹانگوں کی ہڈیوں کے آخر میں جو پاؤں کے پنجے تھے اُن کے گرد ایسی جھانجھریں دفن تھیں کہ اُس چھپکلے کو کبھی کبھی گمان گذرتا کہ وہ کھنکتی ہیں..اگرچہ کھنکتی ہیں پر اُن کی کھنک اُس قبر سے باہر نہیں جاتی۔ یہ صوفی چھپکلا بھی اُس دھمک سے جو زمین کے اندر سفر کرتی ماہلو کی قبر کے اندر تک چلی آتی تھی، بہت بیزار تھا..

یہ دھمک جھانجھروں کی چھنک پر بھی اثر انداز ہوتی تھی۔ وہ دیر تک چھنکتی تھیں..

صرف وہ کرونڈیا اور یہ چھپکلا ہی نہیں..دنیا پور کے آس پاس کی مٹی تلے..زیرِ زمین جو بھی پوشیدہ تھے، وہ سب..کن کھجورے، بچھو، چھپکلیاں، کرلے، نیولے..سانپ جتنے بھی تھے وہ سبھی اُس مسلسل دھمک سے بیزار تھے جو مٹی کے اندر سرائیت کرتی اُن کے بدنوں میں اُترتی دھمک دھمک اُنہیں بے آرام کرتی تھی۔

یہ دھمک آ کہاں سے رہی تھی..

کوٹ سیدّاں میں..جہاں بہت سے سیّد کہلاتے لوگ نذر نیاز پر گذر اوقات کرتے تھے..دنیا پور سے ایک روز کی پیدل مسافت پر واقع اُس ویران گاؤں میں دو کوٹھڑیوں اور کچے صحن کا ایک گھر تھا جس میں دوسرے گھروں کی نسبت دھوپ زیادہ اور کڑی اُترتی تھی..برساتوں میں چھتیں ٹپکتی تھیں..کچے فرش کیچڑ ہو جاتے تھے پر کچھ بھی بھیگتا نہ تھا کہ وہاں بھیگنے کو کچھ تھا ہی نہیں سوائے غُربت کے..کرم داد اور مولا داد اُس گھر کے کمانے والے تھے، وہ کچھ نہ کماتے تھے..وہ سارا دن اونگھنے میں گزارتے اور شام ڈھلے گھر سے نکل کر زمینداروں کے کھیتوں میں سے چوری چھپے شلغم، مولیاں اور گاجریں وغیرہ اُکھاڑ کر اُن سے اپنا پیٹ بھرتے تھے اور بال بچوں کی بھوک کے لیے بھی کچھ سامان کر لیتے تھے...یہ نہیں کہ وہ نکمّے اور کام چور تھے بلکہ جو کام وہ جانتے تھے، وہ کام ملتا کم تھا..

کبھی دو تین برس کے بعد کرم داد اور مولا داد کا کچّا کوٹھا باقاعدہ دیسی گھی کے چراغوں سے جھلملانے لگتا..وہ دونوں بھائی بوسکی کے کُرتوں اور چابی والے لٹھے کی شلواروں میں اِتراتے پھرتے اور اُن کے بال بچے بھی غُربت کی مدہوشی سے باہر آ کر چہکنے لگتے..چاندنی راتوں میں دنیا پور کے سانسیوں کی بستی سے حاصل کردہ کیکر کی شراب بھر بھر پیالے پیتے اور موج کرتے، خوب ادھم مچاتے اور کوٹ سیدّاں کے باسی جان جاتے کہ اُنہیں بالآخر وہ کام مل گیا ہے جو وہ کر سکتے ہیں۔

یہ موج مستی چند روز کی ہوتی اور اُن کا کچا گھر پھر سے عُسرت کی سیاہی میں روپوش ہو جاتا۔

وہ دونوں دراصل کنواں کھودنے کے ماہر تھے۔

اُن کا بچپن اُن کے بڑوں کے کھودے جانے والے کنوؤں کے کیچڑ میں لت پت گزرا تھا، اور اُس کے سوا اُنہیں اور کوئی کام آتا ہی نہ تھا..وہ دعویٰ تو یہی کرتے تھے کہ اُن کے آباؤ اجداد مغل بادشاہوں کے مقابر اور باغات کو پانی فراہم کرنے والے کنویں کھودنے کے ماہر تھے..

اور روز روز کنویں کون کھدواتا ہے۔ اگر وہ ایک عام کاشت کار ہو، مغل بادشاہ نہ ہو۔ چونکہ اُن دنوں قناعت بہت تھی جو دراصل کاہلی کی ایک معزز قسم ہے چنانچہ یہ کہاوت عام تھی کہ جس شخص کو دودھ کا ایک پیالہ اور گندم کی دو روٹیاں مل جائیں اُسے اور کیا چاہیے..اور برسوں بعد کسی نمبردار یا چوہدری کو خیال آ جاتا کہ اور بھی بہت کچھ چاہیے کیوں نہ میں اپنی زمینوں پر ایک کنواں کھدوا کر اُن کے بنجر پن اور ویرانے کو سرسبز، خوشحالی میں بدل دوں..لیکن ایک کنواں کھدوانے کے اخراجات اتنے تھے کہ متعدد بار لوگ قلاش ہو گئے اور کنواں نامکمل رہا۔ کرم داد اور مولا داد بھی منہ بھر کر رقم طلب کرتے اور پھر جتنے مزدور مامور ہوتے وہ بھی اسے سخت جان مشقت قرار دے کر مزدوری کے علاوہ روزانہ پراٹھوں، انڈوں اور گوشت کی فرمائش کرتے۔ یُوں اُس نمبردار یا چوہدری کا بُھرکس نکل جاتا..اسی لیے روز روز کنواں کون کھدواتا تھا؟ محمد جہان اگرچہ خصلت میں ایک قناعت پسند درویش تھا لیکن اُس کے ذہن میں بھی یہی خیال آ گیا..

اُس سنگریزوں سے سلگتے بے آباد ویرانے کو سیراب کیا جائے..میں نے اپنی دونوں بیٹیاں بیاہنی ہیں، اپنے اکلوتے بیٹے عزیز جہان کے مستقبل کو سنوارنا ہے..دودھ کا ایک پیالہ اور گندم کی دو روٹیاں میرے لیے تو کافی نہیں ہیں۔

تو یہ دھمک زمین میں سفر کرتی دھک دھک..کرونڈیے، چھپکلے اور دیگر رینگنے والوں کو ایک عذاب میں مبتلا کرتی..یہ کرم داد اور مولا داد کی کُدالوں میں سے جنم لے رہی تھی جو محمد جہان کے لیے ایک کنواں کھود رہے تھے..اُن درجن بھر مصلیوں اور دین دار مزدوروں کے بیلچوں کی زمین میں اُترنے کی آوازیں تھیں..جو اُن کے معاون تھے۔

جو کوئی بھی اُدھر سے گزرتا..اُس ویرانے میں سے گزرتا..

کوئی جاٹ، زمیندار اپنی جوتی کو بغل میں دابے ننگے پاؤں سفر کرتا اور جب کوئی گاؤں آتا تو اُسے پہن کر اُس میں سے گزر کر پھر سے اُسے بغل میں داب لیتا کہ کہیں وہ خراب نہ ہو جائے۔ کسی مرگ پر افسوس کرنے کی خاطر یا کسی پیدائش کی مبارکباد دینے کے لیے گزرتا۔

یا پھر کوئی ذلتوں کا مارا ہوا کمی کمین جو دھتکارا گیا تھا، ایک گدھے پر اپنا کل اثاثہ لادے کسی ایسے در کی تلاش میں جس پر وہ پڑا رہے..دُم ہلاتا رہے اور اُسے دو وقت کی روٹی مل جائے۔

یا کوئی میراثی دادا جو اپنے چوہدری کی بیٹی کا رشتہ پکا کرنے کی خاطر طویل مسافت کرتا ہو۔

کوئی مجذوب..کلائیوں میں کھنکتے آہنی کنگنوں کو ایک ڈنڈے سے مضطرب کرتا ''جس ویلے یعقوب نبی تھیں یوسف ہویا راہی'' گاتا اُس ویرانے میں سے گذرتا..

تو وہ ٹھٹک جاتا۔

دنیاپور کے محلّہ مغربی سے پرے..جوہڑ اور مالٹے کے باغوں سے پرے جو ایک بے آب وگیاہ ویرانہ ہے جہاں تھوہر کے پودے بھی بمشکل پنپتے ہیں، وہاں اُس کے درمیان میں یہ موج میلہ اور رونق کیسی ہے۔ ویرانے میں یہ انہونی بہار کہاں سے آ گئی ہے..

محمد جہان ہمہ وقت نگرانی کے لیے وہاں موجود ہوتا۔ کرم داد اور مولا داد اور درجن بھر مزدوروں کے معاوضے اور اُن کے روٹی پانی کے بندوبست پر اُس کے بھڑولے جو کنک سے بھرے تھے، خالی ہوتے چلے جاتے تھے۔ چنانچہ وہ موجود

رہتا تھا اور نظر رکھتا تھا.. کنک کے ایک ایک دانے کا حساب رکھتا تھا۔

بے شک اُسے اپنی بیٹیوں کے بیاہوں کی تشویش تھی، اکلوتے بیٹے کے مستقبل کی فکر تھی لیکن اُس کے باوجود محمد جہان کو آخر کیا سوجھی کہ اُسے یکدم ایک کنواں کھدوانے کا خیال آ گیا..

اُس کا ایک اور سبب بھی تھا۔

اُس کے دائیں بازو سے لپٹا ہوا ایک سانپ تھا جو اُس کے خوابوں میں چلا آتا تھا..

بچپن میں.. شاید وہ تب سات برس کا تھا یا بارہ برس کا بھی ہو سکتا تھا.. کہ گاؤں میں عُمروں کا کچھ حساب نہ ہوتا تھا.. بس کچا پکا حساب یہ ہوتا تھا کہ جب طاعون کی وبا پھیلی تھی، چیلیاں والا میں انگریزوں اور سکھوں کے درمیان جنگ ہوئی تھی اور انگریز پورا ہندوستان ہارتے بال بال بچے تھے تب.. کچھ سکھ فوجی دنیا پور میں سے گزرے تھے اور پیاسے تھے اور لوگوں نے اُن کو پانی پلایا تھا.. جب جلیانوالہ باغ میں قتل عام ہوا تھا اور گوجرانوالا پر رائل ایئر فورس کے پنکھے والے جہازوں نے بم برسائے تھے تب.. فلاں پیدا ہوا تھا.. تو یہ ایسا کچا پکا حساب تھا.. محمد جہان اُسی سنگریزوں والے ویرانے میں اپنے باپ کے مویشی چرا رہا تھا.. دھوپ اور گرمی کی سلگتی شدت سے کہیں پناہ نہ تھی.. اُس نے وقت گذاری کے لیے اپنی جھجھر کے پانی اُن سوراخوں میں اُنڈیلنے شروع کر دیئے جن کے اندر کچھ بھی ہو سکتا تھا۔ عام طور پر موٹے چوہے ہوتے جو پانی سے خوفزدہ ہو کر اپنی بلوں میں سے برآمد ہو کر چٹیل میدان میں دوڑنے لگتے اور اُس کے لیے یہ ایک نہایت ہی شاندار اور پُر لطف منظر ہوتا۔ وہ اُن کا تعاقب کرتا، اُنہیں جوتے مارتا بلکہ جونہی وہ بل میں سے سر نکالتے وہ اُنہیں دبوچنے کی کوشش بھی کرتا اور ایک ایسے ہی چوہے کو بالآخر جب اس نے گردن سے دبوچ لیا اور اُسے کھینچ کر بل میں سے باہر نکالنے کی کوشش کی تو وہ نکلتا ہی چلا گیا کہ وہ چوہا نہ تھا، ایک طویل سانپ تھا.. اُس کا خیال تھا کہ وہ اُس چوہے کو بھی گردن سے دبوچ کر باہر نکالے گا اور گھما کر دور پھینکے گا اور پھر اُس کا تعاقب کر کے اُسے جوتے مارے گا.. پر یہ چوہا.. یہ سانپ لٹکنے کی بجائے اُس کے بازو کے گرد لپٹ گیا اور اُسے یوں کسنے لگا.. جیسے وہ ایک شکنجے میں جکڑا گیا ہو.. جیسے ایک گنا بیلنے میں آ جاتا ہے..

وہ دونوں اپنی اپنی بقاء کی جنگ لڑنے لگے..

محمد جہان اُس ناگہانی آفت سے چھٹکارا حاصل کرنا چاہتا تھا.. وہ اُس کا سر دبوچے ہوئے تھا.. اپنی گرفت ڈھیلی نہ کر سکتا تھا کہ اگر وہ ایسا کرتا تو وہ اُسے ڈس لیتا اور وہ سانپ اگر اُس کے بازو کے گرد اپنی گرفت ڈھیلی کر دیتا ہے تو محمد جہان اُسے ہلاک کر دے گا۔

وہ دونوں اُس سناٹوں بھری گرم دوپہر میں سلگتے ویرانے میں اپنی اپنی جان بچانے کی خاطر گرفت ڈھیلی کرنے کا خطرہ مول نہ لیتے تھے۔

بقاء کی یہی جدوجہد پہروں جاری رہی۔

ایک چٹیل ویران میدان میں ایک بچہ بہت ڈرا ہوا.. اور اُس کے بازو کے گرد ایک سانپ لپٹا ہوا جس کی گردن بچے کی گرفت میں ہے اور وہ دونوں یہ نہیں جانتے کہ اب کیا کریں۔

پہروں بیت گئے۔

محمد جہان روتا رہا۔خوفزدہ فریاد کرتا رہا۔۔ پر وہاں کون سننے والا تھا۔۔ایک بچہ بے شک کتنا ہی نڈر ہو اگر ایک زہریلا سانپ ایک گرم سناٹے کی ویرانی میں اُس کے بازو سے لپٹا ہو اور اُسے شکنجے میں کستا ہو تو وہ فریاد کرنے لگتا ہے۔۔بلکنے لگتا ہے کہ مجھے بچالو۔

یقیناً سانپ بھی اُسی خوفزدہ حالت میں تھا کہ کس مصیبت میں پھنس گیا ہوں اور وہ بھی من ہی من میں دوہائی دیتا تھا کہ۔۔مجھے بچالو۔

دوپہر ڈھلنے لگی۔

اور پھر دور سے ایک گھڑسوار آتا دکھائی دیا۔

وہ قریب آیا۔

ایک بچے کو سراسیمگی اور دہشت زدہ سکوت میں ایک ویرانے میں ایک ڈھلتی دوپہر میں دیکھا تو رُک گیا اور فوراً ہی آگاہ ہو گیا کہ بچے کی یہ کیفیت کیوں ہے۔اُس کے ننھے مُنے بازو کو ایک سانپ نے اپنی لپیٹ میں لیا ہوا تھا جس کا سر اُس کی مختصر مٹھی میں بھنچا ہوا تھا۔

وہ اپنی گھوڑی سے اُترا۔نہایت احتیاط سے پھونک پھونک کر قدم دھرتا محمد جہان کے نزدیک ہوا ''حوصلہ رکھنا ہے جوان۔۔جو میں کہتا ہوں کرتے جاؤ۔''

محمد جہان نے آنکھوں سے عندیا دیا، سر نہ ہلایا۔

''آرام سے جہاں کھڑے ہو وہیں بیٹھ جاؤ۔۔''

اُس کے بیٹھنے کے عمل نے سانپ کو چوکنا کر دیا اور اُس نے اپنی پکڑ مزید مضبوط کر دی۔۔

''اب آہستہ سے اپنا بازو نیچے کرو اور سانپ کے بدن کو اِن سنگریزوں پر یوں رگڑو جیسے آری آگے پیچھے کرتے ہیں۔۔اُس کا سَر نہ چھوڑنا۔''

محمد جہان نے اُس کی ہدایات پر عمل کیا۔۔گرم اور سلگتے ہوئے سنگریزوں پر سانپ کا کومل بدن بار بار رگڑنے سے بری طرح چھلنے لگا تو اُس نے نڈھال ہو کر اپنی گرفت ڈھیلی کر دی اور پھر ہولے ہولے اُس کے بل کُھلتے گئے اور وہ بے جان سا ہو کر اُس کے بازو سے لٹک گیا۔۔

''ابھی اُس کا سَر نہیں چھوڑنا۔'' گھوڑی سوار نے تنبیہ کی ''اب اِسے اپنے سر کے اوپر سے لے جا کر یوں گھماؤ جیسے امرودوں کے باغ کا رکھا گوپیا گھما کر طوطوں کو اُڑاتا ہے۔ایسے گھماؤ زور زور سے اور پھر یکدم اپنی مٹھی کھول کر اِسے اپنے سے دور پھینک دو۔۔''

سانپ زیادہ دور نہ گرا کہ محمد جہان نے اُسے ایک دو مرتبہ ہی گھما کر پھینک دیا تھا۔گھوڑی سوار نے فوراً اپنی جوتی اُتاری اور اُس کی جانب لپکا لیکن اس سے پیشتر کہ وہ اُسے کچل سکتا سانپ اپنے ادھ موئے بدن سے باہر آ کر ایسا سبک رفتار ہوا کہ پل بھر میں جانے کہاں غائب ہو گیا۔۔

''یہ تو اچھا نہیں ہوا..'' گھوڑی سوار کے چہرے پر افسردگی تھی۔ ''یہ سانپ نہایت کینہ پرور ہوتے ہیں، بھولتے نہیں..جوان تم نے آئندہ زندگی میں احتیاط کرنی ہے..'' وہ محمد جہان کے پاس چلا آیا جواب بھوں بھوں کرتا ناک سنکتا روئے چلا جا رہا تھا اور اُس کا خیال تھا کہ یہ گھوڑی سوار اُسے دم دلاسہ دے گا..لیکن اُس نے جیسے محمد جہان نے بازو گھما کر سانپ پرے پھینکا تھا ایسے اپنا بازو گھما کر اُس کے گالوں پر ایک ایسا زوردار سنسناتا ہوا تھپڑ رسید کیا کہ وہ اوندھا ہو کر اُنہی گرم سنگریزوں پر جا گرا جن پر اُس نے ابھی ابھی سانپ کے بدن کو رگڑا تھا۔ ''اوئے بہن کے خصم..آئندہ ایسا کرو گے، سانپ کو پکڑو گے؟''

''نہیں چاچا..'' وہ بلبلایا۔

اُس نے اپنی جوتی پہنی اور گھوڑی پر سوار ہو کر اپنے راستے پر چلا گیا..

تو محمد جہان اگر اُس چٹیل میدان میں اپنے بھرے ہوئے بھڑولے خالی کرتا ایک کنواں کُھدوا رہا تھا تو اُس کا ایک سبب یہ بھی تھا، وہ اُس سانپ سے چھٹکارا حاصل کرنا چاہتا تھا جو اب بھی جب کہ وہ بال بچوں والا ہو چکا تھا اُس کے خوابوں میں سرسراتا تھا۔ اُس کے بازو کے گرد لپٹا جاتا تھا..اور ہمیشہ اُس کا سر اُس کی مٹھی میں سے نکل جاتا اور وہ اُس کے چہرے کو ڈسنے کو ہوتا جب اُس کی آنکھ کھل جاتی..صبح ہوتی تو اُس کا دایاں بازو سُوجا ہوتا جیسے ابھی ابھی گرفت سے آزاد ہوا ہو..یہ سانپ نہایت کینہ پرور ہوتے ہیں، بُھولتے نہیں..وہ اُسے نہیں بھولا تھا۔ اُس سے نجات حاصل کرنے کا ایک ہی طریقہ تھا کہ اُس ویرانے کو آباد کر دیا جائے، وہاں کھیت کھلیان لہرانے لگیں جہاں وہ رہتا تھا..وہ اُن کی ہریالی میں مدغم ہو جائے گا، ہمیشہ کے لیے تحلیل ہو جائے گا..

ایک سانپ کی عمر اتنی طویل نہیں ہوتی کہ وہ آپ کے بچپن سے لے کر ادھیڑ عمری تک چلا آئے لیکن اُس کی دہشت ہمیشہ زندہ رہتی ہے۔

آس پاس کے جتنے گاؤں تھے..کوٹ مراد..پیر کوٹ..بینکا چیمہ..نت کلاں..لدھے والا..فیروز والا..اور جتنے ڈیرے تھے وہاں دھوم پڑ گئی کہ دنیا پور کا نمبردار محمد جہان ایک چٹیل میدان میں کنواں کُھدوا رہا ہے..اور وہاں میلہ لگ گیا..

لوگ دور دور سے چلے آتے اپنی جوتیاں بغلوں میں دابے اور سارا سارا دن اُس تماشے کو دیکھتے رہتے..یہ اُن کی تفریح کا ایک انوکھا سامان تھا..صبح سویرے سرگی ویلے جو عورتیں باہر بیٹھنے کے لیے اپنے آپ کو چادروں میں لپیٹ کر کھیتوں میں جاتی تھیں، وہ کماد اور شٹالے میں روپوش ہو کر فارغ ہوتیں تو اُس کنویں کا رُخ کر لیتیں جہاں کرم داد اور مولا داد اور دیگر مزدور ابھی اُس نرم مٹی پر بے سُدھ پڑے خراٹے لے رہے ہوتے جو اُنہوں نے پچھلے روز کنویں میں سے نکالی تھی۔ وہ عورتیں ذرا جھجک کر اُن نیند میں گم مردوں سے پردہ کرتیں، کنویں میں جھانک کر ''ہاہائے'' کرتیں اور اُس زیارت کے بعد گھروں کو لوٹ جاتیں۔

دن چڑھتا..کرم داد اور مولا داد کے خوابیدہ چہروں پر مکھیاں بھنبھنانے لگتیں..اُن کی ناکوں میں عنائت بی بی نائن کے تہہ دار دیسی گھروں کے پراٹھوں کی مہک اُترتی تو وہ بیدار ہو جاتے۔ اپنے ساتھیوں کو جگاتے، پراٹھے کھا کر اُنہیں میٹھی

لسّی سے حلق سے اُتار کر اپنے کام میں جُت جاتے..عنائت بی بی اُن کی سرکاری باورچن مقرر کی گئی تھی جو اُن کے کھانے پینے کا بندوبست کرتی تھی۔

موج تو بچوں کی تھی، جن کے غول کے غول چلے آتے اور ہر ایک کی کوشش ہوتی کہ وہ کسی ایسی جگہ پر قبضہ کر لے جہاں سے کنویں کے اندر جھانکنے سے آخری گہرائی تک نظر چلی جائے..

وہ مُنہ کھولے..بھوکے پیاسے اُس میں جھانکتے رہتے..

اور اُس جھانکنے کا سبب بھی کچھ اور تھا..

اُنہیں انتظار تھا..کہ کب بالآخر کنویں کی تہہ میں سے پانی اُبلتے ہیں اور کب اُن میں سے اُن کا ظہور ہوتا ہے جن کے وہ منتظر تھے..

مناسب اور طے شدہ کُھدائی کے بعد وہ کنواں جو ابھی ایک گڑھا تھا اُس کے اندر سرخ اینٹوں کی چُنائی ایک دائرے کی شکل میں کی جانے لگی۔ایسی چُنائی جسے صرف کرم داد اور مولا داد ہی کر سکتے تھے..

یہ گول چُنائی گڑھے کے اندر سے برآمد ہو کر زمین کی سطح پر پہنچی اور پھر ایک روز اُس سے بلند ہو کر دور سے ایک سر بریدہ مینار کی مانند نظر آنے لگی..

لشکتی کالے ناگ ایسی سیاہ مونچھوں کو بل دے کر بخت جہان نے کنیز فاطمہ کی جانب دیکھا..

اُس کے کبھی کی امرت کور کے بدن میں جتنی بھی رگیں، شریانیں اور بناوٹیں تھیں وہ ابھی تک ایک مُنہ زور گھوڑی کی باچھوں کی مانند تنی اور کسی ہوئی تھیں۔ اُن پر بخت جہان کے عقد میں آنے سے پیشتر لہناں سنگھ کے نطفے سے جنم لینے والے دو بیٹوں کی پیدائش کے کچھ آثار نہ تھے۔ ایسے بیٹے جو اتنے جوان جہان ہو چکے تھے کہ اُن کے لٹھے کے تہبند کھڑ کتے تھے..پھر بھی امرت کور کا کچھ بھی ڈھیلا نہ ہوا تھا..اور بخت جہان جب بھی اُس کی جانب ایک نظر کرتا تو اُس کے تہبند میں سکوت نہ رہتا..

''امرت کورے..''

''ہاں جہانیاں..'' امرت کور نے کڑوے تمباکو سے بھرے ہوئے حقے کا ایک کش لگا کر اُس کی جانب یوں دیکھا کہ بخت جہان تڑپ کر رہ گیا کہ اُس کی آنکھوں میں آمادگی بھی اُس کے بدن کی طرح کسی ہوئی تھی۔

''بول جہانیاں..''

حافظ جی نے جب اُسے کلمہ پڑھوا کر مسلمان کیا تھا..امرت کور سے کنیز فاطمہ کیا تھا تو اُس نے سب سے پہلے کام یہ کیا تھا کہ بخت جہان کے حقّے کی نال مُنہ سے لگا کر وہ تمباکو جو اُس پر پہلے ایک سکھنی ہونے کی حیثیت سے حرام تھا، اُس کا ایک طویل کش لیا تھا۔ یہ اُس کی دیرینہ آرزو تھی۔ اُس نے بخت جہان کے حقّے پر انحصار نہ کیا اور اپنے لیے ایک خصوصی حقّے کا بندوبست کر لیا اور وہ اُس کی ٹوپی میں کڑوا ترین تمباکو بھر کر اُس کے کش لگاتی۔ دھویں کو اپنے پھیپھڑوں میں اُتارتی اپنی دیرینہ آرزو پوری کرتی تھی..

''بول جہانیاں..''

''اوئے کچھ نہیں۔'' بخت جہان نظر چُرا کر اُس سے پرے اصطبل میں بندھی اتھری کو دیکھنے لگا جسے کا مُشکی دھڑ ہولے ہولے دھوپ میں آ رہا تھا اور اُس کی کھال بھی امرت کور کی مانند لشکتی ہوئی اور کسی ہوئی تھی۔ شہوت بھری تھی..اُس پر سوار ہو جانے کو جی چاہتا تھا..

اور امرت کور اُس شخص کی ہوس بھری آنکھیں اپنے کسے ہوئے بدن میں سمونے لگی جس کی خاطر اُس نے اپنا گھر بار اجاڑا تھا..اپنے دھرم سے مُنہ پھر لیا تھا..اپنا مُنہ کالا کر لیا تھا کہ جو کوئی بھی اپنے آبائی مذہب سے مُنہ موڑتا ہے اُس کے مہاندرے پر کالک مل جاتی ہے..پر عشق کا سیندوری ہاتھی دین مذہب کو روندتا چلا جاتا ہے..اور وہ روندی گئی تھی..

✦.......✦

دنیا پور مدتِ قدیم سے جاٹ کاشتکاروں کی ایک بستی چلی آتی تھی اور یہ پنجاب کے بیشتر دیہات کی مانند ہندوستان کی دھڑکتی شہہ رگوں، سیاسی اُتار چڑھاؤ اور زمانے کی رفتار سے الگ تھلگ جنگلوں بیلوں ویرانوں اور دریا کناروں آباد ایسی بستی نہ تھی کہ دو چار سو برس اِدھر یا اُدھر ہو جائیں تو بھی اُسے کچھ فرق نہ پڑے اور وہ ویسی کی ویسی ہی رہے جیسی کہ وہ کبھی تھی.. دنیا پور ذرا جدا تھی... جی ٹی روڈ اُس کے کناروں سے لگ کر لاہور یا دلّی کی جانب چلی جاتی تھی یا شائد وہاں سے چلی آتی تھی اور پشاور پہنچ جاتی تھی.. اُس کے پہلو بہ پہلو ریلوے کی پٹڑی بھی جاتی تھی اور آتی تھی.. آبادی سے کچھ دور ایک ویران ریلوے سٹیشن تھا جہاں دن میں دو مرتبہ رونق ہو جاتی تھی یعنی دو پسنجر گاڑیاں بس رُکتی تھیں اور رُکتے ہی پھر سے چل دیتی تھیں.. شائد ہی کوئی ایسا مسافر ہو جو کبھی ایک مکمل طور پر رُکی ہوئی ٹرین میں سے اُترا ہو یا اُس پر سوار ہوا ہو.. دنیا پور اُترنے والے کو دیگر مسافر دھکے دے کر حرکت کرتی ہوئی ٹرین میں سے اُتارتے تھے اور وہاں سے سوار ہونے والوں کی پہلے گٹھڑیاں وصول کر کے پھر اُنہیں ڈبےّ میں کھینچ لیتے تھے.. اجناس کی ایک اہم منڈی بھی تھی جس کے آڑھتیوں کا رابطہ گاؤں والوں سے بھی ہوتا تھا۔ جب فصلیں پکتی تھیں.. چنانچہ دنیا پور پنجاب کے دیگر دیہات کی مانند پسماندگی کے کاہل پن میں بے خبر خوش و خرم مست الست قصبہ نہ تھا بلکہ وہاں تک خبریں پہنچتی رہتی تھیں.. لیکن یہ خبریں بھی جی ٹی روڈ، ریلوے سٹیشن اور اجناس کی منڈی تک ہی محدود رہتیں جاٹوں کے اُن محلوں تک نہ پہنچ پاتیں جو جی ٹی روڈ سے دور ایک بڑے جوہڑ کے کنارے پر آباد تھے.. ان جاٹوں کے پاس زمینوں کی نسبت تفاخر زیادہ تھا اور اُنہیں اپنی بے خبری اور پس ماندگی پر ناز تھا۔ البتہ ان محلوں کے بارے میں کہا جا سکتا تھا کہ یہاں دو چار سو برس اِدھر یا اُدھر ہونے سے انہیں کچھ فرق نہ پڑتا تھا.. یہ ویسے کے ویسے ہی تھے جیسے کہ کبھی تھے..

جی ٹی روڈ کے آس پاس کشمیریوں کی اکثریت تھی..

یہ کشمیری لوگ جاٹوں کے نزدیک نہایت کم ذات اور حقیر مخلوق تھے.. اُن کے کمی کمین ہونے کا اس سے بڑا ثبوت اور کیا ہو سکتا تھا کہ وہ ہر کام کر گذرتے تھے جو جاٹوں کے نزدیک معیوب ٹھہرتا تھا.. وہ سٹیشن سے لے کر جی ٹی روڈ تک ٹانگے چلاتے تھے اگرچہ تب کُل تین ٹانگے ہی ہوا کرتے تھے.. بازار میں ہٹیاں ڈال کر کپڑا فروخت کرتے تھے.. جوتیاں گانٹھنے بیٹھ جاتے تھے.. جولاہوں کی مانند کھڈیوں پر دریاں اور کھیس بُنتے تھے.. اڈے میں بس داخل ہوتی تو وہ پکوڑے اور سوڈے کی بوتلیں فروخت کرنے سے بھی باز نہ آتے تھے.. وہ کسی بھی کام کو عار نہ سمجھتے تھے یہاں تک کہ درزیوں کا کام بھی کر

لیتے تھے اور اڈے کے قریب بڑے برگد کی چھاؤں میں تربوز اور خربوزوں کے انباروں پر کھڑے اُنہیں فروخت کرنے کے لیے گلے پھاڑتے تھے..ایسے بے حیا لوگ تھے۔ جاٹوں کے نزدیک ایسے کام تو صرف اچھوتوں کے کرنے کے لائق ہوتے ہیں جبکہ نسل انسانی کی برتری تو صرف زمین میں ہل چلا کر اُس میں سے خوراک پیدا کرنے والے جاٹ ہی ثابت کرتے ہیں۔

محلّہ مغربی جاٹ کاشتکاروں کا گڑھ تھا.. یہاں وہ ریلوے سٹیشن اور جی ٹی روڈ سے مُنہ موڑے اپنی محدود دنیا میں گُم تھے..اپنی نسلی برتری کے خمار میں پُر تکبر وہ اپنے سوا دیگر تمام ذاتوں کو حقیر جانتے تھے اور یہ تکبر گھی کے خالی ٹین کی مانند کھوکھلا تھا جس کے اندر تو کچھ نہ تھا پر وہ کھڑ کھڑ بہت کرتا تھا۔ ان کی ملکیت میں جو زمینیں تھیں وہ بھی قدرے مختصر تھیں جن میں سے وہ بمشکل دن رات کمر توڑ مشقت کرنے کے باوجود پورے برس کے دانے حاصل نہ کر سکتے تھے..فصل کٹنے پر چند روز پیٹ بھر کے کھاتے، خوب موج میلہ اور دنگا فساد کرتے اور پھر بقیہ برس گندم کی دو روٹیاں اور کچی لسّی اُن کے نصیب میں ہوتی..فاقوں کی نوبت بھی آ جاتی۔ پر وہ کسی پرائے کو خبر نہ ہونے دیتے..کمی کمین ویہڑے میں داخل ہو کر سلام کرتا تو اُن کی گردن مزید اکڑ جاتی۔ اُس کی جھولی میں کچھ نہ کچھ ڈال دیتے اور خود بھوکے سو رہتے..شادی بیاہ اور سوگ کے موقعوں پر شاہوکار کے دروازے پر جا دستک دیتے کہ لالہ زمین گروی رکھ لو..سُود پر کچھ رقم دے دو..دھی رانی کے لیے کچھ گہنے بنوانے ہیں اور شادی ایسی کرنی ہے کہ شریکوں کے کلیجے راکھ ہو جائیں.. یا چاچے کی فوتیدگی ہوگئی ہے تو برادری کو زردے اور پلاؤ کی دیگیں کھلانی ہیں ورنہ ناک کٹ جائے گی..اور یہ ہندو شاہوکار بھی تب سے تھے جب سے جاٹ تھے اور کچھ اتنے بُرے لوگ نہ تھے، وقت پر کام آنے والے ایماندار لوگ تھے۔ بہی کھاتوں کے پکے تھے، پر بُرے لوگ نہ تھے۔ وہ ان جاٹوں کے اجڈ پن سے واقف تھے پر اُس کا ناجائز فائدہ نہ اُٹھاتے تھے بلکہ اکثر اُنہیں صائب مشورے دیتے تھے کہ چوہدری اپنی ساری زمین گروی نہ رکھ.. بیٹی کی شادی پر ہاتھ زیادہ کُھلا نہ رکھو..تمہارے مولوی صاحب نے تمہیں نہیں بتایا کہ تمہارے پیغمبر صاحب نے اپنی سگی بیٹی کو کتنی سادگی سے بیاہا تھا، کتنا جہیز دیا تھا.. پر جاٹ اُس مقدس حوالے سے قائل ہونے والے کہاں تھے..وارے وارے جایئے اپنے نبی پاک کے پر..اُن کے ہم جیسے شریک تو نہ تھے..وہ راٹھ تو نہ تھے..

جاٹوں کے یہ محلے عُسرت کی تصویر تھے، گھروندے کچے تھے..ان کے درمیان صرف ایک ہی تین منزلہ نیلی اینٹوں سے تعمیر کردہ بُرجیوں اور گیلریوں والا ایک پکا چوبارہ تھا جو اُن کے کچے گھروں کو تقابل میں نمایاں کرتا تھا..اور یہ چوبارہ دنیا پور کے اُن درزیوں کا تھا جو پہلی جنگ عظیم میں کسی نہ کسی طرح برما جا آباد ہوئے تھے اور وہاں انگریز فوج کی وردیاں سینے کا کام کر کے بے پناہ دولت کما کر واپس دنیا پور میں آئے تھے اور یہ چوبارہ تعمیر کرایا تھا..بے شک یہ ایک سر بلند رہائش گاہ تھی پر اُس میں رہتے تو کمی کمین درزی ہی تھے ناں..اور اُس چوبارے کے سائے میں بخت جہان کا گھر یا چھوٹی سی حویلی تھی..اور وہ مسلسل ان درزیوں کو اپنی پاٹ دار آواز میں ماؤں اور لڑکیوں کی گالیوں سے نوازتا رہتا تھا کہ اُس چوبارے کی تعمیر کے باعث اُس کے صحن میں دھوپ کم اُترتی تھی..سائے بڑے ہو گئے تھے..

محلّہ مغربی کے بہت سے مکین ایسے تھے جو برس ہا برس سے جی ٹی روڈ تک بھی نہیں گئے تھے...جی ٹی روڈ سے پرے کچھ کھیت تھے..امرودوں کا ایک باغ تھا اور پھر ایک ویرانہ تھا جس کے پار دنیا پور کا ریلوے سٹیشن ایک جزیرے کی

مانند تنہا تھا..اور اُس جزیرے میں دن میں صرف دو بار ٹرین کی کشتی لنگر انداز ہوتی..اُس میں سے دو چار مسافر اپنے تھے، تہبند اور گٹھڑیاں سنبھالتے اُترتے اور اگر اُن کی جیب میں دو چار پیسے ہوتے تو کسی ایک تانگے میں سوار ہو جاتے ورنہ گٹھڑی سر پر رکھ کر جی ٹی روڈ کی جانب چلنے لگتے۔ ان میں سے بیشتر کشمیری ہوتے جو لاہور شہر سے منیاری کا سامان خرید کر واپس آ رہے ہوتے...بہت کم کوئی جاٹ ہوتا کہ اُن کا باہر کی دنیا سے کوئی واسطہ نہ تھا۔

البتہ کبھی کبھار ٹرین میں سے کچھ سکھ سردار بھی اُترتے..

نوخیز بھی اور بوڑھے کھوسٹ بھی..

نوخیز نوجوانی کے بخار میں دہکتے وحشی شکلوں والے سردار لاہور شہر میں کوئی ہیجان خیز منڈوا دیکھ کر آنے والے..اور ناف تک آتی سفید ریشمی داڑھیوں والے عمر رسیدہ سردار دربار صاحب امرتسر میں متھا ٹیکنے کے بعد..سروں پر شوخ رنگوں کے شلوکے باندھے لوٹتے ہوئے...ان سب کا رُخ محلّہ مغربی سے بالکل مخالف سمت میں واقع سٹیشن سے پرے نت کلاں یا بنیکے چیمے کی جانب ہوتا...ریلوے لائن کے پار جو ایک قدیمی قبرستان تھا اُس کی گھنی بیریوں کے سائے میں کچھ گھوڑیاں ہنہنا رہی ہوتیں اور وہ اُن بزرگ سکھوں کے لیے وقف ہوتیں جو یاترا سے لوٹتے تھے..وہ اپنی داڑھیاں سنوارتے..کرپانیں سنبھالتے..کلائیوں میں کھنکتے لوہے کے کڑوں کو محسوس کرتے اور اپنے ماتھے پر اُس دربار کا لمس محسوس کرتے جس کی بنیاد میاں میر صاحب نے رکھی تھی اُن گھوڑیوں پر سوار ہو کر یا تو نت کلاں کی جانب روانہ ہو جاتے اور یا پھر بنیکے چیمے کا رُخ کر لیتے..جانے کیا جواز تھا کہ دنیا پور میں ایک بھی سکھ خاندان آباد نہ تھا..جب کہ نت کلاں میں مسلمان جاٹوں کے دو چار نت گھرانے تھے اور اُن کے سوا تمام کے تمام سکھ جاٹ تھے..اور بنیکا چیمہ میں بھی سکھوں کی اکثریت تھی..

نت کلاں میں سب سے زور آور بانکا پُر تکبر سردار لہناں سنگھ تھا..بخت جہان کا بیلی اور سب سے گوڑھا یار..اُس کی ملکیت میں جو زمین تھی وہ بھی کچھ زیادہ نہ تھی، گذر اوقات مُشکل سے ہوتی تھی۔ پر نت کلاں صرف اُس کے نام سے جانا جاتا تھا کہ چوہدری ہونا سردار ہونا صرف زمین کی وسعت پر منحصر نہیں ہوتا بلکہ ایک قدیم پُر تکبر ذہنیت..رکھ رکھاؤ..میل جول..ایک بڑے دل..مہمان نوازی اور ذات کی برتری پر منحصر ہوتا ہے اور یہ ساری خوبیاں یا خامیاں سردار لہناں سنگھ میں بدرجہ اُتم موجود تھیں..

وہاں نت کلاں میں بہت سے سردار اُس سے کہیں بڑھ کر زمینوں والے متمول تھے پر وہ لہناں سنگھ کے رعب داب کے آگے نہ ٹھہرتے تھے..نت کلاں میں شام ڈھلے جو بھی مسافر پہنچتا تھا وہ روٹی ٹکر..دودھ کے ایک پیالے..ایک بستر اور اگر وہ مسلمان ہے تو ایک حقے کا طلبگار ہوتا تھا تو وہ لامحالہ سردار لہناں سنگھ کا مہمان ہوتا تھا..چاہے وہ خود اُس رات بھوکا سو جائے..کچے فرش پر سو جائے پر اُس مہمان کو روٹی، دودھ کا ایک پیالہ، ایک بستر اور ایک حقہ ضرور مُہیا کر دیا جاتا..بے شک تمباکو سکھ مذہب میں حرام ہے پر لہناں سنگھ اپنے ہاتھوں سے کڑوا دیسی تمباکو مسل کر حقے کی ٹوپی میں رکھ کر اُس پر سلگتے ہوئے اُپلے جما کر اپنے مسلمان مہمان کے آگے رکھ دیتا..

محمد جہان کی مانند لہناں سنگھ بھی اپنے گاؤں کا نمبردار تھا..نمبرداری کا معزز عہدہ آبائی ہوتا تھا اور نسل در نسل ایک

ہی خاندان میں منتقل ہوتا چلا جاتا تھا۔ چنانچہ یہ ضروری نہ تھا کہ نمبردار گاؤں کا سرکردہ اور امیر ترین شخص ہی ہو..عدالت کچہری میں کسان جتنی درخواستیں گذارتے تھے وہ مقامی نمبردار کی تصدیقی مُہر کے بغیر قبول نہیں کی جاتی تھیں..یہ سرکاری مُہر کسی حد تک اُس کے لیے روزگار کا وسیلہ بھی بنتی تھی کہ ہر تصدیق کے لیے اُن دنوں چار آنے ادا کرنے ہوتے تھے..نمبردار کی بیوی بھی نمبردارنی کے لقب سے جانی جاتی تھی..نت کلاں میں مثل مشہور تھی کہ ایک روز لہناں سنگھ کی ماں نمبردارانی آس کور کو میکے کی جانب سے چار سیر چاول ملے اور اُس روز وہ سارا خاندان دو روز سے فاقے میں تھا کہ زندگی تنگی تُرشی میں ہی گذرتی تھی..اُس کی ماں وہ چاول دیگچے پر چڑھانے کو تھی کہ ایک میراثن نے آ سوال کیا کہ چوہدرانئے..سردارنئے..نمبردارنئے..بھاگ لگے رہیں..تیری آل اولاد کی خیر..گھر میں کھانے کو کچھ نہیں ہے تو اُس نے بلا تامل وہ سارے چاول اُس کی جھولی میں اُنڈیل دیئے تھے۔

تو لہناں سنگھ کچھ بڑا زمیندار نہ تھا..وہی ایک پُر تکبر۔رکھ رکھاؤ والا مہمان نواز اکھڑ جاٹ تھا..دنیا پور کے بخت جہان کے ساتھ اُس کا یارانہ ایک مدت سے چلا آتا تھا..اُن دونوں کی خصلتیں ایک دوسرے سے خاصی مختلف تھیں..بخت جہان ایک منتقم مزاج، ایک چڑیا کی اُڑان کو بھی نہ بخشنے والا..محنت مشقت کے قریب بھی نہ پھٹکنے والا، ہاتھ پر ہاتھ دھرے ایک تنکا بھی نہ توڑنے والا..بھائی محمد جہان کی کمائی پر عیش کرنے والا اور اُسے دھمکیاں بھی دینے والا ایک جابر شخص تھا..جب کہ لہناں سنگھ کا مزاج اُس سے بالکل اُلٹ تھا..وہ اپنے دونوں بیٹوں گوبند سنگھ اور نونہال سنگھ کے ساتھ اپنی زمینوں پر جانوروں سے بھی بڑھ کر دن رات مشقت کرتا..رشتے داروں کے ساتھ شفقت سے پیش آتا، ہاتھ اُٹھانے میں کبھی پہل نہ کرتا..وہ ایک نرم دل اور جذباتی شخص تھا..اور بخت جہان کی سخت گیر طبیعت پر اُسے لعن طعن کرتا رہتا..البتہ اُن دونوں کے یارانے میں جاٹ ہونے کا فخر قدر مشترک تھا..

گاؤں کے لوگ اپنی حیاتی اور فصلوں کا حساب دیسی مہینوں کے حوالے سے کرتے تھے اور اُنہیں ہفتے کے دنوں کا کچھ حساب نہ ہوتا تھا سوائے ایک دن جمعرات کے..اور مہینے کی ہر پہلی جمعرات کی شام کو بخت جہان اتھری یا مرزے کی بکّی میں سے کسی ایک کا انتخاب کرتا..اُس کے بدن پر کھرکنا پھیر کر اُسے لشکاتا اور پھر کڑوے تیل کی مالش کرتا۔کم از کم ایک ٹوپا گڑ اور ایک ٹوپی گھی کھلاتا اور پھر اُس پر کاٹھی ڈال کر سوار ہوتا اور اُس کے مالش اور گڑ اور گھی سے چوکنے ہو چکے تھرکتے بدن کا رُخ نت کلاں کی جانب کر دیتا۔محلّہ مغربی کی گلیوں میں سے گذرتے ہوئے اُس کی گھوڑی کی ٹاپوں کی آواز سُن کر وہاں کے مکین اندازہ لگا لیتے کہ بخت جہان حسب معمول اپنے یار لہناں سنگھ سے ملنے کے لیے نت کلاں جا رہا ہے..جی ٹی روڈ کے پار ہو کر جب وہ ریلوے سٹیشن کے دوسری جانب واقع قبرستان تک پہنچتا تو اندھیرا اُتر آیا ہوتا اور وہ گھوڑی کی کسی ہوئی باگیں ڈھیلی کر دیتا اور وہ خود بخود کچے راستے پر اُڑنے لگتی..ہوائیں پیچھے رہ جاتیں۔صرف راستے پر اُٹھنے والی دُھول گواہی دیتی کہ بخت جہان کی گھوڑی کے سُم زمین پر لگتے ہیں اگرچہ وہ اُڑتی جا رہی ہے..

نت کلاں کے راستے میں جو دو چار ڈیرے اور کنویں تھے اُن میں بندھے بیل اور گھوڑے بھی اتنے آشنا ہو چکے تھے کہ وہ بھی ٹاپوں کی تال کے فرق سے جان جاتے کہ آج بخت جہان اتھری کا سوار ہے یا مرزے کی بکّی کا..

لہناں سنگھ بنیادی طور پر ایک خلوت پسند شخص تھا۔اُس کا حلقۂ یاراں دراصل صرف حلقۂ یار یعنی بخت جہان تھا،

کبھی کبھی جب اُس کا ہاتھ کُھلا ہوتا تو وہ اپنے یار کے لیے گوجرانوالا کے ٹھیکے سے ولائتی شراب خرید لاتا..عام طور پر کیکر کی شراب کے مٹکے ہی تواضع کے لیے بندوبست ہوتے..ان جمعراتی محفلوں میں بخت جہان نصف مٹکا پینے کے باوجود قائم دائم رہتا پر لہناں سنگھ بہک جاتا اور پگڑی اُتار کر اپنے بال کھول دیتا اور اپنے بیٹوں اور گھر والی امرت کور کو گالیاں دینے لگتا..بیٹوں سے اُسے شکائت تھی کہ وہ ذرا نسوانی لگتے تھے..اُن کا سانس پکا نہ تھا اور ہل چلاتے ہوئے بھی ذرا لچکتے تھے اور ماں کے ساتھ چمٹے رہتے تھے..امرت کور سے اُسے کوئی اور گلہ تھا جس کا وہ اظہار نہ کرتا تھا۔

اور اُس دوران جیسے غیب سے اُن کے سامنے کچی ہانڈیوں میں دیسی گھی میں بُھنا ہوا گوشت ظہور میں آ جاتا..اور وہ اُس پر جانوروں کی مانند پل پڑتے..

مہینے کی دوسری جمعرات کو شام ڈھلے لہناں سنگھ بن سنور کے بسنتی رنگ کی پگڑی باندھ کے اپنی گھوڑی پر سوار ہو کر اُس کا رُخ دنیا پور کی جانب کر دیتا۔

بخت جہان بھی اُس کی مدارات کا مناسب بندوبست کرتا..سرو سانسی کی تیار کردہ کیکر کے پہلے توڑ کی وہ شراب جس میں اُنگلی ڈبو کر اسے دیا سلائی دکھا دی جائے تو وہ انگلی ایک مشعل بن کر بھڑکنے لگتی ہے..

جمعراتوں کا یہی بخت جہان اور لہناں سنگھ کا آنا جانا لگا رہا..

اور یہ امرت کور اُس کی لہناں سنگھ کی گھر والی کوئی معمولی گھر کی نہ تھی..بنیکا چیمہ کے سب سے اکھڑ اور اجڈ سردار امریت سنگھ کی اکلوتی بیٹی تھی۔

امریت سنگھ نے اپنی بیٹی امرت کور کی چال ڈھال اور ایک کُھلی دعوت ایسی بے باکی بدن کی تب ہی محسوس کر لی تھی جب وہ ابھی صرف بارہ برس کی تھی اور اُسے احساس ہو گیا تھا کہ اُس بے قابو ہو جانے والی رُوح کو جلد از جلد کسی شکنجے میں کس دینا بہتر ہو گا..اور وہ شکنجہ نت کلاں کا توانا مضبوط قامت نوجوان لہناں ہی ہو سکتا تھا..

لیکن کچھ ایسا ہوا کہ لہناں سنگھ تو نہیں البتہ امرت کور اُس کے لیے ایک ایسا شکنجہ ثابت ہوئی جو اُسے سانس نہ لینے دیتا تھا..دن رات مصروف رکھتا تھا..دو بیٹوں کی پیدائش کے باوجود امرت کور کی ہوس میں کمی واقع نہ ہوئی تھی یہاں تک کہ لہناں سنگھ لاغر ہونے لگا اور وہ اپنی صحت کی بقاء کی خاطر ایک الگ کمرے میں سونے لگا..

وہ بھی مہینے کی پہلی جمعرات تھی جب امرت کور ایک بھڑکتے ہوئے چولہے پر کچی ہانڈی چڑھائے اپنے خصم کے یار کے لیے بڑا گوشت بھونتی تھی اور اُس نے اپنے مُنہ اور ناک پر دوپٹہ باندھ رکھا تھا تا کہ اُس گوشت کی مہک اُس کے اندر نہ جائے۔گوشت بڑا تھا اور حلال بھی تھا..بخت جہان کو اُس نے آج تک دیکھا نہ تھا..صحن میں بندھی اُس کی گھوڑی اور اُس کی بہکی ہوئی آواز کے سوا وہ اُسے جانتی نہ تھی..ایک مسلمان ہونے کی حیثیت سے وہ جھٹکے سے پرہیز کرتا تھا اور لہناں سنگھ اُس کے لیے خصوصی طور پر رحمو بروالے سے فرمائش کر کے کوئی بچھڑا حلال کرواتا تھا اور صرف اُس کا بُھنا ہوا گوشت اُس کے آگے رکھتا تھا..اگرچہ اُسے اُس حلال گوشت میں وہ ذائقہ محسوس نہ ہوتا کہ اُس کے اندر کا سارا خون تو بہا دیا گیا تھا اور خون کا ہی تو ذائقہ ہوتا ہے باقی تو سب پھوک ہوتا ہے جیسے ایک بیلنے کے اندر میں سے گذرنے والے گنّے کا رس بہہ جاتا ہے اور باقی پھوک رہ جاتا ہے لیکن اُس کے باوجود وہ اپنے یار کا دل رکھنے کی خاطر وہ گوشت بھنبھوڑتا ہوا نعرہ لگاتا کہ

جہانیاں جو سواد حلال کا ہے وہ جھٹکے میں کہاں..تو مہینے کی..شائد جیٹھ یا ہاڑ کی پہلی جمعرات تھی۔امرت کور بُھنے ہوئے گوشت کی ہانڈی اُٹھائے اُس چوکھٹ کے ساتھ لگ کر کھڑی ہوگئی جس کی دوسری جانب لہناں سنگھ اور بخت جہان جتنی شراب پی سکتے تھے پی چکے تھے اور بھنے ہوئے ماس کے منتظر تھے۔

''لہنیاں..''

لہناں سنگھ اپنے خمار میں گُم بخت جہان کو لعن طعن کر رہا تھا کہ تو کیوں اپنے سگے بھائی محمد جہان اور اُس کی آل اولاد سے بیر رکھتا ہے جب کہ تو اُنہی کی کمائی پر چوہدری بنا بیٹھا ہے۔ جب چوکھٹ سے لگی امرت کور کی آواز آئی کہ..لہنیاں..

کیکر کی شراب کا ایک مٹکا ابھی آدھا پڑا تھا..

لہناں سنگھ نے اُس مٹکے کو ٹھوکر مارتے، سر جھٹک کر..اور اُس جھٹک سے اُس کے کھلے بال بھی جھٹکے گئے، پکارا ''اوئے کون ہے؟..''

بخت جہان نے بھی اپنی جھوم میں سے سر اٹھایا ''اوئے کون اے کڑی یا ہوا؟''

امرت کور اُن کی رمزیں پہچانتی تھی۔اُس نے نہائت دھیرج سے کہا ''میں ہوں لہنیاں..امرت کور..یہ بُھنا ہوا گوشت چوکھٹ پر رکھ جاؤں..''

''اوئے تجھے پردہ ہے؟..ادھر میرا بھرا ہے..میرا یار ہے..تیرا بھرا ہے..چلی آ..''

امرت کور ذرا جھجکی کہ وہ آج تک ان دونوں کی خلوت میں نہ گئی تھی..

''آہو..امرت کورے..لنگھ آ پتن چنہاں دا اوئے امرت کورے..''

لہناں سنگھ کی اُس دعوت سے محسوس ہوتا تھا کہ وہ آج کچھ زیادہ ہی بہک گیا تھا..اُسنے اپنی شراب نوشی کی کچھ حدود طے کر رکھی تھیں جن میں امرت کور کا بیٹھک میں داخلہ سراسر منع تھا..وہ تو اُس کے بڑے بھائیے کے سامنے بھی ٹھوڑی تک کھینچا ہوا گھونگھٹ نکال کر آتی تھی..وہ ذرا جھجک گئی کہ لہناں سنگھ نے آج تک اُسے کبھی اندر آنے کے لیے نہیں کہا تھا اور اُس لمحے لہناں سنگھ نے اُسے بخت جہان کی پسندیدہ گالی سے نوازا کہ کڑی یا ہوئیے آجا..تو اُس نے جھجکتے ہوئے اہتمام کیا، ململ کے دوپٹے کو ماتھے سے کھینچ کر ٹھوڑی تک لے آئی اور سلگتے ماس کی کچی ہانڈی کے کناروں کو ایک دسترخوان کی مدد سے دونوں ہاتھوں میں تھام کر چوکھٹ کی اوٹ سے نکل کر اُس کے پار قدم رکھا..لہناں سنگھ کے کُھلے کیس اُس کے چوڑے کولہوں تک اُترتے تھے اور بخت جہان اُس کے سامنے آلتی پالتی مارا بیٹھا تھا۔

ململ کے دوپٹے میں سے اُسے پہلی بار بخت جہان کا چہرہ دکھائی دیا۔امرت کور کی چھاتیاں پگھل گئیں..قمیض کے اندر لاوے کی دوندیوں میں بدل گئیں جو بھاپ دیتی ہولے ہولے بہتیں اُس کے درمیان میں دفن ہونے لگیں..

بخت جہان کی نیلو نیل آنکھیں برچھیوں کی مانند اُس کے دہکتے بدن میں اُتر گئیں..جیسے گرمی پہ آئی ہوئی ایک ہرنی کے پُر اضطراب اور پُر ہوس بدن میں شکاری کے دو تیر کُھب جائیں..

بخت جہان کی ستواں ناک ایسی تر کھّی اور تیز تھی جیسے کرپان کی دھار ہو جس نے اُس کے جُثّے کو چیر کر رکھ دیا۔

ہونٹ کسی حد تک زنانیوں والے باریک تھے جیسے خربوزے کی دو پتلی پھانکیں ہوں..رنگ رُوپ چاٹی میں بلوئے جانے والے مکھن میں بدلتے گاڑھے دودھ ایسا تھا..اگرچہ وہ آلتی پالتی مارے بیٹھا تھا، پر لگتا تھا کہ اُس کی پگڑی کا شملہ چھت کے شہتیروں کو جا چھوئے گا۔ وہ اتنا دراز قامت تھا اور اس کی پگڑی میں سے گردن پر اُترتی بالوں کی لٹیں نیم سنہری تھیں..

امرت کور پر کوئی ایک قیامت نہ تھی جو ٹوٹ پڑی، وہ پگھلی ہوئی، گھائل ہو چکی چیری گئی.. پر ضبط کر گئی..ظاہر نہ ہونے دیا۔ اُن قیامتوں کو سہار گئی جو پل دو پل میں اُس پر گذر گئی تھیں اور اُس نے جھک کر نہائت تحمّل سے گوشت کی ہانڈی اُن دونوں کے درمیان میں رکھ دی..جب وہ ہانڈی رکھنے کے لیے جھکی ہے تو بخت جہان کی نیلی آنکھوں کے سامنے اُن کی سطح پر آ گئی..گھونگھٹ کے اندر اُس کا ماتھا جو اُس کی آنکھوں کے برابر میں آ گیا تھا وہ بھی نیلا پڑنے لگا..عشق کا ہاتھی سندوریا اُسے روند چکا تھا..ایک شادی شدہ عورت ہونے کے باوجود وہ تقریباً جوان بیٹوں کی ماں ہونے کے باوجود وہ روندی گئی تھی..

یہ نہیں کہ بھابھی امرت کور گھونگھٹ نکالے گوشت کی ہانڈی تھامے جب اُسے رکھنے کے لیے جھکی ہے اور اُس کا ماتھا اُس کی آنکھوں کے سامنے آیا ہے اور ململ کے دوپٹے کے پار اُسے جو شکل نظر آئی ہے تو وہ بے اثر..ٹھنڈا ٹھار بیٹھا رہا..کیکر کی پہلے توڑ کی شراب کا کچا پیالہ اُس کے باریک لبوں کو چھونے کو تھا جب وہ اُس کے سامنے جھکی ہے اور وہ پوری کی پوری آنکھوں، رنگ رُوپ اور نین نقش سمیت بخت جہان کے خون میں گھل کر اور پھر اُس کی رگ کی سطح پر اُبھر کر ایک بادبانی کشتی کی مانند تیرنے لگی تھی جس کا رُخ اُس کے دل کی جانب تھا، ایسی گھلی کہ اُس کے لہو میں ٹھاٹھیں مارنے لگی..اُس نے شرمندگی سے سر جھکا لیا کہ اپنے گوڑھے یار کی گھر والی تو گویا ایک بہن ہوتی ہے اور اُس بہن کو ایسی نظروں سے تکنا..بے غیرتی اور بے شرمی کی انتہا کے سوا اور کچھ نہ تھا۔

اُس کی حیات میں بے انت عورتیں آئی تھیں..بیشتر تو جولاہیاں، کمہارنیاں اور مضبوط بدن کی ماچھنیں تھیں جن کے لیے اس سے بڑھ کر فخر کی کوئی بات نہ تھی کہ بخت جہان ایسے چوہدری نے راہ چلتے اُنہیں دیکھ کر ایک کھنگورا مارا تھا اور ایک سرگوشی میں صرف اتنا کہہ کر گذر گیا تھا کہ سوہنیئے کبھی میری طرف بھی پھیرا تو ڈال..اور وہ اپنے خاوندوں اور بھائیوں سے چوری چھپے اپنے من کی مرضی سے اُس کے ہاں پھیرا ڈال دیتیں۔ اگرچہ ایک جاٹ اور چوہدری ہونے کے ناطے سے کچھ زور زبردستی بھی اُس کے لیے جائز تھی کہ کسی کی مجال تھی کہ وہ چوں بھی کر جاتا پر وہ اُس کا فائدہ نہ اٹھاتا تھا کہ اُسے خود سے مان جانے والی عورتوں کی کچھ کمی نہ تھی..البتہ ایک بار اُس کے یاروں نے اُسے ایک آزمائش میں ڈال دیا..

جوہڑ کا وہ حصہ جو جاٹوں کے چوپال کے عین سامنے واقع تھا خودرو بُوٹی سے ڈھکا ہوا تھا اور جب سردیوں کی پہلی یخ بستہ رات آتی تو اگلی سویر اُس بُوٹی پر کاسنی رنگ کے سینکڑوں کمیّوں کے پُھول کھلے ہوتے..

اُس جوہڑ کے کناروں پر ایک کچے کوٹھے کے آگے رکھّا کمہار دین دنیا سے بے خبر اُس جوہڑ کی مٹی کو چاک پر چڑھا کر بھانڈے برتن ڈھالتا رہتا جو اُس کے رزق کا سبب بنتے تھے..وہ اُس کے کوٹھے کے سامنے قطار اندر قطار سجے

ہوتے اور دنیاپور کی عورتیں اُن میں سے اپنے گھر کے لیے گھڑے، ہانڈیاں، چپنیاں، رکابیاں پسند کرتیں اور لے جاتیں۔ اُن کی قیمت ادا کیے بغیر.. کہ ادائیگی ہمیشہ فصل آنے پر گندم یا گُڑ کی صورت میں ہوتی تھی۔ روپے پیسے کا کچھ رواج نہ تھا۔ رکھّے کی ایک ہی بیٹی تھی صغراں جو بہت سوہنی تھی۔ ذہن میں یہ سوال تو سر اُٹھاتا ہے کہ آخر کمہاروں کی بیٹیاں ہی کیوں سوہنیاں ہوتی ہیں، اُس کا ایک عقلی استدلال موجود ہے۔ وہ اکثر سورج کی تپش سے محفوظ ایک بند کوٹھڑی میں یا تو چاک پر بیٹھی ہوتی ہیں اور یا پھر اُس گندھی ہوئی مٹی میں لتھڑی ہوتی ہیں جس سے برتن بنائے جاتے ہیں.. یہ بعد کے زمانوں کا ایک ''مڈ باتھ'' ہوتا تھا یعنی کیچڑ کا غسل.. آپ اپنے تن بدن کو کسی اعلیٰ مٹی کے کیچڑ سے پوت لیتے ہو اور پھر اُس مٹی کو اپنا رنگ روپ نکھارنے دیتے ہو.. تو کمہارنوں کو اُن بیت چکے زمانوں میں بھی ''مڈ باتھ'' کی سہولت حاصل تھی.. اسی لیے وہ سورج کی روشنائی سے دور مٹی میں لت پت نکھرتی جاتی تھیں.. چنانچہ تقریباً ہر تیسری چوتھی کمہارن ایک سوہنی ہو جاتی تھی۔

صُغراں کبھی کبھار اپنی اندھیاری کوٹھڑی میں سے نکلتی.. جوہڑ میں دو چار ڈبکیاں لگاتی.. اپنے گیلے بالوں میں کمیّوں کے دو چار پھول سنگھارتی اور واپس چلی جاتی.. ایمن آباد کی بیساکھی کے میلے میں دھوپ سے نڈھال بھنگڑا ڈالتے بلّے بلّے کرتے بنیکا چیمہ کے سردار بلبیر سنگھ نے بخت جہان کو برانگیختہ کرتے کہا تھا ''اوئے جہانیاں.. اگر تو صغراں کمہارن کے گیلے بالوں میں سجے کمیّوں کے ایک پُھول کو بھی اُتار لائے تو میری گھوڑی بسنتی تیری..''

اور بلبیر سنگھ کی یہ گھوڑی بسنتی ایسی تھی کہ کُل عالم پر راج کرتی تھی..

بخت جہان ایک عرصے سے اُس کی گھوڑی پر آنکھ رکھے ہوئے تھا.. رنجیت سنگھ کی مانند اُسے بھی مُنہ زور گھوڑیاں اور عورتیں پسند تھیں..

چنانچہ ایک لُوستی سنسناتی دوپہر میں جب بے رنگ نچڑے ہوئے آسمان پر چیلیں چیختی تھیں، بخت جہان رکھّے کمہار کے کچے کوٹھے کے پاس سے تب گذرا جب صُغراں جوہڑ میں نہا کر نکلی تھی اور اپنے گیلے بالوں میں کمیّوں کے پُھول اڑستی سجا رہی تھی۔

اُس کے اگلے روز بسنتی اُس کے اصطبل میں ہنہناتی تھی..

اگرچہ بخت جہان نے محض ایک گھوڑی کے چاؤ میں صُغراں کمہارن کے کچّے بدن کو اپنے چاک پر چڑھا کر اپنی مرضی سے ایک ایسے کوزے میں ڈھال دیا تھا جو کنوارا نہ رہا تھا پر اُس کوزے کی مٹی کے ہر ذرے میں وہ گُو کتا صُغراں کو نڈھال کرتا تھا.. پر یُوں ہوا کہ بخت جہان بھی اُس کے کچے بدن کی کچّی ان چھوئی مہک کا اسیر ہوا اور اُس نے صغراں کے حضور درخواست گذاری کہ تو میری گھر والی ہو جا پر وہ نہ مانی.. جہانیاں تُو نے مجھ پر جو ستم ڈھایا میرے کُوزے کو برباد کر دیا تو میرے لیے نہیں ایک گھوڑی کے لالچ میں کیا تو جا اُس گھوڑی سے بیاہ کر لے..

دو چار ہفتوں کے بعد صغراں اپنی من مرضی سے پیرکوٹ کے ایک ادھیڑ عمر جولاہے کے عقد میں چلی گئی جس کی بیوی ابھی حال ہی میں فوت ہوئی تھی... بخت جہان اُسے اکثر یاد کرتا اور اُس کا تکبر اور بانک پن ریزہ ریزہ ہو جاتا.. صغراں کے علاوہ چھیمو بھی نہ بھلائی جاتی تھی.. چھیمو کوٹھے ٹپنی..

بخت جہان کی حویلی کی پچھلی دیوار سے اپنی کچی اینٹیں گارے سے جما کر برکت عرف بکّو نے سر چھپانے کے

لیے دو کوٹھڑیاں خود اپنے ہاتھوں سے تعمیر کر لی تھیں جس میں اُس کا جِیا جنت ایک عُسرت زدہ زندگی بسر کرتے تھے۔ بکّو اگرچہ جاٹ تھا پر اُس کی زمین نہ ہونے کے برابر تھی اور وہ کمّی کمینوں سے بھی کمتر سطح پر جیتا تھا۔

چھیمو اُس کی سب سے بڑی بیٹی مُنہ چِٹ لگتی اتنی چھوٹی نہ تھی جتنی لگتی تھی.. مسکین شکل کی بے چارگی اور معصومیت کی تصویر چھیمو کو کوٹھے ٹاپنے پر ملکہ حاصل تھا.. وہ اُس فن میں ایسی ماہر تھی کہ گرمیوں کی راتوں میں کوٹھوں پر خوابیدہ لوگوں کی چارپائیوں کے درمیان میں سے یوں دبے پاؤں گذر جاتی کہ اُنہیں خبر تک نہ ہوتی تھی اور جب وہ ایک کوٹھے سے دوسرے کوٹھے پر اُترنے کے لیے چھلانگ لگاتی تو مجال ہے اُس کے پاؤں کی دھمک سنائی دے جائے.. اُس کے پاؤں نہیں بلّی کے پنجے تھے.. تقریباً ہر گاؤں میں ایک دو لڑکیاں ایسی ہوتی ہیں جو کوٹھے ٹاپنے کی ماہر ہو جاتی ہیں.. اُنہیں چسکا لگ جاتا ہے، مرد کے بدن کا نشہ لگ جاتا ہے اور وہ رہ نہیں سکتیں اور اپنے کسب میں ایسا کمال حاصل کر لیتی ہیں کہ جب چارپائی کے سارے انگ شور برپا کرنے کے درپے ہوتے ہیں تو وہ اُنہیں ساکت اور خاموش رکھنے پر قادر ہوتی ہیں.. کسی کو کچھ پتہ نہ چلتا تھا کہ چھیمو کب گئی اور کب آئی.. صرف بخت جہان تھا جسے خبر ہو جاتی.. اُس کے اندر ایک حِس تھی جو ذرا سی دھمک سے بھی بیدار ہو جاتی.. بلی دیوار سے کود کر صحن میں دبک جاتی تو وہ اُس کے پاؤں کی آواز بھی سُن لیتا.. وہ اُس چھیمو کی شبانہ اُچھل کُود سے بے حد بیزار تھا..

بھری گرمیوں کی ایک رات تھی اور وہ بھی چاندنی سے بھری ہوئی، روشنی سے ننگی ہوتی رات جب بخت جہان نے تنور کی تین موٹی دیسی کنک کہ اُن زمانوں میں کنک دیسی ہی ہوا کرتی تھی تو اُس کی تین موٹی روٹیاں اُپلوں کی مہک والے گاڑھے دودھ اور دبیز سنہری بالائی کے ساتھ اپنے شکم میں اُتاری تھیں، حقے کے چند کش لگائے تھے اور اپنی نواری چارپائی پر دراز ہو گیا تھا۔ پر اُس نے نیند کو اپنی آنکھوں میں اُترنے سے روک رکھا تھا..

وہ چھیموں کے پاؤں کی دھمک کا منتظر تھا..

دو تین راتیں تو بے کار گذر گئیں..

تب چوتھی شب جب رات گہری ہو رہی تھی.. کُل دنیا پور یہاں تک کہ کُتے بھی خوابیدہ ہو چکے تھے.. جوہڑ سے آنے والی ہوا میں بُوٹی اور کیچڑ کی ہلکی سی سبز اور بوسیدہ مہک تھی، بخت جہان نیند سے مغلوب ہونے کو تھا جب اُس کے کانوں کے پردوں پر پاؤں اور کچے کوٹھے کے ملاپ سے جنم لینے والی ایک مدھم سی دھمک ہوئی اور اُس نے پٹ سے نیند میں ڈوبتی آنکھیں کھول دیں... چھیمو اُس سے کچھ دور اُس کے کوٹھے پر اُترنے کے بعد ایک ایسے کھلاڑی کی مانند جس نے ایک لمبی چھلانگ لگائی ہو اور اب اپنے پنجوں پر آرام کر رہا ہو دم روکے بیٹھی تھی.. منتظر تھی کہ اُس کے چھت پر کُودنے سے جو ہلکی سی دھمک وجود میں آئی تھی وہ زائل ہو جائے اور وہ دبے پاؤں چلتی صرف تین اور کوٹھے ٹاپ کر تیلیوں کے اُس مُنڈے کے پاس پہنچ جائے جس کے پاس تیل کے علاوہ اور بہت کچھ جلانے کے لیے تھا..

بخت جہان نے ایک شاطر شکرے کی مانند انگڑائی لی اور چارپائی سے اُڑتا ہوا کوٹھے پر جا پہنچا اور پنجوں پر آرام کرتی دم روکے چھیمو کو جا دبوچا.. وہ جو دم لینے کو تھی اُس کا دم اٹک گیا اور دبوچی رہی..

جوہڑ کی جانب سے آنے والی مہک میں جب سویر کی ٹھنڈ گھلنے لگی.. کوٹھوں پر نیند میں مدہوش لوگ اُس ٹھنڈک

سے سکڑتے اپنے آپ کو کھیسوں سے ڈھانپنے لگے اور حافظ جی نے ایک لمبا کھنگورا مار کر فجر کی اذان شروع کی تب جا کر بخت جہان نے اپنی گرفت ڈھیلی کی..

یہ شائد بخت جہان کا خیال تھا کہ گرفت اُس نے ڈھیلی کی.. یا شاید یہ چھیمو تھی جس نے اُسے ایک لیموں کی مانند آخری قطرے تک نچوڑ لیا تھا..

چھیموں کے ناتواں باپ کو اپنے کانوں پر اعتبار نہ آیا جب بخت جہان نے اگلے دن اُس کی بیٹی کا رشتہ مانگ لیا۔ اُس کا منہ کُھلے کا کُھلا رہ گیا کہ اُس کے تو بھاگ جاگ گئے تھے اور اُس کے ہونٹوں سے رال بہہ نکلی..

بخت جہان نے اُسے سب سے پچھلی کوٹھڑی میں قید کر دیا.. چھیمو تیرے کوٹھے ٹاپنے کے دن گئے..اب اگر تو نے اپنے کوٹھے تک جاتی سیڑھیوں پر بھی قدم رکھا تو مجھے قسم ہے اپنی بہشتن ماں کی کہ میں تمہارے وہ پاؤں ٹوکے سے کاٹ کر اُنہیں دیگچے پر چڑھا کر اُن کا سالن بنا کر نہ کھا جاؤں تو میرا نام بھی بخت جہان نہیں..

لوگوں کے ذہن میں سوال اٹھتے تھے اگرچہ وہ ان کا اظہار بخت جہان کے قہر کی وجہ سے نہیں کرتے تھے کہ اُس نے ایک آوارہ مزاج عورت سے شادی کیوں کی جس سے گاؤں کا ہر دوسرا نوجوان حظ اُٹھا چکا تھا..اُس کا جواب یہی ہے کہ آخر اچھے بھلے شرفاء چوہدری، قریشی اور گیلانی اور سیّد بادشاہ بازاری، طوائفوں اور رنڈیوں سے کیوں شادی کر لیتے ہیں... ایسی عورتوں میں لذت کی کوئی ایسی رَمز ہوتی ہے..کوئی کارکردگی ایسی ہوتی ہے کہ مرد اُسے اپنے گھر میں ڈال لیتا ہے..

ویسے بخت جہان کی احتیاطیں اُس کے کچھ کام نہ آئیں..شادی کے صرف چھ ماہ بعد چھیمو ایک شب چپ چپیتے موچیوں کے ایک لڑکے کے ساتھ کوٹھے ٹاپتی غائب ہوگئی..وہ موچی شاید گانٹھنے میں بہت ماہر تھا..

بہت سبکی ہوئی کہ بخت جہان کی بیوی اُسے چھوڑ کر کسی جاٹ کے ساتھ بھی نہیں ایک موچی کے ساتھ فرار ہوگئی ہے.. پر وہ سہہ گیا۔

چھیمو کی یکدم گمشدگی کے صرف ایک برس بعد اُس نے جھنگ کے رانجھے جاٹوں کی ایک لڑکی سے شادی کر لی.. رانجھے دنیا پور سے بہت دور اپنے تخت ہزارے میں رہتے تھے اور بخت جہان کی شہرت اور قہر سے واقف نہ تھے۔اس لیے بھولپن میں اُنہوں نے اُس کا رشتہ قبول کر لیا.. بھاگ بھری ایک نہائت صابر شاکر اور پرہیز گار لڑکی تھی..بخت جہان جب حویلی کے ویہڑے میں اپنے سکھ یاروں کے ساتھ ادھم مچا رہا ہوتا تو وہ پچھلے کوٹھڑی میں قرآن پاک پر جھکی ہوتی..

وہ ایک ایسی عورت تھی جس کے سامنے بخت جہان بھی ذرا مؤدب ہو کر رہتا..وہ اُس کی پرہیز گاری سے خائف تھا..

بھاگ بھری نے اُس کی گود میں ایک بیٹا اور دو بیٹیاں ڈالیں..

اُس کے کسی شغف میں کچھ خلل اندازی نہ کی..اپنے بچوں میں مگن رہی..

بھاگ بھری اُس لمحے اپنی کوٹھڑی کے اندھیرے میں اپنے بچوں کو سُلانے کے لیے تھپکتی تھی جب امرت کور ماس کی ایک سلگتی ہانڈی تھامے اُس چوکھٹ کے پار ہوئی تھی جہاں بخت جہان کی نیلی آنکھوں کے برچھے اُس کے بدن کو چھید

کر جانے والے تھے.. کیکر کی پہلی توڑ کی شراب کا پیالا اگر لبوں تک آتے آتے یکدم معلّق ہو جائے، ٹھہر جائے اور ایک عورت جو اُس کی بھابھی تھی وہ اُس کے رنگ رُوپ میں پگھل کر یہ رشتہ فراموش کر دے.. یہ سارے رشتے عزت اور احترام کے سب کے سب کچے گھڑوں کی مانند عشق آتش کے چناب پانیوں میں گھل جائیں.. تو پھر انسان میں کچھ حیا نہیں رہتی.. بخت جہان کے ساتھ بھی بے حیائی کا یہی معاملہ ہو گیا تھا..

عشق کی اُس مشترکہ پگھلاہٹ کے پورے تین روز بعد جب دوپہر ڈھل رہی تھی اور بخت جہان افیون کی دوسری گولی بالائی کے ساتھ نگل کر سرور اور غنودگی کی سیڑھیاں چڑھتا کبھی گرتا کبھی سنبھلتا تھا، اُس کی نیم واہوتی نیلی آنکھوں میں ڈھلتی دوپہر کی کرنیں کبھی بجھتی اور کبھی بھڑکتی تھیں جب اُس کی حویلی کا دروازہ یکدم چوپٹ کُھل گیا اور وہاں امرت کور ایک ایسے جانور کی طرح کھڑی تھی جو اپنی مرضی اور منشا سے شکاری کے آگے آ کھڑا ہوتا ہے۔ ''جہانیاں میں آ گئی ہوں''..

بخت جہان بے شک قدرے سناٹے میں آ گیا پر وہ یہی سمجھا کہ یہ سب افیون کی تیزی کے کرشمے ہیں کہ اُسے امرت کور نظر آ رہی ہے.. اگر تو صرف امرت کور ہی نظر آتی تو ایسا کرشمہ ممکن بھی تھا لیکن اُس کے دونوں جانب اُس کے کڑ چھے سردار بیٹے گوبند اور نونہال سنگھ زرد پگڑیوں میں ایک ہاتھ سے مونچھیں سنوارتے اور دوسرے ہاتھ سے کرپانوں کو مضبوطی سے جکڑتے اکڑے کھڑے تھے.. یہ افیون کی کرامت نہ تھی بلکہ شائد مکافاتِ عمل تھا جس کا اُسے سامنا تھا.. اگر امرت کور اُس کے عشق میں فنا آ جاتی تو تنہا آتی.. یہ جو اُس کے دائیں بائیں اُس کے دونوں ساہن پُتّر کھڑے ہیں تو یہ ضرور مجھے قتل کرنے آئے ہیں۔ ان کو خبر ہو گئی ہے کہ میں نے اُن کی ماں پر بُری نظر ڈالی تھی یا یہ کہ اُن کی ماں نے مجھ پر بُری نظر ڈالی تھی.. دونوں صورتوں میں اُس کا قتل جائز ٹھہرتا تھا..

لیکن معاملہ کچھ اور تھا..

گاؤں کی دیگر عورتوں کی مانند امرت کور بھی مُنہ اندھیرے آبادی سے پرے کھیتوں میں ''بیٹھنے'' جاتی تھی..

اُن دنوں پنجاب کے دیہات میں گھروں کی چار دیواری کے اندر ضروری حوائج کی خاطر کوئی الگ سے بندوبست نہ ہوتا تھا کہ یہ صرف چُوڑے چمار اور سانسی ہوتے تھے جو جہاں رہتے تھے وہیں فارغ ہوتے رہتے تھے.. گاؤں کا کوئی بھی باسی جاٹ ہو یا لوہار کمہار یہ تصور بھی نہ کر سکتا تھا کہ ایک انسان جہاں اُٹھتا بیٹھتا ہے، کھاتا پیتا ہے وہیں ایک کمرہ بنا کر اُس میں گندگی پھیلانے لگے، کیا ہانڈی روٹی میں اُس کی بُو نہ رچ جائے گی۔ بھڑولوں اور چار پائیوں کی نوار اور رضائیوں میں سے فضلے کی بدبو نہ آنے لگے گی۔ اُس کا تو سوچا بھی نہیں جا سکتا تھا... یہ عمل ہمیشہ آبادی سے ہٹ کر اکثر منہ اندھیرے اور کبھی رات اُترتے ہی کھیتوں میں سرانجام دیا جاتا اور ایک کھاد کی صورت فصلوں کی تقویت کا باعث بھی بنتا..

اسی نت کلاں کا ایک کم حیثیت سردار کھڑک سنگھ پہلی جنگ عظیم کے دوران فرانس کے محاذ پر نہائت بے جگری سے لڑا.. بہادری کا کوئی تمغہ وغیرہ بھی وردی پر سجا کر لوٹا اور اُس کے پلّے میں رقم بھی بہت تھی.. اُس نے گاؤں میں ایک نیا

گھر تو تعمیر کیا اور اُس کے اندر ایک ٹائلٹ بھی بنوالیا.. گاؤں میں غدر مچ گیا.. برادری نے اُس کے گھر کا گھیراؤ کر لیا اور کرپانیں لہرانے لگیں کہ اوئے کھڑک سنگھا گوروں کے ساتھ رہ کر گورا ہو گیا ہے بے غیرتا.. کاغت کے ساتھ پیٹ بھی پونچھتا ہوگا بے مُرادا.. اب گاؤں کے درمیان میں ایک ٹٹی بنالی ہے گندگی کی جس میں جا بیٹھتا ہے اور سارے نت کلاں میں بُو پھیلاتا ہے.. یہاں رہنا ہے تو یہ ٹٹی ڈھادے ورنہ..

کھڑک سنگھ نے ہراساں ہو کر وہ ٹائلٹ مسمار کر دیا اور ایک اچھے خالصے کی طرح کھیتوں میں جا کہ ''بیٹھنے'' لگا..

تو امرت کور بھی ہر سویر مُنہ اندھیرے گاؤں کی دیگر سردارنیوں کی مانند باہر کھیتوں میں ''بیٹھنے'' جاتی تھی پر تنہا نہ جاتی تھی اپنے دونوں بیٹوں کے ساتھ جاتی تھی جو جوان ہو چکنے کے باوجود بلکتے بچوں کی مانند اُس سے چمٹے رہتے تھے.. عشق کی اُس پگھلاہٹ کے تیسرے روز کی سویر میں جب وہ تینوں فراغت حاصل کر کے گاؤں کو لوٹ رہے تھے تو امرت کور یکدم اُن دونوں کے سامنے آ کھڑی ہوئی اور اُنہیں اپنے ہاتھوں سے پرے دھکیلتی ہوئی کہنے لگی ''پُترو.. میں نے آج.. تمہارے چاچے کو تمہارے باپ لہناں سنگھ کو اور اُس کے گھر کو ہمیشہ کے لیے چھوڑ دینا ہے.. سُن رہے ہو؟''

اگرچہ اُن کے کان پگڑیوں سے ڈھانپے ہوئے تھے پر وہ خوب سُن رہے تھے..

''اور میں تمہارے چاچے کو چھوڑ کر دنیا پور کے بخت جہان کے پاس جا رہی ہوں، اگر تو وہ مجھے قبولتا ہے تو میں اُس کی گھر والی ہو جاؤں گی نہیں تو وہاں کے بڑے جوہڑ میں کود مروں گی..''

گوبند اور نونہال اگرچہ اپنی ماں کے پلّو سے بندھے ہوئے تھے، پر وہ ذرا بھڑک اُٹھے۔ قدرے سیخ پا ہو گئے سلگنے لگے.. ''پر بے.. چاچا بخت جہان تو مُسلا ہے۔''

''تو پھر کیا ہوا.. ہے تو ہماری طرح ایک جاٹ ناں.. دھرم تو آتے جاتے رہتے ہیں.. پر ذات تو ہمیشہ قائم رہتی ہے..''

گوبند اور نونہال کی اس توجیہہ سے کچھ تسلی نہ ہوئی بلکہ وہ مزید بھڑک اُٹھے.. طیش میں آ کر اپنی کرپانیں نیاموں سے باہر نکال لیں.. ایک ہی جھٹکے میں کہ وہ دونوں جڑواں تھے.. نونہال نے آگے بڑھ کر ہاتھ میں لرزتی کرپان کو ماں کی شہ رگ پر رکھ دیا ''میں تمہارے ٹوٹے ٹوٹے کر دوں گا..''

''کر دو..''

''جہاناں چاچا مُسلا ہے..''

''وہ اتنا ہی مُسلا ہے جتنا تمہارا باپ سکھ ہے، ان جاٹوں کا کوئی مذہب نہیں ہوتا۔''

گوبند پرے کھڑا فریاد کرنے لگا ''اوئے نونہالا.. گاٹا اُتار دے اس.... حرام جادی کا جو ایک مُسلے کی گھر والی ہونا چاہتی ہے..''

پر نونہال نے اپنی کرپان ماں کی گردن سے ہٹا کر نیام میں ڈال لی.. اور بچوں کی مانند بلک بلک کر رونے لگا..

گوبند بھی فوری طور پر اُس رونے دھونے میں شامل ہو گیا.. نہ وہ اپنی ماں کے ٹکڑے کر سکتے تھے اور نہ ہی اُس سے جُدا ہو سکتے تھے.. وہ دونوں اُس کے گلے لگ گئے اور ہچکیاں بھرنے لگے ''بے بے تو جہاں جائے گی ہم بھی جائیں گے.. چاہے تُو

ایک مُسلے کے گھر چلی جائے..''

''جہانیاں..تو مجھے قبول کرتا ہے کہ نہیں..؟''

یہ افیون کا کچھ کرشمہ نہ تھا..امرت کور سچ مُچ اپنے بیٹوں سمیت اُس کی چوکھٹ میں کھڑی تھی..

''آہو امرت کورے..'' یہ حقیقت نہیں ہوسکتی اور نہ ہی یہ کوئی واہمہ تھا..وہ اس کے سوا اور کیا کہہ سکتا تھا..

امرت کور نے یہ اقرار سن کر چوکھٹ کے اندر صحن میں قدم رکھا اور بخت جہان پر اُمڈتی ہوئی بولی ''جہانیاں آج کے بعد اگر تُو نے کسی اور رَن کی جانب آنکھ اُٹھا کر بھی دیکھا تو سونہہ واہ گرو کی..میں اپنے ہاتھوں سے تیرے ڈکرے کر دوں گی..''

اُس محلّہ مغربی میں صرف یہ ثابت کرنے کے لیے کہ جاٹ مسلمان تھے، ایک مسجد بھی تھی جس کے امام وہی یک چشم حافظ جی تھے، اُنہیں فوری طور پر طلب کرلیا گیا.''حافظ جی..'' بخت جہان نے للکارا مارا اور حافظ جی کی رُوح فنا ہوگئی ''اس سوانی کے ساتھ میرا نکاح پڑھا دو..''

اُنہوں نے اپنی ایک محفوظ آنکھ کو متعدد بار جھپکایا اور اُنہوں نے دیکھا کہ اُن کے سامنے اُس ڈھلتی دوپہر میں ایک ڈھلتی عمر کی کسے ہوئے بدن والی عورت ہے اور اُس کے دائیں بائیں دراز قامت بُرچھے اور کڑ چھے دو سکھ سردار مونچھیں مروڑ رہے ہیں تو قابل فہم طور پر وہ ذرا بوکھلا گئے..''چوہدری..یہ سوانی سِکھنی ہے؟''

''آہو..''

''تو اس کے ساتھ تیرا نکاح نہیں ہوسکتا..'' شرعی مسئلہ تھا اور حافظ جی اس پر مفاہمت نہیں کر سکتے تھے..

''پر کیوں نہیں ہوسکتا..'' بخت جہان..حافظ جی کو گُڑی یا ہویا کے لقب سے نوازنے لگا تھا پر لحاظ کر گیا۔''اسے سکھنی رہنے دے..تم نکاح پڑھاؤ..''

''شرعی طور پر ایسا ہو نہیں سکتا چوہدری..''

''میں نے تم سے پوچھا ہے کہ یہ شرع کیا ہوتی ہے حافظ جی۔ ہر روز میرے گھر سے تمہارے ہاں جو روٹیاں جاتی ہیں، جمعرات کی جمعرات حلوہ جاتا ہے، وہ کبھی پوچھتا ہے کہ شرع کیا ہے..''

''بسم اللہ الرحمٰن الرحیم..'' حافظ جی جو ایک درویش طبیعت کے صلح کن شخص تھے، بہر طور اُن روزانہ کی روٹیوں اور جمعرات کے حلوے کے پابند تھے، اُنہوں نے نکاح پڑھانا شروع کر دیا..

پسار کے پیچھے ایک نیم تاریک کوٹھڑی میں بھاگ بھری کے کانوں میں یہ سب کچھ اُتر رہا تھا اور اُسے اسی لمحے کوئی فیصلہ کرنا تھا..اُس نے اپنے تینوں بچوں کو اپنے سینے سے لگالیا..

حافظ جی اپنی جھولی میں گُڑ شکر اور گندم سنبھالتے ایک مذہبی فریضہ سرانجام دے کر امرت کور کا اسلامی نام کنیز فاطمہ تجویز کر کے چلے گئے..

پر اُس حالیہ کنیز فاطمہ کی کمر کے ساتھ..چمٹے ہوئے جو دو سکھ نوجوان تھے اب ان کا کیا کِیا جائے..وہ بہت

کھوئے کھوئے سے اپنی ماں کو منکوحہ ہوتے دیکھتے رہے تھے اور کچھ سمجھ نہ پا رہے تھے کہ یہ کیسے اشلوک پڑھے جا رہے ہیں تو بخت جہان نے قریب ہو کر اُن کی ڈھارس بندھائی.. ''تم آج سے میرے سگے ہو.. بے شک سردار رہو، مجھے کچھ اعتراض نہیں۔''

وہ جوگوبند تھا، اپنے جڑواں بھائی نونہال سے ذرا اتنا سا سینئر تھا کہ اُس نے پہلے اپنا سر نکالا تھا، وہ سر جھکا کر کہنے لگا.. ''چاچا.. اگر بے مُسلی ہوگئی ہے تو ہمیں بھی کرلو..''

اب بخت جہان کے فرشتوں کو بھی علم نہ تھا کہ ایک سردار کو مُسلا کیسے کر لیتے ہیں.. اُس نے حافظ جی کو پھر سے سندیسہ روانہ کر دیا.. اور وہ ایک آنکھ میچے پھر سے حاضر ہوگئے۔ اگرچہ وہ اب گُڑ کی دو ڈلیاں کھانے کے بعد پہلے سے کہیں زیادہ مطمئن اور شانت ہو چکے تھے..

''حافظ جی یہ دونوں.. یہ گوبند سنگھ ہے اور اس کا نام نونہال ہے.. یہ میرے بیٹے ہیں.. ان کی ماں میری منکوحہ ہوگئی تو میرے بیٹے لگے کہ نہیں لگے.. تو ان کو بھی مسلمان کر دو..''

''کیسے کر دوں..'' حافظ جی ذرا بوکھلا گئے..

''تم مولوی صاحب ہو، تمہیں پتہ ہونا چاہیے کہ کسی بندے کو مسلمان کیسے کرتے ہیں..''

''اوہو چوہدری پتہ مجھے نہیں ہوگا تو اور کسے ہوگا پر ان کی مرضی بھی پوچھی ہے کہ نہیں کہ دین میں کوئی زبردستی نہیں ہے..''

وہ دونوں اُس وقت چولہے کے قریب حسب عادت ماں کے گھٹنوں سے لگے بیٹھے تھے.. ''مجھے تو ان کی شکلوں سے ڈر لگ رہا ہے.. خواہ مخواہ مجھے کرپان گھونپ دیں تو.. یہ کام تو کسی اور سے کرا لے..''

حافظ جی کو دراصل دو تین برس پیشتر ایک نہائت ہی ناخوشگوار تجربہ ہوا تھا.. اُن دنوں اُن پر تبلیغ کا بھوت سوار ہوگیا تھا.. اُنہوں نے کشمیری بازار لاہور سے شائع ہونے والے ایک ''جنت کے فرشتے'' نامی کتابچے کو پڑھ لیا تھا جس میں کچھ نامعلوم بزرگانِ دین کے قول درج تھے اور اُن میں ایک پتہ نہیں کونسے بغدادی بزرگ نے فرمایا تھا کہ ایک شخص بے شک وہ فسق و فجور میں مبتلا رہے، گناہوں سے آلودہ رہے اگر وہ کسی کافر کو کلمہ پڑھوا دے تو نہ صرف اُس کے تمام گناہ معاف کر دیئے جائیں گے بلکہ اُسے جنّت کے سب سے بالائی حصے میں دیگر جنتیوں کی نسبت دوگنی حُوریں عطا کی جائیں گی.. چنانچہ حافظ جی نے ایک روز بنیکے چیمے کے ایک سردار کو جا لیا اور اُسے کلمہ پڑھنے کے لیے کہا.. اس پر سردار اپنی گھوڑی سے اُترا، کرپان نکال کر حافظ جی کی شہ رگ پر رکھی اور کہنے لگا ''اب بول مولوی اب کیا پڑھوں؟'' اس پر حافظ جی نے گھگھیاتے ہوئے کہا ''سردار جی ایک تو آپ میں حسِ مزاح نہیں ہے، میں تو مخول کر رہا تھا..''

تو حافظ جی قابلِ فہم طور پر سکھوں کو مسلمان بنانے سے بدکتے تھے..

''اوئے کڑی یا ہو یو.. ادھر آؤ ماں کے خصمو..'' وہ دونوں ماں کے گھٹنوں سے الگ ہو کر اپنے نئے باپ کے سامنے آ کھڑے ہوئے.. ''اوئے تم نے مسلمان ہونا ہے کہ نہیں..''

''ہونا ہے چاچا.. ہمیں کر لو..''

''کرو جی حافظ جی..''

''تو پھر پڑھو بسم اللہ..'' حافظ جی اس اقرار سے دلیر ہو گئے.. اُنہوں نے کلمہ دوہرایا.. گو بندا اور نونہال کی سمجھ میں ظاہر ہے، کچھ نہ آیا پر اُنہوں نے اپنے حساب سے کچھ دوہرا دیا..

جاتے جاتے حافظ جی نے ایک اور مسئلہ کھڑا کر دیا.. ''چوہدری'' اُنہوں نے اپنی ناکارہ آنکھ میچ کر اور کارآمد آنکھ ذرا کھول کر کہا.. ''یہ ختنے بیٹھے ہوئے ہیں؟''

''ہیں؟'' بخت جہان نے بوکھلا کر اُن دونوں کے تہبندوں کی جانب دیکھا جیسے وہ اُن کے پار دیکھ کر بتا سکتا ہو.. پھر اُس نے ذرا طیش میں آ کر کہا ''ضروری ہے؟''

''بہت ہی ضروری ہے.. ایک مسلمان کا طُرۂ امتیاز ہی یہی ہے چوہدری..''

''پر یہ طُرّہ نہ ہو تو کیا فرق پڑتا ہے.. کسی نے ان کڑ چھے جوانوں کے تہبندوں میں جھاتیاں مار کر پتہ کرنا ہے کہ بیٹھے ہیں کہ نہیں..''

''تیری مرضی ہے چوہدری.. پر ایک بات میری گُھٹ کے پلّے باندھ لے.. تو بنا شک روزانہ مجھے گندم کی روٹیاں دیتا ہے.. جمعرات کی جمعرات حلوہ بھیجتا ہے جس میں میٹھا ہمیشہ کم ہوتا ہے پر کل کلاں تو نے ان کے بیاہ کرنے ہیں ناں تو میں نے ان کا نکاح نہیں پڑھنا کیونکہ میں تو جانتا ہوں ناں کہ یہ منہ زبانی مسلمان ہوئے ہیں جبکہ نیچے سے ابھی تک سردار ہیں۔''

یہ دھمکی ذرا تشویشناک تھی، وہ جاٹوں کے اس محلے کے واحد مولوی صاحب تھے اور ایک مُدت سے تھے، اُن کے سارے مُردے نہلاتے تھے اور سارے نکاح وہی پڑھتے تھے.. بخت جہان نے ذرا منت سماجی کی، دانے دُنکے کے دعوے کیے پر حافظ جی ڈٹے رہے۔ وہ بے شک دین مذہب کے معاملے میں جاٹوں کو تھوڑی بہت چھوٹ دیتے رہتے تھے پر یہ معاملہ ذرا زیادہ شرعی اور بنیادی نوعیت کا تھا ''چل بخت جہان آپ قیاس کر لو کہ میں آنکھیں بند کر کے کل کلاں ان کے نکاح پڑھ دیتا ہوں پر اگلی صبح کُل عالم کو علم ہو جائے گا کہ یہ ختنے نہیں بیٹھے ہوئے.. وہ والا کام جوں کا توں ہے..''

''پر کیسے..'' بخت جہان کا جی چاہ رہا تھا کہ وہ حافظ جی کی کارآمد آنکھ بھی پھوڑ دے.. ''اگر تو نہیں بتائے گا تو کُل عالم کو کیسے علم ہو جائے گا..''

''جس کو بیاہ کر لاؤ گے ناں وہ بہورانی.. اگلی سویر دوہائی دے رہی ہو گی کوٹھے کی چھت پر کھڑے ہو کر کہ لوگو.. وے لوگو..''

راستے میں ایک ایسی دیوار آ گئی تھی جسے انسان پھاند کر اگر دوسری جانب چلا بھی جائے تو وہاں ایک نو بیاہتا دولہن کوٹھے کی چھت پر سر پر ہاتھ رکھے دوہائی دے رہی ہے کہ لوگو.. وے لوگو.. وہ والا کام جوں کا توں ہے..

شام اُترنے سے پہلے پہلے امرت کور، حالیہ کنیز فاطمہ نے اُس حویلی نما گھر کے سارے انتظامات سنبھال لیے تھے.. قائم دین مصلّی جو سر شام مین بھینسوں کا دودھ دوہ کر گنویں سے چلتا دودھ بھری گاگر چھلکاتا، آدھے دودھ سے گاؤں

کی گلیوں میں چھڑکاؤ کرتا حویلی میں داخل ہوا تو کنیز فاطمہ نے آگے بڑھ کر دودھ کی گاگر اُس کے سر سے یوں اُتاری جیسے وہ ازل سے ایسا کرتی آئی ہو.. دودھ چاٹی میں اُنڈیل کر اُس نے اُسے اُپلوں کی سلگتی آگ پر چڑھا دیا.. تینوں گھوڑیوں اتھری، بگّی اور بسنتی کو چارا ڈالا.. لالٹین روشن کی اور ہانڈی چولہے پر رکھ کر آٹا گوندھنے لگی..

یہ تمام تر معمولات ہو بہو لہناں سنگھ کے گھر والے تھے کہ جاٹوں کے شب و روز میں کچھ زیادہ فرق نہیں ہوتا.. دونوں بیٹے جیسا کہ وہ ہر شام بیٹھتے تھے اپنی ماں کے گھٹنوں کے ساتھ لگے بیٹھے اُس سے لاڈ کر رہے تھے..

اُن کے لیے بھی کچھ نہ بدلا تھا.. سوائے باپ کے اور دھرم کے..

دینو نائی مُنہ اندھیرے بیدار ہو کر اپنا تاریخی اُسترا سان پر لگا تا تیز کر رہا تھا.. یہ وہی قدیمی اُسترا تھا جو اُس نے پانچ برس پیشتر ایمن آباد کے بیساکھی کے میلے میں سستے داموں خریدا تھا۔

ایک پُر جوش بھنگڑا ڈالتے بلّے بلّے کرتے ڈھول میں گم میلے میں اُستروں کی ایک دوکان کا کوئی جواز نہیں بنتا پر ہوتا یہ تھا کہ چند جوانی کے گرم خون میں بدمست مسلمان نوجوان جاٹ وزیر آباد سے پانچ سات تیز دھار اُسترے خرید لاتے اور جب میلہ جوبن پر آجاتا تو وہ سکھ نوجوانوں کو للکارتے اُسترے لہراتے میدان میں آجاتے.. اوئے سردارو آج ہم نے اِن استروں سے تمہاری داڑھیاں صفاچٹ کر دینی ہیں.. کیس کاٹ دینے ہیں.. جہاں کہیں بھی تمہارے بال ہوتے ہیں اُنہیں مونڈھ دینا ہے اوئے سکھو..

قابل فہم طور پر اس خطاب کے بعد مناسب قسم کا دنگا فساد ہو جاتا.. کچھ سر پھٹتے.. کچھ خون بہتا جو کہ میلے کا معمول تھا.. یہ اُسترے چونکہ شرارت اور دل لگی کی خاطر لہرائے گئے تھے تو اس ہلے گلے کے بعد انہیں ناکارہ جان کر جو کوئی بھی خریدنا چاہتا اُسے کوڑیوں کے مول فروخت کر دیئے جاتے۔

تو وہی پانچ برس پرانا کوڑیوں کے مول حاصل کردہ قدیمی اُسترا دینو نائی سان پر تیز کر رہا تھا جس کے ساتھ نہ صرف اُس نے اپنے چوہدریوں کی داڑھیاں مونڈھی تھیں بلکہ اپنی گدھی کے لیے چارا بھی باقاعدگی سے کاٹا تھا۔

دینو کے اُسترے کے چلنے کے بعد چوہدری حضرات کے گالوں پر کپاس کی ایک فصل کے پھاہے بہار دینے لگتے اور ہر پھاہے کے نیچے ایک گھاؤ ہوتا اور وہ پھاہے لہو سے سرخ ہوتے جاتے..

آج دینو نائی کے اس اُسترے کا امتحان تھا... اُس نے دو سرداروں کے ختنے کرنے تھے..

اس دینو کے بہشتی باپ اللہ رکھّے نے چوہدری بخت جہان کے ختنے کیے تھے..

بخت جہان کو یہ المیہ کچھ کچھ یاد تھا.. یہ یاد تھا کہ وہ یکدم مختصر ہو گیا تھا.. وہ تو صرف تین برس کا تھا جب یہ وقوعہ ظہور پذیر ہوا تھا اور اللہ رکھے نے اسے دو اینٹوں پر بٹھا کر کہا تھا.. اوپر دیکھو.. ایک چیل گدھا اٹھائے لیے جا رہی ہے اور جب اُس نے اوپر دیکھا تو نیچے سے اس کا کام تمام ہو گیا تھا، پر یہاں معاملہ کچھ پیچیدہ تھا۔

وہ دونوں تین برس کے نہ تھے اور انہیں دو اینٹوں پر بٹھا کر غچّہ نہیں دیا جا سکتا تھا کہ اوپر دیکھو.. اس عمل کے لیے ایک الگ تنہائی درکار تھی جس کا گاؤں میں کچھ تصور نہ تھا.. سردیوں، گرمیوں میں کبھی پسار کے اندر اور کبھی چھت پر سب کی..

ماؤں، بہنوں.. باپ کی.. بہو کی.. بیٹے کی چار پائیاں قطار اندر قطار بچھتی تھیں اور اس کے باوجود بچے باقاعدگی سے پیدا ہوتے چلے جاتے تھے کہ برابر کی چار پائی کے پائے اگر لرزش میں آتے تھے تو درگذر کر دیا جاتا تھا تو ایک مکمل الگ تنہائی کا ان زمانوں میں کچھ تصور نہ تھا۔

مسئلہ یہ تھا کہ گوبند اور نونہال کو کہاں ایک ایسی الگ تنہائی میں بٹھایا جائے کہ دینونائی کا اُسترا کام دکھا جائے۔

کہاں؟..

صرف مخروطی کچے بھڑولے تھے۔ پچھلی اندھیاری کوٹھڑیوں میں جن کے اندر اجناس کا ذخیرہ کیا جاتا تھا..

دینونائی نے باری باری.. پہلے گوبند کو اور پھر نونہال کو ایک خالی بھڑولے میں اُتارا اور پھر خود اُتر کر اپنے قدیمی اُسترے کے بھرپور وار کر کے اُن سردار بچوں کے ختنے کر دیئے..

اُن کی ہولناک چیخیں بھڑولوں میں سے برآمد ہو کر پورے گاؤں کو پکارنے لگیں..اور خون اتنا بہا کہ بھڑولے سُرخ ہو گئے..

دینونائی بھڑولے میں سے نکلا، اپنا خون آلود اُسترا ایک جہادی کی تلوار کی مانند لہراتا نکلا اور بخت جہان نے نہ صرف اُس کی جھولی اجناس سے بھر دی بلکہ اُس کی ہتھیلی پر چاندی کا ایک روپیہ بھی رکھ دیا..کام تمام ہو چکا تھا..نونہال سنگھ، غلام محمد ہو چکا تھا اور گوبند سنگھ، فتح محمد۔

اُسترے کے کمال کی یہ باتیں تو بہت بعد کی ہیں پر جس روز امرت کور اپنے بیٹوں کے ہمراہ بخت جہان کے گھر میں داخل ہوئی تھی اور اُس شام جب وہ امرت کور اُس کے گھر پر قابض ہو کر چولہے کے آگے بیٹھ گئی تھی.. بھاگ بھری نے اپنے بچوں کو سینے سے لگایا اور ہمیشہ کے لیے بخت جہان کی چوکھٹ نہائت خاموشی سے پار کر کے چلی گئی تھی.. بخت جہان نے کئی روز تک اُس کی گمشدگی محسوس نہ کی کہ وہ کنیز فاطمہ کے ابھی تک کسے ہوئے بدن میں کسا رہا تھا..

"یہ بھاگ بھری کہاں دفعان ہو گئی ہے..میرے بچے بھی لے گئی ہے.."

✦........✦

ایک مرد اور وہ بھی 1930ء کے لگ بھگ زمانوں کا مرد، ایک تہذیب سے بچھڑے ہوئے گاؤں میں حیات کرنے والا اور مستزاد یہ کہ ایک جاٹ مرد.. تو اُس کی انا اُس کے قد سے بھی بلند ہوتی ہے اور اگر وہ دراز قامت بخت جہان ہو تو اُس کی انا تو عرشوں کو جا چھوتی ہے اور ایسی انا کی کیسی تشفی ہوتی ہے اُسے کتنی بے حساب طمانیت حاصل ہوتی ہے اگر ایک عورت نہ صرف اُس کے عشق میں فنا ہو جائے بلکہ اپنا گھر بار خاوند سب کچھ چھوڑ چھاڑ کر اُس کے در پر آ جھکے.. ایسی مر مٹے۔

ایسا مرد تو ایک مست ہاتھی کی طرح جھومنے لگتا ہے کہ مجھ میں وہ کشش ہے کہ میں بھرے پُرے گھر اُجاڑ سکتا ہوں، بیاہتا عورتوں کو ایسے اسیر کر سکتا ہوں کہ وہ اپنی جوان اولاد کو ہانکتی ہوئی دل کے ہاتھوں مجبور میری چوکھٹ پر سجدہ ریز ہو جائیں۔ اُسے بخت جہان کو اصولاً تو اپنی مردانہ وجاہت پر ناز ہونا چاہیے تھا کہ امرت کور نے اُس کے آگے ہتھیار ڈال دیئے تھے پر... یہاں معاملہ سراسر اُلٹ ہو گیا تھا.. جس لمحے امرت کور نے اُس کی چوکھٹ کو پار کیا تھا اُس کے بعد اب تک کوئی ایک لمحہ بھی ایسا نہ تھا جب اُس نے اپنے آپ کو مطعون نہ کیا ہو.. اپنے آپ کو دنیا کا ذلیل ترین اور اخلاق کی عمیق ترین پستیوں میں گرا ہوا بے غیرتی کے کیچڑ میں لتھڑا ہوا ایک شخص محسوس نہ کیا ہوا.. بخت جہان جو یاروں کا یار ایک شخص تھا اُسے شدید احساسِ جرم نے پچھاڑ کر رکھ دیا تھا.. بے شک وہ بھی گرفتار ہوا تھا اور اس میں بھی کوئی شک نہیں کہ عشق آتش کے آگے عزیز داریاں اور دوستیاں پگھل کر پانی ہو جاتی ہیں پر لہناں سنگھ تو مُڈھ قدیم سے اُس کا بیلی اور جگری یار تھا.. ایمن آباد کی بیساکھی کے میلے میں جب وہ دونوں للکارتے ہوئے داخل ہوتے تھے تو ایک لمحے کے لیے تو پورا میلہ چپ اور سائیں سائیں ہو جاتا تھا.. جھولے رُک جاتے تھے.. ڈھول خاموش ہو جاتے تھے اور بولیاں بولنے والے بولیاں بھول جاتے تھے.. کسی کی جرأت نہ ہوتی کہ اُن کے ساتھ ڈانگ سوٹا کر سکے.. وہ ایک دوسرے کے لیے بنا جھجک جان دینے والے.. ایک دوسرے کی عزت کے رکھوالے تھے.. راہ چلتے ہوئے اگر بخت جہان کو شائبہ بھی ہوتا کہ پیپل کے درخت میں کسی پرندے کی کُوک میں لہناں سنگھ سے ناپسندیدگی کی جھلک ہے تو وہ اُس درخت پر چڑھ کر اُس پرندے کی جان لے لینا چاہتا تھا۔

تو اس بے غیرت بخت جہان نے اپنے یار لہناں سنگھ کے گھر پر ہی ڈاکہ ڈال دیا تھا.. آئی تو وہ اپنی مرضی سے تھی پر کہا تو یہی جا رہا تھا کہ وہ اسے بھگا کر لایا ہے..

یہ احساسِ جرم اُس کے گلے میں ایک پھندے کی مانند ہر لمحہ کسا جا رہا تھا اور وہ سانس نہ لے سکتا تھا، مسلسل اپنے آپ کو مطعون کرتا خلفشار میں مبتلا تھا.. اگر لہناں سنگھ میری گھر والی بھاگ بھری کو بھگا کر لے جاتا بچوں سمیت تو میں کیا محسوس کرتا.. اور اس کا جواب آتا کہ لہناں سنگھ تم جتنا ذلیل اور بے غیرت ہو ہی نہیں سکتا..

کبھی اُس کے دل میں آتا کہ وہ امرت کور، گوبند اور نونہال کو آگے لگائے اور ڈنگروں کی طرح ہانکتا نَت کلاں لے جائے اور لہناں سنگھ کے پاؤں پڑ جائے۔ وہ شائد ایسا کر گذرتا اگر اُس وقتی ہیجان میں امرت کور کنیز فاطمہ نہ ہو گئی ہوتی اور وہ دونوں فتح محمد اور غلام محمد نہ کر دیئے گئے ہوتے..

وہ اس کرب کو تا دیر سہہ نہ سکا۔

مُشکی بدن کی، پسینے سے تر... اُتھری گھوڑی سرِ شام نَت کلاں کی جانب اُڑی جا رہی تھی.. سورج کی آخری بجھتی ہوئی زرد کرنیں جب کسی زاویئے سے اُس کے تر بتر جُثے پر اترتیں تو پہلے سے کہیں روشن اور تیکھی ہو کر نکلتیں اور اگر کوئی دیکھنے والا ہوتا تو اُس کی آنکھیں چندھیا دیتیں۔

اُس کے سُموں تلے سٹیشن سے پرے قبرستان کی کچھ کچّی قبریں بھی آئیں اور وہ اُنہیں ڈھاتی روندتی ہوئی نکل گئی۔ چارے کے ہرے بھرے کھیتوں میں سے.. جن زمینوں میں ہل چل چکا تھا اور جنہیں سہاگے سے ہموار کر دیا گیا تھا.. جنگلی بیر کی کانٹے دار جھاڑیوں میں سے اور آب پاشی کی نالیوں پر سے ٹاپتی وہ چلی جا رہی تھی.. اُس کی رفتار اور بہاؤ میں کچھ فرق نہ آتا تھا۔ اگرچہ آج اُس کی پُشت پر بخت جہان کے علاوہ اُس کا احساسِ جُرم بھی بوجھ ہو رہا تھا۔

لہناں سنگھ نے اپنی بیٹھک میں کیکر کی شراب کے مٹکے میں سے ابھی پہلا مٹّی کا کچّا پیالہ بھرا ہی تھا اور اُسے لبوں سے لگایا ہی تھا کہ بخت جہان آ گیا، دُھول میں اٹا.. مہاندرے پر دُھول یہاں تک نیلی آنکھوں میں دُھول.. راستے کی بھی اور شرمندگی کی بھی.. اور وہ کچھ کہے سُنے بغیر گردن جھکا کر ایک کونے میں بیٹھ گیا ایک ایسے مجرم کی مانند جو بخوشی اپنی گردن کٹوا دینے کے لیے آ گیا ہو.. لہناں سنگھ اپنی شراب سِلور یا پیتل کے گلاسوں میں بھر کر نہیں پیتا تھا بلکہ گاموکمہار خصوصی طور پر اپنے اس سردار کے لیے چاک پر پتلے پتنگ ایسے پیالے ڈھالتا تھا کہ اُن کی مٹی کے آر پار دیکھا جا سکتا تھا.. اور ان پیالوں کو چاک پر ڈھالتے ہوئے وہ اپنا سانس روک لیتا تھا کہ ذرا سانس لیا تو وہ پیالہ اتنا باریک اور نازک کہ ڈھے جاتا تھا۔

بخت جہان کو دیکھ کر لہناں سنگھ کے چہرے پر نہ کوئی اشتعال پُھوٹا اور نہ ہی آنکھوں میں کسی شکائت کا پرتو تیرا، اُس نے ایک پتلا پتنگ نازک پیالہ بھر کر اُس کی جانب بڑھا دیا.. اور وہ اُسے قبول کر کے سر جھکائے ایک ہی ڈیک میں پی گیا.. اپنے اندر اُنڈیل لیا.. نظریں نیچی کیے ایک مُجرم پلّے کی مانند سر جھکائے بیٹھا رہا۔

اُن کے درمیان کسی زمانے میں گفتگو اور لطف کا جو دریا پرشور اور وحشی ہوا کرتا تھا وہ تھم چکا تھا.. ساکت ہو گیا تھا.. جیسے ہر لہر کے ہونٹوں پر ایسے قفل پڑ گئے ہوں جن کی چابیاں گم ہو گئی ہوں

جب شراب کا مٹکا آدھے سے کم رہ گیا.. چار پانچ پیالوں کے خاموش گھونٹوں کے بعد لہناں سنگھ نے اپنی داڑھی

میں ہاتھ سے کنگھا کیا اور یوں بولا جیسے خمار میں نہیں ایک خواب میں بولتا ہو، جہانیاں...رَن، تلوار اور گھوڑا کسی کے سگے نہیں ہوتے۔ کسی سے وفا نہیں کرتے..ان کا کچھ اعتبار نہیں ہوتا..اُس گھوڑے پر کیا سواری کرنی جسے تمہارا وجود بوجھ محسوس ہونے لگے..اُس تلوار کو نیام میں کیا رکھنا جو تمہارے ہاتھ میں تو ہے اور خود بخود وار نہ کرے..اور گھوڑے کی طرح ہی وہ رَن بھی کس کام کی جسے تمہارا وجود بوجھ لگنے لگے....ان تینوں کو اگر وہ تمہارے پاس نہ رہنا چاہیں تو کھلا چھوڑ دو..اُنہیں آزاد کر دو..جہاں اُن کا جی چاہے جانے دو..اُنہیں اپنی انا کی دیوار سے روکنے کی کوشش مت کرو، جانے دو..جہانیاں، گھوڑے بھی بہت..تلواریں بھی بہت اور رَنوں کی بھی کچھ تھوڑ نہیں..البتہ یاروں کی بہت تھوڑ، بہت کمی ہوتی ہے...تو چنتا نہ کر..اپنے احساسِ جرم کو بھول جا اور گاموکمہار کے کچے پتلے پتنگ..شیشہ پیالے میں سے شراب کا ایک اور گھونٹ بھر..رَن، تلوار اور گھوڑا آج تک کسی کے نہیں ہوئے..تیرے بھی نہیں ہوں گے..

موج بچوں کی تھی..

محمد جہان نمبردار کے کھودے جانے والے کنویں میں سے نکلنے والی مٹی کے انباروں پر وہ اپنے آپ کو سنبھالتے..کنویں میں گرنے سے بچاتے سرگی سویرے سے شام ڈھلنے تک تقریباً بھوکے پیاسے بیٹھے اُس کی گہرائی میں اشتیاق اور اُمید سے جھانکتے رہتے..کہ اُن کے یوں مسلسل پہرا دینے کا جھانکنے کا ایک سبب تھا..ایک خاص گہرائی تک مزدوروں سے مٹی کُھدوانے کے بعد وہ دونوں کرم داد اور مولا داد اُس گہرائی میں اُتر گئے..ایک چھڑی کے ساتھ سُوت کا دھاگا باندھ کر اور اُس چھڑی کو درمیان میں گاڑ کر دھاگے کی مدد سے ایک دائرے کا تعین کیا..پھر اُس مٹی میں ایک ایک اینٹ ذرا ترچھے رُخ پر اُس دھاگے کے تعین کردہ دائرے پر جماتے گئے اور یوں اینٹ در اینٹ ہولے ہولے اینٹوں کی ایک گولائی اُبھرتی گئی اور کنویں کی ابتدائی ہیئت دکھائی دینے لگی..

یہ کنویں کی گولائی کی ابتدا تھی..

اور اس ابتداء پر گارے کی چنائی کرتے اینٹوں کا یہ دائرہ روز بہ روز بُلند ہوتا چلا گیا۔ یہاں تک کہ ایک سر بردہ مینار کی مانند سطحِ زمین میں سے نمودار ہو کر کناروں پر براجمان متجسس بچوں کی آنکھوں کے سامنے ظاہر ہونے لگا اور پھر اُن سے بھی اونچا ہو گیا..

اور اس کے بعد جو ظہور میں آیا اُس پر بچے تو کیا محمد جہان خود اور اُس کی برادری بھی یقین نہ کر سکی..

کرم داد اور مولا داد پھر سے کنویں کے اندر اُتر گئے اور مزدوروں کی بجائے وہ دونوں خود ایک خاص حساب کتاب سے اینٹوں کی بنیاد تلے کی مٹی کھودنے لگے..اور پھر بہت آہستگی سے اُن کے کھودنے سے جو خلاء وجود میں آیا تھا، اُس کے اندر اینٹوں کا وہ گول سر بریدہ مینار دھنسنے لگا یہاں تک کہ وہ اُس میں دفن ہوتا سطحِ زمین کے برابر آ گیا..

اُنہوں نے کُھدائی روک دی..

پورے دنیا پور میں ہی نہیں آس پاس کے سب دیہات میں جیسے منادی کر دی گئی ہو ایسے ہر ایک کو خبر ہو گئی کہ اینٹوں کی گولائی تہہ تک دھنس چکی ہے اور کل اُنہوں نے جو کنواں کھودنے کے ماہر ہیں اُنہوں نے کل سویر کنویں میں اُتر کر تہہ کی گیلی مٹی پر چند کدالیں چلانی ہیں اور اُس میں سے پانیوں کے جھرنے اُبلنے لگیں گے اور وہ اس کنوارے کنویں کو لبریز کر دیں گے..اگر وہاں پانی ہوئے تو..

گُل عالم کو علم ہو گیا کہ کل سویر..

اور اُس سویر ہل چلانے والوں نے ہل چھوڑ دیئے..

چاٹیوں میں دودھ بلونے والی جٹیوں نے مدھانیاں روک کر رڑھکنا ترک کر دیا.. فجر کی اذان بلند کر کے..امامت کروانے کے بعد سلام پھیرتے ہی حافظ جی اپنی ایک کارآمد آنکھ سے راستہ تلاش کرتے محمد جہان کے کنویں کی جانب چل دیئے اور محمد جہان کی گھر والی بہشت بی بی جو شریکوں کے طعنے سُن سُن کر تنگ آ چکی تھی کہ ذرا دیکھو کہ اس کا گھر والا گھاس کھا گیا ہے ایک ویرانے میں کنواں کھدوا رہا ہے..اپنے کنک کے بھڑولے خالی کر رہا ہے..اول تو وہاں سے پانی نکلے گا ہی نہیں اور اگر نکل آیا تو اُس سے فائدہ..اُس نے اپنی دونوں بیٹیوں کو اور آخری اولاد ایک دس برس کے بیٹے عزیز جہان کو نئے کپڑے پہنائے اور کنویں کی جانب روانہ ہو گئی کہ اُسے ہمیشہ سے یقینِ کامل تھا کہ اگر محمد جہان اپنا سب کچھ لُٹا کر اُس ویرانے میں ایک کنواں کُھدوا رہا ہے تو اس میں حکمت ہے اُس میں سے پانی ضرور نمودار ہوں گے اور..اُس سنگریزوں سے اَٹے ویرانے کو سینچ کر گُل وگلزار کر دیں گے۔

آس پاس کے دیہات..پیر کوٹ، نت کلاں..بینکا چیمہ کی جانب سے بھی لوگوں کے ٹھٹھ کے ٹھٹھ چلے آتے تھے..

دنیا پور تو اُس سویر تقریباً ویران ہو گیا۔

ہر گھر خالی ہو گیا..سوائے موت کے منتظر بوڑھوں کے اور وہ جن کی ٹانگیں مفلوج ہو چکی تھیں..سوائے بخت جہان کے جو شب بھر مشقت کرتا رہا تھا اور ایک اکڑ چکے اور نڈھال ہو چکے بدن کے ساتھ نیند میں بے سُدھ پڑا تھا اور اُس کے برابر میں کنیز فاطمہ خراٹے لے رہی تھی جو اُس کے نڈھال پن کا باعث تھی..

پسار کی پچھلی کوٹھڑی میں وہ دونوں اب بھی نیند میں کراہتے تھے کہ اُن کے زخم ابھی ہرے تھے۔ اُنہیں اپنی ماں کی محبت کی بہت اذیت ناک قیمت ادا کرنا پڑی تھی..وہ بھڑولے ابھی تک سرخ تھے جن کے اندر دینو نائی کے کُند اُسترے نے اُن کو مختصر کر دیا تھا..اگرچہ اُن کے زخم مندمل ہو رہے تھے اور اب وہ ٹانگیں پھیلا کر نہ چلتے تھے..خاصا افاقہ ہو چکا تھا۔

اُسے خیال ہی نہ رہا تھا، محمد جہان جس بے چینی اور ذہنی تناؤ کا شکار تھا اُس نے اُسے بھلا دیا تھا کہ کنویں کی بسم اللہ کروانے کے لیے حافظ جی کو سدّا بھیجنا ہے اور وہ بھلے مانس خود ہی چلے آ رہے تھے بن بُلائے..ایک ہجوم اُمڈا ہوا تھا جسے محمد جہان پرے پرے کرتا حافظ جی کا شکر گزار ہوتا اُنہیں کنویں کے کنارے پر لے گیا اور اُن کا ہاتھ مضبوطی سے تھامے رکھا کہ وہ اُن کی ایک آنکھ کی کمی کو جانتے ہوئے احتیاط کرتا تھا کہ کہیں حافظ صاحب اپنی ریش مبارک پر ہاتھ پھیرتے ہوئے کنویں میں لڑھک نہ جائیں..

اُنہوں نے کنویں میں سے برآمد ہونے والی مٹی کے ڈھیر پر بمشکل کھڑے ہو کر جب سر جھکا کر ہاتھ باندھے اور نہائت مترنم آواز میں ایک پُرشور کھنگورے کے بعد بسم اللہ الرحمٰن الرحیم پڑھا تو بھنبھناتا ہوا ہجوم خاموش ہو گیا..پس تم اُس کی کن کن نعمتوں کا شکر ادا نہ کرو گے والی آئت کی تلاوت کی اور پھر کنویں کے متوقع پانیوں اور محمد جہان نمبردار اور اُس

کی آل اولاد کی سلامتی اور خوشحالی کی دُعا کی..

جونہی ''آمین'' کی گونج معدوم ہوئی کرم داد اور مولا داد لنگوٹ باندھے ہوئے آخری بار کنویں میں اُتر گئے..اُن پر پھاجو جاٹ کے باغ کی مینڈھوں پر اگائے دیسی گلاب کی جھاڑیوں سے حاصل کردہ پھول پھینکے گئے..

اُن کے کنویں میں اُترتے ہی ہر سُو سناٹا چھا گیا..گہرائی میں وہ دونوں ایک نیم اندھیرے میں کدالیں چلا رہے تھے..اُن کی ہولے ہولے ٹھک ٹھک کرتی آواز اوپر سطح تک آتی منتظر لوگوں کے دلوں پر لگتی دھک دھک کرتی تھی..وہ سب تو کنویں کے گرد ہجوم کرتے تھے پر محمد جہان ان سے پرے گنّے کے ایک کھیت کے قریب ایک مینڈھ پر بیٹھا ایک عجیب سوگواری میں ایک موٹے پونے گنّے کا چھلکا اپنے مضبوط دانتوں سے اُتارتا تھا پر اُس کے اندر سے ظاہر ہوتی سفید مٹھاس کے گُودے کو چُوستا نہ تھا صرف چھلکا چھیلتا جاتا تھا کہ اُس کے اندر ایک اضطراب تھا جسے وہ گنّا چھیلنے کے عمل میں بھول جانے کی سعی کر رہا تھا کہ..اگر پانی نہ برآمد ہوئے تو..

ہر کھودے جانے والے کنویں کے اندر سے پانی نہ نکلتا تھا..یا تو پانی اتنی گہرائی میں ہوتے کہ اُن تک پہنچنا ممکن نہ ہوتا اور یا پھر حساب کتاب میں کچھ غلطی ہو جاتی..اُس برس پانچ میں سے تین کھودے گئے کنویں ایسے تھے جن میں سے پانی نہ نکلا تھا اور اُن زمینداروں کی جنہوں نے ان کے کھدوانے اور تعمیر پر اپنی جمع پونجی صرف کر دی تھی اُن کی کُل حیات اور اثاثہ اکارت گیا تھا اور اُن میں سے ایک مجذوب ہو کر قبرستان میں جا بیٹھا تھا۔

اگرچہ ہر کوئی جھانکے چلا جا رہا تھا..تمام کانوں میں کدالوں کی ٹُھک ٹُھک کی آواز آ رہی تھی پر یہ حافظ جی کی اکلوتی آنکھ تھی جو کنویں کی گہرائی میں اُتری اور پانی سے بھیگ گئی ''اوئے لوگو'' اُنہوں نے شور مچا دیا ''پانی''

کنویں کی تہہ میں جو کیچڑ تھا، اُس میں سے ان دونوں کی کدالوں کی مسلسل ضربوں سے..کچھ بلبلے سے اُٹھنے لگے اور پھر یکدم وہ بلبلے ایک شفاف صاف ستھرے پانی کے فوارے میں بدل گئے..اور وہ پانی اُبلتے تھے اور بے قابو ہوئے جاتے تھے..اُنہوں نے کنویں کی تہہ کو روپوش کیا..اُس کی گولائی کے ساتھ اٹکھیلیاں کرتے اُسے بھرنے لگے، اونچے ہوتے ہو گئے یہاں تک کہ کناروں پر بیٹھے ہوئے لوگ جھجک کر ذرا پیچھے ہونے لگے کہ کہیں یہ پانی جو اتنے بے مُہار اونچے ہوئے چلے آتے ہیں، ہمیں بہا کر نہ لے جائیں..

اور اُن پانیوں میں کرم داد اور مولا داد بھی پُرمسرت چیخیں مارتے ڈبکیاں لگاتے بلند ہوتے کناروں کے قریب آ رہے تھے..

محمد جہان نے حافظ جی کی اس صدا پر کہ..اوئے لوگو..پانی..گنّے کے گودے میں اپنے دانت گاڑے اور اُسے ہونٹوں میں دبا کر اُس کا سارا رس اپنے گلے میں اُتارا اور مسکرانے لگا جیسے مہاتما بدھ نروان حاصل کرنے پر..ایک راہبہ بی بی مریم کو خواب میں دیکھنے پر، ایک میرا کرشن کی شکل دیکھنے پر اور ایک سوہنی مہینوال کو دریا پار کر کے آنے پر دیکھتی ہے..اور مسکراتی ہے ایسے وہ مسکرایا کہ اُس کا خواب مکمل ہو گیا تھا..

اگرچہ وہاں بچوں کی موج تھی..

لیکن بہت سے بڑے بھی اُن کے اشتیاق میں شامل تھے..

وہ سب کے سب صرف کنویں کی تہہ میں سے نکلنے والے پانیوں کو تکنے نہیں آئے تھے ایک اور سبب بھی تھا..
اگر وہ ہر روز بلاناغہ سارا سارا دن وہاں بھوکے پیاسے بیٹھے رہتے تھے، جھانکتے رہتے تھے تو پانیوں کے لیے تو نہیں..سبب ایک اور تھا۔

اُن سب کے اندر مُدھ قدیم سے ایک حکائت ایک روائت چلی آتی تھی جو سینوں میں سفر کرتی چلی آتی تھی..کہ جب کبھی..کہیں بھی..ایک کنواں کھودا جاتا ہے..کھدائی ہوتی ہے تو اُس روز جب اُس کی تہہ میں سے پہلے پانی اُبلتے ہیں تو زیرِ زمین..بسیرا کرنے والی مخلوق..بونے..انسانی شکلوں والے بالشت بھر کے..بہت بے آرام ہو کر کنویں کی تہہ میں سے نکلتے ہیں..اُبھرتے ہوئے پانیوں میں ڈبکیاں کھاتے سطح تک آتے ہیں اور پھر اس سے پیشتر کہ کوئی اُنہیں دیکھ پائے وہ پل بھر میں، آنکھوں میں دھول جھونکتے..نظر نہ آتے..نکلتے ہیں اور آس پاس کے کھیتوں میں گُم ہو جاتے ہیں اور اس کے بعد اُن کا کچھ سُراغ نہیں ملتا..

وہ صرف اس صورت میں نظر آتے ہیں اگر آپ کنویں کی تہہ میں سے سے پھوٹنے والے پہلے پانیوں کو ٹکٹکی باندھے دیکھتے رہیں اور آنکھیں نہ جھپکیں..آنکھ کے جھپکنے کے پل میں وہ نمودار ہوتے ہیں اور اُسی پل اُچھلتے ہوئے کنویں میں سے برآمد ہو کر آس پاس کی دنیا میں غائب ہو جاتے ہیں..اسی لیے ہر کسی کی خاص طور پر بچوں کی انتہائی کوشش تھی کہ وہ کم سے کم آنکھیں جھپکیں..

جب پانی زمین کی سطح سے ایک ہاتھ بھر نیچے رہ کر تھم گئے..کنواں بھر گیا تو ایک ننگ دھڑنگ بچے نے ناک میں چلتی اپنی انگلی نکالی اور منمنا کر کہا..

''بونے..''

ہر کوئی آس پاس دیدے پھاڑ پھاڑ کر دیکھنے لگا..

''اوئے کہاں ہیں..کہاں ہیں..''

''میں نے دیکھے ہیں..میں نے دیکھے ہیں..وہ میرے قریب سے گذر کر کماد کے کھیت میں گُھس گئے..''

کچھ لوگ اُٹھے اور گھنے کماد کے اندر چلے گئے..اُس بچے کے بیان میں اتنا اعتماد تھا کہ اُس کی شہہ پا کر ایک بزرگ نے بھی اعلان کر دیا کہ مجھے نظر تو نہیں آئے..پر وہ میری بغلوں میں سے گذر گئے ہیں اور مجھے کچھ گدگدی سی ہوئی ہے..

اور تب نذرے میراثی نے دونوں ہاتھ جوڑ کر کانوں کی لویں چھوتے ہوئے توبہ توبہ کی..اللہ کو جان دینی ہے..ایک بونا پانی کی سطح پر تیرتا ڈوبنے کو تھا کہ میں نے اپنی شہادت کی اُنگلی آگے کر دی اور وہ اُچک کر اُس پر بیٹھ گیا، میری طرف دیکھ کر آنکھ ماری اور یہ جا وہ جا..بھاگ لگے رہیں اُس بونے نے چوہدری محمد جہان نمبردار ایسی پگڑی باندھی ہوئی تھی..

اُدھر محمد جہان کھیت کی منڈیر پر بیٹھا گنّا چھیلتا اُس کے گودے میں سے رَس کو چوستا آپو آپ مسکراتا جاتا تھا کہ اُس کے کنویں میں سے پانی نکل آئے تھے..لوگ بہشت بی بی کو مبارکیں دے رہے تھے اور اُس کی دونوں بیٹیاں اور اکلوتا بیٹا اُس بچے کے گرد ہو کر اُس سے سوال جواب کرتے تھے کہ یہ بونے کتنے بڑے تھے..ہم سے بھی چھوٹے تھے اور انہیں

اپنے بچوں کو دیکھ کر محمد جہان کی مسکراہٹ سمٹ گئی..اُس کے کلیجے میں جدائی کی برچھی کھُب گئی..کاش آج ماہلو بھی زندہ ہوتی.. یہ دن دیکھتی کہ اُس کے باپ کے کھدوائے ہوئے کنویں میں سے ایسے پانی بہہ نکلیں گے جو اس ویرانے کو یوں سیراب کریں گے کہ دنوں میں یہاں شیشم کے ایسے شجر سربلند ہو جائیں گے کہ ہر شجر کی ٹہنیوں سے ایک جھولا بندھا ہو گا اور وہ جس جھولے پر مرضی جھولے..اگر وہ زندہ ہوتی۔

✦.......✦

بے سُدھ پڑے..رات بھر کی مشقت کے بعد پنڈے کو آرام دیتے..بخت جہان کو محسوس ہوا کہ اُس کی چھاتی پر کچھ بوجھ ہے..

پپوٹے کُھلتے نہ تھے نیند بھرے تھے..کوشش کر کے وہ اُنہیں کھولتا تو وہ گر جاتے..صحن میں سویر کی دُھوپ اُتری ہوئی تھی۔

لیکن اُس کی نیلی آنکھوں نے دھوپ کو تو بعد میں محسوس کیا پر اُس سے پیشتر اُسے اپنے سینے پر سوار نیند کی دھندلاہٹ میں کچھ عجیب سی مخلوق نظر آئی..جیسے چھوٹے چھوٹے گڈے ہوتے ہیں، نین نقش انسان والے پر قدبُت میں مختصر..وہ اُس کے انگوٹھے سے بھی کم قامت کے تھے..

جب وہ افیون کی دو تین گولیاں بالائی کے ساتھ نگل کر اونگھ میں چلا جاتا تھا تو اُسے بہت کچھ نظر آتا تھا، عجیب انہونے خواب اور شکلیں جو ابھی واضح ہوتیں اور ابھی پگھل کر کسی اور شکل میں ڈھلنے لگتیں..پر ابھی تو اُس کے حلق میں سوائے خوف کی اُس تھوک کے اور کچھ نہ گیا تھا جو اُس نے اس مخلوق کو دیکھ کر نگلی تھی..یہ کل دوپہر کی افیون کا اثر تو نہیں ہو سکتا..اور اس مخلوق کی موجودگی کا سب سے بڑا ثبوت یہ تھا کہ اُس کا بوجھ تھا..سینے پر اتنا بوجھ تھا کہ اگر وہ اپنی چارپائی سے اُٹھنا بھی چاہتا تو اُٹھ نہ سکتا تھا..اُن میں سے ایک کے پور برابر سر پر اُس کے بھائی محمد جہان ایسی پگڑی بھی بندھی تھی..

''اوئے کون ہو..کڑی یا ہو یو کون ہو..'' اُس کی آواز گلے میں سے ڈر کے مارے نکلتی نہ تھی..

تو اُس میں سے وہ بالشتیا جس نے پگڑی باندھ رکھی تھی اُس کا شملہ اونچا کر کے بولا..اور اُس کی آواز اُس کے قد سے کہیں بلند تھی..ہم تمہارے بھرا محمد جہان کے کنویں میں سے نکلنے والے بونے ہیں..اچھے بھلے زمین کے اندر آباد اور خوش و خرم تھے اور پھر کرم داد اور مولا داد کی کدالوں نے ہمارے گھر ڈھا دیئے..ہم بے گھر ہو گئے، اب گھر کہاں کریں..تمہارے گھر میں بہت جگہ ہے تو ہم اسی میں آباد ہو جاتے ہیں۔

''کڑی یا ہوے..'' نہ چاہتے ہوئے بھی اُس کے لبوں سے نکل گیا..

''ہمیں گالیاں نہ دو بخت جہان..'' ایک نہایت درویش قسم کا بونا بولا..''ورنہ..''

بخت جہان لرز گیا...

وہ جس کا قد آسمان کو چھوتا تھا..گلی میں سے گذرتا تھا تو گھروندے مختصر ہو جاتے تھے، وہ لرز گیا..یہی قیاس کرنے

کی کوشش کرتا رہا کہ یہ سچ مچ کے نہیں.. وہم کی پیداوار ہیں.. بھتنے اور بلائیں ہیں جو اگلے لمحے زائل ہو جائیں گی.. برابر میں امرت کور کے خراٹے صاف سنائی دے رہے تھے..

''نہیں یقین کرتے؟'' اُس ایک بونے نے اپنی مونچھوں کو تاؤ دیا اور اپنی برچھی کو بخت جہان کے سینے میں کھبو دیا.. اگرچہ اُس برچھی کی نوک ایک سوئی کی نوک جتنی تھی، پر بخت جہان بلبلا اُٹھا ''نہیں کرتے؟''

وہ درد سے کراہ اُٹھا کہ وہ خواب نہ تھے..

اُن میں کوئی بھورا یا اور کوئی کالیا تھا.. ایک ڈب کھڑبا تھا.. ایک مونچھوں والا اور ایک برچھی والا تھا.. اور وہ سب حسن اخلاق سے مالا مال تھے، تمیز دار تھے۔ چنانچہ اُنہوں نے ماتھے پر ہاتھ رکھ کر اُسے الوداعی سلام پیش کیا اور ابھی وہ یہاں تھے اور ابھی وہ وہاں نہیں تھے۔

اُس کے سینے پر پڑا بوجھ زائل ہوا تو اُس نے ایک گہرا سانس لیا.. ایک فالج زدہ حالت میں پڑا رہا.. وہ تحلیل ہو چکے تھے اور اس کے باوجود وہ اُن کے ڈر میں ساکت پڑا رہا..

پسار کی پچھلی کوٹھڑیوں میں گوبند اور نونہال ساری رات کراہنے کے بعد کہ وہ دینو نائی کے اُسترے سے مختصر کر دیئے گئے تھے اب مدہوش پڑے تھے.. اُن کے برابر میں جو کوٹھڑی تھی، وہاں بخت جہان کا افیون اور کیکر کی شراب کے بعد سب سے من پسند ذخیرہ تھا.. ایک اعلیٰ ساخت کا کلکتہ میں تیار کردہ باجہ یا گراموفون تھا اور اُس کے پہلو میں ایک نواری پلنگ پر نہائت ترتیب سے سجے سینکڑوں توے یا سیاہ گراموفون ریکارڈ جن میں سے ہر ایک پر ایک کُتا ''ہز ماسٹرز وائس'' پر کان لگائے بیٹھا تھا.. یہ گراموفون ریکارڈ بھورے رنگ کے کھردرے کاغذ کی پوشش میں ملفوف تھے۔ ان میں اُن زمانوں کی برصغیر کی ساری مدھر آوازیں بھری ہوئی تھیں.. کملا جھریا.. عنایت بائی ڈھیرو والی.. یہودی گائکہ گوہر جان کلکتے والی.... ماسٹر مدن اور کندن لال سہگل کی آوازیں محفوظ تھیں..

بخت جہان جب دنیا جہان سے اُکتا جاتا اور اُس پر افیون اور شراب کا بھی کچھ اثر نہ ہوتا تو وہ اپنے آپ کو اس مدھر کوٹھڑی میں الگ کر لیتا.. سوئیوں کی ڈبیا میں سے ایک سُوئی احتیاط سے نکالتا.. اُسے گراموفون کے بازو میں گس کر.. اپنی پسند کے ریکارڈ پر تب رکھتا جب وہ ایک خاص رفتار سے گھومنے لگتا..

دنیا پور تو کیا آس پاس کے درجنوں دیہات میں بھی کسی ایک فرد کے پاس گراموفون نہ تھا.. یہ نہیں کہ کوئی استطاعت نہ رکھتا تھا بلکہ نہ کوئی حِس جمال رکھتا تھا اور نہ ہی کن رس اور بخت جہان لاکھ برا ہونے کے باوجود ان حسیّات کا اسیر تھا۔

یہ ایک بُرا خواب ہی تھا.. اُس نے اپنے آپ کو تسلی دی.. بھلا کبھی بونے بھی ہو سکتے ہیں.. اطمینان اور تسلی کی ایک مسکراہٹ اُس کے لبوں پر تیری لیکن اُسی لمحے گراموفون کی کوٹھڑی میں سے ''بدریا برس گئی اُس پار'' کا دھیما اور مدھر گیت باہر صحن میں اُترتی سویر کی دُھوپ میں آ گیا۔

''کنیز فاطمہ..'' اُس نے اپنی خراٹے بھرتی گھر والی کو جھنجھوڑا پر وہ بیدار نہ ہوئی۔

''اوئے امرت کورے..'' اُس نے اُس کا کندھا ہلایا..

وہ فوراً اُٹھ بیٹھی.. ''کیا ہے جہانیاں؟''

''بونے.. میری کوٹھڑی میں گھس کر گراموفون بجا رہے ہیں.. سُن رہی ہو؟''

''کون سے بونے..'' امرت کور کے تن بدن میں وہ جان ابھی واپس نہ آئی تھی جو اُس نے پچھلی شب نکال لی تھی۔

''وہی بونے جو میرا باجا بجا رہے ہیں.. سُن رہی ہو؟ محمد جہان کے کنویں میں سے نکل کر یہاں آ گئے ہیں اور کہتے ہیں کہ اب یہیں بسیرا کریں گے۔''

امرت کور کے بدن کی چولیں ہل چکی تھیں.. وہ کسل مندی سے ایک کروٹ لے کر بولی.. ''جہانیاں.. کیکر کی شراب پی پی کر تو تھپچل گیا ہے.. تیرے دماغ پر اثر ہو گیا ہے، افیون کی زیادتی نے تجھے ماؤف کر دیا ہے.. کیا کبھی بونے بھی ہوتے ہیں!''

''کڑی یا ہوئیے.. سِکھنئے'' بخت جہان اشتعال میں آ گیا.. ''تُو کھا اپنے واہے گرو کی سونہہ کہ تجھے کوٹھڑی کے اندر سے صحن میں اُترتی دھوپ میں ''بدریا برس گئی اُس پار'' سنائی نہیں دے رہا.. کھا سونہہ..''

''جہانیاں..'' وہ ایک فکر مند ماں کی مانند بولی ''تجھ پر اثر ہو گیا ہے.. میں واہے گرو کی سونہہ کھاتی ہوں کہ.. ہر سُو چُپ ہے.. کچھ ہو تو سنائی دے..''

اور بخت جہان کے کانوں میں ہر سُو ''بدریا برس گئی اُس پار'' زمین سے عرش تک جتنے فاصلے تھے اُن میں گونجتی اور بلند ہوتی تھی..

بس یہی.. آہو یہی.. بخت جہان کو سارے جواب مل گئے.. یہ بونے شونے نہ تھے کچھ اور تھا جو کبھی نہ کبھی تو ہونا تھا.. سانپ کا کاٹا اپنے قدموں پر مر جاتا ہے پر کُتے کا کاٹا اتنی شتابی سے نہیں مرتا... اپنی موت کو اپنے پلّو میں باندھ کر بڑا زمانہ پھرتا ہے اور جب وہ بھول بھال جاتا ہے کہ اُس کے پلّو میں موت بندھی ہے تو یکدم وہ پلّو کھول کر موت اُس کے سامنے آ کھڑی ہوتی ہے اور وہ ہلکایا جاتا ہے، پانی سے ڈرنے لگتا ہے.. جیسے وہ اُسے ڈس لے گا.. اور بھوکا پیاسا بھونک بھونک کر مر جاتا ہے..

بس یہی.. یہی توجیہہ تھی..

جاٹوں کے اس محلّہ مغربی کی ٹیڑھی میڑھی گلیوں اور گندی نالیوں کی بُھول بُھلیاں سب کی سب ایک چوک میں جا اُترتی تھیں.. یہ ایسا چوک نہ تھا جو شہروں ایسا تھا.. اگر کسی شہریئے سے یہ کہا جاتا کہ یہ چوک ہے تو وہ پوچھتا کہ.. کہاں ہے؟ ادھر سے لوہاروں کی گلی آ رہی ہے.. جوہڑ کی جانب سے کمہاروں کی گلی اُترتی ہے اور وہاں سے جاٹوں کا محلّہ شروع ہو رہا ہے تو اس ملاپ کے مقام کو جہاں بمشکل پانچ چھ مویشی بندھ سکتے تھے، گاؤں والے چوک کہتے ہیں..

اسی چوک میں مائی ہلکی کا بسیرا تھا..

وہ حافظ جی کے گھر کی کچی سیڑھیوں تلے ایک کھوہ میں رہتی تھی.. اگرچہ ایک عام کُتے کی عمر دس بارہ برس سے

تجاوز نہیں کرتی پر مائی ہلکی کی عمر کا کچھ حساب نہ تھا..کہا جاتا ہے کہ جب وہ ایک نوخیز کُتوری تھی تو ایک سنگ چُور قسم کا زہریلا سانپ کھا جانے سے ہلکائی گئی تھی۔ باؤلی ہوگئی تھی اور اس کے ساتھ وہ زہر گویا اُس کے لیے آب حیات بھی ثابت ہوا تھا.. ابھی تک زندہ تھی..

سرگی سویرے یا رات گئے اُدھر سے جو بھی گذرتا، ذرا احتیاط سے کھانستا ہوا گذرتا کہ کہیں مائی ہلکے اُس پر چپکے سے حملہ آور نہ ہو جائے..بخت جہان جب ایک رات پھاجو جاٹ کے مالٹوں کے باغ میں اپنے کچھ جگری بیلیوں کے ہمراہ پی پلا کر گھر لوٹ رہا تھا تو اُس چوک میں سے گذرتے ہوئے اُسے مائی ہلکی کی ہلکی سی غراہٹ سنائی دی تھی۔ اُس کا خیال تھا کہ وہ اُس کے قریب نہیں آئی تھی مگر اب جو اُسے بونے شونے دکھائی دے رہے تھے اس سے ثابت ہوتا تھا کہ مائی ہلکی نے اُس شب حالتِ خمار میں اُسے کاٹ لیا تھا اور اب جا کر اُس کے زہریلے دانتوں کے اثر سے وہ ہلکایا گیا تھا اور اسی لیے وہ جو نہیں تھے اُسے نظر آتے تھے۔

وہ اس توجیہہ کو دریافت کر کے کسی حد تک شانت ہوا کہ کُتے کے کاٹنے سے پاگل ہو کر بھونک بھونک کر مرنا کہیں زیادہ خوشگوار ہے بجائے اس کے کہ ایک انسان کی چھاتی پر عمر بھر بونے کُودتے رہیں اور اُس کے گراموفون پر قابض ہو کر ''بدریا برس گئی اُس پار'' بجاتے رہیں۔

اور اُسی لمحے بخت جہان کے کانوں میں جیسے اُس کا مضحکہ اڑانے کی خاطر..اُس کی اس حماقت پر قہقہے لگا کر ہنسنے کی خاطر کہ وہ ان بونوں کو مائی ہلکی کے کاٹ جانے پر محمول کر رہا ہے کوٹھڑی کے اندر سے بلند اور شفاف آواز میں ''بدریا برس گئی اُس پار'' کا گیت سنائی دینے لگا۔ جیسے وہ اعلان کر رہے ہوں کہ ہم کوئی شک شبہ یا واہمہ نہیں ہے تخیل کی شعبدہ بازی نہیں ہے..ہم ہیں..

کوٹھڑی کا دروازہ کھلا تھا..وہ اپنی دراز قامتی کو ذرا جھکا کر اندر داخل ہوا...اُس اندھیرے میں ''بدریا برس گئی اُس پار'' کے بعد اب ''برسورے'' کا الاپ سنائی دے رہا تھا..

گراموفون کی سُوئی پلاسٹک کے سیاہ ریکارڈ کی لکیروں پر گھومتی اپنے سفر کے اختتام تک پہنچ کر ہز ماسٹر وائس کے کتے کی تھوتھنی کے قریب ہو کر اٹک گئی تھی اور برسورے..رے..رے کی گردان جاری تھی۔

ایک بونے نے آگے بڑھ کر گراموفون کا ہیڈ اُٹھا کر..برسورے کا ریکارڈ اُٹھا کر اُس پر ایک اور ریکارڈ جما دیا..

''اے چاند چھپ نہ جان..جب تک میں گیت گاؤں..''

کانن بالا کی مدھر اور جنسی آواز کوٹھڑی کے اندھیروں میں سلگنے لگی..بخت جہان کے جی میں تو یہی آئی کہ وہ ان کڑی یا ہوئے بونوں کو اپنی ڈانگ سے دُھنک کر رکھ دے..پر اُس میں کچھ سکت ہوتی تو وہ ایسا کرتا..وہ بونے اُسے فالج زدہ کر دیتے تھے..

تو وہ ہلکایا ہوا نہ تھا..یہ توجیہہ دھجیوں میں بکھر گئی تھی..بونے تھے..اور ستم یہ کہ موسیقی کے رسیا تھے..

اور اُنہوں نے اُس کی جانب کچھ دھیان نہ کیا..اُس کی موجودگی سے لاتعلق اپنے آپ میں اور موسیقی میں مگن رہے..

یہ ساری کارستانی اُس کے بھرا محمد جہان کی تھی جو ملنگ اور درویش بنا پھرتا تھا.. نہ وہ اُس سنگریزوں بھرے ویرانے میں کنواں کُھدواتا اور نہ یہ بونے اُس کی گہرائی میں سے برآمد ہو کر اُس کی چھاتی پر کُودتے، اُس کی حویلی میں آن بسیرا کرتے..

ساری لوکائی کہتی تھی کہ اس بے آباد بے آب و گیاہ ویرانے میں کنواں کُھدوانے سے کچھ حاصل حصول نہ ہوگا تو اس کے باوجود اگر محمد جہان نے اپنے بھڑولے خالی کر کے کنواں کُھدوایا تھا تو محض اس لیے کہ اُس کی تہہ میں سے بونے نکلیں اور اُس کی زندگی اجیرن کر دیں۔

یہ کارستانی.. یہ سازش اُس کے سگے بھائی کی تھی۔

بخت جہان نے اپنی ڈانگ پر گرفت مضبوط کی اور بونوں کے قبضے میں آئی ہوئی گراموفون اور ریکارڈوں والی کوٹھڑی میں سے نکل گیا..

میں اُس سے ڈرنے والوں میں سے نہیں ہو.. تیس سال پیشتر لوگ اُس سے ڈرتے تھے جب وہ دس برس کا تھا.. اور میں ہوں گا چار پانچ برس کا۔ جب کہتے ہیں کہ کنک کے دانے اُس کے ہاتھ لگانے سے بالیوں میں سے گرتے جاتے تھے.. کنویں کے پانی اُس کی موجودگی میں اُبلنے لگتے تھے اور وہ پرندوں، کنکھجوروں اور کیڑوں مکوڑوں سے باتیں کرتا تھا.. بکواس کرتے ہیں کڑی یا ہوئے لوگ.. میں اُس سے ڈرنے والا نہیں۔

لوگ محمد جہان سے ڈرنے لگے تھے..

چوہدری فتح جہان نمبردار کے دس برس کے پُتّر سے ڈرنے لگے تھے..

وہ سامنے سے آرہا ہوتا تو راستہ بدل لیتے..

وہ اُس سے خوف کھاتے تھے اگرچہ اُس نے آج تک کسی ذی روح کو گزند نہ پہنچائی تھی، ہمیشہ مسکراتا رہتا تھا پر لوگ اُس کی مسلسل مسکراہٹ سے بھی طرح طرح کے پوشیدہ مفاہیم نکال لیتے اور راستے سے ہٹ جاتے۔

جیسا کہ رواج تھا وہ کنویں کی جانب رواں سر پر چاٹی رکھے کسی عورت کے قریب جا کر کہتا کہ چاچی.. ایک گھونٹ لسّی تو پلا دو تو وہ عورت اُنہی قدموں پر ساکت ہو جاتی، چاٹی زمین پر رکھ کر اُس کی گردن کے گرد گرفت مضبوط کر کے اُسے جھکاتی ہوئی مٹی کے پیالے میں لسّی اُنڈیلنے لگتی تو وہ پیالہ چھلکنے لگتا تب بھی لسّی اُنڈیلتی چلی جاتی کہ وہ خوفزدہ کیفیت میں محمد جہان کو تکتی جاتی..

یہاں تک کہ اُس کے ہم عمر لڑکے بھی اُس سے کتراتے.. وہ مسجد میں رحل پر کھلا سیپارہ پڑھ رہا ہوتا تو وہ صف پر سے کھسکتے پرے پرے ہوتے جاتے اور مسجد کے مینار والے کونے تک چلے جاتے اور وہ سر ہلاتا ایک پھنیر سانپ کی مانند سیپارے پر جھومتا آس پاس سے غافل پڑھتا جاتا..

جاٹوں کے ہاں آل اولاد کو پڑھانے کا رواج نہ تھا.. اُن کے نظریے کے مطابق پڑھ لکھ جانے والا ہل کی ہتھی پر بوجھ ڈال کر اُس کے پھالے کو زمین کے اندر تک اُتارنے کے قابل نہیں رہتا. تعلیم اُسے نامرد بنا دیتی ہے.. یہ پڑھائی

لکھائی براہمنوں یا مولویوں کے بکھیڑے تھے.. جاٹوں کے بچوں کے لیے یہی بہت تھا کہ وہ دو چار برس میں اگر پڑھ سکیں تو دو چار سیپارے پڑھ لیں۔

آخر محمد جہان سے ایک دس برس کے بچے سے لوگ کیوں خوف کھاتے تھے.. یہ ابھی پچھلے برس کا قصہ تھا جب گندم کی کٹائی زوروں پر تھی، زمیندار ایک ہراس میں مبتلا تھے کہ آسمان ابر آلود ہونے لگا تھا، بادلوں کے پرے کے پرے اُڑتے پھرتے تھے اور وہ کسی بھی لمحے برس سکتے تھے، گندم کے خوشوں میں خفتہ دانوں کو سیاہ کر سکتے تھے، پودوں کو گیلا کر کے اُنہیں زمین پر بچھا کر ناکارہ کر سکتے تھے۔ چنانچہ زمینداروں نے اپنے کھیتوں میں جتنے بھی کامے اور دین دار لگا رکھے تھے، وہ اُن کے سروں پر سوار رہتے.. اُن کے شانہ بہ شانہ درانتیاں چلاتے اُن سے آگے نکلتے جاتے، نہ خود دم لیتے نہ اُنہیں دم لینے دیتے مسلسل اُنہیں غیرت دلاتے ابھارتے، آسمان کی جانب دیکھتے.. اوئے افیم کھا کر آئے ہو بھلے مانسو.. بے شرمو ہاتھ چلاؤ.. ان ہاتھوں میں چوڑیاں پہن رکھی ہیں جو ٹوٹ جائیں گی بے غیرتو.. یکدم بارش کا خوف اُنہیں دہشت زدہ کرتا تھا.. گندم کے ان دانوں پر اُن کی کُل حیات کا.. تکبر اور انا.. اُن کے نہ صرف وجود کا بلکہ مذہب کا بھی انحصار تھا.. وہ اگر مولوی صاحب کی جھولی میں ہر شام کنک کی روٹی نہ ڈالیں گے تو وہ اذان کیسے دیں گے.. فتح جہان کے ہاتھ بھی شل ہونے لگے، درانتی کی ہتھی کی لکڑی اور اُس پر جمی ہوئی اُنگلیاں یوں پیہم ہو چکی تھیں کہ وہ اُس سے جدا نہ ہو سکتی تھیں.. اُس نے ذرا دم لیا اور آس پاس نظر کی تو اُس کی نظر میں اُس کا بیٹا محمد جہان نہ آیا.. جو ابھی تو اُس کے برابر میں درانتی چلا رہا تھا اور ابھی وہاں نہ تھا.. فتح جہان تہبند کستا اُٹھ کھڑا ہوا.. وہاں تک جہاں سے کنکریوں اور سنگریزوں کا ویرانہ شروع ہوتا تھا.. وہاں تک اُس کے رقبے میں گندم کے دانوں سے حاملہ سنہری بالیاں ایک زرد دریا کی مانند کروٹیں بدلتی تھیں جیسے وہ جنم دینے کو بے چین اور بوجھل ہوں.. اور اُن کے درمیان میں اُسے محمد جہان ایک شانت مہاتما بُدھ کی مانند آلتی پالتی مارے بیٹھا نظر آیا.. اُس کے ہاتھوں میں درانتی نہ تھی.. فتح جہان نے پہلے تو یہی قیاس کیا کہ شاید وہ کسی حاجت کی خاطر وہاں بیٹھا ہے لیکن جب وہ دیر تک وہیں براجمان رہا تو وہ اپنے گندم کے کھیت کی سونے ایسی روشن چادر پر احتیاط سے پاؤں دھرتا اُس کے پاس چلا گیا.. تب اُس نے وہ منظر اپنی آنکھوں کے سامنے پایا جس کی شہرت ایسی ہوئی کہ گاؤں کے لوگ اُس سے ڈرنے لگے۔

محمد جہان سنہری بالیوں کے درمیان ایک دھونی رمائے فقیر کی مانند آلتی پالتی مارے براجمان تھا اور آنکھیں بند کیے اُن بالیوں سے باتیں کرتا تھا.. اور اُن بالیوں کے دانوں سے لبریز ہونٹ کُھلتے اور اُن میں سے گندم کے پکے ہوئے دانے خود بخود سوکھی زمین پر گرتے جاتے، ڈھیر ہوتے جاتے.. بوٹے جوں کے تُوں کھڑے تھے پر اُن میں پوشیدہ دانے گرتے جاتے تھے.. جیسے اُس کا کہا مان رہے ہوں.. پل بھر میں فتح جہان کے رقبے میں گندم کے دانوں کے ڈھیر لگ گئے.. کٹائی مکمل ہو گئی.. وہ مینہ بارش کے ہراس سے آزاد ہو گیا.. اب یہ جتنا برسنا چاہیں برس لیں۔

ایک روز دھریک کے درخت تلے، اور یہ وہ دن تھے جب دھریک کے پھولوں کے جامنی گُچھے گاؤں کی جوانیوں کے بدنوں میں اپنی مست مہک بھر کر اُنہیں خمار آلود کرتے تھے اور اُنہیں باگیں تڑوانے پر مجبور کرتے تھے تو فتح جہان کی گھر والی زُہراں بی بی نے دیکھا کہ دھریک تلے بیٹھے اُس کے بیٹے محمد جہان کے بازو پر ایک زہریلا بچھو رینگ رہا ہے اور وہ نہ اُسے جھٹکتا ہے اور نہ ہلاک کرنے کی کوشش کرتا ہے بلکہ اپنی گردن ٹیڑھی کیے نہایت اطمینان سے اُسے کچھ کہہ

رہا ہے، اُس سے باتیں کر رہا ہے...وہ اپنے بیٹے کی جان خطرے میں جان کر دوڑتی ہوئی ایک فطرتی عمل کے تابع اُس کے پاس جانے کو تھی جب اُس نے دیکھا کہ محمد جہان نے اُسے ذرا بلند آواز میں کہا ''چلا جا'' اور وہ بچھو اُس کا تابع ہوا اور اُس کے بازو سے اُتر کر دھریک کے تنے کے اندر کہیں روپوش ہو گیا..

جب وہ گادھی پر براجمان ہو کر کنویں کو گیڑنے والے بیلوں کو پیار سے ہو ہو کر کر کے ہانکتا تو تہہ میں سے برآمد ہونے والی تمام ٹھنڈیں پانیوں سے چھلکتی اوندھی ہو کر اولو میں ایک سیلاب لے آتیں.. یہاں تک کہ اولو لبریز ہو جاتا اور پانی اُس میں سے جھرنوں کی طرح بہہ نکلتے اور نزدیک ترین کھیتوں کو بھی سیراب کرنے لگتے..کم از کم ایک بار ایسا ہوا کہ محمد جہان کی موجودگی سے کنویں کے پانی تہہ میں سے بُلند ہوتے کناروں تک آئے اور پھر اُبل کر ہر گُل بوٹے، ہر فصل اور ہر کھلیان کو پانی پانی کر دیا۔

فتح جہان نمبردار کے ہاں محمد جہان کے بعد الف جہان پیدا ہوا اور پھر بخت جہان۔ اور ان کے درمیان بیٹیاں پیدا ہوتی رہیں..

الف جہان اکہرے بدن کا ایک ناتواں بچہ تھا جو دس برس تک گُنگ رہا، بولا نہیں..اور جب بولا تو اتنا کم بولا کہ گونگا ہی سمجھا گیا..اُسے بولنے کی عادت ہی نہ پڑی..زندگی کے معمولات میں وہ اشاروں کنایوں سے ہی کام چلاتا رہا..وہ تب بولتا جب اُس کے ہل میں جوتے ہوئے بیل اتنے سست پڑ جاتے کہ وہ بقیہ ہل چلانے والوں سے پیچھے رہ جاتا تب وہ انہیں جی بھر کے گالیاں دیتا یا تب بولا ''قبول ہے'' جب اس کی پہلی اور پھر اولاد نہ ہونے کی وجہ سے اُس کی دوسری شادی کی گئی اور اس کے باوجود وہ بے اولاد رہا..آخر جب وہ صرف تیس برس کی عمر میں سانپ کے کاٹے سے مرا تو اُس نے مرتے ہوئے کہا..میں تنہا آیا تھا اور تنہا جا رہا ہوں..

اُدھر فتح جہان کے آخری بیٹے بخت جہان کے ناک نقشے اور نیلی آنکھوں کے چرچے کُل جہان میں تھے..

دائی کلثوم بی بی جس نے اُسے زُہراں بی بی کی کوکھ سے نکالا تھا، مرتے دم تک اُس کی تیکھی ناک اور آنکھوں کی مدح سرائی کرتی رہی..وہ اپنی ماں کی موت بھی ثابت ہوا..زُہراں اُس کی پیدائش کے عمل میں اتنی کٹ پھٹ گئی، اُدھڑ گئی کہ چوتھے روز اُس کا جنازہ اُٹھ گیا..لوگ کہتے ہیں کہ بخت جہان کی خصلت میں جو طیش آیا، ظلم اور بے حسی کی جو آتش بھڑکی اُس کا سبب یہ تھا کہ اُس نے اپنی ماں کے دودھ کی بجائے شادو تیلن کی دبیز چھاتیوں میں منہ مارا تھا جسے چوہدری فتح جہان نے اپنے نومولود بچے کی پرورش کی خاطر ملازمہ رکھ لیا تھا..شادو تیلن کی خصلت بھی بس یہی کچھ تھی..ورنہ محمد جہان بھی تو اُسی باپ کا بیٹا تھا..

الف جہان بے اولاد قبر میں اُترا..محمد جہان کے ہاں پانچ بیٹیاں اور ایک بیٹا پیدا ہوا..ان میں سے سب سے بڑی ماہلو کو اُس کی سوکن نے زہر دے دیا..

اور بخت جہان..اُس کی آل اولاد کی گنتی کیسے کی جا سکتی تھی..نکاح کے اندر یا باہر کا کوئی خاص حساب نہ تھا..

تو یہ ساری کارستانی محمد جہان کی تھی..اگر چہ اب تو کبھی شائبہ بھی نہ ہوتا تھا کہ یہ شخص دس برس کی عمر میں گندم کے خوشوں میں سے دانے گرا سکتا تھا..اُس کی موجودگی میں کنویں کے پانی اُبلنے لگتے تھے اور حشرت الارض اُس کے تابع تھے

اور وہ نہ صرف اُن سے بلکہ پرندوں سے بھی باتیں کرسکتا تھا کہ اب تو وہ ایک دھیمے مزاج کا صُوفی منش شخص تھا اور ایسے کرشمے دس برس کی عمر کے بعد کبھی ظہور پذیر نہ ہوئے۔ پر کیا پتہ..اگر وہ ایک زمانے میں ایسے معجزوں پر قادر تھا تو اب وہ اُن بونوں کو اُس کے گھر روانہ کرنے کا سبب بھی ہوسکتا تھا..

محمد جہان ابھی اپنے نومولود کنویں سے واپس نہیں آیا تھا..اُس نے وہیں ڈیرے ڈال لیے تھے..سرِشام وہ قبرستان کا رُخ کرتا اور اپنی بیٹی ماہلو کی قبر پر جا کر اُس سے لپٹ کر رونے لگتا..واپسی پر اپنے چہرے پر سے وہ مٹی نہ پونچھتا جو ماہلو کی قبر کی ہوتی..

بخت جہان ڈانگ کھڑکاتا ویہڑے میں داخل ہوا تو بہشت بی بی اُپلوں میں پھونکیں مار رہی تھی' اُس کی دونوں بیٹیاں اور بیٹا جو اُس کے گھٹنوں سے لگے بیٹھے تھے اپنے اس زہرناک چاچے کو دیکھ کر خوفزدہ حالت میں فوراً پچھلی کوٹھڑیوں میں روپوش ہوگئے۔

''بھرجائی..محمد جہان کدھر ہے؟''

بہشت بی بی نے اُپلوں پر ایک آخری پھونک ماری اور آنکھیں جن میں دھواں سماتا تھا، اُٹھا کر بیزاری سے بولی ''آج بھرا کو کیسے یاد کرلیا؟''

''اُس نے..'' بخت جہان کے لبوں پر اُس کی من پسند گالی آتے آتے جھجک گئی..''اُس...بھرا نے..میرے گھر بونے بھیج دیئے ہیں جو میرے سینے پر ناچتے ہیں، میری ریکارڈوں والی کوٹھڑی پر قابض ہو کر میرا گراموفون بجاتے ہیں۔ بڑے بھائی ایسے ہوتے ہیں بھرجائی؟''

''بونے؟''

''آہو..اور اُن میں سے ایک کے سر پر ہوبہو محمد جہان جیسی پگڑی بندھی ہے۔''

''جہانیاں..تو کسی نہ کسی نشے میں ہے۔''

''نہ بہشت بی بی..تو مجھ سے قسم لے لے..میں نے ابھی افیون کی ایک گولی بھی نہیں نگلی، شراب تو دور کی بات ہے۔تو یہ بتا کہ محمد جہان کو کیا حاصل حصول تھا کہ اُس ویرانے میں جہاں سینکڑوں برسوں سے نیولے..سانپ اور بچھو رہتے ہیں اور جہاں گھاس کا ایک تنکا بھی نہیں اُگ سکتا تو وہاں اپنی کُل پونجی پھونک کر بے وجہ ایک کنواں کھدوانے لگے..اُس نے یہ کنواں صرف اس لیے کُھدوایا ہے کہ اُس میں سے بونے برآمد ہوں جو مجھے ڈرائیں، مجھ پر راج کریں..وہ ہے کہاں؟''

''جہانیاں..'' وہ اُپلے سلگاتی اُٹھ کھڑی ہوئی اور بخت جہان کے سامنے آ کھڑی ہوئی۔

وہ ایک مختصر قامت کی نہایت گوری چٹی اور تیکھے ناک نقشے والی دبنگ عورت تھی اور جب وہ یکدم بخت جہان سے ماتھا لگا کر کھڑی ہوگئی تو وہ ٹھٹک کر ذرا پیچھے ہوگیا کہ بہشت بی بی کی ذات میں ایک مردانہ بے خوفی اور دلیری بھی تھی..یہ خصلت اُس میں دھیرے دھیرے سرایت ہوئی..محمد جہان اتنا دھیما اور حلیم الطبع شخص تھا کہ وہ ہر کسی کی خطا بخش دیتا تھا..

کبھی اشتعال میں نہ آتا تھا.. یہاں تک کہ اگر کوئی کسان اُس کے رقبے کے برابر میں آبپاشی کی ایک نالی کھودتے ہوئے اُس کی زمین پر کدال چلا دیتا تھا جس کے نتیجے میں اُس کی ملکیت کے دو چار مرلے اُس کے حصّے میں چلے جاتے تھے تو ایسے معاملوں پر تو قتل ہو جاتے تھے پر وہ احتجاج بھی شدت سے نہ کرتا صرف درخواست کرتا کہ بھائی ایسا نہ کرو.. اسی لیے شریک اُسے طعنے دیتے تھے کہ اُسے ایک عورت ہونا چاہیے تھا.. یوں کاشتکاری کے شب وروز کو ایک کنویں کی مانند گیڑ کر اُس میں سے گھر بار اور بال بچوں کے لیے جو روٹی پانی نکالنا ہوتا ہے.. جو تنگ ودو درکار ہوتی ہے.. جو محمد جہان میں نہیں تھی، وہ تنگ ودو دھیرے دھیرے، بہشت بی بی کی شخصیت میں سے مجبوراً پھوٹنے لگی..

''دیکھ جہانیاں.. تیرے عادت اطوار نہیں بدلنے والے.. ڈانگ سوٹا کرنا.. پرائی زنانیوں کو دیکھ کر کھنگورے مارنا.. نشہ کرنا اور گھوڑے رکھنے.. اور تجھے بگاڑا کس نے ہے، محمد جہان کے لاڈ پیار نے.. تو نے آج تک ایک تنکا بھی دوہرا کیا ہے.. وہ تیرے حصّے کی زمین پر جانوروں کی طرح مشقت کرتا ہر برس تیرے بھڑولے بھر دیتا ہے.. الف جہان مرحوم کا حصہ سارے کا سارا تجھے دے دیتا ہے اور اس کے باوجود تو اُس کے ویہڑے میں ڈانگ کھڑکاتا للکارے مارتا آجاتا ہے کہ محمد جہان کہاں ہے.. بے غیرتا..''

بخت جہان کے پنڈے پر بہشت بی بی کا ہر فقرہ ایک درّے کی مانند برستا اور وہ اُس کی شدت سے یوں دھکیلا جاتا کہ بالآخر چوکھٹ کے ساتھ جا لگا اور پھر منہ بسورتا ہوا سہما ہوا معصومیت سے بولا.. ''بھرجائی..''

''مرگئی تیری بھرجائی..'' وہ گرجی.. ''اور یہ بھی سُن لے جہانیاں.. محمد جہان نے اُس ویرانے میں اپنی گندم کا آخری دانہ داؤ پر لگا کر کنواں اس لیے کھدوایا ہے کہ اب ہماری پوری نہیں پڑتی۔ فاقوں کی نوبت آرہی ہے.. ہم ہنجراؤں کے پیپل والے کنویں سے اپنی زمینیں سیراب کرتے تھے تو اُس پانی کے بدلے میں اُنہیں اپنی آدھی فصل دینی پڑتی تھی.. زمین جتنی بھی ہے تو خوب جانتا ہے.. اور جیسے محمد جہان اُس کی مٹی کے ہر ذرّے کو اپنے خون پسینے سے سینچتا ہے، یہ بھی تو جانتا ہے.. تیرا کیا قیاس ہے کہ اُس نے وہ کنواں محض اس لیے کھدوایا ہے کہ اُس میں سے بونے شونے نکل کر تیرے گھر بھجوائے جائیں.. ہیں؟ ہمارے بھڑولوں اور چاٹیوں میں شکر، جَو یا گندم کا ایک دانہ بھی نہیں رہا.. یہاں تک کہ میری جو دو چار ٹومبیں تھیں، وہ بھی فروخت ہو گئیں اُس کنویں کو کھدوانے کی خاطر.. صرف اس لیے جہانیاں کہ اُس میں سے بونے نکل آئیں؟ نکل جا میرے صحن سے اور جا میری طرف سے افیون کی ماشے بھر کی گولی کی بجائے دو ماشے کی گولی حلق میں اُتار.. اور اپنی سکھنی کے ساتھ لیٹ جا.. جا..''

اُس کے سر پر کسی ہوئی پُروجاہت پگڑی کھسکنے لگی اور اُس نے اُسے دونوں ہاتھوں سے تھام کر سنبھالا دیا اور چوکھٹ جو اُس کے قدموں میں تھی اُسے محسوس کر کے پچھلے پاؤں پیچھے ہوتا اپنے بڑے بھائی کے گھر سے نکل کر گلی میں آگیا.. شانو جولاہے کی سات بطخیں گندی نالی کے سیاہ کیچڑ میں چونچیں ڈبوئے اُسے حلق میں اُتار اُس میں سے کیڑے مکوڑے چھاننے کی کوشش میں بخت جہان کو دیکھ کر چوکنی ہو گئیں اور پَر پھڑپھڑاتی قیں قیں کرتی چونچیں نیچی کیے جیسے اُس پر حملہ آور ہونے کو ہوں، اُس کے قریب ہونے لگیں۔

''کُڑی یا ہویاں..'' وہ پھٹ پڑا.. بہشت بی بی کے ہاتھوں بے عزت ہو کر.. اُس کے اندر طیش کا جولاوا تھا وہ

اُن بطخوں پر پھٹ پڑا اور وہ اپنی ڈانگ سونت کر اُن پر پل پڑا.. بطخوں کو اس پُر تشدد ردِ عمل کی توقع نہ تھی.. پہلے تو وہ ششدر رہ گئیں اور پھر شور مچاتیں قیں قیں کرتیں.. حاملہ عورتوں کی مانند چلتیں شیخوں کے محلے کی جانب چلی گئیں..

اُن میں سے ایک جو بخت جہان کی ڈانگ کی زد میں آ گئی تھی.. لنگڑاتی ہوئی اُن سب کے پیچھے پکارتی چلی جا رہی تھی۔

ویسے تو وہ اُدھر دیکھنے سے ہمیشہ گریز کرتا تھا..

اُدھر جہاں شیخوں کے محلے کے آغاز میں گند بلا کی ایک ڈھیری تھی.. لیکن اُس کی نظریں اُس لنگڑاتی ہوئی بطخ کے تعاقب میں بے اختیار چلی گئیں اور پھر وہیں جا ٹھہریں جسے دیکھنے سے وہ ہمیشہ گریز کرتا تھا۔

اچھّو شیخ اپنا گلا کاٹ رہا تھا..

دھوپ کی بڑھتی ہوئی حدّت میں ناہلو شیخنی کا اکلوتا بیٹا.. ابھی اُس کی مَسیں بھی نہیں بھیگی تھیں، کوڑے کی ڈھیری پر اطمینان سے براجمان.. ایک تیز دھار نوکیلے شیشے کے ٹکڑے کو اپنی ٹیڑھی کی ہوئی گردن پر رکھے اپنے ماس کو بری طرح رگڑ رہا تھا اور جو خراش ذرا گہری ہو گئی تھی اُس میں سے خون رِس رہا تھا.. اچھو کے تھامے ہوئے شیشے کی سفیدی رنگی جا رہی تھی اور خون کے چند قطرے اُس سے پھسل کر بازو پر ہولے ہولے سرکتے کُہنی تک آنے کو تھے.. اور وہ ایک عجیب کیفیت اور جذب کے عالم میں منہ کھولے مسکراتا اپنے گلے کو ہولے ہولے کُھرچنے میں مگن تھا..

ناہلو شیخنی اگرچہ ہمہ وقت اُس پر نظر رکھتی، اپنی آنکھوں سے اوجھل نہ ہونے دیتی.. جب کبھی کسی اشد ضرورت کے تحت اپنی کوٹھڑی سے باہر نکلتی تو کُنڈی چڑھا کر نکلتی تا کہ وہ فرار نہ ہو جائے.. اُس کی آنکھیں گلی محلے میں چلتے زمین پر بچھی رہتیں.. کوئی چھوٹا سا ٹکڑا شیشے کا نظر آ جاتا تو اُسے اٹھا کر پلو میں باندھ لیتی کہ کہیں یہ میرے اچھو کے ہاتھ نہ لگ جائے.. اور پھر اُسے ایک متروک شدہ کنویں میں پھینک آتی جس میں گاؤں والے کاٹھ کباڑ پھینکتے تھے..

اُن زمانوں میں شیشے کی ایسی بہتات نہ تھی.. چینی کے برتن بھی کم کم ہوا کرتے تھے، کچے مٹی کے برتنوں میں کھانے پینے کا رواج تھا، محلّہ مغربی کے جاٹوں کے ہاں بھی کچے پیالوں، رکابیوں، ہانڈیوں اور کُنالیوں کے سوا پکی شے نام کو نہ ہوتی تھی.. لالٹین بھی شاذ ہی کسی گھر میں ہوتی تھی اور وہ بھی خوشی یا غمی کے موقعوں پر روشن کی جاتی تھی.. دیئے جلتے تھے جو کچے ہوتے تھے..

البتہ شیخ اللہ دتہ کی شربتوں کی ہٹّی اور مسجد والے حافظ جی کی منیاری کی دوکان میں چند بوتلیں ہوا کرتی تھیں پر وہ بھی کم ہی ٹوٹتی تھیں۔

اس کے باوجود اچھّو شیخ جب کبھی اپنی کوٹھڑی سے فرار ہونے میں کامیاب ہو جاتا اُسے اپنے حصّے کا شیشہ پاؤں میں پڑا مل جاتا.. کہیں اور نہ جاتا ہمیشہ اُسی ڈھیری پر جا بیٹھتا اور اپنا گلا کاٹنے میں مشغول ہو جاتا۔

بخت جہان جس کے آگے ایک چڑیا بھی دم نہ مار سکتی تھی، اُس کی ڈانگ کی زد میں آ جاتی تھی وہ اگر کسی سے ڈرتا تھا تو بہشت بی بی سے، بونوں سے اور اچھّو شیخ سے.. اللہ سے ڈرنے کا خیال اُسے کبھی آیا ہی نہ تھا..

وہ نہایت مزے سے شیشے کی تیز دھار سے اپنا گلا اس طرح کُھرچ رہا تھا جیسے شیو بنا رہا ہو، آس پاس سے غافل اس عمل سے حظ اٹھاتا مسکراتا اور اب خون کے قطروں میں روانی آنے لگی تھی جو ڈھیری کی خشک مٹی میں ٹپ ٹپ گرتے فوراً ہی جذب ہو جاتے تھے، بخت جہان کو یوں محسوس ہوتا تھا جیسے شیشے کی وہ دھار اُس کے گلے کو کُھرچ رہی ہے.. جو اذیت اچھّو شیخ کو محسوس تک نہ ہوتی تھی وہ اُس کے نرخرے کو بیدردی سے کاٹ رہی ہے..

اُس لمحے شیخ اللہ دتہ لاٹھی ٹیکتا گلی میں سے نکلا اور اچھّو پر نظر پڑتے ہی اُس نے دوہائی دی ''ناہلو..''

ناہلو تو جیسے وہیں کہیں موجود تھی، دوپٹے کے بغیر دوڑتی ہوئی پہنچی، اچھو کے ہاتھ سے خون آلود شیشہ چھین کر اُسے پھینکا نہیں مُٹھی میں دبا لیا اور پھر اُس تقریباً سرد ہو چکے بیٹے کو اپنی آغوش میں سمیٹتی، روتی اُسے گھسیٹتی ہوئی اپنے گھر کے اندر لے گئی۔

صحن کا نصف حصہ دھوپ میں آ چکا تھا.. کنیز فاطمہ ابھی تک گھوک سوئی ہوئی لگتی تھی، وہ چپکے سے اُس کے برابر میں آ لیٹا..

''جہانیاں'' وہ یونہی آنکھیں موندے لیٹی ہوئی تھی ''تو جب بھی اپنی ڈانگ تھام کر اپنے بھرا کے گھر غصے میں جاتا ہے تو ہمیشہ ایک پلّے کی مانند دم دبا کر واپس آتا ہے۔''

''اوئے تو کون ہوتی ہے دخل دینے والی سَکھنی.. کڑی یا ہوی.. یہ ہم دونوں بھراؤں کا آپس کا معاملہ ہے..''

کنیز فاطمہ نے کروٹ بدل کو چہرہ دوسری جانب کر لیا اور مسکرانے لگی..

اُس لمحے گراموفون والی کوٹھڑی میں سے ایک گَھسی پٹی گھگھیائی سی آواز آنے لگی.. غم دیئے مستقل.. اتنا نازک ہے دل..

بخت جہان کا آدھا بدن بھی دھوپ میں آ چلا تھا.. یہ باز نہیں آتے.. وہ مسکرانے لگا اور کوٹھڑی کی جانب منہ کر کے گرجا ''اوئے سُوئی نہیں بدلو گے تو ایسی ہی گھسی پٹی آواز آئے گی بے وقوف بونو.. گڑی یا ہوے۔''

✧ .... ✧

چناب کے گدلے ٹھنڈے سِیت پانیوں پر جن میں سوہنی کے گھڑے کی گھلاوٹ تھی، اُس سرگی سویر میں کچی لسّی ایسی ہلکی دُھند ٹھہری ہوئی تھی جس کے پار دیکھا بھی جاسکتا تھا اور نہیں بھی دیکھا جاسکتا تھا..

اُس دُھند کے اندر چڑیاں چہکتی تھیں..غُل کرتی تھیں اور کبھی کبھار اُس کے پردے میں سے ہولے ہولے بے حد آہستگی سے کوئی ایک پکھیرو ظاہر ہونے لگتا اور یکدم اسے سامنے پاکر ٹھٹک جاتا..اُس کے پَر ایک پل کے لیے ساکت ہو جاتے، گرنے کو ہوتا تو اگلے پل پھر سے پھڑ پھڑانے لگتا اور اُس کے سر پر سے گذر کر گاؤں کی جانب پرواز کر جاتا..کبھی کوئی کُونج بھی اس دھند میں سے ایسے نمودار ہوتی کہ وہ دھند میں دھندلی چِٹّی سفید نظر آتی..وہ بھی اُسے دریا کے کنارے بیٹھا دیکھ کر...دس برس کے امیر بخش کو دیکھ کر..جس کے برابر میں ایک چھوٹی چاٹی لسّی سے لبریز دھری تھی جس پر دسترخوان میں پچھلی شب میں تندور میں لگائی گئی تین موٹی روٹیاں اور اچار کی چند پھانکیں بندھی تھیں.. اُسے دیکھ کر دوسرے پرندوں کی مانند نہ ٹھٹکتی نہ پل بھر کے لیے حیرت میں ساکت ہوتی..جیسے دُھند میں سے ظاہر ہونے سے پیشتر ہی اسے خبر تھی کہ جونہی وہ نمودار ہوگی اُس کے سامنے امیر بخش بیٹھا ہوگا..

چناب کے دوسرے کنارے پر جنگل بیلے میں اُس کا چاچا ڈھور ڈنگر سمیت بہت دنوں سے ڈیرا ڈالے ہوئے ہے اور اُس کی بھینسوں کو وہاں اتنا گھاس میسر ہے کہ اُن کے تھن دُودھ سے بوجھل ہو کر زمین سے گھسٹتے ہیں اور اُس کے ڈنگروں کے لیے اتنا چارا چرنے کے لیے ہے کہ وہ خودسر اتنے ہوئے جاتے ہیں کہ اُنہیں کھونٹے سے باندھنے کے لیے دوسرے ڈیرہ داروں کی مدد لینی پڑتی ہے..وہ امیر بخش اپنے باپ کے لیے صبح کا ناشتہ لے کر جارہا ہے اور حسبِ عادت دریا میں اُترنے سے پیشتر اُس دھندلی سویر کے سحر میں گرفتار دم بخود کنارے پر بیٹھا ہے..تو وہ کونج یہ سب کچھ جانتی تھی اس لیے وہ نہ ٹھٹکتی نہ خوف کھاتی تھی البتہ عین اُس کے سر کے اوپر پہنچ کر اپنے لامبے پروں کو زور زور سے جھٹک کر پھڑ پھڑاتی تو اُن پر جمع شدہ دُھند کے سفید ذرّے امیر بخش کے چہرے مُہرے پر ایک نیم سفوف کی صورت گرتے اور اُس کی سرخ و سپید رنگت پر مزید سپیدی بچھا دیتے۔ البتہ دُھند کے یہ سفید ذرے اُس کی آنکھوں میں سرائت نہ کر سکتے کہ اُن کی نیلاہٹ کے سامنے وہ پگھل جاتے..جب بہت زمانے گذر گئے اور اُس کی آنکھوں کی نیلاہٹ مدھم پڑنے لگی تو بھی اُن میں وہ حدّت قائم رہی جو حیات کے دُھندلکوں کو پگھلا کر اُن کے پار دیکھنے کی صلاحیت رکھتی تھی..

گدلے یخ پانی ٹھہرے ہوئے لگتے تھے صرف اُن پر ہلکورے لیتے ہوئے چند تنکے اُن کے بہاؤ کی دلیل تھے۔

البتہ ان پانیوں کے اوپر گویا دُھند کا ایک جو دریا تھا، دریا کے اوپر ایک اور دریا تھا وہ تھما ہوا تھا.. پرزندہ تھا.. اُس کے اندر اُس کی سفیدی کو اپنے پروں سے رنگتے رنگین پکھیرو تھے جو ابھی اُس میں گم تھے.. چڑیاں تھیں جو چہکتی تھیں.. پر جونہی سویر کی روشنائی دھیرج سے روشن ہوتی جاتی تھی وہ پکھیرو پوشیدگی میں سے ظاہر ہونے لگتے.. پھڑپھڑاتے چہکتے ایک دوسرے کے ساتھ لاڈ کرتے دکھائی دینے لگتے.. اپنی اپنی بولیاں بولتے دکھائی دینے لگتے.. سورج کی پہلی کرنوں کی حدّت سے جہاں وہ دھند چھٹنے لگتی وہاں وہ پکھیرو بھی تحلیل ہو جاتے.. صرف ایک دیوانہ سا مٹھی بھر پرندہ دُھند کے اُس چھٹتے دریا میں باقی رہ جاتا، تحلیل نہ ہوتا.. وہ اُس میں سے اُس یکسر تنہائی سے خوفزدہ دُھند کے چھٹتے دریا میں سے ایک تڑپتی ہوئی مچھلی کی مانند تڑپ کر باہر آتا اور امیر بخش کے بالوں کو اپنے پروں سے چھوتا کوٹ ستارہ کے قدیم قبرستان کے کیکروں کے جھنڈ میں روپوش ہو جاتا.. ان کیکروں کے کانٹوں کے گرد بھی دھند نے سفید جالے بُن رکھے ہوتے جو اُس مٹھی بھر پرندے کی آمد سے صاف ہو جاتے.. امیر بخش جان جاتا کہ اب اُسے دریا میں اترنا ہے اور پار جانا ہے..

اُس کے چاچے مُحکم دین کا کہنا تھا کہ پُتّر سرگی سویرے چناب کے پانیوں کے اوپر جو دُھند مُدھ قدم سے ٹھہرتی چلی آئی ہے اُس کے اندر کوئی پنکھ پکھیرو نہیں ہوتا.. چڑیاں نہیں چہکتیں اور کونجیں تو ہمیشہ بلندیوں پر اُڑتی ہیں وہ بھلا نیچے اُتر کر دریا کی سطح تک کیسے آسکتی ہیں تو یہ سب تیرے گمان ہیں.. وہم اور قیاس ہیں.. دیکھ اگر یہ ہوتے، پرندے، چڑیاں اور کونجیں تو مجھے مُحکم دین کو نظر نہ آتے جیسے اپنے کھیتوں اور پاؤں میں رینگنے والے کیڑے مکوڑے سانپ اور نیولے اور جنگل بیلے میں جتنے بھی جانور ہیں، وہ سب نظر آجاتے ہیں تو اگر دُھند کے اندر پکھیرو ہوتے چڑیاں چہکتیں تو مجھے نظر نہ آتیں.. یہ سب تیرا قیاس ہے.. تو دھیان بہت کرتا ہے.. دماغ بہت لڑاتا ہے اور فتور ہو جاتا ہے.. وہم کے پرندے ہیں.... پر چاچے کو تو وہ ان گنت سیاہ، ڈھک مکوڑے بھی نظر نہ آئے تھے جو اسے نظر آئے تھے، بہت دن تو نہ گذرے تھے جب اس کا دادا دین محمد گذر گیا تھا.. جب اس کا چاچا روئے چلا جا رہا تھا اور وہ اُس کی اُنگلی تھامے جنازے کے پیچھے پیچھے چلا جا رہا تھا.. اُسے دادے کو لحد میں اتار کر جب برادری کے لوگ کُدالیں چلاتے ہوئے اُسے دفن کر رہے تھے تو اُس مٹی کے ہر ذرے کے ساتھ ایک موٹا مکوڑا نمودار ہوتا دکھائی دیا تھا.. یہاں تک کہ جب قبر کا اُبھار اُبھرا تو اسے مٹی کا ایک ذرہ بھی نہ دکھائی دیا۔ یوں لگتا تھا جیسے دادے کی قبر پر سیاہ موٹے مکوڑوں کی ایک رینگتی ہوئی چادر بچھی ہے.. تب بھی چاچے نے کہا تھا کہ وہاں تو ایک مکوڑا بھی نہیں ہے امیر بخش.. یہ سب تمہارے دھیان کا فتور ہے۔

اُس جنگل بیلے میں اپنے ڈھور ڈنگر سمیت محکم دین تنہا کاشتکار نہ تھا، بہت سے دوسرے.. کچھ اپنے کچھ پرائے بھی وہاں ڈیرے ڈالے ہوئے تھے اور اُن کی گھر والیاں بھی گاؤں سے وہاں منتقل ہو چکی تھیں.. وہ اپنے توے اور پراتیں بھی ساتھ لے کر آئی تھیں اور اُس جنگل میں چولہے سلگا کر اُن کے روٹی پانی کا بندوبست کرتی تھیں..

صرف محکم دین کی گھر والی رابعہ بی بی اپنے گھر سے باہر نہ آئی تھی..

وہ ان نیم وحشی اُجڈ عورتوں سے مختلف تھی..

وہ اُن کی مانند جانگلی اور بے پردہ نہیں ہو سکتی تھی کہ اُس کا خاندانی پس منظر گنوار اور ان پڑھ نہ تھا.. وہ خود تو پڑھی لکھی نہ تھی پر اس کا ایک بھائی علی گڑھ یونیورسٹی سے بی اے ایل ایل بی کر کے شیخوپورے میں وکالت کرتا تھا اور دوسرا بھائی

سکول انسپکٹر تھا۔ اُس کے سگے چاچے کا بیٹا سمندری جہازوں میں نوکری کرتا تھا..

وہ اُن جیسی نہ تھی۔

سوال یہ پیدا ہوتا تھا کہ وہ اپنے ایسے تعلیم یافتہ خاندانی پس منظر کے ساتھ آخر کوٹ ستارہ ایسے چٹے اَن پڑھ اور اپنے اَن پڑھ ہونے پر فخر کرتے گاؤں میں کیسے بیاہی گئی تھی.. اُس میں کوئی نقص تو نہ تھا، شکل وجہ بھی تیکھی اور سوہنی تھی.. قدبُت بھی ایسا تھا کہ جب سر پر اِنّو جما کر اُس پر لسی سے لبریز چاٹی دھر کر اس پر دسترخوان میں بندھی تنوری روٹیاں اور مکھن کے پیڑے رکھ کر اٹھتی تو صحن کی چوکھٹ کے پار اس لیے نہ ہو سکتی تھی کہ چاٹی پر دسترخوان میں بندھی روٹیاں چوکھٹ سے ٹکرا کر گر جاتیں...تب وہ چاٹی سر پر سے اُتار کر پہلے خود چوکھٹ کے پار ہوتی اور پھر چاٹی اٹھا کر کنویں کی جانب روانہ ہو جاتی..اس کی قامت کا یہ حساب تھا..

محکم دین کی زمین جتنی تھی وہ بمشکل گذارے والی تھی..اور وہ بھی اپنی برادری کی طرح چٹّا اَن پڑھ تھا.. تو پھر گولیکی کے ایک پڑھے لکھے خاندان نے اپنی بیٹی کو ایسے اُجڈ گاؤں میں ایک ان پڑھ کسان کے ساتھ کیوں بیاہ دیا۔ رابعہ بی بی کی عمر زیادہ ہو رہی تھی..وہ انیس برس کی ہو گئی تھی..اور اُس کے ماں باپ نے اگر اس کا رشتہ کرنا تھا تو صرف جاٹوں میں اور پڑھے لکھے جاٹوں میں کرنا تھا اور انہیں برادری میں دور دور تک کوئی پڑھا لکھا نظر نہ آتا تھا اور جب رابعہ نے انیسویں سے بیسویں برس میں قدم رکھ دیا تو وہ گویا اُن کے نزدیک بڑھاپے کی دہلیز پر پہنچ گئی..اُس کے ماں باپ نے اپنی سی کوشش کر دیکھی کہ کوئی آٹھ جماعت پاس لڑکا ہی جاٹوں میں مل جائے پر نہ ملا تو اُنہوں نے ہراساں ہو کر محکم دین کو ہی قبول کر لیا۔ اُس کی چند بیگھے زمین، ایک پسار دو کوٹھڑیوں اور کچے صحن میں سایہ کرتی بیری کے ایک درخت کو قبول کر لیا..جب رابعہ بی بی نے ڈولی سے باہر پہلا قدم اُس کچے صحن میں رکھا تو ایک گنوار اور کم حیثیت جاٹ کی گھر والی ہو جانے کی دہشت موت سے بھی بڑھ کر تھی.. پر اگلے دو چار دنوں میں ہی اُسے اندازہ ہو گیا کہ محکم دین میں ایک ایسی قدیمی دانائی اور درویشی تھی جو اُسے پڑھے لکھوں سے بھی ممتاز کرتی تھی..وہ راضی بہ رضا دھیمے مزاج کا ایک ایسا شخص ظاہر ہوا جس کے ہونٹوں پر مرتے دم تک نہ صرف اُس کے لیے بلکہ گاؤں کی کُل مخلوق کے لیے ایک بھی حرفِ شکایت نہ آیا..رابعہ بی بی اس کی چاہت میں یوں مبتلا ہو گئی کہ یکدم اسے ہول سا اُٹھتا اور وہ چادر سر پر ڈال کر اس کھیت کی جانب چل پڑتی جہاں محکم دین ہل چلانے کی مشقت میں جُتا ہوتا..دور سے اُسے ایک نظر دیکھتی اور گھر لوٹ جاتی۔

اُس پر قیامت اُن دنوں میں ٹوٹ پڑتی جب جاٹ برادری کے لوگ چند ہفتوں کے لیے اپنے ڈنگر ہانکتے جنگل بیلے میں جا بسیرا کرتے..اُس کا کلیجہ اُس کی جدائی میں کٹتا رہتا پر وہ گاؤں کی دیگر عورتوں کی مانند اپنے مرد کے ساتھ وہاں جا آباد ہونے سے گریز کرتی کہ وہ دوسرے مردوں کے سامنے یوں ظاہر نہ ہو سکتی تھی..یہ اُس کی خاندانی مجبوری تھی.. لگاتار تین بیٹیوں کے بعد پیدا ہونے والا امیر بخش رابطے کا واحد ذریعہ تھا..دس کوس کے فاصلے پر واقع پرائمری سکول جانے سے پیشتر اُسے چناب کے پار اپنے چاچے کا ناشتہ پہنچانا ہوتا تھا..

امیر بخش کی قامت اپنی ماں پر گئی تھی.. محکم دین کا قد درمیانہ تھا پر وہ ابھی سے یوں سر بلند ہوتا جا رہا تھا کہ دور سے ایک دس برس کا بچہ نہیں ایک چھریرے بدن کا نوجوان لگتا تھا..

اور اس کی خصلت اپنے باپ پر گئی تھی..

دریا اِن دنوں تو کیسا سُکھی شانت..خوابیدہ..دھیرج سے بہتا تھا، پانیوں پر ایک کروٹ بھی نہ ابھرتی تھی پر جب کانگ آتی تھی، سیلاب آجاتا تھا تو اُس کے پانی اتھرے اور بے دید ہو جاتے تھے..مُنہ زور گھوڑیوں کی مانند کناروں سے نکل کر بے قابو ہو جاتے تھے..چار چفیرے کے سب گاؤں، کھیت کھلیان، کنویں، جوہڑ اور کچے راستے پانی سے برابر ہو جاتے..اور یہ پانی اتنی سُرعت اور خاموشی سے آتے تھے کہ ڈیروں پر سوئے ہوئے کسانوں کی چارپائیاں بہا کر لے جاتے اور جب وہ بیدار ہو کر اپنے تئیں پاؤں زمین پر رکھتے تو وہ پانی میں جا پڑتے اور وہ بھی کسی اور گاؤں میں..ابھی دو برس پیشتر جب کانگ کے پانی اُترے..زمین سوکھنے لگی تو امیر بخش گادھی پر براجمان بیلوں کو ہانکتا تھا اور ماہل پر آویزاں ٹنڈیں..کچّے آبخورے کنویں میں سے اُبھرتے پانی سے چھلکتے باہر آتے تھے اور اولو کو لبریز کرتے تھے جب اُسے نیچے سے کچھ گدگدی سی ہوئی جیسے ایک ہلکی سرسراہٹ ہو..اُس نے بیلوں کو روکا، گادھی سے اُتر کر اُس کے بان کے تانے بانے کو ٹٹولا تو اس میں سے متعدد چھوٹے چھوٹے سانپ بیلنے میں سے گرتی سوّیوں کی مانند گرنے لگے، وہ چناب کے پانیوں میں بے بسی سے بہتے ہوئے آئے تھے اور اس گادھی سے ٹکرا کر جان بچانے کی خاطر اس کے بان کی بُنت میں سرکتے روپوش ہو گئے تھے..

جاٹوں کا کوئی اور لڑکا ہوتا تو وہ فوری طور پر اُنہیں اپنی جوتی سے کُچل دیتا پر امیر بخش جیسے پنکھ پکھیرووں اور جنگل بیلے میں رہنے والے جانوروں سے عجیب سا اُنس تھا..وہ اُنہیں ہلاک کر دینے کے بارے میں سوچ بھی نہیں سکتا تھا..وہ اُنہیں گادھی میں سے سوّیوں کی مانند گرتا دیکھتا رہا..اور وہ پریشان حال سانپ جدھر مُنہ ہوتا اُدھر سرکنے لگتے..کچھ کھیتوں میں اُتر گئے اور چند ایک کنویں کے آس پاس جو جھاڑیاں تھیں اُن میں روپوش ہو گئے..اُن میں سے ایک نادان سا سنپولیا تھا جسے کچھ سُجھائی نہ دیتا تھا کہ وہ کدھر کو نکلے..امیر بخش نے اُس کی جانب ایک سُوکھی ٹہنی بڑھائی کہ وہ بے چارگی کے خوف میں بار بار اپنا چھوٹا سا پھن اُٹھا کر پھنکارتا تھا..وہ اُس سے لپٹ گیا اور امیر بخش نے اُسے کنویں سے کچھ دور لے جا کر دھان کے ایک کھیت میں چھوڑ دیا۔

اُس کی آئندہ حیات بھی اسی خصلت کے تابع رہی..بہت سے انسان اُس کی جان کے آزار کو آئے، اُس کے رزق کے درپے رہے..اُسے ایذا دینے اور حیات کو مشکل بنانے کے درپے رہے..اُس کی زندگی کی گادھی میں سے سانپوں کی طرح..سوّیوں کی مانند گرتے رہے پر اُس نے اپنی خصلت کے تابع اُنہیں بھی بخش دیا..اُن پر ہاتھ نہیں اٹھایا..

وہ آخری مٹّھی بھر باوَلا پرندہ بھی جب سفید ذرّوں کی دُھندلی دنیا میں سے ظاہر ہو کر اُس کے سر پر سے اُڑان کرتا گاؤں کی جانب نکل گیا تو اُس نے اپنا تہبند اُتارا۔لسّی کی چاٹی اور روٹیوں کا دسترخوان اپنے سر پر توازن کیا اور پانیوں میں قدم رکھ دیا..

کناروں کی قربت میں جو پانی تھے، گہرے نہ تھے..بمشکل اُس کی رانوں تک آتے تھے..البتہ اُن کی یخ بستگی اُس کے پورے بدن میں سرائت کرتی تھی..

چناب ایک ہموار اُفق تا اُفق آبی وحدت نہ تھا....اُس کے درمیان میں کہیں ریتلے ٹاپو آجاتے تھے اور کہیں

ریت کی گیلی دلدل..وہ مختلف حصوں میں بٹا ہوا تھا۔ چنانچہ امیر بخش پانیوں میں تیرتا کم تھا اور اُن میں چلتا زیادہ تھا..ریت کے ٹاپو عبور کر کے وہ اُن کے پار چناب کی ایک اور شاخ میں اُترتا اور پھر تیرنے لگتا۔

اور جہاں اُس کے اور جنگل بیلے کے درمیان میں چناب کی ایک اور ندی پڑتی تھی تو اُس کے پانی ذرا گہرے، تیز رفتار اور ڈوبو تھے..وہ یہاں پہنچ کر ذرا دم لیتا..اکثر ایسا ہوتا کہ کوئی کسان اپنے ڈھور ڈنگر سمیت پار جانے کے لیے ان پانیوں میں اُتر رہا ہوتا تو وہ کوشش کرتا کہ کسی گائے کی دُم پکڑ کر اُس کے ہمراہ..اُس کے سہارے پار چلا جائے..

گائے کا انتخاب اس لیے موزوں اور محفوظ تھا کہ وہ پانیوں میں تیرتی ہوئی ڈبکی نہیں لگا جاتی جب کہ بھینس کا کچھ اعتبار نہ تھا۔ وہ یکدم اپنے بھاری وجود کے ساتھ پانی میں غرق ہو کر زیر آب تیرنے لگتی تھی..

ایک ڈنگر کی دُم اگر مضبوطی سے گرفت میں لے لی جائے تو آپ اُس کے سہارے تیز ترین دریا میں بھی آسانی سے بہتے جا سکتے ہیں..پر ہر کوئی اس پر قادر نہ ہو سکتا تھا. مخروطی دُم پر اکثر مٹی جمی ہوتی ہے اور وہ گیلی ہوتی ہے اُس پر مسلسل گرفت رکھنا مشکل ہوتا ہے اور تیرتے ہوئے مویشی کی مرضی ہے کہ وہ کب سطح پر رہے اور کب بغیر اعلان کیے ڈبکی لگا جائے تو اس کا حساب کتاب بھی لگانا پڑتا ہے..ذہنی طور پر یکدم ڈوب جانے کے لیے تیار رہنا پڑتا ہے..ہر برس ایک دو نوجوان کسی گائے یا بھینس کی دُم پکڑ کر دریا کے پار جاتے ہوئے ڈوب جاتے تھے۔

لیکن دس برس کا امیر بخش اس مُشترکہ پیراکی کا ماہر ہو چکا تھا...ویسے بھی امیر بخش کو کچھ فرق نہ پڑتا تھا کہ دُم گائے کی ہے یا بھینس کی..کہ اُس کا دَم بہت پختہ تھا..وہ بہت دیر پانیوں کے اندر رہ سکتا تھا..جب کبھی کوئی اُس کی آسرا بھینس یکدم دریا کے بیچ ڈبکی لگا جاتی اور وہ بھی اُس کی دُم تھامے پانیوں کی دنیا میں ڈوب جاتا تو اُسے وہاں زیرآب ایسی مخلوق دکھائی دیتی جو نہ کسی نے سُنی اور نہ کسی نے دیکھی..مچھلیاں..کچھوے..سانپ..لُدھر..عجیب رنگوں اور شکلوں کے...کم از کم دو بار اُس نے بھینسوں سے بھی بڑے سنسار دیکھے..مگرمچھ دیکھے..اور اُن مگرمچھوں کے جبڑے بھی حیرت سے کھل گئے کہ اُن کی آبی دنیا میں ایک دس برس کا بچہ بے خطر تیرتا چلا جا رہا ہے اور وہ اسے کچھ نہ کہتے..اپنے آپ پر جبر کر لیتے..

آخری بہاؤ کو عبور کر کے جب وہ جنگلی بیلے کی گھناوٹ میں نچڑتا ہوا قدم رکھتا تو سامنے پانیوں کی بے رنگی کے بعد اتنی ہریاول ہوتی کہ اُس کی نیلی آنکھیں بھی ہری ہو جاتیں..وہاں آسمان کو چھوتے پتوں سے تاریک ہوتے رُکھ تھے، اُن کے تنوں سے لپٹی بیلیں تھیں اور اُن کی شاخوں میں شاید اُن پرندوں کے گھونسلے تھے جو ابھی کچھ دیر پہلے دُھند میں چھپتے تھے اور زمین کمر تک آتی گھاس اور گھنی جھاڑیوں سے ڈھکی ہوئی تھی اور وہ جہاں بھی قدم رکھتا وہاں سے کوئی نہ کوئی شے پُھدک کر باہر آ جاتی اور غائب ہو جاتی۔

ایک بار اُس نے ہرنوں کی ایک ڈار کو نہایت ساکت حالت میں دیکھا تھا اور اُن سب کی مدھ بھری نشیلی آنکھوں اُس پر لگی تھیں..

ہریاول کے اندر..جنگلی بیلے کی گھناوٹ میں پوشیدہ وہ ڈیرا تھا جہاں اُس کا چاچا انتظار کرتا تھا..

اُس ڈیرے پر دھوپ بہت دیر میں اُترتی تھی..وہ بہت مدت تک بلند درختوں کی شاخوں پر اٹکی رہتی اور بمشکل

اُن کے گھنے پن کو پار کر کے زمین تک آتی تھی..امیر بخش جب اُس گھناوٹ کے اندر پہنچا تو وہاں ابھی تک نیم تاریکی کا راج ہوتا..رات سی لگتی..

''تمہاری بے بے کیسی ہے پُتر..'' اُس کے چاچے نے قدرے شرماتے ہوئے پوچھا۔

اُس نے چاٹی کا ڈھکن اٹھا کر کہا۔'' چاچا ذرا جھانک لو..لسّی کی سطح پر تازہ مکھن کا جو پیڑا تیرتا ہے، وہ بے بے نے تمہارے لیے رکھا تھا..اور اُس پر اُس کی انگلیاں نقش ہیں۔''

گندم کی چار موٹی روٹیاں جس آٹے سے گوندھی گئی تھیں، اُس کا ایک ایک ذرہ خوب پکا ہوا اور نیم سرخ رنگت کا تھا..روٹیاں تازہ نہ تھیں، پچھلی شب تنوری میں لگی تھیں..رابعہ بی بی اُس تنوری میں جھانکتی، جھانکنے سے پہلے اپنے بال سنبھالتی تا کہ وہ تہہ میں سلگتی آگ میں لپکتے شعلوں کی زد میں نہ آ جائیں پر اُس کا جھکا ہوا چہرہ اُن کی زد میں آ کر یوں تمتماتا جیسے وہ بھی سلگنے لگے گا..وہ چار روٹیاں وہ ذرا دیر تک تنوری میں رہنے دیتی تا کہ اُن کی رنگت نیم سرخ ہو کر محکم دین کی پسندیدہ ہو جائے...وہ صبح سویرے صرف رات کی باسی روٹی تازہ مکھن کے ساتھ کھانے کا شوقین تھا۔

ہر روٹی پر واضح طور پر رابعہ بی بی کی مخروطی انگلیوں کے نشان دکھائی دے رہے تھے، یہ نہیں کہ وہ کچّی تھی، روٹی بنانا نہیں جانتی تھی..یہ پیار کے سندیسے تھے جو وہ جان بوجھ کر ہر روٹی پر ثبت کرتی تھی..

محکم دین نے پوری زندگی صرف اس روٹی سے لقمہ لیا جس پر اُس کی گھر والی کی انگلیوں کے نشان کھبے ہوتے تھے..شادی بیاہ کے موقع پر یا کسی عزیز رشتے دار کے ہاں جب اُس کے دسترخوان پر ایک ایسی روٹی آتی جس کے چہرے پر وہ نشان نہ ہوتے تو اُس کی بھوک جاتی رہتی..

یہ ان دونوں کا ایک خاموش ربط تھا..

امیر بخش اُنہی قدموں پر چناب کے پار سے واپس گاؤں آتا...اَدھ رڑ ھکے دُودھ کے دو پیالے پی کر اپنی تختی اور بستہ سنبھالتا اور دس کوس کی مسافت پر واقع قصبہ ہیلاں کی جانب چلنے لگتا جہاں کے پرائمری سکول میں وہ چوتھی جماعت کا طالب علم تھا اور واحد مسلمان طالب علم تھا، باقی سب کے سب ہندو اور سکھ لڑکے تھے..

کوٹ ستارہ کے جتنے بھی مکین تھے وہ صدیوں سے وہیں رہتے آئے تھے اور صدیوں سے کوئی ایک خاندان بھی ایسا نہ تھا جو باہر سے آ کر یہاں آباد ہوا ہو سوائے اُن کے جو نانکی ورثہ یا ننھیال کی زمینوں کے وارث ہو کر اپنا آبائی گاؤں چھوڑ کر یہاں آن بسے تھے..کوٹ ستارہ واضح طور پر دو حصّوں میں بٹا ہوا تھا..

امیر بخش اپنی تختی اور بستہ سنبھالتا جب اپنے گھر سے باہر گلی میں قدم رکھتا تو ذرا دیکھ بھال کر رکھتا تھا کہ گلی کے بیچ میں ایک چوڑی گندی نالی بہتی تھی جس پر ٹانگیں پھیلائے کوئی نہ کوئی بچہ فارغ ہونے کے لیے زور لگا رہا ہوتا..اُس کے گھر کے برابر میں مولوی نور دین کا گھر تھا اور اُن کی دیواریں سانجھی تھیں اور ان دیواروں کے ساتھ ماچھیوں کے کوٹھے جُڑے ہوئے تھے..ان ماچھیوں کی مالی حالت قدرے بہتر تھی کہ وہ اپنی دو کشتیوں پر لوگوں کو چناب کے پار شہر رسول نگر تک لے جاتے تھے جہاں سے وہ ٹرین کے ذریعے گوجرانوالہ تک سفر کر سکتے تھے..وہ جاٹوں کے گھروں میں پانی لے کر جاتے تھے اور اُن کے گھڑے بھرتے تھے..بائیں جانب کمہاروں، جولاہوں، ترکھانوں، نائیوں اور لوہاروں وغیرہ کے کچے

گھروندے تھے اور گلی کے آخر میں میراثیوں کے دو گھر تھے جن کی شناخت آسانی سے ہو جاتی تھی کہ جب سارے جاٹ مُنہ اندھیرے بیدار ہو کر کھیتوں کی جانب نکل جاتے اور باقی لوگ اپنے اپنے پیشوں میں مصروف ہو جاتے تو یہ صرف میراثی تھے جو دن چڑھے تک اتری ہوئی تیز دھوپ میں کوٹھوں پر سوتے رہتے.. اور جب تک شدید گرمی اور دھوپ ان کو عاجز نہ کر دیتی وہ نیند میں مدہوش رہتے..

یہاں جاٹوں اور ان کے معاون پیشہ لوگوں کے گھروندوں کا خاتمہ ہو جاتا۔ اُن سے پرے ایک وسیع جوہڑ تھا جس کے دوسری جانب ایک اور گاؤں شروع ہو جاتا جو جاٹوں کے کوٹ ستارہ سے سراسر مختلف شکل کا تھا..

جاٹوں کے گھر تو کچے اور زمین سے جڑے ہوئے دور سے زمین ہی لگتے تھے جب کہ جوہڑ کے پار پکی اینٹوں کے چوبارے اور مٹیاں زمین سے بلند ہو کر نمایاں نظر آتے تھے۔

وہاں جتنی گلیاں تھیں سرخ اینٹوں کی پکی گلیاں تھیں اور اُن کے درمیان جو نالیاں تھیں، وہ بھی ڈھکی ہوئی تھیں۔

جب کوٹ ستارہ پر رات کے اندھیروں کا راج ہوتا مسلمان جاٹوں کے محلوں میں کوئی ایک آدھ دِیا ٹمٹماتا اور اُن کی گلیوں میں کسی چلنے والے کا ہر دوسرا قدم کیچڑ اور گندگی میں دھنستا تو اُدھر اُس دوسرے کوٹ ستارہ کی گلیاں مٹی کے تیل سے جلنے والے لیمپوں سے روشن ہوتیں..

یہیں پر اُس کا چاچا رام داس رہتا تھا جس کے بہی کھاتوں میں نہ صرف اُس کے باپ کی بلکہ بیشتر مسلمان جاٹوں کی زمینوں کا حساب کتاب تھا کہ کتنی رہن رکھی جا چکی ہیں اور اُن کے ذمے قرض جو ہر چھ ماہ کے بعد دوگنا ہو جاتا تھا، کتنا رہ گیا ہے..

یہ بنیادی طور پر ہندوؤں کے محلے تھے.. اُن میں کچھ شاہوکار تھے.. لیکن بیشتر اجناس کا کاروبار کرتے تھے.. شہر رسول نگر اور گوجرانوالا تک آتے جاتے رہتے تھے.. ایک محلّہ سکھ جاٹوں کا بھی تھا جو ہندوؤں جتنے متمول تو نہ تھے پر مسلمانوں سے قدرے بہتر معاشی حالت میں تھے.. اُن کا ربط ہندوؤں کی نسبت مسلمان جاٹوں سے زیادہ تھا کیونکہ وہ ایک ہی ذات کے تھے۔ وہ اُن کی ہر خوشی غمی میں سگے بھائیوں کی مانند شریک ہوتے.. بیٹی کی ڈولی کو کاندھا دیتے اور دھاڑیں مار مار کر روتے اور بیٹے کی شادی ہوتی تو وہ دولہے کی گھوڑی کے آگے دارو میں دُھت پگڑیاں کھول کر انہیں لہراتے، بال بکھراتے بھنگڑے ڈالتے.. وہ اپنا باورچی ساتھ لے کر جاتے کہ اُن کے سوکھے راشن کا اہتمام الگ سے کیا جاتا اور وہ اپنا کھانا جس میں جھٹکے کا گوشت انہیں مرغوب تھا، الگ سے پکواتے.. اور ان میں چاچا ہرنام سنگھ اور اُس کا بیٹا سوہن سنگھ بھی شامل ہوتے۔ سوہن سنگھ اور امیر بخش کی یاریاں گوڑھیاں تھیں.. وہ تب سے بیلی تھے جب وہ دونوں ننگ دھڑنگ جوہڑوں میں ڈبکیاں لگاتے، بیلے میں خرگوشوں کا پیچھا کرتے کرتے اُس کی گھناوٹ میں راستہ کھو بیٹھتے تھے اور بیٹھ کر رونے لگتے تھے۔

تو ایک ہی گاؤں میں ایک جانب کوئی ایک آدھ دیا ٹمٹماتا ہے.. تاریکی میں دفن ہے اور اُس گاؤں کے ایک اور حصّے میں گلیاں روشن ہیں، مٹی کے تیل کے لیمپ روشن ہوتے ہیں اور گھر چوبارے پکی اینٹوں کے بنے ہیں..

سرِشام جب اُن کی گلیوں میں تاریکی راج کرتی ہے تو وہاں موٹی موٹی ہندو عورتیں اپنی روشن گلیوں میں چھل

قدمی کرتی ہیں اور اُن کے پاؤں تلے کسی نالی کی گندی غلاظت نہیں آتی..

امیر بخش کو اس زمین آسمان کے فرق کی سمجھ نہ آتی تھی..

اُن گلیوں اور چوباروں کے اوپر کوٹ ستارہ کے آسمان پر کچھ برج مینار بلند ہوتے نظر آتے جو گوردوارہ نانک جی کی عمارت کے تھے.. پوری تحصیل میں اتنی نویکلی اور سوہنی عمارت اور کوئی نہ تھی، سکھوں کے علاوہ ہندوؤں کی باراتیں بھی اسی کے صحن میں اترتی تھیں جس کے درمیان میں ایک چوڑے گھیر والا قدیم کنواں تھا جس کی ماہل سے لپٹ کر سکھ بچے اس کی تہہ میں اُتر جاتے تھے اور پانیوں میں ڈبکیاں لگاتے تھے۔ امیر بخش صرف ایک بار بیساکھی کے تہوار پر چاچے کرنیل سنگھ کے پوتے کھڑک سنگھ کے ہمراہ اس گوردوارے کے اندر گیا تھا.. اور اس کی شان وشوکت اور آرائش سے بے حد مرعوب ہوا تھا.. اور وہ اس چوڑے گھیر والے قدیم کنویں کی ماہل سے لپٹ کر اس کے اندر اترنے والے سکھ بچوں کو دیکھ کر خود بھی اس میں اتر جانے کی خواہش میں مبتلا ہوا تھا.. پر جب وہ ذرا آگے ہوا اس خواہش کی تکمیل کی خاطر تو کھڑک سنگھ نے ہی اس کا بازو تھام لیا۔ ''نہیں امیر بخش.. یہ دھرم کا معاملہ ہے۔ ہمارے پانیوں کو بھرشٹ نہ کر..''

کہیں نہ کہیں یہ نظریہ باطل ہو رہا تھا کہ جاٹوں کا کوئی مذہب نہیں ہوتا، وہ صرف جاٹ ہوتے ہیں۔

البتہ سوہن سنگھ کا معاملہ جُدا تھا، وہ تو ایک ہی پیالے میں سے باری باری لسّی سُرک لیتے تھے اور کچھ بھی بھرشٹ نہ ہوتا تھا۔

یہ وہ کوٹ ستارہ نہ تھا.. کوئی اور کوٹ ستارہ تھا۔

اُسے اس تفاوت کی سمجھ نہ آتی۔

وہاں جہاں ہم ہیں اتنی غلاظت اور بھوک اور تیرگی کیوں ہے اور یہاں جہاں یہ ہیں ان گلیوں میں روشنی چھم چھم کیوں برستی ہے..

اسے سکول جاتے دیکھ کر برادری کے لوگ پھبتیاں کستے، ٹچکریں کرتے.. طنزیہ اور پُر تکبر آوازے کستے.. یہ چوہدری محکم دین کا بیٹا ہے ناں.. خیر سے پڑھنے جا رہا ہے... محکم دین سنا ہے کہ اپنی زمین بیچ بیچ کر اسے پڑھا رہا ہے.. پڑھ پڑھا کر یہ ایک ہٹّی کر لے گا ناں.. لالوں کی مانند خیر سے حساب کتاب کرے گا، جاٹوں کا لڑکا.. اور وہ ہنس ہنس کر بے حال ہو جاتے۔

وہ ایک دکھی دل سے آزردہ اپنی ماں سے جب یہ حال بیان کرتا تو اُس کی رابعہ بی بی کی آنکھوں میں ایک غصیلی حقارت تیرنے لگتی۔ ''پترّ یہ گنوار لوگ ہیں، تُو اُن جیسا نہیں ہے، تیرے ماموں پڑھے لکھے ہیں۔ تو نے اُن جیسا ہونا ہے.. تم اکثر مجھ سے پوچھتے ہو ناں کہ تمہیں یہ سمجھ نہیں آتی کہ ہماری گلیاں تاریک کیوں ہیں اور ان میں کیچڑ بھری نالیاں کیوں ہیں اور وہاں روشنی کیوں اتنی روشن ہے تو بیٹے صرف اس لیے کہ وہ تعلیم سے روشن ہیں.. وہ پڑھنے لکھنے کو عار نہیں سمجھتے.. تو نے اس فرق کو مٹانا ہے.. اُن جیسا ہو کر اپنی تاریک گلیوں کو روشن کرنا ہے۔''

وہ آسانی سے ہیلاں کے پرائمری سکول سے پوری چار جماعتیں پاس کر گیا.. یہاں تک چار جماعتوں تک تو راستہ کسی حد تک ہموار تھا لیکن اس کے آگے کی تعلیمی مسافت کے سامنے متعدد ہمالہ کھڑے تھے.. ہائی سکول مگھو وال وہاں

سے بیس کوس کے فاصلے پر تھا اور وہاں ایک ہی دن میں آنا جانا کرنا ممکن نہ تھا.. چنانچہ زمین کا ایک اور ٹکڑا فروخت ہوا اور اس رقم سے نئی کتابوں اور فیس کا بندوبست ہوا اور سکول کے ہوسٹل کے ایک کمرے کا جس میں چار طالب علم رہ سکتے تھے، کرایہ ادا کیا گیا۔

یہ ایک نئی اور امیر بخش کے لیے ایک بین الاقوامی دنیا تھی جہاں بھانت بھانت کے لوگ اور بولیاں تھیں.. آس پاس کے درجنوں دیہات کے طالب علم تھے جن کے لہجے اُس کی پنجابی سے اتنے مختلف تھے کہ اُنہیں سمجھنے میں دشواری پیش آتی تھی.. مگھو وال کے مڈل سکول میں البتہ چار مسلمان لڑکے بھی تھے پر وہ اُن کے قریب آنے میں ناکام رہا کیونکہ اُن کے نزدیک وہ نہ صرف ایک پسماندہ گاؤں سے آیا تھا بلکہ ایک اجڈ جاٹ بھی تھا جس کے لہجے کا وہ مذاق اڑاتے.. اُن میں سے دو سیّد ذات کے تھے جن کے باپ نامعلوم سے بزرگانِ دین کی قبروں کے مجاور تھے، ایک کسی مولوی کا بیٹا تھا اور چوتھے کا تعلق کسی مخدوش سی ذات سے تھا.. چنانچہ اُس کی دوستی صرف سکھ جاٹ لڑکوں تک ہی محدود رہی جو اُس کے لیے کُھلا دل رکھتے تھے..

یہاں آ کر اُس پر کھلا کہ یہ ہندو اور سکھ تعلیم کے میدان میں اُن سے برتر کیوں ہیں.. وہ پڑھائی میں اتنی مشقت کرتے تھے کہ ہل چلانا یا سہاگہ پھیرنا اُس کی نسبت کہیں آسان تھا.. اس کا ایک روم میٹ ساہن پال کے براہمنوں کا بیٹا کاشی رام تھا اور جیسے مونچھوں کو تاؤ دیتے ہیں، وہ ایسے اپنے گنجے سر کے درمیان میں لٹکتی بالوں کی ایک چٹیا کو تاؤ دیتا رہتا تھا.. اُس کا بہت جی چاہتا تھا کہ وہ اس کی بودی کو ذرا کھینچ کر دیکھے کہ وہ اصل ہے یا اُس نے بالوں کے ایک گچھے کو اپنے گنجے سر کے عین درمیان میں گوند سے چپکایا ہوا ہے، پر وہ اس برہمن زادے سے قدرے خائف تھا کہ جانے اُسے کیسے کیسے جنتر منتر آتے ہیں جو وہ اس پر پھونک دے..

کاشی رام امتحانوں کے دنوں میں نہایت اہتمام سے کمرے کی چھت کے ایک شہتیر سے ایک رسّی باندھتا اور پھر راتوں کو عین اس کے نیچے آلتی پالتی مار کر بیٹھ کر اپنی چٹیا کو اُسی رسّی سے گانٹھ کر سر ہلا کر اطمینان کر لیتا کہ وہ کھل تو نہیں جائے گی اور پھر پڑھائی میں محو ہو جاتا، ذرا سی اونگھ آتی.. سر ڈھلکنے لگتا، چٹیا کے بال کھنچ کر اُکھڑنے کو ہوتے تو وہ اس اذیت کو برداشت کرتے ہوئے ایک دم ''رام رام'' پکارتا اور پھر سنبھل کر سیدھا ہو کر یوں کہ وہ رسّی اور اُس کی بودی پھر سے تن جاتے، پڑھائی میں مگن ہو جاتا..

ان ہندوؤں کی چُٹیا جواب تک اُس کے لیے تفننِ طبع کا باعث رہی تھی، اُس کے لیے قابلِ احترام اس لیے ہو گئی کہ وہ پڑھائی کی مشقت کے لیے کیسی معاون ثابت ہوتی تھی..

اگرچہ دیگر جاٹوں کی مانند اُس نے بھی ''چھتّے'' رکھے ہوئے تھے.. اُس کے بال تقریباً کاندھوں تک آتے تھے پر اُنہیں ایک رسّی کے ساتھ باندھنا ممکن نہ تھا.. اُس دور افتادہ قصبے کے مڈل سکول کے ہوسٹل میں ایک عجیب ڈراؤنی رات آئی.. تب وہ ساتویں جماعت میں تھا..

وہ چاروں گُھوک سوئے ہوئے تھے جب رات کے پچھلے پہر اُن کے کانوں میں ایک عجیب سی گُھوں گُھوں.. اور پُرشور گھاؤں گھاؤں کی آواز اُتری جیسے کوئی بلا ہو جو چنگھاڑ رہی ہو اور وہ اس ہیبت ناک آواز سے واقف نہ تھے.. کاشی رام

نے فوری طور پر خوفزدہ ہو کر چھت سے جھولنے والی رسی کو تھام لیا اور کوئی جنتر منتر بڑبڑانے لگا.. دوسرا لڑکا جو ذرا کم ذات ہندو تھا، وہ کاشی رام کے پاؤں سے لپٹ گیا اور تیسرا جو کہ ایک سکھ تھا، اپنے آپ پر جبر کیے بیٹھا رہا اور جب وہ چنگھاڑتی ہوئی بلاخیز آوازیں مسلسل آتی رہیں اور وہ چاروں ان سے دہشت زدہ ہوتے تنگ آ گئے تو اُنھوں نے اپنے کمرے کی واحد کھڑکی کے پٹ کھولے اور اُس میں آویزاں سلاخوں کو تھام کر خوفزدہ بندروں کی مانند باہر گلی میں جھانکنے لگے اور وہاں اَن دیکھی سیاہ عفریتیں تھیں جو گھوں گُھوں کرتی چنگھاڑتی تھیں اور اُن کے ماتھوں پر جو آنکھیں تھیں اُن میں سے آنکھوں کو چندھیا دینے والی تیز روشنی کے انگار برستے تھے..

وہ عفریتیں کبھی رُکتی تھیں تو زیادہ چنگھاڑتی تھیں..

یہ گُھوں گُھوں اور چنگھاڑ صبح تک جاری رہی.. جونہی روشنی ہوئی امن ہو گیا.. اُس سویر ڈرتے ڈرتے وہ باہر گلی میں آئے تو کیچڑ پر اُن بلاؤں کے گذرنے کے نشان تھے..

اُس روز اُن کے حساب کے ماسٹر گوربچن سنگھ نے اُنہیں بتایا کہ پچھلی رات مگھووال میں سے انگریز سرکار کی فوج گذری تھی جو ٹرکوں اور جیپوں میں سوار تھی.. حالیہ بارشوں کی وجہ سے ہر جگہ جو کیچڑ ہو رہا تھا اُس میں وہ ٹرک اور جیپیں پھنس جاتی تھیں اور اُس میں سے نکلنے کی کوشش میں وہ اتنا گُھوں گُھوں کرتی تھیں اور چنگھاڑتی تھیں..

اس انگریز سرکار کے بارے میں وہ کچھ زیادہ نہیں جانتے تھے..

یہ سب سرکاریں اور سلطنتیں آتی جاتی رہتی تھیں.. اُن کا آنا جانا لگا رہتا تھا.. سکندر بھی آیا اور اپنے گھوڑے کو پھالیہ میں دفن کر کے چلا گیا.. ہیلاں کے قصبے کو ایک یونانی نام عطا کر کے چلا گیا.. سب آتے جاتے تھے اور چلے جاتے تھے پر وہ وہیں رہتے تھے..

جو بھی ابدالی.. غزنوی.. غوری.. مغل آتے تھے اُن کی کھیتیاں برباد کر کے اُن کی عورتوں کو اُٹھا کر چلے جاتے تھے..

تو رنجیت سنگھ کے بعد اگر یہ انگریز سرکار چلی آئی تھی جس کے بارے میں وہ کچھ بھی نہ جانتے تھے کہ اس کا ناک نقشہ کیا ہے.. کبھی ڈھنڈیا پٹتی تھی کہ ڈپٹی کمشنر بہادر آ رہے ہیں تو رعایا اُن کے دیدار کرنے کے لیے اُمڈی پڑتی تھی.. اور وہ صاحب جی اتنے گورے گورے ہوتے تھے کہ جاٹ آپس میں چہ میگوئیاں کرتے کہ یہ صاحب اتنا سفید کیوں ہے تو کوئی سیانا کہتا تھا کہ اسے شنید ہے گورے صاحب صاحب کو پورے پچاس روپے تنخواہ ملتی ہے تو وہ اس تنخواہ سے گُڑ خریدتا ہو گا اور اُسے دن رات کھاتا ہو گا اس لیے اس کا رنگ اتنا سفید ہو گیا ہے۔

پر ان ڈپٹی کمشنروں صاحب بہادروں کے قافلے بڑی سڑک کے آس پاس کے گاؤں میں ہی پڑاؤ کرتے تھے اور ادھر اُجڈ اور جانگلی علاقوں میں نہ آتے تھے.. تو وہ اس انگریز سرکار کے ناک نقشے سے واقف نہ تھے.. ماسٹر گوربچن سنگھ نے اُنہیں ذرا سرگوشی میں یہ بھی بتایا کہ امرتسر کے شہر میں کسی جلیاں والا باغ میں گولی چلی ہے... کسی ڈائر صاحب بہادر کے حکم سے پانچ چھ سو مسلمانوں، سکھوں اور ہندوؤں کو مار ڈالا گیا ہے.. لاشوں سے کنوئیں بھر گئے ہیں.. تو انگریز سرکار کو خدشہ ہے کہ کہیں بغاوت نہ ہو جائے.. بدامنی نہ پھیل جائے اس لیے اپنی سلطنت کے چپّے چپّے میں فوج بھیج دی ہے یہاں تک

مگھو وال میں بھی..

اُن سب نے بیل گاڑیاں، تانگے اور گھوڑیاں تو دیکھی تھیں پر کبھی ایسی بلائیں نہ دیکھی تھیں جن کے ماتھوں پر آنکھوں کی بجائے چندھیا دینے والی لالٹینیں نصب ہوں اور یہ بلائیں خود بخود چلتی جاتی تھیں..

یہ کونسا باغ تھا جو جلیاں والا کہلاتا تھا..

اور وہاں اس سرکار برطانیہ نے پانچ چھ سولوگوں کو کیوں مار ڈالا تھا.. ناحق تو ہلاک نہیں کیا ہوگا اُن کا کچھ نہ کچھ تو قصور ہوگا..

ایک مدت تک اُن کے کانوں میں وہ گھوں گھوں گونجتی رہی اور وہ اس کا جواز نہ جان سکے.. یہاں تک کہ اُن چاروں نے میٹرک پاس کر لیا اور کاشی رام نے نتیجے کے اگلے روز اپنی چٹیا کٹوا دی کیونکہ امیر بخش کے نمبر اس سے زیادہ آئے تھے... وہ تحصیل بھر میں واحد مسلمان لڑکا تھا جن نے دو چار نہیں اکٹھی دس جماعتیں پاس کر لی تھیں..

جس روز رابعہ بی بی کو نتیجے کی خبر پہنچی اُس نے شکرانے کے طور پر گھی میں شکر ملا کر منڈیروں پر براجمان سدا کے کائیں کائیں کرتے کوّوں کے آگے ڈالی.. شام اُتری تو اُس نے پورے دس دِیوں میں دیسی گھی اتنا اُنڈیلا کہ وہ کناروں سے رِسنے لگا، اُن کی لَو اونچی رکھی اور اُنہیں جلا کر بیری کے درخت کی شاخوں پر رکھا جن کی روشنائی سے اُس کا کچا ویہڑا دمکنے لگا.. اُس کے عزم اور محکم دین کے ایثار نے اُس اجڈ گاؤں میں سے جہالت کی تاریکی کو ہمیشہ کے لیے رخصت کر دیا تھا..

اُس کنویں پر جس کی گادھی پر بیٹھ کر بچپن میں وہ بیلوں کو ہانکا کرتا تھا.. جس میں سے ایک سیلاب کے بعد سانپ سوّیوں کی مانند گرتے تھے اُس کنویں پر ایک بہت قدیم چھتنار شرینہہ کا درخت سایہ فگن تھا، اتنے بڑے گھیر اور بلندی والا کہ وہ کوسوں دور سے تمام درختوں اور کھیتوں میں سر بلند نظر آنے لگتا تھا اور مسافر اُس کی پہچان کر کے منزلوں تک پہنچتے تھے۔

شرینہہ کا یہ شجر شہر اُن رُتوں میں کومل اور نازک زردی مائل پھولوں سے لدا ہوا تھا جن کی مہک سے مست ہو کر اُس کے اوپر سے گذرنے والے پنکھ پکھیرو گر سکتے تھے پر وہ اُس پر سے پرواز کرتے ہوئے ذرا سنبھل کر اڑتے تھے کہ وہ شرینہہ کے پھولوں کی سحر انگیز مہک سے آشنا تھے.. یہ پھول جوانباروں میں تھے، آک کے پودوں میں سے جنم لینے والی سفید مائی بوڑھیوں ایسے تھے.. اگر یہ پھول بھی مائی بوڑھیوں کی مانند شاخوں سے جدا ہو کر فضا میں ڈولتے پھرتے.. ہوا کے جھونکوں کے ساتھ جدھر وہ لے جاتی چلے جاتے تو بہت بُرا ہوتا.. گاؤں کی گلیوں میں.. کھیتوں میں.. دریا کے کناروں پر.. جنگل بیلوں میں اگر شرینہہ کے پھول آوارہ ہو جاتے تو اُن کی مہک کی مستی گلیوں میں چلتے لوگوں پر.. کھیتوں میں کام کرنے والے دہقانوں پر.. دریا کے اندران مچھلیوں اور مگرمچھوں پر جنہیں ایک دس برس کا امیر بخش زیر آب تیرتا دیکھتا تھا اور جنگل بیلوں میں جتنے بھی جنور تھے.. اور جتنے پرندے قیام کرتے تھے.. ان سب پر اُن کی مہک کی مستی اثر انداز ہو کر انہیں مدہوش کر دیتی..

صد شکر کہ شرینہہ کے یہ پھول مائی بوڑھیوں کی مانند آوارہ نہیں ہو سکتے تھے.. ورنہ بہت بُرا ہوتا..

ویسے وہ کسی کو بھی نظر نہ آ سکتے تھے پر یہ حقیقت ہے کہ شرینہہ کے وہ زرد پھول بیلوں کو ہانکتے ہل چلاتے امیر بخش کے وجود کے ساتھ تتلیوں کی مانند لپٹتے جاتے تھے اور اُن کی مدھم شائبوں ایسی خوشبو اُسے بھی مست کرتی تھی۔

صرف شرینہہ کے پھول ہی نہ تھے.. وہ دیوانہ پرندہ جو سب سے آخر میں دریا پر ٹھہری دھند میں سے نمودار ہو کر اُس کے سر پر سے پرواز کر جاتا تھا وہ بھی کسی اور کو نظر نہ آتا تھا..

ایک ایکڑ زمین میں ہل چلا کر اُسے تیار کرنے میں چھ گھنٹے لگ سکتے ہیں اگر آپ کے بیلوں کی جوڑی توانا اور کہنا ماننے والی ہو اور آپ کے ہاتھ میں اتنا زور ہو کہ وہ ہتھی پر اتنا بوجھ ڈال سکے کہ ہل کا پھالا زمین میں بہت گہرا اُترتا جائے اور آپ پر چلچلاتی دھوپ کا کچھ اثر نہ ہو اور آپ کسی حد تک اپنے بیلوں کی مانند موسموں سے بے حس اور بے پروا ہوں..

امیر بخش کے ہاتھ میں اتنا ہی زور تھا.. ہل کا پھالا اُس کے زور سے زمین کے اندر وہاں تک جاتا اُسے اُدھیڑتا.. درہم برہم کرتا جا رہا تھا جہاں تک آج تک کسی اور ہل چلانے والے کا پھالا نہیں گیا تھا، وہ اُس کی کنوارگی میں اُترنے والا پہلا لوہا تھا..

یہ برادری والے اس پر راہ چلتے کیسے کیسے تیر برساتے تھے.. طعنوں کی برچھیاں چلاتے تھے.. بُغض کے بھالے پھینکتے تھے.. خیر سے محکم دین کے پتّر نے پوری دس جماعتیں پاس کر لی ہیں.. اب یہ لوگوں کے خط پڑھ لیا کرے گا.. حساب کر لیا کرے گا.. اس کی بھینسیں زیادہ دودھ دینے لگیں گی.. گندم کا جھاڑ زیادہ ہو جائے گا.. کیا ہو جائے گا.. اگر یہ اپنی نصف زمین اس کی پڑھائی کی خاطر نہ فروخت کرتا تو آج وہ زمین دکھائی دے رہی ہوتی.. کیا امیر بخش کے چہرے پر پڑھائی دکھائی دیتی ہے؟

اُس نشہ آور شرینہہ کی مہک کے باوجود امیر بخش نے.. جس نے منہ اندھیرے رات کے ڈالے ہوئے چارے پر ابھی تک منہ مارتے بیلوں کو پنجالی میں کس کر جوتا تھا اور ہل کی ہتھی پر ہتھیلی رکھ کر ''ہو ہو'' کرتے اُنہیں چلنے پر اُکسایا تھا.. سورج کی پہلی کرنوں کی حدت سے پہلے پہلے پورا ایکڑ کھود ڈالا تھا.. تعلیم نے اُس کی جاٹ زور آوری کو ذرّہ بھر کمزور نہ کیا تھا..

ہل چلانے والے اس امر سے آگاہ ہیں کہ جب آپ اپنی زمین کی حدود کی پاسداری کرتے ہوئے اپنے بیلوں کو کسی کونے پر موڑتے ہیں تو وہ کونہ اَن کُھدا رہ جاتا ہے، پورے کھیت میں زمین اتھل پتھل ہو چکی ہوتی ہے پر اس کے چاروں کونے جوں کے توں رہ جاتے ہیں.. تو انہیں ہل چلانے کے بعد ایک کُدال سے کھودنا پڑتا ہے اور یہ بہت ہی اذیت ناک عمل ہوتا ہے کہ پورے دن کی مشقت کے بعد دم خم نہیں رہتا اور کدال چلانے کی ہمت باقی نہیں رہتی..

امیر بخش اپنے کھیت کے دو کونے کُدال سے کھود کر تیسرے کونے کی سخت زمین پر وار کر رہا تھا جب اُسے دور سے اپنی ماں نظر آئی.. دراز قامت اور خوش رفتار.. اُس کی تنی ہوئی گردن کے اوپر سر پر جو ایک اوڑھنی سے ڈھکا ہوا تھا ایک چاٹی تھی اور اُس پر ایک دسترخوان دکھائی دے رہا تھا..

ماں عام طور پر یوں کنویں کی جانب آنے سے اجتناب کرتی تھی..

''بیٹے.. تجھے زیب نہیں دیتا کہ تو دس جماعتیں پاس کرنے کے باوجود یوں اپنے پُرکھوں کی مانند کھیتوں میں جنوروں کی طرح مشقت کرے.. تو نے اپنے وکیل اور انسپکٹر ماموں کے نقش قدم پر چلنا ہے.. یہ ہل پنجالی چھوڑ اور باہر جو دنیا ہے اس میں جا کر قسمت آزما.. پُتر اس کوٹ ستارے سے باہر کی دنیا بہت بڑی ہے۔ یہاں تک کہ اس میں سمندر بھی ہیں.. وہ میرا اقربی عزیز جو سمندری جہازوں کی نوکری کرتا ہے، وہ بتاتا ہے کہ اس میں سمندر بھی ہیں.. زمین کچھ فروخت ہو چکی اور کچھ گروی پڑ چکی.. اب اتنی تھوڑی رہ گئی ہے کہ دو وقت کی روٹی بھی اُس میں سے نہیں نکل سکتی' تیری تین بہنیں ہیں امیر بخش.. اُنہیں بیاہنا ہے.. ان گنواروں میں نہیں.. تھوڑے بہت پڑھے لکھوں میں اور اُن کی شرطیں بھی بہت ہوتی ہیں تو یہاں سے نکل.. اپنی قسمت آزما۔''

''تو چاہتی ہے کہ میں نکل جاؤں؟''

''نہیں.. میں تو تیرے وچھوڑے سے مر جاؤں گی.. میں اگر تجھے اپنے گھٹنوں سے باندھے رکھوں، اپنی مامتا کی حرص کی خاطر تو تُو ویسا ہی ہو جائے گا جیسے اس گاؤں کا ہر نوجوان اجڈ گنوار اور بے وجہ متکبر ہے۔ میں اپنے کلیجے کو چیرتے ہوئے تم سے یہ کہہ رہی ہوں کہ یہاں سے نکل جاؤ..''

امیر بخش نے کبھی سوچا بھی نہ تھا کہ وہ اپنے آباؤ اجداد کے اُن کاموں اور مشقتوں سے مُنہ موڑے گا جو ہزاروں برس سے اُن کے خمیر میں رچ بس چکی تھیں.. یہ تعلیم وغیرہ تو اُس کی ماں کی ایک ضد تھی جو اُس نے پوری کر دی.. وہ باہر کی دنیا میں جا کر کرے گا کیا.. اُسے تو کوئی ہنر بھی نہ آتا تھا سوائے کھیتی باڑی کے..

''جیسے تم کہو ماں..''

شریہہ کے ایک پھولوں سے لدے شجر پر جب سویر کی کرنیں اُترتی ہیں اور پھر شام سے پہلے اُس پر وہی کرنیں مدھم ہوتی اثر انداز ہوتی ہیں تو اُن دونوں وقتوں میں اُداسی اور وچھوڑے کی المنا کی عیاں ہوتی ہے.. میاں محمد بخش نے کہا تھا کہ بچھڑ گئے لوگوں کی.. اُن کے چہروں کی ایک ہی نشانی ہوتی ہے جیسے سرِ شام شریہہ کے پھول پتّوں کی رنگت زرد ہو جاتی ہے..

وہ بڑے گھیر اور بلندی والا شریہہ کا چھتنار شجر پورے کا پورا امیر بخش کی نیلی آنکھوں میں سما گیا اور وہ بچھڑ جانے کی زردی میں زرد ہو گئیں..

✦ .... ✦

خوشی محمد گوندل تھانیدار کے سامنے جو نوجوان سر جھکائے کھڑا تھا وہ اُس کی وسیع کوٹھی کے پھاٹک کے برابر میں جو اکلوتا سرو کا درخت تھا اُس سے بھی قد میں نکلتا ہوا دکھائی دے رہا تھا.. اُس کے جُثے پر ماس بہت کم تھا اور جتنا تھا ایک لم ڈھینگ سے ڈھانچے پر کسا ہوا تھا، آنکھیں نیلی تھیں جوان علاقوں میں عجوبہ نہ تھیں اور روپ بہت گورا.. بلکہ گوروں سے بڑھ کر گورا تھا.. جاٹوں کے بیٹے عام طور پر چاہے پیدائشی طور پر کتنے ہی گورے کیوں نہ ہوں، دھوپ سے سنولائے جاتے ہیں، کسی قدر بے ڈھب سے کسی حد تک جانوروں سے مشابہ ہو جاتے ہیں کہ کھیتوں میں مشقت کرتے، ہل چلاتے، کنواں چلاتے، مویشیوں کا گوبر سمیٹتے، اُنہیں نہلاتے ستھراتے.. کھرلی میں چارہ ڈال کر اُنہیں اُسے چرنے پر آمادہ کرتے، اُن کے ساتھ مٹی کے ساتھ مٹی ہوتے وہ تقریباً اُن جیسے ہی ہو جاتے ہیں.. انسانوں کی نسبت ڈنگروں کی رفاقت میں زیادہ وقت گذارتے ہیں اور یہ حقیقت ہے کہ وہ ان کی رفاقت میں زیادہ خوش رہتے ہیں.. یہاں تک کہ اُن کے حلق میں سے جو آواز برآمد ہوتی ہے وہ بھی اُن گھڑی حیوانی سی ہو جاتی ہے.. وہ مویشیوں کی مانند ڈکراتے ہوئے بولتے ہیں، انسانوں سے اُن کی میل ملاقات کم اور ڈنگروں کے ساتھ اُٹھنا بیٹھنا زیادہ ہوتا ہے تو وہ اُنہی کے سانچے میں ڈھل جاتے ہیں..

خوشی محمد تھانیدار کے سامنے جو نوجوان کھڑا تھا وہ ابھی بولا تھا، ڈکرایا نہ تھا اور اُس نے مؤدب ہو کر کہا تھا ''چاچا جی میں کوٹ ستارہ کے چوہدری محکم دین کا بیٹا امیر بخش ہوں اور اُنہوں نے مجھے بتایا تھا کہ جاٹ برادری میں آپ پہلے تھے جنہوں نے آٹھ جماعتیں پاس کی تھیں اور پولیس میں بھرتی ہو گئے تھے.. میں نے آپ کو ایک بار دیکھا تھا جب گورے ڈپٹی کمشنر صاحب بہادر کے سالانہ دورے کے موقع پر آپ اُن کے قافلے کے آگے گاؤں کے پر اشتیاق لوگوں کے ہجوم کو ہنٹر سے پیٹتے پرے کرتے تھے کہ ہٹ جاؤ.. ہٹ جاؤ.. تب میرے چاچے نے بتایا تھا کہ آپ ہماری برادری کے ہیں.. چاچا جی میں نے میٹرک پاس کر لیا ہے.. دَہ جماعتیں پاس ہوں.. مجھے'' یہاں پہنچ کر وہ ذرا جھجکا تھا اور پھر سر اُٹھا کر کہا تھا.. ''مجھے نوکری چاہیے چاچا جی..''

ہر سویر اُس کی کوٹھی کے باہر ایسے ہی جاٹوں کے لڑکے سکھ چوکیدار کی منت سماجت کرتے دکھائی دیتے تھے کہ ہمیں اندر جانے دو، تھانیدار صاحب ہماری برادری کے ہیں، ہماری اُن سے عزیز داری ہے.. اکثر وہ نہایت عاجزی سے مسکین شکل بناتے درخواست کرتے اور کبھی وہ پُر تشدد ہو جاتے تھے کہ ہمیں اندر جانے دو.. وہ ہمارا چاچا لگتا ہے.. تھانیدار ہو گیا تو کیا ہوا.. وہ تھانیدار کیا ہوا تھا ہر ایرا غیرا اُس کی برادری کا ہو گیا تھا اور اُس کا بھانجا یا بھتیجا ہو گیا تھا.. وہ اپنی اس برادری

سے عاجز آ چکا تھا.. پر اُن لڑکوں میں اور اس نوجوان میں ایک واضح فرق تھا.. نہ اُس نے چوکیدار کی منت سماجت کی تھی اور نہ ہی اُس کے حضور پہنچ کر گڑگڑا کر خوشامد کی تھی.. وہ مؤدب تھا پر اُس نے برابری کی سطح پر اپنا مدعا بیان کیا تھا کہ مجھے نوکری درکار ہے اور پھر چپ ہو گیا تھا..

ایک اور فرق بھی تھا کہ وہ ان کی مانند چِٹّا اَن پڑھ اور اُجڈ نہ تھا.. میٹرک پاس تھا اور بہت دھیمے لہجے میں گفتار کرتا تھا..

خوشی محمد گوندل کی اُس کے لیے فی الفور ناپسندیدگی کا سبب اُس کا اُس کی نسبت دو جماعتیں زیادہ پڑھا لکھا ہونا تھا لیکن اس کے ساتھ ہی اُسے ایک فخر بھی ہوا، انا کی تسکین بھی ہوئی کہ وہ اُس کے در پر نوکری کا سوالی ہو کر آیا ہے.. تھانیدار صاحب کے دائیں بائیں اور کرسی کے پیچھے دو سپاہی اور ایک حوالدار صاحب سکوت میں کھڑے تھے اور اُس لمحے کوٹھی کے کونے میں ایستادہ آہنی پنجرے میں بند اُن کے تین لاڈلے بُولی کتّے ابھی تک ناشتہ نہ ملنے پر یوں غرّائے بلکہ دھاڑے کہ دونوں سپاہی اور حوالدار جو اُن کی غرّاہٹوں کے عادی ہو چکے تھے، وہ بھی لرز گئے اور اُن کی ٹانگیں جواب دینے لگیں.. البتہ وہ نوجوان بے اثر جوں کا توں کھڑا رہا..

''حرامیو.'' تھانیدار صاحب نے صرف اتنا کہا اور وہ تینوں لپک کر پنجرے کی جانب گئے اور اُن کے کانوں میں ..حرامیو.. کے بعد جو کہا جانا تھا.. وہ سنائی دینے لگا کہ ابھی تک بُولیوں کو دودھ نہیں پلایا.. او چھڑی نہیں کھلائی..

کوٹھی کے اندر ایک بے قابو بدن کی عورت کھڑکی کے پردے کی اوٹ سے اپنے ادھیڑ عمر خاوند کے سامنے کھڑے ایک لمبے تڑنگے نوجوان کو دیکھتی تھی.. کوئی بھی نہیں جانتا تھا کہ تھانیدار صاحب کی بیوی مہنداں کا اصل نام محمد بی بی ہے.. اور نہ ہی اُس کے ماں باپ اس امر سے آگاہ تھے، وہ پیدا ہوئی تو اُس کا نام مہنداں ہی رکھا گیا.. وہ کسی گاؤں میں نہیں ایک ڈیرے میں پلی بڑھی تھی..

پنجاب کے میدانوں میں جہاں سرسبز وسعتوں میں کہیں کہیں کچے گھروندوں پر مشتمل چھوٹے چھوٹے گاؤں آباد تھے وہاں اُن سے دور کھلی فضاؤں میں.. ڈیرے بھی تھے.. جن جاٹوں کے رقبے ذرا زیادہ ہوتے تھے، وہ گاؤں میں رہائش کرنے کی بجائے اپنی زمینوں پر کچے کوٹھے ڈال کر بال بچوں اور مویشیوں کے ہمراہ وہاں جا آباد ہوتے.. آبائی گاؤں سے اُن کا تعلق واجبی سا رہ جاتا تھا.. وہ صرف خوشی اور غمی کے موقعوں پر وہاں آتے تھے.. یہ لوگ ایک ایسی قدرتی اور دنیا جہان سے کٹی ہوئی زندگی گذارتے تھے جس میں گاؤں کی ابتدائی تہذیب کا بھی کچھ عمل دخل نہ ہوتا تھا.. تو اُن ڈیروں پر پیدا ہونے والے بچے قدرے وحشی اور بے دھڑک ہوتے تھے.. وہ گاؤں کی تمام تر پابندیوں سے آزاد کھلی فضا میں ہر نوعیت کی اخلاقی اقدار سے ماورا صرف قدرت کے اصولوں کی پاسداری کرتے پلتے بڑھتے تھے.. اُن کے لیے اگر ایک سانڈھ ایک بھینس پر چڑھ کر ہُلارے لے رہا ہے، یا ایک گائے میں سے ایک بچھڑا نمودار ہو رہا ہے یا ایک بھینس گابھن ہو گئی ہے اور ہر کوئی دعا مانگ رہا ہے کہ کٹّے کی بجائے کٹّی پیدا ہو اور اس دوران اگر اُن کی ماں کا پیٹ بھی بھینس کی مانند پھولا ہوا ہے تو یہ سارے عوامل اور مظاہر قدرتی اور معمول کے مطابق ہوتے تھے.. چنانچہ ان ڈیروں پر پلنے والے بچوں کے لیے جنسی عمل اور پیدائش.. حیات کی روانی کا ایک معمول تھے..

مہنداں بھی ایک ایسے ہی ڈیرے میں جوان ہوئی تھی..

خوشی محمد گوندل جو اُن دنوں ابھی ایک سپاہی تھا.. معمولی حیثیت کے کسان کا بیٹا تھا، اُس نے مہنداں کے لیے صرف اس لیے ہاں کر دی کہ اُس کے باپ نے پوری آدھا مربع زمین اُس کے جہیز کے لیے مختص کر دی تھی.. وہ ابھی بارہ برس کی تھی جب وہ بیاہ دی گئی.. خوشی محمد عمر میں ڈھل گیا پر وہ تو ڈھلنے کا نام نہ لیتی تھی.. کھڑکی کے پردے کی اوٹ سے جب اُس نے خوشی محمد کے سامنے کھڑے چھریرے سے بدن کے سوہنے اور بانکے نوجوان کو دیکھا تو اُس کا وہ بدن جو چار بچے پیدا کر چکا تھا، پھر سے گسا گیا اور جوش مارنے لگا.. اُس نے پشیمان ہو کر اپنی ڈھلکتی شلوار کو اُڑسا اور پردے سے پرے ہو گئی..

یہ شلوار بھی ایک مصیبت تھی جو اتنا گھٹا ہوا پہناوا تھا کہ اس میں بدن سانس نہ لے سکتا تھا.. وہ ایک کھلے ہوادار تہبند کی عادی تھی پر اُسے ایک معتبر پولیس والے کی بیوی ہونے کے ناطے سے شلوار کے معزز شکنجے میں قید ہونا پڑا..

باہر برآمدے کے آگے خوشی محمد کے آگے کھڑا سرو کے بُوٹے ایسے قد والا نوجوان اُس کی شلوار کے ڈھیل پن کا باعث تھا..

''کیا نام بتایا ہے تم نے..''

''جی امیر بخش..''

''اور کس کے بیٹے ہو؟''

''کوٹ ستارہ کے چوہدری محکم دین کا۔''

''دیکھ جوان.. اس انگریز سرکار کی سلطنت اتنی بڑی ہے کہ اس پر سورج غروب نہیں ہوتا.. یہ نہ صرف زمین بلکہ سمندروں کی لہروں پر بھی راج کرتی ہے۔ تم اور تمہارا گاؤں اس کی بادشاہت میں ایک دھک مکوڑے جتنے بھی نہیں ہے، یہ اتنی بڑی ہے... پشاور اور کلکتے، بنگالے تک ہے تو اس سرکار کو ادھر بنگالے میں بہت پڑھے لکھے بابو مل جاتے ہیں، ادھر پنجاب میں اُنہیں جی دار اور اَن پڑھ گبھرو درکار ہوتے ہیں جو فوج میں بھرتی ہو کر کبھی فرانس میں اور کبھی برما میں اُن پر اپنی جان نچھاور کر دیں.. تمہارے جیسے دس جماعت پاس اُن کے لیے بیکار ہیں.. فوج میں بھرتی ہونا چاہتے ہو؟''

اور خوشی محمد گوندل نے خواہش کی کہ یہ نوجوان مان جائے کہ انگریز سرکار اُس خادم پر مہربان ہو جاتی تھی جو زیادہ سے زیادہ نوجوانوں کو فوج میں بھرتی کرواتا تھا..

''نہیں چاچا جی.. مجھے ایک پڑھی لکھی نوکری درکار ہے..''

خوشی محمد گوندل کے چہرے پر ایک ناگواری سیاہ ہو گئی ''پھر تم اگلے ماہ پھیرا ڈالنا.. میں دیکھوں گا کہ تمہارے لیے کہیں کوئی گنجائش نکلتی ہے یا نہیں..''

''آپ کو گنجائش نکالنی ہو گی چاچا جی..'' اُس کے لہجے میں دھمکی نہ تھی، ایک گذارش تھی.. ''آپ کے سوا میری اور کوئی سفارش نہیں۔''

''اگلے ماہ..'' خوشی محمد گوندل نے پھنکار کر کہا کہ اب دفع ہو جاؤ..

"نہیں چاچا جی.. میں اتنا انتظار نہیں کر سکتا.. میں انشاءاللہ روزانہ آپ کی خدمت میں حاضر ہوا کروں گا.. آپ میری برادری کے ہیں.. میرا حق ہے آپ پر۔" یہ کہہ کر اُس چھریرے بدن کے سرو قد نیلی آنکھوں والے نوجوان نے اُسے مؤدبانہ سلام کیا اور لمبے لمبے ڈگ بھرتا باہر چلا گیا۔

اُس نے تھانیدار خوشی محمد گوندل کی سویر کرکری کر دی تھی.. ہیڈ کانسٹیبل کرنیل سنگھ اُس کے لیے اپنی ماں کے ہاتھوں کا رڑھکا ہوا جو ادھ رڑھکا لایا تھا، شکر گھول کر اُس کا پہلا گھونٹ حلق سے اُتارتے ہوئے وہ اُسے اتنا کڑوا لگا کہ اُسے ابکائی آ گئی..

یہ بندہ.. میرے لیے مصیبت بنے گا.. اُس کے چہرے پر لکھا تھا..

کوٹھی کے کونے میں ایک پنجرے میں بند بُو لی کتے شاید اپنے ناشتے سے ناخوش تھے..

وہ پھر غرّانے لگے..

مہنداں نے اپنی ڈھلتی ہوئی شلوار کو بمشکل سنبھالا دیا.. وہ اُس کے کُولہوں پر ٹھہرتی نہ تھی..

''نہ...نہ..نہ..توبہ۔'' اسماعیل نائی کا سَر انکار میں بائیں جانب گیا اور کھڑی ہوئی شہادت کی اُنگلی دائیں جانب.. پھر آخری انکار کے طور پر سر دائیں جانب گیا اور شہادت کی انگلی بائیں جانب.. ''امیر بخشا میں تمہارے خاندان کا آبائی سیپی ہوں.. میرے چاچے بہشتی نے تیرے چاچے چوہدری محکم دین کے بیاہ پر زردے کی دیگ ایسی چڑھائی تھی کہ باراتی چاولوں کا ایک ایک دانہ چُن چُن کر کھا گئے تھے..نہ نہ.. چوہدری نے مجھ سے بہت رنج ہونا ہے..تُو نے میری بے عزتی کروانی ہے.. اتنے سوہنے سجیلے چھلّوں والے تیرے چھتّے ہیں..اور تو کہتا ہے کہ میں انہیں کاٹ کر تیری انگریزی حجامت کر دوں..نہ..''

کوٹ ستارہ سے نکلنے کے بعد باہر کی دنیا میں قدم رکھنے کے بعد یہ اُس کا پہلا انقلابی فیصلہ تھا کہ وہ اپنے شانوں تک آتے بالوں کی لٹیں کٹوا کر انگریزی حجامت کروالے گا..گاؤں میں سبھی لوگ پٹے رکھتے تھے اور انگریزی حجامت کروانا تقریباً کُفر کے زُمرے میں شامل ہوتا تھا..ایک مرتبہ تیلیوں کا ایک بیٹا مُرید کے منڈی میں بیل خریدنے گیا اور واپس آیا تو گھونا مونا.. بال کٹے ہوئے پُور برابر..تو سارے گاؤں نے اُسے لعن طعن کی.. جہاں جاتا بچّے پیچھے لگ جاتے..اُس نے تائب ہو کر پھر سے بال بڑھا لیے..

اسماعیل نائی کے انکار کا ایک سبب یہ بھی تھا کہ اُس نے آج تک انگریزی حجامت بنائی ہی نہیں تھی..اُسے صرف یہ پتہ تھا کہ تم پہلے لٹوں کو قینچی سے کُترتے ہو اور پھر سر پر مشین پھیرنے لگتے ہو اور جب وہ ایک تربوز کی شکل اختیار کرنے لگے تو بس یہی انگریزی حجامت تھی جو بن گئی..

گجرات شہر میں اُس کا اور تو کوئی والی وارث نہ تھا..کوئی عزیز داری نہ تھی بس اسماعیل نائی تھا..وہ کچھ عرصہ پہلے کوٹ ستارہ سے اُٹھ کر گجرات آ گیا تھا جہاں وہ بسوں کے اڈے پر ''پیرس ہیئر سیلون'' ایک لکڑی کے تختے پر لکھ کر اُس کے زیر سایہ زمین پر کھیس بچھا کر آنے جانے والوں کی حجامتیں کرتا تھا، دراصل اُس کا اکلوتا بیٹا ایک کمہارن کے عشق میں مبتلا ہو کر..اُسے کسی غیر شخص سے ہنس ہنس کر باتیں کرتا ہوا دیکھ کر اُسے قتل کر بیٹھا تھا اور اب شہر کی جیل میں عمر قید کی سزا بھگت رہا تھا..روز روز میل ملاقات کے لیے آنے جانے کے تردد کی بجائے وہ اپنے بیٹے کے نزدیک ہونے کی خاطر یہیں اُٹھ آیا تھا..بسوں کے اڈے کے قریب ایک متروک شدہ کنویں کے برابر میں مویشیوں کی خاطر تعمیر کردہ چند بے آباد کوٹھڑیاں تھیں جن میں اسماعیل نائی اپنی بیوی، نومولود بیٹی اور چند برتنوں سمیت آباد ہو گیا تھا..

اُسے ہر روز دھڑ کا لگا رہتا کہ کسی روز اُس متروک شدہ کنویں کا مالک اُدھر آ نکلے گا اور اُسے بے گھر کر دے گا..

ایک برس تو خیر خیریت سے گذر گیا تھا، کوئی نہ آیا تھا..

امیر بخش کا ٹھکانا بھی یہیں تھا..

اُسے پکا یقین تھا کہ تھانیدار خوشی محمد گوندل اُس کے روزگار کا کوئی نہ کوئی بندوبست بہرصورت کر دے گا.. بے شک اُس کا سگا ماموں ثناء اللہ علیگڑھ سے قانون پڑھ کر لاہور کے قریب شیخوپورہ میں وکالت کرتا تھا اور ماموں سلام اللہ پورے ضلع کا سکول انسپکٹر گوجر خان میں تعینات تھا.. پر وہ اُن کے سامنے ملازمت کے لیے ہاتھ نہیں پھیلا سکتا تھا.. ثناء اللہ کو تو اُس نے کہیں بچپن میں ایک دو بار دیکھا تھا.. وہ گنواروں میں بیاہی جانے والی اس بہن اور اُس کی اولاد میں کچھ زیادہ دلچسپی نہ رکھتا تھا.. البتہ ماموں سلام اللہ سال دو سال بعد پھیرا لگا لیتے تھے..

گاؤں سے رخصت ہوتے ہوئے اُس کے چاچے نے اُسے نصیحت کی تھی کہ پُتر مرتے مر جانا پر اپنے ماموؤں کے آگے ہاتھ نہ پھیلانا اور بے بے نے چوکھٹ کے پار جانے سے پہلے اُس کے سر پر پیار دیا تھا، مُنہ اور ماتھا چوما تھا اور کہا تھا.. پُتر میرے بھائی تیرے لگتے لانے ہیں.. تیرا حق بنتا ہے اُن پر.. یہ مت قیاس کرنا کہ تو نے اُن کے آگے ہاتھ پھیلانا ہے.. تو نے تو اُن سے اُن کی بہن کا حصّہ طلب کرنا ہے..

کوٹ ستارہ سے گجرات تک کے پیدل سفر کے دوران اُس کے ذہن میں چاچے اور بے بے کا کہا گردش کرتا رہا.. اور جب وہ اس سفر کے دوران پیاس بجھانے کی خاطر تیسری بار ایک کنویں پر رُکا تو اُس نے فیصلہ کر لیا کہ وہ چاچے کی نصیحت پر عمل کرے گا.. اپنے ماموؤں سے مدد کا طلبگار نہیں ہوگا.. بے شک اُس کی ماں ایک فرشتہ خصلت عورت تھی پر تھی تو عورت.. کیا پتہ کسی کمزور لمحے میں وہ اپنے خاوند کو طعنے دے کہ آخر میرے بھائیوں نے ہی میرے پُتر کا ہاتھ تھاما.. اور وہ اپنے چاچے کی اتنی سی بے عزتی کا بھی روادار نہیں ہو سکتا تھا..

اسی لیے وہ اسماعیل نائی کی کوٹھڑی میں اپنی پہلی شب بسر کر کے اگلی سویر تھانیدار خوشی محمد گوندل کی کوٹھی کے پھاٹک کے باہر جا کھڑا ہوا تھا.. اور اُس نے اُس پہلے روز اپنے اس بااختیار چاچے سے کہہ دیا تھا کہ آپ کو گنجائش نکالنی ہوگی.. میں اگلے ماہ نہیں ہر روز آپ کے ہاں آیا کروں گا.. میرا حق ہے آپ پر.. اور وہ حسبِ وعدہ پچھلے بیس روز سے رات کی باسی روٹی پانی سے نگل کر.. کہ یہاں بے بے تو نہ تھی جو اُسے روٹی کے ساتھ مکھن سے گھنی ہوتی لسّی کا ایک پیالہ تھما دیتی.. اُس کوٹھڑی سے نکل کر تھانیدار صاحب کے پھاٹک کے سامنے جا کھڑا ہوتا.. ان بیس دنوں میں پہلی حاضری کے بعد اُسے صرف تین بار اِذنِ باریابی ملا.. کبھی وہ دورے پر نکلے ہوتے.. کبھی آرام کر رہے ہوتے اور کبھی علیل ہوتے.. اور حاضری کے اِن تینوں موقعوں پر انہوں نے بیزاری سے اُسے کہا تھا.. جوان مجھے تنگ نہیں کرو.. جو تمہارے نصیب میں لکھا ہے مل جائے گا.. اور آج اسماعیل نائی کی کچی آماجگاہ سے نکلتے ہوئے اُس نے فیصلہ کر لیا تھا کہ وہ چاچا جی سے دوٹوک بات کرے گا.. اگر تو وہ روزگار کے لیے کچھ وعدے وعید کرتے ہیں تو ٹھیک ہے.. ورنہ وہ اس پھاٹک کو ترک کر کے اپنے روزگار کے لیے کوئی اور سبیل کرے گا..

اپنے ڈیرے دارنی زوجہ مہنداں بی بی کے ہاتھوں کے بنائے ہوئے تہہ در تہہ گھی میں گندھے ہوئے تین پراٹھے پوری چاٹی سے اُتری ہوئی گھنی اور بھوری بالائی کے ساتھ کھا کر خوشی محمد گوندل جب ایک پرآسائش ڈکار لینے کو تھا تو اُسے کھڑکی سے باہر کوٹھی کے پھاٹک کے قریب وہی سرو کا بوٹا لم ڈھینگ سا نیلی آنکھوں والا نوجوان نظر آ گیا جس نے روزانہ پھیرے ڈال ڈال کر اس کی زندگی اجیرن کر دی تھی.. اس کی شکل دیکھ کر ہی اس کا سارا دن غارت ہو جاتا تھا... ملزموں کو زدوکوب کرتے، چھترول کرتے.. ڈی ایس پی صاحب بہادر کے آگے پیش ہوتے ہوئے.. رشوت لیتے ہوئے یہاں تک کہ اپنی نیم وحشی ڈیرہ دارنی کے ساتھ محبت کرتے ہوئے وہ یکدم اُس کی نظروں کے سامنے آ جاتا اور نہ ہی وہ جی بھر کے ملزموں کو جوتے مار سکتا.. نہ ہی ڈی ایس پی صاحب کے سامنے اتنی عاجزی دکھا سکتا جتنی دکھانی چاہیے، نہ ہی کسی خلش کے بغیر رشوت قبول کر سکتا اور نہ ہی اپنی گھر والی کی تشفی کر سکتا.. وہ اس کے اعصاب پر سوار ہو گیا تھا.. وہ اُس سے چھٹکارا حاصل کرنا چاہتا تھا اور اُس لمحے سپاہی صالح محمد اپنی پگڑی اور نیکر سنبھالتا حاضر ہو گیا.''صاحب بہادر.. وہ کوٹ ستارے کا امیر بخش ٹلتا نہیں.. کہتا ہے کہ میں نے ہر صورت آج اپنے چاچا جی کو مل کر جانا ہے..''

''اس حرامزدے کو کسی نہ کسی طرح دفع کرو صالح محمد.. ٹھڈے مار کر نکال دو..''

صالح محمد کی پگڑی پھر کھسک گئی اور اُس کی نیکر ڈھلک گئی..''جناب وہ کہتا ہے کہ میں نے آج ملاقات کے بغیر نہیں جانا.. وہ تگڑا دکھائی دیتا ہے پر جناب دھمکی نہیں دیتا، گذارش کرتا ہے، کہتا ہے کہ آپ پھاٹک نہیں کھولو گے تو میں اسے پھلانگ کر اندر آ جاؤں گا..''

''تو پھر پھاٹک کھول دو صالح محمد.. اُسے اندر آنے دو.. وہ میرا سگا بھتیجا ہے آخر۔''

خوشی محمد گوندل یکدم موم ہو گیا..''پھاٹک کھول دو.. اور.. اُنہیں بھی کھول دو۔''

باہر کھڑے امیر بخش کے لیے جب وہ پھاٹک کھلنے لگا تو اُسے ذات برادری اور مشترکہ خون کے انمٹ رشتوں پر یقین آ گیا.. سگے آخر سگے ہوتے ہیں ''چاچا جی نے بلایا ہے۔''

''چلیے آؤ جوان..'' صالح محمد اُس کے آگے آگے چلنے لگا... وہ دزدیدہ نظروں سے کبھی اُس پُر تمکنت بلند قامت نوجوان کو مڑ کر دیکھتا اور کبھی کوٹھی کے اُس کونے کی جانب..''جوان تم ذرا پل بھر یہاں رُکو، میں صاحب بہادر کو اطلاع کر کے ابھی آیا۔'' وہ اس کونے کی جانب گیا اور او جھل ہو گیا.. چاچا عام طور پر برآمدے میں اپنے اہلکاروں کے جلو میں بیٹھا

ضرورت مندوں کے مسائل سنتا تھا، پر آج برآمدہ خالی پڑا تھا.. پام کے چند گملے تھے، سرخ اینٹوں کا دھویا ہوا فرش تھا اور بس..صرف ایک اچٹتی ہوئی نظر برآمدے پر ڈال کر وہ اپنے مزاج کے مطابق نظریں جھکا کر انتظار کرنے لگا..چند لمحوں بعد برآمدے میں جو سناٹا تھا اُس کے خلاء کے اندر کچھ خرخراتے ہوئے سے سانس سنائی دیئے بہت دھیمے ملفوف اور بوجھل سے..جیسے طویل مسافتیں طے کرنے کے بعد ایک گھوڑے کے نتھنوں میں سے تھکاوٹ ہانپتی سنائی دیتی ہے..ہل میں جوتے ہوئے بیل جب زور لگاتے ہیں تو اُن کے سانس اکھڑتے ہوئے سنائی دیتے ہیں.. پر ان میں گھوڑے اور بیل کے سانسوں کی آواز میں ایک مجبوری سسکتی ہے، جب کہ برآمدے کے سناٹے میں خرخراتے سانس جو اُسے سنائی دیئے اُن کی نیت میں تکبر اور فتور کا شبہ ہوتا تھا..

جب وہ برآمدے کی ویرانی میں ظاہر ہوئے تو بہت بڑے تھے، زمین کو سُونگھتے چلے آرہے تھے، بہت سست چال سے چلتے آرہے تھے بلکہ اُن میں سے ایک نے نہایت اطمینان سے پام کے گملے کو ٹانگ اٹھا کر سیراب کیا..وہ بظاہر اُس کی موجودگی سے بے خبر تھے پر اُن کا رُخ اسی کی جانب تھا..امیر بخش جو پرندوں اور جانوروں کے لیے اپنے دل میں ایک نرم گوشہ رکھتا تھا اُس نے اُنہیں چٹکی بجا کر اُسی طرح پچکارا جیسے وہ اپنے کنویں کے رکھوالے بھورے کتے سے لاڈ کرتا تھا..اور وہ اُس کے پچکارنے سے اوندھا ہو کر لیٹ جاتا تھا.. پر اُن تینوں پر اس پچکار کا الٹا اثر ہوا، وہ اس کی جانب متوجہ ہو گئے.. پہلے وہ نابیناؤں کی طرح زمین پر تھوتھنیاں جھکاتے اسے سونگھتے چلے آتے تھے پر اب اس کی پچکار سن کر انہوں نے گردنیں سیدھی کر لیں.. یہ اس کی پچکار تھی یا ایک کھلی کھڑکی میں سے برآمد ہونے والی ایک ''ہُوش'' کی شناسا آواز تھی جس کے نتیجے میں اُن تینوں نے اُس پر توجہ مرکوز کی اُن کے گیلے نتھنے پھڑ پھڑائے..اور وہ دانت نکوستے..غرّاتے..حلق میں سے موت کے لمحوں کی آخری سانسوں ایسی خرخراہٹیں نکالتے..اُس کی جانب لپکے..

امیر بخش کا وہ ہاتھ جس کے ساتھ اُس نے چٹکی بجائی تھی اب وہیں معلّق تھا اور اُس کے وہ ہونٹ جنہوں نے انہیں پکارا تھا ابھی پچکے ہوئے تھے..وہ اطمینان سے کھڑا رہا، اسے یقین نہ آیا کہ یہ کتّے مجھ پر حملہ آور ہونے کے لیے لپکتے چلے آتے ہیں لیکن جب اس نے ان میں سے ایک کی باچھوں میں سے بہتی ہوئی سفید جھاگ دیکھی تو وہ جان گیا کہ یہ میرے درپے ہیں..ان کے جبڑوں کا ہدف میں ہوں..کیوں ہوں، اس پر سوچ بچار کا وقت نہ تھا..بُولی کتے جب کسی جانور یا انسان کو اپنے جبڑوں میں جکڑتے ہیں تو وہ یوں مقفل ہو جاتے ہیں کہ اگر وہ خود بھی چاہیں تو اپنے جبڑے کھول نہیں سکتے..وہ اپنے حصّے کا گوشت لے کر رہتے ہیں، امیر بخش سُرعت کے ساتھ پلٹا اور جان بچانے کی خاطر پھاٹک کی جانب بھاگنے لگا..

ہونکتے ہانپتے وہ اس کے پیچھے لپکتے آتے تھے اور وہ ان کے سانسوں کی ہواڑ اپنی پنڈلیوں پر محسوس کرتا جا رہا تھا..

اسے امیر بخش کو اس پھاٹک تک پہنچنے میں کتنی دیر لگی ہو گی.. جتنی دیر میں آپ ایک چٹکی بجاتے ہیں..ایک دو بار آنکھیں جھپکتے ہیں.. چند لمحوں میں وہ پھاٹک تک پہنچ گیا ہو گا پر اُن چند لمحوں میں جب اُس کی پنڈلیوں کو اُن کے جھاگ آلود نوکیلے دانتوں کی چبھن محسوس ہونے لگی تھی..اُن کی غراہٹ اُس کے بدن کو جھنجھوڑتی تھی..وہ اپنی جان بچانے کے لیے

اندھا دھند بھاگا چلا جا رہا تھا تو اُن چند لمحوں میں اُس پر سارے بھید آشکار ہو گئے، کائنات کے کُل رموز.. آسمانی صحیفے.. قضا اور قدر.. حیات بعد از موت.. عالم ارواح.. وہ ساری گتھیاں جو ویدوں اور حکیموں سے نہ سلجھ سکی تھیں، اُن سب کے بھید اُس پر اُس لمحے جب تین بُولی کتے اس کے خون کے پیاسے اس کی ایڑھیوں پر سانس لیتے تھے اُس پر آشکار ہو گئے..

یہ حیات زور آوروں کی تھی..

جن کے پاس سلطنت اور جبر تھا ان کی تھی..

نہ کوئی برادری قبیلہ تھا اور نہ کوئی عقیدہ.. یہ سب بالکل افسانے تھے.. گھڑی ہوئی داستانیں تھیں.. جھوٹ کے دلاسے تھے.. ناداروں، بھوکوں اور ذلتوں کے ماروں کے لیے جھوٹ کے فریب تھے کہ پیغمبران کے ساتھ اٹھائے جائیں گے..

برادری ایک ڈھکوسلا تھی..

قبیلہ ایک نیند آور حماقت تھی..

اور مذہب.. ایک دلاسا تھا..

ان سب کی کوئی وقعت نہ تھی..

کائنات کے کل رموز پر.. آسمانی صحیفوں پر.. قضا اور قدر پر.. حیات بعد از موت اور عالم ارواح پر صرف یہ تین بُولی کُتے تھے جو راج کرتے تھے.. یہی آخری سچ تھے..

اگر کوئی اور سچ ہوتا تو کیا وہ ان کتوں کے جبڑوں میں سے بہتی جھاگ کو درگزر کر جاتا.. اگر ہوتا تو وہ ان کتوں کے لپکنے کی رفتار کو اتنا آہستہ تو کر سکتا تھا کہ وہ امیر بخش کی پنڈلیوں تک نہ پہنچ سکیں.. وہ اتنا بھی نہ کر سکا اور وہ پہنچ گئے.. زمانوں بعد.. ایک روایت یہ بھی ہے کہ تقریباً ستّر برس بعد یہ امیر بخش سرو قد اور نیلی آنکھوں والا.. دس جماعت پاس جب کشاکشِ حیات سے آزاد ہوا، مردہ ہو گیا تو روشن اس کے اکلوتے بیٹے نے اسے اپنے ہاتھوں سے نہلاتے ہوئے اس کی پنڈلی پر اب تک موجود کتوں کے کاٹے ہوئے نشان دیکھے اور انہیں اپنی ماں کی مانند جھک کر چوما.. یہ وہ نشان تھے جو اس کے والد کی حیات کی ترجمانی کرتے تھے جہاں کوئی ذات برادری، قبیلہ اور مذہب نہ تھے.. بس یہی نشان تھے.. اگرچہ اس بارے میں روایتیں قدرے مختلف ہیں کہ امیر بخش اپنے برسوں کے بوجھ تلے دب کر فوت ہوا اور اپنے گھر میں ہوا اور اس کے بیٹے روشن نے اسے نہلایا دفنایا یا وہ لاپتہ ہو گیا تھا اور اُس جنگل بیلے میں جہاں اُس کا چاچا محکم دین اپنے مویشیوں کے ہمراہ ڈیرہ کرتا تھا اور وہ اس کے لیے چناب پار کر کے ناشتہ لے جایا کرتا تھا.. اس جنگل بیلے میں چہکتے پرندوں میں ایک اور پرندہ ہو گیا تھا..

لیکن یہ تو زمانوں بعد کی باتیں ہیں..

البتہ اس پھاٹک تک پہنچتے پہنچتے امیر بخش کے کالے بھور بالوں پر برف اتر آئی تھی اور وہ برف سفید ہو گئے تھے۔ یہ بھید جان لینے کی سزا تھی.. اور یہ بھید تب تک آشکار نہیں ہوتا جب تک تین بُولی کتّے آپ پر چھوڑ نہ دیئے جائیں۔

جاٹوں کے ہاں کہاوت تھی کہ جس کھیت سے گندم کٹ چکی ہو اور وہاں صرف اس کی خشک ہو چکی جڑیں رہ گئی ہوں جو زمین کے اندر دور تک پتھر ہو چکی ہوتی ہیں تو ایک ایسے کھیت میں ہل چلانا کسی ولی اللہ کے بس میں بھی نہیں ہوتا اور ساون بھادوں کے حبس میں کماد کے کھیت میں روپوش ہو کر نلائی کرنا ایسا ہے کہ جاٹ اُن دنوں فقیر ہو جاتے ہیں پر ان دونوں مشقت آمیز اور صبر آزما کاموں سے بڑھ کر کہیں دشوار ایک گند استرے کے ساتھ مہینے بھر کی کُھردری گھاس ہو چکی داڑھی کو مونڈھنا ہے اور اس میں استرے کا کم اور زورِ بازو کا زیادہ کمال ہوتا ہے۔

گجرات کے بسوں کے اڈے پر ''پیرس ہیئر سیلون'' کے تختے تلے اسماعیل نائی ایک ایسی ہی داڑھی پچھلے چالیس منٹ سے مونڈھنے کی کوشش کرتا ہلکان ہو رہا تھا اور اس کے آگے بیٹھا ایک کسان لہولہان ہو رہا تھا اور بار بار کراہتے ہوئے فریاد کرتا تھا کہ خلیفہ اب بس کر.. اتنی ہی بہت ہے.. پر خلیفہ ایک آدھی منڈھی ہوئی داڑھی کہاں چھوڑتا تھا..

کڑی دھوپ کے سلگتے الاؤ میں تپش اتنی تھی کہ آنکھیں چندھیاتی تھیں اور اس قہر کی دوپہر میں ایک بلند قامت شخص نہایت متانت سے اپنی لامبی ٹانگوں کو ایک مخصوص سُر میں حرکت دیتا اُس کی جانب چلا آ رہا تھا اور وہ لگتا تو دیکھا ہوا تھا.. اس میں اگرچہ نوخیزی کا بانکپن ہُلارے لیتا تھا پر اس کے چہرے مُہرے پر بزرگی تھی.. وہ ہولے ہولے دھوپ میں ایک شجر کی مانند اپنا سایہ طویل کرتا قریب ہوا تو اسماعیل نائی کا اُسترا جہاں تھا وہیں تھم گیا..

وہ امیر بخش تھا..

اس کے چوڑے ماتھے پر بڑھاپے کی ایک شکن کروٹیں لیتی تھی اور اس کا سر سفید ہو چکا تھا..

اسماعیل نائی نے استرا پانی کے پیالے میں رکھ دیا.. ''پُتر تم پر کیا گذر گئی؟''

آدھی منڈھ چکی داڑھی والے کسان نے بیزاری سے کہا ''خلیفہ پہلے مجھے فارغ کر دے۔''

''تو فارغ ہے چوہدری.. کسی اور وقت آنا، بقیہ داڑھی مونڈھ دوں گا.. پُتر تجھے کیا ہوا ہے؟''

''مجھے چاننن ہو گیا ہے چاچا.. بس یہ سمجھ لے کہ میرا اَن پانی رزق روزگار یہاں نہیں کہیں اور لکھا ہوا ہے.. میں نے اُس کی کھوج میں یہاں سے نکل جانا ہے..''

''پر تیرے بالوں کو کیا ہوا ہے امیر بخشا.. آٹا پینے کی کسی چکی میں سے ہو کر آیا ہے؟''

اُسے اسماعیل نائی کے اِس سوال کی سمجھ نہ آئی اور بالوں پر ہاتھ پھیر کر کہنے لگا ''نہیں چاچا۔''

اسماعیل نائی نے اپنے بجھتے ہوئے گول شیشے پر تھوک کر اسے اپنے کھدر کے کُرتے کے پلّو سے لشکانے کی کوشش کی اور پھر اُسے امیر بخش کے رُو بہ رُو کر دیا.. آئینے کی دھندلاہٹ میں جو شکل اسے نظر آئی وہ اس کی نہ تھی اس کے باپ کی تھی.. پر جب وہ ذرا اس کے قریب ہوا تو وہ اس کی تھی..اسے بھی یہی محسوس ہوا کہ اس کے بالوں کو کہیں سے آٹا لگ گیا ہے تبھی سفید لگ رہے ہیں اور اس نے ان پر ہاتھ پھیر کر ذرا جھٹکا پر وہ سفیدی بدستور قائم رہی..اُس کے بال جڑوں تک سفید دکھائی دے رہے تھے..

اسماعیل نائی کی حالت دیدنی تھی..وہ تصور بھی نہیں کر سکتا تھا کہ ایک اٹھارہ برس کی عمر کے نوجوان کے بال اگر آج سویرے جب وہ رخصت ہوا تھا کالے سیاہ تھے اور اب واپس آیا ہے تو چٹّے سفید ہو چکے ہیں.. ''تو نے کہیں سائیں کاواں والی سرکار کے مزار پر حاضری دیتے ہوئے کوئی گستاخی تو نہیں کی۔ نذرانہ چڑھائے بغیر تو نہیں آ گیا..کہتے ہیں کہ نذرانہ چڑھائے بغیر آ جانے سے بندے کے بال سفید ہو جاتے ہیں..''

''نہیں چاچا.. میں تمہارے ان کوّوں والے پیروں فقیروں کو نہیں مانتا۔ بھلا میرا دماغ الٹ گیا تھا جو میں ایسی سرکاروں کے ہاں حاضری دیتا.. چاچا کسی سائیں نے نہیں، تین بُولی کتوں نے میرے بالوں کو سفید کر دیا ہے..میرے دن یہاں پورے ہو گئے ہیں، تو جب بھی کوٹ ستارہ گیا میری ماں رابعہ بی بی کو بتا دینا کہ میں شہر لاہور جا رہا ہوں..''

''لاہور؟'' اسماعیل کو پہلے اپنی آنکھوں پر یقین نہ آیا تھا اور اب اپنے کانوں پر یقین نہ آیا، لاہور تو وزیر آباد، گوجرانوالا اور ایمن آباد سے بھی کہیں پرے تھا اور اتنا بڑا تھا کہ جو بھی وہاں گیا، لوٹ کر نہ آیا۔ وہ ایسا بھوت پریت کا جادو نگر کا شہر تھا.. ''پر لاہور ہی کیوں امیر بخشا؟''

''میں خود تو نہیں جا رہا چاچا، مجھے تین بُولی کتّے وہاں بھیج رہے ہیں۔ میں گجرات صرف اس لیے آیا تھا کہ یہاں اگر میرے رزق روزگار کا بندوبست ہو جائے تو میں اپنے کوٹ ستارہ اور ماں پیو کے قریب رہوں گا..اب اگر اپنے کنویں میں سے نکلنا ہی ہے تو بندہ کسی جوہڑ میں کیوں جائے..لاہور جیسے سمندر میں کیوں نہ اُتر جائے..''

''وہاں کیسے جائے گا..ریل گاڑی پر یا کسی بس پر سوار ہو کر..تیرے پاس کرائے کی رقم ہے؟''

''میرے پاس ٹکٹ ہے..'' امیر بخش نے اپنے تہبند کا ایک کونہ اٹھا کر اپنی پنڈلی عیاں کی جو خون آلود تھی اور اس پر دانتوں کے نشان کُھبے ہوئے تھے۔ ''یہ میرا ٹکٹ ہے جس کے سہارے میں نے لاہور جانا ہے۔'' وہ اسی طرح اُس سلگتی دوپہر میں لمبے لمبے ڈگ بھرتا ایک شجر کی مانند سایہ طویل کرتا بسوں کے اڈے سے نکل کر مسافر ہو گیا..

✦.......✦

امیر بخش کی ماں چاندی کے اُن پانچ روپوں کو جن پر انگریز بادشاہ کی تصویر کا ٹھپہ لگا تھا اپنے جہیز میں لائی تھی، تہبند کے پلّو میں سختی سے بندھے وہ ٹھپے لمبے لمبے قدم دھرتے اُس کے بدن کو چھوتے تو وہ اپنی ماں کی قربت محسوس کرتا جس نے گاؤں سے رخصت ہوتے ہوئے اپنا آخری خزانہ اس کے حوالے کر دیا تھا.. وہ آسانی سے ان روپوں میں سے ایک کو تڑوا کر دو چار آنوں میں بس یا ٹرین پر سوار ہو کر لاہور پہنچ سکتا تھا پر اُس نے پیدل چلنے کو ترجیح دی اور وہ روپے ان برے وقتوں کے لیے سنبھال لیے جو اس دُور کے شہر میں اس پر ایک اجنبی بے نشاں اور بے آسرا پر نازل ہو سکتے تھے.. اگر وہ ہر سویرا اپنے چاچے کا ناشتہ لے کر چناب کے پار جا کر پھر واپس آ کر سکول جا سکتا تھا، شام سے پہلے وہاں سے لوٹ سکتا تھا تو لاہور تک پیدل چلے جانا تو معمولی بات تھی..

اُس نے جی ٹی روڈ پر چلنے کی بجائے ریل گاڑی کی پٹڑی کے ساتھ ساتھ چلنے کو ترجیح دی کہ وہ اکیلا چلتے ہوئے زیادہ پُرسکون محسوس کرتا تھا..

لوہے کی پٹڑیوں میں سے جیسے ہلکا سے دھواں اُٹھ رہا تھا، دھوپ کی تپش اُنہیں ایسے سلگاتی تھی اور اُن کے درمیان میں بچھے ہوئے سنگریزے بھی گویا دہکتے تھے..

دیہات میں کسانوں کے پیدل چلنے کے انداز اور طور طریقے مسافت پر منحصر ہوتے ہیں.. گھر سے نکل کر گلیوں میں چلتے ہوئے اُن کی نظریں نیچی ہوتیں اور کبھی کبھار سامنے سے آنے والی کسی خاتون کو وہ کھنگورا مار کر خبردار کر دیتے کہ وہ ذرا دیوار کے ساتھ لگ کر اُنہیں گذر جانے دے.. گاؤں سے نکل کر کنویں تک کی مسافت کا انداز یکسر بدل جاتا.. وہ آس پاس کا جائزہ لیتے رہتے.. اُن کی نگاہیں مختلف فصلوں پر بھٹکتی پھرتیں کہ کرم الٰہی اور میں نے تو ایک ہی روز گندم کی بیجائی کی تھی لیکن اُس کے بُوٹے تو قد نکال رہے ہیں اور میری فصل تو ابھی اتنی گھنی نہیں ہوئی.. وہ نالیوں اور کھالوں کو پھلانگتے ہوئے اُن میں رواں پانیوں کی رفتار سے اندازہ لگاتے کہ جس نہر سے یہ پانی آ رہے ہیں آج اُس میں بہاؤ کی شدت کتنی ہے.. اور جب طویل مسافتیں درپیش ہوتیں تو اُن کی چال ڈھال، بدن کی حرکت اور آس پاس دیکھنے کا انداز یکسر مختلف ہو جاتا.. وہ اُس گاؤں تک کے فاصلے کو پیش نظر رکھتے ہوئے اپنی سکت کو ہولے ہولے صرف کرتے اور ایک دھیمی مگر مسلسل رفتار سے افق پر نظریں جمائے چلتے چلے جاتے.. امیر بخش کی چال میں بھی ایک آہستہ روتسلسل تھا کہ اُسے ایک دُور کا سفر درپیش تھا..

دو پہر ہو چکی تھی جب وہ گجرات کے بسوں کے اڈے سے روانہ ہوا تھا..اسے دریائے چناب کے کناروں تک پہنچتے پہنچتے شام ہو گئی..انگریز سرکار کا تعمیر کردہ دریا کا پُر ہیبت آہنی پُل..جس کے لوہے کے بڑے بڑے شہتیر یوں آڑے ترچھے کھڑے تھے جیسے ایک دوسرے کے ساتھ ماتھے لگائے زور کر رہے ہوں..تکونوں میں تقسیم ہوتے وہ شہتیر شام کی سیاہی میں مدغم ہو رہے تھے اور دریا کے پانیوں پر ڈوب چکے سورج کی زردی کا ایک سرسوں کا کھیت بچھا تھا جو ہولے ہولے بہتا چلا جاتا تھا..اور ہموار بہاؤ میں کہیں کہیں زردی کروٹیں لیتی زندہ ہوتی نظر آتی تھی..

چناب کے یہ پانی گویا ایک چوڑا راستہ تھے جو بہتے ہوئے کوٹ ستارہ تک چلا جاتا تھا جہاں ایک جنگل بیلے میں بڑھتی ہوئی شام میں یقیناً اُس کا چاچا اُس کی یاد میں ہو گا..امیر بخش کے پورے بدن پر گہری سبز کائی کی مانند تہہ در تہہ وہ اداسی بیٹھنے لگی جو مسافروں کے نصیب میں روزِ ازل سے لکھی گئی ہے..اگر وہ صاحبِ کرامت ہوتا، پانیوں پر چل سکتا تو زردی کے اس آبی سرسوں کھیت پر چلتا واپس اپنے جنگل بیلے پہنچ جاتا اور اپنے چاچے سے کہتا..میں نے دور دیسوں کو نہیں جانا چاچا..اُس دیوانے پرندے کو جو دُھند میں سے ظاہر ہو کر میرے سر کے اوپر سے گذر جاتا تھا اور پانیوں کے اندر کی جو دنیا تھی اور تجھے اور اپنی ماں کو چھوڑ کر کہیں نہیں جانا..بے شک زمین تھوڑی ہے تو اس کا کیا غم..تم نے اور میرے دادے بہشتی دین محمد نے بھی تو گذارہ کیا تھا..میں پھونک ڈالوں اِن دس جماعتوں کو جن کی پاداش میں میں اپنی چوکھٹ سے پردیسی ہوا..

اگر وہ صاحب کرامت ہوتا..

کیسے ہوتا کہ وہ تو کرامتوں کو مانتا ہی نہیں تھا..

نالہ پلکھو کے کناروں تک پہنچتے آس پاس اُترتی تاریکی اتنی گھنی ہو گئی کہ وہ نابینا سا ہونے لگا..یہ وزیر آباد کی قربت میں وہی نالہ پلکھو تھا جس کے بارے میں روائت تھی کہ یہ اتنا گہرا ہے کہ اس کے پانی زمین کی تہوں کے اندر جو دریا ہیں، اُن سے جا ملتے ہیں اور ایک زمانے میں اس کے پُل پر سے گذرتی آل انڈیا ریلوے کی ایک ریل گاڑی لُڑھک کر اس کے پانی میں جا گری تھی پوری کی پوری اور یوں غرق ہوئی تھی کہ آج تک اُس کا سراغ نہیں ملا..وہ شائد زمین کی گہرائی میں رواں کسی دریا میں گر کر بہہ گئی تھی جو آج تک نہ ملی..

اسی نالہ پلکھو کے کناروں پر آم کے درختوں کا ایک گھنا جھُنڈ تھا..وہ رات بسر کرنے کی خاطر ایک اینٹ سرہانے رکھ کر زمین پر لیٹ گیا..ہر سُو ایک نابینا سیاہی کا راج تھا جس میں مینڈک، جھینگر اور جانے کیا کیا غُل کرتا ٹرّاتا تھا..پر آج کے دن کا اُس پر بوجھ بہت تھا..تھکاوٹ بدن کو زیر کرتی تھی..موسیٰ اگر طور سے اُترے، اُس پر سب کچھ آشکار ہو جائے تو اُس پر بوجھ تو ہو گا..وہ نیند میں اُتر کر ٹراتے مینڈکوں اور جھینگروں سے غافل ہو گیا..

رات کا رَب جانے کونسا پہر تھا جب اُس کے کانوں میں ایک کوئل کُو کنے لگی..کُوک کے عجیب مدھر الاپ کُو کنے لگی اور اُس کی آنکھ کُھل گئی..یہ کوئل کی پہلی کُوک تھی جو اُس کے کانوں میں اُتری..کوٹ ستارہ کے جنگل بیلوں میں، کھیتوں کے کناروں اور کنوؤں پر سایہ کرتے جتنے شجر تھے اُن میں ''یُوسف کھوہ..یوسف کُھوہ'' پکارنے والے فاختائیں تو بہت تھیں..چڑیاں بھی چہکتی تھیں اور کوّے بھی کائیں کائیں کرتے تھے پر اُن درختوں کے اندر کبھی کوئی کوئل نہ کُوکی تھی..

اُس کی آنکھ کُھل گئی..

کوئل کی کُوک آموں کے درختوں کے جھنڈ میں سے آ رہی تھی..

اُسے رات کے اس سمے کُوکنا تو نہیں چاہیے تھا پر وہ کُوک رہی تھی..

اُس کے کانوں نے تو اُس کی کُوک سنی پر اُس کی کھل چکی آنکھوں نے اپنے آس پاس ایک عجیب سحر انگیز منظر دیکھا۔ تنہائی اور پردیس کی اُس شبِ دیجور میں اُس کے چاروں اور ہزاروں دیئے ٹمٹماتے تھے پر ساکت نہ تھے، ڈولتے پھرتے تھے.. جیسے مخمور ہوں.. آموں کے جُھنڈ کے اندر.. پلکھو نالے کے تاریکی میں گم شدہ پانیوں کے اوپر وہ لالٹینوں کی مانند ہولے ہولے جُھولتے تھے اور اُنہیں ستاروں کی مانند جگمگاتے تھے..

نالے کے خاموش تاریکی میں غرق پانیوں پر اُن کے بے انت دیئے جلتے اُنہیں نیم روشن کرتے ظاہر کرتے تھے..

یہ ٹیٹنے.. یہ جگنو ہر شب اُس کے چاچے کے جنگل بیلے میں بھی تاریکی چھاتے ہی ٹمٹمانے لگتے تھے..

شائد یہ وہی جگنو تھے جو اُس کے پیچھے پیچھے اُسے راہ دکھانے کی خاطر چلے آئے تھے.. وہ کوئل کُوکتی گئی جب تک سویر نہ ہوگئی.. اور اُس سویر نے اُن بے انت چراغوں کو بجھا نہ دیا..

✦ .... ✦

یہ دم گھونٹنے سانس روکنے والے شدید حبس کا اثر تھا کہ اُس کی آنکھوں کے اندر سے بھی پسینہ پھوٹتا تھا اور اُن پر چاروں اور دھان کے جو ہرے کچور کھیت عکس ہوتے تھے اُن میں اُس کی آنکھیں دو نیلی کشتیوں کی مانند تیرتی تھیں.. اور ان پسینے سے لبریز ہوتی آنکھوں نے اپنے سامنے جو منظر پایا وہ اُس کی حیرت سے بڑی ہو گئیں..

سیانے کہتے تھے کہ اپنی چوکھٹ کے باہر قدم رکھو تو پردیس شروع ہو جاتا ہے اور خوف کھاؤ اُن منظروں سے جو تمہاری آنکھیں دیکھیں گی کہ وہ جادوٹُونے اور سحر کاریوں کے کرشمے ہوں گے..

امیر بخش کی آنکھوں کے سامنے ایک ایسا ہی منظر کُھلا پر اُس نے سیانوں کا کہنا نہ مانا اور اُس سے خوفزدہ نہ ہوا اور اُسے نظر بھر کر دیکھنے لگا کہ یہ کیا ہے، کیوں ہے اور ہے بھی یا نہیں..

دھان کے آپس میں گتھے ہوئے کھیتوں کی ہری کچور چادروں کے درمیان اُن گھنے سبزے سے نچڑتے کھیتوں کے درمیان میں ایک ایسی چمکیلی اور سرسراتی فصل لہلہا رہی تھی، حبس کے باوجود، ہوا کی ناموجودگی کے باوجود سرسراتی لہلہا رہی تھی جو چاندی رنگ کی تھی.. اُس کے بُوٹے آپس میں گتھے ہوئے نہ تھے بلکہ الگ الگ دکھائی دیتے، جُھومتے لشکارے مارتے ایسے کہ کسی ایک بُوٹے پر بھی آنکھ نہ ٹھہرتی تھی، اُس پورے نقرئی کھیت کو نظر بھر کر دیکھا ہی نہیں جا سکتا تھا کہ آنکھیں چندھیاہٹ سے بار بار بند ہو جاتی تھیں..

امیر بخش جو اپنی دھرتی میں سے پُھوٹنے والے ہر بُوٹے، ہر فصل کی رنگت سے آشنا تھا اُس نے اپنی کاشتکاری کی حیات کے دوران ایسی لشکیلی اور لاٹیں مارتی، آنکھوں کو خیرہ کرتی فصل نہ دیکھی تھی جس کا ہر ہر بُوٹا مستی میں یُوں جُھومتا تھا جیسے اُس میں جان ہو، وہ زندہ ہو..

سرسبز ہرے کچور دھان کے کھیتوں کی ایک لامتناہی چادر کے درمیان میں چاندی رنگ بُوٹوں کے ایک کھیت کا سرسراتا پیوند لگا تھا.. اُس کے آس پاس دور دور تک دھان کے جو کھیت تھے وہ سب تو ساکت گم صُم کھڑے تھے جب کہ اُس کے چمکیلے بُوٹے یوں جُھومتے اور لہراتے تھے جیسے ہواؤں کے جھونکے صرف اُن کے سروں پر سے گذر رہے ہیں..

یہ کیا ہے، کیوں ہے اور ہے بھی یا نہیں..

نالہ پلکھو کے کناروں پر ایک ڈولتے چراغوں اور ایک کوئل کی مسلسل کُوک والی رات کے بعد اُسے دوسری

رات کالاشاہ کاکو کے علاقے میں آئی جس کی دھان کی دُھوم سیلون اور رنگون تک جاتی تھی کہ یہاں کی زمین کے چاول میں جو باس ہوتی تھی وہ ایسی مستی والی ہوتی تھی کہ مَت ماردیتی تھی اور اسی لیے وہ باس مَتی کہلاتا تھا..

شائد یہ سانپوں کے زہر کا اثر تھا جو چاولوں میں سرائت کر کے اُنہیں خوشبودار کر دیتا تھا کہ یہاں سانپ بہ کثرت تھے..اتنے تھے کہ مقامی قصّوں کے مطابق اگر اس علاقے کے لوگ اپنی چار پائیاں بان کی بجائے سانپوں سے بُنتے تب بھی اُن کی تعداد میں کُچھ کمی نہ آتی..یہ ایک ایسا نگر تھا جس کے باسی سانپ کلّر زدہ، شورزدہ زمین کو اپنی زبانوں سے چاٹتے تھے اور اُس کلّر اور شور کی وجہ سے ایسے زہرناک ہوجاتے تھے کہ اُن کے بالشت بھر کے سنپولئے بھی بڑے بڑے اژدھوں سے زیادہ زہریلے ہوجاتے تھے..

اس علاقے میں جتنے مرتے تھے اُن میں سے بیشتر سانپوں کے کاٹے سے مرتے تھے، طبعی موت نہ مرتے تھے..

یُوں بہت سے لوگ وہاں سے کُوچ کر گئے..ایسی بستیوں میں جا بسے جہاں دن رات سانپوں کا خوف نہ ستاتا تھا..

اور باہر سے یہاں آباد ہونے کے لیے کون آتا۔ چنانچہ بہت سی زمینیں لاوارث ہوجاتیں...اور جب دو چار برس تک اُن میں ہل نہ چلتا..نہ کوئی بیج پڑتا اور نہ کوئی بُوٹا لگایا جاتا اور وہ ویران اور بے آباد پڑی رہتیں تب اُن میں سے بُوٹوں کی بجائے سانپ سر نکالنے لگتے، کونپلوں کی مانند پھوٹنے لگتے..ایسی کونپلیں جو مسافروں پر زہر تھوکتی تھیں..

امیر بخش کو نہ کسی نے بتایا تھا اور نہ ہی چلتے ہوئے اُس نے کسی سے پوچھا تھا کہ لاہور جانے والے راستوں پر کوئی خطرہ تو نہیں..کوئی ڈکیت یا ٹھگ لوگ تو نہیں ہیں..وہ پوچھتا تو کوئی اُسے بتاتا اور وہ کوئی ہی اُسے بتاتا جو کبھی گجرات سے لاہور تک پیدل گیا ہو..اور وہاں تک کون پیدل گیا تھا..کوئی بھی نہیں..چنانچہ جب دوسری شب کا اندھیرا اُترا اور وہ کالاشاہ کاکو کے دھان کے ایک کھیت کی منڈیر پر بازو سر تلے رکھ کر نیند میں اُتر گیا تو اتنا مدہوش ہوا کہ اُس کے بدن پر ساری رات جو سرسراہٹیں رینگتی رہیں اُن سے سراسر بے خبر رہا..سرگی سویر بیدار ہوا اور پھر سے عازمِ سفر ہوا..سویر کی عارضی ٹھنڈک کے بعد صبح حدّت کی جانب بڑھنے لگی اور جب دوپہر ہوئی تو اُس کی تمازت میں ہر شے کھیت کھلیان یہاں تک کہ امیر بخش کا بدن بھی سلگنے لگا..حبس ایسا تھا کہ آنکھوں کے اندر بھی پسینہ پھُوٹتا تھا اور وہ آنکھیں اُس لشکیلے لہراتے جھومتے چاندی رنگ کے لشکتے منظر کو دیکھنے پر حیرت سے بڑی ہوگئیں..ایسی نیلی جھیلیں ہوگئیں جن کے کنارے پھیلتے گئے..

امیر بخش اور اُس دمکتے زندہ دکھائی دیتے کھیت کے درمیان ابھی کچھ فاصلہ تھا جب وہ رُک گیا۔

وہ بقیہ لوکائی کی مانند..بھوت پریت، جادوگری، بلاؤں، چڑیلوں اور چھلیڈے پیریوں پر یقین نہ رکھتا تھا..اُس نے سنسان ویرانوں جنگل بیلوں میں رات کو سفر کیا تھا، تن تنہا راتیں گذاری تھیں، آدھی رات کے وقت اپنے دادے کی قبر پر جا کر دیئے جلا کر واپس آگیا تھا، ہر سویر چناب کے پانیوں پر اور اُن کے اندر تیرا تھا، اندھیری راتوں میں کھیتوں کو پانی لگانے کی خاطر نکلا تھا پر آج تک اُس کا واسطہ کسی بھُوت پریت یا بلا سے نہ پڑا تھا..وہ آگاہ ہوچکا تھا کہ یہ ساری بلائیں اور جن بھُوت انسانوں کی ناسمجھی اور اَن جانے خوف سے جنم لیتے ہیں، ان کا کوئی وجود نہیں ہے..اگر کوئی بھوت پریت ہے تو وہ خود

انسان ہے.. بلا ہے تو بندے سے بڑھ کر اور کوئی بلا نہیں لیکن یہاں ہریاول کے ایک جنگل میں یکدم نمودار ہوتے لشکیلے لہراتے اور سرسراتے آنکھوں کو چندھیا دینے والے اُس کھیت کو اپنی پسینے سے بھری آنکھوں کے سامنے پا کر وہ ذرا سا ڈانواں ڈول ہو گیا.. ذرا ڈر گیا کہ یہ کیا ہے.... ہے بھی کہ نہیں! اُس کا پورا بدن حبس سے بھیگتا جا رہا تھا.. مُو مُو سے پسینے کے دھارے بے مُہار چُھوٹ رہے تھے یہاں تک کہ اُس کی جُوتی کے پیندے بھی گیلے ہونے لگے تھے..

وہ بڑی آسانی سے انحراف کر سکتا تھا.. اُس سرسراتے چاندی رنگے زندہ لگتے کھیت سے اجتناب کر کے ذرا ہٹ کر کوئی اور راستہ اختیار کر سکتا تھا.. اُسے کسی حکیم نے تو مشورہ نہیں دیا تھا کہ تم نے اگر شہر لاہور کا سفر کرنا ہے تو ناک کی سیدھ میں چلتے جانا ہے.. مُو برابر انحراف نہیں کرنا.. لیکن وہ نظر چُرا کر گذر جانے والوں کی نسل میں سے نہ تھا.. اُس کے اندر جستجو اور تحقیق کی ایک ایسی بُوٹی پرورش پا چکی تھی جو مُشک مچاتی اُسے آمادہ کرتی تھی کہ.. جان لو کہ یہ کیا ہے.. کیوں ہے.. جس شے کی تمہیں خبر نہیں اُس کا سامنا کر کے دیکھ لو تاکہ تمہیں خبر ہو جائے چاہے اس میں جان جانے کا خدشہ ہی کیوں نہ ہو..

دور دور تک جہاں تک نظر نہیں بھی جاتی تھی وہاں تک کوئی ذی روح نہ تھا.. کالا شاہ کاکو کی حبس بھری دوپہر ایسی تھی کہ نالہ ڈیک کے آئینہ پانیوں میں جتنی بھی مچھلیاں تھیں اُنہیں بھی سانس لینے میں دشواری پیش آ رہی تھی اور اُن کی گول گول آنکھوں میں بھی پسینہ اُترتا تھا..

اُس کھیت میں اُگے ہوئے بُوٹے شائد کانچ کے بنے تھے کہ دھوپ میں یوں چمکتے اور اُس کے پسینے سے بھیگی ہوئی آنکھوں میں لشکارے ڈالتے اُس کے قریب آتے جا رہے تھے کہ وہ اُن کی جانب چلتا جا رہا تھا..

گیلی ہو چکی جوتیوں کے اندر اُس کے پاؤں پھسلتے تھے..

جب وہ دھان کے ایک کھیت کی مینڈھوں پر چلتا ہوا وہاں تک پہنچا جہاں سے چند قدم کے فاصلے پر اُس چاندی رنگ فصل کے بُوٹے لشکارے مارتے جھومتے تھے تو وہ یکدم ٹھٹک گیا.. خوف سے نہیں بلکہ حواس کے یکسر موقوف ہونے سے' اُنہی قدموں پر ٹھہر گیا...

جو کُچھ اُس کے عین سامنے تھا اُس کے صدمے سے اُس کا یقین معطّل ہو گیا کہ اُس کے سامنے دھوپ کی سلگتی شدّت اور دم روکنے والے حبس کے ٹھہراؤ میں جو لشکتی فصل اُس کی آنکھوں کو چُندھیاتی تھی، ہوا کی ناموجودگی کے باوجود سرسراتی اور جُھومتی تھی وہ سانپوں کی فصل تھی.. ہزاروں بے انت بے حساب سانپ زمین سے پُھوٹتے مست ہوتے جُھومتے تھے.. ایک عام فصل میں اتنے بُوٹے نہیں اُگتے جتنے سانپ وہاں اُگے ہوئے لہراتے تھے..

اُس بڑی تنہائی میں جہاں دور دور تک کسی ذی روح کا نام ونشان نہ تھا وہ اِک حالتِ تحیّر میں متعجب ششدر کھڑا رہا.. اتنی دیر کھڑا رہا کہ اُسے گمان ہوا کہ اُن بے انت سانپوں نے اُس پر سحر کر دیا ہے اور وہ حرکت کرنے کے قابل نہیں رہا.. پر سانپوں کی وہ لہر در لہر فصل اُس کی موجودگی سے غافل لگتی تھی.. اُن میں سے کسی ایک کی آنکھ کے پردے پر بھی وہ دراز قامت نوجوان نہ اُترا جو حیرت انگیزی میں تو گم تھا پر اُس کے بدن میں ڈر کا ایک سنپولیا بھی نہ سرسراتا تھا.. وہ بے خوف اُنہیں تکتا تھا..

آئندہ حیات میں امیر بخش پر جب وہ دن آئے تھے جب وہ راستے بھولنے لگا تھا تو اُس نے صرف ایک بار

اپنے اکلوتے بیٹے روشن سے سانپوں کے اس سرسراتے کھیت کا تذکرہ کیا تھا تو اُس کے خوبرو چہرے پر جو محبت تھی اُس پر تشویش کے سائے گہرے ہوگئے..ابو آپ کی طبیعت کچھ ٹھیک نہیں..آپ کو واہمے ہو رہے ہیں..یقین کریں سانپوں کی فصلیں نہیں ہوتیں..وہ زمین میں سے کیسے اُگ سکتے ہیں..

اور وہ اُس سرسراتے کھیت کے قریب ہوا تو اُسے پہلی بار ایک ہلکی سی سائیں سائیں کی آواز آنے لگی..شائد یہ ان بے حساب سانپوں کے سانسوں کی آواز تھی..یا اُن کی مدھم پھنکار تھی یا پھر وہ اپنا زہر تھوک رہے تھے..جیسے صحرا میں تیز ہوا کے چلنے سے ریت سرسراتی ہے..جیسے ایک اداس شہر کے در و دیوار سائیں سائیں کرتے ہیں...ایک مدّت سے خاک ہو چکے بیٹوں کی مائیں پچھلی رات کو اُٹھ اُٹھ کر خاموشی سے سسکیاں بھرتی ہیں..سانپوں کی فصل کچھ ایسے ہی بول بولتی تھی..کبھی ماتم کرتی سنائی دیتی تھی اور کبھی اپنی زبانیں سرسراتی سُنائی دیتی تھی..

کم از کم یہاں تو وہ اُن سے بچ کر کوئی اور راستہ اختیار کر سکتا تھا..وہ اُن کے شُوکتے لہراتے اجسام سے اجتناب کر کے اُن کے آس پاس سے نکل کر اپنا سفر جاری رکھ سکتا تھا..کسی حکیم نے تو نہیں کہا تھا کہ بس ناک کی سیدھ میں ہی چلتے جانا ہے، بے شک راستے میں سانپوں کی ایک فصل سرسراتی ہو..پر اُس نے اجتناب نہ کیا..اس میں اُس کی جاٹوں والی ہٹ دھرمی شامل نہ تھی کہ میں ان دو چار ہزار سانپوں کو کیا سمجھتا ہوں بلکہ اس میں اُس کی جستجو اور کھوج کی بے خودی تھی جس کے ہاتھوں مجبور ہو کر وہ اُن جھومتے ہوئے بُوٹے سانپوں کی فصل میں داخل ہو گیا..اپنی نظریں اُس فصل کے پار افق پر جمائے..بنا کسی ڈر کے..جیسے وہ ایک برسیم کے کھیت میں چلتا ہو..چلتا گیا..اُن بے حساب سانپوں میں چلتا گیا جیسے وہ سانپ نہ ہوں قد آدم گھاس کے بُوٹے ہوں..اُس کے کانوں میں اُن کی سائیں سائیں کی مدھم سرسراہٹ بلند ہونے لگی..گھاس کی مانند کوئی لہلہاتا سانپ بُوٹا اُس کے بدن سے چھُو بھی جاتا..اور جیسے وہ حیرت سے بے یقین ہوا تھا ایسے ہی سانپوں کی وہ ساری کی ساری فصل بے یقین ہوئی اور اُس کے حواس بھی لمحہ بھر کے لیے موقوف اور معطّل ہو گئے کہ یہ کون ہے جو آسانی سے راستہ بدل کر ہماری سرسراتی زبانوں اور زہرناک تھُوکوں سے اجتناب کر سکتا تھا اور وہ کیسے بے خطر ہمیں خاطر میں نہ لاتا ہمیں سانپ نہیں بُوٹے سمجھتا ہمارے درمیان میں سے گذرتا جاتا ہے۔

اُن میں سے کچھ سانپ جھُومتے ہوئے بے یقینی سے یکدم ساکت ہو گئے..

اور کچھ ایسے تھے جو یہ توہین برداشت نہ کر سکے کہ ایک آدم زاد ہم سے خوف نہیں کھاتا اور اُنہوں نے زبانیں لہرا کر اُس پر اپنا تمام تر زہر تھُوک دیا..پر اُس پر کچھ اثر نہ ہوا..بلکہ بقیہ ہزاروں سانپوں نے اُن چند سانپوں کو جنہوں نے امیر بخش پر زہر تھوکا تھا، بہت لعن طعن کی، اُنہیں مطعون کیا..تم جو کالا شاہ کاکو کی زمینوں میں سے پھُوٹنے والے شور اور کلّر کو چاٹ کر زہریلے ہوئے ہو کیسے بے عقل اور احسان نافراموش ہو..نہیں جانتے کہ یہ بندہ جو ہم میں سے گذرتا ہے یہ ہمیں گزند پہنچانے والا نہیں، تم اس کے پسینہ آلود بدن میں سے اُٹھنے والی مہک کو سونگھ نہیں سکتے کہ یہ شخص ہمیں کچل ڈالنے والوں میں سے نہیں ہے..تمہیں یاد نہیں جب ایک سیلاب کے بعد کنوئیں کی جس گادھی پر براجمان یہ بیلوں کو ہانکتا تھا اُس گادھی کے تانے بانے میں سے ہم سوئیوں کی مانند گرتے تھے اور ہم بھُوکے پیاسے اور ادھ موئے ہو چکے تھے اور یہ ہمیں کتنی آسانی سے اپنی جُوتی سے کُچل سکتا تھا پر اس نے ہمیں نہ مارا اور ہمیں جانے دیا..اور ہم سرکتے سرکتے آس پاس کے

کھیتوں میں اُتر گئے بلکہ ہم میں سے جو ایک بہت نادان تھا جو فرار کے راستے نہ جانتا تھا اُسے.. اس شخص نے ایک ٹہنی سے لپٹ جانے کا موقع دیا تھا اور پھر اُسے دھان کے ایک کھیت میں کُھلا چھوڑ آیا تھا.. اندھیری راتوں میں بھی جب اس کے راستے میں کوئی ہم جیسا آ جاتا تھا تو یہ اپنے بھائی بندوں کی مانند ہماری جان کا بیری نہ ہوتا تھا.. ہمیں گذر جانے دیتا تھا اور اب تم اسے.. گذر جانے نہیں دیتے، اس پر اپنی زہریلی تھوکیں پھینکتے ہو.. کیسے احسان نافراموش ہو..

سانپ جانے کیسے شرمندہ ہوتے ہیں.. سمٹ کر اپنی بِل میں رینگ جاتے ہیں.. مزید مشتعل ہو جاتے ہیں یا اپنی سرسراتی زبان کو اپنے دہن میں لپیٹ کر سرنگوں ہو جاتے ہیں پر سانپوں کی وہ فصل یوں شرمندہ ہوئی کہ چاہے وہ بالشت بھر کے تھے.. ایک ہاتھ کے برابر تھے یا اُس سے بھی قد میں نکلتے ہوئے تھے وہ سب کے سب ساکت ہو گئے.. یوں شرمندہ ہوئے.. اُس کے احترام میں سکوت میں چلے گئے.. یہاں تک کہ اُن کی سائیں سائیں کی آوازیں بھی ایک سنّاٹے میں چلی گئیں..

دھان کے ہرے کچور کھیتوں کی بے انت وسعت کے درمیان میں وہ ایک لشکتا، چاندی رنگ کا جُھومتا کھیت.. وہ فصل یکدم ساکت ہو گئے اور امیر بخش لمبے لمبے ڈگ بھرتا اُس کے عین درمیان میں چلتا اُس کے پار چلا گیا..

پار اُتر کر اُس نے گردن کو بل دے کر پیچھے نظر کی تو اُس لمحے وہ چاندی رنگ کی سکوت میں آئی ہوئی سانپوں کی فصل یکدم حرکت میں آ کر جُھومنے لگی..

لاہور کی جانب چلتے ہوئے بہت دور تک اُس کے کانوں میں سائیں سائیں کی پھنکار آتی رہی.. سانپوں کی نقرئی فصل جُھومتی رہی..

✦ .... ✦

جوتیوں میں آیا ہوا پسینہ خشک ہونے لگا اور سورج ڈھلتا ڈھلتا بائیں جانب واقع ایک کھیت کے پار کیکر کے درختوں کے ایک جھنڈ میں اترا اور اُن کے زرد پھولوں کی باس کا اسیر یوں ہوا کہ کیکر کے کانٹوں میں اٹکا دیر تک ڈھلا نہیں اور پھر شائد باس کی مستی کے زیر اثر یکدم ڈھے گیا اور جیسے شام بھی کیکروں کے اُس ذخیرے میں سے ہی فوراً ظاہر ہوئی اور ہولے ہولے بڑھتی امیر بخش کے آس پاس دھیرے سے دبے پاؤں پھیل گئی..

اُس کے کان ابھی تک سائیں سائیں کرتے تھے اور اُس کی نیلی آنکھوں میں چاندی رنگ کی فصل ابھی مدھم نہ ہوتی تھی جب اُس نے ایک دریا دیکھا.. اپنے چناب کے بعد یہ پہلا پرایا دریا تھا جو اُس نے دیکھا.. پر نہ اس کی وسعت چناب جتنی تھی اور نہ ہی اس کے بیچوں بیچ جنگل بیلے کے جزیرے اور ریتلے ٹاپو تھے.. البتہ اس کے کناروں پر شام کی سوگواری میں ایک قدیم عمارت دکھائی دے رہی تھی جس کی محرابیں اس کے پانیوں تک آ رہی تھیں اور اس کے آس پاس سرِشام ایک باغ تھا جو اِک حالت فسوں میں لگتا تھا اور اُس کے فواروں کے پانی ٹھہرے ہوئے لگتے تھے اور ایک کشتی جیسے اُس کی متعدد محرابوں میں سے برآمد ہو کر دریا کے پانیوں پر رواں ہو رہی تھی..

بہت بعد میں جب ثناء اللہ سے اُس نے اس پُرفسوں عمارت کا ذکر کیا تھا تو اُس نے بتایا کہ راوی کے کناروں پر یہ کامران کی بارہ دری ہے جس کے مغل عہد کے باغ میں مہاراجہ رنجیت سنگھ اپنی من موہنی مہارانی موراں کے ساتھ خمار آلود شامیں گذارتا تھا.. یہ تب ہوا جب مہاراجہ اپنی اس لاڈلی موراں کے ہمراہ مسجد وزیر خان کے بُرج میناروں والے صحن میں شراب چھلکاتا تھا اور وہ اُس کے صحن میں دفن بزرگ کی بددعا سے ایسا بیمار ہوا کہ بچنے کی کچھ اُمید نہ رہی تو وہ توبہ تائب ہوا اور اس مسجد کو نماز کے لیے کھول دیا جب کہ بادشاہی مسجد میں اُس کے گھوڑے بدستور بندھے رہے.. موراں بھی جب تائب ہوئی تو اُس نے اندرون شہر میں ایک شاندار مسجد تعمیر کرائی جسے خلق خدا آج تک ''کنجری کی مسجد'' کے نام سے پکارتی تھی.. مہاراجہ نے موراں کے نام پر ایک سکہ بھی لاہور کی ٹکسال میں ڈھالنے کا حکم دیا..

اُسے اِس دریا کے.. جو کہ راوی تھا پار جانا تھا.. اور اُسے امیر بخش کو اس کے پار جاتے ہوئے بہت اُلجھن ہوئی کہ وہ ایک دریا میں تیر کر نہ جاتا تھا بلکہ اُس نیم شکستہ پُل پر چلتا جاتا تھا جو اُس دریا پر قائم تھا اور اُسی پُل پر سے گذرنے والا وہ تنہا نہ تھا، بیل، گاڑیاں، ریہڑے.. تانگے اور کچھ گھڑ سوار اور اُن کے گھوڑے بہت ناتواں لگتے تھے وہ بھی گذر رہے تھے.. یہ مخلوق جو لاہور شہر کی تھی لاہوریئے کہلاتی تھی اُس کے حساب سے بہت ناتواں جنس دکھائی دیتی تھی.. اُن میں سے کوئی ایک

فرد ایسا نہ تھا جو ایک بیگھہ تو کیا دو چار گز زمین میں بھی ہل چلا سکتا تھا... اُن میں سے بیشتر تہبند میں نہیں مختصر دھوتیوں میں ملبوس تھے جن کے پلّو اُن کی ٹانگوں میں سے گذر کر پشت پر بندھے ہوتے تھے اور یُوں اُن کی ٹانگیں گھٹنوں سے اوپر تک عیاں ہوتی تھیں... اُن کے ماتھوں پر تلک کے سُرخ نشان تھے.. کچھ کے چٹیا ئیں بھی تھیں' اُس کے ہم جماعت کاشی رام کی طرح.. تو یہ ہندو لوگ تھے جو لاہور میں کثرت سے تھے.. اگرچہ اُسے پُل کے پار ہوتے اُس ہجوم میں چند ایک سکھ بھی نظر آئے پر وہ بھی کچھ کمزور سے لگتے تھے.. اُن کی پگڑیاں ڈھیلی ڈھالی تھیں اور وہ بڑے بے رُوح سے سکھ تھے.. کوٹ ستارہ کے سرداروں ایسے بانکے اور تگڑے مضبوط بدنوں والے ایسے جیالے سکھ نہ تھے جن کے قد شیشم کے درختوں کی ہم سری کرتے تھے.. اور اُس ہجوم میں جو مسلمان دکھائی دیتے تھے اُن کا حال احوال کچھ اچھا نہ تھا.. وہ اُن ہندوؤں اور سکھوں سے الگ بہت مسکین اور ڈرے ڈرے سے دکھائی دے رہے تھے..

اُس کی ماں رابعہ بی بی جب کبھی بہت طیش میں آ جاتی تو اپنے مخاطب سے کہتی.. تم سے کیا بات کرنی.. تُو تو بندہ نہیں شہریا ہے.. یعنی فریبی، مکار، نا قابل اعتبار اور ناتواں ہے..

اُسے یہ شہرئیے ایسے ہی دکھائی دے رہے تھے..

راوی کے پُل پر سے گذرتا.. لمبے لمبے ڈگ بھرتا امیر بخش اُن سب میں اپنی دراز قامتی اور بدن کی مضبوطی کے باعث نمایاں نظر آتا تھا..

کوٹ ستارہ میں جب بہت ہی طویل مسافتوں میں گمشدگی کا اظہار کیا جاتا تھا تو کہا جاتا تھا کہ.. جائیں دھیئے راوی، نہ کوئی آوی تے نہ کوئی جاوی.. یعنی اے بیٹی اگر تو راوی کے پار بیاہی جاتی ہے تو وہاں سے نہ کسی نے آنا اور نہ کسی نے جانا.. کہ وہ اتنا دور ہے..

امیر بخش اسی راوی کے پار ہو رہا تھا.. کون جانے اُس کے پاس کبھی کوئی آتا ہے یا کبھی وہ واپس اپنے ستارہ کوٹ جاتا ہے.. چناب سے بندھا ہوا اُس کا ناڑو یہ راوی کاٹ رہا تھا، اُسے اُس کے ماضی سے منقطع کر رہا تھا..

راوی کے پار کھیتوں اور کنوؤں کا ایک سلسلہ تھا.. کہیں گھنے باغ تھے اور کہیں ویرانیاں.. جن کے اُفق پر اُس ڈھل چکی شام میں اُسے بُرج مینارے، گنبد اور خوابوں کے محلات یوں نظر آئے جیسے کسی جادو ٹونے کے زور سے وہ الف لیلیٰ کی دنیا میں پہنچ گیا ہو.. اُس کا منہ متعجب کُھل گیا، نیلی آنکھوں میں حیرت انگیزی کی بے یقینی تصویر ہونے لگی.. ایک ہی دن کی مسافت کے دوران یہ کیسے عجوبے اُس کے سامنے نظر نواز ہوئے تھے... سانپوں کی ایک چاندی رنگ کی لہلہاتی فصل اور اب سرِشام ایک جادو نگر کے بُرج اور مینارے... جانے وہ فرش پر تھے یا عرش پر..

ثناء اللہ نے ہی اُسے بعد میں مسکراتے ہوئے بتایا تھا کہ جو کچھ تم نے راوی کے پار آ کر دیکھا وہ بادشاہی مسجد اور شاہی قلعے کے نظارے تھے..

''مار اوئے..'' وہ حیرت سے بڑبڑایا... شہر، شہر ہی ہوتا ہے، کوٹ ستارہ نہیں ہوتا.. اور وہ بھی شہر لاہور.. کسی نے کیا ہی سچ کہا تھا کہ.. لہور، لہور ہے.. پر ایک پُر فخر جاٹ کی حیثیت سے اُس نے اپنے چہرے کو سپاٹ رکھا تا کہ یہ ظاہر نہ ہو کہ وہ مرعوب ہو چکا ہے..

کھیتوں کی پگڈنڈیوں اور کچے راستوں پر چلتا وہ تنہا نہ تھا.. اُس کے آس پاس بیل گاڑیاں اور گھوڑے دُھول اُڑاتے تھے..

اُن جادوئی عمارتوں کے سائے سائے چلتا.. فاصلے طے کرتا.. ریل گاڑی کی پٹڑی کے کنارے کنارے چلتا وہ ایک اور عجوبے کے سامنے تھا اور یہ لاہور کا ریلوے سٹیشن تھا۔ سٹیشن کیا تھا سنگلاخ چٹانوں کا ایک ڈھیر تھا جس میں سے بُرج اُٹھ رہے تھے.. فصیلیں اُبھر رہی تھیں.. ایک حفاظتی قلعہ تھا جس کے بُرجوں میں سے توپیں بھی داغی جا سکتی تھیں.. یہ انگریز سرکار کا کمال تھا کہ اُس نے بظاہر ایک ریلوے سٹیشن تعمیر کیا جو وقت پڑنے پر ایک دفاعی حصار بھی ہو سکتا تھا.. اِن ناتواں.. اکثر ننگ دھڑنگ.. دھوتیوں.. شلواروں اور چُست پاجاموں والے سازشی ہندوستانیوں کا کیا پتہ کہ کب بغاوت پر آمادہ ہو جائیں.. امیر بخش کی سمجھ میں یہ نہ آتا تھا کہ آخر کوئی بھی ایسی سرکار برطانیہ کے خلاف کیسے ہو سکتا ہے جس نے پشاور سے کلکتے تک ریل کی پٹڑی بچھا دی.. پنجاب میں درجنوں نہریں کُھدوائیں جن کے پانیوں سے ویرانے آباد ہو گئے.. دریاؤں پر پُل تعمیر کیے.. ڈاک کے ہرکارے دوڑائے.. سڑکوں کے جال پھیلائے.. سکول، کالج اور ہسپتال بنائے.. اور اُن کے عہد میں سر چھوٹو رام نے مسلمان کسانوں کو سُود خور بنیوں سے نہ صرف نجات دلائی بلکہ قانون پاس کر دیا کہ زرعی زمین کی ملکیت کا حق صرف جاٹ کاشتکاروں کو حاصل ہے.. اُن کے سوا کوئی کمّی کمین.. شیخ.. کشمیری یا مولوی وغیرہ زرعی زمین نہیں خرید سکتا تو ایسی سرکار کے خلاف کوئی سر پھرا ہو گا جو بغاوت کرے..

لاہور سٹیشن کے برآمدے بھی ایسے تھے جیسے محلوں اور اونچی حویلیوں کے ہوتے ہیں اور وہاں ستونوں سے ٹیک لگائے سرخ رنگ کی پگڑیاں باندھے سامان ڈھونے والے قلی لوگ بیٹھے کلکتہ سے آنے والی ڈاک گاڑی کے مسافروں کی آمد کے منتظر تھے.. ایک ہی بیڑی کے کش آپس میں بانٹتے وہ ہنسی مخول میں ایک دوسرے کو ایسی گالیاں دے رہے تھے جنہیں سُن کر اُسے پسینہ آ گیا.. سٹیشن کے عین سامنے چھ سات بنے ٹھنے سنورے اور البیلے تانگے کھڑے تھے جن کے گھوڑوں کے نتھنے متحرک ہو جانے کے لیے پُھولتے تھے.. گجرات کے مقابلے میں تو یہ شاہی تانگے تھے.. اُن تانگوں کا تو انجر پنجر ڈھیلا ہو چکا تھا اور جب اُن کے مریل گھوڑے متعدد چابک اپنے ناتواں جثّے پر وصول کر کے زور لگاتے تو اکثر اُن کے چمڑے کے ساز اکھڑ جاتے اور اگر چل ہی پڑتے تو اُن کے دونوں پہیوں کا آپس میں کچھ ربط نہ ہوتا اور وہ دائیں بائیں ڈولتے ہوئے چلتے..

ننگے پاؤں.. صرف ایک پھٹی ہوئی دھوتی میں ملبوس ایک ایسا منحنی سا شخص جس کی چوٹی اُس کے گنجے سر میں سے نمودار ہو کر یوں گرتی تھی کہ کمر تک آ کر جُھولتی تھی ایک ڈرم ریڑھی کو دھکیلتا ہوا.. اپنی بغلیں کھجاتا تانگوں کے اڈے کے پہلو میں جو ایک نیم تاریک بازار تھا وہاں سے برآمد ہوا.. اُس نے اپنی ریڑھی ایک آہنی کھمبے کے قریب روکی.. ڈرم کا ڈھکنا اُٹھا کر اُس میں سے ایک کُپّی مٹی کے تیل کی بھری اور پھر دھوتی سنبھالتا ایک بندر کی مانند کھمبے پر چڑھ گیا اور اُس پر آویزاں ایک لالٹین میں وہ تیل انڈیل کر دھوتی کی ڈب میں اُڑسی ہوئی ماچس نکال کر.. ایک تیلی جلا کر لالٹین کی بتّی کو دکھا دی.. جب اُسے اطمینان ہو گیا کہ بتّی نے آگ پکڑ لی ہے تو وہ کھمبے کے گرد اپنے نیم مردہ بازو حمائل کر کے پھسلتا ہوا نیچے آ گیا..

اُس نے سٹیشن کے گرد و نواح میں خاصے طویل فاصلوں پر واقع جو چھ سات کھمبے تھے، اُن کی لالٹینوں کو بھی اسی

طرح روشن کیا اور پھر ریڑھی دھکیلتا بازار کی تاریکی میں اُتر کر گم ہو گیا..

شہر لاہور میں اگرچہ بجلی آ چکی تھی پر وہ ابھی اُدھر ٹھنڈی سڑک، انارکلی اور میاں میر چھاؤنی میں ہی مقیم تھی.. بقیہ شہر میں جہاں کہیں ایسے کھمبے ایستادہ تھے اُنہیں کارپوریشن کے ملازم سرِ شام مٹی کے تیل سے ہی روشن کرتے تھے۔ اُس کے کوٹ ستارہ کے ہندو محلے میں بھی ایسا ہی نظام رائج تھا.. اور اُسے خوشی ہوئی کہ کم از کم کوٹ ستارہ اس معاملے میں تو اتنے بڑے شہر کی ہمسری کر سکتا ہے..

شام کیا رات تو سر پر آ گئی تھی... اس کا کیا ٹھکانا کیا جائے.. آس پاس نہ کھیت تھے اور نہ کوئی ویران کنواں اور نہ ہی کوئی منڈیر جہاں ایک مسافر پڑ کر ایک شب بسر کر لے.. ایک ناشناسا اور تاریک رات تھی اگرچہ اُس میں مٹی کے تیل کی چند لالٹینیں جلتی تھیں پھر بھی تاریک تھی.. پردیس کی بے بسی تھی جو ایک شخص کی عزتِ نفس کو ایک تنکے سے بھی ہلکا کر دیتی ہے.. یہ رات کہاں اور کیسے بسر ہو گی..

اُس نے تھانیدار خوشی محمد گوندل کے اُن تین بولی کتوں کو بری طرح کوسا جن کی وجہ سے وہ یوں دربدر اور بے آسرا ہوا تھا.. اور اُس لمحے اُس کی پنڈلی میں کھبے دانتوں کے زخم بھی ہولے ہولے اذیت میں سلگنے لگے..

تانگوں کے اڈے کے پہلو میں ایک نیم تاریک بازار دکھائی دے رہا تھا جس کے اندر وہ کمر تک آتی چٹیا والا دھوتی پوش اپنی ڈرم ریڑھی سمیت اُتر کے گم ہوا تھا، امیر بخش نے کوئی پناہ ڈھونڈنے کی خاطر اُدھر کا رُخ کیا.. اُس بازار میں تو قبر ایسی تاریکی ایسی تھی کہ کچھ سجھائی نہ دیتا تھا.. نہ کوئی چراغ کسی چوکھٹ پر.. اور نہ ہی مٹی کے تیل کی کوئی لالٹین.. پر اُسے تو گاؤں کے گھُپ اندھیروں میں ٹھوکر کھائے بغیر چلنے کی عادت تھی.. اُسے کچھ زیادہ دشواری نہ ہوئی۔ تمام دوکانیں بند تھیں.. اور آس پاس کوئی ایک ذی رُوح بھی نہ تھا جیسے وہ ایک مرتبہ پھر اُس ویرانے میں آ گیا ہو جہاں سانپوں کی ایک فصل مست ہوتی تھی..

بازار کے درمیان میں چلتے ہوئے اُسے اپنے رخساروں پر ایک نامعلوم حدّت اور روشنی سی محسوس ہوئی.. اُس نے گردن کو بل دے کر اُس کے منبع کی جانب نظر کی تو اُس کی نیلی آنکھوں میں وہ روشنی تیر ہو گئی اور اس کے ساتھ ہی اُس کے نتھنوں میں گندم کے گرم خمار کی مہک اُترنے لگی..

وہاں ایک دوکان کے کواڑ کھلے تھے اور اُس کے اندر کوئی درجن بھر افراد ایک روشن تندور کے گرد سر جھکائے یوں بیٹھے تھے جیسے آتش پرست ہوں.. اُن کے تھکے ہوئے مسافر چہرے تندور میں سے برآمد ہونے والی مقدس روشنی سے روشن ہو رہے تھے.. وہ اپنی گرم روٹی کے منتظر تھے.. وہ بھی جھجکتا ہوا اُن میں جا شامل ہوا اور اُس کی نیلی آنکھوں میں بھی تنور کی حدت آمیز روشنی پگھلنے لگی.. اُسے ایک روزمرہ کی بھوک نہیں ایک پردیسی بھوک لگی تھی جسے مٹانے کی خاطر ایک انسان کچھ بھی کر سکتا ہے.. قتل بھی کر سکتا ہے..

تنور کو گھیرے میں لیے ہوئے مسافر عجیب ناشناسا شکلوں کے تھے.. اُن کے مہاندرے ایک دوسرے کے ساتھ میل نہ کھاتے تھے.. دیہات میں جو بیاہ ہوتے ہیں، اُن میں کوئی بھی ذات برادری سے باہر نہیں جاتا.. نسل در نسل شادیاں آپس میں ہوتی چلی جاتی ہیں اور اپنی نسل یا ذات سے انحراف اپنے مذہب سے انحراف سے بھی زیادہ سنگین معاملہ سمجھا جاتا

ہے اور یوں اُن سب کی شکلوں میں ایک واضح مماثلت ہوتی ہے.. پر یہاں تنور کے گرد بیٹھے ہوئے مسافر امیر بخش کے لیے ناشناسا شکلوں والے تھے.. جانے کون تھے.. کس ذات اور قبیلے سے تھے.. پر وہ سب ایک گرم روٹی کی خواہش میں ہم شکل ہو رہے تھے.. امیر بخش کو ایک اور دھچکا لگا.. یہاں کوٹ ستارہ کی مانند سر پر دوپٹہ باندھے کوئی سیاہ رنگت کی ماچھن نہ تھی جو تندور میں جھانکتی تو اُس کا چہرہ لال بھبھوکا ہو جاتا اور وہ اُس میں دہکنے والی آگ کی شدت برداشت کرتی آہنی گُنڈے سے گرم روٹیاں پرو کر باہر نکالتی چلی جاتی.. بلکہ یہاں ایک جوان جہان بڑی بڑی گھنیری مونچھوں والا مشٹنڈا تندور کی گولائی کی سلگاہٹ پر روٹیاں جماتا اور پھر کچھ دیر بعد اُنہیں گُنڈے سے اُڑس کر منتظر مسافروں کے سامنے پھینک دیتا..

سلگتی گرم روٹیوں کے ہمراہ چنے کی دال کی رکابی مفت میں ملتی تھی پر وہ دال پانی ہی دکھائی دیتی تھی..

نہ تو اُس روٹی میں وہ ذائقہ تھا اور نہ ہی اُس دال پانی میں کچھ سواد تھا پر امیر بخش کے حلق میں پچھلے دو روز سے کھیتوں میں سے اکھاڑے گئے شلغم اور مولیوں کے سوا اور کُچھ نہ اُترا تھا اور یہ دال روٹی اُتری تو اُس نے رب کا شکر ادا کیا..

وہ ناآشنا عجیب سی شکلوں کے لوگ اپنا روٹی پانی کر کے اُٹھتے جاتے تھے.. یہاں تک کہ وہ گھنیری مونچھوں والا شخص اپنی آخری روٹی لگا کر.. باقی ماندہ آٹا سنبھال کر اپنے سر پر بندھا پٹکا کھول کر چلا گیا..

وہ کہاں جاتا.. وہیں بیٹھا رہا..

تنور کے اندر جو آگ تھی وہ مدھم ہوتی گئی اور بالآخر اُس کا چہرہ بھی تاریکی میں تاریک ہو گیا.. کچے فرش میں سرائت کردہ تنور کی حدّت اُس کے بدن کو بے آرام کرتی تھی.. اُسے محسوس ہو رہا تھا کہ اگر وہ اسی فرش پر بیٹھا رہا تو اُس کے پاؤں میں گرمی سے چھالے پڑ جائیں گے پر وہ باہر کُھلی فضا میں کہاں جاتا.. یہاں گرمی تو تھی ہی پر اُس میں ایک بند جگہ کا حَبس ایسا تھا کہ پسینہ اُس کے گھنے بالوں میں سے بھی پھوٹنے لگا.. وہ تازہ ہوا کے لیے باہر نہیں جا سکتا تھا.. باہر وہی گم صُم اندھیرا ایک سیاہ دُھند کی مانند شہر کے کوچۂ و بازار میں اُترا ہوا تھا اور یوں بھی کیا پتہ باہر کیسی کیسی بلائیں چلتی پھرتی تھیں.. پردیس کی اس رات میں کیسے بھوت پریت اُس سیاہ دُھند میں روپوش بس اُسی کے منتظر تھے کہ اُن کا ازل سے یہی کام تھا کہ وہ پردیسیوں کو نگل جاتے تھے.. باہر ایک اتنا بڑا خوف پرائی بستی کا بیٹھا ہوا تھا کہ وہ اُس کا سامنا نہیں کر سکتا تھا.. اُسے اس گرمی سے دہکتے ہوئے اور حَبس کے موسم میں گُھٹے ہوئے ماحول میں بہر طور رات بسر کرنی تھی کہ باہر بلاؤں کا راج تھا..

اگر وہ آج کی شب کوٹ ستارہ میں ہوتا تو ہمیشہ کی طرح ایک دوسرے سے جُڑے کچے کوٹھے کیسے آباد ہوتے.. گرمی اور حَبس کے باعث سگھڑ عورتیں تاریکی چھانے سے پیشتر صحن میں ہانڈیاں تیار کر کے تنوریوں میں روٹیاں لگا کر چھت پر لے آتیں اور رات کا کھانا وہیں کھایا جاتا..

بان کی چارپائیوں پر بچھے گھر کی کپاس سے بُنے ہوئے سفید کھیس اندھیاری راتوں میں بھی ایک دیئے کی مانند دکھائی دیتے رہتے.. آس پاس کے درجنوں کوٹھوں پر ایسے دیئے دور سے نظر آتے جاتے... کوٹھوں کے آر پار کنواریوں کی دبی دبی ہنسی اندھیرے میں کھنکتی.. راز و نیاز ہوتے.. بڑے بوڑھوں کے کان کھڑے ہو جاتے کہ تاریکی کا فائدہ اُٹھا کر یہ کیسے پیام ہیں جو آ جا رہے ہیں اور وہ ایک زوردار ''آہم'' کر کے خبر کر دیتے کہ خبردار.. کوٹھوں پر گودتی، چارپائیوں کے

درمیان بھاگتی.. لُکن میٹی میں مصروف مٹیاریں کسی بھی "آہم" کو خاطر میں نہ لاتیں.. اور جوانی کی چڑھتی ہوئی نوخیزی کے خمار میں مست ہرنیوں کی مانند اس کوٹھے سے اُس کوٹھے پر قلانچیں بھرتی، چیخیں مارتیں اُس راجے کے بیٹی کی پکڑ سے بچنے کے لیے بھاگتی جاتیں جس کی آنکھوں پر پٹی باندھ دی گئی تھی اور وہ بھی بے دریغ کدکڑے مارتی اُن کے دوپٹوں کو دبوچ لینے کے لیے ہاتھ چلاتی نابینائی میں بھاگتی پھرتی.. ایک ایسی ہی شب میں اُس کی بہن رحمت بی بی اپنی سہیلیوں کا تعاقب کرتی "راجے کی بیٹی آئی ہے.." پکارتی.. آنکھوں پر بندھی پٹی ٹٹولتی لوہاروں کے کوٹھے کے کناروں پر پہنچ کر بھی چلتی گئی اور دھڑام سے اُن کے صحن میں جا گری.. جب اُس کی ہراساں سہیلیاں سیڑھیاں اُتر کر اُس تک پہنچیں تو وہ چاروں شانے چت پڑی تھی، پر ہولے ہولے اپنی آنکھوں پر بندھی پٹی اُتار رہی تھی اور پھر وہ نہائت اطمینان سے اُٹھ کر بیٹھ گئی اور کہنے لگی "رب کا واسطہ ہے.. میری بے بے رابعہ بی بی کو نہ بتانا.."

تین روز بعد جب بے بے کو اس وقوعے کا علم ہوا تو اُس نے صحن میں اُچھلتی کودتی شٹاپو کھیلتی رحمت بی بی کو قابو کر لیا اور اُسے زبردستی چارپائی پر لٹا کر اُس کے ہاتھ پیر دبانے لگی کہ میری بیٹی اتنی اونچائی سے اگر گری تھی تو اُس کا کچھ نہ کچھ.. کوئی ہڈی پسلی تو ٹوٹی ہوگی اور وہ اس خوف کی ماری رونے لگی.. رحمت بی بی نے کچھ دیر تو اپنی بے بے کو اپنا بدن دبانے دیا، رونے دھونے دیا اور پھر اُس کے ہاتھ پرے کر کے چارپائی سے اُٹھ بیٹھی. "بے بے مجھے کچھ نہیں ہوا، میں بھلی چنگی ہوں.." اور وہ پھر سے صحن میں جا کر شٹاپو کھیلنے کودنے لگی..

وہ ہانڈی پر جھکی اپنی ماں سے پوچھتا "بے بے آج کیا چاڑھا ہے.. کیا پکایا ہے؟"

اور وہ سر اُٹھا کر کہتی "پُتر ٹینڈے ہیں بہت نرول.."

"نہیں بے بے." وہ جوان جہان بچوں کی مانند روٹھ جاتا.. "میں نے ٹینڈے نہیں کھانے.."

اس انکار کے بعد بے فوری طور پر اُس اندھیاری گرم رات میں آس پاس کے جتنے بھی کوٹھے آباد تھے، اُن سے مخاطب ہو کر بلند آواز میں سوال کرنے لگتی کہ.. کہ بہن آشاں بی بی، کیا پکایا ہے.. صُغراں..نیں پھاتاں..رحمتے.. بھاگاں..

اور اُدھر سے جواب آنے لگتے.. چاول ہیں گڑ والے.. ان میں کشمش اور ناریل بھی ہے.. چنے کی دال ہے.. تنوری پراٹھے ہیں.. باتھو کا ساگ ہے.. گنّے کے رس کی کھیر ہے.. توریاں ہیں..

یوں پورے گاؤں کا مینو سامنے آجاتا اور امیر بخش اُن میں سے کسی ایک خوراک کا چناؤ کر لیتا اور اگلے لمحے وہ خوراک کوٹھوں پر سے سفر کرتی اُس تک پہنچ جاتی..

پر یہ کوٹ ستارہ نہ تھا.. لاہور شہر کا آسیب تھا جس کے ڈر سے وہ اس گرم حبس بھری کال کوٹھڑی میں سے باہر نہ جا سکتا تھا..

جوانی میں نیند کے کوئی اصول کوئی مخصوص ماحول یا اخلاقی پیمانے نہیں ہوتے.. وہ چاہے تو کہیں بھی آ سکتی ہے.. چنانچہ وہ اس حبس بھرے پردیسی جہنم میں بھی آ ہی گئی.. وہ کچھ دیر تو ٹانگیں سمیٹے اپنے گھٹنوں پر سر رکھے بیٹھا رہا اور پھر اُس میں یوں بیٹھے رہنے کی سکت نے جواب دے دیا اور وہ ٹانگیں پھیلا کر کچے فرش پر دراز ہوتا گیا اور مدہوش ہو گیا..

گئی رات کا.. پردیس کی اس پہلی رات کا جانے کون سا پہر تھا جب اُسے محسوس ہوا..اُسے شائبہ ہوا کہ کوئی شے اُس کی پنڈلی کو چاٹ رہی ہے..اُس نے ٹانگ سکیڑ کر اُس احساس سے نجات حاصل کرنے کی کوشش کی جو کہ بہت ہی عارضی ثابت ہوئی کہ کچھ دیر بعد اُس کی پنڈلی پر جہاں خوشی محمد تھانیدار کی خصوصی عنائت سے کچھ نیلے پڑتے نشان تھے وہاں پھر سے ایک زبان اُن پر گیلا پوچا پھیرنے لگی..اُس کی آنکھ کھل گئی..

ایک کُتا تھا..

وہ سر جھکائے اُس کی پنڈلی میں کُھبے ہوئے دانتوں کے نشانوں کو نہائت دل جمعی سے چاٹ رہا تھا..

شائد اُسے روٹیوں کی مہک یہاں لے آئی تھی.. یا تنور کے گرد جو کچا فرش تھا وہی اُس کی راتوں کا ٹھکانا تھا اور وہاں ایک اجنبی کو قابض دیکھ کر وہ اُس کے بدن کو چاٹتے ہوئے احتجاج کر رہا تھا..

''دُر..دُر..'' امیر بخش نے لیٹے ہوئے اُسے شُشکارا..اُسے دفع دور کرنا چاہا.. پر اُس پر چنداں اثر نہ ہوا..وہ نہائت رغبت سے اُس کے زخموں پر اپنی زبان پھیرتا رہا..اور جس لمحے وہ اُٹھ کر اپنی جُوتی اُٹھا کر اُس بدبخت کتے کو اپنے آپ سے دفع دور کرنے کے ارادے سے مارنا چاہتا تھا تو اپنے زخموں میں اُسے ایک ٹھنڈک اور ٹھہراؤ کا احساس ہوا..اُس کی نم آلود چاٹ اُن پر آسودگی کا مرہم رکھ رہی تھی..اُسے واضح طور پر محسوس ہوا کہ اُس کُتے کی زبان جب اُس کے زخموں پر پھرتی ہے تو وہ اُس کے لعاب سے بھرتے جاتے ہیں..مندمل ہوتے جاتے ہیں..

اُس نے اپنی جُوتی نیچے رکھ دی اور اُسے چاٹنے دیا..

کُچھ دیر بعد وہ کتا اس شغل سے اُکتا گیا یا اُس کا جی بھر گیا اور یا پھر اُس نے کسی اور کی پنڈلی کو بھی چاٹنے جانا تھا..اُس نے دو چار بار زور زور سے دُم کو گردش دی اور پھر اُسے دبا کر خاموشی سے ایک سادھو کی مانند..کان لپیٹے بازار میں اُتر کر اندھیرے کی سیاہ دُھند میں گم ہو گیا..

تب تو وہ نہ جان سکا پر ایک عُمر جب بیت گئی تو اُس پر کھلا کہ کتے کے کاٹنے کا تریاق بھی کتے کی زبان میں ہوتا ہے..اور کوئی بھی انسان جو تمہیں گزند پہنچاتا ہے..زندگی دوبھر کر دیتا ہے اُس کا مداوا بھی کوئی اور انسان ہی کر سکتا ہے..

اگلی سویر یہ منظر اُس کے لیے..بابو ثناء اللہ بٹ کے لیے کچھ انوکھا یا پریشان کرنے والا نہ تھا کہ اُس کے ''بابو ہوٹل'' کے تنور کے کچے فرش پر کوئی دور دیسوں سے آیا ہوا مسافر..کوئی بے آسرا نیند میں دُھت بے خبر سویا ہوا ہے.. پریشان تو وہ تب ہوتا اگر کسی سویر وہاں کوئی نہ سویا ہوتا..

ثناء اللہ ابھی حال ہی میں بابو اور بٹ ہوا تھا..

یہ محض تیس برس پیشتر کا قصہ ہے یہی کوئی 1901ء یا 1902ء کے لگ بھگ کا جب وہ بھی اپنے سینکڑوں ہم وطنوں کے ہمراہ فاقوں اور ڈوگروں کے ٹھڈوں کا مارا بان کی چپل پہنے.. پورے بدن کو ایک بوری میں لپیٹے درّہ پیر پنجال کی برفوں کو سہتا نیچے پنجاب کے میدانوں میں رزق روزگار کی آس میں اُترتا تھا..اُن میں سے بیشتر بھوک اور موسم کی شدت کا شکار ہو جاتے اور ڈوگرے بیلچوں کی مدد سے اُن کی برف پر بکھری لاشیں درّے سے نیچے لُڑھکا دیتے..پنجابی لوگ اُنہیں نام

سے نہیں بلکہ ''ہاتو'' کہہ کر پکارتے.. کہ وہ اُن کے لیے بھی انسانیت سے ذرا نچلی سطح پر تھے.. امرتسر اِن ہاتو لوگوں کا گڑھ تھا.. وہاں جب ایک ہاتو قدرے خوش حال ہو جاتا تھا تو وہ بٹ، ڈار یا محض کشمیری ہو جاتا تھا.. امرتسر کے کشمیری وہ جو ایک مدت سے وہاں آباد تھے خاصے متموّل تھے کیونکہ اُن کے پاس قالین بافی کا آبائی ہنر تھا... اُن کے تیار کردہ غالیچے کلکتہ تک میں مناسب دام پاتے تھے.. ثناء اللہ دو چار ماہ تگ و دو کرنے کے بعد.. کہ اُس کے پاس کچھ ہُنر نہ تھا.. لاہور منتقل ہو گیا.. یہاں بھی حیات آسان نہ تھی.. تقریباً تین برس تک وہ سبزی منڈی میں ایک پانڈی کی حیثیت میں مزدوری کرتا رہا اور بمشکل دال روٹی پوری کرتا رہا اور پھر کُچھ رقم پس انداز کر کے اُس نے لنڈا بازار میں ایک تنور لگا لیا جہاں اوّل اوّل اُس نے خود اپنے ہاتھوں سے روٹیاں لگائیں اور پھر ایک ملازم رکھ کر خود دال کے دیگچے پر بیٹھ گیا.. یہ کوئی ایک دال نہ تھی بلکہ مختلف دالوں، چالوں اور چنوں کا ایک مرکب تھی کہ اُس کی ماں یونہی جہاں کہیں سے مٹھی بھر دال یا چاول مل جاتے اُنہیں سارا دن کونڈے میں گھوٹتی رہتی اور شام کو ہلکی آگ پر چڑھا کر دیگچی کا ڈھکن آٹے کے لیپ سے جما کر اُسے دم پخت کر دیتی اور اگلی سویر اُسے چُولہے سے اُتارتی.. اُس نے یہی نسخہ آزمایا اور اُس کی دال کے ذائقے نے لاہوری چٹوروں کو اپنا اسیر کر لیا.. اور اب وہ بابو ثناء اللہ بٹ تھا ''بابو ہوٹل'' کا مالک..

تو ایک اور مسافر تنور کے کچے فرش پر سویا ہوا تھا..

ثناء اللہ کو ناشتے کے وقت سے پہلے کاروبار کی تیاری کرنی تھی.. اُس نے اُس مسافر کو جگانے کی خاطر ذرا جھنجھوڑا.. ''کون ہو..؟''

امیر بخش کسی آبی خواب کی اداسی میں بے وطنی کے دُکھ میں گم بڑبڑایا.. ''میں کوٹ ستارہ سے آیا ہوں.. میرا یہاں کوئی نہیں..''

''ہم ہیں.. ہم ہیں..''

اُس آبی خواب میں سے کُچھ آوازوں نے جنم لیا..

چناب کے پانیوں پر اُترتی سویر کی کچی لسّی ایسی دُھند میں سے ایک دیوانہ سا پرندہ پھڑ پھڑاتا ہوا باہر آیا.. میں تمہارے ساتھ چلا آیا ہوں..

اور پانیوں کے اندر ایک انسانی شکل کا کچھوا تیرتا ہوا اُس کے کانوں میں سرگوشی کرتا ہے.. میں بھی..

وہ سب احتجاج کر رہے تھے کہ تم نے یہ کیوں کہا کہ میرا یہاں کوئی نہیں.. ہم سب جو تمہارے ساتھ چلے آئے ہیں، تمہارے ہی تو ہیں.. اور اُن میں موٹے موٹے مکوڑے اور چیونٹے تھے جو اُس کے دادا دین محمد کی قبر کی مٹی کو سیاہ کرتے تھے اور سویّوں کی مانند گادھی میں سے گرتے سانپ تھے.. اور جنگل بیلے میں چہکنے والے سب پرندے اور پنکھ پکھیرو تھے..

''نہیں..'' وہ نیند میں بڑبڑایا.. ''میں تو طویل مسافتیں طے کر کے منزلیں مارتا یہاں اس شہر تک پہنچا ہوں، تم کیسے یہاں موجود ہو سکتے ہو.. فریب کرتے ہو.. جُھوٹ بولتے ہو..''

وہ دیوانہ پرندہ پھڑ پھڑانے لگا.. پرندے کبھی جُھوٹ نہیں بولتے.. نہ مکوڑے نہ کچھوے اور نہ ہی سانپ جُھوٹ بولتے ہیں کہ یہ خصلت صرف انسانوں کو تفویض کی گئی ہے.. ہم اگر تمہارے ساتھ ساتھ نہ ہوتے تو کیا خوشی محمد تھانیدار کا

صرف ایک بُولی کتّا تمہاری پنڈلی میں کاٹ کر تمہیں چھوڑ دیتا..وہ تینوں تمہاری بوٹی بوٹی کر دیتے اگر ہم نہ ہوتے..یہ ہم تھے جو اُنہیں تمہاری جانب غرّاتے ہوئے جبڑوں میں سے جھاگ نکالتے دیکھ کر اُن کے سروں پر ٹھونگیں مارتے تھے..اُنہیں کاٹتے اور ڈستے تھے اور یوں وہ خوفزدہ ہو گئے تھے..اُن میں سے دو تو اندھے ہو گئے تھے اور بعد میں اپنی نابینائی کی تاریکی میں تھوتھنیاں اُٹھا کر راتوں کو روتے رہتے تھے پچھتاتے رہتے تھے کہ ہم کیوں اُس دراز قامت نیلی آنکھوں والے نوجوان کی جانب لپکے تھے..اور وہ بُولی جس نے تمہاری پنڈلی میں اپنے دانت کھبو دیئے تھے وہ باؤلا ہو گیا تھا اور تھانیدار خوشی محمد نے اُسے اپنے ریوالور سے گولی مار دی تھی..یقین نہ آئے تو کبھی واپس جا کر کسی سے پوچھ لینا یا تھانیدار کی کوٹھی کے پھاٹک کے قریب کھڑے ہو کر کسی شب ان دونوں کی آہ وزاری اور ماتم کی آوازیں سُن لینا..ویسے جب تم سانپوں کی اُس چاندی رنگ کی فصل میں بے دھڑک اُتر گئے تھے تو وہاں ہم ذرا ٹھٹکے تھے..ڈرپوک ہو گئے تھے..ایک مختلف راستہ اختیار کر کے اُدھر آ نکلے تھے جہاں سے تم اُس فصل سے باہر آ کر چلنے لگے تھے..ہم تمہارے آخری سانس تک تمہارے ساتھ رہیں گے..تم کبھی تنہا نہیں ہو گے..

اس پر سانپ شُوکنے لگے..کھوانا ک چڑھانے لگا..مکوڑے رینگنے لگے بلکہ جنگل بیلے کے وہ سارے ہرن جنہوں نے اُس کے سامنے قلانچیں بھری تھیں..سب کے سب اُسے یقین دلانے لگے کہ ہم تمہارے ساتھ رہیں گے..پر امیر بخش اُس دیوانے پرندے کی بولی کا منتظر رہا..ایک آبی خواب میں..پردیس کی مدہوشی میں..اور تب وہ گویا ہوا ''تم اگر ہمیشہ ایسے رہے جیسے کہ تم ہو تو ہم بھی ہمیشہ تمہارے ساتھ رہیں گے..اُس نوخیز لڑکے کے ساتھ جو اپنی گادھی میں سے سوئیوں کی مانند گرنے والے سانپوں کو گزند نہیں پہنچاتا..مخلوق کو..چاہے وہ انسان ہوں، جانور ہوں یا حشرات الارض..دُکھ نہیں دیتا..اپنے مخصوص عقیدے کی نابینا تلوار سے دوسروں کو ہلاک نہیں کرتا..جو کچھ اس ارض وسما میں خلق کیا گیا ہے اُس کی تعظیم کرتا ہے تب تک ہم ساتھ رہیں گے..اور جس روز ہمیں احساس ہو کہ تم بھی ذات پات، وطن اور عقیدے اور مخصوص اخلاقی اقدار کے تابع ہو گئے ہو تو ہم اُسی روز تمہیں ترک کر دیں گے..''

اس شہر لاہور میں میرے ساتھ کیا ہو گا؟..میرا نصیب کیا ہے؟

بہت ساری ذلت، رسوائی، دربدری کا سامان ہو گا.تم نے کل دوپہر سانپوں کی لہراتی جس فصل کا سامنا کیا تھا یہاں قدم قدم پر ایسی فصلیں سامنے آئیں گی..ہو سکتا ہے کہ تم ان میں سے عافیت سے گذر جاؤ..اور یہ بھی ممکن ہے کہ تم ڈس لیے جاؤ..میں ایک معمولی سا پرندہ ہوں اگرچہ کچھ دیوانہ ہوں میں کیسے نصیب کی لوح پر جو درج کیا جا چکا ہے، اُسے پڑھ سکتا ہوں..

بابو ثناء اللہ بٹ نے اُس دراز قامت اجنبی کو بڑبڑاتے ہوئے نیند میں باتیں کرتے سنا اور پھر جھنجھوڑا.''یہ تم کس سے باتیں کر رہے ہو..؟''

ایک دیوانے پرندے سے..کچھ چیونٹیوں اور مکوڑوں سے..ایک انسانی شکل کے کچھوے سے اور بہت سارے سانپوں سے..وہ ابھی تک گہری نیند میں مُبتلا مدہوش تھا..

یہاں اُس کے تنور کے کچے فرش پر ہر سویر اُسے کوئی نہ کوئی بے آسرا مسافر سویا ہوا ملتا تھا پر اس مسافر کے آثار

اچھے نہ تھے..اس کے دماغ میں کچھ خلل تھا..

پر ایسا خلل بھی کیا کہ ایک انسان کسی دیوانے پرندے اور کیڑے مکوڑوں سے باتیں کرنے لگے..

ایسے مسافر اچھے نہیں ہوتے..

دیوانے اور مجذوب ہوتے ہیں..

اچھے نہیں ہوتے کہ.. پرندوں سے باتیں کرنے والے جو ہوتے ہیں..

✧.......✧

اُس کی دونوں ہتھیلیوں کے درمیان روئی کی ایک پُونی ہولے ہولے اُن ہتھیلیوں کے مَلنے سے دیئے کی ایک باتی کی شکل اختیار کر رہی تھی، نمبردارانی بہشت بی بی کی تیکھی ناک اُس باتی کے قریب ہو رہی تھی جسے وہ کوشش کر رہی تھی کہ نہ تو اتنی نرم رہ جائے کہ دیئے کا سارا تیل پی جائے اور نہ ہی بٹتے بٹتے اتنی سخت ہو جائے کہ اُس میں تیل سرائت ہی نہ کرے اور آگ دکھانے سے وہ پٹاخے مارتی بُجھتی جائے..اور نمبردارنی کے دیئے کے پیندے میں بس دو چار بوند تیل تھا..

جن عورتوں کے گھر والے جوانی میں ہی گھر چھوڑ کر قبرستان میں جا آباد ہوں وہ اپنے پیچھے اولاد کے علاوہ دیئے میں بس دو چار بوند تیل ہی چھوڑ کر جاتے ہیں..محمد جہان کو اُس کا کنواں لے ڈوبا تھا..

مٹی کا دیا روشن ہوا تو اُس کے بچوں کے نیند میں مدہوش چہرے دکھائی دینے لگے..دیئے کی پھڑ پھڑاتی لو اُن کے مہاندروں پر روشنی اور سایوں کا ایک کھیل کھیلنے لگی..نمبردارنی کی آنکھوں میں آنسوؤں کی جھڑیاں لگ گئیں..اُن میں سے چند آنسو اپنے خاوند کی کسک میں بہتے تھے اور باقی سب اُس کی بے بسی اور بیوگی پر ماتم کرتے رخساروں کو گیلا کرتے تھے..

وہ آج بھی تقریباً بھوکے سوئے تھے..

بیٹیوں کی تو خیر ہوتی ہے، یہ تو شیشم کے شجر ہوتی ہیں، پانی نہ بھی ملے تو دھرتی کی کوکھ میں سے نمی چُوس کر قد نکالتی جاتی ہیں پر بیٹے تو دھان کا کھیت ہوتے ہیں جن کی مسلسل آبیاری نہ کی جائے تو وہ مرجھا جاتے ہیں..اُن میں دانہ نہیں پڑتا..نور بیگم اور زینب بیگم کی تو خیر تھی پر اُس کا اکلوتا بیٹا عزیز جہان بھی ایک سُوکھی روٹی لسّی کے ساتھ نگل کر صابر شاکر ہو گیا تھا..

اُس لمحے اُس نے اپنے جواں مرگ خاوند محمد جہان کو بہت کوسا، رب سے بھی گلا گزار ہوئی کہ اگر تو نے مجھے بیوہ اور انہیں یتیم کرنا ہی تھا تو کم از کم انہیں بخت جہان ایسا چاچا تو نصیب میں نہ دیتا جس نے بڑے بھائی کا کفن میلا ہونے سے پیشتر ہی اُس کے حصّے کی زمینوں پر ہل چلا دیئے جس کے نتیجے میں نوبت اب فاقوں تک آ گئی تھی..

جب اُن کے مدہوش چہرے آنسوؤں کے پار ایک سراب کی مانند جھلملا رہے تھے اور وہ اُنہیں اپنی ہتھیلی سے پُونچھنے کو تھی تب دنیا پور کی اندھیاری رات میں ایک عجیب روتی ہوئی آواز تیری جیسے بیل گاڑی کا ایک پہیہ چرخ چُوں کرتا ہے اور پھر اُس کے ساتھ ہی ایک تھاپ دھپ سے سنائی دی جیسے کسی نے تنور کے اندر ایک روٹی تھاپ دی ہو..

بہشت بی بی ان آوازوں کو سنتے ہی یکدم چوکنی ہوگئی جیسے ایک جانور کے کانوں میں جنگل کے اندر کسی ٹہنی کے ٹوٹنے سے اُس کا نظام دفاع بیدار ہوجاتا ہے کہ کوئی ہے جو اُس کی گھات میں ہے..اُس نے فوراً آج کے دن جو پونیاں اُس نے مروڑی تھیں اُنہیں ایک ایک کر کے بچوں کے کانوں میں ٹھونس دیا تاکہ اُن تک یہ حرام آوازیں نہ پہنچ پائیں..

وہ جو روتی ہوئی چرخ چوں آواز دنیا پور کی اندھیاری شب میں تیری تھی ایک سارنگی کی تھی جس پر نھو خان چرس کے متعدد سُوٹے لگا کر جُھکا اُس پر ہولے ہولے اپنا گز پھیرتا تھا اور اُس میں سے ایسے رسیلے اور اداس سُر جنم لے رہے تھے کہ وہ خود بھی حیران ہو رہا تھا..اور وہ جو ایک دَھپ سنائی دی تھی تو وہ رام پیارے کے طبلے کی دھمک تھی اور اُن دونوں کے بعد باجے یا ہارمونیم کے جو سُر سنگت کرنے کی خاطر ترنگ میں آئے تھے وہ جھنڈے خان کی متحرک انگلیوں کے کرشمے تھے اور بہشت بی بی جان گئی تھی آج پھر بخت جہان کی حویلی میں ایک رَت جگا ہے..کوئی ناچ گانا ہے..کسی کنجری کا مُجرا ہے اور وہ اپنی آل اولاد کو اس شر سے محفوظ رکھنا چاہتی تھی..

سارنگی کا یہی رونا، طبلے کی یہی تھاپ اور ہارمونیم کے یہی سُر بخت جہان کے صحن کے پچھواڑے میں ایک کچی کوٹھڑی کی دبیز دیواروں کو پار کر کے اُس کے اندر بھی اگرچہ مدھم سنائی دیئے..اور امرت کور بلکہ کنیز فاطمہ جو کہ پیٹ پر ہاتھ رکھے کراہتی درد سے دوہری ہوتی "لوکو میں مرگئی" پکارتی تھی اُس کے کانوں میں بھی اُترے..اور اُس کا عذاب جو اُس کے بدن کے بخیے ادھیڑ رہا تھا..مزید شدید ہوا کہ یہ بخت جہان کس مٹی سے بنا ہوا ہے۔کیسا شخص ہے کہ میں نے اس کے لیے اپنا بھرا پُرا گھر بار چھوڑا..اپنا دھرم ترک کیا اور اپنے بیٹوں سمیت اس کی چوکھٹ پر چلی آئی اور پھر بھی اسے کچھ قیاس نہیں کہ میرا وقت آ گیا ہے..میں اُس کا بچہ جننے والی ہوں..اور اس کے باوجود اُس نے آج کی شام ہی مشہور زمانہ دُلاری بائی کے مُجرے کا اہتمام کیا ہے اور اپنی ٹیڑھی گردن میں تفاخر کا ایک اور بل ڈالے اپنے دور دور سے آنے والے..نشے میں دُھت یاروں کا استقبال کرتا ہے..اور قطعی طور پر غافل ہے کہ اس کوٹھڑی میں میرا وقت آ گیا ہے..سیانے سچ کہتے ہیں کہ ان جاٹوں کا کوئی دھرم نہیں ہوتا..لہناں سنگھ اور بخت جہان ایک ہی مٹی کے بنے ہوئے تھے...چکنے کورے گھڑے جن پر کسی کے درد اور فراق کا کچھ اثر نہ ہوتا تھا..وہ اپنے سوا کسی اور کو انسان ہی نہ سمجھتے تھے بے شک یہ اُن کی گھر والی ہو..لوگ طعنے دیتے تھے کہ اُس نے خاوند بدل لیا تھا..پر نہیں۔بخت جہان، لہناں سنگھ ہی تھا..کچھ بھی نہ بدلا تھا..

اُس کے پُھولے ہوئے پیٹ کے اندر انتڑیوں، شریانوں اور رگوں میں اذیت کے تیکھے تیر چلنے لگے..وہ بخیہ بخیہ اُدھڑنے لگی اور ہر بخیے کے ادھڑنے سے وہ پورا مُنہ کھول کر پسینے میں نہاتی ہوئی شور مچا دیتی کہ..لوکو میں مرگئی..پر اُس کی یہ پکار اُس کوٹھڑی کے اندر ہی گونج کر ہچکیاں بھرتی دفن ہوجاتی..

دائی پھاتاں نے دیئے کی باتی کو انگوٹھے سے اُڑس کر ذرا اونچا کیا تاکہ کچھ دکھائی دے..اور اُسے امرت کور کا دوہرا ہوتا..پھولا ہوا بدن اُدھڑتا..پسینے میں ڈوبا ہوا بدن دکھائی دیا تو اُس نے شکایت آمیز لہجے میں کہا "تو دو جوان جہان بیٹوں کی ماں ہے..اُنہیں جن چکی ہے اور تیرا جُثہ ایسا ہے کہ تو دو درجن بچے بھی جَن دے تو سہار جائے..تو ذرا حوصلہ کر..ہمت کیوں ہارتی ہو.."

''پھاتاں..اُن دونوں کو جنتے ہوئے بڑی مدت ہو چکی ہے..میرے بدن میں وہ لچک باقی نہیں رہی۔میں بہت عذاب میں ہوں، میں مرجاؤں گی..اور صرف بچہ جننے کی اذیت سے نہیں مروں گی..ذرا سُن..وہ کنجر بخت جہان کیسے ویہڑے میں دلاری بائی کے ساتھ اٹکھیلیاں کر رہا ہے..مجھ سے سہا نہیں جاتا، میں اُس کی بے دیدگی سے مرجاؤں گی..''

''چوہدرانی..''

ابھی پھاتاں نے اتنا ہی کہا تھا کہ امرت کور پھنکاری..''نہ..میں چوہدرانی نہیں ہوں..سردارانی ہوں واہیگرو کی کرپا سے..اس مُسلے کی نیلی آنکھوں اور ستواں ناک پر اگر مرمٹ کر اس کی چوکھٹ کے اندر آ گئی ہوں تو اس کے یہ مطلب نہیں کہ میں سردارانی نہیں رہی..''

''سردارنی..چوہدرانی..'' پھاتاں نے ذرا مفاہمت سے کام لیا ''تیرا بدن اکڑ چکا ہے..اس میں وہ لچک اور لوچ نہیں رہا کہ ایک بچے کو آسانی سے اُگل دے..تیری ساری گانٹھیں کُھل جائیں گی...تیری کوکھ ادھڑ جائے گی..تو ذرا حوصلہ کر اور اپنے رب کو یاد کر..''

''ست سری اکال..جو بولے سو نہال..'' امرت کور نے کراہتے ہوئے اپنے رَب کو یاد کیا اور جو درد سہا نہ جاتا تھا اُسے سہنے کے لیے اپنے دانت سختی سے بھینچ لیے...

بخت جہان دولہا بنا بیٹھا تھا..

گیس لیمپوں کی دودھیا روشنی میں اُس کے وجاہت بھرے نقش اور کلف لگی طُرے دار پگڑی میں سے گردن تک آتے بال اور وہ پگڑی جس طلائی گُلّے کے گرد لپٹی ہوئی تھی اُس کا زربفت کا کام دمکتا دودھیا ہو رہا ہے..یہاں تک کہ اُس کے تینوں گھوڑیاں جو سازوں کی آواز سے ڈر جاتی تھیں، طبلے پر تھاپ پڑتی تھی تو تڑپ جاتی تھیں اور ہنہنانے لگتی تھیں وہ بھی دودھیا بدن دکھائی دے رہی تھیں کہ بخت جہان نے ایک گیس لیمپ خصوصی طور پر صحن سے متصّل مختصر اصطبل کے کونے میں رکھ دیا تھا تاکہ جو بھی آئے وہ بسنتی' اتھری اور مرزے کی بکّی کی شان دیکھے اور حسد میں جل جائے اور اُنہیں کھول کر لے جانے کی آرزو کرے..بوسکی کے سفید کُرتے اور تہبند میں، گلے میں گیندے کے ہار ڈالے..عطر پھلیل کی خوشبو میں مہکتا بخت جہان اور پاؤں میں چکوال کے موچی خدا بخش کا خالص سونے کی تاروں سے کاڑھا ہوا نازک کُھسّہ اور ہاتھ میں بہاولپوری مٹی کا کاغذ سے بھی ہلکا مٹی کا پیالا جس میں سے پہلے توڑ کی جو شراب چھلکتی تھی وہ بھی دودھیا دکھائی دے رہی تھی..

دور دور سے اُس کے یار بنے سنورے بانکی گھوڑیوں پر آئے تھے..

نت کلاں، بنیکا چیمہ اور پیر کوٹ سے تو وہ آئے ہی تھے..پر اُن کے سوا ایمن آباد اور گوجر خان سے بھی اُس کے یاروں نے رختِ سفر باندھا تھا اور چلے آئے تھے..ان میں مسلمان گنتی کے تھے، سرداروں کی اکثریت تھی..البتہ اُن کے علاوہ رام پور اور راہوالی کے شاہوکار اور کھتری بھی موجود تھے جن کے پلّوں میں چاندی کے روپے اور سکّے کھنکتے تھے..ایک تو بخت جہان کا بلاوا اور اُس پر مستزاد یہ کہ مُجرا دلاری بائی کا جسے دیکھنے کو تو آنکھیں ترستی تھیں تو کس کی

مجال تھی کہ حاضر نہ ہو جاتا..

اور وہ جو اتنی دور دور سے آئے تھے تو وہ اُس کا مجرا نہیں اُس کے پاؤں دیکھنے آئے تھے..اُن پر مہندی اور زعفران سے جو گُل بوٹے بہار دکھاتے تھے، اُن پر ہونٹ رکھ دینے کی آرزو میں آئے تھے..اُس کے پاؤں پڑنے آئے تھے..کہ دلاری بائی کہ اگر کل ہندوستان میں دھوم تھی.. بنگال سے پنجاب اور کشمیر تک اگر وہ شادی بیاہ اور خوشی کی تقریبات میں خوشامدیں اور منتیں کر کے مدعو کی جاتی تھی تو صرف اپنے پیروں کی نزاکت، بناوٹ اور حُسن کی وجہ سے..ورنہ وہ اتنی خوش شکل یا خوش بدن نہ تھی..اگر وہ طمنچہ جان ایسی بلاخیز طوائف کی موجودگی میں..خورشید بائی..سردار بائی..ملکہ پکھراج یا عنائت بائی ڈھیرو والی جس کے ساتھ اُستاد بڑے غلام علی خان بھی سنگت کرتے رہے تھے اُن کے راج میں بھی منظور نظر تھی تو اس کا سبب اُس کے پاؤں تھے..

جن خوش بختوں نے اُس کا مجرا دیکھا تھا وہ قسم کھا کر کہتے تھے کہ ہمیں دلاری بائی کی شکل کچھ یاد نہیں کہ ہماری نظریں تو اُس کے مہندے رنگے..تتلیوں کی مانند پھڑ پھڑاتے سوہنے پیروں پر سے ہی نہ اُٹھی کہ وہ اُٹھ کر اوپر اُس کے چہرے تک جاتی تو اُسے دیکھتے..

سب ناچنے گانے والیوں کے لیے اُن کا چہرہ اور ناز نخرے اُن کی متاع ہوتے ہیں پر یہ دلاری بائی تھی جس کے پاؤں لوگوں کے دلوں پر راج کرتے اُن کے تن بدن پر چلتے تھے..

وہ ابھی دو چار برس پیشتر ایک گمنام گانے والی تھی جس کے سازندوں کا گذارہ بھی مشکل سے ہوتا تھا..اور پھر ایک شب ایک تماش بین سید بادشاہ نے جو نوجوانی کے اوائل میں ہی نامرد ہو چکے تھے اُسے چُومتے چاٹتے پچھل پیری کے بارے میں بتایا جسے ایک زمانہ پہلے اُن کے ایک دوست اور اُن جیسے ناکارہ نواب نے اپنے پاؤں سہلانے کے لیے بلوایا تھا ..اور اُس کے سہلانے سے اُن کے پاؤں پرواز کرنے کے قابل ہو گئے تھے..

کہیں لکھنؤ کی کسی قریبی بستی میں ایک عورت تھی جو وہاں کے نوابوں اور جاگیرداروں کی بہت چہیتی اس لیے تھی کہ وہ انسانی پاؤں کو کومل اور متناسب بنانے والے طور طریقوں سے آگاہ تھی..ایسی کہ اُس کے ہاتھوں میں جو پاؤں آتے وہ اُنہیں یوں دباتی، مُٹھیاں بھرتی..اُن کی ہر رگ سے واقف ان رگوں پر اپنے انگوٹھے کا بھار ڈالتی، مالش کرتی، تھپکتی کہ وہ اتنے ہلکے ہو جاتے کہ پنکھ پکھیروؤں کے سنگ اُڑ جانے کو ہوتے..اُس کے ہاتھوں کے لَمس سے ہار سنگھار کے پھولوں کی طرح مہک دینے لگتے..اس صلاحیت کی بنا پر لوگ اُس سے خوف کھانے لگے اور اُسے پچھل پیری یا چڑیل کا خطاب دیا گیا...وہ اپنے چڑیل قرار دیئے جانے پر خفا نہ ہوئی بلکہ اسے ایک اعزاز کے طور پر قبول کر لیا..اُس عورت کے بیت چکے دنوں کے بارے میں سرگوشیاں ہوتی تھیں..وہ کسی نوجوان کے عشق میں مرمٹی اور عین شادی کے روز اُس کے جی میں جانے کیا آئی کہ اُس نے اس دنیا کو تیاگ دیا..سنت سادھو یوں ہوا کہ ہر لباس سے آزاد ہو گیا اور پھر اُسی ننگ دھڑنگ حالت میں کئی برس تک سرد ترین برفانی موسموں میں اُس چٹان پر دھونی رمائے بیٹھا رہا جس کے پہلو میں سے گنگا کے پہلے دھارے ہمالیہ کی برفوں سے پھُوٹتے تھے..وہ جوگی ایک مدت کے بعد جب پہاڑوں سے اُتر کر آیا تو سیدھا اُس عورت کے پاس آیا جسے اُس نے شادی کے روز اپنے من میں سے اٹھنے والی کسی ہُوک کی صدا پر چھوڑ دیا تھا اور اُس سے معافی کا

خواستگار رہا کہ اتنے برسوں کے گیان دھیان کے باوجود اُس کے من میں شانتی نہ اُتری تھی صرف انکار اور شک اُترا تھا..اور وہ اُس کے پاؤں پڑ کر اُنہیں داپتا، سہلاتا، چومتا، معافی کا طلب گار رہا.. پر اُس عورت نے اُسے معاف نہ کیا البتہ اُس کے پاؤں دابنے، سہلانے اور تھپکنے کے انداز کو اپنا کر اپنی روزی کمانے لگی..

دلاری بائی نے اُسے تلاش کیا اور اُس کے پاؤں پڑ گئی..

وہ گمنامی سے راتوں رات نامور ہو گئی اور لوگ اُس کے پاؤں پڑنے لگے..

پچھل پیری ہر سویر جب کہ دلاری نیند میں ہوتی اُس کے پاؤں عرق گلاب اور موسمی پھولوں کے نچوڑ سے دھوتی..اُنہیں ہولے ہولے نو مولود بچوں کی طرح تھپکتی..اور جس شام اُس کا مُجرا ہوتا وہ اُن پر اُبٹن مل کر اُن کی مالش کرتی، صندل کی خوشبو لگاتی اور پھر سانس روک کر اُس کے پاؤں پر مہندی لگاتی جس میں زعفران کی باریک پتیاں شامل ہوتیں..

چنانچہ دلاری بائی کی شکل نہیں اُس کے پاؤں پورے ہندوستان میں دھوم مچاتے تھے۔

طمنچہ جان کے بارے میں کہا جاتا تھا کہ مُجرے کے لیے اُسے انتخاب نہیں کیا جاتا تھا بلکہ وہ خود درجنوں فرمائشوں میں سے کسی ایک کو اپنی مرضی سے منتخب کیا کرتی تھی لیکن دلاری بائی اُس پر بھی صرف اپنے پاؤں کے کومل سُروں کی بنا پر حاوی ہو گئی..

تو یہ کوئی معمولی وقوعہ نہ تھا کہ دلاری بائی دنیا پور ایسے پس ماندہ اور گمنام قصبے میں مُجرا کرنے کے لیے آرہی تھی..

بخت جہان دولہا بنا بیٹھا تھا اور اس کی اتھری گھوڑی بار بار ہنہنا رہی تھی..

دلاری بائی جب اپنے سازندوں، کارکنوں، اپنی فربہ اور بدشکل ماں اور ہم نوا نوخیز کنجریوں اور پچھل پیری کی معیت میں بخت جہان کے ویہڑے میں داخل ہوئی..اور اُس کی ستواں ناک تلے کی مونچھوں میں کہیں سفیدی ظاہر ہو رہی تھی..تو وہ بخت جہان کو دیکھ کر دنگ رہ گئی..

وہ ایک تجربہ کار حرافہ تھی..وہ جاگیردار، وڈیرے، گدی نشین اور کھاتے پیتے لوگ جو اُسے مُجرے کے لیے بلاتے تھے، اُن میں سے بیشتر کہولت زدہ..پھولے ہوئے پیٹوں والے جن کے جگر کثرت شراب نوشی سے چھلنی ہو چکے تھے، عیاش اور بدشکل کسی حد تک مخبوط الحواس..اور اُن کے بدنوں کی قربت سے زوال اور بوسیدگی کی بُو آتی تھی جسے دلاری بائی مسکراتے ہوئے سہار جاتی تھی کہ یہ اُس کا پیشہ تھا پر دنیا پور کا یہ معمولی چوہدری ایسی شکل اور وجاہت والا تھا کہ وہ اُس کی آنکھوں میں نہیں اُس کے پیروں میں اُتر گیا۔

دلاری بائی ایک وسیع مردانہ میل جول اور عیاشی کے تجربے سے جان گئی کہ اس شخص کے کاٹے کا کچھ علاج نہ ہو گا۔ دلاری اس سے دور رہنا..اور جس لمحے اُس نے اپنے سے مخاطب ہو کر کہا کہ دلاری اس سے دور رہنا وہ اُسی لمحے اُس پر مرمٹی تھی، کاٹی گئی تھی..ایک عقاب کی مانند تیکھی اور ذرا خم کھاتی ناک، باریک اور رس بھرے ہونٹوں پر جھکی سنہری مونچھیں اور لامبی گردن اور وہ بھی ذرا خم کھاتی اور دہ زندہ اور ٹھاٹھیں مارتی جھیلوں ایسی نیلو نیل آنکھیں جو اُس کے کلیجے میں دو برچھوں کی مانند آن لگیں اور اُس میں کُھب گئیں..گیس کی دودھیا روشنی میں وہ ایک شو کا رُوپ دکھائی دے رہا تھا..

اُس کے برابر میں اُس کا جگری یار لہناں سنگھ ایک تخت پوش پر نیم دراز اپنی داڑھی کو سلجھاتا تھا اور مجال ہے کہ اُس

کے چہرے پر کوئی ایسے آثار ہوں جو خبر کرتے ہوں کہ وہ قدرے مغموم ہے کہ اس شخص نے اُس کا بھراپُرا گھر اُجاڑ دیا تھا.. اور وہ جو اصطبل کے نزدیک خوفزدہ اور مضطرب، بنے سنورے داڑھی مونچھ چٹ صفا سوہنی شکلوں والے دولڑکے بیٹھے ہیں وہ اُس کے سگے بیٹے ہیں..رن، تلوار اور گھوڑا کسی کے نہیں ہوتے..ان میں سے اگر ایک رن اُس کی نہیں ہوئی تو کیا پرواہ..

اس مختصر حویلی نما گھر کے پھاٹک کے اندر آج کی شب صرف وہ کمّی کمین ہی داخل ہو سکتے تھے جن کی وفاداری اور خدمت گذاری میں کچھ شک نہ تھا..بکّو بروالے نے آج کی شب کے لیے خصوصی طور پر وہ نوخیز گائے حلال کی تھی جسے وہ باقاعدگی سے گڑ کھلاتا تھا اور روزانہ دیسی گھی کا ایک کٹورا پلاتا تھا..

اور چوکھٹ کے باہر گلی میں متعدد دیگوں تلے کوئلوں کی آگ سلگ رہی تھی اور اُن میں سے دو دیگوں میں بکّو بروالے کی حلال شدہ گائے کا نوخیز گوشت بُھونا جا رہا تھا..وہاں پلاؤ اور زردے کی مہک تو تھی ہی پر ایک دیگ میں سیاہ تیتروں کا گوشت چڑھا ہوا تھا..اُس علاقے کا سب سے ماہر نائی جو موچنا کے نام سے مشہور تھا، ان پکوانوں کی نگرانی کر رہا تھا..اور ابھی ابھی دلاری بائی اُس کے اتنے قریب سے گذری تھی کہ اُس لمحے تمام پکوانوں کی خوشبو معطل ہوگئی تھی اور اُس کے لبادے میں سے اُٹھنے والی مہک اُس پر موچنے پر حاوی ہوگئی تھی اور وہ اُس کے خمار میں آ کر اگر ایک دیگ میں اوندھا جا گرتا تو اُسے بھی حیرت نہ ہوتی..

چوکھٹ کے اندر دُودھیائے ہوئے صحن میں ماچھی، جولاہے، لوہار، ترکھان، بروالے، تیلی، نائی اور کچھ کشمیری..سب کے سب مہمانوں کی آؤ بھگت میں دوہرے ہوتے جاتے تھے..اُنہیں نہ صرف ایک معقول انعام ملنے کی آس تھی بلکہ باہر گلی میں چڑھی دیگوں میں پکتے پکوانوں میں سے کچھ حصہ ملنے کی آرزو بھی تھی..

دلاری بائی جب بخت جہان کے ویہڑے میں اپنے سازندوں، بوڑھی اور بدہیئت ماں ہم نوا نوخیز کنجریوں اور پچھل پیری کے ہمراہ داخل ہوئی...اُس کے نین نقش کی گھائل ہوئی تو متعدد کمّی کمین باقاعدہ اُسے اپنی ہتھیلیوں پر بٹھلا کر صحن کے پیچھے واقع ایک ایسی کچی کوٹھڑی میں لے گئے جہاں ایک بوسیدہ پلنگ پر گراموفون ریکارڈوں کا ایک ڈھیر بکھرا ہوا تھا..اور وہاں کلکتہ کی گوہر جان جو ایک یہودن تھی اور عنائت بائی کے علاوہ کندن لال سہگل اور ماسٹر مدن کے ریکارڈ بھی بکھرے پڑے تھے اور اُن کے درمیان میں ایک گراموفون پڑا تھا..جس پر ایک سیاہ ریکارڈ لگا ہوا تھا اور دلاری بائی نے محض تجسس کی خاطر اُسے چابی دے کر سُوئی اُس ریکارڈ کے آغاز میں رکھ دی اور ایک گھسی پٹی آواز میں ''اِک بنگلا بنے نیارا'' سنائی دینے لگا..پتہ نہیں یہ سُوئی جو گھس چکی تھی اسے کیوں بدلا نہیں گیا تھا..

اُس بوسیدہ پلنگ کے برابر میں ایک نواں نکور نواری پلنگ، رانگلے پایوں والا..جس پر ایک سُرخ رنگ کی ریشمی چادر کروٹیں بدلتی تھی، بچھا ہوا تھا اور یہ اہتمام دلاری بائی کی خاطر تھا..وہ ایک نخریلی ''ہائے'' کے ساتھ اُس پر دراز ہوگئی اور پچھل پیری نے فوراً اُس کے پاؤں گود میں رکھ کر سہلانے اور دبانے شروع کر دیئے..اُس کی ماں کوشلیا بائی اپنی کماؤ بیٹی کی نوک پلک سنوارنے اُسے ہارسنگھار کرنے میں مصروف ہوگئی..سازندوں نے..جھنڈے خان رام پیارے اور نھتو خان نے اس موقع کو غنیمت جانا اور اپنی ہتھیلیوں پر چرس کی ڈلیوں کو مسلنے لگے اور پھر اُسے سگرٹوں میں بھر کر کش لگاتے سُر میں آنے لگے..

باہر..پھاٹک کے باہر..بہت دیر سے منتظر..صدائیں دیتے، دعائیں دیتے مراثیوں اور بھانڈوں کو بالآخر

اذن باریابی مل گیا اور وہ ڈفلیاں بجاتے، ایک دوسرے کو چمڑے کے چھتروں سے مارتے، جگتیں کرتے اُس چکا چوند میں آ گئے جس میں بخت جہان دولہا بنا بیٹھا تھا.. جب تک دلاری بائی کے گھنگھرو اس ویہڑے میں نہ اُترتے اور چھنکتے تھے تب تک اُنہوں نے حاضرین کا اپنے ہنسی مخول اور کٹیلے فقروں سے دل بہلانا تھا.. اُنہیں پر چائے رکھنا تھا..

''اوئے نذر محمد..''

''ہاں اوئے..''

''اوئے باہر گلی میں جو سیاہ تیتروں کی دیگ چڑھی ہے تو اُن میں سے کوئی ایک ناتواں سا تیتر ہمارے حصّے میں بھی آئے گا کہ نہیں..''

''اوئے یہ سارے تیتر ہم نے ہی کھانے ہیں..''

''مر اوئے.. پر کیوں اوئے..''

''اوئے یہ جٹ کھاتے پیتے لوگ ہیں.. پر کھاتے کم ہیں اور پیتے زیادہ ہیں تو تیتر ہم نے ہی کھانے ہیں۔''

اپنے بدن پر اپنے ساتھی بھانڈ کے چمڑے کے چھترّ کے وار سہتے، یونہی درد سے دوہرے ہوتے ایک بھانڈ پوچھتا ہے..''اوئے یہ بتا کہ اس دنیا میں سب سے اونچی شے کون سی ہے؟''

''اپنے چوہدری بخت جہان کی ناک.. اور کیا۔''

''اور اُس کی ناک سے بھی اونچی..''

''اوئے اُس کی پگڑی کا شملا..''

''سچ ہے، حق ہے..''

بخت جہان نے اپنی پگڑی کے شملے پر ہاتھ پھیر کر اُس کی کلف زدہ اکڑاہٹ کو عرش تک پہنچتے ہوئے محسوس کیا اور مسکرانے لگا.. اور اُس لمحے اُس کے کانوں میں ایک ملفوف سی چیخ اُتری جو امرت کور کی تھی پر اُس نے کچھ دھیان نہ دیا اور بھانڈوں کی جانب چند سکّے اُچھال دیئے..

''اوئے یہ جو کھتری اور شاہوکار آئے ہوئے ہیں تو ان کے پلّے میں ایک دمڑی بھی نہیں ہے.. اگر ہوتی تو وہ ہم مسکینوں کو دے دیتے تو ہم انہیں کچھ اُدھار نہ دے دیں؟''

''مر اوئے.. ان کے پاس تو ہمارے چوہدریوں کی ساری زمینیں گہن پڑی ہیں تُو دمڑیوں کی بات کرتا ہے..''

ایمن آباد کے ایک کھتری نے اُن کی جانب چاندی کا ایک روپیہ اچھال دیا..

''اوئے یہ بتا کہ چوہدری بخت جہان کی موجودگی میں کوئی چڑیا چہچہانے کی جرأت کر سکتی ہے، کوئی مینڈک ٹرّا سکتا ہے.. اور کوئی بندہ دم مار سکتا ہے..''

''مر اوئے.. توبہ بھئی توبہ..''

''تو پھر نکل چل یہاں سے، اس سے پیشتر کہ ہم بخت جہان کی ڈانگ کی زد میں آ جائیں.. ہم لوگ.. کمّی کمین تو ایک چڑیا، ایک مینڈک اور ایک بندے سے بھی کمتر مخلوق ہیں تو جان بچا.. نکل چل..''

''چوہدرانی..سردارنی..'' پھاتاں دائی نے امرت کور کے پُھولے ہوئے پیٹ پر ہتھیلی جما کر اور پھر جھکتے ہوئے پیٹ پر اپنا دایاں کان جما کر قدرے توقف کیا جیسے وہ کچھ آہٹیں سُن رہی ہو اور پھر سر اُٹھا کر کہنے لگی ''بیٹا ہے..''

''حرام کی ہڈیئے..'' امرت کور کے بدن کی ساری شریانیں اور رگیں ایک دوسرے کو کاٹتی اور پھٹتی تھیں..اور اُس کے اندر جو وجود تھا وہ کروٹیں لیتا اُسے شدید اذیت میں مبتلا کرتا تھا ''تو کیسے جانتی ہے..''

''اس گاؤں کے ویہڑوں میں جتنے بال کھیلتے ہیں..اور وہ جو جوان ہو کر کھیتوں میں ہل چلاتے ہیں تو میں نے ہی ان سب کو کھینچ کر اُن کی ماؤں کی کوکھ میں سے نکالا ہے تو مجھے تجربہ ہے..اگر بیٹی ہو تو ماں کا چہرہ پژمردہ اور ناخوش ہوتا ہے کہ یہی پژمردگی اور ناخوشی ایک بیٹی کے نصیب میں ہوتی ہے جب کہ ایک عورت جس کے اندر ایک بیٹا ہو وہ بہت کِھلی ہوئی، تروتازہ اور پُرتفاخر ہوتی ہے....شانت اور امن میں ہوتی ہے۔''

''پر پھاتاں میں تو ناخوش ہوں..میرے اندر کچھ امن نہیں..''

''صرف اس لیے کہ باہر ویہڑے میں جو مہمان اُترتے ہیں، دلاری بائی ناچنے والی ہے اور بخت جہان ایک دولہا بنا بیٹھا ہے اور وہ تیری اس اذیت بھری موجودگی سے آگاہ بھی نہیں ہے۔ اگر اس لمحے کوئی اُس سے کہے کہ اندر امرت کور تڑپتی ہے تو وہ حیران ہو کر پوچھے کہ کون؟ تو اس لیے تُو ناخوش ہے....بیٹا ہو گا انشاءاللہ..''

''واہیگرو کی کرپا سے..''

اور اُس لمحے جب بھانڈ اپنے نذرانے وصول کر کے جُھک جُھک کر چاروں اور سلامیں کرتے، دعائیں دیتے..جیوے چوہدری بخت جہان..آل اولاد دی خیر..بھاگ لگے رہیں..رخصت ہو رہے تھے تو ویہڑے میں دلاری بائی کے زعفرانی پاؤں..جیسے وہ دونوں اُس کے بقیہ بدن سے الگ سا وجود رکھتے ہوں چھم چھم کرتے نازل ہو گئے..

صرف بخت جہان پر بظاہر کچھ اثر نہ ہوا..

سردار لہناں سنگھ کے ہاتھوں میں جو بُھنا ہوا کالا تیتر تھا..اور جس پر وہ اپنے دانت جمانے کو تھا..وُہیں کا وُہیں رہ گیا..رَن ہو تو ایسی کہ بندہ ساری عمر اُس کے تلوے چاٹتا رہے..

اور اُس کے دونوں بیٹے فتح محمد اور غلام محمد جنہیں اُن کے دونوں باپوں نے ایک ایک مٹکا شراب کا تفویض کیا تھا وہ تو ہکا بکا رہ گئے کہ یہ تو کوئی اپسرا تھی..

چیمے، چٹھے، تارڑ، گوندل، باجوے، وڑائچ، سندھو، ساہی، گھمن، گل، اروڑے، کھتری اور آلو والئے سب کے سب دم بخود رہ گئے..

یہاں تک کہ گھوڑی اَتھری بھی اُس کے پاؤں کی چھنک سُن کر کنوتیاں سیدھی کر کے ہنہنانے لگی..

دلاری بائی کے پاؤں میں سب کی آنکھیں ڈھیر ہونے لگیں..اور ان میں سے بیشتر آنکھیں لال گلال تھیں..

دلاری بائی نے ویہڑے کے اندر داخل ہو کر سب سے پہلے بخت جہان کے آگے کمر تک جُھک کر ایک طویل

سلام کیا.. اُس کی جانب براہ راست دیکھا نہیں کہ اس جاٹ کے ماتھے پر حرام لکھا تھا اور وہ جو خود حرام تھی اُس سے آنکھیں چُراتی تھی مبادا وہ حلال نہ ہو جائے.. وہ ماتھے پر ہاتھ رکھے ذرا پیچھے ہوئی اور کچّے فرش پر بچھی دری پر اپنی متناسب ٹانگیں اور رانیں سمیٹ کر بیٹھ گئی.. نصف بازو کی تنگ پھنسی ہوئی چولی.. بنارس کے ریشم کا بھاری گھاگھرا.. گلابی ساٹن کا ٹانگوں سے چمٹا ہوا چُست پاجامہ.. گلے میں جڑاؤ گلوبند.. ہاتھ میں بنکن.. پاؤں میں لچھّے.. ماتھے پر جھمکتا جھومر.. کان جھمکوں اور بالیوں سے بھرے ہوئے اور ناک میں ہیرے کی ایک نتھ جو مناسب سونے کے پاؤنڈوں کی ادائیگی سے کُھل بھی سکتی تھی اور کُھلتی رہتی تھی..

وہ بخت جہان کے سامنے اپنی مدھر ٹانگیں اور ریشمی رانیں لپیٹے نظریں نیچی کیے بیٹھی رہی.. سبھی دم روکے منتظر تھے..

دنیا پور کے اندھیارے آسمان کے اندر ایک اپنی ڈار سے بچھڑی ہوئی کونج کُرلاتی ہوئی گذر گئی..

پھر ایک اور کُرلاہٹ نے اُس سناٹے کو توڑا اور وہ کسی کونج کی نہ تھی امرت کور کی تھی..

ساون بھادوں کا حبس ایسا تھا کہ اُتھری کا تھرتھراتا ہوا جثّہ بھی یوں بھیگتا تھا کہ گیس لیمپوں کی روشنی میں دودھیا ہو کر لشکتا تھا اور دلاری بائی کی چولی سکڑ کر تنگ ہوتی تھی اور اُس کے بدن کے اندر تک پسینہ ٹپکتا تھا.. تب اُستاد نتھو خان نے جو ایک زمانے میں دلاری بائی جیسی طوائفوں سے بات کرنے کا بھی روادار نہ تھا کہ وہ اپنے فن میں اتنا یکتا تھا اور پھر ایک بار اُسے دیکھا تو اُس کے عشق میں یوں گرفتار ہوا کہ صرف اُس کا چہرہ دیکھے جانے کی چاہت میں اُس کی سنگت کرنے لگا.. اُس نے اپنے کانوں کی لوؤں کو چھوا.. سارنگی پر اپنا ماتھ لگا کر اُس کی تنی ہوئی تاروں پر ہولے سے گز رکھا جیسے ایک پرندہ ہولے سے ایک شاخ پر اُترتا ہے.. رام پیارا جو اپنی جوڑی پر گندھا ہوا آٹا مل کر اُسے کومل کر رہا تھا اُس نے متعدد بار سر جھٹک کر اپنے وجود کو سُر میں کیا اور پھر ہتھیلی پھیلا کر طبلے پر ایک تال دی.. جھنڈے خان نے اُن دونوں کی سُریلی پیروی میں ہارمونیم پر اپنی لامبی اُنگلیاں متحرک کر دیں..

سازندے ابھی اپنے ساز درست کر رہے تھے اُنہیں سُر میں لا رہے تھے.. حالانکہ حاضرین خمار کی اُس پُر اشتیاق منزل پر تھے جہاں وہ دھیان گیان کے اپنے ذاتی سُروں میں ایسے پہنچ چکے تھے کہ اُنہیں کُچھ پرواہ نہ تھی کہ اُن کے سوا کوئی اور سُر میں ہے یا نہیں..

پھر ایک طے شدہ وقفے کے بعد جس کے دوران دلاری بائی بخت جہان کے سامنے نظریں جھکائے بُت بنی بیٹھی رہی پچھلی کوٹھڑی میں سے نہایت چُلبلی اور نخریلی بلّیوں ایسی دو کنجریاں ہاتھوں میں چاندی کی طشتریاں تھامے ناز و ادا سے مٹکتی برآمد ہوئیں اور سب سے پہلے بخت جہان کے آگے جھک گئیں اور وہ مُجرے کے ان ادب آداب سے خوب واقف تھا.. اُس نے دونوں طشتریوں میں سے ایک ایک دلاری بائی کی حرّافہ ماں کے ہاتھوں کا بنایا ہوا پان اُٹھایا اور دوسرے ہاتھ سے اُن میں چاندی کا ایک ایک روپیہ رکھ دیا..

بخت جہان نے وہ پان لپیٹ کر مُنہ میں رکھنے کی بجائے اتھری اور بگّی کو کھلانے کے لیے سنبھال لیے..

وہ دونوں نوخیز نخریلی کنجریاں جان گئیں کہ اس محفل میں بخت جہان کے بعد اہم ترین کونسا شخص ہے..

لہناں سنگھ نے پان اُٹھانے سے پیشتر ایک کنجری کا ہاتھ پکڑ کر.. اُس کی کلائی کو مروڑ کر اپنی مونچھوں کو بل دیا.. اور وہ کنجری ناز سے لچکتی گویا اپنا ہاتھ چھڑانے کی کوشش کرتی رہی.. وہ جانتی تھی کہ جتنی دیر وہ جان بُوجھ کر اس سردار سے اپنا ہاتھ نہیں چھڑائے گی اُسی حساب سے اُس کی طشتری میں چاندی کے سِکّے اُتریں گے..

وہ دونوں کنجریاں جو دلاری بائی سے تربیت حاصل کر رہی تھیں چاندی کے روپوں سے بھری ہوئی طشتریاں تھامے واپس چلی گئیں..

اُن زمانوں کے یہی ادب آداب تھے..

اُن کے رخصت ہونے پر ذرا توقف ہوا اور پھر دلاری بائی ذرا لچکتی ہوئی اُٹھی.. ناک چڑھاتی ہوئی جیسے ایک اذیت میں ہو اور اُس سے اپنے ہی بدن کا بوجھ سہانہ جاتا ہو اور ایک مرتبہ اُٹھی.. ہونٹوں کو سکیڑا اور ایک مدھم سی ''ہائے'' کہہ کر اُٹھی اور پھر اُسی مقام پر بیٹھ گئی اور ہاتھ بُلند کر کے مُجرے کے آداب کے مطابق ایک کلاسیکی دادرے سے گائیکی کا آغاز کر دیا..

؎ چھوٹی بڑی سُوئیاں رے جالی کا مورا کاڑھنا..

چھوٹی.. کی ادائیگی کرتے ہوئے وہ نرت بھاؤیوں کرتی جیسے اُس کے کسمساتے بدن میں سُوئیاں چبھ رہی ہوں اور اُس کے ساتھ ہی نتھو خان کی سارنگی کی تاریں اُس چُبھن کو سُروں میں بیان کرنے لگتیں.. وہ چھوٹی بڑی سوئیوں کی ادائیگی میں لذت سے یوں نڈھال ہوتی.. سکڑتی، آنکھیں موندتی کہ لہناں سنگھ کا سارا جُثہ کھڑکنے لگا.. اور اُس کی سُرخیلی آنکھوں میں بھی وہ چھوٹی بڑی سوئیاں اُترنے لگیں.. دلاری بائی کو معلوم تھا کہ دنیا پور کے یہ اکھڑ جاٹ دادرے کی کلاسیکی رمزیں نہیں جانتے.. یہ کولو اور رسول پور کے تارڑوں ایسے صاحب ذوق نہیں ہیں جنھوں نے اپنی حویلیوں میں خصوصی طور پر مُجروں کے لیے کمرے بنوا رکھے تھے اور وہاں بالکونیاں تھیں جن میں بیٹھ کر وہ شراب پیتے تھے پر اتنے مدہوش کبھی نہ ہوتے تھے کہ سچّے سُر پر داد نہ دے سکیں..

بہرطور گائیکی کے آداب کا تقاضا تھا کہ ایک مُجرا دادرے کے الاپ سے ہی شروع کیا جائے..

وہاں بخت جہان کے ہاں جتنے بھی شائقین تھے اُن میں سے بیشتر کے کُچھ پلّے نہ پڑ رہا تھا کہ یہ دُلاری بائی اپنے حلق سے یہ عجیب عجیب آوازیں کیوں نکال رہی ہے اور اس میں یہ چھوٹی بڑی سُوئیاں کہاں سے آ گئی ہیں.. وہ تو اُس کے پاؤں سے بندھے ہوئے تھے.. منتظر تھے کہ کب وہ حرکت میں آویں.. دنیا پور کے کچے گھروندوں، تنگ گلیوں، جولاہوں کی تاریک کوٹھڑیوں، لوہاروں کی سرد ہو چکی بھٹیوں میں.. ترکھانوں کے رندہ کئے ہوئے شہتیروں کی مہک میں جولاہوں کی کھڈیوں پر چڑھے نامکمل کھیسوں کی بُنت کے اندر... ماشکیوں کی خالی پچکی ہوئی چمڑے کی مشکوں مشکیزوں کے اندر پانی کے جو چند قطرے تھے اُن میں اور یہاں تک کہ ویران مسجد کے طاقچوں میں بجھے ہوئے دِیوں کے سیاہ ہو چکے تیل میں دلاری بائی کا دادرا... چھوٹی بڑی سوئیاں رے جالی کا مورا کاڑھنا.. سرائت کرتا تھا..

اُدھر سرو سانسی... سانسیوں کی بستی میں اپنے چھپر تلے مُردار کے ماس کی مستی میں طبلے کی ہر تھاپ پر جُھولتا تھا.. گرنے کو ہوتا تو سنبھل جاتا تھا اور پھر سے جُھولنے لگتا تھا..

ہارمونیم کا الاپ اور اُس کے ہمراہ طبلے کی سنگت اور دلاری کی لوچدار آواز ادھر گاؤں کی گلیوں میں ہی آوارہ ہوتی پھرتی.. پر سارنگی کا کوئی ایک سُر چوپال سے پرے جوہڑ کے پار قبرستان کے اندھیارے تک بھی جا پہنچتا اور محمد جہان نمبردار کی قبر پر رونے لگتا.. کہ دیکھ تیرے بال بچوں کو آج بھی پیٹ بھر کر کھانا نصیب نہیں ہوا.. اور دیوار کے پار تیرا لاڈلا بھائی بخت جہان جسے تمہاری موت کا کچھ غم نہیں کُل عالم کو بُھنے ہوئے کالے تیتر اور ایک نوخیز گائے کا کومل گوشت کھلا رہا ہے اور وہ شراب جس کا زہر کیکر ایسے درخت کو مردہ کر دیتا ہے، لوگوں کو پلاتا ہے اور شہر لاہور کی دلاری بائی کے سامنے دولہا بنا بیٹھا ہے..

محمد جہان کے انجر پنجر کو سارنگی کے اُس سُر کی کُچھ خبر نہ ہوئی جو اُس کی قبر پر روتا تھا البتہ اُس پنجر میں بسیرا کرنے والے کن کھجورے اور دھک مکوڑے بے چینی سے رینگنے لگے..

تجربے کی آگ میں کندن ہو چکی.. سینکڑوں مُجروں کی چَھٹی پھونکی ہوئی دلاری بائی تماش بینوں کے مزاج سے خوب آگاہ تھی، اُن کی رگ رگ سے واقف تھی اور کون سے لمحے میں کونسی رگ پھڑکانی ہے، خوب جانتی تھی کہ اُنہیں سب سے پہلے دادرا سُنا کر.. چاہے یہ اُن کے پلّے پڑتا ہے یا نہیں.. اپنی گائیکی کا قائل کرنا تھا اور پھر اُنہیں فراق کے المیہ گیت سنا کر اداس کرنا تھا.. اور رات کے ڈھلنے کے ساتھ ہولے ہولے اُس عروج پر لے جانا تھا جہاں حاضرین بے خود ہو کر اُس کے ساتھ ناچنے لگتے ہیں اور بے دریغ چاندی کے سکے لٹانے لگتے ہیں..

دلاری بائی کے پاؤں کو کہاں تک دیکھا جا سکتا تھا، کُچھ لوگ دادرے سے بیزار ہونے لگے.. اپنی جمائیاں روکنے کی کوشش کرنے لگے..

کوٹھوں پر سے جو ہجوم اُمڈا پڑتا حویلی کے صحن میں جھانکتا تھا گُھسر پُسر کرنے لگا.. تب دلاری بائی نے دادرے کے آخری بول ادا کر کے پہلی بار بخت جہان کی جانب دیکھا اور اُسے نہیں دیکھنا چاہیے تھا کہ وہ بھول گئی کہ اس کے بعد اُس نے کیا گانا ہے.. نھو خان بھی کوئی کم تجربہ کار تھوڑا تھا وہ بھی جان چکا تھا کہ بائی جی کی جان پر بن آئی ہے چنانچہ اُس نے ہاتھ اُٹھا کر کہا ''واہ جی واہ دلاری جی.. دردِ فراق کی چِٹھی کیا کہتی ہے'' اور پھر اُس نے ہاتھ میں تھامے گز کو نہایت پیار سے سارنگی کی تاروں پر رکھ کر ذرا سی بے چین جُنبش دی اور اُس میں سے فراق کی اداسی کی ایک تان نکالی.. دلاری بائی ہوش میں آ گئی، چولی کے بھیگے ہوئے بازوؤں کو ناک سکیڑ کر کھینچا.. گلابی ساٹن میں لپٹی ہوئی ٹانگ کو ذرا سی حرکت دی اور ہاتھ یوں بُلند کیا کہ سونے کی چوڑیاں کھنکتی ہوئیں کُہنیوں تک آ گئیں..

چِٹھیئے دردِ فراق والیے
نئیں لے جا سنیہڑا میرے یار دا..

اُس کا سراپا دردِ فراق کی ایک تصویر بن گیا.. وہ دُکھ سے ہوکے بھرنے لگی.. وہ جو بیزار ہو چکے تھے.. جمائیاں روک رہے تھے اُس کی جانب مُلتفت ہو گئے..

چَن چڑھیا گُل عالم دیکھے..
میں دس تھاں دیکھاں مُکھ یاردا..
چِٹھیئے..
رات ہنیری بدّل وسدا..
نظر نہ آوے کنڈا پاردا..
نِیں چِٹھیئے دردفراق والیے..

لہناں سنگھ نے رنجیدہ ہوکر ایک سِسکی سی بھری اُس کے دردفراق والے وہ زخم ہرے ہو گئے جنہوں نے گئے زمانوں میں اُس کے بدن کو گھائل کیا تھا اور اُس نے اپنے پیالے میں بھری شراب کو ایک ڈیک لگا کر پی لیا اور پھر بمشکل اپنے آنسوؤں پر قابو پایا۔

اُن سب کے سامنے ابھی کچھ دیر پہلے ایک ایسی دلاری بائی تھی جس کی نازاداؤں اور نخروں نے اُنہیں یُوں مسّخر کیا تھا کہ وہ اُسے دبوچ لینا چاہتے تھے اور اب وہی دلاری ہجر کا گیت الاپتی، دُکھ سے بھری ہوئی ایک دیوی سمان معصوم اور پوتر لگنے لگی جو اپنے محبوب کی جدائی میں نڈھال اُسے دل کا حال ایک پتّر میں بیان کرتی اُسے بھیجتی تھی..

دنیا پور کے کوٹھوں پر ہجوم کرتی خلقت پر کچھ زیادہ ہی اثر ہوا.. اور اُن میں سے کچھ جذباتی ہوکر اپنی ناکیں سنکنے لگے.. آنسو پونچھنے لگے..

رات کے اندھیرے میں بخت جہان کی حویلی ایک چراغ کی مانند روشن ہوتی تھی اور آسمانوں کو اُٹھتی تھی اور اس کے ساتھ بخت جہان بھی دولہا بنا بیٹھا عرشوں تک جاتا تھا..

ایسی گھٹاٹوپ تاریکی ہے اور اُس میں سے بارش کی بوچھاڑیں ایسی اُترتی ہیں کہ میں جو دریا کے پار اُترنا چاہتی ہوں محبوب سے ملاقات کی خاطر.. تو مجھے اس بارش میں دریا کا دوسرا کنارا دکھائی نہیں دیتا، کیسے جاؤں جمنا کے پار.. بتا اے دردفراق کی چِٹھیئے۔

کیکر کی شراب کا نصف سے زیادہ مٹکا خالی کرنے کے بعد وہ دونوں خمار میں آ کر اپنے اصل کی جانب لوٹنے لگے.. فتح محمد پھر سے گوبند سنگھ ہونے لگا اور نونہال سنگھ اپنے غلام محمد ہو جانے سے تائب ہونے لگا... اُن کی سکھ خصلت.. اُنہیں کچوکے دینے لگی کہ اُٹھو اور بلّے بلّے کرتے ہوئے دلاری کے گرد بھنگڑا ڈالنے لگو اور اگر یہ بھی نہیں کر سکتے تو اس اُداس گیت کے زیرِ اثر دھاڑیں مار مار کر رونے لگو۔ پر اُنہوں نے شدید ضبط صرف اس لیے کیا کہ بخت جہان نے ان دونوں کو خبردار کیا تھا کہ اگر آج کی شب تم نے کچھ شور شرابا کیا.. بدمست ہوئے تو میں اسماعیل نائی کو بلا کر دوبارہ تمہارے ختنے کرا دوں گا تو پھر تمہارے پلّے کیا رہ جائے گا، تو یہی دھمکی دوبارہ ختنوں کی اُنہیں ادھم مچانے سے باز رکھ رہی تھی.. ورنہ وہ کب کے دلاری بائی کے سامنے بلّے بلّے کرتے کُود چکے ہوتے۔

سبھی پر..کوٹھوں پر سے اُڑتی مخلوق پر..صحن میں براجمان دودھیا روشنی میں نہائے لوگوں پر..دنیا پور کی اندھیری ہو چکی گلیوں اور گھروں پر یہ دردِ فراق اثر انداز ہو رہا تھا۔ پر بخت جہان اپنی ٹیڑھی گردن کے تکبر میں گم مخلوق کو کیڑے مکوڑے سمجھتا..عرشوں پر براجمان دولہا بنا بیٹھا بے اثر بیٹھا رہا..اُس کے مہمان حلق میں زہرناک شراب کے پیالے اُنڈیلتے کالے تیتروں اور گائے کا ماس کھاتے آبدیدہ ہو رہے تھے..وہ تکبر کے تخت پر متمکن اُن سب پر ایک نظرِ حقارت کی ڈالتا تھا جو اُس کی مہیا کردہ خوراک کھا رہے تھے اور اُس کی شراب پی رہے تھے اور اُن کے سامنے جو مشہورِ زمانہ دلاری بائی دردِ فراق کی چٹھیاں بھیجتی ہے تو وہ اُس کے صحن میں اُتری ہوئی ہے..

بخت جہان اُس لمحے ایک خدا تھا اور اُسے شائبہ بھی نہ تھا کہ آئندہ زمانوں میں کبھی اُس نے یوں متروک ہو جانا ہے کہ اپنے تخت سے اُتر کر ایک رذیل گداگر اور محتاج ایسا ہو جانا ہے کہ ایک مری ہوئی مُرغی کی خاطر دیوار کے پار سوئی ہوئی ابھی ایک بچی نور بیگم کی چوکھٹ کے باہر کھڑے ہو کر صدائیں دینی ہیں..ایک مردہ مُرغی کے لیے اُس کی خوشامد کرنی ہے کہ دھیّے تو میری سگی بھتیجی ہے۔ اگر ہمیں آئندہ زمانوں کا کچھ ادراک ہو..جو ہونا ہے اُس کا کُچھ بھی شائبہ ہو تو ہم کاہے کو تکبر کریں..کیوں خدا بن جائیں..ہر خدا بالآخر متروک ہو جاتا ہے پر جب تک خدائی چلتی ہے انسان کیوں نہ خدا ہوتا جائے..کل کس نے دیکھا ہے..

منموہن اروڑا..ایمن آباد کا مہا مہاجن جس کے بارے میں مشہور تھا کہ سونے کی ڈلیوں سے تعمیر کردہ ایک تھڑے پر سوتا ہے..جادوئی آنکھوں والا ایک ادھیڑ عمر شخص جو سُر تان کی ایسی سوجھ بوجھ رکھتا تھا کہ بڑے بڑے گائک اُس کے پاؤں چھو کر ڈرتے ڈرتے اُس کے سامنے گاتے تھے کہ کہیں اُس کے ماتھے پر وہ شکن نہ اُبھر آئے جو رتّی بھر بے سُرا ہونے سے یکدم وجود میں آ جاتی تھی..وہ اس محفل میں آنے کے بعد ایک سپاٹ چہرہ لیے بیٹھا تھا اور گڑ کے شربت کے گھونٹ بھرتا تھا..اُسے شراب سے نفرت تھی۔ منموہن اروڑے نے اپنی پھتوہی یا واسکٹ کی اندرونی جیب میں سے ساٹن کی ایک پوٹلی نکالی اور اُس کی گردن مٹّھی میں بھینچ کر دلاری بائی کے پاس گیا، جو اُس لمحے دردِ فراق والی چٹھی کے صدمے سے نڈھال دری پر اوندھی پڑی حبس سے گیلی ہوتی تڑپ رہی تھی اور پوٹلی اُس کے تلووں سے چُھو کر اُس کے چہرے کے آگے پھینک دی..''مرحبا۔''

دلاری کی آنکھیں شدتِ غم سے نیم وا تھیں پر اُس نے اپنے آگے گرتی پوٹلی کی کھنک سے اندازہ لگا لیا کہ منموہن اروڑا ابھی کُھل کر نہیں کھیلا، اُس میں زیادہ سے زیادہ پانچ سات روپوں کے سکّے تھے لیکن وہ جانتی تھی کہ یہ بارش کا پہلا قطرہ ہے..اگر اُس کی گائکی نے اس مہاجن کے دل پر اثر کر دیا ہے تو کُچھ ہی دیر میں بقیہ تماشائی بھی اپنی جیبیں اُلٹ دیں گے..

مُجرے کے مقامی آداب کے مطابق شراب جو کوئی بھی پیئے اور جتنی بھی پیئے اور خوراک جس نوعیت کی بھی کھانا چاہے اور جتنے بھی کھانا چاہے اس کی ذمہ داری میزبان کی ہوا کرتی تھی..جب کہ مُجرا کرنے والی اور اُس کے سازندوں کو ویلیں دینا، چاندی کے روپوں کی پوٹلیاں نچھاور کرنا..یا حیثیت ہو تو گانے والی کی خدمت میں سونے کا کوئی زیور پیش کرنا اُس میزبان کے یاروں اور دیگر تماشائیوں کا فرض تھا..اور وہ یہ فرض بڑھ چڑھ کر ادا کرتے تھے کہ یہ نیک نامی کا باعث بنتا تھا..دیہات میں برسوں کسی ایسے شخص کے قصے سنائے جاتے تھے جس نے کسی کنجری کی ایک ادا پر گھر بار لٹا دیا..عنایت بائی

ڈھیرو والی ایسی نک چڑھی گائکہ جو راجوں مہاراجوں کو اپنی ہیروں سے مزین جُوتی کی نوک پر رکھتی تھی ایک بار ذی شان تارڑ کے بُلانے پر کولو تارڑ آ گئی تھی کیونکہ ماضی میں اُس نے اُسے کسی مُشکل میں سے نکالا تھا..اور یوں بھی ذی شان تارڑ منموہن اروڑے کی مانند نہ صرف راگوں کا بھیدی تھا بلکہ دوستوں کی محفل میں خود بھی پکّے سُر لگانے کا ماہر تھا..کہتے ہیں کہ ایک چٹھہ سردار عنائت بائی کی کسی تان پر ایسا مرمٹا کہ مُجرے کے دوران اُٹھ کر گھر گیا..نہ صرف گھر والی کے تمام زیور اکٹھے کیے بلکہ اُس کے ہاتھوں کی چوڑیاں بھی اُتروا کر واپس آیا اور اپنے ہاتھوں سے عنائت بائی کو وہ تمام زیور پہنا کر اُس کے گرد بلّے بلّے کرتا ناچنے لگا..

درد اور فراق کا کوئی بھی گیت تب تک بے اثر رہتا ہے جب تک کہ سننے والے کا تصور ہجر کے جدائی کے اُس الاپ کے اندر اپنے کسی بچھڑ جانے والے کی صُورت کے شائبے نہ دیکھنے لگے..ساز اور آواز کے ساتھ اُس کی تصویر کے نقش نہ اُبھرنے لگیں..بخت جہان کے ساتھ بھی یہی کُچھ ہو گیا..وہ جو شانت اور بے اثر دولہا بنا بیٹھا تھا اُس کی خمار آلود آنکھوں میں اپنے بڑے بھائی محمد جہان کا سراپا دُھندلانے لگا..اور ایک ہلکی سی نمی اُن آنکھوں میں اُترنے لگی اور وہ اُس کے سامنے رونی سی شکل بنائے کھڑا کہتا تھا..بھائیا پرسوں میں نے اپنے یاروں کے ساتھ ایمن آباد کی بیساکھی کے میلے پر جانا ہے اور میرے پلّے میں ایک دمڑی بھی نہیں ہے..میں نے اپنے یاروں کی خاطر کرنی ہے..تو محمد جہان نے کیسی اُلفت بھری نظروں سے اُسے دیکھتے ہوئے کہا تھا..اوئے بخت جہانیاں ایسی رونی شکل نہ بنا، تجھے نظر لگ جائے گی..تو اپنے یاروں کی جو جی چاہے خاطر کر تجھے پیسوں کی تھوڑ نہیں ہو گی..بخت جہان نے اُسی وقت پیر کوٹ کے نامی گرامی حلوائی نتھو رام کو طلب کر کے کہا..اوئے نتھوا..کڑاہیاں چڑھا دے..دیسی گھیو میں جلیبیاں تلتا جا اور نکالتا جا جب تک نہ صرف میرے یاروں کا بلکہ پورے دنیا پور کا رَجھ نہیں ہو جاتا..پورے دو روز نتھو کی کڑاہیاں آگ پر چڑھی رہیں..دنیا پور کے آس پاس کے بھی جو دیہات تھے، وہاں کے لوگ بھی جلیبیوں کی خوشبو سونگھتے پہنچ گئے اور تب تک جلیبیاں کھاتے رہے جب تک کہ اُس کے یاروں سمیت کُل مخلوق کو دست نہ لگ گئے..اور اُن میں سے کوئی بھی اس قابل نہ رہا کہ بھنگڑے ڈالتا ایمن آباد کے میلے کی جانب چل دے..محمد جہان اگلے ڈیڑھ برس تک ان جلیبیوں پر صرف شدہ رقم جو اُس نے مقامی مہاجن سے اُدھار لی تھی اُتارتا رہا پر اُس نے اپنے لاڈلے بھائی سے کُچھ شکائت نہ کی کہ اُس نے خود ہی تو کہا تھا کہ تمہیں پیسوں کی تھوڑ نہیں ہو گی..

اپنے اُس رخصت ہو چکے اُس سے لاڈ کرنے والے بھائی کے لیے بخت جہان بہت اداس ہوا..پر دیوار کے اُس پار اُس کے یتیم ہو چکے بچوں اور اُس کی بیوہ کا اُسے ایک لمحے کے بھی خیال نہ آیا..وہ اُن کے وجود سے غافل رہا..

سب کو، کوٹھوں پر سے جھانکنے والوں اور صحن میں براجمان تماشائیوں کو درد فراق کی چٹھی سے رُلا کر جب دلاری باری نے دنیا پور پر تنتے تاریک آسمان سے مخاطب ہو کر..رات ہنیری بدّل وسدا، نظر نہ آوے کنڈا پار دا..کی دُکھ بھری فریاد کر کے اس چٹھی کو اختتام پذیر کیا اور دری پر ڈھیر ہو کر ساکت ہو گئی تو ہر جانب سے شاباش شاباش..مرحبا اور جیتی رہو کی آوازیں آنے لگیں..اُن زمانوں میں ہر گانے والی کا موازنہ کسی نہ کسی سطح پر عنائت بائی سے ہو جاتا تھا کہ راج اُن زمانوں میں اسی کا تھا..وہ جہاں پکّے راگوں کی ملکہ تھی وہاں لوک داستانوں کو بھی سُر میں ڈھالنے کی ماہر تھی اور جب وہ مرزا صاحباں کا الاپ کرتی ہوئی..بھٹ رنّاں دی یاری...کے بعد ''جٹّا ای اوئے'' کی تان یُوں لگاتی کہ وہ آسمانوں کو جا چھوتی پر اُس کا

سانس نہ اُکھڑتا تو خصوصی طور پر جاٹ چوہدری اُس پر سب کچھ لُٹا دیتے.. دلاری بائی کے پاس تو صرف اُس کے پاؤں تھے، وہ نہ سانس میں اور نہ راگ میں عنائت بائی کے برابری کر سکتی تھی پر وہ اس امر سے خوب آگاہ تھی کہ جب محفل جوبن پر آجائے.. بیشتر تماشائی مخمور اور جذباتی ہو چکے ہوں تو اُنہیں مزید جذباتی ہونے کے لیے ایک بہانے کی ضرورت ہوتی ہے اور تب اُنہیں کچھ فرق نہیں پڑتا کہ اُن کے سامنے ''جٹا ای اوئے'' کی صدا بلند کرتی عنائت نہیں دلاری بائی ہے.. اور یوں بھی اس صدا کے پُراثر ہونے کا انحصار گانے والی پر نہیں اُس کے طبلے نواز کی تھاپ پر ہوتا تھا.. اور دلاری بائی کا.. رام پیارا ایسا تھا کہ کبھی تو اُس کی ہتھیلیاں اپنی جوڑی پر ایک پرندے کی آہستگی سے یوں اُترتی تھیں کہ ایک سرگوشی سی جنم لیتی تھی اور کبھی اُن پر یوں تھاپ لگاتی تھیں کہ اُن کے تلے کی زمین دھڑکنے لگتی تھی.. چنانچہ وہ رام پیارے کے سہارے مرزا صاحباں کے سُریلے جہان میں بھی اُتر جاتی تھی..

حافظ ہاتھی عشق سندوریا پوش کریندا پوش
وانگوں مست شراب دے صاحباں اندر جوش
اوہ چشم پیالے یار دے پی کے بہے بے ہوش
سِکن سُول فراق غم کریندے نوش..

حافظ برخوردار کی مرزا صاحباں الاپتے ہوئے جب دلاری بائی نے.. بھٹ رنّاں دی یاری.. کے بعد ''جٹّا ای اوئے'' کی صدا بُلند کی اور اس کے باوجود کہ رام پیارے نے طبلے کی تھاپ پر سر دھڑ کی بازی لگا دی پر اُس کا سانس وہاں تک نہ جا سکا جہاں تک عنائت بائی کا سانس جاتا تھا اور اس کے باوجود کوٹھوں پر سے جھانکنے والے اور بخت جہان کے صحن میں براجمان جتنے بھی جاٹ تھے وہ بے خود ہو گئے.. بَت کلاں.. بنیکا چیمہ اور گوجر خان سے آئے ہوئے جتنے بھی سردار تھے وہ بے خود ہو گئے اور اُنہوں نے اپنے پلّے کھول دیئے اور دلاری بائی کے پاؤں چومتے اُس پر جو کچھ اُن کے پلّے میں تھا نچھاور کرنے لگے..

دلاری بائی کے لیے اس ردِعمل میں حیرت کا کچھ ساماں نہ تھا.. یہ جاٹ لوگ بنیادی طور پر اکھڑّ اور بے سُرے تھے پر ''جٹّا ای اوئے'' کی صدا پر سب کچھ قربان کر دیتے تھے پر ان میں سے ایک جاٹ ایسا تھا کہ جب دلاری بائی نے اُس کی آنکھوں میں آنکھیں ڈال کر اُس سے مخاطب ہو کر ''جٹّا ای اوئے'' کی تان لگائی تو اُس پر... بخت جہان پر.. اس تان کا کچھ اثر نہ ہوا.. وہ ایسی دلاری بائیوں کی چالبازیوں کے پھندے میں آنے والا نہیں تھا کہ اس تان پر اپنے جاٹ ہونے کے تکبرّ میں آ کر اُس پر سب کچھ لٹا دے... چپ بیٹھا سادھو سنت اُسے تکتا رہا... اور پھر جب آخری بار دلاری نے اُس کی بے اعتنائی کی فصیل میں شگاف ڈالنے کے لیے زندگی بھر کے گائکی کے تجربے کو بروئے کار لا کر تان بُلند کی تو بخت جہان کے ہونٹ ذرا سکڑے جیسے اُس نادان کنجری کی حماقت پر مسکرانے کو ہیں کہ تو میری بے اعتنائی کی فصیل میں شگاف ڈالے گی، تیری حیثیت کیا ہے اور پھر اُس نے بخت جہان لے آنکھ بھر کر اُسے ایسے انداز میں دیکھا کہ وہ ایک کُہنہ مشق اور خود

غرض طوائف ہونے کے باوجود اُس دیکھنے سے ایک عورت ہوگئی، پگھل گئی، جٹا ای اوئے کے بول پر لڑکھڑانے لگی کہ اُس جاٹ کی آنکھیں دو نیلے سانپوں کی مانند اُس کے بدن کو جکڑنے لگی تھیں.. اُن آنکھوں کے دام اُسے رام کرتے تھے.. اور وہ گیلی ہوئی تو اس کا سبب حبس نہ تھا.. اُس کے پگھلاؤ اور بے بسی پر ترس کھا کر بخت جہان نے چاندی کے چند روپے اُس کی جانب اچھال دیئے تاکہ اُس کی عزت نفس کو زیادہ ٹھیس نہ پہنچے..

''کھسماں نُوں کھانیئے کُجھ تو کر.. نہیں تو میں دو ٹوٹے ہو جانے کو ہوں..'' کنیز فاطمہ دوہائی دیتی تھی، اُس کے بدن کے سارے تار تن تن کر ٹوٹتے جاتے تھے، شریانیں اور رگیں پھٹنے کو آ رہی تھیں اور وہ زیر لب گرنتھ صاحب کا پاٹھ کرتی جا رہی تھی۔ ''اُس حرامی کو خبر کر پھاتاں کہ میرے ساتھ کیا ہو رہا ہے.. مجھے معلوم ہے وہ اس لمحے اُس گشتی کو اُنہی آنکھوں سے دیکھ رہا ہے جن آنکھوں سے اُس نے مجھے دیکھا تھا اور اُجاڑ دیا تھا..''

''حوصلہ رکھ سردارنئے.. بیٹا ہوگا انشاء اللہ۔''

''واہیگرو کی کرپا سے..''

دنیا پور کے کوٹھوں پر اُمڈی ہوئی مخلوق پر نیند کے جھونکے آ رہے تھے۔ بخت جہان کے چوبارے پر سے جو لوگ جھانکتے تھے اُن کے اشتیاق میں بھی کمی آ رہی تھی..

لہناں سنگھ تو باقاعدہ اونگھنے کو تھا..

فتح محمد اپنے بھائی کے ساتھ سر جوڑے کُچھ کہہ رہا تھا اور اُس کی آنکھیں نیند اور نشے میں ڈوب رہی تھیں..

بسنتی، اتھری اور بگّی بھی حالتِ اضطراب میں نہ تھیں..

اور بخت جہان بھی بار بار پہلو بدلتا تھا اور اُس پر تھکاوٹ غالب آ رہی تھی.. دلاری بائی نے گردن میں بل دے کر سنگت کرتے رام پیارے کو کن اکھیوں سے دیکھا کہ اب رام پیارے.. اور اُس نے اپنی دونوں ہتھیلیاں طبلے کی جوڑی پر جما کر اُنہیں یوں حرکت دی جیسے اُنہیں رعشہ ہو گیا ہو اور پھر یکدم اُنہیں اُٹھا کر ایسی تھاپ دی کہ بخت جہان، لہناں سنگھ، اروڑے، کھتری، چیمے، چٹھے تو کیا آس پاس کے درختوں میں خوابیدہ پکھیرو بھی اُس کی دھمک سے بیدار ہو کر غُل کرنے لگے بسنتی، اتھری اور بگّی بھی چونک کر ہنہنانے لگیں..

پلّا مار کے بجھا گئی دیوا..

سر جھٹک کر، اپنے گہنے کھنکا کر، مہندی رنگے زعفرانی پاؤں ایک جنسی بے تابی سے ایک دوسرے کے ساتھ رگڑتے ہوئے آگے پیچھے کر کے دلاری بائی نے اُن زمانوں میں حشر برپا کر دینے والے گیت کا مکھڑا یوں الاپا کہ بخت جہان بھی تھکاوٹ سے باہر آ گیا.. اُس کے خمار پر براہ راست رام پیارے کی تھاپ پڑی تھی.. کوٹھوں پر

سے اُمڈتی خدائی جوابھی اونگھ میں جانے کوتھی یکدم ہوشیار ہوگئی..

پلاّ مار کے بجھا گئی دیوا..
کہ اکھّ نال گل کرگئی.. چھیّ!

اور.. چھیّ.. کہتے ہوئے اُس نے بخت جہان کی جانب دیکھا اور اُسے آنکھ مارتے ہوئے.. اُن آنکھوں کو اُس آنکھ سے ڈھانپتے ہوئے جن میں حرام لکھا تھا.. دلاری بائی دلیر ہوگئی..

رناّں والیاں دے پکن پرونٹھے نیں گو بندیے..
کہ چھڑیاں دی اگ نہ بلے.. چھیّ..

ہر جانب آگ سی لگ گئی.. ایک غدر سا برپا ہونے لگا.. وہ دونوں پھر سے گو بند سنگھ اور نونہال سنگھ ہو گئے اور بے خطر اپنے انجام سے بے پرواہ.. اپنے دوسرے باپ کی یہ تنبیہ بُھول گئے کہ اگر اُنہوں نے اس محفل میں کُچھ غُل غپاڑہ کیا تو اُن کے ختنے دوبارہ کروادیئے جائیں گے.. اس گیت کے صدقے اگر وہ اسماعیل نائی کے اُسترے سے اپنے مقامات سے یکسر محروم بھی کردیئے جائیں تو سودا گھاٹے کا نہیں اور وہ دھم سے پنڈال میں کُود گئے اور دلاری بائی کے پاؤں پر متھا ٹیک کر اُس کے گرد نہائت شرافت سے ناچنے لگے..

صحن میں براجمان تماش بینوں اور کوٹھوں پر ہجوم ہوتی عوام الناس نے اُن کی اس بے خودی، بے باکی کو سراہا اور ''شاباش.. شاباش'' کے نعرے بلند کیئے۔

بخت جہان بھی مسکرانے پر مجبور ہو گیا اور لہناں سنگھ نے مونچھوں پر تاؤ دیا کہ آخر یہ بیٹے کس کے ہیں.. مُسلے نام کے ہوئے ہیں، بھیتر میں ابھی تک سردار ہیں..

کیہڑے یار داتتاّ دُدھ پیتا..
کہ سڑ گیاّں لال بُلیاّں.. چھیّ..

دلاری اپنے لبوں کو یُوں اذیت میں سکیڑتی جیسے وہ سلگ رہے ہوں.. اُنہوں نے وصالِ یار کا اُبلتا ہوا ہونٹوں کو جلا دینے والا دودھ پیا ہو.. منموہن اروڑا.. بنا شک شدھ پکّے راگوں کا رسیا تھا پر وہ بھی اس گیت سے ایسے سُلگا کہ اُس نے پورے بیس روپے کے بوجھل ہوتی ساٹن کی پوٹلی دلاری کے پاؤں میں رکھ دی.. اُس کی عمر نہ تھی اس لیے ضبط کیے بیٹھا رہا ورنہ اُس کی امنگ یہی تھی کہ وہ گوبند اور نونہال کی مانند اُٹھ کر دلاری کے گرد جھومر ڈالنے لگے.. شرافت اور رکھ رکھاؤ کی بھی کیسی اذیت ناک ذمہ داریاں ہوتی ہیں کہ انسان جو کرنا چاہے نہ کر سکے.. ضبط کر کے بیٹھا رہے

بخت جہان حساب کتاب کرتا رہا کہ اُس کے یاروں میں سے کون کتنی رقم دلاری بائی پر نچھاور کر رہا ہے کہ یہ ایک ایسا قرض تھا جسے اُسے مستقبل میں کسی ایسی ہی محفل میں چکانا تھا..

تری ہک تے آلنا پالیا..جنگلی کبوتراں نیں!

یہ مصرعہ ادا کرتے ہوئے دلاری بائی نے اپنے گُولہے مٹکا کر کمر کو ذرا دھچکا دیا کہ ذرا دیکھ یہاں میرے کولہے اور کمر کے درمیان اتنی جگہ ہے کہ جنگلی کبوتر یہاں گھونسلا بنا سکتے ہیں..

اس ادائیگی پر بھی ہر سُو صُور پھونکا گیا اور قیامت آ گئی..اور وہ سب جو ویہڑے میں موجود تھے اور وہ تمام جو دنیا پور کے کوٹھوں پر سے اُس ویہڑے میں جھانکتے تھے وہ سب کے سب جنگلی کبوتر ہو گئے جو دلاری بائی کے کولہوں پر گھونسلا بنانا چاہتے تھے اور اُس میں غٹرغوں، غٹرغوں کرنا چاہتے تھے اور اُن قیامت کی گھڑیوں میں جب ہر سُو ''پلاّ مار کے بجھا گئی دیوا'' کے الاپ سے غدر برپا ہو رہا تھا بخت جہان نے دیکھا کہ دُلاری تنہا نہیں ناچتی..گو بند اور نونہال کب کے ہانپ ہانپ کر واپس جا چکے ہیں پر اب بھی وہ تنہا نہیں ناچتی..اُسے گھیرے میں لیے ہوئے بونے ناچتے ہیں....وہ دلاری کی آواز میں آواز ملا کر..تری ہک تے آلنا پالیا..جنگلی کبوتراں نیں!..گا رہے ہیں..

یہ خمار کا فتور نہ تھا..

وہ ان کڑی یا ہوے بونوں سے عاجز آ چکا تھا..

وہ ایک مدت سے روپوش تھے اور بخت جہان کو یقین ہو چلا تھا کہ وہ محض خواب اور خیال ہیں اور وہ یکدم آج پنڈال میں گود پڑے تھے..دلاری کے گرد گھیرا ڈالے ہوئے ناچتے تھے..

بخت جہان نے بہت بار اپنی آنکھیں جھپک کر اس سراب کو زائل کرنے کی سعی کی پر وہ زائل نہ ہوا..بونے ناچتے رہے..

''اوئے بے غیر تو..بے دیدو..'' بخت جہان رہ نہ سکا اور اُس نے گرج کر کہا ''دفع ہو جاؤ..دفع دور ہو جاؤ..''

کُل مخلوق سناٹے میں چلی گئی..بخت جہان کی جانب دیکھنے لگی کہ یہ یکدم یُوں اشتعال میں کیوں آ گیا ہے..کس پر گرج رہا ہے..کس سے مخاطب ہے..

''چوہدری ہم نے کہیں دفع دور نہیں ہونا..ہم راج کرنے کے لیے آئے ہیں۔'' اُن میں وہ بونا جو بہت ہی بونا تھا، بولا ''جب تاریخ کٹ پھٹ جائے گی، جغرافیئے ادھڑ جائیں گے تب..خلق خدا نہیں ہم..ہم بونے راج کریں گے..''

''بونے بکواس کرتے ہیں..'' بخت جہان نے سناٹے میں آئی ہوئی مخلوق کو مخاطب کیا اور وہاں جتنے بھی نفس تھے سہم گئے کہ کون سے بونے، کہاں کے بونے..چوہدری پر تو خمار کبھی یوں نہ اُترتا تھا، آج کیکر کی شراب کُچھ بڑھ کر زہرناک ہے جو اسے بھی چڑھ گئی ہے..

''بونے بکواس نہیں کرتے بخت جہان..ہم وزیر کبیر اور بادشاہ ہوں گے..جرنیل کرنیل ہوں گے..جنت کے

شیدائی حُوروں کے تمنائی ہوں گے..ایک مملکت خداداد میں خلق کو عقیدے کی کُند چھری سے ہولے ہولے ذبح کریں گے..ہم محمد جہان کے کنوئیں میں سے یونہی نکل کر نہیں آ گئے..وہ دن آ رہے ہیں جب ہم راج کریں گے..گورا بینڈ بجا کر چلا جائے گا اور ہم راج سنگھاسن پر براجمان ہو جائیں گے..پتہ ہے کب؟''

بخت جہان نے سر جھٹک کر تاؤ میں آ کر کہا ''کب؟''

''جب تم برابر والی چوکھٹ کے باہر، ایک قابل رحم، بھیک کے قابل بوڑھے اور نادار ایک سوالی بنے ایک مرنے والے مرغ کے لیے ہاتھ پھیلائے کھڑے ہو گے..''

بخت جہان کو ایک جُھرجُھری سی آ گئی، پر وہ فوراً سنبھل گیا..ان بونوں کڑی یا ہوؤں نے شراب کے مٹکے میں ڈبکی لگائی ہے جو ایسی یاوہ گوئیاں کرتے ہیں، ان کی بکواس پر کیا دھیان کرنا۔

دلاری بائی بھی بقیہ ہجوم کی مانند ٹھٹکی ہوئی تھی..رام پیارے کی دونوں ہتھیلیاں طبلے کی جوڑی پر ساکت پڑی تھیں اور جھنڈے خان نے بھی اپنی متحرک اُنگلیاں باجے سے اُٹھالی تھیں البتہ نتھو خان کی سارنگی رُوں رُوں روتی چلی جا رہی تھی کہ چرس کے متعدد بلکہ بے شمار کش اُسے ایک ایسے جہان میں لے گئے تھے جہاں بخت جہان تھا ہی نہیں..اور اگر وہ تھا ہی نہیں تو اُسے کیسے خبر ہوتی کہ مخلوق اُس کے ڈر کے سناٹے میں آ چکی ہے..دلاری تھم چکی ہے اور بخت جہان بونوں وغیرہ پر برس رہا ہے۔ چنانچہ وہ بدستور اپنی سارنگی پر جُھکا اُس میں سے ''چھمیّ'' کے سُر نکالتا رہا..

''اوئے کنجریئے..'' دلاری دہل گئی..''تجھے سانپ نے ڈس لیا ہے..مار پلا اور بجھا دے دیوا..اور کر آنکھوں سے باتیں'' بخت جہان نے اپنے ذہن سے وہ بونے نکال باہر کیے اور شراب کا پیالہ اُٹھا کر کہا ''چھمیّ''..

دلارزی کی جان میں جان آئی اور اُس نے اپنے سینے پر ہاتھ جما کر ذرا لجاتے ہوئے ''ہائے..'' کیا اور پھر سے متحرک ہو گئی..اپنے پلّے سے دِیا بجھانے لگی..اور جب اُس نے ایک مرتبہ پھر لبوں کو سکیڑتے، اپنی گیلی ہو چکی چولی کو درست کرتے اور ساٹن میں لپٹی ٹانگوں کو آگے پیچھے اِک حالت اضطراب میں کسمسایا اور...''کیہڑے یار دا تتّا دُدھ پیتا.. کہ سڑ گیاں بُلیاں..'' دوہرا کر یکدم ''چھمیّ'' کہا تو سناٹے میں آئی ہوئی مخلوق میں بھی جان پڑ گئی...سہمے ہوئے گوبند اور نونہال نے بھی اطمینان کا سانس لیا..لہناں سنگھ جس کا سارا نشہ اُس کے یار کے غصیلے پن نے ہرن کر دیا تھا کہ اُس نے پہلے تو کبھی خمار میں آ کر بونوں شونوں کو دھمکیاں نہ دی تھیں اُس نے پیالوں کو لگاتار بھرنے پر معمور رسول بخش میراثی کو ایک گالی دے کر متوجہ کیا اور وہ لڑکھڑاتا ہوا آیا اور اُس کا پیالہ تھام کر اُسی طور جھومتا ہوا شراب کے مٹکوں کی جانب چلا گیا.. رسول بخش بھی آج کی شب ایک کمّی کمین میراثی سے بلند ہو کر بادشاہ ہو رہا تھا کہ وہ مٹکوں میں سے مہمانوں کے لیے جتنے پیالے بھرتا اتنے ہی وہ خود اپنے اندر اُنڈیلتا تھا..

سب نے سُکھ کا سانس لیا اور پہلے سے کہیں بڑھ کر اِک حالتِ سرمستی میں آ گئے...وہ جان بُوجھ کر کچھ زیادہ ہی بدمست ہوئے جاتے تھے کہ اُن کے اندر ایک قلق جنم لے رہا تھا کہ اس ہیجان خیز شب کا اختتام نزدیک آ رہا ہے..اور ایسی شبیں کہاں نصیب میں آتی ہیں۔ چنانچہ جی بھر کے غدر مچالو..گیس لیمپوں کی دودھیا روشنی میں نہائی دلاری بائی کو جی بھر کے دیکھ لو کہ پھر یہ دیکھنے کو نہ ملے گی..

بسنتی اتھری اور بکّی جن کے چھریرے بدن اپنے مالک کی گرج سے مردہ ہونے لگے تھے، اُن میں بھی جان پڑ گئی اور وہ تھرتھرانے لگے.. اور اتھری نے نتھنے پُھلا کر ذرا ادب آداب سے ہنہنایا..

منموہن اروڑا بھی اپنے ضبط کی دیوار شراب کو ہاتھ نہ لگانے کے باوجود.. پھاند چکا تھا اور دلاری پر ہُن برساتا تھا.. سب نے اپنے پلّے کھول دیئے تھے اور دلاری بائی کے گرد سکّوں سے کھنکتی پوٹلیاں گرتی تھیں..

پھاتاں دائی کوٹھڑی کے گھپ اندھیرے میں سے نکل کر یکدم باہر آئی تو گیس لیمپوں کی چندھیا دینے والی دودھیا روشنی کی تاب نہ لا سکی.. اپنی آنکھیں ملتی اور جھجکتی بخت جہان کے قریب آئی "چوہدری.. میری ایک بات سُن.."

"سُنا.." وہ بونوں کو فراموش کر کے اپنے آپ میں آچکا تھا..

"یہاں نہیں..."

"یہاں کیوں نہیں.." وہ پھر سے طیش میں آنے کو تھا اور یکدم اُسے یاد آیا کہ امرت کور کے یہی دن ہیں "کیا ہوا ہے؟"

"چوہدری.. میں کہتی ہوں کہ یہاں سے اُٹھ کر ادھر آ اور میری بات سُن.."

بخت جہان اُس کی اس بدتمیز جرأت پر ذرا حیران ہوا.. ایک ایسی کمزور دل عورت جو عام حالات میں اُس کے سامنے آنے سے بھی گریز کرتی تھی اور اِدھر اُدھر ہو جاتی تھی اور وہ اُسے دَبکا مار کر کہتا تھا کہ پھاتاں کدھر جا رہی ہے.. تو اُس کا تہبند گیلا ہو جاتا تھا تو وہی عورت کیسی دیدہ دلیر ہوگئی تھی".. امرت کور کے بچہ ہی ہوا ہے ناں.. کوئی کٹّا وچھا تو نہیں ہو گیا.."

"تیرے گھر بیٹی ہوئی ہے چوہدری.."

اُس کے چہرے کا سارا رنگ نچڑ گیا.. پگڑی ڈھیلی پڑ گئی.. گردن میں پڑے گیندے کے ہار پھندے ہونے لگے.. مونچھیں ڈھلک گئیں.. گردن کا کس بل بھی ڈھیلا پڑنے لگا.. اور وہ ڈھے سا گیا..

نیم تاریک پسار کے اندر تو گیس لیمپوں کی ہلکی روشنی آتی تھی پر اُس سے پرے وہ کوٹھڑی بہت اندھیاری سی لگ رہی تھی جس کے اندر انسانی پیدائش کی ناگوار بُو تھی اور دِیئے کی مدھم لَو میں ایک پلنگ پر بے سُدھ کنیز فاطمہ پڑی تھی اور اُس کے پسینے سے دھوئے ہوئے جُثّے کے بیچ میں سے تیل، اجوائن اور ہلدی کی مہک آتی تھی.. اور بے سُدھ پڑی کنیز فاطمہ کی کمر کے ساتھ ایک پوٹلی سی تھی جو ہولے ہولے حرکت کرتی تھی..

"بیٹی ہے؟" اُس نے بخت جہان نے سرگوشی کی..

"ہے تو سہی، پر پتہ نہیں کیا ہے چوہدری" پھاتاں دائی نے آگے بڑھ کر اُس پوٹلی کو کھول کر جو کچھ اُس میں تھا عیاں کر دیا..

"یہ کیا ہے؟" بخت جہان جو جن بھوتوں سے بھی ڈرنے والا نہ تھا اس شے کو دیکھ کر ڈر کے دھچکے سے پیچھے ہو گیا..

اُسے بنایا تو اُس بنانے والے کمہار نے تھا جو اپنے چاک پر ازل سے مٹی کے باوے گھڑتا آیا تھا پر اس باوے کو چاک سے اُتار کر اُس نے اسے سبھے سے زمین پر نہیں رکھا تھا کہ یہ ابھی گیلا اور نرم ہے بلکہ اسے یوں پٹخ دیا تھا کہ اس کی شکل مسخ ہو گئی تھی۔ اس کا بدن کُچلا گیا تھا، گوشت کا ایک لوتھڑا ہو گیا تھا جس کی کُچھ پہچان نہ ہوتی تھی کہ یہ کیا ہے.. البتہ اُس کے

اندر جو رُوح پھونکی گئی تھی وہ سلامت رہی تھی قلبوت ثابت نہ رہا تھا..اور وہ عجیب سی شے اُس سے فریاد کر رہی تھی کہ یہ سب تمہارا کیا دھرا ہے.. تیرا نطفہ ایسا ہے کہ میں ایسی ہوگئی ہوں.. تیری تکبّر سے اکڑی ہوئی گردن اور خلق خدا پر ستم کرنے کی سزا مجھے مل گئی ہے.. مجھے پتہ نہیں کیا بنا دیا گیا ہے اور مجھے دن کی روشنی نہ دیکھنے دے اور نہ ہی آپ مجھے دن کی روشنی میں دیکھنا.تو مجھ پر بھی کرم کر دے اور اپنے آپ کو بھی رسوائی سے بچانے کی خاطر تاکہ تکبّر سرنگوں نہ ہو، مجھے ابھی مار ڈال.. مجھ سے چھٹکارا حاصل کر لے..کل سویر مجھے اپنے چاچے محمد جہان اور اُس کی بیٹی ماہلو کے برابر میں یہ بہانہ کر کے دفن کر دینا کہ یہ تو موئی ہوئی پیدا ہوئی تھی.. صرف اپنا ہاتھ میری نومولود گردن پر.. رکھ دے.. ذرا سا دبا دے تو میں مر جاؤں گی.. مُجھ پر کرم کر دے..

بخت جہان، ڈھے چکا، ڈھلک چکا.. ہمت کر کے ذرا آگے ہوا۔ اُس شے پر جُھکا تو بے سُدھ پڑی کنیز فاطمہ نے کروٹ بدلی اور وہ ابھی مدہوش تھی اور ابھی ہوش میں آ گئی اور اُس کی آواز میں ایک قہر تھا ''خبردار جہانیاں.. تُو نے میری دِھی کو ہاتھ لگایا تو میں تیرے ڈکرے کر دوں گی۔''

اُس کا اُدھڑا ہوا.. ایک بچے کو جننے کے فوراً بعد کا اذیت سے کٹا پھٹا بدن کسمسایا.. اور وہ بدن جس میں سے تیل، اجوائن اور ہلدی کی بُو آ رہی تھی اُس میں جو دو آنکھیں تھیں وہ اُس نیم اندھیارے میں بھڑکتی دو مشالیں ہو گئیں جن میں تنبیہ اور خبرداری کے شُعلے جلتے تھے.. بخت جہان کا بڑھا ہوا ہاتھ جو اُس شے کو چُھونے کو تھا.. وہیں تھم گیا..

''میری دِھی کو گزند نہ پہنچانا جہانیاں..''

''نہ.. نہ..'' بخت جہان ایک عجیب سے دُکھ میں ڈوبا ہوا بولا ''نہ.. امرت کورے.. میں تو اسے صرف چھونے لگا تھا.. ذرا لاڈ پیار کرنے لگا تھا۔''

''میں تیرے لاڈ پیار سے بہت واقف ہوں.. تیرے دل میں جو فتور ہے مُجھے اس کی بُو آتی ہے.. تو اسے مار ڈالنا چاہتا ہے..''

''نہیں.. نہیں.. تو مجھ سے میرے اللہ کی یا اپنے واہیگرو کی سونہہ لے لے.. نہ.. نہ..''

وہ ''نہ.. نہ..'' اتنے گہرے رنج سے کہتا تھا کہ کنیز فاطمہ کے اذیت بھرے پسینے سے دیئے کی لَو میں لشکتے چہرے پر ایک مُسکان تیر گئی.. اُسے اعتبار آ گیا.. ''یہ جیسی بھی ہے جہانیاں ہماری بیٹی ہے.. گوبند اور نونہال کی اکلوتی بہن ہے.. چل آگے ہو اس کے سر پر وہ پیار دے جو باپ بیٹیوں کو دیتے ہیں.. اس کے ماتھے کو چُوم لے..''

بخت جہان جھجکتا ہوا آگے بڑھا.. وہ ایک کُچلا ہوا وجود تھا اور تعین نہ ہو سکتا تھا کہ اس کا ماتھا کہاں ہے.. لیکن پھر بھی وہ آگے ہوا اور اپنے کیکر کی شراب سے بدبودار ہوتے ہونٹ اُس شے پر رکھ دیئے.. اور اُس لمحے صحن میں برپا محفل کا شور کوٹھڑی کے اندر آیا اور رام پیارے کے طبلے کی تھاپ اتنی بُلند آہنگ تھی کہ وہ شے، اُس کی بیٹی ذرا سی ٹھٹک گئی اور اُس کی اس ٹھٹک کو بخت جہان کے لرزاں لبوں نے محسوس کیا..

پلّا مار کے بجھا گئی دِیوا..

چھیٔ..!

✦ •••••• ✦

دنیاپور کے آسمان کا دم بھی گھٹا ہوا تھا، اُسے بھی سانس نہ آتا تھا اور سانس نہ آنے سے اُس کی نیلاہٹ ایک مردہ سفیدی میں بدل چکی تھی..اتنا حبس تھا..آک کے دودھیا زہر والے پودے، جنگلی بیر کی جھاڑیاں..اُس سنگریزوں سے بھرے ویرانے کا ہر سنگریزہ..زمین کے اندر پوشیدہ سانپ، نیولے اور چوہے اپنی زبانیں نکالے ہانپتے تھے..اتنا حبس تھا..

اور اُس دم گھٹے آسمان تلے جس کی نیلاہٹ ایک مردہ سفیدی میں بدل چکی تھی سروسانسی نے اپنی کمر کے گرد کسے ہوئے غلیظ تہبند کے لڑ کھولے اور اپنے آپ کو اس آزار سے آزاد کر کے ننگ دھڑنگ بھاگتا چلا گیا..اُس کی رفتار میں اضافہ ہو گیا اور جب اُس کے سنگی ساتھیوں نے دیکھا کہ تہبند کے آزار سے آزاد ہو جانے سے اُن کی رفتار میں بھی اضافہ ہو سکتا تھا تو اُن سب نے بھی اپنے پلّو ڈھیلے کر کے اپنے تہبند گرا دیئے..وہ انہیں واپسی پر پھر سے یہیں سے اُٹھا کر باندھ سکتے تھے..وہ تعداد میں کُل پانچ سات تھے جو ننگ پتنگے اُس دم گھونٹتی دوپہر میں بھاگتے چلے جا رہے تھے اور مُردار کی مدھ بھری مہک اُن کے نتھنوں میں دُھومیں مچاتی اُنہیں راستہ دکھاتی تھی..

سروسانسی کی ناک میں اگر مُردار کی بُو کی دُھوم تھی تو کانوں میں ابھی تک دلاری بائی کی فراق والی چٹھی کے بول گونجتے تھے۔

اگرچہ اس نوعیت کی پُر مشقت بھاگ دوڑ صرف نوجوانوں کے بس کی بات تھی پر سروسانس کا چاچا داروسانسی لاکھ منع کرنے کے باوجود اُن کے ہمراہ ہو جاتا تھا..

وہ سب تو اُس دم گھونٹنے والی حبس بھری دوپہر میں جب کہ سانپوں کی زبانیں بھی ترستی تھیں اُس سنگریزوں والے ویرانے میں یوں بھاگ رہے تھے جیسے کوئی آفت اُن کے تعاقب میں ہو..پر وہ تنہا نہ بھاگتے تھے..

زمین پر وہ ننگ دھڑنگ تھے اور مُردہ سفیدی کے آسمان پر گِدھوں کا ایک غول پرواز میں تھا جو اُن سے بازی لے جانا چاہتا تھا..اپنی لامبی گردنیں مزید لامبی کیے اُسی مُردار کی مدھ بھری مہک سُونگھتے وہ زمین پر ننگ دھڑنگ بھاگنے والوں سے پہلے اُس مُردار تک پہنچ جانا چاہتے تھے...وہ جانتے تھے کہ مقابلہ سخت ہے، یہ سانسی لوگ اُن سے بڑھ کر گِدھ تھے اور مُردار کے شیدائی تھے..

ہر کوئی جانتا تھا کہ یہ چنگڑ، گگڑے اور سانسی لوگ..کتے، بلے، کچھوے، گرگٹ، نیولے یہاں تک کہ گلہریاں بھی بھون کر کھا جاتے ہیں پر اُن کی عید تب ہوتی تھی جس روز مُردار گوشت اُن کے حلق میں اُترتا تھا، یہ اُن کی مرغوب ترین

غذا تھی.. جب کبھی کوئی ڈنگر مرنے کو ہوتا تو اُس کے مالک جاٹ سے بہت پہلے سانسیوں کی بستی میں اُس کی مرگ کی مہک پہنچ جاتی.. کسانوں کے اندر بھی جانوروں کی ایک ایسی حِس تھی کہ وہ مرگ کی بُو سونگھ سکتے تھے.. یہاں تک کہ اُنہیں اپنی موت کا بھی علم ہو جاتا تھا... چنانچہ وہ اپنے اُس بیل یا گائے بھینس کو ہانکتے.. اُس کی پسلیوں میں کچوکے دیتے اُسے گاؤں سے دور کسی ویرانے تک لے جاتے.. اور جب کبھی اُن کی یہ حِس کام نہ کرتی، کُند ہو جاتی اور وہ بیل، گائے یا بھینس اُن کے کنوئیں پر یا ایک کوٹھڑی کے اندر مر جاتا تو اُسے گھسیٹ کر ویرانے تک لے جانا بہت دشوار ہو جاتا.. تو مرگ کی وہ مہک جو دنیا پور کی سانسی بستی میں سب سے پہلے پہنچتی تھی.. وہی مہک آسمان پر سُستی سے تیرتے گِدھوں تک جا پہنچتی تھی اور وہ پَر پھیلائے نیچے اُتر کر سنگریزوں کے میدان کے آسمان کے اوپر.. نیچے بھاگتے سانسیوں سے آگے نکل جانے کی جستجو کرتے ہوا سے خالی فضا میں پرواز کرنے لگتے....

انسان یا حیوانی حیات کی بقا صرف تبھی ممکن ہوتی ہے جب وہ دوسروں کے حصے کے سانس چھین سکے، شکار تک اُن سے پہلے پہنچ جانے کی چالاکی اور سکت رکھتا ہو.. سانس بھی گِنے چُنے ہوتے ہیں اور شکار بھی سب کے حصے میں آنے والے نہیں ہوتے.. یوں بقا کی اس دوڑ دھوپ میں انسان، انسان کے مقابلے میں اور کبھی انسان حیوان کے مقابلے میں آ کر اُس ہدف تک پہنچنے کی سعی کرتا ہے جس میں اُس کے لیے زندگی کے کُچھ سانس ہوتے ہیں، پیٹ کی بھوک بھسم کرنے کے کُچھ سامان ہوتے ہیں پر انسان کبھی بھی دنیا کے کسی خطے میں پرندوں کے مدمقابل نہیں ہوا تھا.. اور نہ ہی کبھی پرندے اس کے رقیب ہوئے تھے پر یہ سرزمین دنیا جہان سے الگ اور انوکھی تھی جہاں کے پرندے بھی اور طرح کے تھے اور انسانوں کی جبلّت بھی جُدا تھی... پرندوں میں وہ دانش دھڑکتی تھی جو انسانوں سے مخصوص تھی اور انسانوں میں پرندوں والی خصلتیں پھڑ پھڑاتی تھیں.. تو یہاں دنیا جہان سے الگ وہ اپنی اپنی بقاء کی جدوجہد میں ہلکان ہوتے.. ایک دوسرے کے رقیب ہوتے تھے..

گِدھ ہوا سے خالی آسمان میں کبھی یکدم گرنے لگتے کہ وہ ایک ایسے خلاء میں داخل ہو جاتے جہاں ہوا کا نام ونشان نہ ہوتا اور اُن کے پَر اُس خلاء میں پھڑ پھڑاتے، پر پرواز نہ کر سکتے اور وہ گرنے لگتے اور جونہی وہ ذرا نیچے آ کر کسی ایسے خطّے میں آ جاتے جہاں ہوا کا ہلکا سا چلن ہوتا تو اُن کے پر متحرک ہونے لگتے اور وہ اُنہیں تیزی سے پھڑ پھڑاتے پھر سے بلند ہو جاتے.... وہ آج قدرے تشویش سے نیچے زمین پر ایک ویرانے میں ننگ دھڑنگ بھاگتے اور کبھی کبھار آنکھیں اُٹھا کر اُنہیں تکتے چھ سات سیاہ رنگتوں والے انسانوں کو دیکھتے تھے کہ وہ اُن سے آگے نکلتے ہوئے لگتے تھے.. جانے اس کا سبب کیا تھا..

اگرچہ وہ برہنہ بھاگتے تھے پر خالی ہاتھ نہ تھے.. چھوٹی کلہاڑیاں اور تیز دھار چُھریاں سینے سے لگائے بھاگتے تھے..

اُن دونوں میں سے.. گِدھوں اور سانسیوں میں سے جس نے بھی سب سے پہلے اُس اکڑ چکے ڈنگر تک پہنچ جانا تھا جو کب کا مردہ ہو کر نہائت تے آور بُو دے رہا تھا اور یہ بُو عام انسانوں کے لیے تھی جب کہ اُن سانسیوں کے لیے مُردار کی یہ بُو اُن کی حیات کو خوشبودار کر دینے کا ایک سندیسہ تھی.. تو جس کسی نے بھی گِدھ یا سانسی نے اُس اکڑے ہوئے ڈنگر

تک پہلے پہنچ جاتا تھا تو اُس نے اُس مُردار کا لذیذ ترین گوشت حاصل کر لینا تھا جو اُن کے لیے حیاتِ جاوداں کے حصول سے کم نہ تھا..

سانسی لوگ اکثر اس مقابلے میں پیچھے رہ جاتے تھے.. ہار جاتے.... اُنہیں اپنی بستی میں سے نکل کر سنگریزوں بھرے ویرانے تک پہنچتے ہوئے کچھ وقت لگتا جب کہ گِدھ سُستی سے آسمان میں پرواز کرتے.. ساکت لگتے.. جونہی وہ مرگ مہک سونگھتے اپنی گردنیں لامبی کر کے مُردار کی بُو سونگھتے تیزی سے اُڑان کرنے لگتے اور سانسیوں کو مات دے کر مُردار پر گرنے لگتے..

وہ دونوں گِدھ اور انسان پسند الگ الگ رکھتے تھے..

گِدھ جب مُردار پر پَر سمیٹ کر ایک پتھر کی مانند آ گرتے تو وہ فوراً اُس کی بوٹیاں نوچنے میں مشغول نہ ہو جاتے کہ وہ صرف کومل، ابھی تک زندگی کی حرارت سے نیم گرم ماس کو چاہت سے بھنبھوڑتے اور اسے حاصل کرنے کے لیے اُن کے پاس اپنی لامبی گردنوں اور مڑی ہوئی تیز دھار چونچوں کی سہولت تھی... مُردار پر گرتے ہی جو گِدھ اُس کی پیٹھ کے قریب ترین گرتا وہ اپنی چونچ سیدھی کر کے گردن اکڑا کر اُس کی پیٹھ میں داخل کر کے ایک خون آلود اندھیاری دنیا میں چلا جاتا کہ وہاں اُس کی آنکھیں کُھل نہ سکتی تھیں اور وہ اپنی چونچ گھسیڑتا چلا جاتا یہاں تک کہ اُس کی گردن ابھی تک گرم گوشت کی آنچ محسوس کرنے لگتی اور وہ چونچ کھول کر ڈنگر کے اندرون کی ایک بوٹی اُدھیڑ کر اپنی گردن ہولے ہولے اُس کی پیٹھ سے باہر نکال لیتا اور اُس کی لامبی گردن پر سیاہ خون کا پوچا ایک لیپ پھرا ہوتا.... وہ اس گردن کو سیدھی کر کے چونچ میں بھری ہوئی بوٹی کو نگلتے ہوئے ذرا پیچھے ہو جاتا تا کہ اُس کے دوسرے ساتھی بھی ڈنگر کی اب اُدھڑ چکی پیٹھ کے اندر چونچیں داخل کر کے اپنے حصے کا کومل گوشت حاصل کر سکیں..

بہت بار ایسا ہوا کہ کسی کمہار کا گدھا یا کسی کسان کا گھوڑا لاچار اور بیکار ہوا، مرنے کو ہوا تو اُس کے مر جانے کا انتظار نہ کیا گیا اور اُسے گاؤں سے باہر ویرانے میں لے جا کر مرنے کے لیے چھوڑ دیا گیا.. اور جب ایک ایسا جانور نقاہت اور بیماری سے زمین پر گر جاتا تھا اور اُٹھنے کی سکت نہ رکھتا تھا تو گِدھ ایک اذیت ناک موت کے لیے اُس کی معاونت کرتے تھے.. اُس میں زندگی کی رمق موجود ہوتی تھی اور اُن کی تیکھی چونچیں اُس کی پیٹھ میں داخل ہونے لگتی تھیں..

وہ گدھا یا گھوڑا یا کوئی بیل.. لاچارگی میں بے بس.. بار بار اُٹھنے کی کوشش کرتا.. وہ اپنی پیٹھ کے اندر ایک تیز دھار چونچ کو داخل ہوتے اور پھر اپنے زندہ ماس میں سے ایک بوٹی نوچ کر الگ کرتے.. کیا محسوس کرتا ہو گا.. یہ تو وہی بتا سکتا ہے جس کی پیٹھ میں معاشرے کے گِدھ نے اپنی چونچ داخل کر کے اُس کا گوشت کھایا ہو..

البتہ سانسی لوگ گِدھوں کی نسبت کہیں رحم دل تھے.... اگر اُس ڈنگر میں زندگی کی کچھ رمق باقی ہوتی.. وہ سانس لے رہا ہوتا تو وہ اُس کے گرد پنجوں کے بل بیٹھ کر.. گھٹنوں پر سر رکھے نہائت تحمل سے اُس کے مرنے کا انتظار کرتے.. اور جب وہ مر جاتا اور اُس میں سے موت کی بُو آنے لگتی تب وہ اُس پر پِل پڑتے.. اور اُن کا مرغوب ترین گوشت.. اُس ڈنگر کی چاروں ٹانگیں اور پسلیوں کا گوشت ہوتا.. وہ اپنی چھوٹی کلہاڑیوں اور چُھریوں کو مٹھیوں میں بھینچتے پِل پڑتے.. سانسیوں کا کہنا تھا کہ تازہ تازہ گوشت جو ابھی ابھی مُردہ ہوا ہو کھانے کے لائق نہیں ہوتا کہ اُس کے ریشے اور تار الگ الگ ہوتے ہیں

پر دو چار روز کے بعد جب اُس میں سے تعفّن اُٹھنے لگے تو وہ ریشے اور تار ایک دوسرے میں مدغم ہو جاتے ہیں اور تب اُسے بُھونا جائے تو وہ ایسے رس بھرے ذائقے والا ہوتا ہے کہ صرف سانسی لوگ اُس کی لذت سے آگاہ ہوتے ہیں اور وہ جاٹ لوگ جو کبھی کبھار کوئی ڈنگر حلال کر کے اُس کا گوشت کھاتے ہیں وہ تو مٹی کھاتے ہیں.. جانتے ہی نہیں کہ منچل گوشت کی لذت کیسی ہوتی ہے..

اُس روز جب اُن کے نتھنوں میں مُردار کی مہک آئی.. اپنی بستی کے کچے کوٹھوں اور دھجیوں سے بُنت کیے گئے خیموں میں جب وہ بھنگ گھوٹ گھوٹ کر اپنے حلق کے اندر پیالے اُنڈیلتے تھے تو مُردار کی شہوت بھری بُو آئی اور وہ اپنی کلہاڑیاں اور چُھریاں تھام کر باہر آئے اور اُنہوں نے دیکھا کہ ہوا سے خالی آسمان جس کا دم حبس سے گُھٹ رہا تھا وہاں گِدھوں کا ایک غول بھی اُس مُردار کی بُو باس سونگھ کر اُڑا جا تا تھا..

اس بار یہ صرف تیز بھنگ بُوٹی کا کرشمہ تھا کہ سانسی لوگوں نے گِدھوں کو مات دے دی تھی اور وہ اُس مردہ بیل تک پہلے جا پہنچے تھے جس کا مالک اُس کے بدن پر مکھّی بھی نہیں بیٹھنے دیتا تھا اور اب اُس کے مُردہ نتھنوں پر مکھیاں بھنبھنا رہی تھیں.. وہ اُسے روزانہ دیسی گھی پلاتا تھا، گُڑ کھلاتا تھا اور دو مصلّی اُس کے جثّے پر مسلسل گھی کی مالش کرتے تھے اور اُس کے سینگوں کو سرسوں کے تیل سے لشکاتے تھے.. اور اب وہی لاڈلا سہانی شکل والا بیل جو موہنجوڈارو کے بیل دیوتاؤں سے سے کہیں بڑھ کر شاندار ہوا کرتا تھا، اکڑا پڑا تھا اور اُس کے نتھنوں کے گرد مکھیاں بھنبھنا رہی تھی..

سرو سانسی نے جیت کی سرخوشی میں سرشار ہو کر بیل کی اگلی ٹانگ پر کلہاڑی سے وار کیا، اگرچہ وہ مردہ ٹانگ اکڑ چکی تھی پر کلہاڑی کا پھل اتنا تیز تھا کہ وہ اُس کے اندر دور تک اُتر گیا..

اور تب سرو سانسی کی کلہاڑی کا ایک اور وار ایسا ہوا کہ اُس نے اُسے ایک ایسے بدقسمت لمحے سے دوچار کیا جس کی سزا اُس نے عمر بھر بھگتی.. اُس کی کلہاڑی بھنگ کے نشے میں جھومتی ہوئی مُردار کے بعد ایک ایسی ٹانگ پر اُتری جو ایک انسان کی تھی۔

✦ .... ✦

دنیا پور کے بڑے جوہڑ کے پار قبرستان سے مخالف سمت پر جہاں اور کوئی نہ بستا تھا وہاں سانسیوں کی بستی تھی..

ان سانسی لوگوں کی دنیا ہی نرالی تھی اور اُس دنیا میں اُن کے سوا اور کوئی نہ رہتا تھا..اور نہ ہی کوئی رہ سکتا تھا کہ وہ اتنی غلیظ اور بدبودار تھی..

باہر کی دنیا سے صرف وہی لوگ اس کے اندر آتے تھے جو اُن کی کشید کردہ زہری شراب کے شوقین ہوتے تھے اور وہ بھی شتابی سے اُن کی جھولیوں میں گندم یا گُڑ کی بھیلیاں ڈال کر شراب کے کُجے حاصل کر کے فوری طور پر بستی سے نکل جاتے کہ وہاں دیکھا جانا کُچھ اچھا نہ تھا..

اُن کا شراب کشید کرنے کا طریقہ ایسا تھا جو نسل در نسل ایک بھید تھا جو اُن تک چلا آیا تھا..وہ ان مسلمانوں، سرداروں اور ہندوؤں کی مانند کہیں باہر سے آن کر یہاں نہیں بسے تھے بلکہ اس دھرتی ماں کی کوکھ میں تب سے تھے جب سے یہ وجود میں آئی تھی..انہوں نے تو اپنا سوم رس بہت بعد میں کشید کیا جب کہ اُن کی زہری شراب کی بُوندیں تو اس دھرتی کے وجود میں ازل سے شامل تھیں..

ابھی کچھ دن پہلے کا قصہ ہے جب شام ڈھلے بخت جہان اپنے بانکپن میں ڈانگ ٹیکتا چوری چھپے اُن کی بستی میں گیا تھا..سروسانسی اُس کی قاہر اور متکبر شکل دیکھ کر ایک خوفزدہ پلّے کی مانند لرزنے لگا تھا اور جب وہ اُس کے استقبال کے لیے آگے بڑھا تھا تو اُس نے اپنا ہاتھ آگے کر کے اُسے دھتکارا تھا..''اوئے پرے پرے..پلید مٹّی کے سانسی پرے پرے..''

سروسانسی وہیں پتھر ہو گیا تھا..وہ اُس کے قدموں میں لوٹنا چاہتا تھا پر اس میں اُسے جان کا خدشہ تھا کہ کہیں بخت جہان اُس کی گردن دبوچ کر دبا نہ دے''چوہدری تو تو پھر ایک مہان جاٹ ہے۔میں نے تو آج تک کسی کشمیری، شیخ یا لوہار، ترکھان کو بھی چُھونے کی جسارت نہیں..میں پلید مٹی کا کوزہ بھلا تیرے قریب آ سکتا ہوں..تُو حکم کر..''

''شراب نکال..''

سروسانسی کے یہ بھاگ کہ چوہدری بخت جہان اُس کی بستی میں اور اُس کی کشید کردہ شراب کا طالب ہو..وہ اپنی خوش بختی پر نازاں جُھکا جُھکا اپنے پیوندزدہ خیمے میں گیا اور جب واپس آیا تو اُس کے ہاتھ میں شراب کا مٹکا نہ تھا....اپنی ایک اُنگلی کھڑی کر کے آیا اور بخت جہان سے کہنے لگا''چوہدری تیرے پاس ایک تیلی ہے؟''

''کونسی تیلی اوئے..''

''جس سے آگ جلاتے ہیں۔''

''محلّہ مغربی میں صرف میرا گھر ہے جہاں ماچس ہوتی ہے.. پورے محلّے والے اپنے چولہے گرم کرنے کے لیے آگ مجھ سے لے کر جاتے ہیں.. میری جیب میں ایک ماچس ہے اور اُس میں پوری سات تیلیاں باقی ہیں۔''

''تو چوہدری.. راجے کا کھٹیا.. دھن راج چوہدری بخت جہان کا.. اُن میں سے ایک تیلی روشن کر اور پھر سوہنے رب کے لشکارے دیکھ۔''

''اوئے مُردار خور تم لوگ تو رب کو نہیں مانتے.. تو تم ہمارے رب کا نام کیوں لیتے ہو..''

''چوہدری تجھے کلمہ آتا ہے؟''

''حافظ جی کو آتا ہے تو جاٹوں کو یاد کرنے کی کیا ضرورت ہے.. اور تو بکواس نہ کر.. شراب نکال..''

''پھر ایک تیلی جلا دے..''

بخت جہان اگرچہ سرو سانسی کی منطق سمجھنے سے قاصر تھا پر اُس نے کُرتے کی جیب میں سے ماچس نکال کر ایک تیلی رگڑ کر جلائی تو سرو نے اپنی اٹھی ہوئی انگلی آگے کر دی اور وہ بھڑک کر ایک مشال کی مانند جلنے لگی..

وہ انگلی ایک شعلے کی مانند بخت جہان کی نیلی آنکھوں کے سامنے بھڑکتی تھی اور سرو سانسی کو اُس کے اپنے ماس کے جلنے سے کچھ اذیت نہ ہوتی تھی بلکہ وہ فخر سے مسکراتا وہ مشال اُنگلی اُس کی نیلگوں آنکھوں کے سامنے کرتا کہتا تھا ''چوہدری میں نے اپنی اس اُنگلی کو صرف ایک بار اپنی کشید کردہ شراب کے مٹکے میں ڈبویا ہے اور ذرا دھیان کر کہ دیا سلائی دکھانے سے یہ کیسے بھڑک اُٹھتی ہے تو اگر اُس شراب کا ایک گھونٹ بھرا جائے تو وہ کیسے تمہارے بدن میں آگ لگا دے گا.. کیسا زہری آتش فشاں ہوگا..''

دلاری بائی ایسی زہری رَن کے مُجرے کے موقع پر اُسے اپنے یاروں کے لیے بس اسی نوعیت کی زہری شراب درکار تھی..

بستی سے نکلتے ہوئے اُس نے اپنی ستواں ناک ذرا اوپر کر کے ہوا کو سونگھا، گردن تک آئے ہوئے تقریباً سنہری بالوں کو جھٹکا اور ناگواری سے بولا ''اوئے پلید.. یہ بدبُو کیسی ہے.. مجھے تو قے آنے کو ہے..''

''دھن راج چوہدری بخت جہان کا.. تجھے یہ بدبُو لگتی ہے؟.. چوہدری قائم دین کا وہ اڑیل بیل نہ تھا جو رسّے تڑواتا تھا، ہل میں جوتنے سے بھی قابو میں نہ آتا تھا تو وہ جانے کیا ہوا یکدم اپنے قدموں پر ڈھیر ہو گیا تو چوہدری اُسے سنگریزوں والے ویرانے میں پھینک آیا... میرے حصے میں اُس کی ایک ٹانگ آ گئی جو اب رات کے کھانے کے لیے میرے تائے کی بیٹی ہانڈی چڑھائے بھون رہی ہے... چوہدری چکھ لے.. تو اپنا حلال گوشت نہ بُھول جائے تو میرا نام سرو سانسی نہیں..''

بخت جہان نے بمشکل ایک اُبکائی کو روکا...

پر اُس کے بھیتر میں ایک آرزو پھوٹی کہ حیاتی میں سارے کسب کر لیے ہیں تو مُردار کھا کر بھی تو دیکھنا چاہیے کہ

اس کا ذائقہ کیسا ہوتا ہے..

سروسانسی نے صرف ایک بار یہ کہا کہ.. چوہدری چکھ لے..اگر دوسری بار کہہ دیتا تو شائد وہ چکھ ہی لیتا..

اگر مرد سانسی تھے تو اُن کی عورتیں سانسنیں کہلاتی تھیں..وہ پچھلے پہر بستی سے نکل کر گلی محلوں میں مانگنے کے لیے نکل جاتیں..اُن میں اور دنیا پور کے گلی محلوں میں مانگتے پھرتے گداگروں اور فقیروں میں ایک واضح فرق تھا..گداگر جب بھیک کی صدا بلند کرتے تو اُس میں لجاجت اور بے چارگی ہوتی لیکن سانسی عورتیں یوں آواز دیتیں جیسے اپنا جائز حق طلب کر رہی ہوتیں..وہ عام سے مانگنے والے..کر بھلا سو ہو بھلا..یا سخی بادشاہ کی خیر..کی پکار کرتے پر سانسی عورتوں کی پکار نہائت ذاتی قسم کی ہوتی..وہ اُن گلی محلوں کے باسیوں کی آل اولاد..نسل در نسل شجرہ نسب سے واقف تھیں اور اُن کی صدائیں اُن گلیوں محلوں میں یوں سنائی دیتیں کہ...راجے کا کھٹیا.چوہدری محمد جہان یا بخت جہان کا کھٹیا..دھن راجہ چوہدری بخت جہان..آل اولاد کا کھٹیا کمایا..خیر پاؤ..خیرات کرو..

سانسی لوگ دیگر کمّی کمینوں کی مانند جثّے کے لاغر اور لاچار نہ ہوتے تھے،نہائت تنومند اور مضبوط قد کاٹھ کے ہوتے تھے..اور وہ اس صحت مندی کی توجیہہ یہ بیان کرتے تھے کہ قدرت نے جتنے بھی جنور اور چرند پرند پیدا کیے ہیں وہ سب کے سب کھانے کے لیے پیدا کیے ہیں اور جو لوگ دین دھرم کی قید میں رہ کر اُن میں سے صرف چند جنور جائز سمجھتے ہیں تو اُن کے بدنوں میں اُن جنوروں کے ماس کی کمی رہ جاتی تھی جنہیں وہ حرام یا مقدس سمجھتے ہیں..

اُنہیں کسی بھی جانور سے پرہیز نہ تھی..کتے..جنگلی بلّے..کچھوے..کھیتوں کے موٹے چوہے..سانپ..گلہریاں اور خاص طور پر نیولے اُن کی مرغوب ترین غذا تھے..سروسانسی اپنی نسل کی سب سے اعلیٰ تصویر تھا..اُس کی رنگت سیاہ نہ تھی بس دھرتی ایسی مٹیالی تھی..آنکھیں چہرے میں دھنسی ہوئیں اور ناک قدرے پھیلی ہوئی تھی..بال اگرچہ گھنگھریالے تھے پر غلیظ اور ان دھوئے رہنے کی وجہ سے زرد رنگت کے لگتے تھے..کمر مختصر ایک جنگلی بلّے کے موافق تھی اور ٹانگیں بھی تنومند نہ تھیں،ناتواں لگتی تھیں پر اُن میں طویل مسافتیں طے کرنے اور گدھوں کو بھی مات دینے کی صلاحیت تھی..

آس پاس کے جتنے گاؤں تھے اُن میں سروسانسی کا کوئی جوڑ نہ تھا..کشتی میں کوئی اُسے زیر نہیں کر سکتا تھا..یعنی کوئی بھی سانسی..اُس کی زندگی کا سب سے دُکھ بھرا قلق یہی تھا کہ کوئی بھی..جاٹ تو دور کی بات،کوئی لوہار،جولاہا یا تیلی بھی اُس کے مقابلے میں اس لیے نہ اُترتا تھا کہ وہ اُس کے مُردار کھانے والے بدن کو ہاتھ نہ لگانا چاہتا تھا،پلید نہ ہونا چاہتا تھا..وہ ایک ایسا سُورما تھا جو سب کو ہرانے کی صلاحیت رکھتا تھا پر اُس کی للکار پر میدان میں اُس کے مقابلے پر کوئی نہ اُترتا تھا..بس یہی دُکھ بھرا قلق تھا..

ان تنومند سانسی لوگوں کی عورتیں بھی..چنگڑیوں..چمارنوں..میراثنوں یا ماچھنوں کے برعکس بڑھیا ذات کے لوگوں تلے نہیں آتی تھیں..اُن کے اپنے ہم نسل ہی اُن کو سانس نہ لینے دیتے تھے..

اگر کوئی جاٹ اُن کے گسے ہوئے پنڈوں اور چھاتیوں کے تناؤ کی تاب نہ لاتے ہوئے کچھ پیش قدمی کرتا تھا تو اُن کا یہ کہنا ہی کافی ہوتا تھا کہ چوہدری..راجے کا کھٹیا..میں تو مُردار کھانے والی ہوں..تو اگر مُردار کھانا چاہتا ہے تو کھا لے..

اور وہ جاٹ ٹھنڈا اور نامرد ہو کر توبہ تائب ہو جاتا تھا..

یہ عجب سانحہ تھا کہ وہ جاٹوں اور دیگر ذاتوں کی نسبت قانون کی خلاف ورزی زیادہ نہ کرتے پر انگریز سرکار نے اپنے گیزیٹرز میں ذاتوں اور قبیلوں کی درجہ بندی کرتے ہوئے اُنہیں "مُجرمانہ سرگرمیوں میں ملوث قبیلہ" قرار دے رکھا تھا..اور یہ کیسی ناانصافی تھی..دور پار کہیں بھی کوئی چھوٹا موٹا جرم ہوتا تو سب سے پہلے سانسی دھر لیے جاتے..وہ ہمہ وقت ذہنی طور پر مار پیٹ اور پُچھ پڑتیت کے لیے تیار رہتے..جونہی اُنہیں آس پاس کے گاؤں میں کسی ڈاکے یا چوری کی خبر پہنچتی تو وہ سارے کام کاج ترک کر کے خوب پیٹ بھر کر کچھوے اور نیولے کھاتے اور پولیس کا انتظار کرنے لگتے..اُدھر جاٹوں کے لیے دوسروں کی گھوڑیاں کھول لانا..ڈنگر چُرا لانا..جی داری اور مردانگی کی اعلیٰ ترین علامتیں تھیں اور ایک جاٹ کی پگڑی کا شملا اتنا ہی بلند اور پُرتفاخر ہو جاتا جتنے اُس نے یا اُس کے حواریوں نے دوسروں کے مویشی کھولے ہوں، گھوڑے چرائے ہوں پر اُنہیں کوئی نہ پوچھتا..سارا نزلہ سانسیوں پر گرتا..

ویسے کوئی دھیان نہ کرتا کہ اگر وہ اتنے ڈکیت اور دیدہ دلیر ہوتے تو یوں ایک عُسرت زدہ..فاقوں بھری اور کبھی کبھار مردار کھا کر زندگی کیوں کرتے...بے شک اگر داؤ لگ جاتا تو وہ کچھ نہ کچھ چُرا لیتے، کھول لیتے..پر اُن پر انگریز سرکار نے اگر مُجرمانہ سرگرمیوں میں ملوث قبیلے کی مُہر ثبت کر دی تھی تو کون تھا جو اُس سرکار کے آگے دم مار سکتا..

سانسی کسی بھی طے شدہ مذہب کے پیروکار نہ تھے یہاں تک کہ مظاہر قدرت کی پرستش بھی نہیں کرتے تھے، اُنہیں کبھی کسی بُت یا خدا کی حاجت ہی محسوس نہ ہوئی تھی..وہ کبھی تین چار بلّے قابو کر لینے کے بعد اُن کا ماس نوچتے ہوئے اسے اپنی خوش بختی جان کر کسی اوپر والے کے شکرگزار نہ ہوتے تھے اور نہ کسی بچے کے جوہڑ میں ڈوب کر مر جانے پر وہ کسی انجانی قوت سے شکائت کرتے تھے کہ اُن کے نزدیک یہ سب اس دنیا کے کھیل تماشے تھے جو روز ازل سے ایسے ہی ہوتے چلے آئے تھے..

اس سرزمین پر آباد قدیم قبائل پر تحقیق کرنے والے علم الانسان کے ماہرین اس الجھن کا مکمل حل کبھی بھی دریافت نہ کر سکے کہ ہر انسان کے اندر نفسیاتی طور پر انجانی پراسرار قوتوں کا ایک ڈر ہوتا ہے جس کے تابع ہو کر اگر وہ کسی حد تک تہذیب یافتہ ہو تو ایک منظّم اور ترتیب شدہ مذہب کا سہارا لیتا ہے اور اگر وہ جانوروں سے ذرا بلند سطح پر زندگی کرتا ہو تو لامحالہ قدرتی مظاہر کے آگے سرنگوں ہو جاتا ہے اور یہ صرف سانسی تھے جو اس انسانی جبلت سے سراسر ماورا تھے..اُن کی زندگی کا چلن اُن کتوں، بلّوں، لومڑوں، نیولوں یا کچھوؤں کی سطح پر ہی سانس لیتا تھا جن سے وہ رغبت رکھتے تھے..وہ عین اُنہی کی مانند بے سبب اور بے وجہ پیدا ہوتے تھے..ویرانوں میں، جوہڑوں کے کناروں پر انسانی آبادیوں سے الگ تھلگ، اور پھر اُنہی کی مانند بے سبب اور بے وجہ مر جاتے تھے..اُن کے نزدیک حیات کے کھیل کی بس یہی تسلیم شدہ حقیقت تھی..اس کے سوا جو کچھ تھا..انسانی ذہن جو ڈر میں جکڑا جاتا ہے اُس کے تخیلاتی کرشمے تھے..اُن کے سانسیوں کے جہان میں انسان اپنے آپ کو اشرف المخلوقات قرار دے کر اپنے آپ کو دھوکا نہ دیتا تھا اور نہ ہی وہ کسی خدا کا نائب قرار پاتا تھا..وہ اس دھرتی پر جنم لینے والے جانوروں میں سے ایک جانور تھے جو اتفاق سے چوپایہ نہ تھا..تو کیا یہ صرف سانسی تھے جو ایک آخری اور ناقابل تردید سچ کو پا چکے تھے....اُنہیں حیات بعد از موت کا کوئی وسوسہ نہ تھا جیسے ایک کچھوے یا جنگلی بلّے کو نہیں ہوتا..

جہاں اُن کے رسم ورواج.. اُن کی نفسیات اور جبلت دوسروں سے الگ تھی وہاں اُن کی آبائی زبان بھی جُدا تھی جو سانسی بولی کہلاتی تھی اور اُن کے بڑوں کے بقول صحرا کے راجھستان کے ملک سے آئی تھی اور یہ کچھ خالص یا پوتر نہ رہی تھی.. ہندوستان بھر میں سانسی لوگ جہاں کہیں بھی جا بسرام کرتے وہ اپنی بولی میں مقامی زبان کی آمیزش کر لیتے اور اس میں کچھ حرج نہ جانتے.. چنانچہ سانسی بولی میں ہندی اور گجراتی کے علاوہ پنجابی کا عام چلن تھا بلکہ پنجاب کے سانسیوں کی زبان میں اُن کی اپنی بولی نام کو ہی رہ گئی تھی اور وہ چند لفظوں اور محاوروں کے سوا جو بولتے تقریباً پنجابی میں ہی بولتے... البتہ اُن کے وڈیرے بڑے بوڑھے جو شاہ وڈیرے کہلاتے تھے جن کی عمروں کا کچھ حساب نہ ہو سکتا تھا جیسے ایک کچھوے کے بارے طے نہیں کیا جا سکتا کہ وہ کتنے برس کا ہے تو ایسے شاہ وڈیرے جب مل بیٹھتے تو آپس میں خالص اور پوتر سانسی بولی میں گفتگو کرتے اور سرو سانسی کان لگائے اُن کے قریب ہو بیٹھتا پر اُسے ایک آدھ لفظ کے سوا اور کچھ پلّے نہ پڑتا۔ سانسی بولی میں سب سے بڑی نقب پنجابی زبان نے لگائی تھی اس لیے بھی کہ ہندوستان میں سب سے زیادہ سانسی.. تقریباً ساٹھ ہزار کے لگ بھگ پنجاب کے دور افتادہ دیہات کے کناروں پر ہزاروں نہیں تو سینکڑوں برسوں سے آباد تھے.. جہاں سانسی بولی پر پنجابی کا اثر ہوا تھا وہاں پنجابی میں بھی اُس کے بہت سے لفظ اور محاورے در آئے تھے.. وہ ایک لڑکی کو چھوری یا چھور یا بولتے تھے اور لڑکے کو چھورا یا چھورا.. ٹھیٹھ پنجابی میں آج بھی لڑکے کو چھور ہی بولا جاتا ہے.. وہ گھوڑے کو گھورو اور مور کو موریو کہتے تھے.. اور جب وہ کوئی قصہ بیان کرتے تو اُس کے بیانیے میں.. اُس نے.. کی بجائے.. اُن نے.. اور جس نے.. کی جگہ.. جن نے.. استعمال کرتے.. اہل لکھنؤ شائد آگاہ نہیں کہ یہ طرز اظہار اُنہوں نے سانسی بولی سے مستعار لیا ہے..

ان سانسیوں اور سانسنوں کی بدنی بناوٹیں اور صحتیں شائد اس لیے بھی قابل رشک تھیں کہ وہ اس زمین پر چلنے یا رینگنے والی ہر شے کھا جاتے تھے.. اُن کے ذہن کشادہ اور نڈر تھے کہ اُن میں کسی بھی عقیدے کی آلودگی نہ تھی، وہ خود مختار تھے.. انسان اگر جنت اور جہنم اور حیات بعد از موت کے بکھیڑوں سے آزاد ہو جائے تو اصل خود مختاری کی سلطنت اُس کی ہو جاتی ہے اور سانسی اُس پر راج کرتا ہے..

اُن دونوں.. سانسیوں اور دنیا پور کے باسیوں کے درمیان میں جو اَن چھوا فاصلہ تھا.. کہ جاٹ تو ہوئے تو ہوئے کوئی کمّی کمین بھی اُن کے ساتھ ہاتھ ملانا تو کُجا اُنہیں چھونے کا روادار بھی نہ تھا تو اس پر حیرت انگیز طور پر سانسی کچھ بے عزتی نہ محسوس کرتے.. اُن کی عزت نفس کو ذرہ بھر ٹھیس نہ پہنچتی بلکہ وہ فخر کرتے۔ یہ لوگ ہم سے پرے پرے رہتے ہیں تو ہماری خلوت.. ہماری خلوت رہتی ہے... اور کیا ہی کرم کرتے ہیں کہ ہم سے پرے پرے رہتے ہیں.. پر اس دوری اور خلوت کا سب سے زیادہ نقصان سرو سانسی کے حصے میں آیا تھا.. اُس کا سورما سانسی بدن اپنی تنومندی کو دوسروں پر آزمانہ سکتا تھا.. وہ مُردار خور اور پلید تھا.. گلیوں میں چلتے ہوئے اگر سامنے سے کوئی شخص آتا دکھائی دیتا تو وہ کچی دیواروں کے ساتھ لگ کر دیوار ہو جاتا اور بُلند آواز میں اپنی جانب آنے والے کو خبردار کرتا کہ.. راجے کا کھٹیا وٹیا.. آل اولاد کا کھٹیا کمایا.. اور اُس کی جانب آنے والا جان جاتا کہ وہ ایک سانسی ہے اور اُس سے پرے پرے ہو کر گذرنا ہے اور جونہی وہ مزید قریب ہوتا تو سرو سانسی اُسے پہچان کا اُس کا نام لے کر اپنی پلید موجودگی کا اعلان کرنے لگتا کہ.. چوہدری میراں بخش کا کھٹیا..

کبھی کبھی اُسے گمان گذرتا کہ اگر وہ سانسی نہ ہوتا تب بھی کوئی نوجوان اُس کے مقابلے پر نہ اُترتا کہ اُسے اپنی شکست کا یقین ہوتا..

اُس کے اندر پیدائش سے لے کر اب تک جتنی بھی توانائی پھوٹی تھی وہ ساری کی ساری ابھی تک سنبھلی ہوئی تھی کہ وہ آج تک نہ تو کسی عورت کے قریب گیا تھا اور نہ ہی اُس نے کسی کو گھر ڈالنے کے بارے میں سوچا تھا..اُسے خدشہ تھا کہ جس روز وہ کسی عورت کے قریب گیا اُس کی ساری سنبھلی ہوئی توانائی بہہ جائے گی..

آج اگر اُس نے آسمان پر چیختے گِدھوں کو مات دے دی تھی اور اپنے سانسی بیلیوں سے بہت پہلے اُس موئے ہوئے بیل تک پہنچ گیا تھا جو شکل وجہ سے موہنجوڈارو کا ایک بیل دیوتا لگتا تھا اور اُس نے جیت کی سرخوشی میں اُس کی اگلی اکڑی ہوئی ٹانگ پر کلہاڑی سے یوں وار کیا تھا کہ کلہاڑی کا پھل اُس کے اندر دور تک چلا گیا تھا یہاں تک کہ ہڈیوں کو بھی یوں چیرتا گیا تھا جیسے وہ موم کی ہوں تو یہ سب اُس کی سنبھلی ہوئی توانائی کے کرشمے تھے..

اور تب اُس کی کلہاڑی جب ایک اور وار کرنے کے لیے اُٹھی اور پھر گوشت میں اُتری تو وہ مردہ بیل کا نہ تھا ایک زندہ انسان کا تھا اور اُس نے اس وار کی سزا عمر بھر بھگتی..کلہاڑی بھی بھنگ کے نشے میں دُھت تخصیص نہ کر سکی..ماجرا کچھ یوں ہوا تھا کہ حبس سے گم شدہ ویرانے میں پڑے مُردہ بیل کو بالآخر اپنے سامنے پا کر وہ حلق سے عجیب حیوانی آوازیں نکالتا اُس پر پل پڑا تھا..جتنی دیر میں اُس نے مُردار کی اگلی فربہ اور لذیذ دکھائی دیتی ٹانگ پر کلہاڑی چلا کر اُسے بقیہ بیل سے الگ کیا..اتنی دیر میں وہ سب کے سب بھی اُس کے سر کے اوپر پہنچ گئے اور حیرت انگیز طور پر اُس کا چاچا دارو سانسی اُن سب سے آگے تھا اور اُس نے اُس کے احترام میں پل بھر توقف اس لیے بھی کیا کہ وہ بھی ننگ دھڑنگ تھا اور ناف تلے اُس کا جو بھی ساز وسامان دھوپ میں عیاں ہو رہا تھا وہ اُس کی مرعوبیت میں آ گیا تھا..دارو سانسی جیسا کہ اُس کا دستور تھا بیل کے مردہ بدن سے لپٹ گیا اور اُس کی مردار مہک سے مست ہو کر اِک عالم وارفتگی میں اُس کی پسلیوں میں اپنے نوکیلے دانت گاڑ دیئے..خون جو رگوں ریشوں میں سیاہ ہو چکا تھا اُس کے لوتھڑے اُس نے اپنے حلق میں اُترتے محسوس کیے اور پھر کلہاڑی اُٹھانے کو تھا..تاکہ اپنا حصہ کاٹ سکے..

بیل کے ساتھ بیل ہوئے دارو سانسی کو اُس کی سرو سانسی کی بھنگ کے نشے میں دُھت کلہاڑی الگ سے نہ پہچان سکی..اور اُس کا تیز پھل اُس کی ٹانگ میں اُتر گیا..دارو کی دل دوز چیخ سے وہ سنگلاخ ویرانہ گونج اُٹھا..نیولے، کرلے، سانپ اور بچھو اپنی آماجگاہوں سے باہر آ گئے پر سرو سانسی نے یہی سمجھا کہ اُس کے چاچے نے ایک طویل مدت کے بعد مردہ خون کے لوتھڑوں کو حلق میں سے اُتارا ہے اس لیے چیخ و پکار کر کے اپنی مسرت کا اظہار کر رہا ہے..

اور اُسی لمحے آسمان سے پہلا گِدھ ایک پتھر کی مانند بچے کھچے بیل کے ڈھانچے پر گرا..اور وہ چونچ سیدھی کر کے سیدھا اُس کی پیٹھ کی جانب گیا اور اپنی لامبی گردن اُس میں غرق کر دی..اور پھر فوراً ہی متعدد گِدھ پَر سمیٹے جیسے بے جان ہوں بیل کے آس پاس آ گرے اور بچا کھچا ماس نوچنے لگے..لیکن اُن انسانوں سے احتیاط کرتے ہوئے پرے پرے رہتے ہوئے جو اُن سے پہلے پہنچ چکے تھے..شائد وہ بھی گاؤں والوں کی مانند اِن سانسیوں سے پرے پرے رہتے تھے..

گِدھوں کی آمد نے اُن کے اندر ایک اشتعال سا بھر دیا اور وہ اپنی کلہاڑیوں سے اُس کی ہڈیاں اور خاص طور پر مردہ ہو کر بہنے کو آنکھوں والا سر کاٹنے میں مشغول ہو گئے..اس بھاگ دوڑ اور افراتفری میں دارو سانسی کی حالت زار پر کسی نے دھیان نہ دیا اور جب ویرانے کی گرم سطح پر اُس شاندار بیل کے کُچھ آثار باقی نہ رہے تو کسی ایک سانسی گبھرو نے جس کا برہنہ بدن جمے ہوئے خون اور بیل کے لوتھڑوں میں لِتھڑا ہوا تھا ایک جانب پڑی بیل سے کاٹی ہوئی ٹانگوں کو شمار کیا اور گھبرا کر کہا.. راجے کا کھٹیا..اور پھر ہکلانے لگا اور کچھ کہنے سے عاجز ہو گیا..پھر ایک خوفزدہ حالت میں اپنے آپ کو مجتمع کر کے بولا..اس بیل کی پانچ ٹانگیں تھیں؟

دارو سانسی نے جس کی جانب کوئی دھیان نہ کرتا تھا..جو چیخ و پکار کرتا فریادیں کرتا اب بے ہوش ہونے کے قریب تھا..اس نے سرگوشی کی..اوئے ماؤں کے خصمو..وہ پانچویں ٹانگ میری ہے..اوئے میں مر گیا..

اور یہ ستم سرو سانسی کی کلہاڑی نے کیا تھا..

دارو سانسی اگرچہ عمر بھر کے لیے ایک ٹانگ کا ہو گیا اور دارو لنگڑیا لنگڑ سانسی کہلایا اور اپنی ٹانگ کے کھو جانے کے رنج اور الم میں بقیہ زندگی میں اُس نے بھنگ کے پیالوں اور چرس کے سُوٹوں کے سوا اپنے اندر کسی اور خوراک کو کم ہی اُتارا پر اُسے ایک فائدہ ضرور ہوا.سرو سانسی اپنے اس جُرم کا کفارہ ادا کرنے پر رضامند ہو گیا..وہ چاچے دارو کی سب سے چھوٹی بیٹی سوہنی سانسن کو اپنے گھر ڈالنے پر رضامند ہو گیا..اگرچہ وہ سانسیوں کی بستی کی سب سے کوجی اور بدہیئت لڑکی تھی اور اُسے سوہنی صرف اس لیے کہا جاتا تھا کہ اُس کی صورت شکل میں سوہنے پن کا دور دور تک کوئی شائبہ نہ تھا..وہ اگرچہ سولہ برس کی بھی نہیں ہوئی تھی پر جب کبھی کسی گنّے کے کھیت میں سے وہ اپنا تہبند سنبھالتی ہوئی برآمد ہوتی اور دوسری جانب سے گاؤں کا کوئی نوجوان لڑکھڑاتا ہوا نکلتا تو اُس کی عمر میں ایک برس کا اضافہ ہو جاتا کہ تجربہ ہی عمر کا تعین کرتا ہے اور یوں وہ بہت سے برسوں کی ہو گئی تھی اور اس حساب کے مطابق تو وہ سو دو سو برس کی ہو گئی ہو گی۔

اُس نے سرو سانسی کی عمر بھر کی سنبھلی ہوئی توانائی ایک ہی رات میں بہا دی۔

دارو سانسی کی اُس ٹانگ کے بارے میں بہت سی کہانیاں ہیں..قصے ہیں..کُچھ کا کہنا ہے کہ وہ اُس ویرانے میں پڑی رہی..لیکن بہت لوگوں کا بیان یہ بھی ہے کہ سرو سانسی نے اپنے سگے چاچے کی ٹانگ کو ضائع کرنا مناسب نہ جانا.. اور اُس شب بیل کی ٹانگ کے ہمراہ بُھونا اور ایسا نمکین اور خستہ گوشت تو اُس نے زندگی بھر نہ کھایا تھا..چونکہ اُسے اپنے سگے چاچے سے بے حد لگاؤ تھا اس لیے اُس نے اُس کی ٹانگ کا گوشت دانتوں سے بے دردی سے نوچا نہیں.بھنبھوڑ بھنبھوڑ کر کھایا نہیں بلکہ نمناک آنکھوں سے سہجے سہجے پیار سے کھایا..اور بعد میں دیر تک روتا رہا..کہ وہ اُس کے سگے چاچے دارو کا گوشت تھا۔

ایک روائت یہ بھی ہے کہ یہ ٹانگ بُھون کر وہ اپنے چاچے کے چھپر میں گیا تھا جہاں دارو کے ٹُھنڈ پر ہلدی کا لیپ کر دیا گیا تھا اور اس کے باوجود اُس کا خون نہ تھمتا تھا اور وہ چیخ و پکار کرتا تھا اور سرو نے اُسے نہائت فراخدلی سے پیشکش کی تھی کہ چاچا تو ذرا اس گوشت پر تو اپنے دانت رکھ..اس پر نمک چھڑکنے کی بھی کُچھ ضرورت نہیں، یہ پہلے سے ہی نمکین ہے..ذرا اپنا ماس چکھ کر تو دیکھ..اور دارو نے اُس پر اپنے دانت رکھے، ایک بوٹی نوچی اور پھر اُسے قرار

آ گیا..وہ نیند میں اُتر گیا۔

پر اگلی سویر وہ اتنا ہوشیار اور صحت مند تھا کہ اُس نے سرو کو کہا:

''مجھے تجھ سے کچھ شکائت نہیں ہے کہ تو نے مجھے دارو لنگڑا کر دیا ہے..مجھے اپنا ہی ماس کھلا دیا ہے..اُس سے کسی نے بیاہ نہیں کرنا..سوہنی سے تُو بیاہ کر لے..''

اور وہ اپنے جُرم کا کفارہ ادا کرنے کی خاطر رضا مند ہو گیا..

اُس کی عمر بھر کی سنبھلی ہوئی توانائی ایک ہی رات میں بہہ گئی..

کچّے کوٹھے پر کوئی دھم سے کُودا اور اُس دھمک سے چھت کے شہتیروں میں سے مٹّی کا ایک باریک سفوف گرنے لگا۔

وہ اُس سمے ..افیون اور سنگیت کی ملی جلی مستی میں اپنی گردن کے اکڑاؤ کو ذرا ڈھیلا کرتے جھومتا ماسٹر مدن کا ریکارڈ..حیرت سے تک رہا ہے جہانِ وفا مجھے ..سن رہا تھا..اور یہ گیت اس لیے بھی اُس کا من چاہا تھا کہ ماسٹر مدن وہ بچہ جو کبھی جوان نہ ہوا اور جسے سیندور کھلا دیا گیا بار بار اُسی کا نام جہان لیتا تھا..اور جب اُس کے کوٹھے پر کوئی یکدم کُودا اور اُس کی دھمک سے چھت کے شہتیروں میں سے مٹّی گرنے لگی تو یہ مٹّی ماسٹر مدن کے گراموفون پر گھومتے سیاہ ریکارڈ پر گری اور وہ اُن باریک جھرّیوں کو بھرنے لگی جن میں سے اُس ماسٹر کی مدھر آواز جنم لے رہی تھی..گراموفون پر رکھی سُوئی کی متوازن چال لڑکھڑانے لگی..جھرّیوں میں مٹی اُترنے سے اٹکنے لگی اور اس رکاوٹ کی وجہ سے ماسٹر مدن بھی ''جہانِ وفا..جہانِ وفا..'' پر اٹک گیا..

بخت جہان کی سنگیت کی مستی میں تو خلل آ ہی گیا پر اُس کی افیون کی اونگھ کا بھی ناس ہو گیا..اُس نے ریکارڈ پر سے سُوئی اٹھائی..اوئے کون اے کڑی یا ہوا..اور ڈانگ تھام کر چھت پر جانے والی سیڑھیوں کی جانب لپکا..

نمبردارانی کی پنڈلیوں پر چنبل کے کھرینڈ اتنے خشک ہو چکے تھے کہ اُن میں سے خارش کی خواہش ایسے پھوٹتی تھی کہ وہ بے اختیار ہو کر اُنہیں یوں زور زور سے مسلسل کھجانے لگتی تھی کہ اُن میں سے خون کی دھاریاں نمودار ہونے لگتی تھیں..اور وہ سرو سانسی کو کوسنے دینے لگتی کہ اُس مُردار خور نے پچھلے دو ماہ سے اِدھر کا پھیرا نہ ڈالا تھا..شانو لنگڑی نے اُسے بتایا تھا کہ اُس نے اپنے چاچے دارو کی دِھی سوہنی سانسن کو گھر میں ڈال لیا ہے اور وہ اُسے گھر سے باہر نکلنے کی مہلت ہی نہیں دیتی..تو اُس کی اس طویل گمشدگی کی وجہ اُس کا بیاہا جانا تھا..

سانسی لوگ جہاں کھیت مزدور تھے..موقع ملنے پر کوئی ایک آدھ برتن چوری کر لیتے تھے یا شراب کشید کرتے تھے وہاں وہ جونکوں سے بھی اپنا رزق کماتے تھے..اور یہ سیاہ رنگ کی لجلجی خون چُوسنے والی جونکیں اُن کی بستی کے آگے جو جوہڑ تھا، اُس میں کثرت سے پائی جاتی تھیں پر اُنہیں پکڑ کر فوری طور پر کام میں نہیں لایا جا سکتا تھا بلکہ اُن کی تربیت کرنی پڑتی تھی..دیہات میں پھوڑوں پھنسیوں اور چنبل ایسی جلدی بیماریوں کا واحد علاج تیز دھار اُسترے سے بدن میں پچھ یا دھار لگا کر کیا جاتا تھا جس کے نتیجے میں فاسد مادہ یا خون بہہ جاتا تھا لیکن اکثر لوگ حجام کے اُسترے کی بجائے جونکیں

لگوانے کوترجیح دیتے تھے..جنہیں لگوانے سے ہمہ وقت ایک ہلکی ہلکی بے چین جلون تو ہوتی تھی پر وہ کسی زخم کا باعث نہ بنتی تھیں..اور جونکیں سانسی لوگوں سے ہی مخصوص تھیں..

بہشت بی بی پچھلی کوٹھڑی میں گندم سے لبریز چھاج تھامے اُسے ہولے ہولے حرکت دیتی بھوسہ الگ کر رہی تھی جب اُس کے کانوں میں ایک دل فریب آواز آئی ''جونکیں لگوالو..'' اور یہ آواز اُس مُردار خور سرو کی تھی اور اُس کا چھاج وہیں تھم گیا اور وہ لپک کر باہر آئی اور چوکھٹ کے ساتھ جُڑ گئی ''وے سرو..''

بے شک دوسرے بہت سے سانسی بھی جونکوں والے تھے پر سروسانسی کی جونکیں اُن کی نسبت زیادہ پلی ہوئی اور لچکیلی تھیں اور وہ یُوں بنا کسی جلن کے خون پیتی تھیں کہ بے شک سارے بدن کا خون چُوس جائیں خبر ہی نہ ہوتی تھی..

''نمبردارانی..میں تیری طرف ہی آ رہا تھا..'' وہ بھی لپک کر چلا آیا۔

''کہاں مر گیا تھا؟''

''چوہدرانی تاپ چڑھ گیا تھا..پورا جُثّہ آگ میں پُھکنے لگا تھا..تو میں ذرا لاغر ہو گیا تھا..''

''تو گوڑھ مت بول..مجھے پکا پیڈا پتہ ہے کہ تو لاغر تاپ سے نہیں ہوا..سرو تجھے سوہنی سانسن کے سوا اور کوئی نہ ملی؟''

''بس چوہدرانی..'' وہ ایک ٹھنڈی سانس بھر کر بولا ''میرے لیکھ ہی ایسے تھے..''

بہشت بی بی اندر والی کوٹھڑی میں جا کر دیسی گھی کی چاٹی میں سے ایک رکابی گھی کی بھر کر لے آئی..سروسانسی اس دوران جونکوں والے کُجّے کے مُنہ سے ململ کی دھجّی کی گرد کسی ہوئی رسّی کھول رہا تھا..

نمبردارانی کی دونوں ٹانگیں گھٹنوں تک چنبل سے خشک اور کھردری ہو چکی تھیں..وہ اپنے گاؤں کی بیشتر عورتوں کی مانند پردہ نہیں کرتی تھی..اور نہ ہی ایک لمبا گھونگھٹ نکالتی تھی کہ پردہ صرف اُن عورتوں سے مخصوص تھا جو کوئی کام کاج نہ کرتی تھیں..سیدانیاں یا پنڈتانیاں..جو ہاتھ پر ہاتھ دھرے بیٹھی رہتی تھیں..اور ویسے بھی ایک حکیم یا وید کے سامنے اپنے بیمار بدن کا کوئی حصہ عیاں کرنا معیوب نہ تھا..چنانچہ نمبردارانی نے اپنے سیاہ تہبند کو احتیاط سے گھٹنوں تک کیا..اپنی خشک پاپڑ ہوتی پنڈلیوں پر گھی کی مالش بہت ہولے ہولے سے کی اور جب گھی اُن میں اچھی طرح جذب ہو گیا اور وہ تر ہو گئیں تو اُس نے سروسانسی کی جانب دیکھا..

وہ اسی اشارے کا منتظر تھا..

اُس نے کُجّے میں ہاتھ ڈال کر پہلی جونک کھینچ نکالی..پھر اُس سمٹی سمٹائی لجلجی جونک کے دونوں سروں کو انگلیوں میں بھینچ کر یوں کھینچا جیسے غلیل کے ربڑ کو کھینچ کر اندازہ لگاتے ہیں کہ اس میں کتنی لچک ہے..وہ جونک جو ابھی ایک پوٹے جتنی تھی اس کھینچ تان سے بالشت بھر کی ہو گئی اور سروسانسی نے اُسے نہائت دھیرج سے نمبردارانی کی دیسی گھی سے تر پنڈلی پر جما دیا..جمایا اور کُچھ دیر اُس پر اپنا ہاتھ جمائے رکھا..اور جب وہ جونک دیسی گھی کی مہک میں مست ہو کر نمبردارانی کی پنڈلی سے چپک گئی تو اُس نے اپنا ہاتھ اُٹھا لیا..اور وہ اُس پنڈلی سے یُوں چمٹی ہوئی تھی جیسے وہیں پیدا ہوئی تھی..سروسانسی نے یُوں درجن بھر جونکیں نمبردارانی کی پنڈلیوں کے ساتھ چسپاں کر دیں اور پھر نظریں جھکائے پیچھے ہٹتا دھریک کی چھاؤں

تلے آن بیٹھا.. اب اُسے اُن کے خون پی پی کر پھُولنے اور ٹپ ٹپ گرنے کا انتظار کرنا تھا..

بہشت بی بی نمبردارانی اپنی پیڑھی پر براجمان آنکھیں بند کیے ایک عجیب سُرور میں چلی گئی.. اُسے پنڈلیوں پر ایک میٹھی میٹھی جلن ہو رہی تھی اور وہ محسوس کر رہی تھی کہ اُس کا فاسد خون چُوسا جا رہا ہے اور وہ ایک اطمینان اور شانتی کی ناؤ میں بہتی چلی جا رہی ہے..

''سرو.. میں تو اُٹھ نہیں سکتی.. تو پچھلے پسار میں جا.. وہاں جو گھڑوں کی ایک پال ہے.. ایک دوسرے کے اوپر رکھے چھت تک جاتے ہیں تو اُن میں سے جو تیسرا گھڑا ہے اُس میں اُلسی کی گھی میں بھیگی ہوئی پنیاں ہیں... اُن میں سے دو پنیاں اپنے لیے لے آ.. اور جب تک جونکیں سیر نہیں ہو جاتیں تو بیٹھ کر کھا..''

اور سروسانسی اسی پیشکش کا منتظر تھا تو فوراً اٹھا اور نمبردارنی نے یکدم اُسے خبردار کر دیا ''بے ایمانی نہ کرنا.. صرف دو پنیاں نکالنا..''

توبہ.. توبہ.. وہ کانوں کو ہاتھ لگاتا اندر گیا گھڑے میں بازو ڈالا تو نہ چاہتے ہوئے بھی بے ایمان ہو گیا اور چار پانچ اُلسی کی پنیاں تہبند کے پلّو میں پوشیدہ کر کے باہر آ گیا..

جونکیں جو سمٹی سمٹائی اور بے جان سی تھیں نمبردارنی کا فاسد خُون چُوس چُوس کر پھُول کر کپا ہو گئیں.. یہاں تک کہ اُن کے پھولے ہوئے بدنوں میں خون کے ایک اور قطرے کی بھی گنجائش نہ رہی اور وہ بے سُدھ ہو کر نمبردارنی کی پنڈلیوں سے الگ ہو کر کچے صحن میں گرنے لگیں..

سروسانسی اُلسی کی نیم کڑوی پنیاں کھاتا نظر رکھتا تھا اور جب اُس کی نظر کے سامنے پہلی جونک پھُول کر نمبردارانی کی پنڈلی سے گری تو.. ہوشیار ہو گیا..

آج اُس نے نمبردارانی کے ہاں کہاں پھیرا ڈالنا تھا.. اُسے پھیرا ڈالنا پڑ گیا.. پھنیر نے اُس کے ساتھ دغا کی تھی..

شائد اُس کا بھی قصور نہ تھا.. ایک تو دم گھونٹواں حبس اور پھر رڑھے میدان میں جتنے کنکر ریزے تھے وہ سب کے سب لوہار کی بھٹی میں پگھلتی لوہے کی مانند سُرخ ہو کر پگھلنے کو آ رہے تھے.. پھنیر اُس سلگتی دھوپ سے مرجھا کر سکڑتا جاتا تھا.. وہ رینگتا رینگتا نڈھال ہو گیا تھا.. اُس کا کومل نچلا دھڑ چھالوں سے بھر گیا تھا اور وہ بار بار نیولے کی تلاش ترک کر اپنے اُس کُجے کی جانب لوٹتا جو اُس کا گھر تھا پر سروسانسی پھر تھوڑا سا دودھ اپنی ہتھیلی پر اُنڈیل کر اُس کے آگے کرتا جسے پیاس کا مارا پھنیر اپنی سرسراتی زبان سے سُڑک جاتا اور وہ اُسے پھر سے شکار کر رینگنے پر مجبور کر دیتا..

دُھوپ کرنوں کی صُورت نہیں ایک بھڑکتے تندور کی مانند آسمان سے اُتر کر زمینوں کو سلگاتی اُن میں چھید کر رہی تھی..

اس میں پھنیر کا کُچھ دوش نہ تھا کہ آج کسی ایک نیولے نے بھی اُس کی بُو باس سونگھ کر اپنے بل میں سے نہیں جھانکا تھا.. نیولے بھی زیرزمین پناہ گاہوں میں دم پخت ہو رہے تھے، کیسے باہر آتے..

عام طور پر سانپ اور نیولے کی لڑائی میں نیولے کی چربی سے گھُتّی جلد پر سانپ کے کاٹے کا کُچھ اثر نہ ہوتا تھا

اور وہ نہائت آسانی سے اُس کے سر کو اپنے نوکیلے دانتوں میں دبوچ کر پٹخنیاں دے دے کر مار ڈالتا تھا.. پر پھنیر کی بُو باس سونگھ کر بل سے نکلنے والے نیولے پر اس سے پیشتر کہ وہ پھنیر کو دبوچ لے سروسانسی چھلانگ لگا دیتا تھا اور اُسے قابو کر لیتا تھا اور اُس رات جشن ہوتا تھا.. ہر ماس کا ذائقہ جدا تھا.. مینڈک اور مرغی میں کچھ فرق نہ تھا، سانپ کا گوشت ہوتا تو مچھلی جیسا تھا پر اُس سے کہیں بڑھ کر مزیدار ہوتا تھا.. مُردار بے حد رسیلا ہوتا تھا پر بُھنے ہوئے نیولے کے گوشت اور خستہ ہڈیوں کو بھنبھوڑنے اور چبانے میں جو سواد تھا اُس کا کُچھ حساب نہ تھا..

پھنیر دراصل ایک ترغیب تھا.. جیسے مچھلی کو پھانسنے کے لیے کُنڈی میں ایک گنڈویا پروتے ہیں..

اُس نے پھنیر نے اپنے تیئں تو بہت کوشش کی.. پھَن مرجھانے لگا اور اُس کا نچلا دھڑ چھالوں سے بھر گیا پر کسی ایک نیولے کی شکل دکھائی نہ دی اور اُسے یہ خدشہ بھی لگ گیا کہ اُس کا مالک آج اُس کی گردن مروڑ کر اُسے ہی بھون کر کھا جائے گا.. پر سروسانسی سیانا تھا اُس نے اُسے کچھ اور دودھ پلایا اور اُسے کُجّے میں بند کر کے گھر چلا گیا.. تب اُسے خیال آیا کہ وہ پھنیر کے کُجّے کو چھپر کے ایک کونے میں سنبھالے اور موٹی جونکوں والے کُجّے کو سینے سے لگا کر محلّہ مغربی کا رُخ کرے اور نمبردارنی کی پنڈلیوں پر جونکیں جما کر کچھ تو رزق کمائے.. رات کو بُھوکا تو نہیں سونا.. خاص طور پر جب سوہنی سانسن اُس کے ساتھ سوتی ہو.. تو اُس نے آج نمبردارنی کے ہاں کہاں پھیرا ڈالنا تھا.. اُسے پھیرا ڈالنا پڑ گیا..

نمبردارنی کی پنڈلیوں سے اُس کے فاسد خون سے پھُولی ہوئی جونکیں ٹپ ٹپ کچے صحن میں گرتی تھیں..

سروسانسی جو ہوشیار ہو چکا تھا، نظریں جھکائے اُٹھا اور کچے فرش پر بے سُدھ پڑی ایک جونک کو اُٹھایا.. اُس کے منہ کو انگوٹھے اور شہادت کی اُنگلی میں بھینچ کر دوسرے ہاتھ کی چٹکی میں لے کر اُسے یوں نچوڑا کہ اُس کی دُم میں سے نمبردارنی کے فاسد خون کی دھاریں بہہ نکلیں.. اور اُن کے نیچے مٹی کا ایک پیالہ تھا جو بھرنے لگا تھا.. اُس نے زمین پر اوندھی پڑی سُوجی ہوئی جونکوں کو اچھی طرح نچوڑا اور پھر اُنہیں اپنے کُجّے میں ڈال کر اُس کا مُنہ ململ کی دھجّی سے ڈھانک دیا..

''سرو.. اس پیالے کو ساتھ لے جا.. گلی میں جا کر گندی نالی میں اُنڈیل دے..'' نمبردارنی کو اپنے فاسد خون سے اتنی کراہت آئی کہ وہ ابکائیاں لینے لگی.. سروسانسی اپنی جونکوں سے بھرا کُجا سنبھالتا نمبردارانی کا عطا کردہ گڑ اور کنک کے دو ٹوپے سنبھالتا چوکھٹ کے پار ہو کر گلی میں آ گیا.. پر وہ کُچھ زیادہ مطمئن اور شاداں نہ تھا.. آج کی شب گڑ اور کنک ایک بُھنے ہوئے کڑکڑاتے نیولے کے متبادل تو نہ ہو سکتے تھے..

نمبردارنی نے ایک عرصے کے بعد اپنی چنبل زدہ پنڈلیوں میں ایک قرار سا محسوس کیا۔

یہ قرار بہت مختصر ثابت ہوا.. عزیز جہاں کا دھوپ سے دمکتا خوفزدہ چہرہ.. کچّی سیڑھیوں سے دھڑ دھڑ اُترتا اُس کے گھٹنوں سے آ لگا.. ''بے بے..''

بہشت بی بی کا فاسد خون تو پہلے ہی نچوڑا جا چکا تھا پر اب.. اپنے اکلوتے بیٹے کو یوں دہشت زدہ دیکھ کر اُس کا شریانوں میں دوڑتا کارآمد خون بھی نچڑنے لگا.. ''ماں رجھ گئی.. کیا ہوا ہے پُتّر..''

''میں ناں.. بازار سے واپس آ رہا تھا نیل کی ٹکیا اور صابون خرید کر.. تو میں گلیہ گلی نہ آیا کوٹھوں سے ٹاپتا آیا.. تو..''

ابھی عزیز جہان یہ خبر کرنے کو تھا کہ کیا ہوا تھا کہ اُس کی نظر سیڑھیوں کو طے کرتی کوٹھے پر چلی گئی اور وہ گُنگ ہو

گیا..اُس کی وہ نظر پتھرا گئی.....وہاں بخت جہان ڈانگ تھامے کھڑا اُسے آسمانوں کو چھوتا دکھائی دینے لگا..

بخت جہان بھی دھڑ دھڑ کرتا سیڑھیوں سے اُترا اور اُس کی نیلی آنکھوں میں چنگاریاں سلگتی تھیں..

''بھرجائی.. تیرا یہ اکلوتا آج پھر میری چھت پر کودا ہے..بے حیا کو حیا نہیں آئی کہ یہ اس کے چاچے کا کوٹھا ہے..میرے شہتیر کڑ کنے کو آئے اور اُن میں سے مٹی گرنے لگی،اتنے زور سے کودا ہے..''

''بال یونہی اُچھلتے کودتے رہتے ہیں جہانیاں..''بہشت بی بی کی آنکھوں میں بھی چنگاریاں سلگنے لگیں..''کوئی قیامت نہیں آ گئی''

''یہ..یہ بال ہے۔''بخت جہان نے اپنی ڈانگ سیدھی کر کے بہشت بی بی کے پیچھے پناہ لیے ہوئے عزیز جہاں کی جانب کی۔''دس جماعتیں پاس کر چکا ہے اور پھر بھی ایک انجان بالک ہے..یہ بال ہے؟''

''ساری دنیا تیرے کوٹھے پر سے گذرتی ہے،میرا بچہ گذر گیا تو کیا دوہائی آ گئی..''

''بھرجائی..''بخت جہان نے کچھ توقف کیا۔اُس کے باریک لب ایک مسکراہٹ میں پھیل گئے''تیرا یہ بچہ اگر سچ مچ گذر گیا تو دوہائی تب مچے گی..احتیاط کیا کر..''

وہ ایک دھچکے سے ایک موت سناٹے میں چلی گئی..بیوگی اور بے چارگی کے احساس نے اُسے مفلوج کر دیا..وہ بخت جہان کی دھمکی کی ساری پرتیں جان گئیں..الف جہان بے اولاد مرا تھا.محمد جہان کی اکلوتی اولاد عزیز جہاں تھا..اور اگر وہ نہیں رہتا تھا تو ساری زمینیں اور مکان اُس کی وراثت میں چلے جاتے تھے..''جہانیاں،میرے عزیز جہان کو ایک نہیں سات خیر ہی خیر ہیں..تیرا جنازہ اُٹھا تو اُسے تیرے سکھ بیٹے کاندھا نہیں دیں گے،تیری وہ کُچلی ہوئی بیٹی صاحباں تیرے لیے بین نہیں کرے گی..عزیز جہاں ہی تری میّت اُٹھائے گا اور صرف میں اور میری بیٹیاں تیرے لیے بین کریں گی..تو یہاں سے دور ہو جا..ورنہ میں تیری ڈانگ سے ہی تیری ٹانگیں توڑ دوں گی..''

بہشت بی بی اکہرے بدن کی گوری چٹی،نازک ہونٹوں اور ستواں ناک والی ایک سوہنی عورت تھی جسے اُس کی بیوگی اور دیور کے ستم نے بوڑھا کر دیا تھا..وہ جب تن کر کھڑی ہوئی تو بخت جہان کی ڈانگ میں جھول آنے لگا..''بس میں تو تجھے یہ کہنے آیا تھا کہ عزیز جہان میرا اکلوتا بھتیجا ہے،مجھے اس کی بڑی فکر رہتی ہے اس لیے احتیاط کیا کر۔''وہ فوراً ہی نرم پڑ کر لجاجت کے لہجے میں آ گیا..''میں گذر جاؤں گا تو میرا وارث کس نے ہونا ہے۔میرے سگے بھتیجے نے اور کس نے..عزیز جہان..ذرا میرے پاس آ کر میرے گلے لگ جا میرے بھتیجے۔''بخت جہان باقاعدہ گلوگیر ہو گیا۔پر عزیز جہاں سہما ہوا..ایک کڑیل جوان ہو چکا..اُس نے اپنے سگے چاچے کا کُچھ اعتبار نہ کیا اور بدستور اپنی ماں سے چمٹا رہا..

''خیال رکھا کر بھرجائی..''بخت جہان سر جھکائے کچّی سیڑھیوں پر ڈانگ ٹیکتا واپس کوٹھے پر چلا گیا..

بہشت بی بی نے اپنی پُشت پر ایک جونک کی مانند چمٹے..خوف سے پیلے پڑتے عزیز جہان کو اپنے سامنے کیا اور کہنے لگی..''پُتر تو اگر پل دو پل میری آنکھوں سے اوجھل ہوتا ہے تو میں نابینا ہو جاتی ہوں،پر تو یہاں سے اوجھل ہو جا۔بے شک میں عمر بھر اندھی ہو کر بھٹکتی پھروں..یہاں سے چلا جا..تیرے چاچے کی نظروں میں فتور آ گیا ہے..''

''موج کر..''

پھنیر ذرا سا کسمسایا، اُس کا حال اچھا نہ تھا، پھَن تو گرمی کی شدت سے اتنا سکڑ چکا تھا کہ پھیلنے سے عاری ہو گیا تھا اور نچلے حصے میں چھالوں کی جلن اُسے اذیت دیتی تھی.. اُس نے اپنی آنکھیں لاچارگی سے گھما کر سروسانسی کے اپنے کُجّے پر جُھکے ہوئے پُرمسرت چہرے کو حیرت سے دیکھا..

سروسانسی نے اُس کے کُجّے میں نیم کڑواہٹ والی اُلسی کے چند ریزے ڈال کر کہا تھا کہ.. موج کر..

اُس لمحے چھپّر کے اندر یکدم روشنی کم ہو گئی.. داخلے پر کوئی شخص کھڑا تھا جس نے دھوپ روک دی تھی..

سرو نے اُلسی کی پِنی پر اپنے دانت جما کر اُس کے اندر رچی چینی کا لطف لیا اور کھڑا ہو گیا.. وہاں نمبردارانی کھڑی لرز رہی تھی.. سانسی بستی میں تو مرد بھی آنے سے گریز کرتے تھے.. شائد اُس نے اُس کے رخصت ہونے پر کوٹھڑی میں جا کر گھڑے میں موجود بقیہ پِنیوں کی گنتی کر لی تھی اور جان گئی تھی کہ اُس نے دو کی بجائے پانچ سات پِنیاں نکال لی تھیں اور اب اُس کی دُرگت بنانے کے لیے آ گئی تھی..

''نمبردارانی تو مُجھ سے قسم لے لے.. میں نے صرف دو پِنیاں ہی نکالی تھیں۔'' اُس نے ہاتھ باندھ دیئے۔

''سُن سروسانسی..'' نمبردارنی نے اُس کے آگے ہاتھ باندھ کر التجا کی.. ''میں سوالی ہو کر آئی ہوں۔''

سروسانسی تو جیسے پتھر کا ہو گیا..

''بخت جہان کی نظروں میں فتور آ گیا ہے.. وہ دھمکی دے کر گیا ہے.. میرا عزیز جہان اب اس گاؤں میں محفوظ نہیں.. تُو مہربانی کر.. تو اُسے شہر لے جا.. وہ بہت نادان اور لاڈلا ہے، اکیلا گیا تو شہر کی بھیڑ میں گم ہو جائے گا، تیری مہربانی ہو گی.. سوالی بن کر آئی ہوں..''

نہ آج تک سانسی بستی میں کوئی باہر کی عورت آئی تھی اور وہ عورت بھی ایک نمبردارانی اور نہ آج تک کسی سانسی کے سامنے کوئی یُوں ہاتھ باندھ کر سوالی بن کر آیا تھا..

سروسانسی کا رُکا ہوا دم بہت دیر تک رُکا رہا..

✦ .... ✦

دومن کے قریب وزنی جستی صندوق کا بوجھ اُس کے انگریزی طرز کے کٹے ہوئے بالوں والے سر سے اُٹھایا نہ جاتا تھا اور وہ بوجھ سر سے ٹخنوں تک پہنچتا اُس کی پنڈلی میں کھبے ہوئے دانتوں کے زخم ہرے کرتا تھا..

ساون بھادوں کی ایسی رُت جس میں جاٹ بھی فقیر ہو جاتے ہیں اور آس پاس نہ شیشم کے گھنے رُکھ تھے، نہ شرینہہ یا دھریک کی چھاؤں اور نہ جنگل بیلے تھے، شہر لاہور کے پکے کوٹھے اور پیڈی سڑکیں تھیں جن میں سے گرمی پھنکارتی ہوئی نکلتی تھی اور اُس کے دراز جثے کو بھسم کر کے پسینے سے بھگو دیتی تھی..

جاٹوں کو بوجھ اُٹھانے، بھار سہنے کی عادت تو ہوتی ہے..وہ دو تین من وزنی چارے کا گٹھا اٹھائے یا دودھ سے بھری گاگر سر پر جمائے قدرتی انداز میں یوں چلتے ہیں جیسے بے وزن چلتے ہیں..لیکن اگر اُن کے سر پر اتنے ہی وزن کی اینٹیں رکھ دی جائیں تو اُن کی ٹانگیں لڑکھڑانے لگتی ہیں..چارے کے ایک گٹھے یا دودھ سے بھری گاگر کو سر پر اٹھائے تو وہ پیدا ہوتے ہیں، اُن کا کچھ بوجھ نہیں ہوتا..

وہ سویرے سے اس جستی صندوق کو سر پر اٹھائے خجل خوار ہو رہا تھا اور اُس کے بوجھ تلے دبا جاتا تھا..یوں بھی وہ اتنا خالص جاٹ نہ رہا تھا اُس میں تعلیم کی ملاوٹ ہو گئی تھی..سیانوں نے سچ کہا تھا کہ تعلیم کا بڑا بوجھ ہوتا ہے..اُس صندوق میں پورے دو من وزنی صابن کی ٹکیاں تھیں..اور صُبح سے صرف تین ٹکیوں کا بوجھ کم ہوا تھا..دو ملاں نائی نے خرید لی تھیں اور ایک اُس گورکھے سپاہی نے ہتھیالی تھی..

بابو ہوٹل کے تنور کے کچے تھڑے پر تین راتیں گذارنے کے بعد اُس نے اُس مہربان خصلت کے مالک بابو ثناء اللہ بٹ سے اپنے سارے دُکھڑے بیان کر دیئے تھے..میں پوری دس جماعتیں پاس ہوں بٹ صاحب، مُجھے روزگار درکار ہے..آپ مدد کر سکتے ہیں..تو ثناء اللہ نے کہا تھا..امیر بخش، تو کُچھ زیادہ ہی پڑھ گیا ہے، تیری تعلیم کے مطابق کم از کم میرے پاس تو کوئی نوکری نہیں ہے...نہ تُو تنور گرم کر کے روٹیاں لگا سکتا ہے، نہ دال کی دیگ میں کڑچھا چلا سکتا ہے..گندے بھانڈے ٹنڈر بھی نہیں دھو سکتا..اور جھاڑو وغیرہ میں خود ہی لگا لیتا ہوں..

یہ طے تھا کہ اُس کی دس جماعتیں روزگار کے حصول میں معاون ثابت نہ ہو سکتی تھیں بلکہ ایک رکاوٹ تھیں...

ایک روز اُس نے بابو ہوٹل سے مُنہ اندھیرے نکل کر ریلوے سٹیشن پر آتے جاتے مسافروں کا سامان ڈھونے

کی کوشش کی.. پر وہاں انگریز سرکار کے بھرتی کیے ہوئے لال وردیوں اور پگڑیوں والے قلی تھے اور اُن کا ایک نمبر دار تھا جس نے اُسے پہلے سمجھایا کہ نوجوان یہ کوئی لاری اڈہ نہیں ہے شہر لاہور کا ریلوے سٹیشن ہے جہاں آنے جانے والے مسافروں کا سامان صرف سرکاری قلی اُٹھا سکتے ہیں اور جب اُس نے ذرا بحث کرنے کی کوشش کی تو ڈرا دھمکا کر اُسے سٹیشن کی حدود میں سے باہر نکال دیا..

وہ بہت در بدر ہوا..

ایک روز شہر کی سبزی منڈی میں گیا تا کہ ایک پانڈی کے طور پر سبزیوں کے ٹوکرے اٹھا کر ریڑھوں میں رکھ سکے پر وہاں کشمیر سے آئے ہوئے ہاتو لوگوں کا راج تھا جو اتنے مسکین تھے کہ صرف چند آلوؤں کے عوض سارا دن گدھوں کی مانند مشقت کرتے رہتے اور شکائت کا ایک حرف بھی زبان پر نہ لاتے.. بلکہ کئی آڑھتی اُن کی مجبوری کا فائدہ اُٹھا کر اُن سے مفت کی بیگار لیتے اور پھر بھی وہ ہنستے مسکراتے رہتے اُف تک نہ کرتے.. وہ اُن کی لاچارگی اور مسکینی کے برابر نہیں اُتر سکتا تھا.. تب اُسے زندگی میں پہلی بار اپنے جاٹ ہونے پر قلق ہوا.. اُسے کوئی بھی ہُنر نہ آتا تھا.. اگر وہ ایک کمّی کمین ہوتا تو اپنے ہُنر پر انحصار کر کے آسانی سے روزی کما سکتا تھا.. اگر وہ ایک نائی ہوتا تو صرف ایک اُسترے، ایک قینچی اور صابن کی ایک ٹکیا کے ساتھ لیس ہو کر فٹ پاتھ پر بیٹھ جاتا اور لوگوں کی حجامتیں کرنے لگتا.. اُن کی داڑھیاں مونڈھنے لگتا.. لوہار ہوتا تو لنڈے بازار میں خراد کی جو دکانیں تھیں، وہاں اپنے کسب کا کمال دکھا سکتا... اگر ایک ترکھان ہوتا تو دو چار اوزار تھیلے میں ڈال کر ''منجی پیڑھی ٹھکالو'' کی آوازیں لگاتا' لوگوں کی بھیگنے سے ٹیڑھی ہو چکی چار پائیاں سیدھی کر لیتا، بے شک ایک میراثی ہوتا.. کچھ گا بجا کر.. چند روٹیاں حاصل کر لیتا.. پر اُس کے پلّے میں تو جاٹ ہونے کے جاہلانہ تکبر کے سوا کچھ بھی نہ تھا، کوئی ہُنر نہ تھا.. بس دس جماعتیں تھیں جو اُس کے گلے میں ایک پھندے کی مانند اُس کے رزق روزگار کا سانس روکتی تھی..

اُن دربدری کے ایام میں جب اُس پر رزق کا کوئی بھی دروازہ نہیں کھلتا تھا، مُلّاں نائی سے اُس کی ملاقات ہو گئی..

وہ جس کا سارا بدن ہر سویر چناب کے پانیوں میں تیرتا، اُن کے اندر دم روک کر جاتا.. زیر آب سلطنت میں ایک بڑے کچھوے کے ہمراہ تیرتا.. ہر سویر تازہ نہایا دھویا پوتر ہوتا تھا، وہ شہر آیا تو ایک مدت تک اَن دُھلا رہا.. نہ اُس کے جثّے کی میل اُتری اور نہ ساون بھادوں کے پسینے کی بُو سے اُس نے چھٹکارا حاصل کیا..

''گرم حمام ملّاں نائی والا'' کا بورڈ ایک کھنڈر نما عمارت پر آویزاں تھا اور وہ اندر چلا گیا.. یہ ایک نہایت غلیظ، سیلن زدہ نیم تاریک سا حجامت خانہ تھا جس کے اندر پسینہ آلود انسانی بالوں کی ایک ناگوار بُوٹھہری ہوئی تھی.. ایک پہلوان نما شخص لکڑی کے ایک اونچے سٹول پر براجمان اپنا بایاں ہاتھ یوں اونچا کیے ساکت تھا جیسے کلاس میں نام پکارے جانے پر حاضری لگوا رہا ہو اور ملّاں نائی نہائت مہارت اور دل جمعی سے اُس کی بغل میں ناک جمائے اُسترا پھیر رہا تھا۔ پہلوان کی دوسری بغل کی ستھرائی کرنے کے بعد ملّاں نائی نے اپنا اُسترا ایک چیتھڑے سے صاف کیا اور سوالیہ نظروں سے امیر بخش کی جانب دیکھا..

''نہانے دھونے کا بندوبست ہے؟''

ملاّں نائی نے اُس کے ہاتھ میں ڈاک کے ٹکٹ جتنا صابن کا ایک ٹکڑا رکھا، ایک کثرت استعمال سے سیاہ بوسیدگی کی گیلاہٹ والا تولیہ تھمایا اور یہ کہتے ہوئے کہ حمام کے اندر بیٹھ کر اپنے تن کے کپڑے دھونا منع ہے، اُسے ایک تنگ ڈربہ نما اندھیاری کوٹھڑی میں دھکیل دیا..ننگی اینٹوں پر کائی کی اتنی گھنی تہہ تھی کہ اُس کے قدم اُن پر پھسلتے تھے بمشکل تمام اُس نے اپنے آپ کو سنبھالا..دیواروں پر بھی میل کی تہیں تھیں..اس دوران ملاّں نائی نے باہر سے گرم پانی چھوڑ دیا..اوپر جہاں سے اُس اُبلتے ہوئے پانی دھار اُس کے بدن پر گری اور اُسے جھلسا دیا..وہاں بھی اندھیرا تھا اور کُچھ دکھائی نہ دیتا تھا کہ جہنم کی آگ جیسے یہ پانی کہاں سے برآمد ہو رہے ہیں..وہ آج تک ایسے پانیوں میں کہاں نہایا تھا..اُس کا بدن تو کنویں میں سے برآمد ہونے والے سردیوں میں ہلکی بھاپ چھوڑتے زمین کی آخری تہوں میں سے باہر آتے نیم گرم آسودگی والے پانیوں سے واقف تھا اور گرمیوں میں چناب کے تن بدن میں ٹھنڈ ڈال دینے والے تقریباً یخ پانیوں سے آشنا تھا..زندگی میں پہلی بار وہ ان غیر قدرتی جھلستے ہوئے پانیوں کی بوچھاڑ تلے آیا تھا.. پر ان پانیوں نے گجرات سے لاہور تک کی طویل مسافت، یہاں کی دربدری اور پردیس اداسی کو لمحوں میں زائل کر کے اُسے نواں نکور کر دیا تھا..

ثناء اللہ بٹ کے بعد، اور اُس کتّے کے بعد جواب بھی ہر شب اُس کے تلوے اور پنڈلی پر آئے ہوئے دانتوں کے زخموں کو چاٹنے آ جاتا تھا، ملاّں نائی اُس کا غم خوار ہوا..

اُس کے ہاں امیر بخش کا آنا جانا ہو گیا..وہ اسے غمِ روزگار کے قصوں میں شریک کر لیتا کہ ملاّں نائی ایک ہمدرد سننے والا تھا..اُسے علم ہو گیا کہ یہ دیہاتی دراز قد نوجوان جس کے سر کے بال شائد کسی بیماری کی وجہ سے وقت سے پہلے سفید ہو گئے ہیں روزی کے حصول کے لیے دن رات کشٹ کاٹتا ہے اور اقرار تو نہیں کرتا لیکن اکثر بھوکا سوتا ہے..اور وہ اُس کے بارے میں فکر مند رہتا..

''امیر بخش..میں تیرے بارے میں سوچ بچار کرتا رہتا ہوں..میں تجھے ایک کاروبار بتاتا ہوں جس میں محنت تو بہت ہے پر منافع بھی بہت مناسب ہے..شہر لاہور کے اندر کم از کم سو سوا سو نائیوں کی دوکانیں تو ہوں گی اور اُن سب کو داڑھیاں مونڈھنے کے لیے اور گرم حمام کے گاہکوں کے لیے صابن درکار ہوتا ہے..تُو اگر یہ صابن بنا کر بیچنے لگے تو تیری دال روٹی کا سبب بن سکتا ہے۔''

''پر مُلاّں..'' امیر بخش نے مسکراتے ہوئے کہا ''ہمارے گاؤں میں تو آج تک کسی نے صابن نہ دیکھا نہ استعمال کیا..میں نے بھی پہلی بار تمہارے اس گرم حمام میں دیکھا اور بدن پر لگایا تو میں یہ صابن بنا کیسے سکتا ہوں..''

''اِس کا گُر پھجّے صابن ساز کے پاس ہے..''

''اور وہ کہاں ہوتا ہے؟''

''سائیں ٹلّی کے چنڈو خانے میں، بھاٹی دروازے کے باہر..وہاں ہی ہوتا ہے..جب نشئی نہیں ہوا تھا تو پورے لاہور کے نائی اُس سے صابن خریدتے تھے..کہ وہ کیا ہی ملائمت والا جھاگ دار صابن بنایا کرتا تھا..پھر اُسے چنڈو کی لت لگ گئی اور اب وہ سائیں ٹلّی کے چنڈو خانے میں پڑا رہتا تھا..گُر اُس کے پاس ہے۔''

باہر بے شک شکر دوپہر آنکھوں کو چندھیاتی تھی پر سائیں ٹلّی کے چنڈو خانے کے بھیتر میں ایک گھٹا ٹوپ گھنی

رات تھی اور اُس کے اندر ایک ایسی متلی آور بُو تھی کہ امیر بخش کا سانس اُلٹنے لگا.. وہاں ننگے فرش پر سروں کے نیچے اینٹیں رکھے قطار اندر قطار بے شمار مُردے پڑے تھے..

یہ مُردے ایک مدت تک مرے رہتے اور پھر اُن میں زندگی کے آثار پیدا ہوتے اور وہ ایک سلگتی ہوئی چلم کو مُٹھی میں بھینچ کر ایک طویل کش کھینچتے.. اُن کے سانس کھینچنے سے چلم میں سے ایک شعلہ بلند ہوتا، ایک روشن لاٹ آنکھوں کو چندھیا دینے والی برآمد ہوتی اور اگلے لمحے پھر سے رات ہو جاتی' اُن میں زندگی کے جو آثار پیدا ہوئے تھے، وہ پھر سے مُردہ ہو جاتے.. یہ ایک عجیب سا جادوگری کے شعبدوں ایسا منظر ہوتا تھا.. چنڈوخانے کے گھُپ اندھیرے میں یکدم کہیں ایک تیز دھار دُودھیا شعلہ سا لپکتا جس کی خوبصورتی چونکا دیتی اور اگلے لمحے وہ بجھ کر تاریکی میں دفن ہو جاتا.. وہ گوری جو جوہڑ میں سے نہا کر نکلتی ہے اور اُس کے برہنہ بدن کو اگر سُلفے کی ایک لاٹ سے تشبیہ دی جاتی ہے تو اس کا ماخذ چنڈوخانے کی تاریکی میں اُٹھنے والا یہی شعلہ.. چنڈو یعنی سُلفے کی یہی لاٹ ہوتی ہے..

چنڈوخانے میں داخل ہوتے ہی ظاہر ہے اُس کا سابقہ جس پہلے مُردے سے پڑا وہ ٹلی سائیں کا تھا.. پر وہ اتنا مُردہ نہ تھا کہ جب امیر بخش نے اُسے عبور کرنا چاہا تو اُس نے فوراً اُس کی ٹانگ دبوچ لی ''اوئے اوئے..'' سائیں نے اپنے گلے میں بندھی ایک ٹلی یا گھنٹی کھڑکائی.. اور اس ناوا جب کھڑاک سے بیزار ہو کر چند مُردوں نے کچھ بڑبڑاہٹ کی ''کون ہے نامراد.. کون ہے.. کوئی ہے بھی یا نہیں..''

''سائیں جی..'' امیر بخش نے جُھک کر اُس کے پاؤں کو چھوا.. ''میں ہوں آپ کا چیلا، پھجّے صابن ساز سے ملنے آیا ہوں.. اجازت ہے؟''

''وہ پڑا ہے نامراد.. کہاں پڑا ہے نامراد؟'' اُس نے امیر بخش سے دریافت کیا اور پھر خود ہی بڑبڑایا.. ''وہ ساتویں نمبر پر پڑا ہے نامراد..''

فضل دین.. پھجّا صابن ساز بے سُدھ تقریباً مرا پڑا تھا اور جب امیر بخش نے اُس کے کان میں سرگوشی کی، اپنی آمد کا مدعا بیان کیا تو وہ بے سُدھ سے فوراً باسُدھ ہو گیا.. ''اوئے پُتر صابن بنانے کا گُر بہت مہنگا پڑتا ہے، کچھ نذر نیاز کر.. اپنا پلاّ ڈھیلا کر..''

امیر بخش کے پاس اب تک محفوظ بے بے کے دیئے ہوئے وہی چاندی کے روپے تھے.. اُن میں سے کچھ اُس نے پھجّے کی نذر کر دیئے..

دوپہر سر پر کھڑی تھی.. اور دوپہر کے علاوہ اُس کے سر پر ایک جستی صندوق کا بوجھ تھا جس میں پھجّے صابن ساز کے نسخے کے مطابق تیار کردہ صابن کی ٹکیاں تہہ در تہہ بند تھیں..

ملاّں نائی کی پیشین گوئی غلط ثابت ہوئی تھی..

شہر لاہور کے دروازوں کے اندر جتنے بھی حجام تھے.. گرم حمام تھے.. وہ اپنا صندوق اٹھائے ہر حجام کے آگے سرنگوں ہوا تھا.. درخواست کے ساتھ کچھ منت سماجت بھی کی تھی پر کسی نے صابن کی ایک ٹکی بھی نہ خریدی تھی.. اُن کے

مدت سے دیرینہ بندوبست تھے، وہ بھلا ایک نئے صابن والے کو بے وجہ کیوں آزماتے..

اُس نے اپنی دوکانداری کا آغاز ملاّں نائی سے ہی کیا تھا جس نے دوٹکیاں ادھار میں خرید کر اُس کی بوہنی کرائی تھی..اُس کے بعد وہ ہر حجام کی دوکان کے آگے اپنا جستی صندوق رکھتا تھا، اپنے صابن کے فضائل بیان کرتا تھا اور پھر نامراد پھر سے صندوق اپنے سر پر رکھ کر چلنے لگتا تھا...

اُسے ملاّں نے کہا تھا کہ سرگی سویرے نکلنا..جب لوگ حجام کی دوکانوں کا رُخ کرنے والے ہوتے ہیں اُس سے پیشتر نکلنا..

اُس نے صُبح سے کچھ نہ کھایا تھا..اس لیے بھی کہ اُس کی بیشتر پونجی پھجّے کی نذر ہوگئی تھی اور بقیہ صابن بنانے میں صَرف ہوگئی تھی تو اب اُس کے پلّے میں ایک دمڑی بھی نہ تھی، ایک دھیلا بھی نہ تھا..اگر موری والا ایک پیسہ بھی ہوتا جو نہ تھا.. تو وہ کم ازکم کہیں سے ایک روٹی خرید کر پانی کے ساتھ نگل سکتا تھا..

ملاّں نائی نے نیک نیتی سے صابن کی فوری فروخت کے جو خواب دکھائے تھے، اُن کے مطابق تو اب تک اُس کا پورا صندوق کب کا خالی ہو چکا ہوتا..

پر ایسا نہ ہوا تھا..

اُس نے پورا شہر چھان مارا تھا..

دروازوں کے اندر پوشیدہ لاہور شہر میں قسمت آزمائی کرنے کے بعد وہ گوالمنڈی چوک سے آگے نسبت روڈ کے شاندار..عالی شان مکانوں اور پُرشکوہ حویلیوں کے گلی کوچوں میں بھی پھیرے لگا آیا تھا.نسبت روڈ سے آگے..مسجد مائی لاڈو سے پرے گوروں کی مال روڈ تھی اور وہاں کے نائی بھی ظاہر ہے گورے ہوں گے یا گوروں کے مطیع کالے ہوں گے تو وہ بھلا ایک دیہاتی کا بنایا ہوا صابن کہاں برتتے ہوں گے..البتہ اُس نے کُچھ خطرہ مول لیا، ذرا دیدہ دلیری کی اور میاں میر صاحب کے دربار کے پار جو اُن کے نام کی گورا فوج کی چھاؤنی تھی وہاں نصیب آزمائی کی پر وہ علاقہ تو دن چڑھے بھی اتنا سنسان پڑا تھا جیسے وہاں کسی آدم زاد کا سایہ بھی نہ پڑا ہو...وہاں جتنے بھی بنگلے تھے، وہ اُس کے پورے گاؤں سے بھی بڑے رقبے میں پھیلے ہوئے تھے اور کہیں کہیں چپٹی ناکوں والے پیچیدہ خنجروں والے گورکھے سپاہی پہرا دیتے تھے اور اُن میں سے ایک گورکھے نے اُسے روک کر اُس کا صندوق اُتروا کر..اُس کا ڈھکن اُٹھا کر اُس میں سونگھا تھا اور صابن کی ایک ٹکیہ اُٹھا کر اُسے وہاں سے دفع ہو جانے کے لیے بھونکتے ہوئے کہا تھا...

وہ سویرے سے بُھوکا تھا..

اور اس بُھوک کو سہار نہیں سکتا تھا..

صرف اس لیے کہ وہ کبھی آج تک بھوکا نہیں رہا تھا..

اُسے عادت نہ تھی..

اگر اُس کے پلّے میں روٹی کے لیے پیسے ہوتے تو شائد یہ بُھوک سہاری جاتی پر یہ نری بھوک نہ تھی اُس کی عزت نفس تھی جس پر بے وطنی اور ناداری کے کچوکے ایسے لگتے تھے کہ وہ نڈھال ہو گیا تھا اور اُس سے چلا نہ جا رہا تھا..

گاؤں میں اول تو کوئی نوجوان بیکار ہاتھ پر ہاتھ دھرے رہ نہیں سکتا اور اگر کوئی پیدائشی طور پر نکما اور سُست ہڈیوں والا ہو تو وہ بھوکا نہیں رہتا.. زمینوں میں جو کچھ اُگتا تھا اُس پر سب کا اجتماعی حق ہوتا تھا یعنی وہ دو چار گنّے توڑ کر چُوس سکتا تھا.. مولیاں، گاجریں یا شلغم اکھیڑ کر اُن سے پیٹ بھر سکتا تھا، راہ چلتے مسافر بلا تکلف کسی بھی کھیت سے تربوز اور خربوزے توڑ کر اپنی بھوک مٹا سکتے تھے.. اور یہ امکان بھی تب ہو سکتا تھا جب اُس نکّمے نوجوان کی ماں اُسے لسّی روٹی دینے سے انکاری ہو جائے جو کہ ممکن ہی نہ تھا..

امیر بخش بھی آسانی سے ایک ایسی ہی بے فکر اور آسودہ حیات گذار سکتا تھا، دوسرے نوجوانوں سے کہیں بلند سطح پر کہ وہ نہ صرف اکلوتا بیٹا تھا بلکہ زمین بھی اتنی تھی کہ گذر اوقات ہو سکے.. لیکن اُن نوجوانوں کے سامنے اُن کے ان پڑھ ڈنگروں ایسی اجڈ زندگی گذارنے والے نانکے دادکے تھے جب کہ اُس کے سامنے اُس کے پڑھے لکھے سکول انسپکٹر اور وکیل مامے تھے اور وہ اُن کے نقش قدم پر چلنے کا متمنی تھا..

یہ اُس کی زندگی کی پہلی مجبوری کی بھوک تھی اور اس کی ذلت اُس سے سہی نہ جاتی تھی.. جستی صندوق کے وزن سے اُس کی لامبی ٹانگیں لڑکھڑانے لگی تھیں، ساون بھادوں کے حبس میں بھوک کے دم کھینچتا وہ میاں میر چھاؤنی سے لنڈے بازار کی جانب چلنے لگا اور یہ ایک طویل اور جان لیوا مسافت تھی.. اس دوران دوپہر ڈھلنے لگی اور دھوپ کی شدت میں کچھ کمی واقع ہوگئی پر حبس کم نہ ہوا.. پانچ بجے کے قریب وہ لاہور سٹیشن کے نواح میں پہنچ گیا جہاں تانگوں کے اڈے پر پیاسے گھوڑے ہنہناتے چھینکیں مارتے ایک ناند میں تھوتھنیاں ڈبوتے پانی سُر کتے تھے.. اڈے کے آس پاس ریلوے کے بابو لوگوں کے کچھ کوارٹر تھے اور برگنزا ہوٹل کی محراب دار انگریزی عمارت تھی اور ایک وسیع دھول آلود میدان تھا جس کے آخر میں برگد کا ایک درخت شہر تھا، اتنا وسیع اور چھتنا ور کہ اُس کی چھاؤں تلے ایک پوری بارات ستا سکتی تھی..

اُس کی اس وسیع چھایا تلے سویر سے کوئی نہ آیا تھا..

آس پاس کوئی بندہ بشر نہ تھا جسے وہ سر سے صندوق اُتروانے کے لیے مدد کی درخواست کرتا.. پھر اُس نے خود ہی ہمت کی اور بازو اکڑا کر صندوق کو تھاما اور لڑکھڑاتے ہوئے اُسے اپنے سر سے اُتارتے ہوئے گرتے گرتے بچا.. اُس نے بوجھ سے آزاد اپنی گردن کو سہلایا اور پھر برگد کی چھاؤں کی نیم سیاہی میں لیٹ گیا..

اُس کے اندر کو بھوک جھنجھوڑتی تھی پر اس بھوک کے سوا شک شبے کے کچھ سنپولیے بھی سر کتے تھے.. اُن کے کچّے دانت اُس کے ماس کو پپولتے تھے اور کہتے تھے کہ امیر بخشا تو اپنے کوٹ ستارہ لوٹ جا.. کیوں در بدر پردیسی ہوتا ہے، بھُوکا ہوتا ہے.. تجھے یہاں آئے ہوئے چاند کی بہت راتیں ہو چکیں تو تم نے یہاں کیا کمایا، کیا کھایا.. نہ کچھ کمایا اور نہ ہی آج کچھ کھایا.. یہ شہر تیرے بس کی بات نہیں.. امیر بخش نے سنپولیوں کی سرسراہٹ پر کان نہ دھرا، آخر کو سنپولیے تھے.. ہاں اگر وہ دیوانہ پرندہ اُس کے کان میں آ کر پھونک مارتا کہ لوٹ جا.. تو وہ لوٹ جاتا پر وہ پرندہ بہت دنوں سے محسوس نہیں ہوا تھا.. جانے کہاں چلا گیا تھا..

آس پاس چُپ خاموشی کی ایک ہُوک ٹھہری ہوئی تھی جس میں دھوپ کی نرم پڑتی ہوئی شدت اور ہوا سے خالی

خلاء تھا..اور اس خلاء میں لاہور سٹیشن کے پلیٹ فارم نمبر تین پر رُکتی ہوئی ریل گاڑی کے پہیوں کی گڑگڑاہٹ امیر بخش نے اپنے بھُو کے بدن پر محسوس کی.. پہیے کُچھ دیر اُس کے بدن پر چلے اور پھر تھم گئے..جانے وہ گاڑی کہاں سے آئی تھی..امرتسر کی تو نہیں تھی ورنہ اُس میں سے لاہور میں منڈوا دیکھنے کے شائق سکھ نوجوانوں کی ہجوم اُترتے....

سب سے آخر میں دو مسافر جھجکتے ہوئے سٹیشن کی بھاری عمارت میں سے نکلے..

بھُوک سے ڈسا ہوا لاغر نظروں سے وہ بے دھیانی میں اُدھر کو ہی دیکھتا چلا جا رہا تھا..سٹیشن کے قلعہ نما وجود میں سے مسافر باہر آ رہے تھے..تو وہ دو سب سے آخر میں جھجکتے ہوئے نکلے، دو تین کوچوان اُن کی جانب لپکے اور اُنہیں گھیرے میں لے کر کُچھ کہنے لگے اور پھر جانے اُنہوں نے کیا کہا وہ اپنے تانگوں کی جانب چابک لہراتے لوٹ گئے..وہ دونوں مسافر لگتا تھا کہ طے نہیں کر پا رہے تھے کہ اُنہوں نے جانا کدھر ہے اور پھر اُن کی نگاہ اُس برگد تک گئی جس کی چھاؤں میں امیر بخش لیٹا ہوا تھا اور وہ اُس کی جانب چلنے لگے..اُن میں سے وہ جو آگے آگے خالی ہاتھ چلتا تھا تقریباً اُسی کی عمر کا ایک ملوک سا لچکیلا نوجوان تھا اور اونچے قد کا تھا اور اُس کے پیچھے پیچھے سر پر ایک گٹھڑی اٹھائے بائیں ہاتھ میں ایک کُجّا تھامے مضبوط ہڈ پیر کا لشکیلے سیاہ رنگ کا ایک شخص چلا آتا تھا..

اُس شخص نے جس کی شباہت میں کُچھ جانور پن تھا گٹھڑی سر سے اُتاری اور پھر ملوک سے نوجوان سے کُچھ کہا..وہ نوجوان تھکا ہوا لگتا تھا چھاؤں میں لیٹ گیا..اُس کے لیٹنے کے بعد اُس شخص نے اپنے کُجّے کے مُنہ پر بندھے چیتھڑے کو کھول کر اُس کے اندر جھانکا، کُچھ یوں بڑبڑایا جیسے کُجّے کے اندر اُس کا کوئی یار بیلی ہو اور وہ اُس سے کلام کرتا ہو اور پھر وہ بھی اُس نوجوان سے ذرا فاصلے پر ہاتھ پاؤں سیدھے کر کے چھاؤں میں سستانے لگا..امیر بخش دیکھ سکتا تھا کہ وہ دونوں کن اکھیوں سے اُس کا جائزہ لے رہے ہیں پر بظاہر لاتعلقی دکھا رہے ہیں..کُچھ دیر بعد وہ ملوک سا نوجوان اُٹھا، ذرا ایک جھجک میں مبتلا اُس کے قریب آ گیا..

''بھائی جی..سلام اے..''

''وا علیکم السلام..''امیر بخش کے لہجے میں نہ اپنائیت تھی اور نہ ہی غیریت..

''بھائی جی..وہ..ہم پردیسی ہیں، یہاں کسی سے میل ملاقات یا واقفیت نہیں ہے..رات گذارنا چاہتے ہیں..کوئی وسیلہ ہے....''

''کہاں کے ہو؟''

''ہم دنیا پور سے آئے ہیں..اناج کی منڈی ہے اور ریلوے سٹیشن ہے لیکن ہم اُس کے محلّہ مغربی سے آئے ہیں..میں وہاں کے نمبردار محمد جہان کا بیٹا ہوں عزیز جہان..دس جماعتیں پاس ہوں..''

''یہ تیرے گلے کا پھندا بن جائیں گی..''

''جی بھائی جی..''وہ کُچھ سمجھ نہ پایا..

''اور وہ کون ہے؟''اور''وہ..''ایک جانور کی مانند چوکنا ہو کر اُن دونوں کی جانب تکتا تھا..

''سروسانسی ہے..اوئے مُردار خور آگے آ کر صاحب جی کو سلام کر..اُنہیں بتاؤ کہ تم کون ہو..اپنی شناخت

کراؤ..'' اور پھر اُس ملوک سے نوجوان نے خود ہی اُس کا تعارف کروانا شروع کر دیا'' بے بے نے اسے میری حفاظت کرنے کے لیے ساتھ کر دیا ہے.. یہ میری بے بے کی چنبل زدہ پنڈلیوں پر جونکیں لگاتا ہے.. کچھوے، نیولے اور کتّے بلّے کھا جاتا ہے.. تبھی اتنا طاقت والا ہے کہ آس پاس کے سارے دیہات میں کوئی بھی اسے چت نہیں کر سکتا.. کوئی اس کے مقابلے پر اُترتا ہی نہیں.. ایک مُردار کھانے والے کو کون ہاتھ لگائے.. کیوں سرو..؟''

اُس کے شاندار آبنوسی چہرے میں سے اُس کی دونوں آنکھیں ایک سیاہ الاؤ کی صورت میں بھڑکتی تھیں جو کسی بھی دیکھنے والے کو تادیر دیکھنے نہیں دیتی تھیں، اُسے راکھ کر دیتی تھیں.. سرو سانسی نے جواب میں کچھ نہ کہا.. کچھ دیر امیر بخش کی جانب بے وجہ دیکھتا مسکراتا رہا اور پھر ایک پوٹلی کی جانب اشارہ کر کے کہنے لگا'' چوہدری عزیز.. راجے دا کھٹیا.. اس پوٹلی کو کھول.. نمبردارنی نے صرف تیرے لیے تنور کے پراٹھے.. بالائی کی ایک رکابی اور مرچوں کا اچار اس میں باندھ دیا تھا، اسے میں تو ہاتھ نہیں لگا سکتا.. تو کھول.. بھوک تو لگی ہوگی..''

عزیز جہان نے پوٹلی کی ہر گرہ کھولتے ہوئے اُس میں اپنی ماں کی محبت اور اُس سے بچھڑ جانے کی ہُوک کو محسوس کیا.'' بھائی جی.. آؤ بسم اللہ کرو..'' اُس نے درخواست نہ کی، منّت کی..

اُس کی بُھوک کی نقاہت میں مجبوری اتنی تھی کہ جب وہ نوجوان پوٹلی کی گرہیں کھول رہا تھا تو اُس کے اندر پوشیدہ گھی میں گُندھی ہوئی گندم اور اچار کی مدہوش کر دینے والی مہک اُس کے بھوکے حلق میں سے اُترتی تھی.. پر اُس نے ضبط کیا.. اپنے آپ پر جبر کر کے اُس پوٹلی پر پل پڑنے سے روکے رکھا اور صاف انکار کر دیا.'' مہربانی.. آپ کھاؤ.. مجھے چاہت نہیں ہے..''

'' بھائی جی دیسی گھی کے گُندھے ہوئے تہہ در تہہ پراٹھے تو کسی چاہت کے بغیر بھی کھائے جا سکتے ہیں اور دو چار نہیں پُورے دس پراٹھے ہیں اور میری ماں کے ہاتھوں کے بنائے ہوئے ہیں اور ان میں میری ماں کی ہتھیلیوں کی مہک ہے.. بسم اللہ کرو..''

'' نہیں.. میرا پیٹ بھرا ہوا ہے.. کچھ گنجائش نہیں.. آپ کھاؤ۔''

عزیز جہان پوٹلی کے دسترخوان کو سمیٹ کر پھر سے گرہیں لگانے لگا..'' آپ نہیں کھاؤ گے تو ہم بھی بھوکے رہ جاتے ہیں..''

اُس کی کُچھ پیش نہ چلی.. بلکہ اُسے کچھ خجالت سی ہوئی اور اُس نے اپنی عزت نفس کو ذرا سا مجروح کر لیا..'' میں دو چار لُقمے لے لیتا ہوں اگرچہ مجھے کُچھ بُھوک نہیں ہے..''

'' تو بسم اللہ بھائی جی..''

'' آپ کا ساتھی بھی تو یہاں آ بیٹھے.. بسم اللہ کرے..''

'' بھائی جی.. یہ تو مُردار خور سانسی ہے کیوں سرو سانسی..'' اور سرو سانسی اقرار میں سر ہلاتا مسکرانے لگا..'' جو کُچھ باقی بچ جائے گا اس کے آگے ڈال دیں گے.. آپ بسم اللہ کرو..''

'' نہیں..'' امیر بخش کے چہرے پر ایک آخری انکار کی متانت تھی..'' اگر یہ شریک نہ ہوگا تو..''

''مُردار کھانے والا ہے بھائی جی..''

''پھر آپ ہی کھاؤ..'' وہ جیسے دکھ میں مبتلا ہو کر روٹھ گیا..

عزیز جہان کو بے حد صدمہ ہوا کہ یہ اجنبی جو ایک جستی صندوق کے ساتھ ٹیک لگائے بیٹھا ہے اصرار کر رہا ہے کہ ایک مُردار کھانے والا بھی دستر خوان کی جانب ہاتھ بڑھائے..اُسے بے شک صدمہ ہوا لیکن اُس نے دل پر جبر کر کے دانت نمایاں کرتے سروسانسی سے کہا ''اوئے ادھر دفع ہو..کُچھ روٹی پانی کر لے..''

سروسانسی کے چہرے سے مسکراہٹ کافور ہوگئی..اُسے یقین نہ آیا کہ وہ اپنے چوہدری..راجے کا کھٹیا..چوہدری کے ساتھ ایک ہی دستر خوان پر بیٹھ سکتا ہے..اگرچہ اُس نے ایک پراٹھے میں سے کُچھ لُقمے توڑے پر وہ اُس کے حلق میں سے نہ اُترے..اُسے تو ایسی پذیرائی کی عادت ہی نہ تھی..وہ زندگی میں پہلی بار ایک ایسے دستر خوان پر بٹھا دیا گیا تھا جس میں سے چوہدری اور صاحب لوگ لقمے اُٹھاتے تھے..

چنانچہ وہ لقمے پراٹھے کے اُس کے حلق سے نیچے نہ اُترتے تھے..

امیر بخش جس کے تن بدن میں ایک پورے دن کی صندوق بھری تھکاوٹ کا بوجھ تھا اور جس کے اندر بھوک نافرمان ہوئی جاتی تھی چند لقمے لے کر پیچھے ہو گیا کہ بس اتنی ہی بھوک تھی..

✦ .... ✦

کمین اور رذیل ہونے میں بھی بہت سی سہولتیں ہیں، فوائد ہیں..

آپ عام انسانوں کی سطح سے کہیں نیچے مٹی کی قُربت میں ایک بے حیثیت بے نشان زندگی کے دن پورے کرتے چلے جاتے ہیں.. کوئی آپ کو اس قابل نہیں سمجھتا کہ آپ پر نگاہ ڈالی جائے، اُن کے لیے آپ کا کوئی وجود نہیں ہے۔ یوں آپ اپنے سے بلند انسانیت کو مسلسل نگاہ میں رکھ سکتے ہیں، اُسے جانچ سکتے ہیں، آپ اُن کی خصلت کو پرکھنے کی صلاحیت رکھتے ہیں۔ اگرچہ اس کا اظہار نہیں کرتے کیونکہ ایک نیچ ہونے کی حیثیت سے آپ کو یہ حق حاصل نہیں بلکہ آپ کوشش کر کے اُن کی توقع پر پورے اُترنے کی خاطر جان بوجھ کر احمقانہ اور بے سروپا باتیں کرتے ہیں کہ کمّی کمین کے بھیجوں میں دماغ تو ہوتا نہیں..

سروسانسی کو معاشرے کے دوسرے رذیل طبقوں پر بھی اس معاملے میں فوقیت حاصل تھی کیونکہ وہ تو اُن سے بھی کہیں نچلی سطح پر زندگی گذارتا تھا.. یوں وہ انسانی فطرت اور خصلت کا ایک باکمال پارکھ تھا.. مردم شناس تھا اور اس کے باوجود وہ برگد تلے ایک صندوق کے قریب لیٹے برف سفید بالوں اور نیلی آنکھوں والے قدآور نوجوان کو نہ سمجھ سکا تھا..

جب چوہدری عزیز جہان نے پراٹھوں والی پوٹلی کھول کر امیر بخش کو کھانے کی دعوت دی تھی تو اُس نے انکار کر دیا تھا اور سروسانسی نے اُس کی نیلی آنکھوں کو پڑھ لیا تھا کہ اُس کے اندر کو بُھوک ویران کرتی ہے.. پر اُس کے اندر بُھوک سے کہیں بڑھ کر عزت نفس تھی جو اُسے ہاتھ بڑھانے سے روکتی تھی اور بالآخر جب اُس نے ہاتھ بڑھایا تھا تو دو چار لقمے لینے کے بعد کھینچ لیا تھا اگرچہ اُس کے تن تندور کا الاؤ ان لقموں سے بجھا نہیں تھا مزید بھڑکا تھا.. یہ بھی اُس نے اُس کی نیلی آنکھوں میں پڑھ لیا تھا، اُن میں ہلکی سی نمی آ گئی تھی.. وہ اس نوجوان کو پرکھ نہ سکا تھا.. چلئے اس کی تو کوئی توجیہہ بری بھلی کی جا سکتی تھی لیکن وہ دو چار لقمے لینے سے پیشتر جب اُس نے اُسے اپنے ساتھ دستر خوان پر بٹھانے پر اصرار کیا تھا.. دھمکی دی کہ اگر وہ شریک نہ ہوا تو وہ بھی نہیں کھائے گا تو اُس لمحے سروسانسی کے انسانی خصلت کے سارے تجربے ناکارہ ہو گئے تھے..

اُس کے چہرے سے وہ مسکین اور خوشامد بھری مسکراہٹ کافور ہو گئی تھی جس کی اُس سے توقع کی جا سکتی تھی.. اُس لمحے وہ مٹی میں سے بُلند ہو کر تمام دوسرے انسانوں کی سطح پر آ گیا اور کیا دیکھتا ہے کہ وہاں تو منظر ہی الگ ہے.. دراصل اُس لمحے جب دو چوہدریوں کے برابر میں بیٹھ کر اُس نے اُن کے دستر خوان سے پہلا لقمہ لیا اُسے محسوس ہوا کہ آج وہ بھی ایک انسان ہو گیا ہے.. اور یہ منظر تو اُسے اُس کی کُل رذیل حیات سے منقطع کر کے کسی اور عزت دار سطح پر لے گیا تھا..

وہ، امیر بخش جس کی ذات کی پرتیں اُس کی سمجھ میں نہ آئی تھیں اُن دونوں کو سٹیشن کے قریب لنڈا بازار میں واقع بابو ہوٹل میں لے گیا جہاں اُس کا ٹھکانہ تھا..اور جب ہوٹل کے تنور کے گرد بیٹھے ہوئے مسافر اور گاہک رخصت ہو گئے تو اُس نے اُنہیں مختصراً اپنی رام کہانی سنائی تھی..وہ چناب کے کناروں کا رہنے والا تھا، رزق روزگار کی خاطر گاؤں چھوڑ کر شہر آ گیا تھا اور دربدر ہوتا تھا..اُس کے صندوق میں صابن کی ٹکیوں کا ایک ڈھیر تھا جنہیں فروخت کرنے میں ناکام ہو کر وہ اُس برگد تلے آ لیٹا تھا..سروسانسی کا کوئی دین دھرم تو تھا نہیں اور نہ ہی وہ کسی خدا وغیرہ پر یقین رکھتا تھا لیکن اگر اُس کا کوئی خدا ہوتا تو وہ امیر بخش ایسا ہی ہوتا کہ اُس نے تو اُسے مٹی سے بلند کر کے ایک انسان بنا دیا تھا..

اگلی سویر جب امیر بخش اُس جستی صندوق کو پھر سے اپنے سر پر رکھ کر نصیب آزمائی کے لیے نکلنے والا تھا تو سروسانسی اُس کے سامنے ہاتھ باندھ کر کھڑا ہو گیا ''نہیں چوہدری جی..یہ کتّا کام، گلی گلی پھیری لگانا آپ کا کام نہیں..یہ ہم کتّوں کا کام ہے..صندوق نیچے رکھ دیں، راجے کا کھٹیا..چوہدری امیر بخش کی خیر..''

امیر بخش نے اُس پر قہر کی ایک ایسی نظر ڈالی کہ سروسانسی سہم گیا کہ بیچ میں سے تو یہ بھی چوہدری ہی نکلا ''آئندہ اپنے آپ کو کتّا نہ کہنا..''

''نہیں مائی باپ..''

''محنت میں کُچھ عار نہیں ہے..رزق کے لیے گلی گلی پھرنے میں کُچھ قباحت نہیں..''

سروسانسی کا سانس میں سانس آیا وہ بدستور ہاتھ باندھے کھڑا رہا..''چوہدری تو نے مجھے جانور سے انسان بنایا ہے ناں، اپنے برابر لا بٹھایا ہے ناں تو مجھے اتنی عزت دے کہ آج کے دن یہ صندوق اُٹھا کر میں اس شہر میں گھوم پھر کر جو بھاگ میں ہے اُسے تلاش کروں..نہیں تو میں سمجھوں گا کہ تو ابھی تک مجھے برابر کا نہیں سمجھتا..''

امیر بخش نے مسکراتے ہوئے صندوق نیچے رکھ دیا اور سروسانسی کے کندھے پر ہاتھ رکھ کر کہنے لگا..''بول، برابر کا سمجھتا ہوں یا نہیں..''

سروسانسی کے تن بدن میں حیرت اور شکرگزاری کے سانپ بجلی کی مانند کوندنے لگے..اُس کی گہری سیاہ آنکھوں میں سے موٹے موٹے سیاہ آنسو جامنوں کی طرح گرنے لگے..ذلتوں سے بھرے اُس کے سانسی بدن پر جہاں امیر بخش نے ہاتھ رکھا تھا وہاں قرار آ گیا..وہ پہلا غیر سانسی تھا جس نے اُسے چھونے سے گریز نہیں کیا تھا..

سروسانسی کے سر پر صندوق تھا، صندوق کے اوپر پھنیر کا کُجّا دھرا تھا اور کُجّے کے اوپر شہر لاہور کا قہر برساتا آسمان تھا..

وہ لنڈے بازار سے نکل کر کوتوالی کی جانب سے ہوتا ہوا دلّی دروازے میں داخل ہوا اور اُس نے اندرون شہر کے ہر حجام کے بتیرے ترلے کیے، منت سماجت کی پر یوں لگتا تھا کہ وہ گاہکوں کی داڑھیاں تھوکیں لگا کر مونڈھتے ہیں، صابن کی ایک ٹکّی بھی فروخت نہ ہوئی..موری دروازے کے باہر..وہ موری جس میں سے اندرون شہر کے ہندو لوگ اپنے مُردے باہر لاتے تھے..جہاں مچھلی منڈی تھی اور اُس کے آگے سرکلر روڈ شہر کو گھیرتی تھی وہاں جب وہ حوصلہ ہارنے کو تھا،

بابو ہوٹل واپس ہونے کو تھا تو اُس نے وسیع فٹ پاتھ پر تین چار جگہوں پر لوگوں کے جمگھٹے دیکھے..اور وہاں جو بھیڑ جمع ہے اُس کے اندر طرح طرح کے مجمع باز اپنی خطابت کے جوہر دکھا رہے ہیں..ایک دانت نکالنے کا ماہر ہے جو ہر شخص کے دانتوں میں سے ایک کلبلاتا ہوا کیڑا برآمد کر کے اُسے اپنا جانباز منجن خریدنے کی ترغیب دے رہا ہے، کوئی پیر فقیر تعویذ دھاگے کا بیوپاری ہے اور کوئی ایک سیاہ سا مرکب فروخت کرتا عوام کو اشتعال دلا رہا ہے کہ اسے دودھ کے ساتھ نگل لو تو ٹن ٹن کرے گا، بچہ لوگ سمجھے گا کہ سکول میں چھٹی ہو گیا ہے، کہیں سانڈھے کے تیل کی خصوصیات بیان ہو رہی ہیں اور کہیں جادو کے کھیل تماشے ہیں... کشمیری بازار میں شائع ہونے والے قصے کہانیوں کے کتابچے گا گا کر سنانے والے بھی لوگوں کی توجہ حاصل کر رہے تھے..

سروسانسی کچھ دیر تو ان نہایت دلچسپ کھیل تماشوں کو ایک بچے کی محویت کے ساتھ دیکھتا رہا اور پھر اُس نے آج تک جتنا بھی مُردار کھایا تھا اُس کی بخشی ہوئی عیارّی اور مکاری نے اُسے ایک راستہ سُجھا دیا..

نگار ٹاکیز کے سامنے اس نے اپنا صندوق فُٹ پاتھ پر رکھا اور پھر گُچھے کی رسّی ڈھیلی کر کے اُس کے مُنہ پر تنی ململ کی دھجّی کو ہٹا کر پھنیر کو فٹ پاتھ پر انڈیل دیا۔ پھنیر ذرا گھبرا گیا، ایک یکسر اجنبی دنیا میں آ کر سہم گیا اور اپنے گُچھے میں واپس جانے کی کوشش میں رینگنے لگا پر سروسانسی نے اُسے ذرا پرے دھکیلا اور کُجاّ اُٹھا کر صندوق پر رکھ دیا..اب پھنیر کے پاس اور کوئی چارہ نہ تھا..وہ فٹ پاتھ پر کبھی سرکنے لگتا اور کبھی سمٹ جاتا..لوگ جمع ہونے لگے..ایسا تماشا بہت کم کم ہوتا تھا..

جب پُر اشتیاق مجمع ذرا گھنا ہو گیا تو سروسانسی نے صابن کی ایک ٹِکی صندوق میں سے نکال کر پہلے تو اُسے چوما اور پھر آنکھوں کو لگایا اور پھر متجّسس جمگھٹے سے مخاطب ہو گیا..اُس کا سیاہ چہرہ اور لہجہ ایسا تھا کہ دوسروں کے تماشے اُجڑنے لگے اور لوگ اُس کے گرد ہجوم کرنے لگے..صاحبان، مہربان، قدر دان..اور یہ طرزِ تخاطب اُس نے ابھی ابھی سیکھا تھا..یہ..صابن کی یہ ٹکیا کوئی معمولی ٹکیا نہیں ہے..میں سروسانسی سانپوں کو مطیع کرنے والا ہوں، اگرچہ سپیرا نہیں ہوں..مرید کے، کالا شاہ کاکو اور سادھوکے کے زہرناک سانپ جب میں وہاں جاتا ہوں تو رینگتے ہوئے آتے ہیں اور میرے قدموں میں لوٹنے لگتے ہیں، میری اطاعت میں آ جاتے ہیں..میں بے شک اُن کی گردنیں مروڑ کر اُن کے منکے توڑ دوں وہ اُف تک نہیں کرتے مہربان..اور یہ جو پھنیر اس فٹ پاتھ پر لہراتا پھرتا ہے یہ بھی میرا مطیع ہے..تو یہ صابن ایسے ہی سانپوں کی چربی سے بنایا گیا ہے..مینڈکوں اور کچھوؤں کی جو چربی اس میں شامل ہے اُس کی خاصیت بھی ناقابل بیان ہے..جو کوئی بھی اس صابن کو استعمال کرے گا اُسے عمر بھر نہ تو خارش ہو گی اور نہ چنبل کی بیماری ہو گی اور نہ ہی اُس کی گھر والی کو اُس سے کبھی شکایت ہو گی..کہ اُس شخص میں لپٹ جانے کی سانپ صلاحیت پیدا ہو جائے گی..صرف دو پیسے..دو پیسے..

اُس شام بابو ہوٹل کے کچے فرش پر پورے چھ روپے چھ آنے پڑے تھے اور اُنہیں وہاں رکھنے والا سروسانسی ہاتھ باندھے امیر بخش کے سامنے کھڑا تھا..ان میں سے پانچ روپے تو اُس کی ماں رابعہ بی بی کے جہیز کے تھے اور باقی ایک روپیہ چھ آنے اُس کی سروسانسی کی مہربانی سے..شہر میں پہلی کمائی تھی..اُس کی آنکھیں نم ہونے لگیں..سروسانسی نے دیکھا کہ اُن نم نیلگوں آنکھوں میں کچھ پرندے تیرنے پھرنے لگے ہیں..اُن میں یوں ڈبکیاں لگاتے ہیں جیسے وہ آنکھیں نہ ہوں

چناب ہوں..

امیر بخش نے گن کر پورے پانچ روپے الگ کر لیے اور بقیہ ایک روپیہ چھ آنے ہتھیلی سے سمیٹ کر اُس کے آگے کر دیئے.. ''یہ تیری کمائی ہے.. یہ تیرا حق ہے..''

''مائی باپ یہ نہ کرو.. مجھے سوجوتے گن گن کر لگا پر یہ نہ کرو.. میں مُردار کھانے والا.. دَھن بھاگ کہ میں آپ کی سیوا کروں.. چوہدری کی چوکھٹ کا کتا..''

امیر بخش پھر اشتعال میں آ گیا.. ''تم اپنے آپ کو کتا نہیں کہو گے..''

''نہیں مائی باپ..''

''تو یہ رقم اُٹھالے.. یہ تیری ہے، مجھ پر حرام ہے۔''

''مُردار کھانے والے نے کمائی ہے اس لیے حرام ہے چوہدری..''

''نہیں.. اس لیے کہ یہ میں نے اپنے بازو کے زور سے نہیں کمائے..'' امیر بخش نے ڈرے ہوئے سروسانسی کا ہاتھ تھام کر تھپکا.. جس کے مقابلے میں کوئی بشر اس لیے نہ اُترتا تھا کہ وہ اُس پلید مُردار خور کو ہاتھ نہ لگانا چاہتا تھا اُس کا ہاتھ تھام کر تھپکا ''دیکھ سرو.. مردار کھانا تیری مجبوری ہے جیسے مردار نہ کھانا میری مجبوری ہے.. اور مجبور کرنے والا.. اگر کوئی ہے تو اوپر بیٹھا ہوا ہے.. جس کے حکم کے بغیر پتہ بھی نہیں ہل سکتا.. اس لوکائی میں بہت سے ہیں، گوروں کے پاؤں چاٹنے والے.. جاگیروں والے اور مزاروں کی گدیّوں پر براجمان ہونے والے شاہ، جاٹ، چوہدری اور یہ سب کے سب تجھ سے کہیں بڑھ کر مُردار کھانے والے ہیں.. نہ صرف خوشی محمد تھانیدار بلکہ اُس کے کتے بھی مُردار کے شوقین ہیں اور جب بھی وہ کسی ایسے بندے کی بُو سونگھ لیتے ہیں جو اُن کی مانند مُردار نہیں کھاتا تو وہ اُس کے ویری ہو جاتے ہیں، ذرا دیکھ..'' اُس نے اپنی پنڈلی عیاں کر دی ''یہ اُن کے دانتوں کے نشان ہیں.. تو مانتا ہے کہ تو مُردار کھاتا ہے جو مر جاتے ہیں اُنہیں کھاتا ہے اور وہ.. اُن کے کُتّے بھی نہیں مانتے کہ وہ مُردار نوچتے ہیں اور وہ تو زندہ ہوتا ہے..''

''چل اٹھ..'' امیر بخش نے پھر اُسے سنبھالا دیا ''تو سارا دن یہ صندوق سر پر اُٹھائے پھرتا رہا ہے اور میں جانتا ہوں کہ اس کے بوجھ میں آزار جتنا ہے.. اُٹھ اور اپنے ہڈ پیر کو آرام دے..''

اُس کا چوہدری.. عزیز جہان کب کا سو چکا تھا اور نیند میں گم خواب کی کیفیت میں اپنی ماں کے لاڈ پیار کو ترستا پردیسی ہوتا تھا..

بابو ہوٹل کے تنور کے کچے فرش پر دراز ہوتے ہوئے.. دن بھر کی مسافت سے ٹوٹ چکی ٹانگوں کو سمیٹ کر اپنے سینے سے لگاتے ہوئے سروسانسی نے سوچا کہ یہ خواب ہے کہ امیر بخش کی نیلی آنکھوں میں نیلے ہوتے پرندے ڈبکیاں لگاتے تھے یا کوئی آئینہ تھا جس کے اندر پرندوں کا ایک پھُول کھلا تھا جسے ہاتھ لگانا مُشکل تھا.. کیا تھا!

صابون سازی کا یہ کاروبار بھی بہت عارضی ثابت ہوا..

بس ایک دو صندوق مزید فروخت ہوئے اور تیسرے صندوق میں جتنا صابن تھا وہ کم ہونے کا نام نہ لیتا تھا..

پھنیر بھی سرکلر روڈ کے تپتے ہوئے فٹ پاتھ پر کبھی رینگتا، کبھی کنڈلی مار کر بیٹھتا اور کبھی تماشائیوں کی خاطر پَھن پھیلا کر نمائشی طور پر پھنکارتا بور ہو گیا.. جن لوگوں نے وہ صابن خریدا تھا اُس کے استعمال سے وہ خارش میں مبتلا ہو گئے تھے اور گھر والیوں کے سامنے مزید شرمندہ ہو گئے تھے.. ایسے لوگ آگے بڑھ کر سروسانسی کا گریبان پکڑ لیتے کہ تم لوگوں کو ٹھگتے ہو.. ہم تمہیں کوتوالی میں لے جا کر حوالات میں بند کرا دیں گے..

تو صابون کی فروخت کا یہ بکھیڑا بھی تا دیر پنپ نہ سکا..

سر شام جب ایک سرکاری اہلکار مٹی کے تیل کا ایک ڈرم دو پہیوں کی ریڑھی پر رکھے اُسے دھکیلتے ہوا لنڈے بازار میں داخل ہو رہا ہوتا.. ہر لیمپ پوسٹ تلے رُک کر ڈرم میں سے ڈوئی بھر تیل نکال کر ایک سیڑھی اُس لیمپ پوسٹ کے ساتھ جما کر لیمپ میں تیل بھر کر اُسے روشن کر رہا ہوتا تو وہ تینوں پژمردہ اور نامراد اُس شہر کے دھتکارے ہوئے.. اکثر بھوک سے بے بس.. بابو ہوٹل کو لوٹ رہے ہوتے..

بابو ثناء اللہ بٹ تب تک اپنا کاروبار نہ سمیٹتا جب تک وہ تینوں اُسے اُن کھمبوں کی بجھی ہوئی روشنی میں اُن سے زیادہ بجھے ہوئے نظر نہ آ جاتے.. وہ اُن کا منتظر رہتا.. وہ جانتا تھا کہ جب وہ صبح سویرے رزق کے حصول کی خاطر نکلے تھے تو صرف ایک ایک روٹی کھا کر نکلے تھے اور اب آئے تھے تو بے مُراد بھوکے پیاسے آئے تھے.. وہ اُن کے لیے چند روٹیاں اور اچار ایک دسترخوان میں سنبھال رکھتا..

''تم نے حوصلہ کرنا ہے جوانو..'' وہ اُن کی ڈھارس بندھاتا.''پیر پنچال کے درّے کو عبور کرتے ہوئے مُجھ ایسے سینکڑوں ہاتو موسم کی شدتوں اور ڈوگروں کی سنگینوں سے ہلاک ہو جاتے تھے اور اُنہیں کفن بھی نصیب نہیں ہوتا تھا.. پر میری طرف دیکھو، میں زندہ سلامت بچ کر آ گیا اور میں نے حوصلہ نہیں ہارا.. اور جب میں اس شہر میں آیا تو سیدھا داتا دربار کے مزار پر گیا کہ یہ داتا کی نگری ہے اور اُن سے مدد کا سوالی ہوا.. اُنہوں نے میری سُن لی اور میرے کام میں برکت پڑ گئی.. ہاں سچ تم داتا صاحب سلام کرنے گئے ہو..؟''

''نہیں..'' امیر بخش نے کہا۔ عزیز جہان اور سروسانسی تو اس داتا صاحب کے وجود سے ہی لاعلم تھے..

''تبھی..'' ثناء اللہ نے متانت سے سر ہلایا ''پتر.. شہر لاہور میں اگر رہنا ہے تو یہ اُس کی نگری ہے.. اُسے جا کر سلام کرو گے تو تمہاری جھولی بھری جائے گی ورنہ یونہی در بدر ہوتے پھرو گے..''

''بھائی ثناء اللہ.. یہاں تمہارے شہر کے انار کلی بازار میں ایک دو کے سوا بقیہ تمام دوکانیں ہندوؤں اور سکھوں کی ہیں جن کی جھولیاں بھری ہوئی ہیں.. شاہ عالمی کے ہندو سنیاروں کی جھولیوں میں تو سونے کی ڈلیاں ہیں۔ اُنہوں نے تو کبھی داتا صاحب کو سلام نہیں کیا تو اُن کے برکت کیسے پڑ گئی... میں اپنے زورِ بازو سے رزق حلال کے حصول کے لیے گھر سے نکلا ہوں، مجھے کسی داتا صاحب کی سفارش درکار نہیں..''

بابو ثناء اللہ نے کانوں کو ہاتھ لگا کر توبہ استغفار کیا کہ یہ نیلی آنکھوں اور چٹے سفید بالوں والا نوجوان شکل سے کیسا بھولا اور معصوم دکھائی دیتا ہے، مسکراتا ہے تو مسحّر کر لیتا ہے اور اندر سے کتنا بے دین ہے..

امیر بخش کو یکدم احساس ہوا کہ اُسے یوں نہیں بولنا چاہیے تھا اور ثناء اللہ ایسے بے کسی میں اُس کا ہاتھ تھامنے والے شخص کا دل نہیں دکھانا چاہیے تھا ''بھائی ثناء اللہ.. کل سویرے میں پہلا شخص ہوں گا جو داتا صاحب کے مزار پر حاضری دے گا..''

اُس کے دل کا بوجھ اُتر گیا اور وہ بچوں کی طرح مسکرانے لگا.. ثناء اللہ خوش ہو گیا..

اُن تینوں نے بہت پاپڑ بیلے..

پہلے تو وہ دونوں اپنی تعلیمی قابلیتوں کے زعم میں سرکاری محکموں اور تعلیمی اداروں کے چکر لگاتے رہے.. پر کہیں دال نہ گلی..اور سروسانسی ایک بے دام غلام کی مانند اُن کے پیچھے پیچھے..پھر اس دوران کسی نے مشورہ دیا کہ لوہاری دروازے کے اندر ایک ''بیٹھک کاتباں'' ہے وہاں کسی کاتب کے گھٹنے پکڑ کر اُس سے کتابت کے رموز سیکھ لو تو کسی اخبار میں آسانی سے نوکری مل جائے گی..اُنہوں نے پیٹ پر پتھر باندھ کر یہ کسب بھی کر دیکھا اس میں کمال تو حاصل نہ کیا پر دو چار ہفتوں میں تھوڑی سی شدھ بُدھ حاصل کر لی اور پھر اُنہیں معلوم ہوا کہ شہر بھر کے کُل بیکار نوجوان بھی کاتب ہو چکے ہیں اور صرف روزنامہ ''زمیندار'' تھا جہاں کاتب ملازم رکھے جاتے تھے اور وہاں دو چار ہی رکھے جاسکتے تھے..

شہر کے اندرون میں ایک مختصر سی مسجد کنجری کی مسجد کے نام کی تھی جسے مہاراجہ رنجیت سنگھ کی دل پسند طوائف رانی موراں نے اپنی عاقبت سنوارنے کے لیے تعمیر کروایا تھا.. یہ وہی موراں تھی جس کے نام کا سکّہ مہاراجہ نے لاہور ٹکسال میں ڈھالا تھا اور جس کی رفاقت میں وہ مسجد وزیر خان کے صحن میں بیٹھ کر کشمش کی شراب پیا کرتا تھا.. کسی نے خبر کی کہ نام کی وجہ سے اُس مسجد کی امامت سے گریز کیا جاتا ہے تو وہاں ایک امام کی آسامی خالی ہے..امیر بخش نے فوراً اپنی خدمات پیش کر دیں..اُس نے قرآن پاک حفظ تو نہیں کیا تھا پر وہ اُس کے مفہوم سے آگاہ تھا اور دین کی بنیادی باتوں سے شناسا تھا..اذان بھی یاد تھی..اہل محلّہ اس دراز قامت نیلی آنکھوں اور سفید بالوں والے نوجوان کی دینی اہلیت سے بے حد متاثر ہوئے..وہ عام مولوی حضرات سے کہیں زیادہ دین شناس تھا.. پر یہ سلسلہ بھی دیر تک نہ چل سکا..اس میں ہتک اور عزت نفس کی پامالی بہت تھی..اُسے جمعرات کے علاوہ ہر روز محلّے کے ہر دروازے پر دستک دینی پڑتی تھی اور اُس کی جھولی میں نذر نیاز کے چاول اور روٹیاں اور بعض اوقات حلوہ ڈال دیا جاتا.. یہاں بھی اُس کا جاٹ ہونا آڑے آ گیا..یُوں جھولی پھیلا کر منگتا ہو جانا..خیرات پر گزر اوقات کرنا نہ اُس کے منشور میں شامل تھا اور نہ ہی خصلت میں.. بُھوکا رہنا بہتر تھا..

تب وہ تینوں شہر بھر کے دیگر بیکار نوجوانوں کی مانند بابو ہوٹل سے روکھی سوکھی کھا کر نکلتے اور سٹیشن کے سامنے اُس فٹ پاتھ پر آ بیٹھتے جو ایک طرح کی مویشی منڈی تھی جہاں جو کوئی بھی آتا وہ ایک مویشی کی مانند اُنہیں پرکھتا..کہ اس کے ہڈ پیر کتنے مضبوط ہیں، کتنا بوجھ سہار سکتا ہے..زیادہ عمر کا تو نہیں ہے..کوئی جسمانی معذوری تو نہیں ہے..اور بعض اوقات

اُن کے بدن ٹٹول کر اپنا اطمینان کرتا.. اور درجنوں میں سے کسی ایک کو مخاطب کر کے کہتا.. اوئے کدال چلا سکتے ہو، اینٹیں ڈھو سکتے ہو.. گارا بنا سکتے ہو.. کھدائی کر سکتے ہو.. اور جب وہ نوجوان ایسے معیار پر پورا اُترتا اُسے چُن لیا جاتا تو وہ فٹ پاتھ سے اُٹھتے ہوئے بقیہ بیکار رہ گئے نوجوانوں کی جانب ایک فاتح کی مانند دیکھتا اور سر جھکا کر صرف ایک دن کی مزدوری کے نشے میں اُس شخص کے پیچھے پیچھے ایک مویشی کی مانند چلنے لگتا..

اُسے امیر بخش کو اس فٹ پاتھ پر بیٹھتے ہوئے بھی تذلیل تو بہت محسوس ہوتی کہ وہ یہاں اپنے باپ کے ہل کے آگے جوتے ہوئے، کنویں کے آگے جُتے ہوئے بیلوں میں سے ایک بیل ہو گیا تھا.. ایک ڈنگر ہو گیا تھا پر وہ اپنے آپ پر جبر کرتا بیٹھا رہتا.. اُس کا چناؤ کم ہی ہوتا.. عزیز جہان البتہ اس تماشے سے بے حد محظوظ ہوتا.. اُس کے بھولپن اور نزاکت کو دیکھ کر کوئی بھی اُس سے رجوع نہ کرتا.. صرف سرو سانسی تھا جو اکثر چُنا جاتا کہ وہ شکل شباہت سے اپنے مضبوط پِنڈے سے ایک جنور جیسا تھا اور وہاں آنے والوں کو ایک انسان نہیں ایک جانور ہی درکار ہوتا تھا.. اور جب وہ فٹ پاتھ سے اُٹھتا تو ذرا مُجرم سا ہو کر اُٹھتا اور اپنے دونوں چوہدریوں کی جانب سیاہ آنکھوں سے التجائیں کرتا اُٹھتا کہ مُجھے معاف کر دینا.. میرا اس میں کوئی دوش نہیں ہے، یہ بندہ جو مجھے ایک دہاڑی کی مزدوری کے لیے لِے جا رہا ہے میں اسے کیسے کہوں کہ تم جن دونوں کو چھوڑ کر جاتے ہو میں ان کا کمین ہوں.. مُردار کھانے والا سانسی ہوں، مجھے نہ لے جاؤ، انہیں لے جاؤ.. میں کیسے آپ کی سفارش کر سکتا ہوں..

اُس کے رخصت ہونے پر وہ امیر اور عزیز دیر تک اُس فٹ پاتھ پر ایک آس میں بیٹھے رہتے اور جب دھوپ سر پر آ جاتی اور سٹیشن کی قلعہ نما عمارت دہکنے لگتی تو اُٹھ کر اُس برگد کی چھاؤں میں آ بیٹھتے جہاں اُن کی پہلی ملاقات ہوئی تھی..

اس شہر میں اگرچہ اُن پر زیادہ دن نہیں گذرے تھے پر ایک حیاتی گذر گئی.. اس حیاتی نے بابو ہوٹل کے تنور کے کچے فرش پر جنم لیا تھا..

اس پردیس کی حیات کا اُس حیات سے کُچھ واسطہ نہ تھا جو اُنہوں نے اپنے آبائی گاؤں میں گذاری تھی.. وہ تو ایک سراب خواب تھا، وہ کبھی اپنے گاؤں میں تھے ہی نہیں، ایک دھندلاہٹ تھی جس کے اندر گذشتہ زندگی کی کُچھ پرچھائیاں تھیں.. کہیں رابعہ بی بی اُس کی بلائیں لیتی تھی اور کہیں بہشت بی بی اُسے لاڈ کرتی تھی... بہت سے وہم تھے جو اُن دونوں کے وجود کے گرد آ کاس بیلوں کی مانند لپٹتے جاتے تھے..

امیر بخش نے اُس دھندلاہٹ میں ڈوبے ہوئے دریا میں کبھی ڈوبنا اور کبھی سطح پر آ کر سانس لینے لگنا اور اُسے احساس ہوتا کہ اُس سانس میں چناب کے پانیوں کی ٹھار ٹھنڈک کی بجائے بابو ہوٹل کے تنور کے الاؤ کی جلا دینے والی گرمی ہے.. اور وہ پنکھ پکھیرو جو اُس کے ساتھ ساتھ چلے آئے تھے شہر کی پہلی شب میں اُس کے کندھے پر بیٹھ کر چہچہائے تھے وہ بھی کہیں شہر کے شور میں گم ہو گئے تھے.. پچھلی ساری حیات ایسے گم ہو گئی تھی کہ صرف اُس کے شائبے اور سائے اور وہ بھی دھندلائے ہوئے باقی رہ گئے تھے.. اُس حیات کی گواہی کی واحد واضح نشانی اُس کی پنڈلی پر کُھدے ہوئے، ثبت ہو چکے کتّوں کے دانتوں کے نشان تھے..

اور وہ لاڈلا اور لاڈ پیار سے نازک ملوک ہو چکا عزیز جہان اُسے تو کبھی بُھوک کا ایک کانٹا بھی نہیں چُبھا تھا اور اب وہ اُس کے برچھوں سے گھائل رات بھر ناتوانی میں اپنی ماں کو یاد کرتا اور اکثر ہچکیوں پر قابو پا کر ہولے ہولے روتا.. وہ کہاں کچے فرش پر بنا کھیس اور چادر سونے والا تھا.. دُھنکی ہوئی روئی کے نرم تکیے کے بغیر اُس کی آنکھ نہ لگتی تھی.. البتہ شہر آ کر اُس پر یکدم ایک انکشاف ہوا کہ یہ صرف بخت جہان کا قہر نہ تھا جس سے بچاؤ کی خاطر اُس کی ماں نے اُسے سروسانسی کے سنگ یہاں بھیج دیا تھا.. در پردہ ایک خواہش تھی کہ ہم بخت جہان کی عطا کردہ تنگی تُرشی سے نکلیں، ہمارا چولہا بھی روز گرم ہو اور چھوٹی بیٹی نور بیگم بھی اپنے گھر والی ہو جائے.. عزیز جہان شہر جا کر کُچھ کھانے کمانے کے قابل ہو جائے تو ہمارے حالات بھی سُدھر جائیں..

تو اُن دونوں کی گذشتہ حیات فنا ہو کر سایوں اور واہموں کے جہان میں اُتر گئی تھی اور یہ جو موجودہ شب و روز تھے ان میں نہ کوئی سائے تھے اور نہ واہمے، آنکھوں کو چندھیا دینے والے زندگی حقائق تھے جن سے وہ دوچار تھے..

اگرچہ امیر بخش خود اندر سے ڈھے رہا تھا پر وہ عزیز جہان کو مسمار نہ ہونے دیتا، اُس کی ہمت بندھاتا رہتا..

عزیز جہان اب تک اُس سے یوں مانوس ہو چکا تھا جیسے ایک جانور کسی بھی ایسے شخص سے مانوس ہو جاتا ہے جو دربدری اور درماندگی میں اُس کی پُشت پر ایک شفقت بھری تھپکی دے دے.. اُس کے دانے پانی کا خیال رکھنا شروع کر دے..

''بھائیا.. اگر آپ اُس روز لاہور کے سٹیشن کے باہر ہمیں اس برگد کی چھاؤں میں نہ مل جاتے تو شائد ہم شام ڈھلنے سے پیشتر اُلٹے قدموں دنیا پور واپس چلے جاتے... ہم دونوں اتنے دہشت زدہ اور لاوارث محسوس کر رہے تھے.. کہ میں تو ذرا سی دھوپ اور ذرا سا پالا بھی برداشت نہ کر سکتا تھا.. ماں کڑی دھوپ میں مجھ پر سایہ ہو جاتی اور جب سردیوں کی راتوں میں ہر شے کُہرے سے سفید ہو جاتی تو وہ مجھے اپنے ناتواں جُثّے سے چمٹائے رکھتی اگرچہ میرے پاؤں چارپائی سے باہر نکلتے تھے میں اتنا دراز قامت ہو چکا تھا.. میں نہ موسموں سے آشنا تھا اور نہ بُھوک سے.. بے بے کے بعد آپ ہیں بھائیا جو مجھے سینے سے لگائے پھرتے ہیں.. آپ نے مجھے کبھی بے آسرا نہیں کرنا..''

وہ دونوں شام ڈھلے تک وہیں اُس برگد کی چھاؤں میں بیٹھے رہتے.. اگر جیب میں دوچار دھیلے ہوتے تو دوچار روٹیاں کھا لیتے ورنہ تانگوں کے اڈے پر گھوڑوں کے پانی پینے والی جو کائی زدہ ناند تھی، اُس میں سے کُچھ پانی پی کر بدن کو ڈھارس دے لیتے..

سروسانسی جب کبھی اپنی دہاڑی کر کے تھکا ہارا لوٹتا تو وہ بھی اُسی برگد کی جانب چلا آتا.. اپنی جیب ٹٹول کر کبھی پورا کِنگ جارج والا روپیہ اور اکثر ایک اٹھنی نکال کر اُن دونوں کے سامنے رکھ دیتا.. ہاتھ جوڑ کر کھڑا ہو جاتا ''راجے دا کھٹیا.. چوہدریوں کی خیر..''

اور اُس شب وہ پیٹ بھر کر روٹی کھا لیتے.. سروسانسی اپنی جگہ شرمندہ اور وہ دونوں اپنی جگہ خجل.. کہ ایک سانسی کے ٹکڑوں پر گذارہ کرنے.. پلنے کی نوبت آ گئی ہے..

عزیز جہان تو وہ لُقمے نگلنے سے قاصر ہو جاتا.. بے شک امیر بخش نے اِس سانسی کو نہ صرف اپنے کھانے میں

شریک کرلیا تھا بلکہ اکثر اُس کے کندھے پر ہاتھ بھی رکھ دیتا تھا اُسے چھُو بھی لیتا تھا پر یہ تھا تو وہی مُردار کھانے والا..بے بے کی پنڈلیوں پر جونکیں لگانے والا.. پر حافظ جی نے ایک بار جمعے کے خطبے میں کہا تھا کہ مجبوری کی حالت میں مردار کھانا بھی جائز ہے..تو یہ اُس کی مجبوری تھی کہ وہ سروسانسی کے کمائے ہوئے رزق کے لُقمے اُٹھا رہا تھا..اُدھر امیر بخش کی نیلی آنکھوں میں بھی پڑھا جا سکتا تھا کہ اُس کے لیے ہر لقمہ آزار ہوا جاتا تھا، وہ اپنے قبائلی اور نسلی تعصب کی برتری سے یکسر آزاد نہ ہو سکا تھا..

سروسانسی جب کبھی کُچھ بھی کماتا امیر بخش کی ہتھیلی پر رکھ دیتا..اور وہ یہ ہتھیلی آسانی سے نہ کھولتا..سروسانسی بہت منت سماجت کرتا، آہ وزاری کرتا، اُسے مجبور کر دیتا..

ایک ایسی ہی شب جب وہ دونوں سروسانسی کے طفیل بھُوکے نہ سوئے تھے..وہ کچے فرش پر اپنے پھنیر کی مانند سرکتا امیر بخش کے قریب آ گیا ''چوہدری،'' امیر بخش نے ہڑبڑا کر آنکھیں کھول دیں، وہ اندھیرے میں اندھیرا ہو کر نظر تو نہ آتا تھا پر اُس کی آواز اُس کا پتہ دیتی تھی.. ''چوہدری..نہ میں نے بہت دن سے کوئی نیولا کھایا ہے اور نہ ہی سُلفے کا سُوٹا لگایا ہے..میرا جُثہ اُدھڑنے لگا ہے تو مجھے دو چار آنے دے تا کہ میں اسے جوڑ سکوں..تو مان نہ مان میں تیرا کُتا ہوں..''

وہ اپنی کمائی میں سے ہی کیسے اتنی لجاجت سے بھیک مانگتا تھا..

اُس کی امیر بخش کی خوابیدہ ہو چکی آنکھیں بمشکل کھُلیں ''کہاں جائے گا؟''

''کسی چنڈو خانے میں دل کی آگ بھڑکانے..''

''کُچھ اتہ پتہ معلوم ہے؟''

''اُدھر بابو ہوٹل میں شاہ حسین کی ڈھیری کا ایک ملنگ آتا ہے اور وہ کہتا تھا کہ شہر میں ایسے کُچھ ٹھکانے ہیں..''

امیر بخش نے اُسی کے دو چار آنے اُسی کی مُٹھی میں دے دیئے.. ''ایک ٹھکانے کو میں بھی جانتا ہوں..بھاٹی دروازے کے باہر سائیں ٹلّی کا چنڈو خانہ ہے..جانا ہے تو وہاں چلے جانا..''

''چوہدری امیر تو بھی سُوٹے کا شیدائی ہے..''

''وہاں پھجّا صابن ساز بھی پڑا ہوتا ہے..وہ مجھے جانتا ہے..اگر تُو نے ضرور بر ضرور جانا ہے، اُس کے ٹلّی کھڑکانے سے ہراساں نہ ہو جانا..''

باہر کڑی تیز آنکھوں کو اپنی پگھلتی ہوئی کرنوں سے چھیدتی دھوپ کی چکا چوند روشنائی تھی اور اندر ایک شب دیجور تھی..اتنی سیاہ کہ ہاتھ کو ہاتھ سجھائی نہ دیتا تھا اور اُس سیاہی میں وقفے وقفے سے سُلفے کی نیم سرمئی اور بھڑکتی ہوئی لاٹیں یوں بُلند ہوتی تھیں جیسے کسی آتش فشاں کے دہانے میں سے پگھلا ہوا لاوا اُبلتا ہے..اور اُن میں سے ایک کا منبع سروسانسی کی سلگتی ہوئی چِلم تھی جسے وہ منہ سے لگائے کش لگاتا تھا تو اُس میں سے لاوا اُبلتا تھا جو پل دو پل کے لیے سائیں ٹلّی کے چنڈو خانے کو روشن کر دیتا تھا...اور یہ روشنی گویا آسمانی بجلی کے کوندنے کا ایک لشکارہ تھی جو اگر کسی قبرستان پر گرتی تو اُسے یُوں عیاں کر دیتی کہ ہر قبر کے ماتھے پر آویزاں تعویز پر درج دفن شدہ کا نام آسانی سے پڑھا جاتا..

ایک ایسے ہی طویل چنڈو کے کش نے اُس کے تالو پر اثر کیا اور اُس میں سے مُردہ گوشت کے ذائقے کی نمی پھوٹنے لگی.. اور وہ نمی اُس کی باچھوں سے بہنے لگی.. وہ اُس قدیمی سواد کو ترسنے لگا.. اُس کا تالو مُردار مانگتا تھا.. پر مُردار حاصل کہاں سے ہو.. جہاں کُھلے کھیت کھلیان ہوں، کُھلے آسمان ہوں، مال ڈنگر ہوں مُردار کے ملنے کا امکان تو وہیں ہوگا.. ایک بار جب اُسے شہر سے باہر موضع مزنگ میں بھینسوں کی نہلائی دھلائی کی دیہاڑی ملی تھی تو اُس نے اُن کے مالک گوجر سے اس بارے میں کُچھ جانکاری حاصل کی تھی اور بقول اُس کے مزنگ سے آگے اچھرہ، تھینہہ پنڈ اور گورومانگٹ کے علاقے زراعتی تھے.. زرعی زمینوں میں کنویں رواں ہوتے تھے اور ظاہر ہے وہاں مال ڈنگر بھی موجود تھا جس کے بغیر کاشتکاری ممکن ہی نہیں ہوتی.. وہ ان دیہات میں بھی بہت خجل خوار ہوا.. بس ایک بار اُسے کُچھ سراغ ملا اور وہ مُردار کی نامعلوم سی بُو کا پیچھا کرتا ایک نیم ویرانے میں جا پہنچا پر وہاں سوائے عرصے سے مردہ ہو چکے بیل کے ایک پنجر کے سوا کُچھ نہ تھا.. اُس کے سدا کے بیری گِدھ کب کے اُس کی آخری بوٹی نوچ کر جا چکے تھے..

ثناء اللہ بٹ جس کے چہرے سے اُس کی کشمیری غُربت ابھی تک رخصت نہیں ہوئی تھی، بابو ہوٹل کا مالک ہونے کے باوجود وہ اب بھی چیتھڑوں میں ملبوس مونج کی چپل میں پاؤں گھسیٹتا، پیر پنچال کی برفوں میں گھستا پنجاب کے میدانوں کی جنت میں اُترنے کے خواب دیکھتا، ایک ہاتو تھا.. اُس کے ذاتی تنور میں سے روزانہ چار پانچ سو روٹیاں اُترتی تھیں اور اس کے باوجود ایک ازلی بھوک اُس کے رگ و پے میں ابھی تک ٹھہری ہوئی تھی.. اُسے ابھی تک علم نہ تھا کہ اگر روٹیوں کا ایک ڈھیر سامنے ہو تو کتنی روٹیاں کھانے کے بعد ہاتھ کھینچ لینا چاہیے.. کتنی روٹیوں سے بُھوک مٹ جاتی ہے کہ اُس کی بُھوک مٹنے والی نہ تھی.. اسی لیے وہ ہمیشہ اپنے ہوٹل کے اوپر واقع بوسیدہ کمروں میں جا کر کھانا کھاتا جہاں اُسے دیکھنے والا کوئی نہ ہوتا اور وہ روٹیاں نگلتا چلا جاتا.. دال یا سبزی کی کچّی رکابی میں نوالے ڈبونا بھی بھول جاتا اور کھاتا چلا جاتا، اُسے اپنے بدن کی جانب سے کوئی سندیسہ نہ ملتا کہ ثناء اللہ بس اتنی خوراک کافی ہے.. چونکہ وہ خود بُھوک سے آشنا تھا اس لیے گلی کوچوں میں چلتے پھرتے، ہر اُس چہرے کو پہچان جاتا جس پر بُھوک کی مُہریں ثبت ہوتیں..اور وہ تین نوجوان تو ایک مدت سے اُس کی پناہ میں تھے.. اُن کے ناآسودہ چہرے تو اُسے ازبر ہو چکے تھے.. وہ اُن کی حالت زار پر کُڑھتا رہتا.. اُنہوں نے ہمت نہیں ہاری تھی پر لگتا تھا کہ اُن کے بدن شکست خوردہ ہو رہے ہیں..

''تمہیں اس شہر میں رزق ملنے والا نہیں.. ہزاروں تم جیسے رزق کے حصول کے لیے مارے مارے پھرتے ہیں۔ یہاں کے گلی کوچوں میں آئے روز جو لاوارث لاشیں ملتی ہیں وہ ایسے جوانوں کی ہی ہوتی ہیں.... تم خود سیانے ہو، آس پاس دیکھ کر چلتے ہو تو تم نے بھی محسوس کیا ہوگا کہ اس شہر میں کچّے مکان کم ہوتے جا رہے ہیں اور اُن کی جگہ پختہ اینٹوں سے پکّے مکان تعمیر کیے جا رہے ہیں تو ان کی اینٹیں برکی اور ہڈیارہ کے بھٹوّں سے آتی ہیں.. سلطان کی سرائے والے ٹھیکیدار سلطان نے مغلیہ عہد کی بے شمار تاریخی مساجد کو مسمار کر کے اُن کی اینٹوں سے انگریزوں کے لیے بنگلے بنوائے.. یہ لنڈا بازار بھی اُسی بدبخت نے تعمیر کیا تھا اور تنگ اور ٹیڑھے میڑھے ہونے کی وجہ سے اس کا نام لُنڈا بازار پڑ گیا تھا.. وہ تمام عمارتیں بھی اب کھنڈر ہو چکیں جو تاریخی مساجد کی اینٹوں سے تعمیر ہوئیں تو اب پکی اینٹوں کی مانگ برکی اور ہڈیارے کے چند بھٹے ہی پوری

کرتے ہیں، تمہیں وہاں مزدوری مل سکتی ہے.. اگرچہ تم ایک پُر مشقت شب و روز میں جکڑے جاؤ گے لیکن مُجھے یقین ہے کہ تمہیں وہاں بہر صورت کام مل جائے گا.. تم پہلے مجھے اپنی ہتھیلیاں کھول کر دکھاؤ''..

سروسانسی کی ہتھیلی کُھلی تو اُس پر قسمت کی کوئی لکیر نہ تھی.. نیولے کی کھال کی طرح کھردری اور بے جان..

امیر بخش کے ہاتھوں کا ماس ہل چلانے سے سخت ہو چکا تھا.. پر اُس میں ایک کومل پن بھی تھا اور عزیز جہان کے ہاتھ تو نومولود بچوں کی مانند نرم تھے کہ اُس نے عمر بھر کسی کام کو ہاتھ نہ لگایا تھا..

''اینٹوں کا کام کرنے کے لیے لوہے کے ہاتھ درکار ہوتے ہیں.. سروسانسی اور امیر بخش تو اُس مشقت کو سہار جائیں گے لیکن عزیز جہان تمہارا حال کُچھ اچھا نہ ہوگا..'' ثناء اللہ نے سر ہلا کر کہا..

عزیز جہان کا چہرہ زرد ہو گیا..

اور یہ کام سروسانسی کے ذمے لگایا گیا کہ وہ کل سویر بر کی ہڈیارے کی جانب پیدل روانہ ہو جائے اور وہاں پہنچ کر بھٹوں سے پتہ کرے کہ اُن تینوں کے لیے مزدوری کی گنجائش ہے بھی یا نہیں..

اُس کے سیاہ چہرے میں نصب سیاہ آنکھیں مسرت سے بھڑکنے لگیں، اُس نے پھنیر کے کُجّے کو سینے سے لگایا کہ اگلی صبح کے لیے اُس کا بس یہی رختِ سفر تھا.. اور سو گیا..

پھنیر بہت رُوٹھا ہوا رنجیدہ سا رینگتا ہوا کُجّے سے باہر آیا تو اُس کی آنکھوں کی گولائی میں ایک اجنبی اور اَن دیکھا ویرانہ نقش ہوا جس سے وہ واقفیت نہ رکھتا تھا.. دنیا پور کے چٹیل میدان کے ہر سنگریزے کے حجم تک سے وہ واقف تھا کہ اس پر سے ہولے سے رینگ کر گذرنا ہے یہ قدرے نوکیلا ہے اور یہ ایسا گول اور نرم ہے کہ اس پر سے سرکتے ہوئے کُچھ بھی محسوس نہ ہوگا.. سنگریزوں کے سوا وہ اس رڑھے میدان میں کُھدے ہوئے تقریباً ہر سوراخ کو جانتا تھا کہ اس کے اندر ایک موٹا چوہا ہوگا جسے نگلا جا سکتا ہے اور یہ بل جو کھودا تو چوہوں نے تھا پر اس پر ایک کمی کمین نسل کے سانپ نے قبضہ کر لیا ہے.. سانپوں کے چوہدری پھنیر ہوتے ہیں.. اور اس سوراخ کے اندر سے ایک پلے ہوئے نیولے کی مہک آتی ہے جس کے ساتھ کھیلا جا سکتا ہے.. البتہ یہ ان دیکھا ویرانہ ایک خصوصی صفت کا حامل تھا کہ یہاں جا بجا سوراخ اور بل تھے، بہت کثرت سے تھے..

پھنیر رینگتا جا رہا تھا اور اُس پر سروسانسی کا سیاہ وجود سایہ کرتا جاتا تھا.. وہ اُس کے ہیجان خیز سانسوں کو اپنے پھَن پر محسوس کر سکتا تھا.. دو چار سوراخوں کو سونگھ کر اُنہیں بیکار جان کر وہ ایک اور سوراخ کی جانب سرکا اور پھر اُس کے گرد کُنڈلی مار کر نہائت شاہانہ انداز میں براجمان ہو گیا.. اُس سوراخ میں رہائش پذیر نیولا تجسس کا مارا ہوا کہ باہر کون ہے، اپنی مونچھیں سرسراتا سونگھتا جونہی باہر آیا تو ایک بے خبری کے عالم میں پھنیر کی لپیٹ میں آ گیا..

عمومی تاثر تو یہی ہے کہ سانپ اور نیولے کی لڑائی میں ہمیشہ نیولا جیتتا ہے پر یہ درست نہیں.. ان مقابلوں میں صرف سدھایا ہوا نیولا غالب آتا ہے جو یہ جانتا ہے کہ اُس نے اپنے بدن کے کن حصّوں کو سانپ کے زہر سے بچانا ہے اور حملہ آور ہوتے ہوئے سانپ کی گردن کو کس زاویئے سے دبوچ لینا ہے.. اس لیے جب کوئی نادان نیولا بے خبری میں

سانپ کے شکنجے میں کسا جاتا ہے تو اُس کی حیاتی کے دن پورے ہو جاتے ہیں.. عام طور پر پھنیر تو محض ایک ترغیب تھا اور نیولے کے بل میں سے نمودار ہوتے ہی سروسانسی اُس پر پل پڑتا تھا پر آج پھنیر نے اُسے اتنی گنجائش نہ دی تھی اور خود ہی بر سر پیکار ہو گیا تھا..

پھنیر کے شکنجے میں گسے نادان نیولے نے بہت زور مارا.. لوٹنیاں لگائیں پر اپنے آپ کو اُس کی لحظہ بہ لحظہ سخت ہوتی گرفت سے چھڑا نہ سکا اور جب وہ ادھ مویا ہو گیا تو سروسانسی نے پھنیر کو بمشکل الگ کر کے اُس کی گردن مروڑ کر قید حیات سے آزاد کر دیا..

ویرانے میں پڑا ہوا سوکھ چکا گوبر اور کیکر کی شاخیں وہ پہلے سے جمع کر چکا تھا.. اُن کی مدھّم سلگتی آگ کے اوپر ایک ٹہنی میں پروئے ہوئے بھونے جانے والے نیولے کی دبیز کھال اُس کی حدّت سے نرم پڑنے لگی اور پھر اُس کے اندر کی چربی پگھل کر گوبر اور کیکر کی آگ پر ایک ایک بوند گرتی اُسے بھڑکانے لگی.. چربی کی ہر بوند سلگاہٹ کی سرخی پر گرتے ہوئے پہلے تو اُسے پانی کی مانند شُوں شُوں کرتی بجھاتی اور پھر بھڑک کر سُلفے کی ایک لاٹ ہو جاتی اور چربی کی ہر بوند کے بھڑکنے سے اُس کی گرم مہک سروسانسی کے نتھنوں میں جاتی تو وہ حواس کھو بیٹھتا.. ایک ایسے شخص کی مانند جو جنس کی بُو سونگھ کر اتنا دیوانہ ہو جاتا ہے کہ نہ چاہتے ہوئے بھی جبر پر آمادہ ہو جاتا ہے.. اُس میں بھی صبر کا یارا نہ رہا اور وہ اُس نیم سوختہ نیولے میں اپنے دانت پیوست کر کے اُس کی بوٹیاں نوچنے لگا.. اُنہیں چبانے کا تردد بھی نہ کر سکا، نگلتا گیا.. یہاں تک کہ وہ نیولے کی نرم ہو چکی ہڈیوں کو بھی کھا گیا.. اور تب اُس پر ایک ایسا امن اُترا جو صرف نیولے کا ماس کھانے والوں پر ہی اُترتا ہے، وہ شانت ہو گیا..

اُپلوں اور کیکر کی آگ سرد ہو کر راکھ ہو رہی تھی..

اور تب اُسے اپنی سوہنی سانسن کی یاد ایک اشتعال انگیز انداز میں آئی.. اگر وہ اس لمحے قربت میں ہوتی تو وہ اُسے بھی اُس بُھونے ہوئے نیولے کی مانند نوچ نوچ کر کھا جاتا، اُس کی ہڈیاں تک چبا جاتا..

وہ جو شہر سے بہت فاصلوں پر برکی اور ہڈیارہ کے قریب ویرانے تھے جہاں کہتے تھے کہ اب بھی ہرن چوکڑیاں بھرتے تھے وہاں بے سُدھ پڑا ایک مدت کے بعد نصیب میں آنے والے بُھنے ہوئے نیولے کے گوشت کی گرمی بدن میں الاؤ بھڑکاتے محسوس کرتا، مسکراتا، وہ بے سُدھ پڑا رہا..

پچھلی شب اُس کی سیاہ آنکھیں بے سبب تو مسرت سے بھڑکنے نہیں لگی تھیں اور اُس نے اپنے پھنیر کو بے وجہ تو سینے سے نہیں لگایا تھا.. یہ رختِ سفر کام آ گیا تھا.. اُسے آس تھی کہ شہر سے کوسوں دور جہاں اینٹوں کے بھٹے ہیں، وہاں راستے میں کوئی نہ کوئی ویرانہ تو ہوگا جہاں کسی بل میں اُس کے نصیب کا کوئی نیولا، پھنیر کی ترغیب سے باہر آ جائے گا... نہ اُس نے سُلفے کی ایک لاٹ سلگائی تھی اور نہ ہی زہریلے دارو کا ایک گھڑا پیا تھا صرف ایک نیولا کھایا تھا اور اس کے باوجود وہ ایسا مست ہوا تھا کہ سورج کے ڈھلتے جانے کا اُسے کُچھ احساس نہ ہوا.. وہ چٹیل میدان میں لیٹا انتہائی لطف کی کیفیت میں ایک ایسی سانسن کی مانند کسمساتا رہا جو مُردار کھانے کے فوراً بعد ایک مرد کے لیے بے چین اور گیلی ہوئی جاتی تھی.. ہولے ہولے اُس کے بدن میں سے نیولے کے گوشت کی گرمی زائل ہونے لگی، ہوا میں ایک اضطرابی ٹھنڈک سرائت کرنے لگی

تب وہ ذرا ہوش میں ہوا اور اُسے یاد آیا کہ اس ویرانے میں سے گذرنے کا مقصد ایک نیولے کا حصول نہ تھا بلکہ برکی اور ہڈیارے کے دیہات کے آس پاس اینٹوں کے جو بھٹے تھے، وہاں پہنچ کر یہ معلوم کرنا تھا کہ اُن تینوں کے لیے وہاں رزق روزگار کا کوئی وسیلہ ہے بھی یا نہیں..

لق ودق میدان کے اُفق پر نمودار ہوتی ایک چمنی دکھائی دے رہی تھی جو دھواں اُگل رہی تھی.. پھنیر ابھی تک بے مُہار آزاد رینگتا پھرتا تھا.. اپنے مالک سے زیادہ دور نہ جاتا تھا کہ یہ پرائے دیس تھے.. سروسانسی نے جب اُسے ششکار کر گُجّے کی جانب راغب کیا تو وہ نہائت اشتیاق سے چلا آیا کہ وہ یونہی بے وجہ آوارگی سے تھک چکا تھا، اپنے گھر جانا چاہتا تھا.. اُس نے سروسانسی نے اپنے سیاہ چہرے کا رُخ اُس جانب کیا جہاں ڈھلتی شام میں افق کی متوازی لکیر کو پار کرتی ایک چمنی بلند ہو رہی تھی جس میں سے دھواں اُٹھتا تھا..

وہ تینوں ایک چھدری چھاؤں والے کیکر تلے بیٹھے اُس انسانی منڈی کے لین دین اور بھاؤ تاؤ کو ایک انجانے دُکھ سے دیکھے چلے جا رہے تھے..

"یہ عورت.. کتنے میں ملے گی.. کیا مول ہے اس کا؟"

چلچلاتی دوزخ دھوپ میں اپنے چوڑے کُولہے پر ایک چار برس کا ننگ دھڑنگ مٹیالہ بچہ اٹکائے وہ عورت تیس برس کی بھی نہ ہوگی.. دھوپ میں کھڑی بے جان سی لگتی تھی.. اُس کی بجھی ہوئی آنکھیں پیڑھی پر بیٹھے ہوئے رام داس کے پار کہیں جامد ہو چکی بے تعلق اور معلق لگتی تھیں.. اُس کے سر کے بال ایک بھورے گھونسلے کی مانند میل سے اٹے ہوئے اور اُن میں سے پسینے کی دھاریں بہتیں اُس کے پھٹے ہوئے جھگّے کو بھگوتیں، اُس کی سیاہ بے ڈول اور بے جان چھاتیوں پر اُترتی تھیں.. وہ ایک حیوان بھی نہ دکھائی دیتی تھی کہ ایک حیوان میں بھی کچھ تمکنت ہوتی ہے..

میاں فضل علی نے رام داس کے چہرے کے تاثرات کو جانچا کہ وہ اس عورت کے حصول کے لیے کتنی رقم ادا کرنے پر آمادہ ہو سکتا ہے.. "بیس روپے میں مل جائے گی۔"

"نہیں.." رام داس نے سر ہلایا.. "بچے والی ہے، اس لیے دام زیادہ ہیں.."

"چلو.. پندرہ ٹھیک ہیں؟"

"ناں.. بچے والی عورت کا دھیان بٹا رہتا ہے.."

"بچہ ساتھ میں مفت دے رہا ہوں رام داس.."

"بچہ کس کام کا میاں جی.."

"بھوری.." میاں فضل علی نے دھوپ میں ایستادہ اُس بے جان مجسمے کو پکارا..

"اُتار اس حرام کی اولاد کو اپنے کُولہے سے.. اُتار.."

بھوری نے حکم کی تعمیل کی اور بچے کو کولہے سے کھسکا کر نیچے کیا اور اُس نے اپنے پاؤں زمین پر ٹکا دیئے..

"چل اوئے مار چھلانگ.. کرتب دکھا.."

بچے نے اپنی ماں کی جانب ایک نظر کی جیسے وہ اجازت کا خواہاں ہو اور پھر اُن سب کے سامنے جو خریدے جانے کی آرزو میں بُت بنے کھڑے تھے ایک قلابازی لگائی اور پھر ایک بندر کی مانند اُچھلتا کودتا جھٹے سے ذرا پرے ناکارہ

اور نیم پُختہ اینٹوں کا جو ڈھیر تھا، اُس میں سے تین چار اینٹیں اُٹھا کر اُچھلتا ہوا واپس آ گیا..

''کیوں..ہے ناں کام کا..''

''چلو..رکھ لیتا ہوں۔''

میاں فضل علی نے بھوری کو اشارہ کیا تو وہ چپکے سے عورتوں، مردوں اور بچوں کے اُس گروہ میں جا شامل ہوئی جو فروخت ہو چکے تھے اور دوسری جانب وہ منتظر تھے جن کی بولی ابھی لگنی تھی..

میاں صاحب نے اُن منتظر کی جانب دیکھ کر سر ہلایا..اور اُن میں سے ہر ایک نے جواب میں سر ہلایا کہ جی میں..جی میں..اور نہیں جانتے تھے کہ کس کی طلبی ہوتی ہے..وہ جھجکتے رہے..اپنی جگہ سے ذرا آگے اور کبھی ذرا پیچھے ہوتے رہے کہ شائد کوئی دوسرا پیش ہو جائے..

''اوئے دفع نہیں ہوتے..رام داس کے نئے بھٹے میں چلے گئے تو موجیں کرو گے نامرادو..اوئے پشّی، تو آ جا..آ مر..'' یہ کہتے ہوئے میاں فضل کی باچھیں اُن راتوں کی رال سے گیلی ہونے لگیں جو اُس نے پشّی پر بوجھ ہوتے گذاری تھیں..

وہ عورت نہ تھی، ایک تگڑے بدن کی لوہے کی لاٹ تھی اور جیسے دھوپ میں لوہا گرم ہو کر حدت دینے لگتا ہے، ویسے اُس کے بدن کا سیک رام داس تک پہنچا اور اُسے بھی جھلسا دیا..

''پرنام کر لالہ جی کو..''

اُس کے ہاتھ بھی لوہے کے تھے جو اُس نے جوڑ دیئے..

''لو بھئی رام داس جی..'' میاں فضل علی اُس سے اتنی اپنائیت سے مخاطب ہوا جیسے وہ پرانے یار ہوں ''تیرے اپنے دھرم کی ہے..تو بنا شک اسے اپنے گھر میں داسی بنا کر رکھ لینا، تیری رسوئی بھرشٹ نہیں ہوگی..''

رام داس اُس کی کاروباری چاپلوسی سے ذرّہ بھر متاثر نہ ہوا..''تو مجھے رام کے نام پر رام نہ کر میاں..مجھے کام کے کامے درکار ہیں ہندو یا مسلمان درکار نہیں..یہ لوگ مٹی کھودتے، مٹی گوندھتے اور مٹی سے اینٹیں ڈھالتے خود بھی مٹی ہو جاتے ہیں..ان کا کوئی دین دھرم اور ذات پات نہیں، یہ مٹی کے لوگ ہیں..تو نے کبھی قیاس کیا ہے میاں فضل علی کہ تیرے بھٹے کے گرد جو وسیع ویرانہ ہے جس میں سے تیرے یہ کامے تیری اینٹوں کے لیے مٹی کھودتے ہیں تو یہ ساری مٹی تو نہیں ہوتی..اس میں گذر چکے بے انت زمانوں میں جتنے بے انت لوگ جیون کرتے تھے اُن کی ہڈیوں کا سفوف ہے..اسی لیے اندھیاری راتوں میں کوئی ایک اینٹ لشکنے لگتی ہے..اُس ایک اینٹ میں ان کاموں کے پُرکھوں کی ہڈیوں کی مٹی ہوتی ہے جو لشکنے لگتی ہے..''

''اچھا..'' میاں فضل کا مُنہ حیرت سے کُھلا کا کُھلا رہ گیا کہ یہ لالہ کیسی عجیب باتیں کرنے لگ گیا تھا..وہ ذاتی طور پر ایک خالص کاروباری، گانٹھ کا پکا کسی حد تک فریبی شخص تھا اور اُس کے کُچھ پلّے نہ پڑا تھا کہ رام داس کیا کہہ رہا ہے..اُس نے تو کبھی کسی اندھیاری رات میں کوئی اینٹ لشکتی نہ دیکھی تھی..ویسے اُسے ایک جھرجھری سی آ گئی کہ مٹی جتنی بھی ہے اُس میں اُس کے بزرگوں کی ہڈیوں کا سفوف بھی ہو سکتا ہے..

یہ ان دونوں کی پہلی ملاقات تھی، اس رام داس کو اُس کے ایک قریبی دوست کرشن بھاٹیہ نے بھیجا تھا اور اس کی سفارش کی تھی.. رام داس بنیادی طور پر شاہ عالمی کے اندر سونے کے گہنوں کا کام کرتا تھا، ایک سُنار تھا.. اور اب وہ اپنے کاروبار کو وسعت دینا چاہتا تھا اور اینٹوں کی بے پناہ مانگ کو مدنظر رکھتے ہوئے ایک بھٹہ لگانا چاہتا تھا.. کرشن بھاٹیہ نے سفارش کی تھی کہ اس کے ہاتھ کچھ پتھیرے مناسب داموں پر فروخت کر دو.. صرف شہر لاہور کے نواح میں ہی نہیں بلکہ اُدھر قصور اور ایمن آباد میں بھی یہی معمول تھا کہ اگر کوئی ایک شخص ایک نیا بھٹہ لگا کر اینٹوں کا کاروبار کرنا چاہتا ہے تو اُسے اس مقصد کے لیے کئی نسلوں سے اس کام میں جُتے ہوئے پتھیروں کی ضرورت درپیش ہوتی تھی، یہ ایک خصوصی مہارت کا پیشہ تھا جو ہر کسی کے بس کا روگ نہ تھا، نسل در نسل چلتا تھا.. چنانچہ وہ شخص پہلے سے قائم شدہ بھٹوں کے مالکوں سے اس سلسلے میں رابطہ کرتا تھا.. اور اُن بھٹوں کے مالکوں کی نظر میں وہ سب لوگ ہوتے تھے جو اپنی قلیل مزدوری سے بمشکل پیٹ تو بھر لیتے تھے پر شادی بیاہ، مرگ یا پیدائش کے موقع پر اُنہیں جس اضافی رقم کی مجبوری ہوتی تھی، وہ اُس سے پیشگی کے طور پر حاصل کر لیتے تھے اور پھر اُسے عمر بھر ادا نہیں کر سکتے تھے کہ اُس پیشگی پر کیا ہندو کیا مسلمان سب مالک سود در سود ڈالتے چلے جاتے تھے.. یہ مالکان خوب جانتے تھے کہ اپنی اس حیات میں تو وہ اپنے ذمے کی رقم ادا نہیں کر پائیں گے چنانچہ جب کبھی اُنہیں موقع ملتا تھا، وہ ان پتھیروں کو نیا بھٹہ بنانے والے کسی ضرورت مند کے ہاتھوں فروخت کر دیتے تھے.. اُن کے ذمے جتنی رقم بنتی تھی وہ وصول کر کے اُنہیں نئے مالک کے حوالے کر دیتے تھے جو اس رقم کو معاف نہیں کرتا تھا واجب الادا ہی رکھتا تھا.. اکثر اس معمول کی فروخت میں پتھیروں کے خاندان تقسیم ہو جاتے.. ماں خریدی جاتی اور بچے اُس پرانے بھٹے پر رہ جاتے.. یا بچے منتقل ہو جاتے اور ماں باپ پھر سے بنجر ہو جاتے..

بھٹے کا مالک اگر رحم دل اور خدا ترس ہوتا تو وہ اُن کے خاندان کو تقسیم کر کے الگ الگ فروخت نہ کرتا.. میاں فضل علی ایک خدا ترس شخص تھا.. اُس نے رام داس کی آمد پر اُس کی بہت آؤ بھگت کی جس کا صلہ اُس لالے نے یہ دیا تھا کہ آتے ہی یہ عجیب وغریب بھاشن دے دیا تھا کہ یہ مٹی کے لوگ ہیں.. اور اگر اندھیاری راتوں میں کوئی ایک اینٹ جگنو کی مانند لَو دینے لگتی ہے تو اُس کی مٹی میں تمہارے بزرگوں کی ہڈیوں کی آمیزش ہوتی ہے.. ایسے شخص کا بھٹہ تو سلگنے والا نہیں.. اس کا بھٹہ تو بیٹھ جائے گا..

پُشپی کڑی دھوپ میں کھڑی فیصلے کی منتظر رہی.. لوہے کی لاٹ بدن سلگتا رہا.. کیا اُسے اُس لمحے جب وہ ایک جنور کی مانند فروخت کے لیے پیش کی گئی تھی اُسے کچھ تذلیل محسوس ہوئی تھی.. اُس کی عزت نفس کو ٹھیس پہنچی تھی یا وہ دُکھی ہوئی تھی؟.. ہرگز نہیں کہ وہ جنم جنم سے جنور تھی.. وہ تذلیل تب محسوس کرتی اگر اُس کے ساتھ کبھی انسانوں جیسا سلوک کیا جاتا..

''تو پھر رام داس..

''ہاں.. کتنے میں؟''

''پورے بیس روپے اس کے ذمے ہیں، پر تم کرشن بھاٹیا کے دوست ہو.. رعائت کرتا ہوں.. پندرہ روپے.. تم ان پندرہ روپوں کے لیے پچھتاؤ گے نہیں.. بھسم کر دے گی..''

''مجھے صرف کاریگری درکار ہے.. بدن کی نہیں، ہاتھوں کی.. چلو منظور ہے..''

پُٹھی نے سُکھی ہو کر سُکھ کا سانس لیا کہ سودا ہو گیا ہے اور فروخت شدہ پتھیروں کے گروہ میں شامل ہو گئی..

وہ تینوں ایک چھدری چھاؤں والے کیکر تلے بیٹھے اس منڈی کے لین دین اور بھاؤ تاؤ کو دیکھ رہے تھے جو مویشیوں کی نہیں انسانوں کی تھی..

میاں فضل علی اور رام داس کے سامنے جو بھی انسان جنور فروخت ہونے کے لیے آ کھڑا ہوتا تو امیر بخش اُس کے چہرے کو نہیں اُس کی پنڈلیوں کو نظر میں لاتا کہ کیا اُن پر بھی تھانیدار خوشی محمد گوندل کے بُولی کتّوں کے دانتوں کے نشان ثبت ہیں..

سروسانسی نے جب پٹھی کو سامنے پایا تو اُس کا سانس وہیں کا وہیں رہ گیا تھا..اُس کے بدن میں جو پُرکشش کھنچاؤ تھا تو اسی لیے کہ وہ بھی مُردار کھاتی ہوگی، اُس کا تہبند ڈھیلا پڑنے لگا..

عزیز جہان سہا ہوا چھدرے کیکر کی چھاؤں میں امیر بخش کے قریب ہوتا اُس کی پناہ میں ہوتا یہ عجیب تماشا دیکھ رہا تھا..اگر ہمیں یہاں مزدوری مل گئی تو آئندہ زمانوں میں کوئی ایسی دوپہر بھی ہو سکتی ہے جب اس پٹھی کی بجائے میری بولی لگ رہی ہو اور یہ فضل علی کسی نئے بھٹّہ مالک کو مائل کر رہا ہو کہ اس گورے چٹے ملوک سے نوجوان کو خرید لو..اس کا باپ نمبردار تھا..اپنے چاچے بخت جہان کے غضب سے فرار ہو کر آیا ہے..اکلوتا بیٹا ہے..

صرف بیس روپے میں..

وہ تینوں..کیکر کی چھدری چھاؤں میں..بابو ہوٹل کے تنور میں سے نکلنے والی پہلی تین روٹیاں پانی سے نگل کر چل دیئے تھے اور یہاں آتے آتے اُن کی آدھی چربی پگھل گئی تھی اور وہ بھی منتظر تھے کہ کب یہ خرید و فروخت اختتام کو پہنچے اور وہ میاں فضل علی کے سامنے سوالی ہو کر پیش ہو جائیں..

مٹی کے سارے لوگ فروخت ہو گئے، پر ایک دس برس کا بچہ دھوپ میں لاوارث کھڑا رہ گیا..

''اس کے صرف پانچ روپے رام داس..''

''نہیں میاں..میری خریداری تمام ہو چکی..''

''رام داس بقول تمہارے یہ سب مٹی کے لوگ ہیں..تو پھر ہم بھی..مٹی کے لوگ ہیں..تم بھی اور میں بھی..تو اگر کوئی گاہک مناسب خریداری کرتا ہے جو تم نے کی تو اُسے ایک جُھونگا بھی دیتے ہیں..مفت میں..یہ لڑکا میں تمہیں جُھونگے میں دیتا ہوں..خوش؟''

اُس حیران سے دس برس کے بچے کی شمولیت سے فروخت شدہ انسانوں کی منڈی مکمل ہو گئی..

یہ فیصلہ تو پل بھر میں ہو گیا تھا کہ چاکری کرنی ہے تو میاں فضل علی جیسے گھاگ چالاک کی نہیں رام داس کی کرنی ہے..کہ اُس کے اندر ایک ایسی سیانف تھی جو صرف اُن روحوں میں ہوتی ہے جو اپنی مٹی سے جنم لے کر پھر سے اُس میں مل جاتی ہیں..ایک ایسا دل تھا جس میں اتنی آبائی روشنی تھی کہ وہ دیکھ سکتا تھا کہ اگر ہزاروں اینٹوں میں سے کوئی ایک اینٹ گُھپ اندھیرے میں بھی لَو دے رہی ہے تو اُس میں مٹی کے لوگوں کی ہڈیوں کی آمیزش ہے..

امیر بخش نیلامی کے اختتام پر اُس دس برس کے کالے سیاہ ننگ دھڑنگ بچے کے برابر میں آ کھڑا ہوا تھا اور رام داس سے مخاطب ہو گیا تھا، لالہ جی ہمارے جُثّے اتنے پتھریلے ہیں کہ کڑی مشقت سے یہ نرم پڑنے والے نہیں.. ہم بھی مٹی کے لوگ ہونا چاہتے ہیں..

ایک لق دوق ویرانے میں جس پر دھوپ اُترتی تھی، سنگریزوں، بیری کی جھاڑیوں اور آک کے پودوں کو دہکاتی تھی.. اور وہی دھوپ پُشپی کے آبنوسی بدن پر اُترتی اُسے سلگاتی تھی.. ویرانے کے اُس سفید ہول میں رام داس آگے آگے راہنمائی کرتا ایک خدا کی مانند چلتا جا رہا تھا اور اُس کے پیچھے وہ سیاہ رات چلی آتی تھی جسے وہ خرید کر لایا تھا..

اُن سے بہت فاصلے پر ایک چھپکلے نے جو آک کے زہریلے پتوں کو چبا رہا تھا اپنی آنکھوں کو تیزی سے گھمایا تو اُن پر دور کا ایک منظر یوں نقش ہوا کہ جیسے کوئی شخص رام داس ہے جو دراصل موت ہے اور اُس نے زمین پر آج جتنی روحیں بھی قبض کی ہیں وہ سب کی سب اُس کے پیچھے چلی جا رہی ہیں، قطار باندھے بچے، عورتیں، بوڑھے اور اُن کے آخر میں تین دراز قامت نوجوان اُس موت کے تابع سر جھکائے چلے جا رہے ہیں..

آک کے زہریلے پتے چبانے سے چھپکلے کی نظر دُھندلا گئی، اُس نے بہت تیزی سے اپنی گول آنکھوں کو اُن کے مدار پر تیزی سے گھمایا پر منظر واضح نہ ہو سکا.. آک کے پتّوں میں سے پھوٹنے والے زہریلے سفید دودھ کی دُھند سے اُس کی نظر دھندلائی تھی اور وہاں موت ایک زہریلی دُھند میں دھندلاتی اپنے پیچھے قبض شدہ غلام روحیں لگائے افق پر چلی جا رہی تھی..

✦ .... ✦

اوندھے پڑے لکڑی کے سانچے میں اُن تینوں کے آئندہ زمانے قید تھے..
آنے والے دنوں کی قسمت کی لکیریں تھیں جو ابھی گیلی تھیں..
اُس سانچے کے اُٹھانے سے وہ ڈھے بھی سکتی تھیں اور اُن کے قائم رہنے کا امکان بھی تھا..
اُن کے مقدر کے تمام فیصلے.. سانچے میں ڈھلی گیلی مٹی کی گرفت میں تھے..
فیصلہ اب مٹی کے ہاتھ میں تھا کہ وہ قائم رہے یا ڈھے کر کیچڑ میں بدل جائے...

اگلے چند لمحوں میں یہ طے ہو جانا تھا کہ اُن کی تقدیر میں دربدری اور بھوک ہے یا سر کے اوپر ایک چھت ہے جس کے تلے بچھے دسترخوان پر ایسی خوراک ہے جس نے اُن کی بھوک کو مٹا دینا تھا.. وہ سانچہ گویا ایک لوحِ محفوظ تھا جس میں جو کچھ آئندہ زمانوں میں ہونے والا تھا، وہ درج کر دیا گیا تھا..

اوندھے پڑے لکڑی کے سانچے پر امیر بخش کے پسینے کی بُوندیں ٹپ ٹپ گرتی تھیں.. اُس کے ہاتھ سانچے کو اُٹھانے کی خاطر اُس کے گرد گرفت میں تھے اور لرزتے تھے.. جب میں اسے اٹھاؤں گا تو کیا اس میں جمع شدہ گارا ایک اینٹ کی صورت اختیار کر کے زمین پر قائم رہے گا.. اگر گارا تیار کرنے میں پانی کم ڈالا گیا تھا اور وہ ذرا سخت ہو گیا تھا تو سانچے میں ہی پھنسا رہے گا اور اگر مٹی میں پانی ذرا زیادہ ملا دیا گیا ہے تو وہ سانچے میں سے دھپ سے گر کر ڈھے جائے گا، ایک اینٹ کی صورت اختیار نہیں کرے گا..

اُس سیاہ رات کے ساتھ.. مٹی کے سیاہ ذلتوں کے مارے لوگوں کے ساتھ جب وہ رام داس کے پیچھے پیچھے چلتے اُس کے نوتعمیر شدہ بھٹے تک پہنچے تو ہر سُو تاریکی غالب آ چکی تھی.. رات گہری ہو گئی تھی.. دیکھتے دیکھتے رات کی سیاہی میں سے عورتیں، مرد اور بچے برآمد ہونے لگے.. چُولہے روشن ہو گئے، مائیں بچوں کو دودھ پلانے لگیں.. وہ آپس میں چُہلیں کرنے لگے.. وہ دس برس کا اکلوتا بچہ.. ننگ دھڑنگ شور مچاتا لوگوں کو تنگ کرنے لگا.. بھوری نے اپنے بچے کو کولہے سے اُتارا تو وہ بندروں کی مانند اُچھلنے کُودنے لگا.. ایک تنور دہکنے لگا..

مٹی کے ان لوگوں کی بولی لگتی رہتی تھی.. خرید و فروخت ہوتی رہتی تھی.. اُن کے لیے یہ ایک معمول تھا، اُن کی زندگی کا یہی چلن تھا چنانچہ اُن کے معمولات میں کُچھ فرق نہ آتا، وہ ایسے خانہ بدوش تھے جو جہاں پڑاوٗ ڈالتے وہی اُن کا گھر

ہو جاتا.. یہاں تک کہ پُشپی نے بھی اِدھر اُدھر سے گوبر اور لکڑیاں جمع کر کے اُن کو سلگا لیا تھا اور ہانڈی چڑھانے کی تیاری میں مگن تھی..

صرف وہ تینوں تھے جو بیکار ایک کونے میں ہاتھ پر ہاتھ دھرے اس ویرانے میں پل بھر میں آباد ہونے والی اس بستی کو متعجب ہو کر تکتے جاتے تھے..

اُن کا قیاس یہی تھا کہ اگر اُنہیں میاں فضل علی کے بھٹے پر مزدوری مل گئی تو وہ واپس بابو ہوٹل آئیں گے، اگلی سویر اپنا سامان سمیٹ کر. تنور کے اُس کچّے فرش سے رخصت ہو کر جس نے اُنہیں ہر شب ماں کی گود کی حدّت دے کر سلایا تھا..وہ ثناء اللہ سے اجازت چاہ کر اُس کا شکریہ ادا کر کے بھٹے پر واپس چلے جائیں گے.. پر دہاں میاں فضل علی کی چاکری کرنے کی بجائے وہ رام داس کے پیچھے ہو لیے..اور اب ہاتھ پر ہاتھ دھرے بیٹھے صبح کے بھوکے..روشن چولہوں اور بھڑکتے تندور کو تکتے تھے.. چولہوں پر دھری ہانڈیوں میں سے پیاز کے تڑکے کی خمار آور بدن میں دھوم مچا دینے والی مُنہ زور خوشبو اور تنور میں سے نکلنے والی پکی ہوئی گندم کی مہک..اُن تینوں کو مزید لاچارگی، بے کسی اور بُھوک سے نڈھال کرتی تھی..

پر وہ مٹی کے ان لوگوں کی خصلت اور زمینی محبت سے آگاہ نہیں تھے..جونہی وہ رام داس کے پیچھے اُس سیاہ رات کے سنگ چلے تھے تو انہوں نے ان تینوں کو بھی اپنے خاندان میں شامل کر لیا تھا..چولہوں پر چڑھی کچی ہانڈیوں میں بڑبڑانے والی چنے کی دال کی پہلی رکابی اور تنور میں سے نکلنے والی پہلی روٹیاں اُن کے آگے رکھی گئیں کہ وہ اُن کے خاندان کے نومولود بچے تھے جن کی دیکھ بھال کی ذمہ داری اُن کی تھی..پُشپی بھی جھجکتی ہوئی آگے آئی اور اُن کے سامنے شوربے کا ایک پیالہ رکھ کر واپس تاریکی میں چلی گئی..

سروسانسی اپنے آپ کو لعن طعن کر رہا تھا کہ جب کبھی اُس کی نظر پُشپی پر پڑتی تو اُس کی آنکھیں پہلے تو ایک نیولے کی مانند مہین اور مکار ہو جاتیں اور پھر ایک پھنیر کی طرح گول گول پھنکارنے لگتیں..

اُن کا معاملہ طے ہو چکا تھا..

اینٹوں کے بھٹے پر سوائے آگ بھڑکانے والے مستری صاحب کے اور اینٹوں کو اُس بھٹے میں ایک نہائت حسابی کتابی انداز میں جوڑنے والے کاریگر کے کسی اور کی نوکری پکی نہیں ہوتی.. باقی سب کچّے ہوتے ہیں..پیتھرے.. مرد و زن..بوڑھے جوان اور بچے سب کے سب بھٹے کے نواح میں ویران مقامات پر مٹی کھودتے ہیں، پھر اُس کا گارا بنا کر سانچوں میں ڈال کر اینٹیں ڈھالتے ہیں اور ڈھالی گئی اینٹوں کی تعداد کے مطابق اُنہیں ادائیگی کر دی جاتی ہے.. پر یہ ادائیگی کم ہی ہوتی تھی..یہ رقم اُن کے مجبوراً حاصل کردہ قرض میں سے کاٹ لی جاتی تھی..اُن کی ہتھیلی پر ایک دھیلا بھی نہ رکھا جاتا تھا..البتہ بھٹے کا مالک یہ احتیاط کرتا تھا کہ کہیں یہ پیتھرے بُھوک سے مر ہی نہ جائیں اور اُنہیں روزانہ اتنے دھیلے عطا کر دیتا تھا کہ وہ اپنی ہانڈی روٹی چلا سکیں..

تو اُن تینوں کے ساتھ بھی یہی معاملہ طے تھا..

وہ جتنی اینٹیں ڈھالیں گے اُسی حساب سے اُنہیں ادائیگی کر دی جائے گی اور وہ بقیہ سیاہ رات سے اس لحاظ سے نصیب والے تھے کہ اُن کی گردن میں قرض کا کوئی طوق نہ تھا..

مٹی پلٹنا، کھیت میں کُدال چلا کر.. ہل چلا کر اُسے پلٹنا اور کھودنا نسبتاً آسان تھا پر ایک رڑھے میدان میں جو ازلوں سے بارشوں اور دُھوپوں سے لوہے کی مانند سخت ہو چکا ہوتا ہے اُس پر کُدال چلانا، اُس کی مٹی میں شگاف ڈالنا اتنا آسان نہیں ہوتا.. امیر بخش کُدال بلند کر کے نیچے لاتے ہوئے اپنی پوری قوت سے اُسے جب میدان کی لوہا ہو چکی سطح پر مارتا تو اس ضرب کی شدت سے اُس کے بازوؤں کی رگیں پھٹنے کو آتیں اور کُدال اُس کے ہاتھوں سے چھوٹ چھوٹ جاتی... ایک پوری سویر وہ اور سروسانسی میدان کے سینے میں گھاؤ ڈالنے کے بعد اُس کی مٹی کھودتے رہے.. عزیز جہان کو اس مشقت کا تجربہ کرنے کی اجازت نہیں دی گئی تھی اور وہ ذرا شرمندہ محسوس کرتا کُچھ فاصلے پر بیٹھا پانی کے ایک گھڑے کی نگہبانی کر رہا تھا اور وقفوں کے ساتھ اُن دونوں کو کانسی کے ایک کٹورے سے پانی پلا رہا تھا.. مٹی کھودنے کے بعد اُسے کُوٹ کر پانی ملا کر گارا بنانے کا مرحلہ تھا جو اُنہیں دشوار نہ لگا.. اس لیے بھی کہ گاؤں میں بیشتر مکان کچّے ہوتے ہیں اور اُن کی تعمیر کے لیے گارا بنانا ایک معمول تھا.. البتہ یہاں ایک دھیان رکھنا تھا کہ گارا اتنا پتلا نہ ہو جائے کہ وہ سانچہ اُلٹنے سے اُس میں ٹھہر نہ سکے اور نہ ہی اتنا دبیز ہو کہ اُسی میں اٹکا رہے.. گارا تیار کرنے کے بعد امیر بخش نے اُسے سانچے میں بھرا، ہتھیلی سے اُس کی سطح ہموار کی اور اُلٹا کر اُسے لکڑی کے ایک تختے پر رکھ دیا.. اب اُس نے قدرے توقف کے بعد اُسے احتیاط سے اُٹھانا تھا..

امیر بخش کے پسینے کی بوندیں سانچے کی پشت پر ٹپ ٹپ گرتی تھیں..

اُس نے نہائت آہستگی سے ہولے ہولے اوندھے سانچے کو اُٹھایا اور اُس کی اُنگلیوں نے اُس میں جمع شدہ گارے کو خالی ہوتے محسوس کیا.. سانچہ ہلکا ہو کر خود بخود اوپر اُٹھ گیا..

اُس کی جگہ ایک اینٹ وجود میں آ چکی تھی..

وہ تینوں بہت دیر تک دم روکے اُسے تکتے رہے، اُن کی نظروں میں التجائیں تھیں کہ اب اسی طرح قائم رہنا، ڈھے نہ جانا، ہم بہت دور کے دیسوں سے قسمت آزمانے آئے ہیں.. بڑی کٹھن مسافتیں طے کی ہیں..

میں نے اپنا سانسی قبیلہ اور سوہنی سانسن چھوڑی..

میں اپنی نمبردارانی ماں کی گود سے جدا ہوا..

اور میں.. چناب کے پانیوں کے اوپر معلق دُھند کے دریا میں سے نمودار ہونے والے کیسے کیسے انوکھے پنچھی چھوڑ کر.. خوشی محمد تھانیدار کے کتّوں سے فرار ہو کر.. سانپوں کی سرسراتی فصلوں میں سے راستے بناتا یہاں تک پہنچا ہوں تو اے اینٹ.. قائم رہ جا..

یہ پہلی اینٹ نہ صرف قائم رہی بلکہ دھوپ میں سُوکھنے بھی لگی..

اُن تینوں کو اُس ابھی تک گیلی اینٹ پر بے حد پیار آیا.. وہ اُسے گود میں اٹھا کر چُومنا چاہتے تھے جیسے وہ اُن کا پہلا بچّہ ہو..

اُن سے کُچھ دور اُس تپتی دھوپ میں سلگتی پُشپی، مٹی تھاپتی، سانچے میں گارا ڈال کر اینٹیں ڈھالتی خود بھی مٹی ہی

دکھائی دیتی تھی.. اُس کا کوئی خاندان نہ تھا.. جانے کبھی اُس کی شادی بھی ہوئی تھی کہ نہیں.. اگر بچے تھے تو جانے کب وہ اُس سے بچھڑ کر کہاں چلے گئے تھے.. اُس کے ماں باپ کا بھی کچھ اتہ پتہ نہ تھا.. ہوسکتا ہے کسی اندھیاری رات میں اینٹوں کے لیے تیار کیے جانے والے گارے کے اندر بدنصیبی اور غلامی کا کوئی جرثومہ داخل ہوا ہو اور مٹی کے وصال سے اُس نے جنم لیا ہو اور گارے میں سے نمودار ہوگئی ہو.. گوشت پوست کی نہیں سچ مُچ مٹی کی عورت ہو..

مٹی کی یہ عورت اپنے سے ذرا فاصلے پر اُن تینوں کو اپنی پہلی اینٹ بنا لینے کی ہیجان خیز مسرت میں مبتلا دیکھ کر مسکراتی تھی اور اُن کی خوشی میں شریک ہوتی تھی..

وہ پہلی اینٹ بالآخر اُن کے مستقبل کا آغاز تھی، ایسی بنیاد تھی جس پر اُن تینوں کے سانچوں میں ڈھلنے والی ہر اینٹ استوار ہوتی چلی گئی..

مینہ کی پہلی بوند جوہڑ کے ایک مدت سے ٹھہرے ہوئے حبس میں گم پانیوں پر پڑی اور وہ اتنی تیکھی اور زور والی تھی کہ گدلے پانیوں کو ایک آبی تیر کی مانند چیرتی تہہ کے کیچڑ تک جا پہنچی اور اُسے اُتھل پتھل کر دیا..
پانی جو پہلے سے ہی گدلے تھے کیچڑ کے ذرّوں کے اُٹھنے اور اُن میں گھلتے جانے سے مزید گدلے ہو گئے اور اُن میں نہائت مُردنی سے تیرتی مچھلیوں کو یکدم راستہ سجھائی نہ دیا اور وہ ٹھٹک گئیں کہ شائد کسی پتھر کے آ گرنے سے تہہ کے کیچڑ میں ہلچل مچ گئی ہے اور وہ پانیوں کے قدرے صاف ہونے کا انتظار کرنے لگیں.. یہ مچھلیاں بدرنگ اور بُو دار تھیں اور انہیں کوئی بھی شکار نہیں کرتا تھا..
اُن سے دور جوہڑ کا وہ کنارا جہاں سے قبرستان کی پہلی قبر اس کے پانیوں میں ڈھے رہی تھی وہاں ایک موٹا مینڈک جو تقریباً مُردہ حالت میں پڑا تھا تو اس پہلی بوند کے گرنے سے اُس میں جان پڑ گئی اور وہ گلا پُھلا کر ایک ہولناک آواز میں ٹرّانے لگا..
پورے تین ماہ کی خشکی اور سُوکھے کے بعد مینہ کی جو دوسری بوند اُتری وہ محمد جہان نمبردار کی ڈھیری کی سُوکھی مٹی پر پانیوں میں گرتے ایک پتھر کی مانند یوں گری کہ قبر کی مٹی کو چھیدتی وہاں تک پہنچی جہاں محمد جہان کی لحد کو ڈھکنے والے مٹکے دھرے تھے.. اور اُس کے گرنے سے وہ جو ایک آخری مٹکا ابھی تک سالم تھا وہ بھی تڑاخ سے ٹوٹ گیا اور اُس ڈھیری میں رُوپوش کو یوں محسوس ہوا جیسے کسی نے اُس کی قبر پر دستک دی ہو..
کفن کی چند دھجّیاں تھیں اور ہڈیاں تھیں جن کا ماس ایک مدت ہوئی مکوڑوں کی خوراک ہو چکا تھا.. اور کان بھی نہ تھے جو کہ مکوڑوں کی کڑکڑاتی غذا تھی اور اس کے باوجود محمد جہان نے بارش کی دوسری بوند کی دستک سُن لی.. موت میں بے خبری ہوتی ہے تو اسے ابھی تک یہ خبر نہ تھی کہ اُس کے چالیسیویں کے اگلے روز اُس کے لاڈلے بھائی بخت جہان نے اُس کے حصّے کی زمینوں پر ہل چلا دیئے تھے اور جب بہشت بی بی کو خبر ہوئی تو وہ اپنی اوڑھنی سنبھالتی بونوں والے کنویں کے قریب جو اُس کے گھر والے کی زمین کا رقبہ تھا وہاں پریشان حال پہنچی تو وہاں بخت جہان کے یار لہناں سنگھ کے کارندوں کے ہل چل رہے تھے اور بخت جہان ایک لمبی ڈانگ کے سہارے قدرے جھولتا، مونچھیں سنوارتا افیون کے نشے میں ذرا جھومتا کھڑا تھا اور اُس نے کہا تھا.. ''بھرجائی.. تیرا راج ختم ہوا.. زمین اُس کی ہوتی ہے جو اُس میں ہل چلا لے.. میں تجھے ہاڑی ساونی پر اتنا کچھ دے دیا کروں گا کہ تیرا چُولہا جلتا رہا اور تیری تنوری میں سے روٹیاں اُترتی رہیں..

آخر کو تو میرے بڑے بھائی کی گھر والی ہے۔ میں اتنا بے دید تو نہیں ہو سکتا کہ تجھے بھوکوں مرجانے دوں.. پر اتنا یاد رکھ کہ آج کے بعد اگر تو دوبارہ اِدھر آئی یا کورٹ کچہری گئی تو میرا نام بھی بخت جہان نہیں اگر میں تیری بیٹیاں مہاراجہ پٹیالہ کے ہاں نہ بیچ دوں..''

لوکائی کُچھ بھی کہے محمد جہان کی موت کا سبب وہ بونے نہ تھے..

دراصل وہ ماہلو کے ساتھ ہی مرگیا تھا..

جس روز ماہلو کے نیلے پڑ چکے بدن کو اُس کی خواہش کے مطابق گہنوں سمیت دفنایا گیا تھا تو اُس روز وہ بھی مرگیا تھا..

موت کے بعد باپ اور بیٹی کا ملن ہو گیا تھا، اُس کے پہلو میں اُس کی لاڈلی چہیتی سوہنی دِھی لیٹی تھی اور قبر کی تاریکی میں اُس کے گہنے اب بھی جگمگاتے تھے اور وہ ایک پینگ جُھول رہی تھی جو آسمانوں تک جاتی تھی..

اُن دونوں کے قریب الف جہان تھا جس نے اُن سے بہت پہلے یہاں بسیرا آن کیا تھا..

اور مینہ کی تیسری بوند..

جوہڑ کے کنارے پر واقع جاٹوں کے دارے سے.. جہاں سے اُس کے پار کا قبرستان نظر آتا تھا، اور اندازہ ہوتا تھا کہ الف جہان کی قبر وہ ہے جو مٹتی جا رہی ہے..

اور ماہلو کی ڈھیری اگرچہ شکستہ ہو رہی ہے، پر قائم ہے۔

اور محمد جہان کی قبر ابھی تازہ ہے..اُس کی شکل اور وجود کی شناخت ہوتی ہے..اور اُس میں صرف ایک چھید ہے جو مینہ کی دوسری بوند نے اُس میں ڈالا..جوہڑ کے پار یہ منظر اگرچہ اُمڈتی گھٹاؤں کی زد میں آ کر قدرے تاریک ہو رہا تھا پر نظر آ رہا تھا..

اور مینہ کی تیسری بوند... بخت جہان کے مٹی کے اُس پیالے میں آن گری جس میں کیکر کی پہلے توڑ کی زہری شراب تھی تو وہ اُس بوند کے گرنے سے ذرا چھلک گئی اور اُس نے اپنی پگڑی سنبھال کر گردن ٹیڑھی کر کے دارے کے اوپر کے آسمان کو دیکھا جہاں سویر سے بادلوں کے سیاہ پرے کے پرے اُمڈتے تھے اور آسمان کو خاموشی سے ڈھکتے جاتے تھے.''اوئے لہنیاں...میرے پیالے میں مینہ کی ایک بوند آ گری ہے..گڑی یا ہوی نے تھوڑی سی شراب چھلکا دی ہے.. سیاہ بادلوں سے اپنا بوجھ سنبھالا نہیں جا رہا..یہ برسنے کو ہیں..اوئے لہنیاں..''

''آہو..''لہناں سنگھ نے بھی اتنا کہا کیونکہ وہ مکمل طور پر بُھوتر چکا تھا اور اُسے کُچھ سجھائی نہ دے رہا تھا..آس پاس سب کُچھ دھندلا سا نظر آ رہا تھا اور وہ بار بار آنکھیں میچ کر سر جھٹک کر بخت جہان کو دیکھتا تھا جو اُسے ایک نہیں..دو دو نظر آنے لگے تھے..جوہڑ کے پار کی قبریں بھی دوگنی ہو گئی تھیں..

وہ دونوں تنہا نہ تھے..دارے کے برآمدے میں غلام محمد اور فتح محمد یا نونہال اور گوبند سنگھ..اپنے دونوں باپوں سے ذرا ڈرے ڈرے نہایت برخورداری سے بیٹھے تھے اور اُن کے سامنے بھی ایک چھوٹا سا میل کچیل سے آلودہ ایک گھڑا دھرا تھا جو بھرا ہوا تھا پر اب آدھا ہو چکا تھا..اگرچہ اُن سے بھی اپنا خمار سنبھالے نہ سنبھلتا تھا پر وہ اپنے آپ پر جبر کر کے چُپ بیٹھے تھے ورنہ وہ تو ادھم مچانا چاہتے تھے..بلّے بلّے کے نعرے بلند کرتے بھنگڑا ڈالنا چاہتے تھے.. پر وہ ضبط کیے بیٹھے تھے کہ

بندے کا ایک باپ ہی احتیاط کے لیے کافی ہوتا ہے اور اگر اُس کے دو باپ ہوں تو چپکے بیٹھ رہنے میں ہی عافیت ہوتی ہے..

اُنہیں تو ابھی تک پگڑی کی جکڑ کے بغیر کُھلے بالوں کی عادت نہ ہوئی تھی اور اسماعیل نائی نے اپنے کُھردرے اُسترے سے جب اُن کی داڑھیاں صفاچٹ کر کے اُنہیں مونا کر دیا تو تو ابھی تک اُنہیں اپنے رخساروں پر براہ راست اثر کرتی ہوا کی عادت نہ ہوئی تھی اور نہ ہی ختنوں سے اُنہیں جو خسارہ ہوا تھا اُس کی عادت ہوئی تھی اور وہ کیسے نامکمل اور مختصر محسوس کرتے تھے..

وہ چاروں کیکر کی شراب کے انبساط میں اِک گونہ بے خودی میں تھے جب پہلی، دوسری اور پھر تیسری بوند کے بعد یکدم بارش کی بوچھاڑیں اُترنے لگیں.. جوہڑ کے پانی اُن گرتی آبشاروں کے زور سے اُبلنے لگے..

''اوئے جہانیاں..'' لہناں سنگھ نے شور مچا دیا ''اوئے اپنے پیالے کو سنبھال ورنہ تیری شراب پانی ہو جائے گی..''

بخت جہان نے سویرے سویرے اگرچہ یہ اُس کا دستور نہ تھا بالائی کے ساتھ افیون کی دو گولیاں نگل لی تھیں اور پھر شراب کا پہلا گھونٹ لیا تھا۔ ایک ایسا قہقہہ لگایا جو جوہڑ کے پار قبرستان تک گیا اور محمد جہان کو بے آرام کیا ''اوئے لہنیاں یہ اوپر والا جو ہے شائد ماشکی ہے جو یُوں شراب کے پیالوں میں چھڑکاؤ کر رہا ہے..''

''کون اوپر والا..'' لہناں سنگھ نے آسمان کی جانب دیکھا..

دارے کے برآمدے میں براجمان بارش سے محفوظ اُن دونوں نے اپنے دونوں باپوں کو پکارا ''چاچا لہناں.. چاچا بخت جہان.. آپ اِدھر آ جاؤ یہاں بارش سے بچاؤ ہے۔''

پر ان دونوں نے اپنے بیٹوں کی آواز پر کان نہ دھرا اور دارے کے کچے صحن میں آلتی پالتی مارے مینہ کی بوچھاڑ میں بھیگتے رہے کہ اُن کے اندر کیکر کی شراب کے پہلے توڑ کا خمار اُنہیں موسموں، بارشوں، آندھیوں اور طوفانوں سے بے نیاز کرتا تھا..

اور کیکر کی شراب کا پہلا توڑ کیا ہوتا ہے جسے لہناں سنگھ بہشت کا میوہ اور دیسی گھی کے گھونٹ کہتا ہے..

ایک مَٹ یا بڑے مٹکے میں دیسی کیکر کے درخت کی چھال ڈال کر اُسے بھر دیا جاتا ہے.. یہ وہی چھال ہے جس سے دنداسہ یا سَک بنتا ہے اور جب ایک مٹیار اُس کو دانتوں اور ہونٹوں پر رگڑتی ہے تو وہ یوں رنگے جاتے ہیں کہ گاؤں بھر میں دُھوم پڑ جاتی ہے کہ.. مُنڈا موہ لیا تو یتاں والا تے دَمڑی دا سَک مل کے.. تو وہی کیکر کی چھال ایک مٹکے میں ڈال کر اُس میں راب یا گُڑ کی آمیزش کر دی جاتی ہے.. ذائقے کے لیے اس میں موسمی پھل بھی ڈال دیئے جاتے ہیں، ان میں انگور اور مالٹے کے نتائج نہائت خمار آور ثابت ہوتے ہیں.. اس مٹکے کے مُنہ کو اچھی طرح ڈھانپ کر اسے عام طور پر گاؤں کی کسی رُوڑھی.. وہ مقام جہاں گلی محلّے والے کاٹھ کباڑ اور کوڑا کرکٹ وغیرہ پھینکتے ہیں اور یہ ایک چھوٹا سا ٹیلہ بن جاتا ہے جہاں بیٹھ کر فارغ ہونا بچوں کا دل پسند مشغلہ ہوتا ہے.. تو اس رُوڑھی کو کھود کر یہ مٹکا اُس کے اندر دبا دیا جاتا ہے.. اسی لیے ایسی دیسی شراب کو رُوڑھی برانڈ کا نام بھی دیا جاتا ہے.. ویسے تو یہ مٹکا کہیں بھی.. کسی میدان یا کھیت میں بھی دبایا جا سکتا ہے لیکن رُوڑھی کو اس لیے ترجیح دی جاتی ہے کہ اس میں ایک عرصے سے جمع شدہ گندگی، گوبر اور انسانی فُضلے کے آمیزے میں قدرتی طور پر ایک شدید حدت ہوتی ہے جو اس مٹکے کو بہت راس آتی ہے.. اُس کے اندر جمع شدہ کیکر کی چھال، گُڑ اور پھل

اُس حدت سے ہولے ہولے پگھل کر ایک ملغوبہ سا بن جاتے ہیں اور اُس میں خمیر اُٹھنے لگتا ہے..

کیکر کی شراب کو کامل یا پختہ ہونے کے لیے تقریباً ڈیڑھ ماہ کا عرصہ درکار ہوتا ہے.. یہ نہیں کہ اس عرصے کے بعد مٹکا رُوڑھی میں سے نکالا تو شراب تیار.. اُسے کشید کے عمل سے گذارا جاتا ہے اور اس کا سازوسامان گاؤں کے کسی بھی حکیم یا شراب فروخت کرنے والے سے بآسانی حاصل ہو جاتا ہے جو اسے عرق گلاب وغیرہ کشید کرنے کے لیے استعمال میں لاتے ہیں.. یُوں کشید کی جانے والی کھردری شراب جب قطرہ قطرہ اس عمل سے ٹپکتی ہے تو اُس کی پہلی چار پانچ بوتلیں.. پہلے توڑ کی شراب کہلاتی ہیں جس کا کوئی جواب نہیں ہوتا..

ایک اور روائت یہ ہے کہ چھال سے بھرا مٹکا ایک کیکر کی جڑوں میں ہی دبا دیا جاتا ہے اور شراب کے زہر کے اثر سے وہ کیکر سُوکھ جاتا ہے تو یہ وہ زہری شراب ہوتی ہے جو نصیبوں والے ہی پیتے ہیں..

اگرچہ اُن دونوں پر وہ وقت آچکا تھا جہاں اُنہیں کُچھ خبر نہ تھی کہ وہ پہلے توڑ کی یا چوتھے پانچویں توڑ کی شراب پی رہے ہیں، اُن دونوں پر مدہوشی یوں غالب آتی جا رہی تھی..

''جہانیاں تُو نے بُرا کیا..'' لہناں سنگھ جیسے مدہوشی کو اپنی مرضی سے ترک کر کے ہوش میں آ گیا۔ ''تجھ سے اتنا لاڈ پیار کرتا تھا تیرا ابھرا.. یاد ہے ایمن آباد کی بیساکھی کے موقع پر تُو نے کُل مخلوق کو اتنی جلیبیاں کھلائی تھیں کہ لوگوں کو دست لگ گئے تھے اور محمد جہان نے خرچا کیا تھا تیرا دل رکھنے کی خاطر اور تُو نے اُس کے مرتے ہی اُس کی زمینوں پر ہل چلوا دیئے اور وہ بھی میرے کمّی کمینوں سے....اپنے سگے بھتیجے عزیز جہان کو ایسا ڈرایا دھمکایا کہ اُس کی کُچھ خبر نہیں کہ وہ کہاں گیا.. میں تیری یاری کے فریب میں آ گیا تھا اور تیرے اس بُرے میں شریک ہو گیا تھا، اب مجھے بہت قلق ہوتا ہے جہانیاں، تُو نے بُرا کیا..''

''میں بُروں کا بُرا ہوں لہنیاں..'' بخت جہان کے لہجے میں تکبّر نہ تھا، ایک دکھ تھا.. ایک پشیمانگی تھی.. ''پر میں کیا کروں میری طبع ہی ایسی ہے.. میں نے تو تیرے ساتھ بھی بُرا کیا.. اپنے یار کے ساتھ..''

لہناں سنگھ اُس کی رمز جان گیا کہ اُس نے وہ کونسا ایسا بُرا کیا تھا جس پر وہ شرمندہ ہو رہا ہے.. ''مجھے تم سے کُچھ شکائت نہیں جہانیاں.. میں نے کہا تھا ناں کہ رن، تلوار اور گھوڑا کسی کے سگے نہیں ہوتے.. وہ اگر میری سگی نہیں ہوئی تو تیری بھی نہ ہوگی.. میں تجھے کُچھ دوش نہیں دیتا..''

اُس لمحے لہناں سنگھ کیسے مستقبل کے ورق پڑھ سکتا تھا کہ امرت کور نے یہ قول باطل ثابت کر دینا تھا.. بخت جہان کی ایسی سگی ہو جانی تھی کہ اُس کے مرتے دم تک پرائی نہ ہونی تھی..

اُس کی پگڑی بارش میں بھیگتی گچھا مچّا ہو رہی تھی اور اُس کی داڑھی نچڑ رہی تھی.. اُس نے برآمدے میں بیٹھے اپنے گو بند اور نونہال پر نظر کی.. ''عورت ذات پر انحصار کیا کرنا.. یہ دونوں بھی میرے سگے نہیں رہے.. میرا تخم ہیں، پر اپنی ماں کے ساتھ چلے آئے تھے.. جہانیاں بے شک یہ مونے ہو گئے ہیں.. تُو نے ان کی داڑھیاں منڈوا دی ہیں اور مجھے یہ بھی اطلاع مل گئی تھی کہ تو نے ان کے ختنے کرا دیئے ہیں.. یہ تم نے ظلم کمایا ہے اُنہیں مختصر کر دیا ہے پر یاد رکھنا کہ یہ خصلت میں ہمیشہ سردار رہیں گے..''

بارش ہلکی ہوئی.. اُس کی بوچھاڑ بوندا باندی میں بدلی اور پھر ٹپکتی ٹپکتی تھم گئی یکسر خاموش نہ ہوئی.. بارش کے

پانیوں سے لبریز نالیاں جوہڑ میں گرتی اُسے بھرتی کُچھ شور کرتی تھیں اور دارے کے شہتیروں میں سے کُچھ بوندیں ٹپ ٹپ گرتی تھیں۔ بارش کے یُوں تھم جانے کا سب سے زیادہ رنج اُن متعدد موٹے مینڈکوں کو ہوا جو ابھی کُچھ دیر پہلے بے جان پڑے تھے اور پہلی بوندوں نے اُنہیں پھر سے زندہ کر دیا تھا اور اُنہوں نے ٹراٹرا کر آسمان سر پر اُٹھا لیا تھا.. وہ اب اُس کے تھم جانے کے احتجاج میں نہائت دُکھ سے ڈکرانے لگے.. پہلے سے کہیں بڑھ کر اتنا غُل کرنے لگے کہ کان بہرے ہونے لگے..

بخت جہان کے خمار میں اس بے محابا شور شرابے سے خلل پڑا اور وہ للکارا ''اوئے کڑی یا ہویو.. چُپ کرتے ہو کہ نہیں..''

اُن کڑی یا ہوؤں پر اُس کی للکار کا کُچھ اثر نہ ہوا اور وہ بدستور دوہائی دیتے رہے..

''اوئے اوئے.. ماں کے خصمو.. چُپ کرتے ہو یا میں آؤں؟''

وہ چُپ کر جانے والے دن پیدا ہی نہیں ہوئے تھے، گلپھڑے پُھلا پُھلا کر غُل کرنے میں مشغول رہے.. چُپ نہ ہوئے..

بخت جہان اپنے کچّے پیالے کے کنارے پر ہونٹ رکھ کر زہری شراب سُرکنے لگا.. کہ یوں ہولے ہولے سُرکنے سے شراب سیدھی آنتوں پر اثر کرتی اُنہیں زخما کر دماغ کے خلیوں میں سرائت کر کے بندے کو ساتویں آسمان پر پہنچا دیتی ہے... پیالہ خالی کر کے اُس نے باری باری اپنی مونچھوں کے دونوں سروں کو مُنہ میں ڈال کر چوسا کہ وہ بھی شراب میں بھیگی ہوئی تھیں، پھر نہائت اطمینان سے اُٹھا، ذرا لڑکھڑایا، سنبھل کر اپنی ڈانگ اُٹھائی اور پھر یکدم جنونی سا ہو گیا، کچے بارش سے کیچڑ ہو چکے صحن پر بھاگتا، پھسلتا، جوہڑ کی جانب لپکا، مینڈکوں کو ماں بہن کی گالیاں بکتا اور پھر اُسے کناروں کے پانیوں میں جہاں کہیں کوئی مینڈک نظر آیا اُس پر پل پڑا.. اپنی ڈانگ گھما تا مینڈکوں پر وار کرنے لگا.. بڑھکیں لگا تا جیسے اُس کے سامنے شریکوں کا ایک لشکر ہو.. مینڈک اس بلائے ناگہانی کے لیے تیار نہ تھے، وہ اُس کے آس پاس اپنی جان بچانے کی خاطر پکے فرش پر پڑنے والے اولوں کی مانند اُچھلنے لگے.. وہ اب اُس کی حکم عدولی کرنے پر پچھتا رہے تھے، اگر وہ بخت جہان سے اُس کی سمع خراشی کرنے پر معذرت کرنا بھی چاہتے، معافی کے خواستگار ہونا بھی چاہتے تو وہ معاف کرنے والوں میں سے نہیں تھا.. اُن میں سے چند ایک ٹرّانے میں اتنے مست تھے کہ اُنہیں اپنے سروں پر نازل ہوتی ڈانگ کی کُچھ خبر نہ ہوئی، وہ اُچھل کر اُس کی بوچھاڑ کی زد سے فرار نہ ہو سکے اور جوہڑ کے گدلے پانیوں پر اوندھے ہو گئے، اُن کا نیم سیاہ خون اُن کے مردہ ہو چکے اجسام کے گرد پانی میں گُھلنے لگا، اُن کی آخری رسوم ادا کرنے لگا..

ایک فربہ اور بوڑھا مینڈک مر چکا تھا پر مکمل طور پر اوندھا نہ ہوا تھا اُس کی ایک آنکھ جو پانی سے باہر تھی حیرت سے کُھلی تھی..

تھوڑی ہی دیر میں ہر سُو چُپ چھا گئی..

وہ جو اُس کی پہنچ سے باہر تھے.. جوہڑ کے کناروں سے ذرا فاصلے پر جن کی صرف آنکھیں پانیوں پر دکھائی دیتی تھیں وہ بھی اپنے ہم جنسوں کے خُون کی بُو سونگھ کر خاموش ہو گئے..

''اب بولو..'' کناروں کے کیچڑ میں ایک فاتح کی مانند پُر فخر کھڑا بخت جہان للکارا ''کڑی یا ہوے...''

کوئی نہ بولا..

یہاں تک کہ لہناں سنگھ بھی نہ بولا..وہ اس جنونی مار دھاڑ کے غصیلے مظاہرے کو خاموشی سے اور خوفزدگی سے دیکھتا رہا..یہ شخص اگرچہ میرا جگری یار ہے پر کل کلاں اگر میرا بیری ہو جائے تو مُجھ پر کیا بیتے گی، اُسے یہ خوف آیا..وہ اپنا پیالہ تھامے اُٹھا اور لڑکھڑاتا ہوا اُس کے پاس چلا گیا ''جہانیاں چل جانے دے، اتنا غصہ نہیں کرتے..یہ بھی واہیگرو کے مینڈک ہیں، بے زبان ہیں، ان پر ڈانگ کیا چلانی..''

وہ پھر پھٹ پڑا ''یہ کڑی یا ہوے بے زبان ہو کر اتنا ادھم مچا رہے تھے، زبان ہوتی تو یہ ٹرا ٹرا کر تمہارے گڑی یا ہوے....واہیگرو کا بھی ناک میں دم کر دیتے۔''

لہناں سنگھ بھڑک اٹھا ''اوئے جہانیاں تو ناں ذرا ہوش کر ہوش..واہیگرو کو گالیاں نہ دے، نہیں تو میں اپنی کرپان سے تیرے ڈکرے کر دوں گا..سونہہ کھا کر کہتا ہوں..''

''پر لہنیاں'' بخت جہان کا غصے میں مسخ شدہ چہرہ ایک مسکراہٹ میں ڈھلنے لگا ''تیرے پاس تو کرپان ہی نہیں ہے تو میرے ڈکرے کیسے گا...... ہیں؟''

اور واقعی اُس لمحے لہناں سنگھ ایک ادھورا سنگھ تھا، اُس کے پانچ ککّے پورے نہ تھے..کچھا اُس نے پہن رکھا تھا، بائیں ہاتھ میں کڑا بھی تھا..کیس تو تھے ہی اور اُن میں لکڑی کی کنگھی بھی اٹکی ہوئی تھی پر وہ اپنی کرپان جانے کیسے نت کلاں میں ہی بھول آیا تھا..وہ بخت جہان کے ڈکرے نہیں کر سکتا تھا۔ وہ اُس سے منہ پرے کر کے روٹھ سا گیا اور بڑے دُکھ سے بولا ''کرپان ہوتی تو بھی میں نے کون سے تیرے ڈکرے کر ہی دینے تھے.. پر تو نے برا کیا ہے، مجھے دُکھا دیا ہے..''

بخت جہان کو بھی اپنے رویئے پر ذرا افسوس ہوا اور پیار سے کہنے لگا ''میرے سوہنیا..تو دل چھوٹا نہ کر..دیکھ جو کچھ میں نے تیرے واہیگرو کو کہا ہے تو میرے اللہ کو کہہ لے..'' لہناں سنگھ یکدم بے اختیار ہوا اور ہنستا ہنستا دوہرا ہو گیا..اپنی نچڑی ہوئی پگڑی کو ایک ہی جھٹکے سے اُتار پھینکا اور پیدائش سے لے کر اب تک اُس کے سر پر جتنے بال گھنے اور لمبے ہوتے ہی رہے تھے اُنہیں کھول دیا..اُس کی سفید ہوتی داڑھی اگر ناف تک آتی تھی تو اُس کے کیس لگتا تھا کہ گھٹنوں کو چھونے کو ہیں..اُس نے اپنے دونوں ہاتھ بلند کیے اور ایک مجذوب کی طرح سر جھٹکتا، بال بکھراتا بھنگڑا ڈالنے لگا..اور گھگھیائی ہوئی آواز میں گانے لگا..واہیگرو تے اللہ اِکو مِکو..جو بولے سو نہال ست سری اکال..واہیگرو تے اللہ اِکو مِکو..

بخت جہان نے مٹکے کی گردن تھام کر اُسے اپنے پیالے پر جھکا کر لبریز کیا اور پھر ایک ہی ڈیک میں اُسے اپنے اندر اُنڈیل کر نہائت احتیاط سے اُٹھا اور پھر بھی ذرا لڑھک گیا..لہناں سنگھ کے بالوں کی لٹیں مٹھی میں بھر کر ایک جھٹکا دیا

''اوئے تیرا واہیگرو اور ہے اور میرا اللہ اور ہے، ایک نہیں ہیں۔''

پر لہناں سنگھ نے کچھ دھیان نہ کیا اور بازو کھڑے کر کے ناچتا رہا، گاتا رہا..بخت جہان نے اُس کے بالوں کو کھینچتے ہوئے ایک اور زوردار جھٹکا ایسا دیا کہ نہ صرف وہ بلکہ بخت جہان بھی لڑکھڑا کر صحن کے کیچڑ میں گرے اور لت پت ہو گئے۔

''ایک ہے..'' لہناں سنگھ بھی باز آنے والا نہ تھا، چہرے پر پوتے گئے کیچڑ کو صاف کر کے اُس میں سے اپنی مخمور

سرخ انار آنکھیں برآمد کر کے نعرہ لگایا..

کالا شاہ کاکو کے کلّر کے پلے ہوئے زہری سانپوں کا کاٹا اگر پانی نہیں مانگتا تو وہ تو شائد کبھی پانی مانگ ہی لے پر پیدائشی عقیدہ ایک ایسی شے ہے جس کا کاٹا ہوا بے شک بخت جہان ہو جسے کلمہ بھی نہ آتا ہو اُس کا کاٹا ہوا کیکر کی شراب سے دُھت ہو تو بھی دُم پر کھڑا ہو جاتا ہے اور بنیاد پرست ہو جاتا ہے.. ''چل ہم اپنے بیٹوں سے پوچھ لیتے ہیں۔'' بخت جہان نے مفاہمت کی ایک راہ نکالی ''کیوں اوئے فتح محمد اور غلام محمد.. واہیگرو اور اللہ ایک ہے؟''

وہ دونوں اپنے دونوں باپوں کی مستی اور پاگل پن سے ڈرے ہوئے تھے، کُچھ نہ بولے.. تو لہناں سنگھ گرجا ''اوئے گوبند اور نونہال بولتے کیوں نہیں ہو حرام تخمو.. بنا شک مُسلے ہو گئے ہو، کیس کٹوا کر مَونے ہو گئے ہو پر ہو تو میرے بیٹے ناں.. بولو واہیگرو اور اللہ ایک ہے کہ نہیں؟''

اُن دونوں پر ایک کڑا وقت آن پڑا تھا.. ایک آزمائش تھی.. وہ اپنے شراب کے تقریباً خالی ہو چکے گھڑے پر سر جھکائے بیٹھے تھے اور نہیں جانتے تھے کہ اپنے کس باپ کا دل خوش کریں.. پھر گوبند نے کہا ''واہیگرو تب سچا تھا جب تو ہمارا باپ تھا اور اللہ رب سچا ہے جب بخت جہان ہمارا باپ ہے۔''

''اوئے خوش کر دیا ہے جوانو..'' بخت جہان کو مینڈکوں پر یلغار کے بعد یہ دوسری فتح نصیب ہوئی تھی۔

لہناں سنگھ بھی دھیرے سے مُسکرایا ''تم نے مجھے بھی خوش کر دیا ہے.. یہی تو میں کہتا تھا کہ دونوں سچ ہیں..''

بادل چھٹ چکے تھے.. ایک بار پھر حبس دم روکتا تھا اور شام ہونے والی تھی..

اُن دونوں کی کیچڑ سے آلود سرمستی اور سرخوشی بجھنے لگی.. جو نشہ بغیر کسی سیڑھی کے عرش تک چلا گیا تھا وہ شکستہ ہوتا ہولے ہولے اُترنے لگا، زمین پر آ گیا.. لہناں سنگھ نے کنگھے سے اپنے بالوں کو سنوارا جو ابھی تک گیلے تھے، کیچڑ میں لت پت پگڑی کو جوہڑ کے پانیوں میں ڈبو کر دھویا اور اُن پانیوں میں مرے ہوئے مینڈکوں کا سیاہ خون بھی شامل تھا جو اُس کی پگڑی کو ایک خاص سُرخی سے رنگتا تھا، اُسے نچوڑا اور سر پر باندھنے لگا..

''لہنیاں..'' بخت جہان یوں ہوش میں ہوا جیسے کبھی مدہوش ہی نہ تھا ''میرے خوابوں میں ایک مور آتا ہے۔''

''مور؟.. چھوڑ جہانیاں.. کبھی تو کہتا ہے کہ تیرے گھر میں بونے رہتے ہیں اور اب کہتا ہے کہ تیرے خوابوں میں مور آتا ہے.. یہ سب افیون اور کیکر کی شراب کے کرشمے ہیں.. ہوش کر..''

''میں ایسی ہوش میں ہوں جیسے میں نے کیکر کی شراب کا ایک قطرہ بھی نہیں پیا۔ تو بنا شک میرے ساتھ گھر چل.. وہ بونے عنائت بائی ڈھیرو والی کے ریکارڈ سُن رہے ہوں گے، دلاری بائی کا ''پلا مار کے بجھا گئی دیوا'' پر جھومتے ہوں گے.. نہیں یقین آتا تو چل.. پر یقین کر کہ میرے خوابوں میں ایک مور بھی آتا ہے.. اُس کے پاؤں اسی جوہڑ کے کیچڑ میں پھنسے ہوئے ہیں اور وہ می آؤں می آؤں کرتا خبر کرتا ہے کہ اس جوہڑ کے پانی سُوکھ رہے ہیں.. ایک دن آنے کو ہے جب یہ سارے کا سارا سُوکھ جائے گا اور یہ گاؤں کھنڈر ہو جائے گا..''

''پانی تو سدا رہتے ہیں اور بہتے ہیں جہانیاں.. اور ان میں جتنے بھی مینڈک.. مچھلیاں، کچھوے رہتے ہیں وہ تیرے مارنے سے بھی مرنے والے نہیں سدا رہتے ہیں اور اُن پر جو پنکھ پکھیرو اُترتے ہیں وہ انت تک اُترتے رہتے ہیں،

انہی پانیوں میں ہمارے گورو گوبند اُترے اور روپوش ہوئے.. پانی کیسے سُوکھ سکتے ہیں..تجھ پر اثر ہو گیا ہے..ایسا نہیں ہوتا۔''

جہاں تک ہو سکا تھا اُس نے اپنے آپ کو سُتھرا اور سنوار لیا تھا، دارے کی پچھلی کوٹھڑی میں اُس کی گھوڑی بندھی تھی جو یُوں مُسلسل بندھے رہنے اور اپنے مالک کی غیر موجودگی پر مسلسل احتجاج کرتی ہنہنا رہی تھی پر اُس کی ہنہناہٹ دارے کے صحن تک نہ جاتی تھی..لہناں سنگھ نے اُس کی پُشت کو تھپکا تو وہ قرار میں آ گئی..لہناں سنگھ اور اُس کی گھوڑی یکساں طور پر لڑکھڑاتے نکلے اور نت کلاں کے راستوں کے مسافر ہو گئے..فتح محمد اور غلام محمد بھی چپکے سے اُٹھے اور ڈولتے ہوئے چلے گئے..ابھی تک جوہڑ کے پانیوں پر ایک پُرہول سناٹا تیرتا تھا اور چند مردہ مینڈک تھے جو اپنے خون کی سیاہی میں پانیوں پر اوندھے پڑے تھے..

شام کی سیاہی اُترنے سے پیشتر آسمان پر اب جو ایک گھنا بادل ٹھہرا ہوا تھا اُس میں سے سورج کی ایک آخری کرن اُتری اور جوہڑ کے پار قبرستان میں ماہلو کی بارش سے بھیگ چکی اور زمین میں دھنستی ہوئی قبر کے اندر تک چلی گئی اور اُس کے گہنوں کو روشن کرنے لگی..

قبرستان کے عین اوپر ایک سَت رنگی قوس قزح کا جھولا پڑا تھا..جس کے ساتوں رنگ اُس ڈھلتی شام میں کسی نابینا آنکھ میں بھی رنگ بھرتے اُسے بینا کرتے تھے..وہ جُھولا بھی سورج کی آخری کرن کی مانند ماہلو کی بارش سے بھیگ چکی زمین میں دھنستی ہوئی قبر کے اندر تک جاتا تھا..

یہ کیسے ممکن تھا کہ ماہلو وہ بے شک ایک مدت سے مر چکی ہو، اُس کے سامنے اگر ایک جُھولا آ جائے تو وہ کیسے اُس میں نہ جُھولے..اُس نے قبر کے مکوڑوں سے اجازت چاہی، اپنی ہڈیاں سمیٹیں جو سوکن کے زہر سے ابھی تک سلگتی تھیں اور جُھولے پر بیٹھ کر قبر سے باہر آ گئی..

لہناں سنگھ اپنی گھوڑی پر سوار نت کلاں کے قریب ہو رہا تھا..

فتح محمد اور غلام محمد اپنی ماں کے گھٹنوں سے لگے اُسے دارے میں گذرے ہوئے دن اور اپنے دونوں باپوں کی روئداد سناتے تھے..

اور دارے کے کیچڑ ہو چکے فرش پر براجمان بخت جہان جوہڑ کے پار قبرستان کے اوپر اُس ست رنگے جُھولے کو حیرت سے تکتا تھا جس میں اُس کی سگی بھتیجی ماہلو جُھولتی تھی، جُھولتی ہوئی عرشوں تک جاتی تھی اور پھر اپنی قبر میں اُتر جاتی تھی..

جوہڑ کے پانیوں پر اوندھے پڑے متعدد مینڈکوں میں سے کوئی ایک جو موت سے ہمکنار ہوتا ہوتا بچا تھا سیدھا ہو کر ٹرّانے لگا..

وہ نہ اُٹھا اور نہ ہی اُس نے اپنی ڈانگ اٹھائی بلکہ گھٹنوں میں سر دے کر اپنے بھائی کی یاد میں رونے لگا..

ماہلو جھولتی ہوئی عرشوں تک جاتی تھی اور پھر اپنی قبر میں اُتر جاتی تھی..

پوہ ماگھ کی اُس نابینا گھُپ اندھیاری، ٹھٹھرتی.. کچّی پگڈنڈیوں.. پانی کے کھالوں.. کھیتوں کی منڈیروں یہاں تک کہ شیشم کے اونچے اور کیکر کے ٹھگنے درختوں تک کو اپنے آپ میں ڈھانپتی رات میں.. سرسراہٹیں اور آہٹیں بہت چپکے سے تب سنائی دینے لگتی تھیں جب پورب سے ہوا کا کوئی یخ جھونکا چارے اور گنّے کے جھرمٹوں میں سے اٹکتا، گنّے کے چیرویں تیز دھار پتوں میں سے گذرتا خراشیں وصول کرتا گذر جاتا تھا.. اور پھر سے وہی ایک بڑی چُپ سردی سے لرزتی اتھاہ سیاہی میں ڈیرے ڈال دیتی تھی..

بائیں جانب اندھیرے میں گُم گنّے کے سربلند ٹانڈوں میں سے ایک سرسراہٹ آئی جو ہوا کے چلنے سے وجود میں نہیں آئی تھی..

امیر بخش جن دھول آلود پاؤں پر چلتا تھا اُنہی پر ساکت ہو گیا ''اوئے کون ہے؟''

ایک سرمئی سا سایہ گنّے کے کھیت میں سے نکلا..

امیر بخش کے ہاتھوں میں تھاما ہوا ایک ڈنڈا جو رات کی مسافت کے دوران آوارہ کتوں سے بچاؤ کی خاطر اُس نے تھاما ہوا تھا، بلند ہوا، وہ اپنے دفاع کے لیے چوکس ہو گیا ''میں پوچھتا ہوں کہ کون ہے؟''

''پر تُو بتا.. یہاں کا ہے یا کسی اور گاؤں کا؟'' وہ سایہ بھی احتیاطاً وہیں رُک گیا اور بول اٹھا۔

''میں امیر بخش ہوں، محکم دین کا..''

وہ سایہ ایک سالخوردہ آسیب کی مانند اُس کی جانب لپکا ''اوئے بسم اللہ.. پتر میں صالح محمد ہوں.. تیرا چاچا..''

پورے ڈیڑھ برس بعد شہر سے کوٹ ستارہ لوٹنے پر چاچے صالح محمد سے یُوں ملاقات ہو جانا کوئی اچھا شگون نہ تھا..

اُس شب کو بیتے ہوئے کچھ زیادہ مدت نہیں ہوئی تھی جب اُسے محسوس ہوا کہ برابر کی چارپائی پر لیٹا ہوا عزیز جہان کروٹیں بدلتا ہے اور سسکیاں بھرتا ہے.. اُس نے بہت اصرار کیا کہ وہ بولے تو سہی کہ اُسے کیا دُکھ ہے پر وہ اپنا چہرہ ڈھانپے ہولے ہولے روتا رہا.. اور جب سویر قریب آئی تو اُس کے ضبط کا بند ٹوٹ گیا ''بھائیا.. چاچا بخت جہان آپا زینب بیگم کی طرح میری چھوٹی بہن نور بیگم کی ڈولی بھی نہیں اٹھنے دے گا.. تُو اُس کے ساتھ شادی کر لے..''

امیر بخش یکدم بے جان سا ہو کر ایک سناٹے میں چلا گیا، بھائی یوں ہڑبڑا کر کسی کو یہ تو نہیں کہتے کہ تم میری بہن سے شادی کر لو... اپنے مُنہ سے یہ کبھی نہیں کہتے جب تک کہ وہ مجبور نہ ہو جائیں.. پر امیر کے دل پر یہ پیشکش یوں کُھب گئی جیسے تازہ نیم گرم گُڑ پر انگلیاں کُھب جاتی ہیں..وہ نہیں جانتا تھا کہ وہ نور بیگم کیسی ہے پر وہ عزیز جہان کو ان ڈیڑھ برسوں میں جان چکا تھا اور اگر وہ اُس جیسی تھی تو اُسے اس پیشکش کو ٹھکرانا نہیں تھا..

اُس پہلی اینٹ کے وجود میں آنے کے بعد جو رات آئی تو گویا قیامت کی آئی وہ تینوں ایک چھپر تلے درد سے کراہتے کروٹیں بدلتے تھے..اُن میں سے عزیز جہان کی آہ وزاری سب سے بلند تھی..اور اُس کمینے سروسانسی نے نہائت عاجزی سے کہا تھا.. چوہدری لوگو، میں تم سے کہیں کم کراہتا ہوں، آج کی بدن توڑ مشقت سہار گیا ہوں صرف اس لیے کہ میں نے ابھی پرسوں اسی بھٹے کے راستے میں جو ویرانہ پڑتا ہے وہاں ایک پورا نیولا بُھون کر کھایا تھا جس کے ماس کی گرمی میرے اندر ایک گُونج کی طرح گُرلاتی ہے..تو میں کل سویرے اپنے پھنیر کو پھر اُسی ویرانے میں چھوڑتا ہوں جو نیولوں سے بھرا پڑا ہے..بس ایک بار اُس کا ماس چکھ لو پھر دیکھو تمہارے جُثّے میں کیسی مُنہ زور طاقت آتی ہے..

امیر بخش اپنے بدن میں اُٹھتی ٹیسیں بھول کر مسکرانے لگا ''دُرفٹے مُنہ..آخر ہونا ں سانسی..مُردار کھانے والے..''

تو اُس نے کھسیانے ہو کر کہا تھا اور وہ ان دونوں کی چارپائیوں کے برابر میں فرش پر لیٹا تھا ''چوہدری..بندہ گاؤں سے اُٹھ کر شہر میں آ بسے تو اُس کی خصلت اور ذات تو نہیں بدلتی..''

''تیرے ہاتھ میں چار پیسے آ گئے ناں..'' یہ عزیز تھا اور وہ بھی کراہتے ہوئے مسکرانے لگا تھا..''تو تیرا سب کُچھ بدل جانا ہے..تو نے کبھی اقرار ہی نہیں کرنا کہ تو کبھی سانسی تھا، نیولے اور مُردار کھاتا تھا..''

''چوہدری لیکھوں میں جانے کیا لکھا ہے..'' سروسانسی جو ابھی کھسیانا ہو رہا تھا یکدم متانت اور سنجیدگی میں اُتر گیا ''دین دھرم والے چار پیسوں سے بدل جاتے ہیں..سانسی نہیں..دیکھ لینا..''

اُنہوں نے ڈیڑھ ماہ گذرنے پر رام داس کی اجازت سے شہر کی جانب سفر کیا تا کہ وہ اپنی پوٹلیاں اور گٹھڑیاں جو بابو ہوٹل کے تندور کے ایک کونے میں پڑی تھیں اُنہیں اُٹھا لائیں کہ اب یہی بھٹہ اور یہی چھپر اُن کا گھر تھا..کہ یہاں اُن کے رزق کی بوندیں ٹپکنے لگی تھیں..

اُن تینوں کو ایک بھری دوپہر میں اپنی جانب آتا دیکھ کر ثناءاللہ روٹھ گیا..

وہ منائے نہ مَنتا تھا..وہ اُس کے پاؤں پڑے..ٹھوڑی تھام کر اُس سے معافی کے خواستگار ہوئے کہ اگر ہم پورا ڈیڑھ مہینہ غائب رہے ہیں تو جان بوجھ کر نہیں رہے ہیں..ہمیں روزگار مل گیا ہے..

''کسی نے سچ کہا تھا..'' اُن سے خفا ثناءاللہ بٹ اپنا چہرہ پرے کیے کہتا تھا ''ان پینڈو لوگوں کی نہ دوستی اچھی اور نہ دشمنی اچھی..یہ بڑے بے مروت اور کمینے لوگ ہوتے ہیں..''

''ہم کمینے تو بے شک ہیں پر بے مروت نہیں ہیں..'' امیر بخش کہنے لگا ''میں اگر اپنا ملّہ چھوڑ کر آیا تھا تو میری

مسافت کی اونٹنی تمہارے ہوٹل کے سامنے آ کر بیٹھ گئی تھی اور تم نے مجھے پناہ دی تھی..''

اس پر ثناء اللہ بٹ جذباتی ہو کر اُس سے لپٹ گیا اور بہت رویا..

اور اُسی شب سروسانسی کو یہ احساس ہوا کہ نیولے اور مُردار سے بڑھ کر بھی کُچھ کشمیری پکوانوں کے ذائقے ہو سکتے ہیں..کوئی گشتابہ اور مچھلی کے سفید کوفتے بھی زیادہ لذیذ ہو سکتے ہیں..

اگلے ڈیڑھ برس میں اُنہیں مٹی کھودنے، اُس سے گارا بنا کر اینٹیں بنانے کی عادت ہوگئی اور وہ مالی طور پر قدرے آسودہ ہوگئے..روٹی پانی کی فکرمندی سے آزاد ہوگئے..

اور پھر وہ شب تھی جسے بیتے ہوئے زیادہ مدت نہیں ہوئی تھی جب عزیز جہان نے کہہ دیا تھا کہ تم میری چھوٹی بہن سے شادی کرلو..

اُسے بہرطور اُن سے جن کی وہ اُسے بہو بنانا چاہتا تھا، اجازت حاصل کرنی تھی..اگر وہ انکار کرتے تھے تو پھر وہ بہرصورت اقرار نہ کرسکتا تھا..

لاہور سے گجرات تک کا سفر ایک ریل گاڑی میں سوار اُس نے کیسی آسائش سے کیا..کھڑکی کی سِل سے چہرہ لگائے وہ گذرتے مناظر کو تکتا رہا..گذرتے ہوئے کالا شاہ کاکو کے ہریاول سے نچڑتے کھیتوں کو دیکھتا رہا جن میں کہیں نقرئی سانپوں کی ایک فصل لہرائی تھی..

اُس نے طے کرلیا تھا کہ وہ نور بیگم سے شادی کرلے گا..اگر اُس ماں باپ اقرار کرتے ہیں تو..

گجرات سٹیشن سے کوٹ ستارہ تک آتے آتے اسے رات ہوگئی تھی..وہ بمشکل کشمیر کی جانب سے آتے ہوئے مُنہ زور نالے بھمبر کے پار ہوا تھا..

اور یہ کوئی اچھا شگون نہ تھا کہ پورے ڈیڑھ برس بعد اپنے گاؤں لوٹتے ہوئے اُسے جو پہلا شخص ملتا ہے وہ اُس کا برادری کا چاچا صالح محمد ہوتا ہے جو کُچھ زیادہ صالح نہ تھا..

چاچا صالح بھرپور جوانی میں ڈکیت ہوا کرتا تھا اور پھر دھیرے دھیرے اُس پر عُمر اور کہولت غالب آنے لگی تو وہ سہولت کی خاطر صرف چور ہوگیا..اُس میں اتنا دم خم نہیں رہا تھا کہ وہ اپنی دہشت سے لوگوں کو مغلوب کر کے اُن کے مویشی کھول کر لے جائے..اسّی برس کی چوکھٹ پار کرنے کے باوجود وہ چوری سے باز نہیں آتا تھا کہ یہ اس کی گھٹی میں پڑ چکی تھی..یوں بھی یہ وہ زمانے تھے جب دریائے چناب کے کنارے جو گھنے جنگل اور بیلے اور دیہات تھے وہاں چوری کو معیوب نہیں بلکہ کسی حد تک معزز سمجھا جاتا تھا..کسی نوجوان کے سر پر چوہدریوں والی پگڑی تب باندھی جاتی تھی جب وہ شریکوں کا کوئی مویشی کھول کر لاتا تھا اور تب وہ شادی کے قابل سمجھا جاتا تھا..وہ دیکھ سکتا تھا کہ چاچے کے ہاتھوں میں ایک بھاری گٹھڑی ہے جس میں یقیناً اُس شب کے اندھیارے میں کمایا ہوا کُچھ رزق ہے..چاچا صالح اگر عام راستے چھوڑ کر گنّے اور شٹالے کے کھیتوں میں سے چلتا آ رہا ہے تو صرف اس لیے کہ وہ شانو کھوجی کے لیے اپنے قدموں کے نشان نہیں چھوڑنا چاہتا تھا..وہ شانو کو کبھی کبھار کوئی جُھمکا کوئی انگوٹھی وغیرہ نذر کردیتا تھا پر وہ بڑا اتھم تھا، اُس کا کُچھ پتہ نہ تھا کہ وہ اُس کا

گُھر انا پتا ہوا چوری شدہ اشیاء کے مالکوں کو اُس کے کچّے کوٹھے کے باہر لا کھڑا کرے کہ لو جی اس گھر تک کُھرا آتا ہے..وہ اگر احتیاط نہ کرتا تو کوٹ ستارہ کے تمام راستوں اور پگڈنڈیوں پر اُس کی ہر شب کی چھل قدمی کے اتنے نشان ہوتے کہ ایک بچہ بھی اُنہیں دیکھ کر پکار اُٹھتا کہ آہا یہ تو اپنے چاچے صالح کے پیروں کا کُھرا ہے اور سیدھا اُس کوٹھے تک جاتا ہے..

''چاچا آج کچھ مال پانی ملا یا خالی ہاتھ لوٹ رہا ہے..'' امیر بخش کی مسکراہٹ اگرچہ اندھیرے میں نہ دِکھتی تھی..

چاچے صالح نے بڑے فخر سے گٹھڑی کو تھپک کر کہا ''پُتر میں رَب سوہنے کے فضل سے آج تک خالی ہاتھ نہیں لوٹا..اس میں پیتل کے دو کٹورے، ایک دیگچی اور دو نئے نکور کھیس ہیں..''

''کوئی زیور گہنا ہاتھ نہیں آیا؟''

''نہیں امیر بخشا..لوگ اب تھڑ دِلے ہو گئے ہیں، اپنے زیور گہنے گندم کے بھڑولوں یا چاٹیوں میں سنبھالنے کی بجائے جستی صندوقوں میں رکھتے ہیں اور اُنہیں بھی انگریزی تالے لگا دیتے ہیں جو مجھ مسکین سے تو کُھلتے نہیں، کیسا ظلم ہے.. پر تو اپنی سُنا، اکٹھی دس جماعتیں پاس کر کے شہر گیا تھا تو وہاں کیا ہو گیا ہے..تھانیدار ہو گیا ہے، پٹواری لگ گیا ہے یا ہٹّی ڈال لی ہے..'' اُس کے لہجے میں تعلیم کے لیے حقارت کا وہی طنز نمایاں تھا جو جاٹ برادری کی گھٹی میں پڑا ہوا تھا..

''مجھ پر اللہ کا بڑا فضل ہے چاچا..میرا ہاتھ تنگ نہیں ہے۔'' وہ طے کر چکا تھا کہ اُس نے اپنے ماں باپ سمیت کسی سے بھی یہ تذکرہ نہیں کرنا کہ وہ شہر میں مٹی کھودتا ہے اور اینٹیں بنانے کا روزگار کرتا ہے۔ ''یہ بتا کہ میرا چاچا ان دنوں ڈیرے پر ہوتا ہے یا رات کو گاؤں واپس چلا جاتا ہے..''

''ڈیرے پر ہے..میں ابھی ابھی اُدھر سے آ رہا ہوں..مجھ پر کُچھ کتے بھونکے تو محکم دین کی آواز آئی، اوئے حیا کرو بے دیدو..میرے بھرا پر بھونکتے ہو..وہ غریب کہیں سے چوری کر کے کوئی جھگا پھول کر نیک کمائی کر کے واپس آ رہا ہے تو اُس پر بھونکتے ہو..امیر بخشا تیرا باپ ٹچکر کرنے سے باز نہیں آتا..اب تم ہی بتاؤ کہ اگر اُس نے آج تک صرف اپنے ہل کی ہتھی پر انحصار کیا ہے، کسی کے ڈنگر نہیں کھولے تو وہ کیسا جاٹ ہے..یہ پٹّی مال مویشی نہ چُرانے کی اُسے تیری ماں نے پڑھائی ہے..میں چلتا ہوں، فجر ہونے والی ہے اور میں نے آج تک کوئی نماز قضا نہیں پڑھی..''

چاچا صالح محمد اتنا صالح تھا کہ رمضان کے مہینے میں چوری چکاری سے پرہیز کرتا تھا اور پورے روزے رکھتا تھا..

بے شک گھٹا ٹوپ تاریکی تھی، کُچھ بھی دکھائی نہیں دیتا تھا پر پہچان کے سارے آثار اُس کے اندر نقش ہو چکے تھے اور وہ اُسے دکھائی دے رہے تھے..وہ اپنے ماں باپ، کنویں، کھیتوں، یہاں تک کہ مویشیوں کے گوبر کی اُس کے لیے تو ایک مہک کی اداسی میں ڈوبا اپنے ڈیرے کے قریب ہوا تو تاریکی میں سے ایک بڑا سا ریچھ ایسا بھالو غرّاتا ہوا اُس کی جانب لپکتا ہوا آیا..وہ خوفزدہ ہو کر ذرا پیچھے ہوا اور اُسے دُر دُر کرنے لگا..جونہی وہ بولا اُس لڑھکتے ہوئے بھالو نے غرّانا ترک کیا اور اُس کے پاؤں میں لوٹنے لگا۔ تب امیر نے اُسے پہچان لیا کہ یہ تو موتی ہے جو اتنا قد آور ہو گیا ہے اور موتی بھی جو اپنے ڈیرے کی حفاظت کے لیے چوکس لپکا تو تھا ایک اجنبی سائے کی جانب پر اُس کے پسینے کی بُو سے اُسے پہچان گیا تھا کہ یہ تو میرا وہ

مالک ہے جو مجھے تب جب میں ایک ناتواں پلا تھا..اور گاؤں کے بچے میرے گلے میں دھجیوں کے پھندے ڈال کر گلیوں میں گھسیٹتے پھرتے تھے اور مجھے جوہڑ میں ڈبونے کی کوشش کرتے تھے تو یہ بندہ مجھے اُن سے چھڑا کر اپنے ڈیرے پر لے آیا تھا، میرے گلے میں سے پھندے نکال کر ایک دودھ بھرا کٹورہ میری تھوتھنی کے آگے رکھ دیا تھا..

وہ اُس کے پاؤں چاٹتا اُن میں لوٹتا نڈھال ہو رہا تھا..

موتی کی غراہٹ سے محکم دین کی آنکھ کھل گئی..اُس نے ایک کروٹ بدلی..اُس کے تن بدن میں اپنے خون کی مہک اُتری، اُسے کچھ بھی دکھائی نہ دے رہا تھا پر اُسے اپنے اکلوتے بیٹے کی خوشبو آ رہی تھی ''امیر بخش..یہ تو ہے؟''

''آہو چاچا..''

وہ محکم دین، ایسا تحمل والا صابر شخص تھا کہ جو کوئی بھی نہ سہہ سکتا تھا، سہہ جاتا تھا، اُس کی آنکھوں میں آنسو کم ہی آتے تھے پر وہ امیر کے گلے لگ کر پھوٹ پھوٹ کر ہچکیاں لیتا رو دیا..اور پھر فوراً ہی ضبط کر کے سنبھل گیا ''امیر بخشا تُو ٹھیک ہے ناں..تندرست ہے..صحیح سلامت ہے ناں۔'' یہ کہتے ہوئے وہ اپنے بیٹے کی پُشت پر ہاتھ پھیرتا، کبھی اُس کا چہرہ چُومتا پُوچھنے لگا..

''ہاں چاچا..'' وہ بھی اپنے باپ کے بدن کو آغوش میں لے کر اُسے تھپکتا تسلی دیتا تھا اور محسوس کرتا تھا کہ اس ڈیڑھ برس میں وہ قدرے لاغر ہو گیا ہے ''بے بے کا کیا حال ہے؟''

''چل آپ جا کر پُوچھ لے..''

''سویر ہو لینے دیتے ہیں..اس وقت وہ سوئی ہو گی..''

محکم دین کے بدن میں ایک لرزش سی تیری جیسے وہ اندھیرے میں مسکرا دیا ہو ''جب سے تو رخصت ہوا ہے وہ تو سوئی ہی نہیں..پورے گاؤں میں رات گئے تک ایک دِیا جلتا ہے..ہمارے صحن میں بیری کے درخت تلے..کہ کہیں امیر رات کے اندھیرے میں آئے تو اُسے ٹھوکر نہ لگے..چل..''

بیری کے گھنے درخت کی شاخوں کے اندر اُس دیئے کی روشنی جاتی تھی جو اُس کے تنے کی قُربت میں جل رہا تھا..

امیر بخش نے جب اپنے گھر کے دروازے کو ذرا سا دھکیلا، کواڑ کُھلنے کی آواز خاموشی میں در آئی تو بان کی چارپائی پر کروٹیں بدلتی آدھی نیند میں گم رابعہ بی بی کی آنکھ کُھل گئی..دروازے کو یُوں ذرا زور سے دھکیلنے والا تو ایک ہی تھا جس کی آہٹ سننے کی منتظر وہ مدّتوں سے تھی ''امیر...یہ تو ہے پتر..میں صدقے..''

ایک بچھڑ جانے والی ماں کا جدائی کا مارا ہوا بدن کیسا ہوتا ہے کہ اُس کے ساتھ لپٹ کر پہلے تو جان چلی جاتی ہے اور پھر اُس جان میں جان آ جاتی ہے۔ اُس کے بدن کی مہک میں کوہ طور کی روشن جھاڑی سلگتی ہے..عیسیٰ کی ہتھیلیوں میں ٹھونکی جانے والی میخوں سے رِسنے والے خون کی مہک ہوتی ہے..یعقوب کی گریہ کناں آنکھوں کی نابینائی ہوتی ہے..مہاتما بدھ کے برگد کے پتوں کی ٹھنڈک بھری ہریاول ہوتی ہے..کرشن کی بانسری کی مدھر تانیں اُس کے..ماں کے بدن میں سے

کونپلوں کی مانند پھوٹتی میرا کے بھجن گاتی ہیں..

وہ تا دیر اُس مقدس، آسمان سے اُترے ہوئے بدن سے لپٹا، ہرا بھرا اور روشن ہوتا رہا..

البتہ جب سویر ہوئی.. چُولہے جلے تو وہ اپنی ماں سے بدظن تو نہ ہوا پر ذرا محظوظ ہوا.. ذرا حسد میں مبتلا ہوا کہ وہ اب بھی اُس کے باپ کے لیے جو پراٹھا گوندھتی تھی اُسے توے پر ڈالنے سے پیشتر اُس پر اپنی اُنگلیوں کے نشان ثبت کرتی تھی..

''نور بیگم؟..'' رابعہ بی بی کو ذرا دھچکا سا لگا، اُس نے اپنے میکے کی کُچھ لڑکیاں.. ایک بھتیجی.. پڑھے لکھے وکیل بھائی کی بیٹی اور دو بھانجیاں سوچ رکھی تھیں..

''وہ کیسی ہے؟''

''میں نے اُسے دیکھا تو نہیں پر اُس کا بھائی عزیز جہان اور میں شہر کی مشقتوں اور کلفتوں میں سے ایک ساتھ گذرے ہیں.. وہ اُس کی بہن ہے تو اُس جیسی ہی ہوگی..''

''جہاں تو خوش وہاں میں خوش..''

''آپ نہ کر دیں تو میں بھی نہ کر دوں گا..''

''میں نے آج تک تجھے نہ کی ہے؟.. کُچھ پڑھی لکھی ہے؟'' رابعہ بی بی کے ذہن میں اُس کی آٹھ جماعتیں پاس بھتیجی تھی..

''پتہ نہیں.... میرا خیال ہے کہ اُس نے دو چار سیپارے پڑھ رکھے ہیں..''

اُس نے رابعہ بی بی نے اُس سے کُچھ نہ پوچھا کہ تو شہر میں کیا کرتا ہے.. کہ وہ اُس کے چہرے کی طمانیت اور سکون سے سمجھ گئی تھی کہ وہ سہولت اور آسودگی میں ہے.. اور اُس کے لیے یہی کافی تھا..

اگرچہ وہ کُچھ نہ پوچھتی تھی پر امیر بخش اُسے دربدری کے قصے سنانا چاہتا تھا.. اپنی کتھا بیان کرنا چاہتا تھا.. وہ جانتا تھا کہ اُس کی ماں اُس کا چہرہ دیکھ کر ہی سیر ہو جاتی تھی اور کُچھ نہ پوچھتی تھی تو اُس نے خود ہی اپنی رام کہانی شروع کر دی.. لیکن اس کہانی میں سے اُس نے خوشی محمد تھانیدار کے کتوں کو حذف کر دیا.. کہ اس قصے نے اُسے بہت رنج دینا تھا، اتنا دُکھانا تھا کہ شائد وہ اُس سے لپٹ کر اُسے کبھی واپس نہ جانے دیتی.. اُس کی پنڈلی میں کُھبے ہوئے دانتوں کے نشانوں کو چُومتی گریہ کرتی رہتی..

اُس لمحے اُس کا اکلوتا بیٹا ایک آئینہ تھا جس میں وہ اپنے آپ کو دیکھتی مسکراتی تھی جیسے وہ سہاگ رات کے بعد اگلی صُبح ماں باپ کی ڈولی کے ساتھ بھیجی ہوئی نائن شریفاں کو چوری چھپے دیکھ کر مسکراتی تھی کہ وہ پچھلی شب کی چشم دید گواہ تھی اور اُس نے واپس جا کر اپنی چوہدرانی اُس کی ماں کے کانوں میں سرخوشی کی سرگوشیاں کرنی تھیں کہ اُس اُجڈ گنوار دکھائی دینے والے دُولہے محکم دین نے تو تیری بیٹی کو ایسے چھوا جیسے وہ کانچ کی گڑیا ہو پر میں تجھے یہ بتا دوں کہ تُو ٹھیک نو مہینے بعد نانی بننے والی ہے تو بیٹی کے لیے دیسی گھی اور باداموں کی پنجیریاں بنانی شروع کر دے.. اُن زمانوں میں ہر دُولہن کے ہمراہ

ڈولی میں خاندانی نائن بھی اُس کے سُسرال جاتی تھی..اور اکثر سہاگ رات کے دوران یا تو اُس کوٹھڑی کے ایک کونے میں براجمان ہو جاتی تھی یا پھر آس پاس رہتی دولہے پر کڑی نظر رکھتی کہ کہیں وہ دولہن کو اپنی حرکتوں سے زیادہ خوفزدہ نہ کر دے..وہ کسی حد تک اُن دونوں کی ناتجربہ کاری کا دھیان رکھتی اُنہیں ہدایات بھی دے سکتی تھی..بس یہی رواج تھا جواب تو متروک ہو چلا تھا..تو آج رابعہ بی بی کی سہاگ رات کی اگلی سویر لوٹ آئی تھی اور وہ اُسی طرح شرماتی لجاتی اپنے بیٹے کو تکتی جاتی تھی، ایک محبوب کی مانند چاہت میں مبتلا دیکھتی جاتی تھی..اُس کی حیات کے شب و روز جو شہر میں گذرے تھے اُن کی کتھا سنتے سنتے کبھی اُس کا چہرہ پیلا پھٹک پڑ جاتا اور اُس پر جھریاں ابھرنے لگتیں اور کبھی یوں دمکتا کہ وہ ایک نوخیز دوشیزہ دکھائی دینے لگتی..کبھی روتی کبھی ہنستی اور کبھی اُسے چُپ لگ جاتی..اور جب اُس کی داستان کا اختتام ہوا تو صحن دھوپ سے..

پوہ ماگھ کی نرم دھوپ سے بھر چکا تھا..اور اُن دونوں کے چہروں پر اُس کا سنہرا پن اثر انداز ہوتا تھا..

محکم دین وہ پراٹھا اچار کے ساتھ کھا کر جس پر اُس کی گھر والی کی انگلیوں کے نشان ثبت تھے کھا کر اپنے کندھے پر وزنی ہل ڈالے کب کا کنویں پر جا چکا تھا..

''تُو چاہتا ہے کہ میں دنیا پور جا کر بہشت بی بی نمبردارانی سے اُس کی بیٹی نور بیگم کا رشتہ مانگوں؟''

روشن نے سر جھکا لیا..

رات کو تو کچھ دکھائی نہ دیا تھا پر جونہی سویر کی ہلکی روشنی صحن میں اُتری تو امیر بخش کو دیکھ کر اُس کا چہرہ جو پچھلی شب بہار تھا خزاں کے رنگوں میں ڈوب گیا..وہ بمشکل اس صدمے سے سنبھلی کہ اُس کے سامنے بیٹھے امیر بخش کے سارے بال چٹے سفید ہو چکے تھے..وہ ضبط کر گئی۔اُس سے پُوچھا نہیں کہ اے بیٹے تم پر دُکھ کے کیسے پہاڑ آن گرے کہ تیرے کالے سیاہ بال صرف ڈیڑھ برس کے عرصے میں سفید کپاس ہو گئے..

''میں ذرا کنویں تک ہو آؤں بے بے..چاچے نے کہا تھا کہ سارا دن اپنی ماں کے گھُٹنے کے ساتھ لگ کر نہ بیٹھے رہنا، ذرا شتابی سے فارغ ہو کر میرے پاس بھی آ جانا کہ میں نے تجھے ابھی جی بھر کے دیکھا نہیں..'' وہ اٹھنے لگا تو رابعہ بی بی نے اُس کا ہاتھ پکڑ کر کہا ''تیرے بالوں کو کیا ہوا ہے امیر..''

''بالوں کو؟'' اُس کا ہاتھ بے اختیار اُن تک گیا ''کیا ہوا ہے؟''

وہ بھی فراموش کر چکا تھا کہ کبھی اُس کے وہ بال جو سیاہ ہوا کرتے تھے، اب سفید ہو چکے ہیں..''وہ بے بے..شہر کی ہوا اور خوراک نخالص ہوتی ہے..بال سفید کر دیتی ہے..کیا فرق پڑتا ہے..''

''وہ جو عزیز جہان ہے اور سروسانسی ہے..اُن کے بال بھی شہر کی نخالص ہوا اور خوراک نے سفید کر دیئے ہیں؟''

اُس نے کچھ نہ کہا..سر جھکا لیا..

''نہ پُتر..'' رابعہ بی بی سر ہلانے لگی ''سبب کوئی اور ہے..مُجھ سے نہ چُھپا..''

یکدم اُس کی پنڈلی میں دانتوں کے جو نشان کُھبے تھے، وہ ہرے ہونے لگے۔اُن میں سے ٹیسیں اٹھنے لگیں اور غراہٹ کی جھاگ بہنے لگی..اُس کی آواز بھرا گئی اور جو کچھ پوشیدہ رکھنے کا اُس نے فیصلہ کیا تھا اُس سارے قصے کو بیان کر دیا..

امیر بخش کا خیال تھا کہ اُس کی ماں بے حد دُکھی ہو جائے گی.. وہ ہوئی پر اُس کے چہرے پر ملال کی بجائے ایک پرفُسوں جلال تھا "سُن میرے بیٹے.. باغوں میں بُلبل سدا نہیں بولتی.. سدا باغ بہاراں نہیں رہتے.. یہ جوزورآور ہیں، خوشی محمد تھانیدار جیسے تو دیکھنا کبھی نہ کبھی ان کے باغ اجڑ جائیں گے، ان کی بلبلیں مر جائیں گی اور ان کے باغ ایسے اجڑیں گے کہ خزاں بھی اُن پر اُترنے سے انکاری ہو جائے گی.. اُن کے تخت اُچھالے جائیں گے.. تو نے بھی حرام سے گریز کرنا ہے اور انتظار کرنا ہے.."

✦ .... ✦

بہت گہرائی میں، پاتال میں، گیلی کائی زدہ بوسیدہ اینٹوں کے آخر میں ایک گول آبی آئینہ تھا جس میں اجیت کور کا مہاندرا ہلکورے لیتا پانیوں پر ڈولتا تھا جیسے وہ اجیت کور جو کنویں کی منڈیر پر سے گہرائی میں جھانک رہی تھی اور وہ جو پاتال میں اُس آبی آئینے میں ہلکورے لیتی تھی جڑواں بہنیں ہوں.. وہی جنگلی باگڑ بلّے ایسا فراخ اور نیم وحشی چہرہ.. سیاہ بھور آنکھیں جو پانیوں پر چہرے سے الگ ہو کر تیرتی دکھائی دیتی تھیں اور گندھی ہوئی گھنی بالوں کی چوٹیاں جو اُس کے کندھوں تک آتی تھیں..

اجیت کور منڈیر سے جھانکتی بہت نیچے کنویں کے پانیوں میں عکس ہوتی اپنی شکل دیکھتی رہی اور مسکراتی رہی..

سارے گھر میں صرف ایک ہی تو چھوٹا سا بجھا ہوا آئینہ تھا جو کبھی باپو کے ہاتھ میں ہوتا اور وہ اپنے کیس سنوار رہا ہوتا اور کبھی بھائیا اپنی داڑھی کی مینڈھیاں گوندھتے ہوئے اُسے اپنے سامنے رکھے غافل ہوتا.. اُس کی باری ہی نہ آتی..

اور جب کبھی وہ آئینہ فارغ ہوتا اور وہ چوری چھپے اُس میں اپنی شکل دیکھ رہی ہوتی تو بے بے نازل ہو جاتی، اُس کی دونوں چوٹیاں خوب کھینچتی اور ڈانٹتی ''اجیتے، مرجانیئے، نہ دیکھا کر اپنے آپ کو شیشے میں.. نامرادے تجھے اپنی ہی نظر لگ جانی ہے.. تو نے اپنے آپ پر ہی عاشق ہو جانا ہے..''

چنانچہ گوردوارے کے صحن کے بیچ جو کنواں تھا، اُس کا پاتال ہی وہ آئینہ تھا جس میں تادیر وہ اپنے آپ کو دیکھ سکتی تھی..

اُس کے کانوں میں بسنت سنگھ پنچھی راگی کے راگوں کی آواز آ رہی تھی..

بے بے اُس کی بے حد شیدائی تھی..

وہ یقیناً اس لمحے اُس کے سامنے سر جھکائے ہولے ہولے جھومتی گرنتھ صاحب کے اشلوک سنتی، کبھی کبھار آنسو بہا رہی تھی..

بسنت سنگھ پنچھی کوئی ایسا گُن والا سُر سنگیت کا جانوں راگی نہ تھا اور نہ ہی اُسے مذہب سے کچھ زیادہ لگاؤ تھا..

وہ ایک ایسا نوجوان سکھ جاٹ تھا جس کے بارے میں افواہ تھی کہ وہ مولوی نور دین کی بڑی بیٹی زینب خاتون کے عشق میں بُری طرح مبتلا ہوا اور یہ لگاؤ یک طرفہ نہ تھا.. زینب خاتون گاؤں کی دیگر لڑکیوں کے برعکس پردہ پوش تھی اور ایک بہت بڑی چادر میں اپنے آپ کو لپیٹ لپاٹ کے اپنے چہرے سے پوشیدہ ناف تک ایک گھونگھٹ نکالے چوکھٹ کے باہر قدم رکھتی

تھی.. ایک ڈھلتی ہوئی شام میں جب مویشی گھروں کو لوٹتے تھے بسنت سنگھ ہل پنجالی کاندھے پر لادے اپنے کنوئیں سے واپس آتا گاؤں کی پہلی گلی میں داخل ہوا تو سامنے سے زینب خاتون چلی آتی تھی.. بسنت سنگھ نے کیسے اُس سر سے پاؤں تک ڈھکی لڑکی کی وہ جھلک دیکھ لی جس نے اُس کے حواس چھین لیے اور زینب خاتون نے بھی اپنے کھدر کے گھونگھٹ کے پار بسنت سنگھ کا مردانگی اور معصومیت سے بھرپور چہرہ کیسے دیکھ لیا.. یہ کوئی نہیں جانتا تھا. شائد زینب کی چادر اُس سردار کے سوہنے سراپے سے ایسے سلگنے لگی تھی کہ اُس کا چہرہ عیاں ہو گیا تھا اور وہ بھی اُس کے عشق کے سانپ سے ڈسی گئی تھی.. کوئی نہیں جانتا تھا..

شہروں میں بہت بڑے بڑے گناہ پوشیدہ ہو جاتے ہیں اور کسی کو کُچھ خبر نہیں ہوتی۔ پر گاؤں اور وہ بھی کوٹ ستارہ ایسے تہذیب سے کٹے ہوئے دور افتادہ گاؤں میں اگر کوئی نوجوان کسی مٹیار کو دیکھ کر ایک ٹھنڈی سانس بھی بھرتا تھا تو اُس گاؤں کا ہر فرد اُس ٹھنڈک کو محسوس کر کے چوکنا ہو جاتا تھا.. سب کو اُس ایک ٹھنڈی سانس کی خبر ہو جاتی تھی..

مولوی نوردین تک جب یہ خبر ٹھنڈی سانس والی پہنچی تو اُنہوں نے فوری طور پر کوٹ مالک کے اپنے ایک دور پار کے عزیز مولوی شریف قادری کے بیٹے حافظ اللہ بخش سے خود نکاح پڑھا کر اُسے..زینب خاتون کو بہ چشمِ نم رخصت کر دیا..

تب بسنت سنگھ جو میلوں ٹھیلوں پر.. بیساکھی کے تماشوں میں سب سے بلند آواز میں بولیاں بولنے والا اور فحش بولیاں بولنے والا تھا، ایک راگی ہو گیا.. ایک گرنتھی ہو گیا..

چنانچہ اپنے سامنے عقیدت سے آنسو گراتی سردارنی سریندر کور کو وہ گرنتھ صاحب نہ سُناتا تھا، اپنے دُکھ درد کا جاپ کرتا زینب خاتون کے فراق کا الاپ کرتا تھا..

گورودوارے کی چھت پر اجیت کور کا چاچا ہرنام سنگھ اور اُس کا ویر سوہن سنگھ بوسیدہ ہو چکی اینٹوں کو اکھیڑ کر اُن کی جگہ نئی اینٹوں کو جوڑ رہے تھے.. بارشوں کے موسم میں گورودوارے کی چھت کُچھ زیادہ ہی ٹپکنے لگی تھی اور اُس کے نیچے بیٹھے سرداروں کی داڑھیاں کُچھ زیادہ ہی گیلی ہونے لگی تھیں تو اُن دنوں ہرنام سنگھ نے ایک منّت مانی کہ واہے گورو اگر میری بھوری بھینس جو کہ گابھن ہے اگر ایک کٹّے کی بجائے ایک کٹّی جمتی ہے تو میں خود اپنے ہاتھوں سے گورودوارے کی چھت کی مرمت کروں گا اور نئی اینٹیں لگاؤں گا..

امیر بخش جب اپنی بلند قامتی کو ذرا جھکا کر گورودوارے کے صدر دروازے میں سے اندر داخل ہوا تو اجیت کور کنوئیں کی منڈیر پر جُھکی پانیوں میں جھانکتی اپنی جھلملاتی صورت دیکھتی خود ہی فدا ہوئی جاتی تھی.. عمارت کے اندر سے بسنت سنگھ پنچھی کی درد فراق والی آواز بابا فرید کو الاپتی باہر صحن میں آ رہی تھی..

اُٹھ فرید اُستیا صُبح نماز گذار...

پنجاب کے دیگر دیہات کی مانند کوٹ ستارہ کی کچّی گلیوں، جوہڑوں اور کھیتوں کے اوپر جو آسمان تھا وہاں تک کوئی ایک پکار نہ جاتی تھی.. قرآن، گرنتھ اور رامائن کے ملے جلے مشترکہ سندیسے جاتے تھے.. پر ان کا آپس میں اس لیے بیر نہ تھا کہ ان سندیسوں پر دھیان کم ہی دیا جاتا تھا.. معاشرہ مذہبوں میں نہیں ذات برادری اور چوہدری اور کمّی کمینوں میں بٹا ہوا تھا.. ان کے سامنے مذہب کی حیثیت ثانوی تھی..

چیمے، چٹھے، باجوے، گل، گھمن، وڑائچ، تارڑ، سندھو اور جاٹوں کی دیگر بے شمار گوتیں مذہب سے نہیں ذات سے بندھی ہوتی تھیں، اُن میں سے اکثر مسلمان تھے تو بہت سے سکھ بھی تھے اور وہ ایک ہی برادری تھے.. مسلمان جاٹوں کے شادی بیاہ کے موقعوں پر برادری کے سکھ بھی پورے اہتمام سے شریک ہوتے.. داڑھیاں سنوارتے، مونچھوں کو تاؤ دیتے اپنی کرپانوں پر ہاتھ رکھے شریک ہوتے.. جہاں بارات اُترتی دولہن کے گھر والے اُن کے لیے سوکھے راشن کا بندوبست کرتے جسے اُن کا خصوصی باورچی دیگوں پر چڑھاتا تھا.. وہ نیونندرا بھی ڈالتے.. یہ ایک نہائت کارآمد رسم تھی جس کے تحت آپ شادی بیاہ کے موقعوں پر دولہا کو سلامی کے طور پر کچھ رقم دیتے ہیں اور اس جمع شدہ رقم سے اخراجات پورے کرنے میں آسانی ہو جاتی ہے اور پھر اُس شخص کو جس نے وہ نیونندرا ڈالا ہوا تنی ہی یا ایک روپیہ زیادہ اُس کے ہاں ہونے والی شادی کے موقع پر وہی رقم واپس کر دی جاتی ہے.. اسے آپ مستقبل کے لیے ایک سرمایہ کاری کا نام دے سکتے ہیں.. جب کبھی کسی اختلاف یا دشمنی کی صُورت نکل آئے اور ایک دوسرے کے بیاہ شادیوں میں شمولیت کا امکان نہ رہے تو بھی کسی کے ہاتھ ماضی میں ڈالے ہوئے نیونندرے کی رقم روانہ کر دی جاتی تھی.. بہت برس گذرے جب ایک سکھ خاندان کا بچہ اپنے سخت گیر باپ کی دن رات کی مار پیٹ سے ہراساں ہو کر گھر سے بھاگ نکلا اور مولوی نور دین نے اُسے ایک ویران راستے پر بھوک سے نیم بے ہوش پایا تو اُسے اُٹھا کر گھر لے آیا. مولوی صاحب نے اُس کے کیس منڈوائے، قرآن پاک کی تعلیم دی اور اُس کا اسلامی نام عبداللہ رکھ دیا.. وہ انہی کے گھر میں ایک بیٹے کی حیثیت میں جوان ہوا.. کوٹ ستارہ کے سردار اُس سے ہنسی مذاق کرتے کہ اوئے تجھے کیا فائدہ ہوا دھرم سے ہٹ جانے کا.. داڑھی تو تیری اب بھی سرداروں ایسی ہے.. لیکن کوئی بھی معترض نہ ہوا کہ ایک سکھ بچے کو مسلمان کیوں بنا لیا گیا ہے..

وہ تو یکسر بھول چکا تھا کہ کبھی وہ سکھ ہوا کرتا تھا پر گاؤں والے اور خاص طور پر مسلمان اُسے بھولنے نہ دیتے تھے اور اُسے عبداللہ سِکھ ہی کہتے تھے..

وہ دونوں بچپن کے بیلی تھے..

اُنہیں لنگوٹیے اس لیے بھی نہیں کہا جا سکتا کہ اُن زمانوں میں بچے یونہی ننگ دھڑنگ پھرا کرتے تھے اور لنگوٹ وغیرہ پہننے کا رواج ہی نہ تھا.. جوہڑوں میں کُودتے.. مویشیوں کو ہانکتے، چناب میں ڈبکیاں لگاتے، جنگل بیلوں میں بندروں کی مانند اُچھلتے اور ہرنوں کی طرح زقندیں بھرتے وہ کسی بھی لباس سے بے نیاز رہتے.. اور اُنہیں تبھی ستر پوشی پر مجبور کیا جاتا جب گلی محلے کی کنواریاں اُن کی جانب دیکھنے سے اجتناب کرنے لگتیں..

تو وہ دونوں لنگوٹیے نہ تھے..

امیر بخش تو پڑھتا پڑھتا دسویں جماعت تک جا پہنچا پر سوہن سنگھ چوتھی جماعت میں ہی اٹکا رہا.. جب تک کہ اُس کے باپ نے ماسٹر رلیا رام کو یہ دھمکی نہ دی کہ اگر تو اس برس بھی میرے بیٹے کو فیل کر دے گا تو سمجھ لے کہ تیری دونوں بھینسیں بھوکی مر جائیں گی.. میں اپنے کھیتوں سے تمہیں چارہ کاٹنے کی اجازت نہیں دوں گا۔ چنانچہ سوہن سنگھ فی الفور جماعت میں دوم آ کر اعلیٰ نمبروں سے پاس ہو گیا..

پراتنی ڈھیر ساری پڑھائی سے' پوری چار جماعتوں سے پیٹ تو نہیں بھرتا.. نو کا پہاڑا یاد کر لینے سے بھینس کے دودھ میں اضافہ تو نہیں ہوتا تو ہرنام سنگھ نے اُسے ہل کی ہتّھی سونپ دی کہ اسے دبا کر زمین کے سینے میں چلاؤ اور پھر پیٹ بھر کر کھاؤ.. پر سوہن سنگھ نہائت پھوہڑ واہک ثابت ہوا.. نہ تو وہ ہل کی ہتھی پر اپنے پورے بدن کا زور صرف کر کے ہل کے پھالے کو زمین کے اندر اتنی گہرائی تک اُتارتا کہ اُس کی زرخیزی کا کلیجہ باہر آ جاتا اور نہ ہی وہ مال ڈنگر کی دیکھ بھال ایسی کرتا کہ اُس کا باپ اُس کی پشت تھپک کر کہتا کہ.. جیتے رہو..

پوری برادری ہرنام سنگھ کو طعنے دیتی کہ پُتّر کو اتنا پڑھا لکھا کر تم نے ناکارہ اور نامرد کر دیا ہے.. اُس کی داڑھی میں فکر مندی کے سفید بال نمایاں ہونے لگے کہ اگرچہ میری گھر والی نے بہت دھارمک ہونے کے باوجود مُجھ سے چھ بچے پیدا کر لیے تھے اور ان میں سے صرف اجیت اور سوہن ہی زندہ بچے تھے تو میرے بعد میری زمینوں کا کیا ہوگا کہ سوہن کو تعلیم نے ناکارہ کر دیا ہے..

''دیکھ امیر..'' سوہن نے تب اُس کی منّت کی تھی جب امیر بخش رزق روزگار کی خاطر بے گھر ہونے لگا تھا ''مُجھے بھی ساتھ لے چل.. نہ مُجھ سے ہل چلایا جاتا ہے اور نہ ڈنگروں کی رکھوالی ہوتی ہے..'' تو امیر بخش کی نیلی آنکھوں میں ایک اداسی تیر گئی.. ''سوہنیا.. میں ایک اندھے کنویں میں چھلانگ لگا رہا ہوں.. اور مجھے کُچھ پتہ نہیں کہ میں اس کنویں میں ہمیشہ کے لیے ڈوب جاؤں گا یا وہاں روشنی کی کوئی کرن ہوگی جو میرا دامن تھام لے گی.. میں تمہیں اپنے ساتھ لے کر ڈوبنا نہیں چاہتا.. اگر نہ ڈوبا تو وعدہ ہے کہ میں تمہیں لے جاؤں گا..''

وہ ذرا سا دوہرا ہو کر صدر دروازے میں سے جھکا جُھکا جب اندر داخل ہوا تو اجیت کور کنویں پر اُمڈتی اُس کی گہرائی میں گم پانیوں میں اپنا عکس دیکھتی اُس پر فریفتہ ہوتی تھی..

اُس نے پکارا نہیں ایک دھیمی سی سرگوشی کی ''اوئے اجیتے..''

اجیت کور اپنے وہم فریب سے باہر آئی، چونکی اور اُدھر دیکھا جدھر سے ''اوئے اجیتے'' کی سرگوشی اُس کے کانوں میں اُتری تھی اور وہاں اپنی قامت کو جُھکانے کے بعد اُسے بمشکل سیدھا کرتا بھائی امیر تھا.. وہ اپنے عکس کو بُھول کر چیختی چلاّتی لپکتی ہوئی امیر بخش کی سرو قامتی سے لپٹ گئی..

گورودوارے کے اندر سے بسنت سنگھ پنچھی کی درد بھری آواز.. جب کہ سردارنی سریندر کور اُس کے سامنے دوزانو ہو کر بیٹھی آنسو گراتی تھی... اُس کی آواز امیر بخش کے کانوں میں اُترنے لگی جب کہ اجیت کور اُس سے لپٹی ہوئی ''بھائیا.. بھائیا..'' پکارتی مسرت سے نڈھال ہوتی تھی۔

مہر	میت	صدق	مصلے	حق	حلال	قرآن
سر	مُنت	سیل	روزہ	ہو	ہو	مسلمان
کرنی	کعبہ	سچ	پیر،	کلمہ	کرم	نواج

تسبیح ساتسھاوی نانک رکھے لاج
کرنی کلمہ آکھ کے تا مسلمان سدائے
نانک جیتے کوڑ یار کوڑے کوڑی پائے

اُس کی امیر بخش کی آنکھیں بھیگ رہی تھیں.. بے شک وہ اکلوتا بھائی ہونے کے ناتے اپنی بہنوں سے بھی بہت پیار کرتا تھا پر اُس کی لاڈلی صرف یہ اجیت تھی جو اُس کے سینے کے ساتھ لگتی تو اُس کے اندر چناب کی دُھند میں سے ظاہر ہونے والے سارے پکھیرو پھڑ پھڑانے لگتے..اُسے ہمیشہ قلق ہوتا کہ آخر اس اجیت نے ہرنام سنگھ کے ہاں ہی جنم کیوں لینا تھا یہ چوہدری محکم دین کے ہاں کیوں پیدا نہ ہوئی اور اُس کے صحن میں میرے ساتھ کیوں نہ کھیلی..

امیر نے آنکھوں میں آئی ہوئی نمی کو پلکیں جھپکا کر بہایا اور اُسے پرے دھکیلتا ہوا کہنے لگا..''چل اب دفع ہو.. چڑیل کی طرح چمٹ گئی ہے..تو اس کنویں کی منڈیر پر کیوں اُڈتی جاتی تھی، اگر گر جاتی تو..''

وہ اُس کے دھکیلنے پر بھی جدا نہ ہوئی..''گر جاتی تو ڈوب مرتی..تجھے کونسی خبر پہنچ جانی تھی اُدھر شہر میں..میں اپنی چتا میں جل کر راکھ ہو جاتی تو وہ راکھ بھی اُڑ کر تم تک نہ پہنچتی..اتنی دور چلے گئے ہو بھائیا..''

''منحوس لڑکی ہو..''امیر بخش کی بھیگی آنکھیں نیلاہٹ میں تیرتی مسکرانے لگیں..

''وہ کیا ہوتی ہے بھائیا..''

''جو تم ہو وہ ہوتی ہے..''اُس نے بمشکل اپنے آپ کو اُس کی لاڈلی گرفت سے آزاد کیا''میں تمہارے گھر پہنچا تو تمہارے کامے تُلسی نے بتایا کہ تم سب لوگ اِدھر گوردوارے میں ہو..سوہن کہاں ہے؟''

''چھت پر..باپو کے ساتھ اینٹیں جوڑ رہا ہے..''

وہ چھت کو جاتی سیڑھیوں کی جانب گیا اور پھر پلٹ کر ایک بُجھ چکے چہرے کے ساتھ بولا''تُو نے چڑیلے.. آئندہ کبھی اس کنویں کی منڈیر سے نیچے پانیوں میں نہیں جھانکنا..''

''پر کیوں بھائیا..''

''ڈوب مرے گی..''

''تُو امیر بخشا..واقعی مجھے اپنے ساتھ لے جانے کے لیے آیا ہے..''سوہن سنگھ نے اپنے ماتھے پر سے پسینہ پُونچھ کر وہ اینٹ جو وہ چھت پر جمانے کو تھا، رکھ دی..اُس کے چہرے پر وہ خوشی ہمکنے لگی جو ایک بچے کے خدوخال پر نمایاں ہوتی ہے جب اُسے کہا جاتا ہے کہ چل میلے کو چلتے ہیں..

''میں آیا تو کسی اور کام سے تھا..''

''تُو نے رخصت ہوتے ہوئے کہا تھا، جب میں نے تم سے منّت کی تھی کہ مجھے بھی ساتھ لے چلو..کہ تم ایک اندھے کنویں میں چھلانگ لگا رہے ہو..تو وہاں روشنی کی کوئی ایک کرن ہے؟''

''ہے.. اسی لیے تو میں تمہیں ساتھ چلنے کو کہہ رہا ہوں.. چلنا ہے؟''

کوٹ ستارہ کے گاؤں کی گلیوں میں ایک عجیب شام اُتر رہی تھی جس میں وہ دونوں اُن دنوں کی دُھند میں کبھی روپوش ہوتے اور کبھی ظاہر ہوتے تھے جب وہ جوہڑوں میں کُودتے، چناب کے پانیوں میں اپنے مویشیوں کے ساتھ تیرتے اور بیلے میں بندروں کی مانند کُودتے پھرتے تھے.. اور کبھی ہرنوں کی طرح چوکڑیاں بھرتے تھے..

ہرنام کی گذراوقات کوٹ ستارہ کے دیگر سکھ کاشت کاروں کی مانند آسانی سے نہ ہوتی تھی.. اُس کی زمین اتنی کم تھی کہ جب تک وہ اپنے ہل کے آگے جوتے بیلوں کو ہوہو کر کے ہانکتا، ہل کی ہتھی پر اپنا وزن ڈالتا اُسے زمین کے اندر وہاں تک لے جاتا جہاں مٹی پلٹنے تو زرخیزی اُبلنے لگتی ہے تو اُس کے آگے اُس کے بھائی شیر سنگھ کا وہ کھال اُسے ہل روکنے پر مجبور کر دیتا تھا جو ان دونوں کی زمین کی حد بندی پر واقع تھا.. ہرنام سنگھ کی طبع بہت دھیمی اور صلح پسند تھی اتنی کہ وہ اپنے جائز حق کے لیے بھی کرپان نہیں اُٹھا سکتا تھا.. اور اُس کی اس کمزوری کا فائدہ اُس کے دونوں بھائیوں نے خوب اٹھایا اور ہولے ہولے.. کبھی پانی کا کھال چوڑا کرتے ہوئے اور کبھی اپنے کھیت میں کُدال چلاتے ہوئے وہ دو چار پٹے ہرنام سنگھ کی زمین میں بھی لگا دیتے اور یوں اُس کی کچھ زمین اُن کے قبضے میں چلی گئی.. گاؤں میں یہ مردانگی سمجھی جاتی تھی کہ اپنے شریکوں کی زمین پر کُدال چلا کر اُسے اپنی زمین میں شامل کر کے پھر بھر جانا کہ یہ تو میری زمین ہے.. ہرنام اپنی خصلت سے مجبور اگر احتجاج کرتا بھی تھا تو دبے لفظوں میں اور اُسے کوئی نہیں سنتا تھا..

اُدھر سوہن سنگھ بھی اپنے باپ کی مانند بودا اور ناکارہ ثابت ہوا.. وہ بے شک اپنے سگے چاچوں کی زیادتیوں پر کُڑھتا رہتا پر اپنی زمین پر پڑتی اُن کی کسی کُدال کے آگے سینہ تان کر وہ بھی کھڑا نہ ہوتا.. اپنے چاچوں کا احترام کرتا.. جب امیر بخش نے اُسے اپنے ساتھ لے جانے کی پیشکش کی تو سوہن سنگھ کے اندر آس امید کا ایک چراغ جلا جس کی روشنی میں اُس کے باپ ہرنام سنگھ، ماں سریندر کور اور بہن اجیت کور کے چہرے روشن ہو رہے تھے کہ اب تنگ دستی اُنہیں تیاگ دے گی اور اُنہیں دو وقت کی روٹی نصیب ہوگی.. اتنا دودھ ہوگا کہ وہ جی بھر کے اُسے پیتے جائیں گے یہاں تک کہ وہ اُن کی باچھوں سے بہنے لگے گا..

''تو مجھے وہاں نوکری پر لگا دے گا.. امیر بخشا..''

''نہ سوہنیا نوکری چاکری کسی کی نہیں کرنی.. کسی سے ذکر نہ کرنا.. وہاں میں ہوں اور دنیا پور کا عزیز جہان اور سروسانسی ہیں اور ہم تینوں مٹی کھودتے ہیں، گارا بناتے ہیں اور رام داس کے بھٹے کے لیے اینٹیں ڈھالتے ہیں..''

''ہیں..؟'' سوہن سنگھ پر جیسے سکتہ طاری ہو گیا ''یہ تو کمّی کمین لوگوں کے کرنے کے کام ہیں امیر.. تیری دس جماعتیں اکارت چلی گئیں..''

''نہ سوہنیا، وہی تو میرے کام آئیں، اُنہی دس سیڑھیوں کے اوپر چڑھ کر میں نے دیکھا کہ وہاں کوئی ذات پات ہے نہ مذہب ہے.. صرف تھانیدار خوشی محمد کے کُتے ہیں.. اور کوئی بھی کام حقیر نہیں ہوتا، کم ذات والا نہیں ہوتا صرف بندہ ہوتا ہے جو حقیر ہوتا ہے... چلنا ہے؟''

ہرنام سنگھ سوچ بچار میں ایسا تھا کہ گُھپ اندھیرے میں ڈوبے ہوئے گھر میں بھی ایک چارپائی پر بیٹھا ہوا کُچھ کُچھ نظر آتا تھا..

''گُڑیئے..'' سریندر کور..اجیت سے اندھیرے میں مخاطب ہوئی ''دِیا تو جلا۔''

''اچھا مائے..میں کسی کے گھر سے آگ مانگ کر لاتی ہوں..'' وہ اُٹھنے لگی..تو امیر بولا ''اوئے بیٹھی رہ..میرے پاس ماچس ہے..''

''ہاں بھائیا..'' وہ اُس کی جانب لپکتی ہوئی آئی اور تاریکی میں متعدد ٹھوکریں کھائیں ''تو شہر سے آیا ہے تو تیرے پاس ماچس تو ضرور بر ضرور ہوگی..'' دیئے کی تیل میں بھیگی ہوئی بتی نے ماچس کی جلتی تیلی سے فوراً آگ پکڑ لی اور دو چار بار پھڑ پھڑا کر سربلند روشنی بانٹنے لگی..سوہن سنگھ نے کہا تھا کہ بھائیا امیر..یہ خبر تو نے بے بے اور چاچے کو پہنچانی ہے کہ میں تمہارے ساتھ شہر جا رہا ہوں..اگر اُنہوں نے نہ کر دی تو میں نے اُنہیں چھوڑ کر نہیں جانا..

''ہرنام چاچا..سوہن راضی ہے..تو اگر اجازت دے تو میں اسے اپنے ساتھ شہر لے جاؤں..کسی روزگار پر لگا دوں گا..''

سردارنی سریندر کور کا تو کلیجہ تھم گیا..سوہن سنگھ اُس کا اکلوتا بیٹا تھا جس کی جدائی سے اُس کا تھما ہوا کلیجہ پھٹ سکتا تھا..اُس کی تو آنکھیں صرف اس لیے واہیگرو نے بنائی تھیں کہ اُن میں سوہن ہمہ وقت تصویر ہوتا رہے..اگر وہ چلا جاتا ہے تو اُس کی آنکھیں خالی ہو جائیں گی اور ان میں جدائی کے پکھیرو گھونسلے بنا لیں گے..

''میرا اکلوتا بیٹا ہے امیر..'' ہرنام کی آواز میں اعتراض نہ تھا صرف تشویش تھی..

''میں بھی تو اکلوتا ہوں چاچا..مجھ پر بھروسہ کرو..میں اس کا دھیان رکھوں گا..سگے بھائیوں سے بڑھ کر کہ میرا اور کوئی بھائی نہیں ہے..''

اُس بڑھتی ہوئی رات میں دیئے کی روشنی میں اس خیال سے کہ سوہن سنگھ اُن سے جدا ہو جائے گا، نہ صرف سریندر کور کا کلیجہ تھما، ہرنام سنگھ آزردگی میں چلا گیا، بلکہ اجیت کور کی بھی ساری دھڑکنیں رُک گئیں..پر وہ تینوں چُپ رہے..امیر بخش کے آس پاس ایک کلیجہ تھمتا تھا..دھڑکنیں رُکتی تھیں اور آزردگی ڈیرے ڈالتی تھی، وہ اٹھا اور اجیت کے قریب ہو کر ایک سرگوشی کی ''چڑیلے..تو نے کبھی گوردوارے کے کنوئیں کی منڈیر پر سے نیچے پانیوں میں نہیں جھانکنا..تو گر جائے گی اور تیری شکل اُن پانیوں میں ڈوب جائے گی..''

اُٹھ فریدا سُتیا صُبح نماز گذار..

''ہائے ہائے میری نُور بیگم...'' نمبردارانی بہشت بی بی نے اپنے پچکے ہوئے سینے پر ایک دوہتڑ مارا اور غش کھا کر گرنے کو تھی کہ عزیز جہان نے آگے بڑھ کر اپنی ماں کے ناتواں وجود کو اپنی بانہوں میں سہار لیا اور اُس کے بوجھ کے ساتھ بیٹھتا گیا..

سکینہ شیخنی نے پانی کا ایک پورا کٹورا سرسوں کے کھیت ہوتے نمبردارانی کے پژمردہ چہرے پر اُنڈیل دیا اور اپنے دوپٹے کے پلّو سے اُسے ہوا جھلنے لگی..

''بے بے..'' عزیز جہان نے اُس کے گال تھپکتے ہوئے دوہائی دی.. اسے جھنجھوڑا.. بہشت بی بی نے آنکھیں کھول دیں، اپنے اوپر جُھکے عزیز جہان کو دیکھا تو یکدم ایک زخمی شیرنی کی مانند اُٹھ کھڑی ہوئی.. اُس کے بوسکی کے نویں نکور کُرتے کے گریبان کو پکڑ کر وحشت سے یوں کھینچا کہ بوسکی چر چر کرتی چرتی گئی.. ''تو نے میری نور بیگم ڈبو دی.. تو اُس کا بھرا ہے کہ شریک... یہ رشتہ مجھے منظور نہیں..''

''بے بے ہوش کر.. کیا کر رہی ہے..''

''واپس کرا اپنے اس بُڈھے یار کی بارات.. میں اپنی نور بیگم اس چٹے جھاٹے والے بڈھے کھوسٹ سے بیاہ دوں.. دُشمن نکلا تو اپنی بہن کا..'' نمبردارنی کے غضب میں کمی نہ آ رہی تھی..

امیر بخش جو اپنی دراز قامتی سے شرمندہ ہمیشہ ذرا جھک کر چلتا تھا اس ناگہانی صورتِ حال سے اپنے آپ میں مزید سمٹ گیا.. اُس کے برابر میں کھڑے اب تک پر فخر اُس کے باپ محکم دین پر کیا گزر گئی ہوگی.. اُسے سہرے کے پار کُچھ دکھائی تو نہ دیتا تھا اور وہ سوہن سنگھ، ملاّں نائی اور ثناء اللہ بٹ کے ہاتھ تھام کر گلی میں سے تین سیڑھیاں چڑھ کر نمبردارانی کے صحن میں داخل ہوا تھا اور جونہی اُس نے گلے میں آویزاں کینٹھے کو درست کر کے اپنے سر کو جھکایا تھا تا کہ اُس کی ہونے والی ساس اُس کے سر پر پیار دے تو وہ ''ہائے ہائے میری نور بیگم'' کی چیخ مار کر غش کھا گئی تھی..

دنیا پور کے ریلوے سٹیشن پر گاڑی میں سے جو بارات اُتری تو اُس میں شامل بیشتر باراتی صرف تہبند باندھے ہوئے تھے، پاؤں سے ننگے تھے اور اُنہوں نے اپنے کُرتے اور جوتیاں نہائت احتیاط سے اپنے سروں پر سنبھال رکھے تھے، اُن میں سے بیشتر نے زندگی میں پہلی بار ریل گاڑی کا سفر اختیار کیا تھا اور باقاعدہ جوتیاں پہنی تھیں.. پرکوٹ ستارہ

سے نکلتے ہی اُنہوں نے اپنی یہ جوتیاں اُتار کر سروں پر رکھ لی تھیں تا کہ یونہی بیکار چلنے پھرنے سے وہ گھس نہ جائیں.. سٹیشن کے واحد نلکے کو گیڑ کر اُنہوں نے اپنے مُنہ ہاتھ دھوئے تھے اور پھر محکم دین کے ڈانٹنے پر اُنہوں نے جوتیاں بھی پہن لیں اور کُرتے بھی.. کھدر کے یہ کُرتے انہیں بے حد کُھردرے لگتے تھے اور بدن کو آزار دیتے تھے.. بیشتر جاٹ اس عقیدے کے پیروکار تھے کہ ستر ڈھانپنا تو مجبوری ہے پر اُس کے اوپر جو بدن ہے، یہ بنایا ہی اس لیے گیا ہے کہ وہ موسموں کو سہار سکے اور سہہ سکے...

بارات کے ہمراہ کوئی عورت نہ تھی، یہ سراسر ایک مردانہ واردات تھی.. سٹیشن سے باہر قدم دھرتے ہی وہ سب کے سب نہائت مدبر، متکبر اور احتیاط پسند ہو گئے کہ وہ دولہے والے تھے اور ان کی یہ احتیاط تب منتشر ہوئی تھی جب اُن کے آگے فرش پر طویل دسترخوان بچھا کر اُس پر زردے کی دیگیں اُلٹ دی جاتی تھیں.. کھیتوں اور باغوں میں چلتے ہوئے وہ جی ٹی روڈ پر آ گئے جو دور دور تک ایک ویران دوپہر کی مانند بھائیں بھائیں کر رہی تھی اور پھر اُس کے پار ہو کر وہ دنیاپور کی گلیوں میں اُتر کر بھٹکنے لگے کہ وہ اُس راستے سے ناواقف تھے جو دولہن کے گھر کو جاتا تھا.. اگرچہ عزیز جہان نے امیر بخش کو سمجھایا تو بہت تھا لیکن اُسے تو اتنا کُچھ بھی دکھائی نہ دیتا تھا جتنا کُچھ باراتیوں کو دکھائی دے رہا تھا کہ اُس کی آنکھوں کے آگے سہرے کا سنگھار حائل تھا تو وہ بھی بھٹکتا پھرتا تھا..

اُنہیں یقین ہو گیا کہ وہ آج دولہن کے بغیر نامراد ہی لوٹ جائیں گے اور تب اُنہیں گاؤں کی سنسان صحرائی ویرانی میں اچھو شیخ دکھائی دیا جو روڑھی کے ایک ڈھیر کو کُریدتا کچھ تلاش کر رہا تھا..

''اوئے جواناں..'' محکم دین کی پگڑی پسینے سے بھیگ رہی تھی اور وہ اُس کے قریب ہو کر بولا ''ادھر محمد جہان نمبردار کا گھر کدھر ہے؟''

اچھو شیخ نے اس دخل اندازی کو پسند نہ کیا اور باچھوں سے بہنے والی رالوں کو بہنے دیا اور بیزاری سے بولا ''بخت جہان بدبخت کے ساتھ والا گھر ہے..''

''جوان ہم پردیسی ہیں.. بخت جہان کا گھر کدھر ہے؟''

''وہ سامنے ہی تو ہے.. جہاں نمبردارنی کے صحن کی دھریک کے پھول باہر گلی میں گرے ہوئے ہیں اور بطخیں ہیں..'' اور اُس لمحے اُس نے کوڑے کو کُریدتے کانچ کا ایک ٹکڑا تلاش کر لیا.. وہ اس گوہر نایاب کو دریافت کر کے کھل اٹھا.. اپنی گردن ذرا اکڑا کر کانچ کے اُس ٹکڑے کو اپنی شہ رگ پر رکھا اور اُسے مزے سے لطف لیتا رگڑنے لگا.. جونہی اُس کی اُنگلیوں کو خون کی نمی محسوس ہوئی اُس نے پھٹی پھٹی آنکھوں سے اپنی طرف دیکھتے باراتیوں سے مخاطب ہو کر کہا ''میں دولہا ہو گیا.. میں دولہا ہو گیا.. یہ میری بارات ہے.. میری بارات ہے..''

محکم دین دھیمے مزاج کا درویش صفت انسان تو اہم پرست تو نہ تھا.. پر اچھو شیخ کے گلے میں سے پھوٹنے والی لہو کی پہلی بُوند نے اُس کے اندر وسوسوں کا ایک ڈراؤنا خواب بو دیا.. میں اپنے اکلوتے بیٹے کو بیاہنے یہ کیسے نگر میں آ گیا ہوں.. لیکن وہ فوراً ہی سنبھل گیا اور اُن چند ایک باراتیوں سے مخاطب ہوا جو ابھی تک اپنی جوتیاں سروں پر رکھے ہوئے تھے ''اوئے چوہدریو.. اب تو جوتیاں پاؤں میں پہن لو.. دولہن کے گھر ننگے پاؤں داخل ہو گے تو میری کیا عزت رہ جائے گی..''

وہ اُس گلی میں دولہن کے گھر والی گلی میں داخل ہوئے..جو ابھی ویران، سنسان اور سناٹے میں گم تھی اور ابھی پل بھر میں دنیا بھر کی مخلوق دنیا پور کے کوٹھوں، چوباروں اور چھتوں پر سے باراتیوں پر اُمڈنے لگی..قربِ قیامت کے آثار نظر آنے لگے اتنا شور بپا ہو گیا..بارات کا ''استقبال'' کیا جانے لگا اُنہیں سو طرح سے ''خوش آمدید'' کہا جانے لگا اور یہ استقبال اور خوش آمدید اُن پر برسنے لگا..

وہ اس متوقع سلوک کے منتظر تھے..قدرے پُر تشویش تھے کہ جانے ہمیں روائتی طور پر یہ سلوک نصیب ہو گا یا نہیں کہ ہزاروں برسوں سے گاؤں میں داخل ہونے والی ہر بارات کے ساتھ یہی سلوک ہوتا چلا آیا تھا..اور اگر ایسا نہ ہوتا تو وہ اسے اپنی شدید بے عزتی تصور کرتے..

جیسے کسی بے آباد اور ویران دِکھتے قلعے کے دیواروں کے اوپر یکدم دشمن کی سپاہ اُمڈنے لگے ایسے اُس دولہن والی گلی کے دونوں جانب جتنی منڈیریں تھیں وہاں سے خواتین کے سر نمودار ہونے لگے اور غوغا کرنے لگے..

بارات کے آگے آگے بھٹکتا ہوا چلتا..سہرے سے تقریباً نابینا ہوا چلتا امیر بخش تھا تو وہ گوبر کے پہلے اُپلے کا واضح نشانہ ہوا..اور پھر ایک کنکر اُس کی گردن کو گھائل کر گیا اور اُس میں سے لہو کی ویسی ہی بوند پھوٹی جو چھّو شیخ کی گردن میں سے پھوٹی تھی..

بھرپور ی بارات نشانے میں آ گئی اور یلغار ہونے لگی، منڈیروں اور کوٹھوں سے اُپلے اور کنکر برسنے لگے..

نیچے گلی میں چلتے باراتی اس عزت افزائی پر نازاں مسکراتے اپنے آپ کو اس یلغار سے بچاتے اُف نہ کرتے تھے..

اُپلوں اور کنکریوں کی اس ژالہ باری کے ساتھ باراتیوں پر مغلظات کی بارش بھی ہو رہی تھی اور ان کا بنیادی ہدف دولہے کی ماں تھی اور ان مغلظات کا ٹیپ کا بند یہی ہوتا تھا کہ..وے نہ لجیو لج تہانوں نئیں..اے بے شرمو..تمہیں شرم ہی نہیں آتی..کوٹھوں پر سے جھُکی..جھانکتی، قہقہے لگاتی چوہدرانیاں، سردارنیاں..کمہارنیاں، لوہارناں، مصلّناں..جولاہیاں، ماچھناں..میراثناں..اُن پر گالیوں کی بوچھاڑ کرنے لگیں..سِٹھنیاں گانے لگیں..یہ بارات جو دور دیسوں سے آئی تھی، ایک حملہ آور تھی جس نے اُن کے گاؤں کی ایک بیٹی کو اغوا کر کے لے جانا تھا تو اُسے اُپلے اور کنکر مار مار کر اپنی بیٹی کی مدافعت کرنی تھی اور برائی کی جڑ دولہے کی ماں تھی جس نے اُسے ایک حملہ آور کو جنم دیا تھا..

ساڈھی تے رُوہی وچ بینڈے پے چیکدے..
لاڑے دی ماں نُوں کتّے پے دھریک دے..
اَساں چھڑاناں نئیں..
وے نہ لجیو، لج تہانوں نئیں..

اور وہ لاڑا..وہ دولہا جو اپنی والدہ ماجدہ کی شان میں ذرہ بھر گستاخی پر مرنے مارنے پر آمادہ ہو جاتا تھا، اگر کُتے اُنہیں گھسیٹتے تھے تو بھی اس اعزاز پر سہرے تلے مسکراتا تھا..

ساڈھے تے ویہڑے وچ مُدھ مکئی دا..
دانے تے منگدا اودھل گئی دا..
بھٹی تے تپ دی نئیں..
وے نہ لجیوج لج تہانوں نئیں..

دولہے کی ماں کو اگر ایک فاحشہ قرار دیا جا رہا ہے تو دولہا میاں کے ماتھے پر ایک شکن بھی نمودار نہیں ہو رہی..
اور جب یہ بارات نمبردارانی کے صحن میں داخل ہو رہی تھی تو اوپر کوٹھوں اور منڈیروں پر اُمڈتی خواتین نے اُس کا استقبال کیا ہی معزز اسلوب کے گیتوں سے کیا..

طوطے، طوطے، طوطے..
چڑھیاں دیگاں سگھد اسی..
کھا گئے ساہورے کھوتے..
ویہڑے آن کھلوتے کنجر..
کنجراں دی آئے اے بارات..
نلجیوج لج تہانوں نئیں..

چاولوں کی دیگیں الاؤ پر پکتی ہیں اور اُنہیں.... سُسرال کے گدھے کھا گئے..اور صحن میں کنجروں کی بارات اتری ہے اور اس کے باوجود بے شرمو تمہیں شرم نہیں آتی..
اس سے بڑھ کر کسی بھی بارات کی عزت افزائی اور کیا ہو سکتی تھی..
امیر بخش جب سوہن سنگھ، ثناء اللہ بٹ اور ملاں نائی کے ہاتھوں کے سہارے اپنے سسرال کے صحن میں داخل ہوا اور اُس کے سہرے کے پھولوں میں کُچھ گوبرا ٹکا ہوا تھا اور گردن میں لہو کی ایک اور بوند پھوٹتی تھی تو اُس کے استقبال کو آگے بڑھتی نمبردارنی نے سہرے کے اوپر جو سر تھا وہ سراسر سفید دیکھا..وہ کوئی عمر رسیدہ بوڑھا تھا جو اُس کی بالڑی بیٹی کو بیاہنے آ گیا تھا..اور وہ سینے پر دوہتڑ مار کر غش کھا کر گر گئی..

"نہ..یہ رشتہ مجھے منظور نہیں..بارات جن قدموں پر آئی ہے، اُنہی قدموں پر لوٹ جائے ورنہ مُجھ سے برا کوئی نہ ہوگا..میں اپنی بیٹی کو اس بے شرم بڈھے کے ساتھ نہیں بیاہوں گی جو سہرا باندھ کر آ گیا ہے..اپنا چٹا جھاٹا نہیں دیکھتا ہے بے دید.."
عزیز جہاں جو اپنی ماں کو زندگی میں پہلی بار اتنے طیش میں دیکھ رہا تھا اور وہ مخبوط الحواس ہو رہا تھا کہ آخر یہ ہو کیا

رہا ہے.. میری ماں کیوں باچھوں سے جھاگ بہاتی ہے..اُس کے کان سنسنا رہے تھے اور شادی کا شور ایک سناٹے میں بدل چکا تھا..جیسے ہر شے ساکت ہو چکی تھی، جہاں تھی وہیں تھم چکی تھی، کوٹھوں اور منڈیروں پر سے اُمڈتی عورتیں..گلی اور صحن میں جمع برادری کے لوگ..امیر بخش اور اُس کے برابر میں کھڑا ہوا اُس کا باپ محکم دین..یہاں تک کہ روڑھی پر بیٹھے اچھو شیخ نے بھی اپنا ہاتھ روک دیا..اور پھر اُن سکوت میں گئے لوگوں میں سے عزیز جہان اُس لمحے زندہ ہو گیا اور مسکرانے لگا جب اُس کی ماں نے یہ کہا کہ..اپنا چٹا جھاٹا نہیں دیکھتا بے دید..وہ اُس کے یکدم مشتعل ہو جانے کا جواز جان گیا..

وہ واقعی اُنہیں قدموں پر لوٹنے کو تھے جب حرکت میں آئے ہوئے عزیز جہان نے مسکراتے ہوئے آگے بڑھ کر امیر بخش کے سہرے کی لڑیاں مٹھی میں دبوچ کر ایک زوردار جھٹکے سے اُسے اُتار پھینکا..

امیر بخش کا چہرہ یوں عیاں ہو گیا کہ وہ دھوپ کی تمازت سے سُرخ ہونے لگا..اُس کے سامنے نمبر دارنی کے سامنے ایک سرو قامت ذرا سا ڈولتا، شہتوت کی شاخ کی مانند لچکیلا سا نوجوان کھڑا تھا جس کے سرخ وسپید چہرے پر جو دھوپ اُترتی تھی وہ اُس کی نیلی آنکھوں میں سرائت کرتی سفید تتلیوں میں بدلتی تھی جو شرماتی سی پھڑ پھڑاتی تھیں..بہشت بی بی کا سانس جو اوپر تھا، اوپر ہی رہ گیا، اُس نے اپنی جاٹ برادری میں تو کبھی اتنا گورا چٹا وجیہہ لڑکا نہ دیکھا تھا..وہ اتنا سوہنا اور خوش شکل تھا کہ کمہار یا کشمیری لگتا تھا، جیسے اُس کی ماہلو تھی، وہ تو اُس کی بیٹی سے کہیں بڑھ کر شکل والا تھا..

''بے بے..تو بھائیے کے بالوں سے دھوکا کھا گئی..اُس کے بال عُمر سے نہیں حیات کے ایک صدمے سے یوں سفید ہو گئے ہیں..''

بہشت بی بی کے چہرے پر ایک عجب طمانیت بھری شرمندگی آ گئی..وہ جھجکتی ہوئی آگے ہوئی اور بمشکل اپنی ایڑھیاں اُٹھا کر اپنے ہونٹ اُس کی پیشانی کے قریب کر کے اُسے چُوما..''پُتّر..تو مجھ بُڈھی ٹھیری مائی کو معاف کر دے..ہیں پُتّر..'' اور اُس نے اپنے دونوں ہاتھ جوڑ دیئے ''معاف کر دے۔''

امیر بخش بھی ایک ناخوشی اور تذبذب کی کیفیت میں کھڑا تھا، اُس نے اپنے باپ کی جانب دیکھا تو اُس کے چہرے پر خوشی یا ناخوشی کی کوئی گواہی نہ تھی..اس دوران عزیز جہان بھی اپنی ماں کے پہلو میں آ کھڑا ہوا اور اُس نے دونوں ہاتھ جوڑ کر کہا ''بھائیا..معاف کر دے۔'' اور اس کے ساتھ ہی ابھی اُس کا جو چہرہ مسکراتا تھا اُس پر آنسوؤں کی بوندیں گرنے لگیں..

وہ کُڑی یا ہوا نذرا میراثی مُنہ اندھیرے سے اُس کی بھرجائی نمبردارنی کے کوٹھے پر کھڑا تُوتڑی بجائے چلا جا رہا تھا، سانس تک نہ لیتا تھا اور بخت جہان کے نیم خوابیدہ جثّے میں رس گھول رہا تھا..پہلے تو حافظ جی نے بانگیں دے دے کر اُس کی گہری نیند کو اجاڑا تھا اور جب وہ چُپ ہوئے تو نذرے میراثی نے اپنا الاپ شروع کر دیا تھا اور تُوتڑی کی روتی ہوئی بین کرتی تیز دُھن سے اُس کے کان کھا مارے تھے..اُسے سمجھ نہیں آ رہی تھی کہ اس نذرے میراثی پر کیا افتاد پڑ گئی ہے جو صُبح سویرے تُوتڑی میں اپنے سانس پھونک رہا ہے..یکدم اُس کے آدھے سوئے آدھے جاگتے ذہن میں شک کا ایک مینڈک اُچھلا، پھر وہ شک یقین میں بدل کر ایک سنسار کا رُوپ دھار گیا جو اپنا جبڑا کھولے اُس کی اکڑی ہوئی گردن اور ستواں

ناک نقشے کے تکبر کو نگلنے کو تھا.. آج اُسے یاد آ گیا، بہشت بی بی کی بیٹی نور بیگم کی بارات کسی دور افتادہ گاؤں کوٹ ستارہ سے آنی تھی اور یہ کمبخت نذرا میراثی مُنہ اندھیرے سے کُل گاؤں کو خبر کر رہا تھا کہ آج نمبردارانی کے ویہڑے میں ایک کیٹھے والے مہمان نے قدم رکھنا ہے.. اُس کے اندر کپاس کے سُوکھے ہوئے ٹانڈوں اور خشک ہو چکی شاخوں کو آگ لگانے سے جیسا الاؤ بھڑکتا ہے ویسا الاؤ بھڑکنے لگا.. نمبردارانی بُھول گئی ہے کہ میں نے اُس کی بیٹی زینب بیگم کی ڈولی اُس کے صحن سے نہیں اٹھنے دی تھی اور وہ اُسے چوری چھپے تحصیل دار کے گھر لے گئی تھی اور وہاں سے اُسے رخصت کیا تھا اور اُس نے اُس کی ڈولی کا تب تک پیچھا کیا تھا جب تک کہ وہ چناب کے پار نہیں اُتر گئی تھی، نمبردارانی بھول گئی ہے.. پر وہ جانتا تھا کہ اب حالات قدرے بدل چکے ہیں.. اُس کا بیٹا عزیز جہان شہر میں ہے اور وہ نسبتاً مضبوط ہو چکی ہے اس لیے اُس نے اپنے آپ پر جبر کیا.. ضبط کیا.. سویر ہو گئی اور پھر دو پہر اُتر آئی پر نذرے میراثی کی تُوتڑی ایک لمحے کے لیے بھی چُپ نہ ہوئی.. پھر اُس میں ضبط کا یارا نہ رہا.. اُس نے بہر طور زینب بیگم کی طرح نور بیگم کی ڈولی بھی روکنی تھی.. ورنہ اُس کی ناک کٹ جانی تھی.. اُس کی دہشت میں دراڑ آ جانی تھی.. افیون کی دو گولیاں گھنی بالائی کے ساتھ حلق سے اُتارنے کے بعد اُس نے اپنی ڈانگ کو تھاما.. مونچھوں کو سنوارا.. ایک لمبی ڈکار لی اور کوٹھڑی میں سے باہر آ کر چھت پر چڑھنے کے لیے سیڑھیوں کی جانب جانے کو تھا تو اُس کے کانوں میں ایک اپاہج سی آواز آئی ''چاچا کہاں جا رہے ہو؟''

اُس نے ٹھٹک کر پیچھے نگاہ کی.. پلنگ پر وہ وجود پڑا تھا جو شکستہ اور مڑا تڑا گوشت کا ایک لوتھڑا تھا پر سانس لیتا تھا.. اُس کی صاحباں کی آنکھیں جو بڑی بڑی اور سیاہ بھور تھیں، کُھلی تھیں اور اُسے تکتی تھیں.. وہ تو ابھی بولنے کے قابل نہیں ہوئی تھی اگر اُس نے کبھی اس قابل ہونا تھا تو کون بولا تھا کہ چاچا کہاں جا رہے ہو..

''میں بولی تھی..'' اُس کے نازک لبوں میں سے ایک سرگوشی ہوئی..

اُسے یقین نہ آیا.. وہ اُس کے قریب ہو گیا ''تم..''

''ہاں..'' وہی بولتی تھی..

ڈانگ پر اُس کی گرفت ڈھیلی ہو گئی..

''تم.. جاگ رہی ہو؟''

''میں جب سے پیدا ہوئی ہوں.. جاگ رہی ہوں.. تم نے کبھی مجھے اپنی اولاد سمجھا ہو تو تمہیں علم ہو کہ میں اب تک ایک پل نہیں سوئی.. چاچا کوٹھے پر نہ جا.. تو زیادہ سے زیادہ نذرے میراثی غریب کا گلا گھونٹ دے گا پر تو میری چاچی نمبردارانی کی بیٹی نور بیگم کی ڈولی، زینب بیگم کی طرح نہ روک سکے گا.. بے عزت ہو گا..''

اگرچہ اس دو برس کی لوتھڑا شے کے ہونٹ مجھے ہلتے ہوئے باتیں کرتے ہوئے لگتے ہیں تو یہ سارے کرشمے افیون کی دو گولیوں کے ہیں ورنہ یہ کیسے بول سکتی ہے.. ''یہ تُو بولی ہے صاحباں..'' وہ شکستہ وجود ہمکنے لگا.. اُس کے ننھے منے ہاتھ اور وہ بھی ٹیڑھے تھے فضا میں اُٹھے کہ مجھے گود لے لو..

بخت جہان کے ضبط کا دامن چھوٹ گیا.. نذرے میراثی کی تُوتڑی اُس کے کانوں میں چھید کرتی تھی اور میراثنیں دولہن کی رخصتی کے دل کو رُلا دینے والے گیت گانے لگی تھیں، وہ اپنی ڈانگ سنبھالتا سیڑھیوں پر چڑھنے لگا..

جاٹوں کے دارے کے کچّے فرش پر.. وہیں جہاں ایک روز بخت جہان اور لہناں سنگھ اپنے بیٹوں کے ہمراہ پہلے توڑ کے مٹکے پی کر مست ہوئے تھے.. وہاں جب باراتیوں کی تواضع میٹھے دودھ اور بالوشاہی کی مٹھائی سے کی گئی تو اُن کے سامنے پہلے تو ٹھپّے لگے ہوئے طویل دسترخوان بچھائے گئے اور پھر نائیوں نے اُن پر سوندھے گرم گرم زردے کے زرد چاولوں کی دیگیں اس احتیاط سے اُنڈیلیں کہ اُن کا ایک دانہ بھی دسترخوان سے سرک کر کچّے فرش پر نہ گرا.. باراتیوں کے منتظر اور بے چین ہاتھ گرم زردے کو اپنی ہتھیلیوں اور پپوٹوں پر محسوس کرتے اُنہیں اپنے شکم میں اُتارنے لگے.. اور اُس زردے میں بھی کوئی پہلے توڑ کا سواد تھا.. وہ باراتی بھی جنہوں نے ابھی کُچھ دیر پیشتر فیصلہ کیا تھا کہ نمبر دارنی نے بارات کے ساتھ جو شدید بدسلوکی کی ہے، وہ اُس کے احتجاج میں کھانے کو ہاتھ نہیں لگائیں گے وہ بھی اُس کی میٹھی گرم بھاپ کی تاب نہ لا کر اپنے سارے فیصلے بُھول بھال گئے کہ اگر چوہدری محکم دین اور اُس کے بیٹے کو کُچھ سُبکی نہ محسوس ہوئی تھی اور وہ دسترخوان کے کناروں پر بیٹھے زردہ اپنی ہتھیلیوں سے سمیٹتے تھے تو بھلا وہ پیچھے کیوں رہ جاتے..

زردے کے حدت آمیز ڈھیروں میں سے دیسی گھی نچڑتا دسترخوانوں کو بھگوتا دارے کے صحن کی مٹّی میں سرائت کرتا اُسے بھی زردے میں ڈالے گئے زعفران کی خوشبو سے آشنا کرتا تھا..

ابھی وہ زردے کی مہک سے مست ہوتے تھے.. کہ اُس کے زرد ڈھیروں پر نائیوں نے گھنے شوربے والے گوشت کی دو دیگیں انڈیل دیں.. شوربے کی آمیزش سے زردے کا رُوپ ہی بدل گیا.. میٹھے اور نمکین کا یہ ایسا نشہ آور امتزاج تھا کہ اگر وہ احتیاط نہ کرتے تو مدہوش ہو کر زردے پر اوندھے ہو جاتے..

بھری دوپہر میں، لاہور سٹیشن پر اُتر کر ریلوے لائن کے ساتھ چلتے، نور پور سے واپسی پر جب وہ شام تک چلتے ایک اداس اور ویران بھٹّے پر پہنچے تو اس سفر کے دوران سوہن سنگھ شکوک کا شکار ہونے لگا.. وہ اپنے آپ سے سوال کرتا رہا کہ سوہنیا بے شک امیر بخش بچپن کا بیلی ہے پر تو اگر اس کے کہنے میں آ کر اپنے گھر اور ویہڑے کی شانتی تیاگ کر ایک ایسے بیل کی مانند جس کی آنکھوں پر کھوپے چڑھے ہوتے ہیں اُس کے پیچھے پیچھے سرہلاتا اگر اس رڑھے میدان میں آ نکلا ہے جہاں سرِشام سانپ رینگتے ہوئے بھی نظر آتے ہیں اور پھر ایک ایسے چھپر میں آ گیا ہے جس میں تو مال مویشی بھی ٹھہرنے سے انکاری ہو جائیں تو تُو نے یہ کیسا ظُلم کما لیا..

اور وہاں اُس چھپر تلے ایک سرونام کا سانسی امیر بخش کے آگے بچھا جاتا ہے..

اُس کے پچھتاوے کی کیفیت امیر بخش بھانپ چکا تھا.. ''سوہنیا.. تو دل ہی دل میں مُجھ پر توئے لعنت بھیج رہا ہے.. کہ میں تمہیں کہاں لے آیا ہوں.. پر تو ذرا قیاس کر.. ہم جاٹ لوگ صدیوں سے ایک بند کوٹھڑی میں تیلی کے بیل کی مانند سر جھکائے زور لگاتے چلے آئے ہیں اور اس کے عوض ہمیں کبھی دو وقت کی روٹی مل جاتی تھی اور کبھی یہ بھی نصیب نہیں ہوتی تھی اور جب نصیب نہیں ہوتی تھی تو ہم دوسروں کے کھیتوں میں سے مُولیاں اور شلجم اُکھاڑ کر اُن سے پیٹ بھر لیتے تھے.. تو یہ تو کوئی زندگی نہ تھی.. جنوروں سے بھی بدتر تھی.. تمہارے گلے میں جو ہل کی پنجالی ہے اُس سے اپنی گردن آزاد

کر کے اپنی اندھی کوٹھڑی میں سے باہر قدم رکھو گے تو دنیا دکھائی دے گی.. اگر تم کوٹ ستارہ واپس جانے کی آرزو میں ہو تو کل صُبح میں تمہیں خود لاہور سٹیشن پر لے جا کر گاڑی میں بٹھا دوں گا۔''

ایک کونے میں چپکے سے ایک شکستہ کھاٹ پر لیٹا عزیز جہان چپ رہا کہ ابھی امیر بخش نے لب کھولنے تھے اور اُس کی چھوٹی بہن کے مستقبل کا فیصلہ ہو جانا تھا.. اُسے وسوسے گھیرتے تھے کہ اگر ابھی تک وہ اُس کی جانب متوجہ نہیں ہوا تھا تو اُسے والدین کی منظوری نہیں ملی تھی..

چھپر کے داخلے کے قریب پُشپی چولہے پر ہانڈی چڑھائے ایک بے جان مُورتی کی مانند ساکت بیٹھی تھی.. چولہے میں سلگتے اُپلوں کا دھواں جب چھپّر سے فرار ہونے کا راستہ تلاش نہ کر سکتا تو چھت کے ساتھ لگ کر اُس کے سرکنڈوں میں سرائت کرنے لگتا.. ہانڈی میں بیگم پورہ کے کھیتوں میں سے چوری چھپے توڑے ہوئے کدّو اُپلوں کی حدّت سے نرم ہو کر گلتے تھے.. پُشپی اپنی ساکت حالت میں سے باہر آئی، ہانڈی کا ڈھکن اُٹھا کر اپنی ناک نیچی کر کے کدوؤں کو سونگھا اور پھر ہانڈی کو اُتار کر اُسی چولہے پر ایک توا رکھ کر اُس کے گرم ہونے کا انتظار کرنے لگی... اُسے کُچھ یاد نہ تھا کہ رام داس کے بھٹے پر آنے سے پیشتر اُس کی کوئی زندگی تھی بھی یا نہیں.. کیا اُس کے بچے تھے جو جانے کون خرید کر لے گیا اور اگر اُس کا کوئی خاوند تھا تو وہ کون تھا اور کہاں رہ گیا.. اُسے تو صرف اُس کونے میں کروٹیں بدلتا یہ عزیز جہان یاد تھا، وہ اتنا سہا ہوا اور لاچار لگتا تھا کہ اُس کی چھاتیوں میں دودھ بھرنے لگتا تھا.. وہ اتنا کھویا ہوا اور ملوک لگتا تھا جیسے ایک بچہ ہو..

جب وہ کھانا کھا چکے تو امیر بخش نے گردن کو بل دے کر کونے میں سمٹی ہوئی پشپی کو دیکھا. ''پُشپا'' وہ چونک گئی۔ یہ امیر بخش واحد شخص تھا جو اُسے پُشپا کہہ کر پکارتا تھا.. اور اُسے عادت نہ تھی.. جیسے اچھو شیخ کو اگر محمد اشرف شیخ کہہ کر پکارا جائے تو وہ چونک جائے گا ''ہیں جی؟''..

وہ سمجھ گئی.. اُٹھی اور خاموشی سے چھپر سے باہر ہو گئی..

وہ امیر بخش، عزیز جہان سے نہیں.. چھت کے سرکنڈوں سے ایک شرمیلے پن سے مخاطب ہو کر بولا ''وہ رضامند ہیں..''

ابھی وہ ایک ایسا دوست تھا جس نے درماندگی میں اُس کا ہاتھ تھاما تھا اور ابھی صرف یہ کہنے سے کہ.. وہ رضامند ہیں.. وہ تقریباً اُس کا بہنوئی ہو گیا تھا.. اُس کے خاندان میں شامل ہو گیا تھا، چنانچہ اُس نے قدرے جھجکتے ہوئے چاچے بخت جہان کی خصلت اور بے مہر طبع کو بیان کیا.. کیسے اُس نے اُس کی بہن زینب بیگم کی ڈولی صحن سے اُٹھنے نہ دی تھی..

''سُن عزیز جہان..'' چھپّر کی تاریکی میں امیر بخش کی آواز میں ایک غیر متوقع غصیلا پن ظاہر ہوتا تھا ''ہم چناب ایسے دریا کے کناروں پر رہتل کرنے والے لوگ تو اُس دریا کو بھی خاطر میں نہیں لاتے جو ہزاروں برس سے بہہ رہا ہے.. ہمارے راجہ پورس نے تو سکندر سے بھی ہار نہیں مانی تھی... تو اپنی بے بے نمبردارانی سے کہہ دے کہ کوئی متبادل بندوبست نہ کرے.. یہ ڈولی اُسی کے صحن سے اُٹھے گی..''

اُن تینوں کی جیبوں میں اتنے سکے اُن کی دن رات کی اینٹیں ڈھالنے کی مشقت سے جمع ہو گئے تھے کہ بارات

کی روانگی سے دس روز پیشتر وہ سٹیشن کے نواح میں برگد والے چوک کے قریب ایک محلے میں دو کمروں اور ایک صحن والے مکان میں منتقل ہو گئے تھے..امیر بخش نے اپنی دولہن کو ایک چھپّر میں تو لے کر نہیں آنا تھا..

میراثنیں دولہن کی رخصتی کے دل کو رُلا دینے والے گیت گانے لگی تھیں، جب بخت جہان کے ضبط کا دامن چھوٹ گیا اور وہ ڈانگ سنبھالتا سیڑھیوں پر چڑھنے لگا..جیسے اُس کے ضبط کا دامن چھوٹا ایسے نذر میراثی کے ہاتھوں میں سے بخت جہان کا قہر آلود سراپا یکدم سامنے پا کر تُوتڑی ہاتھوں سے چھُوٹ گئی اور وہ خوفزدہ ہو کر پیچھے ہٹ گیا..
نیچے اُس کے بہشتی بھائی محمد جہان کے ویہڑے میں میراثنیں رخصتی کے المیہ گیت رُندھی ہوئی آوازوں میں گا رہی تھیں..کمہار اپنے کاندھے سہلاتے ڈولی اُٹھانے کی تیاریاں کر رہے تھے..ایک انجان سہم میں آئی ہوئی نور بیگم ڈولی کے اندھیرے میں قید بلک بلک کر رو رہی تھی اور نمبردارانی اُسے آخری بار گلے لگانے کی خاطر ڈولی کے اندر سمائی جاتی تھی..
میراثنیں اس آخری ملاپ کی منتظر تھیں اور وہ گڑ، شکر اور گندم کی آس میں پہلے سے کہیں بڑھ کر دردناک آواز میں..سسکیاں بھرتیں، آنسو بہاتی، گانے لگیں..

ماواں دِھیاں مِلن لگیاں
چارے کندھاں نے چبارے دیاں ہلیاں..

اور جب نور بیگم اپنی ماں کے گلے سے جدا نہ ہوتی تھی تو میراثنوں نے اپنا آخری وار کیا..

کھیڈن دے دن چار نیں مائے..
جے میرا کتیا مائے نئیں لوڑے..
ایہہ پیاں پونیاں تے اوہ پئے..گوڑے
چرخے دے ٹوٹے چار نیں مائے..
ماواں دِھیاں مِلن لگیاں

جونہی میراثنوں نے ''چرخے دے ٹوٹے چار نیں مائے'' کی پکار بلند کی تو اُنہوں نے اپنے سینوں پر دوہتڑ مار کر یوں فریاد کی کہ صحن میں موجود خواتین دھاڑیں مار مار کر رونے لگیں اور کسی کی نگاہ بھی چھت تک نہ گئی جہاں بخت جہان کا ایستادہ سراپا صحن میں اُترنے والی دھوپ کو روکتا تھا اور اُس کا سایہ طویل ہوتا ڈولی پر چھاؤں کرتا تھا..امیر بخش نے اس فرق کو محسوس کر لیا کہ ابھی اُس کی دولہن کی ڈولی تیز دھوپ میں تھی اور ابھی اُس پر کسی سیاہ بادل کا سایہ اُتر آیا ہے..اُس نے

بائیں ہاتھ سے پھر سے بندھ گئے سہرے کو سمیٹ کر اپنی آنکھیں اٹھائیں اور اُن میں بخت جہان کی قامت تصویر ہونے لگی..اُدھر بخت جہان نے بھی محسوس کیا کہ صحن میں جمع کُل مخلوق میں سے صرف دولہا ہے جو اُس کے وجود سے آگاہ ہو گیا ہے..اُس کی نیلی آنکھوں میں ایک واضح دعوت مبارزت تھی..اُن میں ایک وحشت کے ایسے تیر تھے جو بخت جہان کے بدن میں کُھبتے جاتے تھے..وہ بہت دیر تک اُس کے یوں دیکھنے کو برداشت نہ کر سکتا تھا..اُس کی نیلی آنکھوں میں سے نکلنے والے تیز دھار برچھوں کی تاب نہ لا سکتا تھا..وہ ایک جہاں دیدہ شخص تھا، خوب جانتا تھا کہ کہاں پاؤں جما کر مدمقابل کے سامنے کھڑے ہو جانا ہے اور کہاں قدرے گریز کرنا ہے..اگرچہ طیش سے اُس کا خون اُس کی شریانوں میں چھید ڈالتا تھا، اُسے اُکساتا تھا کہ بخت جہان اپنی ڈانگ پر گرفت مضبوط رکھ، گرجتا اور گالیاں دیتا صحن میں اُتر اور سب کُچھ درہم برہم کر دے..اس ڈولی کو بھی روک دے کہ یہی تیری روائت ہے اور تیری انا کا تقاضا ہے..پر اُس نے گریز کیا..

نہ صرف اُس دولہے کڑی یا ہوے کی آنکھیں شرارے برساتی تھیں بلکہ اُس کے برابر میں کھڑا جو سکھ نوجوان تھا اب وہ بھی مُنہ اٹھا کر اُسے گھورنے لگا تھا..اور تو اور اُس پلید مردار خور سروسانسی ایسی چیونٹی کو بھی پر لگ گئے تھے اور وہ اُن کے برابر میں کھڑا یوں مسکراتا تھا جیسے اُس پر ترس کھا رہا ہو..تو اُس نے صورت حال کی نزاکت بھانپ لی، بہت مصیبت سے اپنے آپ کو قابو میں کیا، اپنی ٹیڑھی گردن کو ذرا بل دے کر اپنے باریک ترچھے ہوئے لبوں پر ایک مسکراہٹ لا کر نہائت اُلفت سے پکارا ''بھرجائی بہشت بی بی..''

نمبردارنی اپنی بیٹی کے وچھوڑے کے دُکھ میں آنسو گراتی غش کھاتی نڈھال ہو رہی تھی، وہ بخت جہان کی آواز سُن کر یکدم پتھرا گئی..منجمد ہو گئی..اُس نے سر اُٹھا کر اُدھر کوٹھے پر وہاں دیکھا جہاں سے آواز آئی تھی اور وہاں بخت جہان ڈانگ تھامے دھوپ کا راستہ روکتا تھا پر وہ مسکرا کیوں رہا تھا..میں نے عزیز جہان سے فریاد کی تھی..تو میرے کمینے، احسان فراموش اور منتقم مزاج دیور کو جانتا نہیں ہے..وہ نور بیگم کی ڈولی اس صحن سے نہیں اٹھنے دے گا..ہم اسے چاچے محمد حسین کے گھر لے جا کر وہاں سے رخصت کر دیں گے پر تو نہ مانا..اب دیکھ میرے ساتھ..میری نور بیگم کے ساتھ کُل برادری کے سامنے کیا ہونے والا ہے..

بخت جہان کے ''بھرجائی بہشت بی بی'' پکارنے پر وہ سناٹے میں جا چکی تھی، پتھرائی ہوئی پھٹی پھٹی آنکھوں سے کوٹھے پر کھڑے اپنے دیور کو تکے جا رہی تھی اور اس تکنے میں ایک التجا تھی..

نہ صرف بہشت بی بی بلکہ صحن میں جمع سب لوگ سناٹے میں جا چکے تھے..

''بھرجائی بہشت بی بی..'' اُس نے پھر دوہرایا ''تو کیسی پتھر دل بھرجائی ہے..میں تیرا اکلوتا دیور ہوں..اور تو نے مُجھے اپنی بیٹی..میری سگی بھتیجی کے بیاہ پر مدعو ہی نہیں کیا..میں ڈھیٹ بن کر خود ہی چلا آیا ہوں۔'' بخت جہان کی آنکھیں سچ مچ آنسوؤں سے بھرنے لگیں ''میرا بہشتی بھائی زندہ ہوتا تو میرے ساتھ ایسا ہتک آمیز سلوک تو نہ کرتا۔''

نمبردارانی کو نہ اپنی آنکھوں پر اور کانوں پر تو بالکل ہی یقین نہ آیا..

اور وہاں برادری کے جتنے لوگ تھے، بارات والے، کوٹھوں پر کھڑی کمہارنیں، ماچھنیں، لوہارنیں جو ابھی کُچھ دیر پہلے بارات والوں پر اُپلے برسا کر اُنہیں جی بھر کے گالیاں دے کر فارغ ہوئی تھیں، وہ سب بخت جہان کے اخلاص اور

کھرے پن کے قائل ہو گئے.. اُس کے طرف دار ہو گئے.. کہ ہاں نمبر دارانی نے یہ کیسی زیادتی کی ہے کہ اپنے سگے دیور کو اُس کی سگی بھتیجی کے بیاہ پر نہیں بلایا.. اور یہ دیور کیسے کُھلے دل کا ہے، اپنے مرحوم بھائی سے ایسا محبت کرنے والا ہے کہ اس ہتک کے باوجود خود ہی چلا آیا ہے..

بخت جہان ڈانگ ٹیکتا، پگڑی کے پلّو سے آنسو پُونچھتا اپنے مرحوم بھائی کے ویہڑے میں اُترا.. اور اس اترنے کے دوران وہ ایک عارضی ماہیئت قلب سے دوچار ہوا کہ جو آنسو اُس کی گریز کی اداکاری سے آنکھوں میں آئے تھے وہ اب حقیقت کا روپ دھار کر اپنے بھائی کی یاد میں اور بھتیجی کی رخصتی کے دُکھ سے گرتے تھے..

صحن میں اُتر کر وہ لوگوں میں راستہ بناتا دولہے کے پاس پہنچا.. اُس کے مُنہ سر کو چوم کر پیار دیا اور پھر ایک کمہار کو پرے دھکیل کر بولا ''اوئے پرے دفعان ہو.. ڈولی کو کندھا میں دوں گا.. بناشک میری بھرجائی میری شریک نکلی ہے پر ڈولی کے اندر تو میری سگی بھتیجی نور بیگم بیٹھی ہے..''

امیر بخش بھی تذبذب میں پڑ گیا.. یہ چاچا اتنا بُرا تو نہ لگتا تھا جتنا کہ عزیز جہان بیان کیا کرتا تھا..

ڈولی اٹھنے پر ہمیشہ کہرام مچ جاتا تھا پر آج ہر سُو سناٹا تھا کہ بخت جہان تھا جو ڈولی کو کندھا دے رہا تھا.. مسلسل آنسو گراتا، بڑبڑاتا، دعائیں دیتا، شالا تو ہمیشہ آباد رہے، شاد رہے.. تیری ماں نے تو میرے ساتھ شریکا کیا ہے پر تُو میری سگی بھتیجی ہے.. آج تیرا باپ زندہ نہیں تو کیا ہوا.. میں جو ہوں..

ڈولی کے اندر اپنے سُرخ جوڑے کو آنسوؤں سے بھگوتی نور بیگم کو یہ ایک خواب سا لگا.. کیا باہر وہی چاچا کندھا دے رہا ہے جس نے میری ماں کو دھمکی دی تھی کہ وہ ہم بہنوں کو راجہ پٹیالہ کے ہاتھوں فروخت کر کے اُس رقم سے شراب خرید لے گا.. شائد ماں نے چاچے کے ساتھ خدا واسطے کا بیر پال رکھا تھا ورنہ وہ اتنا بُرا تو نہ تھا..

اُدھر بخت جہان ڈبڈباتی آنکھوں کے ساتھ دنیا پور کی گلیوں میں آنسو بہاتا اپنی سگی بھتیجی کی ڈولی کو کاندھا دیتا چل رہا تھا اور اُس کے قلب میں جو عارضی تبدیلی رونما ہوئی تھی اُس کا اثر زائل ہو رہا تھا.. آج کے دن وہ بہت بے عزت ہوا تھا.. یہ جو پُر وقار انداز میں چلتا لم ڈھینگ سا دولہا تھا جس کی آنکھوں میں ایک دعوت مبارزت تھی اس نے مجھے بے توقیر کیا تھا.. اُس کا جی تو یہی چاہا کہ وہ اس ڈولی کو پٹخ کر پہلے اس دولہے کی پٹائی کرے اور پھر گھر جا کر اطمینان سے کیکر کی شراب پی کر اپنے بے عزتی کو بھول جائے.. پر اُس نے پھر گریز کیا..

وہ ابھی تک نابینا تھی.. ڈولی کے اندھیارے میں ایک طویل سفر کے بعد بھی اُس کی آنکھیں خشک نہ ہوئی تھیں.. جانے کس کا ہاتھ اُس اندھیرے میں آگے آیا اُسے سہارا دیا اور وہ اُسے تھام کر ڈولی سے باہر آ گئی..

ایک ویران صحن تھا جس کے ایک کونے میں ایک گھنی قد آور بیری تھی جس کی ہر ڈال پر چراغ جلتے تھے اور اُس کی شاخوں میں سے ٹپ ٹپ پکے ہوئے بیر گرتے تھے.. اور وہ ہاتھ جو ڈولی کے اندھیارے میں آیا تھا اور اُسے تھام کر وہ باہر آئی تھی ایک ایسی عورت کا تھا جو پہلی نظر میں اُسے اپنی ماں دکھائی دی..

اُس نئی ماں نے اُسے اپنے بازوؤں میں سمیٹا، اُس کا ماتھا چُوما اور رونے لگی..

اپنے صحن سے اداس اور وہاں دھریک کا ایک درخت تھا جس کے بنفشی پھول باہر گلی میں گرتے تھے نور بیگم چناب کے پانیوں کی قربت میں کسی گاؤں کے صحن میں اُتری جہاں بیری کا ایک گھنا درخت تھا جس کے گھنے پن میں سے ہرے، کچے پکے اور لال سُوہے بیر گرتے تھے.. اور اُس کی ہر ڈال پر دیسی گھی کے چراغ روشن ہو رہے تھے.. اور اُن کی روشنی میں ایک پر مسرت چہرے والی نئی ماں تھی..

اور اُس شب اُدھر چناب کے پانیوں پر جو دُھند تیرتی تھی اُس میں سے نویکلے رنگوں کا ایک پنچھی نمودار ہوا اور اپنے آپ کو ایک کچی کوٹھڑی میں پایا جس کے اندھیرے پن میں اکِ پلنگ نواری رانگلا بچھا تھا اور اُس پر ایک دولہن اپنے سُوہے جوڑے میں سمٹتی لجاتی تھی اور اُس کے سمٹنے سے پلنگ پر بچھی ریشمی چادر بھی سمٹتی تھی اور پائنتی کی جانب ایک دراز قامت گھبر و جھجکتا ہوا بیٹھا پہلو بدلتا تھا اور وہ اُسے پہچان گیا. سویر کی ٹھنڈک میں دریا کنارے بیٹھا وہی لڑکا جس نے پار جانا ہوتا تھا.. اُس جنگل بیلے میں جانا ہوتا تھا جہاں اُس کا چاچا ڈیرہ ڈالے ہوئے اپنی گھر والی کی اُنگلیوں سے ثبت شدہ پراٹھے کا منتظر ہوتا تھا..

وہ پنچھی جانے کس رنگ کا تھا پر اس کچی کوٹھڑی میں داخل ہوتے ہی پلنگ کے رنگوں میں رنگا گیا.. ویسا ہی رانگلا ہو گیا.. اُن دونوں کے اوپر اس احتیاط سے پھڑ پھڑانے لگا کہ اُس کی پھڑ پھڑاہٹ کی آواز سے اُن کے تنہا سکوت میں خلل نہ پڑے..

بس ویسی ہی سویر ہو رہی تھی جیسی چناب کے کناروں پر ہوا کرتی تھی.. کوٹھڑی کے اندر ویسی ہی ہلکی دُھند تیرتی تھی جب نور بیگم کی نگاہ اُس کی پنڈلی کے نشانوں پر ٹھہر گئی..

نور بیگم یہ موقع تو نہیں ہے پر جان لے کہ یہ اخلاقیات، عقیدے اور رسم و رواج اور انصاف کے خواب سب گُھن لگی تصویریں ہیں.. واحد سچائی کتّوں کے دانتوں کے نشان ہیں جن پر تمہاری نگاہ ٹھہر گئی ہے۔ محض ایک خواہش ہے کہ مجھ میں اور تجھ میں سے جو بیج پُھوٹتے ہیں اُن کی پنڈلیوں پر یہ نشان نہ ہوں اور تو شائد اس خواہش کو پورا کرنے کی قدرت رکھتی ہے..

اُس کے نور بیگم کے اپنے بدن کا اتنا بھار نہ تھا جتنا کہ اُس کے سُرخ جوڑے اور گہنوں کا تھا، وہ اُن سے آزاد ہوئی تو اُس کا وجود نکھر گیا، پروں کی پوٹلی ہلکا پھلکا ہو گیا.. وہ دوہری ہو کر جھکی ذرا آگے ہو کر امیر بخش کی پنڈلی کے قریب ہوئی اور اُس پر کتّوں کے کاٹے کے جو نشان تھے اُن پر اپنے کنوارے لب رکھ دیئے..

✦ .... ✦

گھیرے دار خیمہ نما سفید برقعے کی ٹوپی کی جالیوں کے کے سوراخوں میں کبھی دن ہو جاتا اور کبھی اُن سوراخوں میں سے شام اندر آنے لگتی.. کبھی دھوپ لشکنے لگتی اور کبھی چھاؤں ہو جاتی..اور اس دھوپ چھاؤں کے کھیل میں اُسے پُختہ کوٹھے اور چوبارے نظر آنے لگتے اور اُن کے دروازوں اور کھڑکیوں میں کبھی کبھار اُسے کوئی شکل نظر آ جاتی.. یہاں دنیا پور کی مانند ایک چُپ نہ تھی، شور تھا، بھیڑ بکریوں کے منمنانے ایسی آوازیں اور باتیں اُس کے برقعے کے اندر ملفوف کانوں میں آتیں..ان کی بولی بھی الگ تھی، لوگ لٹک لٹک کر نخرے کرتے باتیں کرتے تھے، اُن کا لہجہ جدا تھا..اُس کے کُچھ پلّے نہ پڑ رہا تھا کہ وہ کیا کہہ رہے ہیں..

یکدم ایک عجیب سی ڈراؤنی کھڑکھڑاہٹ اور بھاں بھاں کی آواز ایسی آئی کہ وہ مارے دہشت کے برابر میں چلتے امیر بخش کے بدن کے ساتھ جا لگی اور پھر فوراً ہی حیا کی ماری کانپتی ہوئی پرے ہوگئی..

''نور بیگم..ڈر گئی ہو؟''

اگر وہ دیکھ سکتا تو برقعے کی جالی کے پیچھے اُس کی آنکھیں خوفزدہ کبوتروں کی مانند پھڑپھڑاتی تھیں..

''یہ موٹر کار ہے نور بیگم..خود بخود چلتی ہے..اس میں ایک میم صاحب اپنے کُتے کے ساتھ بیٹھی مال روڈ کی سیر کر رہی ہے..''

ایک نئی نویلی اور وہ بھی دیہاتی دولہن..ساٹن کے بھاری سُرخ سوٹ میں، کانوں میں جُھمکے..ماتھے پر ٹیکا، بانہوں میں بھاری گوکھڑو..گلے میں گلوبند..پاؤں میں چاندی کی پازیبیں..اور نمبردارنی نے جانے یہ گہنے کس بھڑولے میں چھپا رکھے تھے کہ فاقوں کی نوبت بھی آ جاتی تو وہ اُنہیں ہاتھ نہ لگاتی..اور اس سارے ہار سنگھار اور ساٹن کے وزنی سُوٹ کے اوپر چھا تو درزن کا سِلا ہوا سیدھا برقعہ..نور بیگم زندگی میں پہلی بار ایک برقعے کی قید میں آئی تھی..

گاؤں کی عورتیں پردے اور برقعے جیسے نخریلے جھمیلوں میں نہ پڑتی تھیں اور نہ ہی پڑ سکتی تھیں..اُن کے ذمے گھر کے کام کاج کے سوا بھی لاکھ بکھیڑے تھے..کنویں پر بھتّہ لے کر جانا، کبھی چارے کا گٹھا کمر پر اُٹھا کر مویشیوں کے آگے جا ڈالنا..ضرورت پڑنے پر بھینسوں کے تھنوں کو پسما کر دودھ دوہنا..کھیتوں میں مشقت کرنا، کپاس کی فصل کے دوران کپاس کے پھُول چُننا...یہ پردہ شردہ صرف اُن لوگوں کے نخرے تھے جنہوں نے اپنے ہاتھوں سے تنکا بھی نہیں توڑنا تھا..بیکار بیٹھے رہنا تھا۔صرف سیّدوں کی موٹی بیبیاں یا پھر مولوی صاحب کی گھر والی ہی یہ پردہ شردہ کرتی تھی..پر ہوا یہ کہ جب نمبردارانی

پھاتو درزن کے ہاں بَری کے جوڑے سلوانے کے لیے گئی تو اُس نے دنیاپور میں اکلوتی سنگر سلائی مشین کی ہتھی گھماتے ہوئے کہا''بہن بہشت بی بی.. تیری بیٹی نور بیگم کے جہیز کا سارا کپڑا لتا تو بڑا سوہنا اور چج والا ہے پر تونے اُس کے لیے بُرخہ نہیں سلوایا..''

''پھاتو.. لے میں نے اپنی بیٹی کا دم روکنا ہے اُسے بُرخہ پہنا کر.. یہ تو وہ پہنیں جنہیں کوئی کام کاج نہ ہو.. جاٹوں کی کسی لڑکی نے آج تک بُرخہ پہنا ہے جو میری نور بیگم پہنے گی..''

''نہیں بہشت بی بی.. بیاہ کے بعد اُس نے شہر لاہور جانا ہے ناں؟''

''ہاں..''

''بہن تو نے ساری حیاتی اس دنیاپور سے کیا محلّہ مغربی سے باہر بھی قدم نہیں رکھا.. تجھے باہر کی دنیا کی کُچھ خبر نہیں.. میرا سگا بھتیجا خیر سے شہر لاہور میں درزیوں کا کام کرتا ہے.. وہاں تو ساری سوانیاں پردہ کرتی ہیں، بُرخے اوڑھتی ہیں.. صرف ہندنیاں اور سِکھنیاں کُھلے مُنہ پھرتی ہیں.. نور بیگم وہاں بُرخہ نہیں پہنے گی تو لوگ اُسے ہندنی سمجھیں گے.. اب تُو آپ سوچ بچار کرلے..''

نمبردارانی اس رواج سے آگاہ نہ تھی، وہ واقعی سوچ بچار میں پڑ گئی.. وہ تو کبھی سوچ بھی نہ سکتی تھی کہ کسی عورت کو سیدھے بُرخے میں قید بھی کیا جاسکتا ہے.. ایک طرح کا کفن پہنا دینا ہی ہوا ناں.. پر اگر اُدھر یہی رواج ہے تو مجبوری ہے بیٹی کو کفن پہنانا ہی پڑے گا..''چل سی دے بُرخہ.. پر اُس کی جالی کے سوراخ بڑے بڑے رکھنا تاکہ میری نور بیگم کو کُچھ تو دکھائی دے..''

بے شک اُس برقعے کی ٹوپی کی جالی کے سوراخ قدرے کشادہ تھے پر اس کے باوجود نور بیگم نے جب پہلے روز یہ سفید کفن پہنا تو اُسے کُچھ بھی سجھائی نہ دیا۔ وہ نابینائی میں ٹٹولتی ٹھوکریں کھاتی پھری..

اب بھی شادی کے پورے دو ماہ بعد بھی جب اُسے اس کفن کی عادت نہ ہوئی تھی امیر بخش نے جب اُسے ایک خوفزدہ کیفیت میں لرزتے دیکھ کر کہا کہ یہ موٹر کار ہے نور بیگم.. خود بخود چلتی ہے تو اُس نے برقعے کے سُوراخوں میں سے دیکھا کہ شہر لاہور کی ٹھنڈی سڑک ہے جس پر ابھی ابھی چھڑکاؤ کیا گیا ہے اور کبھی کبھار کوئی تانگہ یا بگھی گذر جاتی ہے تو اُس پر وہ شے جسے امیر بخش نے موٹر کار کہا تھا، خود بخود گھوڑے کے بغیر آپو آپ چلی جارہی ہے اور اُس میں سے ایک ننگے سروالی بے حیا گوری گوری عورت بیٹھی ہے جس کے برابر میں ایک کُتّا براجمان ہے جو ہانپتا ہوا زبان لٹکائے باہر کے نظاروں سے لطف اندوز ہورہا ہے.. اور وہ بے شرم گوری کبھی کبھار ایک بھونپو دبا کر پاں پاں کرتی چلی جارہی ہے..

نور بیگم ایک عجیب انجانے جہان میں چلتی تھی جہاں اُسے کُچھ کُچھ دکھائی دیتا تھا پر جو کُچھ بھی دکھائی دیتا تھا وہ اُسے حیرت میں مبتلا کرتا تھا.. اور جب اُس نے زندگی کی پہلی بائیسکل دیکھی اور اُس پر بے حیائی سے ٹانگیں چوڑی کرکے بیٹھی ایک ایسی لڑکی کو دیکھا جس کی رنگت خوب کالی تھی پر اُس کے بال ڈائنوں کی طرح کٹے ہوئے تھے تو اُسے یقین نہ آیا کہ آخر وہ دو پہیّے چلتے کیسے ہیں اور قائم کیسے ہیں اور اُن پر ٹنگی ڈائن اُن پر معلّق کیسے ہے.. کوئی ایک عجوبہ تھا اس شہر لاہور میں.. امیر بخش نے اُسے دو گھوڑوں والی ایک بگھی بھی دکھائی دی جس میں موٹی ہندنیاں ساڑھیاں لپیٹے ماتھے پر تلک لگائے

بیٹھی تھیں اور کوچوان کو بُرا بھلا کہنے میں مصروف تھیں..

ٹھنڈی سڑک پر ایک بہت اونچا پکا چوبارہ تھا ڈِ نگا سنگھ نام کا جس کے گنبد کے چاروں طرف بڑے بڑے گھڑیال لگے تھے اور وہ تھوڑی تھوڑی دیر کے بعد گونجدار آواز میں ٹن ٹن کرنے لگتے تھے اور اُسے چونکا دیتے تھے..

سڑک کے آخر میں مالٹوں کے ایک باغ کے درمیان میں انگریز صاحبوں کی ملکہ کا جو بہت موٹی سی تھی، ایک بُت بیٹھا تھا.. جس نے ہاتھ میں گولا سا پکڑ رکھا تھا..

پچھلی شام امیر بخش اُسے منڈوا دکھانے کے لیے لے گیا تھا.. وہاں ایک بہت بڑا پسار تھا جسے پربھات ٹاکیز کہتے تھے اور اُس کے اندر اندھیرے میں ایک سفید دیوار پر مُورتیں چلتی پھرتی تھیں، کبھی باتیں کرتی تھیں اور کبھی میراثیوں کی طرح اونچی اونچی گانے لگتی تھیں.. اس تماشے کا نام ''اچھوت کنیا'' تھا.. امیر بخش نے ایک گانے پر بڑا سر ہلایا، کہنے لگا کُچھ سمجھ آ رہی ہے کہ نہیں.. یہ گاتی ہے... کِت گئے ہوکھیون ہار.. وہ کہتا تھا کہ یہ سب پرچھائیاں ہیں، روپ بہروپ ہے.. اصل نہیں ہے، پریشان نہ ہونا..

اُسے شادی کے بعد پہلی بار امیر بخش سے شکائت پیدا ہوئی کہ وہ گانا سُن کر سر کیوں ہلا رہا تھا، ایسا تو صرف میراثی لوگ کرتے ہیں۔

نور بیگم نمبردار محمد جہان کی بیٹی تھی جو بھُوکی سو سکتی تھی، یتیم ہو جانے کے دُکھ کو سہہ سکتی تھی، چاچے بخت جہان کی زیادتیوں کو برداشت کر سکتی تھی، وہ ان آلام سے کبھی دل برداشتہ نہ ہوئی تھی، پریشان ہو کر زندگی کا دامن نہ چھوڑا تھا.. لیکن امیر بخش نے کوٹ ستارہ کی اُس سہاگ شب میں جو کُچھ کہا تھا، وہ اُس کے تن بدن میں ایک نوکیلے کنکر کی مانند چبھتا اُسے پریشان کرتا تھا.. یہ کیسے ہو سکتا ہے کہ اخلاقیات، عقیدے، رسم و رواج اور انصاف کے خواب سب گھُن لگی تصویریں ہوں.. اُس نے نہ صرف حافظ صاحب سے پورا قرآن پاک پڑھ رکھا تھا بلکہ چار جماعتیں بھی پاس کر رکھی تھیں، وہ اپنے گاؤں کی دیگر لڑکیوں کی مانند جاہل مُطلق نہ تھی، اچھی خاصی پڑھی لکھی تھی.. وہ کیسے مان لیتی کہ وہ اقدار جن پر حیات کی بنیاد ہے کھوکھلی اور گھُن لگی تصویریں ہیں.. بس یہی اُس کی زندگی کی پہلی پریشانی کا سبب تھا..

یہ تو نہیں کہ وہ پہلی رات کے بعد ایسی بے دین باتوں سے باز آ گیا.... یہ سب ڈھکوسلے ہیں نور بیگم.. زور آوروں نے اپنی حاکمیت قائم رکھنے کے لیے.. ہم جیسوں کو اپنے مویشی بنانے کی خاطر یہ سب کُچھ گھڑ رکھا ہے.. سچ ایک جگہ مجتمع نہیں.. کسی ایک مذہب کی جاگیر نہیں، یہ ذرّوں میں بکھرا ہوا ہے، اگر کوئی سچ ہے تو..

وہ توبہ تائب ہوتی اور اپنے سچ سے اُس کی معافی کی طالب ہوتی کہ وہ اس کے سوا تو کیا ریشم کی مانند ملائم اور دھیما شخص تھا.. اگرچہ بے دین لگتا تھا..

اُس کے سیدھے سفید برقعے کی جالی کے سوراخوں میں سے اُسے ٹھنڈی سڑک کی ٹھنڈک آتی رہی اور پھر کُچھ فاصلہ طے کرنے کے بعد ایک اور بازار کی دھوپ چھاؤں اُس کی آنکھوں میں سمانے لگی..

پورے دنیا پور میں تو بس حافظ جی کی ایک ہی پرچون کی ہٹی تھی جس میں چیزیں کم تھیں اور مکھیاں زیادہ پر اِس بازار میں تو بڑی بڑی ہٹیوں کی قطاریں لگی تھیں.. اور ہر شے کی.. کپڑوں، جوتوں، صندوقوں، گھڑیوں اور مٹھائیوں کی ہٹیاں الگ الگ تھیں.. وہاں ان کو ہٹیاں نہیں دوکانیں کہتے تھے.. اُن کے باہر اس بازار میں فربہ ہندنیوں اور سکھنیوں کی بگھیاں کھڑی تھیں.. اور دوکاندار اپنے ہاتھوں پر کپڑے کے تھان پھیلاتے اُن کے حضور پیش کرتے تھے اور وہ ناک چڑھاتی اُن کو اکثر پرے پرے کرتی تھیں..

جو معتبر اور حیثیت والے تھے وہ دوکانوں کے اندر جا کر خریداری کرنا اپنی ہتک سمجھتے تھے.. اُن کی بگھیاں باہر رُکتی تھیں اور دوکاندار لپکتے ہوئے آ کر اُن کے پاؤں میں بچھے چلے جاتے تھے.. وہ ان بگھیوں میں پاؤں پسارے براجمان ہندنیوں اور سردارانیوں کے پاؤں کا ناپ ایک کاغذ پر اُتارتے اور پھر بھاگم بھاگ دوکان کے اندر جا کر گرگابیوں اور سینڈلوں کے درجنوں ڈبے اپنے ملازموں کے کاندھوں پر رکھوائے چاپلوسی کی مسکراہٹیں بکھیرتے واپس آتے اور اُن کے قدموں میں رکھ دیتے..

پیاس کے مارے اُس کی زبان تالو سے چمٹ رہی تھی جب امیر بخش کا ہاتھ اُس کے سیدھے برقعے میں آ گیا اور وہ ذرا سمٹ گئی کہ اُس کا ہاتھ بھری دوپہر میں آیا ہے تو بھولا بھٹکا آیا ہے.. ''لے نور بیگم.. لیموینڈ پی لے..''

وہ کیسے پوچھتی کہ یہ کیا ہے۔ آج کیا کیا پُوچھتی چنانچہ ایک مرتبہ پھر زندگی میں پہلی بار اُس نے شربت کی بجائے ایک ایسے مشروب کا گھونٹ بھرا جو کھٹا میٹھا تھا اور وہ اُس کے حلق کے اندر بڑبڑاتا، بلبلے نکالتا چلا گیا..

''اچھا ہے؟''

اُس نے سر ہلایا تو پورا برقعہ سر ہلانے لگا..

''یہ کیسری لموینڈ کی ہٹّی کا ہے.. دکھائی دے رہی ہے؟''

اُس نے پھر سر ہلایا..

وہ بلبلوں والا کھٹا مٹھا شربت اُسے موافق نہیں آ رہا تھا اور وہ شرمندگی سے بار بار اپنے ڈکار روکتی تھی..

''تمہیں انارکلی بازار پسند آیا نور بیگم؟''

برقعہ پھر قدرے لرزیدہ ہوا..

شہر لاہور کے اندرون میں یوں تو درجنوں بازار تھے اور صدیوں سے چلے آتے تھے.. سُوہا بازار.. ڈبی بازار، کناری بازار، کسیرا بازار اور لُنڈا بازار بھی جہاں گوروں کی اُترن فروخت ہوتی تھی اور بابو ہوٹل تھا لیکن جب زمانے نے یکدم کروٹ بدلی.. ابھی کچھ تھے اور ابھی کچھ اور ہو گئے تو ان بازاروں میں گھٹن اور بوسیدگی محسوس ہونے لگی... شہر سے باہر نیلے گنبد والی مسجد اور لوہاری دروازے کے درمیان میں جو ویران میدان تھا جہاں انگریز فوج کے کچھ جھونپڑے اور بیرکیں اُس ویرانی میں تھیں وہاں ایک ایسا کُھلا اور چوڑا اور بڑی بڑی دوکانوں والا بازار تعمیر کیا گیا جو اندرون شہر کی مانند نہ دم روکنے والا تھا اور نہ ہی ٹیڑھا میڑھا اور بے ترتیب تھا.. شرف النساء عرف انارکلی کے نام پر برصغیر میں تعمیر کیے جانے والے

پہلے جدید بازار کی رونمائی ہوئی تو پورے ہندوستان میں دھوم پڑ گئی.. بازار جو نیلے گنبد والی مسجد سے شروع ہو کر لوہاری دروازے تک چلا جاتا تھا شائد اتنا معروف اور رومانوی نہ ہوتا اگر اس کا نام انارکلی کی بجائے کچھ اور ہوتا.. گو پرسٹریٹ، گوبند گلی یا کوچہ اسلام پورہ ہوتا.. یُوں انارکلی ایک بازار نہ ہوا ایک یاترا ایک حاضری ہو گئی.. جو کوئی بس ایک بار اس کی سیر کر لیتا وہ دوسروں کی نظروں میں قدرے رومانوی اور معتبر ہو جاتا... دلّی اور امرتسر کی ٹرین سے اُترنے والے ہندو اور سکھ نوبیاہتا جوڑے لاہور سٹیشن سے باہر آتے تو تانگوں کے کوچوان اُن سے اُن کی منزل کے بارے میں نہ پُوچھتے بلکہ گھوڑے کو چابک رسید کر کے کہتے.. تو چل میریا جواناں انارکلی بازار.. وہ جانتے تھے کہ یہ نئے نویلے شادی شدہ جوڑے پہلے انارکلی کی سیر کریں گے.. اور پھر اپنی زندگی کا آغاز کریں گے..

یہ کہاوت تو صدیوں سے چلی آتی تھی کہ جس نے لاہور نہیں دیکھا وہ پیدا ہی نہیں ہوا لیکن اس میں ایک اضافہ ہو گیا کہ جس نے لاہور آ کر انارکلی کی سیر نہیں کی اُس نے لاہور نہیں دیکھا.. یعنی وہ پیدا ہونے سے بھی رہ گیا..

مدتوں بعد جب زمانے کا سیلاب اُن شکلوں کو بہالے گیا جو دلوں کو مسخر کیا کرتی تھیں اور اگر اُن کے کچھ آثار باقی رہے تو اُن میں بدشکلی نمایاں تھی، کوئی چہرہ کوئی عمارت پہچانی نہ جاتی تھی، گمان بھی نہ ہوتا تھا کہ اس شکل کے لیے کبھی چاہت میں مبتلا دریا پار کیا کرتے تھے اور اس عمارت کی دُھوم پورے ہندوستان میں پڑ گئی تھی تو یہ بازار بھی انارکلی کی مانند وقت کی دیوار میں چُنا جا چکا تھا.. ہر ایک کے دل کو مسخر کر لینے والی یہ انارکلی عُمر اور زمانوں کے ہاتھوں لاچار اور پوپلی ہو چکی تھی اور اس کے مقابلے میں اس شہر میں کتنی ہی نوخیز اور چنچل شہزادیاں، لبرٹی مارکیٹ، ایم ایم عالم روڈ اور ڈیفنس کے روپ میں جلوہ گر ہو چکی تھیں۔ تب بھی سرحد پار سے اس کے عاشق یاتریوں کا بہروپ بھر کر آتے، ننکانہ صاحب کے بہانے کر کے آتے اور لاہور سٹیشن سے اُتر کر سیدھے انارکلی بازار کا رُخ کرتے.. اگرچہ شہزادی بوڑھی اور بیکار ہو چکی تھی، پُرہجوم اور ناقابل برداشت ہو چکی تھی لیکن سرحد پار کے ان یاتریوں کے دلوں پر وہ اب بھی راج کرتی تھی کہ اُنہوں نے اُس انارکلی کو اپنے اندر محفوظ کر رکھا تھا جس میں ایک نوخیز جوڑا چہل قدمی کر رہا تھا، نوجوان کی قامت بُلند تھی اور سر کے بال برف سفید ہو چکے تھے اور اُس کی شریک حیات ایک سیدھے برقعے کی ٹوپی کے سوراخوں میں سے اس جادوئی بازار کو دیکھنے کی سعی کرتی تھی۔

اُن زمانوں میں عام لوگ انارکلی میں داخل ہونے سے ذرا گھبراتے تھے، کسی نے اُڑا دی تھی کہ وہاں داخل ہونے کے لیے انگریزی جاننا ضروری ہے اور داخلے پر گورے کھڑے ہوتے ہیں جو ہر شخص کے ساتھ گٹ پٹ کر کے اُس کا امتحان لیتے ہیں، وہاں کے دوکاندار بھی صرف انگریزی میں بات کرتے ہیں حالانکہ اس میں کچھ حقیقت نہ تھی اور یُوں قصہ خوانوں نے طرح طرح کے شعر گھڑ لیے تھے کہ.. میں ہُن انگریزی پڑھ گئی آں، تے انارکلی وِچ وڑ گئی آں.. یہاں کھلے عام بے پردہ خواتین کو بھی عوام الناس کسی حد تک مخرب الاخلاق قرار دیتے تھے اور قصہ خوان اُن کے جذبات کی ترجمانی بھی کرتے تھے.. گنپت روڈ کے کونے پر جہاں تقسیم کے بعد جالندھر موتی چور لڈوؤں کی دوکان کُھلی تھی وہاں ایک سلیٹی رنگ کا لاچا اور اُسی رنگ کی پگڑی پہنے ایک قصہ خواں راہگیروں کو اپنی سُریلی آواز میں گا گا کر متوجہ کیا کرتا تھا اور ایک ایک پیسے میں وہ قصے فروخت کرتا تھا جن میں انارکلی میں بے حیائی اور بے پردگی کو بیان کی جاتا تھا..

شرم حیا ساڈھے دیس دی
یارو ساری اُڈ گئی اے..
رنّاں نے پردہ اُتاریا
مرداں نُوں غیرت ناں رہئی اے..

اور یہاں پلپلی صاحب بھی پائے جاتے تھے..

پنجاب کے دور دراز کے پسماندہ دیہات کے وہ لڑکے جو میٹرک کے امتحان میں اچھے نمبروں پر پاس ہو جاتے اگر استطاعت رکھتے تو لاہور کے کسی کالج میں داخلہ حاصل کر لیتے..وہ اپنی پسماندگی کے احساس کمتری میں مبتلا اپنے آپ کو اس شہر کا اہل ثابت کرنے کے لیے انگریزی لباس اور طور طریقے اختیار کر لیتے..سُوٹ اور ٹائی کے علاوہ وہ ہیٹ جو اکثر اُن کے کانوں تک آتا تھا اُنہیں پلپلی کرتا تھا..یہ لڑکے بھی مقامی شاعری کا ایک محبوب موضوع ہوا کرتے تھے..

شہر کی پُرانی فصیل کے سائے میں باغوں کا جو سلسلہ اُس کی قدامت کو گھیرتا تھا وہاں سرِ شام لاہوریئے اپنی تنگ اور تاریک کبوتروں کے کابکوں ایسی کوٹھڑیوں میں سے نکل کر محفلیں آن جماتے.. پہلوان لوگ اپنے پٹھوں سمیت ورزشیں کرتے..خواتین ان باغوں کے بیچ میں رواں چھوٹی سی نہر میں کپڑے دھوتیں اور بچوں کو نہلاتیں..شطرنج کی بساطیں بچھ جاتیں..نشئی حضرات اپنے نشے پورے کرتے کہ لاہوریئے افیون، چرس اور گانجے کے خاصے شوقین تھے..لوگ اپنے پالتو پرندوں کو ہوا لگوانے اور سیر کروانے کے لیے آ بیٹھتے لیکن ان سب میں شاعر اور قصّہ گو تھے جو لوگوں کے لیے تفریح کا باعث بنتے..اُن زمانوں میں اُستاد گام اور اُستاد عشق لہر کی بے دھڑک شاعری کا بہت چرچا تھا..اور اُن دنوں ایک اور استاد کے اس شعر کو پنجاب بھر میں بے حد پذیرائی ملی کہ..

میم معشوق بے وفائی چھڈ دے
ساڈھے نال نئیوں سونا تے ساڈھی رضائی چھڈ دے

تو یہ کیسا معصوم اور بے ضرر مطالبہ تھا کہ اے معشوق بے وفائی چھوڑ دے اور اگر تم نے ہمارے ساتھ نہیں سونا تو ہماری رضائی چھوڑ دے..

اُدھر اُستاد گام جو ایک کبابئے تھے اور اُن کے ہم عصر انہیں طعنے دیتے تھے کہ ایک کباب لگانے والا شاعر کیسے ہو سکتا ہے تو اُستاد نے فی البدیہہ ایک ایسا شعر کہا تھا کہ اُن کی زبان بند ہو گئی تھی اور نصف صدی کے بعد بھی یہ شعر اندرون شہر کی گلیوں میں نہائت مقبول تھا..اہل ذوق اسے گنگناتے پھرتے تھے کہ..

کوئی فن وچے کوئی....کوئی دھن وچے..
کوئی اَن وچے...کوئی مَن وچے..
لوکی کہندے نیں گام کبابیا اے..
اوہ کباب نہ وچے تے.....وچے..

اسی نوعیت کے باکمال شعراء، شہر کی بوسیدہ فصیل کے سائے میں، اپنے تیتر اور بٹیر ٹہلاتے، ڈنڈ بیٹھکیں لگاتے، نہر میں ڈبکیاں لگا کر اپنے شعری جمال کو تازہ دم کرتے ان دیہاتی نوجوانوں پر پھبتیاں کستے جو شہر میں آ کر اپنی شناخت ترک کر کے پلپلی صاحب ہو جاتے تھے..

پُت پینڈو صاحب کہلاوے
پڑھے وِچ کالج دے
روٹی دی تھاں کیک اوکھاوے..
انڈے، بسکٹ چاٗ اُڈاوے..
پڑھے وِچ کالج دے..

امیر بخش اگرچہ ایک پُت پینڈو تھا لیکن اُس نے اپنے ہل کی ہتھی کو، باپ کے پسینے کی مہک کو اور ماں کے بالوں میں سے آنے والی لسّی کی ہُمک کو اور چناب کے پانیوں کے اوپر معلق دُھند میں سے نمودار ہونے والے پنکھ پکھیرووُں کو نہیں بھلایا تھا..وہ ہرگز پلپلی صاحب نہیں ہوا تھا اور نہ ہی آئندہ زمانوں میں اُس نے یہ ورثہ ترک کرنا تھا..جب تک کہ اُس کی نیلی آنکھوں کے دروازوں پر اجل نے دستک نہیں دینی تھی..

امیر بخش اپنی ووہٹی کی بہت خاطر کر رہا تھا..

وہ بلبلے چھوڑتا تیز ذائقے والا لمونیڈ پلانے کے بعد اُس نے نور بیگم کو ایک دلّی والا حلوائی شاپ سے گرما گرم بُوندی کے لڈو کھلائے..پھر کوئی شیر پنجاب ہوٹل آیا اور اُس کے برقعے کے اندر یکدم تانبے کا ایک گلاس جو گھنی لسّی سے چھلکتا تھا، لسّی اتنی گھنی کہ اُس کے حلق میں سے ہولے ہولے اُترتی تھی..در آیا..

امیر بخش ایک ایسی ہٹّی کے سامنے رُک گیا جس کے اندر سے سُر تال والے گیت برآمد ہوتے تھے..وہ اُسے بتا رہا تھا کہ یہ آواز کملا جھریا کی ہے..یہ چھلیا پٹیالے والے کی ہے..ہٹّی کا نام ایچ ایم وِی گراموفون شاپ ہے اور اُس کا سُر اُن گیتوں کی تال پر بھی ہلتا تھا اور نور بیگم کو پھر بہت بُرا لگا..ایسے تو میراثی لوگ اپنے سر کو ہلاتے جُھومتے ہیں..

جُوتوں کی ایک بہت بڑی دوکان تھی جس میں اتنے ڈھیر سارے جُوتے تھے کہ دنیا پور کا پورا گاؤں ساری عمر پہنتا رہے تو بھی وہ ختم نہ ہوں..امیر بخش نے اُسے بڑے فخر سے بتایا کہ وہ دوکان مسلمانوں کی ہے اور اس کا نام کرنال شاپ

ہے..اس دوکان کے باہر ایک بہت بڑا ایک کوٹھڑی جتنا ایک بُوٹ نمائش پر تھا اور بورڈ پر ایک پیشکش درج تھی کہ یہ بُوٹ جسے پورا آ جائے مفت میں لے جائے..

اسی طور ایک ہٹی کے باہر ایک اتنی بڑی بنیان ٹنگی تھی جس میں پورا دنیا پور سما سکتا تھا اور یہاں بھی یہ اعلان تھا کہ پہن کر قسمت آزمائیں، اگر پوری آ جائے تو مُفت میں لے جائیں..

اُس کا چاچا بخت جہان بہت پیچھے رہ گیا تھا، وہ کسی اور جہان میں آ گئی تھی اور یہاں وہ اُس کی ڈولی روک نہیں سکتا تھا..سفید سید ھے برقعے میں کُچھ تھکاوٹ کے آثار تھے..''تم تھک تو نہیں گئیں..گھر چلیں..''

اُسے خوب معلوم تھا کہ گھر چلنے پر کیا ہوگا..

اُس کی دراز قامتی اُس میں دفن ہوگی، ایک رانگلا پرندہ اُس پلنگ کے رنگوں کا جو پہلی شب اُس کے بدن کو سہارتا تھا..گڑھی شاہو کے اُس ایک کمرے میں پھڑ پھڑاتا ہوا آئے گا، اور وہاں چناب کے پانیوں پر ٹھہری ہوئی سفید دُھند اُترے گی..اُس کی سیپی میں ایک ابر نیساں برسے گا اور وہ سراسر بھری جائے گی..اور وہ چاہتی بھی یہی تھی..

''ہاں..گھر چلیں..'' برقعے کی ٹوپی میں سے اُس کی سہمی ہوئی اگرچہ پُر شوق آواز آئی..

انار کلی نے بھی اُن دونوں کے کانوں میں سرگوشی کی..ہاں تم گھر چلو..وہاں ایک رانگلا پنچھی تمہارا منتظر ہے..میں نے تو بہر طور دیوار میں چُنا جانا ہے..تم تو چلو..

✦ .... ✦

پانی کی ایک بُوند بھی اپنے اندر کتنی بڑی خدائی رکھتی ہے.. کیسے کیسے ممکنات اُس کے اندر پنہاں ہوتے ہیں.. وہ کبھی زندگی بخش دیتی ہے اور کبھی اُسی زندگی کو ڈبو دیتی ہے.. اور اس بوند کے ملاپ کی صدائیں بھی جدا جدا ہوتی ہیں.. گھنے جنگلوں میں سرگوشیاں کرتی پتّوں اور شاخوں پر سے پھسلتی تنوں پر بہتی جب مٹی میں جاجذب ہوتی ہے تو اس ملاپ سے پل بھر میں ایک کونپل پھُوٹ نکلتی ہے.. صحرا میں گرتی ہے تو خاموشی سے خود ریت ہو جاتی ہے.. ڈھول پر ٹپکتی ہے تو مٹی کی مہک جنم لیتی ہے.. صرف ایک بوند ایک الاؤ کو سرد کر دینے کا آغاز ہو سکتی ہے.. اور ایک سیپی کے اندر گرتی ہے تو وہ لذت سے سسکاری بھرتی ہے، اپنا مُنہ بند کر کے ایک موتی کی پرورش کرنے میں محو ہو جاتی ہے..

پر وہ ایک بوند نہ تو کسی گھنے جنگل میں، نہ صحرا اور نہ ہی ڈھول میں اور نہ ہی کسی سیپی پر گری، گری تو اُس ایک ابھی تک گیلی پُشپی کے ہاتھوں کی ڈھالی ہوئی اینٹ پر گری اور اُسے کیچڑ میں بدل دیا..

وہ بوند صرف پُشپی کی بیرن تھی..

پتھیروں کی حیاتی میں کوئی خوف نہیں ہوتا، نہ موت کا، نہ بھوک کا اور نہ خدا کا.. صرف اُس بوند کا خوف ہوتا ہے جو کسی بھی لمحے آسمان سے اُتر کر اُن کی بنائی ہوئی اینٹوں پر گر کر اُنہیں کیچڑ میں بدل کر اُن کی کئی دنوں کی مشقت رائیگاں کر دیتی ہے..

ایک بوند اُس کے چوڑے ناگ کے پھن دو پاٹن کے بیچ گری اور اُس کی نمی رِستی ہوئی وہاں تک گئی جہاں اُس کے آگے ایک پیاسا الاؤ تھا جو بہت دنوں سے بھڑکا نہ تھا کہ اُسے بھڑکانے والا کوئی آیا ہی نہ تھا..

وہ چھپر کی نیم سیاہی میں گارے سے لتھڑی ہوئی اوندھی پڑی تھی جب چھپر کے سرکنڈوں میں سے رِستی ہوئی ایک بوند اُس کے دو پاٹن کے بیچ آ گری..

اُس نے ہراساں ہو کر کروٹ بدلی تو ایک اور بوند اُس کے ماتھے پر گر کر باریک پھوار میں بدل کر اُس کی خوفزدہ آنکھوں پر ایک چھڑکاؤ کر گئی.. شام تک تو آسمان کھرا تھا پر رات کے ساتھ جانے وہ کیوں یکدم کھوٹا ہو گیا تھا اور اُس میں سے مینہ اُترنے لگا تھا.. وہ لڑکھڑاتی ہوئی ڈولتی اُٹھی، کیسے یہ وہ نہ جانتی تھی پر اُسے اپنی کچی اینٹوں کو بچانا تھا.. اُس نے چھپّر کے باہر قدم رکھا تو بارش کی بوچھاڑ نے اُسے آ لیا جیسے وہ بھی ایک کچی اینٹ ہو اور بارش صرف اُس کو گھُلانے کی خاطر آسمان سے اُتری ہو.. گرتی پڑتی رات کی سیاہی میں آبشاروں کے زور کو سہتی وہ اپنے اُس ٹھکانے پر پہنچی جہاں وہ اینٹیں بنا

کر اُنہیں دُھوپ میں سکھانے کے لیے ایک خاص ترتیب سے جوڑتی تھی..ایک اینٹ بھی سالم نہ بچی تھی..سب گارے اور کیچڑ میں بدل کر اپنی شناخت کھو چکی تھیں..وہ سودائن سی ہوگئی..چیخ و پکار کرنے لگی، یوں بین کرنے لگی جیسے ہر ایک اینٹ جو اُس نے اپنے ہاتھوں سے ڈھالی تھی ایک بچہ تھا..اور وہ سب بچے مر گئے تھے..وہ اُس گارے کو اپنے دونوں ہاتھوں سے سمیٹتی کہ شائد یہ پھر سے اینٹوں کی شکل اختیار کر جائے..اُسے اپنے چہرے پر ملتی اور سسکیاں بھرتی روتی جاتی..سب مشقت رائیگاں ہوگئی تھی..صرف ایک بوند نے اُسے مسمار کر دیا تھا..اور مینہ کا مُنہ زور شور مسلسل، ہوا کی تُندی ہر شے کو اُڑائے جاتی تھی سوائے پُشپی کے بالوں کے جو کیچڑ کے ساتھ کیچڑ ہو چکے تھے..

اُس کا جنم چکر ختم ہونے میں ہی نہ آتا تھا..ہزاروں برسوں سے اُس کی جُون نہ بدلی تھی..وہ یونہی ہر جنم میں اینٹوں کے بھٹے میں پیدا ہو کر اپنی حیات اینٹیں ڈھالنے اور بھوک سہنے میں بسر کر کے مر جاتی تھی..اُس کی رگ رگ کے اندر وہ تمام جنم کہانیاں نہ صرف موجود تھیں بلکہ اُن زندگیوں کا ایک ایک پل اُسے یاد آ رہا تھا..

صرف ایک بار وہ اس بار بار کے جہنم سے نکل کر کبھی پار وشنی ہوئی تھی..جو ننگے پنڈے اُس جھیل کی جانب آس پاس کے جنگل کو اپنے گرم جُثّے سے سلگاتی چلی جاتی تھی جہاں پرندے مرنے کے لیے آ جاتے تھے..اُس کا مامن ماسا درختوں پر جُھولتا اُس کا پیچھا کیا کرتا تھا اور ایک بھینسا پھنکارتا ہوا اُس کے ننگے بدن پر اپنے نتھنوں سے خارج ہونے والی بھاپ چھوڑتا اُس کے ساتھ وصل کی آرزو میں اپنے راستے کی جھاڑیوں اور گھاس کو روندتا چلا آتا تھا..

بس صرف ایک بار..

اس کے سوا اُس کا جُون نہ بدلا تھا..

وہ بار بار ایک ہی جنم لیتی رہی..

پُشپی کو یہی قلق تھا..وہ دوسروں کی مانند اگلے جنم میں کیوں ایک جنور نہ ہوگئی..ایک مینڈک، ایک چھپکلی، ایک سانپ کیوں نہ ہوگئی کہ اُس کی اس زندگانی سے اُن کی حیات تو کہیں بہتر ہوتی ہوگی..

وہ ایک ہی جنم کے تسلسل کی شکائت بھی نہ کر سکتی تھی کہ شکائت کرے تو کس سے کرے..کس خدا کے پاؤں پڑے، کونسے دیوتا کے آگے ہاتھ جوڑے، کس طاقت کو سجدہ کرے..اُس کا اپنا تو کوئی دھرم عقیدہ نہ تھا..اور ہر دھرم عقیدے کے اپنے اپنے خدا اور دیوتا ہوتے ہیں جو اپنے اپنے پیروکاروں کی سنتے ہیں ورنہ بہرے بنے بیٹھے رہتے ہیں..صرف اپنے ماننے والوں کو بہشت..میں جگہ دیتے ہیں اور باقی کُل خدائی کو جہنم میں دھکیل دیتے ہیں..

بارش کی بوچھاڑ میں اپنی ڈھالی ہوئی اینٹوں کے گارے میں لتھڑی ہوئی وہ اُس کیچڑ میں پڑی کُچھ شکائت نہ کرتی تھی..کرے تو کس سے کرے..

البتہ اُسے اُس ایک بوند سے شکائت تھی جو اپنے اندر ایک خدائی رکھتی تھی..بارش کا زور کم نہ ہوتا تھا..

جیسے اس کائنات کے آغاز پر پانیوں پر ایک دُھند ٹھہری ہوئی تھی، ایک تاریکی تیرتی تھی اور پھر ایک سرگوشی ہوئی کہ روشنی ہو جا تو ہر سُو روشنی ہوگئی پر یہ روشنی زیادہ دیر نہ ٹھہری، کائنات پھر سے تاریک ہونے لگی اور اُس میں ذلّتوں کے

مارے لوگ بھٹکنے لگے اور اُس سرگوشی کو پھر ازل تک یہ خیال نہ آیا کہ مجھے صرف روشنی ہو جا نہیں کہنا چاہیے تھا بلکہ روشنی ہو جا اور ٹھہر جا، قیام کر' کہنا چاہیے تھا.. چنانچہ وہ روشنی پل بھر کے لیے ہوئی اور اُس کے بعد کائنات پھر سے اُسی تاریکی میں چلی گئی جہاں پانیوں پر ایک دُھند ٹھہری ہوئی تھی..اُنہی زمانوں کو لوٹ گئی..

فضل علی سمیت برکی ہڈیارہ میں واقع جتنے بھی اینٹوں کے بھٹے تھے اُن کے مالک رام داس سے ایک در پردہ مخاصمت رکھتے تھے.. کبھی اپنی اینٹوں کی قیمت میں کمی کر کے اپنے آپ کو گھاٹے سے دوچار کر کے اُسے نیچا دکھانے کی کوشش کرتے اور کبھی اُس کے پتھیروں اور بھٹے میں ایک خاص ترتیب سے اینٹیں اور ایندھن جوڑ کر اُسے سلگانے والے ماہر مستری کو توڑنے اور ورغلا کر رام داس کے بھٹے کو بٹھانے کی کوشش کرتے پر اُس کی اینٹیں فروخت ہوتی رہیں اور کسی ایک کامے نے اُس کا ساتھ نہ چھوڑا کہ رام داس کو بناتے ہوئے اوپر والے نے اُس کا دل اتنا نرم بنا دیا تھا کہ جانے وہ دھڑکتا کیسے تھا.. اُن سب کے ساتھ وہ اپنے بچوں ایسا برتاؤ کرتا.. اُن کی خوشی غمی میں شریک ہوتا.. نہ کبھی اُن کے ذمے جو ادھار بڑھتا جاتا تھا اُس کی واپسی کا تقاضا کرتا اور نہ ہی روپے پیسے کے معاملے میں اپنا ہاتھ روکتا.. لوگوں کو حیرت ہوتی کہ اتنی نرم دلی اور سخاوت کے باوجود اُس کا کاروبار اتنا کیسے بڑھتا جاتا تھا کہ وہ اینٹوں کی مانگ پوری کرنے سے قاصر ہو جاتا تھا.. ایک دوپہر جب امیر بخش، عزیز جہان، سوہن سنگھ اور سروسانسی اینٹیں ڈھالنے اور اُنہیں ڈھونے میں جُتے ہوئے تھے رام داس سر جھکائے ایک بھگت کی عاجزی کے ساتھ امیر بخش سے کہنے لگا.''تم چاروں اتنے عرصے سے جس طور کوئی شکوہ کیے بغیر دن رات اپنے بدن توڑ رہے ہو، تو مجھے لگتا ہے کہ تمہارے اندر کوئی مہا آتما ہے.. اپنے اپنے دھرم کی کوئی سلگتی ہوئی چنگاری ہے جو تمہیں اتنی شکتی دیتی ہے..''

امیر بخش کہنا تو یہ چاہتا تھا کہ مالک کونسا دھرم اور کیسا دھرم پر وہ اس مہربان شخص کو دُکھ نہیں دینا چاہتا تھا''ہاں مالک..ہم سب کے اندر اپنے اپنے دھرم کے چراغ جلتے ہیں جو ہمیں شکتی دیتے ہیں پر یہ جو سروسانسی ہے، اُس کے اندر تو گھٹا ٹوپ تاریکی ہے اور اس کے باوجود اس کے اندر ہم تینوں سے بڑھ کر شکتی ہے تو یہ بھید ہم سے تو نہیں کُھلتا..''

رام داس نے ایک بھگت دانائی سے سر ہلایا.. یہ تو ممکن ہی نہ تھا کہ کسی بشر کے اندر کوئی ایک دیا بھی نہ جلتا ہو لیکن اُس نے اس بحث میں اُلجھنے کے بجائے جو کچھ وہ کہنے آیا تھا، وہ کہنا شروع کر دیا''شہر لاہور کے بند کُھل گئے ہیں، اندرون شہر کے وہ لوگ جن کی تجوریاں بھری ہوئی ہیں وہ موضع مزنگ اور اچھرے کے گاؤں سے بھی پرے سر گنگا رام کے نقشے کے مطابق وجود میں آتی ایک دور افتادہ بستی جسے ماڈل ٹاؤن کہتے ہیں، وہاں کا رُخ کر رہے ہیں.. اپنے گھر تعمیر کر رہے ہیں جنہیں بنگلے کہتے ہیں.. میرا ایک دور پار کا عزیز ہے لالہ گردھاری لال.. شاہ عالمی دروازے کے اندر جتنا کپڑا فروخت ہوتا ہے وہ اس گردھاری لال کے ہاتھوں میں سے نکلتا ہے... اُسے اُس ماڈل ٹاؤن میں بنگلہ بنانے کے لیے کچھ بندے درکار ہیں.. جو وہاں راج مزدوروں کی نگرانی کر سکیں.. مُنہ مانگی رقم دے گا..''

امیر بخش سوچ میں پڑ گیا..''ہم نے تو آج تک کبھی ایک کچا کوٹھا بھی نہیں بنوایا.. ہمارا تو کچھ تجربہ نہیں ہے..''

''مجھے خبر ہو چکی ہے کہ تم دس جماعت پاس ہو.. یہ عزیز بھی پڑھا لکھا ہے اور سوہن سنگھ بھی ان پڑھ نہیں ہے.. کیا

ساری عمر یونہی اینٹیں ڈھالتے اور ڈھوتے بسر کر دو گے؟.. رام بھروسے شروع کر دو۔"

امیر بخش کہنے کو تھا کہ کم از کم مُجھ میں تو وہ بھی نہیں ہے پر چپ رہا.. "جیسے آپ کی مرضی.."

سروسانسی راج مزدوروں کے سر پر سوار رہتا، اُن کی نگرانی کرتا..

سوہن سنگھ سیمنٹ، سریئے، ریت، بجری کے بھاؤ تاؤ کرتا ایک ایک اینٹ کا حساب رکھتا..

عزیز جہاں کے ذمے راج مزدوروں کی مزدوری اور تعمیراتی کام کے اخراجات کا حساب رکھنا تھا اور امیر بخش.. وہ ان سب کا حساب رکھتا..

وہ اُس ایک بنگلے کی تعمیر میں یُوں جُت گئے جیسے اُس کے مکمل ہونے پر لالہ گردھاری لال نے نہیں اُنہوں نے اس میں رہائش پذیر ہونا تھا.. بلکہ جس روز آخری اینٹ لگ گئی، چار دیواری میں پھاٹک نصب ہو گیا اور لالہ گردھاری لال کا خاندان پورے دس ریڑھوں پر اپنا سامان لادے اس بنگلے میں رہنے کے لیے آ گیا تو اُنہیں بے حد قلق ہوا.. اسے اُنہوں نے خون پسینہ ایک کر کے تعمیر کیا تھا اور اب اُنہیں بے دخل کیا جا رہا تھا..

لیکن اس تعمیراتی نگرانی کے نتیجے میں اُن پر رزق کے دروازے دن رات کُھلتے چلے گئے.. وہ کسی ایک بنگلے کی تعمیر سے فارغ ہوتے تو ایک اور گردھاری لال اُن کا منتظر ہوتا..

رام داس اُنہیں رزق کے ایک ایسے سمندر کے کنارے لے آیا تھا جس میں سے اُن میں جتنی بھی سکت تھی، اتنا رزق حاصل ہو سکتا تھا..

وہ اتنے آسودہ ہو گئے کہ گڑھی شاہو کے علاقے میں برگد والے چوک کے قریب جس محلے میں اُن کا کرائے کا مکان تھا، اُس کی ایک تپائی پر ایک ریڈیو آ گیا جسے سجانے کے لیے نور بیگم نے اپنے ہاتھوں سے کروشیے کا ایک رومال کاڑھا اور اُس کا چہرہ ڈھانک دیا..

عزیز جہان نے بخت جہان کے بھتیجے ہونے کے ناطے سے ایک گراموفون خریدا جس پر دی گراموفون کمپنی آف انڈیا لمیٹڈ، کلکتہ، انڈیا، سنہری حرفوں میں چھپا ہوا تھا.. اور جو پہلا ریکارڈ گھومتا ہوا سوئی کی نوک تلے آیا اُس کے اندر سے ایک گھگھیائی ہوئی آواز برآمد ہوئی.. اِک بنگلہ بنے نیارا.. اِک نہیں کئی بنگلے اُنہوں نے بنائے جو بہت نیارے تھے جنہوں نے اُنہیں غم روزگار سے نجات دلا کر معاشی آسودگی سے آشنا کر دیا..

پُشپی اُس کے دل سے جاتی نہ تھی..

جب رام داس کے پیچھے پیچھے اُس شام میں وہ ایسے چلے جاتے تھے جیسے وہ نہ ہوں اُن کی روحیں ہوں تو اُن میں پُشپی بھی سر جھکائے چلی جاتی تھی.. ایک فروخت شدہ عورت.. اپنے حال پر قانع کہ اُس کا مقدر یہی تھا

اور پھر اُن کی بھوک مٹانے کی خاطر وہ اپنا چولہا روشن کیے اُن کو تکتی تھی.. تب سے وہ اُس کے دل سے جاتی نہ تھی..

کہیں اُس کی شریانوں میں لپکتے خون کی روانی میں پُشپی ایک جمے ہوئے مادے، ایک رکاوٹ کی صورت میں

شامل تھی اور کسی بھی لمحے اُس کے دل میں اٹک کر اُسے روک سکتی تھی..

رام داس کے بھٹّے کے نواح میں پہنچ کر اُس نے دور سے دیکھا کہ وہاں دُھند ٹھہری ہوئی ہے..اور اُس دُھند کے اندر پُشپی اوندھی پڑی ہے..

وہ اُس دُھند کے اندر تک چلتا گیا..

پھر اُس نے اُس مٹی کی عورت..کیچڑ سے لتھڑی ہوئی عورت جو کہ مٹی میں مٹی لگتی تھی، زندہ نہ لگتی تھی اُس کے قریب ہو کر سرگوشی کی.. ''پُشپی..''

وہ جو مدہوش تھی، مدہوش رہی..

اور عزیز جہان نے دوبارہ اُس کے کیچڑ بھرے کان کے قریب مُنہ لے جا کر کہا ''پُشپی..'' اور اُس نے آنکھیں کھول دیں..اُس کا کیچڑ وجود دُکھ رہا تھا یہاں تک کہ پپوٹے بھی دُکھتے تھے کہ وہ مٹی کے لیپ کا بھار سہار نہ سکتے تھے..اُس نے پہلے تو آنکھوں کا کُچھ اعتبار نہ کیا اور پھر اُنہیں دُھند میں ظاہر ہوتے عزیز جہان کا چہرہ نظر آنے لگا..وہ اُس کے قریب ہو بیٹھا ''میں تم سے بیاہ کرنے آیا ہوں.''

پُشپی آنکھیں ملتی، اُن میں جو کیچڑ تھا اُسے اُنگلیوں سے صاف کرتی ایک بے یقین حیرت سے اُسے تکتی تھی..یہ اُس نے کیا کہہ دیا ہے..اُس کے کانوں نے اعتبار نہ کیا..آج تک جتنے بھی مرد اُس پر مرضی سے یا مجبوری سے بوجھ ہوئے تھے، اُن میں سے کبھی کسی نے مخول میں بھی یہ نہ کہا تھا..اکثر نے تو کُچھ بھی نہ کہا تھا، پُشپی نے تو اُن کی شکل بھی نہ دیکھی تھی..اندھیرے میں صرف اُنہیں محسوس کیا تھا اور وہ چلے گئے تھے..جب وہ اور دیگر پتھیرے فضل علی کے بھٹے پر رام داس کے ہاتھوں فروخت ہو رہے تھے تو وہ تینوں ایک طرف ہو کر کیکر کی چھاؤں میں بیٹھے ہوئے تھے جب یہ والا اُس کی نظروں میں سما گیا تھا..وہ ایک ماں کی گود میں سے پہلی بار اُتر کر زمین پر پہلا قدم رکھنے والا ایک جھینپتا ہوا بچہ لگتا تھا جو ذرا قد نکال گیا تھا...ایک رات چھپّر تلے اُس کی سسکیاں سنائی دے رہی تھیں کہ اُس کی کومل ہتھیلیاں لہو سے بھری ہوئی تھی اور وہ اُن میں سے اٹھنے والی ٹیسوں کی تاب نہ لا سکتا تھا..وہ فرش پر کھسکتی ہوئی اُس کے قریب ہو گئی تھی..اس کی خون آلود ہتھیلیوں پر خوب تھوک کر اپنی بوسیدہ قمیض کو پھاڑ کر اُس کی دھجیاں اُن پر لپیٹ دی تھیں..اور وہ کیسے ایک سہمے ہوئے بچے کی مانند اپنی ہتھیلیاں آگے کیے اُسے پُرتشکر نظروں سے تکتا اُن پر دھجیاں بندھوا تا رہا تھا..جیسے اپنی ماں کے سامنے بیٹھا ہو...آج بھی وہ اُسی طور پنجوں کے بل گھٹنوں پر بازو لٹکائے بیٹھا تھا جیسے اُس رات دھجیاں بندھوانے کے لیے بیٹھا ہوا تھا پر آج وہ ایک سہا ہوا بچہ نہ تھا ایک توانا طویل قامت مرد تھا..

اُسے اپنے کانوں پر کُچھ اعتبار نہ آیا اور جب وہ کُچھ نہ بولی تو اُس نے پھر کہا ''تو میرے دل سے نہیں اُترتی..میں تجھے اپنی گھر والی بنانا چاہتا ہوں..بنا شک مجھے کچھ غرض نہیں صرف تجھ سے غرض ہے پر کُچھ تو بتا تو کون ہے..کہاں سے آئی ہے؟''

''نہ میں کہیں سے آئی اور نہ کہیں سے گئی..میں یہیں اس مٹی میں سے جنم لیتی رہی ہوں اور اس میں مل کر مٹی

ہوتی رہی ہوں.. عزیز جہاں.. میرا یہ جنم چکر ازل سے مسلسل ہے.. اس بھٹے کے باہر کونسی بستیاں ہیں، کون لوگ ہیں میں کیا جانوں.. کوئی موہنجوڈارو ہے کوئی لاہور ہے، مجھے کیا خبر اور نہ میرا کوئی دھرم ہے.. جنوروں اور کمر توڑ مشقت کرنے والوں، بھوکوں اور ذلتوں کے مارے لوگوں کا دھرم بھی ذلت اور بھوک کے سوا کُچھ نہیں ہوتا.. تو اگر یہ پوچھے کہ میں کس کا بیج ہوں یا مُجھے کس نے جَنا ہے تو کیا کوئی جنور جانتا ہے کہ وہ کس کا جایا ہے.. کسی گائے بھینس کو علم ہوتا ہے وہ کس کے تخم سے وجود میں آئی ہے اور کیا کسی پنکھ پکھیرو کو کُچھ خبر ہوتی ہے کہ اُن کی ڈار میں اُڑنے والوں میں سے کون اُس کی ماں ہے اور کون اُس کا باپ ہے.. یوں میں بھی ایک گائے یا بھینس ہوں ایک پکھیرو ہوں..''

وہ دُھند چھٹنے لگی..

جو تاریکیوں میں پانیوں پر تیرتی تھی جس میں داخل ہوتے عزیز جہان کو دور سے کیچڑ میں لتھڑا ہوا پشّی کا بدن دکھائی دیا تھا..

''چل پُشّی..''

بہشت بی بی نمبر دارانی کے سینے پر ایک گھونسا سا پڑا، وہ پھر غش کھاتی بچی.. اور اُسے سنبھالنے والا کوئی نہ تھا.. جیسے نور بیگم کے دولہے کے سفید بال دیکھ کر وہ غش کھانے لگی تھی اور عزیز جہان نے اُسے سنبھال لیا تھا.. پر آج وہ اُسے سہارا دینے کے لیے آگے نہ بڑھا تھا کہ وہ اُس کے برابر میں کھڑا تھا.. دھریک کی چھاؤں میں سُوہے جوڑے میں ایک کالی شاہ سانسن کھڑی تھی، آنکھیں بڑی بڑی اور ناک چوڑی اور ہونٹ چکی کے پاٹوں ایسے اور وہ اُس کے اکلوتے بیٹے کے وجود سے چمٹی اُس کے ویہڑے میں داخل ہوئی تھی اور اُس نے عزیز جہاں نے آگے بڑھ کر اُسے گلے لگایا تھا اور کہا تھا ''بے بے اس کے سر پر پیار دے.. یہ تمہاری بہو ہے..''

بہشت بی بی غش نہ کھاتی تو اور کیا کرتی..

اُس نے.. ایک بیوہ ماں نے.. اپنے اکلوتے بیٹے کے لیے کیسے کیسے خواب دیکھے تھے اور ان خوابوں کی تعبیر اُس کے سامنے ایک کالی کلوٹی صُورت میں سرخ جوڑے میں کھڑی تھی.. میراثنوں اور سانسنوں کے چہرے مُہرے بھی اس سے کہیں بہتر تھے..

''پترّ ذرا ہوش کر.. محمد جہان نمبر دار کے ویہڑے میں یہ کیا لے آیا ہے.. یہ چُوڑی، لگڑی کون ہے..''

''بے بے کیا اونچا سننے لگی ہے..'' کیا یہ عزیز جہاں ہے جو اتنی بدتمیزی سے مُجھ سے مخاطب ہے.. ''یہ تمہاری بہو ہے اور میری بیوی ہے.. میرا اس کے ساتھ نکاح ہو چکا ہے.. بھائی امیر بخش نے پڑھوایا ہے.. اس کے سر پر پیار دے..''

بھائی امیر بخش کے بھی چھکے چھوٹ گئے تھے جب وہ پشّی کے ہمراہ گڑھی شاہو کے برگد والے چوک کے گھر میں داخل ہوا تھا.. اور اُس نے اعلان کیا تھا کہ میں اس عورت کے ساتھ بیاہ کرنا چاہتا ہوں.. نور بیگم جو پچھلے کمرے میں سوئی ہوئی تھی، وہ اپنے بھائی کی آواز سُن کر صحن میں آئی تو اُس کے برابر میں کھڑی ایک کالی کلوٹی عورت کو دیکھ کر ششدر رہ گئی..

بھائی امیر بخش نے جہاں بہت سے کسب کیے تھے..رزق روزگار کے لیے بہت پاپڑ بیلے تھے وہاں چند روز کے لیے کنجری کی مسجد کے امام بھی رہے تھے تو وہ ان دینی امور سے بہت آگاہ تھے..

''آپ ہم دونوں کا نکاح پڑھ دیجیے..ورنہ ہم کہیں اور چلے جائیں گے..آگ کے گرد پھیرے لگالیں گے، گڑھی شاہو کے گرجے میں جاکر پادری صاحب کے سامنے حاضر ہو جائیں گے..بھائی جی آپ کی تو صرف ایک پنڈلی پر کتّوں کے کاٹے کے نشان ہیں...پُشپی کا تو پورا بدن بھرا پڑا ہے..اس پر نکاح کا ایک پھاہا رکھ دیں..''

بے شک نمبردارانی اور بخت جہان کی حویلی کے درمیان جو دیوار تھی بہت دبیز تھی پر اُس کے کان بھی بہت پتلے تھے..اُسے تو دارے کے سامنے جو جوہڑ قبرستان تک جاتا تھا، وہاں اگر ایک مینڈک اُچھلتا تھا اور پانیوں پر گرجاتا تھا تو اُس کی چھپاک بھی سنائی دے جاتی تھی..

بخت جہان نے اپنی ٹیڑھی گردن کو ذرا فخر سے سیدھا کیا اور مسکرانے لگا کہ بالآخر نمبردارانی..اُس کی بھابھی زیر ہوگئی ہے..اُس کا اکلوتا بیٹا اور اُس کا سگا بھتیجا ایک سانسن کو بیاہ کر لے آیا ہے..

✦.......✦

سویر کی کچی لسّی سفیدی آسمان میں معلق رات کے اندھیارے میں گھُلتی اُس کی تاریکی میں ایک مدھانی کی مانند چلتی اُسے رڑھک کر ہولے ہولے مکھن کی مانند سفید کرتی جارہی تھی.. برگد والے چوک کے مکان کے صحن میں ایک پیڑھی پر دھری ایک پوٹلی سی تھی جس کے گرد وہ چاروں کھدر کی چادروں میں لپٹے سویر کی ٹھنڈک کی کاٹ کے ڈر سے صرف اپنی آنکھیں چادروں کے گھونگھٹ میں سے نمایاں کرتے اُس پوٹلی پر جُھکے سکتے کے ایک سحر میں اُسے تکتے جارہے تھے..

''یہ...لڑکا ہے یا لڑکی؟''

''پتہ نہیں..''

وہ تینوں ابھی تک نیند میں مدہوش گم تھے جب سروسانسی نے باری باری اُن کے کانوں میں سرگوشیوں کی پھونکیں مار مار کر اُنہیں جگا دیا.. ہونٹوں پر اُنگلی سیدھی کر کے اُنہیں چپ رہنے کی تلقین کی اور جھکا جھکا، پھونک پھونک کر قدم رکھتا جیسے کسی واردات کو جاتا ہو، اُنہیں اُس پیڑھی کے پاس لے آیا جس پر ایک لپٹی لپٹائی پوٹلی بے حس و حرکت پڑی تھی..

''یہ زندہ ہے؟''

''بہت ہی ننھا سا دل ہے چڑیا کے بچے کے دل جتنا.. پر دھڑکتا بہت ہے.. میں اسے سینے کے ساتھ لگائے ہوئے تھا اور اس کی دھڑکن میرے اندر جا چکی ہے اور وہاں.. یہ اب بھی جب کہ یہ مجھ سے جدا ہو چکا ہے.. اس کا دل میرے اندر دھک دھک کیے جارہا ہے.. یہ اب سویا ہوا ہے..''

''اس کا مطلب ہے لڑکا ہے؟''

''نہیں نہیں، ابھی نہیں پتہ.. شائد سوئی ہوئی ہے..''

سوہن سنگھ نے ڈرتے ڈرتے اُسے چھوا.''یہ بہت نرم ہے.. روئی کے گالے کی طرح رخسار ہیں..''

''اس لیے کہ یہ ابھی ابھی پیدا ہوا ہے.. کُچھ دیر پہلے.. یا پیدا ہوئی ہے..''

''میں نے تو آج تک اتنے ابھی ابھی پیدا ہوئے بچے کو نہیں دیکھا.. اجیت کور دس دن کی ہوگئی تھی جب ماں اُسے باہر لے کر آئی تھی.. ایسے ہوتے ہیں نئے نئے بچے؟''

''ہاں چوہدری سوہن.. تم لوگ قدرت کے کاموں پر پردے ڈالتے ہو.. اُن سے شرمندہ ہو کر نظریں چُراتے ہو.. ہم سانسیوں میں کُچھ لُکا چھپا نہیں ہوتا.. جب ہماری کسی عورت کا پیٹ پھولتا ہے اور بچہ نکلنے والا ہوتا ہے تو ہم سب اُس

کی مدد کرتے ہیں، مالش کرتے ہیں، ڈھارس دیتے ہیں.. اُس کی ٹانگیں شکنجے میں لے کر اُسے ہلا شیری دیتے ہیں کہ نصیبوں والیے زور لگا..وہ اگر پھنس جائے تو اُسے خود نکالتے ہیں اور اُس کا ناڑو کاٹ کر ماں سے جُدا کر کے اُس کی دونوں ٹانگیں مٹھی میں جکڑ کر اُلٹا دیتے ہیں اور پشت پر زور زور سے تھپکتے ہیں تا کہ وہ رونے لگے اور اُس کے پھیپھڑوں میں اس دنیا کی ہوا داخل ہو کر اُنہیں بھر دے.. یہ دیکھو اس کی ناف کتنی بڑی اور سُوجی ہوئی ہے.. ناڑو کو کٹے ہوئے زیادہ دیر نہیں ہوئی..''

عزیز جہان کی چادر میں سے نمایاں ہوتی ناک سردی سے نہیں شرم کے مارے سُرخ ہو گئی.. ''تم لوگوں کو حیا نہیں آتی.. اپنی ایک عورت کو الف ننگا نہ صرف دیکھتے ہو بلکہ اُس کی ٹانگیں چوڑی کر کے اُس میں سے بچہ بھی نکال لیتے ہو.. بے شک وہ تمہاری بہن ہو.. بڑے بے شرم ہو..''

سروسانسی ڈھٹائی سے مسکرانے لگا.. ''ہاں چوہدری.. بے شک وہ ہماری بہن ہو... یہ شرم اور حیا صرف اُن لوگوں میں ہوتی ہے جو بودے اور بزدل ہوتے ہیں.. موت اور پیدائش کی حقیقتوں کا سامنا کرنے سے گریز کرتے ہیں.. دھرم والے ہوتے ہیں.. سارے ڈر، سارے خوف اور یہ شرم اور حیا دراصل قدرت کے کاموں سے مُنہ چھپانے والوں کے اندر بھرے ہوتے ہیں.. کہ وہ اُن کا سامنا نہیں کر سکتے.. اگر تم نے اپنی آنکھوں سے ایک بچہ ماں کی کوکھ میں سے باہر آتے ہوئے نہیں دیکھا تو تمہاری پیدائش مکمل نہیں ہوئی..''

یکدم اُن تینوں کی سانسیں جہاں تھیں وہیں تھم گئیں کہ اُس پوٹلی میں لپٹی شے نے ایک بے نام سا مُنہ کھول کر ایک جمائی لی تھی.. یہ شے زندہ تھی..

''سرو..'' عزیز جہان نے اُس کی چادر کو گرفت میں سے لے کر اُسے جھنجھوڑا.''یہ.. کس کا بچہ ہے؟ کہاں سے اُٹھا لائے ہو..؟''

''میری ماں ہمیشہ مجھے خبردار کرتی تھی کہ سانسیوں کی بستی کے قریب نہ جانا.. اُن سے ہوشیار رہنا، وہ بچوں کو اُٹھا کر لے جاتے ہیں.. اُٹھا کر لائے ہو؟'' سوہن سنگھ ابھی تک سروسانسی کی مسلسل موجودگی سے مفاہمت نہ کر پایا تھا.. ہمیشہ اُس سے ڈرتا رہتا تھا لیکن امیر بخش اُس کی ڈھارس بندھاتا تھا، اُسے کہانیاں سناتا تھا کہ کیسے جب وہ شہر میں آیا تھا تو اُس کا صندوق سروسانسی نے اپنے سر پر اٹھایا تھا اور بہت دن ایسے ہوتے تھے جب اُسے اور عزیز جہان کو مزدوری نہ ملتی تھی تو سروسانسی اپنی کمائی اُن کے قدموں میں رکھ کر پرے ہو جاتا تھا.. پھر بھی وہ اُس سے پرے پرے رہتا تھا..

امیر بخش ابھی تک نہ بولا تھا.. اُس پوٹلی کی جانب تکتا جاتا تھا جس نے ابھی ابھی ایک جمائی لی تھی..

اُس کی شادی کو چودہ برس ہونے کو تھے لیکن ابھی تک اُس کی شاخ ہری نہیں ہوئی تھی.. وہ ترس گیا تھا کہ کوئی ایسی پوٹلی اُس کے نصیب میں آ جائے جس میں سے ایک بے نام سا مُنہ کُھلے اور جمائی لے.. کس کا دوش تھا، کس کا نہیں تھا.. اس ادھیڑ بُن میں کیا جانا.. نور بیگم بھی اُس سے رُوٹھی پھرتی تھی جیسے وہی قصوروار ہو.. وہ جو اُسے حاصل نہ ہو سکا تھا.. یہ مُردار خور جانے کہاں سے اُٹھا لایا تھا...

سروسانسی پر عزیز اور سوہن کی ناراضگی کا کُچھ اثر نہ ہوا.. اگر وہ گاؤں میں ہوتا تو اُن کے قدموں میں لوٹنے لگتا، اُن کے پاؤں چاٹتا.. ایک کتّے سے کہیں بڑھ کر کتا ہو جاتا.. پر شہر لاہور کے ان برسوں نے اُسے ایک ایسا اعتماد دیا تھا کہ وہ

اُن سے ہراساں نہ ہوا..

''کس کا بچہ ہے سرو؟'' بالآخرامیر بخش نے پُوچھا..

''دھن راجہ..'' سروسانسی نے کھڑے ہو کر اُن تینوں کے سامنے ہاتھ جوڑ دیئے..''راجے کا کھٹیا، چوہدری امیر بخش، چوہدری عزیز جہان اور سردار سوہن سنگھ کا کھٹیا..دھن راجہ.. میں اسے کہیں سے اُٹھا کر تو لایا ہوں.. پر یہ بچہ میرا اپنا ہے..''

وہ تینوں اشتیاق اور حیرت سے اُس پوٹلی پر جھک گئے..جیسے سربہ سجود ہوتے ہوں..وہ بچہ برگد والے چوک کے گھر کے صحن میں نہیں بیت المقدس کے ایک اصطبل میں پڑا ہو..

اگرچہ صحن کے ایک کونے میں ایک سُتھری قلعی شدہ لیٹرین بھی موجود تھی پر سروسانسی اپنی عادت سے مجبور..کہ اُس لیٹرین میں اُس کا دم گھٹتا تھا اور بُو آتی تھی وہ مُنہ اندھیرے بیدار ہو کر باہر بیٹھنے کے لیے آبادی سے نکل جاتا، نہر کے پار گورو مانگٹ گاؤں کے چند کچے پکے کوٹھوں میں سے ایک چھوٹی سی مسجد اور ایک گوردوارہ نمایاں ہوتا تھا..اُس سے پرے کھیتوں کا ایک وسیع لامتناہی پھیلاؤ تھا جس کے کناروں پر ایک گاؤں تھینہہ پنڈ نام کا تھا اور اُس کے سوا کوئی اور آبادی نہ تھی...ابھی اندھیرے کی چادر تحلیل ہونے کے کُچھ آثار نہ ہوتے جب وہ کھیتوں میں فارغ ہو کر لوٹ رہا ہوتا..

اُس ایک سویر ایک کمرے کی کچی مسجد کے اندر گنے چنے نمازی تھے جو اونگھتے نیم خوابیدہ بدن کے کُچھ حصّوں کو کُھجلاتے فجر کی نماز پڑھنے کے لیے آئے تھے..اُن کی امامت مولوی عبدالعزیز مانسہروی کروا رہے تھے..وہ مولوی عبدالعزیز ایک دینی مدرسے سے فارغ التحصیل ہو کر مانسہرے سے اس آس میں چلے تھے کہ راستے میں کسی شہر یا کسی بڑے قصبے کی مسجد سنبھال کر فکر معاش سے آزاد ہو جائیں گے..اُن کی آرزو تو یہی تھی گجرات یا گوجرانوالہ کے نواح میں کوئی چھوٹی موٹی مسجد میسر آ جائے کہ ان علاقوں میں جاٹ لوگوں کی اکثریت تھی جو مذہبی معاملات میں تو یکسر کورے تھے پر اپنی مسجد کے مولوی کو ہر نوعیت کی سہولت مہیا کرتے تھے..کھلے دل کے تھے..گاؤں کے ہر گھر اور ہر تنور میں مولوی صاحب کے حصّے کی روٹی الگ پکتی تھی..اسی لیے گاؤں بھر میں سب سے چربیلی اور دھاروں دھار دودھ دینے والی بھینس مولوی صاحب کی ہوتی تھی کہ وہ اور اُن کا خاندان بیک وقت چالیس پچاس روٹیاں تو نہیں کھا سکتا تھا..پانچ سات کے سوا باقی سب بھینس کے آگے ڈال دی جاتی تھیں..

دیگر ادہاروں اور کمہاروں کی مانند مولوی صاحب کو بھی ہاڑی سونی میں برابر کا حصہ ملتا تھا..پر مولوی عبدالعزیز کی قسمت نے یاوری نہ کی..راستے میں پڑتی جتنی بھی مسجدیں تھیں وہاں اُن کے لیے گنجائش نہ تھی، وہ پُر ہو چکی تھیں، چنانچہ بالآخر انہیں لاہور سے باہر اس چھوٹے سے گاؤں میں اس لیے ایک چھت مل گئی کہ جو کوئی بھی رزق کا متلاشی مولوی چلتا پھرتا یہاں آ نکلتا وہ دو چار روز ٹھہر کر اس سے کسی بہتر اور متمول نمازیوں والی مسجد کی تلاش میں نکل جاتا..

گورو مانگٹ میں کم زمینوں والے کچھ نادار کاشتکار تھے اور بقیہ آس پاس کے بھٹوں اور کھیتوں میں مزدوری کرنے والے لوگ تھے اور اُن کی دو وقت کی روٹی بھی پوری نہ ہوتی تھی تو وہ بھلا مولوی صاحب کا گھر کیسے پورا کر سکتے

تھے..اسی لیے وہ بہت دُکھے ہوئے اور کڑوے ہو چکے تھے..علاوہ ازیں دو نہائت فربہ اور چنچل بیویوں کی ایک عرصے کی موجودگی کے باوجود وہ کُچھ بھی پیدا نہ کر سکے تھے اور یہ امر بھی مزید کڑواہٹ کا باعث بنتا تھا..

اُس سویر گورو مانگٹ کی بوسیدہ مسجد میں فجر پڑھ کر جب درجن کے قریب نمازی باہر نکلے، تو ابھی تاریکی مدھم نہ ہوئی تھی، تاریکی جو سننے سے نہیں روکتی البتہ دیکھنے کی راہ میں حائل ہو جاتی تھی..تو ایسی تاریکی کے اندر مسجد کی جو پانچ سیڑھیاں تھیں اُن میں سب سے آخری سیڑھی کے کونے میں کُچھ غوں غاں کی مدھم آوازیں جنم لے رہی تھیں..فجر پڑھ کر سب سے پہلے جو نمازی باہر آیا تھا اُس کا قدم پانچویں سیڑھی پر پڑا تو وہ اس نیم حیوان غوں غاں کو تاریکی میں سے اپنے کانوں میں اُترتے محسوس کر کے خوف سے یوں سرد ہو گیا کہ اُس کی جان نچڑ گئی..دو چار نمازی اُس کے قریب سے گذر گئے کہ اُنہوں نے کُچھ نہ سُنا تھا لیکن ایک بڑی بڑی مونچھوں اور ناتواں بدن والا شخص اُس کے قریب آ گیا، اُسے ساکت حالت میں دیکھ کر نزدیک ہو گیا "بھائی جی..خیر ہے..؟"

اُس نے خوفزدہ حالت میں پانچویں سیڑھی کے کونے کی طرف اشارہ کیا "وہاں کُچھ ہے.."

وہ بڑی بڑی مونچھوں والا ناتواں بدن گورو مانگٹ گاؤں کا چوکیدار تھا اور وہ رات میں سے نمودار ہونے والی انجانی اور ڈراؤنی آوازوں سے ڈر کر سمٹ جانے والا نہ تھا، وہ دلیری سے آگے ہو گیا..

ایک پوٹلی پڑی تھی جس میں سے کبوتروں کی غُوں غُوں، غٹر غوں کی وہ مدھم آوازیں آ رہی تھیں..بقیہ نمازی جو دور جا چکے تھے، وہ بھی پلٹ آئے کہ جانے کیا مسئلہ ہے، وہ اُس تاریکی میں تقریباً روپوش، جُھک جُھک کر تعین کرنے لگے کہ ان آوازوں کا منبع کیا ہے..مولوی عبدالعزیز مانسہروی مسجد کی صفیں لپیٹ کر، چراغ گُل کر کے اپنے مسجد سے ملحقہ حُجرے میں جانے کے لیے باہر آیا تو اُس جمگھٹے کو دیکھ کر ٹھہر گیا..مولوی صاحب کو دیکھ کر اُنہوں نے ہٹنا شروع کر دیا تا کہ وہ آگے آ جائیں..

مولوی عبدالعزیز اُس پوٹلی پر جھکا، لرزتے ہاتھوں سے اُس میں بھی ذرا سا خوف در آیا تھا، پوٹلی کو کھولا اور پھر اُس کے بے مُراد چہرے پر مسکراہٹ پھیل گئی جیسے بالآخر اُس کی اولاد کی نا اُمیدی کا چراغ یکدم جل اُٹھا ہو..وہ اُس پوٹلی کو اٹھانے لگا، گود میں لینے لگا تو گھوم پھر کر مسجدوں اور میلاد کی محفلوں میں نعت خوانی کر کے روزی کمانے والا ایک باریش نوجوان آگے بڑھا اور درشتگی سے بولا "مولوی صاحب..اسے ہاتھ نہ لگانا.."

"کیوں.." مولوی عبدالعزیز نے ہراساں ہو کر فوراً اپنا ہاتھ یوں پیچھے کر لیا جیسے اُس پوٹلی میں ایک زہریلا ناگ ڈسنے کے لیے پھن پھیلائے کھڑا ہو..

"یہ حرام کا ہے..ذرا دیا جلا کر لاؤ.." اُس نعت خواں نے جیسے ہوا کو مخاطب کر کے حُکم دیا..

دیئے کی مدھم روشنی میں وہ بلکتا ہوا شائد بھوک کے مارے غوں غوں کر رہا تھا کہ اُس میں رونے کی سکت نہ تھی..اُس کے پپوٹے ابھی تک ماں کی رطوبت سے جڑے ہوئے تھے..

اُس نعت خواں کی حیات میں یہ پہلا موقع تھا جب دین کی ڈور اُس کے ہاتھ میں آ گئی تھی، وہ یکدم معتبر ہو گیا تھا..یہی نمازی اُس کی نعت خوانی پر جھوم جھوم جاتے تھے پر اتنے کنجوس تھے کہ دو چار آنوں کے سوا اُس کی ہتھیلی پر کُچھ نہ

رکھتے تھے اور وہ بھی ایسے جیسے وہ اُسے ایک گداگر سمجھتے ہوں.. ''لوگ اپنی حرام کاریوں کے نُطفے یہاں چھوڑ جاتے ہیں، یہ پہلے بھی ہو چکا ہے..'' اُس کی آواز میں ایک مومنانہ تکبر تھا..'' اس غلاظت کی پوٹلی کے چُھونے سے بھی انسان خود حرامی ہو جاتا ہے..مولوی صاحب میں یہ مسئلہ جانتا ہوں..''

مولوی عبدالعزیز نے ایک دینی مسئلے پر اس تگڑے نعت خواں سے اُلجھنا مناسب نہ سمجھا اور ذرا الجاجت سے کہنے لگا..'' اُس کے زناکار ماں باپ نے بے شک حرام کمایا پر یہ بچہ تو بے قصور ہے..میں بے اولاد ہوں اور یہ..ایک انعام ہے اللہ تعالیٰ کی جانب سے..اسے میں لے جاتا ہوں..''

''خبردار..'' نعت خواں گرجا..'' ایسے حرام کے بیج کو سنگسار کرنے کا حکم آیا ہے..مولوی جی آپ کو تو پتہ ہونا چاہیے..پر پتھر مارتے ہوئے احتیاط کا حُکم ہے کہ اس حرام کے پلّے کے خون کے چھینٹے آپ کے دامن کو داغدار نہ کریں..مُنہ کیا دیکھتے ہو بدبختو..'' اُس نے بقیہ نمازیوں سے مخاطب ہو کر کہا'' پتھر اور سنگریزے تلاش کرو اور اپنی بستی کو اس پلیدی سے پاک کر دو..'' وہ اپنے تئیں ایمان کی قوت سے لبریز اِدھر اُدھر بھٹک کر ایک سنگریزہ تلاش کر لایا۔ ان کا دل ساتھ نہ دیتا تھا پر اُس میں وسوسے تھے کہ کیا پتہ یہ نعت خواں درست کہتا ہو اور نمازی بجھے دل سے اندھیرے میں کنکر ڈھونڈنے لگے..البتہ مولوی عبدالعزیز وہیں پانچویں سیڑھی پر ساکت کھڑا رہا..اُس کے قدموں میں وہ بلکتا اور غوں غوں کرتا تھا..

سروسانسی مسجد کے برابر میں سے جو کھیت شروع ہوتے تھے اُن میں اپنے آپ کو فارغ کر کے ایک اطمینان بخش فراغت کی حالت میں اُس لمحے گورومانگٹ کی مسجد کے قریب پہنچا اور وہ وہاں لوگوں کا اجتماع دیکھ کر ٹھٹک گیا۔ جب باریش نعت خواں نے پہلا سنگریزہ، پہلا پتھر تاک کر اُس پوٹلی پر پھینکا لیکن اُس کا نشانہ خطا ہو گیا..اُسے تجسس ہوا اور اُس نے آگے بڑھ کر پانچویں سیڑھی پر پڑی ایک پوٹلی کو دیکھا جو ہولے ہولے تاریکی میں سے باہر آ کر قدرے نمایاں ہو رہی تھی اور اُس میں بلکتے ایک بچے کو دیکھا..

''بھائی جی..'' وہ نعت خواں سے مخاطب ہوا جو ایک اور سنگریزے کی تلاش میں جُھکا جُھکا چلتا تھا..'' کیا ہوا ہے؟''

''کوئی عورت حرام کا بیج چھوڑ گئی ہے..'' وہ نشانہ خطا ہونے پر جھنجھلایا ہوا تھا..'' ایک پلید شے مسجد کی سیڑھیوں پر رکھ کر چلی گئی ہے..اسے سنگسار کرنے کا حکم آیا ہے..پتھر تلاش کرو..''

وہ ایک سانسی ہونے کی حیثیت سے ایسے مسئلے مسائل سے آگاہ تو نہ تھا پر اُس کے اندر نسل در نسل سفر کرتی جو ایک قدیم سانسی دانش تھی، اُس کی چوکنّی حسیّات نے اُسے خبر کر دی کہ معاملہ کیا ہے..وہ ہاتھ جوڑ کر کھڑا ہو گیا..'' راجے کا کھٹیا..سارے نمازیوں کا کھٹیا..دھن راج سب کا..''

وہ سب متوجہ ہو گئے..

''اوئے تو کون ہے؟'' نعت خواں ایک اور پتھر نہ ملنے پر غصیلا ہو رہا تھا۔

''میں چوہدری جی..میں اس بچے کا باپ ہوں..دنیا پور کا سروسانسی، آپ کا کتا..مردار کھانے والا اور خود بھی مُردار..یہ بچہ میرا ہے..حرامی سویرے سویرے روئے چلے جاتا تھا چپ نہ ہوتا تھا..میں اسے گود میں اُٹھا کر ادھر آ گیا..کہ میں

نے رفع حاجت کے لیے جانا تھا.. میں اسے ساتھ کیسے لے جاتا.. یہاں اللہ رسول کی پناہ میں چھوڑ کر ذرا کی ذرا کھیتوں میں چلا گیا، فارغ ہونے کی خاطر.. پہلے بھی ایسا کر چکا ہوں.. یہ کسی کا گناہ نہیں ہے، اگر ہے تو میرا ہے..''

جھجکتے نمازیوں کی جان میں جان آ گئی.. کہ وہ ایک امتحان سے بچ گئے.. نعت خواں ذرا رنجیدہ اور شکست خوردہ ہو گیا۔ پر مولوی عبدالعزیز جس کی اولاد سے نابینا آنکھوں میں ایک چراغ روشن ہوا تھا، وہ بجھ گیا..

''یہ مردار کھانے والوں کا مردار بچہ ہے..'' سروسانسی نے آخری دوہائی دی'' اسے جو بھی چھوئے گا مردار ہو جائے گا.'' اُس نے آگے بڑھ کر اُس پوٹلی کو اُٹھایا اور سینے سے لگا کر تھپکنے لگا.. ''اوئے حرامی اپنے باپ کو نہیں پہچانتا، چُپ کر، تو ذرا بڑا ہولے تو ہم دونوں باپ بیٹا مل کر کتے.. جنگلی بلے، کچھوے اور نیولے بُھون بُھون کر کھایا کریں گے.. آ تجھے گھر لے چلوں.. آ میرے حرامی بچے..''

مدت ہوئی دنیا پور میں ایک جولاہے کی حواس باختہ لڑکی نے ایک ایسے بچے کو جنم دیا تھا جس کے باپ کا کچھ پتہ نہ چل سکا اور اُس بچے کا نومولود کچا بدن دنیا پور کی گُل گلیوں اور محلوں میں جیسے گردش کرنے لگا تھا اور ہر کان میں سرگوشی کرتا تھا کہ میں حرام کا ہوں، عزیز جہان کے کانوں میں ابھی تک اس سرگوشی کی بازگشت تھی جو بے اختیار اُس کے لبوں پر آ گئی ''سرو.. یہ حرام کا ہے۔''

سوہن سنگھ بھی ذرا سمٹ کر پیچھے ہو گیا اور اپنی اُنگلیوں کو خوف سے تکنے لگا جن سے اُس نے اُس کے رخساروں کو چھوا تھا.. ''پھر تو یہ پلید شے ہے.. اسے کیوں اُٹھا لائے ہو؟''

سروسانسی نے آج تک جتنے مردار کھائے تھے، جتنے کتے، بلّے اور نیولے نگلے تھے اُن سب کی زہرناکی اُس کے اندر اُبلنے لگی، اُس کے نتھنوں اور آنکھوں میں سے نیلے تھوتھے کی مانند بہنے لگی.. اُس کی جُون ہی بدل گئی.. انسان کی بجائے کوئی اور ہی مخلوق دکھائی دینے لگا.. اور وہ اُن دونوں کو کھا جانے والی نظروں سے گھورنے لگا.. اُنہیں محسوس ہونے لگا کہ اُس کی زہرناکی اُن کے بدنوں پر چھالے ڈال رہی ہے.. وہ اُس کی نظروں کی تاب نہ لا سکے..

''میں نے تو یونہی دین ایمان کی قسم.. یونہی کہہ دیا تھا..'' عزیز ہکلانے لگا.''یونہی..''

''اور میں نے بھی واہیگرو کی سونہہ..'' اگرچہ وہ ایک سانسی تھا، پر سوہن نے شرمندگی میں اُس کے آگے ہاتھ جوڑ دیئے..

سروسانسی نے بمشکل اپنے سانس سنبھالے.. کُچھ دیر ہُوں ہُوں کرتا گہرے سانس بھرتا رہا جیسے بہت دِقت سے واپس اپنی انسانی خصلت میں آ رہا ہو اور پھر پوٹلی پر جُھکا تو اُس کے آنسو بچے کے نرم رخساروں پر گرے اور وہ اُن کی نمی سے ذرا کپکپایا.''نادانو تم ذرا اس کا چہرہ تو دیکھو..اس کے یہ کان جو لگتا ہے کسی ماہر کمہار نے سانس روک کر بنائے ہیں، اتنی نازک بناوٹ کے ہیں..اس کا ایک مینڈ کی جتنا مُنہ.. پاؤں کی اُنگلیوں کے سروں پر گلابی ناخنوں کی بوندیں..انہیں دیکھو.. ان پر کہاں لکھا ہوا ہے کہ اس کے ماں باپ کا بیاہ ہوا تھا یا نہیں..اس کے ماتھے پر درج ہے کہ اسے وجود میں لانے والوں نے کلمے نہیں پڑھے تھے، پھیرے نہیں لگائے تھے.. پرے ہٹو..اسے ہاتھ نہ لگانا.تم میں اور اُس غضب ناک نعت خواں

میں کُچھ فرق نہیں ہے..اسے ہاتھ لگاؤ گے تو تم نہیں یہ بچہ پلید ہو جائے گا.. پرے ہٹو..''

امیر بخش ایک خاموش تماشائی..خاموشی سے آگے ہوا، پوٹلی سے ہمکتے بچے پر جُھکا اور اُس کے سروسانسی کے آنسوؤں سے گیلے ہو چکے بچّے کے رخساروں پر اپنے ہونٹ رکھ دیئے..''یہ میرا بیٹا ہے..''

اُن دونوں نے بھی اپنی شرمندگی مٹانے کی خاطر پوٹلی پر جُھک کر اُسے پچکارا اور پھر عزیز ذرا کھسیانا سا ہو کر کہنے لگا''بھائی جی..اس کا نام نہ رکھ دیں..''

''پہلے یہ تو طے کر لیں کہ یہ لڑکا ہے یا لڑکی..''

''راج کا کھٹیا..چوہدری امیر بخش کا کھٹیا..''سروسانسی نے مسکراتے ہوئے کہا''یہ لڑکا ہے میرے چوہدریا..''

''تمہیں کیسے پتہ ہے؟''

''چوہدری، ہم سانسیوں کو تمہاری طرح دیکھنے بھالنے سے یہ پتہ نہیں چلتا کہ بچہ کیا ہے..میں اسے گود میں اُٹھا کر لایا ہوں ناں تو اس کے جُثّے کی لرزش اور گرمی نے مجھے خبر کر دی تھی کہ یہ کیا ہے۔''

''تو پھر اس کا نام لبّھا سنگھ رکھ دیتے ہیں۔''سوہن نے معصومیت سے کہا''یہ ہمیں مل گیا ہے ناں، لبھ گیا ہے..''

''لے خواہ مخواہ..''اب تو عزیز بھی اُس پر ریجھا جاتا تھا..''یہ تو اللہ نے انعام بھیجا ہے، اسے ہم انعام اللہ کہیں گے..''

تب سروسانسی نے اپنا حق دعویٰ پیش کر دیا جس سے اختلاف کرنے کی گنجائش نہ تھی..''اسے میں لے کر آیا ہوں..حق میرا بنتا ہے..تم اسے لبّھا سنگھ کہو یا انعام اللہ..میرے لیے یہ پیچو سانسی ہے..جب یہ بڑا ہو جائے گا تو ہم دونوں پیو پترّ مل کر نیولے پکڑا کریں گے..کتے بلّے کھایا کریں گے..''

''دُر فٹے مُنہ..''امیر بخش نے اُس کی کمر پر ایک دھپ رسید کی اور ہنسنے لگا..عزیز جہاں قدرے تشویش سے دوچار ہوا کہ کہیں سروسانسی اُسے سچ مُچ سانسی نہ بنا لے تو وہ اپنے بہنوئی کے قریب ہو کر سرگوشی میں بولا''بھائی جی..اس کے کان میں اذان نہ دے لیں..''

''نہیں..''امیر بخش نے مسکراتے ہوئے اپنا سفید سر انکار میں ہلایا..''ہرگز نہیں..اس کے کانوں میں کسی بھی عقیدے کی مجبوری نہ اُنڈیلو..اس کے گلے میں کسی بھی تعصب کی مالا نہ پہناؤ..اسے آزاد اور خودمختار رہنے دو..اس کی حسیّات کے سارے کاغذ کورے رہنے دو..جب بڑا ہو گا تو خود فیصلہ کر لے گا کہ ان کاغذوں پر سچ کی کونسی عبارت لکھنی ہے..''

✦.......✦

پُشپی اور نور بیگم کے ذہنوں کو بیک وقت ایک ہی خیال ایک تیز دھار کرپان کی مانند چیرتا چلا گیا کہ شائد احاطہ قادر بخش کے سہ منزلہ مکان کی تیسری منزل پر جو کچا صحن ہے اور اُس میں جو لال گُلال صحت مند تقریباً ایک برس کا بچہ ایک رانگلے طوطے یا ریڑھے کو اپنے گل گوتھنے ہاتھوں میں تھامے اُسے صحن میں دھکیلتا پھرتا ہے اور بار بار اُن دونوں کی جانب دادطلب نظروں سے دیکھتا ہے کہ دیکھو دیکھو میں کیسے اس لکڑی کے تین پہیّوں والے کھلونے کو دھکیلتا ہوں اور گرتا نہیں تو صرف اس بچّے کی بے برکتی ہے کہ ہم دونوں کی گود ابھی تک خالی ہے.. یہی جواز ہے ہمارے بنجر ہونے کا کہ یہ حرام کا تخم ہمارے گھر میں آ گیا ہے.. اور اسی لیے تو اپنی عمر سے بڑا لگتا ہے۔ اتنا لال گُلال گل گوتھنا ہے کہ حرام کا تخم ہمیشہ سے تیزی سے پھلتا پھُولتا ہے.. یہی سبب ہے ہماری کوکھ کے خالی رہ جانے کا.. اور اگر.. یہ بس مر جائے.. کسی طرح.. تو شاید اس نحوست اور ناپاکی کے دور ہونے سے ہمارے اندر بیج ٹھہر جائے..

یہ خیال اُن دونوں کے ذہنوں میں ایک کوندے کی طرح لپکا اور اُنہوں نے یکدم ٹھٹک کر ایک دوسرے کی جانب دیکھا کہ کیا تم بھی یہی سوچ رہی تھیں جو سوچ میرے ذہن میں تھی اور پھر ایک دوسرے سے نظریں چُرا کر نیچے صحن کی کچّی مٹّی کو دیکھنے لگیں.. اپنے آپ کو لعن طعن کرنے لگیں، ملامت کرنے لگیں، شرمندگی سے کچّی مٹّی کو کُریدنے لگیں.. وہ تو اُس پر جان دیتی تھیں، یہ بھیانک خیال اُن کے اندر کہیں روپوش تھا جو ظاہر ہوا اور فوراً ہی دم توڑ گیا.. نور بیگم نے تو اُس کے بلکتے مُنہ سے اپنی چھاتی لگا دی تھی، اُسے دودھ پلانے کی سعی کی تھی پر دودھ اُترا نہ تھا..

جیسے یکدم ایک ہی خیال اُن کے ذہنوں میں لپکا تھا ایسے ہی وہ دونوں یکدم اٹھیں اور کھلونے کو دھکیلتے اُس بچے کو جسے کبھی لبھا سنگھ، کبھی پیچو سانسی اور اکثر انعام اللہ پکارا جاتا اُس سے لپٹ کر رونے لگیں.. ذلت محسوس کرتیں پشیمان ہوتیں اُس کی بلائیں لینے لگیں.. اُس نے یوں یکدم دبوچے جانے پر خوفزدہ ہو کر رونا شروع کر دیا.. پُشپی کا قلق زیادہ تھا..

وہ کتنی آسانی سے، نہ چاہتے ہوئے بھی، دو یا تین، جانے کتنے اور کس کے بچے جَن چکی تھی اور اب وہ چاہ رہی تھی، مری جا رہی تھی پر اُس کے اندر کچھ نہ ٹھہرتا تھا.. اُس کا لاڈلا اگرچہ معصوم اور مسکین لگتا گھر والا کوئی کسر نہ چھوڑتا تھا اور تب بھی اُس کے ایام میں خلل نہ پڑتا تھا.. ''کپڑے'' آتے رہتے تھے.. اُدھر نور بیگم بھی کچھ کم تمنائی نہ تھی.. ممتا کے جذبے کی تسکین کے سوا ایک عورت اس لیے بھی بچے کی خواہش رکھتی ہے کہ وہ مستحکم ہو جاتی ہے ورنہ وہ غیر محفوظ محسوس کرتی رہتی ہے.. مرد کا کیا پتہ کہ وہ کب اولاد کے لیے ہی ایک سوکن لے آئے بے شک وہ مرد امیر بخش ہی کیوں نہ ہو.. عزیز جہاں کی

مانند وہ بھی ماں باپ کا اکلوتا بیٹا تھا اور اُس کے دل میں بھی تو ایک دُکھ ہوگا اگرچہ اُس نے کبھی اس کا اظہار نہ کیا تھا کہ میری آل کے تسلسل کے کچھ آثار نہیں..

وہ اُس سے لپٹی اپنے آپ کو کوستی، حقیر محسوس کرتی یُوں روئے چلی جا رہی تھیں جیسے اپنے اُس کیسے سفاک اور حیوانی خیال کا کفارہ ادا کر رہی ہوں اور وہ معافی کی خواستگار ہو رہی تھیں..نور بیگم کے لیے تو آسانی تھی کہ وہ اللہ کے آگے گڑگڑاتی تھی پر مسئلہ تو پُشپی کا تھا جس کے خدا کا تعین نہ ہو پایا تھا..جانے اُس کی ماں کیا تھی، کون سے دھرم کی تھی، وہ اگر پُشپی تھی تو شائد ہندو تھی..پر کیا پتہ وہ کبھی پروین رہی ہو اور کسی بھٹے کے مالک نے اُسے پشپی کہہ کر پکار دیا ہو..وہ کچھ بھی نہ تھی..مٹی کی ایک عورت تھی اور اُس کا دھرم بھی صرف مٹی ہو سکتا تھا اور مٹی کا خدا اگر تھا تو وہ بھی مٹی کا ہی ہو سکتا تھا اور اُس کے سامنے آہ وزاری کرنا اُس سفاک خیال کے لیے معافی کا طلب گار ہونا بیکار تھا..کہ مٹی تو وہ خود بھی تھی تو وہ آپ ہی اپنی خدا تھی..اس لیے وہ اپنے آپ کے سامنے جُھکی اپنے ہی پاؤں پڑ گئی، اُنہیں چُوما اور معافی مانگنے لگی..

وہ..اِن ماؤں کے گلے سے لگا روتا رونا اُکتا گیا اور اُن کی گرفت سے اپنے آپ کو چھڑا کر پھر سے اپنے کھلونے کو تھام کر کچے صحن میں دھکیلنے لگا..

وہ صرف ایک برس کا تھا، اُس کے کانوں میں جو آوازیں آتی تھیں اُن سے ناواقف تھا پر غافل نہ تھا..اُس کے اندر کے نظام میں جو کورا کاغذ تھا اُس پر وہ سب کچھ درج ہوتا چلا جاتا تھا..محفوظ ہو رہا تھا..اُس کی آئندہ حیات میں ان آوازوں نے اُس کا پیچھا کرنا تھا..وہ خیال جو کبھی ایک تیز دھار کرپان کی مانند ان دونوں کے ذہن کو چیر گیا تھا اُس نے اُس کا تعاقب کرنا تھا..یہ حرام کا تخم ہے، ہمارے گھر میں آ گیا ہے..بس یہ مر جائے..

بظاہر وہ اپنا کھلونا دھکیلتا پھرتا تھا پر اُس کے کورے کاغذ پر عبارتیں رقم ہو رہی تھیں..تیری ماں تجھے ایک سویر کسی مسجد کے باہر پھینک کر چلی گئی تھی..تو حرامی ہے..

برگد والے چوک والا مکان اُن کے لیے کم پڑ گیا..وہ مکھیوں کے چھتے کی مانند بھنبھنانے لگا..اُس میں بھیڑ بہت ہو گئی..امیر بخش اور نور بیگم..عزیز جہان اور پشپی..سروسانسی اور اُس کی نیم وحشی گھر والی سوہنی سانسن اور مکمل طور پر وحشی بیٹے موجو اور موتی..اور ان کے سوا..انعام اللہ..اب اُنہیں رزق کی کچھ کمی نہ تھی، وہ دیکھ بھال کر محلّہ قادر بخش کے ایک ایسے سہ منزلہ مکان میں منتقل ہو گئے جس کی چوبی گیلریاں سڑک پر کُھلتی تھیں اور اُن کے درمیان میں ایک قدیم جھروکا اپنی قدیم خوش نمائی کی نمائش کرتا اُن گیلریوں میں سے آگے نکلتا دورے سڑک پر معلّق نظر آتا تھا..

انہوں نے سروسانسی کی لاکھ منت سماجت کی پر وہ نہ مانا..دوسری منزل میں بہت کمرے ہیں تم اُن میں رہائش کر لو، ہمارے ساتھ رہو، پر وہ نہ مانا اور پھر ہاتھ باندھ کر اُنہیں سانسیوں کی دعائیں دینے لگا..میں اپنے بال بچوں کے ساتھ الگ سے رہنا چاہتا ہوں..یہ سامنے محلّہ قادر بخش کے برابر میں بیل گاڑیوں والوں اور چُوڑے چماروں کی ایک بستی ہے..وہاں ایک کچا مکان مجھے بھا گیا ہے میں وہاں ڈیرہ ڈالنا چاہتا ہوں..اتنا قریب ہے کہ مُجھے آواز دو گے تو میں ہاتھ باندھے چلا آؤں گا..راجے کا کھٹیا..چوہدری امیر بخش کا کھٹیا..دراصل اُس کی گھر والی اس لائق نہیں تھی کہ نور بیگم یہاں تک

کہ پنچھی کے ساتھ بھی اُٹھ بیٹھ سکے اور اُس کے دونوں بیٹے تو ہرگز اس لائق نہ تھے..

جب سے وہ نمبردارانی کے کہنے پر عزیز جہان کے ساتھ شہر چلا آیا تھا اور اس بات کو بھی پندرہ برس گذر چکے تھے وہ صرف ایک بار واپس دنیاپور گیا تھا..امیر بخش کی بارات کے ساتھ..اور وہ رخصتی کے بعد سیدھا اپنی بستی کو گیا تھا اور اُس کے چاچے لنگڑ سانسی کی بیٹی سوہنی سانسن نے اُسے ادھ موا کر دیا تھا..چار پائی کی ادوائن ڈھیلی ہوگئی تھی اور پائے لڑکھڑانے لگے تھے اور وہ اگلے کئی روز تک نقاہت محسوس کرتا رہا تھا..وہ اُسے باقاعدگی سے ایک مناسب رقم روانہ کرتا تھا پر ایک روز وہ اپنے کالے کلوٹے بیٹوں سمیت جو جانے اُس کے تھے بھی یا نہیں اگرچہ سانسیوں میں اِس سے کچھ فرق نہ پڑتا تھا وہ برگد والے چوک کے مکان میں دندناتی ہوئی داخل ہوگئی..''حرامی تو یہاں موج کرتا ہے اور مجھے وہاں دنیاپور میں پیسے بھیج کر یہ سمجھتا ہے کہ تو فارغ ہوگیا ہے..فارغ تو میں تجھے کروں گی..''

اُس نے اُسے بہت سمجھایا بجھایا کہ بھلی مانس تو دنیاپور واپس چلی جا..تُو اور تیرے سانسی بچے شہر کے بندھنوں میں نہیں بندھ سکیں گے، اُنہیں کھلی فضا راس آتی ہے..اور نہ ہی یہاں کھانے کو کتے، بلّے اور مینڈک ملیں گے اور مُردار کا تو سوال ہی پیدا نہیں ہوتا، میں وعدہ کرتا ہوں کہ اب آتا جاتا رہوں گا پر سوہنی سانسن نہ مانی..اور اُس شب اُس پر پِل پڑی، اُس کا جُثّہ چباتی اور بھنبھوڑتی رہی اور سویر تک وہ ایک ایسے مُردار کی مانند ہوگیا جس کا ماس گِدھ نوچ چکے تھے..

✦•••••••✦

لکھنؤ کاٹ گُڈّا لاہور کے ماگھ کے مہینے کے نیم خنک گدلے آسمان کے کہیں اندر کسی دُھند میں جا چکا سوہن سنگھ کی آنکھوں سے اوجھل ہو چکا تھا اور اُس کی انگلی کے کُبڑے پن کے اوپر سے جو تیز دھار ڈور سرکتی جاتی تھی وہ وہاں تک تنی چلی جاتی تھی جہاں کہیں ایک لکھنؤ کاٹ گڈّا، اُستاد شرفو کے ہاتھوں کا بنایا ہوا ایسے مثالی توازن کا کہ اگر اُسے کسی چھت پر سے بنا ڈور دھکیل دیا جاتا تو وہ تادیر ہوا میں معلق رہ سکتا تھا اور پھر کہیں ہولے ہولے ڈولتا، ایک پروقار انداز میں تھمتا کندھے مارتا، ہوا پر راج کرتا جیسے ایک راج ہنس جھیل پر اُترتے ہوئے اپنی رفتار آہستہ کر کے بہت دھیرے دھیرے پانیوں پر اُترتا ہے..اتر سکتا تھا..تو وہاں کہیں وہ لکھنؤ کاٹ گڈا آسمان کی پہنائیوں میں اوجھل اَن دیکھا موجود تھا اور سوہن سنگھ کی انگلی کے اوپر سے سرکتی ڈور بتاتی تھی کہ وہ وہاں کہیں موجود ہے اور جب کبھی وہ اُس اوجھل حالت میں ہوا کے زور سے تن کر اوپر اٹھتا تو ڈور بھی تن جاتی اور سوہن سنگھ کی اُنگلی کے راستے اُس کے پورے بدن میں ایک جنسی کیف بھر دیتی جس کا سبب وہ تناؤ ہوتا..اگرچہ اُسے کُچھ بھی دکھائی نہیں دے رہا تھا پر وہ آسمان کے اُس حصے سے نظریں نہ ہٹاتا تھا جس کے اندر کہیں اُس کا لکھنؤ کاٹ گڈا ہونا چاہیے تھا..

دائیں ہاتھ کی فضا میں بلند اُنگلیوں میں سے تو ڈور تیزی سے سرکتی تھی اور بائیں ہاتھ میں اُس نے گام ڈور بادشاہ کے ہاتھوں کا مانجھا چڑھا ہوا ڈور کا پِنّا تھام رکھا تھا..جو بڑی تیزی سے خالی ہو رہا تھا..پنّے کے اوپر مشاقی سے لپیٹی گئی ڈور کی تہیں کُھلتی جاتی تھیں اور وہ اُس کی انگلی پر گذرتی لاہور کے آسمان کے اندر سفر کرتی گم ہوتی جاتی تھی..یہاں تک کہ پنّے پر لپٹی ڈور کی چار پانچ تہیں باقی رہ گئیں اور اُن کے بیچ میں سے ردّی کاغذ کی وہ گولائی عیاں ہونے لگی جس پر اُس ڈور کو کَس کے لپیٹا گیا تھا..جیسے ایک گنجے ہوتے شخص کے چھدرے بالوں میں سے اس کی چندیا نظر آنے لگتی ہے..

یہ نہیں کہ سوہن سنگھ کا لکھنؤ کاٹ تنہا اُن پہنائیوں میں اوجھل تھا..یونہی بے مقصد نہیں اُڑا جاتا تھا بلکہ محلّہ قادر بخش کے پار گوروار جن نگر کی جو گلیاں تھیں جو ریشم کاتنے والوں کی گلیاں کہلاتی تھیں، جہاں بڑے بڑے تسلوں میں ریشم کے کوئے اُبال کر اُن میں سے ریشم کی تاریں ادھیڑ کر اُنہیں اٹیوں کی شکل دی جاتی تھی، وہاں سے اُڑائی جانے والی ایک تیکھی پتنگ بھی اُس کے لکھنو کاٹ کے ہمراہ آسمانوں میں گم تھی اور اُس کی ڈور ایک آری کی مانند سوہن سنگھ کی ڈور کی گردن پر پھرتی اُسے کاٹ ڈالنے کی سعی کرتی تھی..پیچ لگے ہوئے تقریباً آدھ گھنٹہ گذر چکا تھا، اُس کی ڈور تیزی سے ختم ہو رہی تھی..اتنی تیزی سے کہ اُس کی زخمی ہو چکی انگلی میں سے رِستے خون کے قطرے کوٹھے کی کچّی زمین میں جذب ہوتے جا

رہے تھے.. اگر اگلے چند لمحوں میں اس کانٹے دار پیچ کا فیصلہ نہیں ہو پاتا تھا تو پھر اس کے سوا کوئی چارہ نہ تھا کہ وہ ڈور کے ختم ہوتے ہی اُسے اپنے ہاتھوں سے چھوڑ دے، یوں اگر لکھنوٗ کاٹ اُس کے ہاتھوں سے جاتا تھا تو یہ بھی ممکن تھا کہ یوں ڈور یکدم چھوڑنے سے اُس تیکھی پتنگ کی ڈور بھی کٹ جائے..

آج بسنت تھی، ماگھ کے مہینے کی پانچویں تاریخ تھی، آج بسنت پنچمی کا بہار کی آمد کا تہوار تھا.. مسلمان لڑکیاں تو چلمنوں سے لگی جھانکتی تھیں لیکن ہندو اور سکھ لڑکیوں کے زرد پیراہنوں سے لاہور کی چھتیں اٹی پڑی تھیں.. جیسے اُن چھتوں پر سرسوں کے کھیت لہلہا رہے ہوں.. اُس نے بھی اپنے تئیں بسنت پنچمی کے لیے تیاری تو خوب گس کر کی تھی.. کنجری کی مسجد کے پاس جو شہر کا کاریگر رنگریز استاد بسا تھا اُس سے اپنی پگڑی بسنتی رنگوائی تھی، سفید تہبند اور کُرتے کے اوپر زرد رنگ کی اونی چادر اوڑھی تھی پر تیکھی پتنگ کے ساتھ اس پیچ نے اُس کے سارے گس بل نکال دیئے تھے اور اُس نے ابھی تک آس پاس کے کوٹھوں سے اُڈتی چڑیوں کی طرح شور کرتی لڑکیوں کو ایک نظر بھی نہ دیکھا تھا.. اُس کی آنکھیں آسمان سے اُترتیں تو دیکھتا..

وہ جب امیر بخش کے سنگ لاہور شہر آیا تھا تو اس کے عجائب اپنی جگہ پر جس شے نے اُس پر جادو کر دیا تھا، اُس کا دل موہ لیا تھا وہ اس کے آسمان پر تیرتی، ڈولتی پھرتی، ہلکورے لیتی پتنگیں اور گڈیاں تھیں.. گویا وہ شہر کے پنکھ پکھیرو تھے پر ایسے تھے کہ ڈوروں سے بندھے ہوئے تھے اور آپ جیسے چاہیں اُنہیں اُڑائیں اور جہاں تک چاہیں اُڑا لے جائیں.. رام داس کے بھٹے پر تو مشقت کے دن رات ایسے تھے کہ اُن میں ایسے چونچلوں کی گنجائش ہی نہ تھی.. برگد والے چوک کے مکان میں بھی اُس کے مختصر پن کی وجہ سے اُس کی آرزو پوری نہ ہو سکتی تھی پر محلّہ قادر بخش کے اس سہ منزلہ مکان میں منتقل ہوتے ہی اُس کے سارے چاؤ پورے ہو گئے.. یہ آس پاس کی آبادی اور بیشتر مکانوں سے بلند تھا اور اس کی وسیع چھت اس شوق کے لیے نہائت موزوں تھی..

امیر بخش اور عزیز جہان اس معاملے میں بہت بودے اور بیزار تھے، اُنہیں گڈیاں اور پتنگیں چڑھانے اور پیچ لڑانے میں چنداں دلچسپی نہ تھی پر وہ سوہن سنگھ کے اس شوق پر معترض بھی نہ ہوتے جو اکثر چھت پر ٹنگا رہتا اور بسنت کی سویر تو وہ منہ اندھیرے ڈور کے متعدد رنگین پنّوں اور گڈیوں پتنگوں سمیت محلّہ قادر بخش کا پہلا باسی ہوتا جس کی گڈّی شرلاٹے بھرتی آسمانوں کو اٹھنے لگتی..

آج سویرے پگڑی باندھنے سے پہلے وہ اپنے کیسوں میں کنگھا کر رہا تھا تو اُس نے غور کیا کہ اُن میں سفید بالوں کی دو تین لکیریں ہیں اور اُسے ایک دھچکا سا لگا.. وہ تو بوڑھا ہو رہا تھا پر ابھی تک بن بیاہا تھا..

اگر وہ ابھی تک بیاہ کے بغیر تھا تو اس میں اُس کا کچھ دوش نہ تھا.. اُس کی ماں کو کوئی بَر نہ جچتا تھا نہ اپنے بیٹے کے لیے اور نہ ہی بیٹی کے لیے.. اگرچہ کوئی ایسا دن نہ جاتا جب وہ مارا ماری کرتی کسی دور یا پاس کے گاؤں میں کسی لڑکی کو دیکھنے نہ جاتی.. اُسے نقش و نگار اور قد بُت میں کاملیت درکار تھی.. کسی لڑکی کی ناک اُس کے تیکھے معیار پر پوری نہ اُترتی اور کسی کا قد اُسے بیٹھا ہوا لگتا.. ایک لڑکی میں وہ سب کچھ موجود تھا جو وہ چاہتی تھی پر اُسے اس لیے رد کر دیا گیا کہ اُس کی انگلیوں کے جوڑ ذرا بھدّے تھے.. چنانچہ وہ دونوں بہن بھائی ابھی تک کنوارے چلے آتے تھے..

اکثر اُس کے تہبند کی کھڑ کھڑ اُسے پریشان اور شرمندہ رکھتی پر وہ کیا کرتا.. اُس کے اندر کا ہیجان تب قدرے

تسکین پاتا جب اُس کی اُنگلیوں میں سے سرکتی ڈور ہوا کے زور سے یکدم تناؤ میں آجاتی..

سر کے بالوں میں نمودار ہوتی سفیدی اور اس طُول پکڑ جانے والے پیچ کے علاوہ بھی اُس کے ذہن میں ایک اُلجھن تھی جو سُلجھتی نہ تھی..اُسے ایک چِنتا لگی ہوئی تھی..

اُس روز بھائی عزیز جہان صبح سے ایک عجیب مسرت آمیز افراتفری میں مبتلا تھا..کبھی پشپی کو ڈانٹتا کہ تم نے کوئلے اچھی طرح سلگا کر استری میں نہیں ڈالے تبھی بار بار استری کرنے سے میری قمیض کا کالر ٹھیک طرح سے نہیں بیٹھ رہا..اور کبھی بشیر دھوبی کو برا بھلا کہتا کہ اُس نے اُس کے لٹھے کی شلوار کو جو کلف لگایا تھا اُس میں جان نہیں تھی..پہننے سے کھڑکھڑاتی نہیں تھی پژمردہ سی رہتی تھی..

چھوٹے لبھّا سنگھ کو بھی خوب رگڑ رگڑ کر نہلایا گیا تھا اتنا کہ اُس کا چہرہ لال سرخ ہو رہا تھا.اگرچہ بھائی امیر بخش بھی تیار ہو رہا تھا پر وہ اتنا تردد نہیں کر رہا تھا.سوائے اس کے کہ اُس نے ایک طلائی گُلّے پر کلف سے اکڑی ہوئی ململ کی پگڑی باندھ کر اُسے ایک تپائی پر رکھ دیا تھا تاکہ گھر سے نکلتے ہوئے اُسے پہن لے..پگڑی کا شملا ایک اصیل مرغ کی گردن کی مانند اکڑا ہوا تھا..

سوہن سنگھ رہ نہ سکا ''بھائیا، کہاں جا رہے ہو، خیر ہے؟''

امیر بخش نے کُچھ جواب نہ دیا، اپنے سفید بالوں پر ہاتھ پھیرتا رہا جیسے کسی مخمصے میں مبتلا ہو البتہ عزیز جہان جو اضطراب میں تھا فوراً بولا ''سوہنیا..اسلامیہ کالج ریلوے روڈ کی گراؤنڈ میں آج ہمارے بابے جناح کی تقریر ہے..قیدِ اعظم کی..سارا لاہور جا رہا ہے..چلنا ہے؟''

اُس نے اس بابے جناح کا ذکر اڈ کا رتو سُن رکھا تھا پر وہ یہ نہیں جانتا تھا کہ یہ کوئی سچ مچ کا آدمی ہے جیسے کبھی وہ ریڈیو پر گاندھی، نہرو اور کبھی کبھار ماسٹر تارا سنگھ کا نام سن تو لیتا تھا پر اُسے نہیں پتہ تھا کہ یہ ہیں کون..اور اگر ہیں تو کہاں ہیں..اور کیا چاہتے ہیں..

''یہ جو ہمارے حضرت قیدِ اعظم ہیں ناں سوہنیا..یہ ہم مسلمانوں کی آس امید ہیں..جیسے تمہارے گورو گوبند سنگھ نے سکھوں کو ایک الگ شناخت دی تھی ایسے یہ بھی ہمارے گورو ہیں جو ہمیں ہماری پہچان دے رہے ہیں..وہ ہمارے لیے ایک الگ ملک پاکستان حاصل کرنے کے لیے دن رات ایک کر رہے ہیں، جہاں ہم مسلمان اپنی من پسند زندگی گذاریں گے..''

سوہن سنگھ نے اپنے آس پاس، نسبت روڈ پر، ٹھنڈی سڑک پر اور یہاں محلّہ قادر بخش میں اس پاکستان کے نعرے تو سُنے تھے پر اُسے اندازہ نہیں تھا کہ یہ کسی الگ دھرتی کا نام ہے..

''پھر میرا کیا ہوگا بھائیا..''

''تیرا کیا ہونا ہے..'' عزیز جہان نے اُس کی داڑھی کو پیار سے چھوا..''تو نے یہیں اپنے بھائیوں کے ساتھ رہنا ہے..محبت پیار اور سلوک سے..تم بنا شک اپنے گوردواروں میں گرنتھ صاحب کا پاٹھ کرنا..اگر میری پشپی کسی مندر میں جا کر پرارتھنا کرنا چاہے تو کرتی رہے..گرجوں کے گھڑیال بجتے رہیں..بابا جناح جمعرات کی روٹیاں لینے والا کوئی مولوی تھوڑی ہے..صاحب آدمی ہے..''

''بھائیا یہ سب کچھ تو اب بھی ہو رہا ہے..'' وہ بجھے دل سے بولا کہ اُس کے اندر ایک تشویش کی سیاہی اُسے ملیامیٹ کرنے لگی تھی.. کچھ نہ کچھ ہونے والا تھا.. اور اُس کی محدود سوچ اُسے یہ بتانے سے قاصر تھی کہ کیا ہونے والا ہے..

عزیز جہان نے آخری بار اپنے بال سنوارے.. ازار بند ڈھیلا کر کے اُسے دوبارہ کسا اور چھوٹے لبھا سنگھ کو گود میں اُٹھا کر امیر بخش سے کہنے لگا ''بھائی جی چلتے ہیں، وہاں بڑی خلقت ہوگی، سٹیج کے قریب جگہ نہ ملی تو کچھ سنائی نہ دے گا کہ قیدِ اعظم کیا کہہ رہے ہیں..''

تپائی پر رکھی اپنی پگڑی کے کلف زدہ شملے پر ہاتھ پھیرتے ہوئے امیر بخش کسی سوچ میں گیا اور واپس آیا ''اگر ہم سٹیج کے قریب جگہ حاصل کرنے میں کامیاب بھی ہو گئے تو جناح صاحب جو کچھ کہیں گے، وہ پھر بھی ہمارے پلّے نہیں پڑے گا کیونکہ وہ انگریزی میں تقریر کریں گے..''

''ہاں بھائیا.. یہ تو مجھے پتہ ہے.. پر ہم وہاں پاکستان زندہ باد کے نعرے تو لگا سکیں گے ناں.. بنا شک اُن کی بات سمجھ میں نہ آئے.. بھائیا اُٹھ اب چلنے کی کرتے ہیں.'' اُس نے فرض کر لیا کہ بھائیا اُٹھے گا، اپنی طلائی کُلّے والی اونچے شملے والی پگڑی سر پر رکھے گا اور چلنے لگے گا تو وہ دروازے تک پہنچ گیا اور پھر اُس نے مڑ کر دیکھا تو امیر بخش اُٹھا نہ تھا.. وہیں بیٹھا ہوا تھا جیسے کسی طویل مسافت سے لوٹا ہو اور سستا رہا ہو.. ''میں نہیں جا رہا..''

''بھائیا..'' وہ پلٹ آیا..

''میں نے ارادہ بدل دیا ہے عزیز.'' وہ ایک تھکا ہوا ہارا ہوا شخص لگتا تھا جو صرف آرام کی آرزو رکھتا تھا..''میں نہیں جا رہا۔''

''پر کیوں؟'' عزیز جہان یکدم پژمردہ ہو گیا.. وہ اپنے اس بھائیوں سے بھی بڑھ کر بھائی کی خصلت سے آگاہ تھا، اُس کے چہرے پر جو شکنیں اُبھری تھیں، اُن میں انکار کی آخرت تھی جسے اقرار میں نہ بدلا جا سکتا تھا..

عزیز جہان نے لبھا سنگھ کو گود سے اُتارا اور اُس کے پاس ہو بیٹھا، روہانسا ہو کر اُس کا ہاتھ تھام کر بولا ''بھائیا. تم پاکستان نہیں چاہتے؟''

''چاہتا ہوں پر ایسا نہیں چاہتا جیسا وجود میں آنے کو ہے.. ہم انگریز اور ہندو کی غلامی سے نکل کر ایک بڑی غلامی میں چلے جائیں گے.. ہمارے پیچھے تھوتھنیوں سے جھاگ نکالتے، غرّاتے ہماری پنڈلیوں کا ہی نہیں ہمارے بدنوں کا ماس بھی نوچ ڈالنے والے کتّے وہی رہیں گے.. ایک الگ ملک حاصل کرنا بیکار ہے جب تک کہ تم پہلے اُن تمام باولے کتوں سے نجات نہیں حاصل کر لو.. اُن سب کو گُچلا کھلا کر اُنہیں ہلاک نہ کر دو.. اور اُن کے ساتھ اُس مذہبی تعصب کو دفن نہ کر دو جو بالآخر تمہیں پتھر کے زمانے میں لے جائے گا..''

''بھائیا..'' عزیز جہان کے کُچھ پلّے نہ پڑ رہا تھا کہ امیر بخش کیا کہتا جا رہا ہے..

''تم پاکستان نہیں چاہتے..'' وہ رونے کو ہو گیا..

سوہن سنگھ نے آج سے پہلے اُن کے درمیان اختلاف کی ایسی وسیع خلیج نہ دیکھی تھی.. وہ اس گفتگو کی ناسمجھی کے سناٹے میں آیا ہوا ڈرا ہوا بیٹھا رہا..

''کیا ہم ایسے ذلّتوں کے مارے لوگوں، بھوکے، لاچار خاک نشینوں کے لیے کہیں اُس ملک میں آس اُمید کی کوئی کرن ہوگی.. مُجھے شبہ ہے عزیز کہ نہیں ہوگی.. میں دل کی گہرائیوں سے مسلمانوں کی عزت نفس کی بحالی چاہتا ہوں.. میں ایک ذلتوں کے مارے لوگوں اور خاک نشینوں کا پاکستان چاہتا ہوں..اور میں ایک ایسے پاکستان کی خاطر جان بھی دینے کو تیار ہوں..''

''حضرت قیدِاعظم ایک ایسا پاکستان ہی چاہتے ہیں..''

''مُجھے بابا جناح کی نیّت پر کُچھ شُبہ نہیں ہے.. مجھے تو حیرت ہوتی ہے عزیز کہ ہم مسلمانوں میں انصاف اور انسانیت پرست، قانون کی حکمرانی چاہنے والا، منظّم اور تعصّب سے پاک ایک ایسا شخص بھی پیدا ہوسکتا ہے..لیکن اُس کے سنگی ساتھیوں پر تو نظر کرو جو بقول اُس کے سب کے سب کھوٹے سکّے ہیں، وہی جو لوگوں کو ذلتوں سے مار دینے والے ہوتے ہیں.. وہ چلا گیا تو پھر اُس کے خلاء کو پُر کرنے کے لیے کون آئے گا.. ہمارے پیغمبر کے انقلاب کے بعد جس کی بنیاد ہی مظلوموں اور مفلسوں پر رکھی گئی تھی، یزید اور شمر آ گئے تو مجھے خدشہ ہے کہ مسلم لیگ میں دھڑا دھڑ شامل ہونے والے وڈیرے، جاگیردار فتح مکہ کے بعد مصلحتاً ایمان لانے والے بابے جناح کے رخصت ہونے پر یزید اور شمر ہو جائیں گے اور ایک کربلا میں ہم جیسوں کے خون کے پیاسے ہو جائیں گے..بونے ہم پر راج کریں گے..''

''تو کیا ہم ہندوؤں کی غلامی میں چلے جائیں..اپنے لیے ایک الگ سلطنت کا مطالبہ ترک کر دیں؟''

''نہیں..خواب دیکھنے میں کُچھ حرج نہیں..میں اس مطالبے کو درست سمجھتا ہوں..اُن میں اتنی فراخ دلی ہوتی تو نوبت یہاں تک نہ پہنچتی.. برصغیر صرف انگریزوں کی حکمرانی کے دوران متحد کیا گیا تھا، اس کے خمیر میں انتشار ہے..صرف پاکستان ہی نہیں مستقبل کے ہندوستان کی قسمت میں بھی منتشر ہونا لکھ دیا گیا ہے..''

یہ وہ عزیز جہان نہ رہا تھا جو اپنی ماں کے گھٹنوں کے ساتھ لگا رہتا تھا، سہما ہوا اور دنیا سے ڈرا ہوا..جس نے پہلی بار گھر سے باہر قدم رکھا تو سروسانسی اُس کے ساتھ سائے کی طرح ہولیا کہ کہیں وہ شہر میں گم نہ ہو جائے..زندگی کی تگ و دو اور تلخ حقیقتوں نے اُسے بہت کُچھ سکھا دیا تھا. پشّی کے اندر جو ایک قدیم دانش نسل در نسل چلی آئی تھی، وہ کسی حد تک اُس میں بھی منتقل ہو چکی تھی..''بھائیا..تجھے ہر جگہ خوشی محمد تھانیدار کے کتّے ہی نظر آتے رہتے ہیں..اُنہوں نے تیری حیات میں ایک ایسا زہر بھر دیا ہے، جس کی کڑواہٹ کو تو جان بوجھ کر زائل نہیں کرتا کہ تجھے اس کی لت لگ گئی ہے..دنیا کی ہر شے میں چاہے وہ کتنی ہی روشن اور پرامید کیوں نہ ہو تو اُس میں یہ زہر بھر کر اپنی آنکھوں کو نابینا کر لیتا ہے..تصویر کا ہمیشہ تاریک رُخ دیکھتا ہے کہ تجھے اس میں ہی لطف آتا ہے..تو جن ذِلتوں کے ماروں کے غم میں گُھلتا ہے یہ وہی لوگ ہیں جو پاکستان چاہتے ہیں..تو ان یک زبان لوگوں کی توقیر نہیں کر رہا..مُجھے تم پر ترس آتا ہے بھائیا...میں چلتا ہوں..''

امیر بخش کے دل میں پہلی بار شک کی ایک کونپل پھُوٹی..کیا پتہ آج مجھے اپنے شعور سے حیرت سے دوچار کرنے والا عزیز جہان سچ کہتا ہو..زندگی مُجھ پر کتنی مہربان ہو چکی ہے اور اس کے باوجود میں اُس ایک بدسلوکی کو نہیں بھولتا، اُسے حرزِ جاں بنائے رکھا ہے..وہ کتّے کب کے مر کھپ چکے لیکن میں نے اُنہیں حنوط کر کے اپنے رگ وپے میں محفوظ کر رکھا ہے اور جب جی چاہتا ہے اُنہیں زندہ کر کے اُن کے دانت تیز کرتا ہوں، اُن کی باچھوں میں سے جھاگ نکالتا ہوں اور اپنے آپ پر ترس کھاتا اُن کے آگے آگے دوڑنا شروع کر دیتا ہوں..خواہش اور مستقبل کی اُمید کے دیئے کو زہریلی پھونکیں مار

مار کر بجھا دیتا ہوں.. اُس نے تپائی پر رکھی کلف سے اکڑی ہوئی پگڑی اُٹھائی، اُس کا شملا درست کیا اور سر پر جما کر عزیز جہان سے کہنے لگا ''میں بھی چلتا ہوں.. خواب دیکھنے میں تو کوئی حرج نہیں۔''

اُس کے ذہن میں یہی اُلجھن تھی.. اُسے ایک چنتا لگ گئی تھی..

اُسی روز جب وہ اپنے بابے جناح کی تقریر سُن کر لوٹے تھے تو لبھا سنگھ کی قمیض پر سبز رنگ کے کاغذ کا ایک جھنڈا پن کے ساتھ ٹانکا ہوا تھا.. بھایا امیر بخش بھی ناخوش تو نہ تھا پر عزیز جہان تو اُڑتا پھرتا تھا اور بار بار کہتا تھا.. لاہور انشاء اللہ پاکستان میں شامل ہوگا.. ہندوستان میں نہیں جائے گا تو اُسے یہی اُلجھن لگی ہوئی تھی کہ لاہور تو ہے ہی ہندوستان میں تو یہ ہندوستان میں کیسے نہیں چلا جائے گا.. پر اُس کا دل اندر سے بیٹھ رہا تھا، کُچھ نہ کُچھ ہونے والا تھا.. کیا ہونے والا تھا یہی تو چنتا تھی..

پچھلے برس کی بسنت بھی عجیب رنگ میں گذری تھی..

کوٹ ستارہ کے گوردوارے کی چھت کے عین اوپر کوّوں کا ایک متحرک بادل کائیں کائیں کرتا اتنا شور مچا رہا تھا جیسے کوئی بلّی اُن میں گھس کر ایک کوّے کو مُنہ میں دبوچ کر فرار ہونے کو ہے اور وہ اپنے بھائی بند کو چھڑانے کی غرض سے غُل کر رہے ہیں.. ویہڑوں میں دُودھ رڑھکتی سردارنیوں نے مدھانیوں پر سے ہاتھ اُٹھا لیے اور گوردوارے سے ملحقہ زمین پر پٹواری کا جو رقبہ تھا اُس میں ہل چلاتے نُورے مصلّی نے ہل روک دیا..

سردارنیاں گوردوارے کے اوپر کوّوں سے سیاہ ہوتے آسمان کو حیرت اور خوف سے تکنے لگیں.. شائد کوئی آفت آنے کو ہے.. کوئی بلا نازل ہونے کو ہے اور یہ چلتر پرندے جان گئے ہیں کہ کچھ ہونے والا ہے اس لیے شور کر رہے ہیں.. پہلے تو کبھی ایسا نہ ہوا تھا، رب خیر کرے..

بھائی صاحب گرنتھ صاحب کا جاپ کرتے اُس پر مور چھل جھلتے ایک پُرلطف روحانی کیف کے نروان میں تھے جب انہیں احساس ہوا کہ اُن کے کانوں میں کچھ عجیب سی آوازیں آ رہی ہیں جیسے کوّے شور کرتے ہوں.. وہ اپنی سفید ریش سنوارتے، اپنا تہبند ڈھیلا کر کے پھر سے اُسے کس کر پلّو اُڑستے صحن میں آئے تو اُن کے اوپر کوّوں کے غول کسی شے پر جھپٹتے کائیں کائیں کر رہے تھے...

چھت پر اُس سیاہ بادل کے سائے میں سوہن سنگھ ایک خوفزدہ سناٹے میں آیا کھڑا تھا.. بھائی صاحب نے ایک مرتبہ پھر اپنے ڈھیلے ہوتے تہبند کو کسا داڑھی پر ہاتھ پھیرا اور پُھرتی سے سیڑھیاں ٹاپتے چھت پر پہنچ گئے جہاں سوہن سنگھ مُنہ آسمان کی جانب کیے جہاں کوّوں کا غول تھا ہاتھ میں تھامے ایک دھاگے کو پریشانی کے عالم میں کھینچتا چلا جا رہا تھا

''اوئے پُتر اِن پلید کوّوں کو کیا وبا پڑ گئی ہے جو گوردوارے کے اوپر اپنی سیاہ منحوست پھیلا رہے ہیں.. کیا ہوا ہے؟''

''کُچھ نہیں بھائی صاحب..'' اُس کی گھگی بندھی ہوئی تھی اور وہ دھاگے کو کھینچے چلا جا رہا تھا ''میری گڈّی...''

''گڈّی...؟'' بھائی صاحب ذرا سوچ میں پڑ گئے.. کرنیل سنگھ کی گھروالی ایک موٹے اور بھدے ناک نقشے

والی ایسی عورت تھی کہ اُس پر دوسری نظر ڈالنے کے لیے اپنے آپ پر جبر کرنا پڑتا تھا پر وہ اُسے لاڈ سے گڈّی کہا کرتا تھا تو یہ سوہن سنگھ کس گڈّی کی بات کر رہا ہے.. گڈّیوں پٹولوں کے ساتھ تو لڑکیاں کھیلتی ہیں تو کونسی گڈّی.. اُنہوں نے اوپر نگاہ کی تو جان گئے کہ کونسی گڈّی.. یہ گڈّی کوّوں کے ایک پر شور غول میں اس طرح گھری ہوئی تھی جیسے بدقماش لوگوں میں ایک کنواری کنیا گھری ہوتی ہے.. بھائی صاحب جب زندگی میں پہلی اور آخری بار دربار صاحب گئے تھے اور وہاں کے پوِتر تالاب میں ڈبکیاں لگائی تھیں تو تب اُنہوں نے امرتسر کے شہر کے اوپر ایسی گڈّیاں اُڑتی دیکھی تھیں.. پر یہ گڈّی کوٹ ستارہ کے آسمان پر کیسے آ گئی اور یہ کوّے اُس کے گرد گھیرا ڈالے کیوں شور کر رہے تھے..

سوہن سنگھ نہائت باقاعدگی سے دو چار ماہ کے وقفے کے بعد کوٹ ستارہ آتا جاتا رہتا تھا.. نہ آتا تو اُس کی ماں کب کی پرلوک سدھار چکی ہوتی.. وہ کام کاج سے فارغ ہو کر شام کو محلّہ قادر بخش والے مکان میں لوٹتا تو بہن نور بیگم یا پُشپی اُسے ایک پوسٹ کارڈ تھما دیتی اور اُس پوسٹ کارڈ کا ایک کونہ پھٹا ہوا تھا.. اُس کا دل تھم جاتا..

پنجاب کے اُن دیہات میں جو شاہراہوں سے الگ اور طویل فاصلوں پر واقع تھے سوائے مولوی صاحب کے کوئی اور پڑھا لکھا کم ہی ہوتا تھا.. بلکہ جاٹ اس بات پر بہت فخر کرتے کہ ہمارے گاؤں میں سوائے مولوی صاحب کے اور کسی کو الف بے نہیں آتی.. تو جب کسی دور پار کے گاؤں میں کوئی مرگ ہو جاتی اور بذریعہ پوسٹ کارڈ اُس کی اطلاع دور پار کے عزیزوں یا برادری والوں کو پہنچانی ہوتی تو اُس پوسٹ کارڈ کا ایک کونہ پھاڑ دیا جاتا تاکہ مکتوب الیہ اُسے دیکھ کر ہی جان لے کہ کہیں فوتید گی ہو گئی ہے اور وہ اُسے سنبھال رکھنے کی بجائے فوری طور پر مولوی صاحب سے پڑھوا لے اور کم از کم دسویں تک تو پہنچ جائے.. تو سوہن سنگھ ایسے کونے سے پھٹے ہوئے پہلے کارڈ کو دیکھ کر بہت آبدیدہ ہوا کہ جانے بے بے مر گئی ہے یا باپو پرلوک سدھار گئے ہیں۔ پر اب اُسے ایسے کارڈوں کی عادت ہو گئی تھی.. یہ اُس کی ماں کی جانب سے ہوتے کہ پُتر سوہن سنگھ میرے دم کا کوئی بھروسہ نہیں ہے.. دم آئے کہ نہ آئے.. تُو میری ارتھی کو آگ دکھانے کے لیے فوراً پہنچ.. میں مری کہ مری..

پہلی بار جب وہ روتا دھوتا، دوہائیاں دیتا، آنسوؤں سے داڑھی گیلی کرتا.. اپنی ماں کے گیندے کے پھولوں سے ڈھکے مردہ چہرے کا تصور کرتا گرتا پڑتا جب کوٹ ستارہ میں اپنے صحن میں داخل ہوا تو بے بے اچھی بھلی مرغیوں کے پیچھے بھاگتی پھرتی تھی... اور چارپائی پر قدرے مدہوش پڑے اُس کے چاچے کو لعن طعن کر رہی تھی کہ ایک تو آج دارو پی لیا ہے اور اب مجھے ڈانٹتا ہے کہ ابھی تک مرغی پکڑ کر اُسے بُھونا کیوں نہیں..

وہ اُسے صحن میں داخل ہوتے.. آنسو بہاتے دیکھتی تو ہنستی ہوئی اُس سے لپٹ جاتی.. ''سوہنیاں اگر میں یہ نہ لکھتی کہ میں مرنے والی ہوں تو تم نے کب آنا تھا.'' چنانچہ پچھلے برس جب اُسے ایک ایسا ہی پوسٹ کارڈ کونے سے پھٹا ہوا موصول ہوا تو اُس نے فیصلہ کر لیا کہ وہ اپنی ماں کے مکر میں نہیں آئے گا.. کوٹ ستارہ نہیں جائے گا پر اُس کا دل سہم گیا کہ کیا پتہ اس بار ماں واقعی مرنے والی ہو.... اور اگلے روز بسنت تھی..

اُس نے اپنی ساری گڈّیاں۔ گڈّے، پتنگیں اور شرلے سمیٹے.. ڈور کے پنّے ایک گٹھڑی میں باندھے اور کوٹ ستارہ کے لیے روانہ ہو گیا.. اور وہاں حسب سابق اُس کی بے بے ہٹی کٹی چرخے کے آگے بیٹھی پُونیاں کات رہی تھی..

اور قطعی طور پر مرنے کا کوئی ارادہ نہ رکھتی تھی..

اگلی سویر وہ گوردوارے کے چوبارے کی چھت پر چڑھ گیا اور اپنے تئیں بسنت پنچمی منانے کے لیے کوٹ ستارہ کے آسمان پر پہلی گڈی بلند کر دی..اور یہیں سے مصیبت اور ابتلا کے سیاہ دور کا آغاز ہو گیا..جونہی اُس کی گڈی کندھے مارتی ہوئی نخرے کرتی آسمان پر نمودار ہوئی تو جتنے بھی کوّے جہاں کہیں بھی تھے غول در غول آئے کہ یہ کیسا انوکھا اور اجنبی پرندہ ہے جو ہمارے آسمان پر اٹکھیلیاں کرتا ہے..وہ اُسے ایک دشمن جان کر اُس کے گرد ہو گئے اور شور کرنے لگے..

یہ شگون اچھا نہ تھا..بھائی صاحب کا دل بیٹھ گیا..کوّوں کی سیاہی گوردوارے کے بام و در پر اُترتی اُنہیں سیاہ کرتی تھی..صحن میں واقع کنویں کے اندر تک جاتی تھی اور تہہ میں ہمکتے پانیوں کو سیاہ کرتی تھی..جیسے سب کچھ جل چکا ہو اور دھویں کی سیاہی اُس عمارت کی دیواروں کو چاٹتی ہو..

اُس کی انگلیاں لہولہان ہو رہی تھیں..

ڈور تیزی سے اُدھڑتی چلی جا رہی تھی اور کسی بھی لمحے اُس کا آخری سرا آنے کو تھا جب اُس نے فیصلہ کرنا تھا کہ وہ اُسے تھامے رکھے اور گوروار جن نگر کی ریشم کی گلیوں میں سے اُڑنے والی تیکھی پتنگ سے اپنا لکھنو کاٹ کٹوا لے یا پھر اُسے ہاتھوں سے چھوڑ دے..

نہ وہ تیکھی پتنگ اور نہ ہی اُس کا لکھنو کاٹ نظر آ رہے تھے..وہ آسمانوں کی آخری دُھند کے اندر ایک دوسرے کی گردنیں کاٹنے کی جنگ لڑ رہے تھے..

لاہور کے برج میناروں پر جُھکا آسمان کیسے تقسیم ہو سکتا ہے..

اور اس پر اڑتی، تیرتی، گم ہوتی پتنگوں اور گڈیوں کے بارے میں یہ کیسے جانا جا سکتا ہے کہ اُن میں سے کونسی پتنگ مسلمان ہے..کونسا گڈا سکھ ہے اور وہ والی زرد گڈی ایک ہندنی ہے..

لہولہان ہو چکی سوہن سنگھ کی اُنگلیوں میں سے سرکتی ڈور یکدم تن گئی..وہاں عرش کی بلندیوں میں اوجھل اُس کے لکھنوٴ کاٹ گڈے کو تیز ہوا نے سیدھا تیر کر کے عرشوں سے بھی پار کر دیا تھا اور وہ ڈور تن گئی تھی..اُس کی زخمی انگلیوں کے اندر وہ ڈور گھاؤ ڈالتی سرکتی گئی اور پھر یکدم ٹوٹ گئی..اُس کے ہاتھوں میں ڈور کا ایک بے جان سِرا لٹک گیا..اُس کا لکھنوٴ کاٹ گڈا اکٹ چکا تھا..

جس ڈور سے وہ بندھا ہوا تھا وہ ٹوٹ گئی تھی، وہ بے آسرا اور بے وطن ہو گیا تھا..

یہ اپنے لکھنوٴ کاٹ کے کٹ جانے کا صدمہ تھا یا کیا تھا کہ اُسے محسوس ہوا کہ لاہور کے آسمان پر جو ہزاروں رنگا رنگ پکھیرو..گڈیوں اور پتنگوں کی صورت میں اُڑتے پھرتے تھے اُن سب کے رنگ سیاہ ہو گئے ہیں..کوّوں جیسے اور وہ سب کے سب کٹتے جا رہے ہیں، بے آسرا اور بے وطن ہو رہے ہیں..

اس برس 46ء کی یہ بسنت کیسی ہے..

اُن زمانوں میں جب رُتوں میں ایک پُرسکون ٹھہراؤ ہوتا ہے ایک دریا کا بہاؤ بھی اُسی طور اطمینان کی رو میں پُرسکون بہتا چلا جاتا ہے لیکن اُس کی شخصیت، خصلت اور مناظر اُس کے مختلف حصّوں میں اپنی الگ الگ پہچان رکھتے ہیں.. کہیں ریت کے ٹاپو اُس کے پانیوں میں سے اُبھرے ہوتے ہیں اور کہیں اُس کے کناروں پر کاشت کی گئی فصلوں کی ہریاول اُس کے گدلے پانیوں میں جھانکتی اُن میں گُھل کر اُنہیں چند لمحوں کے لیے سرسبز کر دیتی ہے.. کہیں گہرے پانیوں کے بھنور ہولے ہولے گھومتے ہیں اور کہیں اُن کی تہہ کی ریت پانی پر اُترتی کرنوں سے دمکتی دکھائی دینے لگتی ہے.. کناروں کا کٹاؤ بھی اُسے ایک مختلف شکل دیتا ہے.. پھر جب پہاڑوں پر برفیں پگھلنے لگتی ہیں تو اُن کے پانی مُنہ زور اور چنگھاڑتے ہوئے میدانوں میں اُترتے ہیں اور اُس دریا کے سارے رُوپ اُن میں ڈوب جاتے ہیں.. اور وہ ایک ہی رُوپ میں ڈھل کر اپنی انفرادی شناخت کھو بیٹھتا ہے.. کھیت بھر جاتے ہیں، کناروں کا کٹاؤ اور ریتلے ٹاپو ڈوب جاتے ہیں اور اُن کی الگ الگ پہچان باقی نہیں رہتی.. ہموار پانیوں کا ایک ذخیرہ جس کی شکل ایک ہو جاتی ہے..

انسانی بہاؤ بھی اُن رُتوں میں جب زمانوں میں ایک پُرسکون ٹھہراؤ ہوتا ہے۔ ایک دریا کی مانند اطمینان کی رو میں بہتا چلا جاتا ہے.. ہر فرد اپنی اپنی شخصیت، خصلت اور منظر میں دوسروں سے جدا ہوتا ہے.. اُس کی سوچ میں پھوٹنے والی کونپلیں جو عقائد، رواج اور سرزمین کے تعصب کے پانیوں سے سینچی گئی ہوتی ہیں سراسر اُس کی ذات کی انفرادیت کی نمائندگی کرتی ہیں.. اُس کے اندر جو محسوسات جنم لیتے ہیں وہ بھی اُس کی ذات کے پرتو ہوتے ہیں.. یوں اُس کی شناخت اور شکل سب سے الگ پہچان رکھتی ہے.. پھر اُس انسانی بہاؤ پر ایک ایسا زمانہ اُترتا ہے جو بے یقینی اور تشویش کے پانیوں کے سیلاب کی صورت آتا ہے اور اُن تمام محسوسات اور سوچوں کو ڈبو دیتا ہے.. افراد کی الگ الگ شناخت ختم ہو جاتی ہے.. اُن کی شخصیتوں کے ریتلے ٹاپو اور خصلتوں کے کٹے پھٹے کنارے سب ڈوب کر اُنہیں ایک ہی شکل میں ڈھال دیتے ہیں..

فضا میں بے یقینی اور تشویش سانس لیتی تھی اور شہر کے تمام باسیوں کے چہرے ایک سے ہو گئے تھے.. سب روپ ڈوب گئے تھے اور ایک ہی روپ باقی رہ گیا تھا، بے یقینی اور تشویش کا سیاہ رُوپ..

روزگار منقطع ہو رہے تھے.. بازاروں میں بے رونقی تھی، دوکانیں کُھلتی تھیں اور فوراً ہی بند ہو جاتی تھیں.. خوف کے قُفل دن بہ دن بھاری ہو رہے تھے.. آسمان پر جو اکا دکا پتنگیں اُڑتی تھیں وہ بھی ایک ساکت سناٹے میں آئی ہوئی لگتی تھیں..

بانساں والے بازار میں.. جو میو ہسپتال کے چوک سے شاہ عالمی کے اب مقفل ہو چکے قدیم دروازے تک چلا جاتا تھا وہاں جو ہزاروں کی تعداد میں بانس مُنہ اٹھائے کھڑے تھے، خریداروں کے منتظر تھے، آسمانوں کو چھوتے تھے وہ بھی سب کے سب ایسے تھے جیسے زمین میں جڑیں پکڑ چکے ہوں اور کوئی دن جاتا تھا کہ اُن میں کونپلیں پھوٹنے لگیں گی اور وہ ایک جنگل ہو جائیں گے.. یہ بازار بھی کئی روز سے بند پڑا تھا.. بانس مُنہ اٹھائے اُس آسمان کو تکتے تھے جس پر دو چار پتنگیں ڈولتی تھیں..لاہور کے آسمان کو بھی نظر لگ گئی تھی..

سروسانسی بھی یوں بیکار بیٹھا اُکتا چکا تھا.. محلّہ قادر بخش کے نواح میں جو کچی بستی تھی جہاں بیل گاڑیوں والے گاڈی اور چوڑے چمار رہتے تھے.. وہاں اپنے کچّے مکان کے اندر بیکار بیٹھا اُکتا چکا تھا..بے شک وہ بھی امیر بخش اور عزیز جہان کی مانند صاحب حیثیت ہو چکا تھا سروامیر عزیز کنسٹرکشن کمپنی میں برابر کا حصے دار اور ڈائریکٹر تھا لیکن اپنے اس کچّے مکان سے ٹس سے مس نہ ہوتا تھا، وہ اس پسماندہ ماحول میں آرامدہ محسوس کرتا تھا..ایک وجہ اُس کی گھر والی سوہنی اور اُس کے جانور خصلت اُچھلتے کُودتے بچے موجو اور موتی تھے، وہ کس مُنہ سے اُنہیں ماڈل ٹاؤن کی کسی کوٹھی میں لے جائے.. اس بیکار اُکتاہٹ سے تنگ آ کر بالآخر اُس نے اپنے پھنیر کے کُجّے کو نکالا..

بھاٹی اور شاہ عالمی دروازے کے درمیان میں سرکلر روڈ کا جو حصّہ پڑتا تھا اُس کے کناروں پر ایک چوڑا اور ویران علاقہ تھا اور وہاں شہر کی ویرانی اور خوف کے سیاہ سایوں کے باوجود سرِ شام تھوڑی بہت رونق ہو جاتی تھی..نگار سینما میں فلم دیکھنے کی خاطر بھی کچھ تماشبین آ ہی جاتے تھے..وہاں سرکلر روڈ اور رہائشی عمارتوں کے درمیان جو علاقہ تھا وہاں جگہ جگہ مجمعے لگتے تھے، طرح طرح کے تماشے ہوتے تھے..وہی علاقہ جہاں کسی زمانے میں اُس نے اپنے اُن زمانوں کے پھنیر کو فٹ پاتھ پر چھوڑ کر لوگوں کو متوجہ کیا تھا اور صابن کی ٹکیوں کا پورا صندوق فروخت کر دیا تھا..اگرچہ اب آبادی کی بھیڑ بڑھ گئی تھی پر وہی مقام تھا..دانتوں میں اُنگلی ڈال کر اُن میں سے کلبلاتے ہوئے کیڑے برآمد کرنے والے وہی منجن فروش.. قوت مردمی کو بحال کرنے والے سنیاسی..وہی سلاجیت فروخت کرنے والے کہ ٹن ٹن کرے گا بچہ لوگ سمجھے گا سکول میں چھٹی ہو گیا ہے..سانڈھے کا تیل، ریچھ کی چربی اور شیر کے خصیوں سے کشید کردہ فولادی عرق.. یوں محسوس ہوتا تھا کہ سارا شہر نامرد چلا آتا ہے..قصّے کہانیاں گا گا کر فروخت کرنے والے..اور ان مجمع گیروں کا زورِ بیاں ایسا ہوتا تھا کہ راہ چلتوں کے پاؤں پکڑ لیتا تھا..

ان سب میں سے پسندیدہ ترین تماشا، نیولے اور سانپ کی لڑائی کا ہوتا تھا جسے دیکھ کر اُس کے ذہن میں ایک قابلِ عمل منصوبے نے جڑیں پکڑ لی تھیں..اُس کے لیے تھوڑی سی پھرتی اور دبوچ لینے اور پھر بھاگ نکلنے کی سُرعت درکار تھی جو اُس میں بدرجہ اتم موجود تھی..

اسی منصوبے پر عملدرآمد کرنے کی خاطر اُس نے بالآخر اپنے موجودہ پھنیر کا کُجاّ نکالا تھا..ایک عام سانپ کی طبعی عمر یہی کوئی پانچ سات برس ہوتی ہے تو اُس پھنیر..جسے وہ آج سے تقریباً سولہ برس بیشتر دنیاپور کے رڑھے سنگھ دینداں

والے میدان میں بونوں والے کنویں کی قربت میں ترغیب کے طور پر چھوڑا کرتا تھا اور اِس آج کے موجودہ پھنیر کے درمیان میں تقریباً تین پھنیر پڑتے تھے.. گُجّا وہی چلا آتا تھا اور اُس کے مُنہ پر بندھی دھجی اگرچہ نہائت غلیظ اور خستہ ہو چکی تھی وہی تھی..اب یہ جو موجودہ پھنیر تھا دراصل پھنیر نہ تھا.. گُجّے میں کالا شاہ کاکو کے دھان کے کھیتوں میں سے پکڑے جانے والا چاندی رنگ کا ایک مختصر کرونڈیا سانپ تھا جو اتنا زہرناک تھا کہ اس کے کاٹے کا پانی نہ مانگتا تھا..

نیولے اور سانپ کی لڑائی کا تماشا دکھانے والے مجمع گیر نے ایک تقریرِ دل پذیر کے بعد ہجوم کو اشتعال دلانے کی خاطر کہا ''صاحبان، مہربان.. میں اس ٹوکری میں بند ایک نہائت زہریلے سانپ کو فٹ پاتھ پر آزاد کردوں.. چھوڑ دوں؟''

''ہاں ہاں.. چھوڑ دو..''

مجمع گیر نے بانسی ٹوکری کے اوپر کسا ململ کا کپڑا ڈھیلا کر کے ٹوکری کو ذرا ترچھا کر کے سانپ کو فٹ پاتھ پر اُنڈیل دیا.. وہ ایک نہائت شاہانہ پھَن والا کو برا مہاراج تھا۔ ایک شاندار پھنیر تھا جو رینگتا ہوا ٹوکری میں سے باہر آ گیا اور پھن پھیلا کر اپنے متوقع دشمن کا منتظر ہو گیا. تب مجمع گیر نے ایک تھیلے میں بند نیولے کو آزاد کر دیا اور وہ کُھلی فضا میں آ کر اگرچہ شام ہو رہی تھی پھر بھی اُس ہلکی روشنی کی تاب نہ لا سکا جو شہر لاہور کے بام و در پر غروب ہو رہی تھی اور چندھیائی ہوئی مہین آنکھوں سے ہجوم کو تکنے لگا.. مجمع گیر نے شُشکار کر اُسے پھنیر کی جانب متوجہ کیا.. اگرچہ نیولا یہ کسب کرتے کرتے بیزار ہو چکا تھا۔ پھنیر کے ساتھ اُس کی کُچھ ذاتی مخاصمت تو نہ تھی بلکہ وہ اُسے پسند کرنے لگا تھا لیکن اُس سے توقع کی جاتی تھی کہ وہ اُس پر پل پڑے.. اُس کی گردن دانتوں میں جکڑ کر اُسے ہلاک کر ڈالنے کی اداکاری کرے.. چنانچہ وہ پھنیر کی جانب لپکنے کو تھا کہ صورت حال میں ایک انہونی اور ناگہانی تبدیلی رونما ہو گئی..

اُس لمحے سروسانسی نے نہائت خاموشی سے اپنے گُجّے پر بندھا چیتھڑا کھولا اور چاندی رنگ کے کرونڈیے کو تماشائیوں کے دائرے کے درمیان میدان میں چھوڑ دیا.. وہ نہائت مختصر کرونڈیا سانپ گُجّے میں سے سرکتا تارکول کی سطح پر اُترا اور یوں ساکت ہو گیا جیسے وہ بھی دوسروں کی مانند ایک تماشائی ہے جو نیولے اور سانپ کی لڑائی دیکھنے کے لیے آ گیا ہے..

شاندار پھن والے پھنیر مہاراج کی گول گول آنکھوں میں ابھی تو صرف ایک نیولا تھا جس کے ساتھ اُس نے جھوٹ موٹ کی لڑائی کرنی تھی اور ابھی اُس کے سامنے ایک کرونڈیا بھی نہائت مسکین شکل بنائے فٹ پاتھ پر سرسراتا تھا.. اور اُسی لمحے نیولے کی مہین آنکھیں بھی اس نووارد پر ٹھہر گئیں.. یہ نیا کھلاڑی کہاں سے آ گیا.. یہ تو اس طے شدہ کھیل تماشے میں شامل ہی نہ تھا..

ہجوم میں بھی کبھی ایک حیرت ناک اور کبھی دہشت زدہ بھنبھناہٹ تیری.. کہ آج تک اُنہوں نے ایک نیولے کے ساتھ بیک وقت دو سانپوں کی لڑائی نہ دیکھی تھی.. البتہ تماشا دکھانے والے خانہ بدوش لگڑے کا دم رُکنے کو تھا.. وہ اُس دوسرے مختصر سے سانپ کو تکنے لگا جو اُس کا نہ تھا.. جانے کہاں سے نمودار ہو گیا تھا..

البتہ اُس نیولے کی مہین آنکھوں میں ایک پُراُمید اشتیاق تیرا.. میں پھنیر کے ساتھ تو روز جھوٹ موٹ کے

کھیل کھیلتا ہوں..احتیاط سے اُس کی گردن کو دانتوں میں جکڑتا ہوں تاکہ وہ زخمی نہ ہو جائے اور وہ بھی مُجھے ڈنک مارنے کی اداکاری کرتا ہے تاکہ اُن کا مالک لوگوں کے آگے جھولی پھیلا کر اپنے اور اُن کے رزق کا بندوبست کر سکے لیکن یہ جو نیا نویلا چمکیلا سانپ سُستی سے سرکتا ہے اس پر تو میں سچ مچ جھپٹ سکتا ہوں..اس کے لہو سے آشنا ہو سکتا ہوں..اسے بھنبھوڑ کر ہلاک کر سکتا ہوں..نیولا..تارکول کی سخت سطح پر پنجے جماتا، خُرخُر کرتا اس اجنبی معصوم دِکھتے سانپ کی جانب بہت احتیاط سے دبے پاؤں چلا کہ کہیں اُس کے پنجوں کی آہٹ سے وہ خبردار نہ ہو جائے اور فرار نہ ہو جائے..

کروِنڈیے نے اُسے اپنی جانب ہولے ہولے بے آواز بڑھتے ہوئے دیکھا اور ذرا سا سرسرایا..اگر وہ انسانوں کی مانند ایک طنز بھری مسکراہٹ اپنے لبوں پر لا سکتا تو وہ ایسا کرتا..اپنی زہریلی زبان کو ہوا میں سرسرانے سے باز رکھ کر اگر مسکرا سکتا تو وہ ایسا کرتا کہ..اے نیولے تیرے دن پورے ہو چکے ہیں..تُو جو اتنی بے تاب احتیاط سے دبے پنجوں میری جانب چلا آرہا ہے، مجھ پر دانت گاڑ کر میرے لہو کے ذائقے سے آشنا ہونے کی آرزو میں ہے، تو نہیں جانتا کہ مرگ میرے مالک سروسانسی کی صُورت تیرے سر پر منڈلا رہی ہے..جونہی تو میرے قریب آیا ایک غیبی ہاتھ تجھے دبوچ لے گا..نہ تجھے خبر ہو گی کہ یہ ہاتھ کہاں سے نازل ہو گیا..اور نہ تماشائیوں کو یہ سُوجھے گا کہ پل بھر میں یہ کیا ماجرا ہو گیا ہے..اور تیرا یہ مالک لنگڑا بھی اپنی آنکھوں پر یقین نہ کرے گا..اُسے بھی کُچھ سجھائی نہ دے گا..اور جب اُنہیں تماشائیوں کو اور تیرے مالک لنگڑے کو کُچھ دکھائی دے گا تو میرا مالک سروسانسی تیری گردن دبوچ کر مُجھے شتابی سے گُچھے میں ڈال کر اُن کی پہنچ سے بہت دور جا چکا ہو گا..اے بھولے نیولے میری اس طنز بھری مسکراہٹ کو دیکھ اور جان لے کہ تیرے دن پورے ہو چکے ہیں..

✦ .... ✦

اُس پالتو نیولے کے دن واقعی پورے ہو گئے تھے..

احاطہ قادر بخش کے سہ منزلہ مکان کی اُس چھت پر شام اُتر رہی تھی جہاں آج سے تقریباً چھ ماہ پیشتر سوہن سنگھ کا لکھنو کاٹ گڈّا ایک تیکھی پتنگ کی ڈور گلے پر پھرنے سے کٹ کر آسمانوں میں گم ہو گیا تھا.. کچی چھت پر ابھی تک اُلجھی ہوئی ڈوروں کے گچھے گھچّے پڑے تھے جن کا رنگ بارشوں سے اُتر چکا تھا اور وہ قبروں میں سے نمایاں ہونے والی ہڈیوں کی مانند سفید ہو چکے تھے.. چھت کے ایک کونے میں ہلکی سی روشنی ہو رہی تھی.. سلگتی لکڑیوں کے اوپر ایک سلاخ میں پرویا ہوا وہ نیولا تھا جس کے دن پورے ہو چکے تھے.. اُس کی دبیز چربی آگ کی دھیمی حدّت سے نرم ہوتی پگھلتی تھی اور اُس کی بوندیں کوئلوں پر گر کر ایک ایسی چربیلی مہک کو جنم دیتی تھیں جو سروسانسی کے حواس معطل کر کے اُسے یوں بے اختیار کرتی تھیں کہ اگر وہ دانت بھینچ کر تالو میں پھوٹتے وحشتی ذائقے کو لگام نہ دیتا تو بے شک ابھی نیولے کا گوشت کچّا تھا پر وہ اُس پر پِل پڑتا، کچّا ہی کھا جاتا..

اُس نے اس برسوں کے بعد ہاتھ آ جانے والے نیولے کو بھوننے کے لیے اس سہ منزلہ مکان کی چھت کو اس لیے منتخب کیا تھا کہ ایک تو یہ بقیہ مکانوں سے بلندی پر تھی اور کوئی اُس کی یہ حرکت دیکھ نہیں سکتا تھا.. تاک جھانک نہیں ہو سکتی تھی.. اور اس کے علاوہ اگر وہ اس نیولے کو اپنے کچّے گھر میں بھونتا تو اُس کی گھر والی اور اُس کے بندر بیٹے بھی اپنا حصّہ بانٹنے کے لیے آ جاتے..

سرکلر روڈ سے فرار ہوتے ہوئے ہی اُس نے اُس کسمساتے نیولے کی گردن مروڑ دی تھی البتہ اُس کی کھال اُس نے چھت پر آ کر اتاری تھی.. اب وہ دہکتے ہوئے کوئلوں پر ایک سیخ میں پروئے ہوئے اُس نیولے کے دھڑ کو بھون رہا تھا اور کمال ضبط کا مظاہرہ کر رہا تھا.... قریب ہی اُس کے پھنیر یعنی کرونڈیے کا گُچّا پڑا تھا.. شائد وہ سوچ چکا تھا.. شام گہری ہو رہی تھی.. ان دنوں چراغ کم روشن ہوتے تھے.. بجلی کے بلب اگر جلتے تھے تو پوشیدہ گھروں کے اندر کہیں یوں جلتے تھے کہ اُن کی لَو وہیں دم توڑ دیتی تھی... شہر بے یقینی اور تشویش کے اندھیروں میں کھو چکا تھا..

ایک آہٹ سی ہوئی اور وہ ایک مجرم کی مانند ہراساں ہو گیا.. نیچے سے آنے والی سیڑھیوں کے دروازے پر اُسے عزیز جہان کا ہیولا سا دکھائی دیا.. ''چوہدری..''

''ہاں یہ میں ہوں..'' چھت کے کونے میں سلگتے کوئلوں کی لَو میں سروسانسی کا چہرہ نہائت ہولناک لگ رہا تھا..

اُس کی سیاہ آنکھیں بھڑک رہی تھیں اور سیاہ چہرہ دمک رہا تھا ''کیا کر رہا ہے؟''

اس چوہدری سے.. کُچھ بھی چھپانا بیکار تھا.. ''ایک نیولا ہاتھ لگ گیا ہے اُسے بھون رہا ہوں.. کھائے گا؟.. ایک بار چکھ لے تو سارے پھوکے گوشت بُھول جائے گا..''

''دفع دور ہو..'' وہ ہولے ہولے اندھیرے میں قدم دھرتا اُس کے نزدیک آ گیا اور وہ مسکرا رہا تھا.. ''تجھ پر اس شہر کا کُچھ اثر نہیں ہوا.. تو رہا سانسی کا سانسی..''

''چوہدری جیسے تیری لاڈلی خصلت نہیں بدلی.. امیر بخش اپنی پنڈلی میں کُھبنے والے خوشی محمد تھانیدار کے کتّوں کے دانت نہیں بھولتا.. سوہن سنگھ اپنے پانچ ککّوں کو سینے سے لگائے ہوئے ہے.. تو میں کیسے سانسی کا سانسی نہ رہوں..''

''تو موج کر.. میں تمہیں منع کرنے نہیں خبردار کرنے آیا ہوں.. تیری گھر والی سوہنی.. موجو اور موتی کو آگے پیچھے لگائے تیری تلاش میں ابھی ابھی نچلی منزل میں دندناتی ہوئی داخل ہوئی ہے کہ سرو اپنے پھنیر کا کُجّا بغل میں داب کر گھر سے نکلا تھا، شام ہو رہی ہے، ابھی تک نہیں لوٹا اور پشپی نے اپنے بھولپن میں بتا دیا تھا کہ سرو بھائی تو کُچھ دیر پہلے ایک پوٹلی سی کاندھے پر لادے چھت پر گئے ہیں.. آپ بیٹھو آ جاتے ہیں.. وہ ابھی تک تو پھسکڑا مارے وہاں بیٹھی ہے اور کچر کچر خربوزے کھا رہی ہے لیکن وہ کسی وقت بھی دھاوا بول سکتی ہے، تو اپنا بندوبست کر لے، میں تجھے خبردار کرنے آیا ہوں..''

ابھی عزیز جہان کا یہ فقرہ مکمل نہ ہوا تھا کہ میں تجھے خبردار کرنے آیا ہوں کہ اندھیری سیڑھیوں میں کُچھ دھکڑ دھکڑ قسم کی دھڑ دھڑ آوازیں آئیں اور اگلے لمحے سوہنی اُس کے سر پر کھڑی تھی اور موجو اور موتی اُس کے دونوں بازوؤں سے لٹکے دانت نکال رہے تھے، عزیز جہان نے موقع غنیمت جانا اور مسکراتا ہوا قدرے خجل سیڑھیوں سے اُتر گیا..

وہ اُس پر برسنے کو تھی کہ خصموں کے کھانے والے بے دید کہاں تھا کہ اُس کے موٹے نتھنوں میں ایک ایسی مہک آئی جس نے اُس کے پورے بدن کو گھما دیا.. وہ مہک جو اُس کی بڑی بڑی چھاتیوں میں سرائت کرتی اُسے دیوانہ کر گئی.. نیولے کی چربی سلگتے کوئلوں پر گرتی اور ایک بھڑک کے ساتھ بجھتی مہک آور ہوتی تھی. ''بے دید.. اکیلے اکیلے ہی نیولا کھا رہا ہے بے شرم.. میں جب سے اس نامراد شہر میں آئی ہوں میں نے مجال ہے مردار تو کیا نیولے کا گوشت بھی چکھا ہو.... حرام خور ہم سے چھپ کر موج کر رہا ہے..''

وہ تینوں اُسے پرے دھکیل کو نیولے پر پل پڑے.. وہ اُن کی منتیں کرتا رہا کہ ابھی یہ کچّا ہے.. مل کر کھائیں گے پر وہ ایسے گِدھ تھے جنہیں اس قسم کی منطق سے مردار کو نوچ کھانے سے باز نہیں رکھا جا سکتا تھا.. یہ نہیں کہ سوہنی اپنے بچوں کو ممتا کے جذبے سے سرشار وہ نیولا کھلا رہی تھی بلکہ جس کے ہاتھ میں جو بوٹی آتی تھی وہ خود اُس سے چھین کر بھنبھوڑتی تھی اور ہلکی ہلکی لذت کی چیخیں مارتی تھی.... وہ اُس کی ہڈیاں بھی چبا گئے..

اگرچہ سرو سانسی نامراد رہا تھا پر اُس کے اندر ایک طمانیت آئی جس نے اُسے پُرفخر کر دیا کہ اُس کی آل اولاد اگر وہ اُس کی آل اولاد تھی تو وہ اپنی سانسی خصلت بُھولی نہ تھی.. اُنہوں نے اپنی دیرینہ جبلت کو فراموش نہ کیا تھا.. اُس کے دونوں بیٹے موجو اور موتی آپس میں لڑتے جھگڑتے، چیختے چلّاتے ادھ پکے گوشت کو بھنبھوڑتے نوچتے چباتے کیسے پیارے اور سوہنے لگتے تھے..

بے شک اُس کے حصے میں اتنی طویل منصوبہ بندی کے تحت حاصل کردہ نیولے کی ایک بوٹی بھی نہ آئی تھی پر وہ مطمئن اور شاد تھا کہ اُس کی خصلت اگلی نسل میں جُوں کی توں منتقل ہوگئی ہے..

جب وہ آخری ہڈی چبا چکے...تو یوں سُست ہو گئے جیسے ایک سانپ ایک مینڈک کو نگل کر کاہل ہو جاتا ہے.. اُنہوں نے چیخنا چلانا موقوف کر دیا اور رینگتے ہوئے سیڑھیوں کی جانب گئے اور اُن پر سرسراتے ہوئے بے آواز نیچے اُتر گئے..نہ سوہنی کو اپنا گھر والا یاد رہا اور نہ ہی بچوں کو اپنے باپ کی فکر مندی ہوئی، وہ بے آواز نیچے اُتر گئے..

سلگتے کوئلوں پر راکھ جمتی جا رہی تھی..

سروسانسی نے اُن میں سے ایک کوئلہ اُٹھایا..اور جتنی دیر میں اُس کی سلگاہٹ اُس کی اُنگلیوں پر چھالے ڈالتی اُس نے اُسے فوراً سونگھ کر پھینک دیا.. نیولے کی چربی کی مہک کا ایک ہلکا سا شائبہ اُس کے نتھنوں میں گھوما..بس یہی کافی تھا..وہ اُس سلاخ سے جس میں کچھ دیر پہلے وہ نیولا پرویا ہوا تھا راکھ کو کُریدنے لگا..

تاریکی گھنی ہو رہی تھی..

راکھ میں سے کبھی کبھار کوئی چنگاری پھوٹتی تھی اور اُس کے چہرے کو روشن کر دیتی تھی..تب پہلا فائر آیا..کہیں دور ایک ملفوف سا دھماکہ ہوا اور اُس کے آس پاس سے ایک گولی زن سے گذر گئی..

یہ فائر گوروارجن نگر کی جانب سے آیا تھا..

پھر ایک اور فائر کرشنا گلی کی طرف سے ہوا..

احاطہ قادر بخش کے سہ منزلہ مکان کی چھت پر رات کی سیاہی میں جو بجھتی ہوئی آگ تھی..اور اس مکان والے مسلمان تھے تو اُس آگ نے سکھوں اور ہندوؤں کو ایک روشن نشانہ مہیا کر دیا تھا..

سروسانسی نے پہلے تو اسے ایک کھیل تماشا سمجھا.. چپکا بیٹھا رہا..اور پھر تڑاخ کی ایک دھماکہ خیز کڑک اُس کے کانوں کو بہرا کر گئی اور اس کے ساتھ ہی چوبارے کی ایک اینٹ اپنے قدیم مسکن سے جُدا ہو کر بہت نیچے بازار میں جا گری..اُسے احساس ہوا کہ معاملہ کُچھ سنگین ہے..اگلی گولی کسی اینٹ کی بجائے اُس کے بدن میں بھی اُتر سکتی تھی.. پر کیوں؟

اُس کا تو اس ہندوستان پاکستان اور ہندو مسلمان پاگل پن سے کُچھ واسطہ نہ تھا..وہ تو مُڈھ قدیم سے سانسی تھا.. اور اُس نے اخیر تک سانسی ہی رہنا تھا کسی بُدھ، ہندو، مسلمان، سکھ یا انگریز بادشاہ سے اُس کے قبیلے کو کُچھ فرق نہ پڑا تھا تو پھر یہ مُجھ پر کس سلسلے میں گولیاں داغ رہے ہیں..اُس کے اندر اصل مایوسی تو نیولے کے گوشت سے محروم رہ جانا تھا اور اُس جلتی پر تیل کا کام ان گولیوں نے کیا اور وہ سیدھا کھڑا ہو کر جدھر سے فائر آ رہا تھا اُدھر مُنہ کر کے اُن کی ماؤں بہنوں کو گالیاں دینے لگا..

''اوئے نامراد سانسیا!'' ممٹی کے دروازے کی تاریکی میں سے امیر بخش کی غصیلی آواز اُس کے کانوں میں آئی ''سودائی ہو گیا ہے. تم نے ضرور حرام موت مرنا ہے.'' وہ ممٹی کے دروازے کی تاریکی میں سے جھکا جُھکا چھت پر آیا اور اُس جھکاؤ کی حالت میں سروسانسی کے قریب آ گیا..اُس کے ہاتھوں میں تھری ناٹ تھری کی ایک بندوق تھی جس کی سنگین

اندھیرے میں بھی دکھائی دے رہی تھی، اُس نے سروکی پُشت پر بندوق کا بٹ مار کر اُسے دھکا دیا اور وہ اوندھا مُنہ فرش پر گر گیا.. امیر بخش نے تھری ناٹ تھری کو چوبارے پر توازن کیا، لیور کھینچ کر اُسے لوڈ کیا اور مکھّی میں آنکھ جما کر ٹریگر دبا دیا.. دھما کا اتنا شدید تھا کہ سروسانسی اُس کی تاب نہ لا کر ہڑ بڑا کر اُٹھا اور پھر کھڑا ہو گیا..

"اوئے بے دید.." امیر بخش چیخا..

اور وہ فوراً پھر سے دبک کر بیٹھ گیا "چوہدری یہ کیا تماشا ہو رہا ہے؟"

"میں گولیوں کی آواز سُن کر اوپر آیا ہوں.. ہمارے آس پاس جتنے بھی گلی کوچے اور محلے ہیں وہاں بے گھر ہو جانے کے خوف کا اضطراب راج کر رہا ہے.. کسی کو بھی نہ اپنے آپ پر اور نہ ہی اپنی تاریخ اور زمانے پر کچھ اختیار رہا ہے.. تُو نے اس اندھیارے میں کوٹھے پر آگ بھڑکا کر اُنہیں مزید خوفزدہ کر دیا ہے.. وہ خود نہیں یہ اُن کی بے بسی اور بے یقینی ہے جو فائر کر رہی ہے.. چل یہاں سے دفع ہو.."

وہ نیچے اُترنے والی سیڑھیوں کے دروازے تک رینگتا ہوا پہنچ گیا تھا جب اُس نے مُڑ کر امیر بخش کو دیکھا جو تھری ناٹ تھری کا بٹ کاندھے میں پیوست کیے شِست باندھے ہوئے شہر کی سیاہ رات کے اندر روپوش کسی انجانے دشمن کا متلاشی تھا.. "تو نے یہ گولی کس پر چلائی تھی چوہدری.."

"اپنے آپ پر..."

"اپنے آپ پر؟"

"ہاں سروسانسی.." اُس رات میں ایک سرگوشی جس میں دُکھ بہت تھا.. "میں اپنے آپ کو ہلاک کر دینا چاہتا ہوں.... پر میرا نشانہ اچھا نہیں.. میں اپنے زمانے اور تاریخ کو مار ڈالنا چاہتا ہوں.. میں اُن کی بے بسی اور خوف سے ہمدردی رکھتا ہوں جو ہمارے کوٹھے پر جلتی آگ کو اپنے لیے ایک چِتا تصور کرتے ہوئے گولی چلا دیتے تھے.. اب دفع بھی ہو.."

وہ خاموشی سے تاریکی کو ٹٹولتا سیڑھیاں اُتر گیا..

ایک اور فائر گاندھی سکوئر کی جانب سے ہوا.. اور امیر بخش ذرا جھک گیا.. لیکن اس فائر میں کچھ جان نہ تھی... بجھا بجھا سا دھما کا ہوا تھا جیسے وہاں بھی کسی چوبارے کی اوٹ میں جو شخص لبلبی دباتا تھا وہ بھی محض مجبور تھا.. وہ بھی اپنے آپ کو ہلاک کرنا چاہتا تھا.. سب کے سب نابینا ہو گئے تھے، اُن کی آنکھیں ڈر سے سفید ہو گئی تھیں..

تھری ناٹ تھری کو اپنے کندھے سے لگائے اُس کی نالی ہندو اور سکھ محلوں پر مرکوز کیے وہ اپنے نشانے کا تعین نہ کر پا رہا تھا کہ وہ بھی تو ایک نابینا تھا.. اُس کے اندر ایک انسان تو کیا ایک مکوڑے کو ہلاک کر دینے کی بھی خواہش نہ تھی.. اُس نے آج تک کسی سانپ کو بھی گزند نہ پہنچائی تھی.. اُسے اِس صورتِ حال میں دھکیل دیا گیا تھا.. مجبور کر دیا گیا تھا.. وہ اس اجتماعی پاگل پن میں شامل نہیں ہونا چاہتا تھا.. اپنے آپ کو الگ رکھنے کا خواہش مند تھا اور پھر بھی اُس کے ہاتھ میں ایک پُرانی تھری ناٹ تھری کی بندوق آ گئی تھی..

یہ کوئی اور امیر بخش تھا جو محلّہ قادر بخش کے چوبارے پر شب کی سیاہی میں شست لگائے بیٹھا تھا.. اپنی خصلت کے برعکس گھات لگائے بیٹھا تھا..

سروسانسی کے سلگائے ہوئے کوئلے بجھتے جاتے تھے، اُن پر راکھ کی تہہ دبیز ہوتی چلی جا رہی تھی..

ہر انسان کے پیدا ہوتے ہی عقیدے کا ایک طوق اُس کے گلے میں ڈال دیا جاتا ہے اور وہ عمر بھر اُس طوق میں جکڑا رہتا ہے اور اُس پر فخر کرتا ہے اور سمجھتا ہے کہ وہ تو سچائی کی راہ پر ہے آزاد ہے جب کہ دوسرے جھوٹ کے طوق میں جکڑے ہوئے ہیں... امیر بخش نے تو یہ طوق اُس لمحے اُتار پھینکا تھا جب خوشی محمد تھانیدار کے کُتّوں نے اُس کی پنڈلی میں اپنے دانت گاڑ دیئے تھے.. پر اُس کے مقابل وہ لوگ تھے جو اس طوق کو دل و جان سے عزیز رکھتے تھے۔

ایک ایسا شخص دھکیلا جاتا ہے.. ایک اجتماعی پاگل پن اُسے بھی نگل لیتا ہے.. اور وہ ایک تھری ناٹ تھری کی بندوق کاندھے سے جمائے گھات لگا کر بیٹھ جاتا ہے.. بے شک عقیدے کا وہ طوق آپ اُتار پھینکیں پر خلق خدا پھر بھی اُس کے نشان آپ کے گلے پر دیکھ لیتی ہے اور یوں آپ کبھی بھی اُس سے آزاد نہیں ہو سکتے.. جیسے ایک مویشی کی من مرضی کے بغیر اُس کے ماس کو سلگتے ہوئے لوہے سے داغ کر اُس پر مالک کے نام کی مُہر ثبت کر دی جاتی ہے تو وہ مویشی بے شک برگشتہ ہو کر اپنے مالک کی ملکیت سے انکار کر دے تب بھی وہ مُہر اُس کے ماس سے زائل نہیں ہوتی..

یہ آج سویرے ہوا تھا..

احاطہ قادر بخش کے برابر میں لاہور شہر کی سبزی منڈی میں بہت چہل پہل تھی.. آس پاس کے دیہات سے آنے والے ریڑھوں، تانگوں اور بیل گاڑیوں کا ایک ہجوم تھا جن پر سبزیاں لدی ہوئی تھیں.. آڑھتی بولیاں لگا رہے تھے، کشمیری ہاتو سبزیوں کے ٹوکرے اٹھائے.. اور اُن کی ناتواں ٹانگیں اُن کے بوجھ سے دوہری ہوتی تھیں آڑھتیوں کے اڈّوں پر ڈھیر کر رہے تھے.. اگرچہ شہر میں ویرانی اور بے رونقی رینگتی تھی پر کُچھ مقام ایسے تھے جہاں ابھی تک کُچھ کُچھ رونق تھی، بھاٹی دروازے کے چنڈو خانوں میں.. سرکلر روڈ کے فٹ پاتھوں پر اور شہر کی سبزی منڈی میں کہ بے شک گھر سے جنازہ اُٹھ رہا ہو اُسے کاندھا دینے والوں کو بھی خوراک درکار ہوتی ہے..

وہ ابھی گہری نیند میں تھا.. اگرچہ اُس کے اندر بھی وہی بے یقینی اور شک شبہے تھے.. جو شہر کے سارے باسیوں کو ہم شکل کرتے تھے پر وہ نیند میں غرق تھا جب ایک ایسا زوردار دھما کا ہوا کہ نہ صرف اُس کا پلنگ بلکہ پورا سہ منزلہ مکان اپنی بنیادوں پر مسمار ہوتا ہوا محسوس ہوا.. وہ ہڑبڑا کر اُٹھا اور گرنے کو تھا جب اُس نے پلنگ کی چوکھٹ تھام کر اپنے آپ کو سہارا دیا.. صحن کے ایک کونے میں وہ تندور تھا جو نور بیگم خاص طور پر دنیا پور کے کمہاروں سے بنوا کر لائی تھی.. کہ اُسے توے کے پُھلکے پسند نہ تھے.. تندور میں سے نکلی ہوئی روٹیاں ہی مرغوب تھیں.. وہ دھماکے کی دہشت میں آیا ہوا اُس تندور پر چڑھا اور دیوار کے اُس پار سبزی منڈی کا وسیع علاقہ تھا اور وہاں ابھی تک سبزیوں کے ایک ڈھیر میں سے دھواں اُٹھ رہا تھا.. بھگدڑ مچی ہوئی تھی.. خوفزدہ سینکڑوں آوازوں کی ایک بھنبھناہٹ تھی.. ریڑھوں والے اپنے گھوڑوں کو چابکوں سے پیٹ رہے تھے.. اور اُن میں سے ایک ریڑھا سبزیوں کے ڈھیروں اور لوگوں کو روندتا ہوا ہراساں حالت میں بگٹٹ بھاگتا چلا جاتا تھا.. تمام شب سفر کرنے کے بعد قصور سے سبزی لاد کر لانے والی بیل گاڑیوں کے مالک اپنے بیلوں کی پسلیوں میں کچوکے دے رہے تھے وہاں سے نکل جانا چاہتے تھے.. کشمیری ہاتو سراسیمہ کیڑے مکوڑوں کی مانند یہ نہ جانتے تھے کہ جان بچانے کے لیے کدھر جانا ہے..

ریلوے روڈ پر ایک ہندو بینک کی سیمنٹ ہی سیمنٹ تین منزلہ عمارت واقع تھی جس کا پچھواڑہ سبزی منڈی کے کناروں پر بلند ہوتا تھا.. اُس کی چھت پر سے سویر کی ہلکی ڈھند میں دھندلاتی سبز منڈی کی گھما گھمی میں ایک بم پھینکا گیا تھا.. ایک بیل خُون میں لتھڑا ہوا زمین پر اوندھا پڑا ٹانگیں چلا رہا تھا.. کم از کم تین کشمیری مزدور بے جان پڑے تھے.. وہ شائد اُس دھماکے کی شدّت سے ہی مر گئے تھے جیسے چڑیاں مر جاتی ہیں.. اُن کے سوا بھی متعدد لوگ سبزیوں کے ڈھیروں پر خون آلود مردہ پڑے تھے.. اس سبزی منڈی میں بیوپار کرنے والے.. دور دراز کے دیہات سے سبزی لانے والے.. آڑھتی اور پانڈی سب کے سب مسلمان شناخت رکھتے تھے.. ہلاک ہونے والوں میں سے صرف ایک بیل تھا جو لامذہب تھا اور بے وجہ ہلاک ہو گیا تھا..

یہ آج صبح کا قصہ تھا..

بینک کی چھت پر سے نیچے سبزی منڈی میں بم پھینکنے والا بھی بے بس اور اپنے طوق سے مجبور تھا اور امیر بخش جس کے گلے میں کوئی طوق نہ تھا پر اُس کے نشان تھے وہ بھی لاچاریوں دھکیلا گیا تھا کہ ایک تھری ناٹ تھری بندوق تھامے شست لگائے بیٹھا تھا.. اور اُس کے نشانے میں اور کوئی نہ تھا، وہ آپ تھا.. اور وہ اپنے آپ کو ہلاک کر ڈالنا چاہتا تھا..

پہلی جیسی سانس سکت نہ رہی تھی..

گھنے گھنگریالے بال اُس کی اکڑی ہوئی گردن پر اب بھی گرتے تھے پر اُن میں وہ جان نہ رہی تھی، ایک مُردنی اُن کی چمک کو پژمردہ کرتی تھی.. اور اُسے حیاتی میں پہلی بار احساس ہوا کہ اُس کا پنڈا مکھن میں گندھے آٹے سے بنایا ہوا ایک صاف شفاف وجود نہ تھا جس پر سے پانی یوں پھسلتا تھا جیسے اُس کی چکنائی پر پاؤں نہ رکھ سکتا ہو بلکہ اُس پنڈے میں جا بہ جا خاص طور پر پنڈلیوں اور ہتھیلیوں کی پشت پر نیلی نیلی رگیں اُبھر رہی تھیں جن میں لگتا تھا کہ خون کی گردش تھم چکی ہے..

وہ بے حیا مور جو اب اکثر اُس کے صحن میں ٹہلتا تھا، نہ کنیز فاطمہ کو اور نہ صاحباں کو دکھائی دیتا تھا تو وہ مور جب اُن نیلی نیم مردہ رگوں کو تنگ رہا تھا اُس کے اندر بولا.. بخت جہان وہ دن گئے جب تیرے اندر شیشم کے پتّے تالیاں بجاتے تھے.. تیرے کانوں میں مُرلیاں بجتی تھیں اور تو گلی میں سے گذرتی کسی عورت کے بدن کی مہک اپنے ویہڑے میں بیٹھے ہوئے سونگھ لیتا تھا اور تجھے خبر ہو جاتی تھی کہ وہ ابھی کچّی ہے یا پک چکی ہے.. تو بوڑھا ہو رہا ہے.. گور تیری منتظر ہے جیسے مائیں بچوں کی منتظر ہوتی ہیں..

وہ سر جھٹک کر بڑبڑایا.. گڑی یا ہوا مور..

نہیں یہ مور تو نہیں بولتا تھا.. ریکارڈ پر رکھی سُوئی اٹک گئی تھی۔ ابھی تو سہگل گا رہا تھا کہ کیوں یاد آ رہے ہیں گذرے ہوئے زمانے اور ابھی وہ بار بار کہے جا رہا تھا کہ ہم گور کے دیئے ہیں.. ہم گور کے دیئے ہیں.. بجھتے ہی جا رہے ہیں..... بجھتے ہی جا رہے ہیں..

پہلا والا خمار بھی نہ رہا تھا.. بے شک پہلے توڑ کی شراب کا پورا مٹکا اندر انڈیل لو پر اُس کا اثر ہی نہ ہوتا تھا.. بدن کے اندر جھانجھریں نہ کھنکتی تھیں، ایک اداس سارُوں رُوں کرتا اکتارا بجنے لگتا تھا..

اُس نے گور کے دیئے کو گراموفون سے اُٹھا کر اُس کی جگہ چارپائی پر ڈھیر سیاہ ریکارڈوں میں سے کوئی ایک اور اُٹھا کر اُس پر جما دیا.. آہیں نہ بھریں شکوے نہ کیے.. کُچھ بھی نہ زبان سے کام لیا.. اُس کے آس پاس کوٹھڑی میں زہرہ بائی اور بے بی نور جہاں کی آوازیں تالیاں بجانے لگیں..... رلیا رام نے اُس کے ساتھ دھوکا کیا تھا.. گوجرانوالا میں فلمی ریکارڈوں کا واحد مرکز ''آر آر گراموفون کمپنی'' اسی لالے کا تھا جس نے کہا تھا کہ چوہدری.. تو ذرا ''زینت'' ''جگنو'' اور

''خاندان''، فلموں کے ریکارڈ سُن ..اُس جالندھر کے گوّیے سہگل کو بھول جائے گا.....وہ اُس کی سفارش پر یہ ریکارڈ خرید لایا تھا اور اب پچھتا رہا تھا..ان میں وہ سہج سبھاؤ نہ تھا جو کملا جھریا..عنائت بائی ڈھیرو والی، دلاری بائی اور گوہر جان کلکتے والی یہودن کی آوازوں میں تھا..یہ جو نئے زمانے آگئے تھے ان کی آوازیں اُسے راس نہ آتی تھیں، وہ جس ٹھہراؤ اور دھیرج کا رسیا تھا وہ ان میں مفقود تھا..

اُسے محسوس ہوا کہ جب زہرہ بائی جو کہ یقیناً ناک کے راستے گاتی تھی.....ہم دل کو پکڑ کر بیٹھ گئے جب تیرا کسی نے نام لیا.. پر پہنچی تو اُس کے پس منظر میں ایک عجیب کھڑ کتا شور سنائی دینے لگا جیسے کوئی کسی خالی ٹین کو پیٹ رہا ہو اور اس کے ساتھ غُل کرتا ہاؤ ہو کر رہا ہو.. پہلے تو بخت جہان کو یہی گمان ہوا کہ ان نئے زمانوں کی موسیقی میں یہی کچھ ہوتا ہے اور پھر اُسے احساس ہوا کہ یہ آوازیں گراموفون میں سے نہیں نمبردارنی کے گھر سے آ رہی ہیں..اُس نے ریکارڈ پر سے سوئی اُٹھالی اور یکدم شکوے نہ کیے خاموش ہو گئے..محلّہ مغربی کی رات کی چُپ میں نمبردارنی کے گھر سے وہ آوازیں بلند ہو رہی تھیں جیسے کوئی ٹین کی چھت پر کنکر برسا رہا ہو جیسے کوئی بین کر رہا ہو..

اُس نے گھوک سوئی ہوئی کنیز فاطمہ کی پسلیوں پر ایک گھونسا مارا..''اوئے امرت کورے..یہ نمبردارانی کے گھر میں کیسا غدر مچا ہوا ہے..کوئی مرگ ہو گئی ہے..کیا ہو گیا ہے..''

وہ ایسے گھونسوں کی عادی تھی اُس نے کروٹ بھی نہ بدلی..آنکھیں بھی نہ کھولیں اور بڑبڑائی''جہانیاں..تیری سگی بھتیجی نور بیگم کو بچہ ہونے والا ہے پورے سولہ برس بعد..اور جس گھر میں بچہ پیدا ہو رہا ہوتا ہے وہاں سے ایسی آوازیں ہی آیا کرتی ہیں..''

وہ رات جو باہر صحن میں بھی گھپ اندھیری تھی نمبردارانی کے گھر کی سب سے پچھلی کوٹھڑی میں پہنچتی پہنچتی مکمل طور پر نابینا ہو چکی تھی جہاں نور بیگم ایک نواری رانگلے پایوں والی چارپائی پر ٹانگیں پھیلائے پڑی اپنے سفید بالوں والے گھر والے کو کوستی تھی کہ یہ اُسی کا کیا دھرا تھا..اُس کے بدن کے اندر جو متحرک اذیت اُسے ادھیڑتی تھی اُس کا بیج اُس کا ٹھہرایا ہوا تھا اور وہ اُس لمحے یکسر فراموش کر گئی کہ اس اذیت کی آرزو میں اُس نے کتنے جادوٹُونے کیے تھے، تعویذ پہنے تھے، مزاروں کی جالیوں میں دھجیاں باندھی تھیں..

وہی قدیم دائی پھاتاں بار بار ایک دسترخوان سے اُس کے تر ماتھے کا پسینہ پُونچھتی اُس کی ڈھارس بندھاتی کہ دھیئے حوصلہ کر..رب خیر کرے گا اور نور بیگم درد سے دوہری تہری ہوتی سر پٹختی کہتی تھی کہ نہیں چاچی، جو کُچھ مجھ پر گذرتی ہے وہ آج تک کسی پر نہیں گذری، میرا پورا وجود چِرتا جا رہا ہے..

''زور لگا نور بیگمے..''

وہ اپنے پُھولے ہوئے پیٹ پر ہاتھ رکھ کر ذرا زور لگاتی تو اُس کی چیخیں نکل جاتیں..

بہشت بی بی باہر تاریک ویہڑے میں ایک بے چین روح کی مانند گھومتی پھرتی تھی اور امیر بخش کی دونوں بہنیں امیر بی بی اور رسول بی بی..جو دنیا پور پہنچ چکی تھیں کہ رواج کے مطابق کم از کم پہلا بچہ ہمیشہ ننھیال میں جنم لیتا ہے..وہ دونوں

غُل کر رہی تھیں.. اپنے چہرے سیاہ رات میں آسمان کی جانب کیے بُھوکے بھیڑیوں کی مانند بھونک رہی تھیں.. گھر کے سارے پکّے برتن جمع کر کے اُنہیں آپس میں ٹکراتی شور کر رہی تھیں.. پھر اُن کے ہاتھ ایک خالی ٹین آ گیا جسے وہ ایک چھڑی سے پیٹے چلی جا رہی تھیں اور یہی کھڑاک اور غوغا بخت جہان کے گھر میں.. ہم دل کو پکڑ کر بیٹھ گئے جب تیرا کسی نے نام لیا.. کے پس منظر میں سنائی دیا تھا..

دونوں بہنیں جو عام حالات میں نہائت بردبار اور سنجیدہ شخصیت کی مالک تھیں اگر آج کی شب حلق میں سے عجیب ڈراؤنی آوازیں نکالتی چلاّ رہی تھیں تو صرف اس لیے کہ ایسے موقعوں پر.. جب کسی کے اکلوتے بھائی کے ہاں بچہ پیدا ہونے کو ہوتو آسمان سے بدروحیں اُتر کر بچے پر نحوست کا سایہ کرتی ہیں، اُنہیں بھگانے اور خوفزدہ کرنے کے لیے لازمی تھا کہ آپ گھر کے برتن آپس میں ٹکرا کر شور کریں، عجیب ہولناک آوازیں بلند کریں تاکہ وہ زمین پر اُتر نہ سکیں اور دہشت زدہ ہو کر اپنے مسکن کو لوٹ جائیں..

دائی پھاتاں صحن میں آ جا رہی تھی. ''نمبردارانی تیری بیٹی اتنے برسوں سے خالی پیٹ بیٹھی رہی ہے.. اس عمر میں آ کر جوانی والی آسانی نہیں رہتی.. لیکن تو فکر نہ کر.. گھر میں لوہے کی کوئی شے ہے..؟''

''لوہے کی کوئی شے..'' نمبردارانی حواس میں نہ آئی.. ''کیا کرے گی؟''

''اُس کا حال کُچھ اچھا نہیں.. شائد وہ ایسی ادھڑ جائے کہ.. یہ ایک پُرانا مگر آزمودہ ٹوٹکا ہے.. ایسے موقعوں پر اگر حاملہ کے سرہانے تلے لوہے کی کوئی شے رکھ دیں تو اُس کا اثر ہوتا ہے.. کوئی شے ہے..''

ایک زنگ آلود قفل جو نمبردارنی اپنے جہیز کے صندوق کے ساتھ میکے سے لائی تھی وہ اُسے تلاش کر لائی..

دائی پھاتاں نے اُسے ایک مقدس مُورتی کی مانند وصول کیا اور کوٹھڑی میں واپس جا کر اُس قفل کو نور بیگم کے سرہانے تلے رکھ دیا.. اُس کا اثر تھا، وہ جو ابھی ادھڑتی ہوئی درد کی شدت کو سہہ نہ سکتی تھی قدرے پُرسکون ہو گئی..

کوٹھڑی کے اندر ایک سناٹا چھا گیا..

امیر بخش کی دونوں بہنوں امیر بی بی اور رسول بی بی نے چیخنا چلانا اور ٹین کھڑ کانا موقوف کر دیا..

ایک طویل عرصہ اس خاموشی اور سناٹے میں گذر گیا اور پھر دائی پھاتاں ظاہر ہوئی.. مبارکیں ہوں نمبردارنی.. میرا مُنہ گھی اور شکر سے بھر دے..

نمبردارنی نے سُکھ کا ایک گہرا سانس لیا اور پھر فوراً ہی وہ بجھ سی گئی.. ''پھاتاں.. میں تیرا مُنہ گھی شکر سے بھر دوں گی پر مُجھے مبارکیں تب دینا جب میرے عزیز جہان کے گھر اولاد ہو گی.. یہ تو پرایا مال ہے.. پرایا دھن ہے، سائیں آئیں گے لے جائیں گے..''

؎ آہیں نہ بھریں شکوے نہ کیے.. کُچھ بھی نہ زباں سے کام لیا..

✦ .... ✦

"بھائیا..." سوہن سنگھ کی آنکھوں...کالی بھور آنکھوں میں ہی نہیں اُس کی سیاہ داڑھی میں بھی تشویش کے سیاہ دھاگے اُلجھے ہوئے تھے "کوٹ ستارہ کی کوئی اطلاع..کوئی خیر خبر..خط پتّر.."

امیر بخش کی ساری دھڑکنیں، خدشے اور واہمے سوہن سنگھ کے ساتھ ہم آہنگ ہوتے تھے جیسے جڑواں بچوں کے ہوتے ہیں..وہ ننگ دھڑنگ جوہڑوں میں کُودا کرتے تھے..اُن کی تہہ میں پوشیدہ کچھوے دبوچ کر باہر لا کر اُن سے کھیلا کرتے تھے..اکثر اُن کے ننگے بدنوں سے جونکیں چمٹ جاتیں اور جیسے بندر ایک دوسرے کی جوئیں نکالتے ہیں ویسے وہ ایک دوسرے کی جونکیں کھینچ کھینچ کر اُتارتے..اگرچہ امیر بخش اُس سے دو تین برس ہی بڑا تھا لیکن وہ اُس سے چھوٹے بچوں ایسا برتاؤ کرتا، ڈانٹ ڈپٹ بھی کرتا اور کبھی کبھار ایک آدھ دھپّہ بھی لگا دیتا..وہ دونوں جوان ہو گئے پر نہ ڈانٹ ڈپٹ میں کمی آئی اور نہ لاڈ پیار میں..وہ اُس کی ہر دھڑکن ہر تشویش سے بنا کچھ سوال جواب کے آگاہ ہو جاتا..اُس شب جب وہ تھری ناٹ تھری تھامے چھت پر نشست لگائے بیٹھا تھا تو کچھ دیر بعد سوہن سنگھ بھی اوپر پہنچ گیا."بھائیا.." اُس نے صرف اتنا کہا تو امیر بخش نے اُسے ڈانٹ کر کہا."سوہنیا..یہاں تیرا کچھ کام نہیں..اُلٹے پاؤں نیچے چلا جا." سوہن سنگھ بے شک اپنے بھائیے کی چھتر چھاؤں تلے بظاہر بے پرواہ بیٹھا رہتا تھا پر اُس کے اندر اس بدامنی اور ویرانی سے ایک سہم بیٹھ گیا تھا کہ پتہ نہیں کیا ہونے والا ہے..

"سوہنیا..خط پتر کہاں سے آنے ہیں، کس نے لانے ہیں..ہر طرف غدر مچا ہوا ہے..مُجھے تو یہ بھی نہیں پتہ کہ نور بیگم کس حال میں ہے..ریڈیو پر جو خبریں آ رہی ہیں وہ بھی خیر کی نہیں ہیں..کلکتے، بہار اور پنجاب میں اتنے لوگ مارے گئے ہیں کہ نادر شاہ کے حملے میں بھی نہیں مارے گئے تھے.."

"کون تھے؟" اگرچہ وہ جانتا تھا کہ جواب کیا ہوگا..

"مخلوق تھے..امرتسر اور جالندھر کے کنویں لاشوں سے بھر گئے ہیں....جلیاں والا باغ کے تاریخی کنویں میں تب ہندوؤں، سکھوں اور مسلمانوں کی لاشیں گری تھیں اور اب...اُس کنویں کی لہو کی پیاس ہی نہیں بجھتی.."

"بھائیا اُس کے جواب میں یہاں بھی تو وڈّا کٹی شروع ہو گئی ہے..برگد والے چوک میں جس کے قریب ہمارا پہلا گھر تھا وہاں گھوڑوں کے پانی پینے والی جو ناند تھی آج سویرے اُس میں ایک سردار کی داڑھی اور خون آلود چہرہ ڈوبا ہوا میں خود دیکھ کر آیا ہوں..بھائیا مجھے ڈر لگ رہا ہے.."

سوہن ایک کونے میں سمٹ کر ایک دہشت زدہ بچے کی مانند کانپنے لگا..

''اوئے سوہنیا..اوئے..''امیر بخش نم آلود آنکھوں کو پونچھے بغیر اُٹھا اور اُس کے سمٹتے لرزتے بدن کو آغوش میں لے لیا..''نہ سوہنیا..نہ تو فکر مندی کیوں کرتا ہے..ہم گاؤں والے شہریوں کی طرح تھڑ دلے تو نہیں ہیں..یہ ہلاکت آمیز اجتماعی پاگل پن تو صرف بڑے شہروں میں ہے..کوٹ ستارہ میں کیا ہونا ہے..''

''کیا پتہ کُچھ ہور رہا ہو بھائیا..ریڈیو پر تو بڑے بڑے شہروں کے نام لیتے ہیں...کیا پتہ طاعون کی یہ وباء پھیلتے پھیلتے کوٹ ستارہ تک پہنچ گئی ہو..بھائیا ہمیں پہنچنا چاہیے..''

کہیں سے کُچھ خبر نہ آتی تھی..سارے رابطے سارے نظام کٹ چکے تھے..

دنیا پور کی ایک کوٹھڑی میں امیر بخش کی نسل ابھی آگے بڑھی ہے یا نہیں، اسے کُچھ خبر نہ تھی..

بہت بے دلی اور آہستگی سے..لاہور ریلوے سٹیشن میں سے رینگتی ٹرین کا جی چاہتا تھا کہ وہ رُک جائے، کہیں نہ جائے، مجبوری میں سرکتی تھی، انجن میں سے برآمد ہونے والا دھواں اتنا کثیف اور سیاہ تھا کہ اُس میں سے گذرنے والی سیٹی کی آواز بھی گھگیاتی ہوئی دم توڑتی تھی..اس ٹرین کا تجربہ کُچھ اچھا نہ تھا اس لیے وہ سٹیشن سے باہر آنے سے گھبراتی گریز کرتی تھی...ڈبے تقریباً ویران تھے..معدودے چند مسافر تھے..اور وہ بھی مسافت کی مجبوری میں ایک دوسرے سے نظریں چُراتے کونوں میں سمٹے ہوئے تھے..

عزیز جہان اور پیشی راستے میں دنیا پور اُتر گئے..امیر بخش کو آج تک کسی بھی سٹیشن پر اُتر جانے کی اتنی بے قابو کر دینے والی تمنا نہ ہوئی تھی..وہ بھی اُن کے ہمراہ اُتر جانا چاہتا تھا..جاننا چاہتا تھا کہ اگر نور بیگم کی گود میکے میں ہری ہو چکی ہے تو اُس گود میں کیا ہے پر وہ سوہن سنگھ کو تنہا چھوڑنا نہیں چاہتا تھا..

سروسانسی نے بہت منت سماجت کی تھی کہ چوہدری مُجھے بھی اپنے ساتھ لے چلو..پر امیر بخش نے اُسے روک دیا تھا''تو اپنے کچے کوٹھے سے اس چوبارے میں منتقل ہو جا..اس کی دیکھ بھال کر..یہاں کوئی تو ہونا چاہیے..ہم دو چار روز میں لوٹ آئیں گے..''

لاہور سے چلنے والی ٹرین جہاں کہیں بھی جھجکتی ہوئی ٹھہرتی وہاں اُس میں سوار ہونے والا کوئی مسافر نہ ہوتا..ہندو پانی اور مسلمان پانی کے الگ الگ مٹکوں کے ڈھکن جانے کب سے اُٹھائے نہیں لگتے تھے اور اُن میں جمع شدہ پانی کائی زدہ ہو رہا تھا..ٹرین نہ کسی سبز جھنڈی کا انتظار کرتی اور نہ کسی سُرخ جھنڈی سے رُکتی..اپنی مرضی سے رُک جاتی اور جب جی چاہتا چلنے لگتی..وہ جانے کہاں رُکی اور پھر فوراً ہی حرکت میں آ گئی اور حیرت انگیز طور پر ایک ٹکٹ چیکر ڈبوں میں گھومنے لگا..

وہ قدرے سودائی شکل کا بہکا ہوا ٹکٹ چیکر تھا جو کسی بھی مسافر کے قریب رُک کر مسکراتا ہوا کہتا ''ٹکٹ پلیز''اور..اس سے پیشتر کہ وہ مسافر اپنی جیب میں سے ٹکٹ برآمد کرتا یا ٹکٹ نہ خریدنے کی توجیہہ پیش کرتا وہ مسکراتا ہوا آگے بڑھ جاتا...

اُنہوں نے ٹکٹ تو تھرڈ کلاس کے خریدے تھے پر وہ غلطی سے انٹر کلاس میں سوار ہو گئے تھے اور وہاں بیٹھنے کو

لکڑی کی نشستیں نہ تھیں، نشستیں گدیلی تھیں اور اُن پر کچھ دھبّے تھے..ڈبے میں کچھ دھجیاں بکھری ہوئی تھیں..ایک سر بریدہ گڑیا کا دھڑ تھا..وہ بہکا ہوا باوردی ٹکٹ چیکر جب ''ٹکٹ پلیز'' کہہ کر آگے بڑھنے کو تھا تو امیر بخش نے اُسے روک لیا..''ٹی ٹی صاحب...''

وہ اس ٹی ٹی صاحب کے خطاب سے ذرا معزز محسوس کرنے لگا ''جناب عالی..''

''اس ٹرین کی صفائی ستھرائی نہیں کی گئی..گدّوں پر کچھ نیم سرخ سیاہ ہوتے دھبّے ہیں اور کچھ دھجیاں ہیں..''

ٹی ٹی صاحب نے اپنی وردی کے کالروں کو کھینچ کر سیدھا کیا ''جناب عالی آپ دیکھ سکتے ہیں کہ ریلوے کا پورا محکمہ غیر حاضر ہے..سٹیشنوں کا عملہ..سٹیشن ماسٹر سمیت..پھاٹکوں پر تعینات ہری جھنڈی دکھانے والے سب کے سب غائب ہیں..لیکن میں..حاضر ہوں..باقی رہ گئی صفائی ستھرائی کی بات تو جناب اس ٹرین کو سٹیشن کے اندر لے جا کر فائر بریگیڈ کے پائپوں سے اندر باہر بہت دھویا تھا.نشستوں اور فرشوں پر پانی کی بوچھاڑ کر کے اسے نیا نکور کرنے کی کوشش تو بہت کی تھی پر یہ دھبّے مٹتے نہ تھے..میں نے تو اپنے افسران کو بہت صلاح دی کہ سَر اس ٹرین کو سائیڈ لائن پر لگا دیں، اس میں بُو بہت ہے..پر ایک ٹی ٹی کا کہنا کون مانتا ہے..''

وہ ایک باتونی اور سودائی شکل کا ٹکٹ چیکر تھا جو بولتا چلا جاتا تھا اور جب اُس کا سانس اکھڑنے لگتا تھا تو کہتا تھا..

کہانی مختصر!

✦.......✦

''لو جی.. کہانی مختصر.. آپ دین ایمان سے بتاؤ کہ میں شکل سے سودائی لگتا ہوں.. نہیں لگتا ناں.. پر سارا محکمہ کہتا ہے کہ لگتا ہوں.. اچھا صرف میں ہی نہیں ٹِی ٹِی صاحب جتنے بھی ہوتے ہیں تھوڑے بہت گھومے ہوتے ہیں.. اُن کی ڈیوٹی ہوتی ہے گھومنا.. ٹرین چھک چھک کرتی چلی جا رہی ہے.. انجن دھواں اُڑا رہا ہے اور ٹی ٹی.. ٹکٹ پلیز ٹکٹ پلیز کی صدائیں لگاتا کبھی اس ڈبے میں اور کبھی اُس ڈبے میں گھومے چلا جا رہا ہے.. تو بندہ ایسی ڈیوٹی میں تھوڑا بہت گھوم ہی جاتا ہے.. اُس روز انجن ماسٹر میرا یار صادق بھٹی تھا.. ہے تو وہ عیسائی پر اُس کی راجپوتی انکھ نہیں جاتی، دوسرے عیسائیوں کو حقارت کی نظر سے دیکھتا اُنہیں بلڈی چُوڑے کہہ کر پُکارتا ہے.. مجھے ڈیوٹی پر حاضر دیکھ کر غصّے سے بھڑک اُٹھا.. کہنے لگا بلڈی فُول کُچھ ہوش کر.. آج بھی ٹکٹ چیک کرنے آ گیا ہے.. تو میں نے کہا کہ صادق بھٹی تُو انجن چلانے کے لیے آ گیا ہے ناں تو میں بھی ٹکٹ چیک کرنے کے لیے آ گیا ہوں، میری ڈیوٹی ہے.. تو وہ ذرا دھیما پڑ گیا.. اوئے قائم دینا.. آج اس ٹرین میں ٹکٹوں والے مسافر سوار نہیں ہیں.. سچی بات ہے میں نے بھی محسوس تو کر لیا تھا کہ آج ریلوے سٹیشن پر عجیب سی خلقت ہے.. لوگ موئے ہوئے لگتے تھے.. میں نے آج تک راولپنڈی سے نکلنے والی کسی ٹرین پر اتنا رش نہیں دیکھا تھا.. اور اُن میں کُچھ سردار بھی تھے جو بوکھلائے پھرتے تھے تو میں نے سوچا ہو نہ ہو یہ سب ایمن آباد کی بیساکھی کے میلے پر جا رہے ہیں.. پر اُن کی عورتیں گھونگھٹوں کے اندر سِسکیاں بھرتی رو کیوں رہی تھیں اور وہ ٹوکریاں بھر بھر کے اپنے بچے ساتھ کیوں لے جا رہے تھے اس کی سمجھ میں نہ آئی.. کہانی مختصر صادق بھٹی نے دو چار زنجیریں کھینچ کر وِسل دی اور پھر ٹرین ایک دھچکے سے حرکت میں آ گئی جس کے نتیجے میں کم از کم بیس تیس مسافر جو ڈبوں کی چھتوں پر سوار تھے اور ابھی سنبھلے نہ تھے بے جان گڈّوں کی مانند قلابازیاں کھاتے پلیٹ فارم پر گر گئے.. پھر اُٹھے نہیں.. کُچھ مسافر جو ٹھنسے ہوئے ڈبّوں میں گھسنے میں ناکام ہو گئے تھے چلتی ٹرین کے ساتھ بھاگتے پائدانوں پر قدم جمانے کی کوشش کرنے لگے.. اُن میں سے بھی دو چار ایسے گرے کہ پلیٹ فارم پر نہ گرے.. ٹرین کے پہیوں کے درمیان جا گرے اور اُن کا تو ملیدہ نکل گیا.. ٹرین پلیٹ فارم سے باہر نکلی ہے تو صادق بھٹی نے انجن کو فل سپیڈ کر دیا.. گوجر خان، سہاوہ، جہلم اور گجرات کے سٹیشنوں میں سے بنا رُکے شائیں شائیں کرتی گذر گئی.. ایک اژدھے کی مانند پھنکارتی دھواں اُگلتی چلتی ہی گئی اور میں حیران پریشان کہ ان سٹیشنوں پر جن مسافروں نے اُترنا تھا اُن کا کیا ہو گا.. اب صادق بھٹی سے پوچھتا ہوں تو اُس نے گویا چپ کا روزہ رکھ لیا.. بار بار پوچھنے پر کہ کہیں بریکیں تو فیل نہیں ہو گئیں.. آگے سے کوئی ٹرین آ گئی تو کیا ہو گا.. رُک کیوں نہیں رہے تو اُس

نے صرف اتنا کہا.. یہی حکم ہے..ٹرین رُکتی تو میں انجن سے اُتر کر پیچھے ڈبوں میں جا کر ٹکٹ چیک کرتا.. پھر مُرید کے کا سٹیشن قریب ہوا اور صادق بھٹی جو بار بار انجن کا راڈ تھام کر اپنا توازن بمشکل قائم کرتے ہوئے باہر لڑھکتا اور پٹڑی پر اپنی نظریں بچھاتا تھا، کہنے لگا... جانا تو تھر و تھا پر آگے سگنل گرا ہوا نہیں..سرخ بتی روشن ہے..میرا خیال ہے یہاں کراس ہو گیا ہے..لاہور کی جانب سے جانے کونسی ٹرین آ رہی ہے..

کہانی مختصر ہماری ٹرین آہستہ ہوئی، ہولے ہولے پلیٹ فارم میں داخل ہوتی گئی اور پھر اُس کے پہیے پٹڑی پر گھسٹتے ایک جھٹکے سے ساکت ہو گئے..مُرید کے پلیٹ فارم پر نہ کوئی بندہ اور نہ کوئی بندے کی ذات..ہُو کا عالم جیسے جن پھر گیا ہو..نہ کوئی جھنڈی دکھانے والا..نہ سٹیشن پر کوئی عملہ..اور نہ ہی کوئی خوانچہ فروش..اور میں بھی اسی موقع کا منتظر تھا، شتابی سے پلیٹ فارم پر اُترا..اپنے ہاتھ پاؤں سیدھے کیے اور ٹہلنے لگا..ٹرین چلے گی تو سب سے پہلے ڈبے میں سوار ہو کر ٹکٹ چیک کرنے لگوں گا..ابھی تو مخالف سمت سے کسی ٹرین کو آنا تھا، کراس ہونا تھا..مسافر پہلے تو ڈبوں میں سے باہر نکلنے سے جھجکتے رہے اور پھر کچھ دیر بعد وہ جو دروازوں کے قریب تھے، پلیٹ فارم پر اُتر کر پانی کے نل کی جانب لپکے..اُس روز گرمی بھی تو حشر دیہاڑے والی تھی..انسان تو کیا مینڈکوں کی زبانیں بھی پیاس سے باہر لٹک رہی تھیں..ڈبوں میں سے درجنوں ہاتھ سانپوں کی فصل کی طرح لہراتے اُن مسافروں سے جو ہینڈ پمپ تک پہنچ کر اپنی پیاس بجھانے کے بعد اپنے چہروں پر چھینٹے مار کر بحال کر رہے تھے..پانی کے ایک گھونٹ کا سوال کر رہے تھے..کسی نے ایک نڈھال بچے کو کھڑکی سے لٹکا کر پلیٹ فارم پر احتیاط سے گرا دیا..وہ فوراً اُٹھا اور پانی کے نل کی جانب ایک پیاسے پرندے کی مانند مُنہ کھولے پر اشتیاق چال سے چلنے لگا..

کسی کو کچھ بھی گمان نہ تھا..چند مسافر چھت پر سے اُتر کر نیچے اترے اور اپنے ازار بند ڈھیلے کرتے لیٹرین کی جانب بڑھنے لگے..

کہانی مختصر..

جانے وہ کہاں سے آئے..پلیٹ فارم میں سے اُگ آئے یا آسمان سے اُتر آئے پر وہ جہاں سے بھی آئے تھے، ایسے تھے کہ اُن کی کوئی شکل نہ تھی..کسی ہاتھ میں چُھرا تھا جو خاصا استعمال شدہ لگتا تھا، کہیں ایک کلہاڑی بلند ہوتی تھی اور کہیں کوئی تلوار..برچھیاں تو برسات کی کُھنبیوں کی مانند اُگ آئی تھیں اور دھوپ میں اُن کے پھالے لشکتے تھے..وہ ایک گولو سا گول مٹول بچہ تھا جو ابھی بولتا نہ تھا بس باں باں کرتا ناک چڑھاتا مُنہ سکیڑتا اپنی ماں کو خوش کرتا تھا..ڈبے میں اُس کا دم گُھٹتا تھا تو اُس کی ماں نے اُسے اپنے ہاتھوں میں جکڑ کر ڈبے کے باہر معلّق کر رکھا تھا تا کہ وہ تازہ ہوا میں سانس لے سکے..وہ اتنا نمایاں اور واضح ہدف تھا کہ پہلا وار اُسی پر ہوا..اُس کی ماں کے دونوں بازو بھی اُس کے ساتھ کٹ گرے..

ڈبوں کے چھتوں پر سوار لوگ افراتفری اور دہشت میں پلیٹ فارم پر گرنے لگے اور اُنہیں ہلاک کرنا بہت آسان اور پُر لطف مشغلہ ہو گیا..ہینڈ پمپ کو گیڑنے والے پانیوں سے اپنے چہروں کو بھگونے والوں کو یکدم کچھ احساس نہ ہوا کہ اُن پانیوں میں اُن کے اپنے لہو کی آمیزش ہو گئی ہے جس سے وہ اپنے منہ ہاتھ دھوتے تھے..ڈبے اتنے ٹُھسے پڑے تھے کہ اُن کے اندر داخل ہو کر لوگوں کو انفرادی طور پر چُن چُن کر مارنا ممکن نہ تھا..بچوں، عورتوں، بوڑھوں اور جوانوں کے جثّوں کی

ایک ٹھوس اور جامد دیوار تھی جس میں نقب لگانا دشوار لگتا تھا.. تو اُنہوں نے اپنے برچھے اُس دیوار میں پیوست کرنے شروع کر دیئے.. جن کے پاس کلہاڑے تھے.. وہ اُس دیوار کو مسمار کرنے لگے.. اور جو تیز دھار تلواروں والے تھے وہ دائیں بائیں اُس پر یوں وار کرنے لگے جیسے برازیل کے بارشوں والے گھنے جنگلوں میں قد آدم گھاس اور خودرو بُوٹوں کے سر قلم کرتے اُن میں سے راستہ بناتے ہوں..

ایک بڑے گھاگرے والی خبطی سی بُڑھیا اپنی جان بچانے کی خاطر ڈبے میں سے نکل کر.. ریلوے لائن پار کر کے اس سے متصّل ایک قبرستان میں داخل ہو رہی تھی جب اُس کا پیچھا کرنے والوں نے اُسے جالیا.. لمحوں میں اُسے لوتھڑوں میں بدل دیا.. اور ابھی اُس کے ایک لوتھڑے میں زندگی کی کُچھ رمق دھڑکتی تھی جب اُنہوں نے اسے بارشوں سے زمین میں دھنس جانے والی ایک قبر کے شگاف میں دھکیل کر اُس پر ایک اور قبر کی مٹی ڈال کر عجیب سی آوازوں میں پکارنے لگے.. وہ کیا پکارتے تھے.. وہ جو اُدھر اُس پنجاب میں اُن کی ایسی ہی مائیں لوتھڑوں میں بدلی تھیں اُن کے بدلے کو پکارتے تھے.. میں سُن نہ سکا..

یقیناً مُجھے غلط فہمی ہوئی تھی.. یہ لوگ ایمن آباد کے بیساکھی کے میلے میں شریک ہونے کے لیے نہیں آئے تھے..

کہانی مختصر.. بس دس پندرہ منٹوں کے اندر مُریدکے کا سٹیشن پھر سے اُسی ویرانی میں لوٹ گیا.. نہ بندہ، نہ بندے کی ذات، ہُو کا عالم جیسے جن پھر گیا ہو.. البتہ اس کے سناٹے میں کہیں کہیں کُچھ تڑپتا تھا، موت کی خرخراہٹ سنائی دے جاتی تھی.. وہ خوش نصیب تھے جو مردہ ہو چکے تھے پر جو گھائل تھے وہ ایسی مرغیوں کی مانند پھڑ پھڑاتے تھے جن کے گلے پر چُھری پھیر کر اُنہیں ایک ڈرم میں ڈال دیا گیا ہو.. حیرت در حیرت کہ وہ جو بالغ تھے کلہاڑوں اور برچھیوں کی زد میں آکر خون کے فوارے چھوڑتے ذرا شتابی سے ٹھنڈے پڑ جاتے پر جو بچے تھے اُن کی جان آسانی سے نہ نکلتی تھی، وہ اپنی مردہ ماؤں کی گود میں ہمکتے جاتے اور بہت دیر کے بعد نیلے پڑ کر اکڑ جاتے..

کہانی مختصر.. میں اُن میں سے کسی ایک کا بھی ٹکٹ چیک نہ کر سکا.. سب کے سب بے ٹکٹ سفر کر رہے تھے..

اور پھر مُجھے اس قسم کی ہنگامی نوعیت کی چیکنگ کا کُچھ تجربہ نہ تھا.. ایک لاش سے یا ایک مردہ ہونے کو پھڑکتے بندے سے ٹکٹ کیسے طلب کیا جاتا ہے اس کا کُچھ تجربہ نہ تھا.. اور پھر اگلے روز مُجھے سٹیشن کے ایک قلی نے بتایا جس کے ساتھ میرا یارانہ ہے کہ قائم دین تو رہا ٹی کا ٹی ٹی.. یہ کوئی پہلی ٹرین ہے جو روکی گئی یا کاٹی گئی.. اُدھر دلّی اور جالندھر سے ادھر لاہور آنے والی کم از کم چار ٹرینوں کا یہی حشر ہوا ہے.. واہگہ اٹاری سے اُدھر پٹڑیاں اُکھاڑ کر اُنہیں روک لیا جاتا تھا اور اُنہیں کرپانوں اور تلواروں سے گاجر مُولی کی طرح کاٹ دیا جاتا تھا.. پر یہ مثال درست نہیں بیٹھ رہی، گاجر مُولی کاٹنے سے اُن میں سے خون نہیں بہتا اور نہ ہی وہ مر جاتی ہیں... تو بس ادھر والے بھی غیرت میں آگئے... پر ان کی پیاس نہیں بجھی اور ٹرینیں بھی کٹیں گی.. بے شک میں ایک گھوما ہوا ٹکٹ چیکر ہوں پر میری سمجھ میں نہیں آتا کہ اگر اُدھر کے لوگ دیوانے ہو گئے ہیں تو کیا یہ ضروری تھا کہ اِدھر کے لوگ بھی ناحق خون کرنے لگیں.. شائد مُجھ پر وہ نہ بیتی تھی جو اُن پر بیتی تھی۔ شائد اگر میری حاملہ بیٹی کے پیٹ میں برچھی گھونپ کر اُس کا بچہ نکال لیا جاتا اور وہ برچھی کی اَنی میں ایک پھڑکتی مچھلی کی طرح پرویا ہوتا یا میری ماں جی کے ڈکرے کر دیئے جاتے تو میں بھی اُس ٹرین کے بچوں اور بوڑھوں پر پل پڑتا.. پر شائد مُجھ میں اتنا حوصلہ

نہ ہوتا..مجھ میں وہ جواں مردی مفقود ہے جو اندھی ہو جاتی ہے..اگر یہ سب کچھ میرے ساتھ ہوتا تو بھی میں اُس گُل گوتھنے غوں غوں کرتے بچے پر وار نہ کر سکتا جس کی ماں نے اُسے دونوں ہاتھوں میں تھام کر کُھلی ہوا میں چند سانس لینے کے لیے ڈبے کی کھڑکی کے باہر معلق کر رکھا تھا..کہانی مختصر..اُس روز میں اپنا فرض ادا نہ کر سکا..اُس ٹرین کے کسی مسافر کا بھی ٹکٹ چیک نہ کر سکا..آپ ہی انصاف کیجیے میں کیسے تین چار سو مردہ ہو چکے یا وہ جن کے نرخروں میں موت کا گھنگھرو بج رہا تھا اُن سے کہتا کہ ٹکٹ پلیز..اور میں کیسے پلیٹ فارم پر اکڑے پڑے اور اُس کی ماں کے دونوں کٹے ہوئے بازو ابھی تک اُسے اپنے گھیرے میں لیے ہوئے تھے..اُس بچے کی لاش سے جُھک کر، اپنی کیپ درست کرتے ہوئے یہ کہہ سکتا تھا کہ تم بھی بے ٹکٹ سفر نہیں کر سکتے..تمہارا ٹکٹ آدھا ہے..تو ٹکٹ پلیز..کہانی مختصر!

✦ .... ✦

سراسیمگی اور وسوسوں کی سیاہی نے ابھی دنیاپور کی قربت کے دیہات پیر کوٹ، نت کلاں یا بینکا چیمہ کی سنسان ہو چکی گلیوں، ویران کوٹھوں اور اُن کھیتوں پر جن کے اندر بہت دنوں سے پانی نہیں اُترا تھا کہ کنویں خاموش پڑے تھے لپیٹ میں لیا تھا.. گاؤں سے اُن کنوؤں تک جانے والے جو کچے راستے تھے اور اُن کے کناروں پر جو بلند سروٹ اور کاہی کے بوٹے تھے تو اُن میں کون جانے کونسی بلائیں روپوش تھیں اور اُن کا مذہب کیا تھا تو اُن راستوں پر چلنے سے لوگ کترانے لگے تھے.. کاشتکار راتوں کو چوری چھپے اپنے ڈیروں پر جا کر اپنے مال ڈنگر کو چارہ ڈال آتے، پانی پلا آتے پر دن کی روشنی میں اُدھر کا رخ نہ کرتے تو ابھی سراسیمگی اور وسوسوں کی سیاہی نے مکمل طور پر گلیوں، کوٹھوں اور کھیتوں کو ڈھانپا نہ تھا.. تھوڑی بہت آمد و رفت جاری تھی.. سٹیشن پر ٹرینیں رُکتی تھیں اور دو چار مسافر اُترتے تھے.. تو اُس روز جو مسافر اُترے وہ تین کھلنڈرے سے کسی حد تک بیوقوف نوجوان سردار تھے جو ایمن آباد میں اپنے قریبی رشتے داروں کی خیر خبر دریافت کرنے کے بعد لوٹ رہے تھے.. اُنھوں نے ویران سٹیشن پر اُتر کر دنیاپور کے قصبے کی مخالف سمت میں پلیٹ فارم سے اُتر کر سر جھکائے کہ اُن کے اندر بھی خوف کی ایک ویرانی تھی اور اپنے گاؤں نت کلاں کے کچّے راستے پر ہو لیے.. فوراً ہی اُنہیں احساس ہوا کہ وہ تنہا نہیں ہیں.. اُن کے عقب میں احتیاط سے اُٹھتے پاؤں ہیں، زمین کی دھمک اُن کو خبر کرتی تھی کہ اُن کا پیچھا کیا جا رہا ہے... جیسے ایک لومڑی دبے پاؤں ایک خرگوش کا تعاقب کرتی ہے.. فوراً ہی اُسے دبوچ نہیں لیتی.. موقعے کی منتظر رہتی ہے..

یہ سکھ نوجوان ذات کے نت جاٹ تھے اور بے خوفی اُن کی خصلت میں شامل تھی.. وہ تو خواہ مخواہ موت سے اُلجھنے کے بہانے تلاش کرنے والے تھے پر اُس لمحے وہ زمین جو اُن کی اپنی تھی، جس پر وہ ہل چلاتے مشقت کرتے اپنا پسینہ بہاتے تھے وہی زمین اُنہیں اپنے پاؤں تلے سے کھسکتی ہوئی محسوس ہونے لگی.. وہ جان گئے کہ اُن کے پیچھے آنے والے قدم اُن کے ویری ہیں.. اُن کی نیت بُری ہے.. اُنھوں نے اپنی کرپانوں کے دستوں پر گرفت مضبوط کی اگرچہ وہ اُن کی پسینہ آلود ہتھیلیوں میں سے پھسلتے تھے اور ذرا تیز تیز چلنے لگے.. اُسی حساب سے اُن کا پیچھا کرنے والے قدموں کی رفتار تیز ہوتی گئی..

وہ جان گئے کہ اُن کی ہلاکت کا سامان اُن کے پیچھے چلا آتا ہے اور ابھی کچھ لمحوں میں وہ اُن کو زیر کر سکتا ہے..

فرار کا کوئی راستہ نہ تھا..

بائیں جانب جتنی فصلیں تھیں، گھاس چارے کی تھیں اور اتنی مختصر قامت کی تھیں کہ اگر وہ اُن میں بھاگ نکلتے تو وہ اُن کے گھٹنوں تک آتیں، اُن میں کچھ پوشیدگی نہ تھی اور دائیں ہاتھ پر اگرچہ چار پانچ بیگھے میں پھیلا ہوا سر بلند کماد کا گھنا جُھنڈ تھا.. وہ اُس میں روپوش ہو جاتے تو بھی گھیرے میں آ جاتے تھے..

وہ جو للکارتے مارتے ایمن آباد کی بیساکھی کے میلے میں جس کا پورے ہندوستان میں کوئی توڑ نہ تھا.. داخل ہوتے تھے تو صرف لڑائی جھگڑے اور دنگے فساد کے لیے داخل ہوتے تھے کہ یہی اُن کی محبوب تفریح تھی اور جب اُن کے سر پھٹتے تھے اور اُن کی داڑھیاں خون سے بھیگتی تھیں تو اُن کے سارے ارمان پورے ہو جاتے تھے.. اُنہی داڑھیوں کے اندر پسینہ پُھوٹتا تھا.. اور اُن کی پگڑیاں بھیگتی موت کے خوف سے کُھلتی لگتی تھیں کہ دشمن اگر مقابل میں ہو تو وہ بے خوف کر دیتا تھا پر خاموشی سے پیچھے پیچھے چلا آتا ہو تو اُس کی دہشت سہی نہیں جاتی..

نت کلاں کے کچے راستے کے آس پاس کھیت کھلیان تو بہت تھے.. جنگلی بیریوں کی کچھ جھاڑیاں آک کے پودے.. کڑوے تُمے کی خودرو بیلیں اور کیکر کے چند ٹھگنے درخت تو تھے پر کوئی بھی قدآور شیشم یا برنے کا شجر نہ تھا البتہ شِو مندر کے تالاب کے کناروں پر برگد کا ایک گھنا درخت تھا جس کی درجنوں داڑھیاں اُس کی گھناوٹ میں سے اُتر کر پانیوں میں ڈوبتی تھیں اور وہ کئی کوس سے نظر آنے لگتا تھا..

اُن تینوں نے ایک دوسرے کی جانب دیکھ کر ایک خاموش صلاح کی، سر ہلائے.. سرخ رنگ کی چمڑے کی جوتیاں اُتار کر اُنہیں سینے سے لگایا اور بگٹٹ بھاگنے لگے.. اُن کے بھاگنے سے یوں دُھول اُٹھنے لگی جیسے مویشیوں کا ایک ریوڑ سر شام گاؤں کو لوٹتا ہے تو اُن کے سُموں سے اُٹھنے والی دھول منظر کو مٹیالا اور دھندلا کر دیتی ہے..

شِو مندر کا احاطہ سنسان پڑا تھا.. یہاں اس تالاب میں اُترنے والی ساتویں سیڑھی پر ایک جوگی جیسے صدیوں سے دھونی رمائے بیٹھا رہتا تھا.... اُس کی بہت منتا تھی.. وہ شِو لنگ کا پُجاری تھا اور اُس کی درخواست قبول کرنے میں کبھی کوئی تأمل نہ ہوا کہ وہ جس کے پرستش کے لیے اُس نے دنیا کو تیاگ دیا تھا تخلیق کا منبع تھا.. مسلمان عورتیں بھی دور دور سے اُس کے ہاں آ کر حاضری بھرتیں.. اُس کے پاؤں چُھو کر اولاد کی التجا کرتیں.. پھر ایک روز وہ اپنی راکھ میں اوندھا پڑا تھا.. شِو مہاراج اپنے راج سنگھاسن پر مَست پاربتی سے چُہلیں کرتے رہے اور اُن کو خبر ہی نہ ہوئی کہ اُن کے ایک پجاری کی پشت میں برچھی گھونپ دی گئی ہے.. ایسے خدا ہمیشہ بے وفا اور دغاباز ہوتے ہیں..

وہ تینوں جب گرتے پڑتے پیچھا کرنے والوں کے سانسوں کی حدّت اپنی پشت پر محسوس کرتے مندر کے ویران احاطے میں پہنچے تو اُنہوں نے پھر صلاح کرنے کی غرض سے ایک دوسرے کو دیکھا اور پھر تالاب کے کنارے پر چھائے ہوئے برگد کے تنے کے گرد لپٹتے، ٹانگیں سکیڑ کر اُس پر جانوروں کی مانند چڑھتے اُس کی آخری اور بلند ترین شاخوں کی پناہ میں پہنچ گئے.. انتقام کی جھاگ اُڑاتا.. ایک نابینا غضب میں مبتلا ہجوم.. دس پندرہ افراد پر مشتمل ہجوم برگد کا گھیراؤ کیے اوپر دیکھنے لگا.. جہاں اُس کی گھناوٹ میں وہ پوشیدہ ہو چکے تھے اور وہ تینوں خوفزدہ بن مانسوں کی مانند اُس کی شاخوں اور پتّوں میں سے جھانکتے تھے..

نذرے میراثی کے ہاتھ لہناں سنگھ کا سندیسہ آیا تھا کہ جہانیاں اگر پہنچ سکتا ہے تو پہنچ.. میری عقل مَت جواب

دے گئی ہے.. میں تیرے ساتھ صلاح کرنا چاہتا ہوں.. بخت جہان نے ذرّہ بھر تامل نہ کیا.. نذرے کو دو ٹوپے گندم دے کر فارغ کیا.. گھوڑی پر کاٹھی ڈالی.. پگڑی کا شملہ درست کیا اور اپنی ڈانگ تھام کر اُس پر سوار ہو گیا..

اپنی بھرجائی نمبردارانی کی چوکھٹ کے آگے سے گذرتے ہوئے جان بُوجھ کر ایک زوردار کھنگورا مارا.. کھانسا اور گھوڑی کی پسلیوں میں ایڑھیاں پیوست کر دیں اور وہ ہوا ہو گئی بلکہ اُڑنے لگی.. دنیاپور کے کوٹھوں اور گلی کُوچوں کے اوپر پرواز کرنے لگی جیسے اُسے پر لگ گئے ہوں..

اُس کی دراز قامتی ایسی تھی کہ وہ تنومند اور نخریلی گھوڑی مختصر لگنے لگی.. وہ پلک جھپکتے میں محلّہ مغربی سے نکل کر دنیاپور کے سٹیشن سے پار ہو کر اُس کچے راستے پر رواں ہو گئی جو نَت کلاں کی جانب چلا جا رہا تھا..

اُس راستے پر ابھی تک کچھ دُھول معلق تھی جیسے ابھی ابھی وہاں سے مویشیوں کا کوئی ریوڑ گزرا ہو..

بہت دور سے وہ گھنا برگد نظر آنے لگا..

پل بھر میں وہ صبا رفتار گھوڑی اُسے مندر کے احاطے میں تالاب کے کنارے اُس گھنے برگد کی قربت میں لے گئی.. بخت جہان نے اپنی اکڑی ہوئی گردن کا زاویہ درست کرتے ہوئے دیکھا، برگد کے تنے کے گرد کچھ اجنبی سے لوگ ہیں اور اُن سب کی آنکھیں اُس برگد کی شاخوں میں اُلجھی ہوئی متلاشی ہیں اور اُن شاخوں میں تین رنگین پگڑیاں اپنے آپ کو خفیہ رکھنے کی کوشش میں مزید نمایاں ہوتی ہیں.. تنے کے گرد منڈلاتے لوگوں نے جب بخت جہان کی گھوڑی کی ٹاپیں زمین پر دھمکتی سنیں تو اُنہوں نے اُس سوار کی جانب دھیان کیا.. اُن میں سے کوئی شکل بھی شناسا نظر نہ آئی.. بے شناخت پرائے لوگ تھے ان علاقوں کے نہ تھے.. چند ایک کے ہاتھوں میں چھریاں تھیں اور ایک نے اپنی تلوار کو یوں بلند کر رکھا تھا جیسے اُس کی نوک برگد کے گھنے پن میں چھید کر دے گی..

گھوڑی کی لگامیں کھنچی تو اُس کی باچھیں چرنے کو آ گئیں اور وہ اپنی چاروں ٹانگوں پر ساکت ہو گئی.. ''ہوشیار بھئی..'' اُس نے اُنہیں خبردار کرتے ہوئے مخاطب کیا ''کون ہو؟ کدھر سے آئے ہو؟''

وہ تلوار والا آگے آیا.. ''تم کون ہو؟''

کسی بندے تو کیا.. کسی مینڈک، چڑیا یا اُڈتے بادل نے بھی آج تک اُس سے نہ پوچھا تھا کہ.. تم کون ہو؟

''میں..'' بخت جہان گھوڑی سے اُترا تو بھی اُس کی قامت کم نہ ہوئی اور اُس کی نیلی آنکھوں میں غضب کے شرارے پھوٹتے تھے.. ''میں تمہاری ماں کا یار ہوں..''

''چاچا.. چاچا..'' وہ تینوں شاخوں میں سے پگڑیاں نمودار کرتے ہوئے دوہائی دینے لگے.. ''واہیگرو کا واسطہ.. ہمیں بچا لو..''

تلوار والا شخص جس کی ماں کے ساتھ اُس نے ربط کا اعلان کیا تھا طیش میں آتے آتے رہ گیا کہ وہ بنیادی طور پر ایک پُرامن خصلت کا مالک شخص تھا اور اُس نے زندگی میں پہلی بار ایک تلوار کو تھاما تھا.. ''چوہدری.. ہمارے ساتھ اُدھر ہوشیارپور اور جالندھر میں بڑا ظلم ہوا ہے..'' وہ ایک پریشان حال کھویا سا شخص تھا ''میری بارہ برس کی بیٹی کو..'' اُس کی آواز رُندھ گئی.. ''اُن کی پگڑیاں بھی ایسی ہی تھیں..''

بخت جہان کی نیلی آنکھوں کے شرارے اُس نمی نے بُجھا دیئے جو بے اختیار پھوٹنے لگی تھی.. اُدھر کے سکھوں نے جو قہر مچایا ہوا تھا اُس کی خبریں اُس تک پہنچتی رہتی تھیں.. اُس نے آگے بڑھ کر اُس شخص کے کاندھے پر ہاتھ رکھ کر کہا ''بھائی جی میں اُن کڑی یا ہووں کے اپنے ہاتھوں سے ڈکرے کر دوں پر.. برگد کی شاخوں میں جو خوفزدہ پرندوں کی مانند پھڑ پھڑاتے بچّے ہیں یہ بے قصور ہیں..''

''نہیں..'' ایک ذرا اوچھا نوجوان چھری کو سیدھا کرتا بخت جہان کے قریب ہو کر چیخا. ''ہم نے انہیں نہیں چھوڑنا..''

''نہیں پُتر..'' بخت جہان نرمی سے مخاطب ہوا. ''یہ میرے بچوں کی طرح ہیں.. میری صلاح ہے کہ تم نے انہیں ہاتھ نہیں لگانا..'' بخت جہان کے لہجے میں نرمی تھی پر وہ یہ کہہ کر ذرا سیدھا ہوا تو اُس کی قامت آسمان کو چھوتی لگی اور اُس کی آنکھوں میں پھر سے ایک شرارہ پھوٹا.. ''ان کے ہم مذہب حرام کے تخموں نے اگر ظلم کمایا ہے تو اُن کی سزا.. ان بے قصوروں کو نہ دو پھر فرق کیا رہ جائے گا.. میں تم سے منّت کرتا ہوں..''

بے شک وہ تنہا تھا پر اُس کا دبدبہ ایسا تھا کہ وہ سارے کے سارے اُس تنے کے گرد سے پرے ہوتے گئے..

وہ تینوں ایک مرتبہ پھر اپنی جان بچانے کی خاطر خوفزدہ خرگوشوں کی مانند اُچھلتے بھاگتے گرتے پڑتے چلے جا رہے تھے، اُن کی پگڑیاں کب کی کُھل کر نت کلاں کے کچّے راستے پر کہیں گر چکی تھیں اور اُن کے پیچھے اُن کے خون کے پیاسے ہجوم سے کہیں بڑھ کر قہرناک بخت جہان اپنی گھوڑی کو ایڑھ لگاتا اُنہیں گالیاں دیتا اُن کا تعاقب کر رہا تھا.. اُس ہجوم سے وہ تو بچ نکلے تھے پر بخت جہان سے بچ نکلنے کی کُچھ اُمید نہ تھی.. وہ جانتے تھے کہ اگر وہ پکڑے گئے تو وہ اُن کی تکّہ بوٹی کر دے گا..

پہلے تو وہ بہت دیر تک یقین نہ کر سکے، جھجکتے رہے کہ برگد کا گھیراؤ کرنے والا اُن کے خون کا پیاسا ہجوم بکھر چکا ہے اور نیچے اُن کا ایک چاچا بخت جہان ہے، جس کی گھر والی ایک سکھنی تھی اور یوں وہ کسی حد تک اُن کا پھوپھا ٹھہرتا تھا اور جب وہ اپنی جان بچ جانے کے چاؤ میں برگد سے اُترے تو بخت جہان نے تینوں کی مشترکہ طور پر خوب ٹھکائی کی.. تھپڑوں سے اُن کے داڑھیوں میں پوشیدہ گال خوب لال کیے.. ''اوئے ایمن آباد گئے تھے رشتے داروں کی خیر خبر لینے کے بہانے.. اور گئے تھے بیساکھی کے میلے میں موج میلہ کرنے.. اوئے جولاہوں کی اولادو تمہیں کُچھ پتہ نہیں کہ تم جیسوں کو لوگ چارے کی مانند کاٹ رہے ہیں اور اس برس بیساکھی کے میلے کا میدان ویران ہے..'' صرف اُنہیں زدوکوب کرنے سے بخت جہان کی تسلی نہ ہوئی اور اُس نے گرج کر اُنہیں مُرغے بن جانے کا حُکم دیا.. اُنہیں ایک پھوپھا جان سے یہ اُمید تو ہرگز نہ تھی پر اُس نے اُن کی جان بچائی تھی اس لیے شکرانے کے طور پر اُن تینوں نے اپنے ہاتھ ٹانگوں میں پرو کر کان پکڑ لیے اور اپنی پُشتیں اونچی کر لیں.. دور سے لگتا تھا کہ شاید تین یوگی ہیں زرد پگڑیوں والے جن کی پگڑیاں یوگا کے کسی آسن میں اُن کی ٹانگوں کے بیچ میں سے نمودار ہو رہی ہیں.. صرف یہی نہیں بخت جہان نے اُن کی کُبڑی پُشتوں پر زوردار جوتے بھی رسید کیے اور پھر گرج کر کہنے لگا.. ''اب ناک کی سیدھ میں نت کلاں کی جانب دُڑکی لگاؤ.. میں تمہارے پیچھے پیچھے چلا

آتا ہوں..اور اگر میں نے تمہیں پکڑ لیا تو...''

تو اب اُن کا کسی حد تک ایک پھوپھا گھوڑے پر سوار..اُنہیں ماؤں بہنوں کی گالیاں دیتا اُن کا تعاقب کر رہا تھا اور وہ سرپٹ بھاگتے چلے جاتے تھے..وہ تینوں جونہی نت کلاں کی پہلی گلی میں داخل ہوئے بخت جہان نے اُنہیں جا لیا..

''اوئے آئندہ بہانے تراش کر ایمن آباد جاؤ گے کنجرو..''

''نہیں چاچا..'' وہ تینوں نوخیز لڑکے سے تھے..اُن کی داڑھیوں میں نوخیزی کی ملائمت تھی جو ابھی کھردری نہ ہوئی تھی..

''کانوں کو ہاتھ لگاؤ..'' اُنہوں نے اس حکم کی بھی تعمیل کی ''اب دفع ہو جاؤ اپنی ماؤں کے پاس..''

اُن میں سے دو تو فوراً دفع ہو گئے..پر تیسرا جو بمشکل سولہ برس کا ہو گا وہیں کھڑا رہا..

''اوئے ماں کے خصم..تم کیوں نہیں جاتے اپنی ماں کے پاس..''

''چاچا..'' وہ بے چارگی سے بولا..''میری ماں تو اسی گھر میں ہے..سرجیت کور..جس کے پھاٹک کے کُنڈے سے تم اپنی گھوڑی باندھ رہے ہو..''

بخت جہان نے اُس ملوک سے نوخیز سردار کو دیکھا جو ابھی تک اُس کی دہشت میں آیا ہوا اپنے بدن کی لرزش پر قابو نہیں پا رہا تھا..اُس کی شکل میں کچھ شناسا شائبے تھے..''کس کے بیٹے ہو؟''

''سردار لہناں سنگھ کے..''

''تم لہناں سنگھ کے بیٹے ہو؟'' بخت جہان کے باریک ہونٹوں میں سے مسکراہٹ پھوٹنے لگی..

''آہو چاچا' میرا نام راجندر ہے..''

امرت کور کی اپنے دونوں بیٹوں سمیت یکدم بخت جہان کے گھر میں منتقلی کے فوراً بعد لہناں سنگھ نے ایک کم حیثیت کاشتکار کی بیٹی سرجیت کور سے بیاہ کر لیا تھا اور بڑھتی ہوئی عُمر کے خدشے کے تحت اوپر تلے دو بیٹے اور ایک بیٹی پیدا کر لیے تھے..یہ جو لرزتا ہوا نوخیز جوان تھا اُس کا بڑا بیٹا تھا..

''شاباشے..'' بخت جہان نے اُس کے اُن گالوں کو تھپکا جنہیں وہ خوب لال کر چکا تھا..

''تو گوبند اور نونہال کو جانتا ہے..''

''آہو چاچا..'' اُس کی لرزش ڈھارس میں بندھ گئی..''وہ میری سوتیلی ماں امرت کور کے ساتھ باپو کو چھوڑ کر تمہارے گھر چلے گئے تھے..میرے بھائی لگتے ہیں..''

''میں بھی کہوں تیری شکل دیکھی ہوئی لگتی ہے..میں نے اُن بلوائیوں کو اگر کہا تھا کہ یہ میرے بچوں جیسے ہیں تو ٹھیک ہی کہا تھا..اس حساب سے تو تُو بھی میرا بیٹا ہی لگتا ہے..ادھر آ میرے کلیجے سے لگ جا..''

''نہیں چاچا..'' وہ دہشت کا مارا پیچھے ہو گیا..اس شخص نے ہمیں مُرغا بنایا تھا، جُوتے لگائے تھے اس کا کچھ پتہ نہیں گلے سے لگائے تو گلا ہی گھونٹ دے..وہ پیچھے ہٹتا ہوا یکدم پلٹا اور یوں بگٹٹ بھاگا جیسے بخت جہان اب بھی اپنی گھوڑی پر سوار اُس کا پیچھا کر رہا ہو..

نت کلاں کے گوردوارے کے صحن میں شیشم، پیپل اور دھریک کے درختوں کا جو گھنا جُھنڈ تھا اُن کی بلند ترین شاخوں پر پژمردہ اور بجھتی ہوئی شام کی آخری روشنی ٹھہری ہوئی تھی، کوئی دم جاتا تھا جب اُس نے وہاں سے گر کر درختوں کے گھنے پن میں گُم ہو جانا تھا.. ابھی کُچھ دیر پہلے گوردوارے کے گنبدوں کے سنہری کلس دھوپ میں چمک رہے تھے پر اب اُن میں ایک بے نام اداسی کی سیاہی اُتر رہی تھی..

لہناں سنگھ کے دل میں بھی اسی بے نام اداسی کی سیاہی پھیلتی تھی.. اُس کے بجھتے ہوئے بدن میں اُس مٹی سے بچھڑ جانے کا ہول اُٹھتا تھا جس میں اُس کے پُرکھوں کے پھول تھے.. اُن کی راکھ تھی اور اُن کے دکھ اور سکھ دفن تھے..

بیٹھک میں بچھے دنیا پور کے ہنرمند جولاہوں کی اُنگلیوں سے بُنے ہوئے ایک کھیس پر آلتی پالتی مارے وہ دوپہر سے بیٹھا ہوا تھا اور اُس کے جُثے کو دو چھوڑے کے کیڑے کھاتے تھے.. وہ ہولے ہولے دائیں بائیں یوں جھومتا تھا جیسے ایک سادھو وجد میں آیا ہوا ہو یا ایک عورت اپنے جگر گوشے کے بچھڑ جانے پر بین کرتی ہو.. اُس کے کُھلے ہوئے کیس شانوں سے گرتے تھے اور اُن میں سفیدی کی باریک آبشاریں اُترتی اس کی عمر کے آثار کو نمایاں کرتی تھیں..

کیکر کی شراب کا مٹکا آدھا ہونے کو تھا پر آج خمار اُس سے گریزاں تھا.. شراب کہتے ہیں کہ اداسی کا توڑ ہے، اُسے مٹا دیتی ہے پر اگر اداسی اپنی مٹی سے بچھڑ جانے کے خوف کی ہو تو اُسے مٹاتی نہیں اُس میں مزید اضافہ کر دیتی ہے..

''لہنیاں..''

اُس نے سر اُٹھا کر دیکھا تو بخت جہان چوکھٹ میں کھڑا اُسے اُلفت کی نظروں سے دیکھتا مسکرا رہا تھا.. یہ بھی بوڑھا ہو گیا ہے، اُس نے سوچا.. اس کی قامت میں بھی ایک جھکاؤ آنے لگا ہے..

''تجھے کُچھ ہوش مت ہے کہ نہیں.. باہر موت کے پہرے ہیں اور تُو نے اپنے بیٹے کو ایسے حالات میں گھر سے باہر قدم رکھنے دیا.. ایمن آباد جانے دیا..''

''میں نے اُسے منع کیا تھا راجندر کو..'' نہ ہی وہ حسب عادت اُٹھ کر اُس کے گلے لگ گیا اور نہ ہی اُس نے کسی چاہت کا اظہار کیا.. بجھا ہوا بیٹھا رہا ''پر وہ چلا گیا.. جوان خُون بھلا کب مانتا ہے.. ہم مانتے تھے.. آ جائے گا.. آ جائے گا..''

''آ گیا ہے.. میں اُسے لے آیا ہوں..''

''اور تو بھی آ گیا ہے..''

''تم نے نذرے میراثی کے ہاتھ سندیسہ نہیں بھجوایا تھا.. تو میں آ گیا ہوں.. اب بول کہ کیا قیامت آ گئی ہے..''

بخت جہان اُس کی رگ رگ سے واقف تھا.. جب اُس کی رگوں اور شریانوں میں جھانجھریں چھن چھن کرتی تھیں تو وہ سُن لیتا تھا اور اگر اُن میں رنج کی سیاہ بادبانوں والی کشتیاں تیرتی تھیں تو وہ بھی جان جاتا تھا.. وہ اُس کے قریب ہو کر بیٹھ گیا.. ''کیا ہوا ہے لہنیاں..''

''پہلے تو اس پہلے توڑ کی شراب کے دو چار پیالے ڈیک لگا کر پی جا.. پھر بتاتا ہوں کہ کیا قیامت آ گئی ہے..''

''اگر نہ پیوں تو..'' بخت جہان نے اُسے ذرا چھیڑا..

''پھر بات تمہاری سمجھ میں نہیں آئے گی.. میں جانے کس جہان میں ہوں اور تم.. اپنے ہی جہان میں ہو..''

اُس کی خواہش کی تکمیل میں اُس نے کڑوی شراب کے تین پیالے اپنے حلق میں اُتارے اور پھر دونوں تقریباً ایک ہی سطح پر آ گئے ''اب بول لہنیاں''

''میں مسلمان ہونا چاہتا ہوں..''

بخت جہان پر بجلی گر پڑی.. بمشکل سنبھلا.. اُس نے گھڑے کو جھکا کر اپنا پیالہ لبریز کیا اور اُسے ایک ہی سانس میں پی گیا ''تو ہوش میں ہے لہنیاں..''

''تیرے ساتھ تو جتنی حیاتی گذاری ہے جہانیاں، آج تک کبھی میں نے ایسی بات کی.. اگر آج کرتا ہوں تو ہوش میں ہوں..''

''پر کیوں؟''

''میری بات پورے غور، دھیان سے سُن جہانیاں، بنا شک ادھرنت کلاں، بینکا چیمہ، دنیا پور میں اور پیر کوٹ وغیرہ میں کوئی مارا ماری کوئی خون خرابہ نہیں ہوا پر ہمارے آس پاس ہر جگہ آگ لگ چکی ہے.. یہاں آج نہیں تو کل اُس آگ کی تپش آ جانی ہے.. اور پھر نہ تُو مجھے اور میرے بال بچوں کو اور نہ ہی واہیگرو بچا سکے گا..''

''دیکھ لہنیاں.. بے شک ساری خدائی بھسم ہو جائے پر یہ آگ تیرے اس گھر کی چوکھٹ پار کر کے تجھ تک اور تیرے بچوں تک نہیں پہنچے گی.. تو مجھے نہیں جانتا.. میں تو تیرے لیے رَب کے آگے بھی کھڑا ہو جاؤں گا لہنیاں..''

جیسے اداسی ایک کنواں ہو جس میں مدتوں سے پانی بھرنے والی ٹنڈ یں نہ اُتری ہوں اور اُس کی اینٹوں میں سے پیپل پھوٹ کر اُس کے پانیوں کو ڈھکتے ہوں تو اُس کے اندر سے کوئی بولتا ہو ایسے لہناں سنگھ بولتا تھا ''یہ جو تُوڑی کے بھس کے ڈھیر ہوتے ہیں یونہی بے جان پڑے رہتے ہیں برسوں.. اور پھر اُس بھس میں کہیں سے کوئی چنگاری آن گرتی ہے تو وہ ڈھیر سلگنے لگتا ہے.. اور دھیرے دھیرے راکھ ہو جاتا ہے.. تو بخت جہان تُو بے شک میرے دفاع کے لیے کسی بھی رَب کے سامنے کھڑا ہو جا بھس کے ڈھیر میں چنگاری گر چکی ہے.. نہ تیرا، نہ میرا اور نہ ہی رَب کا اُس پر کُچھ اختیار ہے.. مجھے یہ نت کلاں ہمیشہ کے لیے چھوڑنا ہو گا.. جس صحن میں میری پردادی کی ڈولی اُتری تھی اُس میں سے ہمیشہ کے لیے نکل جانا ہو گا اور میں یہ نہیں سہہ سکتا.. سکھ نہ سہی مسلمان سہی.. یہ تو کُچھ بھی قیمت نہیں اپنے نت کلاں سے نہ بچھڑنے کی.. اُدھر مجھے خبر پہنچ گئی ہے کہ کُچھ نکئی سردار مسلمان ہو گئے ہیں.. گوجر خان کے قریب ایک گاؤں کے سارے سکھ مسلمان ہو گئے ہیں کیونکہ وہ اپنی مٹی کو ترک نہیں کر سکتے.. اپنی زمینوں پر بدستور بیٹھے ہیں..''

''لہنیاں..'' تخت جہان کے چہرے پر ناگواری کی کروٹیں بدلنے لگیں ''صرف اپنی زمینوں کی خاطر اپنا آبائی دھرم چھوڑنا چاہتا ہے..''

''نہیں جہانیاں.. تو یقین کر.. اگر اس نت کلاں میں میری ایک چپہ زمین بھی نہ ہوتی.. میں اس کی گلیوں میں بھیک مانگنے والا فقیر ہوتا تب بھی میں اس سے ہمیشہ کے لیے بچھڑ جانے کی بجائے اپنا دھرم چھوڑ دیتا.. تو خود ہی تو کہا کرتا تھا کہ ایک جاٹ کا کوئی مذہب نہیں ہوتا..''

''اپنی من مرضی سے کوئی بھی بنا شک اپنا مذہب تبدیل کر لے تو اس میں کچھ خرابی نہیں، پر مجبوری اور بے کسی کی حالت میں اپنا دھرم چھوڑنا جائز نہیں.. یہ مردوں کا کام نہیں.. بے غیرتوں کا ہے.. میں جتنا بھی مسلمان ہوں، تجھ سے بڑھ کر اور کوئی کیا جان سکتا ہے.. پر اگر کل کلاں دنیا پور ہندوستان میں آ جاتا ہے تو میں جو کلمہ بھی نہیں پڑھ سکتا کبھی اپنی مسلمانی کو حالت مجبوری میں ترک نہ کروں.. لہنیاں تُو سردار ہی اچھا لگتا ہے.. سردار ہی رہ.. گوبند اور نونہال کو مسلمان ہوئے مدتیں گذر گئی ہیں پر اب بھی وہ مکمل طور پر فتح محمد اور غلام محمد دکھائی نہیں دیتے.. مسلمان ہو کر تُو اچھا نہیں لگے گا.. مجھے بھی اچھا نہیں لگے گا.. آگے تیری مرضی..''

''میری کونسی مرضی ہے جہانیاں..'' اُس نے اداسی میں ڈوبے ہوئے سر جھٹکا تو اُس کے بال اُس کی آنکھوں کے آگے آ گئے. ''مجھے کسی نے پوچھا ہے، مُجھ سے کسی نے صلاح کی ہے..'' وہ بمشکل اُٹھا.. لڑکھڑاتا ہوا.. ایک ایسے شخص کی مانند جس کے آگے زندگی اور موت کی ایک بساط بچھی ہے اور وہ کوئی بھی مُہرا چلے بہر طور اُس کو مات ہونی ہے.. وہ پچھے پسار کے اندر گیا اور کُچھ دیر بعد لوٹ آیا. ''تُو میرا یار نہیں جہانیاں، شریک ہے، دشمن ہے.. نہیں چاہتا کہ میں اپنی مٹی کی قربت میں رہوں اور بالآخر اس میں میری راکھ شامل ہو جائے تو پھر میرا ایک کام کر.. یہ سنبھال لے..''

''یہ کیا ہے؟''

''اس حویلی سے ہمیشہ کے لیے رخصت ہوتے ہوئے میں نے اس کے بڑے دروازے پر جو قفل لگانا ہے اُس کی چابیاں ہیں اور میری آبائی زمین کی ملکیت کے خسرے، کھتونیاں اور کاغذات ہیں، انہیں سنبھال لے.. یہ گوبند اور نونہال کی وراثت ہیں.. میرے چلے جانے کے بعد یہ اُن کے حوالے کر دینا.''

لہناں سنگھ اُس لمحے مستقبل میں کیسے جھانک سکتا تھا کہ بخت جہان تو اُن چابیوں کو سینت سینت کر رکھے گا پر اُس کی حویلی کے دروازے کا قفل واہگہ سے داخل ہونے والے لُٹ لٹا کر آنے والے بے گھر لوگ توڑ دیں گے اور اُس میں آباد ہو جائیں گے.. اور جب وراثت کے قضیئے جنم لیں گے تو اُس کے دونوں سگے بیٹے گوبند اور نونہال اس کے لیے نااہل قرار پائیں گے کہ وہ تو مسلمان ہو چکے تھے تو وہ کسی سکھ کی چھوڑی ہوئی زمینوں کے مالک کیسے ہو سکتے ہیں..

لیکن یہ تو آنے والے کل کے قضیئے اور مسئلے تھے..

اور آج.. نت کلاں کے گوردوارے کے صحن میں جتنے بھی شیشم، پیپل اور دھریک کے درختوں کا ایک جھنڈ تھا اُن کی بلند ترین شاخوں پر ایک پژمردہ.. جدائی کے الم میں ڈوبی ہوئی بجھتی ہوئی ایک ہلکی روشنی تھی جس نے اگلے چند لمحوں میں گر کر اُس جُھنڈ کی تاریکی میں گم ہو جانا تھا.. اور وہ دونوں لہناں سنگھ اور بخت جہان ہارے ہوئے جواریوں کی مانند سر جھکائے بیٹھے تھے.. شطرنج کے ایسے کھلاڑی جن کے بس میں کوئی چال نہ تھی کہ چال زمانہ اور مذہب چل رہا تھا اور اُن کے سارے بادشاہ مات کھا چکے تھے..

✦ .... ✦

جیسے نَت کلاں کے گوردوارے کے صحن میں جتنے بھی شیشم، دھریک اور پیپل کے درخت تھے اور اُن کی بلند ترین شاخوں پر آخری پژمردہ بجھتی ہوئی روشنی ٹھہری ہوئی تھی اور لہناں سنگھ اندرونی کوٹھڑی میں جا کر گھر کی چابیاں اور زمین کے کاغذات ایک صندوق میں سے نکال کر بخت جہان کی جانب آ رہا تھا.. بس یہ بھی وہی لمحہ تھا، عین وہی وقت تھا جب کوٹ ستارہ کے گوردوارے کے صحن میں قید کنویں کے کنارے بلند ہوتے بیری کے جھاڑ دار درخت کی سب سے اونچی شاخوں پر بھی چناب کے بہاؤ میں غرق ہوتے سورج کے تھال کی جانب سے آخری کرنیں آتی تھیں اور اُن کی ہریاول میں پل بھر کے لیے ابھی ٹھہری ہوئی تھیں..

وہ دونوں امیر بخش اور سوہن سنگھ تھکاوٹ سے مسمار بدنوں والے.. سفر کی دُھول بھری آنکھوں سے سامنے دیکھتے تھے جب کھیت اور ٹیلے رُک گئے اور اُن کے آبائی گاؤں کے کچّے در و دیوار نمایاں ہونے لگے ایسے جیسے ابھی وجود میں آ رہے ہوں.. اُن کی کچی تعمیر میں ڈوبتے سورج کی کرنیں یوں جذب ہوتی تھیں کہ اُن کے کچے مٹیالے بدنوں کو پانسے کے سونے کا رُوپ دیتی تھیں اور وہ اپنے وطن کو یوُں ایک سنہری سحر انگیزی میں رنگا ہوا دیکھ کر اُسے اپنی دھول بھری آنکھوں کا دھوکا سمجھنے لگے..

اور اس دھوکے میں کیسے کیسے گمشدہ خزانے جھلملا رہے تھے..

دریا کی جانب سے کبھی کبھار ٹھنڈک سے سیت ہوتا ہوا کا جھونکا آتا تو اُس پر سوار وہ سارے پنکھ پکھیرو چلے آتے تھے جو گئے زمانے میں اُس کے پانیوں پر ٹھہری ہوئی دُھند میں سے نمودار ہو کر اُس کے سر کے اوپر سے پرواز کر جایا کرتے تھے اور ظاہر ہے اُن میں وہ دیوانہ پنچھی بھی تھا جس نے لاہور تک اُس کا پیچھا کیا تھا..

وہ دونوں جوہڑ میں ڈبکیاں لگا کر باہر آئے ہیں اور ایک دوسرے کے بدن پر چمٹی جونکوں کو کھینچ کھینچ کر اُتارتے ہنستے چلے جا رہے ہیں..

اجیت کور کنویں کی گولائی میں جھانکتی اُس کی تہہ کے نیم تاریک پانیوں میں اپنی شکل دیکھتی ہے..

اُن کے سامنے اُن کے کوٹ ستارہ کے کچے کوٹھے کچّے سونے میں ڈھل رہے تھے.. شائد ایسا ہی ہوا ہوگا کہ اس جیسے کسی لمحے میں کوئی سادھو سنت.. کوئی بھگت کوئی درویش اپنے رام، رحیم اور رب کی مالا جپتا ایک مدت کے سفر کے بعد، سینکڑوں برس پیشتر ادھر آ نکلا اور اُس نے اس بستی کے در و بام کو یوُں سونے میں ڈھلا ہوا دیکھا.. ایک ستارے کی مانند

دمکتے پایا تو اُسے کوٹ ستارہ کا نام دے دیا..

بھری دوپہر میں جب اُس بے آباد ٹرین میں سے وہ اُترے جس میں ایک ٹکٹ چیکر اُنہیں کہانی مختصر سناتا تھا تو پلیٹ فارم پر قدم رکھنے والے وہ واحد مسافر تھے.. اُس کی بیابانی کا ہول اُن پر تب اُترا جب ٹرین چلی گئی اور اُن کے کانوں میں ایک سنسناتا ہوا سناٹا رہ گیا..

باہر.. سٹیشن کے باہر جو دو تین خستہ حال ٹانگے ہمیشہ لاہور سے آنے والے مسافروں کے منتظر ہوتے تھے وہ بھی نہ تھے.. گھوڑوں کی لید دھوپ میں سوکھتی تھی اور بے رونقی تھی..

اُنہوں نے سٹیشن کے ہینڈ پمپ کو گیڑ کر جی بھر کے پانی پیا اور اپنے کپڑوں کو بھگویا تا کہ وہ دھوپ کی تمازت سے قدرے محفوظ رہیں اور پیدل چل نکلے.. بیس تیس کوس کا فاصلہ طے کرنا تو کُچھ دشوار نہ تھا..

جب وہ آبادی سے نکل کر کھیتوں اور فصلوں کے اندر پگڈنڈی پر چلنے لگے تو وہاں بھی عجیب بے رونقی تھی..

ہر بُوٹا اپنی مٹی کے ساتھ مٹی ہو جانے والے کسان کے لیے زندہ ہوتا ہے.. صرف وہی فصل جاندار ہوتی ہے جو مشقت اور محبت کے پانیوں سے سینچی جاتی ہے.. ایک کسان نہ صرف اپنے مویشیوں سے باتیں کرتا اُنہیں اپنے دکھ سکھ میں شریک کرتا ہے بلکہ وہ اپنی زمین کی کوکھ میں سے جنم لینے والے ہر بُوٹے سے بھی گفتگو کرتا ہے.. گندم کے ہر خوشے کے ساتھ راز و نیاز کرتا ہے.. جیسے ایک درویش کے ساتھ جنگل کا ہر گُل بوٹا، ہر شجر اور ہر پتھر کلام کرتا ہے ایسے ہی کسان کے ساتھ بھی گندم کا ہر خوشہ اور ہر بوٹا اُس کی باتوں کے جواب میں چُپ نہیں رہتا جواب دیتا ہے، کلام کرتا ہے.. اور یہی ہم کلامی اُن دونوں کی حیات کا سبب ہوتی ہے.. لیکن یہ سلسلہ اگر کُچھ مدت کے لیے منقطع ہو جائے تو اُن سارے گُل بوٹوں اور خوشوں کے چہرے اُتر جاتے ہیں، بے رونق ہو جاتے ہیں..

کبھی کبھار اُن کے سروں پر سے اگر کوئی پرندہ گذرتا تو وہ بھی آخری دموں پر آیا ہوا گرنے کو لگتا..

وہ دونوں اس بے رونقی اور نیم مردگی کے ان مناظر میں چلتے گئے.. دکھی ہوتے گئے کہ ہماری کائنات کیوں ویران ہوتی جاتی ہے، اسے چپ کیوں لگ گئی ہے، بولتی کیوں نہیں..

اگرچہ وہ دونوں آگاہ تھے کہ ایسا کیوں ہو رہا تھا. ٹکٹ پلیز..

اُن سے چند کھیت پرے ایک مردہ مویشی کے ڈھانچے کو چار گِدھ اطمینان سے نوچتے تھے اور اُن کی چونچیں خون سے لتھڑی ہوئی تھیں..

شام کے اُترنے کے آثار اُن کی آنکھوں کی روشنی کو مدھم کرتے تھے جب ایک کھیت میں سے چند نوجوان یکدم ظاہر ہوئے اور اُن کا راستہ روک لیا.. اُن کی آنکھوں میں شک شبہے کے سرخ ڈورے تھے اور ہاتھوں میں برچھیاں تھیں

''اوئے کون ہو؟ کدھر سے آئے ہو اور کہاں جا رہے ہو؟''

امیر بخش آگے ہو گیا.. ''ہم کوٹ ستارہ کے جاٹ ہیں.. شہر سے آ رہے ہیں اور اپنے گاؤں جا رہے ہیں..''

''اور تم کون ہو؟'' ایک برچھی بردار نے پوچھا..

''میں چوہدری محکم دین کا بیٹا امیر بخش ہوں.. پر جوانو تم کون ہو؟''

اُس نے سنی ان سنی کردی.. ''اور یہ..'' برچھی کا رُخ سوہن سنگھ کی جانب تھا..

''یہ سردار سوہن سنگھ ہے.. سردار ہرنام سنگھ کا بیٹا.. میرا بھرا.. جاٹ برادری کا ہے۔ پر تم کون ہو، ہم سے سوال جواب کرنے والا..'' امیر بخش نے اپنے آپ کو مدافعت کے لیے چوکس کرلیا۔

''چوہدری.. چوہدری محکم دین کو کون نہیں جانتا..'' اُس نے اپنی برچھی نیچے کرلی..''تو اُس کا وہی بیٹا ہے ناں جسے اُس نے اپنی زمین بیچ بیچ کر پڑھایا ہے.... ہم بھی ادھر کے ہی ہیں.. پر تو ذرا احتیاط کر.. اپنے اس بھرا سے کہو کہ یُوں پگڑی پہن کر نہ گھومے پھرے.. اسے اُتار دے اور چادر کی بُکل مار لے.. زمانے بُرے آ گئے ہیں... اُدھر مشرق پنجاب سے لٹ پٹ کر آنے والے پناہ گیر مارا ماری کرتے پھرتے ہیں.. وہ اپنی عزتیں لٹا کر آئے ہیں اور کسی سردار کی پگڑی دیکھ کر اُن کی آنکھوں اور تلواروں میں خون اُتر آتا ہے.. وہ ہمارے بس میں نہیں ہیں.. اسے کہو اپنی پگڑی اُتار دے.. ہمارا ڈیرہ گنّے کے اس کھیت کے برابر میں ہے، مسافر ہو کُچھ لسّی پانی پی کر دم لو، پھر چلے جانا..''

''نہیں.. ہم چلتے ہیں، راستہ کھوٹا ہو رہا ہے..''

چناب کے پانیوں میں غرق ہوتے سورج کی دم توڑتی کرنوں میں کچا سونا ہوتے کوٹ ستارہ میں داخل ہو کر جب وہ پہلی گلی میں آئے تو بائیں جانب مڑتے ہوئے گلی میں جو پہلا گھر تھا وہ امیر بخش کا تھا..

سوہن سنگھ اُس کے اصرار کرنے کے باوجود نہ رُکا.. ''بھائیا..'' وہ ہنسا ''کیا پتہ میری ماں واقعی مرنے والی ہو.. کل سویر ملیں گے..''

وہ بے تابی سے اُس گلی میں چلتا مسلمانوں کے محلے سے نکل کر جوہڑ کی دوسری جانب گوردوارے سے ذرا ادھر ایک پکی گلی میں واقع اپنے گھر تک پہنچا تو اُس کا دروازہ مقفل تھا..

امیر بخش اپنے بچپن کے صحن میں داخل ہوا تو چھت تک پہنچتی ماں کے ہاتھوں کی پوچی ہوئی سیڑھیاں اُس کے دل میں اُترتی گئیں اور اُس کی ماں کے لیپ کرتے ہاتھ اُس کے بدن کو یُوں تھپکنے لگے جیسے شکائت کرتے ہوں کہ بہت مدت کے بعد گھر لوٹے ہو.. سب سے آخری سیڑھی پر دھوپ کا وہی دھیما سہانا پن ابھی ٹھہرا ہوا تھا.. اُس نے اپنے سفید بالوں پر ہاتھ پھیرتے ہوئے نظریں اُٹھا کر بیری کے جھاڑ دار اونچے ہوتے درخت کو دیکھا جو اس صحن کا گہنا تھا اور وہاں بھی سب سے اونچی شاخوں کے پتوں میں وہی بجھتی ہوئی دھوپ تھی اور وہ پتے بھی کچے سونے سے تراشیدہ لگ رہے تھے..

اسی صحن کے کچّے فرش پر گذرے ہوئے زمانوں میں کہاروں نے اُس کی پردادی کی ڈولی کاندھوں سے اُتار کر اپنا پسینہ پُونچھا ہوگا اور پھر یہیں پر اُس کی دادی اور اُس کی ماں کی ڈولیاں بھی اُتری ہوں گی.. اور پھر نور بیگم.. اُس کے ہونٹوں پر ایک اداس مسکراہٹ جل بجھی، اُسے کُچھ خبر نہ تھی کہ وہ صاحب اولاد ہو چکا ہے یا نہیں.. اور جہاں دور دیسوں کی ڈولیاں اُترتی ہیں وہیں سے بعد میں مسجد سے لائی ہوئی وہ چارپائی بھی اُٹھتی ہے جس میں وہی بوڑھا بدن کفن میں لپٹا ہوتا ہے جو کبھی کنوارپن کے کچّے پن میں ڈولی سے اُترا تھا اور اب پھر کہار اُسی کو کاندھے پر اُٹھا کر فنا کے دُور دیسوں کو لے جا

رہے ہوتے ہیں..

بیری کے اسی درخت کے تلے اُس کی ماں پونیوں کے دھاگے سنوارتی، ہتھی گھما کر اُنہیں تکلے پر لپیٹتی چرخہ کاتتی اپنے اکلوتے بیٹے کو دیکھتی ہی جایا کرتی تھی اور دھیان بٹنے سے بار بار اُس کا دھاگا ٹوٹ ٹوٹ جاتا تھا..

ایسے قدیم آبائی صحن جن کی مٹی نے ڈولیوں اور چارپائیوں کے پائے سہارے ہوں.. جن میں دولہنیں داخل ہوتی ہیں پھر آل اولاد والی ہو کر بوڑھی ہو کر جنازوں کی صورت وہیں سے رخصت ہو جاتی ہیں اور بیری کے درخت تلے چرخہ کاتتے اپنے بیٹوں کو دیکھتی جاتی ماؤں کے دھیان بٹنے سے اُن کے دھاگے ٹوٹ ٹوٹ جاتے ہیں تو ایسے صحنوں کو یکدم ہمیشہ کے لیے چھوڑ جانا کیسا ہوتا ہے.. کبھی واپس نہ آنے کے لیے مجبوراً اُن میں سے نکل جانا یا دھکیل دیا جانا کیسا ہوتا ہے.. یہ قیاس کرنا کہ میری ڈولی تو یہاں اُتری تھی اور میرا جنازہ یہاں سے نہیں کہیں اور گمان کی سرحدوں سے پرے جانے کہاں.. کس دیس میں، کس پرائے صحن میں سے اُٹھے گا.. کیسا ہوتا ہے..

ان اجڑتے زمانوں میں لوگ پیدا کہیں ہوئے تھے اور مرنے کے لیے کہیں اور جانے یا آنے پر مجبور کر دیئے گئے تھے..

دولہنیں جس صحن میں اُتری تھیں اُن کے نصیب میں اُٹھنا کہیں اور تھا..

جانے کہاں؟

پوچی ہوئی سیڑھیوں تلے سلگتے اُپلوں کے کچّے چولہے پر ایک ہانڈی دھری تھی جس کا ڈھکن اُس میں پکنے والے ساگ کی سبز مہک کو روک نہیں پا رہا تھا اور ہانڈی کے مُنہ پر ہولے ہولے بھاپ کے زور سے سرکتا تھا.. چولہے میں سے اُٹھتا دھواں سیڑھیوں کے گرد لپٹتا اونچا ہوتا کوٹ ستارہ کے آسمان پر ایک دُھند کی صورت بلند ہوتا تھا.. شائد عام لوگوں کے لیے قرین از قیاس نہ ہو لیکن ہر عورت کے سلگائے ہوئے اُپلوں میں اُس کی پھونکوں سے ایک ایسی خاص سلگاہٹ جنم لیتی ہے جو کسی دوسری عورت کی پھونکوں سے سلگتے اُپلوں میں نہیں ہوتی.. ہر پھونک کی تاثیر الگ ہوتی ہے..

چولہے میں سلگتے اُپلے اُس کی ماں رابعہ بی بی کے سانسوں کی گواہی دیتے تھے.. وہ کیسی چھوٹی سی ناتواں لرزاں پوٹلی ماں تھی جو اُس کے سینے کے ساتھ آ لگی تھی.. جس کے بالوں میں کچی لسّی کی مہک تھی اور وہ سُبکیاں بھرتی اُس کے ساتھ لگی ہنستی ہوئی روتی جاتی تھی..

اُسی لمحے کُھلے کواڑوں میں سے چوہدری محکم دین اپنے کاندھے پر ایک بھاری ہل کو سہارے صحن میں داخل ہوا.. اُس کے کسرتی دُھوپوں سے کملائے ہوئے بدن میں سے دن بھر کی مشقتوں کے پسینے ابھی تک پوروں میں سے پُھوٹتے تھے.. اُس نے ہل کو کاندھے سے اُتار کر بیری کے درخت کے تنے کے سہارے رکھا اور اُن دونوں کو دیکھ کر اُن تمام پوروں میں سے جن میں سے پسینہ پھوٹتا تھا، مسکراہٹ پُھوٹنے لگی..

اُپلے کب کے راکھ ہو چکے تھے..

دیئے کی دھیمی روشنائی میں وہ تینوں اُس چنگیر کے گرد بیٹھے تھے جس میں کُچھ دیر پہلے رابعہ بی بی کے ہاتھوں کی

موٹی روٹیاں جو تندوری میں سے سلگتی باہر آئی تھیں، رکھی تھیں اور اب وہ آسودہ اور مطمئن ایک دوسرے کے چہرے کی جانب دیکھتے ہوئے نہیں، گردن جھکائے زمین پر نظر رکھتے باتیں کرتے تھے..

''امیر بخش..'' محکم دین کا توانا چہرہ برسوں کے بوجھ سے شکنوں کی دراڑوں میں بٹ رہا تھا اور اُس پر دیئے کی روشنائی جلتی بھڑکتی تھی.. ''چناب اگر اُلٹا بہنے لگتا.. ہمارے سارے کنویں خشک ہو جاتے.. ہمارے مویشی انسانوں کی طرح باتیں کرنے لگتے تو بھی مجھے اتنی دکھ بھری حیرت نہ ہوتی.. اُنہوں نے تو مولوی نور دین کے داماد عبداللہ سکھ کو بھی مار ڈالنے کی کوشش کی.. مولوی جی نے اُنہیں لاکھ سمجھایا کہ یہ پیدا سکھوں کے ہاں ہوا تھا پر بچپن میں ہی میں نے اسے مسلمان کر لیا تھا اور یہ میرا داماد ہے.. میں مولوی نور دین ایک سکھ کے ساتھ اپنی بیٹی بیاہ سکتا ہوں.. پر اُن کی آنکھوں میں ہی نہیں اُن کے مہاندرے پر بھی سوائے خون کے جنون کے اور کُچھ نہ تھا..''

''یہ.. کون لوگ ہیں چاچا؟''

''وہ خون آشام سُرخ بگولوں کی مانند گاؤں گاؤں اٹھتے ہیں.. اپنی بہو بیٹیوں اور ماؤں کے دریدہ پیراہنوں کی دھجیاں کبھی چومتے اور کبھی آہ و بکا کرتے آنکھوں سے لگاتے ہیں.. جانے وہ کیسے نامراد اور بے غیرت سکھ تھے جنہوں نے یہ ظلم کمائے.. اگر ہم اُن کے راستے میں حائل ہوتے ہیں تو وہ ہمیں بے غیرتی کے طعنے دیتے ہیں.. اُن میں ایک باؤلا شخص سیّد شریف نام کا ہے جس کی تین بہنوں کو امرتسر کی ایک قدیمی مسجد میں فرش پر قرآن پاک کے ورق بچھا کر اُن پر لٹا کر..'' مُحکم دین دُکھ سے چُپ ہو گیا..

''آپ.. اس سیّد شریف سے ملے ہو؟''

''ہاں.. وہی تو ایک جتھا لے کر عبداللہ سکھ کو قتل کرنے آیا تھا..''

''کوئی اُسے سمجھائے کہ وہ اور لوگ تھے.. درندے تھے.. انسان نہیں تھے.. اور یہ.. اور لوگ ہیں.. انسان ہیں۔''

''ہم تو سمجھا چکے، اب تم کوشش کر دیکھو.. پر وہ سمجھنے والے نہیں.. ہندوؤں کے محلے کی ساری گلیاں اندھیری ہو گئی ہیں جہاں سر شام چراغ جل اٹھتے تھے، وہ کوچ کر چکے ہیں، دو چار گھرانے سکھوں کے بھی گھر چھوڑ کر جا چکے ہیں پر باقی ابھی تک ٹھہرے ہوئے ہیں کہ ہم اُنہیں ڈھارس دیتے ہیں کہ تم ہماری برادری ہو، ہم تمہاری جان اور مال کے ذمے دار ہیں لیکن اُس سیّد شریف کے خدشے سے ہم نے اُنہیں صلاح دی کہ تم فی الحال اپنے گھروں کو چھوڑ کر گوردوارے میں منتقل ہو جاؤ.. وہاں زیادہ محفوظ رہو گے.. تو اب یہ ہے کہ نہ صرف کوٹ ستارہ کے سکھ خاندان بلکہ آس پاس کے دیہات میں جو سکھ ہیں وہ بھی گوردوارے کی چار دیواری کے اندر پناہ لیے ہوئے ہیں.. ہم اُنہیں باقاعدگی سے روٹی پانی پہنچا رہے ہیں.. یہ پاگل پن کا ایک وقتی اُبال ہے چند روز میں ٹھنڈا ہو جائے گا اور پھر وہ اپنے گھروں کو لوٹ جائیں گے..''

اُس کا امیر بخش کا یہ یقین تھا اور اسی لیے اُس نے سوہن سنگھ کو دلاسا دیا تھا کہ جو کُچھ شہروں میں ہو رہا ہے اُس آسیب کا سایہ پنجاب کے دیہات تک نہ آئے گا.. وہیں دم توڑ جائے گا کہ شہر جڑوں کے بغیر ہوتے ہیں، لوگ ذات برادری کے بندھنوں میں بندھے ہوئے نہیں ہوتے.. بے شناخت اور بے چہرہ ہوتے ہیں اور جس انسان کا چہرہ نہ ہو اُس کے سینے میں چُھرا گھونپتے ہوئے کُچھ قلق نہیں ہوتا لیکن ایسا لگ رہا تھا کہ شہروں میں نفرت کی جو زہریلی ہوا بادِ سموم کی مانند

چل نکلی تھی اُس کے زہر کی پھوار پنجاب کے دیہات پر بھی ہولے ہولے گرنے لگی تھی.. ہر شے پر گرنے لگی تھی.. ہر بُوٹے، ہر شجر اور ہر فصل کو بھگونے لگی تھی.. دریاؤں اور نہروں کے پانیوں پر وہ زہرناک پھوار گرتی تھی اور اُن میں اپنا زہر گھولتی تھی.. ان کے پانیوں کے کناروں پر جتنے بھی بُوٹے اور شجر تھے، وہ مرجھانے لگے تھے..

مذہبی منافرت نے انسانوں میں تو کیا گل بُوٹوں کے مساموں میں بھی اپنا زہر بھر دیا تھا..

''نہیں چاچا''

جب اُس کے باپ نے یہ کہا کہ.. یہ پاگل پن کا ایک وقتی اُبال ہے چند روز میں ٹھنڈا ہو جائے گا اور پھر وہ اپنے گھروں کو لوٹ جائیں گے تو امیر بخش نے سر اُٹھا کر.. جب اُس کے سفید بالوں پر دیئے کی مدھم لو بھٹکتی تھی، کہا ''نہیں چاچا، وہ اب کبھی اپنے گھروں کو نہیں لوٹیں گے.. یہ جنون مدھم نہ ہوگا.. لوگوں کے بھاگ میں بے دخلی لکھی جا چکی ہے، ان مٹ سیاہی سے جسے مٹانا ممکن نہیں..''

رابعہ بی بی دیر تک اپنی آنکھیں نہ جھپکتی تا کہ اُن میں اُس کے دراز قامت شجر ایسے اکلوتے بیٹے کی جو تصویر تھی وہ پل بھر کے لیے بھی اوجھل نہ ہو.. وہ اُس کو تکتی رہی کہ ابھی کل تو یہ میرے چرخے کے قریب پیڑھی پر بُدھو بنا بیٹھا تھا، میری شدید خواہش کے باوجود چنگیر میں پڑی اٹیوں کو چھیڑتا تک نہ تھا اور آج اپنا سر سفید کیے اتنا سیانا ہو گیا کہ محکم دین بھی ایک مُرید کی مانند اُس کی باتیں دھیان سے سنتا ہے..

''تو پھر تم کیا صلاح دیتے ہو؟''

''دیری نہ کریں چاچا.. آپ اور کتنے روز اُن کو اَن پانی پہنچائیں گے.. اُن کے کھیتوں کو پانی دیں گے، ڈنگروں کی دیکھ بھال کریں گے اور اُن کی بھینسوں کا دودھ دوہ کو اُن تک پہنچائیں گے.. کب تک اُن کی رکھوالی کریں گے.. آپ گوردوارے میں پناہ لینے والے خاندانوں کو کسی نہ کسی طرح یہاں سے نکال کر گجرات پہنچا دیں جہاں سے وہ کسی نہ کسی طرح پار چلے جائیں..''

''پار کہاں چلے جائیں..''

''مجھے نہیں پتہ چاچا.. جدھر اُن کے ہم مذہب جا رہے ہیں.. پر وہ یہاں سے نکل جائیں..''

''وہ ہماری اپنی جاٹ برادری ہے امیر بخش.. ہمارا اُن کا لین دین ہے.. نیونددا ہے.. میری بارات میں جب ہم تمہاری ماں کو بیاہنے گئے تھے تو یہ بھی باراتیوں میں شامل تھے..''

چُپ بیٹھی رابعہ بی بی کے چہرے پر اپنے بیاہ کے کنوار پن کی مسکان آئی ''میرا چاچا بہشتی تو مجھے رخصت کرنے سے انکاری ہونے لگا تھا کہ یہ کوٹ ستارہ والے کیسی بارات لے کر آ گئے ہیں کہ ان کے آگے رنگ رنگ کی پگڑیوں والے سردار جو نشے میں لگتے ہیں، بھنگڑے ڈال رہے ہیں، مُنہ پر ہاتھ رکھ کر بکرے بُلا رہے ہیں، بلّے بلّے کر رہے ہیں اور تب تمہارے چاچے نے سہرا اُلٹ کر اپنی سکھ برادری کے نوجوانوں کو سرزنش کی تھی اور وہ سب گردنیں جھکا کر نہائت شرافت سے ہمارے ویہڑے میں داخل ہو گئے تھے..''

''امیر بخش.. چلو فرض کر لیتے ہیں کہ ہم اُنہیں یہاں سے نکالنے کا کوئی سبب کر لیتے ہیں پر وہ نہیں مانیں گے..

اُنہوں نے کوٹ ستارہ چھوڑ کر نہیں جانا، یہ تم لکھ لو۔''

''اُنہیں منانا میری ذمہ داری ہے..وہ ابھی تک کوٹ ستارہ کے محفوظ خول میں بند ہیں اور اُنہیں کُچھ خبر نہیں کہ باہر زمانے بدل چکے ہیں اور اب تک سوہن سنگھ اُنہیں خبر کر چکا ہوگا کہ باہر ایسے زمانے آ چکے ہیں جن میں ایک ٹکٹ چیکر حیران کھڑا ہے کہ اِن مسافروں سے کیسے کہوں کہ ٹکٹ پلیز..ایک بچے کو جُھک کر کیسے بتاؤں کہ تمہارا ٹکٹ آدھا ہے..وہ اُنہیں خبر کر چکا ہوگا..''

''اگر وہ مان جاتے ہیں تو ہم اُنہیں یہاں سے گجرات تک کیسے پہنچائیں گے..راستوں میں خون آشام مرغولے گھومتے ہیں جو اُنہیں اپنی لپیٹ میں لے لیں گے..تو کیسے پہنچائیں گے..''

''صرف ایک ہی سبیل ہے چاچا..ہم لوگ اُنہیں اپنے گھیرے میں لے کر ایک قافلے کی صورت وہاں تک لے جائیں اور رات کے اندھیرے میں نکلیں..اُن کے پاس کرپانیں اور تلواریں تو ہوں گی اور تم بھی برادری والوں سے کہو کہ اپنی چھریوں اور برچھیوں کے پھل رحمو لوہار کی سان پر لگوا کر تیز کر لیں..''

''وہ مانیں گے نہیں..''

''یہ میری ذمہ داری ہے..میں اُنہیں منالوں گا چاچا..''

''اور اگر وہ گجرات تک خیر خیریت سے پہنچ جاتے ہیں تو اُس سے آگے کیا ہوگا..''

''آگے..اُن کا نصیب ہوگا..''

دیئے کی لو پھڑ پھڑانے لگی..اُن کے متفکر چہرے جلنے بجھنے لگے..ہم گور کے دیئے ہیں، بُجھتے ہی جا رہے ہیں..

دروازہ مقفّل تھا..

سوہن سنگھ تو آس پاس سے غافل سیدھا اپنے گھر کے دروازے کی جانب گیا تھا جیسے پنکھ پکھیرو بھی تو اپنے گھونسلوں کو لوٹتے اِدھر اُدھر نگاہ نہیں کرتے اور اب اُسے احساس ہوا کہ پورا محلّہ ایک ویران چُپ میں دفن ہے.. اُس کے گھر کی گلی اُس زرد آخری دھوپ میں اجڑی ہوئی تھی.. کوئی ویرانی سی ویرانی تھی، کوئی کھڑکی وا نہ تھی جس میں سے کوئی چہرہ جھانک کر دیکھتا کہ باہر کون ہے اور کوئی دروازہ کُھلا نہ تھا جس کے کواڑ کے ساتھ لگ کر کوئی پوچھتا کہ کون ہے..

یہ ویرانی تو آنکھ کا دھوکا، ایک مکر لگتی تھی..

بے شک جہان بھر کی گلیاں سُونی ہو جائیں، سارے در بند ہو جائیں پر جب وہ اپنے گھر کے دروازے پر دستک دے گا تو وہ کُھل جائے گا.. وہ اس یقین کا اسیر تھا..

اس کے باوجود کہ دروازہ مقفّل تھا، وہ دیر تک دستک دیتا رہا کہ یہ قُفل تو ایک واہمہ ہے..

''اجیتے، اجیتے..'' اُس نے کواڑ کے ساتھ لگ کر پکارا..

کوئی جواب نہ آیا.. سوائے ایک لمبی چُپ کے اور دریا کی جانب سے آتے ہوئے ایک جھونکے کے جس میں ٹھنڈک بڑھتی جاتی تھی..

''بھائیا.. بھائیا'' اُس نے پھر آواز دی..

''اوئے کون ہے..'' کہیں سے صدا آئی ''مت مارو نینوا کے تیر..''

سوہن سنگھ نے پلٹ کر دیکھا تو بابا دھیان سنگھ لاٹھی ٹیکتا اپنے آپ میں مسکراتا اُس کی جانب چلا آ رہا تھا، اُس کی بے ترتیب داڑھی بیا کے بے آباد گھونسلے کی مانند اُس کے چہرے سے لٹکتی گھٹنوں کو چُھو رہی تھی..

یہ بابا دھیان سنگھ جو ایک زمانے میں دِھیانا دارو چھک کے نام سے جانا جاتا تھا نہائت سر پھرا اور اتھرا سردار تھا.. دارو کے کنویں کے کنویں پی جاتا تھا.. یہ کنویں خشک ہو جاتے تھے پر اُس کا اندر سیراب نہ ہوتا تھا.. پورے کوٹ ستارہ میں پھنکارتا پھرتا تھا.. شکار کا شیدائی تھا.. ہر مٹیار اور ہر جنگلی جانور کو بُری نظر سے دیکھتا تھا، نشانہ ایسا تھا کہ اپنی برچھی سے جانگلی سؤروں اور بیلے میں چرتے ہرنوں کو چھید کے رکھ دیتا.. پھر شنید ہے کہ ایک بار اُس نے اپنی برچھی بیلے میں رقص کرتے قلانچیں بھرتے ایک ہرن کے بدن میں اُتاری اور مرتے ہوئے ہرن نے دھیانا دارو چھک کو کچھ ایسی نظروں سے ایسے

نینوں سے دیکھا جن میں ایک فریاد، ایک بے چارگی تھی..اور اُس نظر کی وہ تاب نہ لا سکا..اُس ہرن کی لاش کو سینے سے لگائے کئی پہر روتا رہا جیسے وہ اُس کے اپنے بچے کی لاش ہو..اور پھر گیانی ہو گیا..یوں کہیے کہ حواس کھو بیٹھا..وہ جب کسی سے مخاطب ہوتا تھا تو التجا کرتا..مت مارو نینوا کے تیر..

''بابا..'' اُس کی ڈھارس بندھی کہ کوئی تو تھا ''میں ہوں..سوہن سنگھ۔''

''کاہے کو بیکار دستکیں دیتے ہو پتّر..اندر تو ویرانی ہے، تیرا کوئی سگا نہیں جو تیرے لیے دروازہ کھولے..''

سوہن سنگھ کے اندر لاہور میں جس ڈر نے جڑیں پکڑی تھیں وہ یکدم ایک تناور اور پر ہول شکل کے شجر کی صورت میں بڑھتا گیا اور اُس کے پتوں میں سے سیاہ بارش کی بوندیں گرنے لگیں..''وہ سب کہاں چلے گئے بابا..''

''وہ سب اپنے ویہڑے ویران کر کے..گلیوں کو سُونا کر کے چلے گئے ہیں..''

''پر کہاں بابا..''

''اُنہوں نے گورودوارے میں گھر بنا لیے ہیں..اُس کے پھاٹک پر جا کر دستک دے..'' وہ بے تابی سے گورودوارے کی جانب اٹھتی ہوئی تنگ گلی کی جانب مُڑا..بابا دھیان سنگھ بھی پلٹا اور سناٹے میں آئی ہوئی گلی کی پکی اینٹوں پر اُس کی لاٹھی کے ٹیکنے سے ٹک ٹک کی جو آواز ارتعاش میں آتی تھی وہ گونجتی کوٹ ستارہ کے آسمانوں تک جاتی تھی..

''بابا..''

وہ رُک گیا..

''آپ کیوں نہیں گئے..آپ ان ویران گلیوں میں تنہا کیوں رہ گئے ہو؟''

''میں راکھی کر رہا ہوں سوہن سنگھ..مت مارو نینوا کے تیر..''

متعدد بار دستکیں دینے کے بعد گورودوارے کا چوبی پھاٹک چر چراتا ہوا جھجکتا ہوا بس بالشت بھر اُکھلا اور اُس شگاف میں سے دو برچھیوں کی تیز دھاریں جھانکیں اور اُن کے عقب میں کسی نے دھمکی آمیز سرگوشی کی ''کون ہے..؟''

''میں ہوں سوہن سنگھ..سردار ہرنام سنگھ کا پُتّر..''

''لنگھ آ..''

وہ اس ادھ کھلے پھاٹک میں سے کسمسا کر اندر داخل ہو گیا..اُن دونوں نے اپنی برچھیاں نیچے کر لیں..''سوہنیا تُو تو..شہر لاہور میں تھا..''

''میرے گھر والے کہاں ہیں..''

''یہیں ہیں..سبھی کے گھر والے یہیں ہیں..''

بیری کے درخت تلے چند لڑکیاں کنویں میں ڈول ڈال رہی تھیں اور قطار اندر قطار گاگروں کو پانی سے بھر رہی تھیں..کچّی دیوار کے ساتھ لکڑیوں کی آگ پر تین دیگیں دھری ہوئی تھیں اور اُن کے پیندے دُھویں سے سیاہ ہو رہے تھے..دیگوں کے گول دہانوں پر مٹی کی کنالیاں اوندھی پڑی اُنہیں ڈھکتی تھیں اور اُن کے کناروں سے بھاپ خارج ہوتی

اُن کے اندر پکنے والے گوشت اور چاولوں کی مہک کا پتہ دیتی تھی.. اُن دیگوں کے برابر میں دو تندور اپنے باطن میں یوں دہک رہے تھے کہ اُن کے الاؤ کی سُرخی صحن کی نیم تاریکی میں شفق کی مانند لو دیتی تھی.. دو نوجوان لڑکیاں سروں پر دوپٹے باندھے جن کے چہروں پر اس شفق کی سُرخی عکس ہوتی تھی، آٹے کے پیڑے اپنی ہتھیلیوں پر چھنکتی اُنہیں روٹیوں کی شکل دے کر تندوروں پر جُھک کر اُنہیں دہکتی مٹی کے ساتھ چپکا رہی تھیں.. پھر وہ بار بار تندور میں جھانک کر.. اور جب بھی وہ جھانکتیں تو اُن کے چہرے تندور میں سلگتے کوئلوں کی لَو سے شفق رنگ ہوئے جاتے.. یہ دیکھتیں کہ روٹیاں ابھی کچی ہیں یا پک چکی ہیں.. اُن کے چہرے اس تانک جھانک سے درخشاں ہو جاتے.. اور امرت کور کا چہرہ تو دن کی روشنی میں بھی دمکتا تھا، دہکتا تھا.. تندور کے اندر جھانکنے سے تو وہ بھڑکنے لگتا..

''اجیتے..''

اور وہ اُس بھڑکتے ہوئے چہرے کے ساتھ اُس کی آواز پر آنکھیں دھرتی وہاں تک پہنچی جہاں پھاٹک کے قریب سوہن سنگھ اُس کے لیے بانہیں پھیلائے کھڑا تھا.. وہ اُس کے پردیسی جُثّے کے ساتھ آن لگی.. اجیت کور کا تندور کے الاؤ سے دہکتا چہرہ اُس کے فراخ سینے میں یُوں گُھلنے لگا جیسے تازہ مکھن پر کسی نے ایک سلگتا ہوا کوئلہ رکھ دیا ہو..

گوردوارے کے وسیع صحن میں اور اُس سے ملحقہ برآمدے میں ایک میلہ لگا ہوا تھا.. جان پہچان والے سبھی چہرے یہاں دکھائی دے رہے تھے.. بچے بے پرواہ اُچھل کود میں مصروف ایک دوسرے کے تعاقب میں بھاگتے دوڑتے پھرتے تھے.. لالٹینیں روشن تھیں.. گرنتھی آس پاس کی گہما گہمی سے غافل گرنتھ صاحب پر جُھکے ہوئے تھے اور ایک پنتھی اُس مقدس صحیفے کو موسموں سے بچانے کی خاطر مورچھل جھل رہا تھا..

برآمدے میں پہلو بہ پہلو بستروں کی قطاریں تھیں جن پر کچھ عُمر رسیدہ لوگ.. اپنے زوال پذیر بدنوں کو آرام دینے کی خاطر لیٹے ہوئے تھے.. اور جو ذرا ہاتھ پیر کے مضبوط تھے وہ گروہوں کی شکل میں ادھر اُدھر مجمع لگائے بیٹھے روزمرہ کی باتیں کر رہے تھے.. اپنے کھیتوں، مویشیوں اور کنوؤں کے تذکرے کر رہے تھے جن کی دیکھ بھال اُن کی مسلمان جاٹ برادری نے سنبھال رکھی تھی..

اگرچہ ایک میلے کی گہما گہمی اور رونق تھی.. بے شک وہ روزمرّہ کے کاموں اور باتوں میں محو اور مشغول تھے پر اُن کے درمیان وہی چُپ اور ویرانی تھی جس میں بابا دھیان سنگھ لاٹھی ٹیکتا چلتا تھا.. اُن کے چہروں پر اطمینان کی بجائے ایک رنج آلود اداسی تھی جو چُھپتی نہ تھی، عیاں ہوتی تھی، جو پنجرے میں بند ایک پنچھی کے پروں اور اُس کی چہچہاہٹ میں ہوتی ہے..

''بے بے'' گرنتھ صاحب پر جُھکے بھائی صاحب کے برابر میں سر جھکائے وہ اپنے بوڑھے ہوتے ہونٹ ہلا رہی تھی جب اجیت کور نے جُھک کر سرگوشی کی ''بے بے... بھائیا آیا ہے..''

وہ اپنا گیان دھیان سب بُھول گئی، اُسے ترک کر کے پلٹی تو اُس کے سامنے سوہن سنگھ کھڑا تھا.. وہ اُس کے گرد ایسے لپٹ گئی جیسے وہ چرخے کا تکلا ہو اور اُس کے گرد پُونی میں سے جنم لینے والا دھاگا لپٹتا جاتا ہے... ایک بستر پر ڈھے چکا ہرنام سنگھ لڑکھڑاتا ہوا اُٹھا اور وہ بھی اپنے بیٹے کے تکلے کے ساتھ لپٹنے لگا.. اُس کی داڑھی آنسوؤں سے نچڑنے لگی..

''راستوں میں بڑی بے رونقی اور اجاڑپن ہے چاچا.. یوں لگتا ہے جیسے جن پھر گیا ہو..''

''پل دو پل کا قصہ ہے سوہنیاں.. گذر جانا ہے..''

وہ ابھی.. اُس کا چاچا بھی ابھی تک کوٹ ستارہ کے خول میں بند تھا، اُسے کُچھ پتہ نہ تھا کہ باہر زمانے اپنی چال بدل چکے ہیں.. ''نہیں چاچا.. اب صدیاں گذر جائیں گی، یہ پل نہیں گذرے گا..''

''تو شہر سے آیا ہے اس لیے شک شبہہ تیرے اندر ہے.. وہمی ہو گیا ہے.. تو یُوں سمجھ لے کہ ہم بیساکھی کے ایک میلے پر آئے ہیں.. یہاں پل دو پل موج میلہ کر کے اپنے گھروں کو لوٹ جائیں گے.. واہگرو کی کرپا سے..''

''چاچا.. واہگرو کے اختیار میں کُچھ نہیں رہا.. اللہ اور رام بھی بے بس ہو چکے ہیں.. ایک جانب کھڑے تماشا دیکھتے ہیں.. آپ نے کبھی اپنے گھروں کو نہیں لوٹنا.. ٹکٹ پلیز..''

''بھائیا'' اجیت کور نے اپنی ہتھیلی اُس کے ماتھے پر رکھتے ہوئے کہا ''تم ٹھیک ہوناں..''

''ہاں.. اسی لیے تو تم سے کہہ رہا ہوں کہ ٹکٹ پلیز.. بچے کا ٹکٹ آدھا ہوتا ہے.. اور میرے لکھنؤ کاٹ گڈّے کی ڈور کٹنے والی ہے..'' اُس نے اجیت کور کے چہرے پر درج ہوتی تشویش پڑھ لی اور مسکرانے لگا.. ''سفر کی تھکاوٹ ہے.. اور کُچھ نہیں.. دھوپ میں چلتے چلتے سرداروں کا دماغ تھوڑا سا تو پگھلتا ہے ناں..''

رات کا کھانا اُن کے سامنے دسترخوانوں پر یُوں بچھا جیسے وہ سب باراتی ہوں.. کھانا کھائیں گے اور اپنے گھروں کو لوٹ جائیں گے.. اُن میں سے کُچھ نے واقعی کھانے فارغ ہو کر پھاٹک کی جانب چند قدم بڑھائے اور پھر اُنہیں خیال آیا کہ نہیں اُنہیں یہ شب بھی یہیں بسر کرنی ہے..

گوردوارے کے ویہڑے میں وہ دو تنور جن پر جُھکی ناریاں آگ کی تمازت سے نار ہوتی تھیں، سرد ہو چکے تھے.. اُن کے اندر جہاں روٹیوں کو سینکتے الاؤ بھڑکتے تھے اب گھپ اندھیرا تھا.. پھاٹک کے ساتھ ٹیک لگائے برچھی بردار پہریدار بھی اونگھ میں جا چکے تھے.. برآمدے میں قطار اندر قطار بچھے بستروں پر وہ سب جو بے گھر تھے، عارضی موت کی وادی میں اُتر چکے تھے.. کل کا کُچھ پتہ نہ تھا کہ عالم بیداری میں موت کا عارضی پن ساتھ چھوڑ دے..

بیری کے گھنے جھاڑ تلے سوہن سنگھ کی نیند سے خالی ہو چکی آنکھوں نے کنوئیں کے اندر گہرائی تک سفر کیا.. تاریکی میں بھی اُس کی تہہ میں ٹھہرے ہوئے پانی، گولائی کے گھیرے میں آئے ہوئے سکوت میں آئے ہوئے پانی نظر آ رہے تھے.. اور اُس کی آنکھیں جب اُن پانیوں کی قربت میں ہوئیں تو اسے اپنی سوہن سنگھ کی شکل نظر نہ آئی.... وہاں اجیت کور کا چہرہ جھلملاتا تھا.. پانیوں پر عکس ہوتا، ڈوبتا تھا..

کمر سیدھی تیر اور تنی ہوئی گردن کے ساتھ رابعہ بی بی یوں چل رہی تھی کہ ہرگز گمان نہ ہوتا تھا کہ اُس کے سر پر تازہ دودھ سے لبریز چھلکتی ہوئی ایک وزنی چاٹی ہے.. جس میں کم از کم چار دودھیالی بھینسوں کا دودھ ہے.. امیر بخش کو البتہ سر پر اٹھائی ہوئی اُس چنگیر کا بوجھ دوہرا کرتا تھا جس میں ماں کے ہاتھوں کی لگائی ہوئی کم از کم پچاس دبیز روٹیاں ایک دسترخوان میں لپٹی ابھی تک نیم گرم تھیں.. وہ منہ اندھیرے اُٹھ کر تندور پر کھڑی ہو گئی تھی.. گلیاں سُونی تھیں، سارے در مقفل

تھے اور کوئی ایک کھڑکی بھی کھلی نہ تھی.. صرف بابا دھیان سنگھ تھا جو ایک حویلی کے پھاٹک سے ٹیک لگائے نہایت انہماک سے اپنے میلے کچیلے بالوں کے جھرمٹ میں کنگھا کرتا ہوا.. پھر اُس کنگھے میں اٹکی ہوئی کسی ایک جُوں کو دیکھ کر نہال ہو جاتا تھا.. اُسے نہایت دھیرج سے پکڑ کر اپنے بائیں انگوٹھے کے ناخن پر رکھتا اور پھر دائیں انگوٹھے کے ناخن کو اُس پر جما کر زور لگاتا تو ایک ہلکی سی کڑک کی آواز آتی اور وہ مسکرا کر کہتا ''مت مارو نینوا کے تیر..''

''چاچا کوئی روٹی پانی چاہیے..'' امیر بخش رُک گیا..

''کسی نے پُوچھا ہی نہیں..'' وہ اپنی کارروائی میں مشغول رہا..

امیر بخش نے دسترخوان میں لپٹی روٹیوں میں سے ایک روٹی کو کھینچ کر یوں باہر نکالا جیسے گنّے کے گٹھے میں سے ایک گنّا کھینچ کر نکالتے ہیں..

''چاچا.. کچّا دودھ بھی ہے..''

''نہیں امیر بخشا.. کنک کا جو سواد ہے اُسے دودھ سے گیلا نہیں کرتے..'' اُس نے موٹی روٹی کا ایک نوالہ توڑ کر مُنہ میں رکھا اور اپنے جبڑے چلاتے ہوئے یکدم رُکا اور کہنے لگا.. ''مت مارو نینوا کے تیر..''

اُنہیں گوردوارے کے پھاٹک پر دستک دینے کی حاجت نہ ہوئی.. وہ منتظر تھے.. پھاٹک کے کواڑ آپو آپ وا ہوتے گئے کہ یہ ایک معمول تھا کہ صُبح سویرے برادری کے لوگ اُنہیں روٹیاں اور کچّا دودھ باقاعدگی سے پہنچاتے تھے..

امیر بخش آخری مرتبہ تب آیا تھا جب سوہن سنگھ اور اُس کا باپو گوردوارے کی چھت پر اینٹیں بمار ہے تھے اور اُس نے کنویں میں جھانکتی امرت کور کو سرزنش کی تھی، اور اب وہاں ایک ہجوم تھا.. اُس کے اندر ایک تیز دھار برچھی کا وار ہوا کہ وہ سب بظاہر نہائت اطمینان سے روزمرّہ کے کاموں میں مشغول تھے لیکن اُن کی چال ڈھال اور بدنوں کی زبان میں ایک چوکنی جھجک تھی.. جیسے ایک سیاہ ہرن ایک وسیع سبزہ زار میں چرتا ہو.. پر اُس کے کان کسی شکاری کی آہٹ کی جھجک میں بار بار کھڑے ہو جاتے ہوں..

سوہن سنگھ ایک پیلے رنگ کا لنگوٹ باندھے کنویں کے برابر میں سر جھکائے چوکڑی مارے بیٹھا تھا اور ایک نوجوان لڑکا اُس پر پانی، سے چھلکتا ہوا چمڑے کا ایک بوکا اُنڈیل رہا تھا جو اُس نے ابھی ابھی کنویں میں سے برآمد کیا تھا.. قریب ہی چند سکھ نوجوان لنگوٹ باندھے اشنان کی آس میں بے چین ہو رہے تھے.. پانی کی بوچھاڑ ختم ہوئی تو اُس نے اپنے گیلے بالوں کو جھٹک کر سر اُٹھایا اور پھر وہ اُسی طرح نچڑتا ہوا امیر بخش کی جانب ہنستا ہوا چلا آیا..

رابعہ بی بی دودھ کی چاٹی سنبھالتی گوردوارے کے اندر چلی گئی..

''بھائیا..'' وہ اپنے بالوں کو نچوڑتے ہوئے کہنے لگا.. ''میں نہ کہتا تھا کہ کُچھ پتہ نہیں.. پتہ کرنا چاہیے.. اور تو مجھے ڈھارس دیتا تھا..''

''ہاں سوہنیاں.. تیرے خدشے درست نکلے.. تو مُجھ سے سیانا نکلا.. تیرے اندر کے اجاڑپن میں بے گھری کا جو ایک بُوٹا پھوٹا تھا اُس نے تجھے سیانف عطا کی.. میں نے تجھے یہی بتانا تھا کہ ہاں.. اب تم کبھی اپنے گھروں کو نہیں لوٹو گے.. تمہیں اپنے کوٹ ستارہ کو ہمیشہ کے لیے چھوڑ جانا ہوگا..''

اُس کا خیال تھا کہ سوہن سنگھ اپنے نچڑتے بالوں کو جھٹکتا یکدم ٹھٹک جائے گا، اُس کے چہرے پر خوف کے سائے سیاہ ہوں گے اور وہ کہے گا.. ''بھائیا.. یہ کیا کہہ رہے ہو..'' پر وہ اُسی اطمینان سے ایک مطمئن حالت میں اپنے کیس نچوڑتا رہا.. ''مُجھے تم سے پہلے پتہ چل گیا تھا بھائیا، اسی لیے تو میں کہتا تھا کہ پتہ کرنا چاہیے.. میں تو جان چکا ہوں پر اِس گورودوارے میں پناہ لینے والے سب کے سب بھولے سنگھ ہیں، انہیں یقین ہے کہ یہ ایک عارضی پڑاؤ ہے.. پل دو پل کا کھیل ہے.. ایک خواب سا ہے اور جب وہ جاگیں گے تو اپنے صحنوں میں نواری چارپائیوں پر بیٹھے دودھ کے رِڑھکنے کی مدھر آواز سُن رہے ہوں گے اور اُن کے ہونٹوں سے اُدھ رِڑھکے دودھ کے پیالے مَس ہوں گے... جنہیں وہ ڈیک لگا کر نہیں ایک ایک گھونٹ بھرتے اُن کے مکھن کی گھناوٹ اور پوترتا محسوس کرتے پی رہے ہوں گے.. وہ اپنے مویشیوں کی تھوتھنیاں تھام کر اُن سے لاڈ کر رہے ہوں گے.. اُن کے کنویں رواں ہوں گے اور اُن کے کھیت سیراب ہو رہے ہوں گے.. یہ سارے بھولے سنگھ اس خواب میں ہیں.. اور میرا ابا پو آج بھی مُنہ اندھیرے بیدار ہو کر اپنے کنویں پر جانے کی تیاری کر رہا تھا اور جب اُسے خیال آیا کہ وہ تو پھاٹک سے باہر قدم نہیں رکھ سکتا تو اُس نے آنسو اتنے بہائے کہ اُس کی داڑھی نچڑنے لگی.. کہنے لگا کہ کسی روز میں نے اس قید سے فرار ہو جانا ہے.. اپنے کھیتوں کو خود اپنے ہاتھوں سے پانی دینا ہے.. اپنی بُھوری بھینس کے بوجھل تھنوں کو پسما کر اُن میں سے دودھ کی دھاریں نکالنی ہیں اور اُنہیں براہ راست اپنے گلے میں اُتارنا ہے..''

''اپنے باپو کو اس گورودوارے سے باہر قدم نہ رکھنے دینا سوہنیاں.. انتقام اور ہلاکت کے سُرخ مرغولے ہر سُو پھنکارتے پھرتے ہیں..''

''تو پھر بھائیا. تم کیا صلاح دیتے ہو..''

''دیری نہ کرو.. یہاں سے نکل جاؤ..''

''یہ مانیں گے نہیں..'' سوہن سنگھ بُت بنا بیٹھا تھا..

''اِنہیں قائل کرو.. کہانی مختصر والے ٹکٹ چیکر نے جو کُچھ دیکھا اُسے بیان کر کے اُنہیں قائل کرو.. اِنہیں کوٹ ستارہ کے خول سے باہر نکال کر اُس زمانے میں لے آؤ جو کہ بدل چکا ہے.. ہم تمہیں کسی ایک رات قافلے کی صورت میں یہاں سے نکال لے جائیں گے.. تمہارے گرد ہمارا حصار ہو گا.. ہم تمہیں گجرات شہر تک.. اُس کے سٹیشن تک لے جائیں گے..''

''اور وہاں سے آگے..''

''ہم نہ جا سکیں گے تمہارا نصیب جائے گا..''

پہلا مُردہ سائیں ٹلی کا تھا اگرچہ وہ اتنا مُردہ نہ تھا..

پورے شہر پر ایک آسیب اُترا ہوا تھا، اضطراب گردش کر رہا تھا، ویرانی اور اجاڑ پن کی ڈائنوں کے سیاہ بال اس کے کوچہ و بازار میں بچھے ہوئے تھے..لوگ سنسان راستوں اور راہوں سے یوں اجتناب کرتے تھے جیسے وہ طاعون کے چوہے ہوں..مجبوری کی حالت میں نکلتے تو دیواروں کے ساتھ لگ لگ کر چلتے تاکہ دیکھے نہ جائیں..پہچان نہ لیے جائیں.. اگرچہ انسان اپنی پوری حیات اسی تگ ودو میں گذارتا ہے کہ وہ دیکھا اور پہچانا جائے کہ یہ لالہ دھنی رام جا رہے ہیں، انارکلی کی سب سے بڑھیا دوکان ''بمبے کلاتھ ہاؤس'' کے مالک جہاں نفیس انگلش سوٹنگ کے علاوہ ورسٹڈ، مکھن زین، دوگھوڑا بوسکی، پاپلین اور چابی کا لٹھا دستیاب ہے..شاہ عالمی کے اندر سب سے اونچے چبارے میں رہتے ہیں اور سیتلا مندر کی جانب بڑھ رہے ہیں..یہ جو کلف سے اکڑی شلوار اور تُرکی ٹوپی میں ملبوس ہیں شیخ مبارک حسین ہیں، اکبری منڈی کے سب سے بڑے آڑھتی، کسی زمانے میں جاوا اور سماٹرا جا رہے ہے اور اب وہاں سے جڑی بوٹیاں اور مصالحہ جات منگواتے ہیں جوان کے ''جاوا پنساری سٹور'' سے حاصل کیے جا سکتے ہیں، موچی دروازے کے اندرون میں واقع اُن کی حویلی کی کھڑکیوں کے شیشے رنگین ہیں اور یہ مسجد وزیر خان میں عصر کی نماز پڑھنے کے لیے چلے جا رہے ہیں..اور سرداروں کا کیا ہے، ہزاروں میں ایک دانہ ہو تو بھی دور سے نظر آ جاتا ہے اور یہ سردار گوردیپ سنگھ ہیں..سلوتری ہیں جنہیں ڈنگر ڈاکٹر بھی کہا جاتا ہے..گھوڑا ہسپتال میں انگریزوں کے کتّوں کی دُمیں اُٹھا کر اُن کے اندر ٹیکے لگاتے ہیں اور وہاں کے کالج میں پروفیسر بھی ہیں.. گوروارجن نگر میں رہتے ہیں اور نہائت باقاعدگی سے برابر میں واقع تکیہ میراثیاں میں حاضری دیتے ہیں جہاں ہندوستان بھر سے پکّے راگ گانے والے آتے ہیں اور محفلیں جماتے ہیں..گوردیپ سنگھ کوچہ کمان گراں کے ایک گورودوارے میں متھّا ٹیکنے کو جا رہے ہیں..جس کے برابر میں مہاراجہ رنجیت سنگھ کے ایک درباری اچیت سنگھ کی شاندار حویلی ہے..

تو یہ سب..لالہ دھنی رام..شیخ مبارک حسین اور ڈاکٹر گردیپ سنگھ پہچانے جانے کی خواہش کے اسیر تھے.. چاہتے تھے کہ وہ گھر سے نکلیں تو پورے شہر کو خبر ہو جائے..پر یہ ساری خواہشیں اور چاہتیں اب ایک قصۂ پارینہ تھیں..اور اب اِن زمانوں میں اول تو وہ گھر سے باہر قدم ہی نہ رکھتے تھے اور اگر نکلنا پڑتا تو گمنامی اور روپوشی کی آرزو کرتے.. دیواروں کے ساتھ دیوار ہوتے چلتے..

بس ایک سروسانسی تھا جس کی کوئی شناخت نہ تھی، پہچان کی قید اُس کے لیے نہ تھی، شہر بھر میں وہ تنہا آزاد شخص

تھا..سب لوگ اپنے اپنے دھرم کی صلیبیں اُٹھاتے پھرتے تھے،صرف اُس کے کاندھے آزاد تھے اُن پر کوئی بوجھ نہ تھا..

''سرو..'' کچھ برس پہلے ماہ امیر بخش نے اُسے سمجھایا تھا..''تمہارے دونوں بچے جنوروں کی مانند گُودتے پھرتے ہیں..یہ دنیاپور کی سانسیوں کی بستی نہیں شہرلاہور ہے..انہوں نے بڑے ہونا ہے اور اپنا رزق کمانا ہے تو یہیں کمانا ہے اور یہیں کھانا ہے..تم اب ایک کنگال سانسی نہیں ہو..ایک معتبر اور صاحب حیثیت شخص ہو..اپنے بچوں کو کسی سکول میں داخل کراوٗ..ان کی باگیں کھینچ کر تعلیم سے ان کو مطیع کرو..''

اُس کی گھر والی سوہنی نے تو ہنگامہ کر دیا..مردار کے بچے تم نے میرے بچوں کو سبق پڑھا کر تختی لکھوا کر خراب کرنا ہے..کبھی کسی سانسی کے بچے نے بھی سبق پڑھا ہے یا تختی لکھی ہے..تو اُنہیں جوہڑوں میں سے کچھوے پکڑنا سکھا..نیولے اور بلّے دبوچنے کے فن سے آگاہ کر اور مُردار کی بُو سونگھ کر گِدھوں سے پہلے اُس تک پہنچنے کے گُر بتا..

سروسانسی سر جھکا کر اُس کی لعن طعن سنتا رہا، کچھ نہ بولا اور اگلے روز ان دونوں کو ہانکتا ہوا شاہ عالمی کے اندر واقع رنگ محل مشن ہائی سکول کے ہیڈ ماسٹر کے۔ایل۔رلیارام کے سامنے جا پیش کیا..

یہ رلیارام جس نے عیسائیت اختیار کرنے کے باوجود اپنا آبائی نام ترک نہ کیا تھا ایک عجیب پُرسکون اور ہمہ وقت مسکراتا ہوا بندہ تھا..کچھ برس بعد اُس نے نیلا گنبد کی مسجد کے سامنے واقع یوینگ ہال کی چھت سے کُود کر خودکشی کر لی تھی..داخلے کے فارم پُر کرتے ہوئے اُس نے پوچھا''مذہب..؟''

''سانسی..''

''یہ تو تمہارے قبیلے کا نام ہے..'' رلیارام حیرت انگیز طور پر بہت گورا تھا..وہ مسکراتا رہا..''لیکن تمہارا مذہب کیا ہے....یہ سکول ایک عیسائی مشن کے تحت چل رہا ہے اور یہاں بہرطور مذہب کے خانے میں اندراج ہونا لازمی ہے..''

''ماسٹر جی..ہم نہ شکائت کرتے ہیں اور نہ شکر کرتے ہیں..نہ کسی سے گلا کرتے ہیں..اور نہ کسی کے گلے لگتے ہیں..یہ دین دھرم تو آپ جیسے بڑے لوگوں کی شناخت ہوتے ہیں..آپ مذہب کے خانے میں کچھ بھی لکھ لو..اگر لکھنا ہی ہے تو..''

اس بیان پر رلیارام کے آفس کے ایک کونے میں براجمان اتنی گرمی کے باوجود ایک بھاری چوغے میں ملبوس اور اُس سے بھی بھاری ایک صلیب گلے میں لٹکائے ایک مقامی پادری صاحب..جن کی رنگت سروسانسی سے بھی کم سیاہ نہ تھی ذرا چوکنے ہوئے کہ ایک اور بھٹکی ہوئی بھیڑ مل گئی ہے جسے یسوع کے گلّے میں آسانی سے شامل کیا جا سکتا ہے تو اُنہوں نے کھانس کر کہا.''مسٹر کے ایل رلیارام..ان دونوں بچوں کو براہ کرم مشن سکول میں داخل کر لیں..ان جیسوں کے لیے ہی تو خداوند کے خزانے بھرے پڑے ہیں..''

جب شہر میں ایک آسیب اُترا ہوا تھا، اضطراب گردش میں تھا اور ویرانی اور اجاڑ پن کی ڈائنوں کے بال جس کے کوچہ و بازار میں بچھے ہوئے تھے وہاں صرف ایک مقام تھا جہاں رونقیں تھیں، مذہب کی قید سے آزاد ایک تاریک جزیرہ تھا..

سائیں ٹلّی کا چنڈو خانہ..

جہاں پہلا مردہ سائیں ٹلّی کا تھا اگر چہ وہ اتنا مُردہ نہ تھا..

بھائیا امیر بخش اور سوہن سنگھ کو کوٹ ستارہ گئے ہوئے ایک مدت ہو چکی تھی..عزیز جہاں اور پشپی بھی دنیا پور سے نہ لوٹے تھے اور وہ محلہ قادر بخش کے مکان کا اکلوتا رکھوالا رہ گیا تھا..تنہا پاسبان تھا جو اُس کی دیکھ بھال کرتا اُکتا چکا تھا..بس یہی..سائیں ٹلّی کا چنڈو خانہ اُس کی پناہ تھی..

سر وسانسی کی مٹھی میں دبوچی ہوئی مٹی کی حُقی میں سے ایک طویل وقفے کے بعد کش لگانے سے سُلفے کی ایک لاٹ بھڑک کر نور کا ایک مینار ہوتی اور پورا چنڈو خانہ چکا چوند ہو جاتا..

چنڈو خانے کے گُھپ اندھیرے میں اینٹوں کو تکیہ بنائے..چانڈو سے بھری سلگتی حُقیاں تھامے درجنوں نیم مدہوش بڑبڑاتے اپنے جہانوں میں گم جانے کس سے باتیں کرتے تھے..

اور پھر کسی جانب سے ایک بڑبڑاہٹ سنائی دی ''پاکستان..''

''اوئے کون ہے..کون ہے..''

''میں ہوں..'' وہی بڑبڑاہٹ بولی ''میں ہوں پاکستان..''

''بن کے رہے گا..'' سُلفے کی ایک اور لاٹ روشن ہوئی اور اُس کے اندر سے ایک مدہوش آواز پکاری..

''نہیں بنے گا..''

''بن کے رہے گا..'' تاریکی کے اندر کسی مُردے نے زندہ ہونے کی کوشش کی..''پاکستان کا مطلب کیا..''

چنڈو خانے کی سب سے آخری گھٹا ٹوپ تاریکی میں جو ایک مردہ پڑا تھا وہ ہڑبڑا کر اٹھنے کی کوشش کرنے لگا..''لا الہ اللہ..''

''پڑھو کلمہ شریف..پڑھو کلمہ شریف..'' ایک اور مردہ حُقی میں سے ایک طویل کش لگا کر بولا..

''تم پڑھو..'' کسی نے کسی خواب میں مخمور خواب میں اُترتے ہوئے کہا..

''مجھے اگر کلمہ آتا تو میں خود پڑھ نہ لیتا..تم پڑھو..تم پڑھو..''

''بولو ست سری اکال..راج کرے گا خالصہ..راج کرے گا نہ کوئی..''

''ست سری اکال..'' وہ مردہ جو ابھی سب کو کلمہ پڑھنے کے لیے کہہ رہا تھا..اُس نے نعرہ لگایا..''گئو ماتا نہیں کٹے گی..نہیں کٹے گی..''

''کیوں نہیں کٹے گی..'' دو تین مُردوں نے ایک نعرۂ مستانہ لگایا..

''پتہ نہیں کیوں نہیں کٹے گی..ست سری اکال..پڑھو کلمہ..'' وہ سب کے سب بڑبڑانے لگے..ایسے مُردوں کا جو سلفے کی لاٹ کے پیروکار ہوتے ہیں اُن کا کُچھ اعتبار نہیں ہوتا کہ وہ کب ہندو ہو جاتے ہیں اور کب مسلمانی کی جانب لوٹ جاتے ہیں..البتہ اُن سب نے اُس نیم مردہ کیفیت میں بھی بھانپ لیا کہ اُن کے درمیان میں کوئی ایک مُردہ ہے جو لاتعلق پڑا ہے ''اوئے تو کیا ہے..؟''

''کُچھ بھی نہیں..''

''کچھ تو ہوگا..''

''کچھ بھی نہیں..''، سروسانسی نے اپنی حُقّی سے مُنہ لگا کر ایک طویل کش لگایا.. پر اُس میں سے سُلفے کی لاٹ بلند نہ ہوئی..

''تمہیں کیا چاہیے.. پاکستان یا ہندوستان..''

''کچھ بھی نہیں..''، سروسانسی ہڑبڑا کر بولا.. ''کچھ بھی نہیں.. مجھے صرف یہ زمین چاہیے.. مجھے اس کے نام سے کچھ غرض نہیں، صرف اس دھرتی کی آغوش چاہیے..''

✦ .... ✦

بیل کہاں دیکھ سکتے تھے کہ کون گاڈھی پر آن بیٹھا ہے، اُن کی آنکھوں پر کھوپے چڑھے ہوئے تھے پر اُنہوں نے اپنی پُشت پر ایک مانوس تھپکی محسوس کی، اُنہوں نے گردنیں آگے کھینچ کر زور لگایا، اپنی اگلی ٹانگوں کو حرکت دی، پنجالی کو اپنے گلے میں کُھبتے محسوس کیا، ذرا اور زور لگایا ایسے کہ اُن کی گردنوں میں بندھی گھنٹیوں میں سے ایک مترنم کھنک نے جنم لیا جو ہرنام سنگھ کے کنویں سے بُلند ہو کر چھکتی ٹن ٹن کرتی چناب کے کناروں پر بیلے کی گھنی روئیدگی اور شجروں کے انبار تک چلی گئی پر اُس کے اندر سرائت نہ کر سکی کہ اُس کے اندر گیدڑوں نے ہاہا کار مچا رکھی تھی جو اُس سویر معمول سے زیادہ غُل کرتے آسمان سر پر اٹھائے ہوئے تھے..

کنویں میں لٹکی ساکت ماہل کی ٹِنڈیں جو ابھی مردہ پڑی تھیں اور ابھی اُن میں زندگی پھونکی گئی..کنویں میں اُتر کر پانیوں سے لبریز ہو کر پھر سے اوپر اٹھنے لگیں..یہ چھلکتی ٹِنڈیں کنویں کے اوپر معلّق پاڑ چھے پر اوندھی ہوتی گئیں جہاں سے اُن کے پانی اولو میں گرے تو وہ چونکہ ایک مدت سے خشک پڑا تھا اس لیے اُسے بھرنے میں دیر لگی..اور جب وہ لبریز ہوا تو اُس میں سے نکلتی آبی نالی کی خشک مٹی اور ریت ذرا نم ہوئی اور پھر پانی اُس میں بہنے لگے..سفید لہریئے سانپوں کی مانند بل کھاتے ابھرتے کسمساتے پانی کھیتوں کی پیاس کی جانب بڑھنے لگے..جونہی وہ کھیتوں میں داخل ہو کر خشک ہو چکی مٹی میں سرائت کرنے لگے دونوں بیلوں کے نتھنے پھڑکے کہ انہوں نے اُس مہک کو محسوس کر لیا تھا جو خشک مٹی اور پانی کے ملاپ سے جنم لیتی ہے..اور اب وہ ایک فخر کے ساتھ گردن اکڑا اکر گھنٹیاں کھنکھناتے چلتے تھے کہ ہماری مشقت کے زور سے ساری فصلیں اور کھیتیاں ہری بھری اور نم آلود ہو رہی ہیں..

''اوئے جیتے رہو..ہو ہو..'' ہرنام سنگھ نے اُس بیل کی پُشت کو پیار سے تھپکا جو جوڑی میں کم طاقت والا تھا کہ اُسے حوصلہ افزائی کی ضرورت تھی..

تب بیلے میں روپوش جتنے بھی گیدڑ تھوتھنیاں اوپر کر کے ہاؤ ہو کر رہے تھے، یکدم چُپ ہو گئے..ہرنام سنگھ کے کنویں کی جانب سے آنے والی گھنٹیوں کی چھنکاہٹ سے مسحور ہوتے گئے..

سبھی آگاہ تھے کہ گوردوارے کے باہر قدم رکھنا فی الحال خطرے سے خالی نہیں، کسی لمحے، کسی بھی سمت سے موت کے جتھے اُتر سکتے ہیں. سوہن سنگھ نے اُسے بھی خبردار کیا تھا کہ چاچا اپنے کھیتوں اور مویشیوں کے خواب چھوڑ دے..پر وہ کیا کرتا ہر رات اُس کے کھیت اُسے بلاتے، اُس کی بھینسوں کی اداس آنکھیں اُس سے شکائت کرتی نظر آتیں.بیل تھوتھنیاں اُٹھا اُٹھا

کرشکوے کرتے..اُس سویر، بلکہ ابھی تو رات تھی ہرنام سنگھ چپکے سے اُٹھا ایک چور کی مانند دبے پاؤں اُٹھا تا کہ نیند میں مدہوش سوہن سنگھ کو بھی خبر نہ ہو اور پھر گوردوارے کی دیوار پھلانگ کر باہر آ گیا..اُس کی گلی رات کی سیاہی میں ڈوبی ہوئی تھی..کسی کونے میں اونگھتے کُتّے نے اُس کی آہٹ سُن کر بھونکنے کا ارادہ کیا اور پھر اُس کی شناسا مہک سونگھتے ہی مطمئن ہو کر لیٹ گیا..

اُس کا جی بہت ترسا کہ وہ ذرا اپنے گھر کے اندر جھانک لے..لیکن اُسے خدشہ ہوا کہ وہ سب بولنے لگیں گے..پساری دیوار پر سجے کانسی اور پیتل کے برتن کھڑکنے لگیں گے..شیشم کے پتّے اُس کی موجودگی محسوس کرتے تالیاں بجانے لگیں گے، گُل کوٹ ستارہ میں ڈھول بجنے لگیں کہ ہرنام سنگھ گوردوارے سے فرار ہو گیا ہے..

بابا دھیان سنگھ اُس کے گھر کے باہر پھاٹک سے ٹیک لگائے نیند میں گم تھا اور اُس کے سفید بال کپاس کے دھاگوں کی مانند اُلجھے ہوئے نظر آ رہے تھے..

گاؤں سے نکل کر وہ اپنے کنویں کی جانب جاتے ہوئے اُس کچّے راستے پر ہو لیا جس پر انسانوں کے کم اور ڈھور ڈنگروں کے پاؤں کے نشان زیادہ تھے..بیلے کی جانب سے گیدڑوں کے رونے کی آوازیں آ رہی تھیں، وہ چپ نہ ہوتے تھے..گنّے کے ایک کھیت میں کچھ ہلچل سی ہوئی اور دو جنگلی سؤر اُس میں سے برآمد ہو کر رات کی تاریکی میں تحلیل ہو گئے..اگرچہ ابھی گھپ اندھیرا تھا لیکن وہ اس اندھیرے میں دیکھنے کا عادی تھا..اس کچے راستے پر وہ پہلی بار تھوڑی چلا تھا..اُس کی حیاتی کی ساری سویریں اسی کچّے راستے پر چلتے گذریں..بلکہ اُس کے آباؤ اجداد..بڑے بوڑھے..سینکڑوں برسوں سے اسی راستے پر قدم رکھتے اپنے کھیتوں کی جانب جایا کرتے تھے..یہ راستہ پیدائشی طور پر اُس کے اندر ثبت تھا، اُسے دیکھنے کی حاجت نہ تھی..

اِن دنوں عام طور پر ڈنگروں کو کُھلی فضا میں کھیتوں میں باندھا جاتا تھا..پر یہ وہ دن نہ رہے تھے زمانے کے ساتھ بدل چکے تھے..اس لیے وہ ایک کچی کوٹھڑی یا ''کُٹر'' کے اندر بندھے ہوئے تھے..

ہرنام سنگھ اُس کوٹھڑی کا بوسیدہ دروازہ دھکیل کر اندر داخل ہوا تو اُس کی تینوں بھینسوں اور بیلوں کی جوڑیوں نے اپنی نیم گرم لِید میں لتھڑے ہوئے آنکھیں پوری کھول دیں..وہ اپنی بھوری بھینس کی جانب ہاتھ پھیلائے بڑھا اور پھر اُس کی گیلی تھوتھنی کو اپنے رخساروں کے ساتھ لگا کر کہتا گیا..سوہنیے، سوہنیے..بھوری کی مست سیاہ آنکھوں میں اُس کی پہچان اُتری تو وہ بھی اپنی تھوتھنی اُس کے رخساروں پر رگڑنے لگی..

کوٹھڑی کے اندر پیشاب اور گوبر کی ایک بوسیدہ بُو ٹھہری ہوئی تھی اور مویشی اس میں لتھڑے ہوئے تھے..ہرنام سنگھ کو اُن کی اس حالت پر بڑا ترس آیا..اُس نے اپنے ہاتھوں سے فرش پر پھیلے گوبر کو سمیٹا اور پھر پانی سے کچّے فرش کو اچھی طرح دھویا..اس کے ساتھ ہی اُس نے بھینسوں اور بیلوں کو بھی خوب نہلایا دھلایا..جیسے وہ کبھی سوہن سنگھ کو زبردستی نہلایا کرتا تھا، اُسی محبت سے اُس نے اپنے مویشیوں کو سُتھرا کیا..پھر ایک دابڑے میں چوکر، بھس اور بنولے اچھی طرح سے ملا جلا کے اُنہیں بھگویا اور درانتی اُٹھا کر شٹالے کے سبزے کی تاریکی کے اندر چلا گیا..چارے کا ایک بھاری گٹھا اپنے سر پر اٹھائے جب وہ واپس آیا تو ہانپ رہا تھا لیکن ابھی اسے کُترنے کا مرحلہ باقی تھا..چارہ کاٹنے کی مشین یا ٹوکے کی ہتھی کو گھمانا جب کہ اُس کے مُنہ میں شٹالے کے سرسبز گچھے ٹھونس دیئے گئے ہوں کتنی کڑی مشقت ہے..یہ صرف وہ لوگ جانتے

ہیں جنہوں نے کبھی ٹوکا اپنے ہاتھوں سے چلایا ہو..

اتنی دیر میں چوکر، بھس اور بنولوں کا گتاوا بھیگ کر نرم ہو چکا تھا..اس گتاوے میں اُس نے کاٹا ہوا شٹالا ڈالا اور یہ شاندار ضیافت اپنے مویشیوں کے آگے رکھ دی..اور پھر وہ دیر تک اُنہیں اُلفت سے دیکھتا رہا کہ وہ کیسے اپنے جبڑوں کو حرکت دیتے ہیں، کبھی کبھار اپنی مدھ بھری آنکھیں اُٹھا کر اُسے تشکّر سے دیکھتے ہیں اور پھر چارے پر جھک کر مُنہ چلانے لگتے ہیں..

اور جب شٹالے کا آخری ہریاول بُوٹا اُن کے جبڑوں میں اُتر گیا تو ہرنام نے اپنی محبوب بھوری بھینس کے بدن کو تھپکا اور جھک کر اُس کے تھنوں کو چھوا، وہ دودھ سے بوجھل ہو رہے تھے، پھٹنے کو تھے..دودھ سے بوجھل تھن چھونے سے اُسے جانے جوانی کے زمانوں کا کیا کیا کُچھ یاد آیا جو بوجھل تھا اور وہ مسکرانے لگا..اُس نے نہائت ملائمت بھری سختی سے تھنوں کو کُچھ دیر پسمایا اور یکدم اُن کے اندھے مساموں میں سے سفید نیم گرم دودھ کی دھاریں پھُوٹ نکلیں اور وہ گردن ذرا ٹیڑھی کر کے مُنہ کھولے اُن کی زد میں آ کر اُن سفید دھاروں کو اپنے حلق میں اُتارنے لگا..ہر دھار اُس کے بدن کی پیاسی ترسی ہوئی دھرتی میں امرت کی مانند بہنے لگی..جب وہ دودھ بھرا ہو گیا تو یکسر بھول گیا کہ وہ ایک مفرور ہے..وہ ہر نوعیت کے فکر فاقے سے آزاد ہو گیا..

اُس نے بیلوں کی جوڑی کو پنجابی میں گسا، اُن کی آنکھوں پر کھوپے چڑھائے اور اُنہیں کنوئیں کی گادھی کے آگے جوت دیا...اُن کی پشت پر پیار سے تھپک کر ''ہو ہو'' کر کے اُن سے متحرک ہونے کی درخواست کی اور وہ اپنی گردنیں کھینچ کر آگے کرتے زور لگاتے چلنے لگے..ایک دائرے میں سر ہلاتے گھومنے لگے..ماہل بھی حرکت میں آ گئی اور کنوئیں کی تہہ میں ڈوبتی ٹنڈوں سے وہاں ایک ارتعاش نے جنم لیا جس میں سے وہ ٹنڈیں لبریز ہو کر اوپر کو اُٹھتی چلی آتی تھیں..اور بیلوں کی گردنوں میں سجی گھنٹیاں یوں کھنکتی تھیں کہ اُن کے ترنم نے بیلے میں ہاہا کار مچاتے گیدڑوں کو بھی مسحور کر کے اُنہیں تھوتھنیاں بند کر کے چُپ ہو جانے پر مجبور کر دیا تھا..

سویر تو رُکنے والی نہ تھی..اُجالا کب تک منتظر رہتا، ہر شے ظاہر ہونے لگی..

صُبح کے سہانے اجالے نے بیلوں کو ہانکتے گادھی پر بیٹھے ہرنام سنگھ کی کیسری پگڑی کو یوں ظاہر کر دیا کہ وہ کوسوں سے پہچانی جانے لگی..وہ اتنی نمایاں ہو چلی تھی..دور سے دکھائی دیئے جاتی تھی..

وہ جو گھات میں تھے اُنہیں بھی ہرنام سنگھ کی کیسری پگڑی بہت دور سے اپنا رنگ دکھانے لگی..

بیلوں کو محسوس تو ہو گیا کہ اُن کی پشت پر جو شناسا ہاتھ اُنہیں تھپکتا..''ہو ہو'' کرتا تھا وہ بہت دیر سے بولا نہ تھا پر وہ گردنیں ہلاتے گھومتے چلے جاتے تھے..بیلے کے اندرون میں روپوش گیدڑ جو بہت دیر سے چُپ تھے یکدم تھوتھنیاں بلند کر کے پھر سے غُل کرتے رونے لگے..

✦ .... ✦

رات گھنی اور نابینائی میں ٹھوکریں کھاتی تھی اور پانیوں کے سراب آئینے میں اُس کی شکل جھلملاتی تھی، کانوں کی بالیاں بھی پانی میں لشکتی تھیں اور اُن کے درمیان میں اُس کا چہرہ ایسے ڈولتا تھا جیسے چناب کے تیز دھار پانیوں پر کوئی خوش شکل ناؤ ڈولتی ہے..وہ کنوئیں میں جھانکنے سے باز نہیں آتی تھی..

بھائی امیر بخش تو اُسے جھڑکیاں دیتا تھا کہ اجیتے مت جھانک.. پرے رہ..کنوئیں کی گہرائی میں پانیوں پر تیری شکل تیرتی ہے تو میرا دل گھٹتا ہے.. پرے دفع ہو.. پر وہ باز نہ آتی تھی..کسی بھی آئینے میں اُس کا روپ یوں اجاگر اور روشن نہ ہوتا تھا جیسا کہ اُس کنوئیں کی منڈیر پر سے جھانکتے ہوئے بہت نیچے تہہ میں جو پانی تھے..اُن پر اپنی چھب دکھلاتا تھا..

چاچا صُبح سے غائب تھا اور ابھی تک نہیں لوٹا تھا..اُسے پتہ تھا کہ وہ اپنے کھیتوں اور ڈنگروں سے اداس ہو کر فرار ہوا تھا..اگر وہ رات گئے تک واپس نہیں آیا تھا تو یقیناً وہیں اپنے کنوئیں پر سو گیا ہوگا..سویرے آجائے گا..بھائیا سوہن خواہ مخواہ تشویش میں فکرمند سوتا نہ تھا..کہتا تھا کہ ہم نے آج شب نکل جانا ہے..چاچے کو آجانا چاہیے تھا..اجیت کور کو چین نہ آتا تھا جب تک وہ اس کنوئیں میں جھانک کر اپنا من موہنا چہرہ دیکھ نہ لیتی تھی..وہ ایک ایسی سوہنی تھی جو اپنی شکل پر ہی عاشق ہو گئی تھی..وہ خود اپنی محبوب ہو چکی تھی..وہ اپنی مہینوال آپ ہی تھی..کسی بھی طبیب کے پاس اُس کا علاج نہ تھا..

جب بھی موقع ملتا وہ چوری چُھپے کنوئیں میں جھانک کر اپنے آپ سے وصال کر لیتی..

اُس شب بھی کنوئیں کی تہہ میں قدرے تاریک پانیوں کے ٹھہراؤ میں اُس سراب آئینے میں وہ اپنے آپ کو دیکھتی فدا ہوتی تھی جب رات کے اندھیرے میں گوردوارے کے اندر منڈیر پر سے جھانکتی اجیت کور کے قریب ایک پھڑ پھڑاتا ہوا شعلہ آگرا..ایک خون رنگی زنانہ قمیض آگ میں بھڑکتی آگری..اتنی قریب کہ امرت کور کی شلوار کے پائنچوں نے بھی آگ پکڑ لی اور وہ اپنی شکل بھول کر خوف کے مارے، ہچکیاں بھرتی اُسے بجھانے لگی..

عصر کی نماز سے فارغ ہو کر مولوی نوردین مُصلّے سے اُٹھے..اُسے جھٹک کر تہہ کیا اور اپنے سرہانے تلے رکھ کر اپنے داماد عبداللہ سے کہنے لگے ''ہم نے اُنہیں آج رات نکالنا ہے..چوہدری محکم دین کے کنوئیں پر گھوڑیاں تیار ہیں جو بچوں، عورتوں اور عمر رسیدہ سرداروں کے لیے ہیں..سامان کے لیے گدھوں کا بھی انتظام ہو چکا ہے..ہم اُن کو اپنے گھیرے میں لے کر گجرات تک لے جائیں گے..لیکن خالی ہاتھ نہیں جانا..''

عبداللہ کی گھنی داڑھی اور کسی گرنتھی کی داڑھی میں کچھ فرق نہ تھا.. اُس نے اپنے روحانی باپ کے آگے سر جھکا کر کہا ''آپ تسلی رکھیں.. میرے پاس ایک برچھی ہے.. آپ خالی ہاتھ چلیں گے؟''

''نہیں..'' مولوی صاحب کے چہرے پر ایک شرمندہ سا تذبذب تھا ''میرے ایک سِکھ یار نے میری شادی پر مجھے ایک چھَوی تحفے کے طور پر دی تھی کہ مولوی تم مُسلے ہمیشہ نہتے پھرتے ہو.. یہ چھَوی رکھ لو کبھی کام آئے گی.. اب تک اُس کا پھل تو زنگ آلود ہو چکا ہوگا پر میں نے کون سا اُسے کسی انسان کے سینے میں اُتارنا ہے.. ایک انسان کو اگر تم قتل کرتے ہو تو گویا پوری انسانیت کو مار ڈالتے ہو.. ہمیں یہی حُکم ہے.. محض ڈراوے کے لیے میں بھی اُس چھَوی کو تھام لوں گا..''

اور جب مولوی نور دین پیار کے اندر سے وہ چھَوی نکال لائے تو اُن کی زینب سے چھوٹی بیٹی، عبداللہ کی بیوی صغراں، اپنے باپ کو پہچان نہ سکی.. اُس کے باپ کی پہچان تو آبِ زمزم میں بھگوئی ہوئی تسبیح تھی اور اب اگر اُس ہاتھ میں ایک چھَوی تھی تو وہ اُسے کیسے پہچانتی..

گاؤں کے باہر چوہدری محکم دین کے کنویں پر برادری کے لوگوں کی جتنی گھوڑیاں اور گھوڑے تھے وہ شب کی ظلمت میں سیاہ ہوتے تھے، اُن کے بدن تھرتھراتے اپنے سواروں کے منتظر تھے..

اور وہ جو سانپوں کی رو پہلی فصل میں سے بے خطر گذر جاتا تھا، خائف نہ ہوتا تھا آج شب مضطرب تھا خوف میں آیا ہوا تھا. صرف امیر بخش نہتا تھا کہ اُس نے آج تک کسی ذی روح پر ہاتھ نہ اُٹھایا تھا.. اگرچہ اُس کے ہاتھ ایسے تھے کہ ضرورت پڑنے پر ایک برچھے سے کہیں زیادہ کاری ثابت ہو سکتے تھے.. کوٹ ستارہ کے جاٹوں کے تمام کچّے گھروندوں میں بھی یہی اضطراب تھا، کوئی بھی سویا نہ تھا.. یہی تشویش تھی کہ ہم نے کسی نہ کسی طرح اُنہیں خیر خیریت سے گجرات تک پہنچانا ہے..

گلیاں سُونی پڑی تھیں.. وہ بطخیں بھی سو چکی تھیں جو دن بھر اُن گلیوں کی گندی نالیوں میں کیچڑ سے چونچیں بھرتی اُس میں سے کیڑے مکوڑے کشید کرتی تھیں، ایسا سناٹا تھا جس میں اگر گاؤں کی کوئی سوہنی دل کے ہاتھوں مجبور اپنے محبوب سے ملنے کی خاطر چپکے سے نکلتی تو اُس کے پیراہن کی سرسراہٹ پورے گاؤں میں گونجنے لگتی..

مولوی نور دین کے کانوں میں ایک نامانوس بہت خفیف سا شور اُترا.

وہ شور قریب ہونے لگا.. اُس میں سے آوازیں بلند ہونے لگیں.. جیسے کوئی پُر جوش بارات آ رہی ہو..

بہت لوگ تھے.. کہ آوازیں بھی بہت تھیں..

اُن کی مولوی صاحب کی گلی بھرنے لگی اور وہ رُندھی ہوئی آوازوں میں کچھ پکارتے نعرے لگا رہے تھے اور ان نعروں کے آہنگ سے محسوس ہوتا تھا کہ اُن کی نیت درست نہیں ہے..

گورودوارے کی جانب جانے والی گلی کے آغاز میں پہلا گھر مولوی نور دین کا تھا..

''بابا مت جائیے۔'' اُن کی بیٹی نے پکارا پر ذرا دیر سے پکارا کہ وہ اتنی دیر میں چھوی تھامے گلی میں کُھلتے دروازے کے پاس پہنچ کر اُس کے دونوں کواڑ دھکیل چکے تھے۔۔اور اگر وہ اُنہیں نہ بھی کھولتے تو گلی میں اُمڈتے جتھے کی پرشور دہشت سے وہ خود بخود کُھل جاتے۔۔

اُس ہجوم کا گوردوارے سے پہلے کہیں بھی رکنے کا کچھ ارادہ نہ تھا۔۔ پر درمیان میں یہ مولوی ہاتھ میں چھوی تھامے ہوئے جس کا پھل وہ دیکھ سکتے تھے۔۔کہ اتنا گند اور زنگ آلود تھا کہ اُس سے ایک خربوزہ بھی نہیں کاٹا جا سکتا تھا۔۔ خواہ مخواہ حائل ہو گیا تھا۔۔اُن کا راستہ کھوٹا کر دیا تھا۔۔اُنہیں متوّجہ ہونا پڑا۔۔

جتّھے کے آگے انتقام کا وہی بگولا تھا سیّد شریف اور اُس نے ایک خون آلود زنانہ قمیض کو ایک پرچم کی مانند بلند کر رکھا تھا۔۔اور اُس کی آنکھوں میں خون کے دریا بہتے تھے ''مولوی صاحب۔۔آپ دخل اندازی مت کرو۔'' سید شریف نے اُن کی تعظیم کی۔۔

''اُن کا کُچھ قصور نہیں ہے۔۔جن حرامیوں نے آپ لوگوں کی ماؤں، بہنوں کو بے آبرو کیا اِن کا اُن سے کُچھ واسطہ نہیں ہے۔۔''

''وہ تمہارے ماں کے یار ہیں جنہیں تم روزانہ دانہ پانی پہنچاتے ہو۔'' ہجوم کے اندر سے کسی نے چیخ کر کہا۔۔

عبداللہ مولوی نوردین کو دھکیل کر آگے ہو گیا ''وہ یہاں نہیں رہیں گے۔۔یہاں سے نکل جائیں گے۔۔''

''تم عبداللہ سکھ ہو۔'' ہجوم کے اندر سے وہی چیختی ہوئی آواز آئی۔۔

''میں عبداللہ ہوں۔۔''

مولوی صاحب نے اپنی چھوی پھینک دی اور عبداللہ کو پرے کرتے ہوئے لجاجت سے کہنے لگے ''بھائیو۔۔آپ کو میں نے پہلے بھی بتایا تھا کہ یہ بے شک ایک سکھ گھرانے میں پیدا ہوا تھا۔ پر میرے گھر آیا تو مسلمان ہو گیا۔۔کُچھ تو قیاس کرو کیا میں مولوی نوردین کوٹ ستارہ کی واحد مسجد کا امام اپنی بیٹی کو ایک سِکھ سے بیاہ سکتا ہوں۔۔''

''ایک سِکھ۔۔سکھ ہی رہتا ہے بے شک وہ کلمہ پڑھ لے۔۔''

عبداللہ بے شک مسلمان ہو چکا تھا پر اُنہوں نے درست کہا تھا کہ ایک سکھ سکھ ہی رہتا ہے بے شک وہ کلمہ پڑھ لے تو وہ یکدم اشتعال میں آ گیا اور اپنی برچھی بُلند کر کے کہنے لگا ''ہاں میں ایک سکھ ہوں۔۔تم نے جو کرنا ہے کرلو۔۔''

چونکہ عبداللہ کو اس سے پیشتر کُچھ تجربہ نہ تھا کہ جب ایک خنجر پسلیوں میں اُتر کر آنتوں کو کاٹ کر کیسے سانس کی ڈوری کو منقطع کرتا ہے اس لیے اُسے کُچھ خبر نہ ہوئی۔۔اُس نے کُچھ بھی محسوس نہ کیا جب اُس جتّھے میں شامل کوئی شخص آگے بڑھا اور اُس کے بدن میں کوئی تیز دھار شے اُتار دی۔۔اور پھر وہی تیز دھار شے اُس کے بدن میں سے کھینچ کر نکالی گئی اور مولوی نوردین کی چھاتی میں اُتر گئی۔۔

جونہی کسی گھوڑے پر کاٹھی ڈال دی جائے۔۔اُس کی زین گس دی جائے تو وہ اپنی کنوتیاں کھڑی کر کے اپنے نتھنے پھڑکاتا ہوا کو سونگھتا ہے کہ میرا سوار کدھر ہے۔۔وہ ایک منتظر گھوڑا ہو جاتا ہے۔۔اُس کا سکھ چین رخصت ہو جاتا ہے۔۔وہ انتظار

کرنے لگتا ہے کہ کب کوئی اُس کی کاٹھی پر سوار ہو کر اپنی ٹانگیں اُس کے بدن کے ساتھ بھینچے اور اُسے حرکت میں لے آئے..اور اگر اُس کی کاٹھی سُونی پڑی رہے، سوار کی پُشت سے آشنا نہ ہو، دیر ہو جائے تو وہ وقفے وقفے کے ساتھ ہنہنا کر خبر کرتا ہے کہ میں منتظر ہوں..

چوہدری محکم دین کے کنویں پر..اُس کے شہتیر سے لٹکتی لالٹین کی روشنی میں جو بہت دور تک نہ جاتی تھی متعدد گھوڑے انتظار کی بے چین کیفیت میں ہنہناتے تھے..دیر ہو رہی تھی!

برادری کے بیشتر مرد کب کے پہنچ چکے تھے لیکن مولوی نور دین اور عبداللہ کو جانے کونسا کام آن پڑا تھا کہ ابھی تک نہیں آئے تھے..وہ آجاتے تو وہ گھوڑے اور گھوڑیاں آگے لگا کر گوردوارے کی جانب چل پڑتے..گھریلو سامان کے لیے جو گدھے اور خچر لائے گئے تھے وہ قریب کے کھیتوں میں مُنہ مارتے چرتے تھے..بیلے کی جانب سے اُس رات کا پہلا گیدڑ بولا جس کی ہولناک ہُوک سے ایک گھوڑے نے دونوں کنوتیاں سیدھی کر دیں اور خوف سے ہنہنایا..پہلے گیدڑ کے بعد ایک اور گیدڑ کی ہاؤ ہو کی صدا بلند ہوئی اور اس کے ساتھ ہی ایک مشترکہ ہاہا کار مچ گئی..لگتا تھا کہ دنیا بھر کے گیدڑوں نے آج کی شب ہی تھوتھنیاں اوپر کر کے آہ وزاری کے ارمان پورے کرنے ہیں..

اُنہیں اب تک آجانا چاہیے تھا..

دیر ہو رہی تھی..

کوٹ ستارہ میں اُس رات ایک بارات اُتری ہوئی تھی..

باراتی بھی عجیب اجنبی بے مہر چہروں والے تھے..جانے کن بستیوں کے مکین تھے کہ اُنہیں کوئی بھی پہچانتا نہ تھا..یہ کون تھے جنہیں گاؤں کے کسی بھی باسی نے اپنی بیٹی دینے کا وعدہ نہ کیا تھا اور پھر بھی وہ ایک بارات کی صورت میں چلے آتے تھے..نہ اُن کے آگے میراثیوں کی کوئی ٹولی تو تڑیاں بجا رہی تھی..نہ کوئی ڈھول کی تال پر ناچتا تھا اور نہ ہی اُن کے گرد گیس کے ہنڈولے کاندھوں پر اٹھائے کمّی کمین چلتے آتے تھے..دولہا بھی کہیں نظر نہ آتا تھا..وہ گلیوں کی تاریکی میں ایک سیال اندھیرے کی مانند بہتے چلے آرہے تھے..

تو وہ کیسی عجیب بارات تھی..یہ لوگ کس کو بیاہنے آگئے تھے..

رات کے اُس سناٹے میں جس میں اگر ایک پتہ بھی ٹوٹتا ہے تو اُس کی ٹوٹ کی آواز گاؤں کے ہر صحن میں اُتر جاتی ہے..رات کا کھانا کھاتے ہوئے لوگوں کی چنگیروں میں دھری روٹیوں کو بھی سنائی دے جاتی ہے..تو سیاہی کی اُس چُپ میں مولوی نور دین کے گھر کی جانب سے انسانی آوازوں، بڑبڑاہٹوں اور گھسٹتے قدموں کی سرسراہٹ سی سنائی دی..

گھروں میں صرف عورتیں تھیں، اُن کے مرد چوہدری محکم دین کے کنویں پر جا چکے تھے..عورتوں نے پہلے تو کُنڈیاں کھولے بغیر بند دروازوں کے کواڑوں کی درزوں سے آنکھیں لگا کر باہر دیکھنے کی کوشش کی اور جب کچھ نظر آیا تو وہ کوٹھوں پر چڑھ کر منڈیروں پر سے جھانکنے لگیں..

اُن کی کچی سنسان گلیاں اس بہتے ہوئے اندھیرے سے بھرنے لگیں..ایک عجیب سی بارات اُن میں اُترلے

لگی..تاریکی کے باوجود باراتیوں کی شکل وشباہت کچھ کچھ دکھائی دیتی تھی کہ گاؤں کے لوگوں کو اندھیرے میں چلنے پھرنے کی عادت ہوتی ہے اور وہ آسانی سے راستے میں پڑتے کسی ٹیلے، بُوٹے، جھاڑی یا سامنے سے آتے کسی انسان کے چہرے مُہرے کی شناخت کر لیتے ہیں..یکدم وہ بھانپ گئیں، اُن کے اندر خطرے کی ٹہنیاں ٹوٹنے لگیں..جن دنوں کسان عورتیں جنگل بیلے میں ڈیرے لگائے اپنے مردوں کے لیے کھانا لے کر جاتی ہیں تو جنگل کے گھنے پن میں چلتے ہوئے وہ اتنی چوکس ہوتی ہیں کہ کسی ایک ٹہنی کے ٹوٹنے سے اُنہیں خبر ہو جاتی ہے کہ سامنے والے جُھنڈ میں سؤروں کا ایک غول ہے جو مشتعل ہو کر حملہ آور ہو سکتا ہے.. یا کسی گھنی جھاڑی کے اندر ایک جنگلی بلاّ گھات لگائے بیٹھا ہے اور وہ ایک ناگہانی بلا کی مانند یکدم اُن پر آن گرے گا اور وہ فوراً اپنا راستہ بدل لیتی ہیں..تو ان عورتوں کے اندر جو ٹہنیاں ٹوٹ رہی تھیں وہ اُن کو خبردار کرتی تھیں کہ یہ ایک غول ہے..گھات لگائے ایک جنگلی بلاّ ہے..اور یہ بارات جس کا رُخ گوردوارے کی جانب ہے کسی کو بیاہنے نہیں اجاڑنے آئی ہے..اگرچہ وہ اُس لمحے آگاہ نہیں تھیں کہ ہلاکتوں کی بسم اللہ ہو چکی ہے، ایک چوکھٹ کی قدامت مولوی نور دین اور عبداللہ کے خون سے سینچی جا رہی ہے..اُن کے بدنوں کے گھاؤ سے ابھی تک خون بہہ رہا ہے.اور گلی کی نالی کے پانیوں میں ہولے ہولے سُرخی گھول رہا ہے..ان باراتیوں کے ہاتھوں پر اُنہی کے خون کی مہندی ہے اور ایک بیٹی اور ایک بیوی نہیں جانتی کہ وہ کس کی لاش پر ماتم کرے..کبھی ادھر جاتی ہے اور کبھی اُدھر لپٹ جاتی ہے..

یہ بارات جس کے ماتھے پر موت لکھی تھی جب دیدہ دلیر چوروں کی مانند گلیوں میں چلتی گوردوارے کی جانب بڑھتی تھی تو باراتیوں کے کانوں میں کچھ بول سے اُترے..اور یہ بول منڈیروں پر سے جھانکتی، کبھی اُن کے پیچھے روپوش ہوتی اور کبھی ظاہر ہوتی گاؤں کی عورتوں کے لبوں سے جنم لے رہے تھے..وہ بہت ہولے ہولے جیسے ماتم کرتی ہوں، سِٹھنیاں گا رہی تھیں..وہی قدیم روائت کی دشنام بھری بولیاں جن کے ساتھ کسی زمانے میں دنیا پور میں امیر بخش کی بارات کا استقبال کیا گیا تھا...اُس پر اُپلے برسائے گئے تھے..اور آج تو پھر سے وہی بیرونی حملہ آوروں کی بارات تھی جو اُن کے گاؤں کی صدیوں سے باہمی رفاقت اور رشتوں کو توڑنے کے لیے آئی تھی..اور ان کا مقابلہ ممکن نہ تھا صرف بولیوں کے بولنے سے اُنہیں شرمندہ کیا جا سکتا تھا، اُن پر اُپلے پھینکے جا سکتے تھے یہ جاننے کے باوجود کہ وہ رُکنے والے نہیں، وہ جو طے کر کے آئے ہیں اُسے کر گذرنے والے ہیں..

ان میں سے بیشتر باراتی حواس باختہ سے تھے..وہ لُٹ لٹا کے آئے تھے اپنی ماؤں بہنوں کو اپنی آنکھوں سے اُن کے بدنوں تلے چیختے ریزہ ریزہ ہوتے دیکھ کر آئے تھے..اُنہوں نے حاملہ عورتوں کے پُھولے ہوئے پیٹوں میں کرپانیں داخل ہوتی دیکھی تھیں اور اُن میں سے نکالے ہوئے مردہ بچوں کو برچھیوں میں پرویا ہوا دیکھا تھا اور وہ حواس میں نہ رہے تھے..اور اب وہ اُن کے کسی بھی بچے کو پیدا ہوتے نہ دیکھ سکتے تھے اُسے اپنی برچھی کے پھل میں پرو دینا چاہتے تھے...البتہ اُن میں سے کچھ ایسے بھی تھے جنہیں دین دھرم سے کچھ غرض نہ تھی، صرف مار دھاڑ اور لُوٹ مار سے غرض تھی..اگر ایک ایسی ہی بارات کسی ایسی مسجد کی جانب جا رہی ہوتی جس میں مسلمان خاندان پناہ لیے ہوتے تو وہ اُس میں بھی بہر طور شامل ہوتے..اگر اس بارات کا کوئی نہ کوئی دولہا ٹھہرایا جا سکتا تھا تو وہ سید شریف تھا جس کے ہاتھوں میں اُس کی بہن کی ایک خون آلود قمیض تھی..اور بے شک اِن کی بہنوں کے ساتھ وہی کچھ ہو جائے جو اُس کی بہن کے ساتھ ہوا تھا..پھر بھی

جو کچھ ہوگا کم ہوگا اُس کی تشفّی نہ ہوگی..

سِٹھنیوں کے بول سرگوشیوں میں اُن کے کانوں میں اُتر رہے تھے..

ویہڑے آن کھلوتے کنجر

کنجراں دی آئی اے بارات..

نلجیو، لج تہانوں نئیں..

اوران کے ساتھ کوٹ ستارہ کے کوٹھوں اور چوباروں سے گوبر کی پاتھیاں برسنے لگیں..اُنہیں باراتیوں کو اپنے آپ کو بچانے کی خاطر دیواروں سے لگنا پڑا..منڈیروں پر جھانکتی عورتیں سٹھنیاں گاتے بالآخر ایک مصرعے پر اٹک گئیں.. نلجیو لج تہانوں نئیں..بے شرمو شرم تمہیں نہیں..بے شرمو..چونکہ وہ بہت دھیمی آواز میں یہ بولیاں بول رہی تھیں..اس لیے باراتی اُن کے مفہوم سے تقریباً بے خبر رہے لیکن جب گراموفون کی سوئی کی مانند وہ ایک ہی مصرعے پر اٹک گئیں..اُسے بار بار دوہرانے لگیں تو اُنہیں پہلی مرتبہ احساس ہوا کہ یہ تو وہ ہیں جنہیں بے شرم کہا جا رہا ہے..وہ سب مسلّح نہ تھے..مگر بیشتر کے ہاتھوں میں برچھیاں، ٹوکے اور تلواریں تھیں البتہ ایک شخص ایسا تھا جو اُن میں اس لیے معتبر تھا کہ وہ ڈبل بور کی دو کارتوسوں والی شکاری بندوق تھامے ہوئے تھا...اُس نے بندوق کی دونالی کوٹھوں کی جانب بلند کی..جدھر سے سٹھنیاں اور پاتھیاں اُترتی تھیں اور چیخ کر کوٹھوں پر سے جھانکتی عورتوں سے مخاطب ہو کر کہنے لگا..بے شرم ہم نہیں تم ہو..بے غیرتو اگر تمہیں بھی سکھوں نے کھیتوں اور مسجدوں میں برہنہ کر کے اُدھیڑا ہوتا تو اس وقت تم بھی ہمارے ساتھ شامل ہوتیں..بے شرمو..اور اس کے ساتھ ہی اُس نے بندوق کی لبلبی دبا کر فائر کر دیا..

جب سناٹے میں ایک پتہ ٹوٹنے کی آواز بھی کوسوں سفر کر جائے اُس میں اگر ایک دونالی بندوق کے فائر کا دھماکا ہو تو قیامت نازل ہو جاتی ہے..رات کی سیاہی میں بندوق کی نالی سے اُگلے گئے چھرے ستاروں کی مانند بھڑکنے لگے..اور اُس دھماکے کی گونج بیلے میں تھوتھنیاں اوپر کر کے ہاؤ ہو کا غُل مچاتے گیدڑوں تک بھی چلی گئی اور وہ سہم کر چُپ ہو گئے..

چوہدری محکم دین کے ڈیرے پر بندھی سواروں کی منتظر گھوڑیاں ٹھٹک کر ہنہنانے لگیں..اور وہ جو بجھے دل سے بادلِ نخواستہ اُن گھوڑیوں کے منتظر تھے..جنہوں نے اُنہیں کسی عافیت میں لے جانا تھا وہ بھی اس دھماکے سے لرز گئے کہ یہ کیا ہو رہا ہے..

اور اجیت کور اپنی شکل کے سراب میں گم وہ بھی سہم گئی اور آسمان کی جانب دیکھنے لگی کہ واہیگرو یہ کونسا سنکھ ہے جو بج گیا ہے..

ہرنام سنگھ کب کا ٹھنڈا ہو چکا تھا، اُس کا لہو تھم چکا تھا اور پانیوں میں سُرخ چیتھڑوں کی مانند سرسراتا تھا..لیکن دونوں بیل اب بھی سر جھکائے گھنٹیاں کھنکھناتے اپنی نابینائی کے دائرے میں چلتے جاتے تھے..ہرنام سنگھ گادھی پرے لڑھکا

ہوا حرکت میں تھا.. ساری فصلیں ڈوب چکی تھیں کہ کنویں کے اندر سے پانی سے لبریز ٹنڈیں مسلسل سفر میں تھیں.. بیلوں کو روکنے والا کوئی نہ تھا تو وہ سر جھکائے چلتے جاتے تھے.. وہ صُبح سے بھوکے پیاسے تھے.. کبھی نڈھال ہو کر پل بھر کے لیے رُکتے اور پھر خود بخود چلنے لگتے.. وہ تب جا کر رُکے جب چھرے دار دونالی بندوق میں سے جنم لینے والے دھماکے کی گونج اُن کے کانوں کے پردوں کو چھید گئی.. اور تب وہ رُک گئے اور ہرنام سنگھ اُن کے یکدم رُکنے کے جھٹکے سے گادھی سے گرا اور ایک بیل نے پنجالی میں جکڑی گردن کو بمشکل جھکا کر اُس کے سرد ہو چکے بدن کو سونگھنا شروع کر دیا..

منڈیروں پر سے جھانکتی عورتوں میں سے دو ایسی تھیں جو یُوں گریں جیسے اُنہیں غش آ گیا ہو.. کارتوس کے چھرّوں نے اُن کے چہروں کو یُوں چھید دیا تھا جیسے وہ ماتا یا چیچک کا شکار ہو گئی ہوں.. اور یہ چھرّے اُن کے دماغوں کے اندر تک چلے گئے جو سرد ہونے لگے..

یہ بارات رُکنے والی نہ تھی.. پاتھیوں سے جھنجھلائی ہوئی.. سِٹھنیوں کے طعنوں سے کھولتی، مشتعل اور انتقام پر آمادہ گورودوارے کے بند پھاٹک اور چاردیواری کے گرد جا ٹھہری.. اس کے اندر جتنے بھی پگڑیوں والے.. پانچ ککّوں والے تھے وہ سب کے سب وہی تھے.. جنہوں نے اُن کے قافلے اور ٹرینیں روک کر اُن کے بچوں، بوڑھوں اور عورتوں کو اپنی کرپانوں میں ہار کیا تھا.. اُن کی بیٹیوں کو زبردستی گھوڑوں پر لاد کر لے گئے تھے..

وہی تھے.. وہ اُن میں سے ہر ایک کی پگڑی کا رنگ پہچانتے تھے..

وہ سب ایک مدت سے اسی شبِ حساب کے اسی شبِ انتقام کے منتظر تھے پر یکدم اُن کی جنوں خیزی مدھم پڑھنے لگی.. وہ تذبذب میں چلے گئے کہ ہم.. بے شک اپنے آپ کو فریب دیں کہ یہ وہی ہیں پر یہ وہ تو نہیں ہیں.. جیسے ہم اپنے گھروں میں دبکے ہوئے اپنے بچوں اور عورتوں کے لیے لرزتے اور روتے تھے یہ بھی ویسے ہی اِس گورودوارے کی عمارت کے اندر ہماری دہشت سے اپنے بچوں کو اپنی آغوش میں سمیٹتے ہوں گے.. اور اُس لمحے سیّد شریف نے اُس خون آلود قمیض کو سب کے سامنے لہرایا.. پھر اُسے مٹی کے تیل کے کنستر میں جسے وہ اپنے ساتھ لایا تھا بھگو کر آگ لگائی اور بازو گھما کر اُس بھڑکتے ہوئے پیراہن کو گورودوارے کے اندر پھینک دیا.. کنویں کی منڈیر پر جھکی اُس کی تہہ کے پانیوں میں اپنا سوہنا سراب عکس تکتی اجیت کور کے اتنے قریب وہ سلگتی بھڑکتی خون آلود زنانہ قمیض گری کہ اُس کی شلوار کے پائنچے آگ پکڑنے لگے..

اُنہیں.. مولوی نوردین اور عبداللہ کو اب تک آ جانا چاہیے تھا..

کُچھ زیادہ ہی دیر ہو چکی تھی..

بیلے کے اندر بولتے گیدڑ اُس دھماکے کی آواز سُن کر صرف چند لمحوں کے لیے چُپ ہوئے تھے اور اب پھر بلند آواز میں بھونکنے لگے تھے.. سواروں کے منتظر گھوڑے کان سمیٹے چُپ کھڑے تھے..

امیر بخش نے فیصلہ کیا کہ اب اُن دونوں کا انتظار بے سُود ہے، ہمیں چلنا چاہیے... برادری کے مسلّح مرد

کھیتوں میں اُتر کر اُن میں چرتے گدھوں اور خچروں کو گھیر کر واپس لانے لگے.. گھوڑوں کو کھول کر اُنہیں تھپکتے ہوئے جب وہ چلنے لگے.. اور اُنہوں نے بہت دیر سے کوٹ ستارہ کی جانب نگاہ نہ کی تھی اور جب نگاہ کی تو گھوڑوں کی لگامیں اُن کے ہاتھوں سے چھُوٹ گئیں.. وہ کوٹ ستارہ جس کے اندھیرے میں وہ ٹٹول ٹٹول کر قدم رکھتے تھے، چکا چوند ہو رہا تھا.. اُس کے بام و در.. گلیاں اور کوٹھے یوں عیاں ہو رہے تھے کہ اُن کے صحن میں جتنے درخت تھے اُن کا ایک ایک پتّہ روشن ہو رہا تھا.. وہاں.. جہاں اُنہیں جانا تھا.. وہاں ایک الاؤ بھڑکتا آسمانوں کو جاتا تھا.. اور اُس کے روشن شعلے کوٹ ستارہ کے کچّے در و بام کو عریاں کر رہے تھے.. یہاں تک کہ اُس کی حدت اُنہیں اپنے چہروں پر محسوس ہو رہی تھی..

دیر ہو نہیں رہی تھی، ہو چکی تھی..

''پُتّر..'' محکم دین پکارا.''نہ جا.. تیرے جانے سے کُچھ نہ ہوگا..''

اُس نے امیر بخش نے اپنے چاچے کی پکار پر کُچھ دھیان نہ کیا، ایک اندھے شخص کی مانند گرتا پڑتا کوٹ ستارہ کے گورو دوارے کے آگ میں روشن بام و در کی جانب لپکتا ہوا چلا گیا..

''تُو اس کنویں سے دور رہ..'' بھائیا امیر بخش نے اُسے بہت احتیاط سے جیسے وہ چینی سے بنا ہوا ایک نازک کھلونا ہو اُسے پرے کیا تھا''اجیتے.. اس میں مت جھانک.. اس کنویں کے پانیوں پر تیری شکل تیرتی ہے اور کبھی ڈوبتی ہے..''

اُس کی شلوار کے پائینچوں نے آگ پکڑ لی تھی.. اُس بھڑکتی ہوئی زنانہ قمیض نے اپنی آگ اُن میں منتقل کر دی تھی.. اور اُس کا کومل بدن اُس کی حدّت میں بھسم ہو رہا تھا.. چار چفیرے سب کُچھ.. دونوں تندور.. دیگیں، شیشم کا درخت اور جو کُچھ بھی اُس چار دیواری کی پناہ میں تھا، بھسم ہو رہا تھا..

نیچے کنویں کی تہہ میں جو پانی تھے، اُن میں اُس کی شکل کے گرد شعلے بھڑکتے تھے.. اُس کی بالیوں کی لِشک اُن میں معدوم ہو گئی تھی.. وہ پانی اُس کے منتظر تھے..

بھائیا امیر بخش اُسے روکنے کے لیے آس پاس کہیں نہ تھا کہ اجیتے دور رہ.. اُس نے سلگتی ہوئی شلوار کے اندر اپنی جُھلس چکی ٹانگوں کو بمشکل منڈیر پر گھسیٹا اور اپنی شکل سے ملاپ کے لیے.. ایک آخری وصال کے لیے کنویں میں کُود گئی..

چناب کے گدلے یخ پانیوں پر سرگی سویر میں کچّی لسّی ایسی دُھند ٹھہری ہوئی تھی اور اُس کے اندر چڑیاں چہکتی تھیں، شور کرتی تھیں پر دکھائی نہ دیتی تھیں، دُھند میں دُھند ہوتی دکھائی نہ دیتی تھیں اور پھر اُس دُھند میں سے کوئی ست رنگا پکھیرو ہولے ہولے آہستگی سے پرواز کرتا ظاہر ہوتا اور اُسے کنارے پر بیٹھا دیکھ کر ٹھٹک جاتا.. اُس کی موجودگی کی حیرانی سے گویا پتھر ہو جاتا، اُس کے پَر ساکت ہو جاتے، ہوا میں تھم جاتا.. پانیوں میں گر جانے کو ہوتا تو یکدم پروں کو حرکت میں لا کر پھڑ پھڑاتا اور اُس کے سر پر سے اُڑان کرتا گاؤں کی جانب چلا جاتا..

کچّی لسّی ایسی سفیدی والی دُھند جب اُس کی آنکھوں میں اُترتی تو وہ اُن کی نیلاہٹ میں گُھل کر نیلی ہو جاتی اور اُس لمحے دریا پر سرگی سویر میں ٹھہری ہوئی دُھند بھی نیلو نیل ہو جاتی جیسے آسمان دریا پر اُتر کر اُس کے پانیوں پر سانس لینے لگا ہو.. اُس کا چاچا کہتا امیر بخشا چناب کے پانیوں پر سرگی سویر میں دُھند تو ٹھہری ہوتی ہے پر اُس کے اندر پرندے نہیں چہچہاتے.. اگر ہوتے تو کبھی نہ کبھی مجھے نہ دکھائی دے جاتے.. یہ سب تیرا قیاس ہے، گمان ہے..

تب اُن سویروں میں اُن پرندوں کے رنگین پروں میں سے خوشی کی پھوار پھوٹتی تھی، وہ مسرت کے گیت گاتے چہچہاتے تھے پر اب.. وہ سب کے سب سیاہ نظر آتے تھے جیسے اُنہیں دُھواں لگ گیا ہو.. اگر بولتے تھے تو اُن کی کُوک میں ماتم اور الم ناکی کے دُکھڑے فریاد کرتے تھے..

پر یہ نہ قیاس تھا اور نہ ہی گمان کہ اُن سیاہ پرندوں میں سے ایک ایسا پرندہ تھا جو دیکھا ہوا شناسا سا لگتا تھا.. اُس کی نظروں کے سامنے صرف اُسی کے پروں میں سے چنگاریاں پھوٹتیں اور اُسے آگ لگ جاتی اور وہ اُس کی تپش کی تاب نہ لا کر دریا کے پانیوں پر خود بخود گر جاتا اور ڈوب جاتا.. اور یہ منظر بار بار دوہرایا جاتا اور ہر بار وہ اپنے ساکت لبوں کو کھول کر اُسے کہنا چاہتا کہ.. اجیتے دور رہ.. پر وہ پرندہ پھر سے ڈوب جاتا..

دُھند کے اُس ٹھہراؤ میں ایک بے وزن کیفیت میں اُس نے شائد کروٹ بدلی.. اپنے تئیں اپنا بایاں بازو سر کے نیچے رکھ کر اُس کے سہارے آرام کرنا چاہا پر وہاں ایک خلاء تھا.. سر تلے کوئی سہارا نہ تھا.. بایاں بازو کہاں چلا گیا.. کیا یہ بھی ایک گمان تھا کہ اُس کا وہ ہاتھ پانیوں کی دُھند میں گم ہو گیا ہے..

کیا وہ کسی سطح پر زندہ تھا یا مر چکا تھا..

دُھند میں سے صرف پکھیرو ہی نہیں چہرے بھی ظاہر ہوتے تھے.. اُس پر جُھکتے اُس کی آنکھوں تک آتے تھے، وہ

کُچھ پوچھتے تھے کہ اُن کے لب ہلتے تھے پر کُچھ سنائی نہ دیتا تھا، وہ ایک ایسے سناٹے میں بول رہے تھے جس کے پار جانا اُس کے لیے ممکن نہ تھا..

لوگ آتے جاتے رہتے تھے.. اُس کے اوپر جُھک کر کُچھ کہتے تھے اور دور ہو جاتے تھے.. جیسے کسی مرنے والے شخص کے قریب ہو کر لوگ اُس کے لیے پڑھتے ہیں اور چلے جاتے ہیں.. لیکن وہ مردہ نہ تھا.. کبھی کبھار وہ اپنے اوپر جھکنے والے چہرے کی شناخت کے قریب ہوتا تو وہ چہرہ پرے ہو جاتا.. یہ کُچھ دیر صبر کیوں نہیں کرتے.. کوئی ایسا ہو جو اتنی دیر جھکا رہے کہ وہ اُسے پہچان جائے اور اُسے یقین ہو جائے کہ وہ کسی انجانی سطح پر سانس لے رہا ہے، مرا نہیں.. پر کوئی تا دیر ٹھہرتا نہ تھا.. اُس سناٹے میں البتہ اُسے کبھی کبھی گھوڑوں کی ہنہنانے کی آوازیں آتیں، کچے کوٹھوں کو روشن کرتا ایک الاؤ بھڑکتا نظر آتا اور فوراً ہی نیلی دُھند میں ڈوب جاتا..

عیسےٰ کو جب صلیب سے اُتارا گیا تھا تو اُس کے حواری اور چاہنے والے بھی تو یونہی اُس کے چہرے پر جُھکتے ہوں گے.. شائد اُس نے بھی یہی خواہش کی ہو کہ کوئی چہرہ ذرا دیر تک جُھکا رہے تا کہ میں پہچان کروں کہ وہ کون ہے جو میری موت پر رنجیدہ ہے اور کیا وہ بھی اب سوگوار ہے جس نے میری مُخبری کی تھی..

اُس کا بھائیا ایک نیلی دُھند میں ملفوف.. گوردوارے کے باہر پہنچ چکا تھا پر نہ وہ اُس کی دوہائی سُن سکتا تھا اور نہ اُسے روک سکتا تھا کہ اجیتے کنویں میں مت جھانک.. دور رہ اور نہ اُس کی مدد کو پہنچ سکتا تھا کہ وہ خود نرغے میں آچکا تھا.. اُس کی دراز قامتی، برف سفید بالوں اور نیلاہٹ بھری وحشت کو اپنے درمیان پا کر اُس بارات کے سب لوگ یکدم ٹھٹک گئے.. وہ جو درو دیوار پر تیل اُنڈیلتے اُس پر جلتے ہوئے چیتھڑے پھینکتے تھے اور وہ بھی جو پھاٹک کھولنے میں کامیاب ہو کر بھڑکتی ہوئی عمارت کے اندر جا کر ہر زندگی کو منقطع کرنے والے تھے، رُک گئے..

''تم کون ہو؟'' خواب اندر خواب دُھند نہ تھی کثیف دھواں تھا جس میں سے کوئی قہرناک آواز میں پُوچھتا تھا..

کیا وہ خود تھا یا کوئی اور تھا جس نے جواب دیا تھا کہ میں امیر بخش ہوں چوہدری محکم دین کا بیٹا..

''حائل کیوں ہوتے ہو؟''

''میں اسی گاؤں کا ہوں اور اس چار دیواری کے اندر جو لوگ راکھ ہو رہے ہیں، وہ میرے گاؤں کے ہیں.. اندر میری ایک بہن بھی ہے..''

''بہن؟'' وہ اچنبھے میں چلے گئے.. ''ایک مسلمان لڑکی اندر کیا کر رہی ہے..''

''وہ سردار ہرنام سنگھ کی بیٹی ہے اجیت کور.. میری بہن..''

بارات میں ایک شخص جو مخمور لگتا تھا قہقہہ لگا کر بولا ''تو تُو اپنی سکھ بہن کا یار ہے..'' وہ لپک کر اُس کے گلے کی جانب بڑھا تھا پر کسی نے اُسے اتنی شدت سے دھکیلا کہ وہ لڑکھڑایا اور پھر سنبھل گیا تھا..

دیر ہو رہی تھی.. وہ پھر سے درو دیوار پر تیل اُنڈیلنے لگے، اُسے آگ دکھانے لگے اور وہ جو پھاٹک کے اندر جاتے ہوئے رُک گئے تھے برچھیاں سیدھی کرتے، تلواریں سونتے اندر داخل ہو گئے.. اگرچہ اُنہیں ان برچھیوں اور

تلواروں کی چنداں ضرورت نہ تھی.. آگ نے پورے گوردوارے کو اپنی لپیٹ میں لے لیا تھا یہاں تک کہ بیری کے درخت کا ہر پتّہ جل رہا تھا اور اُس کے سائے میں جو کنواں تھا وہ آگ کی حدت سے اُبل رہا تھا.. اجیتے کے بعد اور بہت سی سردارانیوں کے بدن اُس میں گرے اور ڈوب گئے.. اُن میں سے ایک اپنے سہاگ کے زیوروں سے لدی ہوئی تھی..

''ان کا کچھ قصور نہیں.. یہ وہ نہیں جنہوں نے تمہاری ماؤں بہنوں کے ساتھ ظلم کمائے تھے.. جنہوں نے پوری ٹرینوں کو تہہ تیغ کر دیا تھا.. وہ نہیں ہیں..''

''وہ نہیں پر اُن کے قبیلے کے ہیں.. اُنہی کی شکلوں والے ہیں..'' یہ سیّد شریف تھا جو سناٹے کی اُس دُھند میں بار بار ظاہر ہوتا تھا ''تمہاری ماؤں بہنوں کے پیٹوں میں خوابیدہ جو بچے تھے، اُنہیں کرپانوں کی نوک سے نہیں جگایا گیا، تم نہیں جان سکتے.. تم ناواقف اور نادان ہو.. خواہ مخواہ حائل نہ ہو.. وہ تمہارا مولوی اور اُس کا سکھ داماد بھی حائل ہوئے تھے.. بلکہ تم میں اگر کچھ غیرت باقی ہے تو آخری ہلّے میں ہمارا ساتھ دو..''

نہ منت سماجت کام آ رہی تھی اور نہ ہی کوئی انسانی منطق کی فریاد ''میں حائل ہوں گا..''

تب اُس بارات کے آخر میں سے ایک ادھیڑ عمر شخص ہجوم کو چیرتا ہوا آگے آیا سید شریف نے اُسے امیر بخش کی جانب آتے دیکھا تو ہاتھ آگے کرتا ہوا بولا ''نہیں رُکو..''

پر وہ نہ رُکا..

ابھی تک وہ کنواری تھی.. اُس ادھیڑ عمر شخص کے ہاتھوں میں جو تیز دھار تلوار تھی ابھی تک خون آشنا نہ ہوئی تھی..

وہ امیر بخش کے کاندھے پر گری.. اُسے بے دریغ چیرتی چلی گئی اور یوں بیاہتا ہو گئی.. اُس کی دھار پر مہندی لگ گئی.. اُس لمحے چناب کے پانیوں کے اوپر ٹھہری ہوئی کچّی لسّی ایسی سفید دُھند میں جتنے بھی جھکتے پکھیرو تھے اُن کے بیچ میں ایک کٹا ہوا انسانی بازو آن گرا تھا.. وہ کچھ دیر تک چھپکلی کی کٹی ہوئی دم کی طرح جان کنی کی حالت میں پھڑکتا رہا اور پھر ٹھنڈا ہو گیا.. مردہ ہو گیا..

امیر بخش ایک مسحور کیفیت میں اپنے ہی بدن کے ایک حصے کو اپنے سامنے زمین پر پھڑکتا دیکھتا رہا.. اور اُس نے پہلی بار اپنی پانچوں اُنگلیوں کو اتنے فاصلے سے غور سے دیکھا، وہ مخروطی شکل کی تھیں اور اُسے افسوس ہوا کہ اُس نے اپنے ناخن کئی روز سے نہیں کاٹے تھے.. اُنہی انگلیوں نے کبھی صابن کی ٹکیوں سے بھرے ایک بھاری صندوق کو اُٹھایا تھا..

ثناء اللہ بٹ کے تندور کی حدّت محسوس کی تھی..

چناب کے پانیوں میں تیری تھیں..

مینڈک پکڑے تھے..

اپنی پہلی اینٹ کو شکل دی تھی..

نور بیگم کا گھونگھٹ اُٹھایا تھا..

اُنہی اُنگلیوں نے جو اُس کے سامنے یوں پڑی تھیں جیسے اُس کے ساتھ کبھی بھی اُن کا کوئی واسطہ نہ تھا.. کسی اور کی اُنگلیاں تھیں اُس کا پورا بازو اور وہ انگلیاں ایک نیلی دُھند میں ڈوبتی ابھرتی تھیں.. نہیں ایسا تو نہیں ہونے کا.. کہ انسان ایک

لمحے کامل ہو اور اگلے لمحے اُس کی کاملیت اُس کے سامنے کٹ گرے.. وہ کوئی مٹی کا باوا تو نہیں تھا کہ اُس کا ایک بازو توڑ کر اُس کے سامنے پھینک دیا جاتا..

نیلی دُھند میں صرف اُس کا بازو ہی نہیں.. کنگھیاں.. کڑے، کرپانیں، بچوں کے گڈے گڈیاں.. مٹیاروں کے پراندے.. بوڑھوں کی لاٹھیاں اور پگڑیاں.. گرنتھ صاحب کے اوراق اور اُن پر جھلے جانے والے مور کے پروں کے پنکھے... گھی کے کنستر.. آٹے کی بوریاں اور اپنی آبائی سرزمین سے بچھڑنے کے دُکھ.. دریا کنارے وہ شمشان گھاٹ جس کی زمین میں اُن کے بڑوں کے بدنوں کی راکھ تھی اور چناب جن میں اُن کے پھول اُن کی ہڈیاں بہتی جاتی تھیں.. اُن کی مست آنکھوں والی بھینسیں اور مُنہ زور بیل اور وہ مٹی جس میں اُن کی پشتوں کے پسینے تھے.. اور وہ کنویں جن میں پانی نہ تھا امرت تھا جو اُن کے بدنوں اور کھیتوں کو سیراب کرتا تھا.. اُن کے بچپن.. جوانیاں اور بڑھاپے اور کیا کیا کچھ وہ سب کچھ ایک بڑی چتا میں جل رہا تھا..

وقت شہروں اور بڑی بستیوں میں چلتا ہے، گذرتا ہے.. اُس کی گذرگاہ کے نشان گلی، محلوں اور وہاں کے مکینوں کے چہروں پر ثبت ہوتے جاتے ہیں لیکن جو دور افتادہ گاؤں ہوتے ہیں، کوٹ ستارہ جیسے وہاں وقت گذرتا نہیں، ٹھہرا رہتا ہے.. اُن پر صدیاں گذر جاتی ہیں پر اُن کا کوئی نشان نہیں ملتا.. وقت کی اثراندازی کا کوئی نقشہ وجود میں نہیں آتا.. تو جانے کتنے برس گذر گئے تھے اُس خواب اندر خواب کی نیلی دُھند میں کچھ حساب نہ تھا..

اور وہ پہلا چہرہ تھا جو اُس پر تادیر جھکا رہا اور اُس کی آنکھوں سے بہتے جو آنسو تھے.. اُس کے بے جان دکھائی دیتے خدوخال پر پڑے اور اُس کی آنکھوں میں اُس کی پہچان.. وہ کبھی اُس کے ساتھ ایک ڈوری ایک ناڑو سے بندھا ہوا تھا.. پھر کٹ گیا تھا.. اور اب پھر سے جڑ گیا تھا.. ماں تھی.. اب اُسے یقین ہو گیا کہ وہ کسی ایک سطح پر زندہ ہے.. ماں کے چہرے کی شناسائی اُس کے زندہ ہونے کی توثیق کرتی تھی..

نیلی دُھند میں وقت کا کوئی پیمانہ نہ تھا جو اُسے خبر کرتا کہ کونسے زمانے ہیں.. ماں کے چہرے کی پہچان آنکھوں میں نقش ہوئی تو تو پھر یہ سلسلہ چل نکلا.. کسی ایک لمحے میں اُس پر عزیز جہان جھکتا تھا.. اور اُس کے برابر میں مٹی کی ایک عورت تھی اور پھر اُس کے نتھنوں میں مُردار کی بُو آئی تو وہ جان گیا کہ یہ سروسانسی کے سوا اور کون ہو سکتا ہے.. کوئی ایک زمانہ ایسا آیا جب آنکھیں دیکھنے لگیں تو کان بھی آواز سے آشنا ہونے لگے اور اُس کے کانوں میں ایک نامانوس صدا آئی.. نیلی دُھند میں تیرتی ایک اجنبی صدا آئی... یہ ریڈیو پاکستان ہے..

ریڈیو پاکستان..

ایک صدا اپنا ملک کیسے بدل سکتی ہے..

اُس کے کانوں کو، یہ آل انڈیا ریڈیو ہے.. سننے کی عادت تھی..

پر اُسے یہ نامانوس صدا.. یہ ریڈیو پاکستان ہے.. اچھی لگی..

اور پھر ایک ایسی صُبح آئی جس میں ایک ایسا چہرہ اُس کے روبرو تھا جو اُس کا اپنا چہرہ تھا جیسے اُس کے سامنے ایک

آئینہ ہو جس میں وہ اپنی شکل دیکھتا ہو اور اُس چہرے کے برابر میں نیلی دُھند میں سے نور بیگم کا قدرے سوگوار مگر مسکراتا ہوا مہاندرہ ظاہر ہوا..

''یہ روشن ہے..''

یہ آواز زمانوں کے دھندلکوں میں مسافت کرتی اُس کے کانوں میں آئی..

''کون روشن..'' وہ لب جو صدیوں سے حنوط پڑے تھے پہلی بار کُھلے..

''تمہارا بیٹا روشن.. یہ ایک برس کا ہو چکا ہے..''

وہ جو کبھی شاندار تھا، اب ایک مانگت ہو چکا تھا، مانگ تانگ کر گذارہ کرتا تھا.. اگر بخت جہان کی پُر تکبر شوکت اور شانداری نہ رہی تھی تو دنیا پور بھی وہ نہ رہا تھا.. اُس کے سکھ یار چلے گئے تھے، اپنی آبائی زمینوں، کوٹھوں، گھروں اور شمشان گھاٹوں سے بے دخل ہو کر جتنے بھی چُھروں اور بلموں سے بچ نکلے تھے، چلے گئے تھے..

نور بیگم جب کبھی دنیا پور آتی تو کُچھ دے دلا کر ہی واپس لاہور جاتی، زینب بیگم بھی کسی آتے جاتے کے ہاتھ اُسے کُچھ نہ کُچھ بھیجتی رہتی.. آخر سگی بھتیجیاں تھیں.. صدقے خیرات کے چاول بھی آ جاتے.. فتح محمد جواب حوالدار ہو چکا تھا اپنی ماں کو اپنی تنخواہ ساری کی ساری بھیج دیتا اور وہ خود اُس میں سے کُچھ رقم اپنی مرضی سے اسے خرچے پانی کے لیے واپس کر دیتی پر اُسے بخت جہان کو ہوا نہ لگنے دیتی.. البتہ صاحباں کی ہر حاجت پوری کرتی، اُسے گراموفون کی سوئیوں کی تھوڑ نہ ہونے دیتی کہ بس یہی اُس کے درد کا درماں تھا، یہی دوا دارو تھا.. ''بدریا برس گئی اُس پار'' اور ''جب دل ہی ٹوٹ گیا'' سننا اور ان گیتوں سے اپنے مسخ شدہ چِنّے کو ٹکور کرنا.... اور غلام محمد، وہ تو اُس کی شکل بھی بھولتا جاتا تھا.. وہ یقیناً اب بھی راتوں کو کبھی کبھار آتا ہو گا ماں سے مل کر چلا جاتا ہو گا پر اب وہ اگلی سویر گہنے ٹومبوں میں لدی سنوری ہوئی بیٹھی ہوئی نہ ہوتی تھی.. وہ ضرور بر ضرور امرت کور کو چوری، ڈاکے کے گہنے زیور دے کر جاتا ہو گا لیکن جب سے وہ اُس کے بھائی نمبردار کی قبر کھودتی ہوئی پکڑی گئی تھی تب سے وہ احتیاط کرنے لگی تھی..

پاکستان کو وجود میں آئے ہوئے سات برس ہونے کو تھے.. یہ نیا ملک اُسے تو موافق نہ آیا تھا، یہ برس اُس پر بہت بھاری گذرے تھے.. وہ بخت جہان جس کے قہر سے لوکائی پناہ مانگتی تھی ایک مردہ ہو چکے مرغ کے لیے اپنی اُس بھتیجی کی چوکھٹ کے باہر کھڑا رہتا تھا جس کی ڈولی روکنے کی نیت سے وہ نمبردارنی کے صحن میں اُترنے کو تھا کہ اُس سفید بالوں والے لمبے تڑنگے امیر بخش نے سہرا اُٹھا کر اُسے ایسی تیز دھار نیلاہٹ بھری نظروں سے دیکھا تھا کہ اُس کی ٹانگوں کی ہڈیاں موم ہو گئی تھیں..

پر آج شب وہ خمار میں گئے زمانوں کی سیر کرتا تھا.. افیون کی دو گولیوں کی مستی کے سوا اُس کے زوال پذیر تن بدن میں سر و سانسی کے سُسر چاچے لنگڑ سانسی کی تیار کردہ زہری شراب کے پیالے تیرتے پھرتے تھے.. اور اُن کے ہمراہ بسنتی اتھری اور بگّی کی ہنہناہٹ مُنہ زور ہوئی جاتی تھی.. چاچے لنگڑ کی زہری شراب اُس نے اُس رقم سے خریدی تھی جو شریفاں جولاہی نے ڈرتے ڈرتے اُسے زکوٰۃ کے طور پر دی تھی.. وہ بہت دیر تک اس مخمصے میں رہا کہ کیا زکوٰۃ کی رقم سے

شراب خریدنا جائز ہے یا نہیں.. پھر وہ اس نتیجے پر پہنچا کہ زکوٰۃ دینے والے کو تو بہر طور ثواب حاصل ہو گیا اب یہ لینے والے پر منحصر ہے کہ وہ اس رقم سے بے شک عذاب خرید لے..

بسنتی اتھری اور بکّی کی ہنہناہٹ اور سموں کی آواز اُس کے کانوں میں یُوں اتر رہی تھی جیسے وہ دونوں آج بھی اُس کے اصطبل میں بندھی بے چین ہوں.. اُس نے ارادہ کر لیا کہ وہ اٹھے گا اور اُن میں سے ایک پر کاٹھی ڈال کر اُس پر سوار ہو کر اُسے نت کلاں کی جانب سرپٹ دوڑا دے گا جہاں لہناں سنگھ اُس کا منتظر ہے پر اُس لمحے اُن کی ہنہناہٹ معدوم ہوئی اور اُسے ایک اور آواز سنائی دینے لگی.. می آؤں.. می آؤں.. کہیں ایک مور بولتا تھا..

یہ سب اُس کڑی یا ہوئے لنگڑ کا قصور تھا جس کی تیار کردہ شراب کے اندر کہیں یہ مور پوشیدہ تھا..

اور یہ آواز یوں لگتا تھا کہ زمانوں کے فاصلے طے کرتی.. اُن زمانوں سے جب چولستان میں سرسوتی نام کا ایک دریا بہاؤ میں تھا اور اُس کے کناروں پر ایک گھنا جنگل تھا وہاں سے زمانے عبور کرتی اُس کے کانوں تک پہنچ رہی تھی.. می آؤں.. می آؤں..

اُس کی آنکھوں سے خمار رخصت ہونے لگا.. تن بدن میں تیرتے پیالے اور گھوڑیوں کی ہنہناہٹ اس مور کی منحوس آواز سے معدوم ہو گئے.. چوکھٹ کے پار چاندنی میں ڈوبا ہوا وہ صحن تھا جس میں کبھی دلاری بائی کے حنا آلود سامری پاؤں تھرکتے تھے.. اور وہاں چھٹکی ہوئی دودھیا چاندنی میں اُسے شائبہ سا ہوا کہ ایک سایہ حرکت کرتا ہے..

''امرت کورے..'' اُس نے برابر کی چارپائی پر خراٹے لیتی کنیز فاطمہ کو زور سے جھنجھوڑا..

وہ ہڑبڑا کر اُٹھ بیٹھی اور کہنے لگی ''جہانیاں.. شرم کر..''

''نہیں نہیں..'' وہ بڑبڑایا ''میں نے تمہیں کسی کام کے لیے نہیں جگایا، آنکھیں کھول کر دیکھو.. ویہڑے میں ایک مور چلتا پھرتا ہے..''

ویہڑے میں سوائے چاندنی کے سنّاٹے کے اور نہ تھا..

''جہانیاں..'' وہ بڑبڑاتی ہوئی پھر سے چارپائی پر دراز ہو گئی.. ''شراب تو خیر جی داروں کا پانی ہے پر افیون تو ڈراکل لوگوں کی پناہ ہے.. تُو ڈر گیا ہے.. ویہڑے میں کوئی بھی نہیں ہے..''

''میں اور ڈر جاؤں..'' وہ لڑکھڑاتا ہوا اٹھا اور جوتی پہنے بغیر صحن میں چلا گیا.. ''میں اس کڑی یا ہوئے مور کی گردن نہ مروڑ دوں تو بخت جہان نہیں..''

تو مور وہاں تھا، ایک سائے کی صورت اُسے نظر آ رہا تھا.. دودھیا چاندنی میں ایسا دکھائی دیتا تھا کہ اُس کے آر پار دکھائی دیتا تھا.. وہ اُس کی جانب لپکا.. اُسے آگے بڑھ کر دبوچنے کی کوشش کی پر وہ تو جیسے دُھند کا بنا ہوا تھا ہاتھ نہ آتا تھا.. اس کوشش میں وہ ناند سے جا ٹکرایا اور پھر ایک دیگچی سے ٹھوکر کھا کر گرنے کو تھا کہ بمشکل اپنے آپ کو سنبھال لیا.. اُس کی ٹھوکر کا شور محلّہ مغربی پر اُتری چاندنی کی چُپ میں گونجا اور پچھلے پسار کے اندر تک چلا گیا..

''کون ہے؟'' صاحباں کی اذیّت بھری پکار آئی..

اس پکار نے اُس کے اندر تیرتے سارے پیالے توڑ دیئے.. ''میں ہوں پتر..''

''خیر ہے ناں چاچا..''

''ہاں پتر..''

اُس کے کانوں میں دلاری بائی کے مُجرے کی رات کے گھنگھرو چھنکنے لگے، دائی پھاتاں کی سرگوشی زندہ ہونے لگی کہ چوہدری..تو ذرا الگ ہو کر میری بات سُن..اُس رات کو بیتے ہوئے کتنے زمانے گذر چکے تھے..تب وہ شاندار تھا اور اب وہ مانگت تھا..صاحباں اپنی تڑی مڑی مسخ شدہ حالت میں ایک کوٹھڑی میں پڑی..کتابیں پڑھتی..ریکارڈ سنتی بڑی ہو چکی تھی..اور اُس کی موت کے دن قریب آ رہے تھے..وہ ڈولتے قدموں سے اُس کی کوٹھڑی میں داخل ہوا.''میں ہوں صاحباں..تُو ابھی تک سوئی نہیں؟''

''چاچا تجھے نہیں پتہ کہ میرے اندر دن رات اذیت کے چشمے پھوٹتے ہیں، میں سو نہیں سکتی.''

''مجھے پتہ ہے پتر..سوہنے رب کی یہی مرضی تھی..''

''وہ رب کیسے سوہنا ہو سکتا ہے جس کی یہ مرضی ہو..پر تو کیوں جاگ رہا ہے..''

''پُتر..مجھے ویہڑے میں ایک مور چلتا پھرتا دکھائی دیتا ہے..بولتا سنائی دیتا ہے، کیا تجھے بھی کُچھ دکھائی یا سنائی دیتا ہے..''

''یہ مور..ویہڑے میں نہیں تیرے وجود کے اندر کُوکتا ہے..تیرے کیا ہر انسان کے اندر بولتا ہے..یہ مور موت کی منادی کرتا ہے..ایک نقارہ ہے جو مسلسل بجتا ہے..مُجھے تو یہ جب سے میں پیدا ہوئی ہوں مسلسل سنائی دیتا ہے اور میں جان چکی ہوں، پڑھ چکی ہوں کہ مجھ ایسی پیدائش والے بچے کبھی بوڑھے نہیں ہوتے، پچیس تیس برس کی عمر میں بہر طور مر جاتے ہیں..تو میرے دو چار برس رہ گئے ہیں..اسی لیے یہ مور میری موت کی منادی کرتا ہے..اور میں منتظر ہوں..''

بخت جہان کی آنکھوں سے آبشاریں بہہ نکلیں اور وہ صاحباں کی پائنتی سے لگ کر بلک بلک کر رونے لگا..

گلیاں، کوٹھے، شجر اور کھیتوں کی ہریاول، ڈیروں پر کھلے آسمان تلے بندھے مویشی، کسان چارپائیوں میں گھوک سوئے ہوئے..یہاں تک کہ دیواروں سے چسپاں بے ترتیب اُپلے، سب پر چاندنی چھٹکی ہوئی تھی جب پھاٹک پر کسی کے ہاتھ پڑے، دستک دینے لگے..دستک میں زور نہ تھا پر وہ سنائی دے رہی تھی..

''چاچا..کون آیا ہے..پتہ کر..''

بخت جہان کی آنکھوں میں سے جو نمی مسلسل پھوٹتی تھی اُس کے پار ویہڑے میں چاندنی جھلملاتی تھی..''اگر ویہڑے میں مور نہیں ہے تو یہ دستک بھی نہیں ہے..یہ بھی کہیں ہمارے اندر کے کواڑ ہیں جن پر دستک ہوتی ہے.'' پر یہ واہمہ نہ تھا ایک گونجتی حقیقت تھی، وہ بڑبڑاتا ہوا، رات کے اس پہر یہ کون کڑی یا ہوا آ گیا ہے، اٹھا، آنکھیں پونچھتا پھاٹک تک گیا..کُنڈی اُتار کر اُس کے کواڑ بمشکل کھولے اور اُن میں سے مور کے سائے کی مانند ایک سایہ لڑکھڑاتا ہوا صحن میں آیا، کُچھ دیر قائم رہا اور پھر اُس کے قدموں کے قریب ڈھیر ہو گیا..اُس میں جان تھی کہ وہ کراہتا تھا..

''اوئے کون ہے؟'' بخت جہان ڈرنے والا تو نہ تھا پر اب ڈر گیا..

وہ ڈھیر اپنے آپ کو سمیٹتا ویہڑے میں اُتری چاندنی میں بمشکل اُٹھا..سیدھا ہوا..اُس میں سے ایک مہک آتی

تھی جیسے گرم خون اُبل رہا ہو..اور پھر اُس میں سے ایک ناتواں مرتی ہوئی فریاد نکلی ''چاچا..میں ہوں..''

''تو کون؟''

''میں..نونہال سنگھ..تیرا بیٹا..میں ہوں..''

''اچھا تُو ہے..'' وہ طیش میں آ گیا ''آج میرا بیٹا بن بیٹھا ہے..راتوں کو آ کر اپنی ماں کو گہنوں سے لاد کر چوری چھپے چلا جاتا ہے، کبھی باپ کا حال پُوچھا تھا..اُدھر تیری ماں سوئی مری پڑی ہے..جا کر اُس کے قدموں میں گہنے ڈھیر کر دے..تیرا باپ بنا شک ایک موئے ہوئے مُرغ کے لیے مانگت ہو جائے..''

''میں ماں تک جانے جوگا نہیں ہوں چاچا..مجھے بیریوں نے گھیر لیا، میرے بدن کو برچھیوں سے چھید دیا..میری دہشت میرے کُچھ کام نہ آئی..لوریی والا کے گاؤں والوں نے مجھ اکیلے کو گھیرے میں لے کر چھلنی کر دیا..میرے بدن میں لہو کی دو چار بوندیں ہوں گی، باقی سب ان چھیدوں میں سے بہہ گیا..جیسے گنّے میں سے رَس نکل جائے تو باقی پھوک رہ جاتا ہے ایسے میں بس پھوک رہ گیا ہوں، میں مرنے کے لیے یہاں اپنے گھر آ گیا ہوں چاچا..'' اُس کی آواز میں خرخراہٹ تھی..گلے میں سے نکلتی تھی تو بھاری ہوتی جاتی تھی..''میری ماں کہاں ہے چاچا..''

بخت جہان اُسے سہارا دینے کے لیے بازو وا کیے آگے ہوا تو اُس لمحے لہو کی دو چار بوندیں جو اُس کے چھیدے ہوئے بدن میں باقی تھیں ٹپ ٹپ چاندنی میں نہائے ہوئے صحن کے کچے فرش پر گریں اور وہ مر گیا..

وہ بنی ٹھنی، ایک دولہن کی مانند سجی بنی، سر سے پاؤں تک سونے کے زیوروں میں لدی ہوئی کبھی شرماتی تھی اور کبھی اپنے آپ سے باتیں کرنے لگتی تھی، اور کبھی کھودے جانے والی قبر کی مٹی کو مُٹھی میں بھر کر اُس پر پھونکیں مارتی کہتی تھی. اے مٹی تو نے میرے نونہال کا میرے غلام محمد کا بہت خیال رکھنا ہے، اس کا دھیان کرنا ہے، اسے گلے لگا کر لاڈ پیار کرنا ہے اور دلاسے دینے ہیں کیونکہ جب یہ تیری اندھیاری کوٹھڑی میں آنکھیں کھولے گا تو گھبرا جائے گا کہ یہ میں کہاں آ گیا ہوں..تو مٹی تم نے اسے اپنی گود میں لے کر لوریاں سنانی ہیں..اسے تھپک تھپک کر سلانا ہے اور جب اس کے سوہنے بدن کو کیڑے کھانے لگیں گے تو ذرا کیڑوں سے بھی کہہ دینا کہ یہ نازک ملوک ہے، اسے کھاتے ہوئے زیادہ تکلیف نہ دیں..اے مٹی..

امرت کور دلہن بنی بیٹھی تھی..

اس مٹی میں سب سے پہلے تو الف جہان نے بسیرا کیا تھا، پھر اُس کے پہلو میں اُس کی بھتیجی ماہلو آ گئی تھی اور اُس کے برابر اُس کا باپ محمد جہان اُس کی جدائی کے دُکھ کا مارا ہوا آن لیٹا تھا..نونہال کی قبر اُن کے برابر میں کھودی جا رہی تھی..

جس لمحے نونہال اُس کی بانہوں میں ڈھیر ہوا تھا امرت کور اپنی گُھوک نیند میں سے یکدم بیدار ہو کر چیختی چلاتی لپکتی ہوئی ویہڑے میں آ گئی تھی اور اپنے بیٹے کی لاش سے لپٹ کر بین کرنے لگی..وہ سویر ہونے تک روتی کُرلاتی رہی اور سارے دنیا پور کو خبر ہو گئی کہ اُس کا ڈکیت بیٹا مارا گیا ہے..

سویر ہوئی تو بخت جہان نے اُسے نونہال کی لاش سے الگ کر کے کہا ''امرت کورے آخر کو یہ تیرا جنا ہوا ہے.. اب تو نے دین ایمان سے فیصلہ کرنا ہے کہ نونہال کا کیا کرنا ہے..''

امرت کور مسلسل سر ہلا رہی تھی، سینہ کوبی کرتی نونہال کے بچپن کو یاد کر رہی تھی کہ تُو کیسے میرے آنگن میں رینگتا پھرتا تھا، کب تو نے مجھے ماں کہا تھا تو جب اُس کے کانوں میں یہ آواز آئی کہ نونہال کا کیا کرنا ہے تو وہ یکدم چُپ ہوگئی..

''کیا مطلب کہ..کیا کرنا ہے..''

''بیٹا تیرا ہے..تو نے میرے لیے اپنا دھرم بدلا..امرت کور سے کنیز فاطمہ ہوگئی..تو کیا دل کے اندر سے ہوگئی.. نہیں صرف میرے عشق میں ہوئی تو فیصلہ تم نے کرنا ہے کہ نونہال اگر غلام محمد ہے تو اسے دفن کرنا ہے اور اگر نہیں ہے تو جلانا ہے، تیرا حق بنتا ہے..''

''دنیا پور میں کوئی شمشان گھاٹ رہ گیا ہے جہانیاں..اسے کہاں جلائے گا..''

''میں بے شک منگتا ہو گیا ہوں پر کسی میں اتنی جرأت ہے کہ اگر میں اپنے بیٹے کو جلانا چاہوں تو مجھے روک سکے.. فیصلہ تیرا ہے..''

''جہانیاں..جب گورونانک پورے ہو گئے تھے تب بھی اسی جھگڑے نے سر اُٹھایا تھا..اُن کے ہندو مُرید کہتے تھے کہ ہم انہیں جلائیں گے اور مسلمان ماننے والے اصرار کرتے تھے کہ وہ مسلمان تھے، حج کر چکے تھے اس لیے وہ اُنہیں دفن کریں گے..اور جب اُنہوں نے بابا جی پر سے چادر اٹھائی تو وہ وہاں موجود نہ تھے..تو اُس چادر کے نصف حصے کو ہندوؤں نے نذر آتش کیا اور بقیہ حصے کو مسلمانوں نے دفن کر دیا..''

''امرتے..نونہال ایک ڈکیت تھا، نانک تو نہ تھا..''

''مُجھے الجھاؤ میں نہ ڈالو بخت جہان..وہ میرا بیٹا تھا، میرے لیے تو نانک ہی تھا، تیرے جو جی میں آتا ہے کر..''

فتح محمد قریب ہی کھاریاں چھاؤنی میں تعینات تھا، پہنچ گیا..اُس نے نونہال کا چہرہ دیکھنے سے اجتناب کر لیا..وہ اُس کے لیے ایک اجنبی ہو چکا تھا..وہ صرف اُن وقتوں میں گم تھا جب وہ دونوں اپنی ماں کے گھٹنوں سے الگ نہ ہوتے تھے..اور اگر اُس نے فیصلہ کر لیا تھا کہ وہ اُن کے باپ لہناں سنگھ کو ترک کر کے بخت جہان کے ویہڑے میں چلی جائے گی تو وہ بھی اُس کے ساتھ چلے آئے تھے..کلمے پڑھ کر اپنے آپ کو کٹوا کر مسلمان ہو گئے تھے..اُسے بس اُنہی زمانوں سے سروکار تھا، وہ اپنے سگے بھائی کا چہرہ نہیں دیکھنا چاہتا تھا..

امرت کور گہنوں میں سجی دولہن بنی بیٹھی تھی..

کھودی گئی مٹی میں سے ایک موٹا مکوڑا نمودار ہوا..

پھر ایک اور مکوڑا ابھر بھری نرم مٹی میں سے ظاہر ہونے لگا..اور پھر تانتا بندھ گیا..نونہال کی قبر کی مٹی میں سے مکوڑے نمودار ہوتے چلے گئے..پھر اُن میں سے کُچھ مکوڑے امرت کور پر چڑھنے لگے..رینگتے ہوئے اُس کے گہنوں پر چڑھنے لگے..یہاں تک کہ سونے کے سارے زیور اُن کی رینگتی سیاہی سے ڈھکے گئے..کُچھ مکوڑے جھمکوں کے ساتھ لٹکتے ہوئے گر گئے پر اُنہوں نے ہمت نہ ہاری اور پھر سے امرت کور کے پاؤں ٹٹولتے بھانجھروں کو پار کر کے گلے کے کینٹھے کی

جانب سفر کرنے لگے.. چُوڑیاں یوں سیاہ ہوتی جا رہی تھیں جیسے وہ سونے کی نہ ہوں لوہے سے بنائی گئی ہوں.. امرت کور کو ان کی موجودگی کا کچھ احساس نہ ہوا کہ وہ اُس کے پِنڈے پر پاؤں نہ دھرتے تھے.. اُن کی نگاہ میں صرف سونے کی چمک تھی جس کے سحر میں مبتلا وہ گہنوں کی جانب بڑھتے جاتے تھے اور اُنہیں ڈھکتے جاتے تھے.. آس پاس جو لوگ نونہال کو دفن کرنے آئے تھے.. وہ امرت کور کی جانب جان بوجھ کر دھیان نہ کرتے تھے.. اس لیے کہ جن ماؤں کے نوجوان بیٹے مر جاتے ہیں اُن کی طرف دیکھنا بڑے دل گردے کا کام ہے..

قدیمی مثال تھی کہ موت کے دروازے کُھلے ہوتے ہیں، ماضی کی تمام کدورتیں اور نفرتیں موت کے سامنے بھلا دی جاتی ہیں اور سب لوگ اُن دروازوں میں داخل ہو جاتے ہیں.. نونہال کے جنازے میں نہ صرف آس پاس کے دیہات کے لوگ، عزیز رشتے دار اور پوری جاٹ برادری شامل ہوئی تھی بلکہ وہ بھی جن کی زندگیوں کو بخت جہان نے جہنم بنا دیا تھا.. اُن کی بے جا ہتک کی تھی، زمین کے کُچھ رقبوں پر قبضہ کر لیا تھا وہ بھی اس جنازے میں شریک ہونے کے لیے چلے آئے تھے، پورے محلّہ مغربی کی عورتیں کوٹھوں پر چڑھ کر بین کر رہی تھیں.. اُن میں نور بیگم اور زینب بیگم بھی شامل تھیں..

جہاں قبر کھودی جا رہی تھی وہاں سے کُچھ دور ایک چھدری بیری کے سائے میں امیر بخش، عزیز جہان اور سروسانسی کھڑے تھے اور سرو کی توجہ قبرستان میں واقع اُن بلوں کو دیکھ کر بھٹکتی تھی جن میں نیولوں کی پوشیدگی کا امکان ہو سکتا تھا..

جب جنازہ اُٹھا، کُہرام بپا ہوا تو اُس میں سب سے بلند اور دل دوز چیخیں صاحباں کی تھیں جو اپنی کوٹھڑی میں پڑی اپنے تُڑے مڑے بدن کے ساتھ تڑپتی تھی کہ آخر کار وہ ایک بھائی تھا، سوتیلا تھا پر اُس کی ماں کے بطن سے تھا..

قبرستان میں تدفین کے منتظر لوگوں میں ایک ایسا چہرہ بھی تھا جو دنیا پور کا نہ تھا..

یہ تو نہیں کہ دنیا پور کے ہر باسی کے چہرے پر کوئی چھاپ ہوتی ہے، ایک مُہر ثبت ہوتی ہے، ڈاکخانے کی مُہر کی طرح یہ خط فلاں شہر یا فلاں قصبے سے آیا ہے لیکن وہ چہرہ اس لیے پہچانا جاتا ہے کہ کوئی بھی اُسے نہیں پہچانتا.. نہ کوئی اُس کے قریب جا کر تدفین کے انتظار کی کوفت مٹانے کے لیے وقت گزاری کے لیے بے وقت بارش ہونے کے باعث گندم کے سِٹّوں کے سیاہ ہو جانے کا رونا روتا ہے اور نہ ہی مویشیوں کی بیماری.. مُنہ کُھر.. کا تذکرہ لے بیٹھتا ہے.. اور وہ بھی کسی کے قریب نہیں جاتا، الگ تھلگ کھڑا رہتا ہے۔ وہ بھی کسی ایک فرد کو نہ جانتا ہے اور نہ پہچانتا ہے.. سوائے اپنے باپ بخت جہان کے..

اُسے بھی وہ بمشکل پہچانتا ہے پر بڑی اچھی طرح جانتا ہے کہ.. وہ اُس کا باپ ہے.. اور بخت جہان.. نہ وہ اُسے جانتا تھا اور نہ ہی پہچانتا تھا..

یزمان منڈی سے چلتے ہوئے اُس کی ماں بھاگ بھری نے اُسے اُس کے باپ کا حُلیہ اور ناک نقشہ سمجھایا تھا پر اتنی تفصیل کی کُچھ حاجت نہ تھی، اسے قبرستان میں ایک ٹیڑھی گردن والا اگرچہ اب نادار ہو چکا جو پُر تکبر شخص دور سے نظر آیا تھا وہی اُس کا باپ ہو سکتا تھا.. وہاں چولستان کے صحرا کے آغاز میں یزمان کے ریت آلود قصبے تک نونہال کی موت کی خبر کیسے پہنچ گئی تھی اس کے بارے میں کُچھ بھی یقین سے نہیں کہا جا سکتا.. بھاگ بھری تک خبر پہنچی تو اُس نے اُسی لمحے اپنے

بیٹے اکبر جہان کی تلاش شروع کر دی..

اُس کا قد بُت ایسا تھا کہ بعض اوقات اُسے اپنی جانب آتا دیکھ کر بھاگ بھری کا دل رُک جاتا کہ بخت جہان چلا آ رہا ہے.. بھاگ بھری اُس کی ایک نہ سمجھ میں آنے والی عادت سے بے حد نالاں تھی.. وہ وقت بے وقت چپکے سے نکل جاتا.. یزمان کے آخری کچے گھروندے کے پار جہاں سے صحرا شروع ہوتا تھا.. کریر اور جنڈ کی جھاڑیوں میں سے طرح طرح کے چھپکلے اور سانس پی جانے والے بالشت بھر کے سانپ نمودار ہونے لگتے اور جھاڑیوں میں سے اُن کی آہٹ سُن کر چھوٹے چھوٹے پنکھ پکھیرو اُڑنے لگتے.. وہاں کسی ہزاروں برس سے خشک ہو چکے دریا سرسوتی کی گذرگاہ تھی جس کے بلند کناروں پر بیٹھ کر وہ کُل زمانے سے غافل ہو جاتا.. وقت سے ماورا ہو جاتا.. کبھی کنارے کی مٹی کریدتے کریدتے کوئی ٹھیکری نکل آتی جس پر عجیب سے گُل بُوٹے اُلیکے ہوتے.. اُن زمانوں میں جب یہ دریا بہاؤ میں تھا تو اُس کے کناروں پر جو بستیاں آباد تھیں، وہ کیا ہوئیں اور اُن میں رہنے والے لوگ کیا ہوئے..

بھاگ بھری نے اپنے ایک کامے کو فوری طور پر صحرا کے اندر خشک ہو چکے دریا کے اونچے کناروں کی جانب روانہ کر دیا کہ اُس نے وہیں ہونا تھا..

''اکبر جہان پُتّر تو نے ہر صورت پہنچنا ہے.. وہ تیرا بھائی لگتا تھا.. تُو نے اُس کے جنازے کو ضرور بہ ضرور کاندھا دینا ہے.. دیری نہ کر پُتّر.. پہنچ..''

''بے بے..'' اکبر جہان نے ذرا بیزاری سے کہا تھا ''اُس نے تجھے ایک سکھنی کے لیے گھر سے نکال دیا تھا، تُو نے کتنی بھوک اور ناداری کاٹ کر یزمان منڈی کے کناروں پر جو صحرا ہے.. اپنی کمر پر پانی ڈھوڈھو کر اُس کی ریت کو زرخیز کیا ہے.. آج تک اُس نے تیری کوئی پچھ پڑتیت کی ہے کہ تُو یا ہم زندہ بھی ہیں کہ مر گئے ہیں.. اُس کی سکھنی کا بیٹا مر گیا ہے تو میں کیا کروں..''

''اُس نے.. کان کھول کر سُن لے، بخت جہان نے مُجھے گھر سے نہیں نکالا تھا، میں خود اپنی مرضی سے تمہیں سمیٹ کر اُس کے گھر سے نکل گئی تھی.. وہ بے شک ایک سکھنی کا بیٹا تھا پر تیرے باپ کے گھر میں، اُس کا بیٹا بھی تھا.. اور تُو نے پہنچنا ہے..''

اُسے بخت جہان کو.. نونہال کو قبر میں اُتار کر اُسے مٹی میں دفن کر کے فاتحہ پڑھنے والوں میں دور سے ایک ایسا چہرہ نظر آیا جو اُسے شناسا لگا پر وہ اُسے شناخت نہ کر سکا.. پھر وہ سرو قد نوجوان لمبے لمبے ڈگ بھرتا، قبروں کو ٹاپتا اُس کے قریب ہوا اور ذرا جھجک کر بے اعتنائی سے کہنے لگا.. ''چوہدری صاحب.. بھائی نونہال کا بڑا افسوس ہے.. اللہ تعالیٰ اُنہیں جنت الفردوس میں جگہ دے..''

''تم کون ہو؟''

''میں یزمان منڈی سے آیا ہوں.. بھاگ بھری کا بیٹا ہوں اکبر جہان..''

وہ ایک لمحے کے لیے لڑکھڑایا اور سنبھل گیا.. کون بھاگ بھری.. کیا وہ اب تک زندہ ہے اور اُس کی گود میں کتنے بچے تھے جنہیں سمیٹ کر امرت کور کی آمد کے بعد وہ چپکے سے پوکھٹ پار کر گئی تھی.. اُس کا فوری ردعمل تو یہی تھا کہ وہ آگے

بڑھ کر اس شناسا سا لگتے چہرے والے کو گلے لگا لے.. اگر ایک بیٹا مر گیا تھا تو اُس کی جگہ ایک اور بیٹا ماضی کی راکھ میں سے زندہ ہو گیا تھا.. پر اُس کا تکبر حائل ہو گیا اور وہ گردن ٹیڑھی کر کے بولا ''میری برادری کے لوگوں نے پلاؤ اور زردے کی دیگیں چڑھائی ہیں.. کھانا کھا کر جانا..''

''جی چوہدری صاحب..'' وہ پھر پرے ہو کر ایک کیکر کی چھاؤں تلے جا کھڑا ہوا..

اُسے نونہال سنگھ، غلام محمد کو قبر میں اُتار کر اُس پر مٹی ڈال کر اُس ڈھیر پر گیندے کے چند پھول بکھیر کر.. اگر بتیاں سلگا کر فاتحہ پڑھنے کے بعد ہجوم بکھرنے لگا..

بخت جہان نے بھی فاتحہ کے لیے ہاتھ اٹھا دیئے اگرچہ اُسے کچھ علم نہ تھا کہ ہاتھ اُٹھا کر پڑھنا کیا ہے.. جونہی لوگوں نے ہاتھ اپنے چہروں پر پھیرے اُس نے بھی اُن کے تتبع میں اپنے ہاتھ چہرے پر پھیر کر اطمینان کی ایک گہری سانس بھری.. امرت کور دولہن بنی.. مکوڑوں سے ڈھک چکے زیورات میں سجی مسکراتی جاتی تھی.. قبرستان کے اجاڑپن میں میں صرف وہ رہ گیا تھا، امرت کور مسکراتی تھی اور کیکر کی چھاؤں تلے وہ مانوس اجنبی کھڑا تھا.. وہ اُس کا سگا بیٹا تھا.. اُس کے ضبط اور تکبر کے سارے بندھن ٹوٹ گئے اور وہ والہانہ طور پر اُسے گلے لگا لینے کے لیے آگے بڑھا تو اُس نے.. جس نے اپنا نام اکبر جہان بتایا تھا اُس نے اپنے دونوں ہاتھ آگے کر کے اُسے بڑھنے سے روک دیا.. اُس کا چہرہ کورا اور سپاٹ تھا ''میں تیرا کچھ نہیں لگتا.. میں اپنی ماں بھاگ بھری کی فرمانبرداری سے مجبور.. اس کے کہنے پر یہاں آ گیا تھا.. پر تیرا میرا کچھ ناتا نہیں.. مجھ سے پرے ہو جا..''

اور اُس نے اکبر جہان نے اُسے بخت جہان کے زوال پذیر بدن کو اتنی شدت سے دھکیلا، پرے کیا کہ وہ نونہال کی تازہ قبر پر گرتا گرتا بچا..

یُوں اپنے ہی راندۂ درگاہ بیٹے کے ہاتھوں بے توقیر ہوتے جہاں اُس کی نیلی بوڑھی آنکھوں میں آنسو تیرے وہاں وہ قدرے پُرتفاخر بھی ہوا کہ آخر میرا بیٹا ہے.. شباہت اور تکبر کی تصویر ہے.. مجھ پر گیا ہے..

وہ رات کے کسی پہر میں مر گئی..

مینہ کی تیسری بوند، ایک بوجھل بوند بخت جہان کے مٹّی کے پیالے میں آن گری جس میں پہلے توڑ کی کیکر کی شراب تھی اور اُس کے گرنے سے شراب قدرے چھلک گئی.. اُس نے پگڑی سنبھال کر اپنی ٹیڑھی گردن کو ذرا سیدھا کر کے آسمان پر اپنی نیلی آنکھیں ڈالیں جہاں سیاہ بادلوں کے پرے اُمڈتے جاتے تھے..

لہناں سنگھ خمار کے بھی پار جا چکا تھا اور پگڑی اُتار کر دارے کے بھیگتے صحن میں بلّے بلّے کرتا ناچ رہا تھا. شراب کے گھڑے اوندھے پڑے تھے..

نونہال اور گوبندا اپنے ذاتی گھڑے کو سینے سے لگائے اپنے دونوں باپوں کی موجودگی کے احترام میں مُنہ مُنے سے گریز کرتے تھے..

جوہڑ کے گدلے پانیوں میں اوندھے پڑے اُن مینڈکوں کا خون سرائت کر رہا تھا جنہیں خواہ مخواہ ٹرانے کی پاداش میں بخت جہان کی ڈانگ نے ہلاک کر دیا تھا.. جوہڑ کے پار قبرستان میں جتنی بھی قبریں تھیں، دو دو دکھائی دے رہی تھیں اور بخت جہان سے پورا جہان لرزتا تھا.. اور وہاں ایک نئی قبر تھی..

یہ سب وہم اور گمان کے خمار کی دُھند میں کبھی ظاہر اور کبھی گم ہوتے ہیولے تھے.. گذر چکے زمانوں کی پرچھائیاں تھیں جو بیتے دنوں کے جنگلوں میں بھٹکتی بخت جہان کی آنکھوں کے سامنے تماشے دکھاتی تھیں.. وہ تنہا تھا.. آس پاس کوئی بھی نہ تھا.. مینہ کی تیسری بوند جب بخت جہان کے پیالے میں گری تو اُس کا رعشہ زدہ ہاتھ اُسے سنبھال نہ سکا..

اُس کا مسخ شدہ.. ٹیڑھا اور بدہیئت، کُچلا ہوا بدن، وہ بدن کیسا کومل اور سوہنا ہو گیا تھا.. اُس کے چہرے پر کیسا رُوپ چڑھ گیا تھا، کیسا نکھار آ گیا تھا.. اُس کی کُبڑی کمر سیدھی ہو گئی تھی.. خمیدہ ٹانگیں سڈول ہو گئی تھیں.. بازو جو بے جان لٹکتے تھے سیدھے ہو کر کیسے کشش والے ہو گئے تھے.. اور جو ہتھیلیاں کھلتی نہ تھیں، وہ پھولوں کی مانند کھل گئی تھیں.. ٹیڑھی اُنگلیاں یُوں سیدھی ہوئیں کہ اُن کی نزاکت دل کو موہ لینے والی تھی.. اگر وہ جانتی کہ مر جانے کے بعد اُس پر ایسا نکھار آئے گا، ایسا رُوپ چڑھے گا تو وہ پیدا ہوتے ہی مر جاتی، کاہے کو اتنی اذیتیں سہیں.. کیوں اتنی نظروں کو سہارا جن میں کراہت اور توبہ توبہ کے آثار تھے..

وہ کنیز فاطمہ بخت جہان سے حاصل ہونے والی اپنی اکلوتی اولاد کے مرجانے پر اپنے سینے پر دوہتڑ مارتی بین کرتی تھی اور کبھی رَب سے اور کبھی واہیگرو سے شکائت کرتی تھی، بخت جہان اصطبل کی دیوار سے ٹیک لگائے اُس کے بعد ازمرگ حُسن کے سحر میں آیا ہوا نہائت خاموشی سے آنسو گراتا تھا..

وہ رات کے کسی پہر میں مرگئی..

اُن دونوں کو علم تھا کہ ایسے بچے بلوغت تک نہیں پہنچ پاتے..اور صاحباں...بھی جانتی تھی کہ اُس کے سانس تھوڑے ہیں، وہ آگاہ تھی کہ اُس کا آخری سانس کبھی بھی..سرگی سویرے..بھری دوپہر میں جب اُس کے کانوں میں "بدریا برس گئی اُس پار" اُتر رہا ہوگا یا رات کے کسی پہر جب وہ نیند میں ہوگی وہ آخری سانس آجائے گا اور وہ تیار تھی..بلکہ اُس آخری سانس کی راہ دیکھتی تھی..

جب وہ زندہ تھی تو اُس کا سانس اُس کے شکستہ وجود میں رُک رُک کر چلتا تھا اور وہ شکل سے ایک بالغ عمر کی عورت لگتی تھی پر جونہی وہ آخری سانس اُس کے بدن سے رخصت ہوا تو اُس کی عمر کے برس اُس کے چہرے پر اُتر آئے..وہ محض ایک بچی تھی جسے علم تھا کہ اُس نے مرجانا ہے..اُس کے پاس بوڑھے ہونے کی گنجائش نہیں ہے چنانچہ وقت سے پہلے اُس کے اندر اُس دانائی نے جنم لے لیا جس کے لیے برس ہا برس درکار ہوتے ہیں..

صرف تین روز پیشتر جب اُس کا بدن درد کے تیز دھار خنجروں سے کٹتا جا رہا تھا اور وہ اُسے سہار نہ سکی تھی اور فریادیں کرتی چیخنے لگی تھی تو بخت جہان نے اُس کا ہاتھ تھام کر اُسے حوصلہ دیا تھا.."پُتّر...صبر کر.."

"چاچا..میں نے مرجانا ہے.."

"رب خیر کرے گا پُتّر.." وہ بھی جانتا تھا کہ اُس نے مرجانا ہے..

"چاچا" وہ یکدم اپنی اذیتیں بھلا بیٹھی..اور بخت جہان پر اپنے ہاتھ کی گرفت مضبوط کر کے کہا "رب نے آج تک کبھی مُجھ پر خیر کی ہے جو اب کرے گا..مُجھے ان دھوکوں میں نہ ڈال..میں تیری بیٹی ہوں..مُجھ سے فریب نہ کر اور مُجھ سے ایک وعدہ کر.."

"بول پُتّر..تو جو کہے میں کروں گا پُتّر.."

"تو نے میرے مرجانے پر نہ تو میری نماز جنازہ پڑھوانی ہے اور نہ ہی یہاں اس حویلی میں قناتیں لگا کر میری مغفرت کے لیے قرآن خوانی کروانی ہے..یہ سب کُچھ اُن لوگوں کے لیے ہوتا ہے جن پر رب خیر کرتا ہے..اُن پر مہربان ہوتا ہے..نہ اُس نے مُجھ پر کُچھ خیر کی اور نہ مہربانی کی..ورنہ وہ مجھے کیوں ایسا بنا کر اس دنیا میں بھیجتا..میں اگر بے ضرورت تھی تو مجھے بھی ایسے رب کی کوئی ضرورت نہیں.."

اُسے بہرطور وہ سب کُچھ کرنا پڑا جو کہ دستور تھا..اور وہ اس دوران اُس کا مُجرم محسوس کرتا رہا..نماز جنازہ کے لیے ہاتھ باندھتا..قناتیں لگواتا اور پھر اُن کے سائے میں سیپارے پڑھتا ہوا..تدفین کے بعد قبرستان میں سے باہر آکر اُس کے لیے دعا کے لیے ہاتھ اُٹھاتا ہوا..مُجرم محسوس کرتا رہا..

مینہ کی تیسری بوند اُس کے پیالے کے اندر گری تو کُچھ شراب چھلکی اور اُس نے جوہڑ کے پار قبرستان میں

اُبھرنے والی تازہ ترین قبر سے مُنہ موڑلیا کہ وہ اُس سے شکائت کرتی تھی کہ چاچا تم نے وعدہ کیا تھا...میری نماز جنازہ کیوں پڑھائی..قناتیں لگوا کر قرآن خوانی کیوں کرائی..میرے لیے سیپارے کیوں پڑھے..تم کیسے باپ ہو اپنی بیٹی کے ساتھ وعدہ کر کے مُکر جاتے ہو..مجھے تمہارے رب کی کوئی ضرورت نہیں..اور وہ یہاں بھی نہیں ہے..شائد شرمندہ ہے، مُنہ چھپائے مُجھ سے روپوش ہے..

✦.......✦

احاطہ قادر بخش والے گھر کی چھت جو بازار سے تہہ در تہہ اٹھتی تیسری منزل تک یوں بلند ہوتی تھی کہ لاہور شہر کے آسمان پر اُڑتی چیلوں اور پتنگوں کے قدرے قریب ہونے لگتی تھی اور اگر اُس آسمان پر جیٹ لڑاکا طیارے ایک دوسرے کا پیچھا کرتے پاگل ہو رہے ہوں اور اُن کی مشین گنیں گولیوں کی بوچھاڑ اُگل رہی ہوں اور اُن میں سے کم از کم ایک بالشت بھر لمبی اور وزنی گولی سلگتی ہوئی بان کی اُس جھلنگا چارپائی کی ڈھیلی ادوائن پر آ گری ہو اور ادوائن کی رسّی بھی اُس کی سلگاہٹ کے ملاپ سے دھواں دینے لگی ہو.. کم از کم اتنی سلگ چکی ہو کہ اُس سے ایک سگریٹ جلایا جا سکتا ہو تو وہ جیٹ طیارے بھی اُس چھت کے قدرے قریب ہونے لگتے ہیں..

امیر بخش اُسی چارپائی پر بمشکل بیٹھا ہوا تھا جس کی چُولیں اپنے مقام چھوڑ چکی تھیں.. چاروں پائے عین عمودی حالت میں ایستادہ ہونے کی بجائے ایک فاحشہ عورت کی ٹانگوں کی مانند اپنے بدن سے باہر چوڑے ہو رہے تھے.. برسوں کی بارش اور کڑی دُھوپوں سے چارپائی کا بان ڈھیلا ہو کر نیم سیاہ ہو چکا تھا.. ادوائن کی پٹ سن کے بل بھی نکل چکے تھے اور وہ بان کو کس کر رکھنے کی صلاحیت کھو چکی تھی.. جب وہ رام داس کے بھٹّے کے چھپروں سے برگد والے چوک کے مکان میں منتقل ہوئے تھے تو یہ اُن کی پہلی خریداری تھی.. امیر بخش اور نور بیگم اس چارپائی کو ڈھیلا کرنے میں.. اُن زمانوں میں کسی حد تک ذمہ دار تھے..

کچھ عرصہ اس پر سوہن سنگھ نے ڈیرے ڈالے رکھے..

موجودہ مکان میں منتقل ہوتے ہوئے یہ بھی جہیز کے سامان کی طرح ساتھ چلی آئی.. پر اب اس کے نصیب میں کوئی کمرہ یا صحن نہ تھا.. اسے کانوں پڑ گئی تھی اور ہمہ وقت ایک کُتے کی ٹانگ کی مانند ایک پایہ بلند رکھتی تھی چنانچہ اسے بیکار ٹھہرا کر تیسری منزل کی چھت پر چھوڑ دیا گیا.. نور بیگم نے متعدد بار سروسانسی سے کہا تھا کہ بھائیا اسے کوٹھے سے اُتار کر بازار میں کوڑے کے ڈھیر پر پھینک کر آ، پر وہ جان بُوجھ کر غفلت کر جاتا تھا.. جب چنڈو خانے کا پھیرا نہ لگتا تو وہ چوری چھپے چرس سے بھرے ہوئے دو چار سگریٹ اسی بلند تنہائی میں اسی چارپائی پر دراز ہو کر پھونکتا اور شانت ہو جاتا..

اور آج امیر بخش بھی اپنے نین پران چھوڑتی اس جھلنگا چارپائی پر بہت دیر سے براجمان تھا جس کی کوئی کل بھی سیدھی نہ تھی.. ذرا سی بے دھیانی سے اُس کا ایک پایہ فضا میں اُٹھ جاتا.. وہ ایک بوڑھی اور کسی حد تک فحش حرکات والی چارپائی تھی.. اور شام اُن دونوں کو لپیٹ میں لے رہی تھی..

اُسے دھیان نہ رہتا.. اپنے کام کاج کاروبار اور حیات کی اُلجھنوں میں اُلجھے دھیان نہ رہتا کہ رُت بدل گئی ہے.. پھر ایک سویر اُسے اپنی دائیں پنڈلی پر ایک گیلاہٹ سی پھوٹتی محسوس ہوتی اور وہ شلوار کا پائنچہ اُٹھا کر دیکھتا کہ دانتوں کے نشان پھر سے ہرے ہو رہے ہیں اور اُن میں سے خون پھوٹ رہا ہے کہ یہ وہی رُت تھی جب خوشی محمد تھانیدار کے کُتوں نے اپنے دانت اُس کی پنڈلی میں گاڑے تھے.. بہت برس ہو چکے تھے.. اتنے برس کہ حساب کتاب میں نہ آتے تھے اور وہ کسی سے کلام نہ کرتا.. الگ تھلگ پڑا رہتا.. یہ وہی رُت تھی.. پر اب ایک مدت سے دانتوں کے وہ نشان مندمل ہو چکے تھے.. ابھی کُچھ روز پیشتر ایک وجیہہ اور دراز قامت شخص کی آواز ریڈیو پر سنائی دی تھی جس نے کسی بھی میدان جنگ میں اُترے بغیر اپنی کابینہ کے مجبور کرنے پر بادل نخواستہ فیلڈ مارشل کا عہدہ قبول کر لیا تھا.. اور ابھی کُچھ عرصہ پہلے وہ کرسٹین کیلر نامی طوائف کی ننگی ٹانگوں کو ایک سوئمنگ پول میں سہلاتا تھا اب اپنے وزیر اطلاعات کی لکھی ہوئی تقریر پڑھ رہا تھا کہ عزیز ہم وطنو! دشمن نہیں جانتا کہ اُس نے کس قوم کو للکارا ہے..

کس قوم کو؟

دریائے راوی کے پُل پر شہر چھوڑنے والی ایک دوسرے کو دھکیلتی شہر سے فرار ہونے والی قوم کو.. یا اُس قوم کو جو محبّ الوطنی کے فریب میں آ کر خالی ہاتھوں واہگہ کی جانب دشمن کا مقابلہ کرنے کے لیے رواں تھی اور وہ بھی ایک دوسرے کو دھکیلتی سب سے پہلے محاذ پر پہنچنا چاہتی تھی..

کس قوم کو؟

اگرچہ یہ بسنت کے موسم نہ تھے پر لاہور کے آسمان پر جیٹ طیاروں کی پتنگیں ایک دوسرے کے تعاقب میں اُڑی جاتی تھیں..

انڈین ایئر فورس کے طیاروں کے گرد منڈلاتیں اُن پتنگوں کی ڈور کاٹنے کی کوشش کر رہی تھیں.. اور وہ اس یقین کے اسیر تھے کہ ہم اُن سے پانچ گنا زیادہ تعداد میں ہیں اور اُنہیں زیر کر لینا کُچھ مسئلہ نہیں ہے اب لاہور کے آسمان پر چھتا رہے تھے.. فرار کے راستے مسدود ہو چکے تھے.. اور اب ایک اور پتنگ دشمن کی کٹ گری.. دُھواں چھوڑتی آسمان سے گری اور اوجھل ہو گئی تو کوٹھوں پر کھڑے زندہ دل اپنی پتنگوں کو داد دیتے تھے.. صرف اس لیے کہ مجموعی طور پر یہ ایک جنگ نہ تھی ایک رومان تھا.. دونوں فریق ایک دوسرے کے ساتھ فلرٹ کر رہے تھے کہ وہ اصل جنگ کی تباہ کاریوں اور بربادیوں سے یکسر ناآشنا تھے.. وہ تب آشنا ہوتے جب یہ جنگ سترہ دن کی بجائے سترہ مہینے چلتی.. راوی اور گنگا لاشوں سے پٹ جاتے اور اُن کا بہاؤ رُک جاتا.. شہر ملیامیٹ ہو جاتے.. لاہور بھی اور دلّی بھی.. لینن گراڈ، برلن اور لنڈن ہو جاتے.. تو اس حساب سے یہ ایک رومان پرور ہیجان خیز، ملّی نغموں اور مذہبی خود فریبی کی ایک دل فریب معصوم سی جنگ تھی جسے فریقین نے بے حد انجائے کیا.. اگرچہ سرحد پار سے اُڈنے والے فریق کے ارادے کُچھ نیک نہ تھے.. وہ لاہور کے جم خانہ کلب میں وہسکی کا ایک پٹیالہ پیگ پینے کی آرزو رکھتے تھے جو کہ پوری نہ ہوئی.. وہ بھی اپنے ایک متعصب اور پُر تکبر فریب کے جال میں تھے.. کہ محمد جہان کے کنوئیں میں سے برآمد ہونے والے بونے دونوں جانب راج کرتے تھے..

اُس کے بڑے بیٹے انعام اللہ نے کیا قد کاٹھ نکالا تھا.. اُس کے برابر میں چلتا تھا تو اُس کے قد سے بھی نکلتا تھا..

اُس کے برف سفید بالوں سے بھی ذرا بلند ہوتا چلتا تھا..وہ انیس برس کا ہونے کو آیا تھا پر اُس میں خاموشی بہت تھی..بہت کم کلام کرتا تھا..وہ صرف اُسی کا نہیں سروسانسی، عزیز جہان اور سوہن سنگھ کا بھی بیٹا تھا..جس کے نام کا تعین آج تک نہ ہو سکا تھا..انعام اللہ، پیچو سانسی یا لبھا سنگھ..اور اُس سے چھوٹا روشن اٹھارہ برس کا ہو رہا تھا اور ہو بہو اُس کا عکس اور اُس کا نقش تھا..جسے اُس نے تب دیکھا جب وہ ایک برس کا ہو چکا تھا، ایک نامکمل حالت میں دیکھا جب اُس کا ایک ہاتھ نیلی دُھند میں گم ہو چکا تھا..

وہ کونسے گمشدہ زمانے تھے جب اس کوٹھے کے ایک کونے میں..جواب کچّا نہ تھا..اسے سُرخ اینٹوں سے ڈھک دیا گیا تھا..سروسانسی کے بیٹے اور اُس کی گھر والی ایک ادھ پکے نیولے کے گوشت کو رغبت سے نوچتے چیختے چلاتے تھے..

اور وہ چوبارے کی دیوار پر تھری ناٹ تھری کی رائفل کندھے سے جوڑے اپنے آپ کو نشانہ بنا رہا تھا اور سروسانسی نے ہراساں ہو کر پوچھا تھا کہ یہ کیا کھیل تماشا ہو رہا ہے چوہدری..

اور وہ تماشا ختم ہونے میں نہ آتا تھا..

ستمبر کی یہ جنگ بھی تو ایک کھیل تماشا تھی..

لاہوری شاہ حسین جب امامت کرواتے ہوئے بلند آواز میں قرأت کرتے ہوئے اُس آئت تک پہنچا جس میں اس دنیا کو کھیل تماشا قرار دیا گیا ہے تو نماز توڑ کر داڑھی منڈھوا دی سُرخ چولا زیب تن کیا، گھنگھرو باندھے اور شراب سے مخمور ہو کر رقص کرنے لگا کہ اگر وہ میرا رب اس دنیا کو کھیل تماشا کہتا ہے تو یہ تماشا بھی بن کے اور کر کے دیکھتے ہیں..

شاہ حسین نے تو اس نتیجے پر پہنچنے کے لیے شریعت اور طہارت کے کشٹ کاٹے لیکن امیر بخش کے لیے خوشی محمد تھانیدار کے کُتوں نے یہ سارے مرحلے آسان کر دیئے..

گونجتے، گرجتے، پلٹتے جھپٹتے جیٹ طیاروں کا کھیل تماشا کب کا ختم ہو چکا تھا..اور باہر گلیوں اور بازاروں میں ہُو کا عالم تھا..کرفیو نافذ ہو چکا تھا..دیئے روشن کرنے پر بھی پابندی تھی یہاں تک کہ جن کے صحنوں میں چنبیلی کے سفید پھول کھلتے تھے وہ بھی اُنہیں چادروں سے ڈھانپتے تھے کہ اُن کی سفیدی سیاہ رات میں دشمن کو نشانہ مُہیا کر سکتی تھی..

اُس جھلنگا چارپائی پر اپنے آپ کو بمشکل سنبھالے ہوئے کہ وہ کسی وقت بھی اپنا ایک پایہ بلند کر سکتی تھی وہ اُس نیم تاریک آسمان پر ڈولتے لکھنو کاٹ گڈے کو کندھے مارتے بُلند ہوتا دیکھ رہا تھا..

سوہن سنگھ کیسے بسنت کی سویر نہائت اہتمام سے زرد پگڑی باندھ کر چوروں کی مانند اپنی گڈیاں..پتنگیں اور ڈوریں گلے سے لگائے دبے پاؤں تاکہ کسی کی نیند میں خلل نہ پڑے..کسی کو خبر نہ ہو اِس کوٹھے پر چلا آیا کرتا تھا..

کون سوہن سنگھ؟

کیا پتہ کون..کہ اُس کا کُچھ پتہ نہ تھا کہ وہ کبھی تھا بھی یا نہیں..

وہ کبھی بھی پتنگ بازی کے اس مشغلے کا شائق نہ تھا..پر آج اُس کے اندر سوہن سنگھ کے مہاندرے کی ہُوک اُٹھتی تھی اور وہ اس ہُوک کے تابع ہو کر اگر ایک پتنگ اُڑانا چاہتا تو بھی اُڑا نہ سکتا تھا کہ پتنگ بلند کرنے کے لیے دو ہاتھ درکار ہوتے ہیں..

اتنے زمانے گذر چکے تھے کہ وہ نیلی دُھند بھی تحلیل ہو کر سیاہی میں بدل چکی تھی اور اُس سیاہی ہی میں کہیں اُس کے عین سامنے اُس کے اپنے بدن کا حصہ جس میں ابھی جان تھی ابھی دل اور دماغ کے اشاروں سے حرکت کرتا تھا اور ابھی ایک تیز دھار نے اُسے کاٹ دیا تھا.. پھڑ کتا تھا اور ٹھنڈا ہوتا تھا.. انگلیاں اُسی کی اپنی تڑپتی بے جان ہوتی تھیں.. چاچے نے اُسے بتایا تھا کہ جب وہ اُسے اُٹھا کر لائے تھے تو وہ آخری سانسوں پر لگتا تھا.. اتنا خون بہہ چکا تھا. تقریباً چار ماہ گجرات کے ہسپتال میں نیم مردہ حالت میں پڑا رہا اور پھر وہ اُسے واپس کوٹ ستارہ لے آئے جہاں ایک روز اُس نے آنکھیں کھول دیں پر وہ بول نہ سکتا تھا.. حرکت نہ کر سکتا تھا.. لوگ کہتے ہیں کہ روشن جسے اُس کی ماں ہمہ وقت اپنے خاوند کے پہلو میں لٹائے رکھتی تھی.. یہ اُس کی موجودگی تھی جو اُسے دوبارہ زندگی کی جانب کھینچ لائی..

ستمبر کے دنوں کی ایک ہلکی سی ٹھنڈک اُس آسمان پر سے اُتر رہی تھی جس پر کبھی سوہن سنگھ کا لکھنو کاٹ گڈا عرشوں کے اندر تک اُڑا جاتا تھا..

محلّہ قادر بخش کے گھر کی اُس چھت پر اُس شام وہ یکسر تنہا تھا.. جنگ کے آغاز پر اُس نے نور بیگم، انعام اللہ اور روشن کو کوٹ ستارہ بھجوا دیا تھا. عزیز جہان اور پشپی بھی دنیا پور جا چکے تھے ایک ایسے گھر کو آباد کرنے جس کی بدترین زمانوں کے سامنے خم ٹھونک کر کھڑی ہو جانے والی مالکن، بہشت بی بی نمبردارانی اپنی بیٹی ماہلو سے ملنے جا چکی تھی..

جونکوں والے چلے گئے تھے.. گلی گلی ''جونکیں لگوا لو جونکیں''.. پکارنے والے سانسی لگڑوے جانے کہاں چلے گئے تھے..

نمبردارنی پچھلے پسار میں جا کر تہبند اپنے گھٹنوں سے اونچا کر کے سمیٹتی تو اُسے اپنی بوسیدہ اور بے جان جھریوں والی پنڈلیوں پر پپڑیاں خشک ہوتی نظر آتیں اور وہ بے اختیار ہو کر اُنہیں اپنے ناخنوں سے کھرچنے لگتی کہ خارش کا عذاب سہانہ جاتا تھا.. مدتوں پہلے جب سرو سانسی اُن پنڈلیوں پر جونکیں جمایا کرتا تھا تو فاسد خون کے اخراج سے کتنا سکون ملتا تھا.. وہ اتنی شدت سے خشک پنڈلیوں پر خارش کرتی کہ اُن پپڑیوں میں سے خون رِسنے لگتا..

جونکوں والے کہیں چلے نہیں گئے تھے یہیں آس پاس جو خدائی تھی اُس میں مدغم ہو گئے تھے.. سانسیوں، لگڑوں اور تیڑ واسیوں نے بھی اُس اتھل پتھل سے فائدہ اٹھایا تھا جو ہر سُو ذات پات دین دھرم، تاریخی اور خاندانی اقدار کو چاٹ رہی تھی... جو رذیل تھے وہ اشراف میں بدل رہے تھے جب کہ اشرف ذلیل ہو رہے تھے.. ذات پات اور دین دھرم ہمیشہ مٹی کے ساتھ ہزاروں برسوں کی قربت سے ہی مستحکم رہتے ہیں.. اُس مٹی میں جو بھی دفن ہوتا ہے یا اُس کے ساتھ مٹی ہو جاتا ہے.. اُس کی ذات کی پہچان کے کتبے لگ جاتے ہیں.. گل بوٹے اور شجر گواہی دیتے ہیں کہ ہمارے قریب سے گذرنے والا کونسے مذہب کونسی ذات سے تعلق رکھتا ہے.. یہ ترکھان ہے.. لوہار ہے.. جولاہا ہے یا جاٹ ہے.. اور یہ شناخت اگر کوئی بدلنا بھی چاہے تو بے بس ہوتا ہے کہ وہی گل بوٹے اور شجر اُسے پکارنے لگتے ہیں کہ تمہاری پُشتوں کا شجرہ نسب ہمارے پتّوں پر درج ہے تم اس سے روگردانی نہیں کر سکتے.. لیکن جب زمینوں کے بیٹے دربدر ہو کر نا آشنا زمینوں کی جانب قافلے ہوئے تو اُن زمینوں کو کیا پتہ کہ یہ جو آئے ہیں تو کون آئے ہیں، رذیل ہیں یا اعلیٰ ذات کے ہیں.. گل بوٹے اور شجر بھی گواہی

دینے سے قاصر ہوتے ہیں کہ وہ بھی نا آشنا ہوتے ہیں.. یوں سانسیوں، گگڑوں اور تیپڑواسیوں نے بھی اپنی آبائی بستیاں ترک کر دیں اور کہیں اور جا آباد ہوئے اور اُن میں سے کوئی ملک ہو گیا.. کوئی چوہدری اور کوئی مرزا.. اور جو ذرا جرأت والے تھے وہ ایک ہی جست میں سید ہو گئے.. اور اس میں کچھ حرج بھی نہ تھا.. آخر وہ اس سرزمین کے آبائی بیٹے تھے اُنہیں بھی معزز ہونے کا حق حاصل ہونا چاہیے تھا.. اس اکھاڑ پچھاڑ کے دوران ایک اور مثبت تبدیلی رونما ہوئی.. وہ جنہیں کمّی کمین کہا جاتا تھا جو ازلوں سے ذلت کے گڑھے میں گرے ہوئے تھے، اتنے عرصے سے کہ وہ خود بھی اس یقین کے اسیر ہو چکے تھے کہ وہ انسان نہیں بلکہ دو ٹانگوں پر چلنے والے ایسے جنور ہیں جنہیں دوسروں کا بوجھ اُٹھائے حیات کرنی ہے.. اگر وہ اس گڑھے سے باہر آنے کا چارہ بھی کرتے تو باہر اعلیٰ ذاتوں کے سانڈھ اُنہیں نفرت کی تھوتھنیوں سے واپس دھکیل دیتے.. یہ لوگ بھی ذلت کے اُن گڑھوں سے نکلے اور اپنے آپ کو بقیہ خدائی میں شامل کر لیا..

تو جونکوں والے کہیں چلے نہیں گئے تھے یہیں آس پاس تھے پر اُن کی پہچان نہ ہوتی تھی.. نیا ملک جو پاک لوگوں کا ستان تھا اس میں ناپاک بھی پاک ہو گئے.. البتہ ایک سروسانسی تھا جو پاک نہ ہو سکا.. اپنے سانسی ہونے پر فخر کرتا رہا..

نمبردارانی نے بہت اتہ پتہ کیا کہ شائد کوئی سانسی یا گگڑا ابھی تک اپنے مردار پن پر قائم ہو اور جونکیں لگانے کا دھندہ کرتا ہے پر اُس کی تلاش بے سود ثابت ہوئی.. ایک بار نہیں متعدد مرتبہ اُسے سروسانسی کا خیال آیا کہ وہ اُسے بُلا بھیجے.. پر وہ جھجکتی رہی کہ شائد عزیز جہان یہ نہ چاہے گا کہ اُس کی ماں ایک سانسی کے سامنے اپنی بے شک بوڑھی سہی پنڈلیاں ظاہر کرے اور پھر سرو بھی تو معزز اور صاحب ثروت ہو چکا تھا..

ایک میراثی تھا بدر علی نام کا اور وہ بدقسمتی سے اتنا بے سُرا تھا کہ بھوکا مرتا تھا.. یہاں تک کہ بولیاں بولتے ہوئے بھی اُس کی آواز ایک بوڑھے مینڈک کی مانند بھرّانے لگتی.. لاکھ ریاض کرنے کے باوجود وہ سیف الملوک کو بھی ترنم سے نہ گا سکا اور بالآخر دنیا پور کے قبرستان میں جا آباد ہوا.. ایک جُھگی ڈال کر حق ہو حق ہو کرنے لگا.. اُسے کہیں سے علم ہو گیا کہ نمبردارانی جونکیں لگوانے کے لیے سودائن ہوئی جاتی ہے.. اور اُس کے بھڑولے دانوں سے بھرے ہیں.. بدر علی کا ہاتھ تنگ ہی رہتا تھا، اُس نے سوچا کہ پورے ایک مہینے کی چرس کے پیسے پورے ہو سکتے ہیں اگر وہ کہیں سے چند جونکیں حاصل کر لے.. اور اُن کا حصول چنداں دشوار نہ تھا کہ وہ قبرستان سے متصل جوہڑ کے کیچڑ میں بہ کثرت پائی جاتی تھیں..

بدر علی نے جب محلّہ مغربی میں محمد جہان نمبردار کی چوکھٹ کے باہر کھڑے ہو کر وہ کُجا سینے سے لگائے جس میں جوہڑ سے حاصل کردہ جونکیں کلبلاتی تھیں، آواز لگائی کہ... جونکیں لگوا لو جونکیں.. تو نمبردارانی ہڑبڑا کر اُٹھی، لپکتی ہوئی صحن میں آئی اور ٹھوکریں کھاتی دروازے کے باہر آ گئی..

محلّہ مغربی کے مکینوں کا کہنا ہے کہ بدر علی نے اپنے اناڑی پن میں نمبردارانی کی پنڈلیوں پر دیسی گھی پوچے بغیر اُن پر جونکیں چمٹا دیں اور مقررہ تعداد سے بڑھ کر اُس کے کجّے میں جتنی بھی جونکیں تھیں وہ سب چمٹا دیں یہاں تک کہ چند جونکیں رینگتی ہوئی اُس کی بوڑھی رانوں تک پہنچ گئیں.. اس کے بعد بدر علی نے دھریک کی چھاؤں میں پاؤں پسار کر چرس کا ایک سگریٹ لگایا.. اور سلگاتا چلا گیا یہاں تک کہ وہ پہلے غافل ہوا اور پھر نیم مدہوشی میں چلا گیا.. نمبردارنی کی پنڈلیوں اور رانوں سے چمٹی جونکیں اُس کا خون چُوستی پھول کر کُپا ہوتی گئیں اور اُن کی دُموں میں سے خون کے فوارے چھوٹتے گئے پر

وہ نڈھال ہو کر گری نہیں.. مسلسل اُس کا خون چُوستی گئیں اور اُسے اپنی دُموں کے راستے خارج کرتی گئیں..نمبردارانی بھی ایک عجیب سے سکون سے آشنا ہوئی اور ایک خمار میں مدہوشی کی کیفیت میں اُتر گئی..

تب دوپہر تھی اس لیے وہ دھریک کی چھاؤں میں آ بیٹھا تھا اور اب بدرعلی جب اپنے چرس خمار سے باہر آیا تو شام ہو رہی تھی.. نمبردارنی کا ناتواں ڈھانچا مُنہ کھولے مردہ پڑا تھا اور جونکیں اُس کا سارا خون چُوس کر اب ٹپ ٹپ زمین پر گر رہی تھیں..

اُدھر چوہدری محکم دین بھی اچھا بھلا تھا..

زندگی کی ہر شام کی مانند وہ دن بھر کی مشقت کے بعد کاندھے پر ہل اُٹھائے اپنے صحن میں داخل ہوا جہاں رابعہ بی بی تندور پر جُھکی روٹیاں نکال رہی تھی اور ہر روٹی پر اُس کی اُنگلیوں کے نشان ثبت تھے اور وہ یکدم ڈھے گیا.. بے وجہ مر گیا..اُس کے مردہ جُثے پر اُس کا ہل جیسے اُس کے بدن کا.. ہاتھ پاؤں کی مانند ایک حصہ ہو ایسے پڑا تھا..اور اُس کی کُھلی آنکھوں میں گویا ایک چناب تھا اور امیر بخش اپنے سر پر اُس کا ناشتہ باندھے جس میں وہ روٹیاں تھیں جن پر رابعہ بی بی کی اُنگلیوں کے محبت بھرے پیام ثبت تھے.. پانیوں میں تیرتا اُس کی جانب آ رہا تھا اور اُس کے اوپر چند پکھیرو چہکتے ہوئے چلے آتے تھے..

جس روز محکم دین کا چالیسواں تھا اور برادری کے لوگ افسوس کرنے کے لیے پھوہڑی پر سوگوار بیٹھے امیر بخش کے سامنے آ آ کر بیٹھتے تھے..رابعہ بی بی مہمانوں کے لیے تندور میں روٹیاں لگا رہی تھی..اُس نے ایک آخری روٹی تندور میں سے نکالی اور اُس پر اُس کی اُنگلیوں کے نشان ثبت نہ تھے اور وہ بھی یکدم ڈھے گئی..جب تک امیر بخش اُس تک پہنچا اس خیال سے کہ وہ غش کھا گئی ہے، وہ مر چکی تھی..

اگرچہ یہی رُت تھی..جب اُس کی پنڈلی میں کُھبے خوشی محمد تھانیدار کے کتوں کے دانتوں کے نشانوں میں سے خون بہنے لگتا تھا جیسے کسی پوّتر اور عبادت گذار اور عیسیٰ کی دولہن ایسی کہ وہ میرابائی کی مانند اُس کرشنا کے عشق میں فنا ہو چکی ہو اُس کی ہتھیلیوں میں سے اُن رُتوں میں جب اُسے مصلوب کیا گیا تھا اُس کی ہتھیلیوں میں میخیں ٹھونکی گئی تھیں، تو اُس عیسےٰ کی دولہن کی ہتھیلیوں میں سے خون بہنے لگتا تھا...لیکن اب تو بہت برس گذر چکے تھے اور ان رُتوں میں اُس کی پنڈلی کے نشانوں سے خون نہ بہتا تھا کہ وہ مندمل ہو چکے تھے..تو اس کا ایک سبب تھا..قدرت کے انتقام کے رنگ بُوجھے نہیں جا سکتے تھے..

یہ تو ستمبر 65ء کے زمانوں کے تاریک آسمان تھے..

پر تب وہ زمانے تھے جب وہ لاہور لوٹا اور نامکمل لوٹا..اسے صرف ایک ہاتھ سے اٹھنے بیٹھنے، کھانے پینے، غسل خانے جانے یا نور بیگم کے ساتھ محبت کرنے کی عادت نہ ہوئی تھی..اُس نے اپنی اس معذوری کو قبول تو کر لیا تھا پر اسے اس کی عادت نہ ہوتی تھی..

وہ پریشان چہرے مُہرے والا اجڑا ہوا سا شخص بہت دیر تک سر جھکائے اُس کے سامنے بیٹھا رہا تھا.. وہ بھی اُن لاکھوں کی مانند جو ایک خواب کی چاہت میں مبتلا بے گھر ہو چکے تھے.. ایک چہرہ لگتا تھا.. اُس کی شکل سے لگتا تھا کہ اُس نے اچھے دن دیکھے ہیں پر مجبوری اور بے کسی نے اُسے زیر کر رکھا ہے.. وہ امیر بخش سے عمر میں چند برس بڑا ہوگا.. پر اُس کا بدن زوال پذیر تھا.. وہ بولنا چاہتا تھا.. پر اُس کی زبان تالو سے جیسے جُڑ گئی تھی کُھلتی نہ تھی.. ہچکچاتی، ہکلاتی.. بولتے بولتے اٹک جاتی اور پھر چُپ ہو جاتی.. بالآخر اُس کی بے بسی نے اُس کی ہچکچاہٹ کا قُفل کھول دیا.. ''میں ایک گذارش لے کر آیا ہوں'' اور اس کے ساتھ ہی اُس کے آنسو بہہ نکلے اور اُس کی بڑھی ہوئی سفید داڑھی میں جذب ہونے لگے..

امیر بخش اُس کی بے کسی اور لاچارگی سے مُجرم محسوس کرتا اُسے ڈھارس دیتا ہوا بولا ''آپ.. فرمائیے..''

''آپ کوٹ ستارہ کے چوہدری محکم دین کے بیٹے ہیں ناں..''

''جی..''

''جاٹ برادری کے ہیں..''

''جی..''

''میں اسی لیے آپ کی خدمت میں حاضر ہوا ہوں.. بہت تلاش کے بعد آپ تک پہنچا ہوں..'' اُس کا لاغر ہو چکا بدن ہولے ہولے کانپتا تھا ''میں پچھلے کئی ماہ سے اپنے خاندان سمیت والٹن کیمپ میں پڑا ہوں.. میں پناہ گیر نہیں ہوں.. رہنے والا اسی پنجاب کا ہوں.. گجرات کے قریب میرا گاؤں ہے.. سرکاری ملازمت کے سلسلے میں میری تعیناتی ہوشیار پور ہو گئی اور مُجھے وہ علاقہ اس قدر دل کو لگا کہ ریٹائر ہونے کے بعد میں نے آبائی زمینیں فروخت کر کے اور جو کُچھ جمع جتھا تھا اُس سے وہیں گھر بنا لیا... پھر یہ تقسیم آ گئی.. میں اگرچہ اِدھر کا تھا پر اُدھر تھا.. میری دو بیویاں ہیں اور چار بچے ہیں.. تین بیٹیاں اور ایک بیٹا.. پر وہ بیٹا.. اب صرف تین بیٹیاں ہیں جنہیں میں حفاظت سے نکال لایا ہوں.. پچھلے کئی ماہ سے والٹن کیمپ میں مقیم ہوں.. لُٹ لٹا کے آ گیا ہوں.. اس شہر میں میرا کوئی نہیں ہے.. والٹن کے لنگر میں آپ جیسے لوگ مدد کرتے ہیں تو دو وقت کی روٹی نصیب ہو جاتی ہے پر اب ایک افتاد آ پڑی ہے'' اُس کے آنسو رُکتے نہ تھے.. تھمنے میں نہ آتے تھے اور امیر بخش سے برداشت نہ ہوتا تھا..

''آپ کہیے.. میں حاضر ہوں۔''

''میں اسی لیے آپ کی خدمت میں حاضر ہوا ہوں کہ میں بھی جاٹ ہوں.. آپ کے علاقے کا ہوں اور آپ کا دور پار کا عزیز ہو..''

''جی..'' اُس سے اُس کی بے کسی دیکھی نہ جاتی تھی..

''میری مدد کیجیے، مُجھے رقم درکار نہیں.. موسم سرما اُتر چکا ہے اور میرے بچے رات بھر ٹھٹھرتے رہتے ہیں.. اُن کے بدن نیلے پڑ جاتے ہیں اور وہ سویرے کھانستے ہوئے بیدار ہوتے ہیں.. کیمپ میں سردی کی وجہ سے بہت سی اموات ہو چکی ہیں.. مجھے اپنے بچوں کے لیے صرف تین رضائیاں درکار ہیں.. مدد کیجیے.. اللہ تعالیٰ آپ کو اجر دے گا..'' اور پھر اُس نے ایک اضطراری کیفیت میں امیر بخش کے سامنے اپنے ہاتھ جوڑ کر کہا.. ''مدد کیجیے، آپ میری برادری کے ہیں۔''

اگلے روز امیر بخش اور سرو سانسی کوئی درجن بھر رضائیاں اور کمبل لے کر والٹن کیمپ پہنچے جہاں وہ شخص کھلے آسمان تلے اپنے بال بچوں سمیت پڑا تھا.. جب وہ زبردستی اُسے کچھ رقم تھما رہا تھا تو اُس نے کہا ''مجھے شائبہ ہوتا ہے کہ میں نے آپ کو پہلے بھی کہیں دیکھا ہے..''

''نہیں.. یہ صرف آپ کا شائبہ ہے.''

''اللہ تعالیٰ آپ کو اجر دے گا..''

وہ پہلی نظر میں ہی خوشی محمد تھانیدار کو پہچان گیا تھا..

اگر ان رُتوں میں اب اُس کی پنڈلی کے نشانوں سے خون نہ بہتا تھا اور وہ مندمل ہو چکے تھے تو اس کا سبب یہی تھا.. قدرت کے انتقام کے رنگ بُوجھے نہیں جا سکتے.. امیر بخش نے اسے اپنے سامنے ایک لاچار سوالی کی صُورت میں دیکھا اور پہچانا تو نہ اُس نے اُس کے ہاتھوں اپنی ذلت کو یاد کیا، نہ اُس کے چھوڑے ہوئے کتوں کے دانتوں میں سے بہنے والی زہر آلود جھاگ کو یاد کر کے اُس کی جانب ایک چشم حقارت سے پر فخر ہوتے دیکھا اور نہ ہی اُس کے اندر اُسے ماضی کے حوالے دے کر ذلیل کرنے کا خیال آیا.. وہ سر سے پاؤں تک کانپ گیا اور خود کو مُجرم محسوس کرنے لگا.. اور اُس روز وہ اُس خدا کے ذرا قریب ہو گیا جسے اُس نے تقریباً ترک کر دیا تھا کہ خوشی محمد تھانیدار کا اُس کی چوکھٹ کے باہر ایک سوالی کی صورت میں نمودار ہو جانا اُس کی نشانیوں میں سے تھا..

اُس نے خوشی محمد کو بھیڑ میں گم ہو جانے نہ دیا اُس کا کھوج رکھا.. وہ کچھ عرصہ بعد والٹن کیمپ سے اپنے آبائی گاؤں چلا گیا جہاں ایک رشتے دار نے اُس پر ترس کھا کر اُسے سر چھپانے کے لیے وہ دو کچّی کوٹھڑیاں عنائت کر دیں جن میں وہ اپنے مویشی باندھا کرتا تھا.. وہ مانگ تانگ کر گذارہ کرتا رہا.. امیر بخش اُسے محکمہ بحالیات کے توسط سے ہر ماہ کچھ رقم بھجواتا رہا تاکہ اُس کی عزت نفس مجروح نہ ہو اور پھر.. ابھی پچھلے برس وہ ایک باؤلے کتے کے کاٹنے سے مر گیا.. قدرت کے انتقام کے رنگ بُوجھے نہیں جا سکتے..

ادوائن کے ریشے جلے ہوئے تھے.. اُنہوں نے دشمن کے ایک جیٹ طیارے کی مشین گن میں سے اُگلی جانے والی آگ ہوتی بالشت بھر لمبی اور وزنی گولی کچھ دیر سہی تھی جواب محلہ قادر بخش کے مکان کی چھت کی ٹائلوں پر بے جان پڑی تھی.. امیر بخش نے اُسے اپنے بائیں بلکہ اکلوتے ہاتھ کی اُنگلیوں کی گرفت میں لے کر فرش سے اُٹھایا اور اُسے اُس سیاہ شام میں اپنی آنکھوں کے سامنے لے آیا.. جیسے شیکسپیئر ایک کھوپڑی کو ہاتھ میں تھامے اُسے اپنی آنکھوں کے سامنے لاتا ہے.. ٹُو بی آر ناٹ ٹُو بی..

✧•••••••✧

چکوال کے نک چڑھے پورے ایک برس میں صرف ایک کُھسّے کے چمڑے میں گوٹے اور زری کے ٹانکے لگاتے، بیل بُوٹے کاڑھتے موچی خدا بخش کے نخرے ایسے تھے کہ بڑے بڑے جگادری چوہدری، ملک اور ٹوانے اُس کے سامنے ہاتھ جوڑتے تھے کہ خدا بخش اگلے سال جو کُھسّہ تُو بنائے گا میں تجھے اُس کی مُنہ مانگی قیمت ادا کروں گا، تیرے بھڑولے کنک سے بھر دوں گا پر کسی اور کو نہ دینا.. اور خدا بخش اپنی چُندیا کو سہلاتا نخرے کرتا کہتا.. اگر تو خدا بخش کے ہاتھوں کا کاڑھا ہوا کُھسّہ تیرے لیکھ میں ہوا تو تجھے مل جائے گا.. رب کے کاموں میں کون دخل دے سکتا ہے..

اُسی خدا بخش موچی کے ہاتھوں کا ساختہ، کاڑھا ہوا.. اُس کے پاؤں میں بوسیدہ ہوتا کُھسّہ جب اُس پاؤں کی لاچارگی سے زمین پر گھسٹتا تو دُھول اٹھتی.. دور سے نظر کرنے والے کونت کلاں کی جانب جاتے کچّے راستے پر دھول کے جو چھوٹے چھوٹے مرغولے اُٹھتے دکھتے تھے تو وہ جان جاتا تھا کہ کوئی بہت لاچار شخص ہے جو ایک پاؤں گھسیٹتا ہوا چلتا ہے اور دھول بلند ہوتی ہے.. پر دور سے نظر کرنے والا یہ تو نہیں جانتا تھا کہ وہ شخص بخت جہان ہے جو ایک ڈانگ کے سہارے پاؤں گھسیٹتا چلا جا رہا ہے.. اور اُس کے پاؤں میں جو بوسیدہ ہو چکا کُھسّہ ہے وہ اُس نے خدا بخش موچی کی گردن پر ایک تیز دھار برچھی رکھ کر حاصل کیا تھا.. وہ اُسے یُوں تو حاصل نہیں کرنا چاہتا تھا پر اُس کڑی یا ہوئے موچی نے کہا تھا کہ چوہدری یہ کُھسّہ تو میں نے ملک اللہ یار کے لیے بنایا ہے تو اپنے کُھسّے کے لیے دو تین برس اور انتظار کر.. اب دو تین برس اور انتظار کون کرتا..

اُس کی بلند قامتی عمر کی ناتوانی سے جُھکی جا رہی تھی.. نور بیگم کا آخری صاحب بہادر مُرغ کھائے ہوئے بھی تو اُسے برسوں ہو چکے تھے..

زمانے کیسے اُسے روندتے ہوئے گزر گئے تھے..

وہ اُس سویر محلہ مغربی سے نکل کر پھاجو ہنجرا کے چبارے اور قادیانی چندھڑوں کے مکانوں کے ساتھ چلتا.. بے شک وہ جاٹ برادری کے تھے پر مرزائی ہو گئے تھے.. جانے کیوں ہو گئے تھے کہ جاٹوں کا تو کوئی مذہب نہیں ہوتا اور جب وہ جی ٹی روڈ پر آیا تو وہاں کیسے زمانے گذر چکے تھے.. اڈےّ کے آس پاس کشمیریوں کا راج تھا.. اُن کی کھڈیاں کھٹ کھٹ کرتیں نہ صرف نہائت انوکھے رنگوں کے کھیس بُنتی تھیں بلکہ اُن پر قالین بھی بُنے جا رہے تھے.. یہ چٹے گورے کم ذات کشمیری بھی عجیب ذات تھے.. کسی بھی کام کو چاہے وہ کتنا ہی نیچ کیوں نہ ہو عار نہیں سمجھتے تھے.. اُن کا کُچھ دین ایمان نہ تھا..

کو چوانی کر لیتے تھے، جُوتے گانٹھنے لگتے تھے، پھیری لگا کر سودا فروخت کر لیتے تھے اور جولاہوں کی مانند کھڈیوں پر بھی بیٹھ جاتے تھے.. یہاں تک کہ گلیوں میں جھاڑو بھی دے لیتے تھے، نہائت ہی کم ذات تھے..

بخت جہان نے اس باہر کی دنیا سے کبھی کوئی سروکار نہ رکھا تھا، وہ اپنے محلّہ مغربی میں قدیم جاٹ متعصب، اجڈ، پُر مشقت اور پُر تکبر تہذیب کی پناہ میں زندگی کرتا تھا لیکن یہ ایک حقیقت تھی کہ دنیا پور کے کم ذات کشمیریوں کو بھی محلّہ مغربی کے پس ماندہ جزیرے میں رہنے والوں جاٹوں سے کچھ سروکار نہ تھا کہ وہ اس کی معیشت پر چھا چکے تھے..

جی ٹی روڈ کو پار کرنے کے لیے اُسے کچھ دیر انتظار کرنا پڑا کہ اُس پر کیسی شائیں شائیں کرتی مسافروں سے بھری بسیں، ویگنیں اور ہولناک ٹرک گذرتے جاتے تھے.. کسی نے بھی اُس کا کچھ لحاظ نہ کیا.. کسی نے بھی اُسے نہ پہچانا کہ یہ چوہدری بخت جہان ہے جو سڑک کے کنارے اپنی اُس ڈانگ کے سہارے کھڑا ہے جو چھکتی چڑیوں اور ٹراتے مینڈکوں پر موت بن کر نازل ہوا کرتی تھی تو ہم رُک جائیں اسے سڑک پار کر لینے دیں.. کسی کڑی یا ہوے نے اُس کا کچھ لحاظ نہ کیا..

جی ٹی روڈ سے اُتر کر امردوں کے باغوں میں سے چلتا جب وہ سٹیشن تک پہنچا اور ریلوے لائن کو عبور کر کے نت کلاں جانے والے کچے راستے پر آیا تو اُسے سکون آ گیا.. وہ راستہ جوں کا توں تھا.. جس پر نت کلاں جاتے ہوئے اُس کی بسنتی اتھری اور بکّی کے سُموں سے اُٹھنے والی دھول اُٹھا کرتی تھی.. وہ راستہ نہیں بدلا تھا.. اور وہ شخص جو دور سے اُدھر نظر کرتا دُھول کے چھوٹے چھوٹے مرغولے اُٹھتے دیکھتا تھا وہ یہ بھی کیسے جان سکتا تھا کہ اُدھڑے ہوئے بوسیدہ کُھسے کے گھسٹنے سے جو دُھول اُٹھتی ہے اُس میں وہ بخت جہان ہے جو اس راستے پر اپنی حیات میں پہلی بار پیدل نت کلاں جا رہا ہے..

نہ وہ زمانے رہے اور نہ وہ نایاب گھوڑیاں رہیں.. زمانے نہ رہے تو وہ کیسے رہتیں.. بس رہیں تو چند زنگ آلود نعلیں رہیں جن پر بخت جہان نے کبھی آنسو گرائے تھے..

اب زنگ آلود نعلوں پر تو کوئی سوار نہیں ہو سکتا..

اُس کے بدن کا جھکاؤ اور بجھنے والی نیلاہٹ بھری آنکھیں.. تیکھی ناک جس پر جھریاں نمودار ہو رہی تھیں اور خدا بخش موچی کا بوسیدہ ہو چکا کُھسہ اُس کی حیات کے کچے راستوں پر گھسٹتے جا رہے تھے.. اس آس اُمید میں کہ وہاں اُس کا یار جس نے اتنا عرصہ اُس کی کچھ خبر نہ لی تھی کہ وہ زندہ ہے یا مر گیا ہے.. اپنی بیٹھک میں بیٹھا کیکر کی شراب کے پہلے توڑ کے مٹکے آگے رکھے اُس کا منتظر ہو گا.. وہ بھول گیا ہو گا کہ امرت کور اُس کے دونوں بیٹوں کے ہمراہ اُس کے صحن میں کبھی نہ جانے کے لیے داخل ہو گئی تھی کہ رَن، تلوار اور گھوڑا کسی کے سگے نہیں ہوتے..

ایک پژمردہ اور نڈھال حالت میں جب وہ لہناں سنگھ کے ویہڑے میں داخل ہوا تو اُسے ایک دھچکا سا لگا.. وہاں عجیب شکلوں کے مرد اور عورتیں اُسے دیکھ کر ٹھٹک گئے.. کچھ ننگ دھڑنگ سے بچے صحن میں کودتے پھرتے تھے اور حویلی کی دیواریں گوبر کی پاتھیوں سے ڈھکی ہوئی تھیں.. یہ کون لوگ ہیں؟.. ایک عجیب سی نامانوس شکل والا شخص اُسے پاؤں گھسیٹتے ڈانگ کے سہارے پاؤں گھسیٹتے صحن میں داخل ہوتے دیکھ کر اُس کے پاس آیا ''بابا جی.. کس سے ملنا ہے؟''

''اوئے تم کون ہو پوچھنے والے..'' اُس نے اپنے آپ کو طیش میں آنے سے صرف اس لیے روکا کہ اُس میں طیش میں آنے کے لیے سکت نہ تھی..

''بابا جی.. آپ نے کس سے ملنا ہے؟'' اُس شخص نے نہائت تحمل سے پھر دریافت کیا..

''لہناں سنگھ کو.. اور کس کو''

''ہیں جی..'' وہ شخص گڑبڑا گیا ''لہناں سنگھ؟''

''پر تم کون ہو.. اُس کے کوئی کمّی کمین ہو... مجھے نہیں پہچانتے.. لگتا ہے ابھی کھیتوں سے واپس نہیں آیا ہے بے دید سکھ کا بچہ.. چلو میں انتظار کر لیتا ہوں..'' اُس نے اپنا سانس درست کیا اور پھر اُس شخص کو قہر آلود آنکھوں سے گھورتا ہوا کہنے لگا ''اوئے تمہیں کچھ تمیز حیا نہیں ہے کہ لہناں سنگھ کے گھر میں دنیا پور سے اُس کا یار بخت جہان آیا ہے اور اُسے چارپائی پر بٹھا کر لسّی پانی پوچھنا ہے کم ذات..''

وہ شخص گڑبڑا سا گیا، اس بوڑھے کی آواز میں طیش کی جو لرزش تھی وہ اُس سے خوفزدہ تو نہ ہوا لیکن اُسے اُس پر ترس آ گیا اور وہ اندر سے ایک چارپائی اٹھا لایا..

''اوئے کڑی یا ہویا..'' بخت جہان جس کی گردن کے ٹیڑھے پن میں جھکاؤ آ رہا تھا.. ذرا گرج کر بولا ''الانی، مُونج کی چارپائی اُٹھا لایا ہے کم ذات.. نواری چارپائی لے کر آ کمینیا..''

وہ شخص اُس کی بدزبانی کو سہہ گیا.. کیا کرتا، جواب میں گالیاں دیتا اور اُس لاچار سے بوڑھے کو دھکّے دے کر اپنے گھر سے نکال دیتا..

''چل رہنے دے..'' بخت جہان کی ہمت جواب دے رہی تھی.. ''میں اسی پر بیٹھ جاتا ہوں پر لہنے کے گھر میں مونج کی چارپائی تو میں نے کبھی نہیں دیکھی.. یہ کہاں سے آ گئی ہے..''

حویلی کے دروازوں کے کچھ کواڑ نیم وا ہوئے اور اُن میں سے متجسّس آنکھیں جھانکنے لگیں.. اُس کے گرد میلے کچیلے بچوں کا ایک ہجوم ہو گیا اور وہ اُسے دیکھ کر بے وجہ ہنستے تھے اور اچنبھے سے دیکھتے تھے..

''اوئے دفع ہو جاؤ..''

پر وہ ٹلنے والے نہیں تھے..

''اوئے دفع ہوتے ہو کہ نہیں.. میری چھت پر گودتے ہو حرام کی اولادو..'' اُس نے لرزتے ہاتھوں سے ایک پاؤں سے کھسّہ اُتارا اور اردگرد جمگھٹا کرنے والے بچوں کو دے مارا.. بچے جو کھسر پھسر کرتے، مُنہ پر ہتھیلیاں جمائے ہنسی روکتے تھے ایک تماشا دیکھنے آئے تھے، یکدم سہم کر پیچھے ہو گئے..

بخت جہان سر ہلاتا اپنا سانس درست کرنے لگا.. وہ شخص اُسے دیکھے چلا جا رہا تھا.. ''اوئے کم ذات کیا بٹر بٹر دیکھ رہا ہے.. میرا کھسّہ اُٹھا کر لا.. چکوال کے موچی خدا بخش کے ہاتھوں کا بنا ہوا ہے، پہچانتا ہے.. جا اُٹھا کر لا..''

وہ شخص چپکے سے دھول میں اَٹا وہ کھسّہ اُٹھا لایا جس کے تروپے ادھڑ رہے تھے، چمڑا بوسیدہ ہو چکا تھا اور اس لائق نہ رہا تھا کہ اُسے پہنا جا سکے..

بخت جہان نے اپنا لرزتا ہوا پاؤں آگے کر دیا ''چل پہنا دے شاباش..''

اُس نے جانے کیوں حکم کی تعمیل کی اور پرے ہو گیا..

''اتنی دور سے پینڈا کر کے.. حیاتی میں پہلی بار پیدل چل کر نت کلاں آیا ہوں...'' وہ ہولے ہولے اپنے آپ سے ہی مخاطب تھا ''یہ نہیں کہ مجھے گھوڑیوں کی کچھ کمی ہے.. پر میں نے سوچا چل بخت جہان موچی خدا بخش کا کُھسہ پہن اور جیسے اپنے کسی محبوب سے ملنے.. یا درگاہ پر حاضری دینے کے لیے پیدل چل کر جاتے ہیں تو بھی چل.. جوڑ جوڑ ہل گیا ہے.. اور وہ حرامی سکھ ابھی تک کنوئیں پر اپنے بیلوں اور بھینسوں کی ٹہل سیوا کر رہا ہے، واپس نہیں آیا.. کسی کے ہاتھ سندیسہ بھیج دیا ہے ناں کہ میں آیا ہوں...''

''بابا جی لسی پی لو..'' میلے کچیلے پیراہن والی ایک پژمردہ لڑکی نے اُس کی جانب تام چینی کا ایک گلاس بڑھایا..

بخت جہان نے شکر گزار نظروں سے اُس بچی کی طرف دیکھا.. اُسے گلاس تھامنے میں کچھ دشواری ہوئی کہ لرزیدہ اُنگلیاں کہنا نہ مانتی تھیں..

کنیز فاطمہ نے اُسے سجتے بنتے، اہتمام سے پگڑی باندھتے، بوسیدہ کُھسہ جانے کہاں سے تلاش کر کے پہنتے، اپنی ڈانگ تھام کر مونچھوں کو سنوارتے اور اس کے ساتھ ''بدریا برس گئی اُس پار..'' پر ذرا جھومتے دیکھ کر پوچھا تھا کہ ''جہانیاں تو سویرے سویرے کیوں سج بن رہا ہے.. کہاں جانا ہے..''

''امرت کورے بڑے زمانے بیت گئے لہناں سنگھ سے میل ملاقات کیے ہوئے.. اُس سے بڑا دل اداس ہے.. وہ نہیں آتا تو میں ہی ملنے چلا جاتا ہوں..''

کنیز فاطمہ کے خضاب زدہ کالے سیاہ بالوں میں تشویش کی ایک سفید لکیر اُبھری ''جہانیاں'' اُس نے نہائت اُلفت سے اُس کے بازو پر ہاتھ رکھا.. ''زمانے تو گزر گئے ہیں اور تجھے کچھ خبر نہیں ہے.. پورے اٹھارہ برس ہو چکے ہیں.. پاکستان بنے ہوئے.. لہناں سنگھ کو رخصت ہوئے.. اُس کی حویلی میں پناہ گیر آباد ہو چکے ہیں.. اتنا بے خبر ہے..''

''میں بے خبر ہی اچھا ہوں..'' اس سے پیشتر کہ وہ اپنا ارادہ بدل دیتا اُس نے گردن اکڑا کر کہا ''تو نہیں چاہتی کہ میں تیرے پہلے خصم سے ملوں.. تیرے بیٹوں کے باپ سے ملاقات کروں.. جلتی ہے میری یاری سے.. میں جانتا ہوں وہ وہاں میرا منتظر ہے.. میرا سفر کھوٹا نہ کر..'' اور وہ ڈانگ کے سہارے ایک پاؤں گھسیٹتا چوکھٹ کے پار اُتر گیا تھا..

صحن کی دیواروں سے بھی دھوپ اُٹھ چکی تھی اور اب اُن پر شام کے سائے اترنے کو تھے۔ کواڑوں، کھڑکیوں اور چھت پر سے جھانکتے بچے اور عورتیں صحن کے درمیان میں ایک چارپائی پر بڑبڑاتے ہر کسی کو گالیاں دیتے اور گردن اکڑا کر آس پاس حقارت سے تکتے سودائی بوڑھے سے بیزار ہو گئے اور وہ بھی دھوپ کے ساتھ ہی رخصت ہو گئے..

البتہ وہ ایک شخص وہیں کھڑا رہا..

یہ کمر خمیدہ بدزبان بوڑھا کون ہے جو یُوں دندناتا ہوا اور کتنے تکبّر سے میرے گھر میں چلا آیا ہے اور پھر مجھ پر ہی حُکم چلاتا ہے.. مُجھے ایک کمی کمین اور کم ذات سمجھ رہا ہے.. کیسے اپنے تیکھے ناک نقشے اور گردن کو ڈھانپتے ہوئے گھنے بالوں

میں اکڑا ہوا بیٹھا ہے.. ویسے یہ بوڑھا اپنے زمانوں میں کیسا شاندار رہا ہوگا.. صحن میں داخل ہوا تھا تو اُس کی تمکنت سے لگتا تھا کہ کوئی اجڑا ہوا مغل شہزادہ اپنی کھوئی ہوئی سلطنت میں قدم دھرتا ہے... یہ نہیں جانتا کہ میں بھی ایک شہزادہ ہوا کرتا تھا اور اپنی سلطنت میں آباد ایک شاہانہ زندگی بسر کرتا تھا.. اب اگر یہ مُجھے ایک کمّی کمین سمجھ رہا ہے.. حقارت سے اپنا پاؤں آگے کر کے کہتا ہے کہ چل پہنا دے شاباش.. تو اس میں اس کا کُچھ دوش نہیں.. میں اب صورت شکل سے ایسا ہی لگنے لگ گیا ہوں.. اب اسے میں کیا بتاؤں کہ اپنے بچوں کے لاشے دیکھنے سے انسان کے چہرے پر کیسی کیسی انہونی دُکھی تبدیلیاں رونما ہونے لگتی ہیں.. اور اُن کی ماں جسے ایک گھڑ سوار مال غنیمت کے طور پر اٹھا کر لے جا رہا ہے اور وہ اپنا بایاں ہاتھ بلند کرتی ہے تو اُس کی وہ دو انگلیاں کٹ چکی ہیں جن میں انگوٹھیاں تھیں، اُس کے بالوں میں تنکے تھے اور پاکستان کے راستے کی دُھول تھی.. میں اُس کی مدد کو نہ جا سکتا تھا کہ میں اپنے دونوں مردہ بچوں کے درمیان اپنی تین سالہ بیٹی کو گلے سے لگائے اوندھا پڑا تھا.. اگر اٹھتا تو اٹھتے ہی کٹ جاتا کہ میرے آس پاس تلواروں، برچھیوں اور کرپانوں کا راج تھا.. اور میں اپنے آخری بچے کی جان بھی گنوا بیٹھتا.. اور اس متکبر بوڑھے کی خصلت اور چال ڈھال میں واضح اشارے ہیں کہ یہ کبھی اپنی زمین، اپنے گھر اور اپنے چوکھٹ سے جدا نہیں ہوا.. بے گھر، بے آسرا اور در بدر نہیں ہوا... یہ کیسے گمان کر سکتا ہے کہ نہ صرف بے گھر ہونا بلکہ در بدر ہونا، اپنے لاڈلوں کے لاشے دیکھنا.. اپنے خواب کی جانب قدم رکھتے ننگے پاؤں اور بھوکے بے آسرا ہونا کیا ہوتا ہے.. اور اٹھارہ برس کے بعد بھی اس جیسے لوگوں کے لیے نہ ہماری کوئی ذات ہے اور نہ ہی کوئی قبیلہ، ہم صرف پناہ گیر ہیں.. یہ کبھی نہ جان سکے گا کہ کبھی میں بھی شہزادہ ہوا کرتا تھا، میرا ایک گھر تھا جو اس اداس اور اجڑے ہوئے کچّے پکّے گھر سے کہیں بڑھ کر شاندار اور شوکت والا تھا اور اُس میں میرے دو شہزادے اور ایک شہزادی راج کرتے تھے.. یہاں پہنچ کر جب میں نے ایک مدّت کے بعد آئینہ دیکھا تو جو چہرہ مقابل تھا میرا نہ تھا.. ایک کمّی کمین، کم ذات کا چہرہ تھا.. میں اپنے آپ کو پہچان نہ سکا.. اگر یہ احمق اور مغرور بوڑھا مُجھے ایک کمّی کمین سمجھ رہا ہے تو اس میں اس کا کُچھ دوش نہیں..

اس نت کلاں کے کسی لہناں سنگھ کے حویلی نما کچّے پکّے گھر میں، ہم دونوں، میں اور میری بیٹی تنہا نہیں ہیں.. درجنوں اجڑے پجڑے خاندان گذر اوقات کرتے ہیں، میرے حصے میں صرف ایک کوٹھڑی آئی ہے جس سے میں اس لیے جدا نہیں ہوتا کہ اُس کا روزن اُس جانب کُھلتا ہے جدھر میری سلطنت ہوا کرتی تھی.. اُس گھر کے ارد گرد گھیرے گھنے شجر تھے.. اتنے گھنے کہ اُن میں دن کے وقت بھی اندھیرا ہوتا تھا.. میرے بچے اُس میں چھپن چھپائی کھیلتے تو میں اُن کو تلاش نہ کر سکتا.. اور اُن شجروں کے گھنے اندھیرے میں کوئل مسلسل بولتی تھی اور جب بارش کے بعد دھوپ نکلتی تھی تو قوس قزح کے رنگ اُن میں یوں اُترتے کہ اُن کا ہر پتّہ اُن میں رنگا جاتا.. یہ کیا جانے کہ میں کیا کھو کر اور کیا چھوڑ کر اس خواب میں آیا ہوں.. جس میں کوئی رنگ نہیں ہے.. اور یہ سمجھتے ہیں کہ ہم سارے جو اُدھر سے آئے ہیں، بھِک منگے اور گداگر تھے اور یہاں آ کر حویلیوں کے مالک بن بیٹھے ہیں..

اس سودائی بوڑھے کو جس کی اکڑی ہوئی متکبر گردن ڈھلک رہی ہے اور جس کے پاؤں میں پھٹی ہوئی جوتیاں ہیں اگر میری طرح بے گھر ہونا پڑتا اور اس کے لاڈلے اس کی آنکھوں کے سامنے کرپانوں میں پروئے جاتے اور اس کی گھر والی کو نشے میں دُھت سکھ اُٹھا لے جاتے تو پھر میں دیکھتا کہ اس کا پُر تکبر چہرہ کیسے ایک کمّی کمین میں نہ بدل جاتا اور یہ

بھی بے شک ترس کھا کر کسی کے پاؤں میں جُوتی نہ پہنا رہا ہوتا..اور اگر ایک مدت کے بعد آئینہ دیکھتا تو اُس میں اسے میرے جیسی ہی شکل نظر نہ آتی..

نت کلاں کے کسی کچّے گھر میں جو کبھی کسی سکھ کاشت کار کا گھر تھا پہلا دِیا روشن ہوا..جس ویہڑے میں مونج کی چارپائی پر براجمان بخت جہان اب ایک اونگھ میں اُتر رہا تھا وہ بھی تاریکی میں اُترنے لگا..تاریکی اُتری تو زمانوں اور مسافت کی تھکن بھی ایسے اُس کے بدن میں اُتری کہ وہ پتھرانے لگا..وہ دل ہی دل میں لہناں سنگھ کو کوسنے لگا جسے اپنے ڈنگر مویشی اتنے عزیز تھے کہ وہ ابھی تک کنویں سے واپس نہیں آیا تھا..اس سے پیشتر کہ وہ مکمل طور پر پتھر ہو جاتا وہ نہائت دِقت سے لڑکھڑاتا ہوا اپنی ڈانگ کے سہارے اُٹھا اور اب تک موجود شخص سے کہنے لگا ''میں لہناں سنگھ کے سارے کاموں کو جانتا ہوں، پر تجھے پہلے کبھی نہیں دیکھا..یہ لے..'' اُس نے اپنے کُرتے کی جیب میں سے اپنی واحد اٹھنی نکالی..''چوہدری کسی کو خالی ہاتھ نہیں جانے دیتے..'' اور اُس شخص نے ہاتھ آگے نہ کیا ''تیری مرضی ہے..لہناں آئے تو اُسے کہہ دینا کہ دنیاپور سے بخت جہان تمہیں ملنے آیا تھا..''

وہ کیسے واپس دنیاپور اپنی چوکھٹ تک پہنچا اُسے کچھ خبر نہ تھی..

امرت کور ویہڑے کی نصف شب کی تاریکی میں اُس کی منتظر ٹہلتی دکھائی نہ دیتی تھی..گرتے پڑتے وہ اندر داخل ہوا تو اُس نے آگے بڑھ کر اُسے سہارا دینے کی کوشش کی..

''اوئے دفع ہو نامرادے..'' اُس نے اُسے پرے دھکیل دیا اور پھر اس بری طرح سے لڑکھڑایا کہ پھر امرت کور کا سہارا لینے کے سوا کوئی چارہ نہ تھا..

''ملاقات کر آیا اپنے جگری یار سے؟''

''امرتے وہ ایسا بے دید ہے کہ یہ جانتے ہوئے بھی کہ میں اُسے ملنے کے لیے آیا ہوں اپنے ڈنگروں سے لاڈ پیار میں مصروف رہا..کنویں سے لوٹا ہی نہیں..''

''جہاناں میں نے تجھے روکنے کی کوشش کی تھی کہ زمانے گذر گئے ہیں اور تجھے کچھ خبر نہیں..تو اتنا بے خبر ہے..''

بخت جہان نے اپنا وہ ہاتھ جو قائم رہنے کے لیے امرت کور کا سہارا لیتا تھا پیچھے کر لیا اور اپنے دُکھتے ہوئے پاؤں پر کھڑا نہ ہو سکا اور وہ ناند جس میں کبھی اُس کی بسنتی اتھری اور بگّی کی خُرخُر کرتی تھوتھنیاں اُتر کر اپنی پیاس بجھاتی تھیں اُس کی بھرتی ہوئی اینٹوں کے قریب گر گیا..

''سُن امرتے..'' وہ اُس کے قریب آ بیٹھی..''میری سب اکڑفوں اور شانداری کب کی رخصت ہو چکی..میں ایک منگتا ہو چکا ہوں..پر میں اتنا ناسمجھ اور بے خبر نہیں ہوا کہ مجھے یہ علم ہی نہ ہو کہ زمانے بدل چکے ہیں..آج سویر جب میں بنتا سنورتا اہتمام سے پگڑی باندھتا تھا تو کیا میں نہیں جانتا تھا کہ لہناں سنگھ کو رخصت ہوئے اٹھارہ برس ہو چکے ہیں..صاحباں کو دفنائے ہوئے بھی پانچ برس ہو چکے ہیں اور ان پانچ برسوں میں کوئی ایک رات ہے جب میں اُس کے لیے رویا نہیں..جانتا تھا..پر میں اپنے اس موجود سے بیزار اور بے عزت اُس ماضی کے اندر چلا جانا چاہتا تھا جس میں مَیں کبھی

شاندار اور وقعت والا تھا.. میں اتنا بے خبر نہیں ہوں امرتے.. پر میرے ذہن میں ایک اُلجھن ہے اسے سُلجھا دے..آج کی رات ہر سُو اتنی تاریکی کیوں ہے..میں جن گلیوں میں سے گذر کر آیا ہوں وہاں کسی گھر میں کوئی ایک دِیا بھی روشن نہ تھا..کوئی لالٹین نہ جلتی تھی..ایسا کیوں ہے؟''

''تجھے اس کی خبر نہیں ہے.. باہر بلیک آؤٹ ہے..حملہ ہو گیا ہے..''

''حملہ؟''

''ہندوستانیوں نے پاکستان پر حملہ کر دیا ہے.. جنگ چھڑ چکی ہے جہانیاں..تُو صبح سویرے بن سنور کے نکل گیا تھا..میں کسی کام سے چھت پر گئی ہوں تو اوپر آسمان پر دو ہوائی جہاز ایک دوسرے پر وحشی گِدھوں کی مانند جھپٹتے اپنے آپ کو بچانے کے لیے اُلٹے سیدھے ہوتے، قلابازیاں کھاتے..دنیا پور کے آسمان پر قیامت کا شور کرتے تھے..اُن کے اندر سے شعلے بھڑکتے تھے اور ایسے دھماکے کرتے تھے کہ میں کپاس کی سُوکھی ہوئی ٹہنیوں کے اندر چُھپ گئی.. پھاتو جولاہی کا کہنا ہے کہ اُن میں سے ایک پاکستانی تھا اور دوسرا سرحد پار کر کے آیا تھا..اور شینخوں کے ایک لڑکے نے سارے محلے کو بتایا ہے کہ وہ خود اپنی آنکھوں سے وزیر آباد کے قریب اُس ہندوستانی جہاز کا ملبہ دیکھ کر آیا ہے جو گرا لیا گیا تھا..تجھے کُچھ خبر نہیں ہوئی.''

وہ بنا کسی سہارے کے ناند سے ٹیک لگائے ہوئے اُٹھا.''ہیں؟ لہناں سنگھ نے مجھ پر حملہ کر دیا ہے..کیسا کڑی یا ہوا یار ہے کہ میرا لحاظ بھی نہیں کیا..اور میں صرف اُس کے انتظار میں مونج کی ایک چارپائی پر بیٹھا رہا..یہ سکھ بے دید اور بے مروت ہوتے ہیں..''

''جہانیاں..لہنے نے نہیں..ہندوستان نے..'' وہ سہمی ہوئی بولی..

''تُو نے تو اُس کی طرف داری کرنی ہے امرتے..وہ تیرا خصم جو ہوا کرتا تھا..''

''پینتیس برس ہونے کو آئے جہانیاں..'' وہ پھٹ پڑی ''اور وہ اب تک میرا خصم چلا آ رہا ہے..آج مُجھے احساس ہو رہا ہے کہ میں نے کیا ظلم کمایا..تُو نے کبھی بھی مُجھے کنیز فاطمہ کے طور پر قبول نہیں کیا..''

وہ زیادہ دیر تک اپنے پاؤں پر قائم نہ رہ سکا..اُس کے اندر رَتہ کلاں کے آنے جانے کی تھکاوٹ بدن کو توڑتی تھی اور وہ پھر ناند کے سہارے آہستہ آہستہ زمین پر ڈھیر ہو گیا.''حافظ جی نے تیرے ساتھ نکاح پڑھاتے ہوئے پوچھا تھا کہ قبول ہے..تو میں نے کہا نہیں تھا کہ قبول ہے..''

''تو نے سویرے سے کُچھ کھایا پیا بھی ہے کہ نہیں..'' وہ یکدم وہی اُس کے لیے پگھل جانے والی امرت کور ہو گئی جو اپنا بھرا پُرا گھر اُس کی نیلی آنکھوں میں غرق ہو کر اپنے بیٹوں سمیت ترک کر کے اُس کے صحن میں آ گئی تھی ''میں تیرے لیے کُچھ ہانڈی روٹی کا بندوبست کرتی ہوں..''

وہ چولہے کی جانب جانے والی تھی جب اُس نے بخت جہان کی ایک ایسی ہنسی سُنی جس میں دیوانگی کا شائبہ ہوتا تھا..''امرتے..وہ جو تجھے ہر ماہ اپنی تنخواہ بھیجتا ہے تیرا حوالدار پُتر..وہ بھی تو کسی محاذ پر ہو گا..''

''ہاں..ہو گا..''

''تو کیا پتہ وہ دونوں آمنے سامنے ہوں..''

''کون دونوں جہانیاں..؟''

''دونوں بھائی..اُدھر لہناں سنگھ کی دوسری بیوی کا بیٹا راجندر سنگھ اور ادھر میرا فتح محمد..تمہارا نونہال سنگھ..'' وہ ایک حواس باختہ شخص کی مانند قہقہے لگانے لگا..

''جہانیاں..میرے بیٹے فتح محمد کی ستّے خیراں ہیں..اس لیے کہ باقی سب کا ایک ایک رب ہے جب کہ اُس کا واہیگرو بھی ہے اور اللہ بھی..میں تیرے لیے کُچھ ہانڈی روٹی کا بندوبست کرتی ہوں..''

دنیا پور میں چراغ یُوں بھی کم کم جلتے تھے پر اُس شب ہر سُو اندھیرے کی حکمرانی تھی..اور دونوں جانب حسب وعدہ بونے راج کرتے تھے..

✦.......✦

''ابا، کیا میں حرامی ہوں؟''

سروسانسی کے سینے میں ایک گھونسا آلگا، بیٹھے بیٹھے اُسے ایک زوردار دھچکا لگا.. یہ سوال اُس پر بجلی بن کر گرا.. کوئٹہ کی نفیس ترین سیاہی مائل چرس سے بھرے دو سگریٹ پھونکنے کے بعد تو وہ اس سوال کے لیے ہرگز تیار نہ تھا..

احاطہ قادر بخش سے متصّل بیل گاڑیوں والوں اور چوڑوں یا خاکروبوں کا ایک احاطہ تھا جہاں سروسانسی نے اپنی من مرضی سے رہائش اختیار کی تھی، وہ معاشی طور پر امیر بخش اور عزیز جہان جتنا ہی مستحکم ہو چکا تھا لیکن وہ کسی بہتر رہائش گاہ میں منتقل ہونے کا نام نہ لیتا تھا.. اُسے اپنے مکان کے تین کمروں، ایک صحن اور سب سے پیچھے اس اندھیری کوٹھڑی کے ساتھ جس میں وہ اب پڑا ہوا تھا کچھ ایسا جذباتی لگاؤ ہو گیا تھا جیسے یہ اُس کا آبائی چھپّر ہو.. یہ مکان جو اب بوسیدگی کے تنزّل میں شکستہ ہو رہا تھا کسی ایسے شخص کا تھا جو اپنی دو بیل گاڑیوں کو آگے پیچھے لگا کر لاہور سے قصور اور قصور سے لاہور کبھی سبزی اور کبھی اینٹیں ڈھوتا تھا.. اور اس کوٹھڑی میں وہ اپنے چاروں بیل باندھا کرتا تھا.. جو یقیناً اب تک مر چکے تھے تو شائد اُس کوٹھڑی میں اُن کی مُردنی کی کوئی بُو ٹھہری ہوئی تھی جو یہ سروسانسی کی پسندیدہ ہو گئی تھی..

اُس کے دونوں بیٹے موجو اور موتی اپنے لباس اور تہذیبی رکھ رکھاؤ میں اپنے ہم عمر نوجوانوں کی نسبت کہیں بڑھ کر سلجھے ہوئے تھے اور کیا کوئی گمان کر سکتا تھا کہ یہ دونوں کبھی اپنی نیم وحشی ماں سوہنی کے ساتھ چیخیں مارتے ایک ادھ پکا نیولا اپنے باپ سے چھین کر کھا گئے تھے.. وہ دونوں دیال سنگھ کالج میں اردو اور معاشیات کے آخری سال میں زیرِ تعلیم تھے، اپنے خاندانی پس منظر کو روپوش رکھنے کی کوشش میں مصروف وہ اکثر اپنے باپ کا گلا گھونٹ کر اُس کا مُنہ بند کرنے کی خواہش کرتے تھے جب وہ برملا کسی محفل میں یا اُن کے کسی قریبی دوست کے سامنے اپنے سانسی ہونے کی ڈینگیں مارتا تھا اور مُردار اور بُھنے ہوئے جنگلی بلّے کے گوشت کے خصائل بیان کرنے لگتا تھا.. وہ دن بھر اُن متعدد کوٹھیوں، گھروں اور کاروباری عمارتوں کے تعمیر کی نگرانی کرتا جو اُن کی مُشترکہ تعمیراتی فرم سرو، امیر عزیز کنسٹرکشن کمپنی کے پروجیکٹس میں شامل تھیں اور پھر فارغ ہو کر سوہنی کے قہر سے فرار ہو کر کہ وہ روزِ اول کی طرح اب بھی ایک نیم وحشی سانسن تھی اور اگرچہ یہ ممکن تو نہیں لگتا تھا لیکن پہلے سے بھی زیادہ بدشکل ہو چکی تھی.. سرو اس کوٹھڑی میں چلا آتا.. چرس کے پہلے سگریٹ کو تو وہ ایک مسلسل کش سے ہی راکھ کر دیتا اور پھر دوسرا سگریٹ سلگا کر معلّق ہو چکے زمانوں میں پھڑ پھڑاتا اُڑنے لگتا.. ویسے تو اُڑان ہمیشہ آئندہ زمانوں

کی جانب ہوتی ہے پر وہ ایک ایسی گونج کی مانند ہو جاتا جو آسمان کی پہنائیوں میں اپنے لامبے پروں سے ہوا کو کاٹتی ہے.. آگے جانے کی بجائے ایک اُلٹی پرواز میں چلی جاتی ہے.. اُنہی جھیلوں کے کناروں کو لوٹنے لگتی ہے، جنہیں اُس نے موسموں کی سختیوں سے فرار حاصل کرنے کے لیے.. بھوک سے نجات حاصل کرنے کے لیے ترک کیا اور آئندہ کے زمانوں کی جانب اُڑان کی تھی..

بے شک چوہدری امیر بخش کی مہربانیوں کے سہارے وہ ایک بُلند معاشی اور معاشرتی مقام تک پہنچ چکا تھا جہاں تک ایک سانسی تو کیا بڑے سے بڑا چوہدری بھی وہاں تک پہنچنے کے صرف خواب دیکھ سکتا تھا اور اس کے باوجود وہ چرس کا دوسرا سگریٹ اُس اندھیارے میں پھونکتا، چرس کا کثیف اور کیف آور دھواں اپنے پھیپھڑوں میں اُتارتا تو اُسے قلق ہونے لگتا.. امیر بخش نے اُس دوپہر جب وہ اور عزیز جہان لاہور سٹیشن سے باہر نکلے تھے، بخت جہان کے قہر سے فرار ہو کر بے یار و مددگار تو اُس نے کیوں اُسے اپنے ساتھ دستر خوان پر بٹھا کر اُسے اپنے جیسا ایک انسان کر لیا تھا.. وہ جو ازل سے اپنے سانسی ہونے پر راضی بہ رضا تھا آزاد تھا اُسے کیوں انسانیت کے محدود اور دم گھونٹنے والے دائرے میں قید کر دیا تھا... آسمان پر اُڑتے گِدھوں کے ساتھ مُردار تک پہلے پہنچنے اور اُس کا لذیذ ترین گوشت نوچنے کے مقابلے خواب ہوئے.. پروائے ننگ و نام نہ تھی اور اب تو یہ تھا کہ یہ جو سب سے بڑا جھوٹ ان لوگوں نے تراشا تھا اور اُس کا نام تہذیب رکھ دیا تھا تو یہاں تو سایہ بھی سنبھل کے چلتا تھا.. اگرچہ اس تہذیب میں بھی بہت سارے ایسے تو اہم تھے جن پر ایک سانسی کو بھی ہنسی آتی تھی.. کئی گاہک اپنی کوٹھی کی تعمیر کے آغاز میں کالے بکروں کو ذبح کر کے اُن کا خون اُس کی بنیادوں میں بہاتے.. بکریوں کی سریاں اُن میں دبا کر تعمیر کے آغاز کی اجازت دیتے اور پھر وہی گاہک تعمیر مکمل ہونے پر کوٹھی کی پیشانی پر ''ماشاء اللہ'' کی ایک تختی آویزاں کرنا بھی ایک فریضہ سمجھتے.. ہمیشہ اُس کا جی چاہتا کہ وہ رات کے کسی پہر اُٹھ کر وہاں جائے اور بنیادوں میں دفن بکروں کی سریاں نکال کر اُنہیں کچّا چبا جائے.. پر وہ اجتناب کر جاتا کہ اگر کوئی دیکھ لے تو کیا کہے سر وا امیر عزیز کنسٹرکشن کمپنی کے ڈائریکٹر صاحب بکروں کی سریاں شب کے اندھیرے میں نوچ نوچ کر کھا رہے ہیں.. تہذیب کے دائرے میں رہنے کی کتنی بڑی قیمت ادا کرنی پڑتی ہے..

تب وہ دنیا پور کے آسمان پر اپنے مقابلے میں آئے ہوئے گِدھوں کو مات دیتا تھا.. اُلٹی اُڑان کر کے اُن زمانوں میں جا چکا تھا.. جب پروائے ننگ و نام نہ تھی جب اُس کی بے روزن کوٹھڑی کے بند کواڑ یکدم کُھلے اور پچھلے پہر کی دھوپ نے غنیمت جانا اور دندناتی ہوئی اندر چلی آئی اور اُس کی تیز روشنی نے نہ صرف اُسے بیزار کر دیا بلکہ اُس کی اُلٹی پرواز کو بھی یکدم منسوخ کر دیا.. کُھلے ہوئے کواڑوں میں انعام اللہ کا قد بُت نمایاں ہوتا تھا..

''ابّا''..

''ہاں پُتر''.. سر و سانسی کو سنبھلنے میں کُچھ وقت لگا.. گئے ہوئے زمانوں سے لوٹنے میں کُچھ وقت لگا.. ''خیر ہے ناں..''

''ابّا، کیا میں حرامی ہوں؟''

یہ سوال اُس پر بجلی بن کر گرا.. کوئٹہ کی نفیس ترین سیاہی مائل چرس سے بھرے دو سگریٹ پھونکنے کے بعد بھی وہ اس سوال کے لیے تیار نہ تھا..

وہ ذرا سا سنبھلا تو بھی اُسے اعتبار نہ آیا کہ کیا انعام اللہ نے وہی کہا تھا جو اُس نے سُنا تھا۔ ''پُتر تو بھی خیر سے بی اے میں چلا گیا ہے اور وہ بھی گورنمنٹ کالج میں تو پڑھائی کیسی جا رہی ہے.. کمزوری تو نہیں ہو جاتی زیادہ پڑھنے پڑھانے سے..''

انعام اللہ اُس کے قریب ہو بیٹھا اور جیسے سرگوشی کرتا ہو بولا ''ابا.. میں نے ایک سادہ سا سوال پوچھا ہے.. بتا دے..''

''تو.. میرا بیٹا ہے پپچو.. اور امیر بخش اور عزیز جہان کا انعام اللہ ہے.. اور تمہارا ایک باپ سوہن سنگھ بھی تھا جو تجھے لاڈ سے لبھا سنگھ کہا کرتا تھا اور جو گوردوارے کی آگ میں راکھ ہو گیا..''

''ابا..'' اُس نے اُس کے کاندھے کو جھنجوڑا اور اُس نے مشکل سے اپنے آپ کو اوندھے ہو جانے سے بچایا..

''میں نے تجھ سے یہ تو نہیں پوچھا کہ میں کس کس کا بیٹا ہوں.. میں انعام اللہ.. جسے تم پپچو پکارتے ہو.. کیا میں ایک حرامی ہوں؟''

سرو سانسی کو اپنے نشے پر کُچھ اختیار نہ ہوتا تھا، جو کُچھ وہ کہنا چاہتا تھا کہہ نہ سکتا تھا اور جو وہ کہتا تھا اُس پر بھی اُس کا کُچھ اختیار نہ تھا ''تو.. اس ساری دھرتی کا بیٹا ہے.. تجھ سے بڑھ کر اور کوئی حلال کا نہیں ہے.. تو کسی بھی کھونٹے سے بندھا ہوا نہیں ہے.. کسی عقیدے یا مذہب سے بندھا ہوا چاکر نہیں ہے.. کنویں میں جوتا ہوا بیل نہیں ہے جس کی آنکھوں پر طے شدہ اخلاقی اقدار کے کھوپے چڑھے ہیں اور وہ اُس اندھے پن میں ایک ہی کھونٹے سے بندھا گھومتا جاتا ہے.. چکر لگاتا چلا جاتا ہے اور سمجھتا ہے کہ حیاتی کا آسمانی مقصد یہی ہے.. تو دیکھ سکتا ہے.. اپنے لیے اپنی پسند کی چراگاہ منتخب کر سکتا ہے.. چاہے تو آزاد جنگل بیلوں میں زندگی کر سکتا ہے.. تیرے گلے میں کوئی پنجالی نہیں ہے جو تجھے قید کر دے..'' سرو سانسی بولتا چلا گیا..

''رُک ابا..'' اُس نے قدرے اشتعال میں آ کر کہا.. ''مُجھے اپنی باتوں کے فریب میں مبتلا نہ کر.. مجھ سے دھوکے کی واردات نہ کر کہ میں نے اتنا عرصہ اپنے آپ پر ضبط کیا ہے اور تم سے کُچھ بھی نہیں پوچھا کہ شائد تمہارا دل دکھ جائے.. اب میری بات سُن.. میری میٹرک کی سند میں اور پھر ایف اے کے سرٹیفکیٹ میں بھی میرے باپ کے نام کے آگے امیر بخش درج ہے لیکن میں روشن کا بھائی نہیں ہوں.. موجو اور موتی کا سگا نہیں ہوں تو پھر میں کون ہوں..''

سرو سانسی کا سانس رُکنے کو آ رہا تھا.. وہ تو گئے زمانوں میں اُڑان کرتا جا رہا تھا اور یکدم اُس پر یہ افتاد آن پڑی تھی جس سے فرار ممکن نہ تھا ''کیا میں نے عزیز جہان اور امیر بخش نے تم پر الفت اور محبت نچھاور نہیں کی.. جو سگے تھے اُن سے بڑھ کر نہیں سمجھا؟''

''سمجھنے اور ہونے میں بہت فرق ہوتا ہے ابا..'' انعام اللہ کے چہرے سے اشتعال رخصت ہوا اور اُس کی جگہ ایک ایسا سیاہ دُکھ چھایا کہ وہ ایک عمر رسیدہ شخص نظر آنے لگا.. ''یہ سوال میرے ذہن میں تب اُٹھا تھا جب میں ابھی چھٹی جماعت میں پڑھتا تھا.. لیکن میں نے اپنے آپ پر ضبط کیا.. اسے لبوں پر نہ لایا کہ تم دونوں کی اُلفت اور لگاؤ میرا راستہ روکتے تھے.. مجھے یاد ہے کہ میں موتی اور موجو کے ساتھ کھیل کود میں مصروف تھا تو ماں سوہنی آئی اور ان دونوں کو سرزنش

کرتی ہوئی کہنے لگی.. اس حرامی کے ساتھ کیوں کھیل رہے ہو.. تو یہ لفظ حرامی تب سے میرے بدن کی تختی پر اَن مٹ سیاہی سے نقش ہو گیا..''

''پُتر..'' اُس نے اُس کے سر پر ہاتھ رکھ کر اُسے پیار کرنے کی کوشش کی ''سوہنی تو ایک بدطینت جاہل سانسن ہے.. ایک جانور ہے.. اُس کی بات کو دل سے کیا لگانا..''

''ابا..'' اُس نے پھر اُس کے کندھے کو جھنجھوڑا.. ''کیا میں حرام کا ہوں یا.. نہیں''

نشے کے سلگتے شرارے اور ٹمٹماتے جگنو ایک خواب آور دُھند میں بھڑکتے بجھتے تھے وہ اُنہیں بجھا دینا چاہتا تھا تاکہ اُس کے حواس قائم ہوں اور وہ اس بپھرے ہوئے بچے کی تشفی کی خاطر کوئی بہانہ تراش سکے.. کوئی خود ساختہ داستان بیان کر کے اُس کے غضب کو ٹھنڈا کر سکے نہیں تو اُس نے چلے جانا تھا.. اُسے چھوڑ جانا تھا.. وہ اس بے روزن کوٹھڑی میں اپنے اس بیٹے سے جدائی کی بُو سونگھتا تھا.. اُسے کسی نہ کسی طرح اُس کی تسلی کرنی تھی ورنہ اُس نے جُدا ہو جانا تھا.. اُس موجو اور موتی کا کچھ پتہ نہ تھا کہ وہ اُس کے بیج میں سے ہیں یا نہیں.. سوہنی سیاہ شبوں میں سانسی بستی کے جھونپڑوں میں ایک بدروح کی مانند سرائت کرتی تھی اور صُبح سویرے چھاتیاں چھلکاتی ظاہر ہو جاتی تھی تو موجو اور موتی جانے کونسے جھونپڑے والے کی اولاد تھے.. لیکن یہ انعام اللہ اُس کے اپنے ان دونوں ہاتھوں میں وجود میں آیا تھا..

''انعام اللہ.. کیا ہم میں سے کوئی بھی پورے وثوق سے کہہ سکتا ہے کہ وہ کون ہے اور کہاں سے آیا ہے.. کیا اس سے کُچھ فرق پڑتا ہے کہ ایک انسان کے نام کے ساتھ اُس کی ولدیت کے خانے میں کسی کا نام لکھا ہوا ہے یا نہیں.. اُس کے اٹھنے بیٹھنے، سونے جاگنے، محبت کرنے یا کسی کو دھتکارنے یا روٹی کے ذائقے میں کُچھ فرق پڑتا ہے.. بلکہ یہ شناخت تو اُسے محدود کر کے اپاہج کر دیتی ہے.. کیونکہ وہ اپنے ماں باپ کے عقیدے، قومیت اور تعصب کو اختیار کر کے اپنی شخصیت کو گم کر بیٹھتا ہے.. جو اُسے ہونا چاہیے وہ نہیں ہوتا.. اپنے خاندانی پس منظر کے محدود چوکھٹے میں جڑا جاتا ہے.. تم تو بہت بھاگ والے ہو انعام اللہ جو شناخت کی قید تمہارا گلا گھونٹ کر تمہیں لکیر کا فقیر نہیں بنا رہی.. ذرا اپنے آس پاس اس معاشرے کو تو پرکھو جہاں جتنے بھی ہیں شناخت والے ہیں.. اور کیسے ذات پات اور عقیدوں کی منافرت میں اُلجھے ہوئے نابینا ہو چکے ہیں جب کہ تم دیکھ سکتے ہو.. کیا ان کے درمیان تم اُن سے ماورا جیسا کہ ایک انسان کو ہونا چاہیے ویسے ایک بلند سنگھاسن پر براجمان ان اندھوں کے بھٹکنے کا تماشا نہیں دیکھ رہے..''

انعام اللہ جو آیا تو اس نیّت سے تھا کہ وہ آج بہر طور اگر اُسے اس باپ کا گلا بھی گھونٹنا پڑے اُس سے سچ اُگلوا لے گا، کلام پر اُس کی قدرت سے متاثر ہونے لگا.. اگرچہ وہ محسوس کر سکتا تھا کہ یہ قدرت اُس نے ابا امیر بخش کی مسلسل رفاقت سے حاصل کی ہے..

''تم تو نصیبوں والے ہو پُتّر.. یہ سارے کھیل تماشے حلال اور حرام کے دین دھرم والوں نے اپنی خود نمائی کے لیے اپنے آپ کو برتر ثابت کرنے کے لیے رچا رکھے ہیں.. تم ایک ایسے پکھیرو ہو جس کا کوئی گھونسلا نہیں، نہ وہ کہیں سے آیا ہے اور نہ کہیں اُس نے جانا ہے.. میں بھی کسی زمانے میں تمہاری طرح ایک آزاد پنچھی تھا پھر امیر بخش نے میرے پر کاٹ کر مفلوج کر دیا.. اور اب میں اس کوٹھڑی میں اپاہج پڑا ہوں..''

وہ بہت مدت اسی شش و پنج میں رہا کہ میں یہ سوال کس سے کروں..ابا امیر بخش اتنے دھیمے اور اُس کے لیے شدید چاہت کے مریض تھے کہ وہ یہ سوال اُن سے پوچھ کر اُن کا دل نہیں دکھانا چاہتا تھا.. بلکہ وہ روشن کی آنکھوں میں ہمیشہ ایک شکائت دھندلاتی دیکھتا کہ آخر میرا باپ مجھ سے تعصّب کیوں برتتا ہے..وہ ہمہ وقت میرے بڑے بھائی انعام اللہ پر کیوں نچھاور ہوتا رہتا ہے..تو اُس نے یہ سوال سروسانسی کے آگے رکھ دیا کہ یہ ایک عجیب بے دریغ شخص تھا..نیم سیاہ مگر ہمہ وقت پُرمسرت چہرے والا جس کے دانت چمکیلے اور تیکھے ہیں کہ تہذیب یافتہ ہونے سے پیشتر وہ مُردار بھنبھوڑ بھنبھوڑ کر کھایا کرتا تھا..

''میں ایک اور سگریٹ سلگا لُوں پُتّر..'' اُس نے جیب میں سے ایک پژمردہ پچکا ہوا سگریٹ نکال کر اُسے ہونٹوں میں دبا کر سلگانے کی کوشش کی..اُس کی اُنگلیوں میں بھنچی ہوئی دیا سلائی خمار کے باعث اپنا ہدف تلاش کرنے میں ناکام ہوگئی تو انعام اللہ نے مسکراتے ہوئے اُس کا سگریٹ سلگا دیا..

''آل اولاد کی خیر..راجے کا کھٹیا..انعام اللہ کا کھٹیا..دھن راج..'' سروسانسی اُسے دعائیں دینے لگا..''میں نے تمہیں وہ قصہ سنایا ہے جب پاکستان بن رہا تھا تو میں سرِشام چھت پر اپنا نیولا بُھون رہا تھا تو موجو اور موتی..میرا خیال ہے سنا چکا ہوں کہ نہیں..''

''ہاں ابّا..بہت بار..''

سروسانسی جھنجھلا گیا..''ایک تو آج کے جوانوں میں صبر نہیں رہا..ایک بار اور سُن لیتے تو قیامت آ جاتی تھی..''

''چل معاف کر دے ابّا..'' انعام اللہ نے فوراً اُس کے پاؤں کو ہاتھ لگا کر کہا ''میں نے تو واقعی وہ قصہ آج تک نہیں سُنا جب تمارے حصّے میں نیولے کی ایک بوٹی بھی نہیں آئی تھی اور پھر رات ہونے پر تم پر کسی نے گولی چلا دی تھی..سُنا دے.. پر اس قصّے میں یہ بھی شامل کر دے کہ اس کھیل تماشے میں لبھا سنگھ انعام اللہ عرف پیچو سانسی کہاں سے آیا تھا..وہ کون تھا....بتا دے ابّا..بقول تمہارے راجے کا کھٹیا..سروسانسی کا کھٹیا..دھن راج...''

✦ .... ✦

شہر گنڈلی مارے موذی سانپ ہوتے ہیں.. دن رات سنپولیے جنتے رہتے ہیں جو اپنا مسکن چھوڑ کر رینگتے جاتے ہیں.. شہر کے چاروں اور جتنی کھلی فضائیں اور تازہ ہوائیں ہوتی ہیں اُن میں اپنا زہر پھونکتے جاتے ہیں.. چراگاہوں، کھیتوں، کھلیانوں اور ہریاول کو چاٹتے جاتے ہیں.. جنگل بیلوں کو ڈستے، ندی نالوں کا پانی اپنی سرسراتی زبانوں سے سُڑکتے اُنہیں ریت کرتے رینگتے جاتے ہیں اور پھر اُن سرزمینوں پر نئی بستیاں آباد ہونے لگتی ہیں جن کے مکین نہیں جانتے کہ جہاں اُن کا صحن ہے وہاں اُس مقام پر کبھی ایک مور ناچا کرتا تھا.. جہاں تارکول کی ایک سرمئی سڑک بچھی ہے یہاں چتکبرے ہرن قلانچیں بھرتے تھے اور ان نئے گھروں کے اوپر جو آسمان ہے وہاں ست رنگے پرندوں کے غول اُڑان کرتے تھے..

تو کبھی یہ گاؤں گورومانگٹ بھی شہر لاہور سے دور ہریاول اور شجروں کی گھناوٹ میں پوشیدہ ہرے بھرے سانس لیتا اپنی تنہائی میں مطمئن اور آسودہ تھا.. لیکن پھر توسیعِ شہر کے سنپولیے رینگتے رینگتے اُس کے اندر تک آگئے بلکہ اُسے چاٹ کر آگے بڑھ گئے اور اس گاؤں کے اردگرد جہاں کبھی کھیت اور کنویں تھے اور باغوں میں بلبل بولتی تھی گلبرگ نامی ایک بستی کا ناسور جنم لینے لگا.. اور اُس کی جدیدیت نے اس گاؤں کی قدامت کا گلا گھونٹ دیا۔

بہت بھٹکنے کے بعد، کئی روز کی تلاش اور دربدری کے بعد اُس مسجد کا مقام مل گیا.... وہاں اب وہ سیڑھیاں نہ رہی تھیں جن کی آخری سیڑھی پر ایک پوٹلی پڑی سردی کی شدت سے نیلی ہوتی تھی.. اب وہاں ایک شاندار دارالعلوم تعمیر ہو چکا تھا کہ اہلِ ثروت سب سے پہلے اپنے گناہوں سے نجات حاصل کرنے کی خاطر جنت الفردوس کے بلند ترین درجوں میں جگہ پانے کے لیے مسجدوں کو شاندار کرتے ہیں.. روزانہ آئینے میں اپنے ماتھے پر غور کرتے ہیں کہ اُس پر تقدس کا نشان نمودار ہو رہا ہے یا نہیں.. اگر نہیں تو وہ سجدے کے لیے قالین کی بجائے بان کی چٹائیوں کا انتخاب کرتے ہیں جس کی سختی معاون ثابت ہو جاتی ہے.. وہ بہت دیر تک اُس مسجد کے باہر کھڑا اُس مقام کا تعین کرنے کی کوشش کرتا رہا جہاں آج سے برسوں پیشتر فجر کی سیاہی میں جانے کون جھجکتا ہوا دل پر پتھر رکھے آیا تھا.. کوئی اپنے گناہ کو روپوش رکھنے والا مرد یا عورت.. جانے کون.. ایک پوٹلی سینے سے لگائے جس میں.. وہ تھا.. کسی ایسے مقام پر رکھنے کے لیے جو فجر کی نماز ادا کر کے نکلنے والے نمازیوں کی نظر میں آجائے.. وہ جو بھی تھا، کوئی عورت یا مرد اُس کے لیے دل میں ایک نرم گوشہ تو رکھتے تھے.. اُس کی بقا کی

چاہت تو رکھتے تھے.. وہ کون سا مقام ہو سکتا تھا جہاں اُس کی پیدائش ہوئی تھی..

سنپولیے سب کُچھ چاٹ گئے تھے.. اُن سیڑھیوں کو نگل گئے تھے.. اُس کی پیدائش کے مقام کو نگل چکے تھے..

کون ہے جو گواہی دے سکتا ہے..

کھوج لگاتے اُسے بالآخر میاں غلام رسول کا سراغ مل گیا.. وہ گورو مانگٹ کے جم پل تھے اُنہوں نے زندگی بھر نماز پنجگانہ سے غفلت نہ برتی تھی... کسی زمانے میں طویل فاصلے طے کر کے لاہور کی اکبری منڈی سے سودا سلف لاتے تھے.. ایک پھٹی ہوئی بوری پر براجمان ہو کر دن بھر دالیں صاف کرتے اُن میں سے کنکر چُنتے، ایک چھاج میں چھٹکتے پنساری کی دوکان کرتے تھے اور اب ''شاہِ مدینہ سُپر سٹور'' کے مالک کے طور پر شیشے کی ایک دیوار کے پیچھے ایک گھومنے والی کُرسی پر بیٹھے.. جب کہ اُن کے دونوں بیٹے اور ملازم سٹور کے اندر کے نظام کی دیکھ بھال کرتے تھے وہ صرف کیش رجسٹر کی نگہبانی کرتے رب کا شکر ادا کرتے تھے..

وہ اُس لمحے گرم دودھ کے ایک پیالے میں خلیفہ بیکری کی باقر خانی کو اپنی اُنگلیوں سے چُرمر کرتے ڈال رہے تھے جب انعام اللہ نے اُن سے استفسار کیا کہ ''میاں جی.. آپ نے زندگی بھر کوئی نماز قضا نہیں کی.. آپ کو کُچھ یاد ہے کہ آج سے تقریباً انیس برس پیشتر یہاں کی مسجد کی آخری سیڑھی پر کوئی ایک پوٹلی ڈال گیا تھا... کُچھ یاد ہے..''

''ہاں کُچھ یاد تو پڑتا ہے..'' وہ کُچھ توقف کے بعد گویا ہوئے ''پر تم کیوں پوچھتے ہو؟''

''میں..'' انعام اللہ ذرا گڑبڑا گیا.. ''میاں صاحب میں ایک اخبار میں معاشرتی فیچر لکھتا ہوں.. اس نئی آبادی گلبرگ کے پھیلاؤ کے نتیجے میں قدرتی ماحول کی جو بربادی ہوئی ہے اُس پر تحقیق کر رہا ہوں.. تو اس دوران کسی نے مجھ سے یہ قصہ بھی بیان کر دیا ہے.. کُچھ یاد ہے..''

میاں صاحب اس دوران خلیفے کی باقر خانی کو کچومر کر کے گرم دودھ میں ڈال کر پہلا گھونٹ بھر چکے تھے اور بہت مطمئن تھے ''ہاں.. مُجھے کُچھ کُچھ یاد پڑتا ہے.. اُن دنوں سردی بھی قہر کی پڑتی تھی.. فجر کی نماز کے دوران سجدے میں جاتے تھے تو صفیں اکڑی ہوئی منجمد ہوتی تھیں، نماز پڑھ کر باہر آئے ہیں تو آخری سیڑھی پر ایک پوٹلی پڑی ہوئی ہے.. کیا تم یقین کر سکتے ہو کہ یہ ایک نومولود بچہ تھا اور اُس کے چہرے پر بھی کُہر اُتر رہا تھا اور وہ نیلا پڑتا جا رہا تھا.. ظاہر ہے حرامی بچہ تھا.. مولوی صاحب نے بہت روکا پر ایک نوجوان نعت خواں تھا اُسے سنگسار کر دینے پر تُلا ہوا تھا.. پھر برابر کے کھیتوں میں سے ایک نامراد سیاہ شکل کا شخص نمودار ہوا اور فریاد کرنے لگا کہ یہ تو میرا بچہ ہے، میں ذرا کی ذرا کھیتوں میں فارغ ہونے کے لیے گیا تھا اور اسے یہاں چھوڑ گیا تھا تو اسے پتھر مت مارو.... کمبخت کالا دُھوت تھا جانے اُس کا باپ تھا بھی نہیں، جتنی دیر میں ہم کُچھ سوچ بچار کرتے وہ اُسے سینے سے لگا کر دانت نکالتا غائب ہو گیا..''

انعام اللہ کی آنکھیں آنسوؤں کے اُن ریلوں کو سنبھال نہ سکیں جو سروسانسی کے لیے بے پناہ تشکر اور اُلفت کے نذرانوں کے طور پر اُس کے پورے بدن میں سے پھوٹتے تھے..

دودھ میں گھُلتی باقرخوانی کو نہائت چاؤ سے سرکتے میاں صاحب اُس نوجوان کی آنکھوں سے بہتے دھاروں کو دیکھ کر ذرا پریشان ہو گئے ''کیا ہوا ہے برخوردار'' انہوں نے پہلی بار اُس کے سراپے پر دھیان کی نظر ڈالی.. وہ دراز قد بُت کا

گندمی رنگ کا نہائت وجیہہ نوجوان تھا پر اُس کی وجاہت میں ایک نسوانی سی نزاکت تھی جو دل پر اثر کرتی تھی.. آنسوؤں نے اُس کی سیاہ آنکھوں کو، ایسا شفاف کر دیا تھا کہ اُن میں میاں صاحب اپنے آپ کو دیکھ سکتے تھے.. اور اُس کی آنکھوں میں ایک ایسا سیاہ سحر چھایا ہوا تھا جو کسی کو بھی پل بھر میں مسخر کر سکتا تھا..

''بس وہ.. مجھے اُس بچے کا خیال آ گیا.. کچھ نہیں.. میں صرف تصدیق کرنا چاہتا تھا کہ وہ.. حرامی تھا؟''

میاں صاحب نے گھنے دودھ کا آخری گھونٹ بھرا اور ایک تشفی بھرا ڈکار لے کر بولے ''نہیں یہ کوئی حتمی تصدیق نہیں.. اُن زمانوں میں غربت کا کوئی شمار نہ تھا.. عین ممکن ہے کہ کوئی شخص تنگی ترشی کا مارا ہوا اپنے ساتویں یا آٹھویں بچے کو مسجد کے باہر ڈال گیا ہو کہ کوئی خدا ترس بندہ اُسے لے جائے.. لیکن اس کا امکان کم لگتا ہے..''

انعام اللہ نے اُس لمحے چناؤ کر لیا کہ بہتر یہی ہے کہ اُس کی کوئی شناخت نہ ہو.. وہ کسی بھی پہچان کا محتاج نہ ہو.. محدود نہ ہو.. فضائے بسیط میں پرواز کرتا رہے.. ناجائز ہونا جائز ہونے سے کہیں بہتر تھا..

✦ .... ✦

یہ وہی دن تھے جب امیر بخش گھر کا راستہ بھولنے لگا..

اور یہ وہی دن تھے جب وہ صُبح سویرے بیدار ہوتا تو اُسے محسوس ہوتا کہ وہ اپنے بستر میں نہیں ایک گھونسلے میں ہے اور اُس کے بازو ایک پرندے کی مانند پھڑ پھڑا رہے ہیں جو اُڑان کر جانا چاہتا ہے..اس قید سے چھٹکارا حاصل کر کے جنگل بیلے کے اُن گھنے اشجار میں اُتر کر جہاں اُن پرندوں کا بسیرا تھا جو ہر سویر چناب کے پانیوں کے اوپر ٹھہری ہوئی دُھند میں سے نمودار ہوتے تھے..وہ اُن کی سنگت میں چہچہانا چاہتا تھا..اُسے ایک انسان کا روپ دھارے ہوئے بہت زمانے ہو چکے تھے اور اب وہ اپنی اصلی جُون میں واپس چلا جانا چاہتا تھا..ظاہر ہے اُس نے اپنی اس کیفیت کو پوشیدہ رکھا، کسی سے ذکر نہ کیا..تو ایسے ہی دنوں میں وہ گھر کا راستہ بھولنے لگا..

انعام اللہ اور روشن نے اپنی تشویش کو ظاہر تو نہ کیا لیکن وہ اُس کا جنرل میڈیکل چیک اپ کرانے کے بہانے اُسے ذہنی امراض کے ایک سپیشلسٹ کے پاس لے گئے کہ ابا اس عمر میں بلڈ پریشر وغیرہ باقاعدگی سے چیک کروانا چاہیے..اور وہ دل ہی دل میں اُن دونوں کی الفت کی سادگی پر مسکراتا تھا..سپیشلسٹ نے رپورٹ دی کہ وہ ذہنی طور پر نہ صرف نارمل ہے بلکہ اپنی عمر کے لوگوں کی نسبت کہیں زیادہ خبردار اور آگاہ ہے..

اور یہ بھلکڑ پن ہمیشہ نہ ہوتا..کبھی کبھار ہوتا..صرف اُس روز جب وہ محسوس کرتا کہ وہ اپنے بستر میں نہیں ایک گھونسلے میں ہے..

اپنے معمول کے مطابق وہ نور بیگم کے ہاتھوں کا بنایا ہوا دیسی گندم کے دانے دار آٹے اور دیسی گھی سے گندھا ہوا پراٹھا کھا کر گلبرگ کے مین بلیوارڈ پر واقع سرو امیر عزیز کنسٹرکشن کمپنی کے دفتر کی جانب پیدل چل نکلتا...اور ڈرائیور ہمیشہ اُسے حیرت سے تکتا کہ متعدد کاروں کی موجودگی کے باوجود آخر صاحب پیدل چلنے کو ترجیح کیوں دیتا ہے..کیونکہ اُسے علم نہ تھا کہ اُس کا یہ بِگ باس کسی زمانے میں گجرات سے لاہور تک پیدل چل کر آیا تھا اور وہ چلتے ہوئے اپنے بدن میں ایک تال محسوس کرتا تھا جس کے ساتھ وہ اپنے آپ کو ہم آہنگ کر کے ایک عجیب انبساط سے آشنا ہوتا تھا..اگرچہ احاطہ قادر بخش سے گلبرگ تک فاصلہ خاصا طویل تھا مگر وہ اپنی لامبی ٹانگوں کو ایک مخصوص ردھم میں لا کر کسی بھی تھکاوٹ سے دوچار ہوئے بغیر اپنے دفتر پہنچ جاتا..

لیکن اُس ایک روز جس روز وہ ایک گھونسلے میں بیدار ہوتا وہ مال روڈ والے نہر کے پُل تک تو آگاہ رہتا کہ وہ

کہاں جا رہا ہے اور پھر اُس کے ذہن میں نقش نقشوں کے راستے آپس میں اُلجھنے لگتے..اور اُس کے قدم کہیں اور کے اور نکل جاتے..اُسے گمان تک نہ ہوتا کہ وہ بھٹک گیا ہے اور اُس کی سمت درست نہیں ہے..وہ چلتا جاتا..دور سے اُسے کوئی بھی دیکھنے والا یہ نہیں جانچ سکتا تھا کہ لمبے لمبے ڈگ بھرتا دراز قامت سفید بالوں والا یہ بوڑھا اپنا راستہ بھول گیا ہے کہ اُس کی چال میں ایک پروقار تمکنت ہوتی..وہ کئی بار باغبانپورہ سے آگے شاہ حسین کے مزار سے بھی ایک کوس آگے شالیمار باغ تک چلا جاتا..اُس میں داخل ہو کر ایک پُر اشتیاق سیاح کی مانند ہر فوارے کو شوق سے دیکھتا، روشوں پر چلتا..مسمار ہوتی دبیز چار دیواری کے بُرجوں میں مقیم چمگادڑوں کو حیرت سے تکتا چلا جاتا...ایک لمحے کے لیے بھی دم لینے کے لیے بھی نہ رُکتا..مسلسل چلتا جاتا..اور یوں سویر سے شام کر دیتا..اگلی سویر کوئی نگہبان اُسے شالیمار کے آخری تختے کے قریب مغل بارہ دری کا جو ایک کھنڈر ہے اُس میں مدہوش پڑا پاتا..وہ دیکھتا کہ اُس کے پاؤں سُوج چکے ہیں اور ان میں چھالے پڑ چکے ہیں اور وہ مدہوشی کی حالت میں بھی اپنے بازو کبھی کبھار حرکت میں لاتا ہے اور پرندوں کی مانند پھڑ پھڑاتا ہے..اُس کی جیبوں کی تلاشی سے کچھ کاغذات برآمد ہوتے اور ایک شناختی کارڈ جس پر درج شدہ پتے پر اُسے اُس مدہوشی کیفیت میں پہنچا دیا جاتا..

اور جب وہ ہوش میں آتا اور اپنے اوپر ہجوم کرتے روشن، انعام اللہ، نور بیگم، عزیز جہان، پشی اور سروسانسی کے چہرے دیکھتا تو اُن کے یوں امڈتے آنے کا جواز نہ جان سکتا کہ اُس کے ذہن کی تختی بالکل کوری اور صاف ہوتی جس پر اُس کی ذہنی گمشدگی کا کوئی نقشہ باقی نہ ہوتا..

کبھی یوں بھی ہوتا کہ وہ فیصلہ کر لیتا کہ اگرچہ آج پھر مُجھے اپنا بستر ایک گھونسلا محسوس ہو رہا تھا اور میرے بازو پروں کی مانند بے اختیار پھڑ پھڑاتے تھے اور یہ میرے بُھول جانے کا دن ہے تو میں آج اپنے دفتر پیدل نہیں جاؤں گا..وہ ڈرائیور کو الگ کر کے اپنی سیاہ مرسیڈیز میں سوار ہو کر نہائت سوچ سمجھ کر ڈرائیو کرنے لگتا کہ اب اگلے چوک سے تم نے دائیں جانب مڑنا ہے..پھر نہر کے ساتھ ساتھ ڈرائیو کرتے ہوئے..پورا نقشہ اُس کے ذہن میں ایک شفاف شیشہ ہوتا اور پھر یکدم ایک ایسا لمحہ جانے کہاں سے نازل ہو جاتا کہ راستے ایک سیدھی لکیر ہو جاتے..نہ اُن میں کوئی پیچ وخم ہوتا..نہ کوئی موڑ اور نہ کوئی چوک..اور اُس کی مرسیڈیز اُس کی ستواں ناک کی سیدھ میں چلی جاتی..یکسر ویرانی میں ایک عجیب سناٹے میں سفر کرنے لگتی..آس پاس کی ساری ٹریفک معدوم ہو جاتی..جیسے وہ کسی لق ودق صحرا میں چلی جا رہی ہو، بے آواز اور دبے پاؤں..بے انت اور بے حساب لامحدود وسعتیں ہیں جن کے سکوت میں صرف وہ ایک کار چلی جا رہی ہے..اور جب اُس کی ٹینکی میں پٹرول کا آخری قطرہ بھی نچڑ جاتا اور اُس کا انجن ہونکتا کھانستا یکدم مردہ ہو جاتا تو وہ نہائت اطمینان سے کار میں سے باہر آتا اور پھر پیدل چلنا شروع کر دیتا..

کم از کم ایک بار امیر بخش بر کی ہڈیارے کے قریب عین اُس مقام پر خوابیدہ ملا جہاں بہت زمانے پہلے رام داس کے بھٹے میں اُس نے ایک سانچے میں سے ایک ایسی اینٹ نکالی تھی جس کا وجود ٹھہر گیا تھا، ڈھے نہیں گیا تھا..

ایک ایسا ہی دن تھا جس کے شام ہوئی جاتی تھی اور نہ وہ دفتر پہنچا تھا اور نہ ہی گھر لوٹا تھا..اُن سب نے اُس کی تلاش میں شہر کا کونہ کونہ چھان مارا تھا..ہسپتالوں کے مردہ خانے چیک کیے تھے، فٹ پاتھ پر بے سُدھ پڑے نشہ بازوں کے

ہر چہرے کو غور سے دیکھا تھا جب انعام اللہ کی تلاش کی شکستگی سے دوچار بدن کی جانب سے ایک مقام کا اشارہ آیا...وہ وہاں بھی ہوسکتا تھا..راوی کے کنارے..یہ اشارہ اُس کے بدن سے بالا ہو کر اُس کے ذہن کی سکرین پر لمحے بھر کے لیے روشن ہوا اور پھر بجھ گیا..

اوپر..راوی کے پل کے اوپر ٹریفک کا جناتی، ذہن کو بجلی کے جھٹکے دینے والا ناقابل برداشت شور پیہم نیچے آرہا تھا اگرچہ وہاں تک کامران کی بارہ دری تک پہنچتے پہنچتے وہ قدرے مدھم ہورہا تھا پر وہ اُس مدہم پن سے بھی غافل بارہ دری کے کنارے غافل دریا کے مدھم بہاؤ کو تک رہا تھا..

انعام اللہ اپنے ہونٹوں پر خاموشی کا قفل ڈالے ذرا پرمسرت ہوتا اپنے اس باپ کے ساتھ لگ کر چپ بیٹھ گیا.. یُوں لگ کر کہ اُس کے بدن کی حدّت اُس کے پنڈے میں سرائت کرتی اُس کے ہونے کا یقین دلاتی تھی..

''تو اپنی کھوج میں نکلا تھا انعام اللہ..''

''ہاں ابّا..''

''اپنے باپ سروسانسی کو ڈراتا دھمکاتا رہا ہے کہ بتا میں کون ہوں..کہاں سے آیا ہوں..'' انعام اللہ سر جھکائے بیٹھا رہا..راوی کے پانیوں پر شام کی سیاہی بجھتی جارہی تھی اور وہ تھمتے ہوئے لگتے تھے..پُل پر سے اگرچہ ٹریفک کے شور کا مدھم شائبہ اُترتا تھا پر اب وہاں کاروں اور بسوں کی ہیڈ لائٹس تھیں..جنّات کی شعلہ بار آنکھیں جو مُسافتوں کو بھسم کرتی تھیں..

''تو اس لایعنی کھوج سے تجھے کیا حاصل حصول ہوا..یہ حلال اور حرام محض بہانے ہیں..جو تم اپنی سوچ کی نفی کرتے..استدلال اور منطق سے چشم پوشی کر کے تراشتے ہو..ذرا دیکھو..''

''دیکھ رہا ہوں..'' وہ فیصلہ نہ کر سکا کہ اُسے کدھر دیکھنا ہے..

''کامران کی بارہ دری میں ایک مور میاؤں میاؤں کرتا ناچ رہا ہے..زوال کے رنگوں میں رنگا ہوا..اسے عقیدوں کی تنگ نظری اور تاریخ کے اندھے فریب نے پیاسا کر دیا ہے..اور راوی کے پانیوں کا بہاؤ تھم رہا ہے..وہاں اتنے پانی نہیں کہ ایک مرتا مور اپنی پیاس بجھا سکے..تمہاری ماں نور بیگم کو اپنے بچپن کے قصّے بہت عزیز ہیں..اور وہ اکثر اُن زمانوں کے قصّے چھیڑ دیتی ہے جب اُس کے باپ محمد جہان نمبردار نے ایک ویرانے میں اپنا سب کچھ داؤ پر لگا کر ایک کنواں کھدوایا تھا..اور جس روز اُس میں سے پانی پھُوٹے تھے تو اُن کے ساتھ پاتال میں سے زیرِ زمین زندگی کرنے والے بونے بے گھر ہو کر اُن پانیوں میں تیرتے ابھرتے کناروں تک آ کر اچھلتے کودتے آس پاس گم ہو گئے تھے.. نور بیگم کا چاچا بخت جہان ہمیشہ بڑبڑاتا تھا کہ یہ بونے اُس کے صحن میں ادھم مچاتے اعلان کرتے ہیں کہ وہ ایک روز راج کریں گے..بونوں کا کہا پورا ہو رہا ہے..وہ راج کر رہے ہیں لیکن اُن بنگالیوں نے بونوں کے راج کو تسلیم کرنے سے انکار کر دیا ہے..وہ ملک جو صرف مذہب کی بنیاد پر استوار ہوتے ہیں..تادیر ثقافت اور زبان کی یلغار کو سہہ نہیں سکتے.. منتشر ہو جاتے ہیں..''

''ابا..کیا آپ جان بوجھ کر راستے بھول جاتے ہیں..اس لیے کہ مشرقی پاکستان میں ہمارے لیے نفرت اور

بغاوت کے آثار ہیں؟..ہم ان پر قابو پالیں گے۔''

''تم سامنے دیکھو۔''

اُس لمحے جب راوی کے پانیوں پر سیاہی کی ایک چادر بچھ چکی تھی، جانے کب کا ڈوب چکا سورج پھر سے طلوع ہو کر روشن ہونے لگا اور امیر بخش کے سفید بال اُس کی کرنوں کی سرائت سے سنہری ہونے لگے اور تب راوی کے پانیوں میں سے بھی ایک ست رنگا پنچھی اُبھرا..چہکتا..غل کرتا..گیت گاتا اور امیر بخش کے بالوں میں اُتر کو چھپانے لگا..

✦.......✦

پوہ کی رات میں، ٹھنڈے، سِیت جُثے کو ٹھٹھرانے والے منجمد سکوت میں ہر شے سفید ہو رہی تھی..

کُہرے کی روشن سفیدی، کچّے راستوں، مٹی کے ٹیلوں، کھیتوں کی منڈیروں، چارے کی فصلوں، نومولود بُوٹوں پر اور ویرانوں میں بے آواز اُترتی تھی..

کُہرا ایک قلعی گر تھا جو اپنی کُوچی ہر شے پر پھیرتا اُسے سفید کرتا جاتا تھا..

آسمان ایک سرد یلی سیاہی میں معلق تھا اور اُس کے نیچے جو کُچھ پھیلا ہوا تھا اُس پر کُہرے کی یخ چادر بچھ رہی تھی اور رات کے باوجود منظر نیم روشن اور نمایاں ہو رہے تھے..

ایک مکر چاندنی کا سماں تھا اگرچہ یہ ایک شب دیجور تھی..

پالا اتنے زور کا اُتر رہا تھا کہ سنگریزوں والے چٹیل میدان میں بکھری جن مُردہ ڈنگروں کے گوشت کی آخری تار بھی گِدھ کب کے نوچ چکے تھے اُن کی ہڈیاں بھی اتنی شدید سردی سے چٹخنے کو آتی تھی..

جوہڑ پار والے قبرستان میں جتنی قبریں کیکر اور دھریک کے درختوں کی چھاؤں میں تھیں، جنگلی بیروں کی جھاڑیوں کی آڑ میں تھیں وہ تو تاریکی میں بے نشان گم ہو رہی تھیں پر جو قبریں کُھلے آسمان تلے تھیں اُن پر کُہرے کی چادر بچھتی جا رہی تھی اور وہ نمایاں نظر آ رہی تھیں..

اگر بخت جہان آج کی شب اُس لمحے اپنی شانداری اور کروفر سے عاری اور عمر کی بے چارگی کا مارا ہوا ایک بوسیدہ لحاف میں نہ پڑا ہوتا بلکہ دارے میں کیکر کی شراب کے خمار میں ہوتا تو وہ اپنی آنکھوں پر یقین نہ کر سکتا.. کہ اُس اندھیاری شب میں جوہڑ کے پار اُسے محمد جہان، الف جہان، ماہلو، صاحباں، بھرجائی نمبردارانی اور نونہال سنگھ ڈکیت کی قبریں یوں روشن دکھائی دیتیں جیسے وہ مٹی کی نہ ہوں برف کی ڈھیریاں ہوں جیسے اُن پر ایک سرد چاندنی اُترتی اُن کو نمایاں کر رہی ہو.. وہ انہیں اپنی نظر کا دھوکا جانتا.. ایک ایسا سفید سراب جانتا جو کیکر کی شراب کا کرشمہ تو ہو سکتا تھا، حقیقت نہ ہو سکتا تھا..

بونوں والے کنویں کے آس پاس اس کے پانیوں سے سینچے گئے جو ہرے بھرے کھیت زمینوں پر بچھے ہوئے تھے اُن کی ہریاول بھی کُہرے میں سفید ہو کر اکڑتی تھی.. اور اُس سے پرے جو سنگریزوں کا وسیع ویرانہ تھا جس میں ڈنگروں کی ہڈیاں بکھری ہوئی تھیں اُس پر تو جیسے برف گر چکی تھی کہ اُدھر دیکھنے سے اُس کی لِشک آنکھوں کو چندھیا کر اُن میں

ٹرمرے سے نچواتی تھی..ویرانے پر بچھے کُہر کے دمکتے ذرّے تیروں کی مانند آنکھوں میں گھُبتے جاتے تھے..

وہ سراسر سفید ہو چکے تھے، موئے پڑے تھے..

جنگلی بیروں کی جھاڑیوں اور آک کے پودوں کے قریب جب کہ آسمان تو تاریکی میں تھا اور اُس کے تلے جو کائنات تھی وہ یخ بستگی کے سکوت میں ٹھٹھرتی تھی اور یوں ظاہر ہوتی تھی جیسے یہ مکر چاندنی کا کھیل ہو..دو کرونڈیئے سانپ بھی سفید ہو رہے تھے..جیسے برف کے بنے ہوں..اُن کی لشکیلی جلد پر خوشنما دھبّوں اور چتکبرے رنگوں کے جو نقشے تھے اُن کو بھی کُہرے کی سفیدی ڈھانپ چکی تھی..موئے پڑے تھے..

سانپ حبس اور شدید گرمی کے رَسیا ہوتے ہیں..وہ ایسے موسموں میں پنپتے اور اپنے زہر کو گھنا اور سانس پی جانے والا کرتے ہیں..سرما کی شدتیں اُنہیں بے جان کر دیتی ہیں اور وہ ان سے خوفزدہ رہتے ہیں کہ یہ اُن کی جان کی بیری ہوتی ہیں..اور وہ اس جان کو محفوظ رکھنے کی خاطر شدید سردی میں، ایسی قہر آلود کُہر کی راتوں میں اپنے بلوں سے باہر آنے سے اجتناب کرتے ہیں..اور اگر اُنہیں مجبوراً باہر آنا پڑے..تو وہ ٹھنڈک کے اُس انجماد سے ڈھیلے اور بے بس ایسے ہو جاتے ہیں جیسے وہ مونج کی ایک بے جان رسّی ہوں، اُنہیں کوئی بھی شخص اپنی جُوتی سے کُچل سکتا ہے کہ وہ ٹھٹھرے ہوئے اپنا دفاع کرنے کے قابل نہیں رہتے، اُن میں اتنی سکت نہیں ہوتی کہ وہ اپنا پھن پھیلا کر وار کر سکیں..یہ دو سفید ہو چکے سانپ جو سنگریزوں والے ویرانے میں جنگلی بیروں کی جھاڑیوں اور آک کے پودوں کی اوٹ میں مردہ پڑے تھے..سنگ مرمر سے تراشے ہوئے بناوٹی سے سانپ لگتے تھے، انہیں وصل کی چاہت نے مار ڈالا تھا..وہ مٹی کے اندر اپنے بلوں کی گرم آسودگی اور عاطفت میں سے اس کُہرے کے قہر کی رات میں ایک دوسرے کے ساتھ ملاپ کرنے کی ازحد مرگ آرزو میں نکلے تھے..اُن کی پوٹلیوں میں جو زہر تھا وہ کھُلے آسمان تلے آتے ہی کُہرے کی سردی سے منجمد ہو گیا..اُن کو حسب آرزو کچھ بھی نہ ملا...وہ اُس سفیدی کے قہر میں اتنے اکڑ چکے تھے کہ اُٹھانے سے ٹوٹ سکتے تھے..

کُہرے کا یہ سفید قہر صرف اُن کھیتوں پر نازل نہ ہو سکا تھا جنہیں پچھلی شب پانی لگا دیا گیا تھا..مکّی، شتالے اور آلو کی فصلیں ایسی تھیں کہ وہ اس پانی کے بغیر اُن دو سانپوں کی مانند سردی کا قہر نہ سہار سکتیں اور مُردہ ہو جاتیں..ٹماٹروں کی بیلوں کو پرالی سے ڈھکنے کی وجہ سے اُن کا بچاؤ ہو گیا تھا ورنہ وہ بھی پژمردہ ہو جاتیں..

کنوؤں کی تہہ میں جو پانی تھے اُن کی سطح جامد ہو رہی تھیں..برف کی ایک پتلی تہہ اُن کے اوپر سرکتی تھی..

جتنے شجر تھے..کھیتوں کے کنارے..کنوؤں کے آس پاس..دنیا پور کے صحنوں میں یا قبرستان میں..اُن کی بالائی شاخوں پر جو آخری پتّے تھے، کھُلے آسمان اور اُن کے بیچ کوئی رکاوٹ نہ تھی..وہ بھی کُہرے کی زد میں آ چکے تھے..پیپل کے پتوں پر کُہرے کی سفیدی یوں اثر انداز ہوئی تھی کہ اُن کی رگیں اور شریانیں جو ہریاول میں روپوش تھیں عریاں اور نمایاں ہو گئیں..

کُہرے کی اُس سفید رات کے منجمد سکوت میں، اُس صحن میں جس میں آج سے تقریباً چالیس برس پیشتر دلاری بائی کے سوہنے پاؤں تھرکتے تھے..اتھری اور بگّی اور بسنتی گھوڑیاں ہنہناتی تھیں..برابر کے گھر میں نمبردارنی مضطرب ہوتی تھی اور پیار کے اندر سے ''بدریا برس گئی اُس پار'' کا مدھرپن..باہر آیا کرتا تھا وہاں اُسی صحن میں رات کے اُس سفید سکوت

میں وہ کھڑا تھا.. کُہرے کی سفیدی میں منجمد.. برف کا ایک باوا.. اُس کی داڑھی کا ہر بال کُہر کی سفیدی میں جما ہوا تھا.. پگڑی کی زردی بھی سفید ہو رہی تھی.. اُس کی بھنویں بھی کُہر کی تھیں اور جب وہ پلکیں جھپکتا تھا تو وہ بھی برفیلی تھیں.. وہ اُن دونوں سانپوں ایسا ہی اکڑا ہوا ایستادہ مُردہ لگتا تھا.. اگرچہ سر سے پاؤں تک اُس میں زندگی کے کُچھ آثار نہ تھے پر اُس کی آنکھیں بے جان نہ تھیں، اُس کے ہونٹ جن پر کُہر کی سفید پپڑیاں تھیں اُن میں کُچھ لرزش تھی..

''جہانیاں.. اوئے جہانیاں..'' اُس کے ٹھٹھرتے ہوئے ہونٹوں نے صدا لگائی..

اُس کی بوڑھی ہڈیاں بھی بوسیدہ لحاف میں ٹھٹھرتی تھیں.. عمر کے مارے ہوئے، شانداری اور کروفر سے عاری.. بخت جہان کے کانوں میں ایک آواز آئی جیسے کوئی اُس کا نام لے کر پکارتا ہے پر اُس نے زیادہ دھیان نہ دیا کہ کُچھ عرصے سے اُسے واضح طور پر کبھی محمد جہان یا صاحباں کی آوازیں سنائی دیتیں اور جب وہ صحن میں آتا تو وہاں کوئی نہ ہوتا..

''جہانیاں..''

کانوں کا دھوکا نہ تھا، کوئی تھا..

لحاف اپنی ناتوانی کے گرد لپیٹے وہ کوٹھڑی سے باہر صحن میں آ گیا.. وہاں برف کا ایک باوا ایک بُت کی مانند اکڑا کھڑا تھا..

برف کا باوا چِٹا سفید قلبوت بخت جہان کے اُس ویہڑے میں ساکت کھڑا تھا جس میں کبھی دلاری بائی کی چھنک سے انسان تو کیا عرش پر جو فرشتے تھے وہ بھی بدگمان ہوتے تھے..

اُس نے گردن کو ذرا ٹیڑھا کیا، اپنی سفید ہو چکی لٹوں کو جھٹکا.. یہ کیا ہے، کوئی چھلاوا کوئی بھوت پریت جو اس سفید رُوپ میں آیا ہے، کیا ہے..

پوہ کی رات میں وہ باوا بے حس و حرکت منجمد کھڑا رہا..

بخت جہان ایک ساعت کے لیے جھجکا، ذرا ڈر گیا کہ یہ ہے کیا.. اور پھر سنبھل گیا.. یہ برف کا باوا اُگڑی یا ہوا مُجھے بخت جہان کو ڈرانے آیا ہے جو ایک چڑیا کو بھی اپنا راستہ کاٹنے کی اجازت نہیں دیتا تھا، ڈانگ تھام کر اُس کے پیچھے پڑ جاتا تھا، مینڈک ٹرّاتے تھے تو اُنہیں مار مار کر اوندھا کر دیتا تھا.. وہ گذر چکے دنوں کی اپنی دہشت کے سہارے نڈر ہو کر اُس کے قریب ہوا.. ہاتھ بڑھا کر اُس منجمد سفید قلبوت کو چُھوا تو اُس پر سے کُہرے کے برفیلے ذرّات اُترنے لگے.. کُہرے کی ایک سفید دُھول تھی جس میں وہ قلبوت اٹا ہوا تھا اور وہ ہاتھ لگانے سے بوسیدہ ہو چکی قلعی کی مانند اُترتی جاتی تھی..

کُہرے کی سفید دُھول جھڑنے لگی.. اُس نے صرف ایک بار اُسے چھوا تھا اس کے باوجود وہ جھڑنے لگی اور اُس کے اندر پوشیدہ ناک نقشہ عیاں ہونے لگا.. اُس کی داڑھی بھی تھی جو کُہرے کے ذرّوں سے اٹی ہوئی تھی اور جو چہرہ تھا وہ دیکھا ہوا لگتا تھا..

''اوئے کون ہے..'' بخت جہان للکارا پر وہ جان چکا تھا کہ وہ کون ہو سکتا تھا لیکن کُہرے کی ماری ہوئی پوہ کی ایک رات میں.. وہ کیسے ہو سکتا تھا.. یہ تو ایک اور واہمہ تھا جو اُس کے ساتھ فریب کرتا تھا.. وہ اس فریب کو بے پردہ کرنے کے لیے دونوں ہاتھوں سے اُس پر جمے ہوئے کُہرے کے سفید ذرّوں کو جھاڑنے لگا اور اُس میں سے لہناں سنگھ کے خدوخال

نمایاں ہونے لگے..

''میں ہوں جہانیاں..''

''ہیں؟'' اُس کا مُنہ استعجاب سے کھل گیا.. گردن ڈھیلی ہوگئی اور اُس نے بے یقینی میں سر جھٹک کر کہا ''نہیں..''

''آ ہو جہانیاں.. یہ میں ہوں'' لہناں سنگھ کُہرے کی سفیدی میں سے عیاں ہوا.. اور آگے بڑھ کر بخت جہان کے گلے لگ گیا.. اور.. اوئے جہانیاں، اوئے جہانیاں پکارتا رونے لگا..

نت کلاں جانے والا کچّا راستہ بھی اُس کُہر چاندنی میں سفید ہو رہا تھا.. قدموں تلے آتا تھا تو منجمد کُہر کڑکڑاتا تھا.. بخت جہان اور لہناں سنگھ کے پرشوق قدموں تلے آتا تھا.. لہناں سنگھ اپنے قدیم وطن کے راستے پر بخت جہان سے کہیں آگے نکل نکل جاتا تھا کہ اُس کا اشتیاق اُسے اُڑائے لیے جا رہا تھا..

دو بوڑھے.. ایک اپنے بوسیدہ چکوالی کُھسّے میں پاؤں گھسیٹتا اکڑی ہوئی گردن والا اور دوسرا ایک اُلجھی ہوئی سفید داڑھی والا.. کُہرے کے قہر کی اُس شب میں ٹھوکریں کھاتے چلتے جاتے تھے..

''مُجھ پر جو گذری وہی گذری جو ہر اُس شخص پر گذرتی ہے جس کی جڑیں اکھڑ جاتی ہیں اور وہ در بدر بے گھر ہو جاتا ہے.. تمہیں پتہ ہے جہانیاں کہ نہ تو گھونسلے سے گرا ہوا چڑیا کا بچہ واپس گھونسلے میں جا سکتا ہے اور نہ ہی جڑوں سے اکھڑ جانے والا بُوٹا کسی اور زمین میں جڑیں پکڑ سکتا ہے کہ اُنہیں ہوا لگ گئی ہوتی ہے.. بنا شک ادھر سکھوں کے ساتھ بہت بُرا ہوا.. گھر اور گوردوارے راکھ ہوئے اور کنویں ہماری بہو بیٹیوں سے اٹ گئے پر اُدھر بھی ظلم کا انت ہو گیا.. وہاں بھی میں نے جو کُچھ دیکھا میں اُسے دیکھ نہ سکا اور شرم کے مارے اپنی پگڑی کھول کر گلے میں ڈال لی.. کنویں وہاں کے بھی لاشوں سے بھرے ہوئے تھے.. میں نے دلّی میں جا ٹھکانا کیا.. وہاں کے لوگ ہمیں شرنارتھی کہتے تھے.. مت پوچھ کہ تذلیل تمہارے چہرے کو کیسے بگاڑ دیتی ہے.. بدشکل کر کے رُسوا کرتی ہے.. میں نت کلاں کا سردار فٹ پاتھوں پر پرانے کپڑے اور استعمال شدہ جانگیے فروخت کر کے پیٹ پالتا رہا.. اور میرے بچّے گائیوں اور بھینسوں کے پیچھے پھرتے اُن کا گوبر جمع کر کے اُن کے اُپلے تھاپ کر گذارہ کرتے رہے.. پر یہ تو قصّے پرانے ہیں.. اب میرا اپنا کاروبار ہے دوپٹے رنگنے کا اور میں نے اپنی دوکان کا نام ''نت کلاں دوپٹہ سٹور'' رکھا ہوا ہے.. میرے دل میں اپنی مٹی کے لیے اور تیرے لیے ہُوک اٹھتی رہتی تھی اور اس برس تمہاری سرکار ذرا کُھلے دل کی اور مہربان ہو گئی.. ویزے ملنے شروع ہو گئے تو میں بھی ایک جتھّے میں شامل ہو کر لاہور آ گیا.. ننکانہ صاحب میں گوردوارہ جنم استھان میں متھّا ٹیکتے ہوئے بھی میرے ماتھے تلے نت کلاں تھا، ہمارا جتھّا پنجہ صاحب جا رہا تھا تو میں چپکے سے الگ ہوا.. اگرچہ ہم اِدھر اُدھر نہیں ہو سکتے.. پر میں چوری چُھپے رات کو سفر کرتا تم تک پہنچ گیا.. مُجھے کل شام تک جتھّے میں حاضر ہو جانا ہے.. اگر میں پکڑا نہ گیا.. تجھے دیکھ لیا ہے اب مُجھے نت کلاں دکھا دے..''

دو بوڑھے.. کُہرے کے قہر والی سفید رات میں ٹھوکریں کھاتے چلے جاتے تھے..

''گوبند اور نونہال کیسے ہیں جہانیاں..''

اُس کا جی تو نہ چاہا کہ وہ اُسے اُس کے نونہال کی موت خبر دے پر.. پر اُس نے جی کڑا کر کے اُسے بتا دیا..
''وہ ہمیشہ سے جی دار اور لڑاکا تھا..'' اُس نے صرف اتنا کہا'' اور گوبند..''
''وہ ہر ماہ اپنی پوری تنخواہ اپنی ماں کو بھیجتا ہے اور پھر وہ اُسے اتنی رقم لوٹا دیتی ہے جتنی میں اُس کا گذارہ بخوبی ہو سکے.. برما کے محاذ پر لڑ چکا ہے.. صوبیدار ہو چکا ہے.. اور ان دنوں مشرقی پاکستان میں تعینات ہے..''
''وہ فوج میں ہے..''
''ہاں..''
''میرا بیٹا راجندر بھی انڈین آرمی میں ہے..''
''صوبیدار ہے؟''
''نہیں.. افسر ہے.. کمشن والا افسر..''
اور تب اُس مکر چاندنی میں جو کُہرے کی سفیدی نے ہر سُو نچھاور کی تھی، رات کے اُس ٹھٹھرتے ہوئے پہر کے گم سنّاٹے میں نت کلاں کے بام و در، گھروندے اور کچّے کوٹھے اک شہر آرزو کی مانند دکھائی دینے لگے.. اور وہ جن کے قدم اُس کی جانب بے تاب تمنا سے بڑھتے جاتے تھے، یکدم اُنہی قدموں پر ٹھہر گئے.. ایک سحر زدہ سفید سلطنت اُن کی آنکھوں کے سامنے اُس رات میں ظاہر ہو رہی تھی..
لہناں سنگھ ذرا ٹھہرا اور پھر آتش شوق نے اُسے بھڑکا دیا اور وہ چلنے لگا.. چلا اور رُک گیا کہ اُسے بخت جہان کے قدم سنائی نہ دیئے، مڑ کر دیکھا تو وہ وہیں رکا ہوا تھا.. ''چل جہانیاں..''
''ٹھہر جا لہنیاں..'' بخت جہان وہیں ساکت ہو رہا تھا'' وہاں.. اب کُچھ بھی وہ نہیں رہا جو کہ کبھی تھا.. تیری حویلی میں عجیب شکلوں والے پناہ گیر لوگ آن آباد ہوئے ہیں.. تجھے دُکھ ہوگا.. اور نت کلاں کے یہ بام و در، گھروندے اور کچّے مکان جو تجھے دکھائی دے رہے ہیں تُو ان کے قریب جائے گا تو یہ معدوم ہو جائیں گے.. یہ ایک گذر چکے زمانوں کا سراب ہے اس کے قریب نہ جا.. یہاں سے آگے نہ جا.. کیا یہ کافی نہیں ہے کہ تو نے نَت کلاں کے بام و در دیکھ لیے.. تو قریب جائے گا تو یہ سب منہدم ہو جائیں گے..''
وہ آگے نہ گئے..
اُن کے سامنے نَت کلاں ایک مکر چاندنی کے سفید فریب میں نمایاں ہو رہا تھا، وہ اُسے تکتے رہے، دیر تک رُکے رہے، اُس سفید شب میں ٹھہرے رہے یہاں تک کہ بے آواز گرتے کُہرے کے برف ذرّوں نے اُن کے خدوخال کو پوشیدہ کر دیا ایک منجمد سفیدی اُن کی قامتوں پر اُترتی رہی اور اُس شب کے برف سناٹے میں ایک دودھ سفید تنہائی میں وہ ایسے منجمد قلبوت ہو گئے جو اپنے شہر آرزو کی جانب ایک قدم بھی اُٹھا نہ سکتے تھے کہ وہ گئے زمانوں کی برفوں میں حنوط ہو چکے تھے..

ماہلو کی قبر ابھی تک ٹھٹھرتی تھی، دھوپ میں بھی کوئی دم نہ تھا، بجھی ہوئی بے روح تھی.. اگرچہ یہ بھی پچھلی رات کُہرے سے ڈھکی سفید ہوتی تھی اور دور سے دکھائی دیتی تھی پر اب وہ کُہر تو پگھل چکا تھا اور قبر کی بوسیدہ بھربھری مٹی ابھی تک ٹھٹھرتی تھی کہ دھوپ میں کوئی دم نہ تھا.. وہ پوہ ماگھ کی انہی رُتوں میں پینگ کے ہُلارے لیتی آسمانوں کو چُوم آتی تھی اور جب پینگ سے اُترتی تھی، جُھولنے کا ہیجان مدھم پڑتا تھا تو ٹھٹھرنے لگتی تھی جیسے آج اُس کی قبر ٹھٹھرتی تھی..

وہ چاچا الف جہان کے بعد یہاں آن آباد ہوئی.. پھر اُس کا باپ اُس کے پہلو میں دفن ہوا، چاچا بخت جہان کی سودائن دِھی صاحباں بھی جوانی میں چلی آئی اور کہتے تو یہی تھے کہ اُس کا بدن تُڑامڑا اور کُچلا ہوا تھا پر جب اُس نے اُسے دیکھا تو اُس پر ایسا روپ چڑھا ہوا تھا جیسا کہ جہان خاندان کی نسل کی کسی ایک لڑکی پر ہی چڑھتا تھا.. وہ اُسے اپنا آپ... ایک اور ماہلو دکھائی دی.. پھر اُس کی شہزادی ماں نمبردارنی اپنے ناتواں بُجثّے کا دو چار چھٹانک خون جونکوں سے نچڑوا کر چلی آئی اور دونوں ماں بیٹیوں کی لمبی جُدائی ختم ہوگئی تھی.. بھائی غلام محمد کا خون آلود کفن بھی اُسے یاد آتا تھا..

جوہڑ کے پانیوں کی سطح پر ابھی تک برف کی پتلی تہہ موجود تھی کہ دھوپ میں دم نہ تھا.. اس پتلے منجمد شیشے تلے دو بدرنگ مچھلیاں سردی سے ادھ موئی ہو رہی تھیں اور اپنے آپ کو اوندھا ہو جانے سے بچانے کے لیے بار بار پھڑکتی تھیں... تہہ کے کیچڑ میں حدت کا متلاشی ایک کچھوا کروٹیں بدلتا اُس کیچڑ میں جو کہ پانی کی نسبت کم ٹھنڈا تھا اپنے آپ کو روپوش کرنے کی کوشش میں مصروف تھا.. ابھی بسنت رُت کے اُترنے میں بہت دن تھے، جوہڑ کے یخ پانیوں کو ڈھکتی ہری کچور بُوٹی ایک جماؤ کی حالت میں تھی.. بسنت رُت کی منتظر تھی جب اُس پر کمّیوں کے کاسنی پھول کھلنے تھے..

جوہڑ کے پار دنیا پور کے مسمار ہوتے قدیمی چوپال میں، دارے کے صحن میں ماہلو کو اپنا چاچا بخت جہان نظر آ رہا تھا.. اس چاچے نے جانے کب اِدھر آنا ہے.. اُس کے قریب ایک اور بوڑھا شخص بیٹھا تھا جس کے سر پر کیسری پگڑی تھی..

''تیری شراب میں جوُر نہیں رہا جہانیاں..'' ماہلو کو اپنے چاچے کے قریب کیسری پگڑی والا شخص نظر آیا تھا وہ لہناں سنگھ تھا..

''جوُر تو زمانے میں ہوتا ہے لہنیاں.. رگوں اور شریانوں میں اتھری گھوڑیوں کی طرح مُنہ زور دوڑتے خون میں ہوتا ہے.. جوانی کے تکبّر میں ہوتا ہے جو رسّے تڑاتا ہے اور ہر شے کو روندتا چلا جاتا ہے، نہ وہ زمانے رہے اور نہ تکبر کے وہ

دن تو زور کہاں سے آئے..اس شراب سے میرے اندر بھی کوئی آتش بازی نہیں چھوٹی، کسی حرام کاری کی خواہش نہیں پھوٹی..''

وہ آج سویرے..جب کہ لہناں سنگھ پچھلی رات کی سرد مسافتوں کے بعد نیند میں مرا پڑا تھا..بمشکل اپنی ہڈیوں کو سمیٹتا سانسیوں کی بستی تک پہنچا تھا..بس دو چار جھونپڑے باقی تھے..ان برسوں میں، پاکستان کو بنے ہوئے تیئس برس ہونے کو آئے تھے تو ان برسوں میں بیشتر سانسی اپنی شناخت سے جان چھڑا کر خدائی میں گم ہو گئے تھے..کلمہ پڑھ کر اُس دھارے میں شامل ہو گئے تھے جس کے باہر زندگی کرنا اب خطرے سے خالی نہ تھا..اور وہاں صرف سرو سانسی کا سُسر لنگڑ سانسی ایک جھونپڑے میں پڑا زندگی کے دن پورے کر رہا تھا..اور وہ بھی ہر فرد ہر جاندار کو دن رات گالیاں دیتا رہتا تھا یہاں تک کہ گذرتی ہوا کو بھی نہیں بخشتا تھا..اُسے اپنے جھونپڑے میں داخل ہوتے کمر خمیدہ اور لاغر چوہدری کو پہچاننے میں کچھ دشواری نہ ہوئی..

''چوہدری اب تو خیر سے طرح طرح کی بوتلوں میں بند رنگ رنگ کی شرابیں آ گئی ہیں..ہماری کیکر کی شراب کو کون پوچھتا ہے پر میں اپنی گذر اوقات کے لیے دو چار مٹکے بُوند بُوند تیار کر لیتا ہوں..اُن میں سے ایک تُو لے جا..ایسی شراب جس نے کیکر کے دونتوں کو زہریلا کر کے مردہ کر دیا تھا..''

بخت جہان نے اپنے کُرتے کی خالی جیب کو ٹٹولا تو لنگڑ سانسی نے ہاتھ جوڑ دیئے..''راجے کا کھٹیا..چوہدری بخت جہان کا کھٹیا..چوہدری ساری حیاتی تمہارا اکھٹیا کھایا ہے..مجھے شرمسار نہ کر..''

''جہانیاں میں رہتا تو دِلّی کے ایک تنگ مکان میں ہوں..پر راتوں کو نت کلاں کے گھر میں گھومتا پھرتا ہوں..پچھلی رات میں اتنی مدت بعد اپنے اُس گھر میں داخل ہوا تو جہانیاں اُس کی ہر اینٹ نے مجھے پہچان لیا..سارے دروازے خود بخود کُھلتے گئے..کھڑکیوں کے بند کواڑ بھی کُھلے اور اُن میں سے مجھے نت کلاں کے کھیتوں کے ہریاول دکھائی دینے لگی..اور دھریک کے کاسنی پھُولوں کی مہک کے خمار سے میری پگڑی کے بند کُھلنے لگے..''

بخت جہان کے باریک اور پژمردہ ہونٹوں پر مسکراہٹ پھیل گئی''اور تو کہتا تھا کہ شراب میں جَور نہیں..لہنیاں ہم تو نَت کلاں میں داخل ہی نہیں ہوئے تھے، ٹھہر گئے تھے..دُور سے ایک نظر ڈال کر لوٹ آئے تھے..''

''تو ٹھہر گیا تھا..میں تجھے چھوڑ کر اُس کے اندر چلا گیا تھا..''

''بہت زور ہے لنگڑ سانسی کی شراب میں..''بخت جہان ہنسنے لگا اور پھر یکدم اُس کی ہنسی رخصت ہو گئی اور وہ ایک ایسا بوڑھا ہو گیا جو کسی دم بھی ڈھے سکتا تھا..

''تو..پچھلی رات یہ کہہ رہا تھا کہ جہانیاں تُو نہیں جانتا کہ تذلیل کیا ہے..اور میں کہتا ہوں کہ تجھے کچھ پتہ نہیں کہ ذلیل ہونا کسے کہتے ہیں..میں اتنے زوال میں ہوں کہ میری ڈانگ میں بھی جھکاؤ آ گیا ہے..مانگ تانگ کر دن پورے کرتا ہوں..موئے ہوئے مُرغ کے لیے ہاتھ پھیلاتا ہوں..خیرات کا طلبگار رہتا ہوں..اُن بھتیجیوں کے رحم وکرم پر ہوں جن کی ڈولیاں میں اٹھنے نہ دیتا تھا..یہاں تک کہ سانسی بھی مجھ پر ترس کھاتے ہیں..''

''تو ہمیشہ سے ظلم کمانے والا اور تکبّر والا رہا ہے جہانیاں..اور تو اور مجھے بھی تم سے خوف آ جایا کرتا تھا..واہیگرو بھی تم جیسے لوگوں پر رحم نہیں کرتا..''

''لہناں سنگھ..'' بخت جہان ذرا طیش میں آ کر یکدم لاچار سا ہو گیا ''مجھے ایسا ہی بنایا گیا ہے..میرے رب نے اور تیرے واہیگرو نے مجھے ایسا ہی بنایا ہے۔اس میں میرا کیا دوش ہے..یقین کر کہ آج بھی اگر مجھ میں ہمت اور سکت ہوتی تو میں ویسا ہی قاہر اور متکبر ہوتا..اب بھی میں اپنی سگی بھتیجیوں کی ڈولیاں اُٹھنے نہ دیتا..میری خصلت کی مٹی ابھی تک نہیں بدلی، یہ تو عمر کا زوال اور غربت کی مجبوری ہے ورنہ میں گُڑی یا ہوا بھلا کب کسی کے قابو میں آتا تھا..''

وہ دونوں بوڑھے نہ تو خمار میں آ چکے تھے اور نہ ہی اپنے حواس سے بچھڑے ہوئے تھے لیکن اس کے باوجود اُن دونوں کی بجھتی ہوئی نیم مردہ آنکھوں میں دلاری بائی کے نازک ملوک مہندی رنگے پاؤں..جنہیں پچھل پیری نے سنوارا اور سنگھارا تھا، تھرکنے لگے..

اُنہوں نے بار بار آنکھیں جھپک کر اس کھنکتے ہوئے تصور کو زائل کرنا چاہا پر وہ زائل نہ ہوا..دلاری بائی اُن کے بوڑھے بدنوں میں کھن کھن ناچتی تھی..

گیس لیمپوں کی سائیں سائیں کرتی دودھیا روشنی میں بخت جہان کے ویہڑے میں اُس کے مہمان اروڑے، مہاجن، کھتری، آلو والیے، چیمے، چٹھے، تارڑ اور باجوے سکھ اور اُن کے درمیان میں دلاری بائی یوں دُودھیا ہوتی تھی کہ اُس کا انگ انگ دودھ میں نہایا نکھرا ہوا دکھائی دیتا تھا..

سروسانسی، مُردار کی مستی میں اپنی بستی میں دور سے آنے والی اس کھنک پر جُھوم جاتا تھا، جُھومتے ہوئے گر جاتا تھا اور پھر سنبھل جاتا تھا..

اُس کا تن بدن پسینے سے بھیگتا تھا..اتنا کہ اُس نے اپنے بدن کو جن بکھیڑوں میں گس رکھا تھا اُن کی ڈوریاں بھیگ کر ڈھیلی پڑ جاتی تھیں اور وہ چھلکتی جاتی تھی..

''واہ، واہ، شاباش، مرحبا..''

رام پیارے کا طبلہ، جھنڈے خان کا ہارمونیم اور نتھو خان کی سارنگی بھی گیس لیموں کی روشنی میں دودھیا ہو کر سُر میں آ رہے تھے..

پلّا مار کے بجھا گئی دیوا..
کہ اکھ نال گل کر گئی..چھیَ!

بخت جہان دُولہا بنا بیٹھا تھا..

کیہڑے یار دا تتّا دُدھ پیتا، نیں گو بندیئے
کہ سڑ گیّاں لال بُلیّاں..چھیَ!

دنیا پور کے کوٹھوں پر مخلوق اکٹھی ہو چکی تھی..

یہ تصوّر کا کرشمہ نہیں ہے.. اس نے اگر زائل ہونا ہوتا تو ہو چکا ہوتا.. دلاری بائی ہمارے بدنوں میں نہیں ہمارے سامنے کھن کھن ناچتی ہے.. اگر وہ حقیقت نہ ہوتی تو آس پاس کی منڈیریں اور کوٹھے کل خدائی سے کیوں بھرے ہوتے.. یہ دنیا جو اُمڈ رہی ہے.. یہ دلاری بائی کو دیکھنے کے لیے ہی تو ہجوم کرتی ہے.. یہ تصور نہیں حقیقت ہے.. دلاری کبھی بخت جہان کے گرد گھومتی اور کبھی لہناں سنگھ کے گرد پھیرے لگاتی اور وہ دونوں اپنے مقام پر گھمن گھیریاں کھاتے اُس کے دودھیا چہرے پر نثار ہونے لگے..

بخت جہان کی قامت کا جھکاؤ سیدھا ہونے لگا.. اُس کے بدن میں وہی اتھری گھوڑیوں والا بے مُہار خون چھلکنے لگا.. آنکھوں کے گرد پژمردگی اور مردنی کا جو پردہ تھا وہ ہٹا تو اُس کے پیچھے سے دو کنواری نیلی جھیلیں دلاری کو یوں تکنے لگیں کہ وہ ابھی دودھیا تھی اور ابھی نیلو نیل رنگی گئی.. لہناں سنگھ کی داڑھی کے بال بھی سفیدی سے سیاہی میں بدل گئے.. اُس کی کیسری پگڑی کُھل کُھل جانے لگی.. تہبند کھڑ کنے لگا اور وہ ضبط نہ کر سکا.. ایک مُنہ زور اکھڑ نوخیز سردار کی مانند اٹھا جو کہ وہ ہو گیا تھا اور کُھلے منہ پر ہتھیلی کی پشت جما کر.. بابا.. کرتا بکرا بلاتا اور پھر.. بلّے بلّے اور اشکے بھئی کے نعرے لگاتا ناچنے لگا.. وہ بار بار آگے ہو کر دلاری کا پلّا پکڑنے کی کوشش کرتا اور وہ اُسے طرح دے جاتی..

''اُٹھ اوئے جہانیاں..''

بخت جہان تو جیسے منتظر تھا، اُس کا بے مُہار خون بدن کی پوروں میں سے چھلکنے کو آ رہا تھا.. وہ بھی تیر کی مانند سیدھا اُٹھا اور اُس کے نیم سنہری بال شانوں پر لہریئے لیتے تھے اور وہ دلاری کے گرد ناچنے لگا..

اُن دونوں کی پگڑیاں کُھل چکی تھیں اور وہ پر جوش آواز میں ''پلّا مار کے بجھا گئی دیوا..'' گاتے دلاری بائی پر نثار ہوتے تھے.. بخت جہان کے صحن میں گیس کے دودھیا لیمپ روشن تھے اور اُس کی گھوڑیاں بسنتی بکّی اور اتھری طبلے کی تھاپ سے ٹھٹکتی تھیں.. لہناں سنگھ نے ناچتے ناچتے اپنی جیب میں سے سو روپے کا ایک نوٹ نکالا اور آگے بڑھ کر بخت جہان کے رخسار پر جماتے ہوئے دلاری سے کہا.. ''آ جا..''

دلاری پاؤں تھرکاتی گاتی آئی اور نوٹ کو لہناں کی اُنگلیوں میں سے کھینچنے لگی تو اُس نے ''شاباش بھئی'' کا نعرہ لگایا اور ہانپتا ہوا بولا ''نہیں دلاری جی.. اُنگلیوں سے نہیں.. ہونٹوں سے..''

اور دلاری ذرا جھینپتے اور شرماتے بخت جہان کے دہکتے رخساروں کے قریب ہونٹ لے گئی اور نوٹ کو اپنے دانتوں میں داب کر پیچھے ہو گئی..

''اشکے بھئی..''

کوٹھوں اور چوباروں پر جمع خلقت چوپال کے صحن میں جھانکتی دیکھتی تھی کہ وہاں دو سودائی ہو چکے بوڑھے ہیں جن کی پگڑیاں اُتر چکی ہیں اور اُن میں سے ایک بے ترتیب داڑھی والا ہے جو سکھ دکھائی دیتا ہے پر ہو نہیں سکتا کہ سکھوں کو تو رخصت ہوئے برسوں بیت چکے تھے.. اور خلقت میں جو نوجوان تھے اُنہوں نے آج تک کسی سکھ کو دیکھا بھی نہیں تھا.. اور

دوسرا بوڑھا اپنا بابا بخت جہان تھا جو مانگ تانگ کر گذر اوقات کرتا تھا اور پھر بھی افیون کی اونگھ میں اپنی چھت پر گودنے والے بچوں کی ماؤں کو بے دریغ گالیاں دیتا تھا اور یہ دونوں بدحواس بوڑھے دنیا پور کی دوپہر میں چوپال کے صحن میں گرتے پڑتے.. بولیاں بولتے، بکرے بُلاتے.. بلّے بلّے کرتے، ہِلّا مار کے بجھا گئی دیوا.. گاتے..اپنے تئیں ناچ رہے تھے، یہ ایسا قابل رحم اور مزاحیہ منظر تھا کہ لوگ اُن پر ہنس رہے تھے اور فقرے کس رہے تھے..

جوہڑ کے پار ماہلو کی قبر اپنے سگے چاچے کی یہ تذلیل برداشت نہ کرسکی اور بخت جہان کے کانوں میں ایک گم گشتہ سوہنی آواز آئی..''چاچا..تو نے کب آنا ہے؟''

وہ اُنہی گرتے پڑتے قدموں پر رُک گیا..اپنا چہرہ قبرستان کی جانب کر کے رُندھی ہوئی آواز میں بولا''ماہلو پتّر.. میں بہت رذیل ہو چکا ہوں..میں تو آنا چاہتا ہوں پر رب نہیں بلاتا..وہ نہیں بُلاتا تو تُو بُلا لے..''

کوٹھوں اور چوباروں پر ہجوم کرتی خلقت دیکھتی تھی کہ اُن کا بابا بخت جہان رُک گیا ہے اور خود سے باتیں کرنے لگا ہے اور وہ سکھ دکھائی دیتا شخص بدستور دارے میں ناچ رہا ہے..اور اُنہیں گمان گزرا کہ قبرستان کے عین اوپر ایک ست رنگی پینگ ہے اور سوہنے پن کی آخری مثال ماہلو اُس میں جھولتی عرشوں تک جاتی ہے..اور پکارتی ہے..''چاچا..تو نے کب آنا ہے..آتا کیوں نہیں..''

✦.......✦

''کُچھ ہوش کر موجو.. میں حسین بخش سیّد نہیں ہوں..''

''ہوش تُو کر چاچا.. میں بھی موجو نہیں ہوں.. سیّد سلمان شاہ ہوں..''

سانسی لوگ سماج اور زمانے کو سہتے سہتے بہت ڈھیٹ اور بے حس ہو چکے ہوتے ہیں.. اُن ڈنگروں کی مانند مردہ ہو چکے ہوتے ہیں جن کے ماس نوچ کر وہ اپنے بدن میں حرارت بھرتے تھے.. اُن پر کسی بے عزتی، تذلیل یا گالی کا کُچھ اثر نہیں ہوتا.. اگر ایک بیل کو بھی ایک خاص حد سے بڑھ کر مارا پیٹا جائے تو وہ بھی ڈکرا کر احتجاج کرنے لگتا ہے پر سانسیوں کی خصلت میں احتجاج یا بغاوت کی خصلت سرے سے موجود ہی نہیں ہوتی.. اگر ہوتی تو وہ کب کے نیست و نابود ہو چکے ہوتے.. زمانے اور سماج کو ہزاروں برسوں سے سہہ جانے میں ہی اُن کی بقا کا راز مُضمر تھا.. اور اس کے باوجود موجو نے جو کُچھ کہا تھا وہ اُسے سہہ نہ سکا.. اپنی خصلت کے برعکس احتجاج کیا کہ میں حسین بخش سیّد نہیں ہوں.. اس سے بڑھ کر اُس کی کوئی تذلیل نہ ہو سکتی تھی.. جیسے ایک جنگلی بلا ' کھوا نہیں ہوسکتا اور ایک کھوا' ایک نیولا نہیں ہوسکتا ایسے ہی ایک سانسی بھی کُچھ اور نہیں ہوسکتا اور نہ ہونا چاہتا ہے..

''دیکھ چاچا.. بے بے سوہنی تو اس لائق ہی نہیں کہ ہم اُس سے کُچھ رابطہ رکھیں.. صرف تُو ہے جو ہم دونوں کے راستے میں سب سے بڑی رکاوٹ ہے.. تم ہمیں ہمارے حال پر نہیں چھوڑ سکتے.. تم نہیں چاہتے کہ ہم اس گلا کاٹنے والے معاشرے میں کُچھ عزت نفس حاصل کر کے کوئی مقام بنا سکیں.. تو خود سرو امیر عزیز کنسٹرکشن کمپنی کا ڈائریکٹر ہونے کے باوجود ابھی تک ذہنی طور پر دنیا پور کے اُسی جھونپڑے میں ہے' اپنے آپ کو سانسی کہلانے میں فخر محسوس کرتا ہے اور ہمیں بھی ذلت میں دھکیلتا ہے.. تیرے اس پاکستان میں کیا کیا کُچھ نہیں ہو گیا.. رسّہ گیر، وڈیرے اور طوائفوں کی اولاد نواب زادے اور صاحب زادے وزیر کبیر ہو گئے ہیں تو اگر ہم سانسی.. صرف اپنی شناخت تبدیل کر کے سلمان اور سیّد ہو جاتے ہیں تو کسی کا کیا جاتا ہے.. اور نہ ہی کوئی پرواہ کرتا ہے.. ہم نے کسی کا حق تو نہیں مارا.. تقسیم کے بعد جعلی کلیم داخل کروا کے، ہندوؤں کی عالیشان کوٹھیوں اور گوداموں پر تو قبضہ نہیں کیا.. یہاں تو گھسیارے اور نوابوں کی داڑھیاں اور زیرناف بہت کُچھ مونڈھنے والے بھی نواب بن گئے ہیں تو اگر میں نے کُچھ ردوبدل کر کے.. کُچھ دے دلا کر شناخت کے سارے کاغذوں میں اپنے آپ کو اور ہم سب کو سلمان اور سیّد ثابت کر دیا ہے تو کُچھ جرم کیا ہے.... تو اب تُو ہوش کر چاچا..''

''حرامیا..'' سرو سانسی کی آواز میں اُس کے پھنیر کی پُھنکار تھی.. ''تو عزت نفس کی بات کرتا ہے.. یہ عزت

صرف اپنی ذات، قبیلے اور مٹی سے جُڑے رہنے میں ہوتی ہے.. یہ سب لوگ.. سیّد، جاٹ، ملک اور نواب زادے تو جانے کہاں سے آئے.. پر صرف ہم جانتے ہیں کہ ہم کہیں سے نہیں آئے.. ہزاروں برسوں سے اسی مٹی سے پیدا ہوتے اسی مٹی میں دفن ہوتے رہے ہیں اور یہی ہماری پہچان ہے.. تُو ایک عارضی پہچان کے لیے ہزاروں برس کی پہچان کو تیاگ دینا چاہتا ہے..''

''اس پاکستان کا سب سے بڑا معجزہ تو یہی ہے کہ اس نے شریفوں کو رذیل اور رذیلوں کو شریف کر دیا ہے... تم نے میری آئندہ زندگی میں حائل نہیں ہونا، نہ ہی تم نے سانسی ہونے کا اعلان کرنا ہے اور نہ ہی کبھی مجھے سیّد سلمان شاہ کو موجو کہہ کر پکارنا ہے ورنہ..''

''ورنہ کیا موجو..'' سروسانسی نے پہلی بار ذرا ڈر میں آیا.. وہ اپنے بیٹے کو گنوانا نہیں چاہتا تھا.. بے شک وہ مسلمان کہلا کر ایک سیّد ہو جائے اتنا رذیل ہو جائے تب بھی وہ اُسے گنوانا نہیں چاہتا تھا.''اور موجو.. موتی جسے تم نے ابراہیم شاہ کر دیا ہے، وہ کیا کہتا ہے..؟''

''ہاں.. وہ بھی ایک رکاوٹ ہے.. میں نے کتنی کوششوں سے اُسے بھی سیّد قرار دلوایا ہے، پر وہ بھی نہیں مانتا.. کبھی کبھی مجھے خیال آتا ہے کہ چاچا امیر بخش ایک جاٹ نہیں ایک سانسی ہے اور روشن بھی کیسا بے پرواہ آزاد منش انسان ہے.. اور موتی اُن دونوں کے سائے سائے چلتا ہے.. اسے بھی اپنی نسل اور پہچان سے کُچھ شرمندگی نہیں ہوتی..''

''موجو..'' سروسانسی کی بھرائی ہوئی آواز میں تمام زمانوں کا رنج تھا اور ایک جذبۂ تفاخر بھی تھا..''وہ مجھ پر گیا ہے.. میں کبھی بھی حسین بخش سیّد نہیں ہو سکتا.. اپنی ہزارو‌ں برسوں کی پہچان سے فریب کر کے یُوں معزز نہیں ہو سکتا.. مجھے اپنا مُردار منظور.. تو بنا شک اب حلال گوشت کو اختیار کر.. پر مجھے سانسی ہی رہنے دے.. راجے کا کھٹیا..''

✦.......✦

اور پھر یہ وہی دن تھے جب ایک مرتبہ پھر محلّہ قادر بخش کے سہ منزلہ مکان میں خاکروبوں اور بیل گاڑیوں والوں کے احاطے میں واقع سروسانسی کے گھر میں کھلبلی مچ گئی۔.نور بیگم اور پُشپی دوہائیاں دینے لگیں اور ان کی دیکھا دیکھی سوہنی سانسن نے بھی سر پر ہاتھ رکھے اور بین کرنے لگی۔.موتی، روشن اور انعام اللہ، عزیز جہان اور سروسانسی کی سرکردگی میں شہر کی خاک چھاننے نکل گئے...اکثر شام تک یا تو اُس کا کُچھ سراغ مل جاتا اور یا کوئی شخص اُسے گھر چھوڑ جاتا..اور اس بار رات ہوگئی تھی اور اُس کا کچھ اتہ پتہ نہ تھا..

نور بیگم اسی لیے سودائن ہو رہی تھی..

امیر بخش چلتا جا رہا تھا..

آج سے تقریباً چالیس برس پیشتر وہ لاہور کی جانب پیدل چلتا آیا تھا اور آج انہی راستوں پر چلتا جا رہا تھا، واپسی کا سفر اختیار کر چکا تھا..

کالا شاہ کاکو کے ویرانے انسانی کیڑوں مکوڑوں اور ان کی آماجگاہوں نے بھر دیئے تھے۔ کیمیائی کارخانوں کی ہولناک چمنیوں میں سے ابلتا زہر آلود کثیف دھواں نیلے آسمان کو کب کا ڈس چکا تھا..نالہ ڈیک کے نیلے شیشہ شفاف آر پار پانیوں میں تیرتی آخری مچھلی کو مردہ ہوئے برسوں گذر چکے تھے اور اب وہ انسانی فضلہ اور کیمیائی اخراج کا ایک ایسا بدبودار کیچڑ ہو چکا تھا جس کے اوپر باریک مچھر بھی نہ منڈلاتے تھے کہ اُس میں سے ہمہ وقت زہر کے سانس خارج ہوتے رہتے تھے...جی ٹی روڈ پر ٹریفک کا ایک پرشور اژدہام پھنکارتا چلا جاتا تھا..

پر وہ جی ٹی روڈ سے بہت الگ ہو کر زہرناک انسانی آبادیوں سے فاصلہ رکھے اُن کھلے کھیتوں میں سے راستہ بناتا چل رہا تھا جنہوں نے اُسے تب دیکھا تھا جب اُس کی پنڈلی پر خوشی محمد تھانیدار کے کتوں کے دانتوں کے نشانوں میں سے ابھی خون رِستا تھا اور ابھی چند روز پیشتر اُس نے اپنے آپ کو آئینے میں دیکھا تھا تو اُس کے بال برف سفید ہو چکے تھے..

یہاں جی ٹی روڈ سے دور راہ کا وہی سہانا پن تھا..

وہی راستے تھے..

راہ کے سہانے پن میں دھان کی ہری کچور ہریاول نچڑتی تھی۔ایسی کہ جب اُس کی نیلی آنکھیں اُس پر ذرا دیر تک ٹھہرتیں تو وہ بھی ہری ہونے لگتیں..

اور پھر گھنے سبزے میں ڈوبے ہوئے کھیتوں کے درمیان میں وہ چمکیلی، چاندی رنگ کی فصل پچھلے پہر کی دھوپ میں سرسراتی فصل نظر آئی جس کا ہر بُوٹا جُھومتا اور لشکارے مارتا لشکتا تھا اتنا کہ آنکھ کسی ایک بُوٹے پر ٹھہر نہ سکتی تھی، ٹھہرتی تھی تو ڈسی جاتی تھی...

کیسی لشکیلی، سُلفے کی لاٹیں مارتی جگمگاہٹ سے جُھومتی فصل تھی اور..زندہ تھی! وہ کھیتی چاندی کے رنگ کی ٹھاٹھیں مارتی، سانس لیتی اُس کے راستے میں حائل تھی..

اور یہ تو اُس کی جانی پہچانی فصل تھی..

سانپوں کی اس لہلہاتی سرسراتی فصل میں وہ سانپ تو نہ تھے جو آج سے تقریباً چالیس برس پیشتر اُس کے چہرہ بہ چہرہ ہوئے تھے..یہ یقیناً اُن کے بوڑھے ہو چکے بیٹے اور نوخیز پوتے اور پوتیاں تھے اور اس کے باوجود وہ اس بوڑھے شخص کو پہچان سکتے تھے کہ اُس کی پہچان اُن کی نسلوں میں منتقل ہوتی سفر کرتی تھی..اس میں اُن سانپوں کی شکر گزاری بھی شامل تھی جو سوّیوں کی مانند اُس کی گادھی میں سے گرے تھے اور اُس نے اُنہیں ہلاک نہیں کیا تھا، آس پاس کے کھیتوں میں اُتر جانے دیا تھا..

وہ بے خطر سانپوں کی اس سرسراتی کھیتی میں داخل ہوا تو وہ اُس کے راستے سے ہٹتے گئے..بلکہ اُس کی تعظیم میں کُچھ دیر کے لیے اپنی سرسراہٹ موقوف کی اور ساکت ہو گئے..لیکن اپنی شُوک کی آواز کو مدھم نہ کیا..کہ وہ اُسے اتنے برسوں کے بعد اپنے درمیان میں پا کر اپنی مسرت کا اظہار کرتے شُوکتے تھے..اُن کا جی چاہتا تھا کہ وہ سب کے سب اُس سے لپٹ جائیں پر اُنہوں نے گریز کیا کہ وہ اُس کا راستہ کھوٹا نہیں کرنا چاہتے تھے..

یہ تعین کرنا کہ امیر بخش کے گھر کا راستہ بھول جانے کے زمانوں کا آغاز کب ہوا ممکن تو نہ تھا، صرف ایک امکان ہے جو اس کا جواز بھی ہو سکتا ہے کہ تاریخ میں ساکت یہ وہی لمحے تھے جب ایک ہی بدن کے ایک بازو نے دوسرے بازو کو شکنجے میں لے کر..جیسے ایک اژدھا لپٹتا ہے، مردہ کر دینے کا آغاز کر دیا تھا..موسیقی، شاعری اور زبان سے رغبت رکھنے والے بازو پر مذہب کے سیاہ تعویذ باندھ کر اُس کا گلا گھونٹ رہا تھا....یہاں تک کہ اس بازو کے سالار نے آرڈر آف دے ڈے جاری کر دیا تھا کہ ہمیں بنگالی نہیں بنگال کی سرزمین درکار ہے..صرف وہی جان سکتا ہے جس کا ایک بازو کٹ چکا ہو کہ نہ تو بدن اور نہ ہی محبت کامل رہتی ہے..تم ادھورے ہو جاتے ہو..گندھارا کے اُس نایاب مجسّمے کی مانند جس کا آدھا دھڑ غائب ہو اور اُس کی کچھ قیمت نہیں لگتی، وہ کاٹھ کباڑ اور ٹوٹ پھوٹ میں شمار ہو کر پتھروں کے بھاؤ فروخت ہو جاتا ہے..صرف اُسے احساس ہو سکتا ہے کہ اگر دوسرا بازو جدا ہو گیا تو وہ ایک نامکمل وجود ہو گا..

ابھی اس حیات کی ساری تصویریں شفاف اور نکھری ہوئی ہیں اور ابھی اُس سے اگلے لمحے میں وہ دھندلانے لگتی ہیں، راستے معدوم ہو جاتے ہیں اور کچھ دکھائی نہیں دیتا..صرف امیر بخش کو دکھائی دیتا تھا، اُس کے اُس بے جان ٹُنڈ میں

سے جس کے ساتھ کبھی اُس کا ایک بازو پیوستہ تھا، ٹیسیں اٹھتی تھیں، فریاد کرتی تھیں کہ تم نہیں جانتے کہ ایک بازو کا کٹ جانا کتنا بڑا سانحہ ہوتا ہے.. تو اس سانحے کو روک لو.. پر اُس کے سامنے ایک نظریاتی اور مذہبی حماقت کی رکاوٹ تھی جو اُس سانحے کو روکنے کی بجائے اُسے بے محابا قوت کے زور پر فنا کر دینا چاہتی تھی، وہ لمحے جن میں حیات کی ساری تصویریں دُھندلانے لگی تھیں اُن میں روپوش ناریل اور سپاری کے شجر آخری بار دکھائی دے رہے تھے، سُندر بن کے گھنے سحر کی گھناوٹ کی نیم تاریکیوں میں سے مہندی رنگ کی دھاریوں سے آراستہ پُرتمکنت اور شاندار جانور نمودار ہوتے تھے، ایک آخری بار دھاڑتے احتجاج کرتے تھے اور ساکت ہو چکی تاریخ کی تصویریں تحلیل ہو جاتے تھے..

خلیج بنگال میں جو سمندر دریا گرتے تھے اُس سنہری سرزمین کو ڈھانکنے والے.. اُن سب کے اوپر بھی وہی دُھند ٹھہری ہوئی تھی جو اُن سے کہیں مختصر دریائے چناب کے پانیوں پر معلّق ہوتی تھی.. اور اُن سمندر دریاؤں کے اوپر ٹھہری ہوئی کچّی لسّی ایسی سفید دُھند میں سے بھی رنگ رنگ کے پکھیرو ظاہر ہوتے تھے اور چہکتے ہوئے امیر بخش کے سر پر سے اُڑان کرتے فنا کی تاریکیوں میں ڈوب جاتے تھے.. یہ بھی اُسی نسل کے پرندے تھے اگرچہ طویل فاصلوں پر تھے پر اپنے تھے..

اگرچہ امیر بخش نے بھی بیشتر پاکستانیوں کی مانند مشرقی پاکستان دیکھا تو نہ تھا پر اُس کے سمندر پانیوں اور چناب کی روانی پر جو ایک ہی نسل کے پکھیرو چہکتے تھے اُنہوں نے اُسے ایک ڈور میں باندھ رکھا تھا.. اس وابستگی کا سبب نہ تو کوئی نظریہ تھا اور نہ ہی مذہب کا کوئی بندھن جن سے مغلوب ہو کر وہ اُس ان دیکھی سرزمین کو اتنا ہی عزیز جانتا تھا جتنا کہ اپنے کوٹ ستارہ کو اور اُس کے جنگل بیلے میں قلانچیں بھرتے ہرنوں اور خرگوشوں کو..

یہ محض وہ پرندے تھے جو اُس کے مغرب کو اُس نادیدہ مشرق کے ساتھ ایک پھڑ پھڑاتی ڈور میں باندھتے تھے اور اُس کے سامنے یہ ڈور منقطع ہو رہی تھی اور وہ بے بس تھا.. بے اختیار تھا..

شائد اُس کی گمشدگی کا گھر کا راستہ بھولنے کا آغاز تب ہوا جب اُس نے محلّہ قادر بخش کے سہ منزلہ مکان کی چھت پر ایک سویر ایک مردہ پرندہ پڑا دیکھا..

اُس کے پروں پر طویل مسافتوں کے سندیسے رقم تھے..

وہی چھت جس پر آج سے تقریباً چوبیس برس پیشتر سرو سانسی نے اپنا آخری نیولا بھونا تھا اُسی چھت کی ٹائلوں پر ایک پرندہ مرا پڑا تھا.. لگتا تھا کہ وہ دور دیسوں سے آیا ہے اور اُس کے پروں میں ابھی تک ناریل کے تیل کی مہک تھی، ایک سنہرا پن تھا.. شائد اُس کا کلیجہ پھٹ گیا تھا کہ خون کے کُچھ دھبے تھے جو ان گنت برساتوں کے باوجود دُھلنے والے نہ تھے..

اور پھر تانتا بندھ گیا..

جیسے کسی زمانے میں اُس چھت پر کٹی ہوئی پتنگیں گرا کرتی تھیں، پرندے گرنے لگے.. اور وہ گرتے ہی مردہ ہو جاتے..

وہ اُن کی موت کا ماتم کرتا کہ اُس کے بس میں بس یہی تھا اور دُکھی ہوتا.. اور دُکھ سے نہ تو تاریخ اپنا دھارا بدلتی ہے اور نہ نصیب بدلتے ہیں.. جیسے محض دعاؤں سے کچھ بھی نہیں بدلتا..

جب مُردہ پرندے چھتوں پر گر رہے تھے تو دارالسلطنت کی رات میں خمار سے حواس باختہ ایک شخص برہنہ حالت میں بھاگتا چلا جا رہا تھا اور اُس کے جلو میں صدارتی محافظوں کی درجنوں جیپیں ہوٹر بجاتی اُس کی حفاظت کے لیے چلی آتی ہیں اور اُن جیپوں میں اُس شخص کے جسے ایک مذہبی جماعت نے غازی قرار دیا تھا چند سُوٹ ہیں تاکہ وہ اپنے تن کو اُن سے ڈھک سکے.. وہ بمشکل اُن کے قابو میں آتا ہے اور نعرہ لگاتا ہے.. جنگ جاری رہے گی.. وہ بے چارہ محض ایک بہانہ تھا.. سارے جُرم اُس کے کھاتے میں ڈال دیئے گئے اور پوری قوم بری الذمہ ہوگئی.. جب کہ قوم کا ہر فرد اس جُرم میں نہ صرف شریک تھا بلکہ فخر کرتا تھا کہ.. تھینک گاڈ.. پاکستان بچ گیا ہے.. اسلام زندہ ہوتا ہے ہر کربلا کے بعد.. امیر بخش اگر کسی ایک فرد کو اپنی حیات میں شریک کر سکتا تھا تو وہ سروسانسی تھا..

''راجے دا کھٹیا.. چوہدری امیر بخش دا کھٹیا.. اس چھت پر مُجھے تو کوئی مردہ پرندے نظر نہیں آتے.. مُجھے تو صرف اُس نیولے کی روح نظر آتی ہے جو ابھی تک منڈلاتی پھرتی ہے.. چوہدری کونسے پرندے.. کیسے پنکھ پکھیرو..''

چناب کے پُل پر سے گذرتے ہوئے اُس نے اپنی آنکھیں اُس کے بہاؤ پر کُچھ دیر رکھیں اور جونہی وہ دو نیلی کشتیوں کی مانند اُن پر تیرنے کو تھیں، اُنہیں اٹھا لیا اور اُس کی مسکراہٹ میں چالیس برس کی مسرت بھری تھکاوٹ تھی کہ آج بھی اُسے وہی خیال آیا تھا.. تب اُس نے شہر لاہور کی جانب سفر کرتے ہوئے یکدم اداس ہو کر سوچا تھا کہ یہ پانی بہتے بہتے اُس بیلے کے کناروں کو جا چھوئیں گے جن میں اُس کا چاچا اپنے مویشیوں سمیت ڈیرہ ڈالے ہوئے ہے.. اور اُس کا جی چاہتا تھا کہ وہ اس کے بہاؤ پر بہہ نکلے.. پر آج اگرچہ وہ اسی سوچ کا اسیر ہو رہا تھا پر اُس نے اپنی آنکھیں اُس لمحے پانیوں پر سے اٹھالی تھیں جب وہ کشتیاں ہو کر تیرنے کو تھیں.. کہ وہ بہاؤ کے ساتھ بہتی جاتیں اور جب اُس جنگل بیلے کے کناروں پر جا لگتیں تو اُنہیں وہاں سوائے ویرانی کے اور کچھ دکھائی نہ دیتا.. نہ چوہدری محکم دین کا ڈیرہ رہا تھا اور نہ وہ گھنی گندم کی موٹی روٹیاں جن پر اُس کی ماں کی اُنگلیوں کے نشان ثبت ہوتے تھے.. اور نہ ہی وہ مویشی جو بیلے کی گھاس پر فربہ ہوتے تھے.. اور نہ ہی گو کتے پکارتے پرندے.. وہ سب رخصت ہو چکے تھے.. تو اُن آنکھوں کی کشتیوں کو کو پانی کے اس سفر پر روانہ کرنے سے کچھ حاصل حصول نہ ہونا تھا.. سوائے لاحاصلی کے کچھ حاصل نہ ہونا تھا..

اُس نے جان بوجھ کر وہ راستہ اختیار نہ کیا تھا جو اُسے شام کے دُھندلکے میں ڈوبے ایک ڈھے چکے بے آباد بنگلے کی ویران شکستگی میں لے آیا تھا.. چار دیواری کی اینٹیں زمین پر یوں لیٹی ہوئی تھیں جیسے وہ اپنی طبعی عمر پوری کرنے کے بعد اب ستانا چاہتی تھیں اور موسموں نے اُنہیں یوں بھربھرا کر دیا تھا کہ وہ ذرا سے چھُونے سے ریزہ ریزہ ہو جاتی تھیں... بنگلے کے اندر جتنے بھی بلند قامت شاندار شجر تھے وہ گرے تو نہیں تھے ابھی تک قائم تھے پر مکمل طور پر مردہ ہو چکے تھے جیسے اُن کی جڑوں کو زہر سے سیراب کر دیا گیا ہو.. بنگلے کی کھڑکیوں کے رنگین شیشے چند ایک سلامت تھے، خالی چوکھٹوں میں سے کبھی ایک چمگادڑ نمودار ہو کر خودرو گھاس کے اندر روپوش ہو جاتی اور وہ پھاٹک.. جو اُس کے لیے کھلنے سے انکاری ہو جاتا تھا زمین پر پڑا گھن کی خوراک ہو کر کھوکھلا ہو چکا تھا..

ایک عرصے کے بعد اُس کی دائیں پنڈلی ایک نمی سے گیلی ہونے لگی.. خوشی محمد تھانیدار کے کتوں کے دانتوں کے نشان پھر سے وجود میں آنے لگے..اُن میں سے خُون رِسنے لگا..

وہ کتے اُس کے مُحسن تھے..

اگر وہ اُس روز اُس کا تعاقب کرتے ہوئے اپنے جھاگ آلود دانت اُس کی پنڈلی میں نہ گاڑتے تو وہ بھی دیگر مخلوق کی مانند نابینا رہتا..اُس پر معاشرے، عقیدے اور انصاف کے بھید نہ کُھلتے..وہ بھی اندھیروں میں بھٹکتا رہتا...

اگرچہ پھاٹک سے بنگلے کے برآمدے تک آنے والا راستہ گھاس پھونس اور جھاڑ جھنکار سے ڈھکا ہوا تھا پر اُس کی پہچان کرنا مُشکل نہ تھا..اُس میں اُس کے جان بچانے کی خاطر بھاگتے ہوئے پاؤں اور اُن کی ایڑھیوں تک پہنچنے والے کتوں کے پنجوں کے نشان دفن تھے..وہ رات اُس نے اُسی کھنڈر میں بسر کی..جہاں اُس کا داخلہ ممنوع تھا، وہاں اُس نے قیام کیا..

یہ کیسی خوش بختی تھی کہ خوشی محمد تھانیدار نے اُسے نہیں پہچانا تھا..وہ محض اپنی برادری کے ایک دور پار کے رشتے دار کو ڈھونڈتا اُس تک آ پہنچا تھا اور سوالی ہو گیا تھا..قدرت کے انتقام کے ڈھنگ نرالے تھے..

وہ اگر اُسے پہچان لیتا..تو وہ امیر بخش شرمندگی کے مارے مرجاتا!

کوٹ ستارہ کے نقشے اور راستے بدل چکے تھے..

وہ دن گئے جب گجرات کے ریلوے سٹیشن سے پھالیہ کا ایک تانگہ چلتا تھا اور رات گئے کوٹ ستارہ کی تاریکی میں داخل ہوتا تھا اور کُل عالم کو خبر ہو جاتی تھی کہ کوئی مہمان آئے ہیں..وہاں اب بسوں اور ویگنوں کا ایک اڈہ تھا..جہاں سے ہر پل میں شہر کے لیے ایک ویگن نکلتی تھی اور دن بھر میں چار پھیرے لگا لیتی تھی..ایک پٹرول پمپ کُھل چکا تھا جہاں ٹریکٹروں کی قطاریں ڈیزل کے حصول کی منتظر رہتی تھیں..

اُسے کسی نے بھی نہ پہچانا..

رات کوٹ ستارہ کے کھیتوں اور بیلے کے بلند ترین درختوں کے پتوں پر بہت ٹھہرا..دھوپ نکلی تو گھُل گیا..

دھوپ میں بھی کچھ ایسا زور نہ تھا، بے روح اور کملائی ہوئی تھی..

''اچیتے..'' اُس نے کنویں کی منڈیر پر سے جھانکتے ہوئے اُسے مخاطب کیا ''میں نے تجھے منع بھی کیا تھا کہ دور رہ..اپنے سوہنے مہاندرے کے عکس کو پانیوں میں نہ دیکھ..تو نے کیوں دھیان نہ کیا..کیوں جھانکا..''

در و دیوار پر اب بھی کہیں کہیں دھوئیں کی سیاہی کے آثار تھے..

گورو دوارے کی عمارت اب پناہ گیروں کے قبضے میں تھی جو اسے ایک جنج گھر کے طور پر استعمال کرتے تھے، بہت کچھ بدل چکا تھا..نو تعمیر ہو چکا تھا پر صحن میں وہ کنواں اب بھی موجود تھا..اگرچہ اُس کی تہہ میں اب پانیوں کی بجائے ایک سُوکھ چکی نیم تاریکی تھی..

اب تو اُسے اُس کی آخری گہرائی تک کھودا جا چکا تھا.. لیکن اُن زمانوں میں جب آگ کو ٹھنڈا ہوئے زیادہ مدت نہ ہوئی تھی لوگ راتوں کو ادھر آتے.. کنویں میں اُتر کر اس کی تہہ میں اُنگلیاں چلاتے اور کبھی کوئی کھوپڑی دستیاب ہو جاتی اور کبھی اُس کے گلے کا کوئی ہار ہاتھ لگ جاتا.. کبھی کسی بازو کی ہڈی میں سونے کی چوڑیاں جکڑی ہوتیں..

وہ آخری بار تب آیا تھا جب اُس کا دایاں ہاتھ اُس کی نظروں کے سامنے تڑپتا ٹھنڈا ہوتا تھا..

''تجھے منع بھی کیا تھا کہ مت جھانک.. اجیتے تو ابھی تک وہیں ہو گی کہ تجھے زیور ٹومب پہننے کا کچھ شوق نہ تھا.. ورنہ وہ کب کے تیری کھوپڑی اور بازو کی ہڈیاں کھود کر لے گئے ہوتے..''

جنج گھر میں مقیم پناہ گیر اُس سفید بالوں والے سودائی بوڑھے کو حیرت اور خوف سے تکتے تھے جو اُس خشک کنویں کی منڈیر پر جُھکا جانے کیا بڑبڑاتا جا رہا تھا..

اُس نے امیر بخش نے کنویں کی تہہ میں اجیت کور کے عکس کو تصور کر رکھا تھا.. جیسے سلگتے تنور پر جھکے اُس کا چہرہ سلگتا روشن ہوتا تھا ویسے دیکھتا تھا اور پھر اُس کنویں کی تہہ میں اُسے ناریل اور سپاری کے پیڑ دکھائی دینے لگے.. مہندی رنگے سُندربن کے شیر ڈوبنے لگے.. وہاں اُس کے سوا اور بھی اجیت کوریں تھیں جو اُس میں ڈوب رہی تھیں.. اور اُن میں سے کچھ کے پیٹ پھولے ہوئے تھے.. لیکن ایک فرق تھا کہ وہ اجیت کور نہ تھیں.. فاطمہ خاتون یا عائشہ عبداللہ تھیں اور اس کے باوجود ڈوب مری تھیں.. البتہ اجیت کور کی مانند اُن کے بدنوں کا تعاقب کرتے لوگ بھی کلمہ گو تھے.. امیر بخش اس خوفناک خواب کو سہار نہ سکا اور منڈیر سے پیچھے ہٹ گیا.. لیکن اس دوران اُس نے دیکھا کہ کنویں کی گولائی کی خشک اینٹوں کی دراڑوں میں سے ایک کاسنی رنگ کا پھول جھانک رہا ہے..

اجیت ہمیشہ کاسنی رنگ کا دوپٹہ اوڑھتی تھی..

اُس پھول کے نمایاں ہونے سے امیر بخش جان گیا کہ اجیت اُس کی موجودگی سے آگاہ ہو کر اپنے آپ کو کاسنی رنگ میں نمایاں کرتی ہے..

✦ .... ✦

وہ گرا کچھ یوں جیسے جنگل بیلے میں شیشم کا ایک سرمد سرمست توانا اور سربلند درخت جس کے پتّے ابھی آسمان کی نیلاہٹوں میں، بلندی کی ہواؤں میں تالیاں بجاتے مسرور ہوتے تھے اور اُس کے تنے پر کلہاڑے کا ایک آخری وار ہوتا ہے اور زمین میں سے کشید کیا جانے والا اُس کا ربط سانس تھم جاتا ہے.. اُس کی شاخوں پر بے یقینی کی زردی پھیلتی ہے کہ ہمارا رابطہ ہماری مٹی سے کیسے منقطع ہو سکتا ہے اور پھر وہ اوندھے مُنہ گرنے لگتا ہے.. اُس کا وسیع پھیلاؤ جنگلی جھاڑیوں اور نوخیز درختوں پر یوں گرتا ہے کہ وہ تالیاں بجاتے سربلند پتّے سرنگوں ہو کر مرجھاتے مردہ ہوتے اُس مٹی سے پہلی بار مَس ہوتے ہیں جس میں سے اُن کی حیات کے سانس کشید ہوتے تھے....

وہ ایسے گرا..

ایک ایسے سَت رنگ پکھیرو کی مانند جو ابھی فضائے بسیط میں بے خطر محو پرواز تھا.. اپنے رنگ قوس قزح کو مستعار دیتا اور ابھی اُس کے پروں کی پوٹلی اُن ان گنت آگ ہوتے چھرّوں سے چھیدی جاتی ہے جو کہیں کائنات کی پاتال میں داغی گئی کسی بندوق کی نالیوں میں سے نکل کر صرف اُسے ہی شکار کر لیتے ہیں.. اُسے بھی اُس ست رنگ پکھیرو کو بھی قطعی یقین نہیں آتا کہ اُس کی چونچ سانس لینے کی خاطر آخری بار کُھل رہی ہے اور وہ یکدم بے جان ہو کر ایک پتھر کی مانند زمین کی جانب گرنے لگتا ہے اور بالآخر کسی ویرانے میں اُس کے بال و پر بکھر جاتے ہیں.. چند سنگریزے خون سے رنگے جاتے ہیں اور اُس کی چونچ مٹی میں دھنس جاتی ہے..

وہ یوں اوندھا ہو کر گرا..

یا کسی تنومند لشکیلے بدن والے بیل کی مانند جو ابھی تو اپنی مُنہ زوری سے ہل کے پھالے سے زمین کو ادھیڑتا چلا جا رہا تھا اور ابھی قصاب کی چُھری اُس کی گردن کی چربی چیرتی اُس کی شہ رگ کاٹ دیتی ہے.. اور اُس کی چاروں ٹانگیں یوں لرزتی ہیں جیسے اُن کی ہڈیاں گُھل گئی ہیں اور وہ یکدم مسمار ہو کر اُسی مٹی پر ڈھیر ہو جاتا ہے جسے ابھی ابھی وہ اپنے زور سے اُدھیڑتا چلا جا رہا تھا.. اب وہی مٹی اُس کے نرخرے کی خرخراہٹ کے خالی پن سے اُس کے نتھنوں میں داخل ہونے لگتی ہے.. اور وہ آخری بار اُس مٹی کی مہک سونگھتا ہے اور مردہ ہو جاتا ہے..

شیشم کے ابھی تالیاں بجاتے ابھی مردہ ہوتے پتّے.. ست رنگے پرندے کی چونچ اور اُس لشکیلے بدن والے بیل کی تھوتھنی.. تینوں نے اپنی اُس مٹی میں آخری سانس لیے جس کی مہک سے اُن کی آشنائی تھی.. جب سے اُس زمین میں

سے پہلا بُوٹا پھوٹ کر شجر ہوا تھا.. پہلا ست رنگا پکھیرو چہکا تھا اور پہلا بیل ڈکرایا تھا تب سے اُس مٹی کے ساتھ اُن کی آشنائی چلی آتی تھی..

پر جب وہ گراہے.. شیشم کے ایک شجر.. ایک ست رنگے پرندے اور ایک لشکیلے بدن والے بیل کی مانند.. تو اُس کی ناک میں جس مٹی کی مہک اُتری ہے وہ آشنا نہ تھی.. پرائی، کسی دور دیس کی سنہری دیس کی تھی.. وہ نہ تھی جس میں سے اُس کی حیات کی کونپل پھوٹی تھی..

اُس کی ناک میں ایک اُلجھن سی سرسراتی تھی، ایک مدھم حدّت کا سیال ہولے ہولے سرکتا تھا جو اُس مٹی پر بوند بوند ٹپکتا تھا اور اُس میں جذب ہوتا تھا.. اُس میں زندگی کی کوئی رمق تو ابھی موجود تھی جو اُسے اُس سرکتی ہلکی حدت کا احساس ہو رہا تھا.. البتہ وہ اُس شیشم کے درخت، سَت رنگے پکھیرو اور لشکیلے بدن والے بیل کی مانند بے یقینی میں نہیں گرا تھا.. اُسے یقین تھا کہ اُسے گرا لیا جائے گا.. بے یقینی تب ہوتی اگر اُسے نہ گرایا جاتا.. وہ تو منتظر تھا کلہاڑے کے آخری وار کا.. بدن کو چھیدنے والے چھرّوں کا اور ایک تیز دھار چُھری کا..

اُس نا آشنا مٹی میں اُس کا لہو جذب ہوتا چلا جا رہا تھا..

اور اسی نا آشنا مٹی کی اُلفت سے لاچار ہو کر اُس نے حکم عدولی کی تھی..

وہ سب قطاریں باندھے.. نظریں سامنے رکھے ساکت کھڑے.. بے جان اور بے غیرت کھڑے رہے تھے.. اگرچہ اُن سب کے دل روتے تھے، پر اُن کے آنسو کم نکلتے تھے.. کہ اُن میں وہ بھی شامل تھے جن کی سنگینوں پر ابھی خون خشک نہ ہوا تھا.. ایسا خُون جس کے دھبے برساتوں میں تو مٹنے والے نہیں تھے.. وہ بے جان اور بے غیرت کھڑے رہے پر اُس سے ضبط نہ ہو سکا تھا.. اُس کا کلیجہ پھٹنے کو آ رہا تھا.. وہ برداشت نہ کر سکا.. کالا شاہ کاکو کے دھان کے کھیتوں ایسے گُوڑھے ہریاول سے نچڑتے رنگوں ایسے کپڑے کے ایک ٹکڑے کو بے حس حالت میں بلندی سے نیچے آتے.. عروج سے زوال میں گرتے.. سرنگوں ہوتے سہہ نہ سکا اور اُس ساکت بے غیرتی سے الگ ہو کر حرکت میں آ گیا.. دیوانہ وار اُس زوال میں گرتے گہرے سبز رنگ کے پرچم کی جانب خالی ہاتھ.. دوڑنے لگا.. یہ جانتے ہوئے کہ وہ اُس تک نہیں پہنچ پائے گا.. یہ ایک سعیٔ لاحاصل ہے.. وہ اُسے پاتال کی ذلتوں میں گرنے سے نہیں بچا سکے گا اور کلہاڑے کا آخری وار.. بدن کو چھیدنے والے چھرّے اور ایک تیز دھار چُھری اُس کا نصیب ہیں... وہ اپنی رجمنٹ کی قطار سے یکدم الگ ہو کر اُس کی جانب دوڑنے لگا..

وہ گرا، جیسے ایک شیشم کا تناور درخت، ایک ست رنگا پرندہ، ایک لشکیلے بدن والا بیل یکدم گرتا ہے اور اُس کی ناک جس مٹی سے آشنا ہوئی وہ نا آشنا تھی..

اُس میں گندم کی کچی بالیوں کی مہک نہ تھی، دھان اور پٹ سن کی ہریاول کی خوشبو تھی.. مکّی کی روٹی اور ساگ کے سواد نہ تھے چاول اور مچھلی کے ذائقے تھے..

دیسی گھی کی سوندھی خوشبو نہ تھی، ناریل کے تیل کی باس تھی.. اُس میں وارث شاہ کی ہیر کا سوہنا بدن نہ گندھا ہوا تھا.. نذرل اور ٹیگور کے مدھر گیت پھوٹتے تھے..

چناب کے جنگل بیلے نہ تھے، سُندر بن کے گھنے جُھنڈ تھے جن میں مہندی رنگے شاندار جنوروں کے شابے تھے.. اور اُس کے باوجود وہ ناآشنا بنگالی مٹی اُس کا پنجابی لہو قبول کر رہی تھی اور اُسے اپنے آپ میں جذب کر رہی تھی..

''اوئے کُڑی یا ہو یئے چُپ کر.. منحوس عورت کیوں آدھی رات کے وقت ایسی بلیّوں کی مانند بین کرتی روتی ہے جن کے بلونگڑے مر جاتے ہیں.. تیرے گوبند سنگھ اور میرے فتح محمد کو کُچھ نہیں ہوگا.''

وہ دسمبر کے اُن دنوں کھوئی کھوئی سی، کبھی اپنے آپ سے باتیں کرتی اور کبھی بے وجہ مسکراتی چلتی پھرتی رہتی.. بالوں میں تیل لگانے کے لیے بیٹھتی اور پھر اُسے دھیان نہ رہتا کہ اُس کے بال اتنے چُپڑ گئے ہیں کہ اُن میں سے سرسوں کے تیل کی دھاریں اُس کی گردن اور کانوں سے اُتر کر اُس کی قمیض کو چکنائی سے اُس کے بوڑھے بدن سے چسپاں کر رہی ہیں... وہ نلکے کے نیچے گھڑا رکھ کر اُسے بھرنے کی خاطر اُس کا ہینڈل اوپر نیچے کرنے لگتی تو ایسا کرتی ہی جاتی.. گھڑا ابھر جاتا.. اُس میں سے چھلکتا پانی صحن میں پھیل جاتا تو بھی اُسے خبر نہ ہوتی..

اور راتوں کو وہ بھی اسی پرانے پلنگ پر اپنی بوڑھی کمر سیدھی کرتی جس پر اُس نے دلاری بائی کے مُجرے کی رات میں اپنی بیٹی صاحباں کو جنم دیا تھا اور پھر وہ اسی پلنگ پر مر گئی تھی تو وہ بھی اُسی کی مانند اذیت میں اپنے بدن کے دُکھتے بکھیڑوں کو سہتی اپنے اکلوتے بیٹے گوبند کو یاد کرنے لگتی جو ڈھاکے چلا گیا تھا اور پھر چپکے چپکے اُن بلیوں کی مانند رونے لگتی جن کے بلونگے مر جاتے ہیں..

پچھتّر برس تک اُس کی ہڈیوں نے اُس کی قامت، قہر اور تکبر کو سہارا دیا تھا وہ آخر کب تک اُس کا ساتھ دیتیں.. وہ اُس کے ماس سے الگ ہو کر اب بدن میں اٹکتی اور کھنکتی پھرتی تھیں اور وہ راتوں کو سو نہ سکتا تھا.. اگر کبھی افیون کی ایک آدھ گولی کسی خیرات کے صدقے میں نصیب میں آجاتی تو وہ اُس کی اُن ہڈیوں کو ذرا آسودہ کر کے نیند میں لے جاتی.. اب تو دو وقت کی روٹی بھی نہیں جُڑتی تھی.. اور جب اُس کے کانوں میں برابر کی چارپائی پر کروٹیں بدلتی کنیز فاطمہ کی سسکیوں کی آواز آتی تو وہ بیزار ہو جاتا.. ''اوئے چُپ کر جا.. فتح محمد کو کچھ نہیں ہوگا.'' اور وہ اُٹھ کر بیٹھ جاتی.. ''جہانیاں.. نونہال چلا گیا.. صاحباں مر گئی.. صرف گوبند رہ گیا ہے جو اب میرے بدن میں سے پھوٹنے والا اکلوتا بُوٹا ہے.. میں تجھے بتاؤں کہ اُس کے لیے میرا دل میری پسلیوں سے باہر نکل کر پھڑ پھڑاتا ہے.. جانے تمہارے مشرقی پاکستان میں وہ کن آفتوں میں گھرا ہوا ہے..''

''وہ برما اور چونڈے کی جنگوں میں سے خیر خیریت سے سلامت نکل آیا تھا.. اب بھی نکل آئے گا.. پچپن برس کا ہونے کو ہے کوئی کاکا تو نہیں ہے، اپنا خیال رکھ سکتا ہے.. اُسے کچھ نہیں ہوگا.. چُپ کر اور مجھے سونے دے.. میرا نشہ حرام نہ کر..''

''وہ تیرا سگا نہیں ہے ناں جہانیاں.. اس لیے تجھے اُس کا کُچھ فکر فاقہ نہیں ہے..''

وہ لڑکھڑا کر اُٹھا، یہ فقرہ ایک تیر کی مانند اُس کے بوڑھے سینے کے کھوکھلے پن میں پیوست ہو گیا تھا اور چپکے چپکے بین کرتی کنیز فاطمہ کے سرہانے جا کھڑا ہوا ''نامرادے.. وہ میرا سگا نہیں ہے؟.. میں نے تو اپنے سگے بھی تمہارے لیے چھوڑ دیئے اور اب بھی تو کہتی ہے کہ وہ میرا سگا نہیں ہے.. وہ میرے گلے لگتا تھا تو میرے کلیجے میں ٹھنڈ پڑ جاتی تھی بے غیرتے.. اور جب سے غلام محمد مرا ہے مجھے تو اُس کے سوا اور کُچھ سُجھائی نہیں دیتا اور تُو کہتی ہے کہ وہ میرا سگا نہیں ہے بے حیائے..''

''کچھ کر جہانیاں.. بنگالی اُسے مار ڈالیں گے..وہ پنجابیوں کے بیری ہو گئے ہیں..''

''میں کیا کروں؟'' وہ گرجتے ہوئے گھگھیا گیا..''اب جب کہ لسّی کا کٹورا پکڑتا ہوں تو رعشے کی وجہ سے وہ چھلک چھلک جاتا ہے..یہ کروں کہ اپنی ڈانگ تھام کر کڑی یا ہوا پورا ہندوستان پار کر کے اُدھر بنگال پہنچ جاؤں اور تیرے گوبند کے سامنے ڈھال بن کر کھڑا ہو جاؤں..کیا کروں..'' بخت جہان سر ہلاتا ہولے ہولے جُھولتا اپنا اکھڑا ہوا سانس قائم کرنے کی سعی کرتا رہا اور پھر اُس کے لہجے میں ایک عجیب بے چارگی آ گئی، اُس نے کنیز فاطمہ کے بھیگے ہوئے رخساروں پر پیار کا ایک ہاتھ رکھا اور کہنے لگا..''امرت کورے..اُسے ہمارے فتح محمد کو..جو گنّے کے کھیت میں چلتا تھا، تو بھی نظر آ جاتا تھا..اُس شینہہ جوان کو کسی بھی ڈھال کی حاجت نہیں ہے..کوئی..دو بالشت کا بنگالی اُس کے قریب بھی نہیں پھٹکے گا..اور وہ ہتھیار ڈال دینے والوں میں سے نہیں ہے..سو دشمن مار کر مرے گا..''

کنیز فاطمہ کے کلیجے میں سے جو دل ہلا دینے والی چیخ برآمد ہونے کو تھی اُس نے اُسے بمشکل اپنے گلے میں گھونٹا اور سسکیاں بھرتی ہولے سے بولی ''پر مرے گا...''

''سُن امرت کورے..'' بخت جہان چارپائی کی پائینتی پر بیٹھ گیا کہ وہ اب مزید کھڑا نہیں ہو سکتا تھا ''کبھی تم نے قیاس کیا ہے کہ ہم اُن بنگالیوں کے ساتھ کیا ظلم کما رہے ہیں..ہم اُن کے ساتھ وہی کر رہے ہیں جو سکھوں کڑی یا ہویوں نے مشرقی پنجاب میں مسلمانوں کے ساتھ کیا..اُنہوں نے تمہارے دور یار کے رشتے داروں نے مسجدوں کے صحنوں میں قرآن کے ورقے بچھا کر اُن پر مسلمان بچیوں کے ساتھ فعل کیے..اور وہاں بنگال میں..ہم نے اُن کے مسلمان ہونے کے ناتے اتنا لحاظ کیا کہ اُن کی عورتوں تلے قرآن کے ورقے نہیں بچھائے..امرت کورے جو کچھ اُن کے ساتھ ہو رہا ہے اگر مجھ میں کچھ سانس سکت ہوتی تو میں اُن بنگالیوں کے برابر میں جا کھڑا ہوتا..''

''وہاں..گوبند بھی ہے تو اُس کے مقابلے میں آ جاتا..اُس پر وار کرتا..''

''ہاں..'' وہ بری طرح کھانسنے لگا..''ہاں..اگر وہ بھی اُن جیسا ہو گیا ہے تو ہاں..پر وہ ایک کمی کمین نہیں ایک جاٹ سردار کا نطفہ ہے اُن جیسا کبھی نہ ہو گا..وہ ظلم نہیں کما سکتا..''

کنیز فاطمہ کے جی میں آئی کہ وہ اُسے اُس کے جاٹ ہونے کے ناتے کٹہرے میں کھڑا کر دے کہ تو نے تھوڑے ظلم کمائے ہیں..اپنے سگے بھائی کی آل اولاد کے ساتھ کیا کیا..اُس کی بیٹیوں کو مہاراجہ پٹیالہ کے ہاتھوں فروخت کر دینے کی دھمکیاں دیں..اُن کی ڈولیاں اُٹھنے نہ دیں اور تیرا اکلوتا بھتیجا تیرے قہر سے فرار ہو کر شہر چلا گیا..اور جب صاحباں میرے بدن کو ادھیڑتی تھی تا کہ وہ باہر آ سکے تو تُو دلاری بائی کے سامنے دُولہا بنا بیٹھا تھا.... پر وہ چُپ رہی..اس لاچار اور صدقے خیرات کی راہ دیکھتے بوڑھے کو ایسے طعنے کیا دینا.. قدرت کے انتقام کے ڈھنگ نرالے تھے..

کنیز فاطمہ بھی روتے روتے نڈھال ہو گئی اور بخت جہان بھی اپنا سانس درست کرتا چپ بیٹھا رہا اور پھر ایک طویل وقفے کے بعد بولا ''چین تو مجھے بھی دن رات نہیں آتا..لیکن..یہ میں جانتا ہوں کہ وہ ہتھیار ڈال دینے والوں میں سے نہیں ہے..''

✦ .... ✦

موت کی سرد سرائت کا آغاز ازل سے پاؤں کے انگوٹھے سے شروع ہوتا ہے.. آدم کے انگوٹھے سے لے کر آج تک.. اگر وہ بقیہ اُنگلیوں سے بڑا ہو تو.. انگوٹھے کے ناخن تلے جو گوشت ہوتا ہے سب سے پہلے وہ مردہ ہوتا ہے.. پھر بقیہ اُنگلیوں مین ایک سرد بے حسی اُترتی ہے.. اور پھر فنا کی یہ یخ زبان ہولے ہولے ٹخنوں کے راستے ٹانگوں تک آتی اُنہیں چاٹنے لگتی ہے.. تب تک مرنے والا اس گمان میں رہتا ہے کہ یہ ایک عارضی کیفیت ہے.. میرے سرد پڑ چکے پاؤں ابھی پھر سے حدت آشنا ہو جائیں گے اور میری آنکھوں کے سامنے جو ایک دُھندلکا پھیل رہا ہے وہ ابھی چھٹ جائے گا لیکن جب یہ سرد سرائت کولہوں کو مردہ کرتی اُس کے پیٹ تک آتی ہے جس کے آگے زندگی کے سارے نظام دھڑکتے ہیں تو پھر اُسے احساس ہوتا ہے کہ یہ کیفیت عارضی نہیں ہے.. فنا کی ٹھنڈک اب کسی بھی حدّت سے روکی نہ جائے گی.. تب وہ ہراساں ہو کر بار بار اپنی آنکھیں جھپکاتا ہے، پر دُھندلکا دور نہیں ہوتا.. اندھیرا بڑھتا جاتا ہے..

اور فنا کی یہی سرد سیاہی اب فتح محمد کی آنکھوں میں اُتر رہی تھی.. اگرچہ وہ اوندھا پڑا تھا' اُسے کچھ سُجھائی نہ دے رہا تھا لیکن وہ اس اختتام کے لیے ذہنی طور پر تیار تھا کہ یہ انتخاب اُس کا اپنا تھا اور جو بھی تھوڑا بہت اُسے سجھائی دے رہا تھا اُس کے دُھندلکے میں گذر چکے زمانوں میں کوئی گاؤں تھا اور دونوں اپنی ماں کے گھٹنوں سے لگے ہوئے باہر کھیتوں میں آئے تھے... ماں کے لیے وہ اپنے باپ لہناں سنگھ کو ترک کر رہے تھے اور ایک پرتکبر مُصلے کے صحن میں داخل ہو رہے تھے.. کوئی حافظ صاحب تھے اور کوئی اُسترا تھامے نائی تھا جو اُنہیں لہولہان کر کے مختصر کرتا تھا.. ایک یک چشم حافظ جی تھے.. اور اُس کی آنکھوں میں جو آخری نقش تھا جو دھندلکوں پر ثبت ہوتا تھا اس ناآشنا مٹی کے کسی پلٹن میدان میں اُس کے باپ لہناں سنگھ کی شکل کا ایک مدبّر کلف لگی پگڑی والا شخص تھا جس کے چہرے پر کوئی تکبر نہ تھا.. ایک فاتح کی مسکراہٹ نہ تھی بلکہ وہ کسی حد تک اداس لگتا تھا.. اور اُس کے برابر میں براجمان اُس کا حریف جو ابھی نہائت فرمانبرداری سے اپنے رینک اُتار کر میز پر رکھ چکا ہے اور پھر اپنا پستول اُن کے برابر میں رکھ کر اُس شخص کی جانب دیکھتا ہے جو اُس کے باپ کی شکل کا ہے کہ.. سَر کہاں کہاں دستخط کرنے ہیں.. مجھے کسی قسم کی حاجت نہیں.. میرے اپنے قلم میں اتنی سیاہی بھری ہوئی ہے کہ میں ایسی ہتھیار ڈال دینے والی ہزاروں دستاویزات پر دستخط کر سکتا ہوں کہ میرے قلم میں بے غیرتی کی سیاہی بھری ہے جو کبھی ختم نہیں ہوتی.. اور یہ دستخط کرنے کے لیے بے تاب شخص ایک ٹائیگر ہے.. اور تب سُندربن کی گھناوٹ میں ظاہر ہوتے مہندی رنگ کی دھاریوں والے ٹائیگر یکدم بے عزت محسوس کرنے لگتے ہیں کہ ایسا نامرد اور بے غیرت ٹائیگر تو ہماری سب سے

آوارہ مزاج شیرنی نے بھی جنم نہیں دیا ہوگا.. ٹائیگر کی کھال کے اندر ایک گیدڑ بھی نہ تھا.. کہ ایک گیدڑ میں بھی تو عزت نفس کی کوئی نہ کوئی رمق موجود ہوتی ہے..

بخت جہان اُن کے لیے مجبوری کا ایک باپ تھا اور اُن کی مجبوری ماں تھی جس کے پلّو سے وہ جدا نہ ہو سکتے تھے..

جب وہ آخری بار ڈھاکے میں پوسٹنگ ہونے سے پیشتر دنیا پور گیا تھا تو اُس کی ماں اُسے آغوش میں لے کر بہت روئی تھی.. اُس سے گلا کرتی تھی کہ بیٹا تم نے تو فوج سے ہی شادی کر لی.. میرے لیے پوتے اور پوتیاں پیدا ہی نہیں کیے اور وہ اتنا روئی تھی کہ کوئی ماں صرف ایک بیٹے کے لیے اتنا نہیں رو سکتی.. اُسے شائبہ ہوا تھا کہ آنسوؤں کا یہ سیلاب پچھتاوے کا ہے.. وہ اُس کے باپ کو ترک کر دینے کے احساس جرم کا شکار ہے، اس لیے اتنا روتی ہے..

یہ اُس کی ریٹائرمنٹ کا آخری برس تھا.. پھر بلاوا آ گیا..

اُس نے بہت جنگیں لڑی تھیں.. انگریز سرکار کے لیے برما کے محاذ پر.. اپنے وطن کے لیے 65ء میں.. جب سیالکوٹ کے محاذ پر چونڈہ کی جنگ میں وہ دشمن کو للکارتا اُن ہندوستانیوں کو پنجابی میں بے دریغ اور بہت بلیغ گالیاں دے رہا تھا تو دوسری جانب کسی مورچہ بند سکھ فوجی نے یہ تو سوچا ہوگا کہ دوسری جانب کون ہے جو ہمیں ایسی گالیاں دے رہا ہے جو صرف سکھ ہی دے سکتے ہیں اور وہ فوجی اُس کا سوتیلا بھائی راجندر سنگھ تھا پر وہ نہیں جانتا تھا.. اُن جنگوں میں واضح تھا.. روز روشن کی مانند عیاں تھا کہ دشمن کون ہے.. پر یہ والی جنگ تو عجیب سی تھی.. اُس کے سامنے نہ جاپانی تھے اور نہ ہندوستانی.... دشمن کا کچھ سُراغ نہ ملتا تھا.. وہ اُنہیں گالیاں بھی نہیں دے سکتے تھے کہ تمہاری ماں کو.. تمہاری بہن کو.. کہ وہ گالیاں واپس آ کر اُنہی کی ماؤں بہنوں پر منطبق ہو جاتی تھیں..

جیسے شاہ دولہ کے چُوہے تیار کیے جاتے ہیں، اچھے بھلے بچوں کے سروں کو آہنی کنٹوپ پہنا کر اُن کی ذہنی نشو و نما روک دی جاتی ہے.. اُن کے بدن بالغ ہو جاتے ہیں لیکن اُن کے سر اُن آہنی کنٹوپوں میں جکڑے چوہوں جتنے رہ جاتے ہیں اور پھر وہ عمر بھر اپنے مالک کے اشاروں پر چلتے.. توہم پرست لوگوں کو ڈراتے اُن سے خیرات وصول کرتے رہتے ہیں.. ویسے ہی فوجی تیار کیے جاتے ہیں.. ہر نئے رنگروٹ کے سر پر حب الوطنی اور جانثاری کے لوہے کا ایک ایسا کنٹوپ چڑھا دیا جاتا ہے کہ وہ بھی اپنے مالک کے حُکم کا بندہ ہو جاتا ہے.. شاہ دولا شاہ کا ایک چوہا ہو جاتا ہے.. صرف اس فرق کے ساتھ کہ وہ چوہے سبز لبادوں میں ہوتے ہیں اور یہ خاکی وردیوں میں..

ایسا نہیں کہ ہر رنگروٹ روبوٹ ہو جاتا ہے..

اُن میں سے چند ایک ایسے ہوتے ہیں جو اُس کنٹوپ کی جکڑ بندی میں بھی ذہن کو ماؤف ہونے سے بچائے رکھتے ہیں اور اس کے لیے ایک شدید قوت ارادی درکار ہوتی ہے.. وہ آنکھیں بند کر کے کسی حکم پر عمل پیرا نہیں ہو سکتے.. اُن کی سوچ حائل ہو جاتی ہے.. وہ بظاہر روبوٹ ہو جاتے ہیں لیکن کسی پر ظاہر نہیں ہونے دیتے.. اور انہیں اپنے آپ کو خفیہ رکھنے کے لیے زیادہ تردد نہیں کرنا پڑتا کہ اُن کے ساتھیوں میں وہ صلاحیت مفقود ہو چکی ہوتی ہے جس کے تحت اصل اور نقل کی پرکھ کی جا سکتی ہے.. اندھی تنظیم اُن کی آنکھوں کے آگے پردے ڈال دیتی ہے جن کے پار اُنہیں کچھ سجھائی نہیں دیتا.. فتح محمد بھی بظاہر ایک شاہ دولا شاہ کا چُوہا تھا.. اگر واقعی ہوتا تو باقیوں کی مانند حکم کے تابع اپنی پلٹن کی قطار میں اکڑوں

کھڑا اُس ہرے بھرے کپڑے کے ٹکڑے پرچم کو ایک مستول سے ہولے ہولے کھسکتے پستی میں گرتے دیکھتا رہتا..

باریسال کے اُس گاؤں میں جھونپڑے کم تھے اور ناریل کے تیز ہواؤں سے گبڑے ہوتے شجر زیادہ..اتنے کہ وہ چند جھونپڑے اُن میں پوشیدہ ہو گئے تھے..اور اس پوشیدگی میں ایک ہراس تھا..اُنہیں اس علاقے میں پھیل جانے کا حکم دیا گیا تھا...وہ نہایت دبے پاؤں، سہمے ہوئے ناریل کے اُس جھنڈ میں داخل ہوئے..وہاں ایک مردہ سناٹے کے سوا کچھ نہ تھا..آس پاس کی فصلیں ہری بھری تھیں، کچھ بکریاں تھیں پر وہ بھی جیسے پتھر کی ہو چکی ہوں..اور درمیان میں جو تالاب تھا اُس میں البتہ کچھ زندگی موجود تھی..کبھی کبھار کوئی مچھلی اُچھلتی، پل بھر کے لیے فضا میں معلق رہتی اور گاؤں کی ویرانی دیکھ کر آنکھیں جھپکتی مایوسی سے پانیوں میں گر جاتی..

وہاں ایک بھی ذی روح موجود نہ تھا..جھونپڑے ویران پڑے تھے..البتہ ایک چولہے پر دھری دیگچی میں اُبل چکے چاول ابھی تک گرم تھے جس سے اندازہ ہوتا تھا کہ اس گاؤں کے مکین کچھ دیر پہلے فوج کی آمد کی خبر پا کر اسے ترک کر گئے ہیں..

پلٹن کے لوگ ہر جھونپڑے میں پھونک پھونک کر قدم رکھتے تھے..کہ کہیں ایک تنی ہوئی آہنی تار سے اُلجھتے ہی پورا جھونپڑا اُن کے سمیت بھک سے نہ اُڑ جائے..مکتی باہنی اس علاقے میں بے حد متحرک تھی اور ہندوستان نے اُسے نہ صرف تربیت دی تھی بلکہ مہلک ترین ہتھیاروں سے بھی آراستہ کر رکھا تھا..دشمن ملک کی حماقتوں سے فائدہ نہ اٹھانے والے دانا نہیں ہوتے..

وہ بھی نہائت احتیاط سے چوکس حالت میں سب مشین گن کی حساس لبلبی پر اُنگلی رکھے اُس جھونپڑے میں داخل ہوا تو اُسے احساس ہوا کہ وہ روشنی سے اندھیرے میں اُتر آیا ہے اور اگر جھونپڑے کے اندر کوئی اُس کا منتظر ہے تو یہ احتیاط اُس کے کچھ کام نہ آسکے گی اور وہ جو تاریکی میں منتظر ہے اُس کے لیے وہ ایک واضح اور روشن نشانہ ہوگا..لیکن اب بہت دیر ہو چکی تھی..وہ بھی منتظر رہا لیکن جھونپڑے کی تاریکی میں کوئی بھی منتظر نہ تھا..سوائے ایک گھٹی ہوئی سسکی کے..وہ رُک گیا..ایک اور سسکی سنائی دی اور اس کے ساتھ ایک ایسی آواز جو اُن بلتّوں کے گلے میں سے بین کرتی برآمد ہوتی ہے جن کے بلونگے مر جاتے ہیں..

یہ اُس کی ماں تھی..امرت کور..جو جھونپڑے کے ایک کونے میں پڑی لرز رہی تھی..اور نابینا تھی..اگرچہ اُس کے ایک پوتے نے اُسے گود میں اٹھا کر لے جانے کی کوشش کی تھی پر اُس نے اُس کا چہرہ نوچ لیا تھا کہ نہیں مستقیم تم اپنی جان بچاؤ..تمہارے بہت دن ہیں، تم اُن دنوں کو بچا لو..میرے پورے ہونے والے ہیں..اور وہ اتنا دھاڑی کہ مستقیم مجبور اُروتا ہوا اُسے اپنی گود سے اُتار کر اُسے چُومتا..روتا ہوا جا چکا تھا..

وہ نہائت ناتواں تھی..جیسے ایک سوکھی ہوئی کھجور ہوتی ہے اور اُس سوکھی ہوئی کھجور کو ایک بوسیدہ سُوتی ساڑھی نے ڈھانپ رکھا تھا..اُس کی آہٹ سُن کر اُس کی سفید بے نُور پُتلیاں چڑھ گئیں اور اُس نے اپنے دونوں ہاتھ اُوپر اُٹھا دیئے..وہ کچھ بڑبڑا رہی تھی..

وہ اُس کے قریب ہوا.. اُس کے بڑبڑاتے ہونٹوں کے قریب ہوا تو وہ زیرِ لب کلمہ پڑھ رہی تھی.. وہ سوکھی ہوئی کھجور بڑھیا اپنے ہاتھ اوپر کیے کلمے کا ورد کر رہی تھی تاکہ موت آئے تو اُس کے لبوں پر محمد مصطفیؐ کا نام ہو.. فتح محمد کا پورا وجود تُند ہواؤں کی زد میں آنے والے ایک سروٹ کی مانند بے اختیار لرزنے لگا.. اُس کی خاکی وردی شرمندگی سے سلگنے لگی اور اس کے تن بدن میں لعنت اور ملامت کے بچھو رینگنے لگے.. اُس نے اپنے ہتھیار رکھ دیئے اور بڑھیا کے اُٹھے ہوئے ہاتھوں کو ہتھیلیوں میں لے کر اپنے سینے کے ساتھ لگا لیا. ''ماں جی..''

اور وہ بڑھیا اپنی اُس نابینائی میں.. جس نے بہت کچھ دیکھا تھا.. اُس دیکھے ہوئے کی وحشت اور الم میں یوں ہڑبڑا کر اُٹھی کہ اُس کی بوسیدہ ساڑھی کا پلو اُس کے اپنے پاؤں تلے آ گیا.. اور اُس کا مرجھایا ہوا سوکھی کھجور ایسا جھرّیاں بھرا کبڑا ہوتا بدن برہنہ ہو گیا.. اور وہ جھونپڑے کے سروٹوں سے ٹکراتی، گرتی پڑتی.. ٹٹولتی... اس خوف سے کہ اُس کے ساتھ بھی وہی عمل ہونے کو ہے جو اُس کی جوان پوتیوں کے ساتھ ہوا تھا وہ جھونپڑے سے باہر بھاگ نکلی.. فتح محمد سکتے میں آیا ہوا.. ناریل کے پیڑوں کے درمیان میں اپنی جان کے لیے نہیں اپنی عزت کے بچاؤ کے لیے ٹھوکریں کھاتی اپنی برہنہ ماں کو دیکھتا رہا جو یقیناً اُس وقت بھی کلمہ شریف کا ورد کر رہی تھی..

اور اُسی لمحے فتح محمد کا پورا بدن لعنت اور ملامت کے بچھوؤں سے بھر گیا.. اور اُس نے فیصلہ کر لیا کہ وہ اس سرزمین پر اب ایک نامرد اور بزدل کی زندگی بسر کرے گا.. کسی پر وار نہیں کرے گا چاہے وہ مکتی باہنی کا ٹائیگر صدیقی ہی کیوں نہ ہو جس نے سینکڑوں بہاریوں کے سینوں میں اپنی سنگین گھونپی تھی..

پلٹن میدان کی نا آشنا مٹی پر اوندھے پڑے.. جب کہ اُس کی آنکھوں میں سے بھی زندگی رخصت ہو رہی تھی اُس نے صرف اپنی کلمہ گو ماں کو یاد کیا جو ناریل کے پیڑوں میں نابینائی میں بھٹکتی برہنہ حالت میں روپوش ہو رہی تھی..

اگر صرف انسان مقابل ہوں.. دشمن ہو جائیں تو اُن کو آپ قوت اور گھمنڈ سے زیر کر سکتے ہیں.. دشمن صرف لوگ نہ تھے.. بوڑھی گنگا پر رواں کشتیوں کے سفید پیوند لگے بادبان بھی ویری ہو گئے تھے.. سلہٹ کے چائے کے باغ.. برہم پترا کے پانی، نواکھلی کے کھیت، خلیج بنگال کے سنہری ساحل.. اور سندر بن کا ہر شجر.. اور اُس بن میں مہندی رنگے جانوروں کی ہر سلگتی ہوئی آنکھ.. یہ سب بھی دشمن ہو جائیں تو انہیں مطیع نہیں کیا جا سکتا.. بانس کے جھونپڑوں کی مسجدوں میں سے بلند ہونے والی اذانیں.. یہاں تک کہ ہر تالاب کی ہر مچھلی یہ سب آپ سے نفرت کرنے لگیں تو آپ ان کو زیر نہیں کر سکتے.....

زندگی کی کچھ رمق اُس کی آنکھوں میں رہ گئی تھی اور وہ بھی دھندلائی جا رہی تھی اُس کے بقیہ بدن کی مانند مردہ ہو جانے والی تھی اور اُس کے مُنہ سے بہتا خون اُس نا آشنا مٹی میں جذب ہو رہا تھا جب اُس کے مُردنی کے قریب کانوں میں ٹاپوں کی آواز آئی.. مدھم مدھم.. اُس کی جانب بڑھتی.. نا آشنا مٹی میں اُن کی مدھم دھمک تھی.. جیسے اُس کے باپ بخت جہان کی گھوڑی بگی کی ٹاپوں کی آواز ہو.. اور پھر اُسے اپنی گردن پر ایک گرم سانس کا جھونکا محسوس ہوا.. ایک تھوتھنی اُسے سونگھتی تھی اور اُس تھوتھنی میں سے خارج ہونے والے گرم سانس میں اُس کے وطن.. نت کلاں اور دنیا پور کی فصلوں کی مہک تھی.. تھوتھنی کی نمی اُس کی گردن کو گیلا کرتی تھی، اُسے پہچانتی تھی.. اُس کا سوار کون تھا وہ نہ دیکھ

سکتا تھا کہ وہ مُنہ کے بل پڑا تھا..

اور پھر اُس کی آنکھیں بھی مردہ ہوگئیں..

اور اُن پر جو آخری نقش تھا اُس سوکھی ہوئی کھجور ایسے مرجھائے ہوئے بدن والی برہنہ ماں کا تھا جو ناریل کے جُھنڈ میں اپنی جان نہیں اپنی عزت بچانے کے لیے بھاگتی چلی جا رہی تھی..

✦.......✦

دسمبر کے دن ہیں..

دسمبر کی راتیں ہیں.. پوہ ماگھ رُتیں ہیں اور کُہر کی سفیدی آسمان سے اُترتی ہے اور صدمے کا سناٹا سرائت کرتا ہے اُس سرزمین کے اوپر جتنی بستیاں ہیں اُن کے گھروں اور دالانوں میں، باسیوں کے دلوں کے اندر یہاں تک کہ وہ جو ہزیمت کی ذلت سے مُنہ چھپائے تاریک گوشوں میں سسکتے ہیں، اُن کی سسکیوں میں.. اور ایسا سناٹا کسی بھی ملک کی تاریخ میں سینکڑوں برسوں بعد اُترتا ہے.. صرف تب جب اُس کا ایک بازو کٹنے کو ہوتا ہے.. ان بستیوں کے باسی سرکاری خبروں اور ترجمانوں کے ہاتھوں تاریک راہوں میں مارے جاتے ہیں.. اُنہیں تب اُس فریب کا احساس ہوتا ہے جو مذہب اور ملّت کے نام پر وہ بخوشی قبول کرتے چلے آئے تھے جب شیشم کے تنے پر کلہاڑے کا آخری وار ہوتا ہے.. جب اُن کا بدن چھرّوں سے چھیدا جاتا ہے اور جب ایک تیز دھار چُھری اُن کے نرخرے پر پھر چکی ہوتی ہے.. اُن کے ایک بازو اور بقیہ بدن کے ساتھ اُس کا رابطہ صرف ایک باریک لوتھڑے سے رہ جاتا ہے اور وہ آگاہ ہو جاتے ہیں کہ یہ کسی بھی لمحے کٹ گرے گا.. وہ کامل نہیں رہیں گے، ہمیشہ کے لیے اپاہج ہو جائیں گے.. تب اس صدمے کا سناٹا اُن کی بستیوں، بازاروں اور گلی کوچوں کی ویرانی میں اُترتا ہے..

جیسے اچھو شیخ نہائت اطمینان سے روڑھی کے ڈھیر پر بیٹھا اپنی گردن کو شیشے کی تیز دھار سے کُھرچا کرتا تھا اور اُس کے ہاتھ خون آلود ہوتے جاتے تھے پر نہ وہ درد سے آشنا ہوتا تھا اور نہ اُسے خبر ہوتی تھی.. وہ اپنے اس عمل میں مشغول رہتا تھا تو وہ سب بھی روزِ اوّل سے.. جب سے یہ ملک تخلیق ہوا تھا اپنی گردن پر شیشے کی آریاں مزے سے چلا رہے تھے.. اور اب جب کہ خون نکل آیا تھا اور نرخرہ کٹ جانے کو تھا تو وہ سب صدمے کے سناٹے میں چلے گئے تھے..

پچھلے کئی روز سے گاؤں میں سرِ شام کوئی دِیا نہ جلا تھا، کوئی لالٹین روشن نہ ہوئی تھی.. بجلی کے بلبوں کے گرد سیاہ کاغذ لپیٹ دیئے گئے تھے.. چولہے ٹھنڈے پڑے تھے اور نوخیز بدن محبت کرنا بھول گئے تھے.. اُدھر سے بری خبریں آ رہی تھیں..

دسمبر کے اُن دنوں میں الف جہان، محمد جہان، ماہلو، صاحباں، نمبردارنی اور نونہال کی قبروں کی مٹی کے ہر ذرّے میں جوہڑ کے گدلے پن میں سمٹتے ہر پھوے اور بُوٹیوں میں آرام کرتی ہر مچھلی کے گلپھڑے میں.. سرد تنوروں کی راکھ میں.. یہاں تک کہ مولوی صاحب کی اذانوں میں بھی وہ سناٹا سرائت کر رہا تھا جو صرف شکست خوردگی کی ذلت میں سے جنم لیتا ہے..

کنیز فاطمہ آج بھی سارا دن گھڑے بھرتی رہی تھی، کبھی بالوں کو تیل سے چُپڑتی تھی اور کبھی اپنی بوڑھی آنکھوں

میں سُرمہ لگاتی تھی اور پھر بلبلیوں کی مانند رونے لگتی تھی.. اور کبھی اُسے... بخت جہان کو جھنجھوڑ جھنجھوڑ کر اُس کی خمار آلود اونگھ سے بیدار کرنے کی سعی کرتی تھی.. کہ وہ اُسے وہ خبر سنانا چاہتی تھی جس نے اُس کا کلیجہ پھاڑ دیا تھا.. اور اُس کلیجے کے اندر فتح محمد کا قلبوت عیاں ہوتا تھا.. ''جہانیاں، کُچھ ہوش کر..''

''دفع ہو مُردارے..'' اُس نے نیم مدہوشی میں اُسے اس زور سے دھکیلا کہ کنیز فاطمہ کا سر پلنگ کے پائے سے جا ٹکرایا اور اُس کے ماتھے میں سے خون پھوٹنے لگا.. وہ پھر اُس کی جانب لپکتی ہوئی آئی ''جہانیاں ہندوستان کی فوجیں ڈھاکے میں داخل ہو گئی ہیں..''

بخت جہان کی نیم مدہوشی کو ایک جھٹکا سا لگا.. جیسے اُس کا بوڑھا بدن بجلی کی ننگی تار سے چھو گیا ہو.. اور وہ اُٹھ کر بیٹھ گیا ''اوئے کون کڑی یا ہوا کہتا ہے..''

کنیز فاطمہ کے ماتھے سے بہنے والا خون اُس کی آنکھوں میں چھلکتے آنسوؤں میں گھل رہا تھا.. وہ اُس کے قریب ہو کر بیٹھ گئی ''اللہ دتہ شیخ ابھی روتا ہوا آیا تھا.. وہ کہہ رہا تھا کہ پاکستان ریڈیو پر تو منڈیوں کے بھاؤ نشر ہو رہے ہیں.. ملّی نغمے گائے جا رہے ہیں.. جاگ اُٹھا ہے سارا وطن اور اے مردِ مجاہد جاگ ذرا.. لیکن بی بی سی ریڈیو بار بار خبر دے رہا ہے کہ پاکستانی فوج نے ہتھیار ڈال دیئے ہیں... آکاش وانی پر بھی یہی خبریں چل رہی ہیں..''

بخت جہان اپنے بوڑھے ماس سے جدا ہوتی ہڈیوں کو سمیٹتا بیزاری سے بولا ''نامُرادے دشمنوں اور شریکوں کے کہنے میں نہیں آیا کرتے.. اُن کی باتوں کا اعتبار نہیں کیا کرتے.. ہمارے شیر دلیر نیازی نے کہا تھا ناں کہ ہندوستانیوں کے ٹینک اُس کی لاش پر سے گذر کر ڈھاکے میں داخل ہوں گے.. وہ ماشاءاللہ.. ابھی زندہ ہے.. پٹھان بچہ ہے.. اُس کے ہوتے ہوئے کوئی مائی کا لال ڈھاکے میں داخل نہیں ہو سکتا.. چل اب دفع ہو.. مُجھے سونے دے..''

اُسے آج دوپہر ہی نور بیگم کی جانب سے ایک منی آرڈر موصول ہوا تھا.. اُسے کُچھ غرض نہ تھی کہ بھیجی ہوئی رقم اُس کی سگی بھتیجی نے اپنے سگے چاچے کو محبت کے چاؤ میں بھیجی ہے یا زکوٰۃ کے طور پر روانہ کی ہے.. اُس کے رعشہ زدہ ہاتھوں میں ایک عرصے کے بعد اتنی رقم آئی تھی کہ اگلے چند روز تک اُسے افیون کی کوئی تھوڑ نہیں ہونی تھی.. اتنی مدت سے اُس کا زوال پذیر بدن افیون کی سحر انگیز سیاہی سے آشنا نہ ہوا تھا اور بالآخر خراب ہوا تھا تو ایک جہانِ سرور میں چلا گیا تھا جہاں کنیز فاطمہ بار بار چلی آتی تھی اور اُس کا نشہ غارت کرتی تھی.. آخر کار سکھنی تھی.. سمجھتی ہے کہ ہندوستان فوجیں ڈھاکے پر قبضہ کر سکتی ہیں... ٹائیگر نیازی جیسے شیر دلیر اُن بنیوں اور ھندو لالوں کو اپنے قریب آنے دیتے ہیں.. نامراد شریکوں کی باتوں کا یقین کر لیتی ہے.. وہ اس سرور انگیز کیفیت میں بہت مدت ڈوبا رہا.. کبھی سراسر غافل ہو گیا اور کبھی قدرے ہوش میں آ گیا.. اور جب کبھی چند لمحوں کے لیے وہ ہوش میں آتا تو اُس کے پژمردہ کانوں میں کہیں سے ریڈیو کی ایک میکانکی آواز اُترتی.. کہا کیا جا رہا تھا، وہ پلّے نہ پڑتا پر وہ آواز ایک تسلسل سے سنائی دیئے جاتی..

یہ آواز کہاں سے آ سکتی ہے..

نمبردارانی کا گھر تو ایک عرصے سے مقفل پڑا تھا..

پورے محلے میں کوئی ریڈیو نہ تھا..

البتہ شیخوں کے محلے کا اللہ دتہ شیخ جس کا تیار کردہ شربت بہت مشہور تھا اور یہ تو بظاہر ایک پردہ تھا.. درپردہ اُس کے متمول ہونے کا سبب وہ خفیہ کُشتے تھے جو نئے نئے دولت مند ہوتے بوڑھے کشمیریوں کو ڈھارس دینے والے ہوتے تھے کہ اگر وہ اپنی بڑھیا بیوی پر ایک نوخیز سوکن بھی بیاہ لائیں تو سوکن کو کچھ زیادہ مایوسی کا سامنا نہ کرنا پڑے.. اللہ دتہ شیخ ایک شوقین شخص تھا اور اُس کے گھر میں دن رات ایک ریڈیو بجتا تھا، یہ آواز اُسی کے گھر سے آتی تھی..

''کڑی یا ہوے شیخ'' .. وہ اپنی اونگھ میں بیزار ہوتا بڑبڑایا ''یہ گلی گلی.. گاؤں گاؤں پھیری لگانے والے.. سُرمہ لو، دنداسہ لو.. نالے پراندے لو.. کی آوازیں لگانے والے جو درپردہ بال صفا پاؤڈر بھی بیچتے تھے.. یہ شیخی خورے صرف اس لیے ریڈیو کی آواز کو فُل کرتے تھے کہ ہم جیسے جاٹوں کی نیندیں برباد ہوں..'' اُس کا بس چلتا تو وہ اپنی ڈانگ تھام کر شیخوں کے محلے میں جا کر اللہ دتے کے ریڈیو کو پاش پاش کر دیتا.. پر اُس میں سکت نہ رہی تھی..

وہ لاچار پڑا رہا..

ریڈیو کے بول نہ چاہتے ہوئے بھی اُس کے کانوں میں اُترتے رہے..

خبریں نشر ہو رہی تھیں..

اُس سناٹے کو چیرتی اُس کے کانوں میں اُترتی صاف سنائی دے رہی تھیں..

یہ ریڈیو پاکستان ہے..

نہیں.. وہ بڑبڑایا.. یہ بی بی سی کی کارستانی ہے.. آ کاش وانی کا جھوٹ ہے..

اور ایک مرتبہ پھر اعلان ہوا.. یہ ریڈیو پاکستان ہے..

وہ بے حس پڑا رہا پر اُس کے سرور میں سیندھ لگ گئی تھی.. ایک کانٹا سا چبھ گیا تھا جو ہر سانس کے ساتھ اُس کے دل کی جانب سفر کرتا بدن میں کُھبتا جاتا تھا.. وہ ذرا دم روک کر اگلا سانس لیتا..

باہر.. ہر شے سکوت میں تھی.. اُس سناٹے کی گرفت میں چُپ تھی جس میں اگر ایک مکوڑا بھی رینگتا تو اُس کے رینگنے کی سرسراہٹ گونج میں آ کر شور بپا کر سکتی تھی اس لیے ایک مکوڑا بھی نہ رینگتا تھا.. نہ اُن قبروں نے اور نہ ہی جوہڑ کے گدلے پن میں سمٹتے کچھوؤں اور بُوٹیوں میں آرام کرتی مچھلیوں نے اور نہ ہی مولوی صاحب کی اذان نے ریڈیو پر خبریں سنی تھیں اور اس کے باوجود اُنہیں بھی خبر ہو چکی تھی تبھی تو وہ صدمے کے سناٹے میں آئے ہوئے تھے..

کُڑی یا ہوا ریڈیو پاکستان بھی جُھوٹ بولتا ہے.. بکواس کرتا ہے.. اُس نے اپنے آپ کو تسلی دی اور اس کے باوجود وہ تیکھا کانٹا اُس کے وجود میں چُبھتا شریانوں میں سفر کرتا اُس کے دل کے قریب ہوتا چلا جا رہا تھا..

خبریں تو شروع ہوتی ہیں اور پھر ختم ہو جاتی ہیں پر اللہ دتے شیخ کا کُڑی یا ہوا ریڈیو ایسا تھا کہ خبریں ختم ہی نہ ہوتی تھیں.. اُس کی سوئی ایک ہی فقرے پر اٹک گئی تھی.. ایک معاہدے کے تحت ہندوستانی فوجیں.. ہندوستانی فوجیں.. ہندوستانی فوجیں..

باہر اُس ویہڑے کے کچے روپ میں جہاں آج سے چالیس برس پیشتر دلاری بائی پلا مار کے دیا بجھاتی تھی وہاں ایک مکر چاندنی کی اداسی پھیلی ہوئی تھی.. لگتا تھا کہ اُس دلاری بائی کی رُوح آج شب دنیا پور کے بام و در پر اور گھروں

میں اُتر آئی تھی اور اُس نے پلّا مار کر سارے دیئے بجھا دیئے ہیں..

سوئی ایسی اٹکی کہ اعلان کرتی ہی چلی گئی.. ایک معاہدے کے تحت ہندوستانی فوجیں.. اُسے ایک جاٹ ہونے کے ناتے سے کچھ غرض نہ تھی کہ وہ کون سے زمانوں میں ہے.. اور جن زمینوں میں اُس کے ہل چلتے ہیں وہ لمحۂ موجود میں کون سے نام سے پکاری جاتی ہیں.. یہ دراوڑوں کی دھرتی ہے.. آریاؤں کی سرزمین ہے.. گندھارا کے نام سے پہچانی جاتی ہے.. ہندو شاہی ہے.. مُغل راج ہے.. سکھا شاہی ہے، انگریز حکومت ہے یا ایک مملکت خداداد ہے.. اُسے کچھ پروا نہ تھی.. اور اُس کے باوجود وہ کانٹا اُس کے دل کی جانب سفر کرتا جاتا تھا اور اُس کی چُبھن اُس کے سرور میں سیندھ لگاتی چلی جاتی تھی کہ اُسے.. بخت جہان کو لمحۂ موجود کی اس شناخت کی جو کہ پاکستان تھی، کچھ عادت سی ہو گئی تھی... وہ سوئی جو اٹک گئی تھی، ایک ہی اعلان بار بار کرتی چلی جا رہی تھی اُس کے بوڑھے سینے میں ایک میخ کی مانند کھبتی چلی جا رہی تھی..

اُس نے کبھی کسی سے ہار نہ مانی تھی.. بے شک غربت اور بھوک نے اُسے ایسا زیر کیا تھا کہ وہ ایک مرے ہوئے مرغ کے حصول کے لیے ایک چوکھٹ کے باہر کھڑا رہتا تھا پر اُس کے اندر نہ ہارنے والے غرور کے بانکپن میں کبھی دراڑ نہ آئی تھی.. باہر سے وہ لاچار اور مسکین ہو چکا تھا پر اندر سے وہی بخت جہان تھا جو ایک اڑتی چڑیا کے پیچھے پڑ جاتا تھا، ایک ٹرّاتے ہوئے مینڈک پر اپنی ڈانگ سے حملہ آور ہو جاتا تھا.. اگر کسی اور کائنات میں واقع مشرقی پاکستان میں کسی نے ہار مان لی تھی.. تو اُس کڑی یا ہوے نے اُس کی.. بخت جہان کی ہار مانی تھی اور یہ اُسے کہاں برداشت ہو سکتی تھی.. وہ کانٹا جو ہر سانس کے ساتھ اُس کے دل کی جانب بڑھتا تھا بالآخر اپنا سفر طے کر کے اُس کے دل میں یوں کُھبا کہ وہ اس اذیت کو سہار نہ سکا اور لڑکھڑا کر اپنی چارپائی سے اٹھ بیٹھا.. اک حالت اضطرار میں اپنے سینے پر ہاتھ رکھ کر یہ جاننا چاہا کہ کہیں اُس کانٹے کے گڑ جانے سے خون کے چند قطرے اُس کے کھدر کے کُرتے میں سرائت کر کے اُسے سرخ تو نہیں کر گئے.. ویہڑے میں دسمبر کے سرد قہر کی رات کا کُہرا اُترا ہوا تھا جو مکر چاندنی میں آسمانوں سے اُترتا ہوا ایک منجمد سفید خواب تھا.. اُس شب کی مانند جب لہناں سنگھ وہاں برف کا سفید باوا بنا ساکت کھڑا تھا..

یہ کونسا گھسا پٹا ریکارڈ ہے جس پر گراموفون کی سُوئی اٹک گئی ہے.. گوہر جان کلکتے والی ہے.. کملا جھریا ہے یا اختری بائی فیض آبادی ہے... کڑی یا ہوے اُس کی سوئی کیوں نہیں بدلتے.. یہ کونسا بے سُرا گویّا ہے جو بار بار دوہراتا چلا جا رہا ہے کہ.. ایک معاہدے کے تحت ہندوستانی فوجیں..

لڑکھڑاتا.. اپنے آپ کو بمشکل سنبھالتا.. اُس ایک کانٹے کی چُبھن تو شائد وہ سہار ہی جاتا پر اُس کانٹے میں سے ان گنت کانٹے.. تیز نوکوں والے.. چھید کر ڈالنے والے ایسے پھوٹے کہ وہ اُس کے پورے بدن میں یوں شامل ہوئے کہ اُس کے بوڑھے خون کو جونکوں کی مانند چُوسنے لگے اور اُس کی کمر کا جھکاؤ درد کی شدت سے مزید جُھک گیا.. وہ لڑکھڑاتا.. اپنے آپ کو بمشکل سنبھالتا ویہڑے میں آ گیا جہاں دسمبر کے مہینے کا سفید قہر اُترتا تھا..

وہ جو بے آواز شاہبے میں کُہر اُترتا تھا اُس کی سفیدی کے ہر ذرّے میں ایک اٹکی ہوئی سُوئی پوشیدہ تھی جو بار بار اعلان کرتی تھی... وہ بھی صدمے کے سناٹے میں آ کر اُس ویہڑے میں ساکت ہو گیا جہاں کبھی دلاری بائی کے کومل مہندی رنگے پاؤں تھرکتے تھے.. اُس سیاہ بخت شب میں وہ بھی لہناں سنگھ کی مانند ایک ایسا قلبوت ہو گیا جو کُہر کے گرنے سے برف

سفید ہو گیا تھا.. اُس کی پلکوں پر بھی کُہرے کے سفید موتی پروئے گئے..اور ہر موتی میں وہی ایک سوئی تھی اٹکی ہوئی جو بار بار اعلان کرتی تھی..کہ آج شام ہندوستانی فوج، ایک معاہدے کے تحت ڈھاکے میں داخل ہو گئی..

اُسے وہاں منجمد سفید ساکت ہوئے زمانے گذر گئے..

وہ تو کُہرے کے انجماد میں ساکت ہو گیا پر اُس کے وجود کے اندر جو بے انت کانٹے اُس کی شریانوں اور رگوں کو چھیدتے سفر کرتے تھے جو ابھی تک بے آواز تھے اُن سب کو یکدم زبان مل گئی..اور وہ بھی ایک اعلان کرنے لگے..اُن کی آوازوں سے اُس کا بدن گونجتا تھا..اور یہ اعلان وہ نہ تھا کہ ایک معاہدے کے تحت..بلکہ یہ ایک ملامت تھی کہ تمہاری زمینوں پر شریکوں نے ہل چلا دیئے ہیں..وہ اُن پر قابض ہو گئے ہیں اور تم کیسے بے غیرت ہو کہ اُن کے ہل روک نہیں سکتے..جاٹ تو اپنی زمین کے ایک چپّے کے لیے کٹ مرتا ہے اور وہ تمہارے شریک تمہاری پوری سرزمین پر ہل چلا رہے ہیں، تم میں کُچھ ہمت نہیں ہے..افیون کی دو گولیاں پھانک کر سُرور میں آئے ہوئے ہو..ایسے بے حس اور نامراد ہو گئے ہو..

اُسے بخت جہان کو..اگرچہ وہ کمر خمیدہ اور لاچار ہو چکا تھا بہرطور شریکوں کے ہل روکنے تھے جو اُس کی سرزمینوں کے سینے کھود رہے تھے..اُن کڑی یا ہوؤں کی یہ مجال کہ وہ..میری سرزمین پر اپنے ہل چلائیں..

گھوڑی اُڑی جاتی تھی..بانکی چھریری تھرکتے بھورے بدن کی بکّی اتھری گھوڑی جس کے پسینے میں بھیگے ہوئے گرم پنڈے کے گرد اُس کی بوڑھی ٹانگیں جن میں اس لیے سکت آ گئی تھی کہ شریک اُس کی زمینوں میں ہل چلا رہے تھے اُس کے گرم پنڈے کے گرد کسی ہوئی تھیں..دسمبر کے دن تھے..گھوڑی کے سکڑتے، پھیلتے نتھنوں میں سے گرم سانس خارج ہوتے تھے تو سردقھر کی اُس شب میں منجمد ہو کر برفیلی دُھند میں بدل جاتے تھے..

وہ ایک ہاتھ سے گھوڑی کی باگیں سنبھالتا تھا اور دوسرے ہاتھ میں وہ برچھی جس کا تیز دھار پھل پچھلے پہر کی بُجھتی ہوئی دھوپ میں کمان سے نکل چکے ایک تیر کی مانند لشکتا تھا..

وہ چھیل چھبیلی زمینوں پر اُڑانیں کرنے والی، پُرتکبر، اُس کی گردن کی مانند اکڑی ہوئی گھوڑی مرزے کی بکّی کی نسل میں سے تھی..وہ اُسے اُڑائے لیے جا رہی تھی..اُس کے سامنے سرحدیں تحلیل ہو رہی تھیں، مذہب اور ملک معدوم ہوتے چلے جاتے تھے..اُس کے سُموں تلے نہ کوئی سرحد تھی اور نہ کوئی ملک، صرف زمین تھی..

اُس کڑی یا ہوے ٹائیگر نے ایک اروڑے کے سامنے ہتھیار ڈال دیئے نامراد نسل کے بے غیرت نے، وہ اروڑے جو سکھ تو تھے پر سردار نہ تھے..جاٹ نہ تھے..میں تو اُن کو اپنی چارپائی پر برابر میں بیٹھنے بھی نہیں دیتا تھا اُن کے لیے اندر سے پیڑھی منگاتا تھا..اُس کے آگے ہتھیار ڈال دیئے..

بخت جہان کے ہونٹوں کے کناروں سے طیش کی جھاگ بہنے لگی..ویسی ہی جھاگ جو اُس کی گھوڑی کی باچھوں میں سے برآمد ہو کر ہوا کے زور سے چھینٹوں میں بدلتی تھی اور اس کے چہرے پر پڑتی اُسے بھگوتی تھی..گھوڑی کے ہونکتے ہوئے سانسوں کے ساتھ ایک غراہٹ بھی شامل ہوتی تھی جو بخت جہان کے کف آلود دہن میں سے برآمد ہوتی تھی..وہ طیش سے ہلکایا گیا تھا..

وہ اتھری اور مُنہ زور بکّی اپنے سوار کے دل کا حال جانتی تھی اُسے اُس کی باگیں قابو میں کر کے منزل کی جانب موڑنے کی کُچھ حاجت نہ تھی کہ وہ اُس منزل سے بھی آگاہ ہو چکی تھیں.. اور اڑی جاتی تھی.. آسمانوں پر جتنے بھی پنکھ پکھیرو پرواز کرتے تھے وہ اُس کی اُڑان دیکھ کر اپنی پرواز بھولتے تھے.. ابھی اُس کے پاؤں دنیا پور کی زمین پر تھے اور ابھی اگلے پل وہ ایک ایسے میدان میں اُتری جہاں وہی صدمے کا ایک سناٹا چھایا ہوا تھا اور اُس کے سموں تلے آنے والی زمین سے اتنی دُھول اُٹھی کہ اُس نے ہر شے کو خاک کر دیا.. دھول کے گھنے ذروں میں روپوش کر دیا.. میدان میں دھان کے کھیتوں کی ہریاول اور کچے ناریل کی مہک تھی جس میں ہزیمت اور شکست خوردگی کی بُو گھلی ہوئی تھی..

اور جب وہ دھول دھیرے دھیرے ذرّہ ذرّہ بیٹھی، آنکھ کے لیے منظر عیاں ہوا تو بخت جہان نے دیکھا کہ ایک وسیع میدان ہے جو سکوت میں آیا ہوا ہے.. اُس کے کناروں پر اجنبی درختوں کے جو جھنڈ اور گھنے ذخیرے ہیں اُن میں جو پرندے ہیں، دم بخود ہیں.. چونچیں بھینچے چُپ ہیں.. اُس کی اپنی فوج کا ایک دستہ ہے اور وہ بھی بے حس و حرکت کھڑا ایسے ہے جیسے کسی جادو ٹُونے سے پتھر ہو گیا ہے.. اور ایک میز بچھی ہے جس کے پیچھے ایک مدّبر اور دھیرج والا سکھ سردار براجمان ہے اور اُس کے برابر میں وہ کون ہے جس کے سامنے اُس کی زمین کی ملکیت کے کاغذات پڑے ہیں اور وہ بے چین ہے اُس سے دستبردار ہونے کے لیے.. دستخط کرنے کے لیے.. وہ اُس زمین کو عارضی طور پر رہن نہیں رکھ رہا.. ٹھیکے پر نہیں دے رہا بلکہ شریکوں کے نام کر رہا ہے.. اُن کاغذات کے برابر میں اُس کا ریوالور اور کاندھے کے پھول اور بیلٹ پڑے ہیں.. یہ کون ہو سکتا ہے جو میری زمین شریکوں کے حوالے کر رہا ہے کہ تم بے شک اس پر قابض ہو کر اس میں اپنے ہل جوت کر چلا لو.. بخت جہان کو اپنی آنکھوں پر اعتبار نہ آیا کہ وہاں اُس فاتح سکھ کے برابر میں کوئی جی دار شیر دلیر ٹائیگر نہ تھا.. محمد جہان کے کنویں میں سے برآمد ہونے والا ایک بونا تھا جو دیگر بونوں کے ہمراہ راتوں کو اُس کی گرامو فون والی کوٹھڑی میں ادھم مچایا کرتا تھا.. اُنہوں نے کہا تھا کہ بخت جہان.. ایک دن آئے گا کہ ہم راج کریں گے..

بے شک بکّی بہت مُنہ زور اور اتھری تھی پر وہ بھی اس منظر کی ذلت آمیز رسوائی میں جکڑی گئی اور تھم گئی.. پتھر سی ہو گئی.. اور وہ سب دشمن کو سلامی دینے والا پاکستانی فوج کا دستہ، میز کے پیچھے براجمان فاتح اور مفتوح بھی اُس لمحے کی تاریخی عظمت اور ہزیمت کے خوابوں کے سکوت میں تھے..

تب بکّی کے ابھی تک پھڑکتے اور طویل مسافتوں کی تھکن سے ہانپتے ہوئے نتھنوں میں کسی ایسے لہو کی مہک اُتری جس سے وہ آشنا تھی.. اُس نے اپنے پتھر ہو چکے بدن کو ایک جھرجھری لے کر.. اپنے جُثّے کو کپکپا کر متحرک کیا.. زندہ کیا اور گردن جھکا کر تھوتھنی کو اُس زمین پر رکھ دیا جس کے اندر سے وہ آشنا مہک آتی تھی.. اُسے سُونگھا اور ہولے ہولے اُس کا کھوج لگاتی چلنے لگی.. بخت جہان نے اُسے چلنے دیا.. وہ اُس سُرخ مہک کو پرکھتی.. اُس کا سراغ لگاتی فوجی دستے سے ذرا فاصلے پر واقع ایک آہنی کھمبے تک پہنچی جس کی بلندی پر ابھی ایک کالا شاہ کاکو کے دھان کے کھیتوں ایسی ہریاول کا پرچم لہراتا تھا اور ابھی وہ زوال میں سرکتا ہوا زمین بوس ہوا.. ایک لاش کی مانند ڈھیر ہو چکا تھا..

اُس کی قربت میں ایک شخص اوندھے مُنہ پڑا تھا جس کے کاندھوں کے نیچے ایک شگاف تھا جس کے گرد وردی پھٹی ہوئی تھی اور سیاہ ہو چکی تھی.. اُس اوندھے پڑے شخص کے مُنہ سے اور نتھنوں میں سے وہ لہو بہتا تھا جس کی مہک کو سونگھتی

وہ چلی آئی تھی..

اُس مُنہ کے بل پڑے فوجی کا لہو اُس خاک کا رزق ہو رہا تھا.. جس کی مہک سے وہ آشنا نہ تھا..

گھوڑی نے گردن جھکائی اور اُسے سونگھا.. پھر وہ اُس اوندھے پڑے چہرے پر اپنی تھوتھنی رگڑنے لگی.. اُسے دھکیلنے لگی جیسے وہ اُس کا چہرہ دیکھنا چاہتی ہو.. بخت جہان بھی تجسّس میں تھا کہ آخر یہ کون ہے جو یوں اوندھا پڑا ہے اور اُس کی گھوڑی گردن جھکائے بار بار اُس کے بدن کو اپنی گیلی تھوتھنی سے چھُوتی ہے.. اُس کا چہرہ خاک نشیں تھا.. سجدے کی حالت میں تھا.. جانے کون تھا..

باگیں کھینچ کر اُس نے بہت کوشش کی کہ وہ اُس کی تھوتھنی کو اُس اوندھے پڑے فوجی کے خون آلود سر سے جُدا کر لے پر وہ ایسی اڑیل ہو گئی تھی کہ باگوں کے کھینچنے سے اُس کی باچھیں چرنے کو آتی تھیں اور تب بھی وہ اپنی تھوتھنی اُٹھاتی نہ تھی اُسے سونگھتی جاتی تھی..

وہ پتھر کی ہو گئی تھی..

اُس سونگھتی حالت میں پتھرا گئی تھی..

جیسے رسوائی کے کسی ماہر مجسمہ ساز نے اُسے اسی حالت میں تراش دیا ہو.. زمین پر اوندھا پڑا، گئے زمانوں کے کسی معرکے میں کام آ جانے والا شاہسوار.. اور اپنے مر چکے سوار کے لیے سوگوار اُس کا شاندار گھوڑا اُس کے مردہ بدن کو سونگھتا ہوا.. دونوں ابدیت میں پتھر ہو چکے کسی عجائب گھر میں نمائش پر.. وہ شاہسوار کربلا کی جنگ میں جان دینے والا بھی ہو سکتا تھا.. اُحد کا ایک شہید بھی ہو سکتا تھا.. غرناطہ کے لیے سینہ سپر ہونے والا ایک مُور.. راجہ پورس کا ایک جانباز جس کے سینے میں ایک یونانی تیر کھُبا ہوا.. اور اپنے نئے وطن کی جانب بڑھتے ہوئے ایک بے سروساماں قافلے کا ایک فرد بھی ہو سکتا ہے جس کے بدن پر کرپان کے گھاؤ ہوں..

یہ سب ہار نہ ماننے والوں میں سے تھے..

ابدیت کے پتھر سے تراشے جا چکے..

اگر کوئی اُس اوندھے پڑے شخص کو سونگھتی گھوڑی کی سیاہ آنکھوں میں جھانک سکتا تو اُسے وہاں غرناطہ کے آخری بزدل مُور کی آنکھوں میں سے اُترنے والا جدائی کا ایک آنسو بھی نظر آ سکتا تھا..

رسوائی کے مجسمہ ساز نے جانے ہزیمت کی کس چٹان میں سے یہ مجسمہ تراشا تھا کہ زمانے ٹھہر گئے تھے.. پتھر ہو چکے تھے اور پھر بھی جدائی کا ایک آنسو تھا.. جو نہ ٹپکتا تھا اور نہ اُس کے پانی پتھر ہوتے تھے..

بس ایک فرق تھا..

ہزیمت کے اِن زمانوں کو تصویر کیے ہوئے اس مجسّمے میں صرف ایک سر جھکائے سُونگھتی گھوڑی نہ تھی.. اُس پر ایک سوار بھی تھا.. پچھتّر برس کا ایک کمر خمیدہ بوڑھا جس کی اکڑی ہوئی گردن پر اُس کے بے رنگ ہو چکے سفید بال مُردنی میں ڈھلکے ہوئے تھے.. پاؤں میں چکوال کے موچی خدا بخش کا بنایا ہوا بوسیدہ کھُسّہ اور وہ اپنی گھوڑی کی باگیں کھینچ کر اُس کی تھوتھنی کو اُس اوندھے پڑے شخص کی لاش سے ہٹانا چاہتا تھا.. جانے اُس کی گھوڑی اتنی اڑیل کیوں ہو چکی تھی، تھوتھنی اٹھاتی

ہی نہ تھی.. نتھنے پھلا پھلا کر اُسے سونگھتی چلی جاتی تھی.. بالآخر گھوڑی نے ایک آخری ہچکی بھری.. اُس کی گہری سیاہ آنکھوں میں سے ایک آنسو بہا جو اُس کی تھوتھنی پر بہتا اُس اوندھے پڑے شخص کے گھاؤ میں ٹپکا اور پھر اُس نے اپنی گردن سیدھی کر لی اور اپنے رُخ کا اختیار اپنے سوار کو سونپ دیا..

بخت جہان نے اُس کی باگیں کھینچ کر موڑا، اور اُس کا رُخ اُس میز کی جانب کر دیا اور وہ ہولے ہولے چلتی جیسے ہر قدم اُس کی رُوح کو گھائل کرتا ہو وہ اُس میز تک پہنچ گئی.. وہ چلتی جاتی تھی اور بخت جہان کو خدشہ ہوا کہ وہ اُس میز کو، اُس پر سجی دستاویزات کو اور کرسیوں پر براجمان لوگوں کو روند دینا چاہتی ہے اور اُس نے پوری قوت سے اُس کی باگیں کھینچ کر اُسے اُنہی قدموں پر ساکت کر دیا..

وہ جو میز کے پیچھے بیٹھے تھے، حیرت ہے کہ اُنہوں نے سامنے کچھ دھیان نہ کیا اپنے سامنے کھڑے گھڑسوار کی جانب کچھ دھیان نہ کیا کہ یہ وہ لمحہ تھا جب اُس اروڑے نے ایک دستاویز پر دستخط کر کے اُسے سرکا کر اپنے برابر میں بیٹھے بونے کے آگے کیا اور قلم اُس کی جانب بڑھا دیا.. اور اُس قلم کو وصول کرتے تھامتے نہ تو اُس بونے کی اُنگلیاں لرزیں، نہ ہی اُن اُنگلیوں کی پوروں میں سے غیرت اور حیا کی کوئی سُرخی پھوٹی.. اگر کوئی دیکھ سکتا تو اُس قلم کے اندر جو سیاہی تھی اُسکا کلیجہ بھی کٹ گیا اور وہ خون میں بدل گئی.. اُس نے تو ابوعبداللہ کی مانند غرناطہ پر ایک آخری نگاہ ڈالتے ہوئے جدائی کا شرمندگی کا ایک آنسو بھی نہ بہایا کہ کوئی اُسے کہہ سکتا کہ.. جس شے کی تم مردوں کی طرح حفاظت نہیں کر سکے اُس کے چھن جانے پر عورتوں کی طرح آنسو کیوں بہاتے ہو... اُس بونے نے تو اتنا بھی نہ کیا.. قلم تھام کر اور نہ اُس کے چہرے پر کچھ ملال تھا اور نہ ہی دُکھ کی کوئی لکیر تھی وہ اتنی بے تعلقی سے اُس دستاویز پر دستخط کرنے کے لیے جُھکا جیسے ایک رجسٹرڈ لیٹر وصول کرنے کے لیے رسید پر دستخط کرنے کو ہو..

اور اُس لمحے جب اُس کا قلم ایک غرناطہ کو ایک فرڈیننڈ کے حوالے کرنے کی دستاویز پر دستخط کرنے کے لیے اُترنے کو تھا، بخت جہان حائل ہو گیا..

اُس کی گھوڑی ہنہنائی.. اپنی اگلی ٹانگیں اُٹھا کر احتجاج کیا اور پھر اُنہیں زمین پر پٹخ کر دُھول اُڑانے لگی.. اور اُس دھول کا رنگ بھی سُرخی میں ڈھلتا تھا.. بخت جہان کی بجھتی ہوئی آنکھوں میں الاؤ سلگنے لگے.. اُس کی آواز میں گئے زمانوں کا ایک جلال تھا.. اوئے بے غیرتا.. وہ اُس سے مخاطب ہوا.. اوئے نامردا. تم نے تو کہا تھا کہ ہندوستانی ٹینک تمہاری لاش پر سے گذر کر ڈھاکے میں داخل ہوں گے.. اپنی زمینوں کو شریکوں کے نام کر رہے ہو.. ایسا تو دنیا پور کا کوئی چوڑا چمار بھی نہ کرتا.. مر جاتا پر ایسا نہ کرتا.. میز پر صرف تمہاری پیٹی اور ریوالور نہیں پڑے ہوئے.. ان کے ساتھ نوّے ہزار ہتھیار بھی گرے ہوئے ہیں جو اُنہوں نے نہیں تم نے شریکوں کے سامنے ڈال دیئے ہیں.. یہ کیا سودا کر رہے ہو.. میرے ہوتے ہوئے تم جو اپنے آپ کو ٹائیگر کہلاتے تھے، بیچ میں سے لومڑ بھی نہ نکلے.. میرے بخت جہان کے ہوتے ہوئے تو تم میری ہی زمینوں کو شریکوں کے سپرد نہیں کرو گے.. دستخط نہیں کرو گے..

اُس کی گھوڑی بدکتی، سُموں کو پلٹن میدان کی زمین پر رگڑتی لاچارگی اور احتجاج سے ہنہناتی تھی اور بخت جہان کی وہ قہر انگیز آواز جسے سُن کر بونوں والے کنوئیں کے قریب سنگریزوں والے ویرانے کے اندر مقیم کرونڈیئے سانپ بھی

دہشت کے مارے اپنی کینچلی اُتار دیتے تھے..وہ پاٹ دار آواز میز کے پیچھے براجمان نہ وہ اروڑا اور نہ وہ بونا سنتا تھا، جیسے وہ بہرے ہو چکے تھے..نہ ہی وہ اُس کی موجودگی سے آگاہ لگتے تھے اور نہ ہی گھوڑی کے اضطراب بھرے سُموں سے اُٹھتی دُھول اُنہیں نظر آتی تھی..نہ اُنہیں سنائی دیتا تھا اور نہ کُچھ دکھائی دیتا تھا..

اُس بے غیرت بونے کا ہاتھ نہ رُکا..

اُس کے لیے اُس احتجاج کرتی گھوڑی اور اب گالیوں پر اُترے ہوئے بخت جہان کا کُچھ وجود نہ تھا..

وہ صرف ایک ہتھیار ڈال دینے والی دستاویز تھی، وہ بونا تو اتنا پُر اشتیاق تھا کہ وہ ایسی ہزاروں دستاویزات پر بخوشی بغیر کسی احساسِ جُرم اور ذلتّ کے کچو کے کے دستخط کر سکتا تھا اور اُس نے کر دیئے..

گِرڈی یا ہوا بونا..

صحن میں تیز دھوپ اُتر چکی تھی..

دسمبر کی دھوپ تھی پر اُس میں برچھیوں کی کاٹ تھی..

یہ اگلی سویر تھی..صحن میں تیز دھوپ سان پر تیز ہو چکی برچھیوں کی مانند اُترتی تھی

پر وہ بخت جہان کے وجود پر منجمد کُہرے کو پگھلا نہ سکی..

ایسے اُس کی بوڑھی نیلی آنکھیں تھیں..

جیسے کہیں بلند پہاڑوں میں گھری دو جُڑواں نیلگوں جھیلیں ہوں..اور پھر ایک شب برف اُن پر مسلسل اُترے تو اگلی سویر وہ سفیدی کے سحر میں قید ایسی ہوں کہ نیلاہٹ کے دو جزیرے دکھائی دیں..ایسے اگلی سویر اُس کی دو بوڑھی نیلی آنکھیں تھیں..

اور اُن میں طویل مسافتوں کی تھکن تھی جس میں ناریل کی کچّی مہک تھی اور سُندر بن میں معدوم ہوتے شاندار جانوروں کی آخری جھلک تھی..وہ ابھی تک کُھلی تھیں اور زندہ لگتی تھیں..اُن کی پلکوں میں کُہر کے سفید موتی پروئے ہوئے تھے..اور اُن کُھلی آنکھوں میں ایک نقش تصویر تھا..ایک اتھری گھوڑی سوگواری میں زمین پر اوندھے پڑے ایک شخص کے مردہ ہو چکے بدن کو سونگھتی ہے..اور ایک بے حیا بونا تھا..جو ہتھیار ڈال چکا تھا..

کنیز فاطمہ کی آنکھ کُھلی تو صحن میں تیز دھوپ پھیل چکی تھی..

اصطبل کی شکستہ ناند کے قریب بخت جہان اکڑا پڑا تھا، مردہ دکھائی دے رہا تھا اور ایک زنگ آلود نعل اُس کی مٹھی کی گرفت میں تھی..اُس نے نہ تو واویلا کیا اور نہ ہی سینے پر دو ہتڑ مار کر دوہائی دی..اُس کی کُھلی نیلے پتھر ہو چکی آنکھوں پر ہتھیلی بچھا کر اُنہیں سمیٹ کر بند کر دیا اور اُس کے کان کے قریب اپنے سکڑے ہوئے ہونٹ لا کر سرگوشی کی ''بخت جہان..تیری مسافتوں کا اختتام ہوا...مجھے کُچھ قلق نہیں کہ میں نے تیرے لیے لہناں سنگھ کو چھوڑا..پر تو کہاں سے ہو کر آیا ہے؟''

پیلی ٹیکسی کے روشن ماتھے پر..اُس کی میڈالین پر اُس کا نمبر 6M37 واضح اور روشن تھا..اور اُس کے دونوں جانب ''آف ڈیوٹی'' کے حرف الگ الگ اُس روزِ روشن بھری دوپہر میں بھی دور دور سے پڑھے جا سکتے تھے..یہ اعلان کرتے تھے کہ اس ٹیکسی کو مسافروں کی تمنا نہیں ہے، وہ اُن کے حصول کی آرزو سے وقتی طور پر آزاد ہو چکی ہے اور جب اُس کی کھڑکیوں کے چڑھے ہوئے شیشوں کے اندر جہاں ''جدوں ہولی جئی لیناں اے میراناں'' کی مدھر آواز گونجتی تھی ایک اور گونج بہت ملفوف سی سنائی دی..

ٹیکسی نمبر 6M37..

آف ڈیوٹی..نہایت دھیرج سے کروز کرتی، اطمینان سے نیویارک کی ٹریفک میں اپنی من مرضی سے بہتی ہوئی..

جب اُس کے اندر ایک ملفوف سی گونج داخل ہوئی..ایسی کہ جیسے دل بیٹھتا ہو..جیسے بہت دور کی ایک کائنات منہدم ہو رہی ہو..صور پھونکا جا رہا ہو..وہ وقت آ گیا ہو جب بے انت زمانوں کے بعد جب سے یہ کائنات تخلیق ہوئی ہے تب سے اس کی مٹی میں جتنے بھی بے انت ان گنت لوگ دفن ہوئے اُن سب کی قبریں شگاف ہونے لگیں..مٹی میں مٹی ہو چکی ہڈیاں وجود میں آ کر جُڑنے لگیں..اور وہ سب زندہ ہونے لگیں جو ازلوں سے فنا کی تاریکیوں میں دفن تھے..جیسے کوئی یوم حساب آ گیا ہو..

ٹیکسی نمبر 6M37 کی ونڈ سکرین ابھی شفاف دھلی دھلائی صاف شیشہ تھی اُس کے پار کاریں، بسیں، لوگ حرکت کرتے تھے اور ٹریفک لائٹس جلتی بجھتی تھیں..اور ابھی اُس پر دُھول کی ایک ایسی دبیز تہہ آسمانوں سے اُتری کہ سامنے کے سارے منظر، ٹریفک اور عمارتیں روپوش ہو گئیں..ونڈ سکرین اندھی ہو گئی..وائپر جو صرف بارش کی بوچھاڑ اور برف کے گالوں کی یلغار کو ونڈ سکرین پر سے سمیٹ کر اُسے پھر سے شفاف کرنے کے عادی تھے، اُنہیں پہلی بار اس انجانی دُھول سے واسطہ پڑا تو اُن کی حرکت مدھم ہو گئی اور وہ اُسے سمیٹنے کی تگ و دو میں ناکام ہو کر اٹکنے لگے..ونڈ سکرین کے پار کچھ بھی سجھائی نہ دیتا تھا..

اُس کا..انعام اللہ کا دل بھی بیٹھ گیا..اُس پر بھی وہ دبیز دھول اُترنے لگی اور وہ بھی نابینا ہو گیا کہ یکدم اُس کی ٹیکسی تلے کی زمین کیوں لرز گئی ہے..نور جہاں نے ''جدوں ہولی جئی لیناں اے میراناں..'' میں کس کے نام کی سرگوشی کی ہے جس

کے اثر سے دور کہیں اتنے زور کا دھما کا ہوا ہے کہ اُس کی ملفوف گونج ٹیکسی کے چڑھے ہوئے شیشوں میں سے سرائت کرتی اندر چلی آئی ہے اور اُسے دہلا کر رکھ دیا ہے.. پل بھر کے لیے اُس کا سٹیئرنگ بے قابو ہوا اور پھر وہ سنبھل گیا..

''اوہ مائی گاڈ..اوہ مائی گاڈ..'' دُھول کا ایک انبار جو عمارتوں کے آخری منزلوں کو بھی ڈھانپتا چیختے چلاتے.. خوفزدہ، بے یقین اور موت کی اتنی قربت سے ہراساں.. بوڑھوں، جوانوں، بچوں یہاں تک کہ نیویارک پولیس کے افسروں کا تعاقب کرتا چلا آ رہا تھا اور جو اُس میں ملفوف ہو جاتے تھے اُن کا دم گھٹ جاتا تھا اور جن میں ابھی دم تھا وہ ''اوہ مائی گاڈ..اوہ مائی گاڈ'' پکارتے گرتے پڑتے دُھول کے اُس مرگ آسیب سے فرار ہونے کی کوشش میں بھاگ رہے تھے..

یہ وہی دھول تھی جو اُس کی ونڈ سکرین پر یکلخت اُتر آئی تھی..

وہ دھول اُن کا پیچھا کر رہی تھی..

اور ٹیکسی نمبر 6M37 کے اندرون میں نور جہاں کی وہ آواز جس میں سحر کے سوا ایک بدمعاشی بھی تھی ایک جنسی بھرآہٹ میں ''میں تھاں مرجانی آں'' کا اقرار کر رہی تھی اور اُس کی سرگوشیاں کرتی مدھر آواز پر اُس ملفوف گونج کا.. باہر جو قیامت آ چکی تھی اُس کا کچھ اثر نہ ہوا تھا تو اُسی ساعت میں ایک اور انہدام کی گہرائی گونج میں گرتا ایک اور دھما کہ زمیں بوس ہوا.. سٹیئرنگ اُس کی شدت سے موم ہو کر اُس کے ہاتھوں میں پگھلنے لگا..اور اُس نے بائیں جانب دیکھا تو چرچ سٹریٹ کے آخر میں دُھول کا ایک انبار اُٹھتا ہوا افلاک تک جاتا تھا..

ایک ٹیکسی ڈرائیور اور ایک بدن فروش طوائف میں کچھ زیادہ فرق نہیں ہوتا..دونوں کے پاس چُناؤ کا کچھ اختیار نہیں ہوتا، ہر گاہک قبول کرنا پڑتا ہے اور اُس کی ہدائت اور خواہش کے مطابق نہ صرف مسکراتے ہوئے بلکہ لطف لیتے ہوئے اُس کے متعین کردہ راستوں پر چلنا پڑتا ہے..اگرچہ ایک طوائف کے پاس کسی حد تک انکار کی گنجائش ہوتی ہے جب کہ ٹیکسی ڈرائیور کو بہر طور اقرار کرنا پڑتا ہے..وہ انکار نہیں کر سکتا اگر کرے تو اُس کا لائسنس معطل ہو سکتا ہے..

اُس نے رات بھر ٹائمز سکوئر اور براڈوے سے نیم مدہوش ڈرٹی رِچ جاپانی اور کورین سیاح اٹھائے تھے، اُنہیں اُن کے ہوٹلوں یا نیویارک کی گائڈ کے تجویز کردہ نائٹ کلبوں تک پہنچایا تھا اور اُس کا ارادہ تو یہی تھا کہ وہ اپنی تھکن اور بیزاری کو بھول کر اگلی صبح کی دوپہر تک کچھ مزید مشقت کر کے کچھ مزید ڈالر کما لے پر ایک کالے نے اُسے مجبور کر دیا تھا کہ وہ ''آف ڈیوٹی'' کا سائن روشن کر کے گھر لوٹ جائے..

اُس کالے کا سارا بدن ٹیٹوز سے گندھا ہوا تھا..اور اُن ٹیٹوز میں کاماسُترا کے جنسی کش مکش کے مختلف انداز نقش تھے..وہ اپنے بازوؤں کی مچھلیوں کو پھڑکاتا تو وہ انداز متحرک نظر آنے لگتے..اُس نے اُسے بیٹری پارک سے اُٹھایا تھا اور چونکہ قانون کے مطابق ایک پیلی ٹیکسی کا ڈرائیور مسافر سے جب تک کہ وہ دروازہ کھول کر پچھلی نشست پر نہ بیٹھ جائے یہ دریافت نہیں کر سکتا کہ سر آپ کہاں جائیں گے تو جب اُس نے پوچھا تو اُس حبشی بُھتنے نے کہا تھا ''مین مجھے کیا پتہ کہ میں نے کہاں جانا ہے..'' وہ اُس روشن دن میں ابھی سے بے خود اور مخمور ہو چکا تھا..

''تو پھر..''

''تو پھر یہ کہ..مین یُو آر انڈین..'' وہ بمشکل اپنے آپ کو نشست سے لُڑھکنے سے بچاتا تھا..

اور اُس نے نہائت تحمل سے جواب دیا تھا..''نو سرَ..آئی ایم اے پاکستانی..''

''پے ،کِس ٹین..بُل شِٹ پے ،کِس ٹین..''

ٹیکسی کا اندرون شراب کے غلیظ تھپیڑوں کی زد میں تھا اور ایک متلی آور بُو اُس کالے بھوت کے پھیپھڑوں میں سے خارج ہوتی تھی..

اور وہ کوشش کر رہا تھا..انعام اللہ..کہ وہ قے جو اُس کے حلق میں بڑبڑاتی امڈتی چلی آ رہی ہے اُسے کسی نہ کسی طرح روک لے اور اُس نے تازہ ہوا میں سانس لینے کی خاطر ٹیکسی کا شیشہ سرکا کر نیچے کیا تو اُس بھوت نے گرج کر کہا ''مَین..شٹ دے فکنگ ونڈو..''

''یس سَر..''

نیو یارک کی ٹیکسی کوڈ میں ایک مسافر کو یہ قانونی اختیار حاصل ہے کہ وہ ڈرائیور سے کھڑکی کا شیشہ چڑھانے یا اُتارنے کی درخواست کر سکتا ہے..انکار کی صورت میں وہ ٹیکسی اینڈ لیموزین کمشن کو رپورٹ کر سکتا ہے..اُس نے چپکے سے شیشہ چڑھا دیا اور حلق میں کلبلاتی قے کو روکنے کی سعی کرنے لگا..

وہ کسی ٹریفک لائٹ کے سُرخ ہونے پر مدہوشی میں دروازہ دھکیل کر کہیں گر گیا..ظاہر ہے اُس نے کرایہ ادا نہ کیا تھا..

ایسے ناگوار اور بے توقیر کر دینے والے امتحانوں میں سے وہ تقریباً روزانہ گذرتا تھا۔اُس نے ٹیکسی کے عقبی شیشے میں پچھلی نشست پر انسانی پستی اور کراہت کے ایسے عکس دیکھے تھے جو کسی عام انسان کے تصور میں بھی نہیں آ سکتے....ہم جنس مردوں اور عورتوں کے بوس و کنار اور بعض اوقات وصل کی دھکم پیل تو معمول کے منظر تھے..اور کسی بوڑھے مسافر کو پتلون کی زپ کھول کر اپنے آپ کو بیدار کرنے کی سعی میں گالیاں بکتے اور کبھی اپنے آپ کو خلاص کرتے ، یہ بھی ہوتا رہتا تھا..

کم از کم تین بار اُس کی ٹیکسی ایک تابوت ثابت ہوئی تھی..

آخری سواری ثابت ہوئی تھی..

ایک درمیانی عمر کی مدّبر عورت تھی جو اُسے بیئر ماؤنٹین کی ٹاپ پر لے گئی تھی..نہائت تحمل سے اُس کا شکریہ ادا کر کے کرایہ ادا کر کے اُس کی نظروں کے سامنے حفاظتی دیوار پر چڑھ کر نیچے وادی میں کُود گئی تھی..

ایک نہائت خوش مزاج اور شستہ نوجوان تھا، وہ اُسے مسلسل لطیفے سناتا رہا، ہنستا رہا..خود بھی قہقہے لگاتا رہا، ویسٹ سٹریٹ اور جون آف آرک پارک کے قریب ہڈسن کے کنارے اُترا..اطمینان سے کرایہ ادا کیا، اُس کے سامنے پانیوں میں اترا اور پھر باہر نہیں آیا..

اور پھر وہ ایک ،سفید ریش بوڑھا یہودی تھا..وہ تو جیسے صرف اُس کی ٹیکسی میں مرنے کے لیے آیا تھا..اُسے آج بھی یقین تھا کہ اُس سانتا کلاز دکھائی دیتے سیاہ ہیٹ آنکھوں کے آگے سرکائے یہودی بوڑھے کو اپنی موت کے قطعی وقت کا علم تھا..اُس نے پچھلی نشست پر بیٹھتے ہی اُس کی جانب پچاس ڈالر کا ایک نوٹ بڑھایا تھا اور کہا تھا..میری کوئی منزل نہیں

ہے میں ایک لانگ ڈرائیو پر جانا چاہتا ہوں..جسٹ ڈرائیو آن..اُس نے ڈرائیو کرتے ہوئے عقبی شیشے میں اُس پر نظر رکھی کہ اُسے کچھ تشویش سی تھی..اور پھر عقبی شیشہ یکدم اُس کی شکل سے خالی ہو گیا..اُس نے فوراً مڑ کر دیکھا تو وہ نشست پر اوندھا پڑا مردہ ہو چکا تھا..ٹیکسی پارک کر کے اُس نے فوراً ٹیکسی اینڈ لیموزین کمشن سے رابطہ کیا تو وہاں ڈیوٹی پر متعین خاتون نے صرف اتنا کہا ''اوہ شِٹ..ایک اور'' اور پھر اُس کی ٹیکسی کا نمبر اور دیگر کوائف درج کر کے اُسے ہدائت کی کہ فوری طور پر لاش کو ماؤنٹ سینائی ہسپتال کے مردہ خانے میں جمع کروا کے رسید حاصل کرے اور پھر کمشن کو رپورٹ کرے..ایسے ناخوشگوار تجربے کبھی کبھار ہی ہوتے ورنہ مجموعی طور پر اُس کی ٹیکسی میں سوار ہونے والے بیشتر مسافر سلجھے ہوئے اور خاموش طبع ہوتے تھے..وہ اپنی منزل پر اُترتے اور اُسے معمول کے پندرہ فیصد ٹِپ کے سوا بھی کچھ رقم ادا کر کے چلے جاتے..البتہ وہ اپنے ہم وطنوں اور ہم رنگوں کو اُٹھانے سے قدرے گریز کرتا کہ وہ اُسے ڈرائیور کی نشست پر بیٹھا دیکھ کر فوری طور پر اپنے انداز اور لہجے بدل لیتے..ٹیکسی میں بیٹھتے ہوئے وہ یکدم اردو یا پنجابی سے ٹھیٹھ امریکی لہجے میں اُتر جاتے اور امریکیوں سے زیادہ امریکی ہونے کی کوشش کرنے لگتے..خاص طور پر وہ پاکستانی لڑکیاں جو اپنے کسی گورے بوائے فرینڈ کے ساتھ قہقہے لگاتیں اکثر مخمور کیفیت میں ٹیکسی میں داخل ہوتیں اور اُسے دیکھ کر فوراً اپنے آپ کو اطالوی یا ہسپانوی ثابت کرنے کے لیے بیوٹی فُل کو بیوتی فُول..اور نائٹ کو نائت ادا کرنے لگتیں اور اٹک اٹک کر انگریزی بولنے لگتیں..اُن میں سے ایک ایسی تھی جو حجاب میں تھی اور بار بار اپنے ساتھی کو ''دونت دُوِاِت'' کہتی جاتی تھی..

انسان کی جبلی خصلتوں اور نفسیاتی اُلجھنوں کی تہہ میں اُترنے کا تجربہ بھی صرف طوائفوں اور ٹیکسی ڈرائیوروں کے پاس ہوتا ہے...وہ ایسے ماہی گیر ہوتے ہیں جن کے جال میں ہر نوعیت کی مچھلیاں پھڑکتی ہیں..گندی، سُتھری، سانپ کی خصلت کی ہاتھوں میں سے پھسل پھسل جانے والی..کریہہ النظر..زہرناک..چالاک اور احمق شکلوں والی اور نہائت انوکھے شوخ رنگوں والی..ایک طوائف اور ٹیکسی ڈرائیور اس نوعیت کی تمام مچھلیوں کے ساتھ معاملہ کرنے کے ماہر ہوتے ہیں..وہ ان تجربات کی بنیاد پر اگر چاہیں اور اُن میں صلاحیت ہو تو کم از کم ایک بڑا ناول تخلیق کر سکتے ہیں..ایک ہزار برس پہلے جاپانی زبان کا پہلا ناول ''ٹیل آف گینجی'' موراساکی نام کی ایک تجربہ کار خاتون نے لکھا جو ایک شہزادی کی مصاحبہ تھی اور اردو میں بھی آغاز..کس کو سنائیں حالِ دِل زار اے ادا..والی امراؤ جان سے ہی ہوا..

وہ کالا بھوت جب کسی ٹریفک لائٹ کے سُرخ ہونے پر مدہوشی میں دروازہ دھکیل کر..کرایہ ادا کیے بغیر..اُتر گیا یا گر گیا تو انعام اللہ نے سوچا کہ آج کے دن کے لیے اتنا ہی کافی ہے..اُس نے ٹیکسی کے چاروں شیشے نیچے کر دیئے تاکہ شراب کی اُس قے آور بُو سے نجات حاصل ہو جائے..اور پھر ٹیکسی کی چھت پر آویزاں میڈالین پر ''آف ڈیوٹی'' کا سائن روشن کر کے اپنے گاؤں لوٹنے کے لیے سٹیئرنگ چرچ سٹریٹ کی جانب موڑ دیا..

وہاں گاؤں میں کرسٹوفر پارک سے کچھ فاصلے پر بیڈفورڈ سٹریٹ کے ایک قدیم مکان کے ایک ایسے تہہ خانے میں جس میں کبھی کوئلہ سٹور کیا جاتا تھا، اُس کے دوسرے ناول ''ٹیکسی ڈرائیور اے پراچی چیوٹ'' کا تین مرتبہ نظر ثانی ہو چکا مسوّدہ ایک بار پھر ایجنٹ کی ہدایات کے ساتھ..کہ یہ اس حالت میں ابھی اشاعت کے قابل نہیں ہے..تہہ خانے کے واحد روشن دان کے آگے ایک میز پر دھرا تھا جہاں سے ایلم کے ایک درخت کے سوا اور کچھ نظر نہ آتا تھا..

یہ ادبی ایجنٹ بھی عجیب مکروہ نسل کے لوگ ہوتے تھے..ان کا کام سوائے اعتراض کرنے اور کیڑے نکالنے کے اور کُچھ نہ ہوتا تھا..لیکن وہ اگر کسی ناول میں سے کیڑے نکالتے تھے، اعتراض کرتے تھے تو یہ ایک واضح اشارہ ہوتا تھا کہ اُس ناول میں تخلیق کا کوئی جوہر بہرطور موجود ہے ورنہ اُن کے فلیٹ کے نیچے کُوڑے کے ڈرم میں ایسے متعدد مسّودے پائے جاتے تھے جو اُنہیں ڈھیروں کے حساب سے موصول ہوتے رہتے تھے..ہیری نارس کے لیے ایک ادبی ایجنٹ ہونے کے ناطے سے مکروہ نسل ہونا ایک مجبوری تھی لیکن بنیادی طور پر وہ ایک ہمدرد شخص تھا اور انعام اللہ کی تخلیقی صلاحیتوں کا قائل تھا..اعتراض کرنا اور کیڑے نکالنا اُس کا فرض منصبی تھا. پچھلی بار اُس نے ناول کا مسّودہ اُس کے سامنے پٹخ کر کہا تھا ''نیمی. تم میں سٹائن بیک کی پاکیزہ اخلاقیات بہت ہے..اس میں کُچھ ہنری ملر کی آمیزش کرو..تم جنس کو اشاروں کنایوں میں بیان کرتے ہو..جنسی عمل اور اس کی پیچیدگیوں اور انبساط کو کُھلے اور ننگے لفظوں کے ساتھ برہنہ کرو..اپنی پوری زندگی کے جنسی تجربوں کو..ظاہر ہے تمہاری زندگی میں درجنوں عورتیں آئی ہوں گی اُن سب کے بدنوں کو..آسودگی اور ناآسودگی کی سسکیوں کو اس ناول میں شامل کر دو..''

کسی بھی شخص کے لیے خاص طور پر اگر وہ امریکی ہو یہ باور کرنا دشوار نہیں ناممکن تھا کہ ایک ایسا شخص جو ساٹھ برس کا ہونے کو ہے ابھی تک تقریباً کنوارا ہے..ابھی تک کسی حد تک ''گرین'' ہے..جنس کے بغیر ایک زندگی گذارتا چلا آیا ہے..

شادی سے پیشتر وہ اور روشن اپنے اپنے اخباروں کے لیے ایک فیچر کے سلسلے میں ہیرامنڈی گئے تھے..بالکل ویسے ہی جیسے وہ مہنگائی کے حوالے سے سبزی منڈی جا کر آلوؤں اور ٹماٹروں کی ہوش ربا قیمتوں پر تحقیق کر کے اپنے قارئین تک پہنچاتے تھے یا موری دروازے کے باہر مچھلی منڈی میں جا کر دوکانداروں سے فارمی اور دریائی مچھلی کے بارے میں معلومات حاصل کرتے تھے..روشن تو ایک نہائت پیشہ ور اور دھیمی خصلت کا مالک شخص تھا..کسی حد تک اُس کا راہنما تھا' اُس پر ہیرامنڈی کا کچھ اثر نہ ہوا..وہ کوٹھوں پر چڑھتا اُترتا طوائفوں سے اُن کی مجبوریاں اور قیمتیں دریافت کرتا...جیسے وہ سبزی منڈی میں آلوؤں اور ٹماٹروں کی قیمتیں پوچھتا تھا..بے اثر رہا..

پر اُس پر اثر ہو گیا..

ہیرامنڈی کے عقب میں بدن فروش عورتوں کی ایک نیم تاریک گلی تھی..جہاں نہ پائلوں کی جھنکار تھی اور نہ ہی طبلے کی تھاپ..نہ ہی یہاں موتیے کے ہار فروخت کرنے والے تھے اور نہ ہی عطر کے تونبے لگانے والے..وہاں سوائے افلاس کے اور تنگ کوٹھڑیوں کے اندر بلکتے بچوں کے اور کچھ نہ تھا..اور اُن بچوں کی مائیں اُن کے دُودھ کی خاطر اپنے دودھ فروخت کرتی تھیں اور وہاں ایک چوکھٹ پر دیر سے منتظر میک اپ میں دفن شدہ ایک ادھیڑ عمر عورت کا اُس پر اثر ہو گیا..اور اُس سے اگلی شب وہ روشن کو خبر کیے بغیر اُس اداس اور تاریک گلی میں چلا گیا تھا..اور وہ ادھیڑ عُمر میک اپ میں دفن شدہ عورت جُوں کی تُوں وہیں اُسی چوکھٹ پر کسی گاہک کی منتظر تھی..تب اُس کی کنوارگی ایک دلدل میں اُتر گئی تھی..

اُس کی ساٹھ برس کی حیات میں یہ واحد..اگر اسے کہہ سکتے ہیں تو واحد جنسی تجربہ تھا..اگرچہ وہ شادی کے تجربے میں سے بھی گذر چکا تھا..

ترک وطن کی محرومیوں کا کچھ شمار نہیں ہو سکتا.. اپنے گل بوٹے.. کھیت کھلیان.. موسم، خوراکیں.. بارش کی پہلی بوندیں یہاں تک کہ اپنے گدلے جوہڑ اور گلیوں کے کیچڑ بھی دل کو کچوکے دیتے ہیں.. لیکن انعام اللہ کے دل میں جو کسک اُٹھتی تھی وہ اپنے بابا امیر بخش کے نیلی آنکھوں والے چہرے کی یاد میں اُٹھتی تھی اور ہمیشہ اُس کی آنکھیں بھیگ جاتی تھیں..

ترک وطن میں وہ اُس کی واحد محرومی تھا..

بے شک سروسانسی اُس کا روحانی باپ تھا.. وہ اگر اُسے گورومانگٹ کی مسجد کی سیڑھیوں سے اُٹھا کر اپنے سینے سے لگا کر نہ لاتا تو شائد وہ سنگسار ہو چکا ہوتا.. پر بابا امیر بخش جو اُسے گمان گذرتا تھا کہ روشن سے بھی بڑھ کر اُسے چاہتا تھا اُس نے اُسے حلال اور حرام کی منافق قید سے آزاد کر کے ایک انسان کے رُوپ میں ڈھالا..

وہ لاہور کا ایک نہائت متمول اور معزز خاندان تھا.. وہ خاندان خصوصی طور پر تقسیم کے بعد معزز ہوا تھا.. اُن کے بزرگ دلّی کے نواح میں کسی قدیم مغلیہ خاندان کے اجڑ چکے مقابر کے رکھوالے تھے.. شائد گورکن تھے.. اُن کے ہاں اُس کی شادی قرار پا گئی..

شادی کے اگلے روز اُس کی دُلہن نے اپنے زیور اور اتارے ہوئے بھڑکیلے لباس سمیٹے اور اپنے گھر واپس چلی گئی کہ یہ بندہ رات بھر مجھ سے عجیب سی باتیں کرتا رہا ہے اور اُس نے مجھے ہاتھ تک نہیں لگایا.. مرد نہیں ہے.. انعام چُپ رہا.. سوائے روشن کے اور کسی کو نہ بتا سکا کہ وہ پہلی رات اپنی مردانگی ثابت کرنے کی خاطر ایک سراسر اجنبی خاتون پر ایک جانور کی مانند حاوی نہیں ہو سکتا تھا.. اُس کی خواہش تھی کہ وہ چند روز تک ایک دوسرے کو جان لیں اور پھر اُن کے درمیان وہ رشتہ استوار ہو.. بعد میں ماں نور بیگم نے اُس کی بہت منت سماجت کی پر اُس کے لیے یہی تلخی عمر بھر کے لیے کافی تھی.. پھر اُسے تجرّد کی زندگی بسر کرنے کی عادت ہو گئی اور وہ اس کی آزاد من چاہی روش سے لطف اندوز ہونے لگا.. چنانچہ وہ جو ساٹھ برس کا ہونے کو تھا، نہ ہونے کے برابر جنسی تجربہ رکھتا تھا تو وہ اپنے ناول میں ایجنٹ ہیری نارس کی خواہش کے مطابق جنسی عمل کے انبساط کو کُھلے اور ننگے لفظوں میں کیسے بیان کر سکتا تھا اور اس کے باوجود وہ بیان کر گیا کہ اُس کی پہنچ میں جدّت اور اختراع کے ایسے نادر سرچشمے تھے جنہوں نے بدنی نظام اور جنس کے نازک ترین اور کریہہ ترین گیلے راستوں کو بیان کرنے کے لیے اُس کی صدق دل سے رہنمائی کی.. اور ان مہربان سرچشموں کے نام جُولیا اور ماریا تھے.. وہ دونوں شب بھر اپنے کاروبار حیات میں مشغول رہ کر ہر سویر جمائیاں لیتیں.. کبھی ہوش میں اور کبھی نیم مدہوشی میں اُس کے تہہ خانے میں آدھمکتیں، اُسے بیدار کرنے کے بعد کچن میں جا کر اپنے لیے اور اُس کے لیے ناشتہ تیار کرنے میں جُت جاتیں..

ہیری نارس نے جب اُس کے ناول کے جنسی حصّے پڑھے تو وہ بھی دنگ رہ گیا اور اُس کی پُشت پر ایک دھپ رسید کر کے بولا ''ڈرٹی اولڈ مین..''

مُردہ مینڈک آنکھیں جن میں سُرمے کی دبیز سیاہی بھی اُنہیں زندگی کی ایک رمق بھی عطا کرنے سے قاصر ہوتی تھی.. اُس شخص کے سامنے کے تین دانت کب کے جھڑ چکے تھے اور اب اُس خلاء کو نقلی دانتوں کا ایک جوڑ پُر کرتا تھا جو تاروں سے دائیں اور بائیں کے وہ بھی لرزاں دانتوں سے کُسا ہوا تھا.. اور وہ نہائت آسانی سے اُن تینوں نقلی دانتوں کو اپنی زبان

کی نوک سے ذرا دھکیل کر الگ کر لیتا تھا اور پھر مسکراتا تھا.. دانتوں کے درمیان وہ تاریک خلاء دیکھنے والے کے دل میں ایک دہشت بھر دیتا تھا اور وہ چاہے اُس کا ایک ساتھی جنرل ہو خوشامدی سیاستدان ہو یا ایک عالم دین ہو ایک بار تو لرز جاتا تھا اور اُس کا چہرہ زرد ہو جاتا تھا.. یہ اُس کا خصوصی حربہ تھا جو وہ صرف اُن لوگوں پر برتتا تھا جن کی وفاداری پر اُسے شک ہوتا تھا کہ یہ لوگ در پردہ میرے خلاف چالیں چل رہے ہیں..

یہ اُس کے ابتدائی دور کے قصے ہیں اور پھر وہ مستحکم ہو گیا.. افغانستان کی جنگ نے اُس کی مونچھوں، مردہ مینڈک آنکھوں اور بتیسی کے نصیب جگا دیئے جی ہاں اس دوران اُس کے بقیہ دانت بھی جھڑ چکے تھے اور اُس نے ایک نہائت مہنگی امریکی بتیسی لگوالی تھی جو اُس کی مسکراہٹ کو بقول اُس کے دین دار حواریوں کے مونالیزا کے ہم پلہ کرتی تھی..

اس مسکراہٹ کے زعم میں جب وہ ہندوستان گیا اور سفارتی آداب کے تحت اُس سے دریافت کیا گیا کہ آپ کے اعزاز میں جو سٹیٹ ڈنر ہو رہا تھا تو کیا آپ اُس میں کسی من پسند شخصیت کو مدعو کرنا چاہتے ہیں تو اُس نے ہیما مالینی سے ملاقات کی خواہش کی تھی..

انعام اللہ اور روشن ایک ہی سکّے کے دو رُخ تھے.. اُن کے سیاسی، سماجی اور مذہبی نظریات دراصل امیر بخش کی پرتاثیر ذات کی نمائندگی کرتے تھے..

جہاں اُس پُرتقدس مذہبی تعصّب کی تاریخ انعام اللہ کی پشت پر کُھدی ہوئی تھی وہاں روشن کے نصیب میں جو جیل کے دن اور راتیں آئی تھیں اُنہوں نے اُسے اسی طور زندگی کی بے معنویت اور ناانصافی سے آگاہ کر دیا تھا جیسے پچھلے زمانوں میں خوشی محمد تھانیدار کے کتوں کے دانتوں نے اُس کے باپ کو معاشرے کی کج روی اور زور آوروں کی منافقت سے روشناس کر دیا تھا..

کسی شام پریس کلب میں بیٹھے ہوئے روشن نے حالیہ ریفرنڈم کے بارے میں کہہ دیا تھا کہ اگر مُجھے اسلام کے ساتھ مردہ مینڈک ایسی آنکھوں کو بھی قبول کرنے کے لیے کہا جائے تو میں اسلام کو بھی قبول نہیں کروں گا.. اور اُس کے ایک صحافی ساتھی نے جو اکثر ایوان صدر کے طویل برآمدوں میں منڈلاتا رہتا تھا صرف اس آس میں کہ کب صدر صاحب اپنے کسی ملاقاتی کو رخصت کرنے کے لیے باہر آئیں اور کب وہ گھگھیا کر اُن کے ہاتھ چومنے کی کوشش کرتے ہوئے اُن سے درخواست کرے کہ آئندہ کے غیر ملکی دورے پر اُسے بھی رفاقت کا شرف بخشا جائے تا کہ راستے میں وہ عمرے کی سعادت حاصل کر سکے تو اُس نے رپورٹ کر کے اپنا فرض وفاداری ادا کر دیا..

ایک فوجی عدالت نے اُسے اسلام سے روگردانی کے جرم میں صرف ایک برس کے لیے شاہی قلعے کے زندان میں بھیج دیا..

انعام اللہ کا جُرم اُس سے کہیں بڑھ کر سنگین تھا..

وہ ایک معتدل مزاج کا، سیاسی قلابازیوں اور آمریت کے حربوں سے آسانی سے طیش میں نہ آجانے والا صحافی تھا.. اپنے روحانی باپ امیر بخش کی مانند دھیما اور صبر کرنے والا شخص تھا.. وہ اس اعتدال سے باہر تب آیا جب بھٹو کو

ہلاک کر دیا گیا..اور وہ بھٹو کے چاہنے والوں میں نہ رہا تھا..اگرچہ ابتدائی ایام میں وہ گھر بیٹھے فیلڈ مارشل ہو جانے والے کے دور میں بیشتر نوجوانوں کی مانند بھٹو کے سحر میں آ گیا تھا پر اس سحر کو ریزہ ریزہ ہوتے زیادہ دیر نہ لگی..وہ ایک اور آمر تھا جو اپنی نخوت اور جاگیردارانہ تکبر سے نجات حاصل نہ کر سکا، نہ صرف اپنے معتبر ساتھیوں بلکہ مخالفوں کو بھی جس طور اُس نے ذلیل کیا..جوہڑوں میں ڈبویا..تھانوں میں اُن کے ساتھ جو بدفعلیاں کی گئیں..الیکشن کے دوران جیسے اُس کا وزیر قانون بیلٹ بوکس کو بغل میں دبائے پولنگ سٹیشن سے باہر آتا کلاشنکوف لہرا رہا ہے ان سب شواہد نے دیگر نوجوانوں کی مانند اُس کے خواب بھی ریزہ ریزہ کر دیئے..وہ اپنے اعتدال سے تب باہر آیا جب بھٹو کو پھانسی پر لٹکا کر بعد میں اُس کی لاش کو برہنہ کر کے اُس کے ختنے چیک کیے گئے تاکہ یہ تعین کیا جا سکے کہ آیا وہ مسلمان تھا بھی یا نہیں..اور اُس نے اپنے ایک سیاسی تجزیئے میں صرف یہ لکھا تھا کہ چیکنگ کا یہ نظام نہائت ہی مناسب ہے کیونکہ ہمیں ایک عظیم اسلامی مملکت بننے کے لیے حتمی طور پر آگاہ ہونا چاہیے کہ ہم میں سے کون واقعی مسلمان ہے..اور اس سلسلے کے تسلسل میں کیا ہی اچھا ہو اگر مردہ مینڈک ایسی آنکھوں والے شخص کی بھی چیکنگ ہو جائے..

ملک بھر کے زندانوں میں انگریز سرکار کی استعمال شدہ اور کب کی متروک ہو چکی ایسی ٹکٹکیاں کچی کوٹھڑیوں میں پڑی تھیں اور اُنہیں گھن لگ چکی تھی..اور اُن میں سے چند ایک جو ابھی تھوڑی بہت مرمت کے بعد استعمال کے قابل تھیں، وہ کافی نہ تھیں..مشاق اور کاریگر ترکھانوں کو اُنہی ٹکٹکیوں کو ماڈل کے طور پر سامنے رکھ کر نئی نکور صلیب نما ٹکٹکیاں بنانے پر معمور کر دیا گیا..اور دن رات کی محنت شاقہ کے باوجود ہدف پورا نہ ہوتا تھا..کم از کم ساٹھ ہزار سیاسی کارکنوں، صحافیوں، ادیبوں اور عام شہریوں کو درّے مارنے کے لیے وہ ناکافی ثابت ہو رہی تھیں..

موچی دروازے کی تاریخی جلسہ گاہ میں جہاں ایک زمانے میں عطاء اللہ شاہ بخاری کی سحر بیانی گونجتی تھی، برصغیر کے سرکردہ سیاسی رہنما سٹیج پر نظر آتے تھے اُس کے درمیان میں جو ٹکٹکی نصب تھی، اُس پر انعام اللہ بندھا ہوا تھا..

چونکہ وہ پردے پر اور حیا پر یقین رکھتے تھے اس لیے انہوں نے اتنا کرم کیا کہ اُس کی شلوار نہ اُتاری، صرف قمیض اور بنیان کو نوچ کر اُس کی پشت برہنہ کی گئی..جدید ترین ساؤنڈ سسٹم کو اسلامی تقاضوں کے مطابق ڈھالا گیا تھا اور انعام اللہ کے جکڑے ہوئے چہرے کے آگے ایک حساس مائیک نصب تھا..میدان کے چاروں اور ایستادہ کھمبوں پر لاؤڈ سپیکر آویزاں کیے گئے تھے تاکہ مجرم کی پشت پر جب درّے کا وار ہو تو اُس کا گوشت ادھڑے تو اُس کی دلدوز چیخوں کی آواز نہ صرف تماشائیوں تک پہنچے بلکہ مناسب طور پر شہر لاہور کے ہر گھر کے اندر سنائی دے اور لوگ نہ صرف اس شرعی نظام عدل کے معترف ہوں بلکہ عبرت بھی پکڑیں..اور اُس روز لوگ عبرت نہ پکڑ سکے..کہ انعام اللہ کی پُشت پر، گھومتے لہراتے بدن کو تیل سے چپڑے ہوئے درّہ نواز نے جتنے بھی درّے مارے، اُنہوں نے اُس کے ماس کو چیتھڑوں میں بدل دیا پر اُس کا منہ بھنچا رہا..زبان دانتوں تلے آ کر کٹ گئی اور باچھوں سے لہو رِسنے لگا پر وہ اس اذیت کو سہہ گیا..اگر اُس کی آنکھوں میں آنسو تھے تو وہ صرف اس لیے اُترے تھے کہ اس برسرِعام نیم برہنہ رسوائی کو سہنا ممکن نہ رہا تھا..اُس کے بدن

کے اندر جتنی بھی رگیں اور شریانیں تھیں وہ اس برداشت سے چیخ گئیں پر اُس کا مُنہ بھنچا رہا..

اس مقدس تماشے کو دیکھنے کے لیے آئے ہوئے لوگ بے حد مایوس ہوئے کہ سکرین پر چلتی اُس فلم کو دیکھتے جانے کا کیا فائدہ جو بالکل خاموش ہو.. جس کا ساؤنڈ ٹریک چُپ ہو.. مجرم کی ہولناک چیخیں جب لاؤڈ سپیکروں کو بھی لرزاتی تھیں تو وہ جذبۂ ایمانی سے سرشار ہو کر اللہ اکبر کے نعرے بلند کیا کرتے تھے.. انہوں نے اس مجرم کو بہت لعن طعن کی جو معاون ثابت نہ ہوا تھا..

جب اُسے مقررہ درّوں کے بعد ٹکٹکی سے کھولا گیا تو وہ اُن کے ہاتھوں میں مسمار نہ ہوا.. اپنے پاؤں پر کھڑا رہا اور سفید اوور آل میں ملبوس کانوں میں سیٹھوسکوپ لگائے اپنی جانب بڑھتے اُس ڈاکٹر کو جو اُس کے دل کی دھڑکن چیک کرنا چاہتا تھا.. پرے دھکیلتا ہوا بولا.. "کیا میں اب اپنے گھر جا سکتا ہوں.."

اگرچہ وہ کب کا آسمانوں سے اُٹھا لیا گیا تھا.. فیصل مسجد کے پہلو میں زبردستی دفن شدہ اُس کی بتیسی کی پُوجا کرنے والے لوگ اب نہائت قلیل ہو گئے تھے.. لیکن اس کے باوجود اس ملک پر اُس کے سائے لمبے ہوتے جا رہے تھے.. اور اُن سے فرار ممکن نہ تھا.. اُس نے فوج، بیوروکریسی، سیاست اور مدرّسوں میں جو بُوٹے لگائے تھے وہ ماشاء اللہ سے اب تناور شجر بنتے جا رہے تھے اور اُن کا ہر پتہ زہر اگلتا جان لیوا ہو رہا تھا.. وہ اب بھی آسمانوں سے راج کرتا تھا اور اُس کا سایہ ایک بے مثل سرزمین کو سیاہ کرتا تھا..

لوگ انعام اللہ کے حرف پر اعتماد کرتے تھے کہ وہ جو کچھ لکھتا ہے کسی بھی ستائش یا تمنا سے ماورا ہو کر اپنے وطن کے ضمیر کی آواز پر کان دھر کر لکھتا ہے.. اور نہ ہی اُس نے اپنی پشت پر ثبت دُروں کے نشانوں کو کیش کروایا ہے.. اور اس کے باوجود وہ صحافت کے پیشے سے مکمل طور پر جُڑ نہ سکا.. زندگی بھر کے لیے ایک صحافی رہنے کے امکان سے مفاہمت نہ کر سکا کہ صحافتی تحریروں میں بھی بہرطور کبھی نہ کبھی ایک یکسانیت آ جاتی ہے.. اور اُن میں ایک منشیانہ ہنرمندی جھلکنے لگتی ہے.. حقیقت کی ترجمانی میں بہرطور حقیقت کا تسلّط ہوتا ہے.. ترجمان تو محض ایک اوزار ایک وثیقہ نویس ہوتا ہے.. انعام اللہ حقیقت کے اِس تسلّط سے دامن چھڑا کر اُس تصورِ تخلیق کی پہنائیوں میں اُترنا چاہتا تھا جس کا امکان صرف جوہرِ تخلیق کا مرہونِ منت ہوتا ہے.. وہ اپنی قوتِ متخیّلہ کو بروئے کار لا کر پرکھنا چاہتا تھا کہ کیا اُس میں اتنی صلاحیت ہے کہ وہ عدمیت یا لاشیئت میں سے وجود کو دریافت کر کے اپنا اظہار کر سکے..

اُس نے اسی دباؤ اور خواہش کے تحت.. اپنا پہلا انگریزی ناول "ایک حرامی کی سرگذشت" تحریر کیا.. اُسے آگاہ تو ہونا چاہیے تھا لیکن وہ جانے کیوں بے خبر رہا یا لاپرواہ ہوا کہ بے شک اُن مقدس زمانوں کو گذرے ہوئے ایک عرصہ ہو چکا تھا لیکن اُن زمانوں کی لگائی ہوئی پنیری اب جوان ہو کر اُسی بتیسی کے سائے میں مزید زہرناک ہو چکی ہے..

اردو اخباروں کو تو اُس کے ناول کی اشاعت کی خبر ہی نہ ہوئی البتہ انگریزی اخباروں میں اُس کی بہت توصیف ہوئی اور اُسے اُس برس کے مین بکر پرائز کے لیے نہائت موزوں امیدوار ٹھہرایا گیا.. "آٹو بائیوگرافی آف اے باسٹرڈ" ایک بیسٹ سیلر ثابت ہوا.. اُس کے ناشر نے ملک بھر میں اُس کی ریڈنگز اور آٹوگراف سیشنز کا اہتمام کیا.. لیکن اس کی پہلی

ادبی تخلیق کی کامیابی کی یہ سرخوشی عارضی ثابت ہوئی.. مردہ مینڈک ایسی آنکھوں والے کی بوئی ہوئی پنیری جواب جوان ہو چکی تھی اُسے اس فحش اور مخرب الاخلاق ناول کے بارے میں کسی نے آگاہ کر دیا اور اُسے پڑھے بغیر وہ سڑکوں پر آ گئے کہ مصنف نے اگر خود تحریری طور پر اقرار کر لیا ہے کہ وہ حرامی ہے تو وہ باعث تعزیر تھا..اور اُسے ہلاک کر دینے کا وہ فتویٰ جو اُس نے خود ناول میں درج کیا تھا جو گوروما نگٹ کی فجر کی اُس سویر میں ایک نعت خواں نے جاری کیا تھا وہ اب بھی برقرار ہے..

اس میں کچھ قصور اُس کا بھی تھا، ایک انٹرویو کے دوران اُس نے اقرار کیا تھا کہ ناول کا مرکزی کردار وہ خود ہے.. یہ اُسی کی سرگزشت ہے اور اُسے ایک حرامی ہونے پر کچھ شرمندگی نہیں ہے..

اُس نے شروع شروع میں تو اس احتجاجی مُہم پر کُچھ دھیان نہ کیا، اسے سنجیدگی سے نہ لیا بلکہ اس سے لطف اندوز ہوتا رہا اور پھر ایک سویرا حاطہ قادر بخش والے سہ منزل مکان کی چوبی گیلریوں کے نیچے کُچھ شوروغوغا ہونے لگا..وہ بستر سے اُٹھ کر گیلری میں آیا..نیچے جھانکا تو وہاں دو تین درجن باریش نوجوان طیش کے عالم میں تھے جن کی باچھوں سے جھاگ بہتی تھی اور وہ اُسے گیلری میں سے جھانکتا دیکھ کر بے قابو ہو کر نعرے لگانے لگے..ملعون انعام اللہ رُشدی کا بھائی ہے..حرامی ہے..واجب القتل ہے..انعام کا جویار ہے..اسلام کا غدار ہے..

اگلے روز وہ پھر وہاں موجود تھے لیکن اُن کی تعداد میں اضافہ ہو چکا تھا اور اُن میں سے کُچھ کے ہاتھوں میں ڈنڈے تھے..

ضعیف ہو چکے..ناتواں اور بے بس ہو چکے..اسّی برس کے ہو چکے امیر بخش نے اُسے اپنے قریب ہونے کو کہا. اُس کی پشت پر پیار سے ہاتھ پھیرتے ہوئے درّوں کے نشانوں کو اپنی ہتھیلیوں سے محسوس کیا اور پھر اپنی پنڈلی پر کتوں کے جو دانت ثبت تھے اُنہیں یاد کرتے ہوئے کہا ''میرے بیٹے اس ملک کو آسانیاں کھا گئیں.. تقسیم کے بعد ناداروں کے ہاتھوں میں حویلیاں اور وسیع کاروبار آ گئے...انگریزوں کی جُوتیاں چُومنے والے جاگیردار اور نواب زادے حکمران ہو گئے اور ان کی پُشت پر مذہبی منافرت کے پرچارک ہو گئے...منافرت کی وہ پود تیار ہو چکی ہے جو اس ملک میں مذہب کے نام پر انتشار پھیلانے کے لیے اپنی داڑھیوں پر ہاتھ پھیرتی ہے..یہ سب خوشی محمد تھانیدار کی خصلت رکھتے ہیں.تم ان کے مقابلے میں کھڑے نہیں ہو سکتے..انہیں کسی دلیل کسی منطق سے قائل نہیں کر سکتے..خواہ مخواہ بے وجہ شہید ہو جانے سے کوئی جنت نصیب نہیں ہوتی کہ وہاں بھی یہی دربان ہوں گے..یہ پود جو مردہ مینڈک ایسی آنکھوں والے کی بوئی ہوئی ہے تم جیسے لوگوں کو تلف کر دینا چاہتی ہے اور کر دے گی..یہاں سے نکل جاؤ..''

مخروطی زرد رنگ کی آہنی ٹوپیاں پہنے..ایک اضطراب کی حالت میں نیویارک فائر بریگیڈ کے فائر مین اپنے خوف کو ڈھانپنے کے لیے بلند آوازوں میں ایک دوسرے کو پکارتے ڈھارس دیتے ٹریڈ سنٹر کی اس عمارت کی جانب بڑھتے تھے جس کے دل میں ابھی ابھی ایک جیٹ طیارہ پیوست ہوا تھا اور وہ اُس کے دھچکے کی شدت سے اپنے قدموں پر گرتی جاتی تھی..اُن کی بے یقین آنکھوں کے سامنے مسمار ہو رہی تھی اور اُس میں سے دُھوئیں کا ایک غبار اُٹھ رہا تھا..

پوری ایک سو دس منزلیں یونہی آسانی سے تنہائی میں مسمار نہیں ہوتیں، اُن میں مقیم ہزاروں بے گناہ لوگ بھی اُن کے ملبے کے اندر زندہ مدفون گرتے چلے جاتے ہیں..

اور پھر فوراً ہی غیب سے ایک اور طیارہ نمودار ہوا اور ٹریڈ سنٹر کی جڑواں دوسری عمارت کے قلب کے اندر چلا گیا..

پوری ایک سو دس منزلیں یونہی دھڑام سے نیچے نہیں گر جاتیں بلکہ ایک خاص ترتیب سے گرتی ہیں..

ہر منزل ایک تابوت ہوتی ہے.. جو اُس سے نچلی منزل پر گرتی ہے اور اُسے بھی تابوت بناتی ہے اور پھر یہ دونوں مشترکہ طور پر تیسری منزل پر گرتی ہیں.. پھر تین تابوت جواب خاصے وزنی ہو چکے ہیں چوتھی منزل پر جا گرتے ہیں اور یوں جب پوری ایک سو نو منزلوں کا مشترکہ ملبہ.. صرف سیمنٹ سریا یا پتھر نہیں بلکہ اُس میں شامل انسانوں کے اعضاء اور خون کے دھبّے اور ابھی کچھ ایسے ہیں جن میں کچھ سانس ہیں.. وہ ابھی زندہ ہیں تو وہ مردہ اور نیم مردہ ملبہ جب سب سے آخری.. پہلی منزل پر دھڑام سے گرتا ہے.. ایک سو نو تابوت اُس آخری منزل پر گرتے ہیں تو چونکہ اب مزید گرنے کی گنجائش نہیں اس لیے اُن میں سے دُھول کا ایک غبار اُٹھتا ہے جس میں ہزاروں آخری سانس بالاخر مردہ ہو رہے ہوتے ہیں اور یہ غبار پورے شہر کو لپیٹ میں لے کر اُسے خبر کرتا ہے کہ تکبر دُھول میں بدل چکا ہے..

ان ایک سو دس منزلوں کے اندر جتنے بھی ذی روح تھے اُن کے فرار ہونے کے لیے کوئی کھڑکی کوئی روزن نہ تھا.. فن تعمیر کے مروجہ اصولوں کے تحت تمام عمارتیں لوہے کے فریم ایستادہ کر کے اُن کے سہارے تعمیر کی جاتی ہیں جبکہ ٹریڈ ٹاورز کو ایک پنجرہ نما ساخت کی جدید ترین ٹیکنالوجی سے تعمیر کیا گیا تھا اور ایسی ساخت میں بہت کشادہ کھڑکیوں اور روزنوں کی گنجائش نہیں ہوتی.. کھڑکیاں نہائت مختصر ہوتی ہیں.. اتنی مختصر کہ اگر کوئی شخص خودکشی کے فتور میں مبتلا ہو کر اُن میں سے کود جانا چاہے.. نیچے چرچ سٹریٹ یا ویسل سٹریٹ کی بلندی سے خاموش نظر آنے والی کھلونا ٹریفک میں گر جانا چاہے تو وہ کھڑکیاں اتنی چھوٹی تھیں کہ ان پر چڑھ کر اُن میں سے تردد کر کے اپنے آپ کو باہر نکل کر خودکشی کے لیے کُودنے کا ارادہ ترک بھی کیا جا سکتا تھا..

پر آج کوئی بھی ارادہ ترک نہ کرتا تھا.. آج لوگ خودکشی کی خاطر نہیں جان بچانے کے لیے اُنہی مختصر کھڑکیوں میں سے کُود رہے تھے..

انعام اللہ کی آف ڈیوٹی پیلی ٹیکسی نمبر 6M37 کی ونڈسکرین پر اگرچہ دونوں وائپر دیوانگی کی حد تک متحرک حالت میں اُسے پونچھنے کے لیے پاگل ہو رہے تھے.. لیکن وہ ایک سو دس تابوتوں میں سے اُٹھنے والی دُھول کو سمیٹنے میں ناکام ہو رہے تھے.. دراصل یہ ہزاروں تازہ قبروں کی مٹی تھی جو ونڈسکرین پر بیٹھتی چلی جاتی تھی.. اور جب وائپر ایک لمحے کے لیے ونڈسکرین کو صاف کرتے، اگلے ہی لمحے دھول سے اَٹ جانے سے پیشتر اُس ایک لمحے کی شفافی میں انعام اللہ نے دیکھا تھا کہ اُن مختصر کھڑکیوں میں سے، ایک سو دس منزلوں کی اوپر تلے واقع متعدد کھڑکیوں میں سے.. روئی اور چیتھڑوں سے بنے ہوئے گڈّے اور گڈّیاں جن کے ساتھ وہ بچپن میں ماں نور بیگم کے منع کرنے کے باوجود کھیلتا تھا کہ انعام تم لڑکی نہیں ہو..

ویسے گڈے اور گڈیاں اُن مختصر کھڑکیوں کی بلندی سے کودتے نیچے گرتے جا رہے تھے.... لُڑھکتے بظاہر بے جان ہو چکے گرتے نظر آ رہے تھے.. اگرچہ اُن کے اندر کوئی خودکش فتور نہ تھا.. اپنے آپ کو مار ڈالنے کا کُچھ اُبال نہ تھا... وہ تو زندگی کی چاہت میں مبتلا لوگ تھے.. اُن کے لیے اپنے اوپر گرتے دم گھونٹتے بند تابوتوں سے فرار کا واحد راستہ وہ مختصر کھڑکیاں تھیں، زمین سے ہزاروں فٹ بلندی پر واقع کسی پہاڑ میں نصب کھڑکیاں جن میں سے کود جانے والا نیچے زمین تک پہنچنے سے بہت پہلے مر جاتا ہے.. اور اس کے باوجود فرار کا یہی واحد راستہ تھا.. ملبے میں دب کر ہلاک ہو جانے کی نسبت کھلی فضا میں گرتے ہوئے مر جانا شاید ایک بہتر موت تھی..

گڈے اور گڈیاں فضائے بسیط میں لُڑھکتے گر رہے تھے.. جس عمارت کی آخری، ایک سو دسویں منزل تک لفٹ کے ذریعے پہنچنے کے لیے صرف اٹھاون سکینڈ درکار ہوا کرتے تھے، وہ عمارت اپنے قدموں پر منہدم ہونے میں بہت آہستگی اور سستی کا مظاہرہ کر رہی تھی..

اور جب بالآخر وہ ایک سو دس تابوت تاش کے پتوں کی مانند ایک دوسرے پر گرتے مسمار ہوتے ایک مشترکہ تابوت کی صورت زمین پر گرے ہیں تو وہی دُھول اٹھی ہے.. پورے شہر کو اپنی لپیٹ میں لے لیا ہے.. ہر چہرے، ہر ٹیکسی، فٹ پاتھ پر چلتے بچوں، بھکاریوں، اخباروں کے کھوکھوں، ٹائمز سکوئر کے نیون سائنز اور براڈوے پر کھیلے جانے والے کھیلوں کے اشتہاروں.. لائن کنگ، شکاگو اور ماما میا کے پوسٹروں پر.. وہ دھول اُتری ہے.. یہاں تک کہ بیٹری پارک سے پرے لبرٹی آئی لینڈ میں جو لیڈی لبرٹی سمندر میں ایستادہ ہے اُس کے پتھریلے نتھنوں میں بھی اُس دھول کے کچھ ذرے پہنچے، شائد اُسے بھی پل بھر کے لیے سانس لینے میں کچھ دشواری ہوئی ہو.. اور اُس نے اپنے آپ کو سنبھالا کہ کہیں وہ بھی اوندھی ہو کر سمندر میں نہ جا گرے..

ٹریڈ ٹاور یوں زمین بوس ہوا.. لاچار مجبور بقاء کی بلندیوں سے فنا میں یوں جا گرا جیسے ایک کلاسس آف رہوڈز.. وہ دنیا کا عجوبہ عظیم مجسمہ جو سکندریہ کی بندرگاہ کے دہانے پر ٹانگیں پھیلائے سایہ فگن اوندھے مُنہ سمندر کے پانیوں میں جا گرتا ہے.. اگرچہ پانیوں میں گرنے سے دُھول نہیں اُٹھتی.. یوں زمین بوس ہوا جیسے توانا ستونوں والا وہ عظیم الشان معبد جس کے ایک ستون سے کاندھا جوڑے نابینا سیمسن جس کی توانائی کے سرچشمے بال پھر سے اُگ آئے ہیں، زور لگا رہا ہے اور وہ ستون اپنی بنیاد سے کھسکتا ہے اور پورا معبد مسمار ہونے لگتا ہے۔ عہدِ موجود کا وہ کون سیمسن ہے جو تفاخر اور برتری کے اس امریکی معبد کے توانا ستون کے ساتھ کاندھا جوڑے اس کی بنیادوں کو سرکا رہا تھا.. یہ جاننے کے باوجود کہ وہ بھی اس کے ملبے تلے دب کر معدوم ہو جائے گا..

وہ جو بھی تھا مستقبل کی پرکھ رکھنے والا دانا نہ تھا.. اپنے پاؤں پر کلہاڑی مار رہا تھا.. اُس نے جن خداؤں سے ٹکر لی تھی وہ اپنے مسمار شدہ معبدوں کی ہر اینٹ کے بدلے پورے ملک مسمار کر دینے پر قادر تھے.. وہ سیمسن کے ایک ایک بال سے انتقام لینے پر قادر تھے.. وہ سراسر گھاٹے میں تھا..

یہ اُس کا انعام اللہ کا شائبہ اور جو نظر آ رہا تھا اُس کا صدمہ ہی ہو سکتا تھا جس کی اثریت کے غلبے میں اُس نے صرف ایک لمحے کے لیے وائپروں کے متحرک پاگل پن کے جھاڑو سے پونچھی گئی ونڈ سکرین کے پار.. جب کہ وہ عظیم معبد

مسمار ہو کر دُھول کے ایک غبار میں بدل چکا تھا.. رہوڈز کا مجسمہ ڈھے چکا تھا اُس نے بائیں ٹاور کے آسمان پر جس کے قلب میں ابھی ابھی ایک اور طیارہ پیوست ہوا تھا اُس نے ایک مختصر کھڑکی میں سے.. جو کہ بُھر بُھری ہوتی ساٹھویں منزل میں نصب تھی.. ایک اور گڈّا کودتے ہوئے اور نیچے لڑھکتے ہوئے دیکھا..

اوہ مائی گاڈ.. دوسرا ٹریڈ ٹاور بھی بلو اَپ ہو رہا ہے اوہ مائی گاڈ..

وہ کھلے آسمان کے پس منظر میں قلابازیاں کھاتا نیچے آ رہا تھا.. وہ ان دو سو کے قریب لوگوں میں سے ایک تھا جنہوں نے مختصر کھڑکیوں میں سے بے اختیاری اور اپنے اوپر گرتی موت کی دہشت میں چھلانگیں لگائی تھیں اور بعد میں اُن میں سے ایک کی تصویر کو ''فالنگ مین'' کا نام دیا گیا تھا..

وہ گڈّا، وہ فالنگ مین.. گرتا ہوا آدمی اُسے خدشہ ہوا کہ وہ سیدھا اُس کی پیلی ٹیکسی نمبر 6M37 کی جانب لڑھکتا ہوا آ رہا ہے.. اُس نے ایکسلریٹر کو پوری قوت سے دبایا تاکہ وہ اُس کی زد میں سے نکل جائے لیکن اُسے محسوس ہوا کہ رفتار تیز ہونے کی بجائے یکدم دھیمی ہو گئی ہے.. اور پھر ٹیکسی ایک گہرے سکوت میں چلی گئی ہے جیسے وہ ایک مدت سے اسی گڈّے کی منتظر تھی.. ساکت ہو گئی ہے تاکہ وہ اُس پر گرے اور اُس کی آرزو کی تکمیل کر دے..

انعام اللہ متحرک وائپروں کی پل بھر کی شفافی میں سے جھانکتا اُس گڈے کو اپنی جانب گرتا ہوا دیکھتا تھا اور بے بس تھا..

وہ اُس کی ٹیکسی نمبر 6M37 کی ونڈ سکرین پر آن گرا.. سکرین دراڑوں میں منقسم ہو گئی.. ریزہ ریزہ نہ ہوئی.. قائم رہی لیکن اُس کے چہرے پر دراڑوں کی جھریاں نمودار ہو گئیں.. وائپر اُس کے وجود کی رکاوٹ سے اٹک کر تھم گئے..

وہ سکرین پر پڑا انعام اللہ کے ششدر چہرے کو تکتا تھا.. اگرچہ وہ ایک فالنگ مین کی حیثیت سے جب کچھ دیر فضا میں گرتا چلا گیا تھا تو ساٹھویں منزل سے گرتے ہوئے جب وہ بیسویں منزل کے قریب سے گذر رہا تھا تو مر گیا تھا لیکن وہ ابھی تک سالم اور ثابت تھا.. اُس کے چہرے پر مردنی کے کچھ آثار نہ تھے صرف حیرت بھرے صدمے کی کیفیت رقم تھی.. اُس کی آنکھیں جو چیتھڑوں میں سیاہ دھاگوں سے کاڑھی ہوئی تھیں وہ زندہ لگتی تھیں یہاں تک کہ اُن کے اوپر جو پلکیں تھیں وہ بھی جھپکتی ہوئی محسوس ہوتی تھیں..

وہ اُس کے رُو بہ رُو تھا..

ونڈ سکرین پر گرا گڈّا اُسے تکتا تھا..

اور اگلے لمحے وائپر جو مسلسل کوشاں تھے زور لگاتے پھر سے حرکت میں آ گئے اور اُس گڈے کو ونڈ سکرین سے سمیٹ کر تاریخ کے کُوڑے دان میں پھینک دیا..

✦ .... ✦

قدرے چھدرے ہو چکے ازل سے سفید بالوں پر جب پوہ ماگھ کی سرد دھوپ اُترتی تو اُس کے سر کا ماس دکھائی دینے لگتا.. وہ عمر کے آگے جُھک جانے والا شخص نہ تھا اگرچہ دراز قامت لوگ درمیانے یا مناسب قامت کے لوگوں کی نسبت برسوں کے بوجھ تلے آسانی سے جُھک جاتے ہیں..

روشن اور انعام نہائت باقاعدگی سے اُسے اپنے خاندانی ڈاکٹر رمضان کے کلنک میں چیک اپ کے لیے لے جاتے.. وہ اُن کا دل رکھنے کے لیے چلا جاتا ورنہ اُسے سارے کپڑے اُتار کر مختلف تاروں اور آلات کو اپنے بدن سے چپکا کر ایک سٹریچر پر سیدھا لیٹ کر ڈاکٹر رمضان کی ہدائت کے مطابق زور زور سے سانس لینے اور خواہ مخواہ کھانسنے سے بے حد اُلجھن ہوتی..

تمام تر چھان پھٹک سے فارغ ہو کر ڈاکٹر رمضان مسکراتے ہوئے روشن کے کان میں سرگوشی کرتا.. ''یار اس اسّی برس کے بوڑھے کا بدنی نظام تو ایک سوس گھڑی کی مانند بے نقص ہے.. نیا نکور ٹِک ٹِک کر رہا ہے.. مجال ہے کہیں بھی کوئی خلل ہو.. میرا اندازہ ہے کہ کہ چوہدری صاحب کم از کم ڈیڑھ سو برس تک یونہی ٹِک ٹِک کرتے رہیں گے..''

چوہدری امیر بخش بے نقص ٹِک ٹِک کرتے تو رہے پر برسوں کا بوجھ اُن کے گھٹنوں اور ٹانگوں پر اثر انداز ہو گیا اور وہ ایک وہیل چیئر میں قید ہو گئے.. روشن اُن کی وہیل چیئر کو دھکیل کر کمرے سے باہر صحن میں پوہ ماگھ کی دُھوپ میں لایا تو اُس نے دیکھا کہ چھدرے بالوں میں سے اُن کے سر کا ماس دکھائی دے رہا ہے..

اُس پر وہ جو گمشدگی کے دن آئے تھے جب کسی ایک صُبح اُسے محسوس ہوتا کہ وہ اپنے بستر میں نہیں ایک گھونسلے میں ہے اور وہ اس روز تمام راستے اور نقشے فراموش کر دیتا اور ناک کی سیکھ میں پیدل چلتا جاتا.. وہ زمانے بھی گذر چکے تھے.. آخری بار جب وہ سانپوں کی پھنکارتی چاندی رنگ کی لہلہاتی فصل میں سے گذر کر پیدل چلتا ہوا کوٹ ستارہ جا پہنچا تھا تو اُس کے دور پار کے چند عزیزوں نے اُسے گوردوارے کے خشک ہو چکے کنوئیں کی منڈیر سے گہرائی میں جھانکتے اس کی دیواروں میں سے پھوٹتے ایک کاسنی رنگ کے پُھول کو دیکھ دیکھ کر مسکراتے ہوئے پایا تھا اور اُنہوں نے اُسے بصد احترام واپس لاہور پہنچا دیا تھا... یہ آخری بار تھا.. اور اب تو وہ اپاہج ہو چکا تھا' اُس نے اب کہاں جانا تھا..

امیر بخش نے ضرورت سے زیادہ جی لیا تھا..

اُس کے رفیق نہ رہے تھے.. کوئی رفاقت نہ رہی تھی..

عزیز جہان عُمر کے حساب سے اُس سے یہی کوئی دو تین برس پیچھے چلا آتا تھا اور وہ صرف اُس سے ہی نہیں گُل جہان سے الگ ہو چکا تھا کہ پشپی جس کی کمر جُھک چکی تھی بنجر رہی تھی، وہ نامراد رہا تھا، محمد جہان کی نسل مکمل فنا کی جانب بڑھ رہی تھی.. سروسانسی احاطہ قادر بخش کے اُس بیل گاڑیوں والے مکان سے اپنے بیٹے موجو.. بلکہ سلمان شاہ کے اصرار پر.. جس میں اصرار سے زیادہ زبردستی کا پہلو تھا.. بادلِ ناخواستہ اُس کے محل نما ماڈل ٹاؤن والے گھر میں منتقل ہو چکا تھا..

روشن بھی ادھورا رہا تھا.. اُس کی لڑی بھی آگے نہ بڑھی تھی..

امیر بخش پہروں اپنی وہیل چیئر پر ڈھیر اونگھتا رہتا لیکن اُس کا اب تک مکمل طور پر چوکنا، اور زندہ ذہن تانے بانے بُنتا رہتا کہ یہ کھیتیاں ویران کیوں ہو گئی ہیں.. ان کی کوکھ کسی ایک بُوٹے کو جنم دینے سے کیوں انکاری ہو گئی ہے.. یہ بنجر پن اُن کے بھاگ میں ہی کیوں لکھ دیا گیا ہے..

بس ایک ہی توجیہہ ہو سکتی تھی..

ان کھیتیوں کی زرخیزی کو بھی اس ملک کی مہیب تاریخ چاٹ گئی تھی..

اس کے سوا کوئی اور توجیہہ نہ تھی..

پلٹن میدان میں بچھی میز پر دھرا ایک ٹائیگر کا زنگ آلود ریوالور..

مردہ مینڈک ایسی آنکھوں والا ایک شخص اور افغانستان کا جعلی جہاد..

بدنیّت اور پور پور تک بے ایمان اور کرپٹ سیاستدان، فوج، عدلیہ اور مذہب کی گھناؤنی تنگ نظری اور بے حسی.. یہ ایسے ٹڈی دل تھے جو اس ملک کی ہریاول کو چاٹ گئے.. اور قوم.. اگر اسے قوم کہا جا سکتا ہے تو اس کے بیشتر افراد بھی جونکوں میں بدل گئے.. جونکیں تو جب خون چُوس چُوس کر پُھول کر کُپّا ہو جاتی ہیں اپنی ہی زمین پر گرتی ہیں پر وہ دوبئی، امریکہ اور یورپ میں جا گرتے تھے..

امیر بخش کا متحرک ذہن پوہ ماگھ کی دھوپ میں اونگھتا تاویلیں تلاش کرتا رہتا.. آخر ہم اس ملک کو کیوں سنبھال نہیں سکے..

اور اس کی ایک اور توجیہہ بھی تو ممکن تھی..

اس خطّے کے مقامی مسلمانوں کے ہاتھوں میں کبھی حکمرانی کی باگ ڈور نہ آئی تھی.. وہ ایک نوعیت کے شُودھر تھے کہ وہ جو سینکڑوں برسوں سے حکمران بادشاہتیں تھیں اُن سب کے اہم ترین ستون ایران، طوران، ترکی، سمرقند، بخارا اور بغداد سے درآمد ہوتے تھے.. وہ لودھی، ابدالی، مغل یا غلام بادشاہ بھی مقامی مسلمانوں پر انحصار نہ کرتے تھے.. وہ سلطنت کے امور میں معمولی کل پُرزے تو ہو سکتے تھے لیکن اُس سطح سے بلند ہو کر جہاں فیصلے ہوتے تھے وہاں تک رسائی حاصل نہیں کر سکتے تھے.. امیر کبیر اور صاحبِ اختیار یہاں تک کہ ولی اللہ بھی باہر سے ایران، طوران سے درآمد کیے جاتے تھے..

ہندوستان پر ہندوستانی مسلمانوں نے نہیں درآمد شدہ مسلمانوں نے حکومت کی.. اور جب ان مقامیوں کی

جھولی میں یکدم ایک ملک ڈال دیا گیا تو وہ نااہل اور نامراد نکلے..ایک آزاد سلطنت کے کاروبار کو چلانا اُن کی سرشت میں ہی نہ تھا..اُس کا متحرک زمانوں اور تاریخ کے اُلجھاوے میں اُلجھتا ذہن سوال کرتا کہ آخر ہندوؤں کو بھی تو اُن کے ماضیٔ قریب میں ایک سلطنت چلانے کا کُچھ تجربہ نہ تھا تو وہ کیسے اتنے وسیع ملک کو سنبھال گئے..شائد اس لیے کہ اُنہوں نے اپنی سینکڑوں صدیوں کی محرومی اور محکومیت سے سبق سیکھا اور دوبارہ کبھی محکوم نہ ہونے کا ارادہ کرلیا..اور اُنہوں نے ہماری طرح اپنی سرزمین کو سوتیلا نہ سمجھا..سگا جان کر اپنے جسم وجاں کا ایک حصّہ بنالیا..جب کہ ہم خاکِ سمرقند و بخارا کو تو اپنی آنکھوں سے لگاتے رہے اپنی خاک کو سُرمہ جان کر ان آنکھوں میں نہ لگایا..

بینائی صرف تب نصیب میں آتی ہے جب آپ اپنی خاک کا سُرمہ آنکھوں میں لگائیں..

اُس کا چوکس ذہن پوہ ماگھ کی دھوپ میں زمانوں کی سیر کرتا..

عین اُسی روز جب ضعیف ہو چکے امیر بخش نے اُس کی پشت پر پیار سے ہاتھ پھیرتے ہوئے درّوں کے نشانوں کو اپنی ہتھیلی سے محسوس کرتے ہوئے کہا تھا..یہ پود جو مردہ مینڈک ایسی آنکھوں والے کی بوئی ہوئی ہے تم جیسے لوگوں کو تلف کردینا چاہتی ہے اور کردے گی..تم یہاں سے نکل جاؤ..اُسی روز انعام اللہ نے سرِشام جب وہ اپنے اس باپ کی وہیل چیئر کو دھکیل کر مکان کے اندر لا رہا تھا تو اُس نے دیکھا کہ اُس کی باچھوں میں سے بُلبلوں کی صورت میں جھاگ بہہ رہی ہے اور اُس کے بوڑھے رخساروں کو گیلا کر رہی ہے..

ڈاکٹر رمضان نے حسبِ عادت چوہدری صاحب کا پسندیدہ گیت..آندھیاں غم کی یوں چلیں باغ اُجڑ کر رہ گیا گنگناتے ہوئے تفصیلی چیک اپ کیا اور پھر اپنی شگفتگی کو منقطع کر کے ایک پُرتشویش چہرے کے ساتھ روشن سے پوچھا ''کیا تمہیں کُچھ خبر ہے کہ حال ہی میں چوہدری صاحب کو کسی ہلکائے ہوئے کتّے نے کاٹا ہو..علامتیں ہیں..''

''نہیں..'' انعام اللہ نے جواب دیا ''یہ تو دو برس سے اسی وہیل چیئر میں ہیں..اور جب کبھی میں انہیں نزدیکی مارکیٹ میں تازہ جُوس پلانے کے لیے لے جاتا تھا تو..یہ کیسے ہو سکتا ہے کہ میری موجودگی میں کسی ہلکائے ہوئے کتّے نے انہیں کاٹ لیا ہو..''

''آثار وہی ہیں..یہ پانی سے ڈرتے ہیں؟''

''نہیں..میرا مطلب ہے کبھی غور نہیں کیا..''

امیر بخش کے چہرے پر مسکراہٹ پھیل گئی جو ہولے ہولے ایک ایسے قہقہے میں بدل گئی جو سنائی نہ دیتا تھا اُس کے اندر سفر کرتا تھا جس کی واحد علامت اُس کا بوڑھا اور فربہ ہو چکا پیٹ تھا جو اُس پوشیدہ قہقہے کو نہ سہارتے ہوئے دھیرے دھیرے ہل رہا تھا..وہ اُس سے الگ ہو کر بظاہر سرگوشیاں کر رہے تھے لیکن وہ جان گیا تھا کہ خوشی محمد تھانیدار کے کتّوں سے کُچھ مُفر نہیں..وہ اُس کے تعاقب میں چلے آئے ہیں..

''تم دونوں نے ہمت کرنی ہے..'' ڈاکٹر رمضان سرگوشی کر رہا تھا..''یہ ایک اذیت ناک موت ہوتی ہے..''

وہ دراصل اُس کی بہو نہ تھی وہ بیٹی تھی جسے اصولاً نور بیگم کے بطن سے پیدا ہونا چاہیے تھا پر وہ مولوی نوردین کے

داماد عبداللہ سکھ کی بیٹی تھی جو اپنے باپ کی لاش ٹھنڈی ہونے کے پورے آٹھ ماہ بعد ایک ایسے گھر میں پیدا ہوئی جہاں نہ اُس کا باپ تھا اور نہ ہی نانا.. روشن کی پیدائش بھی اُنہی دنوں میں ہوئی تھی..

اُس نے ہمیشہ اُسے امیر بخش کو اپنے نادیدہ باپ کا ایک روپ جانا.. اُس سے لاڈ پیار کرتی، رنجیدہ ہو کر روٹھتی، لڑتی جھگڑتی اور پھر اُس سے لپٹ جاتی.. ایک بہو ہمیشہ احتیاط کرتی ہے، رنجیدہ ہو تو شکائت نہیں کرتی، مسکراتی رہتی ہے.. ناگواری کا اظہار نہیں کرتی.. ناخوش ہو تو بھی بظاہر خوش نظر آتی ہے..

جب کہ ایک بیٹی ہرگز احتیاط نہیں کرتی..

عائشہ بی بی بھی کچھ احتیاط نہ کرتی تھی..

وہ نہ صرف ایک بیٹی بلکہ ایک ماں کی مانند اُس کی لاچارگی کا خیال رکھتی تھی.. وہ اپنے ہاتھوں سے اُس کی باچھیں پونچھ کر اُس کے جھاگ آلود منہ میں لقمے ڈالتی.. اُس کے سارے کپڑے اُتار کر ایک بچے کی مانند اُسے پانی کے ٹب میں بٹھا کر نہلاتی دھلاتی.. وہ اُس کے تقریباً اپاہج ہو چکے وجود کو بمشکل غسل خانے تک گھسیٹتی ہوئی.. جب کہ وہ اپنے دونوں ہاتھ اُس کی گردن میں حمائل کیے ہوتا.. لے جاتی.. اُس کا تہبند ڈھیلا کر کے اسے کموڈ پر بٹھاتی اور پھر فراغت کے بعد بنا کسی ناگواری کے اُس کی آلائش کو اپنے ہاتھوں سے دھوتی اور اس دوران امیر بخش کی نیلی آنکھوں میں سے ضعف اور لاچارگی کے آنسو بہتے رہتے..

نور بیگم میں بھی اب اتنی سکت نہ رہی تھی کہ وہ اپنے محتاج خاوند کی دیکھ بھال کر سکتی.. وہ شکر گزار آنکھوں سے عائشہ بی بی کو بھاگ دوڑ کرتی دیکھتی رہتی..

وہ بھی عائشہ بی بی ایک بنجر کھیتی تھی..

اُس کی کوکھ پر بھی زمانوں اور نا اہل تاریخ اور اُس کے باپ عبداللہ سکھ کے بدن کو چیرتی ہوئی تلوار کا اثر ہو چکا تھا.. اگر وہ ایک اور روشن کو پیدا کرنے میں ناکام رہی تھی تو اُس میں اُس کا کچھ دوش نہ تھا..

اُس کا متحرک ذہن اپنی بہو کو ایک ہیولے کی مانند اپنے آس پاس حرکت کرتے محسوس کرتا اور دکھی ہوتا کہ آخر ایسے معصوم لوگوں پر ہی کیوں تاریخ اپنی نا اہلی اور نالائقی کا غصہ اُتار کر اُنہیں بنجر کر دیتی ہے.. امیر بخش کو عزیز جہان کی مانند اپنی نسل کے یُوں تھم کر معدوم ہو جانے کے امکان سے قلق نہ ہوتا تھا.. کبھی کبھار جب وہ کسی بچے کو کسی بوڑھے کو شرارت سے تکتے دادا.. دادا.. کہتے سنتا تو اُسے تھوڑا سا رنج ہوتا پر اُس نے اس کمی کو کبھی سوگواری کا سبب نہ بننے دیا..

روشن اگرچہ اُس وسیع تعمیراتی کاروبار اور اینٹوں کے متعدد بھٹوں کے نظم ونسق کا دھیان رکھتا جس کی بنیاد عزیز جہان، سروسانسی اور اُس کے باپ نے رکھی تھی.. ان میں صرف سروسانسی تھا جو ابھی تک کسی حد تک متحرک اور مددگار تھا لیکن اس کے باوجود اُس کی طبع کا میلان صحافت کی جانب ہی رہا.. وہ اس میدان میں بہت نمایاں نہ ہوا اور نہ ہی معاشی طور پر آسودہ ہوا کہ اُسے ہمیشہ زہر ہلاہل کو قند قرار دینے میں تامل رہا جس کی پاداش میں اُس نے جیل کے دن اور راتیں بھگتیں.. جب کہ اُس کے ہم پیشہ کمتر دانش رکھنے والے.. روپ بدلنے والے بہت سے صحافی اپنے سوچے سمجھے جانب دار تجزیوں اور کالموں کے توسط سے رفعتیں حاصل کرتے گئے.. اہل اقتدار کے ایوانوں میں جگہ پا کر معاشرے میں ایک معزز

مقام پا گئے کہ اُن میں اور ایک طوائف میں کُچھ واضح فرق نہ تھا.. اگرچہ کسی حد تک یہ موازنہ ایک ناانصافی ہے کہ طوائف بدن بیچنے پر مجبور ہوتی ہے جب کہ انہیں قلم فروخت کرنے کی حاجت نہیں ہوتی.. نہ وہ اس صورت حال سے بددل ہوا اور نہ ہی کسی محرومی کا شکار ہوا کہ قلم کے ساتھ اُس کی وابستگی گویا حق اور انصاف کے ساتھ خود سپردگی کا عمل تھا.. ایک کاروبار نہ تھا..

ڈاکٹر رمضان کی تشخیص کے تقریباً تین ہفتوں کے بعد جب وہ ایک طویل اور پُر مشقت دن کے بعد گھر لوٹا تو عائشہ کے چہرے پر آنکھوں میں تشویش کے مہیب سائے تھے.. ''روشن.. آج بھی اباجی کے ہونٹ لرزتے تھے.. میں اُن کی باچھوں سے بہتی جھاگ پُونچھ رہی تھی تو مُجھے محسوس ہوا کہ اُن کے ہونٹ سُوکھے ہوئے ہیں اور شائد وہ پیاس محسوس کر رہے ہیں.. میں اُن کے لیے پانی کا ایک گلاس بھر لائی اُسے اُن کے ہونٹوں کے قریب کیا تو اُن کی نیلی آنکھوں میں ایک دہشت نے جنم لیا اور سفید بالوں میں جیسے خوف کے سنپولیے سرسرانے لگے، اُنہوں نے بمشکل اپنا لرزتا ہوا ہاتھ اٹھایا.. گلاس کو پرے کرنے کی کوشش کرتے ہوئے نیند میں ڈر جانے والے ایک بچے کی مانند حلق میں سے عجیب سی آوازیں نکالنے لگے.. جیسے کوئی مرتا ہوا جانور ہولے ہولے غراتا ہے.. وہ پانی سے ڈر گئے تھے..''

یہ علامت متوقع تھی..

ہلکائے جانے اور ایک پراذیت موت کے آغاز کا آخری اشارہ تھا..

روشن نے ان کی وہیل چیئر کے قدموں میں بیٹھ کر اُن کے دونوں ہاتھ تھام لیے.. اور اُن پر اپنی آنکھیں رکھ دیں.. امیر بخش نے اپنے ہاتھوں کے ماس پر گیلاہٹ محسوس کی تو اونگھ میں جا چکی آنکھیں کھول دیں..

''روشن..'' وہ مکمل طور پر حواس میں تھے اگرچہ اُن کی گویائی میں بار بار خلل آتا تھا ''میرا یہ انجام میرا اپنا انتخاب کردہ ہے.. میں اگر خوشی محمد تھانیدار کے کُتوں سے مفاہمت کر لیتا اُنہیں کی طرح ہلکایا جاتا اور اُن میں شامل ہو کر اپنی مٹی کو کاٹ کھاتا، اس میں اپنے لالچ اور ہوس کا زہر بھر دیتا تو.. میں ایک معزز اور مقدس موت سے دوچار ہوتا.. مرنے پر میرا چہرہ بگڑا ہوا تشنج میں کھنچا ہوا نہ ہوتا بلکہ اس پر ایک پُرنور تبسم ہوتا.. اگر میں مفاہمت کر لیتا تو.. تم نے حوصلہ کرنا ہے.. اور روشن تم نے تاریکی سے کبھی مفاہمت نہیں کرنی.. اپنے حصے کا دِیا جلائے رکھنا ہے.. جان لو کہ جب میں فنا میں اُتر جاؤں گا اور میں جانتا ہوں کہ میری مٹی مجھے قبول کر لے گی تو اُس مٹی کے اندر تک تمہارے دیئے کی روشنائی جائے گی اور مجھے روشن کر دے گی.''

انعام اللہ اگرچہ شریک تھا اس کے باوجود ایک فاصلے پر تھا.. وہ روشن اور عائشہ کی جگہ نہ لے سکتا تھا کہ وہ اُس کے سگے تھے.. ایک محروم احساس شدت سے اُس کے اندر جاگا کہ بے شک یہ امیر بخش اُس کا ایک باپ ہے اور بے شک اگر اُس کا کوئی باپ ہوتا تو وہ اِس سے بڑھ کر اُسے نہ چاہتا.. اور نہ ہی وہ اپنے اُس سگے باپ کو اس سے بڑھ کر چاہ سکتا.. پھر بھی اُس کی قربت میں ہو کر اُسے سنبھالنا، اُس کے لرزتے ہاتھوں پر اپنی آنکھیں رکھ دینا، ان پر پہلا حق صرف اُن کا تھا جو اُس کے سگے تھے، وہ ایک جھجک میں مبتلا ایک فاصلے پر سوگوار تماشائی رہتا..

اُس شب کے بعد جب عائشہ نے روشن کو جب کہ اُس کی آنکھوں میں تشویش کے مہیب سائے تھے یہ اطلاع دی تھی کہ آج اباجی پانی سے ڈر گئے تھے اُس سے اگلی سویر جو آئی.. اور ہر سویر وہ ایک گیلے خوشبودار تولیے سے اُن کا چہرہ پونچھتی.. دو روز کے وقفے سے اُن کے مرجھائے ہوئے گالوں پر فوم لگا کر ان کی شیو کرتی اور اُنہیں وہیل چیئر پر بٹھا کر اُن

کے لیے ناشتہ تیار کرنے میں مصروف ہو جاتی اور اُس سویر..اُن کا بستر خالی تھا..

وہ وہاں نہیں تھے..

ایک تقریباً اپاہج ہو چکا لاچار بوڑھا کیسے اپنے بستر سے اُٹھ کر کہیں جا سکتا تھا.. پر وہ جا چکا تھا..

اگر یہ وہ زمانے ہوتے تو جب وہ راستے بھول جایا کرتے تھے..اپنے گھر کے راستے بھولنے لگے تھے..اپنی کار کہیں بھی روک کر پیدل چلنے لگتے تھے اور پھر یا تو کوئی نہ کوئی انہیں گھر پہنچا دیتا تھا یا روشن اور انعام اُنہیں تلاش کر لاتے تھے..تو اس میں زیادہ فکر مندی کا کوئی جواز نہ ہوتا تھا..لیکن ان زمانوں میں جب کہ وہ ایک وہیل چیئر پر ڈھیر حوائج ضروریہ کے لیے بھی نور بیگم بلکہ عائشہ بی بی کے محتاج تھے وہ کیسے کہیں بھی جا سکتے تھے!

پر وہ جا چکے تھے..

انہیں تلاش کرنے..ڈھونڈنے اور دریافت کرنے کے لیے اُن سب نے کیسے کیسے پاپڑ بیلے، جتن کیے پر سب کے سب بے سود..

وہ چاروں..روشن، انعام، عزیز اور سرو جب سر شام ناکام لوٹتے تو اُنہیں یونہی ایک موہوم سی اُمید ہوتی کہ وہ تو ایک سعیِ لاحاصل میں مبتلا تھے جس کے وہ متلاشی تھے وہ تو اپنی وہیل چیئر میں بیٹھے اپنی نیلی آنکھوں سے مسکراتے جا رہے ہیں، کہیں نہیں گئے..

روشن ذہنی طور پر اپنے باپ سے بچھڑنے کے لیے تیار تھا اور اُس کی آرزو تھی کہ جب وہ اپنے مالک حقیقی سے جا ملے..تو وہ اسے اپنے ہاتھوں سے غُسل دے..اُس کی پنڈلی کو نم آلود آنکھوں سے چُھوئے جس پر ثبت دانتوں کے نشانوں نے اُسے اس اذیت بھری موت سے دوچار کیا تھا..اُسے کفنائے اور پھر قبر میں اُتارے..

لیکن ایک گمشدہ باپ کو..جس کے بارے میں کُچھ پتہ نہیں کہ وہ کہاں ہے اور ابھی تک زندہ بھی ہے یا نہیں.. کیسے نہلایا اور دفنایا جا سکتا ہے..

اُن کی گمشدگی کے پورے دو ماہ بعد سرو سانسی اپنے بیٹے سلمان شاہ کی سیاہ مرسیڈیز میں سے کتنا ناتواں اور لڑکھڑاتا ہوا اُترا..”روشن پُتر میں نے اپنے چوہدری کا کھوج لگا لیا ہے..وہ شخص جس نے مجھے اپنے دستر خوان پر ساتھ بٹھا کر ایک انسان کا روپ عطا کیا، میں نے اُس کا پتہ پا لیا ہے..جہاں تمہارا دادا چوہدری مُحکم دین اپنے مال مویشی سمیت ڈیرہ کرتا تھا اور چوہدری ہر سویر چناب کے پانیوں میں تیرتا اُس کا ناشتہ لے کر جاتا تھا..شنید ہے کہ وہ کوٹ ستارہ کے اُسی جنگل بیلے میں کہیں ہے..“

پر وہ وہاں بھی نہیں تھا..

روشن نے اُس جنگل بیلے کا کونہ کونہ چھان مارا..ہر شجر کے سائے میں اُسے تلاش کیا..ہر گھنے کُنج میں..جنگلی بیریوں کی جھاڑیوں میں..پانیوں کے کنارے بلند ہوتے سرکنڈوں اور سروٹوں میں..روشن نے خرگوشوں اور ہرنوں کا بھی تعاقب کیا کہ شائد وہ آگاہ ہوں..اُسے اُس کے باپ تک لے جائیں پر سب بے سُود..

تب شام اُترتی تھی..چناب کے پانی شفق کی سُرخی میں ایک مدھم ہوتے لاوے کی مانند بہہ رہے تھے..وہ تھک

ہار کے اُس کے کنارے پر آ بیٹھا اور عین اُسی مقام پر جہاں اُس کا باپ امیر بخش بیٹھا کرتا تھا اور تب اُس نے ان پانیوں سے سوال کیا، اُن کی مدد کا طلبگار ہوا کہ وہ جو گئے زمانوں میں کبھی سطح پر اور کبھی تمہارے آبی وجود کے اندر.. تیرا کرتا تھا.. وہ کہاں ہے.. تمہیں تو خبر ہوگی.. غزالاں تم تو واقف ہو..

قدرے توقف کے بعد..

اُن پانیوں کے اوپر جو ایک مدھم ہوتے لاوے کی مانند سرخی میں ڈوبے ہوئے بہہ رہے تھے.. اُن کے اوپر دُھند کی سفید نابینائی کا ایک غبار اُترا.. اور یہ دُھند ساکت نہ تھی اس میں بھی ایک مدھم بہاؤ تھا اور پھر اُس کی سفیدی میں سے رنگ رنگ کا ایک پنچھی نمودار ہوا.. کچھ دیر پَر پھڑ پھڑاتا یُوں ساکت ہوا جیسے ابھی سطحِ آب پر گر کر ڈوب جائے گا اور پھر یکدم متحرک ہو کر روشن کے سر پر سے گذر کر پرواز کر گیا.. پھر تو تانتا بندھ گیا.. وہ پرندوں کا پہلا قطرہ تھا.. ہر نسل کے.. ہر رنگ روپ کے.. پنکھ پکھیرو چناب کے پانیوں پر مدھم بہاؤ کی دُھند میں سے ظاہر ہونے لگے..

پر وہ چہکتے نہ تھے..

اُن کی چونچیں بند تھیں.. اُن پر چُپ کے تالے زنگ آلود ہوتے تھے..

وہ اتنے سوگوار تھے کہ اُن کے پروں کے سو رنگ بھی سیاہی کے الم ناک اندھیروں میں کالے سیاہ ہوتے تھے.. وہ بنا کسی جھجک کے روشن کے کاندھوں پر بیٹھتے گئے.. اُس کا وجود ڈھکتے پھڑ پھڑاتے.. تعزیت کرتے بیٹھتے گئے.. اُن کی چونچوں اور پھڑ پھڑاتے پروں کی سیاہی میں بچھڑ جانے کے دُکھڑے اور نوحے تھے.. اور اگر کوئی جھانک سکتا تو اُن کی سیاہ آنکھوں میں نمی تیرتی تھی..

اور تب..

اُس کے کاندھے پر ایک پرندہ، اُن سب سے الگ.. سب سے جدا اور انوکھا آن بیٹھا.. اور اگر کوئی جھانک سکتا تو اُس کی آنکھیں گہری نیلی جھیلیں تھیں.. اُس کی قامت بقیہ پرندوں کی نسبت دراز تھی اور اُس کے پَر برف سفید تھے.. اُس نے اپنی چونچ اُس کے کان کے قریب لا کر سرگوشی کی ''روشن..''

اُس شب... چناب کے پانیوں سے واپسی پر اگلی شب روشن ایک خواب میں تھا.. اُس کے باپ کا مردہ بدن لکڑی کے خستہ پانیوں سے بھیگتے ہوئے ایک تختے پر پڑا ہے اور وہ اسے اپنے ہاتھوں سے نہلا رہا ہے.. روتے آبدیدہ انعام اور سروسانسی گرم پانیوں کی بالٹیاں لا رہے ہیں اُس کے اوپر انڈیل رہے ہیں اور وہ اُسے نہلا رہا ہے.. تختے پر بچھا اُس کا ذی شان بدن گویا اپالو کا شاندار بدن تھا، اس دیوتا کو موت کیسے آ گئی... یہ اُس کی لامبی انگلیاں ہیں جنہیں تھام کر وہ زندگی کے راستوں پر چلا تھا.. اور اُس کی بند آنکھیں بھی مکمل طور پر روپوش نہ ہوتی تھیں اُن میں سے نیلاہٹ کے جھرنے پھوٹتے تھے.. سفید بال ابھی تک زندہ اور پُر نور تھے.. روشن نے اپنے باپ کو خود اپنے ہاتھوں سے لحد میں اُتارا.. اے خدا.. اگر تو ہے.. تو جانتا ہے کہ یہ شخص فرشتوں سے زیادہ پوتر تھا تو اس کے لیے گور کے اندھیرے کو روشن کر دینا.. اُس خواب میں وہ اپنے باپ کی پنڈلیوں پر کُھبے کتوں کے دانتوں کو بھی غسل دیتا تھا..

اگلی سویر جب وہ بیدار ہوا اور اُس خواب میں گُم تھا تو اُس کے کاندھے پر ایک پرندہ، اُن سب سے الگ، سب سے جدا اور انوکھا بیٹھا تھا اور اُس کے کان کے قریب اپنی ست رنگی چونچ لا کر کہتا تھا ''روشن..''

اُسے انعام اللہ کو جب امیر بخش نے یہ کہا تھا کہ.. یہ پود جو مردہ مینڈک ایسی آنکھوں والے کی بوئی ہوئی ہے تم جیسے لوگوں کو تلف کر دینا چاہتی ہے اور کر دے گی..تو اُسے یہ مشورہ قبول کرنے میں کُچھ تأمل تھا..جھجک نے اُس کا راستہ روکا تھا.. بے شک اُس کے سب رشتے ناتے سوتیلے تھے، نہ حسب نسب تھا نہ کوئی ذات اور اس کے باوجود وہ اس مٹی سے جدا ہونے کا قیاس نہ کر سکتا تھا.. اُس کی تحریر کے ردعمل میں اُس کے سر پر جو مذہبی پھندے لٹکتے تھے، اُس کا گلا گھونٹنے کے درپے تھے وہ اُنہیں قبول کرنے پر مائل تھا کہ جدا نہ ہونا چاہتا تھا..لیکن امیر بخش کے فنا میں تحلیل ہو جانے کے بعد، ایک امام کی مانند روپوش ہو جانے کے بعد یکدم یہ سرزمین بھی اُس کی سوتیلی ہوگئی..ساری کشش کھو بیٹھی اور اُس نے اسے تیاگ دینے کا حتمی فیصلہ کر لیا..

✦ .... ✦

جان ایف کینیڈی انٹرنیشنل ایئرپورٹ کے ماتھے میں نصب شیشے کے شفاف اُن دروازوں کے پار جو نیویارک پر کھلتے تھے ایک اجنبی شہرِ خاموشاں تیزی سے حرکت کرتا دکھائی دیتا تھا.. جب کوئی مسافر اپنے سامان کی ٹرالی دھکیلتا اُن کے قریب ہوتا تو وہ مؤدب غلاموں کی مانند اُلٹے قدموں وا ہو جاتے' اُن کے کھلنے سے باہر کا شہرِ خاموشاں اِک شہرِ شور میں بدل کر ایئرپورٹ کے اندر داخل ہو کر گونجنے لگتا.. وہ آخری مسافر تھا جو امیگریشن کاؤنٹر اور کسٹم سے فارغ ہو کر اپنے سیاہ بیگ میں دفن ''آٹو بائیوگرافی آف اے باسٹرڈ'' کی جلدوں کا بوجھ محسوس کرتے ابھی تک ایک سہمے ہوئے بچے کی مانند چمکیلے فرش پر بے حس و حرکت کھڑا تھا..

اُس بچے کو سہم تو ہوگا جو ابھی ابھی اپنی نادیدہ ماں کے ناڑو سے کٹ گیا ہو.. بیشتر مسافر تو نیویارک پر کھلتے دروازے کی جانب یوں لپکے تھے جیسے اُنہیں ڈر تھا کہ امیگریشن کا کوئی افسر اپنا فیصلہ بدل کر اُنہیں اب بھی روک لے گا.. لیکن وہ.. اپنے پاؤں پر ساکت رُکا ہوا تھا..

اُس کی چمڑے کی سیاہ جیکٹ کی اندرونی جیب میں سبز پاسپورٹ کے علاوہ جس پر پانچ برس کا امریکی ویزا ثبت تھا.. جو اُسے ایک باضمیر مصنف کے طور پر جس کی جان کو مذہبی تنگ نظری سے خطرہ تھا، آسانی سے حاصل ہو گیا تھا.. دو ملاقاتی کارڈ تھے..

یہ دونوں کارڈ نئی دنیا میں اُس کی انجانی بیساکھیاں ثابت ہو سکتے تھے.. اُن میں سے ایک بیساکھی فی الحال بیکار تھی جو اُس کے روحانی باپ سروسانسی نے.. امیر بخش کی رخصتی کے الم میں مسمار ہوتے اگرچہ اب بھی ایک مضبوط بدن کے سروسانسی نے اُس کی جیب میں ڈالی تھی..

''انعام پتر.. بے شک چوہدری امیر بخش نے تجھے اپنے سگے روشن سے بھی بڑھ کر چاہا.. بے اولاد عزیز جہان بھی تمہیں دیکھ دیکھ کر جیتا ہے، اللہ اُسے حیاتی دے اُس کا بھی کچھ پتہ نہیں کب بلاوا آ جائے.. میں ان چوہدریوں کی ہمسری تو نہیں کر سکتا پر انعام تو سگا تو میرا ہی ہے ناں.. میں ہی تجھے اُن سے جو تمہیں سنگسار کرنے کے درپے تھے اُن سے بچا کر سینے سے لگا کر گھر لایا تھا.. تم پر میرا حق زیادہ ہے اور میں مردار کھانے والا نہ رہوں، اگر میں نے تمہیں موجو اور موتی کی نسبت زیادہ محبت نہ دی ہو.. مجھ سے تمہاری جدائی برداشت نہ ہوگی.. پر میں تمہیں اس دھرتی کو ترک کرنے سے نہیں روک سکتا.. میں نے تیرے لیے لوگوں کی آنکھوں اور داڑھیوں میں غضب کی جھاگ دیکھی ہے جس میں تمہاری موت کے خدشے

ہیں..موجو تو برگشتہ ہو گیا اور موتی..جو اپنی روائتوں پر قائم رہا..سانسی رہا، وہ بھی اس معاشرے کی تنگ نظری میں اپنے آپ کو ڈھال نہ سکا..رزق روزگار کے حصول کے لیے چلا گیا..اُس کا آخری خط آئے ہوئے بھی دس برس سے زیادہ کے زمانے بیت چکے..اس کے بعد اُس کی کچھ خبر نہیں..موجو کو بھی اپنے سگے بھائی کی کچھ پرواہ نہیں کہ وہ زندہ بھی ہے یا نہیں..میرا دل اُس کے لیے کٹتا رہتا ہے..شائد مر گیا ہو..ورنہ اُس کا کچھ اتہ پتہ لگ ہی جاتا..تُو پتہ تو کرنا..''

موتی نے دیال سنگھ کالج سے معاشیات میں ایم اے کرنے کے بعد اپنے باپ کے اصرار کے باوجود اُس کے ساتھ کاروبار میں شریک ہونے سے انکار کر دیا' اُس کے اندر سانسیوں کا ایک مخصوص اکھڑ پن تھا جو شاید اُسے اپنی ماں سوہنی سانسن کی جانب سے ودیعت ہوا تھا..سرو سانسی کو کبھی کبھی محسوس ہوتا کہ اعلیٰ تعلیم نے موتی کا کچھ نہیں بگاڑا..اُس کی سانسی خصلت نہیں بدلی..اُس کی آنکھوں میں ابھی تک مُردار کی ہوس تھی..موتی نے اپنے پاؤں پر کھڑا ہونے کے لیے بڑے پاپڑ بیلے لیکن ہر موقع پر' ہر انٹرویو میں اُس کا سانسی ہونا آڑے آجاتا اور لوگ بدک جاتے..وہ بڑے دھڑلّے سے مذہب کے خانے میں ''لا مذہب سانسی'' درج کرتا اور پھر اس کا خمیازہ بھگتتا..اُس نے چند معمولی نوکریاں کیں' کچھ عرصہ ایک بینک میں کام کیا اور پھر یکدم منظر سے غائب ہو گیا..

اُس دس برس پرانے تصویری کارڈ پر کسی جھیل کی تصویر تھی اور کینیڈا کا کوئی پتہ درج تھا..دوسرا کارڈ پروفیسر منظور ناظر کے نام تھا جو روشن نے اُسے تھما دیا تھا..

یونیورسٹی کے زمانوں میں پروفیسر منظور ناظر جب ایک بیساکھی کے سہارے لنگڑاتا ہوا کلاس رُوم میں داخل ہوتا تھا تو وہ طلبا بھی اُس کی تعظیم میں کھڑے ہو جاتے جو نظریاتی طور پر اُس کے مخالف تھے..اگرچہ بقول اُن کے وہ ایک دہریا اور سُرخا تھا لیکن وہ بھی اُس کی تاریخی منطق اور گہری دانش کے معترف تھے...اور جو طالب علم سوشلزم سے متاثر تھے اُن کے لیے تو وہ ایک نئے انصاف پر مبنی مساواتی نظام کا نقیب اور شعلہ بیان مسیحا تھا..جب وہ ایک بیساکھی کے سہارے اپنا ناکارہ پاؤں گھسیٹتا ہوا کلاس رُوم میں داخل ہوتا تو ایک قدرے اپاہج سُرخ سویرے کی مانند طلوع ہو جاتا..روشن بھی اُس کا مطیع اور مُرید ہو چکا تھا..یہ مردہ مینڈک ایسی آنکھوں والے کے مقدس دور جبر سے پہلے کے زمانے تھے..

پھر حالات نے کچھ ایسی کروٹ بدلی کہ سب کچھ منتشر ہونے لگا..منظور ناظر مایوس ہو کر..شائد اپنے نظریئے کی ناکامی سے بددل ہو کر..یا اُس سے برگشتہ ہو کر..بے مُراد ہو کر اُس سرمایہ دارانہ نظام کی آغوش میں چلا گیا جسے مسمار کر کے وہ ایک نئی دنیا تخلیق کرنے کے خواب دیکھا کرتا تھا..

جونہی جہاز کا پیٹ اُس اجنبی سرزمین سے مَس ہوا جو کہ امریکہ تھی اُس کا ناڑو جو ابھی تک اُس کی ان دیکھی نامعلوم اور شائد گنہگار ماں کے ساتھ بندھا ہوا تھا اور وہ اُس انجانی ہستی کے بدن سے جُڑا اُس میں سے اپنے سانس کشید کرتا تھا..پچاس برس کا ہو جانے کے باوجود اُس ماں کی کوکھ کی حدت میں محفوظ محسوس کرتا تھا، جونہی جہاز کا پیٹ اُس اجنبی سرزمین سے مَس ہوا جو کہ امریکہ تھی، وہ ربط، وہ بندھن یکدم منقطع ہو گیا..

اگر اُس کے بس میں ہوتا تو اُس لمحے وہ اُس جہاز کا رُخ موڑ دیتا..وطن واپس لے جاتا..بے شک وہ اسے اپنے

وطن کے عذابوں اور جھاگ آلود منتقم مزاج بھیڑیوں کی کھوہ میں لے جاتا..وہ اُسے چیر پھاڑ کر اپنے شکم میں اُتار لیتے..پھر بھی وہ اُس کا رُخ موڑ سکتا تو موڑ لیتا..

ایک نادیدہ ماں سے بندھا ہونا بھی ایک پناہ دینے والی طوائف سے کہیں افضل ہوتا ہے..

وہ کب تک وہاں ساکت کھڑا رہتا.. بوجھل قدموں سے چلتا شیشے کے شفاف دروازوں کی جانب بڑھا اور اُن کے کُھلنے سے وہ جو اِک شہرِ خاموشاں دکھائی دیتا تھا یکدم پُرشور ہو گیا..

بوسیدہ صوفے کے بازو پر اُس کی بیساکھی آرام کرتی تھی...

سندھی اجرک میں لپٹی، کانوں میں چاندی کے جھمکے لٹکتے اور کمر پر ایک دو تین برس کے آدھے گورے آدھے کالے بچے کو ٹکائے ایک درمیانی عمر کی معمول کی صورت کی گوری قدرے فربہ ہو چکی بیزار سی خاتون، ایک مختصر سے بے ترتیب فلیٹ میں جو اُن ضخیم کتابوں کے بوجھ سے مسمار ہو سکتا تھا جو عہد گزشتہ میں دانشوری اور سرخ سویرے کی آمد آمد کی سَند تھیں.. کارل مارکس، اینگلز، لینن، یہاں تک کہ مرتد ٹراٹسکی کے مکمل درجنوں جلدوں پر محیط مجموعے...روسی، چیک اور تیسری دنیا کی نمائندہ ادبی تحریریں اور ناول....ان میں سے تحمل اور صبر کے زہر کے گھونٹ بھرنے کے باوجود وہ مارکس کی ''داس کیپٹل'' کے ابتدائی ابواب ہی پڑھ سکا تھا جو اُس کے سر پر سے گذر گئے تھے.. البتہ فرانز فینن کی تصنیف ''ریچڈ آف دے ارتھ'' ایسی تھی جو شناسا تھی اور وہ اسے ایک گہری لگن کے ساتھ متعدد بار پڑھ چکا تھا..

ایک بوسیدہ صوفے کے بازو پر اُس کی بیساکھی آرام کرتی تھی اور وہ اُس میں دھنسا اپنے سامنے بیٹھے پاکستان سے وارد ہونے والے اُس شخص کو دیکھتا تھا جو اُس کے شاگرد روشن کے واسطے سے اُس کا کھوج لگاتا آن پہنچا تھا اگرچہ اُس کی یادداشت حسب معمول اُس سے بے وفائی کر رہی تھی..اور اُسے کچھ یاد نہ آ رہا تھا کہ اُس کے سینکڑوں طالب علموں میں یہ روشن کونسا تھا..اپنے کمر پر بچہ جمائے وہ گوری خاتون آتی جاتی اُسے معتدل اور غیر جانبدار نظروں سے دیکھتی تھی..وہ فیصلہ نہ کر پا رہی تھی کہ اس ایک اور مہمان کو کن نظروں سے دیکھا جائے..اُدھر پاکستان سے آنے والے اُس کے خاوند تک پہنچ جانے والے بیشتر لوگ تلاش معاش اور ایک بہتر مستقبل کی خواہش میں مبتلا اُس کی مدد کے خواہاں آتے رہتے تھے.. پر یہ شخص اُدھیڑ عمر تھا، اس کے چہرے پر مستقبل کی معاشی شانداری کی کوئی آرزو نہ تھی..

''آپ نے کیا نام بتایا تھا؟''

''انعام اللہ..''

''ہاں تو انعام..میں تمہیں دو چار روز کے لیے تو اپنے پاس جگہ دے سکتا ہوں اور وہ بھی اپنے غسل خانے میں جس کے فرش پر تمہارے لیے ایک سلیپنگ بیگ بچھا دیا جائے گا..اس کے سوا میں تمہارے لیے اور کچھ نہیں کر سکتا..اس کے بعد تمہیں اپنی رہائش اور روزگار کا بندوبست خود کرنا ہوگا..''

''جی.. یہی بہت ہے..'' اگرچہ وہ نہیں جانتا تھا کہ اس سراسر نئی اور پرائی دنیا میں وہ یہ بندوبست کیسے کرے گا..

اُس فلیٹ میں مسلسل ٹہلتی اپنے بچے کو کھلاتی گوری عورت اس نتیجے پر پہنچ گئی کہ یہ مہمان کم از کم ایک سینڈوچ اور کافی کے ایک کپ کا حقدار ہے..وہ اپنے خاوند کے لیے کرسٹل کے ایک گلاس میں اُس کی پسندیدہ سکاچ وہسکی بھرلائی.. جب وہ اس لبریز گلاس کو تپائی پر رکھ رہی تھی تو انعام اللہ نے اس کی آنکھوں میں اپنے اپاہج خاوند کے لیے ایک ایسی محبت سلگتی ہوئی دیکھی جو کہتی تھی کہ اس شخص سے شادی کر لینے پر مجھے کُچھ پچھتاوا نہیں..نہ ہی منظور نظر نے اُس سے دریافت کیا کہ تمہیں اس عمر میں امریکہ چلے آنے کی کیوں سوجھی..تمہارا پس منظر کیا ہے..وہاں کیا کرتے تھےاور نہ ہی انعام اللہ نے اپنا تفصیلی تعارف کروانے کی ضرورت محسوس کی کہ ایک پناہ گزین کی گذشتہ شناخت معدوم ہو جاتی ہےاور وہ صرف ایک پناہ گزین ہوتا ہے..اُن کے درمیان تعارفی تناؤ کی جو جھجک تھی..وہ منظور نظر کے وہسکی کے دوسرے ڈبل کے بعد قدرے ڈھیلی پڑ گئی..

''سر..آپ تو ایک مکمل طور پر اپنے کمیونسٹ عقیدے سے جُڑے ہوئے شخص تھے..سرخ سویرے کے متمنی اُس کی آمد کے منتظر تو..پھر آپ..''

منظور نظر نے اُس کا فقرہ مکمل نہ ہونے دیا کہ وہ اس اعتراض کا عادی ہو چکا تھا ''میں نے کیوں اس سرمایہ دارانہ نظام کے تحت زندگی کرنے کو قبول کر لیا..اس لیے کہ میں ایک کمزور شخص تھا..انقلاب برپا کرنے کے لیے مسلح جدوجہد کا پرچارک تو تھا لیکن میں کبھی بندوق تھام کر اپنے مقصد کے حصول کے لیے میدان میں نہیں اُتر سکتا تھا..میرا ذہن ہر نوعیت کے دباؤ کو سہہ سکتا تھا لیکن میرا بدن اُس پہلے درّے کی زد سے ذرا سا ادھڑا تو مجھ میں اس اذیت کو برداشت کرنے کی سکت نہ تھی..تمہیں نہیں معلوم کہ جب ایک سوچنے سمجھنے والے بہتر مستقبل کے خواب دیکھنے والے یونیورسٹی میں لیکچر دینے والے کی پشت پر درّے برستے ہیں تو اُس پر کیا گذرتی ہے..وہ فوراً ایک معافی نامے پر دستخط ثبت کر کے شکاری کتوں کے جبڑوں سے نکل جاتا ہے..میں نے اگرچہ امریکی نظام کو کبھی دل سے قبول نہیں کیا لیکن اس کی انسان دوستی اور مہربانیوں کا قائل ہو چکا ہوں..اپنے وطن کی نسبت میں یہاں جو کُچھ کہنا چاہتا ہوں بلاخوف وخطر کہہ سکتا ہوں اور اس کی پاداش میں آدھی رات کے وقت اس مردہ مینڈک ایسی آنکھوں والے کے متشدد اہلکار مجھے زدوکوب کرتے ہوئے، ٹھڈے مارتے اہل محلّہ کے سامنے میری شلوار اُتار کر مجھ پر تھوکتے ذلیل نہیں کرتے، تم نے اپنا نام کیا بتایا تھا؟''

''انعام اللہ..''

''اور نہ ہی انعام مجھے اس معاشرے میں لنگڑے پن کے باعث حقیر سمجھا گیا ہے بلکہ یہاں آکر میں اس معذوری کی بنا پر معتبر ہو گیا ہوں..وہاں میرے ہم نظریہ لوگ بھی مجھے لنگڑا پروفیسر کہا کرتے تھےاور یہاں مجال ہے کہ آج تک کسی نے میری اس معذوری کی جانب اشارہ بھی کیا ہو..بسوں، ٹرینوں اور میٹرو میں میرے ساتھ ایک وی آئی پی ایسا سلوک کیا جاتا ہے..میں نیویارک کی مصروف ترین شاہراہ پر اگر اپنی بیساکھی رکھ دیتا ہوں تو ٹریفک تھم جاتی ہے..مجھے زندگی میں پہلی بار ایک انسان سمجھا گیا ہے..میں اپنے نظریئے سے منحرف نہیں ہوں، صرف معترف ہو گیا ہوں..'' اُس نے اپنے گلاس کی تہہ میں جھانکا تو اس عورت نے فوراً اسے پھر سے لبریز کر دیا..''تو..تم نے اپنا نام انعام ہی بتایا تھا ناں..تو جب

میں شکاری کتوں سے فرار ہو کران سرمایہ دارانہ ساحلوں پر اُترا تو میں نے بہت تگ و دو کی کہ مُجھے کسی چھوٹے موٹے کالج یا سکول میں مدرس کی ملازمت مل جائے.. پر یہاں میری دانش کُچھ کام نہ آئی..اپنی معذوری کے باعث نہ تو میں کسی بھی نوعیت کی مزدوری کر سکتا تھا اور نہ ہی ٹیکسی چلا سکتا تھا.. اِن دنوں بیشتر ان پڑھ پاکستانیوں کی مانند میں بھی ایک گروسری سٹور چلاتا ہوں..سبزیاں، ترکاریاں فروخت کرتا ہوں اور نہائت مہارت سے حلال گوشت کی بوٹیاں اپنے پاکستانی قصائی کی نسبت زیادہ نفاست سے کاٹتا ہوں..اور تمہیں..شائد حیرت ہو کہ میں خوش ہوں.. مطمئن ہوں..اور یہ عورت لارا جس نے پہلے پہل تمہیں ناپسند کیا تھا اور اب تمارے لیے ایک سینڈ وچ لے آئی ہے، ایک نظریاتی عورت ہے جو مُجھے ایک احتجاجی جلوس کے دوران ملی تھی.. ہمارے درمیان ایک ایسی یگانگت اور مفاہمت ہے کہ ہم دونوں اپنے اپنے متعین کردہ مقام پر زندگی بسر کرتے ہیں اور ایک دوسرے کے مقام میں دخل انداز نہیں ہوتے..اور نہ ہی کبھی میں نے اس سے استفسار کیا ہے کہ یہ بچہ کس کا ہے..ایک بچے کا تو کُچھ اختیار نہیں ہوتا کہ وہ کس کا ہے..''

''جی..'' اُس نے صرف اتنا کہا اور چپ ہو گیا..اگر چہ وہ کہنا چاہتا تھا کہ سَر میں بھی ایک ایسا ہی بچہ ہوں..

✦ .... ✦

یہ کیسا رزق ہے.. سیاہ پلاسٹک کے بھاری تھیلے کو جس میں نیو یارک شہر کی ساری گندگی، غلاظت اور ثقافت تھی اپنے کاندھوں پر لادتے ہوئے انعام اللہ نے اپنے آپ سے سوال کیا.. خالی ڈبے.. بوتلیں، کارٹن، پیشاب سے بھرے شاپر بیگ.. پیزا کے بوسیدہ ہو چکے ٹکڑے.. غلیظ چیتھڑے.. اخبار... بچوں کے ڈائپر.. سکڑ چکے کنڈوم.. اس شہر کی ثروت اور گناہوں کا سارا بوجھ.. یہ کیسا رزق ہے۔ اُس نے اپنے آپ سے پوچھا.. اُن کندھوں پر جنہیں بوجھ اٹھانے کی عادت نہ تھی..

وہ جانتا تھا کہ منظور نظر کا غسل خانہ ایک عارضی ٹھکانہ ہے.. صرف دو چار روز کے لیے ایک پناہ ہے اور اُس کے بعد صرف کھلا آسمان ہے..

اور اُس عارضی آسائش کے بعد کھلا آسمان تھا.. اُس کے سر پر کوئی چھت نہ تھی.. جونہی رات ہوتی وہ کبھی کسی پُل کے نیچے.. بروک لین کے پُل کے تلے.. شہر کے پسماندہ حصوں کے فٹ پاتھوں پر جہاں پولیس کا آنا جانا کم ہوتا تھا.. سنٹرل پارک کے کسی بنچ پر.. اور کبھی کبھار وہ پوری رات چلتے پھرتے گذار دیتا اور کہیں بھی پناہ نہ ملتی.. اور اُن پُلوں کے نیچے، فلائی اوورز کی چھتوں تلے.. کسی جنک یارڈ میں وہ تنہا نہ ہوتا اُس جیسے اور بھی بے آسرا لوگ ہوتے، نشے میں چہرے سرخ کیے' آگ تاپتے.. منشیات کے مارے ہوئے.. سدا کے الکوحل میں ڈوبے ہوئے.. اور بھی لوگ ہوتے.. اور ان میں انعام اللہ نے جانا کہ چند ایسے لوگ بھی ہیں جنہوں نے جان بوجھ کر اپنی آسائشیں ترک کر کے یُوں بے آسرا اور بے گھر ہو جانا منتخب کیا..

دراصل یہی فرانز فینن کے ''ریچڈ آف دی ارتھ'' تھے..

اُن میں ایک برف سفید بالوں والا نہائت شاندار وجاہت والا بوڑھا بھی تھا جسے دیکھ کر اُسے اپنا باپ امیر بخش یاد آتا تھا کہ اُس کی آنکھوں میں بھی نیلاہٹ کے ڈورے تیرتے تھے اور وہ دراز قامت تھا.. وہ ایک منجمد رات میں کوڑے کے ڈرم میں سے بھڑکتی ہوئی آگ پر ہاتھ رکھ کر اپنے آپ کو گرم رکھتا خود ہی بولتا چلا جاتا تھا.. میں تو اب جا کر زندگی کی کشش سے متعارف ہوا ہوں.. آزاد ہوا ہوں.. مجھے تو اب تک میری ملازمت نے.. بیوی بچوں نے اور اِس معاشرے نے اپنے اپنے مفاد کی خاطر قید کر رکھا تھا.. مجھے غلام بنا رکھا تھا.. اور وہ یکدم خود کلامی کرتا مسکرانے لگتا.. وہ مجھے تلاش کرتے پھرتے ہوں گے.. میری بیوی اور بچے.. پر اب میں ملنے والا نہیں ہوں.. میں اب واپس جانے والا نہیں ہوں..

انعام اللہ کُھلے آسمان تلے.. اکثر بھوک سے نڈھال کبھی کبھار سوچتا کہ اُسے بھی یہی زندگی اختیار کر کے مکمل طور پر آزاد ہو جانا چاہیے..

اُن اولین تین دنوں کی آسائش کے بعد وہ در بدر رزق کے حصول کا سوال کرنے والا ایک بھکاری ہو گیا..ڈُو یُو ہیو اینی اوپننگ..ڈو یُو نیڈ ہیلپ..میں کچھ بھی کر سکتا ہوں پلیز..وہ ہر دوکان، ہر ریستوران، ہر شراب خانے میں جھانک کر دستِ سوال دراز کرتا اور پھر باہر آ جاتا..اُسے محسوس ہوا کہ اُس کی رنگت اُس کے رزق کے راستے میں حائل ہو رہی ہے.. باہر ریستوران یا بیکری کے شیشے پر ''ہیلپ وانٹڈ'' کا اشتہار چسپاں ہوتا، وہ اندر جاتا تو گورا مالک..جو اکثر اوقات امریکی نہیں، ہسپانوی، اطالوی یا پورتوریکن ہوتا معذرت بھی نہ کرتا ابرو کے اشارے سے اُسے دفع ہو جانے کے لیے کہتا..

نیویارک دنیا کا سب سے بڑا نسل پرست شہر تھا..

صرف گوری نہیں ہر نسل..سیاہ، زرد..بُھوری.بٹیالی اپنی اپنی نسل کی پرستش کرتی تھی..

ہر نسل اپنی ثقافت اور اپنی شکل کی پجاری تھی..

ہسپانوی، اطالوی، یونانی..صرف اپنے ہم وطنوں کے لیے نرم گوشہ رکھتے تھے..جنوبی امریکی صرف اپنے ہم زبان پر بھروسہ کرتے تھے..اور چینی صرف چینیوں پر اعتماد کرتے تھے..

صرف پاکستانی تھے جو پاکستانیوں سے اجتناب کرتے تھے..اُن کی بجائے دھیمے مزاج کے بنگلہ دیشیوں اور نیپالیوں کو ترجیح دیتے تھے..

یہاں تک کہ نہائت قلیل تعداد میں وہ افرو امریکی جو قدرے متموّل تھے، وہ بھی اُسے قریب پھٹکنے نہ دیتے..وہ گوروں کو ملازم رکھ کر اپنی صدیوں کی مجروح انا کو تسکین دیتے..بہت بعد میں اُس پر کُھلا کہ وہ ترقی پسند سوچ جس کے تحت وہ امریکہ میں سیاہ فاموں پر ڈھائے جانے والے مظالم اور نسلی امتیاز کے احتجاج میں اپنی تحریروں میں گوروں کو مطعون کرتا تھا..بالکل کھوکھلی ہو رہی تھی..وہ بھی نسلی تعصب سے بالاتر ہو کر ان امریکی کالوں سے پیار نہ کر سکا..

روزگار کی تلاش میں لِٹل پاکستان، لِٹل انڈیا کے علاقے جیکسن ہائٹ میں بھٹکتے ایک شب ایک ایسے مخمور بوڑھے سے ملاقات ہو گئی جو کسی زمانے میں پاکستان ٹیلی ویژن کے ڈراموں میں چھوٹے موٹے کردار ادا کیا کرتا تھا اور مناسب اہلیت کا اداکار تھا۔ اگرچہ اُس ضیائی مقدس عہد میں اُس پر کُچھ ظلم نہ ہوا تھا لیکن بہت سارے دوسرے لوگوں کی مانند اُس نے مظلوم بن کر امریکہ میں سیاسی پناہ حاصل کر لی..وہ اپنے تئیں ایک عظیم اداکار تھا جس کی صلاحیت کی نہ پاکستان نے اور نہ ہی پاکستان ٹیلی ویژن نے کچھ قدر کی تھی..اُس نے اپنے زُعم میں براڈوے کے سارے تھیٹر کھنگال ڈالے تھے..اور اُن میں سے بیشتر کے دربانوں نے اُسے اندر بھی نہ جانے دیا تھا اور جن کے اندر وہ جا سکا تھا وہاں اُس کی کُچھ پذیرائی نہ ہوئی کہ وہاں ایک اردو یا صرف پنجابی بولنے والے اداکار کی گنجائش نہ تھی..اور ان دنوں بقول اُس کے وہ ٹائمز سکوئر کے قابلِ دید مقامات میں سے ایک تھا..ایک معروف شخصیت تھا..گلے میں ایک اشتہار ڈالے کہ..آپ کے سامنے وہ شہرۂ آفاق نجومی کھڑا ہے جو ہمالیہ کی برفوں میں منجمد ہو کر کئی سو برس مردہ پڑا رہا اور پھر زندہ ہو گیا..آپ کی قسمت کا حال..صرف پانچ ڈالر میں..ادائیگی نقد، کریڈٹ کارڈ اور چیک قبول نہیں کیے جاتے..اس دوران وہ جان چکا تھا کہ امریکی

اپنی قسمت کا حال کیسا سننا چاہتے ہیں اور وہ اُنہیں سنا دیتا.. پوری شب بمشکل دو چار لوگ پھنستے البتہ ٹورسٹ سیزن میں جاپانیوں کی یلغار اُس کے لیے بے حد سودمند ثابت ہوتی..

''چَن جی.. یہ نیویارک ہے.. یہاں کسی کو کُچھ بھی حسب آرزو نہیں ملتا تو آرزو ترک کر دے.. یہ فیصلہ تم نے نہیں نیویارک نے کرنا ہے کہ تم کس نوعیت کی زندگی گذارو گے..''

''مُجھے کسی بھی نوعیت کی زندگی گذارنے میں تأمل نہیں..''

''نیویارک کے گناہوں، آلائشوں اور ثقافتوں کا بوجھ اُٹھا لو گے؟ براڈوے کا جتنا علاقہ ہے جس میں سینکڑوں گلیاں اور بازار ہیں اُن کا کاٹھ کباڑ اور گندگی اُٹھانے کا ٹھیکہ اطالویوں کے پاس ہے..سٹریٹ نمبر 112 میں کارلو موراویا کا دفتر ہے..آسامیاں نکلتی رہتی ہیں..میں نے بھی کُچھ روز گندگی کے تھیلے ڈھوئے تھے، اُنہیں ٹرک میں لوڈ کر کے اُن پر بیٹھ کر شہر کے باہر جا کر اُنہیں ربش ڈمپ پر ڈمپ کیا تھا لیکن..میں ایک حسّاس شخص ہوں، بدبو برداشت نہ کر سکا اور پھر یہ تھیلے بھاری بہت ہوتے تھے..تم یہ کام کر سکو گے؟''

''ہاں..کوئی بھی کام..''

''اس عمر میں اتنا بدبودار اور گیلا بوجھ اُٹھا لو گے؟''

''ہاں..'' وہ کہنے والا تھا کہ مجبوری ہے پر رُک گیا، اُسے کُچھ مجبوری نہ تھی..امیر بخش نے جب وہ گھر کا راستہ بھولنے لگا..اُس نے بہت پہلے اپنا سارا کاروبار اُس کے اور روشن کے نام کر دیا تھا.. پاکستان سے رخصت ہوتے ہوئے روشن نے اُس کے سیاہ بیگ کو ڈالروں کے پلندوں سے بوجھل کر دیا تھا..انعام یہ تمہاری شراکت کا کُچھ حصہ ہے..وہاں جا کر ایک آسودہ..متموّل اور فراغت کی زندگی بسر کرنا اور اپنے آپ کو اپنی تحریر کے لیے وقف کر دینا..انعام اللہ کو کُچھ مجبوری نہ تھی، کوئی بے بسی نہ تھی، معاشی طور پر وہ مستحکم تھا لیکن..وہ ان ڈالروں میں سے ایک ڈالر بھی اپنی بقاء کے لیے صرف نہ کرنا چاہتا تھا..فی الحال وہ اپنا رزق خود کمانا چاہتا تھا..

اگلے روز وہ براڈوے کی سٹریٹ نمبر 112 میں واقع کارلو موراویا کے دفتر میں حاضر ہو گیا جہاں کارلو ایک ناقابل بیان حد تک فربہ اطالوی ایک گھومنے والی کُرسی پر بیٹھا مسلسل اپنے آپ کو گھما رہا تھا..

پچھلے دو برس سے وہ فٹ پاتھوں اور گلی کوچوں کے کونوں میں ڈھیر گندگی اور کاٹھ کباڑ سے بھرے ہوئے پلاسٹک کے سیاہ بیگ اپنے کاندھوں پر بوجھ کر رہا تھا..اور اپنے آپ سے سوال کرتا تھا کہ یہ کیسا رزق ہے..خالی ڈبے..بوتلیں..بچوں کے ڈائپر..سگڑ چکے کنڈوم..اس شہر کی ثروت اور گناہوں کا سارا بوجھ..تو یہ کیسا رزق ہے..

''مچلی''نیو یارک کے بھڑ کیلے نودولتیے وجود کے اندر پوشیدہ گرین اِچ ولیج کے شانت سادھو سَنت ایسے جزیرے کے اندر بیڈفورڈ سٹریٹ کے مکان نمبر دس میں روپوش شرمیلا شراب خانہ جہاں صرف ادیب، شاعر، اداکار، ماڈل اور ہم جنس پرست ہجوم کرتے تھے، اگر نہ ہوتا تو وہ پچھلے دو برسوں سے ہر سویر نیو یارک کی غلاظتوں کا بوجھ تادیر نہ سہار سکتا..

''مچلی'' اُس کی پناہ گاہ تھی، ایک ایسی آغوش تھی جس کے نیم تاریک اندرون میں اُترتے ہی تمام تر غلاظتیں اور گندگیاں پیچھے رہ جاتی تھیں..اُس کے پورے بدن، چہرے کے مساموں اور ہونٹوں میں رچی بدبو بھی زائل ہو جاتی اور وہ ستھرا اور شفاف ہو جاتا..

اگرچہ ہر شراب خانے میں شراب کا شور شرابہ ہوتا ہے پر ''مچلی'' میں شور نہ ہوتا تھا سرگوشیاں، سرسراہٹیں ہوتی تھیں جن میں سے موسیقی، ادب، مصوری اور دیگر فنون لطیفہ کے دھارے پھوٹتے تھے..

وہ ایک نشست اُس کی کمزوری بن چکی تھی..اکثر وہ خالی نہ ہوتی اُس پر رونق لگی ہوتی اور وہ ایک کونے میں کھڑا اُس کے خالی ہو جانے کا منتظر رہتا..اُس نشست پر براجمان لاپرواکیفیت میں ڈوبے لوگوں کو ناپسندیدگی سے گھورتا رہتا.. جیسے عمر رسیدہ لوگ پارک کے کسی ایک بنچ پر بیٹھ کر اپنی بوڑھی ہڈیوں کو آرام دیتے اونگھنے کے عادی ہوتے ہیں، اُسے اپنی ذاتی ملکیت سمجھنے لگتے ہیں اور اگر کوئی اور شخص ان سے پیشتر وہاں جا بیٹھے تو وہ دور کھڑے اُسے گھورتے رہتے ہیں کہ یہ نانہجار یہاں کیا کر رہا ہے..اُٹھ کر جاتا کیوں نہیں..

مچلی کی دیواروں پر اُن سینکڑوں تخلیق کاروں کی بلیک اینڈ وہائٹ تصویریں آویزاں تھیں جن کی حیات کے معمول میں یہ خانہ خراب شامل تھا..اُس کی پسندیدہ نشست کے عین اوپر پاپا ہیمنگوے کی پورٹریٹ آویزاں تھی جس میں پاپا ایک بھاری اونی گردن کو ڈھکتے ہوئے سویٹر میں ملبوس، گھنے بالوں اور سفید ریش کے ساتھ نہائت ناراض نظروں سے جانے کس کو تک رہا تھا..وہ کبھی اس نشست پر بیٹھا کرتا تھا اگرچہ اُس نے ابھی ''اولڈ مَین اینڈ دے سی'' نہیں لکھا تھا..لیکن وہ ''اے فیئر ویل ٹُو آرمز'' ''فار ہوم دے بیل ٹولز'' اور کہانی ''سنوز آف کلی منجاروز'' تحریر کر چکا تھا..

انعام اللہ کو شراب سے نہ اجتناب تھا اور نہ شغف..بیئر کے ایک دو مگز کو شراب کے خراب خانہ میں نہیں ڈالا جا سکتا اور اس کے باوجود وہ پاپا کا گرویدہ تھا جس کا تقریباً ہر کردار شراب کا رسیا تھا..وہ غیر ملکی ادب میں اُس کا اولین عشق تھا، نوخیزی کے زمانے ایسے ہوتے ہیں کہ اُن میں سمرسٹ، ماہم، ڈکنز، برانٹے سسٹرز، ایمل زولا، والٹر سکاٹ اور ہیمنگوے

کے ناول آپ پر سحر طاری کر دیتے ہیں اور پھر نوخیزی اور جوانی کا والہانہ پن عُمر کی برف سے سرد ہونے لگتا ہے..اور ادب کا ایک اور رُخ سمجھ میں آنے لگتا ہے..تب دوستووسکی، ٹالسٹائی، کامیو، کافکا، ورجینیا وولف، جیمز جوائس اور سارتر وغیرہ جو اس پر اثر انداز ہونے لگتے ہیں تو وہ سب لوگ پرچھائیاں ہو جاتے ہیں..اگر وہ ابھی تک اُس کا..ہیمنگوے کا گرویدہ تھا تو یہ اُس کا ادب نہ تھا، اُس کی بے باک آوارہ گرد اور کسی حد تک نیم وحشی روائتوں کی قید سے آزاد حیات تھی..

وہ ایک کونے میں تب تک منتظر کھڑا رہتا جب تک پاپا کی پورٹریٹ تلے کی وہ نشست خالی نہ ہو جاتی..

وہ اس پوشیدہ پناہ گاہ تک سسلی کے انتونیو پونٹی کی بھاری بھر کم کبھی سُر میں اور اکثر بے سُری ہوتی آواز کے سہارے پہنچا تھا..

انعام اللہ اُن سیاہ پلاسٹک کے گندگی بھرے تھیلوں کو کمر پر بوجھ کرتے ہمیشہ کڑھتا رہتا..اُس کا چہرہ ایک تشنّج کی کیفیت میں کھنچا رہتا لیکن یہ انتونیو جانے کس مٹی کا بنا ہوا تھا کہ وہ ان تھیلوں کو کندھے پر اُٹھاتے ہوئے ہمیشہ ایک پاٹ آواز میں تانیں بُلند کرتا رہتا..اُس کی دلی آرزو تھی کہ وہ ایک روز سکالا تھیٹر میلان میں ایک آپرا سنگر کے طور پر سٹیج پر نمودار ہو..وہ ایک گہری اور گمبھیر آواز کا مالک تھا اور اگر وہ کبھی کبھار سُر سے باہر ہو جاتا تو کسی استاد کی ٹریننگ سے وہ مکمل طور پر سُر میں ہو سکتا تھا..اُس میں جذبہ اور لگن تو تھے پر بخت نے اُس کا ساتھ نہ دیا تھا..اور وہ سکالا کی سٹیج کی بجائے نیویارک میں گندگی ڈھو رہا تھا..انتونیو پونٹی ہی اُسے پہلی بار ''مچلی'' میں لایا تھا..

اور اُس پہلی بار انتونیو نے بیئر کے دو تین مگ اپنے اندر اُنڈیلے اور پھر نشست سے کھڑے ہو کر اپنے سینے پر ایک دوہتڑ مارا اور عذر مستی رکھ کر کوئی کلاسیکی گیت اطالوی زبان کا اپنی پاٹ دار آواز میں گانے لگا..

ظاہر ہے تمام لوگ متوجہ ہو گئے اور اُسے ناگوار نظروں سے دیکھنے لگے..انتونیو ابھی ابتدائی سُروں سے نبرد آزما تھا کہ کاؤنٹر کے پیچھے کھڑے صاحب نے اُس ایک گلاس کو کاؤنٹر پر رکھ دیا جسے وہ خاصی دیر سے ایک سفید کپڑے کے ساتھ چمکا رہا تھا اور باہر آ کر انتونیو کے کان کے قریب جھک گیا..آپ یہاں گنگنا سکتے ہیں لیکن گا نہیں سکتے، پلیز..یہ اطلاع کرنے کے بعد وہ پھر کاؤنٹر کے پیچھے چلا گیا اور اُس گلاس کو پونچھنے میں مصروف ہو گیا..انتونیو نے اُس کی اس گذارش پر کچھ دھیان نہ دیا بلکہ مزید پُر جوش ہو گیا..اُس شخص نے پھر اُس گلاس کو کاؤنٹر پر اوندھا کیا، باہر آیا اور ایک ویٹرس کی مدد سے صرف اُسے نہیں انعام اللہ کو بھی دھکےّ دے کر مچلی سے باہر دھکیل دیا..

باہر بیڈ فورڈ سٹریٹ کے فٹ پاتھ پر بمشکل اٹھتے کپڑے جھاڑتے ہوئے انعام اللہ کو تو بہت سُبکی محسوس ہوئی لیکن انتونیو نے گلوکاری کا سلسلہ جہاں سے ٹوٹا تھا وہیں سے پھر سے شروع کر دیا کہ اُس کے نصیب میں فٹ پاتھ کی یہی سٹیج لکھی تھی..

''مچلی'' کے انوکھے ماحول کی کشش چند روز کے وقفے کے بعد اُسے دوبارہ وہاں لے گئی..وہ ذرا سر جھکا کر اُس کی نیم تاریکی میں اُترا تا کہ اُس کی پہچان نہ ہو سکے..لیکن پاپا کی نشست پر بیٹھتے ہی وہ شخص جو ابھی تک شاید وہی گلاس پونچھے جا رہا تھا، مسکراتا ہوا کاؤنٹر سے باہر آیا اور اُس کے قریب آ کر کہنے لگا..چونکہ تم اُس کے ساتھی تھے، اس لیے مجھے مجبوراً تمہیں بھی باہر نکالنا پڑا..آئی ایم سوری..پہلا مشروب میرے ذمےّ ہے..

اُس کا آنا جانا ہو گیا..

ایک شب جب کہ محلی کی تینوں ویٹرسز جان بوجھ کر ہر گاہک کی میز کو بار بار پونچھ رہی تھیں اور کرسیوں کو ترتیب سے رکھنے لگی تھیں تا کہ وہ جان جائیں کہ یہ رخصت ہو جانے کا وقت ہے.. ''محلی'' بند ہونے کو ہے اور وہ بھی اُٹھنے کو تھا جب پیٹر فوگ، وہی شخص وہی گلاس کپڑے سے پونچھتا لشکاتا اُس کے پاس آ گیا.. میں یہاں باقاعدگی سے آنے والے ہر شخص سے واقف ہوں.. میرا خیال تھا کہ تم ایک اور متجسّس سیاح ہو جو کہ نہیں ہو تو تم کیا کرتے ہو؟..

''میں اُس انتونیو پونٹی کے ہمراہ جسے تم نے بلند آہنگ میں گانے کی پاداش میں مجھ سمیت یہاں سے نکال دیا تھا.. غلاظت اور گندگی ڈھوتا ہوں..''

''نہیں، تم کُچھ اور ہو.. جیسے یہاں باقاعدگی سے بیٹھنے والے ہوٹلوں کے دربان، خوانچہ فروش، سیلز مین، راج مزدور اور ویٹر بظاہر ہوتے ہیں لیکن کُچھ اور ہوتے ہیں.. ڈرامہ نگار، موسیقار، مصور اور ادیب وغیرہ ہوتے ہیں اس لیے ''محلی'' میں آتے ہیں کہ یہ اُن کے تخلیقی ذوق کی تسکین کرتا ہے.. تو تم بے شک غلاظت اور گندگی ڈھونے والے ہو بظاہر.. تو تم کیا ہو..''

اُس کی چمڑے کی سیاہ جیکٹ کی اندرونی جیب میں ہمیشہ ''آٹو بائیوگرافی آف اے باسٹرڈ'' کی ایک کاپی موجود رہتی تھی، اُس کے بدن پر ہولے ہولے دستک دیتی رہتی تھی کہ بے شک تم کاٹھ کباڑ کا ایک تھیلا کاندھے پر اٹھائے گندگی کے ٹرک میں اُلٹانے کے لیے جا رہے ہو لیکن.... ناول کی وہ جلد ان تاریک اور غلیظ زمانوں میں اُس کی ڈھارس کا سبب بنتی.. اُس نے وہی جلد جیکٹ کی جیب سے نکال کر پیٹر فوگ کو پیش کر دی جس نے سرورق پر ایک نگاہ ڈالی اور کہنے لگا.. یہ تم ہو.. ایثم اُولا..

''ہاں..'' اُس نے ذرا شرمندہ ہو کر سر ہلایا.'' یہ میں ہوں..''

اُس سے اگلے ہفتے اوور ٹائم کے لالچ میں کُچھ فالتو ڈالر کما لینے کی غرض سے اُس نے چھٹی نہ کی.. دو ہفتوں کے بعد جب وہ ''محلی'' میں داخل ہوا تو پیٹر فوگ نے اُس گلاس کو جو لگتا تو یہی تھا کہ وہ پچھلے ایک ماہ سے چمکائے اور پونچھے جا رہا ہے کاؤنٹر پر رکھا اور لپکتا ہوا اُس کے پاس آیا اور اُس سے لپٹ گیا.. متعدد بار اُس کے گالوں کے بوسے لیے.. یہ نہ صرف اُس کے ناول کے لیے ایک خراج تحسین تھا بلکہ ایک ''گے'' ہونے کے ناتے سے اُس کا قدرتی ردِعمل بھی تھا ''اگر دنیا بھر کے باسٹرڈز تمہاری طرح یہ قبول کر لیں کہ وہ باسٹرڈ ہیں تو میں تمہیں بتاتا ہوں کہ یہ دنیا ایک جنت بن جائے گی.. تم ایک جرأت مند ناول نگار ہو..''

محلی کے در و دیوار پر نہ صرف وہاں جو ادیب، ڈرامہ نگار اور شاعر کبھی نشست کرتے تھے، اُن کی بلیک اینڈ وہائٹ تصاویر آویزاں تھیں بلکہ ایک طویل بک شیلف تھا جو اُس کے پیچ و خم میں.. کبھی متوازی اور کبھی کونوں پر سے مڑ کر پھر سے متوازی ہوتا اُس کے پورے وجود کو گھیرے میں لے لیتا تھا.. اس بک شیلف میں سینکڑوں کی تعداد میں اُن ادیبوں اور ڈرامہ نگاروں کی تخلیقات کے اولین ایڈیشن پہلو بہ پہلو نمائش پر تھے.. ان میں سے بیشتر کے سرورق ''محلی'' کے دھویں اور شراب کے بخارات سے مدھم پڑ چکے تھے.. اُن میں سے چند ایک ایڈیشن ایسے تھے جو اُن مصنفوں نے کسی ایک شب خمار

میں ''محلی'' کے لیے وقف کرتے ہوئے اُن پر اپنے دستخط کیے تھے..

پیٹر فوگ نے غیر مناسب بوس و کنار سے فارغ ہو کر کہا. انیم اُولا.. میں بے وجہ تمہاری توصیف نہیں کر رہا.. یہ جو درجنوں ادیب ہیں جنھوں نے محلی کے تاریخی بک شیلف میں جگہ بنائی ہے.. بے وجہ نہیں بنائی.. اور تم نے بھی جگہ بنا لی ہے..

پاپا ہیمنگوے کی.. اُس کی پسندیدہ نشست کے عین اوپر.. پاپا کی پورٹریٹ کے نیچے جو بک شیلف تھا وہاں اُس کے ناول.. ''فی استا'' کے برابر میں اُس کا ناول ''آٹو بائیوگرافی آف اے باسٹرڈ'' سجا ہوا تھا..

گمان بھی نہ ہوتا تھا کہ یہ شخص اپنے ڈھلکتے ہوئے پیٹ پر ایک ایپرن باندھے بار بار اُس پر ہاتھ پونچھتا، بیساکھی کے سہارے پاؤں گھسیٹتا، گاہکوں پر نچھاور ہوتا نہائت مہارت سے گوشت کاٹتا، آلو، ٹماٹر اور پالک وغیرہ ترازو پر تولتا، اُنہیں شاپر میں پیک کر کے بے وجہ مسکراتا، اُن سے رقم وصول کر کے ذرا سا جھکتا یہ شخص کبھی پنجاب یونیورسٹی کے شعبۂ فلسفہ میں پڑھایا کرتا تھا، انقلاب کے خواب دیکھنے والے نوجوانوں کا آئیڈیل تھا.. ایک راہبر ایک مُرشد تھا..

وہ عمر میں ڈھل چکا تھا پر اُس کی عمومی شباہت میں کوئی غیر معمولی تبدیلی رونما نہ ہوئی تھی صرف اُس کی آنکھوں میں ایک تغیر تھا.. جن میں تب نہ صرف اپنے وطن بلکہ دنیا بھر کے محکوم اور ذلتوں کے مارے لوگوں کے بالآخر راج کرنے کے خوابوں کے ہیجان انگیز سُرخ ڈورے تیرتے تھے.. اب وہ آنکھیں بجھ چکی تھیں، اُن میں سماج کو بدل ڈالنے والا کوئی چراغ نہ جلتا تھا.. وہ بلیک اینڈ وہائٹ ہو چکی تھیں اور اُن میں صرف سبزیوں کے بھاؤ تراز و ہوتے تھے.. وہ نظریات کی قوس و قزح کے جس رنگین جُھولے پر جُھولتا عرش تک جایا کرتا تھا، تو شائد وہاں سے یہ خبر لایا تھا کہ اوپر کچھ نہیں.. سوائے ایک خلاء کے.. نہ کوئی سرخ نور ہے، نہ انصاف اور نہ ہی انقلاب ہے.. حیات کے شجر سے بندھے اُس جُھولے کی رسیّاں ڈھیلی پڑ گئی تھیں اور اُس پر اب جھولنا ممکن نہ رہا تھا.. اُس منظور نظر کے ''مدینہ گروسری سٹور'' کے اندر آیاتِ قرآنی کے فریم، خانہ کعبہ اور روضۂ رسول کی تصاویر آویزاں تھیں.. اور ان تصاویر کے گلوں میں پُھولوں کے کب کے سُوکھ چکے ہار پڑے تھے..

یہ ماہیئت قلب نہ تھی.. ایک کاروباری مجبوری تھی کہ جیکسن ہائٹ کا علاقہ لاہور یا منڈی بہاؤالدین کی نسبت بھی کہیں زیادہ مذہبی شدت پر عمل پیرا تھا..

اور انعام اللہ شدت کے اس زہر سے آشنا ہو چکا تھا..

جیکسن ہائٹ کے ایک پاکستانی ''بسم اللہ سٹور'' میں ہفتے بھر کی خوراک کا ذخیرہ کرنے کی خاطر وہ اپنی ٹرالی دھکیل رہا تھا جب ایک باریش بزرگ شلوار قمیض میں ملبوس، سر پر ایک سفید ٹوپی جمائے اُس کے قریب سے گذرے.. گذرے، اُلٹے قدموں لوٹ آئے.. ''کیا آپ وہی ہیں.. جنھوں نے کیا نام ہے.. وہ ناول لکھا ہے.. ہیں جی؟''

اُس کے چہرے پر یوں پہچانے جانے کی ایک شرمندگی آئی ''جی میں وہی ہوں.. کیا آپ نے میرا ناول پڑھا ہے؟''

اُن بزرگ کے ماتھے پر کچھ اضافی شکنیں نمودار ہوئیں.. ''نہیں.. میں ایسی خرافات کیوں پڑھنے لگا.. پاکستانی

اخباروں میں کچھ تبصرے پڑھے تھے اور اُن کے ہمراہ تمہاری تصویر تھی.. خود اقرار کرتے ہو کہ حرامی ہو.. تمہیں پتہ ہے کہ اسلام میں اس کی سزا کیا ہے..'' وہ اپنی گروسری کی ٹرالی دھکیلتے ہوئے چلے گئے..

یہ مذہبی گھیراؤ کیسا تھا جو سات سمندر پار بھی تمہارا پیچھا کرتا چلا آتا تھا.. تعصب کے زہریلے بچھو ان سمندروں پر تیرتے تم تک پہنچ جاتے ہیں.. ان سے کم از کم اس دنیا میں تو فرار ممکن نہ لگتا تھا..

لارا، وہ عورت اُسی شب کی مانند اپنا بچہ کمر پر ٹکائے گروسری سٹور میں داخل ہونے والے گاہکوں کو اپنی مکمل توجہ دے رہی تھی.. اور منظور نظر.. بے وجہ مسکراتا گاہکوں کو بھگتا رہا تھا جب انعام اللہ اُس کی نگاہوں میں آیا.. اُس کی بلیک اینڈ وہائٹ ہو چکی آنکھوں میں اُس کی پہچان آتے ہی ایک اضطراب بھی آیا.. ''تم.. تم یہاں کیا کر رہے ہو؟''

''سَر میں..''

''کچھ خریدنے آئے ہو.. میرے پاس ارجنٹائن کے ٹماٹر اور آسٹریلیا کی بھیڑوں کا حلال گوشت ہے.. جاء نماز اور تسبیحاں بھی ہیں..'' منظور نظر کے لہجے میں ایک عجیب غراہٹ سی تھی جیسے کوئی جانور مرنے کو ہے..

''نہیں سر.. میں تو.. میں تو ان دنوں برسرِ روزگار ہو چکا ہوں.. میں تو آپ کا شکریہ ادا کرنے آیا تھا کہ ابتدائی ایام میں آپ نے مجھے پناہ دی..''

منظور نظر نے سفید ایپرن پر اپنے دونوں ہاتھ پونچھے اور اپنی بلیک اینڈ وہائٹ ہو چکی آنکھیں اُس پر مرکوز کر کے بولا ''میرا تماشا دیکھنے آئے ہو؟''

انعام اللہ ایسے غیر متوقع ردِ عمل کے لیے تیار نہ تھا، گڑبڑا گیا ''میں.. میں تو صرف..''

''اُس پروفیسر منظور نظر کو دیکھنے آئے ہو جو کبھی ایک چھوٹا سا دیوتا ہوا کرتا تھا اور انقلاب کے تمنائی روسی ادب کے رسیا طالب علم اُس کے پجاری ہوا کرتے تھے.. اور اب وہ دیوتا کیسے مسمار ہو کر رذیل ہو گیا ہے.. ایک سبزی فروش ہو گیا ہے.. یہ دیکھنے کے لیے آئے ہو..''

وہ عورت لارا.. ایک گاہک سے معذرت کر کے فوراً اُس کے پہلو سے آ لگی اور اُس کے گال پر ہاتھ رکھ کر آہستہ سے کہا ''پلیز.. مانظور.. پلیز..''

منظور نظر نے اُس کا ہاتھ تھام کر اُسے لبوں سے لگایا، کچھ دیر چپ رہا اور پھر اپنے آپ پر ضبط کر کے لاچارگی سے بولا.. ''میں نہیں چاہتا کہ میرے ماضی کا کوئی بھوت مجھے دریافت کر لے.. کہ میں اب محض ایک سبزی فروش ہوں.. گروسری سٹور کے ٹھیلے پر سبزیاں سجائے اُن پر پانی چھڑکتا آواز لگتا ہوں کہ.. ٹماٹر لو.. آلو لو.. بند گوبھی اور مٹر لو.. مجھے اپنے ماضی کی یادداشت درکار نہیں.. ہاں اگر تم اپنے ہفتے بھر کی گروسری کرنا چاہو تو میں تمہیں روک نہیں سکتا.. لیکن پھر بھی نہ آنا پلیز..'' منظور نظر کی بلیک اینڈ وہائٹ ہو چکی آنکھوں میں ایک ہلکی سُرخی تیری جس میں سے کچھ نمی پھوٹی اور لارا نے اس سے قبل کہ وہ نمی اُس کے ڈھلکتے ہوئے رخساروں پر اُترتی اُسے اپنی الفت بھری اُنگلیوں سے پونچھ دیا ''نہیں مانظور.. پلیز''

ٹیکسی نمبر 6M37... تاریخ کی راکھ میں.. جیسے گرم لاوے میں ایک بستی روپوش ہوتی ہے.. وہ ٹیکسی دفن ہوتی

گئی..اوہ مائی گاڈ..بھگدڑ مچی ہوئی..خوفزدہ دہشت کے پنجوں میں پھڑکتے موت سے فرار ہونے کی کوشش میں چہرے..یہ یقیناً ایک حقیقت نہ تھی..آرسن ویلز کے ناول ''وار آف دے ورلڈز'' کی شوٹنگ ہو رہی تھی لیکن یہ کیسے کمال کے ایکسٹرا اداکار تھے کہ اُن کے خون سے نچڑ چکے چہروں سے شائبہ بھی نہ ہوتا تھا کہ وہ محض اداکاری کر رہے ہیں..اُن میں سے ہر ایک کے چہرے پر موت اور بے یقینی کے ایسے کمال کے تاثرات تھے کہ وہ سب بہترین اداکاری کے آسکر ایوارڈ کے حقدار تھے..

اور..اُن میں یقیناً وہ گڈّ ابھی شامل تھا جس نے ورلڈ ٹریڈ سنٹر کی ساٹھویں منزل سے چھلانگ لگا دی تھی..ایک ''فالنگ مین'' کہلاتا تھا اور انعام اللہ کی ٹیکسی کی ونڈ شیلڈ پر آ گرا تھا اور پھر تاریخ کے کوڑے دان میں گر گیا تھا..

آج وہ خوش بخت رہا تھا..

پاپا کی نشست جیسے اُسی کی راہ تک رہی تھی، خالی تھی اور وہ مسرت سے مسکراتا اُس پر جا بیٹھا تھا..

اُس نے بیئر کے جھاگ بھرے مشروب کا ایک اور کسیلا گھونٹ بھرا اور بمشکل حلق سے اُتارا..اُسے اس معمولی خمار کے پانی کی بھی عادت نہ ہو رہی تھی..پر مجبوری کی حالت میں سب کچھ جائز ہوتا ہے..اگر وہ ویٹرس کو اورنج جُوس لانے کے لیے کہتا تو اُس کے ہاتھوں میں تھامی ہوئی وہ ٹرے جس میں دوسرے گاہکوں کے درخواست کیے گئے لبریز مگ اور گلاس چھلکتے تھے اگر اُس کے ہاتھوں سے گر نہ جاتے تو کم از کم ایک لمحے کے لیے لرزتی ضرور کہ یہ کُفر کا کلمہ اُس سے..ویٹرس سے اور ٹرے سے برداشت نہ ہوتا..یوں بھی پاپا ہیمنگوے کی نشست پر بیٹھ کر اگر کوئی ایک سوفٹ ڈرنک آرڈر کرتا تو گویا پاپا کی توہین کا مرتکب ہوتا..اُسے پاپا ایسے ایک بادہ خوار جسے وہ تو ولی سمجھتا تھا کا وہ مُرید یاد آیا جس نے زندگی بھر سب سے نشہ آور جو مشروب پیا تھا اُس کو چائے کہتے تھے..اُن کے مزار پر..اپنے چچا غالب کے مزار پر حاضر ہوا تو مہنگی ترین نپولین برانڈی کی بوتل کھول کر نہائت عقیدت سے اپنے مُرشد کی قبر پر چھڑک کر اُسے ٹھنڈا کیا..جیسے عوام الناس داتا صاحب کے مزار کو عرق گلاب سے غسل دیتے ہیں ایسے اُس نے اُبکائیاں لیتے ہوئے، ناک پر رومال رکھ کر آبدیدہ ہوتے ہوئے مُنہ پرے کر کے اپنے مُرشد کے مزار کو برانڈی کا غسل دیا..

تو وہ بھی پاپا کی پورٹریٹ تلے، اُس کی نشست پر بیٹھ کر ایک اورنج یا پائن ایپل جُوس آرڈر کر کے اُس کی جنت مکانی رُوح کو اذیت نہیں دینا چاہتا تھا..وہ بیئر کے ہر گھونٹ کے ساتھ ناک چڑھاتا کہ اُس کا کسیلا پن برداشت نہ ہوتا تھا جب وہ آخری گھونٹ حلق سے اُتار رہا تھا تو ''مچلی'' کے بجھے بجھے سے دانشورانہ شور میں اُسے ایک بھرائی ہوئی جنس کی ترغیب دینے والی آواز سنائی دی..''مِسٹر..اگر تم مائنڈ نہ کرو تو ہم یہاں..تمہاری میز پر بیٹھ جائیں..اور کہیں جگہ نہیں ہے..''

وہ اُس کے چہرے کے آگے یوں جُھکی کہ اُس کی آنکھیں دودھیا ہو کر چھلکنے لگیں..اُس کے برابر میں سیاہ بالوں والی قدرے شرمیلی لڑکی اُس کا ہاتھ تھامے کھڑی تھی اور ان دونوں کے کاندھوں پر سے ایک ترچھی منگول آنکھوں والا خوش رو مرد جھانکتا تھا..

وہ ان تینوں کے چہروں سے آشنا تھا..

ہفتے کی ہر شب کے آغاز میں وہ ''مچلی'' میں یوں داخل ہوتے جیسے وہ اپنے آبائی گھر میں قدم رکھ رہے ہوں.. وہاں موجود تقریباً ہر شخص سے بغلگیر ہوتے چُومتے چاٹتے ہاتھ پھیلاتے.. ہوائی بوسے پھینکتے.. کسی کونے میں جا بیٹھتے.. شب کے اختتام پر حالت خمار میں تینوں ایک لرزتی ہوئی لڑی میں پروئے گانے گاتے چلے جاتے..

انعام اللہ کو اس تگڈم کی سمجھ نہ آتی تھی..

جس طور وہ دونوں آپس میں لپٹی لپٹائی جُڑی پیوست رہتی تھیں، کبھی کبھار والہانہ طور پر ایک دوسرے کو چوم لیتی تھیں تو وہ لیزبین لگتی تھیں پر اُن کے ہمراہ جو منگول نقشے والا مرد ہوتا تھا وہ اس تصور کے راستے میں حائل ہو جاتا تھا.. وہ اُن کا دلال بھی نہ ہو سکتا تھا کہ اُس کے چہرے پر اور نہ ہی اُس کی چال ڈھال میں وہ نسوانی پن تھا جو ہمہ وقت بدن فروشوں کی رفاقت میں رہنے سے اُن کی خصلت میں سرائت کر جاتا تھا..

''شیور.. کیوں نہیں..'' نشست سے ذرا کھسک کر اُس نے اُن کے لیے جگہ بنائی..

''تھینکس..'' اُس عورت نے جس نے اُس کی آنکھوں کو دودھیا کر دیا تھا مسکرا کر کہا اور پھر وہ تینوں اپنے اپنے مشروب منگا کر اُس کے وجود سے لاتعلق اور غافل ہو گئے..

یہ کیسی تگڈم ہے..

اگرچہ وہ ایک ہلکے سے سرور سے آشنا ہو رہا تھا لیکن وہ ایک اور کڑوی بیئر کا متحمل نہیں ہو سکتا تھا.. وہ اُٹھنے کو تھا جب وہ اُس کی جانب جُھکی.. اُس کی آنکھوں کو دودھ سے بھر دیا.. ''میں جولیا جوائے ہوں.. اور یہ میری لبنانی دوست مریم حبیب ہے..'' خمار نے کسی حد تک اُس پر غلبہ کر لیا تھا اور وہ تغافل کی دُھند سے باہر آ گئی تھی ''اور تم.. میں جانتی ہوں کہ تم کون ہو.. ہم تینوں جب کبھی تمہیں اس نشست پر بیٹھے دیکھتے تھے تو تم سے ملنے کی آرزو کرتے، بہانے تلاش کرتے تھے.. ہم بظاہر تم سے لاتعلق ہو گئے تھے لیکن تم سے ربط بڑھانے کے لیے مرے جاتے تھے.... پاپا کے ناول کے برابر میں ہمارے سروں کے اوپر شیلف میں تمہارا ناول ''آٹو بائیوگرافی آف اے باسٹرڈ'' بھی سجا ہے.. پیٹر فاگ نے مجھے تمہارا یہ ناول مستعار دیا تھا اور میں.. تمہیں بتاتی ہوں کہ میں بہت متاثر ہوئی.... تم ایک ناولسٹ ہو..''

انعام اللہ کے پور پور میں رچی نیویارک بھر کی جو غلاظت رچی تھی، وہ یکدم خارج ہو کر تحلیل ہو گئی.. ''واقعی؟..''

''میں اُس کی کہانی بیان کر سکتی ہوں..'' وہ پھر اُس کی جانب جُھک گئی..

جولیا جوائے ایک ایسی سکول گرل لگتی تھی جو کسی ڈرامے میں ایک بالغ عورت کا کردار ادا کر رہی تھی.. سیکسی لگنے کے لیے لب سکیڑتی تھی.. نخرے دکھاتی تھی پر یہ سب کُچھ جعلی سا لگتا تھا.. وہ بمشکل چوبیس پچیس سال کی تھی پر اُس کے شب و روز کی کھینچا تانی نے اُسے ایک ایسی عورت میں بدل دیا تھا جو آگے ہو کر جھکتی تھی تو سب کُچھ دودھیا ہو جاتا تھا..

''اس کا مطلب ہے کہ آپ کو ادب سے کُچھ لگاؤ ہے؟'' وہ ابھی تک ''تم ایک ناولسٹ ہو'' جیسے قطعی بیان کے خمار میں تھا..

''نیمی..'' وہ اُس کے نام کو بھی جانتی تھی.. ''اگر تمہیں گرین اِچ گاؤں میں اپنا کاروبار کرنا ہے تو تمہیں ادب، موسیقی، مصوری اور تھیئٹر وغیرہ کی شدھ بدھ ہونی چاہیے.. کہ یہ لوگ..'' اُس نے ''مچلی'' کے شراب کے مدھم شور اور دھویں

میں دھندلاتے گاہکوں کی جانب ہاتھ لہرایا'' یہ لوگ.. بدن سے زیادہ..اپنی حسرتوں اور تمناؤں کی ناآسودگی کی کہانیاں سنانے میں زیادہ دلچسپی رکھتے ہیں۔''

جولیا جوائے نے اُس منگول نسل کے دِکھتے مرد کا تعارف کروانے کا تردد نہ کیا اور وہ بھی ایک بُدھ بھکشو کی مانند لب بستہ بیٹھا رہا..

''کاروبار کے لیے ادب وغیرہ سے لگاؤ ایک معاشی مجبوری ہے..کیوں مریم حبیب؟''

وہ ایک دم چونک گئی..اپنا گلاس میز پر رکھ کر شرمندگی سے بولی..''سُوری..میں تمہاری گفتگو سے ذرا غافل ہو گئی تھی..''

''تم اس ناولسٹ کو اپنے اُس گاہک کا قصہ سناؤ جو ساری شب نشے میں چُور ہو کر تمہارے قدموں میں بیٹھا رہا تھا اور تمہیں خلیل جبران کے قصے کہانیاں سناتا رہا تھا..''

''ہاں وہ..'' مریم ذرا آزردہ لہجے میں چلی گئی ''ہم سودا طے کرتے ہوئے کبھی ایک دوسرے سے یہ تو نہیں پُوچھتے کہ تمہارا آبائی وطن کون سا ہے..کہاں سے آئے ہو، مادری زبان کونسی ہے..تو یہ محض ایک اتفاق تھا کہ وہ بھی میری طرح لبنانی تھا جو 1975ء میں خانہ جنگی سے فرار ہو کر ادھر امریکہ آ گیا تھا..اگرچہ اب اُسے دولت کی کُچھ کمی نہیں، نیویارک میں اُس کے پورے سات لبنانی خوراک کے ٹھیلے ہیں، ایک گوری سے شادی کر رکھی ہے اور اولاد جوان ہو چکی ہے لیکن اُسے یہاں چین نہیں آتا..وہ اپنے وطن کی اپنی زبان میں باتیں کرنے کو ترستا رہتا ہے..تو اُس شب جب وہ ایک مخمور حالت میں میرے ساتھ معاملات طے کر کے مجھے ایک ہوٹل میں لے گیا جو نہائت شاندار تھا اور اُس کمرے کی سجاوٹ کو دیکھ کر بے اختیار میں نے زیرلب ''واللہ'' کہا تو بس یہی ابتدا تھی لبنان کی اور خلیل جبران کی..وہ اب بھی دو چار ہفتوں کے بعد مُجھے گرین اِچ ویلیج کے کوچوں میں اور کبھی اس محفل میں تلاش کر لیتا ہے..اور کم از کم ایک بار اُس نے مجھے پیشکش کی کہ میں اپنی امریکی بیوی کو طلاق دے دیتا ہوں..تم مجھ سے شادی کر لو..''

''اور یہ احمق عورت نہیں کرتی۔'' جولیا جوائے نے بےبسی سے ہاتھ لہرا کر کہا..

''وہ مجھ سے نہیں اپنی زبان عربی سے..اور لبنان کے دیوداروں کی جدائی سے اور خلیل جبران سے بچھڑنے سے شادی کرنا چاہتا ہے..''

''میں نے کہا ناں یہ ایک احمق عورت ہے..'' جولیا نے اُس کے قریب کھسک کر اُس کے رخساروں پر متعدد گیلے بوسے ثبت کیے ''اور اسی لیے میں اس سے محبت کرتی ہوں..''

تو اُس کا اندازہ درست تھا..وہ ہم جنس پرست تھیں..

''ناولسٹ..'' جولیا، مریم سے فارغ ہو کر اُس سے مخاطب ہو گئی ''میں ابھی تک تمہارے ناول کی گرفت میں جکڑی ہوئی ہیں اور ایک مداح کے طور پر تم سے پوچھنا چاہتی ہوں کہ ہمارے ہاں تو حرامی ہونا محض ایک اتفاق ہے جس پر شرمندہ ہونے کی چنداں حاجت نہیں ہوتی..بہت سے لوگ شادی کے بغیر بچے پیدا کرتے ہیں اور بعد میں اگر جی چاہے تو شادی کر لیتے ہیں ورنہ مشترکہ طور پر بچوں کو پالتے رہتے ہیں اور ان بچوں کو معاشرہ اُنہی بچوں کے برابر کے حقوق دیتا ہے

جو شادی کے بندھن کے بعد وجود میں آتے ہیں.. کہیں کوئی شرمندگی اور خجالت نہیں ہوتی لیکن تم جس بنیاد پرست معاشرے سے محض ایک ناول لکھنے کی پاداش میں فرار ہو کر آئے ہو کہ پیٹر فوگ نے مجھے یہ سارا قصہ سنا دیا ہے تو ایسے معاشرے میں اپنے حرامی ہونے کا تحریری طور پر اعتراف کر لینا تو بہت جرأت کی بات ہے..اور تمہاری اس جرأت کے اعتراف میں تمہارا اگلا مشروب میرے ذمے..سانڈرا'' اُس نے میزوں کی بھول بھلیوں میں گھومتی پریشان حال ویٹرس کو پکارا اور مشروبات کا آرڈر دے دیا..

''اُس لمحے جب میں یہ خودنوشت ناول لکھ رہا تھا تو مجھے قطعی طور پر یہ اندازہ نہ تھا کہ میں کوئی انہونا اور جرأت آمیز کام کر رہا ہوں..اور میں تمہیں بتاؤں کہ اس کے لیے مجھے جتنی بھاری قیمت ادا کرنی پڑی ہے..اگر مجھے اس کا کچھ شائبہ بھی ہوتا تو میں ہرگز یہ ناول نہ لکھتا..یہ جرأت نہیں محض حماقت تھی..''

اب تک اُس تگڈم کے صرف دو زاویئے گویا ہوئے تھے تیسرا ترچھی منگول آنکھوں والا سر جھکائے جیسے ایک فرض ادا کر رہا ہو اپنی بکارڈی رَم پیتا تھا اور کبھی کبھار مسکرا دیتا تھا جس سے ظاہر ہوتا تھا کہ وہ اس گفتگو سے سراسر لاتعلق نہیں ہے..انعام اللہ اپنے تجسس کو اب تک لگام دیتا رہا تھا پھر اُس پر بھی کچھ اثر خمار کا اُترنے لگا اور وہ براہ راست اُس سے مخاطب ہو گیا ''آپ..آپ نے اپنا تعارف نہیں کروایا..''

اُس کی خمار سے سرخ ہوتی آنکھوں میں مسکراہٹ کے ڈورے پھیلنے لگے اور وہ انعام کی آنکھوں میں اپنی سرخ ہوتی آنکھیں ڈال کر بولا ''نُواں آیاں ایں سوہنیاں..''

اُسے اپنے کانوں پر اعتبار نہ آیا..یقیناً اُس منگول شباہت کے شخص نے کسی اجنبی زبان میں کچھ اور کہا تھا جو اُسے..اُس ہلکے خمار کے باعث کچھ اور سنائی دیا تھا ''جی؟..میں سمجھ نہیں سکا..سوری..''

''مصطفیٰ قریشی اِن مولا جٹ..اگرچہ یہ اظہار کاؤبوائے فلموں کے ''یُو آر نیو اراؤنڈ ہیئر..'' سے مستعار لیا گیا ہے لیکن اس ''یُو آر نیو اراؤنڈ ہیئر'' میں وہ بات کہاں جو ''نواں آیاں ایں سوہنیا'' میں ہے..میں پاکستان سے ہوں..''
انعام اللہ سناٹے کی حیرت میں آیا ہوا ایک ''جی..'' کے سوا کچھ نہ کہہ سکا..

''میں ہزارہ قبیلے کا ایک افغان ہوں..پشاور میں پیدا ہوا اور پھر آپ کے لاہور میں پلا بڑھا جہاں میرے والد گلبرگ مین مارکیٹ کے قریب اور ریگا پلازہ میں کپڑے کا کاروبار کرتے تھے..ابتدائی تعلیم خزانہ گیٹ ہائی سکول سے حاصل کی اور پھر ایف سی کالج سے بی اے کیا..میں کسی حد تک ایک اعزازی لاہوریا ہوں کہ میں اپنی مادری ہزارہ لہجے کی دری فارسی سے زیادہ پنجابی میں رواں تھا..اور میں پنجابی فلموں کا یُوں جان لیں کہ ایک حافظ تھا..کرتار سنگھ، ہیر رانجھا اور مولا جٹ کے سارے مکالمے مجھے ازبر تھے..تو نواں آیاں ایں سوہنیاں..''

جولیا جوائے اور مریم حبیب جب کہ وہ دونوں اُن سے غافل ہو کر کسی پرائی زبان میں رواں ہو گئے تھے..اُن کی موجودگی سے لاتعلق ہو گئے تھے..کچھ دیر تو ضبط کرتی رہیں اور پھر بیزار ہو گئیں..پر اُن کی بیزاری پر اُنہوں نے کچھ دھیان نہ کیا..

''میں احمد شاہ مسعود کے ہمراہ..اُس کی انتہائی قربت میں روسیوں کے خلاف جہاد میں شریک رہا ہوں..یہاں

گرین اِچ ولیج کے ایک کمرے میں آج بھی وہ کھردری اون کی سفید ٹوپی موجود ہے جو میں نے اپنے لیڈر کے تتبع میں روسیوں پر یلغار کرنے کے دوران.. اُس کی مانند ماتھے پر کھسکائے پہنتا تھا.. میں جب کبھی اپنے پاکستان اور افغانستان کی جدائی کے غم میں اداس ہوتا ہوں تو ایک بڑی تنہائی میں وہی سفید اونی ٹوپی سر پر اوڑھ کر اپنے آپ کو آئینے میں دیکھتا رہتا ہوں.. اور اپنے احمد شاہ مسعود کو یاد کرتا ہوں جسے اُسامہ کے عربوں نے ہلاک کر دیا تھا صرف اس لیے کہ وہ ایک شیعہ تھا، اُن کی مانند وہابی نہ تھا..'' اُس نے میز پر دھرے گلاس کی سفیدی کو اپنے حلق میں انڈیل لیا۔ ''میں جب کبھی ان دوست بچیوں کے ہمراہ'' چلی'' میں آتا تھا جہاں ایک پاکستانی کے ناول کا چرچا تھا تو میں تمہاری جانب آنے سے صرف اس لیے گریز کرتا تھا کہ کیا پتہ تم بیشتر پاکستانیوں کی مانند پشتون طالبان کے حمائتی ہو.. اور مجھے ناپسند کرو.. پھر میں نے تمہارا ناول پڑھ لیا جس میں تمہاری سوچ، مذہب اور ملت سے ماورا اپنی ایک الگ انفرادیت رکھتی ہے..''

''آپ وہاں سے یہاں کیسے آ گئے؟''

''رُوسیوں کی پسپائی کے بعد ہونا تو یہ چاہئے تھا کہ ایک آزاد اور جمہوریت پسند نئے افغانستان کی بنیاد رکھی جاتی لیکن ہوا یہ کہ ایک ایسی خانہ جنگی شروع ہو گئی جس نے پورے افغانستان کو برباد کر کے رکھ دیا.. پشتون ہمیں شمال والوں کو ملیامیٹ کر دینے پر تُل گئے اور اس کے ساتھ اُن کے مختلف گروہ آپس میں بھی بھڑنے لگے.. تمہیں یہ تو علم ہو گا کہ روسیوں کے بعد بھی جب تک نجیب اللہ برسر اقتدار رہا کابل ایک ہنستا بستا شہر رہا جس کی ایک اینٹ کو بھی گزند نہ پہنچا تھا.. یہ مجاہدین تھے جنھوں نے اس کی اینٹ سے اینٹ بجا دی.. ہر گھر کی دولت ہی کو نہیں عزت کو بھی لوٹا.. میں تمہیں کیا بتاؤں کہ ہزاروں لڑکیاں حاملہ ہو گئیں اور اُن کے پیٹ میں جو بچے تھے وہ اُن متشرع مجاہدین کے تھے جو نہ صرف اُن کے ہم نسل تھے بلکہ ہم عقیدہ تھے.. رُوسیوں کے رخصت ہوتے ہی پشاور کی بین الاقوامی گہما گہمی بھی ختم ہو گئی.. اُن زمانوں میں جب امریکہ کے دروازے ہر افغان کے لیے کھلے تھے اور سیاسی پناہ حاصل کرنے میں کچھ دشواری نہ تھی، میں ادھر چلا آیا..''

''حازارا.. تم ایک ہولناک شخص ہو بلکہ یہ ناولسٹ بھی..'' جولیا نے دبے لفظوں میں احتجاج کیا ''تم ایک محفل میں بیٹھنے کے آداب سے قطعی طور پر واقف نہیں ہو اور خواتین کی موجودگی سے غافل اپنی جناتی زبان میں آپس میں گفتگو کیے جا رہے ہو..''

''شٹ اپ جولیا..'' ہزارہ نے اُسے ایک درخواست گزار لہجے میں پیار سے ڈانٹا..

''ٹھیک ہے.. آئی وِل شٹ اپ.. لیکن تمہیں اس بدتمیزی کا ہرجانہ ادا کرنا ہو گا.. میں سب کے لیے مزید شراب منگواؤں گی اور اس کی ادائیگی تمہارے ذمے ہو گی..''

جولیا اور مریم جان چکی تھیں کہ وہ دونوں اس محفل اور اس نیویارک کے مدار سے نکل کر ایسی دنیاؤں میں جا چکے ہیں جن کے وجود سے وہ آگاہ نہیں..

''آپ کا کیا کاروبار ہے؟''

ہزارہ خان کے منگول چہرے پر چپٹی مسکراہٹ پھیلی ''میں آپ کی نگاہوں سے جانچ گیا تھا کہ آپ مجھے ان لڑکیوں کا دلال سمجھ رہے ہیں..''

''نہیں نہیں..'' اُس نے کھسیانے ہوکر احتجاج کیا..

''نہیں آپ سمجھ رہے تھے اور میں آپ کو موردالزام نہیں ٹھہرا سکتا کہ مچلی میں بھی کُچھ لوگ یہی سمجھتے ہیں لیکن ایسا ہرگز نہیں ہے.. ہوتا تو میں اقرار کر لیتا.. کہ یہاں رزق کے حصول کے لیے اخلاقیات اور مذہب کو تیاگ دینا پڑتا ہے.. میں نے بھی کُچھ عرصہ آپ کی طرح نیویارک کی گندگی ڈھوئی کہ نئے آنے والوں کے لیے آغاز میں اس کے سوا اور کوئی راستہ نہیں ہوتا.. اب میرے مختلف بکھیڑے ہیں.. اور میری گذر اوقات آسانی سے ہو جاتی ہے.. حلال اور حرام کی تمیز کے اندر صرف بھوک اور ناداری ہے.. اس سے باہر ہو جاؤ تو سارے دروازے کُھلے ہیں.. یہاں نہائت مومن مسلمان اپنے سٹورز پر وائن کی بوتلیں اہتمام سے سجاتے ہیں اور کُھلا نہیں پیک شدہ منجمد خنزیر کا گوشت فروخت کرنے کے حق میں فتوے حاصل کر چکے ہیں تو میں.. یہیں گرین اِچ ولیج میں ''رین بو سٹور'' نام کی ایک ایسی دوکان چلاتا ہوں جو صرف ہم جنس پرست لوگوں کے لباسوں، میک اپ کے سامان.. زیورات اور زیر جامہ وغیرہ کے لیے مخصوص ہے.. تم صدمے میں تو نہیں چلے گئے؟''

''کیا مُجھے چلے جانا چاہیے؟''

''شکر یہ کہ تم نہیں چلے گئے..''

اُس کے ضبط کے سارے بندھن ٹوٹ گئے.. جولیا اپنی کُرسی کو دھکیل کر اُٹھ کھڑی ہوئی ''ناولسٹ..'' وہ انعام سے مخاطب ہوئی ''اگر مجھے یہ علم ہوتا کہ تم اور حاذارا ہم وطن اور ہم زبان ہو اور ہم سے غافل ہو کر اس شام کا ستیاناس کر دو گے تو میں کبھی تمہاری میز کا رُخ نہ کرتی.. آئندہ احتیاط کروں گی.. اور تم حاذارا..'' اُس نے ہزارہ خان کے رخسار پر ہاتھ رکھ کر کہا ''تم اگر اپنے اس ہم وطن کے ساتھ یہ یونانی زبان بولتے بیٹھے رہنا چاہتے ہو تو خوش آمدید لیکن میں.. بلکہ ہم چلتی ہیں.. اُٹھو مریم.. ہمارے کاروبار کا وقت شروع ہو گیا ہے..''

''میں بھی چلتا ہوں..'' ہزارہ خان ذرا لڑکھڑاتا ہوا اُٹھا.. اُٹھتے ہوئے کُرسی کو پیچھے دھکیلا تو ذرا زور سے دھکیلا تو وہ مچلی کے چوبی فرش پر اوندھی ہو گئی.. ''سوری..'' اُس نے کُرسی کو سیدھا کر کے رکھا اور پھر رخصت ہونے سے پیشتر انعام اللہ کے کان کے قریب اپنا مُنہ اور چپٹی ناک لا کر بولا ''نواں آیاں ایں سوہنیا..''

اگرچہ جولیا نے ایک بیزار سنجیدگی سے وعدہ کیا تھا کہ وہ آئندہ احتیاط برتے گی.. لیکن وہ برت نہ سکی..

غلاظت کے ڈھیر سیاہ پلاسٹک کے تھیلوں میں ملفوف اپنے کاندھے پر ڈالتا، بوجھ سے کم اور عزت نفس کی بے توقیری سے زیادہ جُھکتا وہ پورا ہفتہ اُن تینوں کے بارے میں سوچتا رہا.. اُس کے ذہن میں بدن فروشی کی ایک ہی دلدل تصویر تھی.. ہیرا منڈی کی اُس تاریک گلی کی جہاں وہ کبھی جنس کے واحد تجربے کی دلدل میں اُترا تھا.. یا پھر ادب اور مصوری میں جو تصوراتی صُورتیں ابھرتی تھیں اُن سے واقف تھا.. یا پھر ایک امراؤ جان ادا تھی.. لیکن وہ دونوں اُن تصورات سے یکسر جُدا اور کوسوں دور تھیں.. جولیا اپنی تمام تر خود ساختہ بے باکی کے باوجود ایک گھریلو سی لڑکی لگتی تھی اور مریم.. ایک ایسا حیادار رُوپ تھا جس نے اپنے گھر سے باہر کبھی قدم بھی نہ رکھا ہو چہ جائیکہ مردوں سے آشنائی ہو.. وہ

اپنے ذہن کو لاکھ فریب دینے کے باوجود قائل نہ کر سکا کہ وہ بدن فروش طوائفیں بھی ہو سکتی ہیں..

اگلے ہفتے کی شب.. وہ تینوں.. اُس کی محبوب نشست پر براجمان اُس کے منتظر تھے.. فروغِ مے سے اپنے چہرے اتنے روشن کیے کہ اُن میں سے ٹمٹماتے ہوئے جگنو جنم لیتے تھے اور محلی کے نیم تاریک ماحول کو منور کرتے تھے..

''ہم تمہاری نشست کی حفاظت کر رہے تھے..'' جولیا جس نے احتیاط نہیں برتی تھی اُٹھ کھڑی ہوئی اور اُسے ایک یارِ قدیم کی مانند آگے بڑھ کر گلے لگا لیا.. مریم نے ذرا جھجک کر ایک ''واللہ'' کہا اور ہاتھ آگے کر دیا.. اور ہزارہ خان، اُس کی منگول آنکھیں مسرت سے دمک اُٹھیں ''نواں آیاں ایں سوہنیا..''

''اوہ شِٹ..'' جولیا کا اُبلتا ہوا مزاج یکدم سرد پڑ گیا ''تم پھر سے اپنی یونانی زبان بولنے لگے ہو.. شرفاء کی ایک محفل میں ایک نامانوس زبان میں گفتگو کرنا، مروجہ اخلاقیات کے سراسر منافی حرکت ہے.. حاذارا.. تم نے ناولسٹ سے کیا کہا تھا..''

ہزارہ خان نے ذرا لہک کر کہا ''سویٹ جو کچھ میں نے کہا تھا اُس کا ترجمہ اگر انگریزی میں کیا جائے تو.. آر یُو نیو اراؤنڈ ہیئر بیوٹی فُل.. ہو سکتا ہے..''

''مجھے پہلے ہی شک تھا..'' جولیا جو ایک پُر مسرت فاتحانہ انداز میں ذرا ہولے سے چیخی ''تم دونوں گے ہو.. اسی لیے تم حاذارا.. اس مضبوط بدن کے مرد کو بیوٹی فُل کہہ رہے ہو.. اور اسی لیے تم دونوں پہلی ملاقات میں ہی ایک دوسرے کے ساتھ گھل مل گئے تھے کہ تمہارے مفادات مشترک تھے..''

وہ اُن تینوں کی بے جا اُلفت سے اسیر ہو چکا تھا.. زرد شیطان کے اس شہر میں وہ اُس کے پہلے چاہت بھرے دوست تھے ''ہم دونوں بالکل اُسی طرح گے ہیں جیسے تم اور مریم لیزبین ہو.. ایک دوسرے کو چُومتی چاٹتی رہتی ہو..''

''میری تو بہت خواہش ہے..'' جُولیا نے اب تک لب بستہ مریم کی جانب نگاہ کی.. ''پر یہ مُجھ پر مائل نہیں ہوتی.. قدامت پرست ہے.. لیکن تم دونوں نے اب اپنے وطن کو فراموش کر دینا ہے.. اپنی زبان میں گفتگو سے پرہیز کرنی ہے..''

''سنو جولیا..'' ہزارہ خان نے شائد اپنے تیسرے یا چوتھے مشروب کا آخری گھونٹ بھرا.. ''یہ ناولسٹ.. انعام اللہ.. نہ تو حقیقت میں میرا ہم وطن ہے اور نہ ہم زبان.. اگرچہ میں پشاور میں پلا بڑھا ہوں اس کے شہر لاہور میں دراصل آنکھ کھولی ہے لیکن میں ایک ہزارہ شمالی افغانی ہوں.. میری مادری زبان فارسی کا دَری لہجہ ہے اور اس کی مادری زبان پنجابی ہے اگرچہ یہ اردو بھی بولتا ہے..''

''اوہ ہولی شِٹ..'' جولیا کچھ بوکھلا سی گئی.. ''مجھے ایسی بھول بھلیوں میں مت ڈالو.. بستر میں سارے وطن اور زبانیں ایک ہو جاتی ہیں اور میں اُن میں کچھ تخصیص نہیں کیا کرتی.. میرے لیے یہی تعارف کافی ہے کہ تم دونوں مرد ہو..''

ویٹرس نے جب اُن کی چوبی میز پر مشروبات رکھے تو انعام اللہ کے آگے جو گلاس تھا اُس میں ایک سنہری سیال کی جگمگاہٹ چھلکتی تھی..

''بیئر تو ایک ہیجڑوں اور نامردوں کا مشروب ہے.. انعام اللہ اب تم بڑے ہو جاؤ..''

زرد وِسکی کا سنہرا سہانا پن ایسا تھا کہ اُس کے بدن میں گھلتا گیا.. اور وہ دو چار گھونٹ بھرنے کے بعد ہی ذرا

بے باک ہو گیا اور وہ سوال پُوچھ بیٹھا جو کانٹے کی طرح اُس کے دماغ میں کھٹکتا رہتا تھا..''جولیا..تم اپنے آپ کو کیوں فروخت کرتی ہو؟''

''ہر دانشور یا دانشور دکھائی دینے والا مرد مجھ سے..نہائت ہمدردی سے اور یوں جیسے وہ میری اس مجبوری پر رو دے گا، یہ سوال ضرور پوچھتا ہے..اور پھر یہ نہیں کہ وہ میری اس مجبوری سے فائدہ نہ اٹھائے اور طے شدہ رقم میری ہتھیلی پر رکھ کر دکھی ہو کر چلا جائے..نہیں..وہ اکثر دوسروں سے بڑھ کر بھُوکا اور بدقماش ہو جاتا ہے۔''

جولیا کے لہجے میں تلخی تو نہ تھی ایک بے نام سی شکائت تھی جس کی چبھن انعام اللہ محسوس کر گیا..''میں اپنے اس سوال پر معذرت کر سکتا ہوں..''

''نہیں نہیں نیمی..بے شک میری الکوحل کی رسیاں ماں اور نکھٹو باپ نے صرف مُجھے اپنے لطف کے لیے جنم دیا اور پھر میرے وجود سے غافل ہو گئے لیکن یہ کوئی عذر نہیں..ہزاروں بچوں کے خاندانی پس منظر مجھ سے ملتے جلتے ہیں لیکن وہ میری طرح گلیوں میں نہیں آ جاتے..مجھ میں ہی کوئی نفسیاتی کجی یا تن آسانی کا کوئی رجحان تھا..صرف دس منٹ..کیوں مریم؟''

مریم جو نہایت تحمل سے صرف دوسروں کی گفتگو سننے کی عادی تھی بوکھلا کر بولی ''کون سے دس منٹ؟..''اور پھر وہ بات کی تہہ کو پہنچ گئی ''ہاں..تقریباً..''

''کیا تم جانتے ہو کہ یہ مختصر ترین وقت میں زیادہ سے زیادہ کمائی کرنے کا واحد پیشہ ہے اور وہ بھی ٹیکس فری... گاؤں کے کسی فٹ پاتھ پر..واشنگٹن سکوئر میں..کسی شراب خانے کے باہر بھٹکتے مرد کو ملتفت کر کے لے جانا زیادہ سے زیادہ ایک ڈیڑھ گھنٹے کی کاوش ہے..اور پھر ہم لوگ کھنچاؤ اور تناؤ کو بروئے کار لا کر کبھی دو چار لمحوں میں کام تمام اور اگر ذرا ڈھیٹ ہو تو..دس منٹ..کیا یہ سودا بُرا ہے! ذرا سا اپنے آپ پر جبر اور وہ رانچ اور زمینیں تمہاری جن پر تم کاؤ بوائے ہیٹ اوڑھے اپنے گھوڑے کو سرپٹ بھگاتے ہو..صرف دس منٹ نیمی!..اینڈ''اُس نے گھڑی کو دیکھے بغیر وقت کا احساس کر لیا''شوٹائم.. کاروبار کا وقت..چلو مریم...''

ایک ایسی ہی ہفتہ وار ملاقاتی شب کے بعد..جب کہ جولیا اور مریم اپنے کاروبار کے لیے جا چکی تھیں وہ دیر تک محلی میں بیٹھے رہے..وہ آس پاس سے یُوں ماورا ہوئے کہ اپنے لاہور اور پشاور میں سانس لینے لگے..ہزارہ خان اپنی بوڑھی ماں کے قدموں میں بچھے افغان غالیچے پر بیٹھا تھا اور وہ اُس کی موجودگی سے غافل ٹیلی ویژن سکرین پر چلتے ایک ڈرامے کو اشتیاق بھری نظروں سے دیکھے چلی جا رہی تھی..ٹیلی ویژن کے اوپر نیویارک کی سکائی لائن کے آگے ایک مسکراتا ہوا ہزارہ خان کھڑا تھا..ماں لگتا تھا کہ ڈرامہ دیکھ رہی ہے لیکن اُس کی نظروں کے زاویئے کے ساتھ نظریں لے جائی جاتیں تو وہ اُس کے بیٹے کی تصویر پر جا ٹھہرتی تھیں..انعام اللہ روشن سے باتیں کر رہا تھا لیکن وہ بھی سُن نہیں رہا تھا..سب سے جدا اور انوکھا ایک پرندہ جس کی آنکھیں گہری نیلی جھیلیں تھیں، دراز قامت جس کے پَر برف سفید تھے، اب تک اُس کے کاندھے پر بیٹھا تھا اور سرگوشی کرتا تھا..روشن!

محلی سے باہر گرین اِچ ولیج کی رات میں آنے والے وہ آخری دولوگ تھے.. باہر آئے تو وہ اپنی ماں سے اور وہ روشن سے الگ ہوا اور وہ پھر سے بے آسرا ہو گئے..

''انعام.. کیا تم عمر بھر یونہی گندگی اور غلاظت ڈھوتے رہو گے.. کُچھ اور نہیں کرو گے؟''

''میں اور کر بھی کیا سکتا ہوں..''

''تم میرا ''رین بوسٹور'' سنبھال سکتے ہو.. نیویارک کے گناہوں کے بوجھ ڈھونے کے عوض میں میں جانتا ہوں کہ تمہیں بہت مناسب معاوضہ ملتا ہے کہ میں بھی یہ کام کر چکا ہوں.. اُس کی نسبت شائد بہت کم ادائیگی کر سکوں لیکن یہ ایک صاف سُتھرا کام ہے.. وہاں نہ کوئی بدبو ہو گی اور نہ غلاظت کی سڑاند.. میرے اور بھی بکھیڑے ہیں اور وہ سب مُجھ سے تنہا نہیں سنبھلتے.. تم مددگار ثابت ہو سکتے ہو..''

✦ .... ✦

اگلے روز اتوار تھا..

سوموار کو صُبح گیارہ بجے وہ ''رین بو سٹور'' کے کاؤنٹر کے پیچھے ایک مضطرب مگر متجسس حالت میں کھڑا تھا اور بار بار ماتھے سے گھبراہٹ کا پسینہ پُونچھتا تھا جیسے وہ ایک دوکان میں نہیں کسی بدنام چکلے میں آ گیا ہو..دوکان اگر عام ہوتی اور اُس میں عام گاہک متوقع ہوتے تو اُس کی بے چینی اس نوعیت کی نہ ہوتی..جانے ان گے یا ہم جنس پرست لوگوں کا روّیہ کیسا ہوتا ہے..اُن سے گفتگو کیسے کی جاتی ہے اور اُنہیں کوئی شے خریدنے کے لیے مائل کرنے کے کیا طریقے ہیں..اور کیا پتہ وہ سٹور میں داخل ہو کر اُس کے ساتھ کیا سلوک کرتے ہیں چنانچہ وہ مضطرب تھا..

گندگی کا آخری سیاہ پلاسٹک کا بیگ اپنے کاندھے پر لادتے اور پھر اُسے کوڑے کے ٹرک میں ڈالتے وہ صرف انتونیو پونٹی کی مسلسل رفاقت کی محرومی کے لیے قدرے رنجیدہ ہوا..

ہزارہ خان نے اُسے یہ سٹور سپُرد کرتے ہوئے کُچھ مشورے اور کُچھ ہدائتیں دی تھیں..''یہ لوگ دیگر نارمل لوگوں کی نسبت نہائت معصوم، بھولے اور امن پرست ہوتے ہیں..وہ اس شہر کی بوسیدہ اخلاقیات کے پھندے سے فرار ہو کر اس گاؤں کی گلیوں میں پناہ لیتے ہیں..اُن کی جنسی پیچیدگی کے باعث اُن سے نفرت نہ کرنا کہ وہ بنیادی طور پر پیار کرنے والے حسّاس طبع کے لوگ ہوتے ہیں....ہفتے میں صرف دو مرتبہ..اور وہ کوئی بھی دو دن ہو سکتے ہیں مارچیلو، سیاہ سُوٹ میں ملبوس، کھچڑی رنگ کے بالوں والا، اپنے آپ میں گمشدہ سنجیدگی کا حامل شخص مین ڈور سے داخل ہو کر تم پر ایک بھی نظر ڈالے بغیر سٹور کے عقب میں واقع ایک کمرے میں چلا جائے گا جو کہ اُس کا بزنس آفس ہے..تم نے اُس سے کُچھ سوال جواب نہیں کرنا اور نہ ہی کوئی استقبالیہ کلمات کہنے ہیں..پورے دس منٹ بعد کافی میکر سے ایک پیالہ کافی بنا کر چپکے سے اندر جانا ہے اور اُس کے سامنے رکھ کر کچھ کہے بغیر لوٹ آنا ہے..''

''اور یہ...مارچیلو کون ہے؟''

''میرا اور اب تمہارا بھی محسن..اگر گاؤں کی اس مہنگی ترین سٹریٹ میں رالف لارین والوں کو بھی اپنے شوروم کے لیے جگہ حاصل نہیں ہوئی تھی اس کے باوجود کہ وہ لاکھوں ڈالر کی پیشگی ادائیگی کرنے کے لیے تیار تھے تو یہاں..ہزارہ خان ایسے بے وُقعت شخص کو ایک دوکان میسر آ جاتی ہے تو..تم سے اب کیا چھپانا کہ میں اس کا کُچھ کرایہ ادا نہیں کرتا..صرف اس لیے کہ مارچیلو ہفتے میں صرف دو بار یہاں آئے گا اور پچھواڑے میں اطمینان سے بیٹھ کر اپنا کاروبار کرے گا پولیس کی

نظروں سے اوجھل.. یہ دوکان اُس کا گور ہے..''

''ہزارہ...'' انعام اللہ نے اُس کی جانب شکائت آمیز نظروں سے دیکھا ''میں نے آج تک.. یہ کُچھ غیر قانونی سا سیٹ اَپ لگتا ہے..''

''انعام.تم بے شک ایک فراخ ذہن کے زمانوں سے آگاہی رکھنے والے ناول نگار ہو لیکن تم زندگی کی.. یہاں کی زندگی کی حقیقتوں سے ناآشنا ہو.. یقین کر و تم کسی مصیبت میں مبتلا نہیں ہو گے.. مارچیلو، اطالوی نہیں، سسلی کے مافیا کا ایک معزز رکن ہے جس کی اخلاقیات کی داد اُس کے دشمن بھی دیتے ہیں..اور وہ ہمیشہ ایک خاص ضابطۂ اخلاق کی حدود میں رہتا ہے..وہ صرف جواخانے، نائٹ کلب یا منشیات کے اڈے کنٹرول کرتا ہے..جو عام کاروباری ہمیں بظاہر ایماندار لگتے ہیں وہ بھی اپنے مخالفین کو کسی نہ کسی طریقے سے ملیامیٹ کر دیتے ہیں تو مافیا کے لوگ اگر براہ راست اُن کو ٹھکانے لگا دیتے ہیں تو ان میں کوئی خاص فرق نہیں..اطالوی اور سسلی مافیا بدن فروش طوائفوں سے بھتہ وصول نہیں کرتا، عورتوں اور بچوں کو اغوا نہیں کرتا بلکہ فلاحی کاموں میں دل کھول کر خرچ کرتا ہے.. مارچیلو ایک کٹڑ کیتھولک ہے اور نہائت راسخ العقیدہ ہے.. بلکہ میں تو اُسے ایک دین دار شخص کہوں گا..''

انعام اُس کی اس توصیف پر مسکرا دیا..

اور وہ اس طنزیہ مسکراہٹ کی توقع رکھتا تھا ''ذرا ٹھہرو..تم بھی یہی کہو گے..نہ صرف نیویارک میں بلکہ امریکہ کے جتنے بھی معاشی طور پر مضبوط شہر ہیں وہاں پچھلے چند برسوں سے رُوسی غالب آرہے ہیں، رُوسی مافیا قدم جما رہا ہے اور وہ نہائت سفاک اور بے درد لوگ ہیں، اُن کا قطعی طور پر کوئی ضابطۂ اخلاق نہیں..وہ بچوں کو تاوان کے لیے اغوا کرنے سے بھی گریز نہیں کرتے..عورتوں کا کُچھ لحاظ نہیں کرتے..مخالفین کے پورے خاندان قتل کر ڈالتے ہیں.. بدن فروش طوائفوں کی کمائی میں حصہ دار ہوتے ہیں..کبھی چرچ نہیں جاتے تو ان کے مقابلے میں اطالوی اپنے طے کردہ اخلاقیات سے کبھی تجاوز نہیں کرتے..اور ہاں اگر مارچیلو کی کافی ہونٹ جلا دینے کی حد تک گرم نہ ہو تو وہ طیش میں بھی آسکتا ہے..ذرا دھیان رکھنا..''

اور اُس ہفتے جب پہلی بار مارچیلو اپنے تنومند جارحانہ بدن کے ساتھ دوکان میں داخل ہوا تو انعام نے ایک مسکراہٹ کے ساتھ اُس کا استقبال کیا جس میں ایک لُطف بھی تھا کہ اچھا اتنے مردانہ دکھائی دیتے صاحب بھی گِے ہیں اور پھر اُس نے دیکھا کہ اُس کی کھچڑی بالوں تلے جو چہرہ ہے وہ ایک غصیلی سنجیدگی میں منجمد ہے تو اُسے فوراً ہی احساس ہو گیا کہ وہ کون ہے اور اُس نے اپنی مسکراہٹ فوری طور پر سمیٹ کر نظریں جھکا لیں..مارچیلو مارچ کرتا ہوا عقبی دروازہ کھول کر اپنے پوشیدہ دفتر میں چلا گیا..ہزارہ خان کی ہدائت کے مطابق پورے دس منٹ کے بعد اُس نے کافی میکر کی مدد سے کافی تیار کی اور اندر جا کر متعدد فائلوں پر جُھکے مارچیلو کے آگے رکھ دی..اُس نے نظریں اُٹھا کر یہ نہیں دیکھا کہ کافی کا پیالہ رکھنے والا ہاتھ کس کا ہے، اُس کا ایک گھونٹ بھرا اور پھر نظروں کا رُخ اُس کی جانب کر کے ایک ہلکی سی مسکراہٹ کے ساتھ کہا ''یُو آر گُڈ..''

یہ اُن دونوں کے درمیان پہلا اور آخری مکالمہ تھا..

انعام اللہ کو یہ خود مختار ملازمت پسند آ گئی..یہ کیا ہی مناسب اور پُرامن کاروبار تھا جس کے گاہک ایسے بھولے

لوگ تھے جو نہ لڑتے جھگڑتے تھے اور نہ ہی اشیاء کی قیمتوں کے بارے میں بحث مباحثہ کرتے تھے، لجاتے شرماتے آتے تھے اور اپنی پسند کے ملبوسات، زیور اور سامان آرائش کا چناؤ کر کے اُس کے شکر گزار ہوتے، اُن میں سے چند ایک بانہیں پھیلا کر کاؤنٹر کے پیچھے جا کر اظہار تشکر کے طور پر اُسے چوم بھی لیتے اور وہ مارے شرم کے سُرخ ہو جاتا لیکن بے مزہ نہ ہوتا کہ یہ پیار کا ایک جداگانہ انداز تھا..

تقریباً چھ ہفتوں کے بعد ہزارہ خان نے بیڈفورڈ سٹریٹ کے ایک پرانے مکان کے تہہ خانے میں اُس کی رہائش کا بندوبست کر دیا اور وہ جیکسن ہائٹ کے بنیاد پرست ماحول میں سے نکل کر گرین اِچ ولیج میں آ مقیم ہوا..

جیسے طوائفوں سے یہ توقع رکھنا کہ اُنہیں اپنے ہر گاہک کا چہرہ یاد ہو گا ایسے ایک سیلز مین سے یہ اُمید رکھنا کہ وہ ہر خریدار کو جو اُس کی دکان میں داخل ہوتا ہے یاد رکھے گا، عبث ہے..لیکن اگر ایک ہی گاہک مسلسل اور بے وجہ آنے جانے لگے تو ظاہر ہے اُس کی شناخت ہونے لگتی ہے..اور وہ ایک گاہک گستاف تھا..

سنہری بالوں والا اور اُس کی پلکیں بھی سنہری تھیں گُستاف، تقریباً روزانہ آتا..کوئی نہ کوئی شے، کبھی قوسِ قزح کے رنگوں والا سکارف جو گے حضرات کی پہچان ہوتی ہے، کوئی انگوٹھی یا کوئی سیاہ جالی دار بنیان خریدتا، اس دوران وہ اُسے ایک زخمی ہرنی کی مانند اداسی اور شکائت سے تکتا رہتا، ادائیگی کرتے ہوئے اُس کی انگلیوں کو محسوس کرتا اور پھر چپکے سے چلا جاتا..وہ اُس کے لیے کُچھ کراہت محسوس نہ کرتا کہ وہ اس قدر ٹھہرے ہوئے مزاج کا بھولا سا شخص تھا..بلکہ وہ کسی حد تک اُس کی آمد کا منتظر رہتا..

''کیا یہ ممکن ہے کہ ہم کبھی ایک دوسرے کے ساتھ ملاقات کریں اور کہیں بیٹھ کر کافی کا ایک پیالہ پی لیں؟''

گستاف نے ایک روز نہائت عاجزی اور بچوں ایسی معصومیت سے درخواست کی..وہ جھجکا تو سہی پر انکار نہ کر سکا..ایسی ملائمت بھری معصوم درخواست کو وہ رد نہ کر سکا..

مُجھے تمہیں بتا دینا چاہیے کہ یہ میرا شعبہ نہیں ہے..''وہائٹ ہارس کیفے'' میں بیٹھتے ہی اُس نے مناسب جانا کہ گستاف کو اپنی خصلت سے آگاہ کر دے تا کہ وہ اُس سے کسی قسم کی توقع نہ رکھے..

جہاں ''مچلی'' میں ایک دھیما پن اور پوشیدگی تھی وہاں ''وہائٹ ہارس کیفے'' کا مزاج نہائت پُر شور اور عیاں تھا اور اس مے خانے کی وجہ شہرت آئرلینڈ کے قومی شاعر ڈیلن تھامس کے حوالے سے تھی جو یہاں کثرت سے آیا کرتا تھا اور پھر کثرت شراب نوشی سے انتقال کر گیا تھا..

گستاف نے اُس سے کُچھ فرمائش نہ کی، کوئی مطالبہ نہ کیا سوائے اس التجا کے کہ..کیا میں تھوڑی دیر کے لیے تمہارا ہاتھ تھام سکتا ہوں...وہ..گستاف قطعی طور پر ہر نوعیت کے نشے سے اجتناب کرتا تھا..اُس نے کافی منگالی اور انعام کے مُنہ کو اب بیئر کے کسیلے پن کی بجائے وہسکی کی کڑواہٹ لگ چکی تھی..

''گستاف..ہم دوست ہو سکتے ہیں لیکن اس کے سوا تمہیں مُجھ سے کُچھ توقع نہ رکھنی چاہیے..ویسے بھی میں ایک ادھیڑ عمر شخص ہوں..''

''میں جانتا ہوں کہ تم سٹریٹ ہو..تم میں کُچھ کج روی نہیں..'' وہ بہت دھیمی اور دکھی آواز میں باتیں کرنے لگا ''پر محبت پر کسی کا کُچھ اختیار نہیں ہوتا اور نہ ہی وہ اپنے نابینا پن میں عمروں کے تفاوت کو دیکھ سکتی ہے..میں تمہیں نیمی کہہ لوں..تو نیمی میرے فلیٹ میں درجنوں سکارف، انگوٹھیاں، بنیانیں، رین بوٹی شرٹیں بکھری پڑی ہیں جو میں نے تم سے صرف اس لیے خریدی تھیں کہ ادائیگی کرتے ہوئے میری اُنگلیاں تمہاری اُنگلیوں سے چھو جائیں..میرے لیے یہی بہت ہے کہ تم نے مجھے اپنا ہاتھ تھامنے دیا ہے..''

اور اُس لمحے انعام اللہ کو احساس ہوا کہ اُس نے گستاف کی التجا پر لاشعوری طور پر اپنا ہاتھ آگے کر دیا تھا اور وہ اُسے دیر سے تھامے ہوا تھا ''صرف اس لیے کہ..میں نے تمہیں بتایا ناں کہ یہ میرا شعبہ نہیں ہے..''

''اگر تمہیں بُرا لگتا ہے تو میں تمہارا ہاتھ چھوڑ دیتا ہو..'' انعام اللہ چُپ رہا تو اُس نے اُس کے ہاتھ کو چھوڑ دیا..کُچھ دیر رُوٹھا رہا، رنجیدہ رہا اور پھر محوِ گفتگو ہو گیا..

''اس میں میرا تو کُچھ قصور نہیں..میری ساخت میں پیدائشی طور پر خرابی کی ایک صورت مُضمر تھی جس پر میرا تو کُچھ اختیار نہ تھا..میں بچپن میں چوری چھپے اپنی بہن کے فراک پہن کر اُس کا میک اپ کر کے اپنے آپ کو آئینے میں دیکھا کرتا تھا..مجھے لڑکیاں زہر لگتی تھیں..کیا تمہارے ہاں ہم جیسے لوگ نہیں ہوتے؟..''

وہ کُچھ کہنے کو تھا جب ڈیلن تھامس کی ''وہائٹ ہارس کیفے'' کی دیواروں پر آویزاں بلیک اینڈ وہائٹ تصویروں اور اُس کی شاعری کے مجموعوں تلے مخمور ہو چکا ایک نوجوان اُٹھا، چمڑے کی جیکٹ میں ملبوس جس پر آہنی لوگے اور ستارے جڑے ہوئے تھے..اور اُن کی میز پر آ کر گستاف کے رخساروں کو تھپک کر بولا ''اوئے بے وفا سویٹ..''

''میں نہیں تم بے وفا ہو..'' گستاف نے اُس کا ہاتھ جھٹک کر پرے کر دیا ''میرے اور تمہارے درمیان اب کوئی تعلق نہیں ہے..تم مجھے چھوڑ کر اُس حبشی محبوبہ کے پاس چلے گئے ہو تو جاؤ..میں تم سے نہیں بولتا..''

وہ نوجوان اپنی چمڑے کی جیکٹ کو ایک بار جھٹک کر ''آئی سٹِل لو یُو سویٹ ہارٹ'' کہہ کر اپنی نشست پر واپس چلا گیا جہاں اُس کی حبشی محبوبہ بنزاکت سے ادائیں دکھلا رہی تھی، اگرچہ وہ ایک تنومند مرد تھا..

انعام اللہ کے لیے یہ ایک یکسر انوکھی اور استعجاب انگیز دنیا تھی..

گستاف نے اپنے اُس رخسار کو سہلایا جسے ابھی ابھی اُس کے متروک ہو چکے محبوب نے تھپکا تھا اور کہنے لگا..''تو نیمی..کیا تمہارے ہاں ہم جیسے لوگ نہیں ہوتے؟''

''ہوتے ہیں اور ہم اُنہیں قبول کرتے ہیں کہ یہ ہماری روائت کا ایک حصہ ہیں..اور یہ روائت مدتوں سے ہماری شاعری میں یہاں تک کہ تصوّف میں بھی چلی آتی ہے..اور کُچھ لوگ اسے عِلتِ مشائخ کا نام بھی دیتے ہیں..اور عطار کے اُس لونڈے سے دوا لیتے ہیں..بے شک یہ ایک روحانی رشتہ تھا پر ہمارے شاہ حسین کے ہمراہ مادھو لال ہوا کرتا تھا اور مولانا رُوم شمس تبریز کے بغیر بے چین ہو جاتے تھے..ہمارے ایک شہر میں اب بھی ڈھول بتاشے بجتے ہیں اور محبوب کو ہار پہنا کر اُس کی نمائش کی جاتی ہے یہاں تک کہ ڈیرہ اسماعیل خان کے قریب ایک بزرگ کے عُرس کے موقع پر ایک غیر اعلان شدہ مقابلۂ حُسن..لڑکوں کا ہوتا ہے..'' انعام اللہ اگر آج بھی بیئر کی بے رُوح گھونٹ بھر رہا ہوتا تو یہ کُچھ بیان نہ کرتا

لیکن وہسکی کی زرد اثر انگیزی نے اُس کی زبان کے سارے قُفل کھول دیئے تھے..اور گستاف مُنہ کھولے ایک عالم حیرت میں یہ انکشاف سُن رہا تھا ''اور ہماری جنت میں..ہمارے ساتھ وعدہ کیا گیا ہے کہ وہاں صرف حوریں نہیں، غلمان بھی ہوں گے..ہم نے ہزاروں برس پیشتر پیدائشی مجبوری کی اس کج روی کو قبول کیا..اپنی روائت میں شامل کرلیا..اور تمہیں..اب بھی تمہارا معاشرہ قبول نہیں کرتا..''

اُسے یقین نہیں آ رہا تھا..اپنے تئیں بہت فراخ دل اور تہذیب یافتہ یورپ اور امریکہ نے جس انسانی کج روی سے اب تک مفاہمت نہ کی تھی اُسے ہزاروں برسوں سے مشرق میں نہ صرف قبول کیا جا رہا تھا بلکہ شاعری اور تصوف میں وہ ایک معزز مقام پر فائز تھی..اور کیا واقعی ایسے نوخیز جن کے گالوں پر ہلکی سی سبز روئیدگی ہویدا ہو رہی ہوتی تھی، وہ دل پسند ساتھی ہوا کرتے تھے..

''نیمی..کیا تم کبھی کسی لڑکے کی جانب ملتفت نہیں ہوئے؟''

''میں؟'' انعام اللہ چونک گیا..

''وہائٹ ہارس کیفے..'' کے بے ہنگم شرابی شور میں سے چھن چھن کرتے گھنگھرو چھنکنے لگے اور ڈھول کی سرمست تال ابھرنے لگی اور اُس مے خانے میں آباد جتنے بھی لوگ تھے اُن کے چہرے مدھم ہوتے گئے اور ایک ایسے چہرے کے خدوخال ظاہر ہونے لگے جس کے سورج اور رقص سے دمکتے ماتھے پر پسینے کی بوندیں تھیں جو ٹپ ٹپ دھول میں اٹے اُن نزاکت بھرے پاؤں کی مٹی میں گرتی تھی جن کے ٹخنوں کے گرد گھنگھرو لپٹے ہوئے چھن چھن کرتے تھے..وہ سر جھٹکتا تو اُس کے لامبے سیاہ بال اُس کے چہرے کو ڈھانپ دیتے اور اُن میں سے اُس کی پرکشش آنکھیں اُس کے دل میں اُترنے لگتیں..اُس لمحے اُسے محسوس ہوا تھا کہ اُس کی زندگی میں آج تک کوئی ایسا نسوانی چہرہ بھی نہیں آیا تھا جس کے حُسن کا چراغ اُس لختئی لڑکے کی دل رُبا صورت کے سامنے پل بھر کے لیے بھی جل سکے..جب وہ ناچتے ہوئے یکدم اپنے بالوں کو جھٹکتا تھا تو اُس جھٹک کی زد اُس کے دل پر پڑ کر اُسے بھی جھٹکتی تھی..

''شاید میں ملتفت ہوا..''

''اور وہ..''

''اُس نے تو میری جانب دیکھا ہی نہ تھا..'' انعام اللہ کے تأسف نے گستاف پر بھی اثر کیا اور وہ کھسک کر اُس کے قریب ہو گیا ''کیا میں چند لمحوں کے لیے تمہارا ہاتھ تھام لوں، پلیز..''

✦ .... ✦

ہفتے کی شب مچلی کے پاپا کارنر میں اب بھیڑ ہونے لگی.. گستاف بھی اُن چاروں کی ٹولی میں شامل ہو گیا تھا..

جولیا انعام اللہ کا خوب ٹھٹھا اُڑاتی.. اُسے زچ کرنے، طیش دلانے کی دوستانہ کوشش کرتی.. ''میں تو اُسی روز جان گئی تھی جب پہلی بار ہم تینوں تمہاری میز پر آ بیٹھے تھے کہ ان تلوں میں تیل نہیں ہے.. میں بہت بے حجاب ہو کر تمہارے آگے جھکی تھی تاکہ کچھ ہیجان خیز اشیاء سے تمہیں راغب کر سکوں پر تم پر کچھ اثر نہ ہوا تھا.. میں جان گئی تھی کہ تم پر نسوانی کشش کا کچھ اثر نہیں ہوتا.. گستاف تم بہت نصیب والے ہو کہ تمہارا اثر ہو گیا ہے..''

''نہیں ہوا..'' وہ بہت بے چارگی اور بھولپن سے بولتا ''نیمی تو بالکل پتھر ہے.. تم دعا کرو کہ یہ موم ہو جائے..''

جولیا سرخوشی میں دوہری ہو گئی اور انعام اللہ کی منتیں کرنے لگی ''پلیز نیمی اس سنہری بالوں والے سویڈ کو تو مایوس نہ کرو.. میرے لیے نہ سہی کسی شب اس کے لیے تو موم ہو جاؤ..''

''شٹ اپ جولیا..'' انعام اللہ جولیا کی رگ رگ سے واقف ہو چکا تھا، اُس کی چھیڑ چھاڑ سے لطف اندوز ہوتا تھا..

مریم حبیب بھی اپنی سوگواری سے باہر آ کر مسکرانے لگی.. ''ویسے یہ لوگ عام مردوں کی نسبت بہت بھلے اور ٹھنڈے مزاج کے ہوتے ہیں.. ہمارا واسطہ تو عام طور پر ایسے مردوں سے پڑتا ہے جو اکثر پُر تشدد ہو جاتے ہیں، اذیت پسند ہو جاتے ہیں، اگر کچھ بن نہیں پڑتا تو ہمیں موردالزام ٹھہرا کر ہاتھ بھی اٹھا لیتے ہیں لیکن یہ لوگ.. کاش کہ سارے مرد اِن جیسے ہو جائیں..''

''لیکن یہ تو مرد نہیں..'' جولیا نے شور مچا دیا..

''ہم ہیں..'' گستاف نے احتجاج کیا ''پر ذرا مختلف ہیں..''

''جولیا اور میں جب بھنبھوڑے جانے اور نوچے جانے سے تنگ آ کر کوئی ایک شب مکمل سکون میں گزارنا چاہتے ہیں تو ہمیشہ کسی گے بار میں چلے جاتے ہیں.. وہاں نہ کوئی ہماری جانب متوجہ ہوتا ہے اور نہ ہی کچھ چھیڑ چھاڑ کرتا ہے.. ہمیں ہمارے حال پر رہنے دیا جاتا ہے.. کیوں جولیا..''

''میں تھوڑی سی ترمیم کرنا چاہتی ہوں..'' جولیا پھر چیخی.. ''اُن میں سے کچھ مریم کی جانب اس لیے مائل ہو جاتے ہیں کہ اس میں کسی اولاد سے بچھڑی ہوئی ماں ایسی اداسی ہے..''

''شٹ اپ جولیا..'' مریم بھی مسکرانے لگی..

''یہ سب اس حازارا کا کیا دھرا ہے..''

وہ ہزارہ خان اس شب یہ طے نہ کر پایا تھا کہ وہ بیکارڈی کی سفید رم پیے یا وہسکی سے آغاز کرے۔ چنانچہ اس شش و پنج میں وہ کبھی کچھ منگواتا تھا اور کبھی کچھ آرڈر کرتا تھا اور اس آمیزش کے نتیجے میں وہ ایک گمشدہ خمار کی کیفیت میں کچھ سادھو سا ہو گیا تھا اور چپ بیٹھا تھا، جولیا کی جانب سے جب اُس کی طرف الزام کی انگلی اٹھی تو وہ ہڑبڑا گیا ''میں نے کیا کِیا ہے؟''

''تم نے..'' جولیا نے اُس کے کندھے پر ہتھیلی رکھ کر ذرا دھکیلا ''تم نے..نیمی کو اپنے ''رین بو سٹور'' کا نگہبان مقرر کیا اور وہاں میرے لیے اس رقیب کا..گستاف کا سامان ہو گیا..میں تم سے نفرت کرتی ہوں..''

مریم حبیب کو یہ چپ چاپ، فرمانبردار کوئی بھی مطالبہ نہ کرنے والا لڑکا پہلے دن سے اچھا لگا تھا..وہ جولیا کی چلبلاہٹ کے برعکس ایک ہمدردانہ سنجیدگی کے ساتھ گستاف سے مخاطب ہوئی ''گستاف تم یہ تو جانتے ہو کہ ہم چاروں اپنا پیٹ پالنے کے لیے کیا کرتے ہیں، تم کیا کرتے ہو..کہاں سے آتے ہو اور پھر کہاں چلے جاتے ہو؟''

''مجھ سے کسی انکشاف کی توقع نہ رکھنا..'' حیرت انگیز طور پر گستاف اپنے بھولپن سے جدا ہو کر ایک فلسفیانہ سنجیدگی میں چلا گیا ''اگر کبھی میرا اور تم لوگوں کا نیویارک میں ففتھ ایونیو یا وال سٹریٹ میں آمنا سامنا ہو جائے تو تم مجھے پہچان نہ پاؤ گے اور اگر میں تمہیں پہچان بھی لوں تو میرے چہرے پر ایک غیر جانبدار تاثر ہوگا..ایک غیریئت ہوگی..یہ سب روپ بہروپ کے معاملے ہیں..وہ جو اتفاقاً ففتھ ایونیو پر تمہارے سامنے آئے گا تو وہ ایک بہروپ ہوگا..ایک معزز نیویارکر..سیاہ سوٹ، سرمئی ٹائی اور سیاہ ہیٹ میں' ہاتھ میں ایک بریف کیس، جوتے پالش سے دمکتے ہوئے اور یہ..ایک گلابی ٹی شرٹ اور رین بو مفلر کے ساتھ..ہونٹوں پر ہلکی سی لپ سٹک کے ساتھ..یہ روپ..ہو سکتا ہے وہ روپ ہو اور یہ بہروپ..میں انکشاف نہیں کر سکتا..''

جولیا قدرے دم بخود تھی..گستاف اپنا اورنج جوس سُر کتا اتنا سنجیدہ تھا کہ وہ مزید خرمستیاں کرنے کی جرأت نہ کر سکی چنانچہ اُس نے بھی ایک سنجیدگی اختیار کی اور انعام اللہ کی جانب رخ کر لیا ''نیمی..کیا تم ایک ہی ناول کے مصنف رہو گے یا کبھی اپنا دوسرا ناول بھی لکھو گے..شائد پاپا ہیمنگوے نے ہی کہا تھا کہ دنیا کا کوئی بھی شخص جس میں تھوڑی بہت تخلیقی اہلیت ہو اپنی حیات کے تجربوں کو تحریر میں لا کر ایک ناول لکھ سکتا ہے..وہ تب ایک ناول نگار کہلا سکتا ہے جب وہ ایک اور ناول لکھتا ہے..''

ہزارہ خان جو اس ہفتہ وار نشست کے آغاز میں ہی رم اور وہسکی کے چناؤ میں اُلجھ کر اُکھڑ گیا تھا جولیا کی اس ادبی نوعیت کی گفتگو سے بیزار ہو گیا کہ اُس کا ادب سے کچھ لاحقہ نہ تھا ''مجھے آپ لوگوں نے معاف کر دینا ہے..'' وہ اپنی نشست سے انعام اللہ کے کاندھے کا سہارا لیتا ہوا اٹھا اور پھر بھی لڑکھڑا گیا ''کچھ کاروباری مصروفیت ہے، مجھے جانا ہے..''

جولیا نے بمشکل اپنی ہنسی روکی ''کاروباری مصروفیت؟'' اُس نے میز پر انگلیوں سے ایک طبلہ سا بجایا ''سیدھی طرح کیوں نہیں کہتے کہ تم نے اپنے پٹھان لڑکوں کو بنا سنوار کر سجا کر گرین اِچ ویلج کی نیم تاریک گلیوں میں چھوڑنا ہے..''

''میں ہزار بار تمہیں اس کاروبار کی نوعیت بتا چکا ہوں جولیا.. اور اس کے باوجود تمہارے پاس اس کے سوا مزاح کا اور کوئی موضوع نہیں..'' ہزارہ خان کے لہجے میں ایک دھیمی شکائت کا عنصر تھا. ''اُن میں سے ایک گل ریز تو نیمی کی وجہ سے کب کا خود کفیل ہو چکا تھا اور دوسرا دریا خان وہ بھی اپنے اس دھندے سے بیزار ہو کر کسی اور راستے پر چلنے کی تمنا رکھتا ہے.. مجھے اُن سے کچھ حاصل حصول نہیں ہے.. جولیا مجھے تمہارے اور مریم کے مستقبل کی فکر ہے.. روسی اب تمہاری بدن فروشی کی اجازت کے عوض اطالویوں سے کئی گنا بڑھ کر رقم کا مطالبہ کر رہے ہیں..''

جولیا کے ہاتھوں میں جو سگریٹ تھا، وہ لرزنے لگا..

''مجھے آج شب روسی مافیا کے ایک جابر شخص سے مذاکرات کرنے ہیں.. مذاکرات تو کیا اُن کی منت سماجت کرنی ہے.. اُن کی دھمکیاں سننی ہیں کہ.. وہ تم لوگوں کو دھندہ کرنے دیں اور مجھے اور انعام کو ''رین بوسٹور'' سے بے دخل نہ کریں کیونکہ رُوسی اسے حاصل کر چکے ہیں.. آج کی شب میری کاروباری مصروفیات یہی ہیں جولیا... کیا میں جا سکتا ہوں؟'' اُس نے کاؤنٹر پر مشروبات کی کل ادائیگی کی اور لڑکھڑاتا ہوا محلی کا چوبی دروازہ کھول کر باہر کی رات میں گھل گیا..

''آئی ایم سوری.. میں بہت شرمندہ ہوں.. ایک ہولناک شخص ہوں.'' جولیا کی آنکھوں میں سے آنسوؤں کے جھرنے پھوٹنے لگے ''میں بعض اوقات سب دوستوں کی رفاقت میں محض دل لگی کی خاطر کچھ زیادہ ہی چلبلی اور بدتمیز ہو جاتی ہوں.. میں نے حاذارا کا دل دکھایا ہے جب کہ میں ایسا کرنا تو نہیں چاہتی تھی.. میں نے خواہ مخواہ اُس کے پٹھان لڑکوں کا تذکرہ کر دیا تھا.. اُس کا دل دکھایا ہے..''

انعام اللہ کو خدشہ ہوا کہ اگر اُس نے گفتگو کا رُخ نہ موڑا تو جولیا خمار کے سوا ایک احساس جرم کے تحت دھاڑیں مار مار کر رونا شروع کر دے گی تو اُس نے نہائت لاپروائی سے جیسے کچھ بھی نہ ہوا ہو جولیا کے آنسو پونچھتے ہاتھ کو تھام کر کہا ''جولیا یاد ہے میرا پہلا ناول ہی ہمارے درمیان رابطے کا ذریعہ بنا تھا اور شکر ہے یہ ابھی تک پاپا کی تصویر کے پیچھے موجود ہے۔ ہم پر سایہ فگن ہے.. تم نے مجھے پڑھا ہے اور ہم خاصی مدت سے دوست ہیں تو تم مجھے جانتی بھی ہو تو اب تم نے مجھے بتانا ہے کہ کیا مجھ میں اتنی تخلیقی صلاحیت ہے کہ میں ایک اور ناول لکھنے کا اہل ہوں..''

''میں نے حاذارا کا دل دکھایا ہے..'' اُس نے ایک لمبی سی ہچکی بھری..

''اور تم میرا دل بھی دُکھا دو گی اگر میرے سوال کا جواب نہیں دو گی..''

گستاف کے اندر ایک ہلکا سا حسد پھوٹا کہ انعام اللہ نے جولیا کا آنسو پونچھتا ہاتھ ابھی تک تھام رکھا تھا..

''ہاں..'' اُس نے سر جھٹک کر اپنے آپ کو اُس احساس جرم سے آزاد کرنے کی سعی کی جو حاذارا کا دل دکھانے پر اُس کچوکے دیتا تھا اور پھر مسکرائی. ''تم میں.. استعداد ہے.. مجھے کامل یقین ہے کہ تمہاری انگلیاں ایک اور ناول لکھنے پر قادر ہیں.. سچ پوچھو تو مجھے شک ہے کہ تم وہ ناول شائد لکھ بھی چکے ہو اور اُسے ہم پر ظاہر نہیں کیا.. کیونکہ مجھے یہ بھی کامل یقین ہے کہ تم نے اس ناول میں بقول تمہارے.. ہمیں فروخت کر دیا ہے.. اور نیویارک کی گندگی اٹھانے والے برسوں کا تجربہ بھی اُس کے پس منظر میں ہوگا..''

انعام اللہ جان گیا کہ وہ اب سنبھل چکی ہے.. ''تم جان لو کہ تمہارے آس پاس جو لوگ زندگی کرتے ہیں، مرتے

ہیں جیتے ہیں، اپنے بدن فروخت کرتے ہیں، لوگوں کا دل دکھاتے ہیں اور پھر پچھتاتے ہیں یا۔'' اُس نے گستاف کی جانب دیکھا جو ذرا ناراض سا لگ رہا تھا۔ ''یا اپنی جنس سے لگاؤ رکھتے ہیں، صرف ان کے مشاہدے کی بنیاد پر ایک ناول تعمیر نہیں کیا جاسکتا جب تک کہ.. آپ ان کے اندرون تک رسائی حاصل نہیں کر لیتے..ان کے اندر جو نیک نامیاں اور بدنامیاں ہیں.. اور وہ قبرستان ہیں جن میں اُن کی ناآسودہ تمنائیں اور حسرتیں، چاہے جانے کی خواہشیں اور ایک غیر واضح مستقبل کے خوف کی ایسی کچی قبریں ہیں جن کی مٹی ابھی خشک نہیں ہوئی.. میں ابھی تک رسائی حاصل کرنے کی سعی کر رہا ہوں.. اور غلاظت ڈھونے کے وہ برس.. میں ان کے بارے میں سوچتا ہوں..اُن کی کھوج کرتا رہتا ہوں..لیکن یہ تجربہ بھی سرسری ہے.. مجھے اب قلق ہوتا ہے..اُن ہزاروں پلاسٹک کے سیاہ تھیلوں میں سے کسی ایک کو کوڑے کے ٹرک میں ڈالنے سے پیشتر..اُسے کاندھے پر بوجھ کر کے مجھے وہاں سے فرار ہو جانا چاہیے تھا..سنٹرل پارک کے کسی ویران گوشے میں جا کر اُس تھیلے کی گرہ کھول کر اُس میں جمع شدہ گندگی کو اپنے ہاتھوں سے ٹٹولنا چاہیے تھا.. یقیناً میرے ہاتھ لتھڑ جاتے، گندگی کی بدبوداری سے آلودہ ہو جاتے..لیکن میں اُس تھیلے کے اُس مواد کو تو پرکھ سکتا جسے کسی نہ کسی انسان نے غیر ضروری اور گندگی قرار دے کر اُس سے پیچھا چھڑانا چاہا تھا..اُس سیاہ بیگ میں ایک قے کی جو چپک جانے والی بدبودار آلودگی بند ہے وہ کسی کی بھی ہو سکتی ہے..کسی شرابی کی..کسی حاملہ عورت کی جسے اپنے ہونے والے بچے کے بارے میں علم نہیں کہ وہ کس کا ہے.. اور اگر علم ہے تو وہ شخص انکاری ہو چکا ہے اور غلاظت میں بھیگا ہوا پھولوں کا ایک گلدستہ..اسے کس نے چاہت سے کسے پیش کیا تھا جس نے اسے اٹھا کر کوڑے دان میں پھینک دیا تھا.. یہ موت میں منقطع ہونے والے مرض میں مبتلا کسی مریض کے سرہانے رکھا گلدستہ بھی تو ہو سکتا ہے جو اُس کی چارپائی خالی ہونے پر کمرے کی صفائی کرنے والی نے پھینک دیا ہو..اور یہ استعمال شدہ کچّے اور ناآسودہ خون کے دھبّوں والے سینٹری ٹاول..ایک معصوم لڑکی یا ایک طوائف کے پھینکے ہوئے بھی ہو سکتے ہیں کہ دونوں میں یہ عمل مشترک ہے..اور اُنہیں عورت ہونے کے ایک ہی بندھن میں باندھتا ہے..ایک سربریدہ گڑیا..کسی بچے کی بھی ہو سکتی ہے..بائبل کا یہ جیبی نسخہ کسی نے غلاظت کے ڈھیر میں پھینک دیا اور اُسے عذاب کا کُچھ خدشہ نہ ہوا..شائد اُس نے زندگی میں ایسے ہولناک جہنمی عذاب جھیل لیے کہ اُس کا ان قدیم قصّوں پر اعتبار اٹھ گیا..سُرخ ربن سے بندھا ہوا ایک پیکٹ جسے کھولے بغیر کسی نے کوڑے میں پھینک دیا..یہ تحفہ کس کی جانب سے کسے دیا گیا تھا..اور پھر دنیا میں سب سے کریہہ النظر گیلی اور پچکی ہوئی سکڑی ہوئی شے، جانے کس نے چڑھائی تھی، اور اُتار پھینکی تھی..کیا واقعی وہ اُس سے محبت کرتا تھا اور احتیاط کرتا تھا یا صرف ایک رات کا تفریحی کھیل تھا..کیا تھا...'' انعام کُچھ اور کہتا کہتا یکدم چپ ہو گیا.. مریم کی سوگواری مزید گہری ہو گئی، اگرچہ وہ اس بیان کی تہہ تک مکمل طور پر نہ پہنچ سکی تھی..

جولیا کے ہونٹ سناٹے میں آ کر مقفل ہو گئے تھے..

اور گستاف کُچھ خوف کھا گیا.. یہ کیسا فتور شدہ..اور مشاہداتی گہرائی میں ڈوبا ہوا شخص ہے..وہ تو نہیں ہے جو مُجھے دکھائی دیتا ہے..

اُن کے درمیان محفل کا ہلکا شور ایک سیلابی ریلے کی مانند در آیا..وہ چاروں ایسے چپ جزیرے ہو گئے جن کے گرد آوازیں گونجتی تھیں پر وہ اُن کے کانوں تک پہنچتی پہنچتی دم توڑ جاتی تھیں..

پھر جولیا نے بمشکل اپنے سناٹے میں آئے ہوئے مقفل ہونٹ کھولے..''نیمی..تم..تم اپنی یادداشت پر زور دو.. یہ تمہارا قلق نہیں تھا کہ کاش تم غلاظت کے اُس ایک تھیلے کو کاندھے پر ڈالے فرار ہو جاتے اور اُسے کھول کر اُس میں جمع شدہ مواد کو پرکھتے..تم واقعی ایک ایسے تھیلے کے ساتھ فرار ہو گئے تھے..اور اُسے کھول کر اُس میں جمع شدہ ہر شے کو پرکھا تھا..ورنہ.. ایسی تفصیل کا بیان ممکن تو نہیں..نیمی..اپنی یادداشت کو ذرا گہرا کرو..''

اُن کے درمیان مچلی کی سرسراہٹیں اور سرگوشیاں ہمکتی رہیں اور وہ اُن کے درمیان اُن کے بہاؤ میں سے اُبھرتے چُپ کے جزیرے رہے..

وہ تو آگاہ نہ ہوئے..اگر اپنی چُپ سے باہر آ کر اوپر نظر کرتے تو آگاہ ہوتے کہ اُن پر سایہ فگن پاپا ہیمنگوے کے بلیک اینڈ وہائٹ پورٹریٹ کے ہونٹوں میں زندگی کروٹیں بدلنے لگی ہے..اُس کا پورا چہرہ ساکت ہے لیکن اُس کے لب کلام کرنے لگے ہیں..''جولیا..یہ گندگی کے اُس سیاہ تھیلے کے ساتھ فرار نہیں ہوا تھا..یہ محض اِس کا مشاہداتی تصوّر تھا..ایک تخلیق کار کو زندگی کی غلاظت سے بھرے ہوئے تھیلوں کی گرہ کھول کر اُس میں ملفوف شدہ اشیاء کو باقاعدہ پرکھنے کی حاجت نہیں ہوتی...وہ ایک ایسے گانٹھ لگے تھیلے کے اندر جو کچھ ہے اُسے اپنے وجدان اور تصور کی آنکھ سے دیکھ لینے کی صلاحیت رکھتا ہے..تمہارا کیا خیال ہے کہ وہ افریقہ، اطالیہ..خانہ جنگی کا ہسپانیہ، فرانس یا کیوبا جو کہ ''گرین ہلز آف افریقہ'' ''دسن آلسو رائزز'' ''اے مووایبل فیسٹ'' یا ''اولڈ مین اینڈ دے سی'' میں منکشف اور ظاہر ہوتا ہے کیا میں نے زندگی کی گندگیوں سے بھرے ان ملکوں کے تھیلوں کو کھول کر اُن میں جھانک کر اُنہیں بیان کیا ہے؟..نہیں..کچھ مشاہدہ تھا اور بیشتر میرے تصور کی کرامت تھی..وہ ناول نگار ہی کیا جو صرف مشاہدے اور حقیقت پر انحصار کر جائے..یہ سب تصوّر کے خمار آلود کرشمے ہیں..اگر تمہیں اس اولڈ مین کی گواہی پر یقین ہے تو..اس شخص انعام اللہ نے ان برسوں میں اپنے کاندھے پر ڈالے ہوئے کسی ایک سیاہ بیگ کو بھی کھول کر نہیں دیکھا..''

''کون؟'' وہ چونک گئی..اُن کے سوا اُن کی محفل میں کوئی اور بھی تھا..اُس نے نظر اٹھا کر اوپر دیکھا..پاپا کی بلیک اینڈ وہائٹ تصویر ہمیشہ کی طرح ساکت اور بے جان تھی..

جولیا جوائے اور مریم حبیب کی کاروباری رخصتی تقریباً گیارہ بجے تک ہو جاتی تھی کہ شب کے ان تاریک لمحوں میں گاؤں کے شراب خانوں اور ریستورانوں میں سے نکلنے والے اکثر مخمور نکلتے تھے جو آسانی سے دام میں آ جاتے تھے.. وہ انہیں ہوش مندوں پر ترجیح دیتی تھیں کہ ایسے لوگوں کے حواس اور اعضاء الکوحل کی زیادتی کے باعث معطل اور بیکار ہو چکے ہوتے ہیں اور وہ بستر پر پڑتے ہی خراٹے لینے لگتے تھے اور اگر اُن میں توانائی کا کچھ عنصر موجود ہوتا تھا تو وہ بھی چند ساعتوں میں خلاص ہو جاتا تھا..

گیارہ کب کے بج چکے تھے..لیکن جولیا نے ایک بار بھی اپنی کلائی پر بندھی ایک بڑی مکھی کے حجم جتنی مختصر گھڑی پر نگاہ نہ کی تھی..

''میں آج کہیں نہیں جا رہی..ہم ایسے جنس کے مزدوروں کو ہفتے میں کم از کم ایک شب کی چھٹی کا حق حاصل ہونا چاہیے..میں آج کہیں نہیں جا رہی..'' اُس کی خاموش پیروکار مریم نے بھی ذرا سر جھٹک کر عندیہ دیا کہ وہ بھی کہیں نہیں جا

رہی.. اُن کے دلوں پر کوئی بوجھ بھاری ہو رہا تھا.. اپنے آپ میں گمشدہ وہ ایک لایعنیت کی کیفیت میں الجھے بیٹھے رہے..

لگتا تھا کہ اُنہیں جزیرے ہوئے.. اپنے آپ میں تنہا ہوئے صدیاں بیت چکی ہیں جب انعام اللہ نے قدرے مجرم محسوس کرتے ہوئے کہ جیسے وہ اس شوخ اور بدتمیز لڑکی کے یوں رنجیدہ ہو جانے کا ذمہ دار تھا، اُس کے ہونٹوں کو اپنی اُنگلیوں سے چھوتے ہوئے اُلفت سے کہا ''تم مجھے اپنے اُس خواب کے بارے میں بتاؤ جس میں تم اپنے ذاتی رانچ کی زمینوں پر ایک مُنہ زور، نتھنے پھڑکاتے، اخروٹ کے رنگ کے گھوڑے پر سوار.. نیم صحرائی گرم اور شفاف ہوا میں سانس لیتی، ایک کاؤبوائے ہیٹ میں اُڑتی چلی جاتی ہو.. تمہیں اس خواب کی تعبیر کے لیے مزید کتنی رقم درکار ہے؟''

''لَور بوائے تم حقیقت جاننا چاہتے ہو؟'' ایک زہرناک کڑوی مسکراہٹ جس نے اُس کے خدوخال کو بھی قدرے مسخ کر دیا تھا جولیا کے ہونٹوں پر پھیلنے لگی.. ''میرے پاس کُچھ بھی نہیں ہے.. میں کُچھ بھی پس انداز نہیں کر پائی.. رہی سہی کسر روسی مافیا نے پوری کر دی ہے.. میرے اکاؤنٹ میں صرف چند سو ڈالر ہیں.. میں بھی ایک ایسے تصوراتی دھوکے میں رہتی تھی جس کے خواب مجھے اس بدن فروشی کی ذلت اور غلاظت میں سانس لینے کا حوصلہ دیتے تھے.. میں اُس انجام کے سیاہ سائے رینگتے ہوئے اپنے قریب آتے محسوس کرتی ہوں جب پانچ چھ برس کے اندر اندر میں بدنی طور پر ڈھل جاؤں گی اور جنس کے کاروبار کے لیے تقریباً ناکارہ ہو جاؤں گی.. تب میرے حصے میں ایسے بوڑھے آئیں گے جن کے بدل زوال میں ہوں گے اور اُن کے گوشت کے مردہ ہونے کی بُو برداشت سے باہر ہوگی.. کبھی کوئی بہت بے تاب ٹین ایجر، اور اکثر ایسے حبشی جو تمہیں ادھیڑ دیتے ہیں اور ادائیگی بھی نہیں کرتے، کمرے کا کرایہ اور دو وقت کا کھانا بمشکل پورا ہوگا اور تب یا تو میں خودکشی پر مائل ہو جاؤں گی یا پھر ایڈز کا شکار ہو کر بے آسرا سکڑ سکڑ کر.. ایک استعمال شدہ کنڈوم کی مانند مردہ ہو جاؤں گی..''

''نہیں جولیا.. میرے پاس کُچھ رقم ہے..''

''مجھے خیرات کی ضرورت نہیں پلیز.. اور مُجھے مت ٹوکو..'' اُس کی کڑواہٹ میں طیش کی آمیزش ہوگئی.. ''تم نے جب اپنے کاندھے پر لادے گندگی کے تھیلے کے اندر اپنے تصور کی آنکھوں سے جھانکا تھا تو میں نے ٹوکا تھا.. میں بھی اس گاؤں کی تاریک گلیوں میں ایک مدت سے ایک ایسا ہی غلاظت کا تھیلا اٹھائے پھرتی ہوں اور میں اُسے تصور میں نہیں حقیقت میں کھول کر اس کے اندر اپنی جمع شدہ غلاظت اور بُل شِٹ کی تفصیل تمہیں سنا سکتی ہوں.. لیکن اس میں کوئی سر بریدہ گڑیا، ان کھلا تحفہ یا بائبل کا نسخہ نہ ہوگا.. ہاں گیلے مادوں کی اور شرابیوں کی قے کی بُو بہت ہوگی.. شائد کوئی ایسا بچہ ہو جسے مکمل نہ ہونے دیا گیا ہو اور بہت سے پچکے ہوئے کنڈوم.. میں کبھی بھی ایک اخروٹ کی رنگت کے مُنہ زور گھوڑے پر سوار کاؤ بوائے ہیٹ پہنے اپنے چہرے پر نیم گرم صحرائی ہوا محسوس کرتے اپنے ذاتی رانچ کی زمینوں پر اُسے سرپٹ دوڑاتی ایک نئی زندگی کو محسوس نہیں کروں گی.. بالآخر ایک استعمال شدہ کنڈوم کی مانند سکڑ کر مردہ ہو جاؤں گی.. کیوں پاپا؟'' اُس نے پلکیں اُٹھا کر ہیمنگوے کی بلیک اینڈ وہائٹ تصویر سے مخاطب ہو کر کہا ''تم تو مستقبل کا حال جانتے ہو.. جانتے ہو ناں کہ میرے جیسی عورتوں کا یہی انجام ہوتا ہے.. ابھی تو تم بول رہے تھے.. ابھی تو تمہارے ہونٹوں پر زندگی کروٹیں لے رہی تھی اور اب چپ ہو گئے ہو..'' اُس نے نظریں نیچی کر کے اپنے سامنے بیٹھے رنجیدگی میں غرق انعام اللہ کی جانب دیکھا اور اُس کی مسکراہٹ کی کڑواہٹ ذرا زائل ہوگئی ''کیوں نیمی؟''

صدیاں بیت چکی تھیں، ان گنت کائناتیں منہدم ہو کر پھر سے وجود میں آ چکی تھیں جب وِسلر کے کوہستانی قصبے سے پرے ایک کنوارے جنگل میں درختوں کے تنوں سے تعمیر شدہ ایک ہَٹ کے باہر.. اُس سے کچھ فاصلے پر ایک ان چھوئی شام کے سرمئی نیم اندھیارے میں ڈوبتی جھیل کے کنارے.. جہاں ایک نئے آدم کا ظہور ہوا تھا.. وہ اُس جھیل کے پانیوں پر عکس ہوتے سرمئی ہو چکے درختوں کو تک رہا تھا.. اُس کے اعضاء مضمحل ہو چکے تھے اگرچہ اُس کی پشت پر درّوں کے نشان اب بھی تازہ تھے اور اُن کے تینوں بچے ہَٹ کے اندر کمپیوٹر پر وکٹوریا کے ساحلی قصبے سے کچھ فاصلے پر بلند پہاڑوں میں گھری ایک وادی میں بہتی خنک ندی میں چھینٹے اڑاتے سالمن مچھلیاں دبوچتے ریچھوں کی تصویریں دیکھتے تھے اور وہ آج صبح سویرے ہی ان ریچھوں کو دیکھنے کے لیے اپنی ماں کے ساتھ چلے گئے تھے اور وہ ان تصویروں کو دیکھتے ہوئے ادھم مچاتے تھے.. کہ موم تم کہاں چلی گئی ہو، تم اس بے بی بیئر کی تصویر تو دیکھو جس میں اُس نے اپنے سائز جتنی ایک تڑپتی ہوئی سالمن مچھلی دبوچ رکھی ہے اور یہ تصویر میں نے اُتاری ہے.. اور موم.. اُس کی بیوی ہَٹ کے باہر قدرے پرتشویش کھڑی سرمئی اندھیارے پن میں اُسے پکارتی تھی کہ..... نیمی.. تم کہاں ہو.. نیمی.. جب اُس نے مچلی کی اُس شب کو یاد کیا تھا.. اُس جھیل کی سطح پر عکس ہوتے کنوارے جنگل کے درختوں کی شاخوں میں اُن کے.. جولیا، مریم اور گستاف کے چہرے جھانکنے لگے تھے..

وہ اُس کی حیات کی بیش قیمت رفاقتیں تھیں.. پر اُن کے زمانے تب مختصر ہونے لگے جب ایک رات ہزارہ خان اُس کے تہہ خانے میں اُترا اور وہ بہت مخمور تھا اور اُس نے آگے بڑھ کر اُسے گلے لگا لیا جیسے کوئی تعزیت کرنا چاہتا ہو اور کہنے لگا ''انعام.. میں نے روسیوں کی بہت منت سماجت کی پر وہ نہیں مانے.. وہ جتنی رقم کا مطالبہ کر رہے تھے وہ میرے بس میں نہ تھی.. اُنہوں نے مجھے.. اور تمہیں ''رین بو سٹور'' سے بے دخل کر دیا ہے اور اب وہاں ایک جِم بار کھولنے کا ارادہ رکھتے ہیں.. میرے تو دو چار بکھیڑے اور بھی ہیں اور وہ لڑکے بھی ہیں.. لیکن انعام تم اب کیا کرو گے؟''

وہ اپنی آنکھوں پر یقین نہ کر سکا جب وال سٹریٹ کے درمیان میں ایستادہ تانبے سے ڈھالے ہوئے بھینسے کے اُس مجسّمے کے قریب جس کے بڑے بڑے خصیے بھی تانبے کے تھے، ایک شخص نے ہاتھ آگے کر کے اُسے رکنے کا اشارہ کیا.. اور جونہی وہ اپنی ٹیکسی فٹ پاتھ کے برابر میں لے آیا اور بریک پر پاؤں رکھا تو ایک سیاہ سُوٹ اور سرمئی ٹائی میں ملبوس اکڑا ہوا پُرتکبر چہرے والا امریکی دروازہ کھول کر پچھلی نشست پر آ بیٹھا ''میڈیسن ایونیو..''

آج اُس کا ایک ٹیکسی ڈرائیور کی حیثیت سے پہلا دن تھا اور وہ پچھلے تین گھنٹوں سے شہر میں مارا مارا پھر رہا تھا.. کبھی براڈوے پر اور کبھی ففتھ ایونیو پر ہولے ہولے ٹیکسی چلاتا منتظر.. فٹ پاتھوں پر رواں لوگوں کی جانب اشتیاق سے تکتا ڈرائیو کرتا چلا جا رہا تھا.. اور اُسے کسی نے روکا نہ تھا.. اور جب اُسے ایک مایوس یقین ہونے کو تھا کہ اُس کی ٹیکسی کی پچھلی نشست ازل تک یونہی سُونی پڑی رہے گی.. اُس کے نصیب میں کوئی مسافر نہ ہو گا اور اُس نے بابا امیر بخش کے عطا کردہ

ڈالروں کو پہلی بار جیب سے نکال کر نیویارک کی پیلی ٹیکسی کا ایک میڈالین خریدا تھا اور پھر یہ ٹیکسی حاصل کی تھی تو اُس نے زندگی کی بہت بڑی حماقت کر ڈالی تھی تب..''میڈیسن ایونیو..''

''رین بوسٹور'' سے یکدم بے دخل ہو جانے کے بعد وہ ایک کٹے ہوئے لکھنؤ کاٹ گڈے کی مانند ڈولتا پھرا.. اُس کا دماغ ماؤف ہو گیا..اُس نے کُچھ روز یکسر تنہائی میں اپنے تہہ خانے میں سوتے جاگتے گذارے..تقریباً ہر شام مچلی میں بسر کی..اور تنہا بسر کی..وہ ہفتے کی شب کا منتظر رہتا جب جولیا، مریم، ہزارہ اور گستاف متلاشی نظروں سے مچلی میں داخل ہوتے اور ہاتھ پھیلاتے، مسکراتے، ہنستے اُس کی تنہائی کو تار تار کر دیتے..

جولیا اگرچہ اپنے اس سیاہ موڈ سے باہر آ چکی تھی، بیکاری کے ان ایام میں نہائت ہمدردی سے اُسے مشورہ دیتی کہ وہ تینوں، مریم اور وہ..ایک ایسا شراکتی کاروبار کر سکتے ہیں جس میں ان دونوں کی مارکیٹنگ کی ذمہ داری اُس کی ہو گی اور اس میں کیا قباحت ہے..

البتہ ہزارہ اُس بے دخلی کے نتیجے میں قدرے اکھڑ گیا تھا اور ہفتے کی اُن شاموں میں کبھی کبھار غیر حاضر ہو جاتا..

گستاف اُس کی بے کاری کی فکرمندی میں ہلکان ہوتا رہتا اور ایک شام جب جولیا اور مریم اپنے کاروبار کے سلسلے میں رخصت ہو چکی تھیں اور وہ دونوں تنہا تھے تو اُس نے نہائت لجاجت سے ایک تجویز پیش کی ''یہ تو میرا روپ ہے.. اور جو میرا بہروپ ہے اُس میں میں ایک نہائت امیر کبیر شخص ہوں..تم بے شک میری کوئی آرزو پوری نہ کرو..کچھ شرط نہیں..میں تمہارے کُل اخراجات برداشت کر سکتا ہوں اور ان کے عوض میں..شرط تو نہیں ایک درخواست ہے کہ تم کبھی کبھار مجھے اپنا ہاتھ تھام لینے دیا کرو..''

اُسے واقعی گستاف کے خلوص اور لگاؤ پر پیار آ گیا اور اُس نے خود سے اُس کا ہاتھ تھپکا اور تھام لیا..

''گستاف..اگر میری خصلت میں کُچھ کج روی ہوتی، ذرا مائل ہوتا تو میں واقعی تم سے محبت میں مبتلا ہو جاتا..تمہیں میری معاشی حالت کے بارے میں پُرتشویش ہونے کی کُچھ ضرورت نہیں ہے کہ..میرے پاس ڈالروں کی کُچھ کمی نہیں ہے..شائد میں تم سے کہیں بڑھ کر ثروت مند ہو..بہر طور پیشکش کا شکریہ!''

''واقعی؟..'' گستاف شدید حیرت سے دوچار ہو گیا..''کیا نیویارک کی غلاظت ڈھونے میں اتنی آمدن ہے یا ''رین بوسٹور'' پر کام کرتے ہوئے میری طرح کے کسی عاشق..نے تمہاری جھولی بھر دی ہے؟''

''یہ میری وراثت ہے۔میں نے تہیہ کر رکھا ہے کہ میں اس رقم کو کبھی ہاتھ نہیں لگاؤں گا..میں نے کُچھ ابتدائی ایام بھوک اور بیکاری میں گذارے لیکن اپنے باپ کی جائیداد کے اس حصے کو کبھی نہیں چھیڑا..میں اسے تب استعمال میں لاؤں گا جب میں اس ملک میں جڑیں پکڑ لوں گا..اس سرزمین میں دفن ہونے کا فیصلہ کر لوں گا..میں..گستاف..اگرچہ میں بیکار ہوں..پر نادار نہیں ہوں..''

بیکاری کے اُن ایام میں..سوتے جاگتے..مچلی میں شامیں گذارتے اُس نے نیویارک ٹائمز میں ایک مختصر سی خبر پڑھی..

جو لوگ اپنی زمین سے بچھڑ جاتے ہیں.. معاشی یا اپنی جان کے تحفظ کی خاطر کسی اور سرزمین میں منتقل ہو جاتے ہیں.. وہ اپنی زمین کے حوالوں کے لیے اتنے ترس جاتے ہیں کہ اُن پر ترس آنے لگتا ہے.. نیویارک ٹائمز کی بھاری ضخامت کے درجنوں صفحوں پر نظر ڈالتے ہوئے جب کبھی "P" کا حرف نظر آ جاتا تھا تو انعام اللہ کی نبضیں رُک جاتی تھیں کہ شائد پاکستان کا کچھ تذکرہ ہو.. تو ایسے ہی وہ اُس مختصر خبر تک پہنچا جو دو چار سطروں کی تھی کہ پاکستان کے شمالی علاقوں میں برفانی چیتے کا ایک بچہ پکڑا گیا ہے جس کی نشوونما اور افزائش کے لیے وہاں مناسب سہولتیں نہ تھیں تو اُسے عارضی طور پر برونکس کے چڑیا گھر کے سپرد کر دیا گیا ہے۔ اس شرط کے ساتھ کہ جب یہ بالغ ہو جائے گا تو اسے پاکستان واپس بھیج دیا جائے گا.. خبر میں یہ بھی درج تھا کہ امریکی اس نایاب برفانی چیتے کے بچے کا دیدار کرنے کے لیے اُمڈے پڑتے ہیں.. اُسے فی الواقع.. برفانی چیتوں سے چنداں دلچسپی نہ تھی لیکن.. اُن دونوں میں، اُس میں اور برفانی چیتے کے بچے میں ایک قدر مشترک تھی.. جس کی وجہ سے وہ اُسے دیکھنے کے لیے چلا گیا.. وہ دونوں اپنی سرزمین سے دھکیل دیئے گئے تھے.. وہاں اُن کی جانوں کو خطرہ تھا..

برفانی چیتے کا وہ بچہ برونکس کے چڑیا گھر میں بے آرام تھا..

خصوصی طور پر تیار کردہ برف کی ایک مصنوعی کھوہ میں بے چین اور بے گھر ٹہلتا پھرتا تھا.. اور نیویارکر اُس پر مٹے جاتے تھے، اُسے اپنی جانب متوجہ کرنے کی کوشش کرتے تھے پر وہ سر جھکائے اِس کونے سے اُس کونے تک اور پھر اپنے خوبصورت بدن کو ایک لچک کے ساتھ موڑ کر واپس.. چلتا جاتا تھا.. اس دوران ایک چھوٹے سے بچے نے جس کی آنکھوں میں ایک ڈری ڈری سی حیرت تھی، ماں باپ کی نظروں سے بچا کر ایک ٹافی اُس کی جانب پھینکی جو اُس کے ماتھے کے درمیان میں جا لگی اور اُس نے پہلی بار اُس مصنوعی کھوہ کے باہر جمع ہجوم کی جانب نظر کی.. اور انعام اللہ کو یوں محسوس ہوا جیسے اُس کی بے گھر بادامی رنگ کی آنکھیں صرف اُس پر ٹھہر گئی ہیں.. اور اُن میں ایک نیند سے بیدار ہونے والے بچے کی آنکھوں میں ماں کی جانب دیکھتے ہوئے جو پہچان آتی ہے، ویسی معصوم ملائمت، جھلکی اور وہ اُسے مسلسل تکنے لگا.. جیسے اُس تک اُس کے وطن کی مٹی کی باس پہنچ گئی تھی.. انعام اللہ اُسے.. گوروں، کالوں اور زرد چہروں میں سے الگ نظر آتا تھا۔ اُس کی بادامی آنکھوں میں ایک شکائت تھی اور وہ انعام اللہ کی جانب کھنچی چلی آتی تھیں.. وہ کچھ دیر تک اُسے تکتا رہا اور پھر سر جھکا کر اپنی کھوہ میں ٹہلنے لگا.. انعام اللہ اپنے آنسو نہ روک سکا.. اُس کا جی چاہا کہ وہ حفاظتی جنگلا پھلانگ کر اُس کے پاس جا پہنچے اور اُسے گلے لگا کر دھاڑیں مار مار کر رونے لگے..

برونکس کے چڑیا گھر سے باہر آ کر اُس نے گرین اِچ ولیج لوٹنے کے لیے ایک ٹیکسی کو رُکنے کا اشارہ کیا.. اگرچہ اُسے کم خرچ میٹرو پر سوار ہونا چاہیے تھا لیکن وہ شدید تھکن اور اداسی کا شکار تھا.. اُس برفانی چیتے کے بچے سے بچھڑ جانے کے قلق میں رنجیدہ تھا..

''واشنگٹن سکوئر..'' ٹیکسی کی پچھلی نشست پر ڈھیر ہوتے ہوئے اُس نے آہستہ سے اپنی منزل کی اطلاع کی.. تو ڈرائیور نے میٹر گرانے کے بعد عقبی شیشے پر ایک نظر کی اور پھر پیچھے مڑ کر اُسے دیکھتے ہوئے کہا۔ ''السلام علیکم..''

زرد شیطان کے اس شہر کے کوچہ و بازار کی ٹریفک میں زرد رنگ کی جو ٹیکسیاں مسافروں کی آس میں ہولے

ہولے سرکتی ہیں، اُن میں سے بیشتر کے ڈرائیور بنگلہ دیشی، ہندوستانی یا پاکستانی ہوتے ہیں..

وعلیکم السلام...

اس شناسا طرز تخاطب سے اُس کی اداسی قدرے کم ہوئی..

ٹیکسی ڈرائیور بیشتر پاکستانیوں کی مانند کسی گجرات، کھاریاں یا منڈی بہاؤالدین سے بنیادی طور پر غیر قانونی طریقے سے سمگل ہونے والا یا جعلی سیاسی پناہ کی آڑ میں یہاں ٹِک جانے والا ایک شخص نہ تھا. بھینسوں کو چارہ ڈالتا، راج مزدوری کرتا یکدم نیویارک میں وارد ہو جانے والا ایک شخص نہ تھا.. پنجاب یونیورسٹی سے ڈگری یافتہ ایک پیشہ ور آرکیٹیکٹ تھا..

''میں نے یہاں بہت تگ و دو کی کہ مُجھے اپنے پیشے کی مناسبت سے ایک آرکیٹیکٹ کے طور پر کہیں ملازمت مل جائے...اور مُجھے رد کرنے کے جواز بھی کسی حد تک مناسب تھے کہ میں فن تعمیر کے حوالے سے صرف پاکستانی موسموں کو مدنظر رکھتے ہوئے گھروں اور عمارتوں کے نقشے بنا سکتا ہوں.. میں نیویارک کے موسموں اور عمارتی قوانین سے آگاہ نہ تھا.. بہت بیکاری کاٹی..اور بالآخر جب فاقوں تک نوبت جا پہنچی تو میں ایک دوست کے مشورے کے مطابق ''ہڈسن ٹیکسی سروس'' کی انتظامیہ کی خدمت میں جا حاضر ہوا..میرے پاس انٹرنیشنل ڈرائیونگ لائسنس پہلے سے موجود تھا، ایک دو مزید ٹیسٹ ہوئے اور میں چند روز بعد کرائے پر حاصل کردہ ایک ٹیکسی میں نیویارک کی شاہراہوں پر تھا..صبح پانچ بجے سے شام پانچ بجے تک مُجھے مالکوں کو اسّی ڈالر کی ادائیگی کرنی تھی..''

''کیا دن بھر میں آپ کو اتنی آمدنی ہو جاتی ہے کہ آپ کرایہ ادا کرنے کے بعد بھی مناسب رقم گھر لے جائیں..'' اُس کے ذہن میں کُچھ ممکنات جنم لے رہے تھے..

''ہاں...بہت مناسب رقم..ایک عام ملازمت سے کہیں بڑھ کر..'' اُس کا نام شجاعت علی تھا اور وہ مطمئن دکھائی دیتا تھا..''اس پیشے میں کمائی تو ہے لیکن خود مختاری بھی بہت ہے..صبح نو بجے سے پانچ بجے والی دفتر کی قید نہیں ہے..جب جی چاہے آپ اپنی میڈالیئن پر "No Vacancy" کا سائن روشن کر دیں اور گھر چلے جائیں۔ اگر کسی روز جی نہ چاہے تو بستر میں پڑے رہیں..آپ خود مختار ہیں..اور اگر آپ کے پلے میں کُچھ رقم ہو تو آپ ایک میڈالین نمبر خرید سکتے ہیں..یہ نمبر صرف وہ لوگ فروخت کرتے ہیں جو اس پیشے کو ترک کر کے کسی اور جانب نکلنا چاہتے ہیں..یہ سمجھ لیجیے کہ نیویارک میں ٹیکسی چلانے کا یہ قانونی لائسنس ہے..اسے حاصل کرنے کے بعد آپ کو ٹیکسی بھی خریدنا ہو گی..انشاءاللہ اگلے چھ ماہ کے اندر اندر میرے پاس بھی اتنی رقم جمع ہو جائے گی کہ میں اپنی ٹیکسی کا خود مالک ہو جاؤں گا..''

''اگر بہت سے ان پڑھ اور کم شعور رکھنے والے لوگ بھی اسی پیشے سے متعلق ہیں تو کیا آپ اُن کے ساتھ شامل ہو کر اپنی نظروں میں گر نہیں جاتے؟''

شجاعت علی عقبی شیشے میں دیکھتے ہوئے باتیں کر رہا تھا ''یہاں صرف دولت اہم ہے..عزت نفس نہیں..اگر وہ عزیز ہوتی تو ہم اپنا وطن کیوں ترک کرتے..آپ کیا کرتے ہیں؟''

''کُچھ بھی نہیں..لیکن عین ممکن ہے کہ چند روز بعد ہم ایک دوسرے کے رقیب ہو جائیں..ہم پیشہ ہو جائیں..''

ہولے ہولے سرکتے..فٹ پاتھوں پر رواں مخلوق کو ایک آس سے تکتے..وہ جب مایوس اور دل گرفتہ ہو چکا تھا تو وال سٹریٹ کے تانبے کے بھینسے..جس کے خصیے بھی تانبے سے ڈھلے تھے، اُسے اشارہ ہو گیا ''میڈیسن ایونیو'' وہ اپنی آنکھوں پر یقین نہ کر سکا اور جونہی سیاہ سُوٹ میں ملبوس اُس کا پہلا مسافر پچھلی نشست پر دراز ہوا تو اُس کے ہونٹوں پر ایک بے اختیار مسکراہٹ نمودار ہو گئی کہ جو لیا بھی تو یونہی..گلیوں اور فٹ پاتھوں پر ہولے ہولے چلتی گاہکوں کی منتظر رہتی تھی..

اُس شب..اُس نے اپنے تہہ خانے میں اپنے دوسرے ناول کی پہلی سطر لکھی تھی..ٹیکسی ڈرائیور بھی تو ایک طوائف ہے..

✦ .... ✦

''نیمی لَور بوائے.. تم نے میرا دل موہ لیا ہے.. تم نے کیسی خوشامد بھری دلداری کی ہے..ہم دونوں کو باور کروا دیا ہے کہ ہمارا اور تمہارا پیشہ بنیادی طور پر ایک ہی ہے.. تم بھی ایک طوائف ہو.. لیکن تم ایک طوائف کیسے ہو سکتے ہو.. ایک تو تم اگرچہ ہونہائت ڈیشنگ لیکن مڈل ایج ہو اور اہم ترین نکتہ.. ابھی تک گرین ہو.. اَن کُھلے تقریباً کنوارے شخص ہو تو پھر تم کیسے ایک طوائف ہو سکتے ہو.. لعنت ہے ہم دونوں پر کہ ہم کیسے کیسوں کو کھول دیتی ہیں اور تم ابھی تک اَن کُھلے پڑے ہو.. کیوں حاذارا؟''

جولیا جوائے جو ہر شب اپنے کسی نہ کسی گاہک کی رفاقت میں گیلنوں شراب پی جاتی تھی اور پھر بھی اتنی مخمور کبھی نہ ہوتی تھی کہ اختتام پر اپنے طے کردہ معاوضے کے علاوہ دس بیس ڈالر مزید اُس کی جیب سے نہ نکلوا لے.. وہ اس شام محلی میں بیئر کے دو مگ پینے کے بعد ہی بہکنے لگی تھی.. اس لیے بھی کہ پیشہ ورانہ مجبوری کے تحت پی جانے والی شراب بہک جانے میں زیادہ معاون ثابت نہیں ہوتی کہ اس میں خود مختاری اور سرخوشی کی ملاوٹ نہیں ہوتی جب کہ اپنی من مرضی سے دوستوں کی محفل میں بے پرواہی کی کسی شام میں شراب کے چند گھونٹ ہی آپ کو بہکاوے کے جانب لے جاتے ہیں.. مختصر نیکر نما سکرٹ جس کے تلے اُس کا سیاہ زیر جامہ جب کبھی وہ ذرا لاپروائی سے اور جان بوجھ کر بیٹھتی تو جھلک دکھلا جاتا اور ایک سیاہ جالی دار ٹی شرٹ جس میں اُس کے ابھاروں کی نمائش اُس کے کاروبار کا اشتہار تھا.. اور جب کبھی وہ آگے جھک کر اُس سے کُچھ کہتی تو انعام اللہ کو بے وجہ ایک رنج ہوتا کہ اُس کے اس جھلکتے بدن کو کتنے لوگوں نے بنا محبت اور رحم کے تاراج کیا ہوگا.. اور وہ اب بھی کہتی.. نیمی اگلے سات آٹھ ماہ کے اندر اندر میرا ہدف پورا ہو جائے گا.. میرے پاس اتنی رقم جمع ہو جائے گی کہ میں اپنے آبائی نواڈا کو لوٹ جاؤں گی اور پھر ایک چھوٹا سا صحرا خرید لوں گی.. آئی وِل بائی مائی سیلف اے ڈیم ڈیزرٹ.. اُسے آباد کروں گی اور ایک کاؤ بوائے کی مانند اُس میں مویشی ہانکتی گھوڑے دوڑاتی پھروں گی اور پھر زندگی بھر کسی باسٹرڈ کو اپنے قریب نہ آنے دوں گی.. آئی سویئر..

اور اُس کی جُڑواں مریم حبیب اگرچہ اُس سے کہیں دل کش، ملائمت بھری شکل کی تھی پر اُس کا کاروبار مندا ہی رہتا.. اُس کے چہرے پر جولیا جوائے کی مانند رات ہوتے ہی ہر دم جنسی اشتعال کے دیئے نہ بھڑکتے.. اُس کی شباہت میں ایک ایسی سوگواری اور سیاہی تھی کہ وہ ایک راہبہ لگتی تھی.. اور یہ شائد اُس کی سیاہ لبنانی آنکھوں اور مشرقی خدوخال کی مجبوری تھی جن میں کشش تو تھی پر اُکسانے والی جنسی ترغیب نہ تھی... وہ حتی الامکان شراب سے گریز کرتی اور اگر کاروباری مجبوری

کے تحت پی بھی لیتی تو بے اثر رہتی.. جیسے ایک تابوت کے اوپر شراب اُنڈیلنے سے اُس کے اندر جو موت ہے اُس میں زندگی کی کوئی رمق ہویدا نہیں ہوتی.. ہاں اِن ملاقاتوں میں وہ اکثر ایک مگ کے بعد ہی بہک جاتی اور دوسرے مگ کے بعد اگرچہ وہ ایک کٹرّ کیتھولک تھی پر انعام اللہ اُس لمحے جان جاتا کہ وہ خمار کے آگے سرنگوں ہو چکی ہے جب وہ میز کے نیچے سے چپکے سے اُس کا ہاتھ تھام کر سرگوشی کرتی ''یو آر مائی مُسلم برادر..''

نہ اُس کے اوقاتِ کار کچھ طے شدہ تھے اور نہ ہی اُن کی شامیں آزاد ہوتی تھیں کہ یہ اُن کے پیشے کی مجبوری تھی.. بس یہی ایک ہفتہ وار ملاقات ایسی ہوتی تھی کہ وہ اپنے اپنے بکھیڑوں میں اُلجھے مچلی میں اس شام کی راہ دیکھتے تھے..

''پتہ نہیں تم کیا کہنا چاہتی ہو جولیا..'' وہ انجان سا بن جاتا..''میں نے کہاں تمہاری خوشامد بھری دلداری کی ہے..''

''تمہارا نیا ناول نیمی.. ''ٹیکسی ڈرائیور اِز اے پراچی چیوٹ''.. تم نے مان لیا ہے کہ تمہارا اور ہمارا پیشہ ایک ہے.. پلیز مُجھے بتاؤ کہ کیا ہم دونوں اُس میں ہیں؟''

''اُس میں ہم سب ہیں..''

''یہ.. حاذارا خان.. تمہارا ہم وطن.. جو مُجھے تو چنگیز خان کا ناجائز پوتا لگتا ہے.. یہ بھی ہے..''

ہزارہ خان کے منگول خدوخال پر ایک مسکراہٹ پھیل گئی اور اُس نے سفید بکارڈی رَم سے بھرے گلاس کو ایک سرخوشی کے ایک ہی گھونٹ سے خالی کر دیا اور یوں اُس کی مسکراہٹ اُس کی چوڑی ناک تک اثر کرنے لگی.. وہ ان لوگوں کی مانند بیئر یا وائن ایسی کچّی شراب نہ پیتا تھا..

''ہاں.. ہم سب ہیں..''

''اور یہ...'' جولیا نے ایک جنسی آہ بھر کر میز کی دوسری جانب نہائت شرافت سے بیٹھے ہوئے گستاف پر اُمڈتے ہوئے اُس کے سینے پر اُنگلی جما کر کہا ''اور یہ.. سنہری بالوں والا نازک اندام دل رُبا سویڈش لڑکا جسے میں کسی بھی لمحے کچّا چبا سکتی ہوں جسے تم پسند تو کرتے ہو پر اس کے دل کی آرزو پوری نہیں کرتے.. یہ بھی ہے..''

ایک ادھیڑ عمر شخص اگر یکدم شرما جائے تو وہ ذرا بے وقوف لگتا ہے تو انعام اللہ بھی لگا ''میں نے تمہیں بتایا ہے ناں کہ میرے ناول میں، ہم سب ہیں تو یہ بھی ہے..''

''واقعی نیمی..'' گستاف کے لہجے میں ایک پیار بھری ملائمت تھی..

''تم واقعی ایک طوائف ہو نیمی.. بلکہ ایک دلال ہو جو اپنے ہی دوستوں کو ایک ناول میں فروخت کر رہے ہو.. تمہیں شرم آنی چاہیے..''

یہ جانتے ہوئے بھی کہ جولیا ایک پُر لطف خمار میں ہے.. اور اُسے جان بوجھ کر اشتعال دلانے کی دوستانہ کوشش کر رہی ہے انعام اللہ سنجیدہ ہو گیا ''ہر تخلیقی ادیب ایک دلال ہوتا ہے جولیا.. وہ اپنے نزدیکی دوستوں، عزیزوں، رشتے داروں یہاں تک کہ اپنے ہر عشق کو بیچ کھاتا ہے، کردار آسمانوں سے نازل نہیں ہوتے.. ہر ناول نگار سے جو بھی اُس کے قریب ہوتے ہیں شاکی رہتے ہیں.. کیا گارسیا مارکیز نے اپنے کسی چچا.. تایا یا پھوپھی کو بخشا ہے یہاں تک کہ اُس کی زندگی

میں جتنی بھی بدن فروش طوائفیں اور پادری آئے ہیں، اُن کو بھی فروخت کر دیا ہے.. نجیب محفوظ اور ارہان پاموک کے بیشتر عزیز رشتے دار اُن سے خفا ہو گئے تھے.. دوستوو سکی سے اُس کے بہت سے دوست یہاں تک کہ اُس کی بیوی بھی ناراض ہو گئی تھی.. اگرچہ وہ ایک اہم تخلیق کار نہیں ہے لیکن سلمان رشدی نے تو اپنی ماں کے بٹکس کو ایک پک چکے بڑے آم سے تشبیہ دی تھی...'' یکدم اُسے احساس ہوا کہ وہ چاروں خاموش ہو گئے ہیں.. اُنہیں ایسے سنجیدہ ردعمل کی توقع نہیں تھی 'اور جُولیا تم بار بار اگر جان بُوجھ کر ذرا جھک کر اپنے آپ کو عیاں کرتی ہو تو جان لو کہ میں تم پر ملتفت ہونے والا نہیں ہوں..''

''اس میں تو کُچھ ابہام نہیں ہے..'' جُولیا یوں بے دریغ ہنسی کہ محفل کی قدامت کی نیم تاریکی میں بیٹھے لوگوں نے چونک کر اُن پانچوں کی میز کی جانب دیکھا، ناگواری سے نہیں، ایک رشک سے کہ یہ لوگ زندگی سے لطف اٹھاتے بے پرواہ ہو رہے ہیں..''تم کیسے میری جانب ملتفت ہو سکتے ہو کہ تم تو اس شرماتے ہوئے سویڈ کے عاشق ہو..''

''نہیں جُولیا..'' گستاف نے ایک دُکھ کے ساتھ کہا اور جُولیا کو خمار کے باوجود اپنے رویّے پر افسوس ہوا..

''میں صرف مذاق کر رہی تھی.. آئی ایم سوری..''

گستاف بہت کم گفتار تھا.. اُس میں ایک لبھانے والی حلیمی اور ٹھہراؤ تھا.. اس ہفتہ وار ملاقات کے دوران کوئی ایک آدھ فقرہ ہی کہتا.. اُس کی واحد آرزو یہی ہوتی کہ انعام اللہ کبھی اُس کے کاندھے پر ہاتھ رکھ دے.. یا میز پر رکھے ہوئے اُس کے ہاتھ پر وہ کسی بہانے اپنا ہاتھ رکھ دے اور یہ معصوم سی آرزو بھی کم ہی پوری ہوتی.. ہم جنس لوگ ہمیشہ صابر اور قناعت پسند ہوتے ہیں.. جب کہ صنفِ مخالف سے لگاؤ رکھنے والے لوگوں میں ہمیشہ بدن کے حصول کی خود غرضی اور لالچ ہوتا ہے..

ہزارہ خان بیئر پینے والوں کو ایک حد تک گنوار اور بدذوق سمجھتا تھا.. بیئر کے مگ چڑھا کر پیٹ پھُلا کر ہر پانچ منٹ کے بعد غسل خانے کی طرف لپکتے جانا کہاں کی لطف اندوزی ہے.. اور پھر اگلی صُبح کا ہینگ اوور جس کی نسبت شائد جان کنی کا مرحلہ زیادہ آسان ہوتا ہوگا.. وہ اپنی پسندیدہ بکارڈی کی سفید رَم پی رہا تھا..''جولیا، تم تینوں کی کیٹگری کا تو تعین ہو گیا.. مجھے تم کہاں رکھو گی؟''

''ڈیئر حازارا..'' وہ اُس کی جانب تھوڑا سا اُمڈی..''تم بھی ایک طرح سے ہم میں شامل ہو..''

''نہیں نہیں..'' ماریا حبیب اپنی سوگواری میں سے باہر آ گئی''تمہارے وہ دونوں لڑکے..''

''ہاں وہ لڑکے..'' وہ مسکرایا کہ اُسے خوب معلوم تھا کہ اُن دو لڑکوں کا حوالہ بہر طور اور بالآخر آئے گا ''تمہارے.. بلکہ اب تو ہمارے اس امریکی معاشرے میں اگر تم نے اپنے وجود کو زندہ رکھنا ہے تو تمہیں کسی نہ کسی سطح پر سپلائی اینڈ ڈیمانڈ کے معاشی اصول پر عمل پیرا ہونا پڑے گا.. جیسا کہ تم دونوں بھی کرتی ہو.. اگر میں نے ایک مختلف سطح پر اپنی بقاء کی خاطر ایسا کیا ہے تو اس میں کُچھ حرج ہے..''

''لیکن حازارا.. ڈارلنگ ہمیں اُن کی موجودگی پر تو کُچھ اعتراض نہیں.. لیکن تم انہیں اپنے اپارٹمنٹ میں تقریباً قید رکھتے ہو..''

''نہیں..'' ہزارہ خان بھڑکنے کو تھا لیکن پھر اپنے آپ پر ضبط کر گیا کہ یہ دوستوں کی محفل تھی اور اس میں اس

نوعیت کی الزام تراشی کُھلے دل سے کسی بھی کڑواہٹ کے بغیر کی جاتی تھی..''میں نے اُنہیں قطعی طور پر قید میں نہیں رکھا ہوا.. میں نے اُن پر سرمایہ کاری کی ہے اور میں اپنے سرمائے کے تحفظ کا صرف دھیان رکھتا ہوں.. جیسے یہاں جونہی ایک طوائف کی نوخیزی مرجھانے لگتی ہے تو وہ بیکار ہو جاتی ہے.. بالکل ایسے ہی ہمارے ہاں پاکستان میں ان لختئی لڑکوں کے نوخیز ہیجان کے دن بھی تھوڑے ہوتے ہیں.. جونہی داڑھی نکل آنے سے اُن کے لڑکپن کا بھولپن اور نزاکت زائل ہونے لگتے ہیں تو وہ ناکارہ ہو جاتے ہیں.. اُن کی ڈیمانڈ نہیں رہتی، بھوکے مرنے لگتے ہیں، کاروبار مندہ ہونے لگتا ہے اور پھر وہ مجبور ہو کر چائے خانوں میں کام کرنے لگتے ہیں، ویگنوں کے ساتھ لٹکے سواریوں کو آوازیں دیتے ہیں.. وہ جو اپنے رقص سے اور نازک اداؤں سے ایک دنیا کو اسیر کرتے تھے، اُن کا انجام بے حد دردناک ہوتا ہے.. پشاور، تخت بائی، بنوں اور کوہاٹ وغیرہ میں تم ان دربدر ہوتے نوجوانوں کو اُن کی چال کی نزاکت سے پہچان جاتے ہو.. میں نے اگر ایسے چند نوجوانوں کے لیے امریکی ویزے کا بندوبست کیا.. اُنہیں اپنے خرچ پر یہاں لے آیا اور اپنے فلیٹ میں پناہ دی تو کیا بُرا کیا.. اُن کے حصول کے لیے قطاریں لگی رہتی ہیں کہ وہ اپنا کام ایمانداری اور دل جمعی سے کرتے ہیں اور تشفی کر دیتے ہیں یا کروا لیتے ہیں.. یوں اُن کا بھی اور میرا بھی بھلا ہو جاتا ہے.. آپ اسے دلالی نہیں کہہ سکتے.. کیوں انعام اللہ خان؟''

انعام اللہ یُوں ایک خان کے رتبے پر فائز ہو جانے پر دھیما سا مسکرایا.. اور اُس کی مسکراہٹ میں ایک شرمندگی بھرا رنج تھا..

وہ اپنے اخبار کے لیے اسلام آباد کے لوک ورثہ میں منعقد ہونے والے ایک لوک میلے کو کور کرنے کے لیے گیا تھا.. سندھی دستکاریوں کے ایک سٹال پر کھڑا ایک نہائت عمر رسیدہ خاتون کا انٹرویو ریکارڈ کر رہا تھا جو پچھلے اسّی برس سے ناکارہ کپڑوں کے ٹکڑے کاٹ کر اُن سے رَلیاں بناتی تھی... پیوندوں سے تخلیق کردہ چادریں جن کی دل فریبی صدیوں سے اُس تہذیب کا ایک حصہ ہیں.. ہر کوئی رَلی نہیں بنا سکتا.. اُس کے پیوندوں کی ترتیب کے لیے ایک قدیم مٹی سے جُڑی ہوئی دانش اور ذوقِ جمال درکار ہیں اور یہ خاتون اس ترتیب میں یکتا تھی.. اُس لمحے بائیں جانب سے ایک نہائت مسحور کن تھاپ پر رقص کرتے ہوئے نوخیز، دراز گیسوؤں والے، چھریرے بدن کے درجن بھر لڑکے داخل ہوئے.. ننگے پاؤں.. پاؤں میں سے دُھول اٹھتی ہوئی.. وہ قونیا کے درویشوں کی مانند اپنے آپ میں مستِ الست رقص کرتے گھومتے جاتے تھے اور اُن کے سرخ و سپید چہرے سورج کی آخری کرنوں میں دمکتے سرخ ہوتے تھے اور پسینے سے روشن ہوتے تھے.. وہ بنوّں کے کسی ماہر اُستاد کے تربیت یافتہ تھے جس کے ہاں نوخیز لڑکوں کو نزاکت اور رقص کی تعلیم دینے کا سلسلہ صدیوں سے چلا آتا تھا اور انعام اللہ کی نگاہیں اُن میں سے ایک ایسے لختئی پر مرکوز ہو گئیں جو اُن سب میں سے الگ اور اپنے آپ میں گم ایک بے خودی کے عالم میں رقص کرتا تھا.. وہ جب سر جھٹکتا تو اُس کے لامبے سیاہ بال اُس کے چہرے کو ڈھانپ دیتے اور اُن میں سے اُس کی پرکشش آنکھیں اُس کے دل میں اُترنے لگتیں.. اُس لمحے اُسے محسوس ہوا کہ اُس کی زندگی میں آج تک کوئی ایسا نسوانی چہرہ بھی نہیں آیا جس کے حُسن کا چراغ اس لختئی لڑکے کی دل رُبا صورت کے سامنے پل بھر کے لیے بھی جل سکے.. میلے کا پُرجوش شور.. اُس میں شامل لوگوں کے ہجوم.. دست کاریوں اور علاقائی

خوراکوں کے سب سٹال.. ہر شے معدوم ہو گئی اور اُس سنّاٹے میں صرف اُس لختئی کا چہرہ بال جھٹکتا نظر آتا رہا..اگرچہ وہ میلہ اگلے تین روز تک جاری رہا لیکن انعام اللہ نے اپنے آپ پر ضبط کر کے سمجھا بجھا کر اپنے آپ کو وہاں جانے سے باز رکھا..وہ جانتا تھا کہ رقاصوں کا وہ گروپ روزانہ میلے میں ڈھول اور گھنگروؤں کی دھمک پر ناچتا آتا ہو گا..اور اگر وہ میلے میں چلا گیا تو پھر اُسے اپنے آپ پر اختیار نہ ہو گا..وہ اُس لختئی لڑکے کے پیچھے پیچھے مارا مارا پھرے گا اور رُسوا ہو گا..

اُسے کیا پتہ تھا کہ ایک اور لختئی اُس کے پیچھے پیچھے نیویارک تک چلا آئے گا..

''ہرگز نہیں..'' انعام اللہ نے گئے زمانوں کے رنج اور شرمندگی سے باہر آتے ہوئے کہا ''اس میں کچھ حرج نہیں..''

''اور جولیا..تم جو دن رات نیمی سے رنجیدہ رہتی ہو کہ وہ تم پر التفات نہیں کرتا تو اس کا ایک سبب گل ریز خان بھی ہے..تمہیں پتہ ہے کہ وہ اس کے پاس آتا جاتا رہتا ہے..''

''اوہ نہیں نیمی..'' جولیا نے ایک پُرمسرت انداز میں ہلکی سی چیخ ماری..''کیا تم بھی گے ہو؟..اس لیے..''

''اور جولیا..انعام اللہ نے اُسے مجھ سے باغی کیا..کہ تمہیں ایک بااخلاق زندگی گذارنی چاہیے..اُسے کولمبیا یونیورسٹی میں بارٹینڈر کے جو شارٹ کورس ہوتے ہیں اُن میں داخلہ دلوایا..اور اب وہ کمبخت کیپری کلب کی بار میں مجھ سے زیادہ کمائی کرتا ہے..ایک انوکھا غلمان ساقی ہو گیا ہے..ویسے مجھے شکایت نہیں کرنی چاہیے وہ باقاعدگی سے مجھے کچھ رقم دیتا رہتا ہے..''

باہر کی رات میں اُس نیم تاریک گلی، بریڈفورڈ سٹریٹ میں سے گذرتے ہوئے کسی کو کچھ گمان نہ ہو سکتا تھا کہ اس چوبی اور قدیم دروازے کے اندر آتش دانوں میں آگ سلگتی ہے اور محلی کے شراب خانے کی لکڑیوں کی سخت نشستوں پر نیویارک شہر کے جتنے بھی سرپھرے، لااُبالی، نارمل سے زیادہ ابنارمل لوگ ہیں، تھیٹر، مصوری، ادب اور موسیقی کے جنون میں مبتلا پناہ گیر ہیں وہ اس کے اندر پناہ میں ہیں..پوشیدگی میں ہیں..ظاہر نہیں ہونا چاہتے..

''یا تو ہم سب طوائفیں ہیں..دلال ہیں اور یا پھر باہر جو زمانہ ہے وہ ہے..یا ہم ہیں یا وہ ہے..'' جولیا اپنی نشست سے لڑھک گئی..

ایک انبار، دُھول اور گھنی نابینا گرد کا چوڑی شاہراہوں کو بھرتا اور جھل کرتا اُمڈتا چلا آ رہا تھا اور اُس کے سیلابی ریلے کے آگے آگے خوف کی ڈسی ہوئی مخلوق بھاگتی اپنی جانیں بچانے کی غرض سے فرار ہونے کی کوشش میں بھاگتی چلی آ رہی ہے...جیسے ٹریڈ ٹاورز کا آتش فشاں پھٹ پڑا ہو..اُس کی آتشی گرم جلا دینے والی راکھ اُن کا پیچھا کر رہی ہو اُن کے تعاقب میں ہو..اور وہ اُس راکھ کی زد میں آ کر بھسم نہ ہو جانا چاہتے ہوں اور اُس سے فرار ہو رہے ہوں..جیسے خوشی محمد تھانیدار کے کُتے اُن کا پیچھا کر رہے ہوں..

ہر منزل اپنے سے نیچے والی منزل پر گرتی اُس پر اپنا ملبہ بوجھ کرتی تاش کے پتوں کی مانند منہدم ہوتی چلی جا رہی تھی..جس سرزمین پر آج تک کسی عمارت کی ایک اینٹ بھی نہ کھسکی تھی، وہاں اُس کے وجود میں جتنی بھی اینٹیں تھیں وہ

ڈھیتی جا رہی تھیں..اور ایک ملفوف گونج انعام اللہ کے کانوں میں ایک رُک جانے والے دل کی طرح دھک دھک کرتی اُترتی تھی..

ابھی کچھ دیر پہلے اُس کی ٹیکسی نمبر 6M37 کی ونڈسکرین پر ایک گڈا آن گرا تھا اور تاریخ کے کوڑے دان میں کوڑا ہو گیا تھا..

وہ دونوں ٹاور گویا روئی کے گالے تھے جو اُڑتے جا رہے تھے..

قبریں وا ہو چکی تھیں اور اُن میں سے ظلم کی تاریخ کے ڈھانچے اپنے دانت کٹکٹاتے..جھانک رہے تھے..

ٹیکسی نمبر 6M37 کی ونڈسکرین اگر ایک سانس لیتا وجود ہوتی تو اپنے اوپر گرتی گرم راکھ کے لاوے کو برداشت نہ کرتے ہوئے دم توڑ جاتی..

رہوڈز کے عظیم الشان مجسّے اپنے پاؤں پر اوندھے ہو کر گر رہے تھے..منہدم ہو رہے تھے اور اُن کی ملفوف گونج چڑھے ہوئے شیشوں کے باوجود اُس کی ٹیکسی کے اندر دھڑکتے دھڑکتے اور پھر یکدم رک جانے والے دل کی مانند دھک دھک کرتی تھی..

ایک چیتھڑوں سے بنا ہوا گڈا..اُن منہدم ہوتے ہوئے تکبر کے میناروں کی کسی ایک کھڑکی میں سے کودا اور اُس کی ونڈسکرین پر آ گرا..چیتھڑوں میں ٹانکی ہوئی بٹن آنکھیں اُس کے روبرو ہو گئیں..

جن کا اس انہدام میں کچھ دوش نہیں وہ مجرم ٹھہرائے جائیں گے..فگ بیگڈ اڈ..بومب افغانستان..

ٹیکسی نمبر 6M37 کے ماتھے پر اگرچہ "No Vacancy" کا سائن روشن تھا اور اس کے باوجود وہ کھڑکی میں سے کودنے والا..لڑھکتا ہوا اُس کی ٹیکسی پر آن سوار ہوا تھا اور تاریخ کے کوڑے دان میں کوڑا ہونے سے پیشتر اپنی بٹن آنکھیں انعام اللہ پر مرکوز کر کے کہہ گیا تھا کہ..تہذیبوں کا ٹکراؤ شروع ہو گیا ہے..

✦.......✦

کائی اور گھاس سے گھنے ہوتے جوہڑ کے گدلے پانیوں پر.. ستمبر کی اُس گئی رات میں.. جب کہ ہوا ایک سسکی بھی نہ بھرتی تھی، ہر شے تھمی ہوئی تھی، فارم ہاؤس کے وسیع تہہ خانے کے بند روشن دانوں کی درزوں میں سے فرار ہوتی، وہاں تک پہنچتے پہنچتے.. ایک گھاس بھری ڈھلوان پر اُترتی، بسون اور دیگر مویشیوں کے باڑے پر سے گذرتی اور پھر درختوں کے ایک جُھنڈ میں سے پہلو بدلتی، اس کائی اور گھاس سے گھنے ہوتے جوہڑ کے کناروں پر آ کر ذرا تھم کر، وہ.. بھنگڑا موسیقی کی جھنکار پل بھر کے لیے جھجکتی اور پھر اس کے پانیوں پر ایک ایسے ارتعاش کو جنم دیتی کہ وہ کروٹیں بدلنے لگتے.. اور وہ مرغابیاں جو ابھی گم سناٹے میں ساکت تھیں، چوکنی ہو جاتیں اور پانیوں پر ڈولنے لگتیں..

''فک دے گرل'' اُس نے گردن ٹیڑھی کر کے بھنگڑا موسیقی کے یوں مُخل ہونے پر اُسے اپنے تئیں ایک گالی دی.. اور پھر مسکرا دیا.. یہ ثقافتی تسلسل اُس نے جان بوجھ کر اپنایا تھا اور پھر اس کا عادی ہو گیا تھا.. دنیا پور کا ہر فرد.. بلکہ اُس گاؤں پر سے گذرتے موسم یہاں تک کہ اُس کے جوہڑ میں ٹرّانے والے مینڈک جو اُس کے مرحوم باپ بخت جہان کو جانتے تھے، وہ اُس کے تکیہ کلام ''کڑی یا ہوئے'' کو بھی جانتے تھے جس کا ان خطوں میں مناسب مترادف ''فک دے گرل'' ہی ہو سکتا تھا..

یہ زمان میں اور جب وہ نیا نیا یہاں آیا تھا گردن کا یہ اکڑاؤ بہت معمولی تھا جو عمر کے ان برسوں میں آ کر اسے اذیت دینے لگا تھا.. پٹھوں کے سپیشلسٹ ڈاکٹر گولڈ برگ نے بھی.. ابھی پچھلے ہفتے چوتھی بار اُس کے اصرار کرنے پر یہی تشخیص کی تھی کہ.. مسٹر جیہان.. گردن کا یہ اکڑاؤ قدرتی ہے.. تمہارے جینز میں ہے اس کا کُچھ علاج ممکن نہیں، تمہیں اسے برداشت کرتے رہنا ہو گا اور اُس نے اُس نہائت مدھم مزاج کے یہودی ڈاکٹر کے کلینک سے نکلتے ہوئے مڑ کر.. گردن ٹیڑھی کر کے کہا تھا ''کُڑی یا ہوا..''

فارم ہاؤس کے اُس وسیع تہہ خانے کے اندر جس کے بند روشن دانوں کی درزوں میں سے فرار ہوتی بھنگڑا موسیقی نے نہ صرف اُسے بلکہ جوہڑ کے پانیوں پر ساکت مرغابیوں کو بھی بے آرام کیا تھا.. اُس تہہ خانے میں اُس کے تین قریبی یار بسنت سنگھ، دھیان سنگھ اور مولوی چراغ دین جو اُس کی مانند ستّرے بہتّرے عمر رسیدہ ہو چکے تھے، بھڑ کیلے لاچے اور کڑھائی والے ریشمی کُرتے پہنے ننگے پاؤں چوبی فرش پر بھنگڑے کی تہلکا خیز موسیقی کی بُلند ردھم پر بلّے بلّے کرتے ناچ رہے تھے.. بسنت اور دھیان تو کینیڈا کی جم پل تھے لیکن مولوی چراغ دین اُس کی مانند صرف پینتیس برس پیشتر یہاں آیا

تھا.. سرگودھا کے ایک دوردراز کے چک کی مسجد میں امام تھا پھر ادھر آ نکلا.. اگرچہ داڑھی کب کی صفاچٹ ہو چکی تھی لیکن اب بھی مولوی کہلاتا تھا، صرف سؤر کے گوشت سے پرہیز کرتا تھا، سردار اُس سے پناہ مانگتے تھے، شراب کے ڈرم پی جاتا تھا پر اُس پر کُچھ اثر نہ ہوتا تھا، اُس داڑھی کو جو کبھی اُس کے چہرے پر تھی، نہائت پُر تقدس انداز میں سہلاتا، مسکراتا رہتا تھا..

یہ اُن کی تیسری اور آخری سٹیج تھی..

پہلی سٹیج میں وہ اُس کے تہہ خانے میں نہائت عمدہ برطانوی گرے سوٹوں میں ملبوس، اپنی پگڑیاں درست کرتے اور وہ اپنی غیر مرئی داڑھی سہلاتا.. نہائت متانت سے ہولے ہولے اُترتے.. بے حد ٹھہراؤ اور بزرگی کی شرافت سے اپنی پسند کی شراب پیتے.. اپنے اپنے زرعی فارموں کے حوالے سے مویشیوں کی بیماریوں.. نئی فصلوں، کھادوں، زرعی میکانکی مشینوں، اجناس کے تازہ ترین بھاؤ اور اپنے بچوں کی نافرمانیوں کے بارے میں گفتگو کرتے.. اس دوران تہہ خانے کے ایک جہازی سائز کے فریج میں سے سموسے، کباب، کِنگ پران، پکوڑے اور رس گُلّے نکال کر انہیں مائیکروویو میں گرم کر کے نہائت اہتمام سے کھاتے جاتے..

دوسری سٹیج کا آغاز تقریباً دو گھنٹے کے بعد ہوتا..

وہ قدرے بہکنے لگتے.. کھادوں اور مویشیوں کو بُھول کر مانٹریال کی فرانسیسی ''ہولالا'' کرنے والی لڑکیوں اور وینکوور کی چینی خواتین کے ساتھ ہم بستری کے تجربوں کو یاد کرنے لگتے، قہقہے لگاتے دوہرے ہوتے چلے جاتے اور شراب کا ذائقہ پانی ہو جاتا..

اور پھر اُس سے.. دوسری سٹیج کے بعد بالآخر تقریباً دو گھنٹے کے بعد آخری سٹیج وارد ہو جاتی' وہ اپنے مہنگے ڈیزائنر سُوٹ اُتار کر اپنے ہمراہ لائے ہوئے شاپرز میں سے کُرتے اور لاچے نکال کر زیب تن کرتے.. میوزک سسٹم کی کلامروڑ کر بھنگڑا موسیقی کو آن کرتے اور فُل والیوم کرتے اور پھر تہہ خانے کے چوبی فرش پر بے خود ہو کر بلّے بلّے کرنے لگتے..

ظاہر ہے اُن کا میزبان اکبر جہان بھی اُن کے ساتھ شامل ہوتا..

بسنت اور دھیان سنگھ اگرچہ انہی خطّوں میں پلے بڑھے تھے.. جوان ہو کر بوڑھے ہو چکے تھے لیکن اُن کے اندر پنجاب کی خُو اور مہک کا تسلسل چلا آتا تھا.. اُن کے آباؤ اجداد نے جو مدتوں پہلے ان منجمد خطّوں میں رزق، روزگار کی خاطر اپنے نصیب آزمانے چلے آئے تھے، اپنی زبان اور ثقافتی روایات کو سنبھالے رکھے تھا اور اُن تک منتقل کر دیا تھا.. اور مولوی چراغ دین.. وہ اپنی جس آبائی ثقافت سے بیگانہ رہا تھا اُس کا تعارف جب بسنت اور دھیان سنگھ جیسے سرداروں نے کروایا تو اُسے احساس ہوا کہ وہ اب تک بھٹکتا رہا ہے اپنی جڑوں سے اُکھڑا رہا ہے.. اس نے اپنی قدیم ذات اور روائت کا پودا ان خطّوں میں آ کر بویا..

وہ سارے پرندے کب کے رخصت ہو چکے تھے..

جانے کہاں کہاں سے اس جوہڑ کے پانیوں پر وہ پنکھ پکھیرو اُترتے تھے جو گرمائش کے موسموں کی ہوس میں اپنے آبائی جنگل اور جھیلیں ترک کر کے روبہ سفر ہو جاتے تھے اور یہاں محض اپنے پروں کو تھکاوٹ سے خالی کرنے کی خاطر

چند روز کے لیے اُترتے تھے اور پھر اُڑ جاتے تھے..

ستمبر کے ان دنوں میں اس جوہڑ کے پانیوں پر کسی ایک سرد رات میں برف کے گالے گرنے شروع ہو جاتے اور وہ پنکھ پکھیرو جان جاتے کہ اب یہاں سے رخصت ہونے کے زمانے آ گئے..لیکن وہ چند مرغابیاں ابھی تک رخصت نہ ہوئی تھیں جو بھنگڑا، موسیقی کے ارتعاش کے باعث پانیوں پر ڈول گئی تھیں..اُن کا ارادہ بھی کل سویر تک نکل جانے کا تھا..

اُسے ستمبر کے اوائل کی ان راتوں میں جب ہوا میں سرما کے سرد سندیسوں کی کاٹ شروع ہو جاتی ہے، کھُلے آسمان تلے یوں ایک سرد ہوتے جوہڑ کے کنارے نہیں بیٹھنا چاہیے تھا..یہ دن بہ دن سرد ہوتی ہوئی ہوا اُس کے گھٹنوں اور انگلیوں کے جوڑوں میں منتظر پرانے دردوں کو جگا دیتی تھی، وہ اسے گنٹھیا کے ہولناک نام کی بجائے گاؤٹ کا مرض کہہ کر اپنے آپ کو تسلی دے لیتا تھا..اُس کے بدن کے اعضاء جو چولستان کی صحرائی ہواؤں کے پروردہ تھے، ان خطوں کی برفانی خصلت کو سہہ نہ سکے تھے اور جواب دیتے جا رہے تھے..لیکن اُسے تہہ خانے کے اندر اپنے دوستوں کے ساتھ ادھم مچاتے ہوئے بھی چین نہ آ رہا تھا..اُس کے اندر ایک بے کلی اور تشویش تھی جسے زائل کرنے کے لیے شراب بھی کارگر ثابت نہ ہوئی تھی..وہ چپکے سے باہر چلا آیا تھا اگرچہ ستمبر کی یہ کھُلے آسمان تلے کی ہوا اُس کے لیے بے حد مضر تھی..

وہ صبح گیارہ بجے سے شام ڈھلے تک ٹیلی ویژن سے جُڑا بیٹھا رہا تھا جس کی سکرین لرز رہی تھی اور انہدام کی دُھول اتنی تھی کہ کچھ دکھائی نہ دے رہا تھا..ورلڈ ٹریڈ ٹاورز کی جڑواں عمارتیں یکے بعد دیگرے انتہائی بے بسی سے اپنے قدموں پر زمین بوس ہو رہی تھیں..کھلونے دکھائی دیتے جیٹ ہوائی جہاز تھے جو نہائت سستی اور لاتعلقی سے اُن کی جانب بڑھتے چلے جاتے تھے..یہ منظر ایسے تھے جیسے کوئی سحر پھونک کر اُن کو تخلیق کر دیا گیا ہو اور وہ نظر کا دھوکا تو ہو سکتے تھے حقیقت نہ ہو سکتے تھے..آنکھوں سے اعتبار اٹھ گیا تھا کہ اُن میں ایک عجیب تپلی تماشا ہو رہا تھا..اُن متکبر بلندیوں کی تنگ کھڑکیوں میں سے گڈّے چھلانگیں لگاتے لڑھکتے چلے آ رہے تھے..دُھول اتنی تھی کہ وہ ٹیلی ویژن سکرین سے نکل کر اُس کے وسیع لِونگ روم میں پھیل رہی تھی اور اُسے اپنا دم رُکتا ہوا محسوس ہو رہا تھا..بے شک کینیڈا کے برٹش کولمبیا کے دور افتادہ گھنے جنگلوں میں آباد اس چھوٹی سی بستی ''جہان آباد'' سے وہ منہدم ہونے والے ٹاور بہت فاصلوں پر تھے، سرحد کے پار تھے لیکن اُن مناظر نے اُس کے اندر تشویش بھر دی تھی..وہ غیر محفوظ سا محسوس کرنے لگا تھا..اس بے کلی اور بے چینی سے نجات حاصل کرنے کی خاطر اُس نے اپنے ان تین قریبی دوستوں کو اپنے ہاں مدعو کر لیا تھا..اُن کے فارم اور گھر وہاں سے کچھ زیادہ فاصلے پر نہ تھے اور وہ بھی اُس کی مانند کھیتی باڑی اور مویشی پروری کا کام اپنی اولاد کے سپرد کر کے متحرک زندگی سے دستبردار ہو کر ریٹائرمنٹ کی بیکار زندگی گذار رہے تھے اس لیے اُنہیں آنے میں کچھ تأمل نہ ہوا..اُنہوں نے بھی اپنی آمد پر کچھ دیر تک تو اس تازہ ترین صورت حال کے بارے میں سنجیدگی سے تبادلۂ خیال کیا، اس کے مضمرات اور خدشوں پر کچھ گفتگو کی اور پھر دو چار گلاسیاں اپنے اندر انڈیلنے کے بعد اُسے بھول بھال کر اپنے مویشیوں کے بارے میں باتیں کرنے لگے..

بسنت اور دھیان سنگھ میں کچھ زیادہ فکرمندی نہ تھی..اور وہ مولوی چراغ دین سے چُہلیں کرتے رہے کہ یہ سب تم مُسلوں کا کیا دھرا ہے لیکن حیرت انگیز طور پر مولوی چراغ دین بھی کچھ زیادہ متاثر نہ ہوا تھا..وہ تینوں اکبر جہان کی تشویش

میں شریک نہ ہوئے تھے..

تو پھر وہ کیوں ایک خاموش دہشت کی زد میں آ گیا تھا..شائد ایک جاٹ ہونے کی حیثیت میں اُس کے اندر ایک آبائی خدشے نے جنم لیا تھا کہ..اگر آپ اپنے شریکوں کی زمینوں پر ہل چلا دیتے ہو، اُن کے مویشی کھول لیتے ہو اور اُن کے کوٹھے مسمار کر دیتے ہو تو وہ بہر طور.. چپکے نہیں بیٹھتے، کبھی نہ کبھی انتقام لیتے ہیں اور پھر شریک بھی تم سے بڑھ کر طاقت والے ہوں..

اُس کے گھٹنے اور اُنگلیوں کے جوڑوں میں ستمبر کی سرد ہوا سرائت کرتی تھی اور اُن میں خوابیدہ دردوں کو جگاتی تھی..شب کے اندھیارے میں اُس نے آنکھیں میچ کر نہائت دھیان سے اپنے سامنے پھیلے جوہڑ کے پانیوں پر ڈولتی آخری مرغابیوں کو شمار کیا..

وہ تعداد میں صرف چار تھیں..

اُس نے ایک ایک کر کے اُنہیں پھر سے گِنا..

صرف چار رہ گئی تھیں..

''کیا میں خوش ہوں؟'' اس نے اپنے آپ سے پوچھا..

''چار مرغابیوں کا خوشی سے کوئی تعلق نہیں..'' جواب آیا اور انہدام کی دُھول میں اَٹا ہوا جواب آیا..

اُس کی ماں بھاگ بھری نے..جس کی آنکھوں میں کالا موتیا اُتر چکا تھا اور اُس کی بار بار جھپکتی آنکھوں کو چہروں کی بجائے پرچھائیاں نظر آتی تھیں..اُس کے چہرے پر اپنا رعشہ زدہ ہاتھ پھیرتے اور پھر اپنی انگلیوں کے لَمس سے اُس کے ہونٹوں کی بناوٹ کی پہچان کرتے ہوئے کہا تھا..اکبر جہان تو نے دور دراز کے مُلکوں میں چلے جانا ہے..پھر یا قسمت یا نصیب..واپس آنا ہوتا بھی ہے کہ نہیں..جانے سے پیشتر اپنے باپ کی قبر پر مٹی ڈال آ..دنیا پور ہو آ..

چونکہ اُسے اُس روز آنا ہوتا تھا..

امرت کور، کنیز فاطمہ صبح سویرے سے اُس کی متوقع آمد کے پیش نظر..کہ وہ آئے تو گھر صاف ستھرا ہو..جھاڑ پونچھ کرنے لگتی..گھر بار سنوارنے لگتی..اُس میں اتنی سکت تو نہ تھی..لیکن پھر بھی ہمت کرتی کہ بیٹوں نے لمبی جدائیوں کے بعد کون سا روز روز آنا ہوتا ہے..اُس کے لیے ایک مدت سے بچھے ہوئے بستر کی چادر پر اگر کوئی شکن ہوتی تو اُسے پیار سے ہموار کرتی..تپائی پر دودھ کا ایک گلاس رکھتی..اپنے ہاتھوں سے کاڑھے ہوئے تکیے کے غلاف کو تھپک تھپک کر پھلاتی اور پھر مطمئن ہو کر چولہے پر ہانڈی چڑھا دیتی...اور اُس ہانڈی میں گوبند سنگھ کا مرغوب گندلوں کا ساگ اُپلوں کی حدّت سے سُوں سُوں کرتا..برابر کے چولہے پر گُڑ کے چاولوں کا دیگچہ چڑھا ہوتا اور اُس میں سے برآمد ہونے والی گرم رسیلی مہک ایسی ہوتی کہ محلہ مغربی کے مکین ناکیں سکیڑتے، سونگھتے یہ طے کر لیتے کہ وہ یونہی جان بوجھ کر مرحوم بخت جہان کی چوکھٹ کے قریب سے گذریں گے..شائد کنیز فاطمہ اُنہیں بھی ایک رکابی گُڑ کے چاولوں کی عنائت کر دے..

وہ سب.. محلّہ مغربی کے جاٹ، شیخ، جولاہے، لوہار اور میراثی جانتے تھے کہ امرت کور آج بھی اپنے صوبیدار میجر بیٹے گوبند سنگھ یا فتح محمد کی آمد کے چاؤ میں جو کچھ وہ پچھلے کئی برسوں کی ہر سویر میں کرتی چلی آئی ہے، آج بھی کر رہی ہے.. اور جو کوئی بھی اُس کی چوکھٹ کے باہر سے گلی میں گذرتا تو خوش دلی سے امرت کور کو مخاطب کر کے کہتا۔ ''چوہدرانی.. خیر سے آج تمہارا پتر آ رہا ہے..''

''آہو.. واہیگرو کی کرپا سے.. فتح محمد آ رہا ہے.. میں نے گُڑ کے چاولوں کا میٹھا ذرا مُحمدی رکھا ہے.. کہا کرتا ہے کہ بے بے اگر میٹھا کھاتے ہوئے ہونٹ آپس میں چپک نہ جائیں تو وہ کیا میٹھا ہوا..''

پھر دن ڈھل جاتا..

اُس کے صحن میں کوئی بھی نہ اُترتا.. سُونا پڑا رہتا..

وہ گندلوں کا ساگ اور گُڑ والے چاول محلے والوں میں بانٹ دیتی کہ.. دیر سویر ہوگئی ہے.. اُس نے کل آنا ہے..

اگلی صُبح وہ پھر سے ایک پُر مسرت کیفیت میں اپنے بیٹے کی آمد کی خوشی میں ڈوبی جھاڑ پونچھ کرنے لگتی.. بستر سنوارتی اور ہانڈیاں چڑھا دیتی..

یہ سب انتظامات پچھلے کئی برسوں سے جاری تھے..

ہندوستان کے طول و عرض میں جتنے بھی قیدی کیمپ تھے اُن میں قید جتنے بھی پاکستانی فوجی تھے وہ ایک معاہدے کے تحت جسے بھٹّو کی فراست نے طے کیا تھا.. وطن واپس آ چکے تھے.. پر جس کی وہ منتظر تھی، نہ آیا تھا.. اُنہی دنوں میں ایک کھویا کھویا سا پٹھان نوجوان جس کا تعلق صوابی سے تھا.. دنیا پور کے سٹیشن پر اُترا کسی چوہدری بخت جہان کا کھوج لگاتا محلّہ مغربی کی اُس گلی میں داخل ہوا جس کے آخر میں وہ چوکھٹ تھی... وہ پلٹن میدان میں ہتھیار ڈالنے والی تقریب میں.. اُس پاکستانی دستے میں ساکت کھڑا تھا جس سے یکدم بچھڑ کر فتح محمد سرنگوں ہوتے پاکستانی پرچم کی جانب ایک دیوانگی میں مبتلا بھاگتا گیا تھا.. اُسے آج تک قلق تھا کہ آخر اُس نے اُس لمحے کیوں ہمت نہ کی، اپنی بے غیرتی کو کیوں گوارہ کر لیا اور اُس کا ساتھ کیوں نہ دیا.. گلی ویران تھی.. پھر ایک جھومتا ہوا سا شخص چلا آیا جو اللہ دتہ شیخ تھا.. اور گھر کا راستہ پوچھنے پر اُس نے بتایا کہ ہاں.. وہاں گلی کے آخر میں جو چوکھٹ ہے... وہی بخت جہان کا گھر ہے.. جہاں چاچی کنیز فاطمہ گھر کی جھاڑ پونچھ میں مصروف ہے.. بستر کی شکنیں درست کر رہی ہے.. اور دو چولہوں پر ہانڈیاں دھری ہیں.. جن میں سے ایک میں گندلوں کا ساگ سُوں سُوں کرتا ہے اور دوسری میں گُڑ کے چاول مٹھاس سے جڑے جڑے جاتے ہیں کہ.. اُس کے بیٹے فتح محمد نے آج آنا ہے..

''لیکن اُس نے نہیں آنا.. اُسے میری نظروں کے سامنے پرچم کی جانب بھاگتے ہوئے ہلاک کر دیا گیا تھا.. میں یہی خبر کرنے آیا ہوں..''

''یہ نہ کرنا نوجوان..'' اللہ دتہ شیخ نے اُس سے التجا کی.. ''اُسے منتظر رہنے دو.. اور شائد.. بلکہ مُجھے یقین ہے کہ وہ اعتبار بھی نہ کرے گی.. اس کے باوجود اُسے خبر نہ کرو.. زندہ رہنے دو..''

صوابی کے اس فوجی نوجوان نے جو ابھی تک اُس احساس زیاں کی شرمندگی میں تھا، کچھ توقف کیا اور الٹے

قدموں لوٹ گیا...

یزمان سے چلتے ہوئے ماں بھاگ بھری نے نہائت بھرائی ہوئی آواز میں اُس کے چہرے پر ہاتھ پھیرتے ہوئے ایک ایسی بات کہی تھی جسے سن کر اُس نے اپنے طیش کو بمشکل قابو کیا تھا..

''قبر پر جانے سے پیشتر تم نے اپنے گھر جانا ہے.. وہ تمہارے باپ کا گھر ہے اور وہاں.. میری ایک بہن رہتی ہے امرت کور.. مجھے اُس کی شنید ملتی رہتی ہے.. وہ بہت برے حالوں میں ہے اکبر جہان.. ہو سکے تو اُس کی منت سماجت کر کے اُسے اپنے ساتھ لے آنا.''

''اُس سکھنی کو ماں.. اُس..''

''نہ پتر..'' چہرے کو چھوتی انگلیاں اکبر جہان کے ہونٹوں پر آ ٹھہریں.. ''اُس کے بارے میں کوئی برا بول نہ بولنا.. کیسا انکار کہ میری ان طویل برسوں کی بیوگی اُس روز شروع ہوئی تھی جب وہ تمہارے باپ کے صحن میں اُتری تھی.. لیکن.. میں اُسے کب کی معاف کر چکی.. تم نے بھی اپنے دل میں کچھ میل نہیں رکھنا.. وہ تمہاری سوتیلی سہی، ماں ہے.. میری خواہش ہے کہ ہم دونوں مل بیٹھیں، تم نے جانے لوٹنا ہے یا نہیں.. یا قسمت یا نصیب.. میرے پاس آئندہ دنوں میں کوئی سگا نہ سہی سوتیلا ہی ہو..''

اکبر جہان نے اُس زندگی میں پہلی بار جو جوانی کی چوکھٹ پار کر چکی تھی اُس چوکھٹ کے پار قدم رکھا جس کے اندر اُس کا آبائی گھر تھا اور جہاں سے اُس کی ماں اُسے اور اُس کی دونوں بہنوں کو سینے سے لگا کر کبھی واپس نہ آنے کے لیے نکل گئی تھی..

اور وہاں اُس کا انتظار ہو رہا تھا..

صحن کے ایک کونے میں جہاں دھوپ اُتر چکی تھی ایک کُبڑی سی سفید بالوں والی عورت سلگتے اُپلوں کے دو چولہوں کے آگے بیٹھی ان پر چڑھی ہانڈی اور پتیلے کے ڈھکن اٹھا اٹھا کر ان میں جھانکتی تھی اور پھر جھک کر اُپلوں میں پوری قوت سے اپنے پوپلے گال پُھلا کر پھونکیں مارتی تھی.. اور ہر پھونک پر اُن میں سے اُڑنے والی راکھ اُس کے چہرے اور بالوں پر اتر جاتی تھی.. پھر وہ اُٹھی اور صحن کے اُس کونے میں بچھے نواری پلنگ کی جانب ٹھوکریں کھاتی ہوئی گئی جہاں ابھی دھوپ نہیں اتری تھی.. اور اسے ڈھکنے والے نئے نکور کھیس کی شکنیں نہائت پیار سے سنوارنے لگی.. اس دوران اُس نے گردن موڑ کر چوکھٹ کی جانب ایک منتظر نگاہ کی اور وہاں.. اکبر جہان کھڑا تھا..

وہ ہڑبڑا کر.. اور اُس کے سکڑے ہوئے ہونٹوں میں سے ایسی نا قابل فہم آوازیں برآمد ہونے لگیں جیسے ابھی رینگنے والے بچے حلق سے نکالتے ہیں یا جیسے اچھّو شیخ اپنے گلے پر کانچ کا ٹکڑا پھیرتے ہوئے مسکراتے ہوئے لایعنی لفظ بڑبڑایا کرتا تھا.. اُس کی جانب لپکتی چلی آئی اور اُس کے گلے لگ کر سُوکھی اور ناتواں بانہوں میں اُسے جکڑ کر بھوں بھوں کرتی رونے لگی.. اکبر جہان اُسے پرے دھکیلنا چاہتا تھا کہ یہ یقیناً وہی سکھنی تھی جو اُس کی اور اُس کی ماں کی دربدری کا باعث بنی تھی، اُس کا کلیجہ اپنی ماں کی مانند اتنا فراخ نہ تھا کہ وہ اُسے بخش دیتا لیکن وہ اُس کے بدن کے ساتھ یوں چمٹی

ہوئی تھی کہ اگر وہ اسے اپنے آپ سے الگ کرنے کی کوشش کرتا تو وہ ادھڑ جاتی.. اُس کا بوڑھا بدن تو شائد الگ ہو جاتا پر اُس کی بانہیں پھر بھی اُس کے ساتھ چمٹی رہ جاتیں.. وہ ہچکیاں بھرتی.. جیسے بیت چکے زمانوں کا ماتم کرتی ہو، کہہ رہی تھی.. ''پتر تو نے کیوں اتنی دیر لگا دی.. سب کے بیٹے آ گئے تو کہاں رہ گیا تھا.. تیرا باپ بھی مر گیا.. جانے خوابوں میں کن جہانوں کی سیر کرتا رہا تھا، کن گھوڑیوں پر اُڑا پھرتا جانے کن دیسوں کے سفر کر کے لوٹا تھا.. سویر ہوئی تو مر چکا تھا.. تو نے اُس کی قبر پر مٹی ضرور ڈالنی ہے..''

''میں..'' اُس نے بمشکل اُسے اپنے آپ سے الگ کیا.. اُس کی ڈبڈبائی نیم مردہ آنکھوں کے سامنے اپنا چہرہ کیا تاکہ وہ پہچانا جائے.. اُس بوڑھی عورت کے شک شبہ کا ازالہ ہو سکے اور وہ کہنا تو یہی چاہتا تھا کہ.. میں بھاگ بھری کا بیٹا اکبر جہان ہوں.. پر کہتے کہتے رک گیا اور پھر نہ چاہتے ہوئے بھی اس کے لرزتے بدن پر ہاتھ رکھ کر کہا.. میں.. اپنے باپ کی قبر پر مٹی ڈالنے کے لیے ہی آیا ہوں..

''شاباشے....'' وہی پہلی بار آنسو پونچھنے لگی.. ''ماں صدقے.. تو بھوکا ہو گا.. برسوں کا بھوکا ہو گا.. پہلے کچھ کھا پی لے، پھر قبرستان جانا..''

وہ نہائت خاموشی اور فرمانبرداری سے اپنے باپ کے نواری پلنگ پر بیٹھ گیا اور وہ... امرت کور.. جسے اُن لمحوں میں جب کہ وہ اُس کے گلے کے ساتھ لگ کر روتی اور ہچکیاں بھرتی تھی اُس نے بھی اپنی ماں کی طرح معاف کر دیا.. اور کسی حد تک اپنی سوتیلی ماں کے طور پر قبول کر لیا.. وہ اُس کے سامنے گندلوں کے ساگ اور گڑ کے چاولوں کی رکابیاں رکھتی آنسو پونچھتی گئی..

''میٹھا تیری مرضی کا ہے ناں فتح محمدا..'' اُس نے گڑ کے چاولوں کا پہلا لقمہ لیا تو وہ اشتیاق اور داد طلب نظروں سے اسے دیکھتے ہوئے بولی ''محمدی میٹھا ہے..''

کھانے کے دوران اسے شائبہ سا ہوا کہ حویلی کی پچھلی کوٹھڑی میں سے ایک گھسی ہوئی لیکن مترنم آواز آتی ہے.. بدریا برس گئی اُس پار.. لیکن یہ ایک واہمہ ہی ہو سکتا تھا..

''بے بے..'' اُس نے اپنے دل پر کچھ جبر کر کے کہا ''میں قبرستان سے.. واپس گھر نہیں آ سکوں گا.. مُجھے کچھ ضروری کام ہیں.. میں نکل جاؤں گا.. پھر آؤں گا..'' وہ عورت جسے اُس نے نہ صرف بخش دیا تھا بلکہ دل پر جبر کر کے ''بے بے'' بھی کہہ دیا تھا یکدم ڈھے گئی ''پر کیوں پتر..''

''مجھے جانا ہے.. لاہور میں کچھ سرکاری کام ہیں..''

''خیر سے جاؤ اور خیر سے آؤ..'' اُس کے لہجے میں لاچارگی تھی.. ''پتر تجھ سے کیا پردہ.. تو جانتا ہے کہ تیرا باپ طبیعت کا ذرا کڑوا تھا.. اُس نے اپنے بڑے بھائی محمد جہان کی آل اولاد سے کبھی کوئی نیکی نہ کی.. اس کی بیٹیوں کی ڈولیاں اٹھنے نہ دیں.. اس کے اکلوتے بیٹے عزیز جہان کی جان کا ویری ہو گیا، پر یہ سب گذر گئے زمانوں کے قصے ہیں.. وہ سب اب لاہور میں بڑے سکھی اور مال دولت والے ہو چکے ہیں.. وہ تیرے سگے ہیں.. اُن کے ساتھ میل ملاپ جوڑ لے.. اُن سے رابطہ رکھ.. سگے سگے ہوتے ہیں..''

واپسی پر وہ لاہور اترا.. انہوں نے اسے پہلی نظر میں پہچانا تو نہیں پر پھر اُس کے مہاندرے میں انہیں اپنی نسل کی شباہت کی جھلک شناسا ہونے لگی.. اور وہ اُس کے ساتھ اجنبیت کے باوجود حسن سلوک اور لگاؤ سے پیش آئے.. وہ سب اُس کے سگے تھے.. خاص طور پر عزیز جہان.. نور بیگم اور اُس کا گھر والا امیر بخش اور اُن کا بیٹا روشن.. پر اُن کی برابری میں زندگی کرتا ایک اور شخص سروسانسی نام کا بھی تھا.. اور وہ اُن سب سے بڑھ کر یہ جان کر کہ وہ بخت جہان کا بیٹا ہے اتنا جذباتی ہوا کہ اُس کے آنسو نہ تھمتے تھے.. ''راجے کا کھٹیا.. چوہدری بخت جہان کا کھٹیا.. جب میں اپنی پہلی توڑ کی کیکر کی شراب میں اُنگلی ڈبو کر اُسے دیا سلائی دکھاتا تھا اور وہ بھڑک اٹھتی تھی تو میرا چوہدری کہا کرتا تھا.. اوئے نامراد.. مردار کھانے والے.. تیرا کوئی جوڑ نہیں.. چوہدری اکبر جہان تو جس مُلخ میں جا رہا ہے وہاں تو میرا موتی بھی ہے.. اُس سے ضرور بر ضرور ملاقات کرنا.. تیری خدمت کرے گا..

وہاں روشن کے ساتھ ہمہ وقت موجود ایک انعام اللہ بھی تھا.. وہ اپنے ایک روزہ قیام کے دوران طے نہ کر سکا کہ وہ ان میں سے کس کا بیٹا تھا.. امیر بخش کا.. عزیز جہان یا سروسانسی کا.. کہ وہ تینوں اُسے اپنا اپنا بیٹا کہتے تھے..

وہاں دنیا پور کے قبرستان میں جوہڑ کے پار قبرستان میں اُسے اپنے باپ کی قبر تلاش کرنے میں بے حد دشواری پیش آئی.. سبھی قبریں ایک جیسی تھیں، کچی تھیں اور اُن پر کوئی پتھر کوئی نشان نہ تھا جس پر مدفون کا نام ہوتا.. یہیں پر وہ اپنے باپ کو پہلی اور آخری بار ملا تھا جب وہ اپنے ماں کے کہنے پر.. نونہال سنگھ یا غلام محمد ڈکیت کے جنازے میں شامل ہوا تھا.. اُس نے اپنی یادداشت پر زور دے کر اپنے تائے الف جہان.. محمد جہان اور نمبردارنی بہشت بی بی اور ان کی جواں مرگ بیٹی ماہلو، غلام محمد اور اپنی سوتیلی بہن صاحباں کی قبروں کو تو شناخت کر لیا پر اُس کا باپ بخت جہان کہاں دفن تھا اس کا کچھ سراغ نہ ملتا تھا... ان تمام قبروں کے پہلو میں ایک قبر تو تھی پر وہ ان کے متوازن نہ تھی، قدرے ٹیڑھی تھی..

پھر ایک گھنے کیکر کے سائے میں اونگھتے ہوئے ایک چرسی ملنگ دِتو نے.. جس نے وہیں ڈیرہ ڈال رکھا تھا اُسے بھٹکتے ہوئے دیکھا تو کچھ انعام اکرام کی ہوس میں خود بھی ذرا بھٹکتا اور لڑکھڑاتا اُس کے پاس آ پہنچا..

''سخی داتا کس کو تلاش کرتے ہو..''

''چوہدری بخت جہان کی ڈھیری کو..''

''یہی ہے.. جس کے سرہانے تم کھڑے ہو.. سوہنے رب کو سب نے جان دینی ہے پر شنید ہے کہ اس میں دفن چوہدری کی گردن مرتے دم تک اور اُس کے بعد بھی ٹیڑھی تھی، اکڑی ہوئی تھی.. پہلے تو یہ قبر بھی سیدھی تھی پر کہتے ہیں کہ ہولے ہولے کھسکتی گئی اور ٹیڑھی ہو گئی.. گاؤں کے لوگ اس سے کترا کر نکلتے ہیں کہ جانے کب اس چوہدری کو تاؤ آ جائے.. میں بے شک ذرا سا نشئی ہوں پر اتنا بھی نہیں کہ اپنے حواس کھو بیٹھوں.. کئی بار جب میں راتوں کو اپنے کیکر تلے اونگھ رہا ہوتا ہوں تو مجھے شائبہ سا ہوتا ہے کہ اس قبر کے اندر سے کوئی آواز آتی ہے.. دین ایمان سے کہتا ہوں.. باقی سب قبروں میں سے کلمہ شریف اور اللہ ہو اللہ ہو کی آوازیں آتی ہیں.. میں بے شک نشئی ہوں پر اتنا بھی نہیں.. دین ایمان سے کہتا ہوں کہ اس قبر میں سے.. اللہ معاف کرے.. اوئے کڑی یا ہو یو کی آواز آتی ہے..''

''کون ہے؟'' اُس نے ہڑبڑا کر چاروں اور نظر کی، کوئی نہ تھا..
فارم ہاؤس کے تہہ خانے کی جانب سے مائل سفر دھم دھم کرتی موسیقی کی تال اب قدرے مدھم سنائی دیتی تھی، شائد ہوا کا رُخ بدل گیا تھا..
یقیناً یہ اُس کے خمار کی کوئی مدہوش سرگوشی تھی ورنہ کہیں ذی ہوشی بھی ہم کلام ہو کر کہہ سکتی ہے کہ.. چار مرغابیوں کا خوشی سے کوئی تعلق نہیں..
یا یہ عمر کے ان گنت برس تھے جو یونہی بے ربط نوعیت کی سرگوشیاں کرتے تھے..
وہ چاروں جو ہڑ کی نیم تاریک سطح پر اُس کی موجودگی سے لاتعلق بچھڑ جانے کی اداسی میں گم ڈولتی تھیں اور اگلی سویر پرواز کر جانے والے خوابوں میں مگن تھیں.. تو وہ اپنے بارے میں یہ سرگوشی کیسے کر سکتی تھیں کہ ہم چاروں کا خوشی سے کوئی تعلق نہیں.. اُن کی چونچیں بند تھیں..

اس نیم صحرائی سرد شام میں جب چولستان کی جانب سے آنے والی خنک ہوا ریت سے اٹی ہوئی یزمان کے کوچہ و بازار میں مرغولوں کی صورت گھومتی پھرتی تھی، صحن میں بچھی چارپائیوں.. ہاتھ سے گیڑنے والے نلکے تلے پڑے ان مانجھے برتنوں اور اُس کے سفید بالوں میں بھی وہ ریت اترتی تھی تو اُس کی ماں نے اس ریت بھری فضا میں کالے موتیے سے بجھتی جاتی آنکھوں سے اُس کی دھندلی نظر آتی شبیہہ کو دیکھا اور پھر قریب ہو کر اُنگلیوں سے اُس کے چہرے کو ٹٹولتے ہوئے کہا.. اکبر جہان جاٹ زمین کے لیے یزید ہو جاتے ہیں.. تیرے ماموں زاد اب تیرے بیری ہو جائیں گے.. تیرے دن یہاں پُورے ہو گئے ہیں، یہاں سے نکل جا..

''تُو نے اسے ساتھ لے آنا تھا اکبر جہان..''
''وہ آنے والی نہیں ہے ماں.. اُس کا گوبند سنگھ جس کی وہ منتظر تھی، واپس آ گیا ہے.. وہ اُس صحن سے کبھی نہیں اٹھے گی.. میں نے اُس کا گمان نہیں توڑا.. اسے بتا نہیں سکا کہ میں گوبند نہیں اکبر جہان ہوں تو میں کیسے اُسے کہتا کہ اٹھ میرے ساتھ چل.. میں ہندوستان سے نہیں یزمان سے آیا ہوں..''
''وہ آ جاتی تو ہم دونوں تمہاری جدائی سہار جاتیں.. مجھ اکیلی سے تمہارا وچھوڑا برداشت نہ ہو گا..''
''تو میں نہیں جانے والا..''
''مجھے تمہاری موجودگی قبول نہیں، اگر اُس میں تمہاری جان کو خدشے ہوں.. تو اپنی تیاری پکڑ.. اور'' بھاگ بھری نے اپنے سفید بالوں پر چادر کا پلّو کھینچ کر اُنہیں ڈھک لیا اور اگر کوئی دیکھ سکتا تو اُس کے چہرے پر حیا کے وہی پرتو تھے جب اُس نے ایک نئی نویلی دولہن کے روپ میں پہلی بار بخت جہان کے حُسن کا سنہرا پن دیکھا تھا ''تیرا باپ.. وہ کیسا ہے.. اُس کی قبر پر جھاڑ جھنکار تو نہیں اُگ آیا.. مٹی ڈال آیا؟''

''ہاں..لیکن ماں..اُس کی قبر..کچھ ٹیڑھی سی ہوگئی ہے..''

''وہ تھا ہی ایسا..'' وہ مسکرادی..

عُمر کے ابتدائی برسوں میں اُس کے دونوں ماموں ہی اُس کی کُل کائنات اور کُل رشتہ داریاں تھے اور وہ اُسے لاڈ پیار سے بگاڑتے اُس پر نثار ہوتے تھے..یہ تصور کہ کبھی اُس کا کوئی باپ بھی تھا یا اب تک کہیں دنیا پور میں ہے اُس کے ذہن سے کب کا رخصت ہو چکا تھا اور یہ صرف ماموں تھے جن کی شفقت کی آغوش میں وہ پناہ لیے ہوئے تھا..اُس نے ذرا ہوش سنبھالا، میٹرک پاس کیا اور پھر اُن کے برابر میں ہل جوتنے لگا اور کاشتکاری میں شریک ہوگیا..اُس کی دونوں بڑی بہنیں مسجد میں قرآن پاک ختم کرنے کے بعد ماں کا ہاتھ بٹانے لگی تھیں..اور اُسے کبھی بھی احساس نہ ہوا تھا کہ اُس کے ہل کے پھالے سے جو زمین پلٹتی اور ادھڑتی ہے اور جس میں بیج بکھیر کر وہ اُس پر سہاگا چلاتا ہے..سیراب کرتا ہے..نگہداشت کرتا ہے..راتوں کو جاگتا ہے، وہ اُس کی ملکیت نہیں، صرف ایک عارضی عنائت ہے..جب کبھی قصبے میں کوئی بارات اُترتی..چوپال میں حُقّے سلگتے اور آس پاس کے کاشتکار اُس کی جانب دیکھتے تو اُس کا تعارف کرواتے ہوئے کہا جاتا کہ..یہ اکبر جہان ہے اپنی نانکی ورثہ پر آباد ہے..یعنی کسی مجبوری کے باعث اپنی آبائی زمینوں سے اُٹھ کر یہاں اپنے نانا کی زمین پر آباد ہوگیا ہے..جونہی اُس کی بہنیں سر پر دوپٹے اوڑھنے لگیں وہ آس پاس آباد پنجابی جاٹوں میں بیاہ دی گئیں..اور وہ اپنے تئیں اُس زمین پر اپنی مشقت کا پسینہ بہاتا رہا جو اُس کے خیال میں اُس کی اپنی تھی، پر نہ تھی، وہ شفقت اور نزدیکی عزیزداری کی پناہ میں اسی طور زندگی کرتا رہا اور پھر ایک سرگی سویر کی دُھند میں جب صحرا کی ریت کا ہر ذرہ پوہ کی مہینے کی یخ ٹھنڈک میں منجمد ہورہا تھا کماد سے لدی لڑھکتی ہوئی اُس ٹریکٹر ٹرالی کے ٹائر جب کچے راستے کے کناروں پر جا چڑھے اور توازن برقرار نہ رہا، وہ ٹرالی یکدم اُلٹ کر اوندھی ہوگئی تو گنّوں کے ڈھیر پر اطمینان سے بیٹھے فصل کی کثرت سے پُرمسرت ہوتے اُس کے دونوں ماموں اُس کے بوجھ تلے دب کر دم توڑ گئے..نہ ابھی اُس کی ماں کے یکدم دونوں بھائیوں کی موت کے آنسو تھمے تھے اور نہ ہی اُن کی قبروں کی مٹی ابھی سُوکھی تھی..جب اُس کے ماموں زاد بھائیوں کے رویّے میں نمایاں تبدیلی محسوس ہونے لگی..وہ ذرا اکھڑ کر بات کرنے لگے..اُسے مخاطب کرتے ہوئے اُن کے لہجے میں ایک تحقیر سرائت کرنے لگی..اُسے ایک شریک سمجھنے لگے..ایک پناہ گیر ایسا برتاؤ کرنے لگے..اُس کے سر پر سے ماموؤں کی چھتر چھایا اُٹھ چکی تھی..

وہ اُس نیم صحرائی سرد شام میں ریت سے اٹے ہوئے کھیتوں کو پانی لگا کر آیا اور چولستان سے آنے والی خنک ہوا یزمان کے کوچہ و بازار میں ریت سے اٹی ہوئی مرغولوں کی صورت گھومتی پھرتی تھی تو اُس کی ماں نے اُس کے چہرے کو انگلیوں سے ٹٹولتے ہوئے کہا.''اکبر جہان جاٹ زمین کے لیے یزید ہو جاتے ہیں..تیرے دن یہاں اس سرزمین پر پورے ہو گئے ہیں..یہاں سے نکل جا اس سے پیشتر کہ تیرے ماموں زاد تجھے زمین سے اور تیری جان سے بے دخل کر دیں..یزمان منڈی کے بہت سے لوگ کناڈا کے مُلخ میں جا بسے ہیں..فاطمہ تنور والی کے تینوں بیٹے وہاں آباد ہیں..وہ کہتی ہے کہ وہ مُلخ بے بہا ہے..اجاڑ اور بیابان پڑا ہے..تو بھی وہاں جا کر اپنے بھاگ آزما..یہاں سے نکل جا..''

وہ پورے دو ماہ تک ایک ذہنی اور جذباتی اُلجھاؤ میں مبتلا رہا.. وہ اپنی بے نُور ہوتی ہوئی ماں کو.. جو اُسے سینے سے لگا کر اُس کے باپ کے صحن سے نکل آئی تھی.. اپنے بھائیوں کی پناہ میں آگئی تھی اُسے چھوڑ کر وہ کیسے کسی سات سمندر پار ایک ایسے ملک میں جا بسے جس کے نام سے بھی وہ کچھ زیادہ واقف نہ تھا.. وہ اسی اُلجھن کا شکار رہا اور پھر ایک روز کماد کے ایک گھنے کھیت کے کناروں پر کھڑے ہو کر نہائت پُر تفاخر ہو کر اُس نے اپنے بڑے ماموں زاد سے کہا ''بھائی مراد علی.. اس بار تو ہماری گنّے کی فصل بے بہا ہوئی ہے..'' تو اُس نے ایک پُر تحقیر بے رُخی سے اُسے ٹوک دیا تھا.''اکبر جہان.. تمہاری نہیں.. ہماری گنّے کی فصل بے بہا ہوئی ہے.. اگر کبھی اس میں سے ایک گنّا توڑنا ہوا تو مالکوں سے اجازت لے لینا.''

اُس کے پاس ہجرت کے سوا اور کوئی چارہ نہ رہا..

✦.......✦

کہنے کو تو وہ صرف پانچ برس تھے جو اکبر جہان نے شہر مانٹریال میں گذارے جس کی فرانسیسی زبان کا ایک حرف بھی اُس کے پلّے نہ پڑتا تھا جس کی سردی اُسے ایک سردخانے میں پڑی لاش کی مانند حنوط رکھتی تھی پر حقیقت میں وہ پانچ صدیاں تھیں جن میں وہ ایک بیل کی مانند، کبھی کسی فیکٹری کے ہل کے آگے جُتا اور کبھی اُس کی گلیوں کی برف ڈھوتا رزق کے کنویں کو گیڑتا مشقت کرتا رہا.. اُن زمانوں میں اُس کا انسان ہونا متروک ہو گیا اور وہ ایک بوجھ اٹھانے والا جانور ہو گیا..

پر اس جنور پن میں اُس نے بہت کچھ پس انداز کر لیا..

مشقت کے ان زمانوں میں ایک سکھ سردار نے جو اُس سے بڑھ کر جنور ہو چکا تھا اُس سے تذکرہ کیا تھا کہ اس بے بہا ملک میں بہت سے ایسے ویرانے ہیں جو کوڑیوں کے مول اس شرط پر خریدے جا سکتے ہیں کہ اُنہیں تم آباد کر لو.. ''کینیڈا کو آباد کیجیے۔'' نام کا پمفلٹ اُس سکھ سردار نے اُسے مہیا کیا تھا.. اس میں مختلف علاقوں کے نقشے تھے جو ابھی تک بے آباد تھے اور نہایت معمولی ادائیگی کے عوض آپ کی ملکیت میں آ سکتے تھے..

یہ نقشے گویا کسی خزانے کے جزیرے کے نقشے تھے کہ آپ سمندروں کو پار کر کے اُس جزیرے تک پہنچ جائیں تو وہاں زمین کے کنوارے خزانے آپ کے منتظر ہیں..

اُس کے ننھیال نے اپنی آبائی زمینوں کے مختصر ہو جانے پر چولستان کے صحرا کو جا آباد کیا تھا.. چنانچہ اُس کے اندر بھی اجنبی سرزمینوں کی آبادکاری کے جرثوموں کا جوہر موجود تھا.. وہ ہر شب.. مشقت سے واپسی کے بعد اُن سحر انگیز نقشوں پر جھکا تعین کرتا رہتا کہ وہ بے آباد زمین کہاں ہو سکتی ہے جسے وہ آباد کر سکتا ہے.. اور جسے خریدنے کی وہ استطاعت رکھ سکتا ہے..

وہ علاقہ جسے کینیڈا کی حکومت نے نئی آبادکاری کے لیے مخصوص کیا تھا.. کہیں آس پاس نہ تھا، بہت ہی دور دراز، طویل مسافتوں پر واقع تھا، بے آباد جنگلوں اور ویرانوں کا تھا جن میں سوائے سرخ لومڑیوں، ریچھوں، بارہ سنگھوں اور بسون بھینسوں کے اور کوئی حیات نہ تھی، اس علاقے کے نواح میں سینکڑوں میلوں تک کوئی تھوڑی بہت مختصر آبادی والا گاؤں بھی نہ تھا.. البتہ اُس کے درمیان میں چھوٹے جہازوں کے اترنے کے لیے موزوں ایئرسٹرپ کو ایک سرخ دائرے سے نمایاں کیا گیا تھا.. وہ ایک بار اُس نقشے پر جھکتا تو اتنی دیر اُس پر جھکا رہتا کہ اُس پر نقش بیاباں اور ازلی جنگل سچ مچ کی

تصویریں ہونے لگتے..اُن میں محفوظ پرندوں اور جنگلی حیات کی آوازیں اُسے سنائی دینے لگتیں، ندیاں رواں ہو جاتیں اور اُن میں مچھلیاں اُچھلنے لگتیں..انتخاب کا یہ حق..کہ وہ اُس نقشے پر جس علاقے کو بھی اپنے سُرخ مارکر کی زد میں لے آئے گا وہ اُس کی ملکیت ہو جائے گا اُسے ایک خدائی تکبر سے شنا سا کرتا تھا..جیسے وہ ایک نیا آدم ہو جو اس کنواری زمین پر کہیں بھی بسیرا کر سکتا تھا..اُسے معلوماتی پمفلٹ میں درج اُس خطّے کی آب و ہوا، پانی کی فراوانی، زمین کی خصلت، جنگلی حیات اور روئیدگی کو مدنظر رکھ کر ایسے رقبے کا انتخاب کرنا تھا جہاں وہ یزمان میں کاشتکاری، مویشیوں کی افزائش اور اجناس کی فروخت کے تجربے کو بروئے کار لا سکتا..

وہ سُرخ مارکر کو نقشے پر نشان لگانے کے لیے دھرتا اور پھر جھجک جاتا کہ کیا یہ انتخاب درست رہے گا کہ اُس لمحے اُس نے نہ صرف اپنے بلکہ اپنی آئندہ نسلوں کے مستقبل کا بھی انتخاب کرنا تھا..بالآخر اُس کا دل ایک ایسے رقبے پر آ گیا جس کے درمیان میں سے ایک کوہستانی ندی گذرتی تھی جس کے کناروں کی زمین میں بے پناہ روئیدگی تھی، اُس کی قربت میں ایک وسیع ان چھوا جنگل تھا، انسان کے سانسوں سے آج تک نا آشنا صرف جانوروں سے آشنا اور اُس کے درمیان میں ایک نیلے دھبے کی صُورت ایک مختصر جھیل کی شناخت ہوتی تھی، سُرخ مارکر سے اُس نے اس علاقے کو گھیرے میں لے لیا..اس زمین کا بھاؤ اتنا معمولی تھا کہ پچھلے پانچ برس کی کمر توڑ مشقتوں کے نتیجے میں اُس نے جتنی رقم پس انداز کی تھی ادائیگی کے بعد بھی اُس میں سے کچھ رقم بچ گئی..چند ہفتوں کے بعد اُس کے ہاتھوں میں اُس رقبے کی ملکیت کے سرکاری کاغذات تھے جن کی رو سے تقریباً دس مربع میل کا علاقہ اُسے تفویض کر دیا گیا تھا جس کی لمبائی اُس ندی کے ساتھ ساتھ پانچ میل تک چلی جاتی تھی اور چوڑائی کی جانب وہ جنگل میں گھری جھیل تک دو میل تک چلا جاتا تھا..

مانٹریال ایئرپورٹ سے حکومت کی جانب سے مہیا کردہ ایک چھوٹا جہاز اُس کے ساز و سامان سے لدا جب پنکھے گھماتا اُڑا تو اُڑتا ہی چلا گیا اور پھر ایک طویل اڑان کے بعد ایک جنگل کی ہریاول گھناوٹ میں پھڑ پھڑاتا ہوا اُتر گیا..وہاں اُس کے استقبال کے لیے تنہائی اور موسموں کی شدت سے حواس باختہ ہو چکا ایک گورا سرکاری اہلکار موجود تھا..

''مبارک ہو، آپ چاند کی سطح پر اُتر گئے ہو..'' اُس نے گرم جوشی سے اُس کا ہاتھ جھٹکا..''میں تو تصوّر بھی نہیں کر سکتا کہ کوئی شخص اس ویران جہنم کا انتخاب خود سے بھی کر سکتا ہے..اور جہنم بھی ایسا جو سرد ہو..سردیوں میں تمہیں برف میں سرنگیں کھود کر ایک مقام سے دوسرے مقام تک جانا ہوگا..میں تمہیں بددل نہیں کرنا چاہتا صرف خبردار کرنا چاہتا ہوں..''

''میں یہاں کے موسموں کی شدت سے پوری طرح آگاہ ہو کر یہاں آیا ہوں..'' اُس کے لہجے میں ایک تھکاوٹ بھری بیزاری تھی..

''یقیناً..'' اہلکار فوراً معذرت خواہ سا ہو گیا..''میں آپ کے لیے کیا کر سکتا ہوں..''

''آپ مجھے جلد از جلد میرے سامان سمیت جو علاقہ مجھے تفویض کیا گیا ہے وہاں پہنچا سکتے ہیں..''

''بے شک..'' وہ چاق و چوبند ہو گیا ''باہر ایئرسٹرپ سے کچھ فاصلے پر آپ کا وہ لینڈ روور منتظر ہے جس کی ادائیگی آپ مانٹریال میں کر چکے ہیں..میں سامان ڈھونے میں آپ کی مدد کر سکتا ہوں..''

نئے نکور لینڈ روور کے اندر ابھی تک اُس کے نئے پن کی کنواری مہک تھی..ایک ہریاول کی گھناوٹ میں اُلجھتا

چُپ جنگل جس کی ہر شاخ کے پتّے میں اُس کے لیے مخاصمت تھی.. ہر جھاڑی میں اُس کے لیے عداوت تھی کہ وہ ان کی ازلی ان چھوئی تنہائی میں مخل ہو گیا تھا.. لینڈ روور کا مہیب انجن شور کرتا، گڑگڑاتا، دندناتا، آسودگی سے زندگی کرتے پرندوں کو ہراساں کر کے پھڑ پھڑاتا.. چلا جا رہا تھا..

''یہ کوئی باقاعدہ راستہ نہیں ہے..'' وہ اہلکار ڈرائیو کر رہا تھا.. لینڈ روور کے پچھواڑے میں وہ کُل سامان تھا جس کی مدد سے ایک ویرانے میں تنہا اُس نے ایک نئی زندگی کا آغاز کرنا تھا، پھر سے پیدا ہونا تھا.. ایک نئے آدم کی صُورت! کھاد کے تھیلے.. فصلوں کے بیج.. دونوں ہاتھوں سے دھکیلا جانے والا ایک کھلونا نما ٹریکٹر، کدالیں، آریاں، خوراک کے ڈبے، خشک گوشت اور پنیر.. اور ان کے سوا چار درجن چوزے جو ایک ڈربے میں بند تھے..

''راستے میں گرے ہوئے تناور درخت بھی ہو سکتے ہیں جنہیں ہم بیٹری سے چارج ہونے والی آریوں سے کاٹ کر راہ بنالیں گے.. ہم بھٹک بھی سکتے ہیں.. کوئی گرزلی ریچھ ہم پر حملہ آور بھی ہو سکتا ہے اگرچہ میرے تجربے کے مطابق آج تک تو ایسا نہیں ہوا کیونکہ وہ ریچھ ہمیں بھی اپنی طرح کا ایک قدرے مختلف شکل کا جانور سمجھ لے گا اور کچھ نہیں کہے گا کہ اُس نے آج تک کوئی انسان تو دیکھا نہیں..'' اہلکار اپنی ہی پُر مزاح گفتگو سے لطف اندوز ہوتا ہنسنے لگا..

تقریباً تین گھنٹوں کی مسلسل بدن توڑ مسافت کے بعد بالآخر لینڈ روور کا انجن یکدم خاموش ہو گیا اور ایک بڑی اور شاندار اور اَن چھوئی تنہائی ہر سُو ایک گہرے سرسبز سناٹے میں راج کرنے لگی..

ندی کی تہہ میں بچھے پتھر اور کنکریوں عریاں تھے جیسے اُن پر سے گذرتے پانیوں کا کُچھ وجود نہ ہو اور دوسرے کنارے پر تین چار ریچھ اُس کے پانیوں میں اپنے پنجے چلاتے مچھلیاں قابو کرنے کی سعی کر رہے تھے.. وہ لینڈ روور کے انجن کے شور اور پھر اُس کے یکدم منقطع ہو جانے پر یکدم اپنا کھیل تماشا بھول گئے اور مچھلیوں کو فراموش کر کے فربہ پہلوانوں کی مانند مٹکتے ہوئے جنگل میں روپوش ہو گئے..

کیا میری نسل اس خطے میں پاکستان سے بہت دور.. خشک ہو چکے سرسوتی اور یزمان منڈی سے چاند سے بھی زیادہ فاصلے پر واقع اس خطے میں پروان چڑھے گی.. کبھی سرسوں کی زردی اور اُس کے ساگ اور مکئی کی روٹی اور جب پیلوں پکتی ہیں اُن کی خوشبو سے شناسا نہ ہو گی.. اور کیا میرا باپ بخت جہان جس کے تکبر نے اُس کی قبر کو بھی ٹیڑھا کر دیا تھا، یہ گمان کر سکتا تھا کہ کبھی اُس کی نسل کا تسلسل دنیا پور سے دور.. ان ویرانوں میں.. پیدائش در پیدائش پرورش کر پائے گا..

عارضی بسیرے کے لیے دو سفید خیمے ندی کے کناروں پر ایستادہ ہو گئے.. وہ اہلکار اگلی سویر اپنا سرکاری فرض پورا کر کے پیدل واپس چلا گیا کہ یہ راستے اُس کے دیکھے بھالے تھے اور تب اُسے پہلی بار اپنے یکسر تنہا ہونے کے احساس نے ڈس لیا، وہ ایک بچے کی مانند اُس بڑی تنہائی سے ڈرا ہوا بیٹھا رہا.. اس ڈر سے نجات حاصل کرنے کے لیے اُسے چند روز لگے اور پھر وہ اُس تنہائی کا عادی ہونے لگا.. اُس کے پاس جنگل میں ایک جھونپڑا بنانے کی ہدایات کا ایک تفصیلی کتابچہ بھی تھا.. کہ کیسے درختوں کے تنے کاٹتے ہیں.. اُنہیں چھیل کر شہتیر بناتے ہیں.. چھت ڈالنے کے لیے اُن شہتیروں کو کس زاویے پر براجمان کرتے ہیں..

دور سے لگتا تھا کہ یہ ایک اناڑی جھونپڑا ہے.. اُس کے شہتیر ایسے آڑے ترچھے اور بے ڈھب تھے لیکن... بہر طور

وہ ایک پناہ گاہ تھی جس کی ایک چھت تھی..

زمین کی زرخیزی بے بہا تھی.. اُس میں اگر ایک کنکر بھی بویا جاتا تو وہ پھوٹنے لگتا.. شاخیں نکالنے لگتا اور اُن پر گلابی شگوفے کھلنے لگتے.. اتنی بہتات سے کہ وہ اُس کے قدموں میں گرنے لگتے اور وہ اپنے آپ سے پوچھتا کہ اکبر جہان.. یہ کیا ہے؟

تو جواب آتا کہ.. یہ ہم ہیں، اکبر جہان یہ ہم ہیں..

ہر دو تین ماہ کے بعد وہ اس ویرانے میں زندگی گذارنے کی ضروریات حاصل کرنے کی خاطر.. محکمہ زراعت سے مشورے کرنے کے لیے کہ فلاں فصل وہاں ناکام ہے اور برفوں کے سبب فلاں بیج زمین کی کوکھ میں ہی منجمد ہو گئے ہیں اور اگرچہ میں جو چوزے یہاں سے لے کر گیا تھا اب ان کے پوتے پوتیاں وہاں کڑکڑاتے پھرتے ہیں.. لیکن وہ بیمار پڑتے جاتے ہیں تو ایسے مشورے کرنے کے سوا.. دوسرے انسانوں کی شکلیں دیکھنے کے لیے وہ ایک طویل فضائی سفر کے بعد مانٹریال پہنچتا.. اُس شہر کے قدیم فرانسیسی حصے میں کبھی کسی بگھی پر بیٹھ کر سیر کرتا اور اکثر یونہی بے مقصد گھومتا رہتا صرف انسانوں کی شکلیں دیکھنے کے لیے اور بے وجہ مسکراتا رہتا..

اُس کی چال ڈھال میں اور شکل وجہ میں ایک وحشت اور بے سروساماں تنہائی تھی جو دور سے پہچانی جاتی اور کچھ لوگ اُس سے کترا کر نکل جاتے.. اُن مشقت کے جانور زمانوں میں اُس کی واقفیت وانگ لی سوئی سے ہوئی تھی جو ایک نہائت مؤدب اور کسی بھی کشش سے عاری ایک چینی لڑکی تھی جو دبی دبی سی لاچار کبھی واجبی فرانسیسی اور اٹکتی انگریزی میں بھٹکتی.. زیر زمین ریلوے کے پلیٹ فارموں پر جھاڑو لگاتی تھی... وہ تو جیسے اسی پیشکش کی منتظر تھی.. رجسٹرار کے آفس میں دو بول پڑھوا کر مقامی رواج کے مطابق اُس کی منکوحہ ہو کر سر جھکائے اُس کے ساتھ چل دی..

وانگ لی سوئی نے نہ صرف اپنی نسل کی بدن توڑ مشقت سے اُس کا ساتھ دیا بلکہ ایک بیٹے رچرڈ جہان کی پیدائش کے لیے بھی بھرپور تعاون کیا.. اور اس کے فوراً بعد شائد وہ کسی آبائی چینی مرض میں مبتلا ہوئی یا اُس بڑی تنہائی کو نہ سہار سکی اور مر گئی.. وہ نہ صرف اُس کی نسل کی بڑھوتری میں معاون ثابت ہوئی بلکہ ان درجنوں قبروں میں سے سب سے پہلے قبر ہوئی جنہوں نے اُس ندی کے کنارے ''جہان آباد'' کا پہلا قبرستان ہونا تھا..

ایسے ملاح جو دنیا جہان سے کٹے اتھاہ اور بے انت سمندروں میں بے حساب تنہائی میں کچھ زمانے گذار کر زمین پر قدم رکھتے ہیں تو اُن سے بڑھ کر بدنی طور پر بھوکا اور نسوانی قربت کے لیے ترسا ہوا اور کوئی نہیں ہوتا.. ملاح تو پھر بھی ایک بہتے ہوئے جزیرے پر اپنے متعدد ساتھیوں کے ہمراہ مناسب خوراک اور رہائش سے آشنائی رکھتے ہیں لیکن ذرا تصور ہو کہ اگر ایک وسیع سمندری جہاز پر صرف ایک ملاح ہو اور وہ ہمہ وقت موسموں کی یلغار اور شدت سہتا، بیلوں کی مانند مشقت میں جُتا رہتا ہو اور وہ جب ایک عرصے کے بعد زمین پر قدم رکھے گا تو اُس کے بدن کی بھوک کیسی ہو گی اور اُس کے اندر نسوانی قربت کے کیسے الاؤ بھڑکتے ہوں گے..

اکبر جہان وہی ایک تنہا ملاح تھا..

دُکھ بھرے آزار دینے والے برفیلے زمانوں کو سہہ کر وانگ لی سوئی کی موت کے پورے پانچ ماہ کے بعد جب وہ مانٹریال میں اُترا تو اگر اُسے ایئرپورٹ کے باہر فٹ پاتھ پر لڑکھڑاتی کوئی بوڑھی اگرچہ فوراً مان جانے والی عورت مل جاتی تو بھی وہ تأمل نہ کرتا.. اپنی بھوک مٹا لیتا..

''ایک گلاسی دو گلاسی بار..'' اُن پانچ ماہ کی برفیلی نظربندی کی راتوں میں اُس کے خواب گیلے کرتی رہتی.. جہان آباد کے اکلاپے سے فرار ہو کر وہ اکثر اُس کی پُرشور پناہ میں چلا جاتا.. وانگ لی سوئی کی رخصتی کے بعد اُس کے درمیانی عمر کے کسرتی بدن کو کوئی ایسا کنواں نہ ملا تھا جس میں وہ اپنا ڈول ڈال کر اپنی پیاس بجھا سکتا.. اگرچہ وہ مناسب ادائیگی سے با آسانی اس.. ''ایک گلاسی دو گلاسی بار'' میں ایک ایسا کنواں حاصل کر سکتا تھا پر وہ اجتناب کرتا رہا.. صدیوں کی برف بیزاری اور اکلاپے کے بعد جب وہ ایک بار پھر اس بار میں داخل ہوا تو کاؤنٹر کے پیچھے ایک رنجیدہ شکل کی دیسی عورت جس کی بڑی بڑی آنکھوں میں مردہ تتلیوں کے پروں ایسی بے جان اداسی تھی.. جیسے ایک خواب میں ہوں، گاہکوں کے آگے اُن کے خواہش کردہ مشروب رکھ رہی تھی..

اس بار میں گورے بہت کم داخل ہوتے تھے.. زیادہ تر سردار نظر آتے تھے اور سہولت یہ تھی کہ یہ آنے والے اور اُن کو لبھانے والے بھی سب کے سب پنجابی بولتے تھے.. موسیقار، بدن فروش طوائفیں اور بار میں ادھم مچانے والوں کو اُٹھا کر باہر پھینکنے والے مشٹنڈے بھی پنجابی بولتے تھے.. کہ انگریزی اور فرانسیسی کے بعد کینیڈا میں سب سے زیادہ بولی جانے والی زبان پنجابی ہی تھی..

اکبر جہان کاؤنٹر پر کُہنیاں جمائے اُس رنجیدہ شکل کی توجہ کا منتظر رہا.. وہ شائد اُس کو دیکھتی ہی نہ تھی ایک خواب میں تھی..

''ہیلو..'' اُس نے بار کے شور میں اپنی آواز بلند کی..

وہ ایک بے جان پُتلی کی مانند ڈولتی ہوئی اُس کے سامنے آن کھڑی ہوئی..

''رائی وِہسکی.. آن راکس..'' اس سے پیشتر کہ وہ کچھ اور کہتا وہ ایک میکانکی انداز میں اُس کے سامنے رائی وِہسکی کا گلاس رکھ کر جا چکی تھی..

اُس کے اندر کا انجماد تیسرے گلاس کو ایک ہی سانس میں حلق سے اُتارتے ہی پگھل گیا اور اُس نے ایک گرم آسودگی محسوس کرتے ہوئے اُس رنجیدہ شکل کو دیکھا جو اُس کے دل میں اُتر رہی تھی.. ''تم کہاں کی رہنے والی ہو؟''

اُس نے جواب میں کچھ نہ کہا.. گاہکوں کو بھگتانے میں محو رہی..

''ہیلو..'' اُس نے قدرے تُرشی سے اُسے پھر مخاطب کیا.. ''کیا میں نے کوئی نازیبا سوال پوچھا ہے.. کہاں کی ہو؟''

''کہیں کی بھی نہیں..'' وہ بالآخر بولی.. ''میں جہاں کہیں کی بھی ہوں.. برائے فروخت نہیں ہوں..''

یہ نشاط خاتون تھی.. لیکن وہ کوئی جیون کور یا یدمنی مکرجی بھی ہو سکتی تھی، وہ نہیں جان سکا تھا کہ دراصل وہ کون ہے.. وہ ایک غربت کی ماری بنگالن بھی ہو سکتی تھی جس نے کچھ روز کے لیے مجبور ہو کر بدن فروشی کی ہو.. وہ کوئی مخدوش کردار کی

حامل مُجرمہ بھی ہوسکتی تھی..اُس کا خاندانی پس منظر کیا تھا، کہاں سے آئی تھی، مسلمان ہے بھی کہ نہیں اور کیا وہ اب تک بن بیاہی رہی ہے یا اُس کے کسی طلاق شدہ خاوند سے کہیں بچے بھی ہیں..کچھ عیاں نہ ہوتا تھا..اُس کی رنجیدہ شکل اور مردہ تتلی کے پروں ایسی اداس آنکھوں نے اُسے موہ لیا تھا..نشاط خاتون اُس کی دوسری بیوی تھی..

فارم ہاؤس کے بند روشندانوں میں سے فرار ہونے والی بھنگڑہ موسیقی جوہڑ کے پانیوں پر ڈولتی چار مرغابیوں کو بے آرام کر رہی تھی...اُس کی آنکھیں آنسوؤں سے بھرنے لگیں..نشاط خاتون نے اُس کا بہت ساتھ دیا تھا..اس الگ تھلگ دور افتادہ مختصر کائنات میں وہ ایک حوا کی مانند اُس کی پسلی سے جُڑی رہی، صابر شاکر، قناعت پسند..اُس کی خدمت کرتی رہی..ایک بچے کی مانند اُس کی دیکھ بھال میں جُتی رہی..اُس کے اداس بدن سے اُس کے ہاں بخت جہان پیدا ہوا اور اُس کے بعد سیرت جہان..وہ کبھی نہ جان سکا کہ وہ کہاں سے آئی تھی..اور یہ بھی نہ جان سکا کہ وہ ایک روز یکلخت کہاں چلی گئی..اور کیوں چلی گئی..وہ بھی ایک موسم سرما کی شدت کے سرد عذاب نہ سہہ سکی..رات بھر اُس کا بدن بخار سے بھڑکتا رہا..وہ اُس کے ماتھے پر ہاتھ رکھتا تو وہ جل جاتا، تپش اتنی تھی کہ پپوٹوں پر چھالے اُبھرنے لگتے، ہذیان میں بڑبڑاتی رہی....میرا بیٹا جوان ہو گیا ہوگا..بخت جہان کا بھائی..جوان ہو گیا ہوگا..

سویر ہوئی تو وہ نیلی پڑ چکی تھی اور اُس کی بڑی بڑی آنکھیں کُھلی تھیں..

اکبر جہان نے ڈبڈباتی آنکھوں سے اُنہیں اپنی ہتھیلی سے بند کرنا چاہا تو وہ تتلی کے پروں کی مانند ذرا پھڑپھڑا کر بند ہوئیں اور پھر کُھل گئیں..

اسے اُن کُھلی آنکھوں کے ساتھ..وانگ لی سوئی کے برابر میں اُس نے خود اپنے ہاتھوں سے دفن کیا..اُسے محسوس ہوا کہ وہ اُس کے بدن پر ایک کُدال کی مدد سے جتنی بھی مٹی ڈالتا ہے اُس کی آنکھیں کفن کے پار ہو کر اُبھرتی قبر سے باہر آ کر اُسے تکتی جاتی ہیں..

اُس سے اپنے تینوں بچے، رچرڈ، بخت اور سیرت خود سے کہاں سنبھلتے تھے، ان کے لیے ابھی حال ہی میں ترک وطن کرنے والی انگریز خاتون اینجلا پورٹر میسر آ گئی جو بخوشی اُنہیں سنبھالنے کے لیے ان ویرانوں میں چلی آئی..وہ بھی اپنی پچھلی حیات سے فرار ہو کر بہت کُچھ بُھولنا چاہتی تھی اور یہ ہولے ہولے آباد ہوتا بیاباں خود فراموشی کے لیے بے حد مناسب تھا..

مکمل اکلاپے کے چند برسوں بعد اُس نے یزمان کے کاشتکاروں کے بیکار پھرتے..دوسروں کے کھیتوں سے شلغم اکھاڑتے گنّے توڑتے نکھٹو بیٹوں کو ترک وطن کے کاغذات بنوا کر جہان آباد میں درآمد کر لیا..ان کے سوا درجنوں پاکستانی، بنگلہ دیشی اور سری لنکن مزدوروں کو ٹورنٹو اور کیلگری سے اُٹھا کر مختصر مدت کے معاہدوں کے تحت وہ یہاں لے آیا اور یوں رونق ہونے لگی..

اور اُس کے رقبے کے آس پاس جو ویرانے تھے وہاں بھی اُس کی زرعی کامیابی اور مویشی پروری کے منافع بخش قصے سُن کر نئے نئے آبادکار اترنے لگے جن میں سے بیشتر سکھ تھے..اور وہ سردار اُس کی بے حد تعظیم کرتے، اُس کے پاؤں

چھوتے اُسے ایک گورو کا درجہ دیتے تھے.. اس کی موجودگی میں مؤدب رہتے.. اُس کے ہر فیصلے پر سر جھکا دیتے کہ اگر وہ تن تنہا ان ویرانوں میں اتر کر انہیں آباد نہ کرتا تو آج اُن کی ملکیت میں بھی اتنی وسیع زمینیں نہ ہوتیں جن کا وہ اپنے پنجاب میں تصور بھی نہ کر سکتے تھے..

یہ تو بیت چکے زمانوں کے قصے تھے.. وانگ لی سوئی اور نشاط خاتون کی قبروں کے برابر میں درجن بھر قبریں آباد کاروں اور ان کے رشتے داروں کی اُبھر چکی تھیں.. زمانے گذر چکے تھے اور وہ اپنی ملکیت کے ایک جوہڑ کے کناروں پر بیٹھا اُن زمانوں میں چلا گیا تھا اور لوٹا تو اُس کے پانیوں پر وہی چار مرغابیاں تھیں جن کا خوشی سے کوئی تعلق نہ تھا..

یہ بخت جہان.. اُس کا بیٹا ہو بہو اپنے اُس دادے بخت جہان پر گیا تھا جسے اُس نے اکبر جہان نے صرف ایک بار تب دیکھا تھا جب وہ اپنی ماں کے اصرار پر اپنے اُس ڈکیت بھائی نونہال سنگھ یا غلام محمد کے جنازے پر گیا تھا.. اُس کے دل میں اُس بوڑھے کے لیے کوئی جگہ نہ تھی جو قبرستان میں اُس کی جانب بڑھتا چلا آ رہا تھا پر وہ کیسا شاندار اور متکبر بوڑھا تھا جو کہ اُس کا باپ تھا اور اس نے نشاط خاتون کے بطن سے پیدا ہونے والے بیٹے کا نام اپنے اس ناپسندیدہ باپ پر رکھا کہ پوتے کا نام اُس کے دادے پر رکھنا جاٹوں کی ایک روائت تھی.. اُس کی شباہت ہو بہو وہی تھی بلکہ اُس کی گردن میں بھی وہی نسلی ٹیڑھا پن تھا.. زراعتی انجینئرنگ میں ایڈمنٹن یونیورسٹی سے ڈگری حاصل کر کے وہ اُس کے برابر میں آ کھڑا ہوا تھا..

اور جورچرڈ جہان تھا، اُس کا کراؤن پرنس، بڑا بیٹا.. اُس کے مہاندرے پر چینیوں کا چپٹا پن اور آنکھوں کا مختصر نقشہ درج تھا.. اور اُس کے باوجود اُس کے چہرے پر بھی اپنے دادا کی پُرتکبر پرچھائیاں جھلکتی تھیں.. وہ نصف چینی ہونے کے باوجود پنجابی میں بے دریغ گالیاں دینے میں ایسی مہارت رکھتا تھا کہ سردار بھی اُس سے پناہ مانگتے تھے..

اب وہ ایک بے بس لاچارگی کے ضُعف کے باعث اپنے جہان آباد سے کم ہی باہر جاتا.. ہر چار چھ ماہ بعد اُس کے دل میں کسی اپنے.. اپنی مٹی کے ساتھ جُڑے ہوئے کسی اپنے سے ملنے کی آرزو اُسے بے چین کر دیتی اور وہ اپنے ذاتی دو نشستوں والے جہاز کو اُڑا کر.. اپنے بچوں کو خبر کیے بغیر.. کیلگری کے نواح میں واقع ایک ایئرسٹرپ پر اُتر جاتا..

اور وہ.. سروسانسی کا اب لاچار ہو چکا بیٹا موتی.. اپنی وہیل چیئر سے اٹھنے کی کوشش کرتا اور پھر اُس میں گر جاتا، اُسے دیکھ کر نہال ہو جاتا، ہاتھ جوڑ کر اُس کا استقبال کرتا.. راجے کا کھٹیا.. چوہدری اکبر جہان کا کھٹیا.. دھن بھاگ لگے رہیں.. وہ اپنی شہادت کی انگلی کھڑی کر کے ایک آبدیدہ مسرت کے ساتھ کہتا ''میرا باپ اپنی اس انگلی کو کیکر کی شراب میں ڈبو کر اُسے دیا سلائی دکھا کر اُسے بھڑکا دیتا تھا اور تیرا باپ چوہدری بخت جہان اُس پر نثار ہو جاتا تھا..''

فارم ہاؤس کے تہہ خانے میں اس کے عمر رسیدہ، قدرے حواس باختہ سکھ یار اور مولوی چراغ دین مست الست ناچتے تھے اور جوہڑ کے پانیوں پر چار مرغابیاں ڈولتی تھیں.. اُس کے ذہن پر ایک اور بوجھ بھی تھا..

"لیکن کیوں نہیں ڈیڈی جان.." سیرت زبردستی اُس سے لپٹ گئی تھی..

رچرڈ اور بخت لڑکے تھے، اُن کے اندر جو ایک مردانہ آوارگی اور جوش تھا اُسے یہ بیاباں اور گھنے جنگل تسکین دیتے تھے لیکن سیرت شروع سے ہی اس دنیا بھر سے منقطع ویرانوں میں پوشیدہ مختصر بستی سے مفاہمت نہ کر سکی..شائد اس لیے کہ یہاں اُس کی ہم عمر اور ہم جنس رفاقت نہ تھی جسے وہ اُن خوابوں اور وسوسوں میں شریک کر سکتی جو ایک بلوغت کی جانب بڑھتی لڑکی کے بخارزدہ بدن میں جنم لیتے ہیں..اُس نے اپنی ابتدائی تعلیم وینکوور میں مکمل کی جہاں وہ ایک ہوسٹل میں رہتی تھی اور اب پچھلے تین برسوں سے وہ مانٹریال میں اپنے ذاتی فلیٹ میں رہائش پذیر تھی.. یونیورسٹی میں اُس کے ایم بی اے کا آخری سال تھا..جہان آباد اُس کے لیے ایک کالا پانی تھا اور وہ ادھر کا رُخ کم ہی کرتی..کبھی کرسمس کی چھٹیوں کے دوران وہ چلی آتی کہ رچرڈ اور بخت کے ساتھ اُس کا گہرا دوستانہ تھا، البتہ باپ کے ساتھ تعلقات بس واجبی سے تھے..

اُسے اکبر جہان کو اُس کی خبریں ملتی رہتی تھیں اور وہ اتنی اچھی نہ تھیں، وہ گوریوں سے بڑھ کر، گوری ہو چکی تھی لیکن...اسے یہ توقع ہرگز نہ تھی اور وہ ایک صدمے کی کیفیت میں ایک فالج زدہ شخص کی مانند بے حس وحرکت بیٹھا تھا اور سیرت اُس سے لپٹی ہوئی تھی..

"آپ اُس سے مل کر تو دیکھو..اُس کی تو داڑھی بھی نہیں ہے خدا کے لیے..اور نہ ہی وہ پگڑی پہنتا ہے.."

"نہیں.." اُس نے سر جھٹکا..

"آخر کیوں نہیں.." وہ اُس سے الگ ہو کر تن کر کھڑی ہو گئی..اُس کے مہاندرے پر ایک سفاک سرکشی تھی، ایک کٹھور مدافعت تھی..جہان نسل کی واضح علامات..

"وہ..وہ کڑیال ہوا سکھ ہے.."

"اوہو.." سیرت نے مصنوعی حیرت سے لب سکیڑے.."اگر میرا دادا جسے میں نے تو کہاں دیکھنا تھا..آپ نے بھی اُسے صرف ایک بار دیکھا تھا..ایک شادی شدہ اور مائنڈ یُو اُس کے بہترین دوست سے شادی شدہ عورت..سکھ عورت کو گھر میں ڈال لیتا ہے اُس کے ساتھ نکاح کر لیتا ہے..اور ڈیڈی جان آپ نے یہ قصہ مُجھے درجنوں بار نہائت فخر سے سنایا ہے تو میں..اُس کی پوتی ایک اچھے بھلے کنوارے سکھ کے ساتھ شادی کیوں نہیں کر سکتی..یہ تو خاندانی روائت ہے.."

"نہیں.."

سیرت کے چہرے پر جو ایک سفاک سرکشی اُس کے نین نقش کو کسی حد تک بگاڑتی تھی وہ یکدم زائل ہوگئی اور ایک مسکراہٹ جس میں پیار کا ایک طنزیہ انداز تھا اُس کے ہونٹوں پر پھیلنے لگی.. ''ڈیڈی جان..آپ ذہنی طور پر ایک سکھ داماد کے لیے تیار ہو جائیے کیونکہ میں اُس سے محبت کرتی ہوں اور..'' اُس نے آگے بڑھکر اس کے فالج زدہ چہرے پر ایک پر شور اور گیلا بوسہ دیا ''اور میں اپنے ڈیڈی جان سے بھی محبت کرتی ہوں..''

جوہڑ میں ڈولتی مرغابیاں کُل چار تھیں..اور اُن کا قطعی طور پر خوشی سے کُچھ تعلق نہ تھا..

مریض موتی مَیٹ سینسی آج پھر فرار ہوگیا تھا..

اپنی میکانکی وہیل چیئر کے ساتھ پھر سے غائب ہوگیا تھا..

ایک ایسا شخص جس کے گھٹنے بیکار ہو چکے تھے..اور وہ بغیر کسی سہارے کھڑا ہو کر ایک قدم بھی نہیں اٹھا سکتا تھا.. اٹھاتا تھا تو گھٹنوں میں اذیت کے بھونچال آ جاتے تھے..جس کا ذہن ابھی تک چاک و چوبند تھا پر یہ ذہن بھٹکتا رہتا تھا.. واش روم میں داخل ہوتا تھا تو بھول جاتا تھا کہ وہ یہاں کیا کرنے آیا ہے، فارغ ہونے، منہ ہاتھ دھونے یا برش کرنے آیا ہے..بلکہ وہ یہ بھی بھول جاتا تھا کہ کیا وہ فارغ ہو چکا ہے..مُنہ ہاتھ دھو چکا ہے اور برش کر چکا ہے..اگر کر چکا ہے تو اُس کا چہرہ گیلا کیوں نہیں اور منہ میں ٹوتھ پیسٹ کا ذائقہ کیوں نہیں، اُسے سگے رشتے بھول جاتے تھے اُن کے چہروں کی پہچان کبھی آ جاتی تھی اور اکثر چلی جاتی تھی..یہاں تک کہ وہ آئینے کے سامنے کھڑا ہوتا تو پیچھے مڑ کر دیکھتا کہ یہ کس کا چہرہ ہے جو مجھے نظر آ رہا ہے..الزائمر کی یہ بیماری ہولے ہولے جڑیں پکڑتی ہے..دماغ کے خلیے مُردہ ہونے لگتے ہیں جن خلیوں میں یادداشت محفوظ ہوتی ہے وہ تلف ہونے لگتے ہیں..مریض پہلے پہل تو اس بھلکڑ پن سے لطف اندوز ہوتا ہے قریبی عزیز اسے ادھیڑ عمری کا ایک عارضہ سمجھتے ہیں اور مذاق کرتے ہیں اور جب کسی ایک روز اُس کی بیٹی آگے بڑھ کر اُس کے رخساروں پر بوسہ دینے لگتی ہے تو وہ خوفزدہ ہو کر اُسے پرے دھکیل دیتا ہے کہ تم کون ہو..گھر سے باہر جاتا ہے تو لوٹتا نہیں، گھر کا راستہ بھول جاتا ہے..جیسے امیر بخش بھولا کرتا تھا..تو ایک ایسا شخص..ایک وہیل چیئر میں قید تقریباً اپاہج شخص کیسے فرار ہو سکتا تھا..پر وہ ہو جاتا تھا..اگرچہ اُس ہوم کا طبی عملہ اُس کی ایک بار پھر گمشدگی پر زیادہ تشویش نہ کرتا کہ وہ ایک وہیل چیئر پر آخر ہوم سے کتنی دور جا سکتا تھا..زیادہ سے زیادہ اُس جھیل تک جس کے کناروں پر گھنے سرکنڈے تھے اور اُس کے پانیوں میں سے سرِ شام مچھلیاں اُچھلنے لگتی تھیں..

البتہ شامت پرکاش کور کی آ جاتی جو اُس کی نگہبان نرس تھی..

گورے ڈاکٹر اُسے سرزنش کرتے تو وہ سر جھکا کر اپنی کوتاہی کا اقرار کرتی اور فک آف کا پنجابی ترجمہ بڑبڑا کر اپنے دل کی بھڑاس نکال لیتی..

یوں بھی آج اس نوعیت کا ردِعمل متوقع تھا، جنہیں کسی قسم کا کوئی ذہنی عارضہ نہ تھا وہ بھی آج ذہنی مریض ہو گئے تھے، اپنے حواس میں نہ رہے تھے تو اگر اس ہوم کے مریض لونگ روم میں صوفوں اور وہیل چیئرز پر براجمان ٹیلی ویژن پر

نظریں جمائے اپنے بھلکڑ پن کی دیوانگی میں مسکرا رہے تھے اور پھر یکدم سکرین پر ایسے مناظر آئے تھے کہ وہ بھی سناٹے میں آ گئے تھے... عظیم در و دیوار منہدم ہو رہے تھے.. سست رفتار جہاز عمارتوں کے اندر چلے جاتے تھے اور بھڑک اٹھتے تھے.. اور ان عمارتوں کے انہدام سے اتنی دھول اُٹھ رہی تھی کہ اُنہیں بھی سانس لینے میں دشواری پیش آ رہی تھی تو اُن کو موردالزام کیسے ٹھہرایا جا سکتا تھا..

تمام مریض ایک ہیجان میں تھے... اُن میں سے کچھ تو فوری طور پر سکرین پر دکھائی دینے والے مناظر بھول گئے اور کچھ رونے لگے..

از راہ احتیاط ٹیلی ویژن سوچ آف کر دیئے گئے..

اس کے باوجود کچھ مریض خالی سکرین کو گھورتے رہے اور روتے رہے..

مریض موتی پھر سے فرار ہو گیا تھا..

اس جھیل کے پانیوں میں جو ''ڈارک واٹرز لیک'' کہلاتی تھی ہوم سے تقریباً نصف میل کے فاصلے پر گھنے درختوں کے ایک جُھنڈ میں گھری ہوئی تھی، گدلا پن تھا، شفافی نہ تھی، نہ تو اُس کی تہہ میں بچھے سنگریزے نظر آتے تھے.. اور نہ ہی سستی سے تیرتی مچھلیاں.. البتہ وہ سرِشام اپنی سستی ترک کر کے چاک و چوبند ہو کر جھیل کے پانیوں میں سے اُچھلنے لگتیں.. یُوں وہ ایک روائتی جھیل تو نہ تھی ایک گدلے پانیوں والا جوہڑ تھا اور اسی لیے مریض موتی سب کو جُل دے کر یہاں آ جاتا تھا.. یہاں تک آنے کا کوئی باقاعدہ راستہ تو نہ تھا پر اُس کی طاقت ور انجن والی وہیل چیئر.. ٹاپ گیئر دبانے سے اُچھلتی کوُدتی اگرچہ بہت پٹرول صرف کرتی یہاں تک آ جاتی تھی..

یہاں پہنچ کر وہ قدرے اذیت سے وہیل چیئر میں سے اپنے آپ کو گھسیٹتا گھاس پر گر جاتا.. ایک اپاہج بچے کی مانند.. ایک کچھوے کی طرح رینگتا جھیل کے گدلے پانیوں کے قریب پہنچ جاتا اور اُنہیں سونگھنے لگتا.. ایک پُر تجسس کُتے کی مانند.. ان میں ایک کائی آلود کسی حد تک ناگوار کیچڑ سی مہک تھی اور وہ مسکرانے لگتا کہ یہ مہک اُسے دنیا پور لے جاتی تھی..

وہ اور موجو ننگ دھڑنگ اپنے کالے کلوٹے سانسی لشکتے بدنوں کے ساتھ دنیا پور کے اُس جوہڑ میں کُودتے.. اُس کے گرم پانیوں کی آلودگی میں لتھڑے ادھم مچایا کرتے تھے.. تہہ میں دم روکے اُتر کر کیچڑ کو اتھل پتھل کر کے اُس میں پوشیدہ کچھوؤں کو گرفت میں لینے کی سرتوڑ کوشش کرتے.. بے شک جنگلی بلّے، نیولے.. اور مُردار ذائقے میں اپنا مقام رکھتے تھے لیکن کچھوے کا شوربہ ایک سانسی کے لیے اُس جنت کا ایک پکوان تھا جس پر وہ یقین نہیں رکھتا تھا..

اُن کا باپ سرو سانسی نمبر دارانی کے بیٹے کے ہمراہ شہر جا چکا تھا اور خوراک کے حصول کی ذمہ داری اُن کے نازک کاندھوں پر آ پڑی تھی.. اگر اور کچھ دستیاب نہ ہوتا تو وہ کسی موٹے مینڈک پر ہی صبر شکر کر لیتے.. پھر اُن کی ماں سوہنی اُن دونوں کو گھسیٹتی ہوئی لاہور لے گئی.. اور اُس کوئلوں پر بُھنتے نیولے کے ادھ پکے گوشت کی مہک اب بھی اُس کے نتھنوں میں اُترتی تھی جو اُن تینوں نے محلہ قادر بخش کے سہ منزلہ مکان کی چھت پر اپنے باپ سے چھین کر نوچ کھایا تھا..

دیال سنگھ کالج سے اُس نے ایم اے معاشیات آسانی سے کر لیا اور پھر روزگار کے لیے بھٹکنے لگا.. اُن کا باپ

اگرچہ ایک بڑی تعمیراتی فرم کا ڈائریکٹر تھا.. برابر کا حصہ دار تھا پر وہ اُس کے اصرار کرنے کے باوجود کاروبار میں شریک نہ ہوا.. وہ اپنے زورِ بازو سے اپنا رزق کمانا چاہتا تھا جس میں اُسے بُری طرح ناکامی ہوئی..

اُس کا باپ سروسانسی اپنی صدیوں کی دُم ہلاتی خصلت سے نجات حاصل نہ کرسکتا تھا.. اپنے دونوں چوہدریوں.. امیر بخش اور عزیز جہان کے پاؤں میں پڑا رہتا تھا اور اُسے بُرا لگتا تھا.. اس میں اُن چوہدریوں کا کُچھ دوش نہ تھا اُن کا برتاؤ تو ایسا تھا کہ وہ جو اُن کے خاندانی پس منظر سے ناواقف تھے اُنہیں.. اُسے اور موجو کو روشن اور انعام اللہ کے سگے اور امیر بخش اور عزیز جہان کو اُن کے بڑے سمجھتے تھے.. پر یہ اُن کا باپ تھا جو ہر محفل میں بھانڈا پھوڑنا اپنا فرض سمجھتا تھا، اپنے آپ کو اُن کا کمی کمین مردار کھانے والا ثابت کرنے میں فخر محسوس کرتا تھا.. یوں موتی بے وجہ اپنے آپ کو کمتر اور حقیر محسوس کرتا.. مسلسل بیکاری بنیادی سبب تھا لیکن کُچھ اس احساسِ کمتری کا بھی عمل دخل تھا کہ اُس نے ترکِ وطن کا فیصلہ کرلیا..

تب وہ یہ تصور بھی نہیں کرسکتا تھا کہ عمر کے آخری ایام میں وہ بھی اپنے باپ کی مانند اپنے سانسی پن پر فخر کرنے لگے گا.. یہاں تک کہ اُن چوہدریوں کی آل اولاد میں سے کسی ایک کو اپنے سامنے پا کر سانسیوں کا طرزِ تکلم.... راجے کا کھٹیا.. چوہدری فلاں کا کھٹیا اختیار کرلے گا..

شباہت بہت دنوں سے نہیں آئی تھی..

کینیڈا میں قدم رکھنے والے ہر تارکِ وطن کی مانند.. فوری طور پر اسے اپنی تعلیمی لیاقت کے مطابق کوئی ملازمت نہ ملی اور وہ ایک عرصے تک ایک ایسا بندۂ مزدور تھا جس کے اوقات بہت سخت تھے.. بالآخر اُسے ایک مقامی نوعیت کے مالیاتی ادارے میں جسے بینک بھی کہا جاسکتا ہے.. ایک ایسی واجبی سی پوزیشن مل گئی جس کی خوبی یہ تھی کہ وہ ترقی کے زینے کی پہلی سیڑھی ہوسکتی تھی.. اُس نے زندگی کے بیشتر برس ایک ہی کرسی پر بیٹھے مسکراتے گاہکوں کی دولت کے ذخیروں میں مسکراہٹ سے اور لجاجت سے نقب لگانے کی کوشش میں گذار دیئے.. اُس زینے کی ابتدائی سیڑھیوں سے اوپر نہ جاسکا لیکن معاشی طور پر خاصا مطمئن ہوگیا..

جانے اس ملک میں اتنی اداس اور رنجیدہ آنکھیں کیوں تھیں؟

وہ ہر جگہ ہر مقام پر نظر آتیں.. یہاں کے موسم شدید تھے.. اس کے بے پناہ ویرانے اور ان میں راج کرنے والی خاموشی تھی، اپنے دیسوں سے دوریاں تھیں.. وہ خواب تھے جو تشنۂ تکمیل رہے، معاشی اور جذباتی آرزوئیں تھیں جو پوری نہ ہوئیں اور وہ آنکھیں اداس اور رنجیدہ تھیں..

اُس کی مقدس بانو کی آنکھیں بھی ایسی تھیں..

ایک خودکار پٹرول پمپ کے سٹور میں کاؤنٹر کے پیچھے کھڑی وہ اُن گاہکوں سے پٹرول کی قیمت وصول کرتی جو اپنی کاروں کو بھر کر اندر آتے.. ادائیگی کرنے کے بعد وہ یونہی اُس سٹور کے شیلفوں پر نظر دوڑاتے.. مونگ پھلی، چپس یا چاکلیٹ کے کچھ پیکٹ اٹھاتے اور کاؤنٹر پر آکر اُس کے سامنے رکھ دیتے.. اور وہ ان کی ادائیگی وصول کرتے ہوئے اپنی سیاہ آنکھیں جھپکاتی صرف اتنا کہتی کہ.. تھینک یو.. اس لیے بھی کہ انگریزی زبان سے اُس کی واقفیت تقریباً

یہیں تک محدود تھی..

اُس کے لیے آنکھیں..وہی رنجیدگی اور اداسی میں ڈوبی ہوئی..جھپکانا اور صرف تھینک یو کہنا..قدرے مُہلک ثابت ہوا..

وہ جان بوجھ کر اپنی کار کی ٹینکی فُل نہ کرواتا، صرف چند لٹر پٹرول بھرتا تا کہ اگلے روز وہ پھر اسی پٹرول پمپ پر آئے اور ایک مرتبہ پھر وہی تھینک یُو سنے..

قدرے سیاہ رنگت کی صورت..بدن کی بناوٹ سے اندازہ لگانا مشکل تھا کہ وہ کتنے برس کی ہے..دھان پان اور کمر میں ایک لچک..جب وہ اُس سے فرمائش کرتا کہ..مُجھے نہیں معلوم..سٹرابری ذائقے والے دودھ کے کارٹن کونسے شیلف پر ہیں تو وہ کاؤنٹر سے نکل کر اس کے آگے آگے چلنے لگتی..تو تب وہ اس لچک سے آگاہ ہوا..

یہ تصور عام ہے کہ بنگال کے بدن بہت زرخیز ہوتے ہیں..پر اُس نے مقدس بانو نے اتنے برسوں میں اسے صرف ایک بیٹی سے نوازا..اور اُس کی شکل میں بھی سب سے زیادہ نمایاں اُس کی آنکھیں تھیں اور ان میں بھی وہی رنجیدگی اور اداسی منتقل ہوگئی تھی..اُس کے سیاہ بال بھی ماں سے مستعار لیے گئے تھے..وہ سر جھٹکتی تو ایک سیاہ عفریت کی مانند وہ اُس کا چہرہ ڈھانپ لیتے اور پھر ایک اور جھٹک سے واپس شانوں پر چلے جاتے..

وہ شباہت بہت دنوں سے اُسے ملنے نہیں آئی تھی..

لگتا تھا کہ بہت دن ہوگئے ہیں..لیکن کیا پتہ بہت دن نہ ہوئے ہوں، ہوسکتا ہے وہ اُسے آج ہی مل کر گئی ہو..

اُسے کچھ یاد نہ پڑتا تھا..

اور اکبر جہان کب آیا تھا..آج تو نہیں آیا تھا..یا آیا تھا..

اُسے اپنے اس یادداشت کے ہولے ہولے حذف ہوتے انجام کا کچھ قلق نہ تھا بلکہ وہ اپنے آپ کو کسی حد تک خوش بخت گردانتا..اُس کے دماغ کے خلیئے..اور وہ اس امر سے بخوبی آگاہ تھا..جو ایک ایک کر کے مردہ ہوتے جاتے تھے تو ہر خلیئے کے ساتھ کوئی نہ کوئی احساس کمتری اور حقارت بھی تو معدوم ہوتی جاتی تھی..کسی ایک سویر اُس کی ایک قومیت..ایک نسل، ایک پہچان ہوتی تھی اور پھر وہ خلیہ جو ان کا نگہبان تھا مردہ ہو جاتا تھا تو اس کے ساتھ ہی وہ سب کچھ بھی مردہ ہو جاتا تھا..یوں وہ ان تفاخر اور پہچانوں سے ماورا ہو کر ایک ایسی سطح پر سانس لینے لگتا تھا جہاں نہ کوئی بندھن تھے اور نہ ہی زمینی محرومیاں..اور اس کے باوجود کبھی کبھار دماغ کا کوئی ایک مردہ ہو چکا خلیہ زندہ ہو جاتا..اور وہ پھر سے اپنی قومیت، نسل اور مٹی کی قید میں چلا جاتا.مقدّس بانو..اُس کا چہرہ دیکھے ہوئے مدتیں بیت چکی تھیں..اُس کی رنجیدہ آنکھیں جنہیں حیات کے ان طویل برسوں نے ذرا بجھا دیا تھا..اُنہیں دیکھے ایک عرصہ ہو گیا تھا..وہ آج تک اُس سے ملنے نہیں آئی تھی..

مقدّس بانو کیلگری کے اداس شہر میں ایستادہ ایک بے شکل بلند عمارت کی اکیسویں منزل پر واقع فلیٹ نمبر ستائیس کی مختصر عافیت میں اپنا بڑھاپا گذارتی تھی..اُسے ایک معقول گذارہ الاؤنس ملتا تھا اور وہ خود مختار تھی..ہفتے میں دو بار ایک سوشل ورکر اُس کی خیر خبر لیتا تھا..اور ہر ماہ ایک ڈاکٹر اس کا میڈیکل چیک اپ کرتا تھا...اگرچہ وہ اب انگریزی میں رواں ہو چکی تھی، جانے وہ اب بھی اُسی انداز میں آنکھیں جھپکتے ہوئے اُس ڈاکٹر کو تھینک یُو کہتی تھی یا نہیں..

وہ آج تک اُس سے ملنے نہ آئی تھی... اُس سے اب تک خفا تھی..

کیلگری کی جامع مسجد میں مقدس بانو کو اُس کے ساتھ نکاح پڑھواتے ہوئے یہ گمان بھی نہ تھا کہ یہ شخص جس کی رنگت تقریباً اُس جیسی ہے، مناسب شکل کا ہے.. ہمہ وقت چوکنا سا رہتا ہے جیسے شکار کیے جانے کے خدشے میں مُبتلا ہو۔ پاکستان کا ہے.. ایک ماہر معاشیات ہے اگرچہ اس کا نام موتی سانسی کچھ عجیب سا ہے جسے اُس نے اپنے رفقا کی آسانی کے لیے مَیٹ سینسی کر لیا تھا لیکن بہر طور مسلمان ہی ہوگا.. ورنہ اُس کے ساتھ نکاح کیوں پڑھواتا.. ایسے لوگ جن کی آنکھوں میں رنجش کی پرچھائیاں تیرتی ہیں اور بے سہارا ہوتے ہیں جب اُنہیں کوئی سہارا ملتا ہے تو وہ بہت زیادہ تشویش نہیں کرتے.. فرض کر لیتے ہیں.. شادی کے پہلے دو برسوں میں اُسے کچھ گمان نہ گذرا کہ موتی جہاں وہ قدم رکھتی تھی وہاں آنکھیں بچھا دیتا تھا.. وہ اُس کا اتنا خیال رکھتا کہ اُسے خود اپنی خوش بختی پر رشک آنے لگتا. شادی کی دوسری سالگرہ منانے کے لیے وہ کیلگری سے کچھ فاصلے پر واقع پہاڑی برفوں میں گھرے ہوئے قصبے بینف میں گئے.. ایک ایسی کوہستانی بستی جسے دنیا بھر کے سیّاح روندتے تھے.. کوئی ایک دوپہر تھی جب وہ کھانے کے لیے ایک پسندیدہ اور مہنگے ریستوران میں گئے.. اُن کے سامنے جو بھاپ اُڑاتا گھنا سُوپ رکھا گیا تو مقدّس بانو نے اپنی رنجیدہ آنکھیں جھکا کر ویٹر سے استفسار کیا.. کیا اس میں سؤر کی چربی وغیرہ کی آمیزش تو نہیں ہے..

چینی ویٹر نے جب بیزاری سے اثبات میں سر ہلایا تو مقدس بانو نے سُوپ کے پیالے کو صرف ایک انگلی سے چھوتے ہوئے اپنے آگے سے سرکایا اور اُس نے دیکھا کہ اس اطلاع کے باوجود اُس کا خاوند نہائت اشتیاق سے سُوپ سُڑکتا جا رہا ہے..

''موتی.. اس میں.. سؤر کی چربی کی آمیزش ہے..''

''تو کیا ہوا..''

''یہ.. تم کیا کہہ رہے ہو..'' اُسے ایک شدید دھچکا لگا.. ''حرام ہے..''

''کچھ بھی حرام نہیں ہے مقدّس بانو..'' موتی نے اُس کی آنکھوں کے اندر نہائت متانت سے اور بلا تصنع دیکھتے ہوئے کہا تھا.. ''یہ سب تمہارے وہم ہیں... اپنے آپ کو عقیدے کی قید میں محدود نہ کرو.. سب تمہارے وہم ہیں..''

بنیف کے قصبے سے کچھ فاصلے پر جہاں تک سیّاح کم ہی آتے تھے.. دریا کے کنارے ایک ایسا ہوٹل تھا جو ایک پہاڑی جھونپڑے سے مشابہت رکھتا تھا.. لکڑی کے شہتیروں سے تعمیر کردہ قدیم ساخت کا.. جہاں بجلی کے ہیٹروں کی بجائے آتش دانوں میں لکڑی کے گُھر درے تنے بھڑکتے تھے اور اُس دریا میں گرتی آبشار کا گیلا شور اتنا تھا کہ رات کو سونے نہ دیتا تھا تو مقدّس بانو نے بستر میں اُس کے برابر سرکتے ہوئے کہا ''موتی.. کیا تم مسلمان ہو؟''

''میں ہوں..''

''تو پھر تم نے یہ کیوں کہا کہ یہ سب تمہارے وہم ہیں..''

''وہ تو ہیں..''

''تم کیا ہو موتی..''

''میں..'' وہ کمبل پرے کر کے اُٹھ بیٹھا. ''میں کچھ بھی نہیں مقدّس.. آج مجھے اقرار کر لینا چاہیے..'' اُس نے نہائت تفصیل سے.. ایمانداری سے اپنی سانسی حیات کا پس منظر بیان کر دیا.. اور جب وہ داستان کے اُس حصے تک پہنچا جب اُس نے اور اُس کے بھائی موجو نے محلّہ قادر بخش کی چھت پر اپنے باپ سے چھین کر ایک ادھ پکا نیولا کھایا تھا تو مقدّس بانو کو مارے کراہت کے ابکائیاں آنے لگیں.. جیسے وہ حاملہ ہو گئی ہو.. اور وہ ہو چکی تھی.. اُس کے پیٹ کے اندر شباہت کروٹیں بدلتی تھی..

تب وہ اُس کے بستر سے الگ ہوئی.. کمرے سے باہر نکلی.. اور پھر ہمیشہ کے لیے اُس کی زندگی سے نکل گئی..

جب نرس پرکاش کور اُسے تلاش کرتی بھٹکتی ہوئی وہاں پہنچی تو دور سے اُسے اُس کی خالی وہیل چیئر نظر آئی اور اُس کا دل بند ہونے لگا.. وہ جھیل میں کُود گیا ہے، کیا ہوا ہے اور جب وہ اکھڑے سانسوں سے بھاگتی گدلے پانیوں کی اُس جھیل کی قربت میں ہوئی تو اُس نے دیکھا کہ مریض موتی جو گھسٹتا ہوا کنارے تک جا پہنچا تھا پانیوں میں سے ایک فربہ مینڈک کو دبوچنے کی کوشش میں مشغول تھا.. جو بار بار اُس کی گرفت میں سے پھسل جاتا تھا..

✦ .... ✦

دنیا بھر کی کچّی قبروں کی دھول بھی اتنی نہیں ہوتی جتنی اُن مسمار ہوتے جڑواں معبدوں میں سے اٹھی تھی اور شہر کی ساری بلندیوں کو لپیٹ میں لے کر جیسے اُنہیں بھی مسمار کرنے کے لیے اُن کے دم روکتی تھی.. نیو یارک کی ہر عمارت، ہر نفس یہاں تک کہ برونکس کے چڑیا گھر کے جانوروں.. اُس برفانی چیتے کے بچے کے نتھنوں میں بھی اُتر کر اُن کے دم گھونٹتی تھی..وہ دھول بیٹری پارک پر چھاتی، اُس کے آگے سمندر کی نیلاہٹ پر بکھرتی، اُسے ایک دھول کا سمندر کرتی مجسمۂ آزادی تک پہنچ کر اُس کا گھیراؤ کرتی اُس لیڈی لبرٹی کی ناک میں سرائت کرتی اُس کا دم بھی گھونٹتی یوں کہ وہ...اپنے غریب اور بے سہارا لوگ مجھے دے دو... کا نعرہ فراموش کر کے اپنے سنگھاسن پر کچھ دیر تو یوں لرزی جیسے وہ بھی ٹریڈ ٹاورز کی مانند اپنے قدموں پر مسمار ہو کر لبرٹی آئی لینڈ کے سبزہ زار کو اپنے شکستہ ملبے سے بھر دے گی.. اور پھر موہنجو ڈارو کی مانند کل کے زمانوں میں ایک کھنڈر ہو جائے گی جس میں اُن زمانوں کے سیاح ماضی کی کھوج میں حیرت سے گھومیں گے اور اُن کا گائڈ اُنہیں آگاہ کرے گا کہ خواتین وحضرات.. یہ جو ملبہ بکھرا ہوا ہے جس کی کوئی شباہت نہیں ہے اگر اسے جوڑا جائے تو اس سے ایک ناک ظہور میں آسکتی ہے جو بہت تکبّر والی تھی اور یہ وہ تاج ہے جو اس ملکہ کے سر پر فائز تھا جو اپنے آپ کو آزادی کی دیوی کہلاتی تھی.. اور یہ اُس مشعل کے آثار ہیں جو اُس کے ہاتھ میں بُلند ہوتی تھی اور جس میں سے روشنی پھوٹتی تھی جس کی چکا چوند میں نہ فلسطین دکھائی دیتا تھا اور نہ عراق اور افغانستان.. اس کی روشنی میں وہ صرف اپنے آپ کو ہی دیکھتی تھی..

ٹیکسی نمبر 6M37 کے دونوں وائپر ونڈ سکرین پر گرتی دنیا بھر کی کچّی قبروں کی دُھول سمیٹتے سمیٹتے تھک چکے تھے..

اتنی قبروں کی دھول سمیٹنے کے لیے اتنے ہی وائپر درکار تھے..

تاریخ کے ڈسٹ بن میں پڑا چیتھڑوں سے بنا ہوا گڈا جس نے ورلڈ ٹریڈ ٹاور کی ساٹھویں منزل سے کُود کر خودکشی کر لی تھی تاریخ کے ڈسٹ بن میں پڑا انعام اللہ سے مخاطب ہو کر کہہ چکا تھا کہ تہذیبوں کا ٹکراؤ شروع ہو گیا ہے۔

انعام اللہ کو ایک دھچکا سا لگا جب اُس نے اُسے ذرا غور سے دیکھا.. اُس نے اُسے کہیں پہلے بھی دیکھا تھا.. ایک آئینے میں.. وہ ہو بہو اُس کی شکل کا تھا.. وہ خود تھا.. تو کیا یہ وہ خود تھا جس نے خودکشی کر لی تھی..

✦ .... ✦

وہ آخر کب تک تہہ خانہ نشین رہ سکتا تھا..

روشندان سے دکھائی دینے والے ایلم کے درخت کا ہر پتّہ دھول آلود تھا..

جانے کتنی برساتوں کے بعد اس دھول نے دُھلنا تھا..

ٹیلی ویژن کے سامنے ایک بے حس اور تاریخی تذبذب کی کیفیت میں سکرین پر نظریں جمائے ورلڈ ٹریڈ ٹاورز کے آشوب، الم ناکی اور شام غریباں کو وہ کب تک تکتا رہتا کہ یہ امریکیوں کے لیے ایک کربلا تھی.. اُن کے دو امام جو نہ تو معصوم تھے اور نہ ہی راست باز "شہید" کر دیئے گئے تھے..

ٹیلی ویژن پر اُس امریکی کربلا کا ایک ایک لمحہ ہزاروں بار دوہرایا جا رہا تھا اور یہ باور کرایا جا رہا تھا کہ صرف دو نہیں، ہزاروں ٹریڈ ٹاورز منہدم ہو رہے ہیں اور سینکڑوں طیارے اُن کی جانب بڑھ رہے ہیں.. یہ مناظر اسی تواتر سے اتنی بار سکرین پر دکھائے گئے کہ ہر امریکی کے بدن پر تصویروں کی صُورت ثبت ہو گئے.. اُن کے ذہنوں پر ایک ٹیٹو کی مانند گندھے گئے..

ان تصویروں کی اثر اندازی میں کاملیت نہ تھی.. صرف بڑے شہروں کے مکین ان سے متاثر ہوئے.. بے شک دور دراز کے قصبوں اور بستیوں میں عام امریکیوں نے بھی دُکھ محسوس کیا لیکن اُن کے اندر انتقام کی آگ نہ بھڑکی، نفرت کے جذبوں نے جنم نہ لیا.. ایک ایسے ہی قصبے کا شیرف ہر مسلمان گھرانے کے دروازے پر دستک دیتا تھا اور کہتا تھا.. جناب میرے ڈیپارٹمنٹ نے مجھے اطلاع کی ہے کہ گیارہ ستمبر کے بعد آپ لوگ اپنی عبادت گاہ مسجد میں جانے سے جھجکتے ہیں.. وہاں بہت کم لوگ آتے ہیں.. میں آپ کو یقین دلاتا ہوں کہ آپ بالکل محفوظ رہیں گے۔ آپ کو اپنے عقیدے کے مطابق عبادت کرنے کا پُورا حق حاصل ہے.. ہم آپ کی حفاظت کریں گے..

درجنوں چھوٹے چھوٹے قصبوں میں گورے امریکی اپنے مسلمان پڑوسیوں کے ہاں خوراک اور پھول لے کر گئے.. آپ کو کُچھ خدشہ نہیں ہونا چاہیے.. ہم جانتے ہیں کہ آپ اس پاگل پن میں شریک نہیں ہیں.. ہماری طرح ایک اچھے امریکی ہیں.. ہمارے ہمسائے ہیں..

لیکن.. یہ آٹے میں نمک والا معاملہ تھا..

اکثریت متاثر ہو چکی تھی..

وہ آخر کب تک تہہ خانہ نشین ہو سکتا تھا..
رزق کمائے بغیر اپنا وجود برقرار رکھ سکتا تھا..
کب تک باسی ڈبل روٹی.. پنیر کے ٹکڑوں اور کافی پر زندہ رہ سکتا تھا..
آخر کب تک..

چابی گھمانے سے پیلی ٹیکسی نمبر 6M37 کے انجن میں ایک خرخراہٹ سی بیدار ہوئی اور پھر مر گئی.. اس شہر کے قہر آلود سرما کی برفانی بھرمار شدتوں میں تو انجن منجمد ہو کر گرم ہونے سے انکاری ہو جاتا تھا لیکن ابھی تو ستمبر کے آخری دن تھے اور پھر بھی انجن بار بار چابی گھمانے سے حرکت میں نہ آتا تھا. موت میں داخل ہونے والے ایک شخص کی مانند اُس کے گلے میں خرخراہٹ کے گھنگرو بجتے تھے اور پھر وہ مر جاتا تھا..
سٹیئرنگ سے اُٹھ کر وہ باہر آیا، بانٹ کو کھولا کہ شائد اس دوران بیٹری مردہ ہو گئی ہے اس لیے انجن سٹارٹ ہونے سے قاصر ہے اور وہاں بانٹ کے اندر انجن کی بجائے دُھول کا ایک ڈھیر تھا.. وہ ایک کچی قبر ہو چکا تھا..
گرم ہوا بکھیرنے والا وہ بلوئر جس سے وہ اپنے کھچڑی ہوتے بالوں کو غسل کے بعد سُکھاتا تھا یہاں کام آ گیا.. اُس کی پھنکار نے کسی حد تک انجن کو دُھول سے آزاد کر دیا.. اب کی بار چابی گھمانے سے وہ پھڑ پھڑایا اور پھر مُردہ نہیں ہوا، زندہ رہا.. اُس کے رزق کا آغاز ہو گیا..
وہ ایک بیٹھے ہوئے دل کے ساتھ.. وسوسوں میں مبتلا، قدرے مُجرم محسوس کرتا اپنے گاؤں سے نکل کر شہر کے شور میں داخل ہو گیا.. اور وہاں ہر شے معمول کے مطابق حرکت میں تھی.. کوئی سوگواری اُس کی ٹریفک میں یا فٹ پاتھ پر چلتے چہروں پر نہ تھی.. المناکی کا کوئی سایہ نہ تھا.. زندگی رواں دواں اور بے پرواہ تھی.. اُس نے تین مسافروں کو اُن کی منزل تک پہنچایا اور وہ معمول کے مطابق اُس کی ٹیکسی کی پچھلی نشست پر بیٹھے اور منزل پر پہنچنے کے بعد کرایہ ادا کر کے رخصت ہو گئے..
پھر چوتھا مسافر منظر پر آیا..
وہ ایک فربہ امریکی ہانپتا ہوا پچھلی نشست پر گرا اور جب انعام اللہ نے گردن میں خم دے کر پیچھے مڑ کر اُس سے پُوچھا کہ.. سَر آپ کدھر جائیں گے.. تو جیسے اُس کے چہرے نے اُسے ڈس لیا ہو اور وہ ایک ہراس میں آ کر کہنے لگا.. آر یُو عرب؟

''نو سر، آئی ایم ناٹ..''
''اے موزلم؟''
اگرچہ وہ محض نام کا مسلمان تھا.. انکار بھی کر سکتا تھا لیکن اُس نے سر ہلا دیا.. آئی ایم.
''میں کہیں بھی نہیں جا رہا یُو ٹیررسٹ.. لیکن میں یہ بتا سکتا ہوں کہ تم کہاں جا رہے ہو.. جہنم میں.. یُو کین گوٹو ہیل..'' وہ دروازہ دھکیل کر باہر نکل گیا..
یہ نفرت کی وہ پہلی خوراک تھی جو ذرائع ابلاغ کے کارخانوں میں تھوک کے حساب سے تیار کی جا رہی تھی..

اگر کسی اچھوت کے ساتھ سب لوگ حُسن سلوک کرتے، برابر بٹھاتے خوراک میں اُس کے ساتھ شریک ہوتے ہیں اور پھر کوئی ایک شخص اُسے کہہ دے کہ میرے بدن کو چُھو نہ لینا.. مجھے پلید نہ کر دینا، پرے پرے..تو سارے حُسنِ سلوک بے وقعت ہو جاتے ہیں اور صرف وہ ایک پرے پرے، دل میں چھید کر ڈالتا ہے..اُس چوتھے مسافر نے اُسے اچھوت بنا دیا تھا، پرے پرے کر دیا تھا..

امریکہ میں یکدم چھوت چھات کا نظام رائج ہو گیا تھا، اچھوتوں کی تعداد میں اضافہ ہو گیا تھا..بلکہ دنیا بھر میں جہاں کہیں بھی یہ موزلم آباد تھے وہ سب کے سب شُودھر ہو گئے تھے..اَن ٹچ ایبل..

نظروں میں بھی فرق آ گیا تھا..

ٹریڈ ٹاورز کے انہدام سے اٹھنے والی دُھول، پین سلووینیا کے ایک کھیت میں بکھرتے جیٹ کے ملبے اور پینٹا گن میں سے اُٹھتے دھوئیں نے آنکھوں کو بھی بدل دیا تھا..کسی ریستوران میں، فٹ پاتھ پر چلتے، کسی شاپنگ مال میں ادائیگی کرتے ہوئے آس پاس جو گاہک ہوتے تھے، سامنے سے آتے جو لوگ ہوتے تھے، وہ جو کیش کاؤنٹر کے عقب میں کھڑی لڑکی ہوتی تھی..اس سے پیشتر ان سب کی آنکھیں اُس کے چہرے پر ٹھہرتی نہ تھیں..لاتعلق ہوتی تھیں پر اب وہ آنکھیں لمحہ بھر کے لیے اُس کے چہرے پر ٹھہر جاتیں..گیارہ ستمبر سے پیشتر اور اس کے بعد میں یہی ایک لمحے کے ٹھہراؤ کا تغیر رونما ہوا تھا..اور اُن نظروں کے ٹھہرنے سے اُس کے دل کی دھڑکن میں ایک خفیف سی بے ربطگی آ جاتی وہ خواہ مخواہ اپنے آپ کو مُجرم سمجھتا، پہلو بدلتا اُس ایک لمحے کے گذر جانے کا منتظر رہتا..اُن سب کی آنکھوں میں ہولے سے حرکت کرتے وہ جیٹ ہوائی جہاز ہوتے..

ہمیشہ کی مانند دریائے ہڈسن کے پانیوں پر بادبانی کشتیاں آہستگی اور امن سے رواں نظر آتی تھیں لیکن اُن پانیوں کی تہہ میں نفرت اور انتقام کے اژدھے پھنکارتے تھے اور اس پھنکار کو صرف اُن کے کان سُن سکتے تھے جن کی رنگت مشرقی تھی، جن کی آنکھوں میں سیاہی تھی اور جو موزلم کہلاتے تھے..آنے والے دنوں میں جو کُچھ ظہور پذیر ہونا تھا وہ سنٹرل پارک میں اُترتی خزاں کے ہر زرد پتے پر درج تھا..پڑھا جا سکتا تھا.عقیدے نے اپنی سینکڑوں برس کی غفلت، بے حسی اور نالائقی کا خمیازہ بھگتنا تھا اور ٹیکنالوجی کے کُفر کے آگے سجدہ ریز ہو کر شکست سے دوچار ہونا تھا۔سینکڑوں بچوں نے اپنی ماؤں کی گود میں ہلاک ہو جانا تھا..اگر اُن بچوں کے بس میں ہوتا تو وہ اُس عقیدے کے ماں باپ کے گھر میں ہرگز پیدا نہ ہوتے جس نے پچھلے پانچ سو برس سے ایک نیل کٹر بھی ایجاد نہ کیا تھا اور محض آسمانی امداد کے طلبگار اپنے رب کے آگے سجدے کرتے گڑگڑاتے..اے رب ان کفار کو نیست و نابود کر دے کی دعائیں مانگتے رہے تھے..لیکن اُدھر سے..آسمانوں سے، غیب سے فرشتوں نے کہاں اُترنا تھا.ٹیکنالوجی نے اُن فرشتوں کے پَر جلا دیئے تھے...

اِن پَر جلے فرشتوں نے اجڑ چکے زیتون کے باغوں میں، قندھار، غزنی اور بغداد میں اور مقاماتِ مقدسہ میں اُن آسمانی امداد کے طالب عبادت گذاروں میں پھڑپھڑاتے ہوئے آ گرنا تھا..

ورلڈ ٹریڈ ٹاورز.. پینٹا گن اور وہائٹ ہاؤس کے متکبر معبدوں کو مسمار کرنے کی نیت رکھنے والے جو جیٹ طیارے اُن کی جانب بڑھتے تھے..انہیں اغوا کرنے والے قطعی طور پر شریعت کے پابند مسلمان نہ تھے..اُن میں سے ایک

عادی شرابی تھا اور اپنی تُرک محبوبہ کے ہمراہ جرمنی میں رہائش پذیر تھا اور دوسرا.. عطا.. وہ بھی نائٹ کلبوں اور شراب کا رسیا تھا..

چنانچہ اس خودکشی میں عقیدے کا کچھ عمل دخل نہ تھا.. یہ مسلسل بے توقیری اور ناانصافی کے گھاؤ تھے جو اس کا سبب بنے تھے..

ہڈسن کی سطح پر تو بادبانی کشتیوں کا آہستہ رو بہاؤ تھا، کچھ ظاہر نہ ہوتا تھا لیکن افواہیں گردش کرتی تھیں.. آدھی رات کے وقت فلیٹ کے دروازے پر دستک اور اگلی صبح ملک بدری کے احکام.. اگر رہائش بدلنے پر.. ہوم ڈیپارٹمنٹ کو اطلاع نہیں کی تو اس گناہ کی پاداش میں ملک چھوڑ دینے کے نوٹس.. یہاں تک کہ جن موزلم کے سیاسی پناہ اور امریکہ میں جا کر قیام کے کیس عدالتوں میں زیرِ سماعت تھے، وہ بھی دھڑا دھڑ خارج ہو رہے تھے..

جیکسن ہائٹ اور اس کے نواح میں پکڑ دھکڑ کی داستانوں کی بازگشت سنائی دیتی تھی.. بے شک اس بہترین معاشی کرشموں کی سرزمین پر لاکھوں لوگ سر چھپائے غیر قانونی طور پر مقیم چھوٹی موٹی مزدوریاں کرتے تھے لیکن اب قانون کی تیز سرچ لائٹ اُنہیں تلاش کرتی اُن کے وجود کو روشن کر کے ملک سے دھتکار دیتی تھی.. یہ سرچ لائٹ جنوبی امریکیوں.. سری لنکن.. ہندوستانیوں اور نیپالیوں وغیرہ کے سروں پر سے تو سرسری گذر جاتی تھی لیکن.. موزلمز کے سروں پر ٹھہر جاتی تھی..

انعام اللہ کا کیس بھی ابھی تک زیرِ سماعت چلا آتا تھا.. اُس کے وکیل نے اُسے ڈھارس دی تھی کہ اُس کا کیس بہت مختلف ہے لیکن اُس کے اندر بھی تشویش کے سنپولیے سر اٹھاتے سرسراتے تھے..

وہ ایک روز اُس گڈے کی موت کی تعزیت کرنے کی خاطر جو اُس کی ٹیکسی کی ونڈ سکرین سے ٹکرا کر تاریخ کے ڈسٹ بِن میں جا گرا تھا.. ورلڈ ٹریڈ سنٹر کے کھنڈروں میں گیا تھا جو امریکیوں کے لیے کربلا کا وہ میدان تھا جہاں کبھی اُن کی معاشی عظمت کے پُرشکوہ دو مینار ایستادہ تھے.. اُسے ذاتی طور پر ان میناروں کے ڈھے جانے سے رنج ہوا تھا.. ان کھنڈروں تلے اُس کے درجنوں ہم مذہب بھی دفن تھے.. وہ ایک پاکستانی بھی جس نے مسمار ہوتے ہوئے ٹاور میں داخل ہو کر بہت سارے لوگوں کی جانیں بچائی تھیں اور پھر اس کے ملبے تلے دب گیا تھا..

اُن کھنڈروں کے کنارے اُس نے تمام لوگوں کی یاد میں جو معصوم اور بے قصور تھے ایک موم بتی روشن کی..

وہ جوان کھنڈروں کی زیارت کرنے کی خاطر آئے تھے، اُن کی نظریں اُس پر ٹھہرتی تھیں.... بہت دیر تک ٹھہری رہتی تھیں کہ یہ.. اُنہی کا ہم شکل اور ہم رنگت.. یہاں یہ دیکھنے کے لیے آیا ہے کہ اس کا مشن کس حد تک کامیاب رہا ہے جیسے ایک مُجرم ہمیشہ وہاں لوٹتا ہے جہاں اُس نے جُرم کا ارتکاب کیا ہو اور اب اپنے جُرم کو چھپانے کی خاطر ایک موم بتی روشن کر کے ہمیں بے وقوف بنا رہا ہے..

جیسے اُن کی نظریں بدل گئی تھیں بالکل ایسے ہی ان چند روز میں نہ چاہتے ہوئے بھی زندگی کے بارے میں اُس کا روّیہ بھی بدل گیا تھا.. اُس کے اندر ایک خاص جانی بوجھی خود اختیار مقابلہ کرتی مدافعت نے جنم لے لیا تھا.. وہ تو محض نام کا مسلمان تھا.. کچھ حتمی طور پر طے نہ تھا کہ اُس کا نامعلوم باپ کون سے عقیدے کے بکھیڑے میں جکڑا ہوا تھا.. وہ کسی حد تک ایک بے عقیدہ گمراہ شخص تھا جو محض معاشرتی پابندیوں کی مجبوریوں کی وجہ سے نام کی مسلمانی اختیار کر کے حیات کرتا رہا.. اور

اس کے باوجود اُس نے اپنے نام کے ساتھ..محمد..کا اضافہ کرلیا..گویا یہ ایک دعوت مبارزت تھی..جہاں اعلان کرنے کی کچھ حاجت نہ تھی وہاں بھی وہ اپنا تعارف کرواتے ہوئے کہتا..اینڈ آئی ایم اے موزلم..وہ اپنی اس حالیہ پہچان کی کھلے عام نمائش کرنے لگا..یہ نہ صرف ایک حماقت تھی بلکہ ایک طرح کی خودکشی تھی..بھڑوں کے چھتے کو چھیڑنے کے مترادف تھا لیکن اُس کے اندر ایک خود کو تلف کر دینے والے جذبے نے جڑیں پکڑی تھیں..

اپنی حیات میں وہ صرف ایک بار ایک مسجد کے قریب گیا تھا اور وہ بھی خود سے نہیں گیا تھا..جب اُس کی نادیدہ ماں اُسے گورو مانگٹ کی مسجد کی سیڑھیوں پر ترک کر کے اندھیروں میں روپوش ہوگئی تھی..وہ جب کبھی کسی مسجد کے گنبد اور مینار کو دیکھتا تو وہ اُسے اپنے حرامی ہونے کے گواہ نظر آتے..ستمبر کی اُس گیارہ تاریخ نے اُسے ایک مقامی مسجد کی جانب دھکیل دیا..نہ اُس نے کبھی قرآن کھولا تھا اور نہ ہی وہ نماز کی ادائیگی سے کچھ واقف تھا..اور اس کے باوجود وہ اکثر اُس مسجد کے ایک کونے میں سر جھکائے بیٹھا رہتا..

کیا یہ ایک ماہیئت قلب تھی..عقیدے کی جانب لوٹ آنا تھا..کیا تھا؟

کچھ بھی نہ تھا..یہ محض عزت نفس کا مجروح پن تھا..ناانصافی کا مجبور ردِعمل تھا..اُس چوتھے گورے مسافر کے بعد دو تین روز معمول کے گذر گئے یہاں تک کہ وہ اپنے آپ کو مطعون کرنے لگا کہ یہ تو محض ایک اتفاق تھا اور میں نے کیوں یہ خواہ مخواہ کی مدافعت اختیار کرلی جب ایک اور مسافر مسکراتا ہوا اُس کی ٹیکسی کی پچھلی نشست پر براجمان ہوا اور اُس کا چہرہ دیکھتے ہی اُس کی مسکراہٹ سمٹ گئی..موزلم؟..اُس کے اثبات میں سر ہلانے پر وہ بڑبڑاتا ہوا نیچے اُتر گیا..

ہر دو چار روز کے بعد ایک ایسا گورا مسافر آ جاتا..

اُسے شک ہونے لگا کہ ہر دو چار روز کے بعد جو گورا مسافر آتا ہے وہ دراصل ایک ہی ہے جو بھیس بدل کر اُسے بار بار بے عزت کرنے کے لیے، زچ کرنے کے لیے آ جاتا ہے..اور یہ حقیقت تھی محض شک نہ تھا..وہ واقعی صرف ایک مسافر تھا جو کہیں نہ کہیں اُس کا منتظر رہتا..اُسے لعن طعن کرنے کی خاطر، بے توقیر کرنے کے لیے اور یہ مسافر خصوصی طور پر جارج بُش اور امریکی میڈیا نے مینوفیکچر کیا تھا..یہ پروپیگنڈہ مشینری کی فخریہ پیشکش تھی جس نے بیشتر امریکیوں کو روبوٹس میں بدل دیا تھا، اُن کے اندر نفرت کا ڈیٹا بھر دیا گیا تھا..اُن کی آنکھوں میں مسلسل ٹریڈ ٹاورز گرتے چلے جاتے تھے، جمہوریت، تہذیب اور آزادی کے دشمنوں کے جو چہرے ٹیلی ویژن سکرین پر چسپاں چلے جاتے تھے اُن میں ایک قدر مشترک تھی، وہ سب کے سب موزلم تھے..تمام موزلم ٹیررسٹ نہیں ہیں لیکن تمام ٹیررسٹ موزلم ہیں..چنانچہ میڈیا اور انتظامیہ نے اُن کے بدنی نظام کے کمپیوٹر میں نفرت اور شک کا جو ڈیٹا بھر دیا تھا اُس کے زیر اثر وہ روبوٹس ہو گئے تھے..

یُوں وہ اُن روبوٹس سے چنداں مختلف نہ تھے جن کی پنیری امریکہ کے مرغوب ترین افغان جہاد کے دوران پاکستان میں، اکھوڑہ خٹک، کراچی اور وزیرستان وغیرہ کے دینی مدرسوں میں بوئی گئی تھی..اس کی نگہداشت پر تو علماء کرام مامور تھے لیکن اس کی معاشی آبیاری کی ذمہ داری سی آئی اے تھی جو یہ مقدس فریضہ بخوشی سرانجام دیتی تھی اور اُس کے ایجنٹ اس جہاد کے پُرجوش معلّم تھے..اور اب وہ پنیری نشوونما پا کر ایک زہرناک شجر میں تبدیل ہو چکی تھی..اُس کے سروں کے گرد جہاد، جنت اور حوروں کے لوہے کے کنٹوپ یوں کس دیئے گئے تھے کہ اُن کا ذہنی ارتقاء ایک عرصے سے جامد ہو چکا تھا..وہ شاہ دولا کے

وہ چوہے بن گئے تھے جو اپنے مالک کے حکم کے تابع کسی بھی آگ یا پانی میں کود سکتے تھے جن کی ابھی مسیں بھی نہ بھیگی ہوتی تھیں... اگر وہ قدرے باشعور اور بالغ ہو جاتے تو اُنہیں چوہے بنانے میں دشواری پیش آ سکتی تھی.. صنعتی ترقی کے تمام تر اصولوں کے خلاف اس صنعت نے دن دوگنی رات چوگنی ترقی کی..

گیارہ ستمبر کے بعد امریکہ میں جن روبوٹس نے جنم لیا وہ بھی اُنہی روبوٹس کے بھائی بند تھے جو پاکستانی مدرسوں میں مینوفیکچر کیے جا رہے تھے..

چنانچہ ہر دو چار روز کے بعد اُس کی ٹیکسی میں آ بیٹھنے والا جو گورا شخص ہوتا وہ بھی میڈیا کا تیار کردہ شاہ دولے کا امریکی چوہا ہوتا.. تو اپنی طبیعت اور خصلت کے برعکس اگر اُس کے اندر ایک مبارزت کا جذبہ جنم لے رہا تھا.. اگر وہ بے وجہ اپنی شناخت کا اعلان کرتا پھرتا تھا کہ.. یس آئی ایم اے موزلم.. تو یہ اُس بے توقیری کے رویئے کا ردعمل تھا.. اگرچہ اس رویئے میں دانش کو کچھ سروکار نہ تھا.. کہ یہ ایک خودکش طرزِ حیات کی قربت میں ہو رہا تھا..

وہ تو خود بنیاد پرستی اور مذہبی تنگ نظری کا ستایا ہوا اس عفریت سے فرار ہو کر اس نئی اور آزاد دنیا میں آیا تھا اور اب وہی بھوت اُس کا پیچھا کرتا یہاں تک چلا آیا تھا اور اسے اپنا گرویدہ کرنے کی کوشش کر رہا تھا..

بابا امیر بخش ہمیشہ کہتے کہ میں تو سروسانسی کی قسمت پر رشک کرتا ہوں کہ وہ ایک آزاد رُوح ہے.. اُس کے گلے میں پیدائشی عقیدے کا کوئی پھندہ نہیں ہے.. اگر بابا سروسانسی یہاں گیارہ ستمبر کے بعد کے نیویارک میں ہوتا تو کیا وہ بھی ان روّیوں کے ردعمل میں اپنی آزاد رُوح کا گلا مجبوراً گھونٹ دیتا..

یہ سب مجبوری کے کھیل تماشے تھے..

اُس کے دل کے جس گوشے میں تشدد اور ہلاکت کے ایک ذرّے کی بھی گنجائش نہ تھی وہاں احتجاج کا ایک خودکش بُوٹا پھوٹ رہا تھا جسے وہ دبانے کی کوشش کرتا تو اُس کی کونپلیں بدن کے کسی اور کُنج میں سر اُٹھا لیتیں..

ہزارہ خان سیانا تھا.. وہ اُس کی مانند اپنی پہچان کا پرچم برسرِعام نہ لہراتا تھا بلکہ اُس نے اسے لپیٹ کر یادداشت کے صندوق میں بند کر دیا تھا.. وہ اپنے پاکستانی ہونے سے دستبردار ہو کر اپنا تعارف ایک افغان ازبک کے طور پر کرواتا تھا.. احمد شاہ مسعود کے ساتھ اپنی گہری رفاقت کے قصے دوہراتا تھا.. جس نے طالبان کے راج کو کبھی قبول نہیں کیا تھا.. وہ طالبان جنہوں نے اسامہ بن لادن کو پناہ دے رکھی تھی..

گیارہ ستمبر کے بعد بقول بُش دنیا وہ نہ رہی جو کبھی تھی.. اور جو نئی دنیا وجود میں آئی تھی اُس میں متعجب ہونے کے کچھ عجیب سے سامان تھے.. جنسی قربت کی اشتہا بڑھ گئی تھی، بدن فروش طوائفوں کا کاروبار چمک اٹھا تھا، اُن کے نرخ بڑھ گئے تھے اور وہ آسانی سے دستیاب نہ ہوتی تھیں.. ایک حیرت انگیز ردعمل یہ بھی تھا.. کیا ایک گہرے صدمے کا مداوا جنسی اختلاط میں پنہاں تھا..

وہ جو خصلت سے مجبور تھے اُن کے سوا جنہوں نے کبھی اس نوعیت کی خریداری نہیں کی تھی وہ بھی اپنے رنج کو مٹانے کی خاطر کھنچے چلے آتے تھے.. جولیا جوائے اور مریم حبیب شائدا سی لیے کم کم دکھائی دیتی تھیں..

یہ اُس دن کی شام تھی جب اُس کی ٹیکسی کی نشست پر وہی ایک شخص، وہی روبوٹ براجمان ہوا تھا اور اُس کی عزت نفس مجروح کر کے اُتر گیا تھا جب اُس کے تہہ خانے کی خاموشی میں فون کی گھنٹی کے پُر آزار ارتعاش نے جنم لیا..

دوسری جانب ایک پُر جوش ہیری نورس تھا ''نیمی.. یُو آر اے لکی باسٹرڈ.. تمہارے لیے کیا ہی شاندار ایک خبر ہے..''

''ان زمانوں میں بھی ایک شاندار خبر..''

''ہاں.. ناشر نے تمہارا ترمیم شدہ مسوّدہ نہ صرف قبول کر لیا ہے بلکہ وہ اسے دو تین ہفتوں کے اندر اندر شائع کر رہا ہے.. تمہارے گمنامی کے.. محض ایک ٹیکسی ڈرائیور ہونے کے دن رخصت ہونے کو ہیں.. کیا تم سُن رہے ہو؟''

''ہاں..''

''اور یہ.. تمہارے ناول کی اشاعت کے لیے بہت مناسب اور بہترین زمانے ہیں.. ان دنوں اگر ایک ناول ''ٹیکسی ڈرائیور.. اے پراچی چیوٹ'' بُک سٹالز پر آتا ہے تو لوگ اسے پر شوق اور پُر تجسس ہو کر پڑھیں گے کیونکہ وہ ٹیکسی ڈرائیور ایک موزلم ہے.. نیمی.. کیا تم وہاں ہو..''

''ہاں میں ہوں.. ہیری، تم ایک مہربان اور پُر خلوص دوست ہو اور میں یقین کرو تمہاری بے حد قدر کرتا ہوں.. لیکن.. پلیز.. میں نہیں چاہتا کہ فی الحال میرا ناول شائع کیا جائے۔''

''تم یقیناً کچھ خمار میں ہو نیمی..'' وہ چیخا۔

''میں کبھی اتنا ذی ہوش نہیں ہوا جتنا اب ہوں.. بلکہ شائد اپنی حیات میں پہلی بار ہوش میں آیا ہوں ہیری.. میں کیا کروں کہ جہاں میرے ناول کا اختتام ہوا تھا وہاں سے ایک اور آغاز شروع ہو گیا ہے.. اور میں نہیں جانتا کہ اس کا اختتام اب کیا ہوگا.. یہ ابھی ایک ادھورا ناول ہے.. اس لیے ناشر سے استدعا کرو کہ وہ اس کی اشاعت روک دے.. پلیز....''

تہہ خانے کے روشندان سے دکھائی دینے والے ایلم کے درخت کے سارے پتّے ابھی تک دھول میں اٹے ہوئے تھے.. جانے کتنی برساتوں کے بعد اُنہوں نے دُھلنا تھا.. اُس کے ناول کا ہر ورق اُسی دھول میں اٹا ہوا تھا.. حرف روپوش تھے.. اور اُن کے مفاہیم بدل گئے تھے اور پردے میں چلے گئے تھے......

✦ .... ✦

وہ جونا گزیرتھا.. رقم تھا اُن تمام ہواؤں پر اور سنٹرل پارک میں گرنے والے ہر خزاں رسیدہ پتے پر.. اُسے پڑھنے کے لیے کسی فہم یا عینک کی ضرورت نہ تھی.. صاف پڑھا جاتا تھا.. بابل کے میناروں کو زمین بوس کرنے والے انصاف اور انتقام سے کیسے فرار ہو سکتے تھے.. اُنہیں جو مُجرم تھے، اُنہیں کیفر کردار تک پہنچانے میں صرف ایک پیچیدگی درپیش تھی کہ وہ سب بابل کے میناروں تلے دب کر ہلاک ہو چکے تھے تو پھر انتقام کس سے لیا جائے.. اُنہیں سے جنہوں نے ان کے گوروکو پناہ دے رکھی تھی.. انصاف کے حصول میں دیر سویر ہو سکتی ہے لیکن انتقام لینے میں اگر ذرا سی دیر ہو جائے تو مشتعل شدہ جذبات اور عزت نفس کی دُکھن میں کمی واقع ہونے لگتی ہے.. اس لیے ذرا سی بھی دیر نہ کی گئی.. بابل کے میناروں کے انہدام کے پورے اٹھائیس روز بعد اُس ایک ملک پر.. جو پہلے سے ہی تباہ حال اور برباد تھا.. مقدس امریکی جہاد کے ثمرات تلے جھکا جاتا تھا یہاں تک کہ اُس کا ہر بڑا شہر کھنڈر ہو چکا تھا اور روس کی بچھائی ہوئی لینڈ مائنز کی بدولت ہر تیسرا بچہ اپاہج ہو چکا تھا یہاں تک کہ بچے بھول رہے تھے کہ کیا کسی بچے کی دو ٹانگیں بھی ہو سکتی ہیں.. اُس وسیع ویرانوں، صحراؤں اور بلندیوں والے ملک پر.. جہاں داڑھیوں کو مٹھی میں بھینچ کر اُنہیں غیر شرعی اور عورتوں کو جانور قرار دینے والے.. بامیان کے بُدھ مجسّموں کو مسمار کر دینے والے ایک آنکھ کے اُن حکمرانوں کے ملک پر.. دنیا کی سب سے زور آور سلطنت کی قہرناکی کا مہیب سایہ چھا گیا..

اور وہ جونا گزیر تھا وہ انعام اللہ کے تہہ خانے میں ٹیلی ویژن سکرین پر مصوّر ہونے لگا..

ایک چیونٹی کو ہلاک کرنے کی خاطر سینکڑوں مشتعل ہاتھی چیختے چنگھاڑتے چلے آتے تھے اور اپنے راستے میں آنے والی ہر بستی اور ہر صحرا کو روندتے چلے آتے تھے..

بیٹل شِپ کارل ونسن اور انٹرپرائز جو جانے کن دور دراز کے سمندروں میں تیرتے تھے اُن کے عرشے سے مسلسل ٹاما ہاک کروز میزائل جنم لے کر اُن سمندروں کے پار افغانستان کے ریگ زاروں اور آبادیوں پر گرتے اُنہیں بھسم کرتے تھے. اس ملک کو خشکی میں گھرا ہونے کا چنداں فائدہ نہ ہوا تھا کہ سمندروں سے اجل کے پیام آتے چلے جاتے تھے.. بحر ہند کے جزیرے ڈیگو گارسیا سے بلند ہونے والے ہوائی جہازوں کے پَرے کے پَرے اُڑان کرتے.. بے خطر افغانستان کے آسمانوں پر راج کرنے چلے آرہے تھے، اُنہیں گرانے کے لیے اُس کی زمینوں پر نہ کوئی سِٹنگر میزائل تھے اور نہ کوئی قابل ذکر اینٹی ایئر کرافٹ گنیں.. وہ گویا سنٹرل پارک میں سیر کرنے چلے آرہے تھے، اپنا مُہلک بوجھ گراتے، واپس جاتے اور پھر سے بوجھل ہو کر لوٹ آتے.. یہ سب کُچھ وہ محض اپنی انتقامی تشفّی کے لیے کر رہے تھے ورنہ اُن کے نیچے

زمین پر بستیوں کے کھنڈروں کے سوا کچھ نہ تھا جنہیں وہ مزید کھنڈر کر رہے تھے..

سکرین پر پاکستان کے سرحدی شہر چمن میں ہزاروں اجڑے ہوئے لوگ افغانستان سے فرار ہو کر پاکستان میں داخل ہو رہے ہیں.. اُن کی بے گھری مسلسل تھی.. سر جھکائے، ڈر اور بھوک کے مارے ہوئے وہ یہ نہیں جانتے تھے کہ اُن کا قصور کیا ہے.. نہ تو اُنہیں طالبان سے کچھ ہمدردی تھی اور نہ ہی وہ کسی ٹریڈ سنٹر کے ڈھے جانے کے بارے میں علم رکھتے تھے.. ایک عمر رسیدہ افغان دہقان ٹیلی ویژن کے کیمرے کو یکدم سامنے پا کر ٹھٹک جاتا ہے، اُس کی گود میں ایک پوٹلی ہے.. وہ اس پوٹلی کو اس لیے کھول کر دکھاتا ہے تا کہ سرحدی اہلکاروں کو یقین ہو جائے کہ اُس میں ہتھیار نہیں ہیں.. پوٹلی میں ایک بچے کا بارود سے بُھنا ہوا سیاہ دھڑ اور حیران آنکھوں والا مسخ شدہ سر ہے.. میں اسے وہاں دفن نہیں کر سکا.. وہ گھگھیا کر منت کرتا ہے..

صرف بحر ہند اور اُس کے جزیروں میں سے اٹھنے والے بی وَن لانسر۔ بی ٹو اور بی ففٹی ٹُو سٹراٹو فورٹریس طیارے ہی اُس بے آب وگیاہ ویرانوں والے ملک پر نہ سایہ کرتے تھے بلکہ انعام اللہ کے سر کے اوپر سے بھی گونجتے ہوئے طیارے پرواز کرتے چلے جا رہے تھے.. اور یہ بمبار اس لیے اُسے اپنے سر کے اوپر سے گذرتے ہوئے محسوس ہو رہے تھے کہ وہ پشاور اور جیکب آباد کے امریکی ہوائی اڈوں سے ٹیک آف کر رہے تھے..

نصف شب کی قربت میں جب ایک کمانڈو جنرل جس کی جرأت اور شجاعت کا کچھ حساب نہ تھا ہڑ بڑا کر اپنے بستر سے اٹھتا ہے.. اور فون اٹھا کر اپنے شب خوابی کے لباس کے پاجامے کا ازار بند تھامتا اٹھتا ہے تو اٹینشن ہو جاتا ہے.. یس سَر.. یا تو آپ ہمارے ساتھ ہیں یا نہیں ہیں.. اگر نہیں تو.. وِوئی وِل بومب یُو ٹو سٹون ایج.

ہم آپ کے ساتھ ہیں سَر..

اس نوعیت کے جتنے بھی شیر دلیر جنرل ہوتے ہیں.. سیسہ پلائے ہوئے دماغ کے ہوتے ہیں کہ اُن میں کچھ لچک نہیں ہوتی، کچھ اثر نہیں ہوتا البتہ اُن کے پاؤں ہمیشہ کچی مٹی کے بنے ہوتے ہیں.. اُن پر اگر دھمکی کی ایک معمولی سی پھوار پڑ جائے تو وہ گیلے ہو جاتے ہیں.. یَس سر.. یَس سر کہتے اوندھے مُنہ اُنہی پاؤں پر گر جاتے ہیں.. لیکن انعام اللہ کو ہرگز یہ گمان نہ تھا کہ وہ جنرل جو اتاترک کو اپنا رول ماڈل ماننے کے بعد.. اپنے پیارے کتوں کے ساتھ تصویریں اُتروانے کے بعد جوق در جوق اپنے در پر حاضر ہونے والے مقدس چہروں اور چوہدریوں کو بھی اپنی آغوش میں لے لے گا.. وہ اپنے جیکب آباد اور پشاور کو بھی رہن رکھ دے گا.. جیسے اُس سے پیشتر مردہ مینڈک کی آنکھوں والے ایک جنرل نے عقیدے کے نام پر پورے ملک کو رہن رکھ لیا تھا.. اور پھر آسمانوں پر اٹھا لیا گیا تھا..

یہ جنرل کبھی خود سے نہیں اٹھتے.. ہمیشہ اٹھائے جاتے ہیں..

امریکہ کے چہرے پر شادمانی کی دمک تھی.. اُن کے کلیجے ٹھنڈے ہو رہے تھے.. سکائی نیوز کے نیوز کاسٹر چلبلے ہو رہے تھے، آپس میں چُہلیں کر رہے تھے.. اُن کے پس منظر میں ایک متحرک سکرین پر کسی کوہستانی گاؤں کے کچے گھر ایک دھماکے سے مسمار ہو رہے تھے اور ایک دھول آلود گلی میں ایک دہشت زدہ بچہ بُت بنا کھڑا ہے..

ایک بہت چوڑے دہن کی سنہری بالوں والی، مردانہ شکل کی نیوز کاسٹر اپنے ساتھی میزبان کو دیکھتے ہوئے ایک مردانہ قہقہہ لگا کر کہتی ہے.. ہے آرتھر.. کیا تمہیں لطف آ رہا ہے؟

ہاں جینی.. زندگی اس سے بہتر نہیں ہو سکتی..

تم کیا سمجھتے ہو کہ وہ داڑھی والا پاگل شخص اس وقت اپنی مٹی کے سوراخ میں.. کسی غار میں دبکا بیٹھا کیا کر رہا ہوگا..

جینی میں اندازہ لگا سکتا ہوں..

پلیز پلیز آرتھر..

وہ اپنے اُس ڈرٹ ہول میں سے باہر تو نہیں آ سکتا.. کہ باہر ہمارے بوائز ہیں.. تو وہ شائد اپنے دوپہر کے کھانے کے لیے گائے کے گوبر کی آگ سلگا کر ایک برگر بنا رہا ہوگا.. اور تم جانتی ہو کہ اُس برگر میں گوبر کی بُو ہوگی..

تو پھر ہم اُسے آسانی سے گوبر برگر کا نام دے سکتے ہیں.. ہے آرتھر کیا تم ایک ایسا برگر کھا سکتے ہو..

نووے... آرتھر صدمے اور حقارت سے سر ہلاتا ہے.. یہ شِٹ صرف اسامہ کھا سکتا ہے..

انعام اللہ اُن نیم خواندہ.. خیرات پر پلے ہوئے مدرسوں کے طالب علموں کے لیے جو دنیا کی حقیقتوں سے یکسر بے خبر تھے، کُچھ ہمدردی نہ رکھتا تھا.. اُن کے حمائتی اُن کی حکومت کے دفاع میں یہ جواز پیش کرتے چلے آئے تھے کہ اُنہوں نے افغانستان کی خانہ جنگی کا خاتمہ کر کے کسی حد تک اُسے متحد کر کے امن قائم کیا.... پوست کی کاشت کو نابود کر دیا، اپنی تنگ نظری کے باوجود بدکار دُمال نہ تھے.. لیکن وہ.. نابینا تھے.. اُنہیں اپنی داڑھیوں کے پار اور کُچھ نظر نہ آتا تھا، اگر وہ خود انعام اللہ ''ایک حرامی کی سرگذشت'' کا مصنف کابل میں ہوتا تو کب کا گناہ گار عورتوں سے پیشتر وہاں کے سٹیڈیم میں سنگسار ہو چکا ہوتا....

ان تمام زمینی حقائق کے باوجود.. اُنہیں جو ہاتھی ملیامیٹ کرنے کے لیے دَل بادل چلے آ رہے تھے، وہ اُن سے بھی کُچھ ہمدردی نہ رکھتا تھا....

ایک اچھو شیخ جو خود اپنا گلا کاٹ رہا ہے.. کانچ کے ایک ٹکڑے کو اپنی شہ رگ پر پھیر رہا ہے کیا اُس پر حملہ آور ہو جانا، اُسے ہلاک کر دینا جائز ہے..

اُسے یوں محسوس ہوا کہ افغانوں کی جنگ لڑنے والے جتنے بھی ہیں، وہ غیر افغان ہیں.. قندھار کے میر واعظ ہسپتال میں محصور تقریباً ڈیڑھ سو غیر مُلکی کئی دنوں تک امریکی افواج کے آگے ہتھیار نہیں ڈالتے.. آخری سانسوں تک لڑتے ہوئے سب ہلاک ہو جاتے ہیں.. ان میں عرب، قازق، پاکستانی اور چینی شامل ہیں.. اور وہ جس قبرستان میں دفن ہیں وہاں افغان لوگ.. دور دراز کے فاصلے طے کر کے آتے ہیں اور اُن کی قبروں پر چاول بکھیر کر.. پھر اُن مٹی آلود چاولوں کو سمیٹ کر اپنے ساتھ لے جاتے ہیں کہ اُنہوں نے اُن کو ولی اللہ کا درجہ دے رکھا ہے..

قلعہ جنگی کے تباہ شدہ کھنڈروں میں بکھری لاشیں جنہیں ڈیزی کٹر بموں نے کیا نفاست سے پارچوں میں تراش ڈالا تھا.. اُن کے تلے تہہ خانے میں محصور جب ایک حواس باختہ، بھوک سے مسمار ہوتا.. امریکی طالبان باہر آتا ہے تو اپنے چہرے پر پڑتی فلیش لائٹ کی تاب نہ لا کر آنکھیں بند کر لیتا ہے اور بڑبڑاتا ہے.. آئی وِل ڈُو اِٹ اگین..

افغانوں کی جنگ لڑنے والے جتنے بھی تھے بیشتر غیر افغان تھے..

انعام اللہ یلغار کے ان شب و روز میں گویا اپنے نہیں قلعہ جنگی کے اُس تہہ خانے میں تھا جس میں میڈیا نے

اُسے ڈبونے کی خاطر اپنی کورٹیج کا پانی چھوڑ دیا تھا اور وہ بمشکل اپنے آپ کو ڈوبنے سے بچا رہا تھا۔

تہہ خانے کے باہر گرین اِچ ویلیج کے فٹ پاتھوں کے کناروں پر سایہ فگن ایلم اور صنوبر کے درختوں کے ہاتھ اکتوبر کے اس مہینے میں خالی ہو رہے تھے.. تجھے ہم کس پھول کا کفن دیں کہ تو جدا ایسے موسم میں ہوا جب درختوں کے ہاتھ خالی تھے..

باہر.. وہ جس تہہ خانے میں محصور ٹیلی ویژن سکرین پر پہروں سے نظریں جمائے بیٹھا تھا اُس کے باہر اُس گاؤں میں ایک زرد دوپہر اُتر رہی تھی جس کی زد میں آنے والے چہرے.. فٹ پاتھ، شجر.. یہاں تک کہ اپنے مالکوں کے پیچھے چلتے دُم دبائے کتے بھی زرد ہو رہے تھے۔ اُن میں سے کوئی ایک بھی آگاہ نہ تھا کہ وہ کسی ایسے تہہ خانے کے روشندان کے قریب سے گذرتے ہیں جس کے اندر ڈیگا گارسیا اور جیکب آباد سے اُڑان کرنے والے بی ون لانسر۔ بی ٹو سپنٹر اور بی ففٹی ٹو سٹراٹو فورٹریس اپنے بارود کا بوجھ کچے گھروندوں اور کھنڈروں پر گرا رہے ہیں اور وہاں اُن گھروندوں کے اندر اُن کھنڈروں میں پناہ لیے ہوئے اُن جیسے لوگ ہیں، اُن کے بچوں ایسے بچے ہیں.. جو نہیں جانتے کہ اُس لمحے کسی گرین اِچ گاؤں میں ایک زرد دوپہر اُتر رہی ہے.. وہاں زندگی کی روانی میں کوئی تبدیلی رونما نہیں ہوئی ''وہائٹ ہاؤس'' شراب خانے میں مخمور آئرش پُر جوش سیاح ڈیلن تھامس کے گیت گاتے ہیں اور میزوں پر گرتے ہیں.. دو کانوں کی اوٹ میں ہم جنس جوڑے شرماتے ہوئے ایک دوسرے کو چومتے ہیں.. ایک بیکری میں تازہ بیک شدہ کیک اور مکھن کی کوکیز حاصل کرنے والوں کی قطار فٹ پاتھ تک چلی جا رہی ہے.. ایک نو آموز مصور لڑکی بے بسی سے اپنے بال جھٹکتی ہے کیونکہ اُس کے کینوس پر اُس دوپہر کی زردی نہیں اُتر رہی... کوئی بھی آگاہ نہیں ہے کہ وہ اس لمحے مسمار ہوتے اپنے کچے گھروندوں میں زندہ دفن ہو رہے ہیں..

ہاں وہ اس قدر آگاہ ہیں کہ اُن کے تابوتوں کی تعداد ہمارے تابوتوں سے کہیں تجاوز کر چکی ہے..

تہہ خانے کے اندر جنگی وقائع نگاروں کی پُر جوش اور پُر مسرت آوازوں کا ہیجان اور طیاروں کی گہری ایسی گونج جیسے ہزاروں قبروں میں سے برآمد ہو رہی ہو.. اُسے اس ملے جلے شور سے بھر رہی تھی اس لیے اُسے جولیا کی آمد کا احساس تب ہوا جب اُس نے آگے بڑھ کر ٹیلی ویژن کا سوئچ آف کر دیا..

یکدم پورا تہہ خانہ موت ایسے سناٹے میں چلا گیا..

''نیمی.. آر یو آؤٹ آف یور مائنڈ... ہم سب بیمار ہو گئے ہیں تمہارے بارے میں فکر کرتے کرتے.. ایک مرتبہ پھر اپنے تہہ خانے میں قید ہو کر تم اس گاڈ ڈیم ٹیلی ویژن سکرین کو گھورتے پتھر ہو گئے ہو.. پلیز جاگ جاؤ نیمی.. کیا تمہیں اُس بُل شٹ اسامہ اور اُسے پناہ دینے والے ملاؤں سے ہمدردی ہے جو یُوں کئی روز سے چہرہ زرد کیے.. ٹیلی ویژن سے جُڑے بیٹھے ہو۔''

سکرین پر نمودار ہوتے نقش جب یکدم سیاہ ہو گئے.. سناٹا اُترا تو اُسے جولیا کا پیکر دکھائی دیا..

وہ اپنی کاروباری آؤٹ فٹ میں پھنسی ہوئی تھی.. چمڑے کی مختصر نیکر جس میں سے اُس کی پینٹیز جھلکتی تھیں اور ایک ایسا جالی دار بلاؤز جو اُس کی چھاتیوں کا بوجھ سہہ نہ سکتا تھا، چہرہ لیپا پوتا ہوا.. جیسے وہ کسی کلاسیکی جاپانی تھیٹر کی قدیم

اداکارہ ہو..اور وہ اُسے ایک ماں کی مانند ڈانٹ رہی تھی..

''اُنہوں نے جو کُچھ ہمارے ساتھ کیا، ہم وہی کُچھ اُن کے ساتھ کر رہے ہیں۔''

''ہاں..اُن کے تابوتوں کی تعداد..تمہارے تابوتوں سے کہیں بڑھ گئی ہے..قتل نے قتل کو یوں جنم دیا ہے کہ تم میں اور اُن میں کُچھ فرق نہیں رہا..''

''مجھے ان باریکیوں کا کُچھ علم نہیں..ہم چاروں تمہارے بارے میں فکر کرتے مرنے والے ہو گئے ہیں..اور تمہیں پتہ ہے کہ بے چارہ گستاف..وہ تمہارے فراق میں بیمار ہو گیا ہے..روزانہ تمہارے تہہ خانے کے باہر کُھلتے روشندان کے قریب کھڑا ہو کر واپس چلا جاتا ہے کہ کہیں تم اُس کے اندر آجانے سے ناراض نہ ہو جاؤ..مچلی پھر سے آباد ہو چکا ہے نیمی..''

انعام اللہ بمشکل اپنی آرام کُرسی سے اٹھا، اُس کا بدن اکڑ چکا تھا، وہ ایک مخمور شخص کی مانند ٹیلی ویژن کو آن کرنے کے لیے بڑھا تو جولیا نے اُس کا بڑھا ہوا ہاتھ پکڑ لیا ''نہیں..'' وہ درشتگی سے بولی..

''ٹھیک ہے..'' اُس نے ہار مان لی، واپس آ کر آرام کُرسی میں ڈھے گیا ''مریم کہاں ہے؟''

''اچھا سوال ہے۔'' وہ کِھل اٹھی..''بے شک یہ ایک قومی المیہ تھا لیکن ہر سیاہ بادل کے کناروں پر ایک چمکیلی کرن ہوتی ہے..گیارہ ستمبر کے بعد تو ہم دونوں کو سانس لینے کی بھی مُہلت نہیں ملی..اتنا کاروبار تھا..بلکہ مجھے شک ہو رہا ہے کہ اگر ایک دو ماہ اِسی نوعیت کی تیزی رہی تو شائد..شائد..کُچھ امید پیدا ہو چلی ہے کہ میں ایک روز اپنے ذاتی رانچ کی زمینوں پر ایک گھوڑے پر سوار کاؤ بوائے ہیٹ پہنے اُسے بگٹٹ دوڑا رہی ہوں گی..موہوم سی اُمید پیدا ہو چلی ہے..اور جان لو کہ میں بہت حرج کر کے آئی ہوں اپنے کاروبار کا..صرف تمہاری خبر گیری کرنے کی خاطر..''

اُس کے سامنے صوفے پر ٹانگیں پھیلائے..گلابی زیر جامہ کی جھلکی میں..اُسے سرزنش کرتی عورت وہ جولیا نہ تھی جو بے اثر تھی..کوئی اور وجود تھی جس کی کشش اُس کے اندر منتقل ہو کر اُس کی خوابیدہ حسیات کو بیدار کرتی تھی....کیا وہ اب تک نابینا تھا، ایک جامد، پتھر کا بدن تھا جس پر اثر نہ ہوا تھا..

''نیمی..'' وہ اس ردعمل کے لیے قطعی طور پر تیار نہ تھی ''کیا ہوا ہے؟'' وہ تو ایک کنوارا اور شرمیلا شخص تھا تو کیسے یوں یکدم بے باک اور بے جھجک ہوا جاتا تھا..''اب کیا ہوا ہے؟''

کیا ایسا ہے کہ کسی گہری المناکی، بے بسی اور ناانصافی، ایک مرگ کا مداوا ایک بدن کے اندر سرائت میں پوشیدہ ہو..اپنی عزیز ترین ہستی کو دفن کر کے..اُس کے بچھڑ جانے کے دُکھ میں نڈھال..ایک دھڑکتی ہوئی گرمائش میں اُترنا ہی اُس دُکھ کی دوا ہو..

''ایزی بوائے ایزی..'' جولیا نے ایک ابلتے انبساط میں گیلی ہوتے سرزنش کی۔

✦.......✦

اکبر جہان نے لاشعوری طور پر اپنی گردن اکڑا کر.. اپنے ستّر سے تجاوز کرتے ہوئے برسوں کے بوجھ تلے دبے ہوئے اُس کی جانب دیکھا.. اس کی آنکھوں میں جو بجھتی ہوئی نیلاہٹ تھی وہ نمی سے گیلی ہو کر شفاف ہونے لگی..

یہ میری بیٹی کا اُمیدوار ہے؟

اگرچہ اُس کی خصلت میں بچپن کی ایک بے گھری اور دربدری تھی، نفرت نہ تھی.. ایک ایسا شخص جس کی ماں اُسے سینے سے لگا کر اپنی دونوں بیٹیوں کی اُنگلیاں تھام کر.. اپنے صحن میں ایک سوکن کو دو بیٹوں کے ہمراہ داخل ہوتے ہی اُس صحن سے ہمیشہ کے لیے نکل گئی تھی.. جو شخص کبھی آگاہ نہ ہوا کہ ایک باپ کے سینے سے لگ کر اُس کے بدن کی حدت کو محسوس کرنا کیسا ہوتا ہے، جو اپنی ماں کے بھائیوں کے ٹکڑوں پر پلا ہو.. اُن کی زمین کو اپنی زمین تصور کرتا اُس پر اپنا پسینہ بہاتا رہا ہو اور پھر ایک سویر اُس کے ماموں زاد بھائی درشتگی سے یہ کہیں.. اس برس.. جیسا کہ تم نے کہا.. ہماری نہیں.. تمہاری نہیں.. صرف ہماری گنّے کی فصل بے بہا ہوئی ہے.. اور وہ اُس کے بیری ہو جائیں اور وہ اپنا یزمان ترک کر دینے پر مجبور ہو جائے.. اور پھر اُس کی ماں مر جائے.. جیسے اکثر مائیں بے وجہ مر جاتی ہیں ایسے مر جائے.. ٹیلی فون پر صرف اُن کے بین سنائی دے رہے تھے.. چولستان کے صحرا کے کناروں پر یزمان منڈی کے قریب نو آبادکاروں کے ایک چک کے ایک گھر کے صحن میں پڑی چارپائی کے گرد واویلا کرتی اُس کی دونوں بہنوں کی آسمان تک جاتی فریادیں سنائی دے رہی تھیں.. اور وہ شائد جان بوجھ کر، شعوری طور پر کوشش کر کے اپنی آوازیں بلند کرتی تھیں تا کہ اُن کا اکلوتا بھائی اکبر جہان.. کب کا بچھڑ چکا.. دور دراز کے دیسوں میں اُن کی آہ وزاری سُن لے..

اُس نے اُن بہنوں کی پکار پر کچھ زیادہ دھیان نہ دیا تھا کہ تب اُس کے کاغذات ابھی مکمل نہ تھے.. اگر وہ جذباتی ہو کر اپنی ماں کا چہرہ دیکھنے کی خاطر پاکستان چلا جاتا تو شائد واپس کینیڈا آنا ممکن نہ ہوتا اس لیے اُس نے کچھ دھیان نہ کیا..

اُس شخص کے سامنے اُس کی بیٹی کا ایک امیدوار کھڑا تھا.. اُس نے پہلی نظر میں ہی اُسے ناپسند کیا.. بلکہ ایک شدید نفرت کے تحت اگر اُس کا بس چلتا تو وہ اُٹھ کر اُس کا گلا دبا دیتا.. وہ اُسے ایک شریک.. خاندانی دشمن لگا تھا جو ڈاکہ ڈالنے آ گیا تھا، اُس کی بیٹی سیرت کو اُٹھا لے جانا چاہتا تھا..

"یہ پرکاش ہے ڈیڈی.."

"ہوں.."

''آپ مجھے پارک کہہ سکتے ہیں سَر.. پرکاش سنگھ.. پارک..''

اُن تینوں کے درمیان جہان آباد کے گھنے جنگلوں کی وحشتیں اور تہذیب سے طویل مسافتوں کی خاموشی حائل ہوگئی..

''ڈیڈی.. میں نے آپ سے کہا تھا کہ میں آپ سے..اور پارک سے بھی محبت کرتی ہوں..'' سیرت سرکتی ہوئی اُس کے قدموں تلے آ گئی اور اُس کے گھٹنوں پر ہاتھ رکھ کر بولی.. ''ہم دونوں بہت دور سے آپ کی آشیر باد لینے کے لیے آئے ہیں.. مانٹریال سے یہاں تک کا سفر کُچھ آسان نہیں..اگر ہم اتنی دور تک سے آئے ہیں تو صرف اس لیے کہ... میں آپ کی بیٹی آپ سے محبت کرتی ہوں..آپ دیکھ لیجیے..یہ بھی ہماری طرح کا عام انسان ہے..اس کی داڑھی بھی نہیں ہے اور نہ ہی یہ پگڑی باندھتا ہے..''

''ہُوں..'' ایک فالج زدہ حالت میں اُس نے سر ہلایا..

وہ اُس کے سامنے کچھ دیر سے کھڑا سکھ ہونے کی کسی بھی نمایاں خاصیت سے یکسر محروم ایک لچکیلا سا دراز قامت گوری رنگت والا مناسب خدوخال کا مالک ایک نوجوان تھا جو ایک بیزار شکل بنائے یہ نہیں جانتا تھا کہ اس انٹرویو کے لیے ابھی اُسے مزید کتنی مدت تک یونہی کھڑا رہنا پڑے گا.. وہ درست کہتی تھی کہ اُس کی داڑھی بھی نہیں تھی البتہ اُس کے سر کے بال یہ گواہی دیتے تھے کہ وہ سکھ ہوسکتا ہے..لگتا تھا کہ وہ پیدائش سے لے کر اب تک کسی بھی اُسترے یا قینچی سے آشنا نہیں ہوئے تھے، شانوں پر پھیلے ہوئے تھے..

''ڈیڈی اس کے دادا آج سے تقریباً سو برس پیشتر اُدھر سے..کسی جالندھر کے ایک گاؤں سے اُٹھ کر ادھر آ کر آباد ہو گئے تھے..اور میں اسے بتا چکی ہوں کہ میری ایک سوتیلی دادی بھی سکھ تھی جس کے دو سکھ بیٹوں میں سے ایک نہائت زبردست ڈاکو تھا جو کہیں مارا گیا اور دوسرا پاکستانی فوج میں تھا جس کا آج تک سراغ نہیں ملا..تو گویا..ہم دونوں میں کوئی دور پار کی رشتہ داری بھی ہے..کیوں ڈیڈی ہے ناں؟''

''ہُوں..''

''ڈیڈی.. پارک بہت نازک مزاج لڑکا ہے..اس نے کبھی اتنا طویل اور تھکا دینے والا سفر نہیں کیا..صرف میرے لیے کیا ہے تو آپ پلیز اس سے جو کچھ پوچھنا چاہتے ہیں پُوچھ لیں تاکہ یہ ڈارلنگ آرام کرسکے..''

''تم..'' اُس نے بالآخر نہائت قہر آلود بھسم کر دینے والی نظروں سے اُسے دیکھا اور مخاطب کیا.. ''تم واقعی ایک سردار ہو..سکھ ہو؟''

''پتہ نہیں سَر..'' وہ امیدوار اُس دہشت سے ذرا باہر آ گیا جو اُس کے سامنے ایک صوفے پر نیم دراز..واضح طور پر اُسے نہ پسند کرنے والے، ٹیڑھی گردن اور ترچھی ناک والے نیلی آنکھوں کے مالک شخص کو پہلی بار دیکھتے ہی اُس کے تن بدن سے پھوٹنے لگی تھی.. ''سَر جیسا کہ سیری نے آپ کو بتایا ہے..'' اور اس کمبخت سکھ کی آواز میں بھی کچھ بھرایا ہوا مردانہ پن نہ تھا، کچھ نسوانی سی تھی ''میرے گرینڈ ڈیڈ اُدھر پنجاب وغیرہ سے ادھر آئے تھے..شنید ہے کہ بہت خبطی قسم کے سکھ تھے اور اُنہوں نے مانٹریال میں پہلا گوردوارہ تعمیر کیا تھا..آئی ہیئر ہی واز اے سینٹ..لیکن سَر.میں ذاتی طور پر مذہب وغیرہ

پر کچھ یقین نہیں کرتا.. میں ایک فری تھنکر ہوں، میرے نزدیک سب انسان ایک ایسے ہیں اور اگر بہ فرض محال کوئی خدا ہے تو وہ محبت ہے، موسیقی ہے..اور سَر میں آپ کی بیٹی سے محبت کرتا ہوں..''

اُس کا جی تو یہی چاہا کہ وہ اس زنانہ نوعیت کے سکھ کا گلا دبا دے کہ یہ ہوتا کون ہے میری بیٹی کے بارے میں اس قسم کی بکواس کرنے والا..لیکن وہ ضبط کر گیا.''تم..تم..''

''آپ مجھے پارک کہہ سکتے ہیں..'' وہ جلدی سے بولا..

''تم کرتے کیا ہو؟''

پرکاش سنگھ پارک کے چہرے پر پہلی بار ایک اطمینان آیا اور ایک ہلکی سی مسکراہٹ پھیلی کہ یہ بد دماغ شخص پگھلنے لگا ہے''میں سر..میں ایک میوزیشن ہوں..ان دنوں مانٹریال کے سب سے بلند مرتبے والے بھنگڑا گروپ میں پنجابی بیٹ والا ڈھول بجاتا ہوں..''

اکبر جہان کا خیال تھا کہ جب سیرت نے اُسے بتایا تھا کہ وہ ایک سکھ کے ساتھ شادی کرنا چاہتی ہے تو اس کے سوا اور کوئی آخری صدمہ ممکن نہ تھا.''تم..تم..ایک ڈھول بجانے والے ہو..ڈھولچی ہو؟''

''ڈیڈی..''سیرت فوراً مُخل ہو گئی کیونکہ اُس نے اپنے باپ کے چہرے کا رنگ نچڑتا ہوا دیکھ لیا تھا''پارک نے ٹریڈیشنل میوزک میں ماسٹرز کر رکھا ہے اور پنجاب کی لوک موسیقی کو زندہ رکھنے، اُس کی تجدید کرنے، اُسے ایک حیاتِ نو دینے کی کوشش میں اپنے آپ کو وقف کر چکا ہے..جب یہ اپنے گلے میں ڈھول ڈالے اُسے بے خود ہو کر بجاتا ہے تو یقین کریں کہ ہر کوئی مسحور ہو کر ڈانس فلور پر آ جاتا ہے..اس کے ہاتھوں میں تو وہ جادو ہے کہ اس کے ڈھول کی بیٹ سُن کر تو گرزلی بیئر بھی ناچنے لگیں..ڈیڈی ہی از گریٹ..''

ایک سِکھ..اور پھر وہ بھی ایک ''فک دے گرل'' میراثی!

''شباہت..سب کچھ جانتی ہے..''

''کون شباہت؟..''وہ چونک گیا.''وہ کون ہے؟''

سیرت نے اپنے باپ کی دھندلاتی نم آلود آنکھوں کو دیکھا..ڈیڈی کی یادداشت کو کیا ہو گیا ہے..''انکل موتی کی بیٹی..شباہت..مجھے تو کچھ خاص دلچسپی نہ تھی لیکن آپ ہی اصرار کیا کرتے تھے کہ کینیڈا کی اس غیریت اور اجنبیت میں ہمیں اُن سے رابطے رکھنے چاہئیں جو اتنے غیر نہیں ہیں.تم کبھی کبھار اُس کی بیٹی سے بات کر لیا کرو..''

''اچھا وہ شباہت..''اُسے یاد آ گیا..

''اگرچہ ہم آج تک ملے نہیں لیکن وہ میری ایک اچھی دوست ہو چکی ہے..میں اُسے اکثر اپنے دل کے معاملوں میں شریک کر لیتی ہوں..ہمراز کر لیتی ہوں اور وہ بھی یہی کہتی ہے کہ اگر مذہب کا فرق ہے تو اس سے کچھ فرق نہیں پڑتا..''

''اُسے تو کچھ فرق نہیں پڑتا..''

''اور ہمیں پڑتا ہے؟''

''ہاں..اس لیے کہ تم بخت جہان کی پوتی ہو اور وہ..سروسانسی کی..ایک ایسا بے مذہب، نامراد اور پلید شخص جو تمہارے دادے کے صحن میں قدم رکھنے کی جرأت نہیں کرسکتا تھا کہ اُس میں سے مُردار کی بُو آتی تھی..وہ سروسانسی تو مُردار کے علاوہ جنگلی بلّے، کچھوے اور نیولے بھی کھا جاتا تھا اور اُس کا بیٹا موتی جو اب مَیٹ ہو چکا ہے..بے شک میں بھی کبھی کبھار اُس سے دل کی باتیں کرنے کی خاطر خاص طور پر کیلگری چلا جاتا ہوں..لیکن وہ اپنی خاندانی خصلت سے کینیڈا میں طویل بسیرے اور ایک اعلیٰ تعلیم یافتہ بینکر ہونے کے باوجود نجات حاصل نہیں کرسکا..بینک کی اچھی بھلی معزز ملازمت ترک کرکے وہ جنگلی حیات کے محکمے میں ایک معمولی گارڈ کے طور پر بھرتی ہو گیا تھا اور کیا تم آگاہ ہو کہ وہ وہاں سے کیوں نکالا گیا؟

سیرت ایک منتظر خاموشی میں رہی اور پرکاش سنگھ پارک نے اپنے لامبے بالوں کو جھٹکا کہ یہ دونوں مُجھ غریب کو فراموش کرکے جانے کہاں سے کہاں نکل گئے ہیں..لیکن وہ متجسّس بہت ہوا..

''موتی برٹش کولمبیا کے جس جنگلی حیات کے محفوظ علاقے میں تعینات ہوا وہاں جنگلوں کے گھنے پن اور آبادی سے دور پوشیدہ جھیلوں کے کناروں پر سُرخ لومڑیوں، خرگوشوں اور جنگلی چُوہوں کی بوسیدہ کھالیں اور آثار دریافت ہونے لگے..اور مسلسل ہونے لگے..بہت تفتیش ہوئی پر کُچھ سراغ نہ ملا کہ وہ کون ہے جو انہیں ہلاک کرڈالتا ہے..اور پھر بالآخر یہ کُھلا اور ثابت ہو گیا کہ یہ موتی تھا جو اپنی آبائی خصلت کے ہاتھوں لاچاران جانوروں کو دبوچ کر..کبھی بُھون کر اور کبھی کچّی حالت میں کھا جاتا تھا..اس لیے نکالا گیا..یہ تمہاری شباہت کا باپ ہے..''

''آپ پارک سے کُچھ مزید پوچھنا چاہتے ہیں؟..'' سیرت اس داستان سے متاثر اس لیے نہ ہوئی کہ وہ اسے پہلے بھی متعدد بار سُن چکی تھی البتہ پرکاش کا مُنہ کُھلا تھا..

''نہیں..''

''ڈیڈی کیا آپ اسے پسند کرتے ہیں؟''

''نہیں..''

وہ اپنی بے بسی میں صرف اتنا اہتمام کرسکتا تھا کہ یہاں شب بسری کے لیے اس سکھڑے اور اُس کی بیٹی کے بیڈرُوم ایک دوسرے کی قربت میں نہ ہوں..

اگلی صُبح جب اُس کی نیلی آنکھوں میں ابھی نیند اور بڑھاپے کا خمار تھا اُس کے گالوں پر ایک پیار بھرا گیلا بوسہ ثبت ہوا۔ ''ڈیڈی..ہم جا رہے ہیں.. پارک کی طبیعت بہت خراب ہے وہ پوری شب ہلکے بخار میں کروٹیں بدلتا رہا ہے.. شائد اُسے سردی لگ گئی ہے.. پوری شب وہ سو نہیں سکا..''

''تم کیسے جانتی ہو کہ..''

''میں اُسے تنہا تو نہیں چھوڑ سکتی تھی..ہمارے بیڈرومز کے درمیان اتنا فاصلہ تو نہ تھا کہ اُسے طے بھی نہ کیا جا سکتا..میں اُس کے ساتھ تھی..تو پھر ڈیڈ..آپ نے کیا فیصلہ کیا ہے؟''

''نہیں..''

''میں نے پچھلی بار بھی آپ سے کہا تھا کہ میں محض مشرقی مروّت کی ماری ہوئی ایک ایسی لڑکی ہوں جو اپنے ڈیڈی سے محبت کرتی ہے ورنہ..میں بالغ ہوں اور اپنے فیصلے خود کر سکتی ہوں..تو میں پارک سے بہر طور شادی کر رہی ہوں..ہوسکتا ہے کہ آپ گرینڈ ڈیڈ بننے والے ہوں..ابھی سے کاؤنٹ ڈاؤن شروع ہو گیا ہو....دو ماہ گذر بھی چکے ہوں..''

چار مرغابیوں کا خوشی سے کیسے تعلق ہو سکتا ہے..اور وہ بھی ناجائز!

✦ .... ✦

"اس گُڑی یا ہوئے ملک میں سب سے بڑا یہن یہ ہے.. مسئلہ یہ ہے کہ یہاں کوئی تمہارے دُکھ میں شریک نہیں ہوتا.. تم کسی کے آگے اپنا کلیجہ کھول کر اُس پر لگا گھاؤ نہیں دکھا سکتے کہ کوئی اُس پر پھاہا ہی رکھ دے.. کوئی یہ نہیں پوچھتا کہ اکبر جہان کل تو تمہارے چہرے پر اتنی شکنیں نہ تھیں آج اگر تمہارے چہرے پر شکنوں کی چلمن نظر آ رہی ہے تو کیا ہوا ہے.. ہر کوئی اپنی غرض اور کام سے سروکار رکھتا ہے.. ساتھ والا زہر پھانک رہا ہے تو کوئی نہیں پوچھتا کہ تم پر کیا پتا پڑی ہے.. میری ملکیت اتنی وسیع ہے کہ بعض اوقات مجھے بھی اندازہ نہیں ہوتا کہ میں اگر اپنی لینڈ کروزر پر چلا جا رہا ہوں تو کیا اب بھی اپنے رقبے پر سفر کر رہا ہوں یا کسی اور کی زمین شروع ہو چکی ہے.. میں اگر چاہوں تو جہان آباد اور اس کی اراضی فروخت کر کے اس کے عوض بڑی آسانی سے پورا چولستان خرید لوں.. جہاں خشک ریتلی زمین کو قابل کاشت بنانے کی خاطر میں اور میری ماں کمر پر مشکیزے لاد کر کہیں طویل فاصلوں سے پانی لا کر اُسے سینچتے تھے میں اب اُس سارے صحرا کو خرید سکتا ہوں..

اور یہ میری سکت میں ہے پر کوئی ایک شخص جو میرے دُکھڑے سُن لے جو میرے زخموں پر اور کچھ نہ سہی ایک گرم پھونک مار کر اُن کی اذیت قدرے کم کر دے میں اُسے خریدنے کی سکت نہیں رکھتا کہ دُکھ کی شراکت کے لیے عزیز داری اور دوستی درکار ہے، دولت نہیں... موتی تمہیں کیا خبر کہ جس روز میں نے اُس منحوس نسوانی شکل پرکاش سنگھ کو دیکھا ہے جس کے ساتھ سیرت لپٹی چلی آتی تھی میں اُس روز ایک درخت کے تنے کو چمٹا مار کر کیسے رویا ہوں.. کہ وہاں میرا دُکھ بانٹنے والا کوئی نہ تھا.. تمہارے باپ سروسانسی اور میرے مرحوم باپ بخت جہان کی آپس میں شناسائی تھی.. ان دونوں کے مرتبے میں بہت فرق تھا پر اب تم میں اور مجھ میں زیادہ فرق نہیں رہا.. بے شک میں.. میں اقرار کرتا ہوں کہ میں اب بھی اپنی خصلت کے ہاتھوں مجبور تمہیں بُرا بھلا کہہ جاتا ہوں.. تمہیں اب بھی حقیر سمجھتا ہوں لیکن موتی.. کناڈا کی اس گُڑی یا ہوئی اداس اور سرد کائنات میں صرف تم ہو.. جس کے ساتھ میں گئے زمانوں کے بندھنوں میں بندھا ہوا ہوں.. اور جب کبھی مجھے چوٹ لگتی ہے تو میں بے اختیار تم تک کھنچا چلا آتا ہوں.. اور کس کے پاس جاؤں؟... کیا تم جانتے بھی ہو موتی کہ میں کون ہوں.. تم اپنی وہیل چیئر میں ایک گیلے مجسمے کی مانند ڈھیتے ہوئے مجھے تک تو رہے ہو پر پہچانتے بھی ہو کہ میں کون ہوں.. تمہارے چہرے پر ایک لاتعلق سی مسکراہٹ بہت دیر سے ٹھہری ہوئی ہے اور تمہاری آنکھیں اُن میں ایک اجاڑ پن نقش ہے.. اور جب اُس درخت کا تنا میرے آنسوؤں سے بھیگ گیا اور اُس جوہڑ کی آخری چار مرغابیاں کُوچ کر گئیں تو میں ندی کنارے جہان آباد کے قبرستان میں گیا تھا جہاں نشاط خاتون دفن ہے.. اُس سے بہت گلا شکوہ کیا کہ بھلی مانس تو جانے

کون تھی اور کہاں سے آئی تھی.. ایک گلاسی بار میں ویٹرس تھی اور تو نے میرا بہت ساتھ دیا.. تیری رنجیدہ آنکھیں تو اب بھی تیری قبر کی مٹی پر پھڑ پھڑاتی دکھائی دیتی ہیں تو اب یہ بتا کہ میں تیری بیٹی سیرت کا کیا کروں..

میں نے ایک شب رچرڈ اور بخت جہان کو سامنے بٹھا کر یہ مسئلہ پیش کیا اور موتی وہ بھی نہ سمجھ سکے.. تمہیں میں نے بتایا تھا ناں کہ رچرڈ کی رگوں میں اگرچہ چینی خون بھی ہے پر وہ بخت جہان سے بھی بڑھ کر اتھرا اور بھڑک جانے والا ہے.. پنجابی میں گالیاں دینے پر اُتر آتا ہے تو سرداروں کی داڑھیاں بھی شرم سے سُرخ ہو جاتی ہیں.. اور بخت جہان.. جسے میں نے اپنے باپ کا نام دیا تھا.. ہاں وہی باپ جسے کچھ علم نہ تھا اور نہ ہی اُسے کچھ پرواہ تھی کہ ہم پر کیا گذرتی ہے.. جسے میں نے ہوش سنبھالنے کے بعد پہلی بار اپنے سوتیلے بھائی نونہال سنگھ ڈکیت کے جنازے پر دیکھا تھا تو یہ دونوں رچرڈ اور بخت جب میں اُنہیں یہ بتا رہا تھا کہ سیرت ایک سکھڑے سے شادی کرنے کو ہے اور میرا یقین تھا کہ وہ دونوں طیش میں آ جائیں گے پر موتی.. اُن پر کچھ اثر نہ ہوا.. وہ میری جانب یوں دیکھتے تھے جیسے مُجھ پر ترس کھاتے ہوں.. ہاں اتنا ہے کہ میری ڈھارس بندھاتے رہے کہ ڈیڈی.. سب کچھ سنبھل جائے گا۔ آپ اپنے آپ کو اضطراب میں نہ ڈالیں.. یہ نہیں کہا ہم اُس پر کاش حرامی کے ٹکڑے کر دیں گے، ایسے بے غیرت ہیں..

چند روز بعد سیرت کا ایک اور فون آیا.. ڈیڈی آپ نے کیا سوچا ہے.. ہم دونوں چاہتے ہیں کہ پہلے گورودوارے میں جا کر پھیرے لگا لیں اور پھر صرف اس لیے کہ آپ کا دل نہ دُکھے مسجد میں جا کر نکاح پڑھوا لیں.. پارک اتنا خیال رکھنے والا ہے.. اب آپ کیا کہتے ہیں.. تب اس فون کے بعد میں نے رچرڈ اور بخت سے دوٹوک بات کی..

''ڈیڈی.. اس میں حرج کی تو کوئی بات نہیں.. سیرت ایک بالغ اور خود مختار لڑکی ہے.. اور ہم دونوں سے زیادہ دانش مند اور زندگی کے حقائق کا بے دریغ سامنا کرنے والی ہے۔'' وہ دونوں بے غیرت ہو گئے ہیں موتی.. کبھی کہتے ہیں کہ ڈیڈی آپ ہی نے ہمیں یہ پٹّی پڑھائی ہے کہ ایک جاٹ کا کوئی مذہب نہیں ہوتا تو سکھ بھی تو جاٹ ہیں اور اگر وہ ایک سکھ لڑکے کے ساتھ پھیرے لگانا پسند کرتی ہے تو اس میں کیا قباحت کیا ہے.. بے غیرت ہو گئے ہیں موتی.. میرے اپنے بیٹے.. ایسا لعنتی ملک ہے کہ بیٹوں کو بے غیرت کر دیتا ہے..

اُس کے سامنے اتنی دیر سے بیٹھا مسلسل باتیں کرتا، کبھی طیش میں آ کر باز و لہراتا اور کبھی یکدم ایک ایسی بیچارگی میں دفن ہو جانے والا جس پر ترس آنے لگتا تھا، وہ شخص جس کی گردن ٹیڑھی لگتی تھی، ناک تیکھی تیز دھار تھی اور آنکھوں میں ایک ڈبڈبائی ہوئی نیلاہٹ تھی جانے کون تھا.. اُسے غرض بھی نہ تھی کہ وہ کون تھا کیونکہ وہ خود ماضی کے نیم اندھیارے جنگلوں میں کھویا ہوا تھا جہاں ایک الاؤ روشن تھا جس پر ایک سلاخ میں پروئی ہوئی لومڑی بل کھاتی آگ پر اپنی چربی گراتی اُسے بھڑکاتی تھی..

بنیف نیشنل پارک میں اُس کے ساتھی وارڈن ہمیشہ متعجب ہوتے کہ ہم تو کم پڑھے لکھے اور بیکار تھے اس لیے مجبوراً ادھر چلے آئے تو یہ شخص جو ایک کامیاب اور بہت پڑھا لکھا بینکر تھا، اس پر کیا افتاد پڑی کہ اپنی ملازمت ترک کر کے جنگلی حیات کے تحفظ کا ایک نگہبان ہو گیا..

وہ اپنے بینک کے شاندار شیشے کے گھر میں ہمیشہ گھرا ہوا محبوس محسوس کرتا ایک بے چینی اور اضطراب میں مبتلا زندگی کرتا رہا... ہر وِیک اینڈ پر وہ کیلگری کی اداسی سے نکل کر جھیل لوئیس کے گلیشیئر کے دامن میں واقع گھناوٹ بھرے نیم تاریک درختوں کے ذخیروں کے اندر ایک بیک پیک میں سلیپنگ بیگ اور ایک مختصر خیمہ ڈالے اُتر جاتا اور وِیک اینڈ کے لیے اُن کے اندر گُم ہو جاتا.. اُن گہرے سناٹوں میں، اُن میں خوابیدہ پرندوں میں اور احتیاط سے قدم رکھتے جانوروں کے پاؤں تلے آ کر ٹوٹتی ٹہنیوں کی چرچراہٹ میں کھویا ہوا وہ یہ دو دن بسر کرتا.. اُنہی دنوں میں اُس نے یہ فیصلہ کر لیا کہ وہ ایک شیشے کے گھر میں محبوس نہیں رہے گا.. اُس کے اندر کے سانسی کو جنگل اور ویرانے پُکارتے تھے..

تقریباً ڈیڑھ برس تک وہ ایک فرض شناس اور مثالی وارڈن رہا... سیّاحوں.. کوہ نوردوں.. پکنک منانے والوں کی راہنمائی کرتا رہا کہ.. ان جنگلوں میں شور نہ کریں.. خاموشی اختیار کریں کہ ذرا سی آہٹ بھی ایک ریچھ کو متوجہ کر سکتی ہے.. آپ کے حق میں بہتر یہی ہے کہ ان جنگلوں میں اترتے ہوئے یا تو آپ مسلسل گنگناتے رہیں اور یا ٹخنوں کے ساتھ ایک گھنٹی باندھ لیں تا کہ چلتے ہوئے وہ مسلسل کھنکتی رہے اور ریچھ خبردار رہیں، آپ کے نزدیک نہ آئیں.. خیمہ زن ہونے کے بعد رات کا کھانا کھانے کے بعد بچی کھچی خوراک اور خالی ٹین ایک گڑھے میں دبا دیں تا کہ اُس کی خوشبو سونگھتا سونگھتا کوئی گرزلی ادھر نہ آ نکلے... جہاں بسون کے ریوڑ آرام کر رہے ہوں اُن سے فاصلے پر رہیں، اُن کی تصاویر اُتارتے ہوئے فلیش گن آف کر دیں ورنہ وہ اس کی چمک سے مشتعل ہو کر حملہ آور ہو سکتے ہیں.. وغیرہ وغیرہ اور پھر ایک روز وہ سارے دن کی گشت سے تھکا ہوا.. جنگل کے کنوار پن میں اُترتی شام میں اپنے آگے سے جھاڑیاں ہٹاتا گذرتا جاتا تھا جب ایک نوکدار تھوتھنی والی سُرخ لومڑی جنگل کے اندھیر پن میں داخل ہوتی اُسے دکھائی دی.. اور ایسا اکثر ہوتا رہتا تھا، جنگلی جانور اُس کے آس پاس سے گذر جاتے تھے، کبھی ٹھٹک جاتے تھے اور وہ اپنے دھیان میں چلتا جاتا تھا تا کہ اُس کی توجہ سے وہ خوفزدہ نہ ہو جائیں.. سرخ لومڑیوں کی تو بہتات تھی لیکن یہ لومڑی.. جو ابھی ابھی اُسے جنگل کے اندھیر پن میں داخل ہوتی دکھائی دی تھی اِس نے اُس کی اُن حسیّات کو یکدم بیدار کر دیا جنہیں وہ تہذیب کے کفن میں اپنے تئیں روپوش کر چکا تھا.. اُس نے بڑے اہتمام سے اعلیٰ تعلیم حاصل کر کے اپنے آپ کو اپنے باپ کی خصلت سے جدا کر کے اُس کفن کا تانا بانا بُنا تھا جس میں لپٹ کر وہ سمجھ بیٹھا تھا کہ اُس نے اپنی آبائی جبلت کو رخصت کر دیا تھا پر اُس لمحے.. اُس کا سانسی پن یوں بیدار ہوا کہ وہ بے اختیار ہو گیا.. وہ پھر سے وہی بچہ ہو گیا جس کے نتھنوں میں اُس نیولے کی مہک آتی تھی جسے اُس کا باپ احاطہ قادر بخش والے مکان کی چھت پر چوری چھپے بُھون رہا تھا.. وہ اپنا راستہ ترک کر کے جنگل کے اُس اندھیر پن میں اُس کی مہک کا پیچھا کرتا اتر گیا.. اور بالآخر جب وہ بے خبر چلی جاتی تھی اُسے دبوچ لیا..

جہاں اب مکمل اندھیرا ہو چکا تھا.. درختوں کے اندر.. جہاں کچھ سجھائی نہ دیتا تھا.. وہاں ایک الاؤ کی روشنی تھی جو اتنی بلندی تک نہ اُٹھ سکتی تھی کہ وہ درختوں کی بلند ترین شاخوں میں سے گذرتی اُن پر جُھکے آسمان کی قربت میں نمایاں ہو کر یہ ظاہر کر دے کہ ان گھنے جنگلوں کی تہہ میں کوئی الاؤ روشن ہے.. اور اُس الاؤ پر ایک سُرخ لومڑی کو بُھونا جا رہا ہے.. اور اُس کے گوشت میں جو زندہ اور وحشی ذائقہ ہے اُس نے تہذیب کے اُس حصار کو جو ایک معاشیات کے ماہر شخص نے.. ایک شادی شدہ، ایک بیٹی کے باپ نے اپنے گرد تعمیر کیا تھا اُسے ایک کچے گھروندے کی مانند مسمار کر دیا ہے.. اور وہ پھر سے

سانسی ہوگیا ہے.. اُس لمحے وہ نہیں جانتا تھا کہ یہ سانسی جبلت اُس کی بیٹی شباہت میں بھی منتقل ہوچکی ہے..

پھر یہ معمول ہوگیا..

جنگلی حیات کو تحفظ دینے والا اُسی حیات کا بیری ہوگیا.. پر اُس نے احتیاط نہ کی، ایک بے اختیار شخص بھلا کیسے ایک منصوبہ بند احتیاط کرسکتا ہے.. اُس کے زیرنگیں جنگلوں کے گھنے پن میں کُچھ بجھے ہوئے الاؤ دریافت ہوگئے.. اور اُن کے قریب جانوروں کی کُچھ بے جان پوشاکیں تھیں... پر یہ سامنے کے صوفے پر براجمان کون ہے جس کی ناک بہت تیکھی ہے اور گردن میں اکڑاؤ ہے.. اور جانے کس سے مسلسل باتیں کرتا چلا جاتا ہے..

''موتی.. تم سُن بھی رہے ہو کہ نہیں.. مجھے پہچانتے بھی ہو کہ نہیں.. اگر نہیں بھی سُن رہے تو اور کس کو سناؤں.. نہیں پہچانتے تو نہ سہی.. میں اس کُڑی یا ہوے ملک میں کس کے آگے اپنا کلیجہ کھول کر اُس پر لگے گھاؤ دکھاؤں، کسے اپنے رنج میں شریک کروں.. سنو موتی.. میں نے اُسے.. سیرت کو اگلے ویک اینڈ پر جہان آباد میں بُلایا ہے کہ بیٹی مجھے تمہاری خوشی عزیز ہے.. تم جو اور جیسا چاہو وہ ہوجائے گا.. تم آجاؤ تو اس کی تفصیلات طے کرلیں گے.. اور اُسے.. پرکاش سنگھ کو ہرگز نہ بتانا کہ تم میرے پاس آرہی ہو بلکہ کسی کو بھی خبر نہ کرنا.. یہ باپ بیٹی کا معاملہ ہے.. اس میں کسی اور کو شریک کرنے کی ضرورت نہیں.. اور وہ خوشی بخوشی آرہی ہے موتی.. اور موتی.. تم نہیں بھی سُن رہے ہو تو سُن لو.. میں نے فیصلہ کرلیا ہے.. چوہدری بخت جہان کی سگی پوتی ایک سکھڑے کے ساتھ شادی کرلے.. بے شک کرلے.. تب کرلے جب میں اپنی اُس جھیل میں ڈوب مروں جس کے پانیوں پر چار ایسی مرغابیاں تیرتی تھیں جن کا خوشی سے کوئی تعلق نہیں.. یا پھر وہاں.. جہاں.. رچرڈ اور بخت جہان کی ماؤں کی قبریں ہیں.. ندی کنارے کے قبرستان میں.. وہاں ایک اور قبر کھودی جارہی ہو جس میں.. میں اپنے ہاتھوں سے اُسے سیرت کو دفن کررہا ہوں.. موتی.. تم مسلسل مسکرا رہے ہو.. مجھے نہیں دیکھ رہے.. کسے دیکھ رہے ہو.''

✦ .... ✦

ڈربہ نما گڑیا گھر ایک اکتا دینے والے تسلسل کے ساتھ ایک دوسرے کے ساتھ پیوست قطار اندر قطار چلے جا رہے تھے اور اُن کی ڈھلواں چھتوں پر برف ٹھہرتی نہ تھی، گرتی تھی اور اُن کے دروازوں کے آگے یُوں ڈھیر ہو جاتی تھی کہ وہ کُھلتے نہ تھے.. وہ سب گھر اس شہر کیلگری کی سرمائی شدت سے ہراساں ایک دوسرے کے ساتھ جُڑے ہوئے اس آس میں تھے کہ اپنے وجود کی گرمی ایک دوسرے میں منتقل کر کے قدرے گرم آسائش میں ہو جائیں.. صرف ان گڑیا گھروں کا آپس میں ربط تھا ورنہ اُن کے اندر جو مکین تھے، وہ سب تنہا اور اداس تھے، اُن کا آپس میں کُچھ ربط نہ تھا.. جیسے ریشم کے کیڑے اپنے اپنے کوئے میں بند رہتے ہیں اور اُنہیں کُچھ خبر نہیں ہوتی کہ اُن کے برابر میں کوئی ایک اور کویا بھی ہے جس میں اُن کا ایک ہم نسل رہتا ہے..

ٹیرا ڈُڈلین کے ان ہم شکل، ہم صُورت گڑیا گھروں کے آخر میں اُس کا گھر تھا جس کی پہلی منزل پر ساکت بیڈ روم میں اُس نے اُس اتوار کے روز ساڑھے بارہ بجے، بدن میں ہفتے بھر کی مشقت کی تھکاوٹ جو ابھی زائل نہ ہوئی تھی اُس نے کروٹ بدل کر سر کے نیچے تکیہ کیے ہوئے اپنے دائیں بازو پر اپنے رخسار کو آرام دیا..

وہ ابھی کسل مندی کی نیند میں تھی..

اُس کے کسی قدر موٹے، سُوجے ہوئے لگتے ہونٹوں کے کناروں میں سے غنودگی کا ایک لعاب ایک گیلاہٹ کی صُورت میں باچھوں سے بہہ کر گالوں تک آنے سے پیشتر ہی سُوکھ رہا تھا..

چھت کی قُربت میں پیدائشی طور پر سودائی بچّوں کی مانند منہ کھولے روشن دان میں سے بجھی ہوئی بے روح دھوپ کے آثار اُس بیڈروم کے خزاں رنگوں پر اثر انداز ہونے کی سعی میں تاریک ہو رہے تھے..

خواب گاہ گویا ایک خزاں رسیدہ چنار تھی..

کھڑکیوں کے آگے کھنچے ہوئے پردے.. فرش پر چپکے ہوئے قالین.. بستر کی وہ چادر جس میں وہ کسل مندی سے کروٹیں بدلتی تھی، ٹیبل لیمپ کے شیڈ.. اور وہ تکیہ جو اُس کی باچھوں سے بہنے والے نیند کے لعاب سے قدرے گیلا ہو چکا تھا.. اور اُس کے غلاف پر ایک ہاتھی کی شبیہ تھی.. یہ سب اُن بھورے، بجھے ہوئے، خزاں رسیدہ رنگوں میں ڈوبے ہوئے تھے.. ایسے کہ جیسے وہ بھی چنار کے ایسے شجر ہوں جن پر جوبن تب آتا ہے جب خزاں آتی ہے..

اُس کمفرٹر کے پھولے ہوئے وجود پر بھی بھورے رنگوں کے بڑے بڑے پھول تھے جس کے ایک کونے کو اُس

نے اپنے پاؤں سے دھکیل کر پرے کیا اور اُس کا پاؤں اُس کی قید سے آزاد ہو کر بیڈ روم کے فرش پر نصب جالیوں میں سے بے آواز سرکتی ہوئی گرمائش کو محسوس کرنے لگا.. اُس نے لطف میں اپنے پاؤں کی اُنگلیاں سکیڑ لیں.

اُس کسل مندی کی مستی میں.. نیم غنودگی کی کیفیت میں اُس نے ایک کروٹ لی اور کمفرٹر کو دھکیل کر.. پلنگ سے گرا دیا اور تب اُس کے وجود کے رُوئیں رُوئیں نے اُس گرمائش کا سرور محسوس کیا جو فرش میں نصب جالیوں میں سے اُٹھتی تھی..

وہ ایک لمبی ٹانگوں والی لڑکی تھی..

بدن کو ڈھکنے والے کمفرٹر سے نجات حاصل کرنے کے بعد وہ اپنے بستر پر ایک ایسی وینس کی مانند بے دریغ ٹانگیں پھیلائے لیٹی تھی جو ابھی ابھی سمندر میں سے نہا کر نکلی ہو اور ایک بے خود حالت میں ساحل کی گرم ریت پر اپنے بدن کو سینکتی ہو.. اگرچہ وہ ایک وینس کی مانند قدرے فربہ بدن کی شہوت انگیز لڑکی نہ تھی.. اُس کا بدنی تناسب ایک نوخیز کچّے لختئی رقاص لڑکے کی مانند تھا، پشت بھاری نہ تھی بہت معصوم تھی اور اُس کی چھاتیاں اُس کے سراپے کو خوش نظر کرتی تھیں، گوشت کے بھار نہ تھے جن کے تلے اُس کی بدنی شخصیت دب جاتی.. اُس کی دراز قامتی میں بھی لڑکوں ایسا لچکیلا پن تھا..

ہاتھی اُس کی کمزوری تھے..

وہ اُس کے بیڈ روم کے پردوں پر، تکیوں اور چادروں پر.. یہاں تک کہ تولیوں پر ثبت تھے.. چھوٹے بڑے ہر سائز کے پتھر کے لکڑی اور کانچ کے.. مٹی اور ہاتھی دانت کے.. کارنس پر.. ٹیلی ویژن پر.. سائیڈ ٹیبلز پر.. یہ ہاتھی ساکت حالتوں میں سجے اُس کے دل کو مسرت سے لبریز کرتے تھے.. بہت کم ایسا ہوتا کہ وہ کسی سٹور میں شاپنگ کے لیے گئی ہو اور واپسی پر اُس کے بیگ میں کوئی چھوٹا موٹا ہاتھی نہ ہو.. کوئی بھی نہیں جانتا تھا لیکن اُس کے کم از کم تین انڈر ویئر ایسے تھے جن پر ننھے مُنّے ہاتھی نقش تھے..

اُس کے بائیں بازو پر کندھے سے ذرا نیچے جہاں تک اُس کے بلاؤز کی نصف آستین آتی تھی اُس سے ذرا اوپر اُس نے ایک ہاتھی گندھوا رکھا تھا جو قدرے مسخرہ سا لگتا تھا.. اور وہ کیوں قدرے بے ڈھب اور مسخرا سا لگتا تھا اس کی توجیہہ بے حد سادہ تھی.. جس چینی خاتون نے یہ ٹیٹو اُس کے بازو میں نقش کیا تھا، اُس نے اس سے پیشتر کسی گاہک کے بدن پر ہاتھی نہ بنایا تھا اور وہ اُس کے بدن کے تناسب کو قابو میں نہ لا سکی.. وہ ذرا لمبوترا سا ہو گیا اور سونڈھ قدرے مختصر ہو گئی..

وہ مسخرہ سا ہاتھی اُس کے بدن پر تنہا نہ تھا..

اُس کا ایک اور ہم جنس بھی موجود تھا جو اُس کی ناف سے ذرا نیچے جہاں سے ڈھلوان کا آغاز ہوتا ہے، وہاں نقش تھا اور اسے گندھواتے ہوئے اذیّت کے علاوہ اُسے بہت گدگدی ہوئی تھی.. جیسے ہزاروں برس پہلے جب پکلی اُسے پاروشنی کو تقریباً اسی مقام پر سنگھارتی بیل بُوٹے بناتی تھی تو وہ بھی کسمساتی تھی..

بازو پر کُھدا ہوا ہاتھی تو اکثر آستین اُٹھنے سے یا کسی کی جانب ہاتھ بڑھانے سے عیاں ہو جاتا تھا اور اُس کی دوست لڑکیاں اور مرد کولیگ اُس کی موجودگی سے آگاہ تھے اور ہاتھیوں سے اُس کی رغبت کی وجہ سے اُسے ''ایلی فنٹ گرل'' کہہ کر

چھیڑتے بھی تھے لیکن اس دوسرے ہاتھی کو براہ راست اگر کسی نے آج تک دیکھا تھا تو صرف اُس چینی خاتون نے جس نے سانس روک کر اُس نازک مقام پر یہ نقش گہرا کیا تھا اور اُس نے۔.شباہت نے بھی اُسے آئینے کے واسطے سے ہی۔.براہ راست تو نہیں دیکھا تھا۔.روزانہ دیکھا تھا۔.وہ ہاتھی اُس کے بدن کی سراسر ذاتی مملکت کے نہاں خانوں میں پوشیدہ ایک شکل تھی جس سے آگے جو زمین تھی وہ ابھی تک ایک نو مین لینڈ تھی۔.نومین!۔.اُس پر ابھی تک کوئی ہل نہ چلا تھا۔.کسی ہل کا پھالا اُس زمین کے کنوار پن میں نہ اُترا تھا۔.وہ کینیڈا کی اداسی کی جَم پَل تھی لیکن یہاں جنم لینے کے باوجود ان معاملوں میں وہ بے جھجک نہ ہو سکی تھی۔.بے حجاب نہ ہو سکی تھی۔. کسی کو بھی اس چوکیدار ہاتھی سے آگے جانے کی اجازت نہ دے سکی تھی، اپنی بے اختیاری کو سنبھال کر آخری لمحوں میں روک دیتی تھی۔..اس میں شائد اُس کے مشرقی جینز کا قصور تھا۔نہیں۔.وہاں متعدد اور بھی ایسی لڑکیاں تھیں جن کے آباؤ اجداد اُدھر سے ہی آئے تھے لیکن اُن میں یہ رکاوٹ نہ تھی، تو یہ وہ خود تھی۔. یہ اُس کی اپنی ذاتی چناؤ کی پوشیدگی تھی۔.

ہاتھیوں سے اس لگاؤ کا جواز وہ خود بھی دریافت نہ کر پائی تھی۔.اس کے مختلف عوامل ممکن ہو سکتے تھے۔.شائد یہ جنسی اجتناب تھا جو اُن کے ڈیل ڈول اور سونڈھ میں تشفی حاصل کرتا تھا۔.ایک باپ کی بے اعتنائی اور غیر موجودگی جسے وہ اُن کی دیوار نما بناوٹ کے تحفظ میں تلاش کرتی تھی یا پھر یہ محض ایک نفسیاتی عارضہ تھا۔. ہائی سکول میں، یونیورسٹی میں ایم بی اے کرتے ہوئے، گرمیوں کی چھٹیوں میں ایک ریستوران میں کام کرتے ہوئے اور پھر بینک کی ملازمت کے دوران اُس کی نسوانی کشش دریافت کرنے والوں اور اُسے اپنی جانب راغب کرنے والوں کی کُچھ کمی نہ تھی۔.اُن میں سے کُچھ کو اُس نے بھی پُرکشش پایا۔.اُن کی رفاقت کی خواہش مند ہو کر اُن کے ہمراہ پکنکوں، ریستورانوں اور پارٹیوں میں گئی لیکن۔.اس سے آگے نہ گئی۔.اور اب وہ سب ہمت ہار چکے تھے، اُسے سنکی قرار دے کر اُسے اُس کے حال پر چھوڑ دیا تھا۔.اُس پر ایک ہم جنس پرست ہونے کے الزام بھی لگتے رہتے تھے کہ وہ ہفتے میں ایک بار اپنی دوست اور ہم پیشہ لڑکیوں کے ساتھ کسی نہ کسی شراب خانے میں اپنی پسندیدہ رَم پی کر ادھم مچانے کے لیے ضرور جاتی تھی۔.

بینک آتے جاتے۔.شاہراہوں پر جمی ہوئی پھسلواں برف پر احتیاط سے ڈرائیو کرتے۔.اُس کی سیاہ رنگ کی جیپ کے اندر مغربی موسیقی کی بجائے مہدی حسن، نور جہاں، سلیم رضا، ریشماں اور جگجیت سنگھ کی مدھر آوازیں گونجتی رہتیں۔...جانِ بہاراں رشکِ چمن کے علاوہ جس گیت میں اُس کی جان اٹکی ہوئی تھی، وہ ایس بی جان کا گایا ہوا ''تو جو نہیں ہے تو کُچھ بھی نہیں ہے۔.یہ مانا کہ موسم جواں ہے حسین ہے۔.'' تھا جسے وہ بار بار سنتی اور ہمیشہ اپنے آپ سے سوال کرتی کہ کیا کبھی کوئی ایسا ہو گا۔.جو نہ ہو تو کُچھ بھی نہ ہو۔.اور پھر بے اختیار مسکرا دیتی کہ اگر وہ کسی کو قریب آنے ہی نہیں دیتی تو ایسا کبھی کیسے ہو گا۔.

سولہ برس کی عمر تک تو وہ کسی بھی کینیڈین ٹین ایجر کی مانند بے دریغ ہلّا گُلا کرتی پاپ موسیقی پر جان دیتی تھی اور ہر فقرے میں ''اوہ شِٹ'' اور ''فک یُو'' استعمال کرتی تھی اور پھر وہ سب کے منع کرنے اور سمجھانے بجھانے کے باوجود پاکستان چلی گئی۔اپنی گرمیوں کی چھٹیوں کے دوران اور وہاں اُس کا شاندار دادا سروسانسی تھا جس کی انوکھی اور آزاد شخصیت اُس پر اثر کر گئی۔.اُسے بدل کر رکھ دیا۔.وہ کینیڈا واپس آئی تو ایک مختلف شباہت تھی جو اپنے دادے کے رنگ

میں رنگی جا چکی تھی..

وہ کوئی خوش مزاج، دوست خصلت کی لڑکی نہ تھی بلکہ شکل سے نہائت بیزار اور چڑچڑی سی دکھائی دیتی تھی..اس کے چہرے پر دعوت کے کچھ آثار نہ ہوتے تھے اور اس کے باوجود اکثر مرد اُس نیلی جین میں کسی ہوئی لامبی ٹانگوں، گھنیری بنگالی آنکھوں اور شانوں سے اُترتے تقریباً کمر تک پہنچتے بالوں کے اسیر ہو جاتے..اُس کے قریب ہوتے اور پھر پرے کر دیئے جاتے..وہ یقیناً نارمل نہیں تھی..

وہ پانیوں سے ڈرتی تھی، دن کی روشنی میں تو وہ اُنہیں سہار جاتی تھی لیکن رات میں جب بھی وہ چاندنی میں لشک جاتے تو اگر وہ ڈرائیو کر رہی ہوتی تو بھٹک جاتی..وہ جو ایک گورا کینیڈین اُس کی زندگی میں آیا تھا اس بھید کو جان گیا تھا اور جان بُوجھ کر راتوں کو اُسے کسی جھیل کنارے لے جاتا تھا تا کہ وہ خوفزدہ ہو کر اس سے چمٹ جائے..اس کی کیا توجیہہ تھی، وہ نہیں جانتی تھی۔

اور پھر اُسے ایک اور علت بھی تھی..

ہاتھیوں سے ایک مریضانہ لگاؤ اور پانیوں کے ڈر کے سوا ایک اور علّت بھی تھی..

وہ ہر شے کو سُونگھتی تھی..اپنے آگے رکھی جانے والی خوراک کو.. پاستا، پیزا یا فرائیڈ پرانز کو یہاں تک کہ بینگن کے سالن کو..تولیے، ٹیبل میٹ..کیسٹ..سویٹر..کراکری..زیر جامہ خریدتے ہوئے بھی وہ اُن پر ناک رکھ کر ایک گہرا سانس لیتی اور پھر فیصلہ کرتی کہ کس کی مہک اُسے اچھی لگتی ہے اور کونسی ناگوار گذرتی ہے..اُس کی کمپیوٹر ٹیبل کے اوپر کتابوں سے لدے ہوئے متعدد شیلف تھے جن میں اردو اور انگریزی شاعری اور نثر کے سینکڑوں مجموعے تھے اور یہ سب بھی سُونگھ کر خریدے گئے تھے..وہ ڈسٹ کور پر درج مصنف کے نام کو نہ پرکھتی بلکہ کتاب کو اپنی ناک کے ساتھ لگا کر کچھ دیر سونگھتی جیسے وہ اُس کے مصنف کے بدن کو سونگھ رہی ہو..اور اگر اُس کی مہک اُس کے معیار پر پوری اُترتی تو وہ اُسے خرید لیتی ورنہ ناک چڑھا کر اُسے بدبودار ٹھہرا کر واپس رکھ دیتی..اُس کے نزدیک لوگوں کو..ملازمت کے ماحول کے رفقاء کار کو بھی کبھی کبھی گمان گذرتا تھا کہ وہ اُن کے قریب سے گذرتی اُنہیں سونگھتی ہے..اور پھر فیصلہ کرتی تھی کہ اُن سے میل ملاپ رکھا جائے یا نہیں..ایک بار اُس نے اپنی تنہائی میں کسی کو شریک کرنے کی خاطر کوئی جانور یا پرندہ خریدنے کے بارے میں سوچا..وہ ایک پَیٹ شاپ میں تادیر کبھی کسی بلّی کو..کسی پلّے کو..ایک موٹی دم والی گلہری کو..ایک سفید چوہے کو..اور متعدد پرندوں کو اُٹھا اُٹھا کر سونگھتی رہی..پَیٹ شاپ کا مالک ایک بوڑھا انگریز جو ابھی حال ہی میں انگلستان سے منتقل ہوا تھا اتنا حیرت زدہ ہوا کہ اپنی نقلی بتیسی کو قابو میں نہ رکھ سکا اور اُسے سنبھالنے کے لیے ''ایکسکیوزمی'' کہہ کر دوکان سے ملحقہ واش روم میں چلا گیا تھا..واپس آیا تو وہ وہاں نہیں تھی، کسی بھی جانور یا پرندے کی مہک حسب آرزو نہ تھی..

اپنی لامبی ٹانگیں بستر پر پھیلائے..فرش میں نصب جالیوں میں سے سرائت کرتی گرم آسودگی کے غنود میں اپنے بدن پر گندھے ایک ظاہر اور دوسرے پوشیدہ..جو اس حالت میں ظاہر تھا ہاتھیوں کی مسخری شباہتوں کی قربت میں وہ بستر پر پہلو بدلتی، کسمساتی، بیدار ہونے سے اجتناب کرتی رہی لیکن یہ اتوار کی ایک صُبح تھی اور اُسے ہر اتوار کی صُبح کی مانند آج بھی ماں کے پاس جانا تھا اور اُس نے..اُس کی ماں نے آج بھی ہر اتوار کی صبح کی طرح اُس کے لیے مچھلی چاول بنا رکھے ہوں

گے..اور انہیں تناول کرنے کے بعد ماں کو ہفتے بھر کی گرد دوسری کرنے کے لیے اُسے لے جانا تھا کہ یہی معمول تھا..

کھڑکی کے آگے کھنچے ہوئے پردوں میں سے روشنی کی کوئی ایک جھلک بھی بیڈروم میں اتنا اجالا نہ کرتی تھی کہ باہر کے دن کی خبر کر سکے.. باہر دن ہے یا رات اس کا کُچھ اندازہ نہ ہوتا تھا..

وہ اِک عالم خواب میں.. مُندھی ہوئی آنکھوں کے ساتھ..اپنی کسل مندی سے باہر آ کر ایک نابینا کی مانند ڈولتی ہوئی.. غسل خانے میں داخل ہوئی..شاور آن کر کے نہانے کا ارادہ کیا اور پھر فوراً اُسے ترک کر دیا..اپنے چہرے پر ٹھنڈے پانی کے کُچھ چھینٹے اُڑائے..اُس مدہوشی سے ذرا باہر آئی تو اپنے آپ کو آئینے کے مقابل پایا..

منطق الطیر کے پرندوں کی مانند وہ خود اپنے سامنے تھی..بے پردہ!

جب کبھی وہ اپنی دوست لڑکیوں کے ہمراہ ویک اینڈ پر کسی شراب خانے میں جا کر اپنی پسندیدہ رَم کے چند گھونٹ بھرتی اور اُس کی سہیلیوں کی دولتِ مشترکہ جس میں گوریاں، کالیاں اور بُھوریاں سب تھیں اور وہ میکسیکو کی ٹکیلا کی شیدائی تھیں جس کے دو چار گھونٹ ہی بدن کے اندر خانہ جنگی کا آغاز کر دیتے ہیں تو وہ اکثر عذرِ مستی رکھ کر اُسے چھیڑتیں کہ شیب..کیا یہ تمہارے ذہن پر ایک بوجھ نہیں ہے کہ تم ابھی تک اَن کُھلی ہو..سُکڑ چکی ہو گی یار اور تمہیں کھولنے کے لیے بہت تردّد کرنا پڑے گا..کیا تم ہمیشہ سُوکھی ہی رہو گی..کیونکہ وہ سب کب کی گیلی ہو چکی تھیں اور اُس کے کنوار پن سے اُلجھن محسوس کرتی تھیں..

وہ خود بھی اب اُلجھن محسوس کرنے لگی تھی..ایام کے خاتمے کے بعد کے چند روز بہت مصیبت میں گذرتے..
اُسے اپنی خواہش کی باگیں کھینچنی پڑتیں اور پھر صورتِ حال قابو میں آجاتی..

آخر وہ کس کی منتظر تھی..

چوبی سیڑھیاں اُتر کر..اُن سیڑھیوں پر اپنی لامبی ٹانگیں دھرتی وہ نیچے اپنے مختصر لِونگ روم میں آ گئی جس کے برابر میں کچن اور ڈائننگ ٹیبل کا علاقہ تھا اور ڈائننگ ٹیبل کے برابر میں ایک دروازہ تھا جو ایک بہت مختصر سی بالکونی پر کُھلتا تھا.. بالکونی پر کھڑے ہونے سے سوائے قطار اندر قطار مکانوں کے پچھواڑے کے اور کُچھ دکھائی نہ دیتا تھا اس لیے یہ دروازہ اکثر بند رہتا..البتہ ناشتہ کرتے ہوئے وہ اسے کھول دیتی کہ اس کے راستے تھوڑی سی دھوپ ڈائننگ ٹیبل کے نصف حصّے کو روشن کر دیتی تھی..بے شک اس گڑیا گھر میں مکمل گرمائش تھی لیکن اس کے باوجود اُس کے ننگے بدن میں ایک کپکپاہٹ سرکنے لگی، کہیں نہ کہیں کسی کھڑکی یا روشندان کے فریم میں ذرہ بھر ایسی گنجائش رہ گئی تھی کہ باہر کے انجماد کے برفیلے تیر اُس میں سے راہ پا کر اُس کے بدن پر اثر کرتے تھے..اُس نے صرف ایک بوسیدہ ٹی شرٹ پہننے کا تردد کر لیا اور اُس پر بھی ایک ہاتھی نقش تھا جو سونڈھ اُٹھا کر سلام کر رہا تھا..اُس نے آگے بڑھ کر ٹیلی ویژن آن کر دیا..کسی شوق یا چاہت کے بغیر..کہ اس کے سوا اور کیا کرنا تھا..

سکرین پر دھوئیں اور غبار میں سے ظاہر ہوتے کُچھ چہرے تھے..غربت کے خشک.اور کچے کوٹھوں میں ڈوبا ہوا ایک گاؤں تھا جس میں سے دھواں اُٹھ رہا تھا اور اُس میں سے کانوں کو ڈھانپتے ہوئے آہنی ہیلمٹوں میں پوشیدہ سیاہ چشمے چڑھائے ہلاکت کے ہتھیاروں سے سجے ''گو گو'' چیختے پکارتے فوجی برآمد ہو رہے تھے..گاؤں کے آسمان پر جو اس کی زمین

کی مانند ویران تھا، وہاں تین گن شپ ہیلی کاپٹر اُس کے سناٹے میں آئی ہوئی ساکت ہوا کو اپنے پروں سے ایک قینچی کی مانند کُترتے بارود اُگل رہے تھے.. یہ منظر یکدم پس منظر میں چلا گیا اور اُس کے آگے ایک امریکی نیوز چینل کا براڈ کاسٹر اپنے دیکھنے والوں کو افغانستان کی تازہ ترین جنگی صورت حال سے آگاہ کر رہا تھا اور وہ اتنے ہیجان میں میں آیا ہوا تھا کہ جیسے وہ بھی اُن شور مچاتے ''گوگو'' چیختے سپاہیوں کے شانہ بہ شانہ افغانوں کے ہر مکان کے دروازے کو ٹھوکریں مار کر کھول رہا ہے..وہ کہیں بھی ہو سکتا ہے..وہ یہاں بھی ہو سکتا ہے پر وہ نہائت چالاک اور بزدل ہے، یہاں سے فرار ہو چکا ہو گا اور کسی سوراخ میں جا چھپا ہو گا لیکن ہم اُسے دُھواں دے کر باہر نکال لیں گے..ووئی وِل سموک ہم آوٹ..

درجن بھر چینل بدلنے پر بھی منظر نامہ نہ بدلا..ہیلی کاپٹروں کی کھٹ کھٹ..گوگو..میزائلوں کے کا دھواں اور آتشی غبار..ایئر کرافٹ کیریئر جو بحر ہند میں تیرتے تھے اُن میں سے اُٹھنے والے طیارے..اور چہرے..دہشت اور موت سے نقش چہرے..اُس نے جھلا کر ٹیلی ویژن آف کر دیا..

ویسے یہ امریکی فوجی اُن ویران بستیوں میں داخل ہوتے ہوئے ہمیشہ گلا پھاڑ کر چیخ چیخ کر ''گوگو'' کیوں کہتے جاتے تھے..کیا وہ اپنی خوفزدگی پر پردہ ڈالنے کے لیے ایسا کرتے تھے یا پھر وہ اپنی کانوں کو ڈھانپ لینے والی ہیلمٹوں کی وجہ سے اپنی بلند آہنگی کا اندازہ نہ لگا سکتے تھے..

گوگو..اور اُس نے دوپہر کے کھانے کے لیے اور اپنی ماں کو گروسری کروانے کے لیے گوگو...جانا تھا..

اُس نے ذرا متحرک ہو کر فریج کو کھولا..گریپ فروٹ جُوس کا ایک ڈبہ نکالا اور اُسے کسی گلاس میں اُنڈیلنے کا تردد کیے بغیر اُس کے کھل چکے دہانے سے اپنے موٹے لب جوڑ کر چند گھونٹ بھرے..نیم کڑوا جوس اُس کے بدن میں ایک کاٹتی ہوئی تازگی کی مانند اُترا اور اگر ابھی تک اُس کی آنکھوں میں کُچھ نیند باقی تھی اُسے زائل کر دیا..البتہ اس کی ٹھنڈک نے اُسے یاد دلایا کہ اُس نے ٹی شرٹ کے سوا اور کُچھ نہیں پہنا ہوا اور وہ ظاہر ہے اس حالت میں تو باہر نہیں جا سکتی تھی..اُس کے موٹے تقریباً سُوجے ہوئے لگتے ہونٹ مسکراہٹ میں وا ہو گئے۔ اس تصور سے کہ اگر وہ سچ مچ یونہی ایک مختصر سی ٹی شرٹ میں باہر چلی جائے تو کیا ہو سکتا ہے..کُچھ بھی نہیں..وہاں ہر شخص مصروف اور اپنے اپنے بکھیڑوں میں اُلجھا ہوا تھا..کسی اور کی جانب دھیان کرنے کا وقت کسی کے پاس نہ تھا..اور اگر کوئی دھیان کر بھی لیتا تو وہ اسے اُس کا نجی معاملہ قرار دے کر پہلی نظر کے بعد اپنا دھیان کسی اور جانب کر لیتا..

اُس کے ظاہر میں ہمیشہ کسی تاریک یا بجھے ہوئے رنگ کی ٹی شرٹ، ایک نیلی جین اور چوڑے کسی حد تک بھدّے جوگر تھے جو آئرش گھوڑوں کے پاؤں کی مانند تھے لیکن..اُس کی پوشیدگی میں اُس کے زیر جامہ ہمیشہ بھڑکیلے، شوخ رنگوں کے، کسی حد تک فحش اور فضول سے ہوتے..اُس نے آج کے دن کے لیے ململ کی طرح باریک ایک ایسے جانگیے کا انتخاب کیا جس کے آگے موتیوں کی ایک لڑی جھولتی تھی جو کُچھ دیر جھولنے کے بعد ساکت ہوتی تھی تو اُس پر ''آئی لَو یُو'' کے حرف جھلملانے لگتے تھے... یہ خیال اُسے اکثر آتا کہ اگر کبھی کوئی مرد.. بہتر یہ ہے کہ اُس کا خاوند جب اُسے بے لباس کرے گا تو پہلے تو وہ غریب اُس کی ناف تلے کے ہاتھی کو وہاں براجمان پا کر پریشان ہو گا اور پھر..اُس کے زیر جامہ کی واہیاتی کے صدمے سے سنبھل نہ سکے گا.

آخر وہ کس کی منتظر تھی..

گھر سے باہر نکلنے کے لیے بہت سی ہمت درکار تھی..

باہر ستمبر کے ان آخری دنوں میں موسم سرما کی آمد کے ایسے سندیسے تھے جو دل کو ویران کر دیتے تھے..

''پھر آپ نے اُن سے کیوں شادی کی تھی ماں؟''

وہ اپنی مخصوص آرام کُرسی میں تلخ ماضی کی تھکاوٹ میں نڈھال بیٹھی اپنی بیٹی شباہت کو چاہت سے تکے جاتی تھی.. فلیٹ کی کھڑکی کے پار کیلگری ٹاور ہولے ہولے یوں اتنی سست رفتاری سے گھومتا تھا کہ اس پر گھومنے کا گماں بھی نہ ہوتا تھا...اُس اداس شہر میں سے اپنا قد نکالتا کسی نا قابل حصول خوشی کی خواہش میں بلند ہو رہا تھا..

''آپ نے اُن سے کیوں شادی کی تھی؟ نہ وہ آپ کے ہم زبان تھے اور نہ ہم وطن..اور تب تک تو آپ کو یہ علم نہ تھا کہ وہ آپ کے ہم مذہب بھی نہیں ہیں...وہ مہکتی مٹی جس میں محبت گُندھی ہوتی ہے جب وہ..بنائے گئے تھے تو بنانے والا جانے کیسے بھول گیا کہ ایک مُٹھی اس مٹی کی بھی اس شخص کا قلبوت تخلیق کرنے کے لیے درکار ہے...میں تو ہمیشہ تخلیق کار کو الزام دیتی ہوں اپنے باپ کو نہیں..اگر اُس میں محبت گوندھی ہی نہیں گئی تو اس میں اُس کا کیا قصور..لیکن آپ کو تو محسوس ہو گیا ہو گا ناں..جب اُنہوں نے پہلی بار آپ کا ہاتھ تھاما ہو گا یا صرف نظر بھر کر دیکھا ہو گا کہ اُن کے ہاتھ میں لگاؤ کی کُچھ حدّت نہیں، نظر میں عشق کے بخار کی کوئی سُرخی نہیں..اور اس کے باوجود آپ نے اُن سے شادی کر لی..کیوں؟''

یہ پہلی بار نہ تھا کہ وہ یہ سوال اپنی ماں سے پُوچھ رہی تھی..

لیکن ہر بار وہ اجتناب کر جاتی اور اُسے باتوں میں لگا لیتی کہ اللہ کا شکر ہے کہ اب یہاں کینیڈا میں بھی بنگلہ دیش سے درآمد شدہ کانٹوں بھری رسیلی مچھلی ٹینوں میں میسر آ جاتی ہے جس کے ذائقے کے لیے میں تو ترس گئی تھی اور..یہ چاول میں نے تمہارے لیے اُبال کر رکھے ہیں، تم پنجابیوں کی مانند ہم لوگ لامبے لامبے خوشبودار چاول پسند نہیں کرتے بلکہ یہ موٹے موٹے..گھنے اور مساموں والے چاول پسند کرتے ہیں جن کے اندر مچھلی کا شوربہ رَس بس جاتا ہے۔ میں نے کیوں تمہارے باپ سے شادی کی؟..وہ اُس کی ٹھوڑی تھام کر کہتی ''اس لیے کہ میں اُس سے محبت کرتی تھی..''

اُس کے باوجود اُسے خدشہ تھا کہ اُس کی بیٹی کُچھ اعتبار نہیں کرتی..وہ اسے ایک مصلحت پرست..موقع کی منتظر ایک ایسی عورت سمجھتی تھی جس کی عمر تجاوز کر رہی تھی، بالوں میں سفیدی کی دھاریں نمایاں ہونے لگی تھیں..اُس کی جانب توجہ کم ہو رہی تھی اور وہ مستقبل کی تنہائی سے سراسیمہ ہونے لگی تھی..ایک گیس سٹیشن پر قہر انگیز برفیلے موسموں میں گذر اوقات کرتی بمشکل اپنے اخراجات پورے کرتی تھی، چنانچہ جس پہلے مرد نے ذرا التفات کیا، شادی کی پیشکش کر دی تو اُس نے فوراً دیکھے بھالے بغیر قبول کر لیا..اور اُس نے آج تک اپنی بیٹی کے اس خدشے کو زائل کرنے کے لیے ایک لفظ بھی نہ کہا تھا ہمیشہ اُسے باتوں میں لگا کر گفتگو کا رُخ موڑ دیا تھا..

''کیوں ماں؟''

آج وہ اجتناب نہ کر سکی..کہاں تک ضبط کرتی..اپنی بیٹی کی آنکھوں میں ایک مُجرم ایک مصلحت پرست، موقع کی

منتظر عورت بنی رہتی''میں نے اُس سے اس لیے شادی کر لی کہ.. ہاں.. میں موقع پرست تھی.. مجھ سے اور کون شادی کرتا..''

''لیکن کیوں ماں.. کوئی اور کیوں نہ کرتا..''

''مُجھے.. ریپ کیا گیا تھا.. اجتماعی طور پر میری دوشیزگی کو بے آبرو کیا گیا تھا..'' مقدس بانو کے چہرے پر ایک سوگ اور ذلت کی چادر بچھ گئی..

''اوہ کرائسٹ..'' شباہت اپنی نشست سے ایک دھچکے کے ساتھ اُٹھی.. اپنی ماں کی جانب بڑھ کر اُس کے کندھے جھنجھوڑنے کو تھی، اٹھی اور پھر اپنی نشست میں گر گئی.. اس فلیٹ کی بلندی کی سطح پر کہیں دور پار کسی عمارت کے ماتھے میں نصب کوئی نیون سائن جل بجھ رہا تھا جس کی جھپکتی روشنی کھڑکی کے شیشے میں آسانی سے سرائت کر کے آرام کرسی پر بیٹھی مقدس بانو کے سوگوار چہرے پر کبھی جلتی تھی اور پھر کُچھ دیر تک بجھی رہتی تھی ''تم بھی اگر اُن زمانوں کے مشرقی پاکستان میں ہوتیں تو اس سلوک سے بچ نہ سکتیں.. وہ برے زمانے تھے.. میں نے یہ تیس پینتیس برس اُن زمانوں کو اپنی یادداشت سے محو کرنے کی کوشش میں گذارے ہیں اور پھر بھی وہ ہر اُس منظر پر نقش نظر آتے ہیں جس پر میری آنکھیں ٹھہرتی ہیں.. خلیج کی جانب سے آنے والی تُند ہواؤں کی زد میں آ کر ناریل اور سپاری کی درخت میری آنکھوں میں جھومتے ہیں اور اُن کے تلے جہاں نیم تاریکی میں ڈوبا ہوا گہرا سبزہ ہے، اُس پر میں دبی ہوئی ہوں.. درندگی کے چہرے مجھے دباتے مجھے بھرتے چلے جاتے ہیں.. اُن برے زمانوں سے پیشتر میں ڈھاکہ یونیورسٹی میں بنگالی ادب میں ماسٹرز کی ڈگری کے حصول کی خاطر دن رات ایک کرتی تھی.. کتابوں اور نوٹس کو دیمک کی مانند چاٹتی چلی جاتی تھی.. میرے ہم جماعت لڑکے اور لڑکیاں زیادہ تر بڑے شہروں اور مڈل کلاس طبقے سے متعلق تھے لیکن میرا باپ.. دیناج پور کا ایک ماہی گیر تھا، پُشت در پُشت سے پانی ہی اُس کا رزق تھے.. نو بہن بھائیوں میں سے صرف میں تھی جو سکول اور کالج کی رکاوٹیں پار کرتی یونیورسٹی تک جا پہنچی تھی.. مجھے یہاں ثابت کرنا تھا کہ میرا باپ میرے تعلیمی اخراجات برداشت کرتے کرتے اگر تنگ دست ہو چکا ہے تو اُس کی یہ مسافت رائیگاں نہیں تھی.. مجھے دوسروں کی نسبت بہتر نتائج دکھانے تھے.. میں نے اپنے آپ کو پڑھائی میں دفن کر لیا..

لیکن یہ جدوجہد کے.. اگر چہ سُکھ چین کے دن تھوڑے ہو گئے.. اچھا ہوا کہ تم ان دنوں میں نہیں تھیں.. میں ادھڑ گئی.. خلیج بنگال کی مانند کٹ پھٹ گئی.. کینیڈا کی حکومت نے ازراہ ہمدردی ان دنوں نوزائیدہ بنگلہ دیش میں جنم لینے والے ایسے سینکڑوں بچوں کو گود میں لے لیا اور اُن کے ہمراہ ایسی لڑکیوں کو بھی جن کے پیٹ پھُول چکے تھے.. میں اُن میں سے ایک تھی، وہ کون تھا جو ذمہ دار تھا؟ کسی ایک پر اُنگلی نہیں دھری جا سکتی تھی.. متعدد میں سے کوئی ایک تو تھا.. میں ایک سادہ صابر شاکر ایک ایسے ماہی گیر کی بیٹی تھی جس کے جال میں اگر کسی روز ایک مچھلی بھی نہ آتی تو وہ آسمان کی کی جانب ہاتھ اُٹھا کر کہتا... اللہ تو جس حال میں بھی رکھے تیرا شُکر ہے.. میں تیری رضا تسلیم کرتا ہوں.. تو میں اُس کی بیٹی تھی، صبر شکر کر گئی، حرفِ شکائت زبان پر نہ لائی.. سہہ گئی.. ورنہ.. شباہت ورنہ میرا جی چاہتا تھا کہ میں زمانہ جاہلیت کی عرب عورتوں کی مانند اُن دشمنوں کے کلیجے نکال کر اُنہیں نگل جاؤں.. اُن کے اُن اعضا کو جنہوں نے مجھے ادھیڑا تھا اُنہیں کاٹ کر ان کے ہار بنا کر گلے میں ڈال لوں.. میں ایسا ہی کرتی اگر میں اُس صابر شاکر ماہی گیر کی بیٹی نہ ہوتی..''

میں تو آج سے پہلے اس عورت کو جانتی ہی نہ تھی جو میری ماں ہے.. وہ کیسے شدت اور نفرت سے عاری اطمینان

سے اپنی کہانی کہہ رہی ہے..وہ کیوں اتنی مدت تک لب بستہ رہی..اور میں یہی سمجھتی رہی کہ وہ ایک منصوبہ ساز، مصلحت پسند عورت ہے جس نے اس خوف سے کہ وہ کہیں شیلف پر پڑی نہ رہ جائے اُس پہلے مرد کے ساتھ بیاہ کرلیا جس نے اُسے پیش کش کردی..

''تم پنجابیوں نے ہم پر بہت ظلم ڈھائے..تم ہی دشمن تھے..''

یہ دوسرا دھچکا تھا جس کے صدمے سے وہ بمشکل سنبھلی ''ہم نے..'' وہ اُٹھ کر اُس کے قریب آرام کرسی کے ساتھ لگ کر یوں بیٹھ گئی جیسے اُس کی گود میں سر رکھ دینے کی آرزو میں ہے..''ماں..ہم نے؟''

''ہاں..'' مقدس بانو نے اپنے اشتعال کے آگے صبر شکر کا بند باندھ دیا تھا..''تم بھی تو نسلاً پنجابی ہو..''

وہ آرام کرسی سے الگ ہو کر ذرا پیچھے ہوگئی..اُسے برا لگا تھا..اُس نے اپنی ماں کو براہ راست اپنی آنکھوں میں اُتار کر سوال کیا ''تو پھر آپ نے ایک پنجابی سے..جو آپ سے محبت بھی نہیں کرتا تھا، عمر میں بھی بڑا تھا..اُس کے ساتھ کیوں شادی کرلی..کیا آپ اس عمل کو بھی اپنے صبر اور شکر کے فلسفے کے کھاتے میں ڈالتی ہیں؟''

''ہاں..'' وہ پہلی بار اُس ذلت آمیز سوگواری سے باہر آ کر مسکرائی ''میرے خون میں میرے ماہی گیر باپ کی فرسودہ اخلاقیات کی جڑیں بہت گہری تھیں..میں یہاں کی مختلف نسلوں کی آباد کار لڑکیوں کی مانند اپنے آپ کو اتنی ڈھیل نہیں دے سکتی تھی کہ کسی بھی مرد کے ساتھ اختلاط کر کے اپنی بدنی ہوس کو مُجرم محسوس کیے بغیر تشفی دے کر زندگی گذارتی رہوں..مجھے بہرطور ایک قانونی اور مذہبی رشتہ درکار تھا..اور شباہت تم بھی تو مُجھ ایسی ہو..''

وہ اس یکلخت تخاطب کے لیے تیار نہ تھی ''کیا مطلب؟''

''تم بھی میری بیٹی ہو..اسی ماہی گیر کی نواسی..اور اُسی کی فرسودہ اخلاقیات کی پیروکار..میں تمہارے بدن کے قصّے پڑھ سکتی ہوں اور وہاں گریز ہے..ویسے تم بے شک یقین نہ کرو لیکن مجھے تمہارے باپ کی آنکھوں میں اپنے لیے محبت کے دُھیمے سے شرارے پھوٹتے ہوئے محسوس ہوئے تھے..اگرچہ وہ ایک پنجابی تھا لیکن وہ ایک سکھ یا گورے سے تو بہتر تھا..اور مجھے ایک قانونی اور مذہبی تحفظ درکار تھا..''

''اور جب آپ کو محسوس ہوگیا کہ وہاں اُن کی آنکھوں میں محبت کا ایک شرارہ بھی نہیں ہے..اور منکشف ہوگیا کہ اُن کا کوئی دین دھرم نہیں ہے..تو پھر آپ نے اُن سے علیحدگی اختیار کرلی..''

اُس بہت دور کی عمارت پر جلتے بجھتے نیون سائن کی روشنی مقدس بانو کے چہرے پر آ کر ایسی بجھی کہ لگتا تھا کہ اس کے جلنے کا اب کُچھ امکان نہیں اور پھر وہ جل اٹھی..''میں دوسری بار حاملہ ہوئی تھی اور میں اِس بچے کو..تمہیں کھونا نہیں چاہتی تھی..اُسے تو میں کھو چکی تھی..''

''کیسے؟'' یہ کیسی بھول بھلیاں اور زندگی کی پوشیدہ وادیاں تھیں جن میں اُس کی ماں اُسے لے اتری تھی..

''مُجھے یہاں کینیڈین حکومت نے انتخاب کا اختیار دیا کہ اگر میں اپنے ہونے والے بچے کی پرورش خود کرنے کی خواہش مند ہوں تو مجھے مکمل معاشی سہولت فراہم کی جائے گی اور اگر میں اُس سے چھٹکارا حاصل کرنا چاہتی ہوں، ذلت کے اس ثبوت سے نجات حاصل کرنا چاہتی ہوں تو اُسے کسی کینیڈین جوڑے کے حوالے کرنے کے قانونی کاغذات پر دستخط کر

سکتی ہوں.. جو میں نے کر دیئے.''

ایک عجیب سے ہیجان سے دوچار شباہت نے اپنی گردن کو بل دے کر بال جھٹکے..

''کیا وہ ایک لڑکی تھی یا لڑکا؟''

''لڑکا..'' اُس کے اندر ایک سسکی اُس کی جدائی کی اُبھری..

''وہ.. کہاں ہے؟''

''مجھے نہیں معلوم.. میں نے اُس سے دستبردار ہونے کے بعد اُس کا سُراغ نہیں لگایا.. اس لیے بھی کہ اُن دنوں بچوں کو گود میں لینے کے جو قوانین تھے، اُن کے تحت ماؤں کو یہ حق حاصل نہ تھا کہ وہ اُس بچے سے کسی بھی نوعیت کا کوئی رابطہ رکھیں اور نہ ہی اُن بچوں کو اُن کی ماں کا اتہ پتہ بتلایا جاتا تھا اور وہ بھی گمنامی میں رہتے تھے.. البتہ ان دنوں ایک نئے قانون کی رُو سے ماں کو یہ حق دیا گیا ہے کہ وہ اپنے بچے کے بارے میں جان سکتی ہے کہ وہ کہاں ہے.. اُس سے ملاقات کر سکتی ہے اور وہ بچہ بھی اگر چاہے تو اپنی ماں سے رابطہ کر سکتا ہے..''

''تو پھر ماں..'' اُس کی یکسر تنہائی میں کوئی اور بھی تھا.. کہاں تھا.. وہ تنہا نہ تھی..

آرام کرسی سے اٹھتے ہوئے مقدس بانو نے اپنے آپ کو سنبھالا.. پس منظر میں کھڑکی کے پار کیلگری ٹاور ناآسودہ آرزوؤں کی چاہت میں بلند ہو رہا تھا.. اور اُس کے پس منظر میں رات کی سیاہی میں اُس اداس شہر کو گھیرے میں لیے ہوئے پہاڑوں پر موسم کی پہلی برفباری کے آثار مدھم مدھم تھے.. ''شباہت.. گروسری کرنے کے لیے نہیں جانا..''

''میرا ایک بھائی ہے.. کہیں..''

''ہاں.. ہوگا..''

''کہاں؟''

''مجھے نہیں معلوم.. اور نہ ہی میں جاننا چاہتی ہوں..''

✦.......✦

درختوں کی سر بلندیوں پر رُکا ہوا آسمان اُن کی گھنی اُلجھی ہوئی شاخوں میں سے جہاں جہاں جھلکتا تھا ایک مکر چاندنی میں نہایا ہوا نیم روشن دکھائی دیتا تھا.. اور وہ مکر چاندنی شاخوں اور ٹہنیوں کی کی بھول بھلیوں میں اُلجھتی اُن سر بلندیوں سے گرتی جب جنگل کے فرش پر جا ٹھہرتی تھی تو گھناوٹ کے اندھیارے میں نیم روشن جزیروں کی مانند دکھائی دیتی تھی..

اُسے بخت جہان جونیئر کو راستہ سجھانے کے لیے مکر چاندنی کے ان قدموں میں آتے جزیروں کی کچھ حاجت نہ تھی، وہ پلا بڑھا، کھیلا کُودا ہی ان راستوں پر تھا..اُس کے اندر اس کے گُھپ اندھیروں کا کوئی سہم نہ تھا..اور نہ وہ یکدم اپنے سامنے کسی جنگلی جانور کو پا کر بدکتا تھا اور نہ ہی کسی ایک پرندے کی شاخوں میں سے اترنے والی کسی ہُوک سے ٹھٹکتا تھا..

دنیا پور جھیل کُچھ زیادہ فاصلے پر نہ تھی..اُسے یہ نام اکبر جہان نے دیا تھا کہ یہ اس کی ملکیت بھی تھی اور ایک سوگوار یاد کا بُلاوا بھی تھی..

جہان آباد کے اپنے ذاتی جہان سے وہ کم ہی باہر جاتا تھا..

باہر جو بستیاں دور دراز تھیں اور جو شہر طویل فاصلوں پر تھے وہاں وہ ایک ایسے دبکے ہوئے ہر آہٹ پر چونکتے جانور کی مانند ہو جاتا جو بے دھیانی میں اپنے جنگل میں سے نکل کر کسی آبادی میں آ نکلا ہو..کسی ریستوران یا شراب خانے میں بیٹھے ہوئے ہمہ وقت اس احساس میں گرفتار رہنا کہ وہاں بیٹھے ہوئے سب لوگ صرف اُس پر نگاہیں مرکوز کیے ہوئے ہیں، استعجاب سے اُسے تکتے جاتے ہیں کہ یہ..اس آبادی میں کیسے آ نکلا ہے..کیا خطرناک تو نہیں..فٹ پاتھ پر چلتے ہوئے بھی شائد اُس کی چال ڈھال میں کُچھ ایسی وحشت تھی کہ اُسے تو یہی لگتا تھا کہ لوگ اُسے مڑ مڑ کر دیکھ رہے ہیں..اور یقیناً اُن میں جنہوں نے آباد بستیوں اور شہروں میں آنکھ کھولی تھی اور اُس میں بخت جہان میں جوان بستیوں سے بہت دور اُن کے لیے نامعلوم نو آباد جنگلوں میں پلا بڑا تھا..ایک مختصر وقفے کے لیے ٹورنٹو یونیورسٹی میں زراعت اور مارکیٹنگ کی تعلیم حاصل کرنے کے بعد اپنے آبائی بسیرے کو لوٹ گیا تھا..بہت فرق تھا..وہ کبھی بے دھڑک مسکرانے لگتا کہ اُس کے ذہن میں ماضی کی کوئی یاد..جو زیادہ تر جنگلی جانوروں اور اپنے باپ کی غصیلی طبیعت سے وابستہ ہوتی..تیر جاتی اور وہ کبھی کبھار خود کلامی میں مصروف ہو جاتا..تہذیب سے کٹے ہوئے ایک بڑی تنہائی میں رہنے والوں میں خود سے باتیں کرنے کی خصلت قدرتی

طور پر جنم لے لیتی ہے..تو اس میں اور اُن میں بہت فرق تھا..

البتہ رچرڈ اپنے آپ کو پل بھر میں ایک جنگل کے باسی سے ایک تہذیب یافتہ شہری کے عادات واطوار اور چال ڈھال میں ڈھال لینے کا ماہر تھا..وہ جہان آباد میں ہوتا تو یوں جیسے وہ کبھی اس کے جنگلوں، جھیلوں، کھیتوں مویشیوں کے باڑوں سے باہر کی دنیا سے آشنا ہی نہ ہوا ہو اور جب وہ چند روز کے لیے وہاں سے دور دراز آبادیوں میں اُترتا تو یوں جیسے اُس نے اُنہی مصروف پر شور شاہراہوں اور کثیر المنزلہ عمارتوں کے درمیان جنم لیا ہو..

لیکن بخت جہان جونیئر وہاں دور سے پہچانا جاتا.. یا اُسے گمان رہتا کہ وہ پہچانا جا رہا ہے اور وہ اپنے آپ کو ذرا سمیٹ سمیٹ کر احتیاط سے چلتا..

وہ دونوں..ابھی تک مُجرّد تھے..اُن کے بستروں کی چادروں پر نہ تو سلوٹوں میں اضافہ ہوا تھا اور نہ ہی اُن کے درمیان گیلے دھبّے ہوتے تھے..اُن کا باپ ہمہ وقت واویلا کرتا رہتا، اُٹھتے بیٹھتے سرزنش کرتا رہتا کہ دنیا میں کہیں کوئی ایسا شخص ہوگا جو ستّر برس کی مسافت سے آگے جا چکا ہو اور پھر بھی اُس کے بیٹے لنڈورے پھریں..اُس کی گود میں اُن کے بچے نہ ہُمکیں..

رچرڈ حال مست تھا، اپنی اس مُجرّد زندگی سے مکمل طور پر مطمئن اور آسودہ تھا، ان بکھیڑوں میں نہیں پڑنا چاہتا تھا..دو تین ہفتوں کے بعد وہ جہان آباد سے نکل کر آسودہ ہو آیا کرتا تھا اور کبھی کسی آسودگی کو اپنے ساتھ بھی لے آیا کرتا تھا..

البتہ اُس نے ایک اطاعت گذار بیٹے کی اداکاری کرنے کی کوشش میں کچھ جدوجہد کی تھی جو ثمر آور نہ ہو سکی..

امکانات تو ہر قدم پر تھے..

اُس کی دراز قامتی، تیکھی ناک، نیم سنہری بال اور خاص طور پر اُس کی گردن میں جو ایک نامعلوم سا خم تھا، جیسے وہ ہر شے، ہر سانس والی شے کو حقیر سمجھتا ہوا اُسے بہت پُرکشش اور ممتاز کرتا تھا..اور جب کبھی وہ جہان آباد سے نکلتا تو پہلے گیس سٹیشن پر، پہلے سٹور میں، پہلے ریستوران میں جو بھی لڑکی اُس کے روبرو ہوتی اُس سے متاثر ہوئے بنا نہ رہتی..

اُن میں سے کم از کم تین ایسی لڑکیاں تھیں..ایک آئرش نسل کی میگی مارگریٹ جس کی آنکھوں میں اُس دادا کی نیلاہٹ جھلکتی تھی جسے اُس نے تو کیا اُس کے باپ نے بھی صرف ایک بار دیکھا تھا..ایک فربہ ہسپانوی ازابیلا..اور کچھ رانا چندا نام کی ایک سری لنکن جس کا سیاہ بدن ایک سفید چادر تلے یوں سلگتا تھا جیسے اُسے ابھی آگ لگ جائے گی..وہ اُس کے عشق میں مبتلا ہوئیں اور وہ بھی شائد ہوا اور وہ اُس کی دعوت پر بخوشی جہان آباد چلی آئیں..پہلی نظر میں مسحور ہوئیں.. جنگلوں میں قلانچیں بھرتی پھریں، جھیل میں بے دریغ ڈبکیاں لگاتی رہیں کہ یہ کیسی عظیم تنہائی ہے اور ذاتی ہے..ندی میں سے مچھلیاں پکڑتی رہیں، موٹی لومڑیوں جتنی گلہریوں کے پیچھے بھاگتی پھریں..اُس کے شاہانہ اور وسیع فارم ہاؤس سے شدید متاثر ہوئیں لیکن چار پانچ روز کے اندر اندر وہ ابتدائی سحر زائل ہو گیا..اور وہ اپنی آباد دنیاؤں کو لوٹ گئیں کہ بے شک ہم تمہاری محبت میں فنا ہیں لیکن یہاں دن رات کے سناٹوں اور اکلاپے کے سوا اور کچھ نہیں..کھیتوں میں کام کرتے خاموش مزدور..زرعی مشینوں کا شور..ایک جنگلی سا باپ ندی کنارے ایک قبرستان جہاں تمہاری ماں دفن ہے تو ایسے ویرانے میں، ہم

پوری زندگی گذارنے سے قاصر ہیں..

اگر وہ اب تک تنہا تھا تو اس لیے نہ تھا کہ اُس نے سعی نہ کی تھی..

مگر چاندنی کے گھنیرے جنگل کے فرش پر بچھے جزیروں پر قدم دھرتا وہ جھیل کی جانب چلتا جاتا تھا کہ ایک خلش اُسے چین نہ لینے دیتی تھی..

جب کبھی وہ آبادیوں میں چندروز بسر کر کے جہان آباد لوٹتا تو اُس میں داخل ہوتے ہی وہ ایک طویل سانس اپنے پھیپھڑوں میں اُتارتا، ایک سرد ہریاول اور جھیلوں کے نم آلود سانس اُسے اُن آبادیوں کی گھٹن اور اخلاقیات سے آزاد کر دیتے..

لیکن اس بار ایسا نہ ہوا تھا..

کیلگری سے واپسی پر وہ آزاد نہ ہوا تھا..

ایک بوسیدہ نیلی پھٹی ہوئی جین میں کسی ہوئی لامبی ٹانگوں والی بیزار اور لاتعلق، نہائت بھدے..آئرش گھوڑوں کے پاؤں ایسے..جوگرز میں..اپنے مختصر سیاہ بلاؤز کو کھینچ کر جین اور اُس کے درمیان اپنے دوگرہ برہنہ پیٹ کو ڈھکنے کی کوشش میں ناکام ہوتی ہوئی..اور اُس چیتے ایسے پیٹ پر کوئی سلوٹ نہ تھی..ایک لڑکی..سیّال اور سیاہ آنکھوں والی..اُس کے ساتھ چلی آئی تھی..

وہ تینوں..میگی مارگریٹ، ازابیلا اور گُچھ رانا چندا نام کی..پہلی ملاقات کے بعد وہیں رہ گئی تھیں..لیکن یہ..اُس کے ساتھ چلی آئی تھی..اُس کی مہک اُس کی جان نہ چھوڑتی تھی..بظاہر وہ بہت معمولی تھی پر کسی دور دراز کے وطنوں کی پیاسی مٹی سے بنی ہوئی تھی جس پر اُس کی نظر کی بوندیں گری تھیں تو وہ مہک اُٹھی تھی.... بابا اکبر جہان جب کبھی اپنے سردار یاروں کے ساتھ سرور میں آ کر اُس جوہڑ کے کنارے جا بیٹھتا جس کے گدلے پانیوں پر ہمیشہ..بقول اُس کے چار مرغابیاں تیرتی تھیں جن کا خوشی سے کوئی تعلق نہ تھا اور واپس آتا تو ہمیشہ چولستان کے پیاس کے صحرا کے قصّے نم آنکھوں کے ساتھ بیان کرنے لگتا کہ کیسے جب کبھی وہاں مینہ کی پہلی بوند پڑتی تھی تو سلگتی ہوئی ریت میں سے ایک سسکی سی اُبھرتی تھی اور پھر سارے میں ایک مہک پھیل جاتی تھی جو اُس کے نشینوں کی خشک ہو چکی آنکھوں میں اُتر کر اُنہیں بینائی دیتی تھی اور لاغر ہو چکے ڈھور ڈنگر کو پھر سے اپنے پاؤں پر کھڑا کر دیتی تھی اور پیاس سے پژمردہ ہو چکی خاردار جھاڑیوں کے کانٹوں کی نوک پر پُھول کھلا دیتی تھی..

بس یہی مہک تھی جو اُس کے ساتھ چلی آئی تھی..

اُن تینوں میں کشش کی رغبت اور خواہش تو تھی پر ایسی مہک نہ تھی جو اُس کے ساتھ چلی آتی..

اس بار جب وہ تقریباً دو ماہ کے بعد جہان آباد سے باہر جانے کو تھا..اور اُس کی جیب میں تازہ ترین کھادوں، فصلوں پر چھڑکنے والی ادویات، ہائی برڈ بیجوں اور زرعی اوزاروں کی ایک طویل فہرست تھی تو بابا اکبر جہان نے اُس جیب میں ایک چِٹ ڈال دی تھی..اسے مل آنا..تمہارے دادا بخت جہان کا اور اُس کے باپ کا ایک طرح کا

رشتہ تھا.. برابری کی سطح کا تو نہ تھا پر یہاں اس کڑی یا ہوی سرد سرزمین پر اور کوئی بھی نہیں جو ہمارا آبائی سگا ہو.. میں ابھی کُچھ روز پیشتر خاص طور پر اس سے ملاقات کے لیے گیا تھا.. اُسے اپنے دکھوں میں شریک کرنے کے لیے گیا تھا... اور وہ اپنی گمشدگی میں مسکراتا جا رہا تھا.. بخت جہان.. اپنے ان اکلوتے دور پار کے رشتوں سے رابطہ رکھنا چاہیے.. کہ ان کے سوا یہاں ہمارا کوئی نہیں.. اُس کو میرا اسلام کہنا..

وہ پچھلے ایک گھنٹے سے اُس دور پار کے رشتے دار کو جو ایک صوفے میں دھنسا مسکراتا جاتا تھا بے وقوفوں کی مانند دیکھے چلا جا رہا تھا، اُس کی مسکراہٹ میں پہچان کا کُچھ گذر نہ تھا.. اُس کے بائیں ہاتھ کو تھپک کر یہ کہہ کر کے.. سَر.. میں اپنے والد اکبر جہان کا سلام کہنے آیا تھا اور کیا مجھے رخصت ہونے کی اجازت ہے وہ اٹھنے کو تھا جب ہوم کے شیشہ دروازوں کو دھکیل کر ایک بوسیدہ نیلی پھٹی ہوئی جین میں گسی لامبی ٹانگوں والی بیزار.. اپنے مختصر سیاہ بلاؤز کو کھینچ کر جین اور اُس کے درمیان اپنے دو گرہ برہنہ پیٹ کو ڈھکنے کی کوشش میں ناکام ہوتی ہوئی وہ اندر داخل ہوئی..

''ہیلو ڈیڈی...''

اُس نے اُس پر کُچھ نگاہ نہ کی.. جیسے وہ وہاں موجود ہی نہ تھا..

اور وہ.. جس کی مسکراہٹ میں پہچان کا کُچھ گذر نہ تھا اپنی بیگانگی سے.. اُسے دیکھتے ہی باہر آ گیا.. ''ہیلو شباہت..''

اُن دونوں میں جو یگانگت ابھری تھی اُس میں وہ ایک بیگانہ تھا جو مُجرم محسوس کر رہا تھا..

''میں تمہارے لیے منتظر تھا..''

''تھینک یو ڈیڈی..'' اُس لڑکی کے لہجے میں اُلفت کا ایک ذرّہ بھی نہ تھا.. صرف فرض تھا.. وہ پہلی بار بخت جہان کی جانب متوجہ ہوا.. ''یہ میری بیٹی ہے.. اور آپ کون ہیں؟''

وہ اپنے باپ کے سامنے ایک کُرسی پر یوں لاتعلق سی ہو کر بیٹھ گئی جیسے انگریز کسی ٹرین کے ڈبے میں داخل ہو کر دوسرے مسافروں کی موجودگی سے چشم پوشی کرتے نشست پر بیٹھ کر خلاء میں گھورنے لگتے ہیں..

''انکل میں اکبر جہان صاحب کا بیٹا ہوں بخت جہان.. اُنہوں نے مجھے تاکید کی تھی کہ میں آپ سے ملاقات کر کے اُن کا سلام آپ تک پہنچا دوں..''

''وعلیکم السلام..'' موتی نے سر ہلایا..

کمبخت ہو بہو اپنے باپ کے سانچے میں سے نکلا ہے.. جانے اُس کی بیٹی کا مسئلہ حل ہوا ہے یا نہیں.. کبھی ملال میں چلا جاتا تھا اور کبھی طیش میں آ جاتا تھا.. اُس کا خیال تھا کہ میں گمشدہ حالت میں جو وہ کہہ رہا ہے، سُن نہیں رہا.. اور واقعی میں سُن تو نہیں رہا تھا لیکن ذہن میں اُلجھی ہوئی دُھند میں کبھی کبھار اُس کا کوئی فقرہ بھٹکتا ہوا چلا آتا تھا.. اپنی بیٹی کے لیے پریشان تھا، کیوں تھا.. اس کا جواز دُھند میں کھو گیا.. ''یہ میری بیٹی ہے شباہت..'' اُس نے پھر دوہرایا..

شباہت اپنے آپ پر ضبط کر کے بظاہر لاتعلقی سے خلاء میں گھور رہی تھی.. اس قدرے نیم تہذیب یافتہ شخص کی وجاہت پہلی نظر میں ہی اسیر کر دینے والی تھی اور اُس پر دوسری نظر ڈالنا کسی حد تک خودکشی کے مترادف تھا.. اُس کی

گردن میں جو ہلکا سا متکبر خم تھا، وہ جان لیوا ثابت ہوسکتا تھا..کیا یہ واہمہ تھا کہ ناف تلے ابھی تک خوابیدہ ہاتھی کچھ گیلا سا ہونے کو تھا..اگرچہ شباہت کا چہرہ مکمل طور پر سپاٹ تھا اور اُس پر بچھی بیزاری کے پار جا کر یہ جاننا ممکن ہی نہ تھا کہ اُس پر کیا گذر گئی ہے..

اُس کی موٹے سیاہ جامنوں ایسی آنکھیں سیال اور بہتی ہوئی لگتی تھیں اور اُن میں سے ایک سیاہ روانی بخت جہان کے وجود کو ایک کالے جادوٹونے کی مانند بھرتی جا رہی تھی.. ''ہیلو..''

وہ اُسی طور لاتعلق اپنی ذات کے ڈبے میں بند بیٹھی رہی..

''میرے دادا..اور آپ کے دادا..'' وہ اُس روٹھی ہوئی لگتی لڑکی سے مخاطب ہوا..''وہ..اُن کا ایک طرح کا رشتہ تھا..اگرچہ..'' وہ کہتا کہتا رُک گیا کہ اگرچہ برابری کی سطح کا نہ تھا..''وہ دونوں..کسی دنیا پور میں زندگی کرتے تھے، مجھے میرے بابا اکبر جہان نے بتایا تھا..''

''ہاں..میں اُس دنیا پور میں جا چکی ہوں..'' اُس نے اپنے سر کو ذرا سا ٹیڑھا کر کے..جان بُوجھ کر نہیں غیر شعوری طور پر جھٹکا اور بخت جہان کو یوں محسوس ہوا کہ اُس کے دل کو بھی جھٹکا لگا ہو..''میرے دادا سر وسانسی مجھے کسی محلّہ مغربی کے ایک کھنڈر ہوتے گھر کے اندلے گئے تھے اور وہ اپنے ایک چوہدری کو یاد کرتے..جو غالباً آپ کے دادا تھے..رونے لگے تھے..وہاں اُس کھنڈر کی تنہائی میں ایک ایسی بوڑھی عورت تھی جو ٹٹولتی پھرتی ایک پلنگ صحن میں بچھائے اپنے کسی جنگ پر گئے ہوئے بیٹے کی واپسی کی منتظر تھی..'' اُس کے لہجے میں بیگانگی اور بے اعتنائی بدستور تھی جس میں سرد مہری بھی سرائت کرتی تھی..

''وہ میری سوتیلی دادی کنیز فاطمہ ہوں گی..آپ..دنیا پور کب گئی تھیں؟''

اُس نے کچھ جواب نہ دیا..وہ اٹھی اور وہیل چیئر پر بیٹھے اپنے جانب مسرت سے تکتے ہوئے باپ کے چہرے کے قریب ہوئی اور اُس پر امید کی ایک کرن پھوٹی کہ شائد یہ آج میرے رخساروں پر ایک بیٹی کا بوسہ ثبت کر دے اور اُسی لمحے وہ پیچھے ہٹ گئی، ایک مرتبہ پھر اُسی انداز میں سر جھٹکا اور اپنے قدموں پر لوٹ کر ہوم کے صدر دروازے سے باہر نکل گئی..

اور جب اُس نے دوسری بار اپنے سر کو جھٹکا تھا تو اُس کے نصف بازو کے بلاؤز کی آستین ذرا سی کھسک کر اوپر ہوئی تھی اور وہاں ایک لمبوترا سا مسخرہ ہاتھی گُندھا ہوا تھا..

وہ اُس مسخرے ہاتھی کو بُھلا نہ پایا تھا کہ بابا نے پھر بکھیڑا ڈال دیا تھا..سیرت نے ان دونوں کو ایک عرصے سے رازداں بنا رکھا تھا اور وہ اُس نوجوان ڈھولچی پر کاش سنگھ سے کچھ بیر نہ رکھتے تھے بلکہ وہ اُنہیں بہت مناسب لگا تھا اپنی ہلکی سی نسوانیت کے باوجود..اور اگر سیرت اُس کی محبت میں مبتلا تھی تو اعتراض کی گنجائش کہاں رہ جاتی تھی..

رچرڈ ہمیشہ اُس کی نسبت بے خوف ہو کر اپنے باپ سے بات کرتا تھا''بابا..کچھ حرج نہیں..یقین کریں..''

بجھتی ہوئی نیلی آنکھوں پر ڈھلکے ہوئے پپوٹوں کا جو ماس تھا اُس کے تلے سے شرارے پھوٹنے لگتے''چوہدری

بخت جہان..جس کا چھوٹا بھائی محمد جہان دنیا پور کا نمبردار تھا اُس کی پوتی..ایک سکھڑے سے شادی کر لے..تمھیں پتہ ہے تمہارا دادا..''

اور وہ اس دادے کی داستانیں سُن سُن کر عاجز آ چکے تھے..وہی دادا جو ڈانگ تھام کر اپنے راستے کو کاٹنے والی چڑیوں کے پیچھے پڑ جاتا تھا..بلند آواز میں ٹرّاتے مینڈکوں کو ہلاک کر دیتا تھا اور جس نے اُن کی دادی کو گھر سے نکلنے پر مجبور کر دیا تھا..اپنے بیٹے اور بیٹیوں سے کچھ رسم وراہ نہ رکھی تھی، کبھی خبر نہ لی تھی کہ وہ زندہ ہیں یا مر گئے ہیں اور جسے بابا اکبر جہان نے بھی اپنی پوری زندگی میں ایک جنازے کے موقع پر قبرستان میں دیکھا تھا اور آج اُسی دادا پر اتنا فخر کہ..تمھیں پتہ ہے تمہارا دادا..

بخت جہان نے تھوڑی بہت ہمت مجتمع کی..''بابا..آپ اسی ہمارے دادا کا ایک قول دوہرایا کرتے تھے کہ جاٹوں کا کوئی مذہب نہیں ہوتا، وہ صرف جاٹ ہوتے ہیں..''

''ہاں..'' اکبر جہان نے فخر سے سر ہلایا..''میرا باپ یہی کہا کرتا تھا..''

''تو پھر بابا..وہ..پر کاش سنگھ بھی تو..سکھ بھی تو جاٹ ہوتے ہیں۔''

اُنہیں محسوس ہوا جیسے بابا کے کندھے ابھی ابھی سانچے میں سے نکلے تھے، مٹی گیلی تھی اور وہ ڈھے گئے ہیں..

اُنہیں اُس پر بہت ترس آیا..جیسے ایک بارہ سنگھا گھائل ہو کر مرنے سے پیشتر فریاد کرتا ہے، ایسی اُس کی آواز آئی..''میں نے سیرت کو کہا ہے کہ مجھے کچھ اعتراض نہیں..اگلے ویک اینڈ پر معاملات طے کرنے کے لیے جہان آباد آ جاؤ...وہ یا تو وہ کرے گی جو میں چاہتا ہوں..وگرنہ ندی کنارے کے قبرستان میں ایک اور قبر کا اضافہ ہو جائے گا..''

وہ دونوں اپنے اپنے بیڈ رومز میں پہنچ کر فوری طور پر فون کی جانب لپکے..سیرت..تم نے ہرگز ہرگز اگلے ویک اینڈ پر جہان آباد نہیں آنا..دوہراتے ہیں، نہیں آنا..اب تم دوہراؤ کہ ہم کیا کہہ رہے ہیں..ہاں..نہیں آنا..بعد میں بیان کریں گے کہ کیوں نہیں آنا..

اُنہیں قدرے قلق ہوا کہ وہ اپنے باپ کے خلاف ایک سازش میں شریک ہو رہے تھے..

وہ اس دنیا پور جھیل کو اپنا ہمراز بنانے کے لیے مکر چاندنی کے جزیروں پر پاؤں دھرتا چلا آیا تھا، اور اُس کے ساتھ ساتھ اُس بیزار شباہت کی اپنی مٹی میں سے اُٹھنے والی سوندھی خوشبو چلی آتی تھی..

اُسے قرار نہ آتا تھا..

مکر چاندنی جھیل کے پانیوں پر بے دریغ راج کرتی تھی، جنگل کے نابینا گھنے پن میں گھری وہ ایک نیم روشن آنکھ کی مانند آسمان کو تکتی تھی اور یہ اُس کا گمان تھا یا نظر کا دھوکا تھا..مکر چاندنی کی بچھی ہوئی چادر پر اُس لمحے چار مرغابیاں اُتریں اور اُس کی سطح پر تیر نہ سکیں، چار بھاری پتھروں کی طرح پانیوں میں ڈوب گئیں..وہ اُس کی محرم راز ہو سکتی تھیں پر وہ ڈوب گئیں..

اُس کا سراغ لگانا مُشکل نہ تھا..

پر اُس سے بات کرنا بہت مشکل تھا..اُس کی آواز سُن کر..''شباہت ہیئر''اُس کا دل ڈوب جاتا تھا اور وہ فون بند کر دیتا تھا..

وہ کبھی اتنا جھینپو اور تھوڑے دل کا نہ ہوا تھا..ہمیشہ بے دریغ اظہار کر دیا کرتا تھا..پر اب اُس کے حسیاتی نظام میں کوئی شدید تخریب کاری ہو گئی تھی کہ اُس کی آواز سنتے ہی اُس کے ہاتھ پاؤں ٹھنڈے ہو جاتے....آخری بار فون بند کر دینے کے بعد اُس پر ایک حقیقت کا انکشاف ہوا جو جواز تھی..اس سے پیشتر ہمیشہ اس کا تعلق اُن لڑکیوں سے ہوا جن کی زبان، بدن اور اخلاقیات اُس سے مختلف اور اجنبی تھے..غیر تھے..اس لیے کُچھ جھجک نہ ہوتی تھی..اور یہ..بیزار شکل کی، سیال آنکھوں والی، لامبی ٹانگوں والی لڑکی سراسر اُس کی اپنی مٹی سے ڈھالی ہوئی ایک مشرقی صُورت تھی جس کی زبان، بدن اور اخلاقیات میں اپنائیت تھی..تو یہی جواز تھا..

بالآخر اس نے اُدھر سے ''شباہت ہیئر'' کی بھاری اور بیزار آواز سُن کر اپنے آپ کو مضبوط کر کے فون منقطع کر دینے سے باز رکھا..''کیا میں نے آپ کو ڈسٹرب کیا ہے؟''

''آپ کون ہیں؟''شائد وہ نیند میں تھی..

''معاف کیجیے گا میں..بخت جہان ہوں..''

''جی..''وہاں پہچان کا کوئی شائبہ نہ تھا..

''آپ کے ڈیڈی موتی صاحب کے ہوم میں..شائد آپ کو یاد ہو، وہاں آپ سے ایک مختصر ملاقات ہوئی تھی..کیا آپ بات کر سکتی ہیں..''

''کریں..''بے اعتنائی برداشت ہو سکتی ہے لیکن اس''کریں''میں ایک بدتمیزی بھی تھی..

''کیا..اگر آپ بُرا نہ مانیں تو ہم..کیا آپ کافی کا ایک کپ میرے ساتھ پینا پسند کریں گی..''

''کیوں؟''

وہ یکدم اُس کی بے رُخی سے عاجز آ گیا..''ہم دور پار کے رشتے دار ہو سکتے ہیں..اس لیے..پلیز..کیا ہم مل سکتے ہیں..پلیز..''

جیسے حیات کے لمحوں کے گذرنے کی چاپ سنائی نہیں دیتی، وہ آس پاس ہولے ہولے چُپ چاپ گذرتے رہتے ہیں، نہ بیداری میں اُن کے گذرنے کا کچھ احساس ہوتا ہے اور خواب میں تو وہ طویل فاصلے طے کر جاتے ہیں اور اگلی سویر اُن کے قدموں کے کچھ نشان نہیں ملتے.. اور پھر ایک روز آئینے میں جو چہرہ نظر آتا ہے وہاں ہونٹوں کے کناروں پر ایک شکن ہے.. ایک سلوٹ کروٹ بدلتی دکھائی دیتی ہے جو ابھی کل تو وہاں نہیں تھی.. دانت اُس قدر چمک والے آج کیوں دکھائی نہیں دے رہے.. یہ مٹیالے اور بے رنگ کیوں نظر آ رہے ہیں.. وقت دبے پاؤں گذر گیا تھا اور اُس نے آئینے کا منظر بدل دیا تھا..

ایک تنے ہوئے ایستادہ کُھنب کی مانند، کیلگری ٹاور شہر کی بے رونقی اور اداسی میں سے اٹھتا تھا.. یہاں تک کہ شہر کے سارے رنج اور دُکھ نیچے رہ جاتے تھے اور اُس کی آخری بلندی پر واقع ریستوران لمبی حیات کے لمحوں کی مانند چپ چاپ ہولے ہولے.. اتنی آہستگی سے اپنے مدار میں گھومتا تھا کہ اُس کی شیشے کی دیوار کے پہلو میں سبھی میزوں کے گرد بیٹھے ہوئے لوگوں کو شائبہ بھی نہ ہوتا تھا کہ وہ سرکتا جاتا ہے.. وہ اگر اپنی خوراک سے نظر ہٹا کر باہر کے منظر پر نظر ڈالتے تو وہ ساکت ہوتا.. اور پھر وائن کا ایک گھونٹ بھر کر اپنے کسی رفیق یا ساتھی عورت کو اپنے کسی روزمرہ کے قصّے میں شریک کرنے کے بعد جب یونہی باہر نظر کرتے تو منظر بدلا ہوتا اور وہ یقین نہ کر سکتے.. ابھی شہر کی نیم تاریکی میں سے اُبھرتی بھدّی اگرچہ روشن ڈربہ نما عمارتیں شیشے کی کھڑکی کے قریب ہو رہی تھیں اور چند لمحوں بعد اسی شیشے کے فریم میں برٹش کولمبیا کے وہ پہاڑ تصویر ہو رہے ہیں جن کی برفیلی بلندیاں رات کے اندھیارے میں بھی لَو دے رہی ہوتیں.. اُن برفوں کی منتظر جنہوں نے بہر طور انہی دنوں میں اُنہیں مکمل طور پر سفید پوش کرنا تھا..

البتہ حیات کے دھیرے دھیرے سرکتے جانے اور کیلگری ٹاور کے ہولے ہولے گھومتے جانے میں ایک فرق تھا.. زندگی میں جو سانس ایک بار آتا تھا دوبارہ نہ آتا تھا، جو منظر ایک بار نظر نواز ہوتا تھا وہ ہمیشہ کے لیے مٹ جاتا تھا.. کیلگری ٹاور ایک ایسا مہاتما تھا جس کے نصیب میں ایک چکر لکھ دیا گیا تھا.. ایک چکر مکمل ہونے پر پھر وہی پہلے سے دیکھا ہوا منظر سامنے آ جاتا تھا، حیات کے وہ لمحے جو گذر چکے تھے پھر سے زندہ ہو جاتے تھے.. گویا آواگون کی رُوح کا ایک تسلسل تھا..

بخت جہان کی اشتیاق سے مزید نیلی ہوتی آنکھوں کے سامنے میز کے پار ایک بے توجہ اور لاتعلق سی لڑکی میز پر

کُہنیاں جمائے اپنی دونوں ہتھیلیوں کے درمیان اپنے چہرے کو تھامے نہ تو اُس کی جانب تکتی تھی اور نہ ہی ٹاور کی بلندی سے نظر آنے والے عجوبہ منظر میں کچھ دلچسپی رکھتی تھی.. البتہ وہ بار بار اپنی لامبی ٹانگوں کو میز کے نیچے آگے پیچھے کرتی اور وہ پھر بھی بخت جہان کے گھٹنوں سے جالگتیں.. اُس نے جیسا کہ دستور تھا شام کے کھانے پر مدعو ہونے کے لیے کچھ تردد نہ کیا تھا.. کوئی خصوصی لباس، کچھ ہارسنگھار.. وہ بنی ٹھنی نہ تھی.. اُسی پھٹی ہوئی نیلی جین اور سیاہ بلاؤز میں اور وہی آئرش گھوڑوں کے پاؤں ایسے چوڑے اور بھدّے جوگر.. ہونٹوں پر جو موٹے اور قدرے سُوجے ہوئے لگتے تھے اور اُن کی سوجن میں کسی محبت بھری شب کا کچھ عمل دخل نہ تھا، خزاں رنگ کی لپ سٹک کی ہلکی سی تہہ جمی تھی جس میں اُس کے ہونٹوں کے مسام اور باریک رگیں بھی پوشیدہ نہ ہوئی تھیں.. وہ اپنی سیاہ سیال آنکھوں کو یقیناً ذرا سنوار کر مزید پرکشش کر سکتی تھی.. شائد وہ اسی پھٹی ہوئی جین، بلاؤز میں بھدّے جوگروں سمیت سو جاتی تھی، اور اب اُسے ملنے کی خاطر اُس نے صرف وہ واجبی سی لپ سٹک ہونٹوں پر لگائی تھی اور چلی آئی تھی..

شباہت نے اُس کے ساتھ مشورہ کیا تھا.. کیوں ماں؟

اُس دور پار کی کسی عمارت کے ماتھے میں نصب جو نیون سائن تھا وہ آج رات بھی جل بجھ رہا تھا اور اُس کے جھکتے سائے اور روشنیاں مقدس بانو کے فکرمند چہرے پر جل بجھ رہے تھے.. ان کے سوا ٹیلی ویژن سکرین میں سے پھوٹنے والے متحرک نقش بھی جلتے بجھتے چہرے میں مدغم ہو کر ایک عجیب ڈراؤنی سی کیفیت کو جنم دے رہے تھے.. سکرین پر وہی ایکشن ری پلے چلتا جا رہا تھا.. بحر ہند کے پانیوں میں سے عفریتوں کی مانند اٹھتی میزائلیں جو طویل فاصلے طے کر کے سنسناتی ہوئی افغانستان کے ویرانوں اور بستیوں میں گرتی چلی جا رہی تھی.. "گوگو" امریکی فوجی جدید زرہ بکتر میں پوشیدہ بوسیدہ دروازوں کو ٹھوکریں مارتے اور اُن کے اندر یکدم روشنی میں آتے دہشت زدہ چہرے.. اور پھر کھٹ کھٹ گن شپ ہیلی کاپٹر ہواؤں کو قینچی کی مانند کُترتے دھاکے اُگلتے.. اور ان حملہ آور نیٹو کی افواج میں آٹے میں نمک کے برابر نمک خواری کی مجبوریوں میں دو چار اور ملکوں کے بھی چند فوجی شامل تھے جن میں کچھ کینیڈین بھی تھے.. اگرچہ وہ کہیں نظر تو نہ آتے تھے لیکن بہر طور اُن کی شمولیت کو کینیڈین میڈیا بار بار زبانی کلامی بیان کرتا چلا جا رہا تھا..

فلیٹ کی کھڑکی میں وہی اُکتا دینے والا.. مسلسل نظر آنے والا.. کیلگری ٹاور تھا جس کی چوٹی پر ہولے ہولے گھومنے والا وہ ریستوان تھا جہاں اُنہیں.. اب نو بجکر تیرہ منٹ ہو چکے ہیں اور اُنہیں نو بجے ملنا تھا تو وہ دونوں اب وہاں ہوں گے..

کیا اس لمحے شباہت اُسے بتا رہی ہو گی کہ دیکھو شیشے کے پار وہ جو ڈربہ نما عمارت نظر آ رہی ہے اُس کی اکیسویں منزل پر اگر تم ذرا دھیان سے دیکھو تو وہاں جہاں تاریکی ہے اس فلیٹ کے اندر میری ماں رہتی ہے..

شباہت نے اُس کے ساتھ مشورہ کیا تھا.. کیوں ماں؟

اور اس نے بے تاب ہو کر فوراً کہا تھا. "کیوں نہیں.. کچھ حرج نہیں.."

یہ سب سنت صُوفی اور صحیفے انسانوں کو کیسے نیت کی درستگی کے فریب دیتے ہیں کہ نیت کا اجر ملتا ہے.. مستحکم رہنے

سے ہی شفاعت حاصل ہوتی ہے..ایمان پر قائم رہنے والے ہی سرخرو ہوتے ہیں..جانے کس کائنات میں ہوتے ہیں، یہاں اس دنیا میں تو ایسا کچھ بھی نہیں ہوتا..نہ اُس کے صابر شاکر ماہی گیر باپ میں اور نہ اُسکے ایمان میں ذرہ برابر جھول تھا بلکہ اُس کے باپ کے ماتھے پر تو سجدوں کے نشان ثبت تھے تو اُسے کیا صلہ ملا..اور جب اُس کی ننگی پیٹھ تلے گھاس بار دبتی تھی تو کیا اُسے یہ صلہ ملا..وہ جو دبانے والے تھے، اُن کے ماتھوں پر بھی محراب کے پوتر نشان تھے تو شائد صلہ اُنہیں ہی ملا.. زندگی کی جُوئے کی میز پر اُس کے مقدس بانو کے آگے اُس نے جو نیتوں کا حال جانتا ہے جتنے بھی تاش کے پتے پھینکے وہ سب کے سب جوکر تھے..اُس کی گود اگرچہ اُس کی مرضی سے خالی ہوگئی..

اور جن کی نیتوں میں فتور تھا اُن کے آگے یکّے اور بادشاہ ڈھیر ہوتے تھے اور جو خاوند ملا..ایمان اور عقیدے کے بغیر اُسے بھی سہارنا پڑا...شباہت کے لیے..جس کے لیے وہ بے آس ہوتی جارہی تھی کہ کہیں وہ بھی اُس کی مانند تنہا نہ رہ جائے..جونہی اُس نے اپنی روائتی بیزاری کے ساتھ بخت جہان کا تذکرہ کیا تو اُس نے بے تاب ہوکر فوراً کہا تھا..کیوں نہیں..کچھ حرج نہیں..

شائد وہ اس سے شادی کرنے پر رضامند ہوجائے..

وہ رضامند بھی تو آسانی سے نہ ہوتی تھی..

''تو آپ نے..میں کبھی..خواہش کے باوجود وہاں نہ جاسکا..تو آپ نے اُس دنیاپور میں میری سوتیلی دادی کو دیکھا تھا؟''

''ہاں..'' اُس نے اُسی انداز میں لاشعوری طور پر سر جھٹکا..

''اور..وہ ابھی تک ہے..''

نہ وہ اُسے تکتی تھی اور نہ شیشے کے پار سرکتے ہوئے منظر کو..''میں سولہ برس کی تھی جب وہاں گئی تھی..جانے اب وہ وہاں ہے یا نہیں..''

''وہ ہے یا نہیں..'' وہ ایک اضطراب میں آگیا جیسے ابھی کچھ لمحوں میں کیلگری ٹاور زمین بوس ہوجائے گا اور جو وہ کہنا چاہتا ہے نہ کہہ سکے گا..''لیکن ہم تو ہیں شباہت..'' یہ پہلی بار تھا جب اُس نے یکدم بے جھجک اُس کا نام لے دیا تھا ''مجھ سے شادی کرلو..''

کیلگری ٹاور جس کی حرکت اتنی مدھم تھی کہ نامعلوم تھی اس ''مُجھ سے شادی کرلو'' کے دھچکے سے یکدم ایک لٹّو کی مانند گھومنے لگا اور شباہت کا شعور بھی اُسی رفتار سے چکرانے لگا..مردوں کی نفسیات سے بخوبی آگاہ وہ یہ توقع کرسکتی تھی کہ بخت جہان اُس کے ساتھ فلرٹ کرے گا..عشق میں فنا ہوکر اُس کے قدموں میں جان دے دینے کا اعلان کرکے اُسے اپنے فلیٹ میں مدعو کرکے چت کرنے کی کوشش کرے گا پر اُسے یہ گمان بھی نہ تھا کہ وہ یوں یکدم..پہلی ملاقات پر ہی اُسے شادی کی پیشکش کردے گا یہ پوچھے بغیر کہ کیا تم مجھ سے محبت کرتی ہو..

یہ لفظ..کیسا یبوست زدہ، پسماندہ اور فرسودہ تھا..شادی!

لیکن یہ ایک لڑکی پر ہمیشہ ایک دم عیسیٰ کی مانند اُتر کر اُسے زندہ کرتا تھا، مسرت سے بھر دیتا تھا چاہے وہ انکار ہی کر دے.. وہ اس ناگہانی پیشکش کے صدمے بھرے سناٹے میں گُنگ بیٹھی رہی.. میز تلے اپنی لامبی ٹانگوں کو قدرے سکیڑ لیا تاکہ وہ اُس کے گھٹنوں سے نہ چھو جائیں..

''شباہت.. پلیز مجھ سے شادی کر لو..'' اُس نے پھر دوہرایا۔

''بخت جہان..'' اُس نے بھی پہلی بار اُس کا نام لیا اور اُس کے چہرے پر بظاہر کوئی ہیجان نہ تھا، وہی یکسانیت تھی ''آپ مجھے نہیں جانتے کہ میں کون ہوں.. کیا ہوں.. اور نہ میں ہی آپ سے کچھ واقف ہوں.. سوائے اُس ایک سرسری ملاقات کے.. آپ کے مسلسل اصرار پر کہ ہم دور پار کے رشتہ دار ہو سکتے ہیں.. اگرچہ نہیں ہو سکتے.. اور کوئی دنیا پور ہے جہاں ہم دونوں کی جڑیں ہیں تو میں نے آپ سے ملنا قبول کر لیا تھا۔ آپ نے دوبارہ مُجھ سے کُچھ بھی ایسا کہا تو.. میں چلی جاؤں گی..''

''نہیں نہیں..'' وہ ہڑبڑا کر کھڑا ہو گیا اور میز پر سجی ایک پلیٹ اُس کے مضطرب ہاتھوں کی زد میں آ کر لکڑی کے فرش پر گر گئی.. کُچھ لوگ پل بھر کے لیے متوجہ ہوئے اور پھر لاتعلق ہو گئے.. ''آئی ایم سوری..'' وہ خجالت سے فوراً بیٹھ گیا۔ ''مجھے ہماری پہلی باقاعدہ ملاقات پر ہی ایسی پیشکش ہرگز نہیں کرنی چاہیے تھی.. میں نے.. قدرے عجلت کا مظاہرہ کیا ہے.. آپ پلیز جائیے گا نہیں..''

وہ اُسے مسلسل تک رہی تھی اور پھر اُس کے سُوجے ہوئے لگتے ہونٹ ایک خفیف سی مسکراہٹ میں وا ہوئے اور فوراً ہی سمٹ گئے.. ''میں نے آپ سے کہا تھا کہ اگر آپ نے دوبارہ مجھ سے.. وہی کچھ کہا تو میں چلی جاؤں گی.. اور آپ نے نہیں کہا تو میں کیسے چلی جاؤں گی..''

اُس کی دراز قامتی، تیکھی ناک اور گردن کے اُس خم میں کشش ایسی تھی کہ اُس کی رُوح کو پاتال سے کھینچتی تھی، لیکن یہ سب ظاہر کے پل دو پل کے دھوکے تھے.. جیسے بل بورڈ پر آویزاں کسی خوش شکل کھلاڑی کی تصویر دیکھ کر یکدم دل رُکتا ہے.. فٹ پاتھ پر چلتے ہوئے سامنے سے آتا کوئی ایک مرد اپنے کسی انداز سے.. کوٹ کا کالر اونچا کرتے ہوئے.. سگریٹ کا ایک کش لیتے ہوئے تمہارے بدن پر اثر کر جاتا ہے.. اور پھر تھوڑی دیر بعد وہ اثر زائل ہو جاتا ہے.. وہ بدن کا ہولے ہولے حدّت میں پُھنکنا.. کانوں کی لویں گرم ہو جانا، دھڑکن کا بے ربط ایسے ہو جانا کہ ہراساں ہو جانا کہ یہ دھک دھک تو پورا زمانہ سُن رہا ہے، سب کو خبر ہو گئی ہے اور آنکھیں جھپکنے میں بھی تامل کرنا کہ اُس چہرے کو پل بھر کے لیے بھی اوجھل نہ ہونے دینا.. جو کہ لوگ کہتے تھے کہ محبت ہو جانے کی علامتیں ہیں تو یہ کیفیت کہاں تھی... اگرچہ وہ اپنے سامنے ایک تذبذب سے دوچار خوش وجاہت شخص میں اُن میں سے چند علامتوں کے آثار محسوس کر سکتی تھی..

ایک نہایت بظاہر مؤدب گورے ویٹر نے جھک کر جب اُس کے آگے سیزر سلاد کی ایک طشتری رکھی تو اُس نے ہاتھ بڑھا کر کانٹا اٹھایا اُس کے بلاؤز کی آستین ذرا سکڑی تو بخت جہان نے دیکھا کہ اُس کی اوٹ سے وہی کمبخت مسخرا ہاتھی مسکرا رہا تھا..

اُس نے کیسی بے صبری کا مظاہرہ کیا تھا.. ابھی رابطے کی پتنگ مسلسل رفاقت کی قُربت کی ہواؤں میں تنی نہ تھی،

اُس نے عُجلت میں آ کر اُسے کھینچنے کی کوشش کی تھی اور شائد وہ ڈور سے ٹوٹ گئی تھی اِس دھچکے کو برداشت نہ کر پائی تھی.. وہ یقیناً ناراض ہوگئی تھی، اپنا سیل فون اٹینڈ نہیں کر رہی تھی.. کیسی حماقت ہوگئی تھی اسی لیے تو وہ نا ہنجار ہاتھی اُسے مسکراتا ہوا محسوس ہوا تھا.. اگر وہ فون نہیں اٹھا رہی تھی تو اُس سے رابطے کی اور کیا صورت ہوسکتی تھی.. جہاں وہ رہتی تھی اُس کا سراغ لگانا بھی کچھ اتنا مشکل نہ ہوگا..

اُس کی.. اپنی اُس مٹی کی جس پر اُس نے آج تک قدم نہ دھرا تھا اُس کی سوندھی خوشبو کی آرزو اُسے بے حال کرتی تھی.. قرار نہ آتا تھا..

مگر چاندنی دنیا پور جھیل کے پانیوں پر بے دریغ راج کرتی تھی، جنگل کے نابینا گھنے پن میں گھری وہ جھیل ایک نیم روشن آنکھ کی مانند آسمان کو تکتی تھی.. اور یہ اُس کا گمان تھا یا نظر کا دھوکا تھا، مگر چاندنی کی بچھی ہوئی چادر پر اُس لمحے چار مرغابیاں اُتریں، اُس کی سطح پر تیر نہ سکیں اور چار بھاری پتھروں کی مانند پانیوں میں ڈوب گئیں..

وہ اُس کی محرم راز ہوسکتی تھیں، پر وہ ڈوب گئیں..

وہ جو نسل در نسل چلے آنے والے.. ایک پیڑھی سے دوسری پیڑھی میں منتقل ہوتے چلے جانے والے حسب نسب کے کلبلاتے ہوئے دائمی جرثومے تھے جو تمہارے تعاقب میں چلے آتے تھے اور اُن پر کچھ بس نہ چلتا تھا وہی جرثومے طیش کے اشتعال کے اور حسد کے اُس کے اندر کلبلاتے تھے کہ اگر وہ ابھی تک.. اپنے ٹیرا وُڈ لین کے قطار اندر قطار کھڑے گڑیا گھروں کے آخری گھر میں نہیں پہنچی جس کا سراغ لگانا کچھ مشکل نہ تھا اور جس کے عین سامنے وہ اپنی کار پارک کیے بے چین مضطرب کسی حد تک مُجرم محسوس کرتا ایک مدت سے منتظر کھڑا تھا اور تب دھوپ تھی جب وہ کھوج لگاتا یہاں تک آن پہنچا تھا اور اب پانچ بجنے کو تھے اور ابھی کچھ دیر میں اُس لین کے دونوں جانب ایستادہ کولونیل طرز کے بجلی کے کھمبے روشن ہو جانے کو تھے، بے شک ایک توجیہہ یہ بھی ممکن تھی کہ وہ کہیں شاپنگ کے لیے رُک گئی ہو، کسی سہیلی کے ساتھ ایک کپ کافی پینے کے لیے ٹھہر گئی ہو لیکن یہ بھی تو بعید از قیاس نہ تھا کہ وہ ایک نارمل کینیڈین لڑکی کی مانند بینک سے فارغ ہوتے ہی، ہوسکتا ہے وہ اُس کا ایک کولیگ ہو، وہ ایک مرد کے ساتھ چلی گئی ہو.. اُن آبائی جرثوموں کے طیش میں آنے کا اور حسد سے جل بُھن جانے کا سبب یہی امکان تھا..

اور یہ بھی ممکن تھا کہ وہ اُس مرد کو اپنے ساتھ گھر لے آئے..

اُس کا بدن اس ایک اور امکان کے ڈسنے سے نیلا پڑنے لگا..

یہ جو بے وجہ انا کا اشتعال تھا، یہ براہ راست اُس کے دادے بخت جہان سے اُس میں منتقل ہوا تھا اگرچہ وہ خود اس منتقلی سے آگاہ نہ تھا.. اُس کے فون نہ اٹینڈ کرنے کا جواز بھی یقیناً یہی تھا، وہ کسی اور سے رغبت رکھتی ہے.. یہ کیسے ممکن ہے کہ اُس کا فون چوبیس گھنٹے صرف ''میسج'' پر لگا ہو اور ہر مرتبہ پوری چار گھنٹیوں کے بجنے کے بعد اُدھر سے ایک میکانکی آواز آئے جو اُسے زہر لگنے لگی تھی کہ.. شباہت ہیئر.. میں ابھی میسّر نہیں ہوں، جب ایک بیپ کی آواز آئے تو آپ اپنا پیغام ریکارڈ کروا دیجیے، میں آپ تک پہنچ جاؤں گی.. اور درجنوں پیغام ریکارڈ کروانے کے باوجود اُس نے اُسے فون نہیں کیا تھا، اُس تک نہیں پہنچی تھی.. وہ جان بوجھ کر فون اٹینڈ نہیں کرتی تھی کہ وہ.. کسی اور سے رغبت رکھتی تھی..

شک اور شبہے کے انگاروں میں وہ بھسم ہوتا رہا..

وہ شدت سے اُس کی شکل ایک مرتبہ پھر دیکھنے کا تمنائی تھا.. اُس کی بیگانگی اور بیزار پن نے بھی اُس پر ایک ایسا سحر پھونک دیا تھا کہ وہ لاچار ہو گیا تھا..

شام ڈھلی اور پھر رات ہو گئی..

فٹ پاتھ کے کناروں پر پارک کی ہوئی اُس کی کار میں بھی تھکاوٹ کے آثار محسوس ہونے لگے..بجلی کے کولونیل طرز کے کھمبے روشن ہو چکے..ٹیراوُڈ لین صرف دن میں ہی نہیں رات کے وقت بھی یونہی ویران اور آباد پڑی تھی، اس طویل انتظار کے دوران اُس کی نگاہ جن درجن بھر گھروں پر بار بار گذرتی رہی، اُن میں سے نہ کوئی شخص برآمد ہوا تھا اور نہ ہی کوئی اُن کے اندر گیا تھا.. کسی ایک کھڑکی میں روشنی ظاہر نہ ہوئی تھی، شائد اُن کے پردے کھنچے ہوئے تھے..عجیب بیابانی تھی..جیسے ٹیراوُڈ لین کے قطار اندر قطار گڑیا گھر کسی فلم کے لیے تعمیر کردہ ایک عارضی سیٹ تھے اور شوٹنگ مکمل ہونے کے بعد وہ اپنی ویرانی میں منتظر تھے کہ اب اگلی سویر اُنہیں مسمار ہو جانا تھا اور اُن کی جگہ ایک اور سیٹ ایستادہ ہو جانا تھا..

رات کے نو بجنے کو تھے..

وہ اگر اُس کے ہمراہ ابھی تک یہاں نہیں پہنچی تھی تو..اُس کے ساتھ اُس کے فلیٹ میں چلی گئی ہوگی..اُس کے اندر حسد کی سلگاہٹ اس شدت سے بھڑکی کہ وہ اُسے آسانی سے قتل بھی کر سکتا تھا..

وہ کب تک..اُسے وہاں تعینات ہوئے چھ گھنٹے گذر چکے تھے..وہ کب تک منتظر رہ سکتا تھا..اُس سے شدید نفرت کرتے ہوئے اپنے آپ کو لعن طعن کرتے اُس نے کار کی چابی گھما کر اُسے سٹارٹ کیا اور عین اُسی لمحے اُس کے بیک وِیو مرر کی تاریکی میں دو فُل لائٹس آنکھوں کو چندھیانے لگیں..

آخری گھر کے فٹ پاتھ کے قریب ہو کر وہ لائٹس آف ہو گئیں اور جس کار میں وہ نصب تھیں ایک دھچکے کے ساتھ رُکی، اُس کا اگلا دروازہ کھلا اور اُس میں سے نیلی پھٹی ہوئی جین میں پھنسی ایک لامبی ٹانگ باہر آئی اور پھر وہ خود سیدھی ہوئی۔ کار کی اگلی نشست کا دوسرا دروازہ نہ کُھلا تو اُس نے اطمینان کا ایک گہرا سانس لیا کہ وہ اکیلی تھی..وہ گروسری کے متعدد بیگ سنبھالتی ہوئی..بمشکل دروازے میں چابی گھما کر اُسے کھول کر اندر چلی گئی..اُس کی پشت بہت معصوم دکھائی دے رہی تھی، گھر کے اندرون میں کھڑکی کے پردوں میں سے ایک روشنی ظاہر ہوگئی..

بخت جہان نے گھنٹی پر اپنی انگلی کی پور کا زیادہ دیر تک دباؤ نہ ڈالا..ایک مختصر وقفے کے بعد دروازہ ایک احتیاط آہستگی کے ساتھ کھل گیا..

جیسے لق و دق خشک صحرا میں بھٹکتا ایک پیاسا مویشی..جس کی لامبی زبان باہر نکلتی ہو اور اُس کے نتھوں میں بھی نمی باقی نہ رہی ہو ایک ٹوبے..ایک جوہڑ کو اپنے سامنے پا کر نہال ہو جاتا ہے ایسے بخت جہان چوکھٹ کے پار اُسے دیکھ کر سیراب ہوا اور ایک بچے کی مانند مسکرانے لگا..پر اُس کے بیزار چہرے پر کُچھ تغیر رونما نہ ہوا..جیسے اُس کے سامنے کُچھ بھی نہ ہو، محض خلاء ہو..یا زیادہ سے زیادہ پیزا ڈلیور کرنے والا کوئی بوائے کھڑا ہو..نظروں میں رُکھائی اور اجتناب تھا..اُن میں اُسے اندر مدعو کرنے کا کوئی سندیسہ نہ تھا..

''جی..'' اُس نے صرف اتنا کہا جیسے کسی پتھر سے مخاطب ہو..

''کیا میں اندر آ سکتا ہوں؟''

''شائد نہیں..''

''آپ فون اٹینڈ نہیں کر رہی تھیں۔ اس لیے..میں دوپہر تین بجے سے اس سامنے والے فٹ پاتھ پر کار میں

بیٹھا آپ کی آمد کا منتظر تھا..آپ سے ملنا چاہتا تھا..''

''کیوں؟''

اُس کا جی چاہا کہ یا تو وہ واقعی اُسے قتل کر ڈالے یا اپنا سر پیٹ کر بال نوچنے لگے..اُسے کیا حاجت تھی ایسی بے اعتنا اور بر فیلی لڑکی کے عشق میں مبتلا ہونے کی، یہ حماقت تو بہر طور تھی پر سرزد ہو گئی تھی تو کیا کیجیے..

''مجھے آپ سے کُچھ کہنا ہے..کیا میں اندر آ جاؤں..''

''نہیں..'' وہ ذرا آگے ہوگئی جیسے ایک دیوار ہو گئی..

وہی نسل در نسل چلے آنے والے حسب نسب کے دائمی جرثومے..جو طیش اور اشتعال کے تھے چنگاریوں کی مانند اُس کی عزت نفس میں چھید کرنے لگے..کہ یہ واجبی شکل کی لڑکی جس کا حواس باختہ باپ لومڑیاں اور خرگوش کھا جانے کے جُرم میں جنگلی حیات کے محکمے سے نکالا گیا..یہ سانسی کی بچی آخر اپنے آپ کو سمجھتی کیا ہے..اُس کا جی تو یہی چاہا کہ وہ اُسے دھکیل کر اندر چلا جائے..اور پھر..اُس نے اپنے اس آبائی طیش کو بمشکل قابو کیا اور جب بولا تو اُس میں وہ پہلے والا دھیما پن نہ تھا ''آپ..میں بہت دیر سے آپ کا انتظار کر رہا تھا..'' اُس نے اپنے اُبلتے ہوئے غصے کو ''ایزی بوائے ایزی'' کی تھپکی دے کر قدرے ٹھنڈا کیا ''آپ جانتی ہیں کہ میں بہت دور کی وادیوں سے آیا ہوں..'' اب وہ یکدم اپنے ردعمل پر شرمندہ ہونے لگا..اپنے آپ کو مطعون کرتے ہوئے بالکل ہی درخواست گذار ہو گیا ''میں..آپ کو دیکھنا چاہتا تھا..ملاقات کا تمنائی تھا..کیا ہم کہیں اطمینان سے بیٹھ کر کُچھ باتیں کر سکتے ہیں..صرف کُچھ دیر کے لیے..پلیز۔''

اُس کی بیزاری تو چہرے سے نہ گئی البتہ اُس کی آنکھوں میں وہی سیال روانی آ گئی..''ہوں..'' صرف اتنا کہہ کر اُس نے دروازہ اُس کے چہرے پر بند کر دیا..اب اُس ''ہوں'' کا کیا مطلب تھا..اُس نے اپنے آپ کو بہت ہی احمق محسوس کرتے ہوئے اپنے آپ سے سوال کیا..دروازہ اُس پر اتنی زور سے بند کیا گیا تھا کہ وہ اس کی تیکھی ناک کو آ لگنے کو تھا..یا تو یہ ''ہُوں'' ایک دھتکار تھی اور یا شائد وہ باہر جانے کے لیے ڈھنگ کے کپڑے پہننے گئی تھی اور اس کا امکان تو کم تھا..کہ اُس کی مکمل وارڈروب تو اُس کے بدن پر تھی..سیاہ بلاؤز، پھٹی ہوئی نیلی جین اور وہ ٹھپ ٹھپ کرتے گھوڑے جوگر..

''وہ باہر کھڑا ہے امّی۔'' اُس نے بند دروازے کی جانب دیکھتے ہوئے فون میں سرگوشی کی..''کیا کروں؟''

''شباہت..اس بار اگر اُس نے پوچھا تو انکار نہ کرنا..''

''اس کا مطلب ہے کہ میں اُس کی باہر کسی ریستوران میں جانے کی پیشکش قبول کر لوں؟''

''صرف یہی نہیں..وہ پیشکش بھی..''

''امی..وہ بہت وجیہہ ہے اور آثار تو یہی ہیں کہ وہ مجھے چاہنے لگا ہے لیکن امی اُس کے لیے میرے دل کے اندر سے ہُوک نہیں اٹھتی..''

''جانے تم کس نوعیت کی ہُوک اٹھنے کی منتظر ہو شباہت..ابھی تمہارے سامنے زندگی کی بے حد طویل مسافتیں ہیں اُنہیں تنہا طے نہیں کیا جا سکتا، اُسے گنوا نہ دینا..کیا وہ ابھی تک باہر کھڑا ہے؟''

''پتہ نہیں امی..''

وہ اطالوی پیزا پارلر بھی ٹیرا اوڈیلین کی مانند اجاڑ پن میں ڈوبا ویران سا تھا..

آرام دہ صوفوں میں دھنسے چند لوگ بغیر کسی رغبت اور دل جمعی کے کھانا کھا رہے تھے..دو چار ویٹرسز اُس کی ویرانی میں بے مقصد روحوں کی مانند بھٹکتی پھرتی تھیں اور گاہکوں کے رخصت ہو جانے کی منتظر بار باراُن کی میزوں پر جا کر''آپ کو کسی اور شے کی طلب ہے'' پوچھتی تھیں..ایک صدیوں پرانا کب کا متروک ہو چکا بھدا سا..اُس کے جوگرز جیسا..جیوک بوکس جس کی روشنی میں سے سن ساٹھ اور ستّر کی دہائی کے نہایت سست اور گھسے پٹے گیت پھوٹ رہے تھے..اور وہ چند لوگ جو بغیر کسی خوشی اور خواہش کے اپنے پیزوں پر جھکے ہوئے تھے، ساٹھ اور ستّر کی دہائیوں میں جوان ہوا کرتے تھے اور اب گئے وقتوں کی فرسودہ پکاریں سُننے کی خاطر یہاں آن بیٹھے تھے..جیوک بوکس کی روشنی میں سے کسی فراموش شدہ گلوکار پیٹ بُون کا ایک آہستہ رو گیت''ڈارلنگ تم مجھے اپنے ہونٹوں کو چُومنے سے منع نہ کرو..رات بہت سرد ہے'' پیزا پارلر میں اُن ویٹرسز کی مانند بھٹکتا پھرتا تھا..

خوراک کا آرڈر اپنے ہاتھ میں بھنچی ایک نوٹ بک پر درج کرنے کے بعد ویٹرس نے پوچھا تھا''سر..آپ کھانے کے ساتھ کُچھ پینا پسند کریں گے..اور بخت جہان نے چونک کر کہا..نو تھینک یُو..جسٹ منرل واٹر..''

''بخت جہان..'' وہ جانے صرف''ہُوں'' کر کے اُس کے مُنہ پر دروازہ بند کر کے گھر کے اندر کیا کرنے گئی تھی کہ اُس نے نہ تو لباس تبدیل کیا تھا اور نہ ہی اپنے آپ کو سنوارا تھا..بالوں میں برش کیا ہے تو بھی اُس سے کوئی واضح فرق نہ پڑا تھا تو وہ اندر جا کر کیا کرتی رہی تھی..''اگر آپ کسی خاتون کو ڈنر کے لیے ایک ریستوران میں لے جاتے ہیں تو طے شدہ اخلاقیات میں شامل ہے کہ آپ اُس سے بھی دریافت کر لیتے ہیں کہ وہ کچھ منرل واٹر کے سوا کُچھ اور بھی پینا پسند کرے گی..میں یہاں کی ہاؤس وائن پسند کروں گی..''

''سوری..'' اُس نے جھینپ کر کہا اور اسی بہانے کہ وہ جھجکتا رہا تھا اپنے لیے بھی رائی وِہسکی کا آرڈر کر دیا..

اور اب وہ قطعی طور پر اس سے لاتعلق اپنی پلیٹ پر جھکی پنیر میں لتھڑا ہوا ایک پاستا نہائت اہتمام اور شوق سے تناول کر رہی تھی اور وائن کی بوتل کا پیندا نظر آنے کو تھا..اگر یہ بیزار صُورت جو فروغ مے سے ایک مدھم سُرخی میں تھی میری جانب اسی شوق سے ایک نظر کر لے تو کیا حرج ہے..''یہ پیزا پارلر آپ کو صرف اس لیے پسند ہے کہ اس کے جیک بوکس میں آپ کی پیدائش سے بھی پیشتر کے گیتوں کے ریکارڈ ہیں؟''

''ہاں..''

یہ''ہاں'' بھی اُسی''ہُوں'' جیسا ہی تھا جس میں کوئی اعتراف نہ تھا..

''میں ایک قدیم روح ہوں..مسٹر جہان..'' وائن کی اثر انگیزی کا وہ شکر گزار ہوا کہ اُس نے جس انداز میں اُسے''مسٹر جہان'' کہا تھا اُس نے ایک مرتبہ پھر اُسے موہ لیا تھا''مجھ پر ایسے ہی قدیم گیت اثر کرتے ہیں اور..میں آپ کو اپنا راز دار بناتی ہوں..قدیم لوگ بھی..''

''واقعی؟''

''ہاں..اور آپ نے جو کُچھ مجھ سے لینا ہے کہہ ڈالیے کہ مُجھے بینک جانے کے لیے صبح سویرے بیدار ہونا پڑتا

ہے تو میں زیادہ دیر نہیں ٹھہر سکتی..'' اگر کچھ اثر انگیزی تھی تو وہ اس کے مکمل اختیار میں تھی..

''مجھ سے شادی کر لو شباہت!''

تب تو کیلگری ٹاور ایک لٹو کی مانند گھومنے لگا تھا.. پر اب یہ پیشکش متوقع تھی اس لیے کچھ بھی نہ گھوما.. ہر شے اپنے مقام پر شانتی کے سکوت میں ٹھہری رہی..

''تم ایک بار اپنے باپ کے کہنے پر اُن کا سلام لے کر ایک ہوم میں قیام پذیر جو شخص تھا اُس سے ملنے کے لیے گئے تھے جہاں ہماری پہلی ملاقات ہوئی تھی. تم جانتے ہو کہ وہ میرا باپ ہے..اور میرا دادا سروسانسی ہے جو ابھی تک زندہ ہے۔ اپنے بیٹے اور میرے چچا سلمان شاہ کے عالی شان گھر کے ایک کونے میں اپنے چوہدریوں کو یاد کر کے روتا رہتا ہے..تو بخت جہان.. میں ایک سانسی کی بیٹی ہوں..نیولے، بلّے اور مردار کھانے والے لوگوں کی نسل میں سے.تم پھر بھی مجھ سے شادی کرنا چاہتے ہو؟''

وہ چند لوگ جو اپنی جوانی کی کُرید میں یہاں چلے آئے تھے..رخصت ہو گئے..جیوک بوکس بھی مردہ ہو گیا کہ اُس میں سکے ڈال کر اپنے گزشتہ رومانوں کی یاد میں آہیں بھرنے والے چلے گئے تھے اور اب وہ تین چار ویٹرسز تھیں جو اُن دونوں کے گرد کی ویرانی میں منڈلاتی پھرتی تھیں۔اُن کے رخصت ہونے کی دعائیں مانگتی تھیں..

''شباہت..'' اُس پر تو رائی وہسکی اثر انداز ہو گئی تھی جو اُس کے لیے اپنے دل کی بات کرنے کے لیے سُودمند ثابت ہو رہی تھی ''میں اور تم اس اداس اور سرد سرزمین کی پیداوار ہیں.. ذات پات کی قید سے کب کے چھوٹ چکے..'' اُس نے اپنے آپ کو تھوڑی سی ملامت کی کہ ابھی کچھ دیر پہلے اپنے آبائی طیش میں مبتلا ہو کر وہ اُسے ایک سانسی کی بچی کہہ کر دل کی بھڑاس نکال چکا تھا..

''نہیں..'' اُس کے سُوجے ہوئے لب جو شائد الکوحل کی سرائت کے باعث مزید سُوجے ہوئے اور دل کش لگتے تھے، وا ہوئے ''تم بخت جہان..اکبر جہان کے بیٹے تو ہو پر چوہدری بخت جہان کے پوتے بھی ہو..جو میرے دادا سروسانسی کی بستی میں کیکر کی شراب حاصل کرنے کے لیے چلا تو جاتا تھا پر اُسے چھونے سے گریز کرتا تھا کہ وہ مردار کھانے والا تھا..اور نہ ہی اُسے اپنے برابر میں بٹھاتا تھا..ذات پات کی قید اور بے بسی ہمارے جینز میں نسل در نسل سفر کرتی ہے اور اسے کچھ فرق نہیں پڑتا کہ وہ کہیں آئس لینڈ میں ہے، امریکہ میں ہے یا کینیڈا کے شہر کیلگری کے اس پیزا پارلر میں ہے..''

''شباہت..یہ سارے نسلی تفاخر اور تکبر بہہ گئے ہیں..تمہاری سیال آنکھوں کی سیاہ روانی کے سامنے نہیں ٹھہرتے..مجھ سے شادی کر لو..''

جانے تم کس نوعیت کی ہُوک اٹھنے کی منتظر ہو شباہت..اسے گنوا نہ دینا..

اُس نے اپنی گردن ذرا ٹیڑھی کر کے غیر ارادی طور پر سر جھٹکا..سیاہ بلاؤز کی نصف آستین اُس جھٹک سے ذرا سرکی اور اُس کے کندھے کی قربت میں گندھا ہوا ہاتھی مسکرانے لگا..

اور اُس کی مسخرانہ مسکراہٹ میں اگر اقرار نہ تھا تو انکار بھی نہ تھا..

✦.......✦

کائی اور گھاس سے گھنے ہوتے جوہڑ کے گدلے پانیوں پر.. نومبر کی اُس گئی رات میں تاریک آسمان میں سے برف کے گالے بے وزن سفید رُوحوں کی طرح اُترتے تھے اور اُن پانیوں پر ہلکورے لیتے ہولے ہولے اُن میں گھلتے پگھلتے اپنا وجود کھو بیٹھتے تھے.. فارم ہاؤس کے وسیع تہہ خانے کے بند روشندانوں کی درازوں میں سے فرار ہوتی، وہاں تک پہنچتے پہنچتے.. ایک گھاس بھری ڈھلوان پر اُترتی، بسون اور دیگر مویشیوں کے باڑے پر سے گذرتی اور پھر درختوں کے ایک جُھنڈ میں سے پہلو بدلتی، اس کائی اور گھاس سے گھنے ہوتے جوہڑ کے کناروں پر آ کر ذرا تھم کر.. وہ.. بھنگڑا موسیقی کی جھنکار پل بھر کے لیے جھجکتی اور پھر اُس کے پانیوں پر ایک ایسے ارتعاش کو جنم دیتی کہ وہ کروٹیں بدلنے لگتے اور اگر اُن پر موسم سرما کی شدت کے ان دنوں بھی چند مرغابیاں گم سناٹے میں ساکت ہوتیں تو وہ چوکنی ہو کر پانیوں پر ڈولنے لگتیں.... اس ارتعاش کو جنم دینے کے بعد بھنگڑا موسیقی فارم ہاؤس سے یہاں تک کی مسافت کی تھکن سے دم توڑتی اُن پانیوں میں ڈوب جاتی تو جوہڑ کی گہرائی میں اُترتے اُترتے اکبر جہان اُس کے راستے میں حائل ہو جاتا.. اور اگر وہ کہنے جوگا ہوتا تو بھنگڑا موسیقی کی اُس ڈوبتی دُھن سے کہتا.. کڑی یا ہوئیے تو مجھے یہاں بھی چین نہیں لینے دیتی..

اُس کی تیکھی ناک کو ایک چھوٹی سی مچھلی اپنے جبڑے میں دبوچ کر کُترنے کی کوشش کر رہی تھی.. اور اس کے گھنے سفید بال جن میں اب بھی کہیں کہیں سنہری پن تھا پانی میں اٹھتے اُس گھاس میں اُلجھتے تھے جو جوہڑ کی تہہ میں سے سرسراتی اٹھتی تھی.. اُس کا بوڑھا اگرچہ سجیلا بدن ابھی جوں کا توں تھا.. پھول کر بدرنگ نہ ہوا تھا کہ وہ ابھی کُچھ دیر پہلے ہی تو ڈوبا تھا..

اس آبی کفن میں جس کے سر پر برف گرتی چلی جاتی تھی جب کبھی اُس کی لاش ذرا ڈولتی تو اُس کی ناک کو کُترنے کی کوشش میں مصروف وہ مچھلی ٹھٹک کر ذرا پیچھے ہو جاتی اور جونہی وہ ساکت ہوتی وہ مچھلی پھر اپنی سعی میں جُت جاتی.. ایک پالے کے ہاتھوں تنگ آیا ہوا دُم دار بڑے گھیر والا کچھوا جو جوہڑ کی تہہ کے کیچڑ کی گرمائش میں روپوش تھا، بار بار اپنے خول سے گردن نکال کر اپنے اوپر تیرتے اُس انسانی وجود کو تکتا تھا جو نہ تو ابھی تہہ تک آیا تھا اور نہ ہی پُھول کر پانیوں کی سطح پر نمودار ہوا تھا، بس پانیوں کے درمیان میں بہت دیر سے معلق اُس پر سایہ کرتا تھا..

ابھی کُچھ دیر پہلے ہی تو وہ خود ڈوبا تھا، یا ڈوب گیا تھا..

فارم ہاؤس کے تہہ خانے میں اُس کے وہی تین قریبی یار بسنت سنگھ، دھیان سنگھ اور مولوی چراغ دین.. جو اُس کی مانند ستّرے بہتّرے عمر رسیدہ ہو چلے تھے، بھڑکیلے لاچے، کڑھائی والے ریشمی کُرتے پہنے ننگے پاؤں چوبی فرش پر

بھنگڑے کی تہلکہ خیز موسیقی کہ بلند دھم پر بلے بلے کرتے ناچ رہے تھے..

یہ اُن کی تیسری اور آخری سٹیج تھی..

اکبر جہاں نے اُنہیں ایک مدت کے بعد اپنے فارم ہاؤس میں ہلاّ گلا کرنے کے لیے مدعو کیا تھا. حسب معمول پہلے تو وہ اپنے بہترین برطانوی سوٹوں میں ملبوس اپنی پسند کی شراب پیتے، اپنے اپنے فارمز کے حوالے سے مویشیوں کی بیماریوں، نئی فصلوں، کھادوں، زرعی میکانکی مشینوں، اجناس کے تازہ ترین بھاؤ کے بارے میں گفتگو کرتے رہے.. سموسے، کِنگ پران اور پکوڑے کھاتے رہے.. پھر ذرا خمار میں آ کر اپنے ماضی کے جنسی تجربوں کو بڑھا چڑھا کر بیان کرتے بالآخر اُس آخری سٹیج پر آ گئے.. اپنے مہنگے ڈیزائنر سُوٹوں سے نجات حاصل کر کے پنجابی پہناوے میں آ کر بھنگڑا موسیقی پر رقص کرنے لگے.. اس نوعیت کی ورزش کا اُن میں کُچھ دم خم تو نہ رہا تھا.. لیکن وہ پھر بھی ہار نہ مانتے تھے.. ہو نکتے ہوئے تھکاوٹ سے چُور شکاری کتوں کی مانند وہ ناچتے رہے.. اگر اُن کے ذاتی ڈاکٹر اُنہیں اس متحرک پاگل پن میں دیکھ لیتے تو اپنی آنکھوں پر یقین نہ کر سکتے کہ انہیں تو ہارٹ اٹیک ہو جانا چاہیے تھا تو ابھی تک کیوں نہیں ہوا..

اکبر جہان جیسا کہ پچھلے تیس برسوں سے ہوتا چلا آیا تھا کبھی چپکے سے اور کبھی کوئی بہانہ بنا کر تہہ خانے میں سے نکل کر اُس جوہڑ کے کنارے جا بیٹھتا تھا جس کے پانیوں پر اُنہوں نے تو کبھی نہ دیکھی تھیں پر وہ کہتا تھا کہ چار مرغابیاں ہیں.. آج بھی کُچھ دیر اُن کے ہمراہ بے خود ہو کر ناچ کر چپکے سے چلا گیا تھا..

وہ ابھی تک لوٹا نہ تھا..

وہ کُچھ دیر پہلے ہی تو ڈوبا تھا... اس لیے ابھی اُس کا بدن پُھولا نہ تھا.. اگرچہ جوہڑ کے پانی اُس کے پھیپھڑوں میں بھر کر اُس کا دم منقطع کر چکے تھے اور اُس کا جسم مُردہ ہو چکا تھا لیکن اُس کی گردن کا وہ خم ابھی جاندار تھا، اُس کے اکڑاؤ میں فرق نہ آیا تھا..

''بخت جہان کی پوتی سیرت جہان..'' وہ اپنے رقبے میں واقع وسیع گھنے جنگلوں سے مخاطب ہو کر کہتا تھا اور اُن کے سارے شجر جیسے کسی جنازے میں آئے ہوئے سیاہ پوش سوگوار ہوں سر جھکائے کھڑے تھے اُس کی بوڑھی نیلی آنکھوں سے آنسو گرتے تھے اور اُس کی ہچکیوں کی آواز دنیا پور جھیل تک تیرتی جاتی تھی.. اور وہ دونوں رچرڈ اور بخت وہ سب کُچھ جانتے تھے جس نے اُن کے باپ کو دُکھی کیا تھا.. سیرت نے اُنہیں اطلاع کر دی تھی ''تمہیں پتہ ہے میری بیٹی نے... بخت جہان کی پوتی سیرت جہان نے..'' وہ اپنے باپ کو دیکھتے تھے جو اپنی تیکھی ناک کے ساتھ ایک ایسا عمر رسیدہ عقاب دکھائی دے رہا تھا جس کی چونچ کُند ہو چکی تھی اور پروں میں کُچھ سکت نہ رہی تھی.. ''اُس نے اُس پرکاش حرامی سنگھ کے ساتھ شادی کر لی ہے اور وہ کیسی بے حیا ہے کہ کیسے اطمینان سے مجھے فون پر بتا رہی تھی کہ بابا اُس نے میرے لیے اسلام قبول کر لیا ہے اور پرکاش سنگھ سے ابوبکر صدیق ہو گیا ہے.. ہم دونوں نے مسجد میں جا کر باقاعدہ نکاح کیا ہے.. اب تو آپ خوش ہیں بابا.. تم بھی کیسے بے غیرت بھائی ہو..'' وہ لاچارگی کے آنسو بہاتا ہچکیاں بھرتا رہا..

اور تب بخت جہان سے ایک حماقت ہو گئی.. اُس نے اپنے باپ کو اُس دُکھ سے اپنے تئیں نجات دلانے کی خاطر

کہا'' بابا سیرت نے جو کیا برا کیا.. اُسے دفع کریں.. ہم دونوں زندگی بھر اُس سے کلام نہیں کریں گے، کیوں رچرڈ؟''

''ہاں.. وہ.. میری بہن نہیں ہو سکتی اُسے دفع کریں بابا..''

''بابا..'' اُس نے قدرے توقف سے کہا تھا'' میں کم از کم آپ کی مرضی کے مطابق.. آپ کی اجازت سے شادی کروں گا..''

''کاش کہ تم کر لو..'' اکبر جہان ذرا سا اپنے رنج میں سے باہر آیا'' یہ تمہارا چینی بھائی تو ایک دھوکہ باز، فریبی ہے.. یہ جانے کیوں شادی سے بدکتا ہے.. کوئی نظر میں ہے..''

بخت جہان کی ہمت بندھی'' ہاں بابا.. آپ نے مجھے خصوصی طور پر اُن کے پاس بھیجا تھا کہ اُن سے ملنا اور میرا سلام کہنا آپ کے دنیا پور کے موتی کی بیٹی، شباہت.. میں اُس کے ساتھ شادی کرنا چاہتا ہوں بابا..''

اُس کا دھیان سیرت سے ہٹ گیا..

''یعنی موتی کی بیٹی؟''

''ہاں بابا..''

''تم اُس سے شادی کرنا چاہتے ہو بخت جہان؟''

''جی..''

''سرو سانسی کی پوتی سے تم بیاہ کرنا چاہتے ہو.. میرے بھاگ میں یہی کچھ لکھا جا چکا ہے.. ذلت اور آخری حدوں تک پہنچتی رسوائی درج ہو چکی ہے کہ میری بیٹی ایک نسوانی، سکھڑے مراثی کے ساتھ شادی کر لے اور تم..'' وہ جیسے ایک ہذیان میں مبتلا ہو چکا تھا، بلند آواز میں بولتا چلا جا رہا تھا'' ایک مردار کھانے والے سانسی کی پوتی سے شادی کر کے.. تمہارے جو بچے ہوں گے، وہ کیا ہوں گے.. جاٹ تو نہیں ہو گے، چُوڑے چمار ہوں گے..''

اُسے اس شدید ردعمل کی توقع نہ تھی.. پر اب بہت دیر ہو گئی تھی.. اُس نے تو اپنے تئیں اپنے باپ کو ایک گہرے دُکھ سے باہر لانے کی خواہش میں یہ انکشاف کیا تھا..

گدلے جوہڑ کے پانیوں پر فارم ہاؤس کی جانب سے آتی ہوئی بھنگڑا موسیقی سے جو ہلکا سا ارتعاش جنم لیتا تھا وہ بھی تھم چکا تھا.. بسنت، دھیان اور مولوی چراغ نڈھال ہو کر اُس کے چوبی فرش پر اپنے سانس برابر کرنے کی کوشش میں ہو نکتے تھے اور اُن کے خمار میں بھٹکتے ہوئے ذہنوں میں یہ تشویش ابھرتی تھی کہ اکبر جہان اب تک کیوں نہیں لوٹا..

جوہڑ کے پانی ہموار ہو چکے تھے جیسے ایک لاش کو دفن کرنے کے بعد قبر کی مٹی ہموار کر دی جاتی ہے اور یہ پتہ نہیں چلتا کہ اس کی گہرائی میں کون مدفون ہے۔ وہ چھوٹی سی مچھلی اب بھی ہمت نہ ہارتی تھی.. اکبر جہان کی مردہ ہو چکی ناک کو کُترنے کی کوشش کرتی جا رہی تھی..

اُس کی لاش ابھی پھُولی نہ تھی.. نہ تہہ میں اُترتی تھی اور نہ ہی سطح پر تیرتی تھی کہ وہ ابھی ابھی تو ڈوبا تھا..

اگرچہ اُن تیز بہاؤ کی ندی کے کنارے.. جس میں بے تحاشا مچھلیاں اُچھلتی تھیں اور جس کے پانیوں میں راتوں

کوگرزلی ریچھ اپنی پیاس بجھانے کی خاطر اپنی تھوتھنیاں ڈبوتے تھے.. جہاں اُس نے آج سے صدیوں پیشتر ان ویرانوں کی کنوارگی میں اپنے ہاتھوں سے ایک جھونپڑا تعمیر کیا تھا وہاں..ایک سری لنکن مسلمان مزدور کی ہدائت کے مطابق کہ وہ اپنے وطن میں ایک گورکن رہا تھا..نہائت ناپ تول کر ایک ایسی قبر کھودی گئی تھی جس کا سرہانہ قبلے کی جانب تھا اور اُس کے جوہڑ کی سطح پر تیرتے ہوئے پھولے ہوئے بدن کی دستیابی کے بعد اُسے اُس شرعی قبر میں اُتار دیا گیا تھا..

جنازہ اس دورافتادگی اور ویرانگی کی نسبت سے خاصا بڑا تھا.. یہاں تک کہ نماز جنازہ جو مولوی چراغ دین نے پڑھائی اُس میں بسنت اور دھیان سنگھ بھی ہاتھ باندھ کر کھڑے ہوگئے اور اُن کی بوڑھی آنکھیں برستی جاتی تھیں..اگلے روز جب وہ ایک زمانے کا گورکن سری لنکن مسلمان جہان آباد کے دیگر افریقی اور ایشیائی مسلمان مزدوروں کے ہمراہ فاتحہ پڑھنے قبرستان آیا تو اُس نے اسے نظر کا فریب جانا..

اکبر جہان کی قبر..اگرچہ اُس نے اپنے ہاتھوں سے ناپ تول کر سیدھی قبلہ کی جانب رُخ کرتی ہوئی کھودی تھی پر آج وہ کُچھ ٹیڑھی سی لگ رہی تھی،نظر کے فریب کے سوا اور کیا ہوسکتا تھا..

ہوسکتا ہے آج شباہت آجائے..

ایک مدت ہوچکی تھی اُس کی موہنی صورت دیکھے ہوئے..وہ آتی تو دیکھتا..

آج اُس کا ذہن بالکل شفاف، رواں اور نتھرا ہوا تھا، کنویں کے پاڑ چھے میں سے اولو میں گرنے والے پانی کی طرح..دھندلایا ہوا نہ تھا دنیا پور کے کسی جوہڑ کی مانند..یہ اَلزائمر کا عارضہ بھی عجیب تھا، ہولے ہولے تمہارے دماغ کے خلیوں کو ایک ایک کر کے مردہ کرتا جاتا تھا..ایک پل اپنے سامنے کھڑے انسان کی پہچان ہورہی ہے..بیٹی، بیوی، دوست یا نرس پر کاش کورکی..اور اگلے لمحے یکدم ایک دُھند ایسی گھنی اور گدلی ہوجائے کہ کوئی بھی تصویر پہچانی نہ جائے، سامنے کھڑا انسان پرایا ہوجائے، یاد نہ آئے کہ اسے اگر دیکھا ہے تو کہاں دیکھا ہے..

اس ہوم میں جتنے بھی پچاس ساٹھ کے لگ بھگ مریض تھے وہ الزائمر یا ڈیمنشیا کے عوارض کے تانے بانے میں اُلجھے ہوئے تھے..اکثر بھلکڑ پن اور خود فراموشی کی بھول بُھلیوں میں گم ہوجاتے تھے، اُن میں ذہنی مریضوں کی مانند تشدد نام کو نہ تھا بلکہ عام لوگوں کی نسبت وہ کہیں زیادہ نرم خُو اور مہربان خصلت رکھتے تھے..موتی اپنی میکانکی وہیل چیئر کو ایک مشاق ڈرائیور کی مانند قابو میں رکھتا اُسے آپریٹ کرتا ہولے ہولے ہوم کے صدر دروازے کے قریب لے گیا..یہ دروازہ اُس ہمیشہ کے لیے جدا ہوچکی دنیا پر کُھلتا تھا جس میں وہ کبھی عام انسانوں کی مانند زندگی کرتا تھا..وہ اس حقیقت سے سمجھوتہ کرچکا تھا کہ اب اُس نے اُس دنیا میں دوبارہ نہیں جانا..دماغ کے خلیئے جو مردہ ہوچکے تھے جو مردہ ہورہے تھے اُنہوں نے کبھی زندہ نہ ہونا تھا اور آخری خلیے کی مُردنی اُس کا آخری سانس ہونا تھا..اُس کے سامنے شیشے کی آرپار ایک دیوار تھی جس میں وہ دروازہ نصب تھا جسے کھول کر شباہت اندر داخل ہوتی تھی، اور اُس شفاف اور عریاں شیشے پر چناروں کے زرد پتّے سر پٹختے تھے اور اُن میں سے ہر ایک شباہت کی شکل کا ہوتا تھا، باہر خزاں کی تُند ہواؤں کا اتنا شور تھا کہ ہوم کے مضبوطی سے بند تابوت کے اندر بھی اُن کی مدھم ہُوک سنائی دے رہی تھی..برف باری میں ایک سرد اور ہولناک شدت آرہی تھی، برف اُن صحیفوں کی مانند ایک گدلے آسمان میں سے اُتر رہی تھی جن کے سارے ورق کورے سفید تھے..اُن پر کُچھ بھی رقم نہ تھا..برف کے گالے یہ کورے ورق شُوکتی ہواؤں میں اڑتے پھرتے تھے اور اُنہیں مجتمع کر کے کسی مقدس کتاب کو ترتیب نہیں دیا جاسکتا تھا۔ آئندہ کے سرما زمانے انہی منجمد اوراق کے آئینے تکتے گذرنے تھے..

برف کے گالوں کے ہمراہ چناروں کے انبار پتے اُن کی سفیدی میں زردی کے رنگ بھرتے تھے اور کبھی کبھار

کوئی ایک پتہ شیشے کی دیوار کے ساتھ سر پٹختا ہوا کچھ دیر کے لیے اُس سے چپک جاتا اور ایک چہرہ ہو جاتا جس میں شباہت کی شباہتیں جھلکنے لگتیں اور پھر اُس کے رواں اور نتھرے ہوئے دماغ میں وہی گھنی اور نابینا دُھند پھیلنے لگتی اور اُس میں اکبر جہان کی نیلی نیلی آنکھیں ٹھاٹھیں مارنے لگتیں..اور پھر وہ ڈوبنے لگتیں اور پھر ایک اور پتہ پر اُس کا پھولا ہوا بے جان بدن تیرنے لگتا..

بے شک وہ اُس روز دماغ کے ایک اور خلیے کے مردہ ہو جانے سے ایک ایسے خلاء میں چلا گیا تھا جو ایک نئے کینوس کی مانند کورا اور سفید تھا اور اُس پر سامنے بیٹھے ہوئے کسی شخص کی تصویر نہ بنتی تھی لیکن اُسے سنائی دے رہا تھا. موتی. تم سُن بھی رہے ہو یا نہیں، مجھے پہچانتے بھی ہو کہ نہیں، نہیں بھی سُن رہے تو اور کس کو سناؤں، نہیں پہچانتے تو نہ سہی.. میں اس گڑی یا ہوے ملک میں کس کے آگے اپنا کلیجہ کھول کر اُس پر لگے گھاؤ دکھاؤں، کسے اپنے رنج میں شریک کروں..بے شک میں..اقرار کرتا ہوں کہ میں اب بھی اپنی خصلت کے ہاتھوں مجبور تمہیں برا بھلا کہہ جاتا ہوں، تمہیں اب بھی حقیر سمجھتا ہوں.. لیکن موتی.. کناڈا کی اس گڑی یا ہوی اداس اور سرد کائنات میں صرف تم ہو..جس کے ساتھ میں گئے زمانوں کے بندھنوں میں بندھا ہوا ہوں..اور کس کے پاس جاؤں موتی..

بخت جہان نے اُسے خبر کر دی تھی.. بابا پچھلے ہفتے فارم ہاؤس سے ذرا فاصلے پر واقع ایک جوہڑ میں ڈوب گئے تھے..ہو سکتا ہے اُن کا پاؤں پھسل گیا ہو اور یہ بھی ممکن ہے کہ وہ حالت خمار میں پانیوں میں گر گئے ہوں..

نہیں..وہ ایک رنجیدگی سے مسکرایا..اکبر جہان ایسے شخص کا نہ پاؤں پھسلتا ہے اور نہ ہی وہ کبھی حالت خمار میں مدہوش ہو کر پانیوں میں گرتا ہے..سبب وہی تھا..اُس کی بیٹی سیرت..اور موتی کیسے آگاہ ہو سکتا تھا کہ جس کا وہ منتظر تھا، شباہت کا..وہ بھی ایک سبب تھی..اُس کی بیٹی بھی اپنی بے خبری میں اُس کی موت کا سبب تھی..البتہ بخت جہان آگاہ تھا اور مُجرم محسوس کرتا کئی روز تک اپنے کمرے میں بند پڑا اسکتا رہا تھا..

شیشے کی دیوار میں نصب دروازہ یکدم کُھلا اور تند ہواؤں کا شور ہوم کے اندر آ کر اس کی قید سے ہراساں ہو کر اُس کے در و دیوار سے ٹکراتا گونجنے لگا اور اس کے ہمراہ چند خزاں رسیدہ برف آلود پتے بھی تھے جو حیرت زدہ چہروں کی مانند اِدھر اُدھر بھٹکنے لگے..شباہت نے دروازہ بند کیا تو اندر یکدم پھر سے سکوت ہو گیا..برف آلود پتے جن ہواؤں کے دوش پر اڑتے ہوئے اندر آئے تھے اُن کے مطیع ہو جانے پر مردہ ہو کر فرش پر گرنے لگے..

اُس کی سیاہ سیال آنکھیں وہیل چیئر پر بیٹھے اُس شخص پر ٹھہر گئیں جسے اُس نے کبھی پسند نہ کیا تھا، جو اُس کا باپ تھا..اُس کے دل میں اُس کے لیے کچھ جگہ نہ تھی..اُس نے صرف اُس کا بیج بویا تھا اور پھر اُس کی پرورش اور نگہداشت سے غافل ہو گیا تھا..

اُس نے اپنے گھنے سیاہ بالوں کو گردن میں خم دے کر جھٹکا اور اُن میں کہیں کہیں سفید دھاریاں تھیں جو نمایاں نہ تھیں اور اُس کے روبرو ہو گئی ''ڈیڈی..''

اور اسی لمحے موتی کے ذہن کی شفافی گدلا گئی، روانی تھم گئی اور جس کا وہ منتظر تھا اُس کی پہچان کھو گئی..

''ڈیڈی..'' اُس نے ایک مرتبہ پھر پکارا..بغیر کسی اُلفت یا لگاؤ کے، ایک فرض کی ادائیگی کے طور پر..

نرس پرکاش کور جو مسلسل اُس کی نگہبانی کرتی آس پاس رہتی تھی، اُس کے قریب آ گئی ''مسٹر مَیٹ..ذرا دیکھئے آپ سے ملنے کون آیا ہے..''

اُس کی آنکھوں میں بصارت کے جو خلیے تھے وہ بھی مردہ ہوتے گئے تھے اور وہ صدر دروازے کو گھورتا رہا..

''مسٹر مَیٹ..ہر روز اپنی وہیل چیئر چلاتے یہاں داخلے کے دروازے کے سامنے آ کر..آپ کا انتظار کرتے ہیں..ابھی کُچھ دیر پہلے یہ اپنے آپ میں تھے اور ابھی جیسا کہ الزائمر کے مریضوں کا معمول ہے یکدم پہچان سے پار چلے گئے ہیں..ان کی پہچان ابھی چند لمحوں کے بعد بھی لوٹ سکتی ہے اور..شائد دو چار روز تک نہ لوٹے..کیا آپ کُچھ انتظار کر سکتی ہیں..اُنہیں بعد میں بہت دُکھ ہو گا..''

اُس کی وہیل چیئر کے عین سامنے ملاقاتیوں کے لیے مخصوص ایک صوفے پر بیٹھتے ہوئے شباہت نے فیصلہ کیا کہ وہ چند لمحے انتظار کر لے گی..یوں بھی کیلگری سے یہاں تک کی اتنی طویل ڈرائیو کے بعد اُسے کُچھ آرام کی طلب تھی..راستے میں برف کے گرتے انباروں اور زرد پتوں کے ہجوم نے اُس کی کار کو یوں ڈھک دیا تھا کہ وہ بمشکل تند ہواؤں کی شدّت میں حرکت کرتی تھی..اُسے کُچھ آرام کی ضرورت تھی..

اُس کے سامنے وہیل چیئر پر ڈھیر وہ شخص جو ایک خلاء میں تکتا مسکرا رہا تھا..اُس کی موجودگی سے یکسر بے خبر..اُس کی شکل پر دن بہ دن وہ شباہت اُترتی تھی جو اُسے اپنے اُس دادا کی یاد دلاتی تھی جسے اُس نے بارہ برس پیشتر لاہور کے ماڈل ٹاؤن کے ایک وسیع گھر کے پچھواڑے میں بے آسرا پڑے دیکھا تھا اور وہ اُس بوڑھے کی محبت کی گرمائش اب بھی ان منجمد موسموں میں محسوس کرتی پگھلتی تھی..تب وہ سولہ برس کی تھی..

ہر شے، ہر چہرہ بے رنگ اور گدلا دکھائی دے رہا تھا جیسے مٹّی سے اٹا ہو..پھیپھڑوں کے اندر جو سانس جاتا تھا اُس میں بھی مٹی کے ذرّے اُسے دشوار کرتے تھے..لوگوں کے چہرے مٹیالے..اُن دُھلے اور بے مقصد..ایک کاہلی کی کیفیت..کوئی ایسا سحر پھونکا گیا تھا کہ ہر چیز سستی سے حرکت کرتی تھی یہاں تک کہ جیٹ بھی جو اُسے کینیڈا سے یہاں تک لایا تھا پاکستانی فضاؤں میں داخل ہوتے ہی سست رفتار ہو گیا لگتا تھا..ایئرپورٹ کے لاؤنج میں چلتے ہوئے شباہت نے اپنے آپ کو بقیہ مسافروں کے ساتھ ہم رقاب ہونے کی خاطر اپنی لامبی ٹانگوں کو قابو میں کرنا چاہا تا کہ وہ الگ تھلگ نظر نہ آئے پر اُسے خاطر خواہ کامیابی حاصل نہ ہوئی..وہ اُن سے آگے نکلتی جاتی تھی اور پھر اپنے بدنی تحرّک کو ضبط کرتی ہوئی آہستہ ہونے کی سعی کرتی تھی..

ایک اور بے چارگی یہ تھی کہ وہ اپنے معمول کے پہناوے..پھٹی ہوئی جین..سیاہ ناف کو عریاں کرتے بلاؤز اور آئرش گھوڑوں کے پاؤں ایسے بھدّے جوگرز میں نہ تھی بلکہ ایک نامانوس اور نان پریکٹیکل لباس میں تھی جس کی اُسے عادت نہ ہو رہی تھی..ایک بہت کھلی ڈھلکتی کھسکتی ریشمی شلوار اور قمیض میں..تقریباً گھونگھٹ نکالے ایک قابو میں نہ آتے ہوئے دوپٹے میں، وہ عجیب مسخری سی محسوس ہو رہی تھی..اس روایتی پہناوے میں جو اُس نے ہدایت کے مطابق مجبوراً پہن

لیا تھا اُسے یوں لگ رہا تھا جیسے وہ کسی فینسی ڈریس پارٹی میں شامل ہونے کے لیے جا رہی ہے..
باہر لاہور ایئرپورٹ کے باہر کی ہوا بھی مٹی کے ذرّوں کی آمیزش سے دھندلاتی تھی، یہ اگرچہ کیلگری کی کھری اور نتھری ہوئی شفاف ہوا ایسی تو ہرگز نہ تھی لیکن اس میں ایک ایسی گرم مہک تھی جسے اُس کے بدن کے ہر مسام نے کھل کر اپنے اندر سمویا جیسے مسام اور مہک کب کے بچھڑے ہوئے تھے اور اب جا کر ملاپ ہو گیا تھا.. اور یہ مہک کچھ شناسا سی تھی، اُس کے نتھنوں میں کبھی اتری تو تھی لیکن کب.. ہاں جب شائد زندگی میں پہلی مرتبہ اُس شخص نے جس کے خمیر میں محبت گندھنے سے رہ گئی تھی اُسے پدری شفقت سے مغلوب ہو کر گلے لگایا تھا تو اُس کے پسینے میں بس یہی مہک تھی..
وہ ایک گمشدہ بھیڑ کی مانند جب ایئرپورٹ سے باہر فٹ پاتھ پر گردن جھٹک کر اِدھر اُدھر پریشان حالی میں نظر کرتی تھی تو ایک ڈھلتے برسوں کا شخص جو کسی زمانے میں بھی خوش شکل نہ رہا ہو گا ہانپتا ہوا اُس کے قریب آیا.. اور اس سے پیشتر بہت ساری مہنگی پرفیومز کے مرغولے نے اُس کا گھیراؤ کر لیا.. اس آزار دِہ تپتے ہوئے موسم میں بھی ایک پُر تکلف اور مہنگے سُوٹ میں جکڑا ہوا تھا.. قریب آ کر اُس نے عجیب طرز میں لب سکیڑے اور پھر مسکراتے ہوئے اُس کے دونوں کندھوں کو تھام کر کہنے گا.. ''میں تمہارا انکل سلمان شاہ ہوں..''

وہ محض سولہ برس کی تھی..
وہ اُنہی دنوں ہائی سکول سے فارغ ہوئی تھی اور اُس کے بدن میں خواہش اور بے چینی کی تبدیلیاں رونما ہو رہی تھیں..
وہ سکول فیلوز جو اُس سرزمین کی تھیں یا جن کے آباؤ اجداد سفید رنگت کے دیسوں سے آئے تھے وہ اکثر اُن سے الگ تھلگ رہتیں... جو چینی، سری لنکن، فلسطینی، مصری یا ہندوستانی تھیں.. ان کے قصّے بھی الگ تھے.. وہ اپنے اپنے آبائی ملکوں کی ثقافت، خوراک اور رہن سہن کی قصیدہ گوئی میں مشغول رہتیں اور وہ چپ بیٹھی رہتی.. اُس کا تو یہی خیال تھا کہ وہ ایک تھارو بریڈ کینیڈین لڑکی ہے جسے چنار کے شہد سے گندھے ہوئے بسکٹ صرف اس لیے اچھے لگتے ہیں کہ اس درخت کا پتّہ اُس کا قومی نشان تھا اور اُسے کسی اور ثقافت یا طور طریقے کی حاجت نہ تھی.. وہ اتنی کینیڈین تھی اور اس کے باوجود وہ جو سفید فام اس سرزمین کی تھیں وہ اُن کی ثقافت اور رہن سہن سے مفاہمت نہ کر پاتی تھی.. وہ کب تک چپ بیٹھی رہتی اُسے بھی اپنی جڑوں کی کھوج لگ گئی.. اگر وہ مقامی لڑکیوں کی مانند ابھی تک لڑکوں کے ساتھ بے دریغ نہ ہو سکی تھی.. کسی پارٹی میں اگر کوئی ہم عمر لڑکا اُس کے اتنے قریب آ جاتا کہ اُس کا سانس اُس کے چہرے پر پھیلنے لگتا تو وہ فوراً پیچھے ہو جاتی اور اُس کے چہرے پر ایک سُرخی پوتی جاتی.. تو وہ اگر مختلف تھی تو یہ جاننا تھا کہ کیوں تھی.. وہاں جا کر جاننا تھا جہاں سے اُس کا خمیر اُٹھا تھا..
ڈیڈی اُن دنوں اپنے بینک سے رخصت ہو کر، مالی طور پر مستحکم ہو چکے.. اُس کی سمجھ میں نہ آتا تھا کہ کیوں جنگلی حیات کے محکمے میں ایک معمولی فارسٹ گارڈ کے طور پر بھرتی ہو جانے کی تگ و دو کرتے تھے'' تجھے وہاں جا کر کچھ حاصل نہ ہو گا شباہت.. بلکہ تو ایک احساس کمتری میں مبتلا ہو جائے گی کہ تمہارا باپ ایسی پسماندہ سرزمین سے آیا تھا.. تیری شناخت یہی فراخ سینے والی کُھلے دل کی سرزمین ہے جو رنگ، نسل، عقیدے اور زبان سے ماورا ہو کر تمہیں صرف ایک انسان کے طور

پر اپنی پناہ میں لے لیتی ہے..تُو ایک وقتی رومان میں مبتلا ہوگئی ہے..وہاں جائے گی..جہاں..ہزاروں برسوں کی قدیمی رہائش کے باوجود ہمیں قبول نہ کیا گیا..ہم ہمیشہ دھتکارے گئے..ذلتوں کے مارے ہوئے لوگ رہے..تیرا دادا سروسانسی اب بھی اپنے چوہدری امیر بخش کو یاد کر کے اس لیے روتا ہے کہ اُس نے پہلی بار اُسے اپنے دستر خوان پر بٹھا کر کھانے میں شریک کیا تھا..وہاں محض ذلتوں اور دھتکار کے ماضی ہیں تُو اُنہیں کھوج کرے گی تو مایوسی کے صدمے کی دل گرفتگی کے آزار میں مبتلا ہو کر اپنی نظروں میں حقیر ہو جائے گی....''

شباہت اپنے ارادے میں ذرا ڈول تو گئی پر باز نہ آئی..اُس کے دل میں ایک گُنڈی اٹک گئی تھی جس سے بندھی ڈور ہولے ہولے اسے کھینچتی تھی..

ڈیڈی نے اس کے اصرار کے آگے بالآخر ہتھیار ڈال دیئے..وہاں نظریں جھکائے رکھنا..کسی سے ہنس کر بات نہ کرنا..ہاتھ نہ ملانا..یوں سینہ تان کر نہ چلنا..اور یہ لباس نہ پہننا..بحث نہ کرنا..

انکل سلمان شاہ کیا ہی امیر کبیر، خوشحال، معزز اور کسی حد تک متکبّر شخص تھا..کسی طور دھتکارا ہوا اور ذلتوں کا مارا ہوا نہ لگتا تھا..

اور وہ اُس کی آل اولاد کو کیسی حیرت اور کسی حد تک اُن پر ترس کھاتی تکتی تھی جو اُس سے کہیں بڑھ کر مغربی اقدار میں ڈھلی ہوئی تھی..اور وہ ہمہ وقت یہ ثابت کرنے پر..اُس کے فرسٹ کزن..اور اُس کی کزن..یہ ثابت کرنے پر تُلے رہتے کہ وہ اُس کی نسبت کہیں کشادہ ذہن اور کُھلی سوچ رکھتے تھے..وہ تو ہرگز نظریں جھکا کر نہ چلتے تھے..نہ صرف ہر ایک سے ہنس ہنس کر بات کرتے تھے بلکہ ملاقات پر گلے لگ کر ایک دوسرے کو چُومنے سے بھی گریز نہ کرتے..جانے ڈیڈی نے مجھے کیوں پابند کر دیا تھا جب کہ یہاں تو کُچھ پابندی نہ تھی..

سچی بات ہے وہ تو اُن ڈیزائنرز اور ڈسک جوکیز سے آگاہ ہی نہ تھی جو اُس کے کزنز کے دل پسند اور مرغوب تھے..

نسوانی کزنز تو ہر شب ایک نئے لباس میں ہوتیں اور مرد کزن قدرے نسوانی انداز میں یونہی اُس کے گرد اٹھلاتے پھرتے..

وہ کسی حد تک اُن سب کے لیے ایک مایوسی تھی..

نہ تو وہ بظاہر شراب کو ہاتھ لگاتی تھی..نہ ہی چرس کی شوقین تھی اور نہ ہی اُس کا کوئی بوائے فرینڈ تھا..پاپ موسیقی کے سلسلے میں تو شاید وہ بہری تھی..خاصی تنگ نظر بیک ورڈ لڑکی تھی..

ایک شام کزن اسے لاہور کے متروک شدہ ایئرپورٹ کے ایک بلند آہنی چھتوں والے جہازوں کے ہینگر میں لے گئے جسے ایک سالگرہ کی تقریب کے لیے ملک کے ایک پُرتکبر ایونٹ منیجر نے خصوصی طور پر ایک یونانی تھیم کے روپ میں سجایا تھا..ہینگر کی اونچی چھتوں تک بل دار یونانی ستون..پلاسٹر آف پیرس میں ڈھلے ہوئے ستون جاتے تھے..دیواروں پر ٹرائے کی جنگ کی شبیہیں نقش تھیں..اور ہینگر کے عین درمیان میں لکڑی کا ایک گھوڑا ایستادہ کیا گیا تھا

جس کے پیٹ میں سے ایک موٹا لڑکھڑاتا صنعت کار.. منی لانڈرنگ کے کاروبار میں کامیاب ایک شخص برآمد ہوتا تھا جس کی یہ سالگرہ تھی..

آس پاس کوئی افلاطون تھا اور کوئی سقراط.. کہیں ایک ایتھنا دیوی اور کوئی وینس.. اور کم از کم تین چار اپالو دیوتا.. اگرچہ گندمی رنگ کے خمار میں ڈوبے ہوئے.. مہمانوں کی خدمت پر مامور خادمائیں فرانسیسی اور تھائی تھیں اور پیرس کی بُڈھا بار کا ڈِسک جاکی جو محض تیس لاکھ روپوں کے عوض بمشکل تمام یہاں آنے پر راضی ہوا تھا موسیقی کی ترتیب میں ادھم مچاتا.. کچھ کیپسول نگلتا.. چرس کے کش کھینچتا ایک درویش کی مانند وجد میں آتا تھا..

اور وہاں اُس سارے ہجوم میں سب سے پریشان حال اور بیک ورڈ لڑکی شباہت تھی.. اُس کے.. انکل سلمان شاہ کے بچوں کو بہت خفت ہوئی تھی، پچھتا رہے تھے کہ اسے کیوں ساتھ لائے اور اُنہوں نے ''آور فرسٹ کزن فرام کینیڈا'' کے طور پر اُس کا تعارف کروانا ترک کر دیا.. اُن کی بہت سُبکی ہوئی تھی..

کیا یہی میری جڑیں ہیں؟..

اُس بظاہر شاندار اور شاہانہ، وہائٹ ہاؤس کی نقل میں تعمیر کردہ اونچے یونانی ستونوں والے پُرشکوہ گھر کے پچھواڑے میں ایک بوسیدہ ہوتے زوال پذیر کمرے میں گئے زمانوں کے کچھ سانس ابھی تک ٹھہرے ہوئے تھے.. اپنی آرزو سے حیات کرتے تھے..

انکل سلمان شاہ نے اُسے ایئرپورٹ پر وصول کرنے کے اگلے روز اُس کے استفسار پر نہائت ہمدردی سے ذرا سرگوشی میں کہا ''شباہت.. وہ گئے زمانوں میں مبتلا رہتے ہیں.. بہک چکے ہیں.. میں نے اُنہیں تمہاری آمد کی خبر نہیں کی تھی.. کہ شائد وہ تمہیں شناخت نہ کر سکیں..''

''وہ.. میرے دادا ہیں.. مجھے اُن سے ملنا ہے..''

وہ بہکا ہوا شخص ماڈل ٹاؤن کے اُس نقل شدہ شاہانہ گھر کے پچھواڑے میں بسیرا کرنے والا، کھڑکی کے باہر پھیلے ہوئے لان میں ایک گلہری کو اُچھلتے.. دم ہلاتے مسرت سے تکتا.. اُس کی آہٹ سُن کر مُڑا..

شباہت نے اُسے دیکھتے ہی جان لیا کہ اُس کا سفر رائیگاں نہیں گیا..

وہ اُسے اپنے ناتواں بازوؤں میں سمیٹے اُس سے لپٹ کر.. بہت دیر تک ہچکیاں بھرتا روتا رہا..

''تُو.. میرے موتی کی بیٹی ہے ناں..''

''ہاں..''

''میرے اور قریب آجا..''

''جی..''

''نہ.. اتنا قریب نہ آ کہ میں تیری آنکھیں دیکھنا چاہتا ہوں..'' وہ مسلسل لرز رہا تھا اور شباہت اُسے تھام رہی تھی...

وہ اب بھی ایک مضبوط جُثّے کا بوڑھا تھا جس سے لپٹے ہوئے شباہت کو اُس کی ہڈیاں یوں چبھتی تھیں جیسے لوہے کی بنی ہوں لیکن اُن پر جو ماس مڑا ہوا تھا وہ اُن ہڈیوں کو چھوڑ رہا تھا..اور کیا ایک ایسا وقت بھی آ سکتا ہے جب اُس کا آہنی ڈھانچہ تو قائم ہو لیکن ماس جھڑ چکا ہو..اُس کی قدرے لمبوتری کالی بھور آنکھیں اپنے بوسیدہ ہو چکے پنجروں میں تڑپتی چڑیا کے بچوں کی مانند پھڑ پھڑاتی تھیں اور اُن پر برسوں کے زوال کا کچھ اثر نہ ہوا تھا..ہونٹ..شباہت مسکرا دی..اب جا کر یہ عقدہ حل ہوا تھا کہ اُس کے موٹے سُوجے ہوئے لگتے ہونٹ اُسے کہاں سے ملے تھے..اپنے دادا سے..اُس کا جبڑا چوڑا اور مضبوط تھا جیسے ایک ہمہ وقت چارا چرتے بیل کا ہوتا ہے..اب وہ اپنے باپ کے سنائے ہوئے قصّوں پر یقین کر سکتی تھی کہ اپنے وقتوں میں تمہارے دادا کا آس پاس کے درجنوں دیہات میں کوئی جوڑ نہ تھا..یہ الگ بات کہ کوئی بھی..دوسری نسل کا اپنے آپ کو برتر سمجھنے والا شخص اُس کے ساتھ اکھاڑے میں اس لیے نہ اُترتا تھا کہ اُسے ہاتھ لگانے سے وہ پلید ہو جاتا تھا..

پنجروں میں پھڑ پھڑاتے چڑیا کے بچے کی آنکھیں شباہت کی سیال آنکھوں پر مرکوز تھیں ''پُتّر..تو بے شک مُجھ میں سے ہے، میرا بیج ہے..تیری یہ آنکھیں جن میں ایک..عجیب جانور پن، وحشت اور وارفتگی ہے..جو کبھی صدیوں پہلے بونوں والے کنویں کے قرب و جوار میں جو سنگریزوں والا اجاڑ بیابان تھا، وہاں پڑے مردہ ڈنگر کی خوشبو سونگھ کر میری آنکھوں میں آتی تھی..مردار گوشت کی البیلی چاہت مجھے بے حال کرتی تھی..تیری آنکھوں میں بھی وہی سانسی پن ہے..تُو مجھ میں سے ہے چھوریئے..''

شباہت اُس کی اُلفت کے شکنجے میں کسی مبہوت اُسے تکتی تھی کہ کیا یہ میری جڑیں ہیں..میرے وجود کا بُوٹا مُردار گوشت کی چاہت میں سے پھُوٹا تھا..

چاچا سلمان شاہ کی کاروباری اور سماجی مصروفیتوں کا کُچھ شمار نہ تھا..وہ کم ہی دکھائی دیتے تھے، اُنہوں نے نہائت تنظیم سے اُسے لاہور ایئر پورٹ سے وصول کر کے، اپنے بے انت کمروں والے گھر میں ایک پُر آسائش بیڈ روم تفویض کر کے، اپنی آل اولاد سے تعارف کروا کے..اپنی عزیز داری کا فرض ایمانداری سے ادا کر دیا تھا..اور وہ اُن کی آل اولاد..اُس کے فرسٹ کزن جو اُس کی آمد پر ایک پُر جوش ہیجان میں مبتلا تھے..کہ ہمارے سگے چچا کی بیٹی فرام کینیڈا..اب اُس سے گریز کرتے تھے، وہ اُس کی ثقافتی اور سماجی پس ماندگی سے مایوس اور بیزار ہو کر اُس سے رسمی سلام دعا کے علاوہ تقریباً کنارہ کش ہو چکے تھے اور شباہت طے شدہ وقت سے پہلے واپس چلے جانے کے بارے میں سوچنے لگی تھی..

''جانے موتی نے تیرا یہ عجیب سا نام..شباہت کیوں رکھ دیا ہے..''

''دادا..یہ میری ماں کی پسند تھی..وہ بنگال کی ہیں، فائن آرٹس کی طالبہ رہی ہیں..آپ کو پسند نہیں تو میں اسے بدل سکتی ہوں دادا..'' یہ کیسی غیر متوقع محبت تھی جو اُس کے دل میں اس بوڑھے کے لیے سرائت کرتی جاتی تھی..وہ پہلی بار کُھل کر ہنس دی..

''نہیں نہیں..'' سرو سانسی کے موٹے ہونٹ بھی لرزتے ہوئے کُھل گئے..''بھلا کوئی اپنی بہورانیوں کی پسند کے نام کو بھی بدلتا ہے..چاہے اُسے کبھی نہ دیکھا ہو، نہ سُنا ہو..پر تو میری اکلوتی پوتی ہے..اُن کو چھوڑ جو دو چار ماہ بعد میرے

کمرے میں جھانک لیتی ہیں.. ہیلو گرینڈ پا.. اس انداز میں کہتی ہیں کہ اچھا تم ابھی زندہ ہو.. اور چلی جاتی ہیں.. تیرا تو کوئی سانسی نام ہونا چاہیے تھا.. جھیرو.. کمّوں یا پھاتی وغیرہ.. یہ شباہت بھی اچھا ہے پر میری زبان پر نہیں چڑھتا.. ہاں پھاتی کا ہم وزن شابی تو ہوسکتا ہے ناں.. پتّر تو اتنے دور دراز کے ملکوں سے اس لیے یہاں آئی ہے ناں کہ یہ جان سکے کہ تیرے بیج کے بُوٹے کہاں اور کس مٹی سے پھوٹے تھے..''

شباہت نے لاشعوری طور پر اپنی گردن میں ذرا سا بل دے کر سر جھٹکا..

ہر سُو آبادی کے گھنے کریہہ المنظر کنکریٹ اور تارکول کے جنگل اُگ آئے تھے.. اُن کے پتّے اتنے زہرناک تھے اُنھوں نے نہ صرف سرو سانسی کے بچپن اور جوانی کو بلکہ سانسیوں کی پوری بستی کو بھی نگل لیا تھا.. کُچھ سراغ نہ ملتا تھا.. گھروں، کارخانوں، سڑکوں کے آک کے بُوٹے ہر سُو اُگ آئے تھے جنھوں نے مٹی کو مردہ کر دیا تھا.. یہاں تک کہ جب کبھی بارش کی ایک بوند گرتی تھی تو اُس ایک بوند کے اُترنے کے لیے بھی ایک ذرّہ مٹی نہ تھی.. کہ وہ ساری کی ساری آبادیوں میں دفن ہو چکی تھی.. وہ.. اپنی پوتی کے ہمراہ اُن آثار اور نشانیوں کی کھوج میں بھٹکتا پھرا پر کہیں کوئی ایسی علامت نہ تھی جو اُس کے حال کے دھاگے کو ماضی کے ساتھ جوڑ کر ایک گرہ لگا دیتی..

تپش بھی تو اُس روز اتنی شدت کی تھی کہ دم گھونٹتی تھی.. وہ تو جیسے ایک دہکتے ہوئے تنور میں تھی.. اُس کی قمیض پسینے سے نچڑتی بدن سے چپکتی اُس کے پسندیدہ سیاہ بلاؤز کو یوں نمایاں کرتی تھی کہ راہگیر بھٹکنے لگتے اور وہ ان دونوں کو یوں دیکھتے تھے جیسے وہ کسی دور افتادہ سیّارے کی مخلوق ہوں اور اُن کا اس سرزمین سے کُچھ واسطہ نہ ہو.. بہت خجل خوار ہونے اور گھنی آبادیوں کی بھول بھلیوں میں دربدر ہوتے بالآخر اُنھیں بونوں والے کنویں کا سراغ مل گیا.... شکستہ اینٹوں کا ایک ڈھیر تھا.. ایک گولائی تھی جس کے اندر کوڑے کرکٹ کے انبار تھے اور وہ بے ہنگم آبادیوں میں دم توڑ رہا تھا.. جہاں کبھی آس پاس گنّے کے گھنے کھیت ہوتے تھے جن میں شنید تھی کہ اُس کنویں میں سے برآمد ہونے والے بونے روپوش ہو گئے تھے..

''بونے؟'' شباہت کے لیے یہاں حیرت کے کیسے کیسے عجوبہ سامان تھے..

''ہاں پتّر.. وہ میرے چوہدری بخت جہان کے گھر میں آ کر آباد ہو گئے تھے اور راتوں میں گراموفون پر ریکارڈ لگا کر اُس کے سینے پر ناچتے تھے اور کہتے تھے کہ ایک روز ہمارا راج ہوگا، سب کہتے تھے کہ جب وہ 17 دسمبر 1971ء کی سویر کو گھوڑوں کی ناند کے قریب مردہ پایا گیا تھا تو یہ اُن بونوں کی کارستانی تھی..''

''بونے..؟ بُل شٹ..'' دادا کُچھ زیادہ ہی بہک گیا ہے..

اگر بونوں والا کنواں بے ترتیب اور بدشکل آبادیوں کے گھیراؤ میں آ کر دفن ہو چکا تھا تو بھلا وہ سنگریزوں والا ویرانہ کیسے جوں کا توں موجود رہ سکتا تھا.. جہاں کبھی کُہرے کے مارے ہوئے سانپ اپنے سوراخوں سے ملاپ کی چاہت سے بے اختیار ہو کر باہر آتے تھے اور منجمد ہو کر اُس کُہرے کی مانند چِٹے سفید ہو جاتے تھے.. جہاں دنیا پور کے کاشتکار اپنے مرے ہوئے مویشیوں کو گھسیٹ کر لاتے تھے اور چھوڑ جاتے تھے.. تاکہ گِدھ اُنھیں نوچ کھائیں.. اور وہاں گِدھوں کے رقیب سانسی بھی ہوتے تھے جن کے تالو میں مُردار کا سواد یُوں پھوٹتا تھا کہ وہ گِدھوں کو اکثر مات دے دیتے تھے..

دادا سرو سانسی نے اُسے بہت قصّے سنائے..

آسمان پر مُردار کی جانب پرواز کرتے گِدھوں کے پروں کی شُوک اور زمین پر اکثر ننگ دھڑنگ بھاگتے گِدھوں سے پہلے مردار تک پہنچ جانے اور اُس کا بہترین رانوں کا گوشت حاصل کرنے کی جدوجہد میں بھاگتے سانسی..اور اُن میں سے جو آگے نکلتا تھا.تمہارا دادا..سرو سانسی..

اور پھر وہ کیسے اس ویرانے میں جواب ڈھک چکا تھا.. یہاں اپنے پھنیر کی ترغیب سے نہائت خوب..موٹی چربی والے نیولے دبوچا کرتا تھا..

کیا یہ میری جڑیں ہیں؟

کیا اس لیے..دوسری لڑکیوں سے جُدا میری خصلت میں ایک بے دریغ وحشت ہے جو میرے جینز کی عطا کردہ ہے..لیکن اب تک وہ جو کُچھ اخذ کر چکی تھی اُس کے مطابق سانسی عورتیں اپنی کنوارگی کے بارے میں کُچھ زیادہ وہم نہ کرتی تھیں اور اگر وہ کرتی تھی تو یہ احتیاط کدھر سے آ گئی تھی..یقیناً اپنی ماں مقدس بانو کی جانب سے..جو روندی گئی تھی..

''دادا..''اور وہ بھی تو ایک مدت کے بعد ماڈل ٹاؤن کے اُس گھر کے پچھواڑے میں واقع ایک کمرے کی قید میں سے نکلا تھا..اور اپنی آبائی نشانیوں کے آثار کی مہک سُونگھتا ہیجان میں آتا تھا..''ایک مردہ بیل کا..کسی بھینس یا گدھے کا گوشت''اُسے ابکائی آ گئی پر جستجو تھی جو اُس پر بھی غالب آ گئی''ذائقے میں کیسا ہوتا ہے؟''

اُس نے ایک المناک ہچکی بھری..اُن زمانوں میں سفر کر گیا''شابی..میری حیات کے کنویں میں سے جو آبخورے نکلتے ہیں اُن کا پانی خشک ہونے کو ہے لیکن اس کے باوجود میری کمر سیدھی تیر ہے اور میری ہڈیاں مضبوط ہیں اگرچہ اُن پر مڑا ہوا ماس ڈھلکتا جاتا ہے..میرا دماغ بھی ڈھیلا ہو کر بوسیدہ ہو چلا ہے پر اس کے باوجود تم اب بھی میرے سامنے ایک نیولا چھوڑ دو تو میں زقندیں بھرتا اُسے جا قابو کروں گا..تو یہ سب کمال مُردار کے گوشت کے ہیں..کسی بھی عقیدے کے بندھن میں نہ جکڑے جانے کے کرشمے ہیں..یہ ایسے ذائقے ہیں..''

بہت پوچھ گچھ کرنے پر..اُن لوگوں سے جو اُنہیں اجنبی جانتے تھے..کہ یہاں کہیں جوہڑ کے کنارے جو کب کا سُوکھ چکا تھا اور اُس پر مکان تعمیر ہو چکے تھے..یہیں کہیں سانسیوں کی ایک بستی ہوا کرتی تھی وہ دونوں کھاٹ میں پڑے نابینا ہو چکے ایک سانسی بوڑھے تک جا پہنچے جو اپنی حیات کی صدی مکمل کر چکنے کے بعد خلاؤں میں گھورتا اُس نسل کا شائد آخری سانسی تھا..

رینگتی ہوئی انسانی بستیوں کے تھوہر اور زہرناکی کے اندھیرے پن میں دفن شدہ وہ آخری فرد تھا جو ابھی تک سانس لیتا تھا..سرو سانسی نے اُس اندھے اور لاتعلق سے بوڑھے کو راہ پر لانے کے لاکھ جتن کیے..اپنے سانسی ہونے کا بتایا..بچپن کے قصّے سنائے پر وہ بہت دیر تک بھٹکتا کبھی بڑبڑانے لگتا اور کبھی خود کلامی میں مشغول ہو جاتا کہ نہ..میں اپنے کھاٹ کو فروخت نہیں کرنے والا..نہ..چاہے چاندی کے روپوں کے ڈھیر لگا دو..نہ..نہ..اور بالآخر اُس نے ہاتھ آگے بڑھا کر سرو سانسی کے چہرے کو ٹٹولا..اور ایک بے دانت مسکراہٹ اُس کے سکڑے ہوئے چہرے پر پھیل گئی..''تُو..کہیں حسّو سانسی کا پُتّر تو نہیں..؟''

''آہو چاچا..''سرو سانسی ایک بچے کی مانند کِھل اٹھا..

''راجے کا کھٹیا. جسّو سانسی، تیرا باپ..اندھیری راتوں کا کاریگر تھا..چھت پر سوئے ہوئے لوگوں کی چادریں ایسی کاریگری سے اُتار لاتا تھا کہ اُنہیں خبر ہی نہ ہوتی تھی اور پھر اُن سے اپنے اور اپنے بچوں کے جھگّے بنا لیتا تھا..اور پھر کسی چوہدرانی نے اگر چولہے پر ہانڈی چڑھائی ہوئی ہے اور وہ پل دو پل کے لیے گھر کے اندر گئی ہے تو پیچھے سے ہانڈی غائب.. گھر میں کھانا کم ہی پکتا تھا یونہی پکتی ہوئی ہانڈیاں..اکثر ساگ، سبزی یا دال اور کبھی کبھار گوشت..اٹھا لاتا تھا..کمال کا سانسی تھا..''سرو سانسی اپنے باپ کے ان کمالات کے تذکرے ذرا فخر میں آ کر سن رہا تھا جب اُسے احساس ہوا کہ اُس کی تو کناڈا سے آئی ہوئی پوتی بھی اُس کے ہمراہ ہے اور شائد وہ اپنے پردادا کے ان حوالوں کو ناپسند کرتی ہو تو اُس نے کھانس کر نابینا بوڑھے کو مزید قصّے سنانے سے روک دیا..''چاچا..''

''ہاں پتر..اور تیرا باپ سالم بلّے کو بھون کر اکیلا ہی کھا جایا کرتا تھا اور پھر اُسے پیٹ کا اپھار ہو جاتا تھا اور بھاگتا تھا کھیتوں کی طرف..''

''چاچا''اُس نے ذرا دھمکی آمیز لہجے میں کہا''میرا نام سرو ہے..مُجھے جانتے ہو؟''

''آہو..''بوڑھے نے سر ہلایا اور ہلاتا ہی رہا.''تیرا بھی جواب نہ تھا..تیرا جُثّہ تو ایک اڑیل بیل سے بھی زیادہ چمکدار اور گسا ہوا تھا..تیرا کوئی جوڑ نہ تھا اور پھر تو نمبردارانی کے اکلوتے بیٹے عزیز جہان کی نگہبانی کی خاطر اُس کے ساتھ شہر لاہور چلا گیا تھا..اپنی گھر والی اور آل اولاد کو چھوڑ کر..تیرے دو بیٹے تھے موجو اور موتی جن پر تیری غیر موجودگی میں روٹی پانی کی ذمہ داری آن پڑی تھی اور وہ ہمارے جوہڑ میں ننگ دھڑنگ چھلانگیں لگاتے تہہ کے کیچڑ میں روپوش کچھوؤں کو قابو کر لیتے تھے اور مینڈکوں کو دبوچنے میں تو اُن کا کوئی جواب نہ تھا..بڑے کاریگر تھے..''

''دادا..''شباہت کے لیے وہ کسی جادو نگر کے قصّے تھے اور یہ احساس کہ اُس کی رگوں میں بھی اس نگری کے باسی کرداروں کا خون گردش کر رہا ہے اُسے ایک عجیب سی لذت اور برانگیختگی میں مبتلا کرتا تھا..''دادا..''اُس نے سرو سانسی کے بازو پر اپنا ہاتھ رکھا..''موتی...میرے ڈیڈی؟''

یہ اُس کی حیات کا سب سے پُر انکشاف اور بدن میں ایک بے چینی سراسیمگی بھر دینے والا دن تھا..کیا اُس کی کلاس فیلوز میں سے کسی کا ایک پردادا ہو سکتا تھا جو پکی پکائی ہانڈیاں چوری کرنے لینے میں تاک ہو، جو ایک سالم جنگلی بلّا کھا جاتا ہو..یا ایک دادا جو مردار گوشت کو حاصل کرنے کی تگ و دو میں گِدھوں کو مات دیتا ہو..اور پھر ایک باپ..جو کبھی جوہڑ میں پوشیدہ کچھوؤں کو قابو کر لیتا ہو..ایسے عجیب ڈھنگ کا حسب نسب کسی اور کا ہونا کیسے ممکن تھا..

''سرو..''بوڑھے سانسی نے اُس کی جانب چہرہ کیا''یہ کون ہے؟''

''میری پوتری ہے..موتی کی بیٹی..''

''اسے بھاگ لگے رہیں..اس کے ویہڑے میں اتنے بیٹے کھیلیں کہ اسے اُن کے نام یاد نہ ہوں..اُسے مُردار کی کوئی تھوڑ نہ ہو..اسے گرم ہوا نہ لگے..''وہ اپنے لرزتے سر کے ساتھ دعائیں دیتا گیا..

''چاچا..ہمارے لوگ کیا ہوئے؟''

''بکھر گئے پتر..''اُس کے قریب المرگ بدن میں سے ایک ہُوک سی اٹھی اور نیم مردہ آنکھیں بھیگنے لگیں..

''معدوم ہوگئے.. اپنی نسل اور ذات ترک کر کے بے نام اور بے ذات ہوگئے.. اس بستی کو چھوڑ گئے.. جیسے تو چھوڑ گیا.. اکثر نے زبانی کلامی کلمہ پڑھ لیا.. تُو نے بھی ایسا ہی کیا ہوگا..''

''نہیں چاچا..'' سروسانسی نے سر ہلایا.. ''موجو البتہ حرص اور ہوس کا شکار رہا، پر میرا دل نہیں مانا..... چاچا اُس جوہڑ کا بھی تو کچھ نشان نہیں ملتا.. کہاں گیا؟''

''پُترّ وہ دنیا پور کی نئی آبادیوں اور پکّی گلیوں تلے دفن ہو چکا ہے.. اور میں بھی وہ وقت آیا کہ آیا جب اُن کے تلے دب کر خاک ہو جاؤں گا اور پھر کسی کو گمان بھی نہ ہوگا کہ یہاں کبھی دین دھرم سے آزاد.. خود مختار سوچ رکھنے والے سانسیوں کی ایک بستی تھی.. لیکن سرو تم ذرا کان لگا کر سنو..'' نابینا آخری سانسی نے اپنے کان پر ہتھیلی جما کر نہائت توجہ سے کچھ سُنا.. ''میں اب بھی راتوں کو اُس کھو چکے جوہڑ کی دھڑکن محسوس کرتا ہوں.. اُس کی تہہ میں پوشیدہ کچھوؤں کے رینگنے کی سرسراہٹ.. بے رنگ مچھلیوں کی سرگوشیاں اور موٹے مینڈکوں کے پھولے ہوئے گلپھڑوں میں سے برآمد ہوتی ٹرّاہٹ کی آوازیں سُن سکتا ہوں.. وہ مجھے ہر رات بُلاتے ہیں..''

وہ اپنی اُس خطّے کی قدیم ترین تہذیب کی نمائندگی کرنے والا آخری، ایک کوٹھڑی میں لاچار نابینا پڑا بوڑھا تھا اور وہ اُس کی گہری ترین جڑ تھا..

رخصت ہوتے ہوئے سروسانسی نے اُس کے سرہانے کچھ رقم رکھ دی اور شباہت نے جذباتی ہو کر اُس کے پچکے ہوئے گالوں پر ایک محبت سے بھرپور بوسہ دیا تو گویا یہ ایک آزاد اور مٹی کی قربت میں سے جنم لینے والی تہذیب کے رُخساروں پر آخری بوسہ تھا..

دنیا پور میں سب کچھ درہم برہم ہو گیا تھا.. چوپٹ ہو گیا تھا.. پر محلّہ مغربی جُوں کا تُوں تھا.. اگرچہ اُس کے گرد بھی تھوہر کے زہریلے آبادیوں کے جنگل اُگ آئے تھے پر وہ ایک جزیرے کی مانند اپنی آبائی شناخت کی کسی ایک اینٹ سے بھی جدا نہ ہوا تھا.. گمان ہوتا تھا کہ اس کی گلیوں کے بیچ میں بہنے والی گندی نالیوں کے کیچڑ میں چونچیں گھسیڑ کر اُن میں سے کیڑے مکوڑے کشید کرنے والی بطخیں بھی وہی ہیں... جو پچاس ساٹھ برس پیشتر دُم میں سیدھی کیے قیں قیں کرتی پھرتی تھیں.. شائد اس لیے کہ یہ جاٹ لوگ اپنی پس ماندگی، تکبر اور اپنی مٹی پر تعمیر کردہ کچے گھروندوں سے کسی بھی قیمت پر بچھڑنے کو تیار نہ تھے.. چاہے اس قیمت کے عوض وہ کہیں اور ایک محل کے مالک ہی کیوں نہ ہو جائیں..

محلّہ مغربی میں داخل ہوتے ہوئے شباہت نے اپنے دادا میں ایک تغیّر محسوس کیا، جیسے وہ ابھی تک بجھا ہوا اور نیم مردہ تھا اور اُس میں قدم رکھتے ہوئے وہ زندہ ہو گیا ہو، روشن ہو گیا ہو.. اُس کا سانس چلنے لگ گیا ہو..

کب کا مقفل ہو چکا ایک موسموں کی شدت اور زمانوں کے گذرنے سے نڈھال اور بوسیدہ ہو چکا ایک دروازہ.. برسوں سے کسی چابی سے ناآشنا ایک زنگ آلود قفل.. اور اُس چوکھٹ کے اندر دھریک کا ایک درخت ہوا کرتا تھا جس کے زرد پتے صحن میں بکھرتے تھے اور اُن کے درمیان اپنی گردن کو ڈھلک جانے سے بچاتا ایک مرغ.. صاحب بہادر جس کے زرد پنجے دھریک کے زرد پتوں میں ملفوف ہوتے.. کہ کبھی وہ پتے پنجے ہو جاتے.. اور کبھی اُس صاحب بہادر مرغ

کے پنچے دھریک کے زرد پتّے ہو جاتے..

وہ ٹھہر گیا۔ "شابی.. یہ میری نمبر دارانی کا گھر تھا.."

شباہت نے گردن میں بل دے کر سر جھٹکا اور اُس کے کھلے بال بے ترتیب ہو کر مدھم ہوا کے زور سے ذرا اٹھے اور پھر شانوں پر گر گئے.. "جی دادا.."

"شابی.." وہ اپنے آپ میں اُس کی موجودگی سے بے خبر خود بخود مسکرائے چلا جا رہا تھا.. "میں جونکوں کا کُجّا سینے سے لگائے اس چوکھٹ کے باہر کھڑا ہو کر آواز لگاتا تھا کہ جونکیں لگوا لو جونکیں..اور نمبر دارانی یہی دروازہ کھول کر گلی میں جھانکتی مجھے ڈانٹتی تھی کہ سرو تو کہاں مرکھپ گیا تھا، میں نے اپنی پنڈلیوں کو کھجا کھجا کر لہولہان کر لیا ہے..شابی میری جونکوں کا بھی میری طرح کوئی جوڑ نہ تھا..وہ نمبر دارانی کی گھی میں چُپڑی ہوئی پنڈلیوں پر نہائت اشتیاق سے چمٹتی جاتیں اور پھر ہولے ہولے فاسد خون کو چوسنے لگتیں..اور جب وہ پھول کر کُپا ہو کر گرنے لگتیں تو میں انہیں نچوڑ کر پھر سے اپنے کُجّے میں ڈال لیتا.."

اُس نے اپنا نچلا ہونٹ سکیڑ کر ناگواری کا ایک مُنہ بنایا اور ایک کراہت بھری کپکپی کی اداکاری کرتی ہوئی بولی "جونکیں..یُو مین لیچرز؟"

وہ دیکھ سکتی تھی کہ لاہور سے رخصت ہونے کے بعد جوں جوں دنیا پور قریب آتا جا رہا تھا اُس کے دادا کی بجھتی ہوئی آنکھوں میں چراغ روشن ہوتے جا رہے ہیں اور جونہی اُنہوں نے انکل سلمان شاہ کی مہیا کردہ سیاہ مرسیڈیز میں سے باہر قدم رکھا تو اُس کی آنکھوں کے چراغ بھڑکنے لگے..وہ گہرے سانس بھرتا..اُس کا دادا اپنی آبائی مٹی کی مہک کو اپنے اندر اُتارتا نوخیز اور چلبلا ہونے لگا تھا..وہ یہ بھی دیکھ سکتی تھی کہ دادا کسی خیال و خواب کے دیومالائی جزیرے میں اُتر چکا ہے.. ایک ایسا داستان گو ہو گیا ہے جو عہد موجود سے کٹ کر اُن زمانوں میں چلا گیا ہے جن کی وہ داستانیں سناتا تھا..

ان میں سے بیشتر داستانیں، قصے کہانیاں وہ پچھلے زمانوں میں ڈیڈی سے سُن چکی تھی..اور سنتے سنتے بیزار ہو کر اونگھ چکی تھی..کہ ان دونوں کے درمیان باپ کی شفقت اور بیٹی کی اُلفت کا رشتہ کبھی قائم نہ ہو سکا تھا..اور یہ محبت کا جوہر ہوتا ہے جو ہر قصّے کو بے شک وہ خیال و خواب ہو دنیا کی سب سے بڑی سچائی بنا دیتا ہے..اور یہاں محبت تھی..

"جونکیں؟ یُو مین لیچرز؟"

"ہاں پُتّر.." سرو سانسی نے آگے بڑھ کر نمبر دارنی کے دروازے پر پڑے زنگ آلود قفل کو آہستہ سے چھوا کہ شائد اُس کی اُنگلیوں میں جو گئے زمانے ہیں ان کے لمس کے سحر سے وہ کُھل جائے اور اُس کے اندر اب بھی اُن زمانوں کے سانس ٹھہرے ہوئے ہوں..دھریک کے زرد پتے صحن کو بھرتے ہوں اور نمبر دارنی اُسے دیکھ کر اپنی پیڑھی سے اُٹھ کھڑی ہو..کہ سرو تو کہاں مرکھپ گیا تھا..لیکن ایسے قُفل جن پر زمانوں کا زنگ چڑھ چکا ہو، کسی بھی سحر سے کہاں کھلتے ہیں..

"وہ اسی چوکھٹ میں سے نکل کر سانسیوں کی بستی میں پہنچی تھی جس کے اندر جانے سے لوگ کتراتے تھے اور مجھ

سے کہا تھا کہ سرو.. بخت جہان اُس کی جان کا ویری ہو گیا ہے، تو میرے عزیز جہان کے ساتھ لاہور چلا جا.. اور میں سب کچھ چھوڑ چھاڑ کر کہ میں اپنی نمبرداری کو انکار نہیں کرسکتا تھا، چلا گیا.. اور وہاں شابی.. چوہدری امیر بخش تھا جس نے مجھے اپنے ساتھ دسترخوان پر بٹھا کر دوسرے انسانوں کے برابر کھڑا کر دیا.. لاہور واپسی پر میں تمہیں اُس کے دونوں بیٹوں روشن اور انعام اللہ سے ملواؤں گا.. انعام اللہ، جو کہ دراصل تو میرا بیٹا ہے..''

''ڈیڈی اور سلمان چاچا کے علاوہ آپ کا ایک اور بیٹا بھی ہے دادا.. میرا ایک اور چاچا..'' بہت بعد میں شباہت بہت پچھتائی خاص طور پر اُس شب.. کہ اس نے اسے انعام اللہ کو اپنا چاچا کیوں کہہ دیا تھا..

''ہاں شابی..'' سروسانسی جب سے دنیاپور میں داخل ہوا تھا، موجود کے لمحوں سے فرار ہو کر بار بار ماضی کی دُھند میں اُتر جاتا تھا، اور اس بار جو قصّہ تھا وہ بہت ہی عجیب تھا، قرین از قیاس نہ تھا.. کسی مسجد کی سیڑھیوں پر ایک سرد تاریکی میں پوٹلی میں لپٹا تیاگ دیا گیا ایک نومولود بچہ.. جسے اُس کا دادا کسی نعت خواں کی سنگساری سے بچا کر لے آیا تھا..

نمبرداری کے متروک شدہ گھر کے آگے.. ایک اور گھر تھا جس کی باہر کی دیواروں سے بوسیدہ ہو چکی سرخ اینٹوں کا سفوف جھڑتا تھا اور ایک پھاٹک تھا جو کُھلا تھا.. اُس کے کواڑ ایک عمر رسیدہ بوڑھے کی ہڈیوں کی مانند خشک ہو کر اکڑ چکے تھے.. اور بند نہ ہوتے تھے.. اور جو بھاری منقش چوکھٹ تھی اُسے گُھن نے چاٹ چاٹ کر بھر بھرا کر دیا تھا.. ایک کواڑ برس ہا برس کی بارشوں اور دھوپوں کو جھیلتے جھیلتے ٹیڑھا ہو کر زنگ آلود قبضوں سے جدا ہو کر ڈھینے کو تھا اور دوسرا کواڑ بھی چوکھٹ میں سے رینگتی گُھن سے کھوکھلا ہو رہا تھا.. ''یہاں میرا چوہدری بخت جہان رہا کرتا تھا، کیسا آن بان والا بانکا سجیلا شاندار شکل اور قامت والا نیلی آنکھوں والا شخص تھا.. اُس کی پہلی گھر والی بھاگ بھری جو ایک سکھنی کے اپنے صحن میں داخل ہونے پر اپنے بال بچوں کو سینے سے لگا کر اسی چوکھٹ سے ہمیشہ کے لیے باہر آ گئی تھی اور اپنے بھائیوں کے پاس چولستان کے کنارے یزمان قصبے میں چلی گئی تھی.. شابی میرے کانوں میں کبھی یہ سُن گن پڑی تھی کہ اُس کا بیٹا اکبر جہان اپنے دونوں ماموں مر جانے پر اُدھر کے تمہارے ملکوں میں کناڈا کی طرف چلا گیا تھا.. شائد تمہارا کبھی آمنا سامنا ہوا ہو..''

شباہت اپنے دادا کے اِس بھولپن پر سر جھٹک کر مسکرانے لگی ''نہیں دادا.. یہ جسے تم کناڈا کہتے ہو بہت بڑا ہے..''

سروسانسی نے متانت سے سر ہلایا جیسے وہ سمجھ گیا ہو اگرچہ وہ نہیں سمجھا تھا.. ''یہ جو میرا چوہدری تھا جو اس چوکھٹ کے اندر کیسی شانداری سے زندگی کرتا تھا..'' اُس نے بمشکل جُھک کر چوکھٹ پر ہاتھ رکھا تو وہ بُھرنے لگی.. ''یہ تو کاغذ کی مانند کھوکھلی ہو گئی ہے..'' اُس نے اپنی انگلیوں سے چمٹے لکڑی کے برادے کو مایوسی سے سونگھا ''شابی.. میرا دانہ پانی اسی چوہدری کے دم قدم سے پورا ہوتا تھا.. ایک مرتبہ جب وہ خود چلتا ہوا میرے جھونپڑے میں کیکر کی شراب کے مٹکے حاصل کرنے کے لیے آ گیا تو یہ کیسے بھاگ تھے.. بڑی دھوم تھی میری بنائی ہوئی کیکر کی شراب کی..''

''اوہ واقعی؟'' شباہت کو ایک پُرلطف سا صدمہ ہوا کہ میرا یہ دادا.. مُردار کھانے کا شوقین کیا ایک بُوٹ لیگر بھی رہا تھا.. اس کے ماضی کی پوٹلی میں سے کیسے کیسے انوکھے شعبدے ظاہر ہو رہے تھے..

''ہاں شابی..'' اُس نے فخر سے گردن اکڑانے کی کوشش کی ''یہ جو ہمارا کیکر ہوتا ہے ناں ایسا پُروقار اور مفید درخت کسی بھی دنیا میں نہیں ہو سکتا.. اس کی چھال سے گوریاں اپنے ہونٹ اور دانت ایسے رنگتی ہیں کہ دیکھنے والا تاب نہیں لا

سکتا..اس پر جب پُھول آتے ہیں تو اُن کی مہک ہل جوتے ہوئے کسانوں کو مجذوب کر دیتی ہے اور اس کی چھال سے کشید کردہ شراب ایسی زہری ہوتی ہے کہ جو ایک گھونٹ بھر لے دین دنیا سے فارغ ہو جاتا ہے..سید ھا رب سے باتیں کرنے لگتا ہے.. یہ دیکھ..'' اُس نے اپنی شہادت کی اُنگلی اور وہ بھی اتنی بوڑھی تھی کہ اُس پر بھی جُھریوں کے تانے بانے اُسے سکیڑتے تھے..''میرے پپوٹے پر ابھی تک جلن کے سیاہ نشان ہیں، میں اسے اپنی شراب میں ڈبو کر دیا سلائی دکھاتا تھا تو میری انگلی اُس کے زہر سے بھڑک اٹھتی تھی..''

وہ بہت بار بس یہی کہتی آئی تھی کہ ''واقعی دادا'' تو اس انکشاف پر بھی اُس نے حیرت کا اظہار انہی لفظوں میں کیا..

''آہو..'' اُس نے اس مرتبہ فخر سے گردن اکڑانے کا ارادہ ترک کر دیا..

''تو نے کبھی شراب چکھی ہے پُتر..مجھے معلوم ہے کہ موجو اور اس کے بال بچے تو کُچھ گریز نہیں کرتے..''

ویسے تو وہ اس سرزمین پر ہرگز اقرار نہ کرتی پر یہ دادا تو ایسا تھا کہ اس کے آگے کوئی بھی اعتراف کر لینے میں کُچھ قباحت نہ تھی..''ہاں دادا..میں اکثر تو نہیں کبھی کبھار چکھ لیتی ہوں..''

''کونسی؟'' سروسانسی کے لہجے میں اشتیاق تھا..

''اگر کھانے میں گوشت ہو تو سُرخ وائن اور اگر مچھلی ہو تو سفید وائن لیکن چند گھونٹ..اور کبھی سال میں ایک آدھ بار اپنی دوستوں کے ساتھ کُچھ ہلاّ گُلا کرنا ہو تو کوکا کولا کے ساتھ رَم کی دو تین گلاسیاں..''

''یہ رَم کیا ہے؟''

''گنّے سے کشید کردہ شراب ہوتی ہے دادا۔''

''واہ..'' سروسانسی ایک سرور میں آ گیا..مدتوں سے وہ اپنے آپ پر جبر کیے ایک گھٹن میں زندگی بسر کرتا تھا، کسی سے اپنے دل کی بات نہ کہہ سکتا تھا اور آج یہ پیاری اُس کی لاڈلی ہوگئی پوتری ایسی تھی جس کے سامنے وہ بے خطر اپنے ضبط کی گانٹھیں کھول سکتا تھا..

''شابی اب تو فیصلہ کر لے کہ اگر گنّے کی مٹھاس میں سے شراب کشید کی جاسکتی ہے تو کیکر جس کی سرشت میں ہی کڑواہٹ اور کانٹے ہیں، اُس کے اندر میں سے نچڑنے والی شراب کیسی زہری ہوگی، شابی تمہارے ملک میں کوئی ایسا درخت نہیں ہے جس سے شراب بنائی جاتی ہو..''

''دادا ہمارے ہاں تو چنار کا درخت عام ہوتا ہے جس کا پتّہ ہمارے پرچم پر شناخت کے طور پر نقش ہے..اور اُس کے تنے میں سے ایک میٹھی گوندسی کشید کی جاتی ہے جس سے بسکٹ بنائے جاتے ہیں..''

''پُترّ..اگر میں وہاں ہوتا ناں..'' وہ انتہائی شادماں ہو کر ایک ہیجان میں بولا ''تو تمہارے اس چنار میں سے بھی بڑی زہریلی شراب نچوڑ لیتا..آہو..''

''تو دادا..آپ آجاؤ..''

''نہ پُترّ..میرے سب سنگی ساتھی تو کب کے کُوچ کر چکے..اور وہ جو سانس نقارہ کُوچ کا ہے دن رات باجے چلا جا رہا ہے..تو کوئی دم ہے جو آیا اور پھر نہ آیا..مجھے کسی اجنبی چنار تلے دفن نہیں ہونا، مجھے اپنے کیکر کا ایک کتبہ درکار ہے

جس میں سے زرد پھول پھوٹتے رہیں اور اُن کی مہک قبر کے اندر مجھ تک پہنچتی رہے..''

وہ بہت دیر اُن گھن لگے کواڑوں کے باہر کھڑے رہے..اور گذر چکے زمانے اُن کے آس پاس سے گذرتے رہے..

وہاں اس پھاٹک سے چند قدموں کے فاصلے پر وہ کاٹھ کباڑ کی ڈھیری اب بھی ابھری ہوئی تھی جس پر اپنی وارفتگی کی دُھن میں مگن اچھو شیخ گردن اکڑائے کانچ کے ایک تیکھے ٹکڑے سے اپنی رگیں کاٹنے کی سعی میں مشغول رہتا تھا اور اُس کا لہو اُس ڈھیری پر قطرہ قطرہ گرتا تھا..

یکدم سروسانسی حواس میں آ گیا..گذرے ہوئے زمانوں سے پلٹ آیا اور اُس نے ہاتھ آگے بڑھا کر ٹیڑھے ہو چکے ایک کواڑ کو ذرا سا دھکیلا تو وہ صحن سامنے آ گیا جہاں صدیوں پیشتر دلاری بائی کے..ہندوستان بھر میں سب سے کومل اور نازک پاؤں تھر کے تھے..پلاّ مار کے بجھا گئی دیوا..وہ صحن کب کا کاٹھ کباڑ سے ڈھک چکا تھا..روپوش ہو چکا تھا..محلے کے لوگ اب بے دریغ اُس چھت پر آتے تھے جس پر اگر کوئی دھم سے کُودتا تھا تو نیچے شہتیروں میں سے مٹی گرنے لگتی تھی اور بخت جہان اُس کودنے والے کی ماں بہن ایک کر دیتا تھا..کہ اوئے کون ہے گڑی یا ہوا..اُسی چھت پر آتے تھے اور کوڑا کرکٹ نیچے صحن میں پھینک دیتے تھے۔اس کے باوجود کہ وہ جانتے تھے کہ وہاں ابھی تک کوئی ہے..

اور اُس کوڑے کرکٹ اور گندگی سے ڈھک چکے صحن میں ایک نواری پلنگ بچھا تھا..جس کے رانگلے پائے کب کے بے رنگ ہو گئے تھے اور لگتا تھا کہ چوکھٹ میں بسرام کرتی گھن رینگتی، زیرزمین سفر کرتی پلنگ کے کم از کم ایک پائے تک پہنچ کر اُسے کھوکھلا کر چکی تھی اور وہ کسی وقت بھی مسمار ہو سکتا تھا..

ایک کونے میں..چولہے پر ایک ہانڈی دھری تھی جس کے اندر کبھی کوئی پکوان چڑھا تھا جو اتنی مدتیں گزرنے پر خشک ہو کر اُس کی تہہ سے چپک چکا تھا اور اُس میں کچھ مکوڑے رینگتے تھے..چولہے تلے جو اُپلے کبھی سلگے تھے اُن کی راکھ کو بھی زمانے اُڑا لے گئے تھے..

کوڑا کے دھکیلنے سے جو چرچراہٹ وجود میں آئی اُس کی بوسیدگی ریزہ ریزہ اُس بمشکل اپنی دیواروں پر قائم کوٹھڑی کے اندر تک گئی جہاں امرت کور ایک نابینا حالت میں سکڑی ہوئی بے جان پڑی تھی پر اُس کے کانوں میں جب کواڑ دھکیلنے کی چرچراہٹ اُتری تو ایک رمق زندگی کی بیدار ہوئی اور اُس نے اپنے دونوں بازو جو سُوکھی ہوئی ٹہنیاں تھیں، بلند کر کے ایک مرگ آلود آواز میں پکارا ''اوئے کون ہے..''

''چوہدرانی..'' وہ اُس کی مرتی ہوئی صدا سے ٹھٹک گیا..''میں ہوں..راجے کا کھٹیا چوہدری بخت جہان کا کھٹیا..بھاگ لگے رہیں میں سروسانسی ہوں..''

وہ ہاتھ پھیلائے اپنی ٹہنی بانہوں سے ہوا میں کسی چہرے کو چھونے کی آرزو کوٹھڑی کے اندھیارے میں سے ظاہر ہوئی تو ایک انسان نہ لگتی تھی، بازو ٹیڑھے ہو چکے تھے اور آنکھیں کھوپڑی میں دھنسی ہوئی تھیں، کوئی اور ہی مخلوق لگتی تھی..

''یہ میر پوتری ہے چوہدرانی..'' اُس نے شباہت کو ذرا سا دھکیل کر اُس کے ہاتھوں کی زد میں کیا..''کناڈا سے آئی ہے۔''

''کناڈا..'' وہ تھم گئی..''وہاں تو میرا سوتیلا بیٹا اکبر جہان، میری سوکن بھاگ بھری کا جس کی میں مجرم ہوں اُس کا

بیٹا بھی رہتا ہے.. پُتر.. تو جانتی ہے اُسے.. ذرا قریب آ میں تجھے پیار دوں.'' شباہت اس مخلوق کے نزدیک ہونے سے جھجکی اور پھر ذرا جھک کر آگے ہوگئی.. امرت کور کا مردہ سا ہاتھ اُس کے سر پر لرزنے لگا.''جیتی رہو.. قیدوالے سب کے سب چُھوٹ گئے.. اپنی ماؤں کے صحن میں قدم رکھ چکے پر میرا.. گوبند سنگھ ابھی تک نہیں آیا.. میں نے آج بھی اُس کے لیے نواری پلنگ بچھا کر اُس پر نیا نکور کھیس اپنے ہاتھوں سے سنوار دیا تھا، سرسوں کا ساگ بھی چولہے پر چڑھا دیا تھا.. پر وہ.. ابھی تک نہیں آیا.. ایک بار آیا تو تھا یا پھر نہیں آیا تھا.''

شام ہونے کو تھی جب وہ دونوں دن بھر کی تھکاوٹ میں ٹوٹے جی ٹی روڈ پر منتظر مرسیڈیز کی جانب بڑھتے تھے جب اُنہیں راستے میں میراثیوں کے محلے کے قریب ایک قدیم برگد کی چھاؤں سے ذرا پرے دن بھر کی گرمی سے سلگتا ایک غلیظ جوہڑ نظر آیا.. جوہڑ کے گدلے پانیوں پر باریک مچھروں کی گُتی رُک رُک کر کبھی کسی بُوٹے پر معلق ہو جاتی اور پھر یکدم متحرک ہو کر کائی کی دبیز سبز تہہ کے اوپر ساکت ہو جاتی.. کیچڑ آلود کناروں پر ہانپتا.. گلپھڑے پُھلاتا ایک موٹا مینڈک گرمی سے ادھ موا پڑا تھا.. سروسانسی اُسے دیکھ کر بے اختیار سا ہوا اور شباہت کی جانب قدرے مُجرم محسوس کرتا دیکھنے لگا''میں.. اسے یوں..'' اُس نے چٹکی بجائی'' دبوچ سکتا ہوں.. پکڑ لوں؟''

اُس نے گردن کو بل دے کر اپنے بال جھٹکے اور مسکرانے لگی..

سروسانسی اپنے زوال برسوں کی نقاہت کے باوجود اُس بے خبر مینڈک پر یُوں جھپٹا جیسے ایک نوخیز چیل ایک اطمینان سے ٹہلتے چوزے پر جھپٹ پڑتی ہے..

وہ اُسے شباہت کی سیال سیاہ آنکھوں کے قریب لے آیا..

سروسانسی کی ناتواں اُنگلیوں میں جکڑا، کسمساتا، ٹانگیں چلاتا، موٹا مینڈک ڈھلتے سورج کی آخری کرنوں میں بار بار اپنی گول آنکھیں جھپکتا، سہما ہوا، ایک حیران حالت میں، مُٹھی کی گرفت میں سے پھسلنے کی تگ ودو میں.. آنکھیں جھپکتا تھا..

''میں اسے ہاتھ لگا لوں دادا.''

سروسانسی نے نہائت پُرفخر انداز میں مینڈک پر اپنی گرفت مزید مضبوط کر کے آگے کر دیا..

''اِی.. اِی..'' لجلجے تھرکتے مینڈک کو چھوتے ہی وہ ایک پُرمسرت کراہت سے اپنی باچھیں سکیڑتی پیچھے ہوگئی..

''تو مُجھ پر گئی ہے شابی.. پکی پیڈی سانسن ہے..'' سروسانسی اپنی پوتی پر صدقے واری ہوا جاتا تھا..

تو کیا یہ میری جڑیں ہیں.. میں ایک سانسن ہوں..؟

تب وہ سولہ برس کی تھی..

دنیاپور کے میراثیوں کے محلے کے قدیمی برگد کے قریب اُس گدلے جوہڑ کے کنارے ڈھلتے سورج کی روشنی میں وہ شخص جو اُس کا دادا تھا کیسے اُس موٹے مینڈک کو اُس کی آنکھوں کے قریب لاتا تھا.. جس نے اُسے اپنی نسل اور محبت سے آشنا کیا تھا..

اور آج بارہ برس بعد یہ شخص، جو میرا باپ ہے.. جس کی سرشت میں محبت کبھی نہ گوندھی گئی کینیڈا کے اداس شہر کیلگری کے نواح میں.. ایک ایسے ہوم میں جہاں خود فراموشی کے وبال میں آئے ہوئے لوگ پناہ گزین ہوتے ہیں، میرے سامنے ایک وہیل چیئر پر بے جان سی حالت میں ڈھیر ہوا دروازے کے بلند شیشوں پر دستک دینے والی چنار کی زرد ہتھیلیاں پتوں اور برف کے گالوں کو تیز ہوا کے شور کے زور میں اُن شیشوں پر سر پٹختے اور پگھلتے تکتا جاتا ہے.. میری موجودگی سے بے خبر اور لاتعلق.. اُن دونوں میں اگرچہ ایک نسلی تسلسل تو تھا پر اُس تسلسل میں محبت کا ایک منکا موتی نہ پرویا ہوا تھا جب کہ ایک مختصر سی ملاقات میں ہی اُس نے اِس شخص کے باپ نے اُسے منکوں موتیوں سے لاد دیا تھا..

اُس نے اُس کے باپ نے کبھی اُس کے چہرے کی جانب اُلفت سے نہ دیکھا.. کبھی آگے بڑھ کر اپنی بانہوں میں نہ بھر لیا، نہ کبھی اُس کے گالوں پر بوسے دیئے اور نہ ہی کبھی شاباش کی کوئی تھپکی اُس کی پشت پر دی.. کبھی خفا ہو کر اُسے ڈانٹا بھی نہیں کہ خفگی بھی تو محبت کے ردِ عمل سے جنم لیتی ہے..

ڈیڈی.. ستر درخواست گذاروں میں سے صرف تین کو یونیورسٹی نے اُن کی کارکردگی کی بنیاد پر سکالرشپ آفر کرنے کا فیصلہ کیا ہے.. ڈیڈی میں اُن تینوں میں سے ایک ہوں..

وہ ایک متوقع حیرانی اور جوش کی منتظر، ہیجان میں آئی ہوئی، انگلیاں سکیڑتی کہ ابھی وہ اخبار پھینک کر اُسے شاباش دینے کے لیے اُٹھے گا اور وہ اُس سے لپٹ جائے گی پر ایسا کبھی نہ ہوا..

''یہ تو بہت اچھا ہوا..'' وہ اپنے اخبار سے نظریں ہٹائے بغیر کہتا جیسے وہ اُس کے اخبار، تپائی پر رکھی وہسکی کی بوتل اور ٹیلی ویژن پر چلتے اُس کے پسندیدہ شو کے درمیان حائل ہوئی ہو.. یہ سب اُس سے افضل تھے، اُس پر سبقت رکھتے تھے اُسے ایک گری پڑی شے جو ایک تھپکی کی لائق بھی نہ تھی، بناتے تھے..

یہ بھی نہیں کہ اُس کے سامنے ایک وہیل چیئر پر بیٹھا وہ گمشدہ شخص سراسر خود غرض تھا..

وہ اُس کا اور اُس کی ماں کا خاصا دھیان رکھتا تھا اگرچہ ان دونوں میں اُس کی پیدائش سے پیشتر علیحدگی ہو چکی تھی پھر بھی وہ اُنہیں معاشی تنگی سے کبھی دوچار نہ ہونے دیتا تھا لیکن وہ اُن کی دیکھ بھال ایسے انداز میں کرتا تھا جیسے کسی پالتو جانور کی خوراک اور آسائش کا خیال رکھتے ہیں، اگرچہ یہ موازنہ بھی کچھ درست نہیں بیٹھتا.. ایک پالتو جانور کے ساتھ بھی کچھ اُنس تو ہو جاتا ہے.. آپ گود میں لے کر اُسے تھپکتے تو ہیں.. اُس کے کانوں میں کھجلی تو کرتے ہیں۔ پھر جنگلی حیات کے محکمے سے.. جانوروں کو دبوچ کر اُنہیں بھون کر کھا جانے کے الزام میں جب وہ برطرف ہوا تو کچھ عرصے بعد اُس کے اندر ایک عجیب بھلکڑپن کے تغیر نے جنم لیا۔ کسی سٹور میں گروسری کرتے وہ اپنی ٹرالی کو دھکیلتا باقاعدہ ادائیگی کرنے کے بعد اُسے دھکیلتا اپنی کار تک لے جانے کی بجائے آوارہ ہو جاتا.. فٹ پاتھوں اور شاہراہوں پر نہایت مگن حالت میں دھکیلتا سفر کرتا رہتا.. غسل خانے میں جاتا تو برش پر ٹوتھ پیسٹ لگانے کے بعد بھول جاتا کہ اب اُسے کیا کرنا ہے.. ناشتے کی میز پر توسٹ اور آملیٹ کو کانٹے میں پرو کر اپنے مُنہ کے قریب لے جاتا اور بھول جاتا کہ اب اُسے کیا کرنا ہے.. دوپہر تک اُسی حالت میں بیٹھا رہتا..

اُنہیں مشورہ دیا گیا اور اُس نے خود بھی اتفاق کیا کہ وہ اس خود فراموشی کے وبال کے دوران اپنے آپ کو گزند

پہنچا سکتا ہے.. اگر وہ معاشی طور پر اتنا مستحکم تھا کہ ایک ہوم میں قیام پذیر ہونے کے اخراجات کا متحمل ہو سکتا تھا تو اس ناگہانی مسئلے کا یہی حل تھا..

اُسے یہاں قیام پذیر ہوئے دس برس ہو چکے تھے..

اور ماں ان دس برسوں میں کبھی اُسے دیکھنے نہ آئی تھی..

وہ قطعی طور پر ایک منتقم مزاج عورت نہ تھی کہ وہ اُس شخص کے ذہنی تنزل اور لاچارگی پر شادماں اور پُرمسرت ہوتی جس نے اُسے فریب دیا تھا.. جس نے نہائت خشوع وخضوع سے مقامی مسجد کے مولانا کے نکاح کے خطبے کو سُنا تھا اور پھر بصد ادب نکاح نامے پر دستخط کیے تھے جب کہ وہ سرے سے مسلمان ہی نہ تھا.. وہ اُس کے سبحان اللہ اور جزاک اللہ سے دھوکا کھا گئی تھی.. جس نے اُسے حیات کے ایک اندھے کنویں میں دھکیل دیا تھا.. پر وہ منافق بھی نہ تھی کہ دل پر جبر کر کے اُس سے کبھی ملاقات کرنے چلی جاتی.. اُس کا دل نہ چاہتا تھا سو وہ کبھی نہ گئی.. البتہ وہ.. شباہت دو چار ماہ بعد کبھی ایک ایسے فرض کی ادائیگی کی خاطر جو کہ اُس پر واجب بھی نہ تھا اُسے دیکھنے کے لیے چلی آتی.. کہ وہ بہر طور اُس کا باپ تھا.. نرس پرکاش کور نے کہا تھا کہ ان کی پہچان چند لمحوں کے بعد بھی لوٹ سکتی ہے، کیا آپ کچھ انتظار کر سکتی ہیں، اور وہ ان لمحوں میں بیت چکے زمانوں میں.. لاہور اور دنیاپور میں کچھ روز بسر کر کے لوٹ آئی تھی پر اُس کی پہچان میں لوٹ آنے کا کچھ امکان دکھائی نہ دیتا تھا..

نرس پرکاش کور اپنی فرض شناسی کے تحت تب سے ان دونوں سے ذرا فاصلے پر ایک غیر جانب دار حالت میں کھڑی تھی..

وہ چند لمحے جو اُس نے گزارنے تھے، گزر گئے..

''ڈیڈی..'' اُس نے ایک آخری فرض کی ادائیگی کے طور پر بغیر کسی چاہت کے اُسے پکارا.. اور پھر صوفے سے اٹھ کھڑی ہوئی.. اور اٹھتے ہوئے اس نے جین اور سیاہ بلاؤز کے درمیان میں ظاہر ہونے والی مختصر برہنگی کو بلاؤز کھینچ کر ڈھانپنے کی کوشش کی اور وہ پھر سکڑ گیا.. گردن میں ایک لاشعوری بل دے کر اُس نے سر کو جھٹکا.. پرکاش کور کی جانب ایک نگاہ کی اور پھر ہوم کا صدر دروازہ دھکیل کر چنار کے زرد پتوں کی یُورش اور برف کے گالوں کی سفیدی میں روپوش ہو گئی..

اور یہی وہ لمحہ تھا.. اُس کی زردی اور سفیدی میں گُم ہو جانے سے اگلا لمحہ جب پہچان یکدم لوٹ آئی.. وہ اپنی گمشدگی سے واپس آ گیا اور اُسے شائبہ ہوا کہ ہوم کے صدر دروازے کے باہر چنار کے پتوں کی یُورش اور برف کے گالوں کی سفیدی میں ابھی ابھی روپوش ہو چکی ایک صُورت تھی جو شباہت کی تھی اور اُس نے وہیل چیئر میں سے اٹھنے کی.. اُس کی قید سے چھٹکارا حاصل کرنے کے لیے رسّے تڑانے کی کوشش کی اور پھر ڈھے گیا..

''اسے مت جانے دو..'' اس نے اپنے آپ میں سرگوشی کی ''یہ میری بیٹی ہے۔''

✦ .... ✦

"What can we do for you."

"Assylum Wanted."

"Do you need an Interpreter?"

"No, I do not."

"Do you speak English?"

"Yes, I do, reasonably well"

"From where?"

" I am coming directly from Pakistan, My agent whom I paid Thousands of Dollars Abandoned me on the airport. I have no money, no passport, no papers, nothing, Assylum wanted."

اُس نے عین اُنہی ہدایات پر حرف بہ حرف عمل کیا جو جیکسن ہائٹ کے ایسے معاملات میں مشاق ایک جہاندیدہ پاکستانی نے اُس کے ذہن نشین کروائی تھیں، سوال جواب میں وہی مکالمے ادا کیے جو اُس نے رٹائے تھے.. کہ مجھے پناہ درکار ہے.. مجھے ترجمان درکار نہیں.. میں انگریزی بول سکتا ہوں.. اور ٹیپ کا بند کہ.. میں براہ راست پاکستان سے آ رہا ہوں.. میرے ایجنٹ نے مجھ سے ہزاروں ڈالر ہتھیا لیے اور پھر مجھے نیویارک ایئرپورٹ پر چھوڑ کر غائب ہو گیا.. میرے پاس ایک دمڑی بھی نہیں، نہ ہی پاسپورٹ ہے اور نہ ہی کوئی کاغذات.. کچھ بھی نہیں.. مجھے پناہ درکار ہے..

اس طے شدہ انٹرویو کے دوران وہ تھوڑا سا انحراف کیے بغیر نہ رہ سکا جب اُس نے ''کیا تم انگریزی بول سکتے ہو؟'' کے جواب میں ''ہاں میں بول سکتا ہوں'' کے ساتھ "Reasonably Well" کا اضافہ کر دیا تھا..

کاؤنٹر کے پیچھے ایک گندمی رنگ کی امیگریشن آفیسر لڑکی سیاہ بالوں کو ایک جُوڑے کی صورت میں باندھے، قدرے فربہ، نیلی وردی میں پھنسی ایک غیر جانب دار سرکاری شکل میں کھڑی تھی جس کی کمر کے نیچے پھیلے ہوئے کولہوں کے گرد بندھی چمڑے کی پیٹی میں سے ایک سیاہ ریوالور کی ہتھی جھانک رہی تھی.. اُس کے برابر میں ایستادہ ویسی ہی نیلی وردی

میں ملبوس ایک گورا نوجوان اُس کمرے میں داخل ہونے والے ہر شخص سے وہی نپے تُلے طے شدہ سوال ایک میکانکی لہجے میں پوچھتا چلا جاتا کہ.. ہم آپ کے لیے کیا کر سکتے ہیں؟ کیا تمہیں ایک ترجمان کی ضرورت ہے، کہاں سے آئے ہو..اور ان سوالوں کے وہی جواب آتے تھے جو وہ خوب جانتا تھا کہ یہی آئیں گے..اور وہ یہ بھی جانتا تھا کہ ان میں صداقت کی خاصی کمی ہے..اور یہ وہ طوطے ہیں جنہیں خوب سکھا پڑھا اور رٹا کر بھیجا گیا ہے..لیکن وہ یہاں کینیڈا میں داخل ہونے والے کسی بھی شخص کے بیان کی صداقت پرکھنے کے لیے موجود نہ تھا بلکہ کینیڈا کے آئین کے مطابق پناہ طلب کرنے والے ایسے شخص کی معاونت کرنے کے لیے اپنے سرکاری فرائض سرانجام دے رہا تھا..

گندمی رنگ والی امیگریشن آفیسر لڑکی نے ایک فارم کاؤنٹر پر سرکا کر اُس کے آگے کرتے ہوئے کہا ''پلیز فِل اِٹ۔''

''تھینک یُو..آئی وِل..''

گورے نوجوان کو قدرے طمانیت حاصل ہوئی کہ کم از کم پناہ کا یہ طالب مناسب انگریزی سے واقف تھا ورنہ بیشتر تو ایسے آتے تھے جو شائد اپنی زبان سے بھی واقف نہ ہوتے تھے..

اُس سرکائے گئے فارم میں تقریباً وہی کُچھ درج تھا جو اُس سے پوچھا جا چکا تھا..فارم بھروانے کے بعد اُس گورے آفیسر نے کاؤنٹر سے باہر آ کر اُس کے بدن کی ایک تفصیلی تلاشی لی..ہر مقام کو ٹٹول کر تھپک کر اطمینان کیا کہ وہ اپنے بدن کے ساتھ کُچھ باندھے ہوئے تو نہیں ہے..پھر ایک مشین پر باری باری اُنگلیاں رکھوا کر اُس کے فنگر پرنٹ ریکارڈ کیے گئے..اور آخر میں اُسے ایک دیوار کے ساتھ مُجرموں کی مانند کھڑا کر کے اُس کے چہرے کے ہر رُخ کی متعدد تصاویر اُتاری گئیں..

''پلیز ویٹ..'' نوجوان آفیسر نے آگے بڑھ کر ایک دروازہ کھول کر اُسے اندر جانے کا اشارہ کیا..

وہ اس ہدائت پر عمل کرنے کو تھا کہ کسی نے پیچھے سے پکارا ''ایہہ چک لو..''

وہ گڑبڑا سا گیا اور گردن موڑ کر پیچھے دیکھا تو یہ وہ گندمی رنگ کی جُوڑے والی امیگریشن آفیسر تھی جو اُس سے مخاطب تھی..وہ اپنا سیاہ سفری بیگ کاؤنٹر پر ہی چھوڑ آیا تھا..''اپنا بیگ چک لو وِیر جی..''

اُس کے تنے ہوئے اعصاب کہ یُوں جھوٹ بولنا اُس کی خصلت میں شامل نہ تھا..لیکن یہ ایک مجبوری تھی یکدم اپنی مادری زبان سُن کر قدرے پُرسکون ہو گئے..لگتا تھا کہ وہ اُن پنجابیوں میں سے تھی جن کے آباؤ اجداد ایک مدت پہلے ان خطّوں میں آباد ہوئے تھے اور اپنی زبان اور ثقافت کو بھولے نہ تھے..

''شکریہ..'' نیویارک سے یہاں تک کہ ایک کھنچے ہوئے اعصاب والے سفر کے دوران وہ پہلی مرتبہ مسکرایا..

''یُو آر ویلکم..'' اُس نے شدید برطانوی لہجے میں کہا اور پھر اُس کے ہونٹوں پر بھی ایک پہچان کی مسکراہٹ نے جنم لیا ''ہُن سدھے تُرے جاؤ..لنگھ جاؤ..''

وہ مسکراتا ہوا سیدھا چلتا چلا گیا اور وہاں ایک سُتھری اگرچہ ایک بند اور مقفل قسم کی انتظار گاہ تھی..جب وہ اپنا واحد اثاثہ وہ سیاہ بیگ اٹھائے اُس کے اندر داخل ہوا تو وہاں اُس جیسے متعدد پناہ کے طالب مفرور سر جھکائے منتظر تھے..نہ

اُنہوں نے اور نہ ہی اُس نے کچھ کلام کیا.. اگر چہ وہ سب ہم وطن لگتے تھے.. ایک مفرور.. چاہے وہ قانون سے فرار ہوتا ایک عادی مجرم ہو یا اپنی معاشی یا سیاسی مجبوریوں میں بندھا ایک پناہ گزین ہو.. سر جھکا کر بیٹھتا ہے.. لب وا نہیں کرتا، کسی سے کلام نہیں کرتا کہ کہیں بھید کھل نہ جائے.. اگر یہ لوگ اپنے پاکستان میں ہوتے تو بلند آواز میں السلام علیکم پکارتے، حال چال دریافت کرتے اور غُل مچانے لگتے.. پر یہ کینیڈا کی سرزمین تھی، کیا جانئے کونسی لغزش سرزد ہو جائے.. کوئی ایسی بات مُنہ سے نکل جائے جس پر گرفت ہو جائے اور کیس کمزور پڑ جائے اس لیے لب بستگی، خاموشی.. بہت سی نشستیں ویران پڑی تھیں.. وہ اُن میں سے ایک پر بیٹھ گیا اور اپنے سیاہ بیگ کو گود میں رکھ کر انتظار کرنے لگا..

اُسے انتظار کرنے کی ہدائت کی گئی تھی لیکن اس انتظار کی مدت سے مُطلع نہیں کیا گیا تھا..

اُس انتظار گاہ میں منتظر پناہ کے حصول کے لیے منتظر لوگ موم کے ایسے مجسمے تھے جن کی کاملیت سے گمان گذرتا تھا کہ وہ کسی بھی لمحے بول سکتے ہیں.. پر وہ بولتے نہ تھے..

انتظار گاہ کے اُس عجائب گھر میں وہ سب نمائش پر تھے پر اُنہیں دیکھنے کوئی نہ آتا تھا.. البتہ وہ ایک دوسرے کو دیکھ سکتے تھے پر نہ دیکھتے تھے کہ کہیں کسی نگاہ سے ہی کوئی لغزش سرزد نہ ہو جائے.. احتیاط بہتر تھی..

اُس کے سامنے ایک ادھیڑ عمر پاکستانی کچھ بجھا ہوا اور پہلو بدلتا سا تھا.. اور اُس کی فلی پینو بیوی جو نہائت کم سن لیکن اطاعت گذار تھی بار بار اُس کی ڈھارس بندھاتی تھی.. اُس کے ہاتھ کو پیار سے تھپکتی تھی..

ایک نہائت پریشان حال جوڑا تھا جنہیں اپنے تینوں بچوں کو کہ وہ سب کے سب اوپر تلے آتے چلے گئے تھے سنبھالنے میں دشواری پیش آ رہی تھی اور وہ اس مومی مجسموں کے عجائب گھر میں بھاگتے پھرتے تھے..

تین درمیانی عمر کے تقریباً نوجوان.. اور اُن تینوں کی مونچھیں بہت تیکھی سی تھیں جو کسی دیہاتی حجام کے کُند استرے سے تخلیق کی گئی تھیں.. ایک کونے میں سمٹے بیٹھے تھے..

گھنے سفید بالوں والا ایک خوش شباہت شخص تھا.. اُس کے انداز سے شائبہ ہوتا تھا کہ وہ ایک ہنگامہ خیز حیات کہیں نہ کہیں گذار چکا ہے دوسرے لوگوں کی موجودگی سے بے خبر سگار کے کش لگا رہا تھا جس کی راکھ اُس کی بے خبری میں انتظار گاہ کے شفاف.. ہسپتالوں ایسے شفاف فرش پر گرتی تھی..

اور ایک بھرے بدن کی تنہا عورت تھی.. ایک سیاہ شال میں لپٹی وہ اپنے تناسب پر اختیار نہ رکھتی تھی اور وہ جا بجا اُبھرتے نمایاں ہوتے تھے.. تو اُسے کیا افتاد پڑی تھی یُوں دربدر ہونے اور بھٹکنے کی.. شائد یہ دربدری نصیب میں لکھی گئی تھی اور یہ بھی ہو سکتا ہے کہ یہ اُس کے اعمال کی سزا ہو..

ٹی۔ ایس۔ ایلیٹ کا وہ اب تک گھسا پٹا اور بوسیدہ ہو چکا مصرع.. کہ اپریل کا مہینہ سب سے ظالم مہینہ ہوتا ہے۔ اگر نیویارک کے اُس اپریل کے اخیر پر منطبق ہوتا تھا تو اسے دوہرانے کے سوا اور کوئی چارہ نہیں..

سب مہینوں سے ظالم مہینہ..

نیویارک میں یہ آخری دموں پر تھا..

سنٹرل پارک کے گھنے درختوں، جھاڑیوں اور جھیلوں پر سے برف کی سفیدی گھل گھل کر زائل ہو رہی تھی.. نوخیز کونپلیں پھوٹ کر سرد ہواؤں میں ہرے ہرے سانس لینے لگی تھیں.. لیکن یہاں.. البانی کے قصبے میں ابھی تک شمال کی ٹھنڈک رخصت نہ ہوئی تھی.... اور وہ بے اختیار ٹھٹھرتا جاتا تھا..

وہ بس جو اُسے نیویارک سے یہاں تک.. کینیڈا کی سرحد کی قربت میں لے آئی تھی رات دس بجے وہاں سے روانہ ہوئی تھی.. ٹکٹ کے پورے باسٹھ ڈالر ادا کرنے کے بعد وہ اپنے سیاہ بیگ کو گود میں رکھ کر رات بھر سونے سے گریز کرتا رہا تھا کہ اس بیگ میں اُس کی وہ متاع تھی جو اُس کے باپ امیر بخش کی عطا کردہ تھی.. اُس کے حصے کی جائیداد کی رقم.. نیویارک کی غلاظت ڈھوتے ہوئے.. کبھی فاقے کرتے اور ’’رین بو سٹور‘‘ میں دن رات کرتے ٹیکسی چلاتے.. تنگی ترشی کے زمانوں میں بھی اُس نے اس متاع سے کبھی رجوع نہ کیا تھا.. اسے سنبھالے رکھے تھا..

رات بھر کے سفر کے بعد صُبح چھ بجے وہ سرحد کے قریب البانی کے قصبے میں اُتر گیا..

یہاں سے آگے سوائے ٹیکسی کے اور کوئی سواری نہ جاتی تھی..

اور یہاں بھی.. یہاں سے وہاں تک سرحد تک جانے کا کرایہ.. چالیس ڈالر متعین تھا.. اگر کوئی اور شریک ہو جاتا تو یہ کرایہ بانٹا جا سکتا تھا پر وہاں اور کوئی نہ تھا..

البانی کے قصبے سے جو ٹیکسی ڈرائیور اُسے سرحد کی جانب لے جا رہا تھا وہ ایک اور پورٹو ریکن تھا اور اگرچہ پورٹو ریکن اکثر بدتمیز اور بدلحاظ لوگ ہوتے ہیں لیکن یہ ٹیکسی ڈرائیور اُن میں بھی ایک ممتاز حیثیت رکھتا تھا.. چالیس ڈالر کی ادائیگی کے بعد جب اُس نے اُس کی ہتھیلی پر دس ڈالر کا ایک نوٹ ٹِپ کے طور پر رکھا تو بھی وہ اُسے ہسپانوی میں بُرا بھلا کہتا چلا گیا..

جہاں وہ ٹیکسی سے اُترا تھا کینیڈا کی سرحدی عمارت وہاں سے تقریباً تین فرلانگ کے فاصلے پر دکھائی دے رہی تھی.. ہاتھ میں ایک سیاہ بیگ اور جیکٹ کی اندرونی جیب میں کب کا بوسیدہ ہو چکا ایک کارڈ جو برسوں پہلے ابّا سروسانسی نے امریکہ آنے سے پیشتر آخری ملاقات میں اُسے دیا تھا اور یہ کارڈ اُس نئے ملک میں جس میں وہ پناہ لینے کی خاطر جا رہا تھا، اُس کا واحد شناسا رابطہ تھا.. موتی اور اُس نے ایک مشترکہ اور دلچسپ بچپن گزارا تھا.. رات بھر کی مسافت کی تھکن اور نیند بھری آنکھوں کے سامنے کچھ فاصلے پر کینیڈا کے کبھی کبھار کسی سرد جھونکے کی زد میں آ کر لمحہ بھر کے لیے سر اُٹھاتے پرچم پر نقش چنار کا پتہ اُسے پنج تن پاک کے ایک سیاہ کی بجائے سُرخ پنجے کی مانند دکھائی دے رہا تھا..

کیسی کیسی مجبور ہجرتیں اُس کے نصیب میں آئی تھیں..

اور ہر ہجرت مجبور ہوتی ہے..

وہ آج ایک اور ہجرت کی مسافت میں اُس سرحدی چوکی کی جانب قدم بڑھاتا تھا.. جو لوگ اس مجبوری میں ہوتے ہیں، جنہیں اپنی آبائی بستیاں چھوڑنی پڑتی ہیں تو زندگی کے آخری سانسوں تک وہ بستیاں اُن کا پیچھا کرتی رہتی ہیں، اُن کی قبروں کی مٹی ساتھ چلی آتی ہے.. شجر، گھروندے، کنویں یہاں تک کہ اُن بستیوں کے کیڑے مکوڑے.. موذی

جانور، سانپ، بچھو وہ بھی اُن کی ہجرت میں شریک مسافر ہو جاتے ہیں، اُن کے تن بدن میں اپنے آبائی جنگلوں میں کُوکنے والے کسی ایک پرندے کی ایک کُوک اور حبس آلود کھیتوں میں ٹرانے والے کسی ایک جھینگر کی ٹراہٹ.. محفوظ رہتی ہے اور وہ آئندہ ایک اجنبی دیار کی حیات میں جو دُکھ جھیلنے ہوتے ہیں، اُنہیں جھیلنے میں مترنم مددگار ثابت ہوتی ہے.. اور جب وہ دفن ہوتے ہیں تو اُنہی قبروں کی مٹی میں جو اُن کے ساتھ چلی آئی تھی..

پہلی ہجرت تو ایک نامعلوم جنم سے معلوم کی جانب سروسانسی کی گود کی تھی.. جو اُس کے اختیار میں نہ تھی..

دوسری ہجرت اختیاری تھی اگرچہ مجبوری کی تھی.. لاہور کے برج مینارے اُس کے ساتھ نیویارک چلے آئے تھے اور محلّی کے پُرشور اور دھواں آلود ماحول میں بھی اُس کے سامنے ظاہر ہوتے جاتے تھے..

وہ ایک مدت تک نئے موسموں کے ساتھ بھی مفاہمت نہ کر سکا..

جُون جولائی کے مہینوں میں وہ فون پر روشن سے پہلا سوال یہ کرتا کہ روشن.. کیا تمہارے آس پاس وہاں موتیے کے ہاروں اور گجروں کی مہک آنے لگی ہے.. یہاں نیویارک میں فلاور شاپس میں اجنبی شکلوں کے صدرنگ پُھولوں کے ڈھیر لگے ہیں پر اُن میں ایک نم تازگی تو ہے خوشبو نہیں ہے.. گُڑ کے شربت میں گھلے ہوئے ستّو اُس کے حلق میں اُترتے اور آموں کی گرم سوندھی مٹھاس کے تصور سے اُس کے ہونٹ چپکنے لگتے..

بارشوں کے دن آتے تو باغوں میں جُھولے پڑ جاتے، جیسے موٹے موٹے سیاہ آنسو ہوں ایسے کچی ٹہنیوں سے ٹپ ٹپ جامن گرنے لگتے اور اُس کی ٹیکسی کی اگلی نشست پر گرتے اُس پر جامنی رنگ کے دھبّے ثبت کر دیتے... پیزا نگلتے ہوئے اُسے دیسی گھی میں گندھی ہوئی سفید میٹھی مکّی کی روٹی یاد آ جاتی جس پر سرسوں کے ساگ کی ٹاپنگ ہوا کرتی تھی..

مارچ کے مہینے میں، ابھی سنٹرل پارک برف کی سفید ظلمت میں دبا ہوتا، مجسمہ آزادی کی روشن شمع ٹھٹھر رہی ہوتی تو اُس کے کانوں میں میلہ چراغاں کے سینکڑوں ڈھولوں کی دھم دھم دستک ہونے لگتی کہ اپنے در کھولو.. شاہ حسین تمہارے در پر دستک دیتا ہے اور کہتا ہے کہ مائے نیں میں کنوں آکھاں.. درد وچھوڑے دا ایہہ حال نیں.. اب اُس نے انعام اللہ نے تو ایک نامعلوم اندھیرے میں سے جنم لیا تھا اور اُسے کیا خبر کہ اُس کی ماں کونسی ہے تو وہ اپنے درد اور جدائی کا حال کس سے بیان کرتا..

سب آوازیں، گُل خوشبوئیں اور ذائقے اُس کے پیچھے چلے آتے تھے پر کسی قبر کی مٹی نے اُس کا پیچھا نہ کیا تھا کہ وہ بے نشان تھا، نہ صرف ماں بلکہ اُس کے باپ دادا بھی کوئی پہچان نہ رکھتے تھے کہ وہ کون تھے اور کس مٹی میں کہاں دفن تھے.. اُس کی واحد پہچان مسجد کی سیڑھیوں کا وہ مقام تھا جہاں وہ ایک پوٹلی میں پڑا پایا گیا تھا.. اگر تمہاری قبروں کی مٹی نامعلوم ہو.. نہ آواز دے اور نہ ساتھ چلی آئے تو پھر انسان کس مٹی میں اُترے.. بالآخر کس مٹی میں دفن ہو..

وہ اُن شب و روز کو سہار گیا.. نیویارک کے گناہوں کی غلاظت کے بوجھ ڈھوتا، رین بو سٹور کے کاؤنٹر پر کھڑا اور اُس کی شاہراہوں میں ٹیکسی نمبر 6M37 ڈرائیور کرتا اپنا رزق تلاش کرتا.. موتیے کے گجروں، باغوں میں پڑے جھولوں، ستّو کے شربت مکّی کی روٹی اور سرسوں کے ساگ اور شاہ حسین کے چراغوں اور ڈھولوں کے سہارے وہ اُن شب و روز کو سہار گیا..

یہ سب نقش اور مہک اور خیال دُھندلے تو نہ ہوئے پر اُن پر کُچھ مدت کے بعد ہولے ہولے نیویارک کے

رنگ چڑھنے لگے.. اس شہر کے نین نقش اُسے بھلے اور مانوس لگنے لگے.. اجنبیت کا احساس مدھم پڑنے لگا.. یہ بستی اتنی غیر نہ لگنے لگی، اس کی عادت ہونے لگی.. اور کئی بار وہ اس مخمصے سے دوچار ہو جاتا.. کہ اگر اس لمحۂ موجودہ میں میرے پاس ایک صُورت ایک چارہ کار ہو تو کیا میں اس بستی کو ترک کر کے اپنے وطن لوٹ جاؤں گا تو وہ فیصلہ نہ کر پاتا..

اور اب جب کہ اس سویر مسافت کی تھکن سے ہولے ہولے چلتا وہ چنار کے اُس پتّے کی جانب بڑھتا تھا جو پنج تن پاک کے ایک پنجے کی مانند نجات اور اُمید کا سندیسہ تھا.. اُس کی دوسری دنیا اُس کے پاؤں پکڑنے لگی، پاؤں پڑنے لگی، اُنہیں روکنے لگی.. گرین اِچ گاؤں کی زرد دوپہریں، مچلی کی شامیں اور اُس کے تہہ خانے کی کھڑکی میں سے نظر آنے والا اکلوتا ایلم.. جولیا جوائے، مریم، گستاف اور ہزارہ خان اور اُس کے لختئی لڑکے بھی اُس کے ساتھ چلے آئے تھے..

اُس کے وجود کے بُوٹے نے لاہور کی مٹی میں سے اُکھڑ کر نیویارک کی بستی میں جڑیں پکڑ لی تھیں.. اس کا احساس اُسے تب ہوا جب وہ چنار کے پتّے کی جانب بڑھ رہا تھا..

✦ .... ✦

اُسے تو کُچھ تشویش نہ تھی..

جب کہ اُس کے آس پاس سراسیمگی اور ہراس تھا..

جس روز اُس کی ٹیکسی کی ونڈسکرین پر تہذیبوں کے ٹکراؤ کا گڈ آن گرا تھا نہ صرف غیر قانونی بلکہ سراسر قانونی پاکستانیوں کی زندگیاں بھی سراسیمگی کے ایک خلاء میں چلی گئی تھیں.. اُن میں سے بہت سوں نے چنار کے پتّے کی پناہ کی جانب سفر کیا..

اگر چہ اُس کے سیاسی پناہ کے کیس کا فیصلہ طوالت اختیار کرتا جا رہا تھا پر اُسے کُچھ تشویش نہ تھی..

البتہ جولیا اور مریم فکر مند تھیں کہ وہ ٹیلی ویژن سکرین کا مریض ہو گیا تھا.. اُسے اگر کُچھ تشویش نہ تھی تو پھر وہ کیوں ایک اور وطن کو ترک کر رہا تھا..

کائناتی پیمانے کے ترازو میں تُلتا صرف ایک لمحہ اُس پر ایسا بھی آیا کہ وہ پلٹ بھی سکتا تھا.. اُس نے بے اختیار ایک اداس کسک کے ساتھ مڑ کر دیکھا.. البانی کی سرسبز پہاڑیوں اور برف سے ڈھکے جنگلوں کے اندر کچے گھروندے مسمار ہوتے تھے، لنگڑاتے ہوئے افغان بچے.. "گوگو.." چیختے فوجی تباہ کن ہتھیاروں سے لیس فوجی شکستہ دروازوں پر اپنے بھاری بوٹوں کی ٹھوکریں مارتے "شوٹ دے باسٹرڈز" پکارتے داخل ہوتے تھے اور دہشت گرد بوڑھوں اور بچوں کو کیفر کردار تک پہنچاتے تھے..

وہ سب کُچھ ضبط کر گیا.. سہار گیا لیکن اُس کا ضبط تب ختم ہوا جب افغان حملے کے پورے دو برس بعد اُس کے تہہ خانے میں ایک اور جنگ کا آغاز ہو گیا.. ایک یک طرفہ جنگ کا.. اگر چہ ہر جنگ بے جواز ہوتی ہے لیکن کُچھ جنگیں ایسی ہوتی ہیں جو کُچھ زیادہ ہی بے جواز اور من گھڑت ہوتی ہیں.. نہ کہیں کوئی اجتماعی ہلاکت کے ہتھیار ہوتے ہیں نہ دہشت گردی کی معاونت کے کوئی آثار ہوتے ہیں.. صرف دنیا کے سب سے زرخیز تیل کے کنویں بھڑکتے ہیں یا داؤد کا نیلا ستارہ لہراتا ہے.. ایک کھڑے کانوں والا شخص جو عجیب سا مانس ہے اور اُس کے پہلو میں ایک پُوڈل ہے جو دُم ہلاتا چلا جاتا ہے..

ٹیلی ویژن کا مرض پھر شدت اختیار کر گیا تھا..

سکرین پر گمان ہوتا ہے کہ وہ سیاہی میں پوتی ہوئی ہے، لگتا ہے کہ ٹیلی ویژن آف ہے لیکن ایسا نہیں ہے،

سکرین کے زندہ ہونے کی دلیل وہ بُجھے بُجھے ملفوف سے دھماکے ہیں جیسے بہت دور ساون کے بادل گرجتے ہوں اور وہ اُس کے سامنے پہروں سے ساکت اور گنگ بیٹھے انعام اللہ کے کانوں میں اُترتے ہیں یا سکرین کی سیاہی میں سے کوئی ایک آدھ شرارہ پھوٹتا ہے، کوئی مدھم شعلہ اٹھتا ہے اور پھر یکدم دور کے بادلوں کی گرج اُس تہہ خانے پر ایک زوردار دھماکے کی صورت پھٹ پڑتی ہے.. ٹیلی ویژن سکرین روشن اور چکا چوند ہو جاتی ہے اور ایک شہر کے بام و در عریاں نظر آنے لگتے ہیں.. ٹیلی ویژن ٹرالی اور اُس کا بدن اُس دھماکے کی شدت سے لرزنے لگتے ہیں..

ٹیلی ویژن سکرین پھر سے ایک گہرے سیاہ سکوت میں چلی جاتی ہے اور پھر فوراً ہی یوں بھڑک کر روشن ہو جاتی ہے کہ آنکھیں خیرہ ہو جاتی ہیں اور گہری گونج کے متعدد دھماکے دل کو دہشت سے دہلانے لگتے ہیں.. اور اُس اچانک روشن ہو جانے والی سکرین پر بغداد شہر کے بام و در عریاں ہو رہے ہیں جن کی اب کُچھ خیر نہیں، وہ خاموشی سے منہدم ہو رہے ہیں.. انسانی تہذیب کی اولین اینٹیں بنیادوں سے کھسک کر مسمار ہو رہی ہیں..

آپریشن عراقی فریڈم...

ایک مرتبہ پھر اُس کے قدیم در و دیوار نابینائی میں ڈوب جاتے ہیں اور دل دھڑکتا ہے کہ کب ایک اور دھماکا اُس کے بدن کے محلّوں کو بارود سے پھاڑ دیتا ہے..

سکرین کی سیاہی میں آسمان سے نازل ہوتی کروز میزائلیں اور ڈیزی کٹر دکھائی نہیں دیتے.. یوں لگتا ہے کہ وہ تو اُس کے گلی کوچوں اور شاہراہوں کی بنیادوں میں مدتوں سے مدفون تھے اور اب کسی سامری کے انتقام کے سحر سے وہ یکدم پھٹنے لگے ہیں.. بابل کے مینار جو ابھی تک سر بلند اور قائم تھے، اوندھے ہو کر منہدم ہو رہے ہیں.. اُس کے معلّق باغوں کے شجر جڑ سے اکھڑ رہے ہیں اور اُن کے پتّے آسمان سے برستی زہریلی آگ کی تاب نہ لا کر راکھ ہو رہے ہیں.. بے شک یہ باغ ایک بلندی پر معلّق تھے.. لیکن اُن سے بھی کہیں بلندی پر وہ عفریت حرکت میں تھے جو.. فورٹریس، بی باون اور بی وَن لانسر کہلاتے تھے اور اُن میں سے ایسی خاموش آگ برستی تھی جو آتش نمرود سے کہیں بڑھ کر غضب ناک اور دیوتاؤں کو بھی بھسم کر دینے والی تھی.. اُن متحرک آسمانی عفریتوں میں جو سوار تھے، اُنہیں کُچھ خبر نہ تھی کہ اُن کے نیچے اُن کی میزائلوں اور بموں کی زد میں شہر بابل کے مینار اور معلّق باغ ہیں کہ اگر اُن کے دو جڑواں مینار ڈھا دیئے گئے تھے تو اُن کے سامنے یہ مینار کیا حیثیت رکھتے ہیں اور وہ کیا جانیں کہ یہ معلّق باغ کیا بلا ہیں، وہ تو صرف اپنے سنٹرل پارک کو جانتے تھے.. فک بیگڈاڈ!

یہ کیسی زہرناک آتش تھی جو سمندر پار کے ایلچی برساتے تھے جس کے سامنے آتش نمرود بھی ماند پڑتی تھی۔

اس آتش میں تو اگر عشق بے خطر کود پڑے تو وہ بھی بھسم ہو جائے.. یہ آگ سرد نہ ہو..

سکرین کبھی گھٹا ٹوپ تاریکی میں دفن ہو جاتی اور کبھی میلہ چراغاں ہو جاتی.. اور اُن بھڑکتے دھماکوں کے چراغوں کی روشنی میں شہر کے بام و در چوبارے اور گھر اور عمارتیں تو عیاں ہو جاتیں پر.. اُن میں کوئی ایک ذی روح بھی دکھائی نہ دیتا یہاں تک کہ وہاں ایک بھی چڑیا نہ تھی جو بے شک دبکی ہوئی ہوتی پر نظر تو آتی اور ایک بھی بچہ نہ تھا جو بے شک سہما تو ہوتا پر دکھائی تو دیتا اور اس کی ایک قابل فہم توجیہہ تھی کہ چڑیاں جن شجروں میں بسیرا کرتی تھیں کیمرہ اُن کے گھنے پن میں سرائت نہ کر سکتا تھا اور بچے جن گھروں میں اپنی ماؤں کی گود میں سہمتے تھے کیمرہ اُن کے اندر جا کر اُن کی شکلیں سکرین پر

نہیں لاسکتا تھا.. اور چڑیاں بھی تو اپنے اشجار میں نہ تھیں.. وہ اُن سے گر گر گھاس پر اوندھی پڑی تھیں اور بچوں کے دل ماؤں کی گود میں تھم چکے تھے.. چنانچہ سکرین پر نہ تو اوندھی پڑی چڑیاں نظر آتی تھیں اور نہ مُردہ بچے!

جیسے کسی جھیل کے پانیوں میں بارود کے دھماکے سے مچھلیاں مر جاتی ہیں اور اوندھی ہو کر سطح پر تیرنے لگتی ہیں.. چڑیوں اور بچوں کے دل بھی مچھلیوں کی مانند چھوٹے چھوٹے ہوتے ہیں اور دھماکے کی دھمک سے رُک جاتے ہیں اور وہ درختوں سے گر جاتی ہیں اور وہ ماؤں کی گود میں مر جاتے ہیں..

بغداد کی اُس سیاہ رات میں وہاں کے باغوں اور صحنوں میں جو شجر تھے اُن کے تلے اگلی صُبح مردہ چڑیوں کے ڈھیر تھے اور گھروں کے اندر مائیں ابھی تک بے خبر تھیں کہ بچے نیند میں نہیں وہ مر چکے ہیں اور وہ اُنہیں لوریاں سناتی تھیں..

چڑیاں اور بچے.. جو مر گئے.. وہ کبھی شمار نہ ہوئے..

وہ کولیٹرل ڈیمیج کی کسی فہرست میں درج نہیں ہوتے..

کولیٹرل ڈیمیج یعنی جنگی مجبوری کے تحت جو نقصان ہوتا ہے، ہلاکتیں ہوتی ہیں، اُن میں صرف اُنہیں شمار کیا جاتا جن کے لوتھڑے فضا میں بکھر نہیں جاتے، عمارتوں کے ملبے تلے دب نہیں جاتے اور اُن کی لاشوں کی کسی حد تک شناخت ہو جاتی ہے اور جو شہر کے ہسپتالوں کے مردہ خانوں میں لائے جاتے ہیں..

چونکہ بچوں کی لاشوں سے اُن کی مائیں جُدا نہیں ہوتیں اور اگر وہ بھی مر چکی ہوں تو اُن مردہ بچوں کو ڈھونے کے لیے اُن کے سائز کے نہ تو سٹریچر ہوتے ہیں اور نہ ہی اُنہیں پریموں میں ڈال کر مردہ خانوں میں لایا جاسکتا ہے اور یہی حال چڑیوں کا ہوتا ہے کہ اُن کے سائز کے سٹریچر بھی میسر نہیں ہوتے.. تو یوں بچے اور چڑیاں کولیٹرل ڈیمیج میں کبھی شمار نہیں ہوتے..

صرف ویران گھونسلے اور اجڑ چکی گودیں یہ گواہی دیتے ہیں کہ اُن میں کبھی کوئی چہکتا تھا، کوئی ہمکتا تھا..

انعام اللہ اس یقین کا اسیر تھا کہ اگر اُس نے پل بھر کے لیے ٹیلی ویژن سکرین سے نظریں ہٹالیں تو اُس پل میں بغداد کی کُچھ اور چڑیاں، کُچھ مزید بچے مردہ ہو جائیں گے اور اُن کی ہلاکت کا وہ ذمہ دار ہو گا اس لیے وہ ایک پل کے لیے بھی نظریں ہٹاتا نہ تھا.. امریکی طیاروں کے نوخیز اور پُر جوش پائلٹ مسکراتے ہوئے انگلیوں سے فتح کا نشان بناتے ہوئے ٹیلی ویژن کیمروں کے اندر تک اپنے پُر مسرت چہرے لا کر چیختے تھے.. بومب بیگڈاڈ.. فک بیگڈاڈ..

وہ صرف بومب کرنے کے لیے ہی نہیں فک کرنے کے لیے بھی آئے تھے..

اینڈ فک بے بی لان..

صدام کا پُرتکبر آہنی مجسمہ اوندھے منہ گرنے کو آ رہا ہے اور پھر گرتا نہیں ذرا ٹیڑھا ہو کر معلق ہو جاتا ہے.. امریکی جیپیں مددگار ثابت ہوتی ہیں اور اُس کی ٹانگوں میں رسّے باندھ کر اُسے زمین بوس کر دیتی ہیں اور سو دو سو عراقی اُس کے گرد رقص کرتے ہیں اُس کے منہ پر جوتے مارتے ہیں.. کہ وہ اُس آمر سے اتنی نفرت کرتے ہیں.. اور عراقی اس خصلت سے باز نہیں آتے.. کُچھ برس بعد اُنہی امریکیوں کے صدر کی جانب بھی وہ اپنے جوتے پھینکتے ہیں لیکن یہ نفرت کا اظہار نہیں ہوتا کہ جوتے کا سائز دس نمبر کا ہوتا ہے..

گستاف ایک وفادار غلام کی مانند دو تین روز بعد اُس کے تہہ خانے میں اُترتا.. خوراک کے تین چار تھیلے کچن کے کاؤنٹر پر رکھتا، کافی کا ایک کپ بنا کر اُس کے سامنے رکھتا اور کُچھ دیر اُس کا ہاتھ تھامے رکھنے کے بعد چپکے سے چلا جاتا..

بغداد کے سکوت کی داستانوں میں کُچھ رد و بدل نہ ہوا تھا.. بنو امیّہ، عباسی، منگول، ترک، برطانوی اور اب امریکی.. دجلہ کے پانیوں میں جو سُرخی گھلتی تھی اُس کا رنگ کبھی غمّاز نہ ہوا کہ اس کا سبب کون ہے.. اسی دجلہ کے پانی اُن لاکھوں کتابوں کی راکھ سے اٹ گئے جو منگولوں نے نذرِ آتش کر دی تھیں اور اب اسی دجلہ کے پانیوں پر قرآن کے قدیم ترین نسخوں کی راکھ بہتی تھی جن میں سے کُچھ رسول پاکؐ کے زمانوں میں لکھے گئے.. بغداد میوزیم میں خورساباد کے اسیرین قصر میں جو پانچ ہزار برس پرانے مجسمے اور مُہریں تھیں اُن کی کرچیاں فرشوں پر بکھری ہوئی تھیں اور امریکی فوجی اُن پر اپنے بھاری بوٹ دھرتے اُنہیں مزید کرچیاں کرتے تھے.. ایک سُمیرین شہزادی اپنے دل پسند سونے کے جھمکے اپنے کانوں میں ڈالے ہوئے دفن ہوئی.. ساڑھے چار ہزار برس بعد جب اُس کی قبر دریافت ہوئی تو اُس شہزادی کی مٹی کی ایک مٹھی بھی نہ تھی البتہ وہ جھمکے ابھی تک تابندہ تھے.. میوزیم کے مرکزی شوکیس میں سجے تھے اور اب.. جانے کس عراقی لٹیرے کی پوٹلی میں جا چکے تھے..

نینوا کے مرتبان، بابل کے ظروف، اپالو کے مجسمے، جو بے شک فرش پر ریزہ ریزہ ہو چکے تھے لیکن اپالو کی ایک آنکھ ابھی تک سالم تھی تو اُس پر بُوٹ رکھنا بھی تو کُچھ مناسب نہ تھا..

صرف دو جدید عمارتوں کے بدلے میں پوری تہذیبِ انسانی کو روندنا بھی تو کُچھ زیادہ مناسب نہ تھا..

اور ہزاروں چڑیوں اور بچوں کے دل روکنا بھی تو کُچھ ایسا مناسب نہ تھا..

''مچلی''، میں وہی پُرشور کھلکھلاتی ہوئی رونقیں تھیں..

اُس کی من پسند نشست کے اوپر پاپا ہیمنگوے گھنی داڑھی اور پولو نیک سویٹر میں قطعی طور بے خبر تھا کہ اُس کے بعد آنے والے اس زمانے میں کیا ہو رہا ہے..

اُس کی خصلت میں سونف کی دودھیا شراب تھی اور اپنے تئیں انصاف کا ساتھ دینے کے لیے پرائی جنگوں میں کُود پڑنے کی خبطی عادت.. کبھی اطالیہ میں اور کبھی ہسپانیہ کی خانہ جنگی میں..

پاپا ہیمنگوے اگر آج زندہ ہوتا تو وہ کس کے پہلو بہ پہلو کھڑا ہو جاتا..

کیا وہ مٹھی میں پتھر بھینچے ایک ایسے فلسطینی بچے کے برابر جا کھڑا ہوتا جس کی جانب ایک اسرائیلی ٹینک بڑھ رہا ہے یا وہ اُس ٹینک میں سوار ایک اسرائیلی افسر ہوتا جس نے پل دو پل میں اُس بچے کو کچل دینا تھا.. کیا وہ طالبان کا ساتھ دیتا اور قلعہ جنگی کے تہہ خانے میں روپوش ہو کر آخری دم تک مقابلہ کرتا.. اور کیا وہ مردہ چڑیا کو اُٹھا کر اُسے آنکھوں سے لگاتا آبدیدہ ہوتا یا.. آپریشن کے دوران کسی بی ون بمبار طیارے کا پائلٹ ہوتا اور اپنے نیچے بھڑکتے بغداد کو دیکھ کر ''بومب بیگڈاڈ.. فک بیگڈاڈ'' کے فلک شگاف نعرے لگا رہا ہوتا..

جولیا اُسے تقریباً گھسیٹتی ہوئی اُس تہہ خانے کی قبر میں سے جس میں وہ ایک ٹیلی ویژن سکرین کے ہمراہ دفن ہو

چکا تھا.. کُچھ منت سماجت کر کے اور بہت زبردستی کر کے باہر لے آئی.. ''محلی..''میں لے آئی..

ایک مفروضہ ہے جسے جھجکتے، اپنے آپ کو مروجہ اخلاقیات کی قید سے چھڑا نہ سکنے والے رائج کرتے ہیں کہ جنسی قربت، آتشِ عشق کو سرد کر دیتی ہے.. اس کے حصول کا ہیجان ہی محبت کی بنیاد ہے.. اور تشفی ہو جانے پر محبت پھیکی پڑ جاتی ہے.. جب کہ یہ مفروضہ صرف اُن پر لاگو ہوتا ہے جو دراصل ہوس پرست ہوتے ہیں اور عشق کے ہاتھی سے روندے نہیں گئے ہوتے محض تاثر دیتے ہیں.. حرص میں مبتلا تماشائی ہوتے ہیں جب کہ جنسی قربت ہی دراصل محبت کے ادھورے پن کو مکمل کرتی ہے.. یہ وابستگی ایسے در کھولتی ہے جو گمان سے پرے آدم اور حوّا کی قربتوں تک پہنچتے ہیں..

جولیا نے بھی اسی طور بدنی رفاقت کے راستے اُس کے بدن کا ایک حصہ بن کر اُس کے ادھورے پن کو مکمل کر دیا تھا.. اس کے باوجود کہ اُس کی جانب سے اس میں محبت کا کُچھ زیادہ عمل دخل نہ تھا.. ایک جنگ کا تھا..

''محلی''میں وہی رونقیں تھیں..

''نیمی..''جولیا نے اُس کا ہاتھ اپنے دونوں ہاتھوں میں یوں جکڑ رکھا تھا جیسے اُس نے اگر اپنی گرفت ڈھیلی کی تو وہ فرار ہو جائے گا.''مجھے خدشہ ہے.. اور مجھ سے ناراض مت ہو جانا اگر میں یہ کہوں کہ تم.. کسی حد تک ایک ذہنی مریض ہو گئے ہو.. ٹیلی ویژن سکرین نے تمہارے حواس کو معطل کر دیا ہے.. نیمی، جنگیں اتنی اہم نہیں ہوتیں کہ تم اُن کے لیے اپنی زندگی منتشر کر لو.. یہ تو ہوتی رہتی ہیں.. تم میرا کہنا مان لو، پلیز کسی نفسیات دان کے ساتھ کُچھ ملاقاتیں کر لو.. اپنی اُلجھنوں اور وسوسوں کو اُس کے سامنے کھول کر رکھ دو.. پلیز..''

''اور مجھے بھی خدشہ ہے جُولیا..''وہ ایک نارمل شخص کی مانند ایک پُرسکون کیفیت میں گویا ہوتا تھا''یہ جو تم مجھے تقریباً زبردستی میرے تہہ خانے سے گھسیٹ کر باہر لے آئی ہو تو جانتی ہو میری غیر موجودگی میں کیا ہوگا.. اس دوران بہت سی چڑیاں اور بے شمار بچے مر جائیں گے.. بے شک تم نے اُس ٹیلی ویژن کو آف کر دیا تھا.. پر جولیا ٹیلی ویژن بند کر دینے سے موتیں نہیں رُکتیں.. اور اس دوران جب کہ ہم دونوں''محلی''میں بیٹھے ہیں تو وہاں مسلسل چھوٹے چھوٹے دل رُکتے چلے جا رہے ہیں.. اور اُن سب کی موت کی ذمہ داری مُجھ پر ہے.. پلیز میرے ہاتھ کو اپنی جکڑ بندی سے آزاد کر دو، میں فرار نہیں ہوں گا..''

''پلیز نیمی..''جُولیا کی آنکھوں میں سے نمی پھوٹنے لگی..''ہمارا ان جنگوں سے کیا لینا دینا.. ان پر ہمارا کُچھ اختیار نہیں ہے..''

''میرا کُچھ اختیار ہے..''وہ مسکرانے لگا..

وہ تنہا نہ تھے..

گستاف کب کا''محلی''کے چوبی دروازے میں سے داخل ہو کر اُس کی رونقوں میں سے جگہ بناتا اُن کے برابر میں آ بیٹھا تھا.. جولیا نے اُسے اطلاع کر دی تھی کہ میں اپنے غار میں پوشیدہ راہب کو اغوا کر کے لے آئی ہوں، پہنچ جانا..

مریم حبیب وہاں نہیں تھی، وہ ایک فلیٹ میں پابند ہو چکی تھی.. وہی عمر رسیدہ لبنانی جس کے نیویارک کے فٹ پاتھوں کے کناروں پر خوراک کے متعدد ٹھیلے تھے، اُس نے اُسے پابند کر دیا تھا اور مریم بخوشی پابند ہو گئی تھی.. اگرچہ ایک زمانے میں اُس نے انکار کر دیا تھا.. وہ بوڑھا اُسے بدنی طور پر کُچھ آزار نہ دیتا تھا.. جب کبھی وہ اپنے پوتے پوتیوں کے

ہجوم سے اُکتا جاتا تو اُسے سامنے بٹھا کر اپنے سیڈار کے درختوں والے کب کے بچھڑ چکے وطن کی صرف باتیں کرتا اور اکثر رونے لگتا.. ہزارہ خان کا بھی سراغ نہ ملا تھا.. اسے آسودہ کرنے والے لختئی لڑ کے خود مختار ہو چکے تھے..

''تھینک یُو گستاف.. کہ تم چلے آئے..'' جولیا نے اُسے شکر گزار نظروں سے دیکھا..

''تھینک یو گستاف..'' انعام اللہ نے مسکرا کر کہا..

''کیا میں صرف ایک لمحے کے لیے تمہارا ہاتھ تھام لوں نیمی..'' گستاف کے دل کی کلی کھل گئی۔

''اگر جولیا میرے ہاتھ کو اپنے شکنجے سے آزاد کر دے تو.. مجھے کچھ اعتراض نہیں۔''

''گستاف..'' جولیا نے اس کے رخسار کو چھوا.. ''میں تم سے بے حد حسد کرتی ہوں..''

''محلّی'' کے کاؤنٹر کے پیچھے، ادیبوں، شاعروں، ڈرامہ نگاروں کی بلیک اینڈ وہائٹ تصویروں اور شراب کی بوتلوں کے درمیان میں ایک ٹیلی ویژن سیٹ کی سکرین خاموش پڑی تھی.. یہ ایسا عامیانہ مے خانہ نہ تھا جس میں سے ہمہ وقت غُل کرتے لوگ ہمہ وقت ٹیلی ویژن پر کسی بیس بال گیم پر احمقوں کی مانند نظریں جمائے نعرے لگاتے تھے لیکن اگر کوئی گاہک فرمائش کر دیتا تھا تو ٹیلی ویژن آن کر دیا جاتا تھا..

اور کسی نے فرمائش کر دی..

اُس کے سامنے بابل کے مینار پھر سے منہدم ہونے لگے.. نینوا کے کھنڈر مزید کھنڈر ہونے لگے.. سکرین بھڑکنے لگی اور اُس کی روشنی میں بغداد کے بام و در مسمار ہونے لگے.. فک بیگڈاڈ!

سکرین پر چراغاں ہونے لگا..

انعام اللہ.. کی آنکھیں گرد و پیش سے یکدم ترک تعلق کر کے ٹیلی ویژن سکرین میں دفن ہو گئیں اور اُس کا بدن ہولے ہولے دہکنے لگا..

جولیا اُس کے یکدم تغیر کی کیفیت کو بھانپ گئی ''نہیں نیمی..'' اُس نے اسے جھنجھوڑا ''پلیز.. نہیں۔''

''نہیں'' گستاف نے بھی اُس کی ران پر ہاتھ رکھ کر فریاد کی.. ''جنگیں ہوتی رہتی ہیں..''

وہ اُن سے بچھڑ چکا تھا..

''فک بیگڈاڈ..'' انعام اللہ خود ہی سے مخاطب ہو کر بڑبڑایا..

''نہیں نیمی..'' جولیا ہراساں ہو گئی.. ''پلیز..''

''محلّی'' میں جو بھی تھے وہ متوجہ ہو گئے.. اُن کی گردنیں مُڑ گئیں.. سب چُپ ہو گئے.. ایک سناٹا تھا جس میں ٹیلی ویژن سکرین میں سے برآمد ہونے والے دھماکے گونجتے تھے..

''اینڈ..'' انعام اللہ پاپا ہیمنگوے کی پورٹریٹ کے سائے میں سے اُٹھ کھڑا ہوا اور مسکراتے ہوئے سب سے مخاطب ہو کر لیکن ایک سرگوشی میں کہا ''اینڈ فک نیویارک..''

✦ .... ✦

''تمھیں ایسا نہیں کہنا چاہیے تھا نیمی..'' جُولیا اُسے سنبھالتی تھی.. گستاف بھی اُسے سہارا دینے کی کوشش کرتا تھا اُس کے باوجود کہ وہ نہ تو خمار میں تھا اور نہ ہی اپنے حواس کھو بیٹھا تھا.. رات کے اس پہر گرین اِچ گاؤں کی کسی نیم تاریک گلی میں اس نوعیت کا منظر ایسا نہ تھا کہ لوگ متوجہ ہوتے.. کسی نے بھی دھیان نہ کیا اور وہ دونوں اُسے اور اپنے آپ کو سنبھالتے ایک سوگواری میں چلتے رہے..

''ذرا تصور کرو کہ ''محلی'' میں جو لوگ آج موجود تھے، اُن میں سے کوئی تمھیں رپورٹ کردے کہ تم نے بھرے مجمع میں ''فک نیویارک'' کہا تھا تو اس کا کیا انجام ہو سکتا ہے..''

''میں گوانتاناموبے کے لیے نہایت موزوں امیدوار بن سکتا ہوں..'' اُس کے لبوں پر وہی مسکراہٹ نمودار ہوئی تھی.. ''تم جانتی ہو جولیا کہ میرا جی کیا چاہتا ہے... کہ وہ مجھے گرفتار کرلیں، میری مُشکیں کس کر، سر مونڈھ کر میرے چہرے کو ایک زرد رنگ کے کنٹوپ سے ڈھانپ کر ایک کال کوٹھڑی میں دھکیل دیں... کم از کم وہاں ٹیلی ویژن تو نہ ہوگا..''

اُس شب جب ان دونوں نے اُسے اُس کے بستر میں اس احتیاط اور محبت سے لٹایا تھا جیسے ایک بچے کو پالنے میں رکھتے ہیں، جولیا نے اُس کے ماتھے پر ایک طویل بوسہ دیا اور اُس میں آنسوؤں کی نمکین نمی کی گھلاوٹ تھی، گستاف نے دھڑکتے دل سے اُس کا ہاتھ تھاما تو انعام اللہ نے فیصلہ کرلیا تھا کہ وہ اپنے اشتعال کو مدھم کرنے کی خاطر احتجاج کے طور پر کُچھ نہ کُچھ کر گذرے گا.. کسی کو.. یا اپنے آپ کو ہلاک کردے گا..

انعام اللہ کا ردعمل سرکشی اور دعوت مبارزت تک محدود نہ رہا تھا، قابل ادراک حدوں کو پار کر گیا تھا.. پر اس بار وہ افغانستان پر حملے کے دنوں کی مانند ایک خواہ مخواہ ہر کسی سے لڑائی مول لینے والا خودسر بچہ نہ تھا.. اُس فیصلے کے بعد کہ وہ کُچھ نہ کُچھ کر گذرے گا اُس کے اندر ایک ٹھہراؤ آ گیا تھا، اب وہ خارج میں بے وجہ ظاہر ہو کر لوگوں کی توجہ اپنی جانب مبذول نہیں کرواتا تھا، وہ سرکشی اور رنج اب نمائش پر نہ تھے، اُس کے باطن میں چپ چاپ سلگتے تھے اور ایک آئیوی بیل کی مانند دن بہ دن شریانوں اور رگوں میں جڑیں پکڑتے تھے..

محلی کی اُس شام اور اُس فیصلے کے بعد اُس نے اپنے لب پکّے دھاگوں سے سی لیے تھے.. اظہار کے ابال کی جھاگ اُس کی باچھوں سے ایک ذرے جتنے بُلبلے کی صورت میں بھی نہ پھوٹتی بلکہ وہ نو ستمبر کے پیشتر کے زمانوں کی نسبت

بھی کہیں زیادہ خوش طبع اور لاپرواہ نظر آنے لگا تھا. صرف جُولیا تھی جو ان علامتوں کو تشویش بھری نظروں سے دیکھتی تھی.. اُس کا اتہ پتہ رکھتی تھی، کسی حد تک مطمئن بھی تھی کہ وہ پھر سے اپنی ٹیکسی نمبر 6M37 کے ساتھ سڑکوں پر آ گیا تھا، خوش کلام ہو گیا تھا، اور ہر وقت چہکتا رہتا تھا..

''نیمی پلیز.. یہ تم نہیں ہو.. ہمہ وقت یوں بے وجہ پُر مسرت رہنا تمہاری خصلت نہیں ہے.. کچھ تو کہا کرو.. جو کچھ تمہارے باطن میں ہے اُسے یوں تو روپوش نہ کرو. تمہارے اندر جو ہلچل ہے اُس کا کچھ تو تذکرہ کیا کرو.''

''میرے اندر اب امن ہو چکا ہے ڈیئر جولیا.'' وہ ایک قہقہہ لگا کر ہنس دیتا اُس کے رخساروں کو تھپکتا.. اُن پر متعدد بوسے ثبت کرتا اور جولیا سمٹ کر ذرا پیچھے ہو جاتی کہ وہ محسوس کر سکتی تھی کہ یہ وہ نہیں اُس کے ناول کا کوئی کردار ہے جو اتنی کامیاب اداکاری کر رہا ہے کہ اُس پر حقیقت کا گمان ہوتا ہے.. ''یقین کرو میرے اندر کوئی ہلچل ہے ہی نہیں تو کس کا تذکرہ کروں.. وہ ایک وقتی ابال تھا جو رخصت ہو گیا.. وہ ایک ہیجانی کیفیت تھی جس میں سے میں گذر آیا.. میں اپنی اُس بیماری سے شفایاب ہو چکا ہوں جولیا، پلیز میرا اعتبار کرو.. مجھے چنداں پرواہ نہیں کہ اس کمبخت دنیا میں کیا ہو رہا ہے.. البتہ..'' وہ پھر مسکراتا ہوا اُس کے قریب ہو جاتا ''مجھے یہ تو پرواہ ہے کہ تم آج شب مجھے بے اختیار کرتی ہو اگرچہ تم نے ایک بار بھی ذرا جھک کر مجھے اپنی جانب ملتفت کرنے کی کوشش نہیں کی..''

''نہیں نیمی..'' جُولیا روہانسی ہو کر اُس کے تہہ خانے میں سے نکل جاتی..

تہہ خانے کے ٹیلی ویژن کی سکرین اُس شب کے بعد زندہ نہ ہوئی تھی..

اکثر اوقات وہ ٹیکسی میں سفر کرنے والے مسافروں سے عقبی شیشے میں تکتے ہوئے محو گفتگو ہو جاتا.. جناب اگر آپ مجھ سے پوچھیں تو میری دلی خواہش ہے کہ میں افغانستان کی غاروں میں پوشیدہ اُس لمبی داڑھی والے عفریت کو تلاش کر کے اُس کا گلا گھونٹ دوں.. اور وہ جو بھگوڑا صدام ہے سب سے پُر لطف لمحہ وہ ہو گا جب اُس ایس او بی کے گلے میں پھانسی کا پھندہ ہو گا.. نہ نہ.. میں موزلم نہیں.. سری لنکن ہوں.. اے بُدھسٹ.. تھینک یو فار دے لارج ٹپ سر..

لیکن اس گفتگو کے دوران اُس کا دھیان کہیں اور ہوتا.. دائیں بائیں سرکتی عمارتوں کو وہ سرسری نہ دیکھتا، اس نظر سے دیکھتا کہ یہ کیسے منہدم ہو سکتی ہیں.. جیٹ ہوائی جہازوں کا حربہ تو استعمال ہو چکا تو پھر ان کی بنیادوں میں اگر کوئی طاقتور بارود بھر دیا جائے تو یہ اپنے پاؤں پر گر سکتی ہیں.. ٹرمپ ٹاور کی بھڑکیلی اور دولت کی بدتمیزی کی شاندار علامت کا کونسا ایسا ستون ہو سکتا ہے جو اگر گرا دیا جائے تو وہ سیمسن کے معبد کی مانند اوندھی ہو جائے گی.... اُس کے لیے یہ جانچ پڑتال ایک ویڈیو گیم کی مانند تھی.. وقت گزاری کا ایک بہانہ تھا پر اُس میں تکمیل کی ایک خواہش بھی بہر طور تھی..

اپنے آپ کو فنا کرنے کی آرزو کرنے والے.. خودکشی پر مائل افراد میں کون کون سی علامتیں ظاہر ہوتی ہیں.. موت کو جان بوجھ کر بخوشی گلے لگانے کی خواہش کا جواز کیا ہو سکتا ہے..

یہ امور کچھ طے شدہ نہیں ہیں..

اگرچہ سیاسی تجزیہ نگار اور خاص طور نفسیات دان ان کا احاطہ کر کے انہیں.. متعین کرنا چاہتے ہیں پر یہ حتمی طور پر طے نہیں کیے جا سکتے..

ان میں..خودکشی کے آرزومند لوگوں میں، ایک ایسا رجحان جنم لیتا ہے جس کی تسلی تبھی ہوتی ہے جب وہ اپنے آپ کو مار ڈالتے ہیں..اکثر یہ جذبہ اُن کے جینز میں شامل ہوتا ہے اور وہ مجبور ہوتے ہیں لیکن ان دنوں ایسی بیشتر نفسیاتی توجیہات ناکارہ ثابت ہو رہی تھیں..وہ جو پیدائشی طور پر اس عارضے میں مبتلا ہوتے ہیں اُن کے لیے تو ہر بلندی اس لیے تخلیق کی گئی تھی کہ وہ اُس پر سے کُود کر اپنے آپ کو ہلاک کر لیں اور اُن کے لیے ہر گاڑی جو چھک چھک کرتی چلی آتی ہے صرف اس لیے چلی آتی ہے کہ وہ ریلوے لائن پر اپنا سر رکھ دیں..لیکن یہ جو ایک نیا شعوری ادراک جنم لے رہا تھا اپنے آپ کو فنا کر دینے کا اس کی نمود کے کیا جواز ہو سکتے تھے..

غُربت، محبت، معاشی مجبوری، دکھ، معاشرے سے بیگانگی اور ثواب کا حصول؟

لیکن ان کے سوا ایک اور جواز بھی تھا جس نے حال ہی میں جنم لیا تھا..ناانصافی..نامرادی اور عزت نفس کی پامالی..دیوار کے ساتھ لگا ہوا ایک شخص جس کے پاس پیچھے ہٹنے کی کُچھ گنجائش نہیں چھوڑی جاتی اور اُس کے پاس اپنے آپ کو ہلاک کر ڈالنے کے سوا اور کوئی متبادل نہیں رہتا کہ وہ مقابلے کی سکت نہیں رکھتا..اور ایسے لوگ لب بستہ رہتے ہیں، بر سر عام احتجاج نہیں کرتے، خاموشی سے منتظر رہتے ہیں، اس خاموش منتظر پن میں اُسے ایک مدت کے بعد پروفیسر منظور نظر کا خیال آیا جس نے امریکہ میں آمد کے ابتدائی ایام میں اُسے ایک ڈھارس بھری پناہ مہیا کی تھی..شائد اُس کے پاس اس ذہنی ابتری اور خلفشار کا کوئی حل موجود ہو..اگرچہ آخری ملاقات پر اُس نے کُھلے لفظوں میں کہہ دیا تھا کہ پلیز اب میں دوبارہ تمہیں دیکھنا نہیں چاہتا..

اپنے بے قابو ہوتے ہوئے پیٹ پر ایپرن باندھے ''شاہ مدینہ گروسری سٹور'' میں وہ ایک گاہک کو جنوب کی ریاستوں سے آئے ہوئے تازہ آرٹی چوک اور سیز رسلاد خریدنے کی ترغیب دے رہا تھا..البتہ اس بار اُس کی ساتھی عورت لارا...جس کی کمر پر ایک بچہ ہمہ وقت ٹکا ہوتا تھا، کہیں نظر نہ آئی..شائد وہ اُسے چھوڑ کر جا چکی تھی..

''سر..میں انعام اللہ ہوں..''

یہ نام اُس کے سر پر سے گذر گیا ''میں آپ کے لیے کیا کر سکتا ہوں؟''

''سر..''

اور پھر اُسے یاد آ گیا ''تم ابھی تک یہاں ہو..'' لہجے میں دوستی کا کُچھ شائبہ نہ تھا..

اُس نے اپنی بپتا بیان کی اور راہنمائی کی استدعا کی..

''تم بھی..'' منظور نظر کے چہرے پر ناگواری کا ایک سایہ گہرا ہونے لگا..''تم ایک فراخ ذہن کے ترقی پسند شخص..تم اُن رجعت پسند قوتوں کا ساتھ دینا چاہتے ہو..تمہارے پاس اس کے سوا اور کوئی متبادل نہیں کہ تم اس کُھلے سینے والے..جو دنیا بھر کے درماندہ اور غربت زدوں کو پناہ دیتا ہے..امریکہ کا ساتھ دو..کیا تم جیسوں کو تمہارا سعودی عرب پناہ دیتا ہے..کتّوں ایسا سلوک کرتا ہے..یہ ملک مُجھے اور تمہیں انسان سمجھتا ہے اور رزق دیتا ہے..اور یہ رزق وہ جنگوں سے کماتا ہے..تمہیں کیا غرض ہے کہ وہاں کیا کُچھ ہو رہا ہے، اپنی غرض سے غرض رکھو..''

''سر اُن دنوں جب ہم کچے اذہان کے آسانی سے متاثر ہو جانے والے نوجوان تھے..تو اُن دنوں آپ جیسے لوگوں نے ہی یہ راہیں متعین کی تھیں اور اب اگر ہم اُنہی راہوں پر چل نکلے ہیں تو ہمیں مطعون کرتے ہیں۔'' انعام اللہ کے لہجے میں شدید رنجش تھی..

''وہ دن ماضی کی قبر میں کب کے دفن ہو چکے..معروضی صورت حال بدل چکی..ہم اُس ماضی میں زندہ نہیں رہ سکتے..براہ کرم میرے کاروبار میں خلل نہ ڈالو..میں بہت مصروف ہوں..''

روشن کے ساتھ تو اُس کا باقاعدہ اور مسلسل رابطہ رہتا تھا اور وہ بھی اُسے اسی نوعیت کے مشورے دیتا، اُسے ڈانٹتا رہتا..''تم کیا ثابت کرنا چاہتے ہو انعام..اُنہی ملاؤں کے شانہ بہ شانہ کھڑے ہونا چاہتے ہو جو تمہارے ناول سے مشتعل ہو کر تمہیں سنگسار کرنا چاہتے تھے بلکہ انعام..گورو مانگٹ کی اُس مسجد کے ایک نعت خواں کا بلاواسطہ ساتھ دینا چاہتے ہو جس نے تمہیں ایک حرامی جانتے ہوئے پہلا پتھر اٹھایا تھا..اور اُن اجڈ گنواروں کا جو افغانستان میں راج کرتے تھے..داڑھیوں کو مُٹھی میں بھینچ کر ناپتے کابل سٹیڈیم میں برقع پوش عورتوں کو مقدس نعرے بلند کرتے سنگسار کرتے اور بامیان کے شاندار بُدھ مجسّموں پر ایئر فورس کے طیاروں سے بمباری کر کے اُنہیں زمین بوس کرتے تھے..تم اُن کا ساتھ دینا چاہتے ہو..''

''نہیں روشن..'' وہ چیخ اٹھتا..فون کے چونگے کے قریب اپنا مُنہ لا کر فریاد کرنے لگتا..''تم بھی مجھے سمجھ نہیں رہے..میں اُن میں سے نہیں ہوں..لیکن..مجھ سے یہ اجتماعی بے عزتی برداشت نہیں ہوتی..اور تم بتاؤ کہ میں چڑیوں اور بچوں کی موت سے کیسے لاتعلق رہ سکتا ہوں..''

پھر وہی چڑیاں اور بچے..روشن اپنے اخبار کے ڈیسک پر جُھکا اس یقین کا معترف ہو گیا کہ انعام اللہ کے ذہن میں اس عجیب سے فتور نے جنم لے لیا تھا جس میں..بغداد میں ہلاک ہونے والی چند چڑیاں اور کُچھ بچے اُسے خودکشی پر مائل کر رہے تھے..

''انعام..ہم سب ایسا ہی محسوس کر رہے ہیں، تمہارا کیا خیال ہے کہ میں ایک صحافی کی حیثیت سے اس اجتماعی بے عزتی کی آنچ محسوس نہیں کرتا..میں بھی آگاہ ہوں کہ نو ستمبر کے بعد واقعی دنیا بدل گئی ہے اور ذات پات کے ایک نئے نظام نے جنم لیا ہے، جس میں ہم سب کو شودھر قرار دے دیا گیا ہے اور وہ..سب کے سب براہمن ہیں..اونچی ذات والے ہیں لیکن اس کا ہرگز یہ مطلب نہیں کہ ہم اس کے ردعمل میں..اجتماعی بے عزتی کے ردعمل میں اجتماعی خودکشی کر لیں..اُن قوتوں کے شانہ بہ شانہ کھڑے ہو جائیں جو ہمیں پتھر کے زمانوں میں لے جانا چاہتی ہیں..تم میرا کہنا مانو تو فی الحال امریکہ چھوڑ دو..کہیں اور چلے جاؤ..اگلے روز تم بتا رہے تھے ناں کہ ٹیکسی ڈرائیو کرتے ہوئے تم نیویارک کی بلند عمارتوں کو اس نظر سے جانچتے رہتے ہو کہ اُن کے کون سے ستون میں، کس بنیاد میں اگر بارود بھر دیا جائے تو..تم سے کُچھ بعید نہیں..فی الحال کہیں اور چلے جاؤ..''

''کہاں روشن..''

''تم آسانی سے سرحد پار کر کے کینیڈا جا سکتے ہو..''

''اور وہاں میں کیا کروں گا..''

''کُچھ بھی.. چاچا سروسانسی کا بیٹا موتی.. جس کے ساتھ ہم نے بچپن گذارا ہے.. جوانی کے کُچھ دن گذارے ہیں، وہ وہاں ہے.. اور اپنا ہے..''

اپنے اشتعال کو سرد کرنے کی خاطر روشن کا پیش کردہ یہ متبادل مناسب معلوم پڑتا تھا.. ''تمہیں معلوم ہے کہ موتی پچھلے کئی برسوں سے ڈیمنشیا کا مریض ہے، جانے کہاں کسی ہوم میں داخل ہے، وہ میری مدد کیا کرے گا.. مجھے سوچ لینے دو..''

''مجھے معلوم ہے کہ کینیڈا والے بے شمار غیر قانونی طور پر امریکہ میں مقیم پاکستانیوں کو بنا کسی تفتیش کے پناہ دے رہے ہیں اور میں تم سے وعدہ کرتا ہوں کہ اگر تم وہاں منتقل ہو جاؤ تو ہو سکتا ہے کہ مستقبل قریب میں میں بھی عائشہ کے ہمراہ یہ ملک چھوڑ دوں.. یہاں بھی ملاّ ملٹری آمریت کا پھندہ دن بہ دن سانس کم کر رہا ہے..''

''میں نے سوچ لیا ہے..'' انعام، روشن کی متوقع آمد کی مسرت سنبھال نہ سکا اور اُس نے ایک زوردار قہقہہ لگایا ''تو پھر ایک ہجرت اور سہی.. گورومانگٹ کی مسجد سے جو سفر شروع ہوا تھا اُس میں ایک اور پڑاؤ سہی.... لیکن وعدہ کرو کہ تم بھی آ جاؤ گے..''

✦.......✦

پہاڑیوں پر بکھرا سرسبز.. سرما کی لپیٹ میں ٹھٹھرتا شہر جس کی ڈھلوانوں پر جو گھنے شجر تھے بمشکل اپنی ٹہنیوں پر برف کے بوجھ کو سہارتے تھے، بہت آہستہ رو اور لب بستہ جیسے اُس کے نشیب و فراز پر اُترتی گھنی دُھند میں کوئی سحر پوشیدہ ہو جو اُسے چپ رہنے پر مجبور کرتا تھا..

اُس کے کانوں کو مانٹریال کے سنّاٹے کی عادت نہ ہوتی تھی.. نیویارک کی بلند آہنگ رونقوں، افراتفری، محبت بھی اور بیگانگی بھی.. اور ٹریفک کی گونج کے بعد نہ صرف مانٹریال بلکہ پورا کینیڈا بے رونق اور ویران لگتا تھا... ایک صابر شاکر دنیا سے غرض نہ رکھنے والا قصبہ لگتا تھا. گلی کوچوں میں حرکت کرتے لوگ بھی نسبتاً افیونی سے لگتے تھے اور خاص طور پر شاہراہوں پر رینگتی کاریں تو یوں محسوس ہوتا تھا کہ پٹرول کی بجائے چرس کے سُوٹوں پر چلتی ہیں.. یہاں سیاہ فام بھی خال خال ہی دکھائی دیتے تھے اور وہ بھی ہٹے کٹے ہر کسی کو دھتکارتے دھمکاتے امریکی سیاہ فاموں کی مانند نہ تھے بلکہ اُن کی نسبت چھریرے اور فرمانبردار اور عاجز سے لگتے تھے کہ ان میں وہ تکبّر نہ تھا کہ اس ملک کی بنیاد میں ہمارے غلام آباؤ اجداد کا لہو ہے اور اس پر اب ہمارا حق فائق ہے.. سوڈان، نائیجیریا، سیرالیون اور آئیوری کوسٹ سے آئے ہوئے یہ لوگ نہائت انکساری سے اُس سرزمین پر قدم دھرتے تھے جس کی شہریت حاصل کرنے کے وہ متمنی تھے.. اور چینی، وہ چین میں بھی اتنی کثرت سے نہ تھے.. اُن کے سوا دنیا بھر کی قومیں.. پاکستانیوں کا بھی کچھ شمار نہ تھا اور یہاں کے اولین آبادکاروں میں پنجابی سکھ سرفہرست تھے.. اگرچہ امریکہ کے بارے میں کہا جاتا تھا کہ وہ سلاد کا ایک ایسا کٹورا ہے جس میں ہر نوعیت اور ہر رنگ کی سبزی ترکاری اور گھاس پھونس سجی ہے لیکن کینیڈا تو ایک عجیب نسلی، مذہبی اور ثقافتی ملغوبہ تھا اور اس میں گورا لوگ جانے کہاں تھے..

اُس کے کانوں کو اس سُست سنّاٹے اور دھیمے پن کی عادت نہ ہو رہی تھی..

پناہ کے طالب غیر ملکیوں کے لیے مختص سہ منزلہ نہائت سُتھرے ہوٹل کے کمرہ نمبر اٹھائیس میں اکلوتا سیاہ بیگ اُس کے سرہانے دھرا تھا اور انعام اللہ ایک شفاف بستر پر لیٹا.. بیگانگی میں سانس لیتا اُس کمرے کی چھت کو تکتا جا رہا تھا جس کے اوپر جو آسمان تھا وہ بھی اس ہوسٹل کی چھت پر اُترتا اُسے تجسّس سے تکتا تھا کہ جانے آج اس کی پناہ میں آنے والا کون ہے.. اس کینیڈین آسمان کو اب تک عادت ہو جانی چاہیے تھی کہ اُس کے تلے دنیا بھر میں جو انوکھی اور وسیع سرزمینیں

ہیں.. جزیرے' دریا' بلندیاں' جھیلیں اور بیاباں ہیں جہاں کسی زمانے میں اس سرزمین کے آبائی بیٹے خیمہ زن تھے.. اُن کے خیمے کب کے اجڑ چکے.. پر اُسے ابھی تک عادت نہ ہوئی تھی.. اُس کے ساحلوں پر عجیب بے رنگ شکلوں والے اُترے اور اُنہوں نے بربادی کے ہتھیاروں سے اس سرزمین کے بیٹوں کو مغلوب کر لیا.. اگرچہ اُن کا یہ غلبہ ابھی تک قائم تھا پر اُن سے اس سرزمین کی بے انت وُسعتیں سنبھلتی نہ تھیں.. تو انہیں سنبھالنے کی خاطر اُنہوں نے نئے غلاموں کے لیے اپنی سرحدیں کھول دیں.. اور غلام جوق در جوق محکوم ہونے کے لیے چلے آئے کہ بھوک اور افلاس کاٹنے سے محکومی کہیں بہتر انتخاب ہے..

اُس آسمان کو اب تک تو عادت ہو جانی چاہیے تھی کہ اُس کے زیرِ سایہ ایسے جدید غلام آتے ہی رہتے ہیں' اور اُس سہ منزلہ ہوسٹل پر جھکا وہ آسمان اُس کی دوسری منزل پر واقع کمرہ نمبر اٹھائیس کے بستر پر تھکاوٹ سے زیر ہو چکے اُس ناشناسا شخص کو دیکھتا تھا جس کی آنکھوں میں کچھ چڑیاں تھیں جن کے دل تھم چکے تھے اور کچھ بچّے تھے جو گودوں میں مردہ ہو چکے تھے.

''پلیز ویٹ..'' نوجوان آفیسر نے آگے بڑھ کر ایک دروازہ کھول کر اُسے اندر جانے کا اشارہ کیا تھا..

نہ اُنہوں نے اور نہ ہی اُس نے کچھ کلام کیا..

اُس سُتھری اگرچہ ایک مقفّل قسم کی انتظار گاہ میں وہ سب ایک دوسرے سے نظریں چُراتے.. کبھی جھکاتے اور بے وجہ گردن کھجاتے.. سب منتظر حالت میں تھے.. اُس ادھیڑ عُمر پاکستانی کی کم عمر فلی پینو بیوی اُس کا ہاتھ مسلسل تھامے رہی جیسے اُسے خدشہ ہو کہ وہ یکدم اٹھے گا اور فرار ہو جائے گا.. وہ خوش نظر پُروقار بوڑھا سب سے لاتعلق پائپ کے کش لگاتا اُن کی موجودگی سے بے خبر اپنے حال میں مست تھا اور اُن کے سوا جو دو چار لوگ تھے وہ ایسے ملزموں کی مانند سر جھکائے دبکے بیٹھے تھے جو بری بھی ہو سکتے تھے اور پھندے پر بھی لٹکائے جا سکتے تھے..

بالآخر جب اُس نوجوان امیگریشن آفیسر کی جانب سے اُنہیں ایک روائتی مسکراہٹ کے ساتھ انتظار گاہ سے باہر جانے کا اذن ملا تو اس کے ساتھ اُنہیں عارضی شناختی کارڈ' ہیلتھ کارڈ اور عارضی پناہ کے کاغذات بھی عطا کر دیئے گئے.

باہر جانے کب سے ساکت منتظر ایک کوچ کھڑی تھی جس پر ایک سُرخ گوڑھے رنگ کا چنار کا پتّہ نقش تھا..

''خواتین و حضرات..'' وہ امیگریشن آفیسر اُن کے ساتھ چلا آیا تھا ''اب آپ قانونی طور پر کینیڈا میں داخل ہو چکے ہیں.. میں آپ کو خوش آمدید کہتا ہوں. یہ کوچ آپ کو تقریباً ایک گھنٹے کی مسافت کے بعد مانٹریال لے جائے گی جہاں آپ پناہ گزینوں کے ایک ہوسٹل میں حکومت کے مہمان ہوں گے.. بقیہ تفصیلات ہوسٹل کے انچارج آپ کو مہیّا کر دیں گے.. انجائے یوٗر سٹے..''

کوچ میں قدم رکھتے ہی ہر شخص نے اطمینان کا پہلا سانس یوں بھرا کہ اُن کے برابر جو کوئی بھی تھا اُس کی مدھم کھینچ کی آواز اُس تک بھی پہنچی اور وہ بھی اُسی لمحے ایک ایسا ہی اطمینان کا سانس بھرپور انداز میں لے رہا تھا..

کچھ دیر پہلے وہ ایسی پُتلیاں تھے جن کی ڈوریاں منہ زور گھوڑے کی باگوں کی مانند کھنچی ہوئی تھیں اور اُن کے

بدن کا رُوں رُوں اتنا تنا ہوا تھا کہ اُس کے بخیے ادھڑنے کو آتے تھے اور اب.. جیسے اُن پتلیوں کی ڈوریوں کو اتنی ڈھیل دے دی گئی تھی کہ اُن کے ہاتھ پاؤں تناؤ سے آزاد ہو کر ڈھے جانے کو لگتے تھے اور اُن کے چہروں پر مسکراہٹ ایک متعدی مرض کی مانند پھیلتی تھی..

اس مختصر سفر کے دوران انعام اللہ نے اُس سفید بالوں والے خوش شکل پائپ پھونکتے شخص سے کچھ راہ و رسم بڑھانے کی سعی کی کہ آخر اس عُمر میں اور ظاہر ہوتا تھا کہ اُس نے عُمر کا بیشتر حصہ امریکہ میں بسر کیا ہے تو اب وہ اُسے چھوڑ کر کینیڈا میں پناہ لینے پر کیوں مجبور ہو گیا ہے.. اور وہ بھی یکسر تنہا.. اور اُسے کچھ خاطر خواہ جواب نہ ملا.. اُس نے صرف اتنا کہا کہ.. ہم جو کچھ جاننا چاہتے ہیں، نہیں جان سکتے.. اور جو کچھ جان جاتے ہیں وہ اس لائق نہیں ہوتا کہ جانا جائے... نہ ہی مجھے آپ کے بارے میں کچھ جاننے کی تشویش ہے کہ آپ کون ہیں اور کہاں سے آئے ہیں اور اگر میں بتانا بھی چاہوں تو بھی مجھے کچھ علم نہیں کہ میں کون ہوں.. اور کہاں سے آیا ہوں..

شہر میں گھومنے پھرنے کے لیے بسوں اور زیرزمین ریلوے کے لیے کچھ کوپن.. ضروریات زندگی.. ٹوتھ برش.. پیسٹ، پسند کا صابن، تولیے.. بنیانیں، انڈرویئر وغیرہ خریدنے کے لیے کچھ اور کوپن... مقامی عدالت میں دائمی قیام کی پناہ کی درخواست دائر کرنے کے لیے حکومت کی جانب سے مہیّا کردہ وکیل کا نام اور پتہ.. اور جب تک آپ کے مقدمے کا فیصلہ نہیں ہو جاتا گزارے کے لیے چار سو تیس ڈالر ماہانہ کا ایک چیک.. اور اگر آپ اس دوران ہوسٹل سے شفٹ ہونا چاہیں اور کوئی مناسب رہائش گاہ تلاش کر لیں تو اُس کے کرائے کے لیے مزید پانچ سو ڈالر کا ایک اور چیک.. حکومت کی جانب سے یہ تمام سہولتیں پناہ کے ہر طالب کو فوری طور پر.. مہیّا کر دی جاتی تھیں..

ہوسٹل کے بے وجہ خوشگوار ہوتے انچارج کی مسکراہٹ حیرت اور بے یقینی سے منجمد ہو گئی جب انعام اللہ نے سر جھٹک کر امدادی چیک شکریئے کے ساتھ لوٹا دیا ''مجھے امداد کی کچھ حاجت نہیں، بہر طور میں شکر گزار ہوں۔''

''جی آپ کون؟'' پژمردگی میں ڈوبی ہوئی ایک نسوانی آواز آئی..

''کیا میں سروسانسی کے بیٹے.. موتی سے بات کر سکتا ہوں پلیز..''

''آپ کون؟''

وہ یہ کہتے کہتے تھم گیا کہ جی میں اُن کا ایک بھائی ہوں.. سروسانسی کا بیٹا ہوں ''جی میں پاکستان سے آیا ہوں اور اُن کے والد نے مجھے اُن سے ملاقات کرنے کو کہا تھا.. کیا میں اُن سے بات کر سکتا ہوں۔''

''وہ یہاں نہیں ہیں..'' اس اطلاع میں ایک قطعیت تھی.. اس سے پیشتر کے فون منقطع کر دیا جاتا اُس نے فوراً کہا ''پلیز.. کیا میں جان سکتا ہوں کہ وہ کہاں ہیں.. اُن کا موجودہ پتہ کیا ہے..''

''وہ.. دماغی امراض کے ایک ہوم میں ہیں.. کیلگری سے ذرا فاصلے پر.. اور مجھے علم نہیں کہ اُس کا پتہ کیا ہے.. میں وہاں کبھی نہیں گئی..''

''اور کیا میں دریافت کر سکتا ہوں کہ آپ کون ہیں؟''

''میں.. اُن کی بیوی ہوں'' اور اس کے ساتھ ہی فون منقطع ہو گیا..

وہ کئی روز تک اپنے کمرے میں ایک مجرم کی مانند پوشیدہ رہا' باہر نہ نکلا.. اپنے آپ پر ترس کھاتا زندگی کی اس لایعنیت پر غور کرتا رہا جس میں آپ اپنے مقدمے کے فیصلے کے منتظر حکومتی بھیک کے ٹکڑوں پر پل رہے ہیں.. بے شک اُس نے وہ امدادی چیک قبول کرنے سے انکار کر دیا تھا لیکن اس ہوسٹل میں قیام اور کینٹین میں امدادی خوراک نگلنا بھی تو عزت نفس کے لیے اتنا سازگار نہ تھا.. باہر شہر میں نکلنے سے بھی وہ کتراتا کہ ہجوم میں وہ سب کو دور سے نظر آ جائے گا کہ اُس کے ماتھے پر ''میں ایک پناہ گزین ہوں اور آپ لوگ جو ٹیکس ادا کرتے ہیں اُس کی خیرات پر زندہ ہوں'' چسپاں ہو گا..

بالآخر اُس نے ہمّت کی اور ہوسٹل سے باہر قدم رکھ دیا اور راہ چلتے لوگوں میں سے کسی ایک نے بھی اُسے توجّہ کے لائق نہ سمجھا.. جب تک وہ ہوسٹل میں قیام پذیر تھا تب تک وہ اس پناہ گزینی کے ذلّت آمیز احساس سے دوچار رہے گا چنانچہ اُس نے کسی مناسب رہائش گاہ کی تلاش شروع کر دی.... اس جستجو کے دوران وہ پناہ گزینوں کے مختلف داؤ پیچ سے آگاہ ہوا.. ان میں سے سب سے منافع بخش طریقہ یہ تھا کہ آپ مانٹریال کے علاوہ کینیڈا کے مختلف شہروں میں امیگریشن کے دفاتر میں ایک پناہ گزین کے طور پر اپنا نام درج کروا دیتے تھے اور ایک کی بجائے متعدد امدادی چیک وصول کر کے ہاتھ پر ہاتھ دھرے نہایت متمول زندگی گزارتے تھے جب تک کہ آپ کے کیس کا فیصلہ نہ ہو جاتا.. اس دوران چوری چھپے چھوٹے موٹے کام کر کے اضافی آمدن بھی مناسب ہو سکتی تھی.. علاوہ ازیں ایک ہی فلیٹ میں اگرچہ اس کی اجازت نہ تھی چار پانچ لوگ رہائش اختیار کر کے پانچ سو ڈالر ماہانہ کے چیک وصول کر سکتے تھے.. اِور یہ طور طریقے اُسے قبول نہ تھے.. مناسب رہائش کی کھوج میں.. کسی ذاتی فلیٹ کے حصول کی تلاش میں اُس کا ٹاکرا چوہدری ذُلفی گوندل سے ہو گیا..

اگر کوئی پاکستانی پناہ کا طالب ہے.... امریکہ سے بھاگ کر آیا ہے یا براہ راست پاکستان سے غیر قانونی طریقے سے مانٹریال پہنچ گیا ہے تو یہ تو ممکن تھا کہ اُسے اولمپک سٹیڈیم یا شہر کے درمیان بہتا دریا..... یا کینیڈا کا پرچم نہ دکھائی دے لیکن یہ ممکن نہ تھا کہ بالآخر اُس کی ملاقات ذُلفی گوندل سے نہ ہو جائے. یہ گوندل جسے دنیا ''چوہدری صاحب'' کے نام سے جانتی تھی اپنے آبائی قصبے منڈی بہاؤالدین میں نہ صرف ایک نہایت متمول اور تن آسان زمیندار تھا بلکہ ایک ایسا ذہین شخص تھا جس نے نہایت لاپروائی سے زمیندارہ کالج گجرات سے بے حد آسانی کے ساتھ فرسٹ ڈویژن میں بی اے پاس کر رکھا تھا.. پینٹنگ سے بھی شغف رکھتا تھا اور اپنی زمینوں پر مشقت کرنی والی عورتوں کی نیوڈ تصویریں کینوس پر اُتارنے میں بھی مہارت رکھتا تھا.. اور اُنہیں ماڈل کے طور پر سامنے بٹھانے کی مزدوری کے علاوہ الگ ادائیگی بھی کرتا تھا.. وہ دیگر زمینداروں کی مانند ایک عیّاش طبع کا مالک نہ تھا.. وہ اُن کی نیوڈ تصویریں بنانے کے علاوہ اُن سے کوئی اور غرض نہ رکھتا تھا اور کُچھ مزدور عورتوں کو قدرے شکائت بھی ہوتی کہ یہ چوہدری صاحب کیسے ہیں' صرف بُرش کا استعمال کرتے ہیں..

پینٹنگ کے علاوہ ذُلفی گوندل ادب اور شاعری کا بھی رسیا تھا.. غالبؔ پر تو وہ دسترس رکھتا تھا لیکن اس کی گفتگو میں داغؔ دہلوی' فراق گورکھپوری اور حسرت موہانی کے حوالے بھی کثرت سے ہوتے اگرچہ وہ جن لوگوں کی صحبت سے لطف اندوز

ہوتا تھا مجال ہے کہ وہ ان عجیب سے ناموں والے حضرات کے کوائف سے تو کیا وجود سے بھی آگاہ ہوں..

اگروہ.. ذُلفی گوندل کینیڈا میں آ کر آباد ہو گیا تھا تو اس کی نقل مکانی میں معاشی مجبوریاں ہرگز نہ تھیں..اُس کے لیے منڈی بہاؤالدین کی دنیا بہت مختصر اور تنگ نظر تھی جہاں اُس کا دم گھٹتا تھا.

ایک اکتا دینے والے طرزِ تعمیر کی جدید دس منزلہ عمارت کا ساتواں فلور گوندل کی ذاتی ملکیت تھا جہاں اُس کے فلیٹ میں ہر شب ایک دربار منعقد ہوتا' ایک پُر ہجوم محفل کا اہتمام ہوتا..دروازے پر ہولے سے دستک دے کر اندر چلے آنے والوں سے فلیٹ بھر جاتا..اُن میں سے بیشتر افراد منڈی بہاؤالدین کے نواحی پس ماندہ دیہات کے..گجرات' کھاریاں اور گوجرانوالہ کے آس پاس کے ہوتے..اپنے آبائی پیراہنوں میں ہوتے..قمیضوں' کُرتوں' شلواروں اور تہبندوں میں ہوتے اور اندر داخل ہو کر ''سلام اے چوہدری جی'' کہہ کر جہاں جگہ ملتی وہاں بیٹھ جاتے..ذلفی گوندل اُن کی آؤ بھگت میں کُچھ کسر نہ چھوڑتا..یہ محفل بنیادی طور پر منڈی بہاؤالدین کے کسی خوشحال چوہدری کے ڈیرے کا ایک کینیڈین ڈپلیکیٹ تھی..صرف اتنا فرق تھا کہ یہاں تازہ دم حقے کے علاوہ کُچھ لوگ مقامی وائن کے گھونٹ بھی بھر لیتے تھے..

''چوہدری صاحب..'' جس روز انعام اللہ نے اُس عمارت کے ساتویں فلور پر ایک فلیٹ رہائش کے لیے حاصل کر لیا تو اُسی شام وہ بھی ذلفی گوندل کے ڈیرے پر مدعو کر لیا گیا..

گوندل نے اُسے اپنے برابر میں بٹھا لیا ''آپ کو یہ سب کُچھ عجیب سا لگ رہا ہو گا کہ مانٹریال شہر میں ایک اور منڈی بہاؤالدین جہاں بولی جانے والی پنجابی اتنی ٹھیٹھ اور جانگلی ہے کہ آپ جیسے لاہوریوں کے سر سے گزر جائے..یقین کیجیے اس میں میرا کُچھ زیادہ عمل دخل نہیں ہے..منڈی' گجرات اور کھاریاں وغیرہ سے جتنے بھی لوگ قانونی اور اکثر غیر قانونی طور پر کینیڈا میں داخل ہوتے ہیں وہ سیدھے میرے ڈیرے پر چلے آتے ہیں کہ اگر ذلفی گوندل یہاں موجود ہے تو ہمیں کس بات کا ڈر ہے..اور میں اُن کی حسب مقدور مدد کر دیتا ہوں کیونکہ منڈی میں بھی بزرگوں کا یہی وطیرہ رہا ہے کہ جو تمہارے ڈیرے پر آ جائے وہ تمہارا مہمان ہے' اُس کی خاطر کرو' اُس کا جائز ناجائز کام کرو' پلّے دھیلا نہ ہو تو اُدھار لے کر کرو کہ چودھراہٹ کی لاج تو رکھنی پڑتی ہے..اب آپ لگتا ہے کہ کُچھ زیادہ ہی پڑھے لکھے سے ہو اور آئے بھی نیو یارک سے ہو..''

''میں وہاں ٹیکسی چلاتا تھا'' انعام اس انوکھی محفل سے لطف اندوز ہو رہا تھا..

''چوہدری صاحب..'' ذلفی گوندل ہنسنے لگا ''مائنڈ نہ کرنا پر ہم یہاں کہتے ہیں کہ نیو یارک کے کوّے ہم مانٹریال والوں کے سیانوں سے زیادہ سیانے ہوتے ہیں..تو آپ اس ڈیرے پر آنے والوں کو اپنے خرد افروز پیمانوں پر نہ ناپئے گا..مثلاً آپ کے سامنے قالین پر آلتی پالتی مارے' تہبند اور کُرتے میں ملبوس جو ادھیڑ عمر شخص بیٹھا ہے اور اپنا حقہ ساتھ لایا ہے تو یہ غریب ساری عمر مویشیوں کا چارا کاٹتا رہا ہے' اُن کا گتاوا تیار کر کے اُنہیں کھلاتا رہا ہے..بیلوں کی مالش کر کے اُنہیں نہلاتا رہا ہے اور یقین مانئے زندگی میں اپنے گاؤں سے نکل کر صرف ایک بار گجرات گیا تھا تو اگر وہ یکدم مانٹریال میں لینڈ کر جاتا ہے کسی رشتے دار یا ایجنٹ کی مہربانی سے تو آپ اس سے کیا توقع رکھ سکتے ہیں..چھ مہینے ہو گئے ہیں اسے یہاں آئے ہوئے اور ابھی تک اس کا تہبند قابو میں نہیں آ رہا..گوریوں کو دیکھ کر کھڑ کھڑانے لگتا ہے..لیکن

چوہدری صاحب یہ بے چارے تو جاہل اور مسکین لوگ ہیں بُھوک اور افلاس کے مارے ہوئے ہیں..ان سے کیا شکوہ.. ابھی پچھلے دنوں ہماری قومی اسمبلی کے ایک رُکن ایک تارڑ صاحب بال بچّوں سمیت یہاں وارد ہوئے تھے' اپنے آپ کو لاچار اور ایک اقلیتی فرقے کے فرد کے طور پر یہاں سیاسی پناہ کے درخواست گزار ہوئے تھے..اپنا کیس داخل کروا کے فوری طور پر واپس چلے گئے تھے کہ اُنہوں نے قومی اسمبلی کے اجلاس میں شرکت کرنی تھی..جب اُن کا کیس لگے گا تو میں اُن کو اطلاع کر دوں گا اور وہ یہاں حاضر ہو کر کینیڈا کی شہریت حاصل کر لیں گے اور پاکستان میں بیٹھ کر بیروزگاری الاؤنس وصول کرتے عوام الناس کو محبّ الوطن ہونے اور ملک کے مستقبل سے مایوس نہ ہونے کی تلقین کرتے رہیں گے..آپ حقّہ نہ پیجئے لیکن فرانسیسی وائن کا ایک گھونٹ تو بھر لیجئے..''

اُسے نیویارک کے جیکسن ہائٹ کے خالص دیسی ماحول کا تجربہ تو تھا لیکن مانٹریال کا یہ منڈی بہاؤالدین ڈیرہ تو ایک حیرت کدہ تھا..

چوہدری ذلفی گوندل کی بیٹھک ہولے ہولے بھرنے لگی..

دو نوجوان ایسے آئے جنہوں نے اپنے تئیں کینیڈین ہونے کی کوشش میں ذرا تنگ سی جینیں چڑھا رکھی تھیں' اُنہیں تو کُھلے تہبند پہننے کی عادت تھی اس لیے وہ اُن کی تنگی میں مُشکل سے سانس لیتے تھے اور ایک کونے میں اکڑے کھڑے تھے..کُچھ درمیانی عمر کے لوگ تھے جو نہائت مؤدب ہو کر ذلفی گوندل سے ''سلام اے چوہدری جی'' کہہ کر ہاتھ ملا کر صوفوں پر ٹانگیں سمیٹ کر خاموش بیٹھ گئے تھے..ایک ساٹھ برس سے تجاوز کرتا شخص غسل خانے میں حقہ تازہ کرتا ''بلّے بلّے بھئی ٹور پنجابن دی'' الاپ رہا تھا اور پھر کُچھ دیر بعد ''الف اللہ چنبے دی بوٹی مُرشد من وِچ لائی ہو..'' پکارتا ''ہو ہو'' کرنے لگا..دو خدمت گزار قسم کے نوجوان کچن کے چولہوں پر تین ہانڈیاں چڑھائے گوشت بُھون رہے تھے اور ان میں سے ایک جو اس بھوننے کے فن میں کامل مہارت رکھتا تھا ڈوئی میں ایک بوٹی سنبھالتا باہر آتا اور ذلفی گوندل کی خدمت میں پیش کر کے کہتا ''چوہدری جی..ذرا ٹیسٹ کرُو نمک مرچ آپ کے مزاج کا ہے ناں..''

وہ سب اُسے انعام اللہ کو قدرے شک اور بیگانگی سے تکتے تھے کہ بھلا یہ کون ہے جو یوں جنٹل مین بنا بیٹھا ہے..

''چوہدری صاحب..'' ذلفی گوندل چند لمحوں کے لیے اُس کی موجودگی سے غافل ہوا..اپنے مہمانوں کے ساتھ کُچھ گپ شپ لگائی اور پھر اُس کی جانب رجوع کر لیا ''آپ نے مُجھے بتایا تھا کہ آپ نے ایک ناول شاول لکھا تھا تو آپ میری ایک خلش تو دور کر دیں..ہم جو برصغیر کے باشندے ہیں' خاص طور پر خداداد اسلامی مملکت کے..تو ہم میں سے بیشتر.. جسے کہتے ہیں ناں پیٹ سے بے ایمان ہونا..تو ایسے کیوں ہیں..ہمارے اندر پیدائشی طور پر اخلاقی حوالے سے ایک کج روی کیوں ہے کہ ہم ہمیشہ غیر قانونی اور غیر اخلاقی رویّے اختیار کرتے ہیں' سیدھا کیوں نہیں چل سکتے..اور پھر یہ بھی نہیں کہ ضمیر نام کی کوئی شے ذرا ملامت کرتی ہو..تو ایسا کیوں ہے..''

اُسے احساس ہوا کہ گوندل ایک گہرا شخص تھا' سمندر کی سطح پر برف کا ایک کونہ نظر آتا تھا جب کہ اُس کے نیچے ایک وسیع حجم کا تودہ تھا جو روپوش تھا..جو شخص پینٹنگ سے شغف رکھتا ہو بڑے غلام علی خان اور روشن آرا بیگم کو سُن کر وجد میں آ جاتا ہو اور کلاسیکی شاعروں کا رسیا ہو وہ اتنا سطحی نہیں ہو سکتا جتنا کہ وہ دکھائی دیتا تھا..

''اس موضوع پر.. کسی اور ماحول میں.. یہاں نہیں.. کبھی بات ہوگی گوندل صاحب..''

''درست بالکل درست..'' گوندل چہکنے لگا.. اُس نے اُس بوڑھے کے تازہ کردہ حقے سے دو چار کش لگائے جو غسل خانے میں ''ہُو ہُو'' پکار رہا تھا اور پھر سُرخ وائن کا ایک گھونٹ بھرا ''چوہدری صاحب.. کیا آپ نے کبھی اس عمارت کے نیچے سرِشام ایک نہائت مہنگی سپورٹس کار میں سوار ہوتے ایک نہائت چلبلے مزاج کے ہیرو قسم کے شخص کو دیکھا ہے..''

اُسے یاد پڑتا تھا کہ اُس نے اُسے تقریباً ہر شام بنے سنورے ایک پُرتکبر انداز میں عمارت کے صدر دروازے سے نکلتے اپنا لباس درست کرتے اور پھر ایک سپورٹس کار کی جانب بڑھتے دیکھا تھا..

''وہ ایک نکما اور بے کار شخص ہے.. مانٹریال کی مہنگی ترین کلبوں کا ممبر ہے.. اور ہر شب جب وہ لوٹتا ہے تو اُس کے پہلو میں کوئی نہ کوئی شرربارحُسن ہوتا ہے.. صرف اس لیے کہ اُس کے سات بچّے ہیں ڈکلیئر شدہ.. جن میں سے تین اُس کے اپنے ہیں اور بقیہ ادھار کے ہیں..''

''ادھار کے بچّے؟''

''ادھار کے اس لیے کہ وہ عارضی طور پر اُس کی تحویل میں ہیں.. یہ کینیڈا والے بھولے بادشاہ ہیں جھوٹے سچے کاغذات پیش کردو تو بھی یقین کر لیتے ہیں.. حکومت کی جانب سے ہر بچّے کی تعلیم و تربیت کے لیے چھ سو ڈالر ماہانہ کا وظیفہ مقرر ہو جاتا ہے.. اب اس سراسر ہاتھ پر ہاتھ دھرے زندگی کرنے والے شخص کو اپنے اور بیوی کے بیکاری الاؤنس کے علاوہ تقریباً ساڑھے چار ہزار ڈالر ماہانہ گھر بیٹھے مل جاتے ہیں تو اسے ہاتھ پاؤں ہلانے کی کیا حاجت ہے.. منڈی بہاؤالدین کے گاؤں دریانی کا خیر بخش ترکھان کا بیٹا جو اپنے باپ کے ساتھ گلی گلی گھوم کر لوگوں کی چار پائیوں کے پائے ٹھونک بجا کر متوازن کرتا تھا اب ایک سپورٹس کار میں فرانسیسی لڑکیوں کو اُڑائے پھرتا ہے.. چوہدری صاحب آپ نے کینیڈا میں داخل ہوتے ہوئے کُچھ بچّے ڈکلیئر کیے تھے؟''

''میں.. میں تو شادی شدہ نہیں ہوں۔''

''چوہدری صاحب..'' گوندل اُس کی سادگی سے محظوظ ہوا ''آپ کی درست راہنمائی نہیں کی گئی.. یہ کون پوچھتا ہے کہ آپ شادی شدہ ہیں یا نہیں.. آپ بھی چند بچّے ڈکلیئر کرتے تو یہاں ٹھاٹھ کی زندگی بسر کرتے... ادھار بچّوں کو آزاد کرتے تو فی بچّہ ان دنوں دس سے پندرہ لاکھ پاکستانی روپوں میں فروخت ہوتا ہے..''

اس مانٹریال حیرت کدے کی حیرت کی کُچھ انتہا نہ تھی ''آپ یہاں بچّے فروخت کر سکتے ہیں' کیسے؟''

''جب کسی شخص کو کینیڈا میں قیام کا اجازت نامہ مل جاتا ہے' مقدمہ اُس کے حق میں ہو جاتا ہے تو پھر قانونی طور پر اُسے اجازت ہو جاتی ہے کہ وہ اپنے بال بچّوں کو بھی یہاں بُلا لے.. آپ کے اگرچہ دو بچّے ہیں لیکن آپ پانچ ڈکلیئر کر دیتے ہیں.. باقی تین بچّے ہمارے علاقوں کے اُن والدین کے ہوتے ہیں جو اُنہیں کینیڈا بھجوانے کے لیے سردھڑ کی بازی لگا دیتے ہیں.. اور آپ ان سے فی بچّہ کم از کم پندرہ لاکھ روپے وصول کرتے ہیں.. تو تین فالتو بچّوں کو یوں سمگل کر کے آپ یہاں خاصے خوشحال ہو جاتے ہیں.. اور آسانی سے اپنا ذاتی کاروبار شروع کر سکتے ہیں.. چوہدری صاحب آپ نے بڑی غلطی کی..''

''نہیں..'' انعام جو زندگی بھر ایسے راستوں پر چلا تھا جن میں کوئی بل فریب نہ تھا اُسے صدمہ ہوا کہ کیا ایسے لوگ بھی ہیں جو اس نوعیت کے مکر اور جھوٹ کو جائز گردانتے ہیں.. کیا ذلفی گوندل کا تجزیہ درست تھا کہ ہمارے اندر پیدائشی طور پر ایک اخلاقی کج روی ہے ''لیکن.. کیا کینیڈا والے اتنے احمق ہیں کہ وہ تفتیش بھی نہیں کر سکتے کہ ایک شخص کے کتنے بچے ہیں..''

''وہ بہت کُچھ کرتے ہیں چوہدری صاحب.. بچوں کے انٹرویو کرتے ہیں، جعلی ماؤں سے پوچھ گچھ کرتے ہیں لیکن.. بھلا ہم پاکستانیوں کی بے ضمیری کے سامنے کوئی ٹھہر سکتا ہے.. اور ہاں پہلے یوں ادھار کے بچّے آتے ہیں پھر جب وہ ذرا بڑے ہوتے ہیں تو وکیل کر کے عدالت میں چلے جاتے ہیں کہ جناب مجھے ورغلا کر یہاں لایا گیا تھا اور دراصل میرے والدین تو کوئی اور ہیں اور یوں اُن کو بھی کینیڈا کی شہریت مل جاتی ہے.. پندرہ لاکھ میں یہ سودا مہنگا تو نہیں چوہدری صاحب..''

''آپ مجھے بار بار چوہدری صاحب نہ کہیں.. میں جاٹ نہیں ہوں..''

''آپ کوٹ ستارہ کے چوہدری امیر بخش کے بیٹے ہو کر چوہدری کیسے نہ ہوئے.. اُن کی تو ہمارے کل علاقے میں بڑی دُھوم تھی کہ وہ پہلے شخص تھے جنہوں نے پوری دس جماعتیں پاس کیں اور رزق روزگار کے لیے اُن زمانوں میں پارٹیشن سے بہت پہلے لاہور چلے گئے اور اُنہیں اللہ نے بڑے رنگ لگا دیئے.. میرے والد اللہ بخشے اکثر اُن کا تذکرہ کرتے تھے بلکہ ایک بار وہ لاہور گئے تو کسی محلّہ قادر بخش میں واقع اُن کے مکان میں ٹھہرے کہ اُن دنوں جو کوئی بھی اُدھر اِن دیہات سے چلتا تھا، لاہور جاتا تھا تو اُس کا ٹھکانہ اُنہی کا گھر ہوتا تھا.. پھر.. اُن کے بارے میں چوپالوں میں عجیب سے قصّے گردش کرنے لگے.. کہ آخری عمر میں اُن کے ذہن میں کُچھ اثر ہو گیا تھا اور وہ.. روپوش ہو گئے تھے.. آپ اُنہی کے بیٹے ہیں ناں..''

''میں نہ صرف اُن کا.. بلکہ عزیز جہان سروسانسی اور سوہن سنگھ کا بیٹا بھی ہوں..''

انعام اللہ جانتا تھا کہ ذلفی گوندل بھونچکارہ جائے گا، اُلجھ جائے گا.. اور ایسا ہی ہوا، وہ کُچھ دیر تک سر ہلاتا رہا اور پھر حقے والے بوڑھے سے مخاطب ہو کر بولا ''اوئے قادریا.. ذرا ایک کش تو لگوا، دیکھوں تو سہی کہ تمبا کو کتنا کڑوا ہے..''

وہ بوڑھا اس اعزاز پر پھولا نہ سمایا کہ اُس کے تازہ کیے ہوئے حقے سے چوہدری گوندل ایک کش لگانا چاہتے ہیں ''لو جی سو بسم اللہ.. تمبا کو بھی منڈی بہاؤالدین کا کھبڑ اور کڑوا زہر اور اُس کے نیچے ٹوپی کے گلے میں گڑ بھی خالص دیسی..'' اُس نے نال گوندل کے مُنہ کے قریب کر دی..

باہر ایک ٹھٹھرتا ہوا فرانسیسی مزاج کا شہر جس پر رات اُترتی تھی تو اُس پر برف کی کرچیاں اُس کی تاریکی کو سفید کرتی تھیں اور ذلفی گوندل کے ساتویں منزل پر واقع ڈیرے میں حقوں کی بُو بڑبڑاہٹ تھی، کڑوے تمباکو، بُھنے ہوئے گوشت اور سُرخ وائن کی مہک تھی، ایک پسماندہ پنجاب تھا اور وہ.. ذلفی گوندل ابھی تک اس گنجل دار بجھارت کو بوجھ نہ پایا تھا کہ اُس کے سامنے بیٹھے ہوئے ادھیڑ عمر شخص کے آخر چار باپ کیسے ہو سکتے ہیں..

مٹی سے لگاؤ رکھنے والے لوگ جانتے ہیں کہ دھان کے بوٹے ہوں یا پھولوں کی پنیری.. اگر نوخیز ہو تو اُسے

اکھاڑ کر کسی اور جگہ لگایا جائے تو وہ آسانی سے جڑیں پکڑ جاتی ہے..اور اگر وہ بُوٹے اور پودے بالغ ہو جائیں، قد نکال لیں تو پھر اکھڑ کر دوبارہ کسی اور مٹّی میں جڑیں مُشکل سے پکڑتے ہیں۔

انعام اللہ بھی ایک ایسا ہی بُوٹا تھا جو بلوغت کے موسموں میں قد نکال کر اپنے وطن سے اکھڑا..نیویارک کی مٹّی میں آ لگا تو بہت مُشکل سے پژمردہ ہوتے ہوتے جڑیں کسی حد تک پکڑ گیا اور اب ایک بار پھر اُس کی جڑیں ننگی ہو چکی تھیں اُنہیں ہوا لگ رہی تھی اور اُسے جلد از جلد اس ایک اور اجنبی سرزمین میں ان جڑوں کو بونا تھا..

اُس کے سیاہ بیگ میں وہ رقم..کیش اور بینک کی چیک بُک کی صُورت میں پوری کی پوری موجود تھی جو بابا امیر بخش نے اپنی جائیداد تقسیم کر کے اُس کے حوالے کی تھی اور وہ آج تک اجتناب کرتا آیا تھا..رذیل کام کیے تھے..گندگی ڈھوئی تھی..''رین بو سٹور'' میں ملازمت کی تھی اور ٹیکسی چلاتا رہا تھا لیکن اُس نے اس رقم کو ہاتھ نہ لگایا تھا..جوں کی توں ایک بخیل بنیئے کی مانند محفوظ رکھی تھی..اسی دن کے لیے..

انعام اللہ نے کسی مناسب کاروبار کے لیے تگ ودو شروع کر دی..کوئی ایسا کاروبار جس میں کچھ پیچیدگی نہ ہو اُس کی خصلت سے مطابقت رکھتا ہو اور اس سلسلے میں ذلفی گوندل بہ سروچشم اُس کی معاونت کرتا رہا..اس کے باوجود کہ اُس نے اپنے چوہدری ہونے سے انکار کر دیا تھا وہ اُس کو صائب مشورے دیتا رہا..وہ کسی حد تک اُس کا رازداں ہو گیا..

وہاں..مانٹریال کے اُس حصے میں جہاں اُس کے ہم نسل آباد تھے پوری کی پوری گلیاں اور بازار..پنجاب کے کچّے دیہات کی گلیاں اور بازار تھے..وہاں کے سٹورز اور دکانوں کے ماتھوں پر اردو، ہندی اور گورمکھی کے بورڈ سجے تھے..اُن کے اندر سے ٹھیٹھ پنجابی بھنگڑا موسیقی اُبلتی باہر آتی..آپ وہاں سے تازہ سرسوں کا ساگ خرید سکتے تھے اور ظاہر ہے منڈی بہاؤالدین کا کڑواتمباکو اور دیسی گڑ بھی..حلال بھی میسّر تھا اور خالص جھٹکا بھی.....بالکونیوں پر ادھیڑ عُمر سردار اپنے سفید بال پریشان کیے ہوئے اُن میں کنگھا کرتے نہائت دل جمعی سے اُس کنگھے میں اٹکی ہوئی جوئیں تلاش کر کے انگوٹھوں کے ناخنوں پر رکھ کر اُن کے پٹاخے چلا رہے ہوتے اور فلیٹ کے اندر گرنتھ صاحب کا پاٹھ کرتی ہوئی عبادت گزار پارسا بوڑھی سردارنیوں کو نہایت بلیغ مغلظات سے نواز رہے ہوتے..

یہاں تک کہ گئی رات ان گلیوں میں جو پُرکشش دعوت آمیز عورتیں گشت کرتی تھیں وہ بھی خالص پنجابی تھیں..

اُن گلیوں بازاروں میں کُچھ کاروبار برائے فروخت تھے..اور کُچھ خالی سٹور تھے جہاں اپنی پسند کے مطابق کوئی کاروبار شروع کیا جا سکتا تھا..

لیکن وہ اپنے آپ کو ذہنی طور پر اُن کاروباروں کے لیے آمادہ نہ کر سکا..

وہ ایک حلال گوشت فروخت کرنے والا..سری پائے اور گردے کلیجیاں بیچنے والا شخص نہ ہو سکتا تھا..ایک بہت مناسب پیشکش ایک گروسری سٹور تھا جو منافع میں جا رہا تھا لیکن وہ ایک اور پروفیسر منظور نظر ہو جانے پر مائل نہ ہوا..

''چوہدری صاحب..'' ذلفی گوندل کے ڈیرے پر ہی ایک اور شام تھی ''میں نے آپ کے بھائی..'' اور وہ مسکرا رہا تھا ''موتی سانسی کا سراغ لگا لیا ہے کہ وہ کیلگری کے کس ہوم میں زندگی بسر کر رہا ہے..ویسے آپ کی طبع مانٹریال کے اس دیسی ماحول کے لیے موزوں نہیں ہے..یہ میں جان چکا ہوں..کیلگری شہر یہاں سے دو ڈھائی گھنٹے کی ہوائی مسافت پر

واقع ہے۔ اگر چہ ٹورنٹو' کیوبک اور مانٹریال کی رونقوں سے طویل فاصلوں پر ایک اداس اور خاموش شہر ہے لیکن وہاں گیس اور پٹرول کے سرچشمے ہیں. اپنے لوگ بھی ذرا کم کم ہیں تو شائد وہ شہر آپ کی طبع کے مطابق ہو جائے.. ایک پھیرا لگا آیئے' پسند نہ ہوا تو یہاں ذلفی گوندل کا ڈیرہ تو بہر طور موجود ہے.. اور.. وہاں آپ کا ایک رشتہ دار بھی ہے.. پھیرا لگانے میں کُچھ حرج نہیں..''

✦.......✦

''مِسٹر مَیٹ سینسی''

اُسے پتہ تھا کہ یہ منحوس آواز اُس نرس پرکاش کور کی ہی ہوسکتی ہے اور جب وہ اپنی وہیل چیئر کا رُخ موڑ کر پیچھے دیکھے گا تو وہ ایک بیوقوف لومڑی کی مانند اپنی سُرمہ زدہ آنکھوں سے اُسے پٹ پٹ دیکھ رہی ہوگی... ایک سردارنی لومڑی اور وہ بھی بیوقوف!

برف رُتیں دم توڑتی محسوس ہوتی تھیں.. کیلگری شہر کے فٹ پاتھوں' شاہراہوں اور ڈھلوان چھتوں پر تو وہ کب کی پگھل کر پانی ہو چکی تھیں اور بہار کے کُھلے موسموں کی راہ تکتی تھیں پر ادھر وہاں سے کُچھ فاصلے پر برٹش کولمبیا کی بلندیوں کی قربت میں گھاس کو ابھی تک برف کے سفید پھاہے جا بجا ڈھکتے تھے.. سرمائی اونگھ میں گُم مینڈک ابھی تک چُپ تھے..

''مِسٹر سینسی.. آپ کا ایک ملاقاتی ہے۔''

اُس نے بیزار ہو کر وہیل چیئر کی ہتھی گھما کر اپنے آپ کو موڑا..

وہ بیوقوف سُرمہ زدہ آنکھوں والی لومڑی تو تھی ہی پر اُس کے قریب ایک ادھیڑ عمر شخص کھڑا تھا جو شناسا سا لگتا تھا' اُس کی مسکراہٹ میں زمانے گزرتے تھے اور گئے وقتوں کی پہچان کبھی شائبہ ہوتی تھی اور کبھی یکسر دُھندلا جاتی تھی.. اگر اس شخص کے آدھے سے زیادہ بال جو سفید ہو رہے ہیں اُنہیں رنگ دیا جائے. چہرے کی شکنوں کو سنوار کر اس کی آنکھوں میں اُتری ہوئی تھکن کو تروتازہ کر دیا جائے تو یہ آج سے تیس برس پیشتر کا اُس کا بھائی انعام اللہ ہو سکتا تھا جسے اُس کا باپ کسی مسجد کی سیڑھیوں سے اُٹھا کر لایا تھا.. وہی دکھائی پڑتا تھا اور ہے بھی وہی.. لیکن یہاں کیسے ہو سکتا ہے۔

''میں نے ان صاحب کو مطلع کر دیا تھا کہ ملاقاتی فہرست میں صرف دو نام ہیں' ایک آپ کی بیٹی کا جو کبھی کبھار آ جاتی ہے اور دوسرا آپ کی بیوی مقدس بانو کا.. جو کبھی نہیں آئیں لیکن انہوں نے بہت اصرار کیا.. اب یہ آپ پر منحصر ہے کہ آپ ان سے ملنا پسند کرتے ہیں یا نہیں.'' سردارنی سُرمہ زدہ لومڑی سرکاری لہجے میں بیان کرتی گئی اور پھر اُس کے فیصلے کی منتظر ہو گئی..

''تھینک یو پرکاش کور.. میرا خیال ہے کہ میں ان سے واقف ہوں..''

ہوا میں ابھی تک ہڈیوں میں سرائت کر جانے والی ایک یخ موجود تھی اور وہیل چیئر پر اپنے آپ میں ڈوبا ہوا وہ شخص جو اُس جوہڑ نما جھیل کے پانیوں پر نظریں جمائے بیٹھا تھا' جب اُس نے پلٹ کر دیکھا تھا' پلٹا تھا تو انعام اللہ نے اُس

کے چہرے پر گزر چکے زمانوں کی متحرک تصویریں دیکھ لی تھیں، وہ دُھندلی پڑ گئی تھیں اور شکل شباہت زوال میں تھے لیکن وہ بھائی موتی ہی تھا..

وہاں نیویارک کے گرین اِچ ولیج میں اور یہاں کینیڈا کے ایک دور افتادہ شہر کیلگری کے نواح میں یہ جو ایک شخص جو ہڑ نما جھیل کے کنارے ایک وہیل چیئر میں اُسے تکتا جا رہا ہے کوئی یقین کر سکتا تھا کہ میں اگر آج ہوں تو اس کے باپ کے اُس بڑے دل کی وجہ سے ہوں جو اس دنیا سے بھی وسیع ہے اور جس میں محبّت اور انسانی ہمدردی کے سمندر ٹھاٹھیں مارتے ہیں.. وہ سروسانسی میرے لیے تو ایک ابن مریم تھا جس نے میرے نوزائیدہ سردی سے نیلے پڑتے سنگسار ہونے کے قریب بدن پر مسیحائی کی پھونک مار کر مجھے زندہ کر دیا تھا.. لیکن.. کیا اِس لمحے.. اِس کی نظروں میں مجھے پہچان کر کوئی پرچھائیں کروٹیں بدلتی نظر آتی ہیں۔

''واہ.. رَب کی بے پروائیاں کیسی بے انت ہیں.. چوہدری انعام اللہ کا کھٹیا.. راجے کا کھٹیا.. چوہدری امیر بخش کی خیر'' اُسی لمحے جب وہ تذبذب میں تھا کہ اس نے مجھے پہچانا ہے یا نہیں موتی پکارنے لگا اور اُس کے ہونٹوں پر ہی نہیں چہرے سے عیاں ہوتی مسکراہٹ اُس کے چھدرے ہوتے بالوں میں سے بھی پھوٹنے لگی اور پھر وہ یوں کُھل کر بے مُہار قہقہے لگانے لگا کہ اگر اُس جھیل کے اندر کوئی سردی سے نڈھال مینڈک ہوتا تو وہ ٹھٹک کر گودنے لگتا... انعام اللہ بھی قدرے ٹھٹک گیا اور وہ فیصلہ نہ کر سکا کہ بھائی موتی کی.. جیسا کہ اُسے بتایا گیا تھا ذہنی پسماندگی اُس پر یہ کیفیت طاری کرتی ہے یا اُس کی مسّرت کا سبب کُچھ اور ہے ''اوئے انعام اللہ.. تو مُجھ تک.. یہاں کینیڈا میں اس ہوم تک پہنچ کیسے گیا.. وہاں کھڑا بِٹر بِٹر میرا مُنہ کیا تک رہا ہے، مجھ سے تو اس اپاہج پن سے اُٹھا نہیں جا سکتا.. میرے قریب ہو جا.. مجھ سے مِل میں تیرا بڑا بھائی ہوں پیاریا..'' آنکھیں جو اُن قہقہوں کے دوران بھیگتی جا رہی تھیں وہ اپنی نمی سنبھال نہ سکیں اور اُس کے رخسار گیلے ہونے لگے..

میں تیرا بڑا بھائی ہوں پیاریا.. کہتے ہوئے اُس نے اپنے دونوں بازو وا کر دیئے.. شباہت اب تو اُس کے قریب نہ آتی تھی.. کبھی بچپن میں اُس کے گلے لگی تھی اور آج اتنی مدّت کے بعد یہ انعام اللہ تھا جس کے چوڑے سینے کے ساتھ لگ کر وہ دیر تک بچّوں کی مانند بلکتا رہا..

''تو نے مجھے تلاش کیسے کر لیا انعام اللہ.. ہیں؟.. تو تھا کہاں اور کہاں سے آ گیا ہے.. پاکستان سے تو نہیں آیا..''

وہ بھی.. موتی کے اس غیر متوقع جذباتی ردِعمل سے متاثر ہو کر کُچھ گلوگیر ہو گیا. مختصراً پاکستان سے نکلنے، امریکہ میں قیام اور سرحد عبور کرنے کی کہانی سنائی.. سروسانسی نے رخصت ہوتے ہوئے اُسے جو کارڈ دیا تھا اُس کا تذکرہ کیا۔

''میں نے مانٹریال پہنچتے ہی آپ کو فون کیا تھا.. آپ کی بیوی سے بات ہوئی تھی اور اُن کا رویّہ بہت.. سرد تھا.. مُجھے آپ کا کُچھ اتہ پتہ نہ مل سکا..''

''تو پھر.. تو پھر انعام اللہ.. میں تو ایک عرصے سے لاپتہ ہوں.. تو پھر..''

''مانٹریال میں ایک ڈلفی گوندل ہیں اُنہوں نے آپ کا سراغ لگا لیا.. مُجھے بہرصورت آپ سے ملنا تھا.. اس ٹھنڈک بھری وسیع سرزمین پر صرف آپ ہیں جن سے قدیم قرابت داری کی حدّت مُجھے نصیب ہو سکتی تھی..''

''صرف میں ہی نہیں ہوں انعام اللہ..'' اُس کے آنسو اب تھم چکے تھے اور وہ بار بار اُس کے بازو کو سختی سے یوں تھام لیتا تھا جیسے اُسے خدشہ تھا کہ وہ اُسے چھوڑ کر چلا جائے گا۔ ''صرف میں ہی نہیں ہوں..تم نے کچھ دیر کر دی.. یہاں اکبر جہان بھی تھا..تمہاری ماں نور بیگم کے سگے چاچے بخت جہان کا بیٹا..میرے اور تمہارے باپ سرو سانسی کا چوہدری..وہ.. ابھی پچھلے دنوں..ڈوب گیا..اتنے بڑے رقبے کا مالک تھا کہ اُس میں سینکڑوں دنیا پور سما جائیں..اُس نے اپنی آباد کردہ بستی کا نام جہان آباد رکھا..وہیں اپنی دنیا پور جھیل میں ڈوب گیا۔'' موتی کا گلا رُندھ گیا اور وہ کچھ دیر اُس کی ناگہانی موت سے سمجھوتہ کرنے کی کوشش کرتا رہا'' لیکن اُس کا بیٹا بخت جہان..وہ ایک بار اپنے باپ کے کہنے پر مجھ سے ملنے آیا تھا..اپنے دادا کے نین نقشے پر ہو بہو گیا ہے..''

برٹش کولمبیا کی برفیلی بلندیوں کے آغوش میں شام اُترے تو اپنے ہمراہ سرد سندیسے لاتی ہے..

''روشن کیسا ہے؟..'' موتی یکدم اپنی سوگواری سے باہر آ گیا'' ہم دونوں کی..میری اور موجو کی..جو خیر سے سلمان شاہ ہو چکا ہے..آپس میں بڑی صلح صفائی تھی' ساتھ ساتھ پلے بڑھے تھے لیکن جب تم دونوں کو گورنمنٹ کالج میں داخلہ مل گیا اور ہمارے نمبر تھوڑے تھے اور صرف دیال سنگھ کالج جوگے تھے تب ہم دونوں کچھ مدّت کے لیے حسد کی آگ میں جلتے تم دونوں کے خلاف ہو گئے تھے' یاد ہے..''

''روشن نے معاشرتی معیار کے مطابق کچھ زیادہ ترقی نہیں کی..صحافی ہے..''

''کوئی بال بچّے..''

''نہ..''

''اور تمہارے؟''

''نہ..''

''راجے کا کھٹیا..چوہدری امیر بخش کی لڑی آگے نہیں چلے گی..میری ایک بیٹی ہے' اگر وہ کبھی ادھر آ نکلی تو میں اُسے بتاؤں گا کہ تمہارا ایک سگا چاچا اس شہر میں ہے..میں نے اُسے کھو دیا ہے انعام..''

کہیں اُس پار شام کی سرد سیاہی میں روپوش ہوتی ڈارک واٹرز لیک پر کوئی پرندہ پانیوں پر اُترا اور اُس کے پروں کے چھونے سے ان پانیوں میں ہلکا سا ارتعاش پیدا ہوا اور اُس کی ہلکی سی سرسراہٹ اُن کے کانوں میں آئی..

''مجھ میں محبت کی تھوڑ تھی انعام اللہ..مجھ میں یہ جذبہ گوندھا ہی نہ گیا تھا تو میں کیا کرتا..اس لیے کھو گئی..اُس کا تو کچھ دوش نہیں ہے۔ یہ اُس کی عنائت ہے کہ وہ پھر بھی کبھی کبھار مجھ سے ملنے کو آ جاتی ہے..گلے نہیں ملتی..''

جھیل کے پانیوں کی سرمئی نیم تاریک سطح پر اوپر تلے چھپاک چھپاک کی متعدد آوازیں مرتعش ہوئیں..شائد کونجیں تھیں جو شب بسری کے لیے اُتر رہی تھیں.اگرچہ ایک بے گھر در بدر ہوتے مہاجر کے پاس چناؤ کی گنجائش نہیں ہوتی' اُسے جہاں پناہ ملے وہاں پناہ گزیں ہو جاتا ہے پر کیلگری کا شہر اپنی قناعت بھری خاموشی' اداسی اور تنہائی کے سبب اُس کے دل کو لگ گیا تھا..آہستہ روانی ویرانی پر قانع' صابر شاکر چُپ سا شہر..یہ ٹھہراؤ اور دور افتادگی اُسے مائل کرتی تھی کہ وہ یہیں ڈیرے ڈال لے..

''میں تو کہیں آ جا نہیں سکتا..'' موتی نے اس کے بازو پر اپنا ہاتھ رکھا اور اُس ہاتھ میں اُس کی آنکھیں بھی تھیں جو نم ہوتی تھیں ''آتے جاتے رہا کرو انعام اللہ'' اور اُسی لمحے جھیل کے درمیان میں کوئی ایسا پرندہ دھم سے آ گرا جو شائد اپنی پرواز پر قابو نہ پاسکا.. رفتار مدھم کر کے پانیوں پر نہ اُتر سکا' ایسے گرا کہ وہ پانی پتھر ہو گئے اور اُن سے ٹکرا کر وہ مردہ ہو گیا.. کوئی ایسا پرندہ جو اُس جھیل پر مرنے کے لیے آ گیا تھا..

وہ بھی اُس پرندے کا ہم نسل اور ہم خصلت تھا.. اگرچہ کمال کا کاریگر تھا اپنے آپ کو پوشیدہ رکھتا تھا.. کوئی نہ جان سکتا تھا کہ اُس کے اندر مبارزت کا ایک خود کش الاؤ روشن ہے.. وہ جان بوجھ کر احتجاج کے طور پر اپنی عزت نفس کے مجروح ہو جانے کے بدلے میں کسی پتھر کی جھیل پر گر کر اپنے آپ کو پاش پاش کر دینا چاہتا ہے..

کیلگری اس لیے بھی اُس کے دل کو لگتا تھا کہ وہاں سے امریکی سرحد خاصی قریب تھی.. وہ اُس سرزمین پر نصب کسی ایک سنگ میل سے ٹکرا کر بچّوں اور چڑیوں کی موت کا بدلہ لینا چاہتا تھا..

''آتے جاتے رہا کرو انعام اللہ..'' موتی نے پھر دوہرایا..

''میں یہاں آنے کے لیے آیا ہوں' جانے کے لیے نہیں..''

''مِسٹر سینسی..'' سُرمہ بھری آنکھوں والی سردارنی ایک ٹارچ ہاتھوں میں تھامے پریشان.. چلی آ رہی تھی ''پلیز آپ اندر آ جائیں' آپ چاہتے ہیں کہ اس بڑھتی ہوئی سردی میں' اور کیا پتہ یہ شب اتنی سرد ہو رہی ہے کہ برفباری شروع ہو جائے. آپ منجمد ہو جائیں اور میں ملازمت سے فارغ کر دی جاؤں..''

جھیل کی تاریک سطح پر شائبہ ہوتا تھا کہ ایک مردہ پرندہ تیرتا ہے..

جس نے جان بوجھ کر خودکشی کر لی تھی..

وہ قہقہے روشن بخش کے، افغانستان کے سلگتے، بارود کی بُو میں سلگتے ویرانوں اور کچی بستیوں.. یورپ کے مکمل امن پرے سے بحراوقیانوس کو پار کر کے کینیڈا کی کائنات میں بھی دور تک کیلگری تک بھی پہنچتے پہنچتے نہ تھکتے تھے نہ مدھم ہوتے تھے، فون پر وہ ایسے کھنکتے سنائی دے رہے تھے جیسے وہ اُس کے برابر میں آن بیٹھا ہو.. ''تو گویا تم زوال کے پاتال میں پہنچ گئے ہو انعام اللہ.. ''آٹو بائیوگرافی آف اے باسٹرڈ'' اور ''ٹیکسی ڈرائیور، ایک طوائف'' کا ناول نگار.. اب اپنی تخلیقی صلاحیتیں بروئے کار لاتے ہوئے تحفے اور کھلونے بیچ رہا ہے..''

اُس کے واہیات قہقہے جو اب اُسے بہت بُرے لگنے لگے تھے تھمنے میں ہی نہ آتے تھے.. اُس کا جی چاہا کہ وہ اُسے کوئی مناسب سی گالی سے نواز کر فون بند کر دے پر وہ اپنے آپ پر ضبط کر کے سنتا رہا۔

''کیا تم سُن رہے ہو؟''

''ہاں میں سُن رہا ہوں'' انعام نے دانت پیستے ہوئے کہا ''تم بکواس کرو۔''

''یار تم تو مائنڈ کر کے گئے ہو۔''

''میں کیسے تم جیسے ذی شعور، باضمیر صحافی کی باتوں کو مائنڈ کر سکتا ہوں..''

روشن پر اُس کی خفگی کا کچھ اثر نہ ہوا اور وہ بولتا رہا ''تمہیں یاد ہے انعام بچپن میں ہمارے محلّہ قادر بخش والے مکان کے نیچے دن ڈوبنے سے پہلے ایک کُچھ بہکا ہوا سا کُبڑا بوڑھا کاندھے سے ایک ایسے شجر کا تنا لگائے آن کھڑا ہوتا تھا جس کی شاخوں اور پتّوں میں کھنڈ کے کھلونے رنگا رنگ پنچھی بسیرا کرتے تھے، ہر موسم کے پھل، کیلے، مالٹے، تربوز، انگور اور سبز دھاریوں والے خربوزے لٹکتے تھے.. چھوٹے چھوٹے جیسے گڑیوں کے کھانے کے لیے ہوں، رنگین میٹھے چینی کے کھلونے.. اور وہ مُنہ اٹھا کر ہمارے گھر کی چوبی گیلری سے مخاطب ہو کر آواز لگاتا تھا کہ.. آجا گھنڈ دے گھڈونے.. کھالے گھنڈ دے کھڈونے.. وہ جانتا تھا کہ ابھی اُس کی آواز سُن کر اس چوبی گیلری کے آگے تنی ہوئی بانسی چکوں کے پردے سرکا کے چار پُراشتیاق چہرے جھانکنے لگیں گے اور یوں اُس کے شجر کے چند پرندے اور کُچھ پھل فروخت ہو جائیں گے.. موتی، موجو، تم اور میں.. میں ہمیشہ ایک لمبی دُم والا سَت رنگا پرندہ پسند کرتا تھا پر خریدنے کے بعد مجھ میں حوصلہ نہ ہوتا تھا کہ میں اُس کی اتنی خوش رنگ کامل شکل اپنے دانتوں تلے دبا کر اُسے کرچی کرچی کر کے اُس کی مٹھاس حلق سے اُتار لوں.. موتی اور موجو کو تو کُچھ غرض نہ تھی کہ وہ کوئی پرندہ ہے یا پھل.. وہ تو بس کھا جانا چاہتے تھے.. اور تم بے حد ندیدے تھے تمہیں ایک کیلے کے علاوہ

ایک پرندہ بھی خریدنے کی ضد کرتے تھے..تو کیا تم بھی اُس بہکے ہوئے کبڑے بوڑھے کی مانند اپنی دکان کے سامنے کھڑے ہو کر لوگوں کو متوجہ کرتے ہو کہ..آ جا کھنڈ دے کھڈونے..''

''اوئے روشنیا..'' پہلے تو وہ بچپن کی اس میٹھی اور رنگین یاد سے اداس ہو کر مسکرانے لگا لیکن جب روشن نے یہ کہا کہ تم بھی..آ جا کھنڈ دے کھڈونے..تو پھر وہ طیش میں آ گیا ''میں اُس قسم کے کھلونے فروخت نہیں کرتا چوہدری روشن بخش..میرا ایک ذاتی نہائت پر وقار گفٹ سٹور ہے جہاں دنیا جہان کے عجائبات اور دستکاریاں سجی ہیں..دیس دیس کی گڑیائیں، قیمتی اور نایاب پتھر، نگینے، مالائیں، بانس کی پوروں کے سُریلے ساز، افریقی نقاب..افغان جیولری..کانچ کے ہاتھی اور مگرمچھ..صندل کی لکڑی کے ہندو اوتار اور ایسے سینکڑوں کرشمے..تم ایک پسماندہ اور جہالت آمیز ذہن رکھنے والے تیسری دنیا کے باشندے کیا جانو کہ ایک ترقی یافتہ ملک میں ایک سُپر گفٹ سٹور کیا ہوتا ہے..میں صرف کاؤنٹر پر بیٹھ کر رقم وصول کرتا ہوں، میری دوسری لنکن سیلز گرلز ہیں اور میں سٹور کے باہر کھڑے ہو کر..آ جا کھنڈ دے کھڈونے کے آوازے نہیں لگاتا چوہدری صاحب..''

روشن کے قہقہے مدھم پڑ گئے تھے..

''تم نے بتایا تھا کہ تم نے موتی کو کھوج نکالا ہے..اُس کی سانسی خصلت میں ان تیس برسوں میں کوئی تبدیلی رونما ہوئی ہے؟ کبھی اُس سے پوچھا کہ کیا اُسے وہ بہکا ہوا کبڑا بوڑھا یاد ہے..انعام..انسان کی عُمر بیت جاتی ہے اور کسی بھی نتیجے پر پہنچ نہیں پاتا..اگر پہنچتا ہے تو اُس ایک نتیجے پر پہنچتا ہے جو معاشرے اور عقیدے نے متعین کر رکھا ہوتا ہے..اُس پر نہیں پہنچتا جس پر اُسے پہنچنا چاہیے ہوتا ہے..''

''کیا یہ ضروری ہے کہ کسی نہ کسی نتیجے پر پہنچا جائے..تم پہنچے ہو؟''

''میرا خیال ہے کہ مجھے گمان سا ہے کہ میں پہنچا ہوں..'' ابھی وہ روشن جو بے تحاشا قہقہے لگا رہا تھا اُس کا ٹھٹھا لگا رہا تھا اور اب یہ روشن..اُس روشن سے جُدا ہو کر صدیوں کے فاصلے طے کر کے کسی اور جہان میں چلا گیا تھا ''انعام..میں تمہیں بتاتا ہوں کہ اس بے وجہ تخلیق کی گئی دنیا میں جتنی بھی سچائیاں اور آسمانی عقیدے اور طے شدہ حقیقتیں ہیں وہ سب کے سب کھنڈ کے کھڈونے ہیں..بُھر بُھری چینی کے خوش رنگ کھلونے ہیں..ان کی کاملیت اور شکل شباہت میں کُچھ شک نہیں پر جان لو کہ یہ کھلونے پرندے، نہ پرواز کر سکتے ہیں اور نہ ہی یہ پھل ایسے ہیں کہ ان میں جنت کے ذائقے ہیں..چینی کے یہ کھلونے استغراق اور منطق کے پانیوں میں پل دو پل میں گھل جاتے ہیں..''

''تم نے مجھ سے وعدہ کیا تھا کہ اگر میں امریکہ سے یہاں منتقل ہو جاتا ہوں تو تم بھی یہاں چلے آؤ گے..'' انعام اُسے اُن گہرے منطقی اور استدلالی پانیوں سے باہر لانا چاہ رہا تھا جن میں وہ ڈوبتا جاتا تھا..

''شائد میں آ جاؤں..تم مجھے بہکا کر گفتگو کا رُخ موڑنا چاہتے ہو؟''

''ہاں..اس لیے کہ تم بابا امیر بخش ہوتے جا رہے ہو..اُن کی زبان اختیار کر رہے ہو..''

''انعام..میری زندگی میں واحد رنج اور قلق یہی ہے کہ میں اُن کی دیکھ بھال نہیں کر سکا..ایک بیٹے پر باپ کی خدمت جو لاگو ہوتی ہے اسے انجام نہیں دے سکا..اُنہوں نے موقع ہی نہ دیا..روپوش ہو گئے..میں اُن کی جستجو میں متعدد بار

کوٹ ستارہ کی قربت میں چناب کے کناروں پر گھنے ہوتے اُس جنگل بیلے میں گیا ہوں اور وہاں جتنے بھی شجر تھے اُن کے پتّوں میں سے وہی چینی کے رنگین پرندے جھانکتے تھے.. مجھ پر کُچھ ایسے لمحے آنے لگے ہیں جو مجھے ایک اطلاع کرتے ہیں کہ کوئی دن جاتا ہے جب میں بھی روپوش ہو جاؤں گا. اور انعام.. ان دنوں ایک عجیب سا خواب تسلسل میں آتا ہے کہ میرا سیل فون بج رہا ہے اور یہ جانتے ہوئے بھی کہ دوسری جانب تم ہو میں اُسے آن کر کے ''ہیلو'' نہیں کہہ سکتا.''

''گفٹس فار دے.. بِی ز'' ایک ایسا انوکھا نام تھا جو جستجو پر مائل کرتا تھا کہ آخر یہ بِی ز.. سے کیا مراد ہے..

اگر کسی سٹور کے ماتھے پر یہ نام ثبت ہو تو یہ ممکن ہی نہ تھا کہ جو کوئی اُدھر سے گزرے وہ اُس میں نہ جھانکے..اور اگر تجسّس کے ہاتھوں مجبور ہو جائے تو اُس کے اندر نہ چلا جائے.. یہ گفٹس فار دے... بلانڈز.. بینکرز، بورز، بیوٹی فلز، بگز اور بیش فُل بھی ہو سکتا تھا.. اور باسٹرڈز بھی ہو سکتا تھا کہ وہ کون سے ایسے تحفے ہیں جو صرف حرامیوں کو دیئے جا سکتے ہیں. یہ نام بہت بابرکت ثابت ہوا..

موتی سے ملاقات کے بعد وہ ذرا متحرک ہو گیا تھا. یہ شہر جو اُس کے دل کو لگ گیا تھا وہ اسی میں اپنے رزق روزگار کا کوئی ٹھکانہ بنانا چاہتا تھا.. اُس نے ریالٹرز یعنی رئیل سٹیٹ کے بیوپاریوں اور مختلف نوعیت کی جائیدادوں کی خرید و فروخت کرنے والے اداروں سے رابطے کیے.. اپنی پونجی کی مالیت کے حساب سے مشورے کیے کہ اُس کے لیے کیسے اور کونسے کاربار کا آغاز مناسب ہو سکتا ہے.. نہ صرف انگلستان اور امریکہ میں بلکہ کینیڈا میں بھی یہ ایک طے شدہ حقیقت ہے کہ پاکستانی جنرل سٹورز کو چلانے میں مہارت اس لیے رکھتے ہیں کہ یہ ایک پُر مشقت اور مسلسل مویشیوں کی مانند بوجھ ڈھونے والا کام تھا جس سے گورے کتراتے تھے کہ وہ کام کے علاوہ زندگی سے بھی لطف اندوز ہونا چاہتے تھے. انعام اللہ کو یہ چوبیس گھنٹے کی قید منظور نہ تھی چاہے وہ کتنی بھی منافع بخش ہو جائے. ریستوران کے کاروبار میں بھی بہت گنجائش تھی، کیلگری میں دو تین نہایت رواں ریستوران برائے فروخت تھے پر اس پیشے پر بھی اُس کا جی نہ ٹھہرتا تھا، ایک ریستوران بے شک وہ پیرس یا کیلگری میں ہو بنیادی طور پر باورچیوں کا شعبہ ہے.. اس کے سوا لانڈری کا کاروبار بھی بہت پرکشش اور تیزی سے متمول ہو جانے کا ایک ذریعہ تھا اور یہاں سرداروں کی حکمرانی تھی.. اُسے ایک اعلیٰ درجے کا دھوبی ہو جانا بھی درکار نہ ہوا.. اُس کے اندر تمام تر بالغ نظری کے باوجود ذات پات اور پیشوں کا جو نظام تھا وہ کوشش کے باوجود زائل نہ ہوتا تھا.. اُس کے نامعلوم باپ دادا شائد نہایت عامیانہ اور رذیل پیشوں سے متعلق رہے ہوں لیکن وہ جس ماحول میں پلا بڑھا تھا اُس کے تعصّبات کی قید سے چھٹکارا حاصل نہ کر سکا تھا..

کیلگری شہری تیزی سے بڑھ رہا تھا.. دور افتادگی، اداسی اور قہر کے موسموں کے باوجود اپنے قدرتی وسائل، تیل اور گیس اور زراعت کے باعث وہ ٹورنٹو، مانٹریال اور وینکوور ایسے کینیڈا کی تہذیب کے نمائندہ شہروں کے باشندوں کو بھی اپنی جانب دیکھنے پر مجبور کر رہا تھا.. جائیداد کے نرخ آسمان سے باتیں کر رہے تھے.. گھروں، دفتروں، کاروباری مقامات اور فارم ہاؤسوں کے نرخ ہاتھ نہ لگانے دیتے تھے، رات کو کُچھ ہوتے تھے اور اگلی سویر کُچھ اور ہو جاتے تھے.. نئی آبادیاں

برسات کے بعد یکدم نمودار ہونے والے جنگلی کُھنبوں کی مانند اُگ رہی تھیں..

شہر کے نواح میں ایک ایسی ہی نئی آبادی کے آثار ظاہر ہونے لگے تھے.. ابھی اُس نے ویران زمین کو پوری طرح ڈھانپا نہ تھا.. کہیں کہیں بے آباد رقبے بھی نظر آتے تھے جن پر زرد رنگ کی قد آدم گھاس سرسراتی تھی اور اُن میں مقیم سیاہ خرگوش کان کھڑے کر کے آس پاس رینگتی کاروں، بل ڈوزروں اور بھاری ٹریلروں کی مہیب آوازیں سُن کر خوفزدہ ہوتے تھے کہ اُن کے دن بھی تھوڑے رہ گئے تھے.. قطار اندر قطار ایک اکتا دینے والے تسلسل کے ساتھ سینکڑوں گڑیا گھر ایک دوسرے کے ساتھ جڑے کھڑے تعمیر ہو چکے تھے اور ان میں سے بیشتر ابھی خالی پڑے تھے.. اُن کے درمیان میں جوئی نویلی سڑکیں بچھی ہوئی تھیں اُن کے تارکول کی گرمی ابھی ٹھنڈی نہ ہوئی تھی، وہ اپنی پہلی برفباری کی منتظر تھیں اور اُن پر سے شاذ ہی کوئی ٹریفک گزرتی، دن بھر بھائیں بھائیں کرتی رہتیں اور رات کو کولونیل طرز کے کھمبوں کی روشنی میں ویران اداسی میں لپٹی رہتیں..

ٹیرا وُڈ لین کے آخر میں ایک نو تعمیر شاپنگ سنٹر کی اکثر دکانیں کرائے پر چڑھ چکی تھیں اور آباد ہو چکی تھیں اور انہی میں ''اورئینٹل سرپرائز'' نامی ایک گفٹ سٹور تھا جسے ایک مُنحنی سے مدراسی نے اپنی پندرہ برسوں کی مشقت سے جمع شدہ پونجی سے قائم کیا تھا اور وہ آس پاس کی قلیل آبادی کے باوجود چل نکلا تھا، ابھی اخراجات پورے کرنے کا اہل ہوا تھا لیکن مستقبل میں روشنی کی کرنیں بہت نمایاں تھیں اور پھر اُس مدراسی کو خبر آ گئی کہ وہاں کسی پس ماندہ گاؤں میں اُس کی ماں مر گئی ہے.. مشرق کی جبلت میں ایک خرابی بہت ہے.. اُس میں دن رات کمر توڑ مشقت کر کے، کنجوسی کر کے، اپنے آپ کو بے آرام کر کے یہاں تک کہ ایک آدھ کھانا صرف پیسے بچانے کی خاطر ترک کر کے دولت جمع کرنے کی ہوس تو ہے لیکن رشتوں کے بندھنوں سے چھٹکارا حاصل نہیں کر سکتی.. یہاں پہنچ کر اُس کی ہوس، منصوبہ بندی اور ذی ہوشی دم توڑ جاتی ہے.. ''اورئینٹل سرپرائز'' کے مالک مدراسی نے ایک پل بھی اپنے مستقبل کے بارے میں نہ سوچا اور ایک دو روز کے اندر اندر اپنے سٹور کو اونے پونے فروخت کر کے اپنے گاؤں لوٹ گیا جہاں اُس کی ماں کسی سردخانے میں اکڑی ہوئی اُس کی منتظر تھی کہ وہ آئے اور بڑے بیٹے کی حیثیت سے اُس کی ارتھی کو آگ لگائے اور پھر اُس کی بھسم شدہ کھوپڑی کو چٹختے ہوئے دیکھے.. اُس نے یہ فرائض سرانجام دینے کے بعد بھی اس لیے واپس نہیں آنا تھا کہ وہاں اُس کا باپ ایک چارپائی سے لگا ہوا تھا، چلنے پھرنے سے معذور ہو چکا تھا.. اُسے اُس کی چارپائی کے پائے کے ساتھ بندھ جانا تھا، مشرقی جبلت میں یہی ایک خرابی تھی..

انعام اللہ کو سب کُچھ سجا سجایا.. نہائت دیدہ زیب نمائش کی حالت میں مناسب قیمت پر مل گیا.. اُس نے صرف اتنا ردّوبدل کیا کہ اُسے ''اورئینٹل سرپرائز'' سے ''گفٹ فار بی از'' کر دیا... آئندہ کے لیے پاکستانی دستکاریوں کو فوقیت دی. سندھ کی سُوسی، رلیاں، اجرکیں اور زیور.. بلوچستان کے شیشے کے ٹکڑوں سے سجے پیراہن، مانسہرہ کے تکیے اور شالیں.. جیڈ کے مہاتما بدھ، ایش ٹریز اور ہاتھی..

اُسے سٹور کے اندر داخل ہو کر ایک بھاری آرام کُرسی پر براجمان ہو کر کیش رجسٹر کا دھیان رکھنا تھا.. وہاں دو نہائت مؤدب اور فرمانبردار سری لنکن سیلز گرلز تھیں جو سر جھکائے، نہائت مسکین مسکراہٹوں سے... پلیز پلیز.. کرتے سٹور میں

داخل ہونے والے ہر شخص کی راہ میں بچھی جاتیں..

پہلے روز سٹور میں قدم رکھتے ہی اُس نے روشن کو فون کیا تھا اور جواب میں اُسے کیسے کیسے بیہودہ اعتراض اور واہیات قہقہے سننے کو ملے تھے اور پھر..وہ کیسے ایسے رنجیدہ اور سوگوار سا ہوا تھا کہ اُسے گھنڈ کے کھڈونے والا ایک بہکا ہوا بوڑھا قرار دے کر زندگی کی کڑواہٹوں میں اُن پرندوں اور پھلوں کو گھولنے لگا تھا..

ویسے اُس کے گمان میں یہ واہمہ کیسے پنپ سکتا تھا کہ اُس کے سٹور میں جو دنیا بھر کے عجائبات اور تحفے نمائش پر ہیں اُن سینکڑوں میں کہیں ایک کھلونا ہے' ایک سیاہ آبنوسی ہاتھی ہے جو اُس کی حیات کی راہیں متعین کر دے گا..

✦ .... ✦

وہ ابھی تک ایک مرجھائی ہوئی پژمردہ کیفیت میں تھا..

زمین میں سے رزق اگانے والے اور باغبانی کے شیدائی اس حقیقت سے خوب آگاہ ہوتے ہیں کہ زمین میں دبایا جانے والا بیج جب ایک کونپل کی صورت اُس میں سے انگڑائی لے کر پھوٹتا ہے اور سیدھا ہوتا ہے تو آپ اُسے اکھاڑ کر کسی اور جگہ لگا سکتے ہیں جہاں وہ پھر سے نہائت آسانی سے جڑیں پکڑ لیتا ہے..لیکن اگر یہی کونپل قد نکال کر بُوٹا بن جائے اُس کی جڑیں مٹی میں مستحکم ہو جائیں تو پھر اُسے اکھاڑ کر کسی اور جگہ منتقل کرنا خطرے سے خالی نہیں ہوتا..اکثر وہ اُس نامانوس زمین میں جڑیں پکڑنے سے انکاری ہو کر مر جاتا ہے..

انعام اللہ بھی ایک ایسا ہی بُوٹا تھا..اگرچہ وہ ادھیڑ عمری میں اپنی زمین سے اکھڑا لیکن کسی حد تک نیویارک میں جڑیں پکڑ گیا..اور اب اگر وہ ایک مرتبہ پھر اکھڑ کر یہاں کیلگری کی اداسی میں بویا گیا تھا تو ابھی تک کچھ پتہ نہ تھا کہ اُس کی جڑیں اس نئی زمین میں پھیلتی ہیں یا خشک ہو کر مردہ ہو جاتی ہیں..وہ ابھی تک ایک مرجھائی ہوئی پژمردہ کیفیت میں تھا..

کیلگری کے سینے میں سے نکلتی ایک کثیر المنزلہ عمارت کی اُنیسویں منزل پر معلق اُس کا کشادہ فلیٹ'ایک ڈربہ' ایک بے جان صحرا تھا جس میں کہیں کہیں صوفوں' میزوں' کتابوں کے شیلفوں اور ایک باورچی خانے اور ایک خواب گاہ کے سراب تھے اور وہ اُن میں بھٹکتا پھرتا تھا..فلیٹ کی چھت تک پہنچتی شیشے کی کھڑکی میں کیلگری ٹاور نقش ہوتا تھا..

ایک نوعیت کا لائل پور کا گھنٹہ گھر جو اس شہر کے تقریباً ہر گھر' ہر فلیٹ کی کھڑکی میں سے زبردستی نظر آتا رہتا تھا..

ایک کُھنب نمائیر..ایک کوبرے کے پھن کی مانند پھیلا ہوا..ایک ایستادہ مینار پر معلق..اہل شہر پر جنسی شائبوں کے کُچھ اثرات مرتّب کرتا تھا..

اُس کی کمر دُکھنے لگی تھی..بہت دیر سے وہ اپنے لیپ ٹاپ پر جھکا ماؤس کو بے تابی سے دباتا سرکاتا..متلاشی تھا..

لیپ ٹاپ کے برابر میں شمالی امریکہ کا ایک تفصیلی نقشہ بچھا تھا جو بار بار سکڑ جاتا تھا اور وہ اُسے اپنی ہتھیلی سے ہموار کرتا تھا..کیلگری سے امریکی سرحد اور وہاں کی پہلی بستی کتنی دوری پر تھی.

وہ یونہی ایک مرتبہ پھر بے گھر نہ ہوا تھا..یہ اختیاری ہجرت یہ دربدری بے وجہ تو نہ تھی..

وہاں..لیپ ٹاپ کی سکرین پر محض اشارے تھے..تفصیل درج نہ تھی..پٹرول بم بنانا تو بچوں کا کھیل تھا پر اس کے آگے کوئی ایسا مواد تیار کرنا جو اگر کسی عمارت کی بنیادوں میں رکھ دیا جائے اور وہ بھڑک کر اُسے مسمار کردے

اس کی کچھ راہنمائی نہ تھی..

فریج کے اندر خورد ونوش کی ایک ایسی بھری پُری دنیا سردھو رہی تھی جو ایک یکسر تنہا زندگی بسر کرنے والے شخص کی ضروریات کی خاموش نمائندگی کرتی تھی.. فی الحال ایک بیگل' پنیر کا ایک موٹا سلائس' چند زیتون' تھوڑی سی سرد سلاد کے ساتھ پیپسی کا ایک ٹین اُس کی بھوک کی تشفی کر سکتا تھا..

اُس نے کمر اکڑا کر اپنے آپ کو سیدھا کیا.. اُس بدن میں چیونٹیاں بھرتی تھکاوٹ کو زائل کرنے کی کوشش کی جو کمپیوٹر کے آگے مسلسل جھکے رہنے سے بدن کو بے چین کرتی ہے.. پہیے کے بعد نسل انسانی کی سب سے بڑی ایجاد کمپیوٹر ہے جو دراصل ایک دلوں کا حال جاننے والا' ہمہ گیر فراست رکھنے والا ایک چھوٹا سا خدا ہے.. ازل سے ابد تک کی دانش رکھنے والا ایک ایسا دیوتا ہے جسے انسان نے خود اپنے شعور سے تراشا اور پھر اُس کے سامنے جُھک گیا... اور یہ ایک ابلیس بھی تھا جو بدی' بربادی اور گناہ کی ترویج میں معاون ثابت ہوتا تھا یہاں تک کہ ماؤس کو دبانے سے آپ کسی ایسی ویب سائٹ پر جاسکتے تھے جو ان راہوں پر قدم رکھنے کے لیے آپ کا سہارا ہو سکتی تھی..

یہ خدا' یہ ابلیس' انسان کا اپنا تخلیق کردہ اُسے راہ دکھا بھی سکتا تھا اور بھٹکا بھی سکتا تھا.. اور آج تک یہ فیصلہ نہ ہو سکا تھا کہ ان میں کون ہے جو راہ دکھاتا ہے اور کون ہے جو بھٹکاتا ہے.

اُس کے اندر ابھی تک کُچھ نہ کُچھ کر گزرنے کی آرزو تھی.. وہ اس سے دستبردار نہ ہوا تھا. وہ تاریخ کے صفحوں پر اپنے احتجاج کا اندراج کروا دینے کا خودکش جذبہ رکھتا تھا.

درختوں میں سے گرنے والی تھم چکے دلوں والی چڑیوں اور ماؤں کی گود میں دھماکوں سے مردہ ہو جانے والے بچّوں سے وہ کیسے چشم پوشی کر سکتا تھا.

اُسے کُچھ شبہ سا ہوا کہ کہیں ٹیلی فون کی گھنٹی متواتر بجتی گونجتی چلی جاتی ہے.. ایک مسلسل ارتعاش اُس کے کانوں پر دستک دیتا ہے.

جُولیا جوائے تھی.

وہ مسلسل متعلق رہتی تھی..

مانٹریال کے اُس پناہ گزینوں کے ہوسٹل میں بھی اُس نے اُس کا پیچھا کیا تھا..

وہ رابطے میں رہتی تھی.

اور اُسے طمانیت ہوتی کہ کوئی تو ہے جو اُس کے لیے فکر مند رہتا ہے.

اکثر اُس کی خمار آلود آواز کے پس منظر میں ''مچلی'' کا مدھم شور ہوتا..

''میں تمہاری من چاہی نشست پر براجمان ہوں اور پاپا ہیمنگوے مجھ پر اُمڈتا ہوا اپنی سفید داڑھی کھجاتا تمہیں یاد کرتا ہے.. بلکہ نہائت انہماک سے شیلف پر سجے تمہارے ناول ''آٹو بایوگرافی آف اے باسٹرڈ'' کو پُر تحسین نظروں سے دیکھتا تم سے شکائت کرتا ہے کہ تم نے ایک اور ناول ابھی تک کیوں نہیں چھپوایا.. میرے سامنے گستاف تمہاری جدائی کے غم میں نڈھال ایک اداس خرگوش کی مانند بیٹھا ہے.. وہ تم سے ناراض ہے..''

فون اٹینڈ کرنے سے پیشتر اُس نے ایک ایسے شخص کی مانند جو اپنے جُرم کی منصوبہ بندی کرنے میں مصروف ہو اور یکدم دستک ہونے پر ذرا چوکنا ہو جاتا ہے' اُس نے فوراً لیپ ٹاپ آف کیا' نقشے سمیٹ کر دراز میں مقفل کیے اور پھر فون اٹھایا..

''آئی ایم مس یُونیمی..''

''آئی ایم مس یوٹُو جولیا'' اُس نے میکانکی انداز میں دوہرایا اور پھر اُسے مختصراً ''گفنس فاربِ ز'' کے بارے میں بتایا..

''اگر تمہیں معاونت کی خاطر ایک عدد سیلز مین کی ضرورت ہے تو گستاف اڑتا ہوا تمہارے پاس آ سکتا ہے..''

''نہیں.. شکریہ..''

''اور نیمی میں تمہیں ایک اطلاع کرنا چاہتی ہوں'' مچلی کے شور پر اُس کی بے دریغ ہنسی حاوی ہو رہی تھی.. ''صرف ایک خبر ہے۔''

شیشے کی کھڑکی سے پرے.. گیلری سے پار.. کیلگری ٹاور اگرچہ ساکت نظر آتا تھا پر ہولے ہولے سرکتا تھا..

''ہاں کہو..''

''آئی ایم مس یُونیمی..''

''یہ تم پہلے بھی کہہ چکی ہو.. اور میں بھی کہہ چکا ہوں کہ آئی ایم مس یُوٹُو۔''

''نیمی..'' وہ بے تحاشا ہنستی جا رہی تھی ''آئی ایم پریگننٹ..''

یہ وہی دن تھا... چھ روز کی سانس پُھلا دینے والی ہانپتی ہوئی مسلسل بھاگ دوڑ.. منہ اندھیرے بیدار ہوکر، مختصر روشن دان میں کسی سویرا کا کُچھ گمان نہیں، تاریکی ہے.. طوہاً کرہاً بیدار ہو کر نیند میں ڈوبی آنکھوں کو جھپکتے، واش بیسن کے سامنے کھڑے ہو کر منہ پر چند چھینٹے مارتے، بُرش کرتے، کپڑے بدلتے، بینک کے راستے میں ایک گیس سٹیشن پر رُکتے، خود گیس ڈالتے اور پھر وہاں کے ریستوران سے حاصل کردہ ایک بیگل اور کافی کے کپ کو تھامتے، کھاتے، گھونٹ بھرتے.. سارا دن فارم بھرتے.. اکاؤنٹس میں سر کھپاتے، نئے گاہکوں کے سامنے مسکرا مسکرا کر جبڑے دکھاتے.. شام کو گھر پہنچ کر سنک میں ڈھیر برتنوں میں سے کُچھ کو دھوتے.. جو میسّر ہوا اُسے حلق میں اُتارتے، سارے کپڑے اُتار کر کمفرٹر میں رینگتے اور بے سُدھ ہوتے.. اور اگلی تاریک سویرا گلے پل میں پھر سے سر پر سوار.. لیکن یہ وہی دن تھا جب وہ بستر میں کسل مندی سے کروٹیں بدلتے، اپنی لامبی ٹانگوں کو کمفرٹر سے باہر نکال کر فرش کی جالیوں میں سے سرائت کرتی سرسراتی نیم گرم ہوا کو محسوس کرتی جب تک من چاہے اونگھ سکتی تھی، جب تک جی چاہے لیٹی رہ سکتی تھی.. یہ چھٹی کا دن تھا.. اُس کے اونگھتے ہوئے ذہن میں جو نقش نمودار ہوتے، روپوش ہوتے تھے اُن میں سے ایک میں اُس کی دراز قامتی، تیکھی ناک، نیلاہٹ سے لبریز آنکھیں اور ایک قدرے خم دار گردن تیرتی تھی اور اُس کی رُوح پاتال سے کھنچنے لگتی تھی..

بینک کی کولیگز نے اور اُس کی دوستوں نے جن کے ساتھ وہ کبھی کبھار مے خواری کے لیے چلی جایا کرتی تھی اُس کے کان کھا لیے تھے.. وہاؤ شباہت.. اگر وہ اتنا وجیہہ اور.. وسیع رقبوں کا مالک ہے تو اُسے ہاتھ سے جانے نہ دینا.. ایسے مرد کو تو فوراً دبوچ لینا چاہیے.. اور تم نے اُسے کہاں تک جانے دیا.. ہیں شیبی.."

اور ماں بھی اُس کی پس وپیش اور حیلے بہانوں سے عاجز آنے لگی تھی.. آخر تم اور کس کا انتظار کر رہی ہو.. وہ بہت مناسب ہے..

بخت جہان کُچھ روز تو اپنے باپ کے مرنے پر بجھا بجھا رہا تھا.. اُس کے تعزیتی فون پر وہ بہت سوگوار سنائی دیا تھا لیکن پچھلے چند روز سے وہ پھر سے مسلسل فون کر رہا تھا اور وہ اُسے ٹالتی رہی تھی..

وہ بھی اُسے ہاتھ سے جانے نہ دینا چاہتی تھی اس لیے نہیں کہ وہ ایک حساب کتاب کرنے والی منصوبہ بند لڑکی تھی اور بقول اُس کی سہیلیوں کے اُسے اس سنہری موقع کو دبوچ لینا چاہیے تھا بلکہ اس لیے کہ وہ اُس کے لیے کُچھ نہ کُچھ محسوس ضرور کرتی تھی.. اُس کی رُوح اُس کے تصور سے بے وجہ پاتال سے نہیں کھنچی جاتی تھی.. اور اس لگاؤ کا ایک جواز اُس کی

ناف تلے کا وہ ہاتھی بھی تھا جو اُس کے خیال سے نم ہو جاتا تھا.. کیا یہ محبت کی علامت ہے یا یہ نم آلودگی محض اُس کی جنسی بھوک کا ایک استعارہ ہے..

حسب معمول، پچھلے کئی برسوں سے جو اُس کا معمول تھا، پچھلے پہر اُس نے اپنی ماں کے ہاں جانا تھا، اُس کے لیے ہفتہ بھر کی گروسری کرنی تھی اور رات کا کھانا اُس کے فلیٹ میں کھانا تھا.. اور حسب معمول اُس نے گھر سے نکل کر ٹیراوڈ لین کے قریب جس سُپر مارکیٹ کے آثار روز بہ روز نمایاں ہو رہے تھے اگرچہ ابھی تک وہ مکمل طور پر آباد نہ ہوئی تھی وہاں ایک کیمسٹ سے اُس نے کچھ بے ترتیب سی خریداری کی.. کھانسی کا شربت.. سر درد کی گولیاں.. ماں کے لیے کچھ مہنگے سے وٹامنز جو بڑھاپے کو روکنے میں معاون ثابت ہو سکتے تھے.. اپنے لیے وٹامن سی کی چوسنے والی گولیاں.. اور انہیں خریدتے ہوئے شوکیس میں اُسے اُن گولیوں کے پیکٹ بھی نظر آئے جو اُس کی اکثر سہیلیاں باقاعدگی سے استعمال کرتی تھیں.. بلکہ احتیاط پسند مائیں اپنی بلوغت پر آمادہ بیٹیوں کو بھی دودھ میں گھول کر اُنہیں پلا دیتی تھیں تاکہ اُن جانے میں کچھ ہرج مرج نہ ہو جائے... کیا اُسے ان مانع گولیوں کی حاجت تھی؟.. اُس کی ناف تلے کا ہاتھی جو بخت جہان سے سخت مرعوب تھا اور اُس کے خیال سے گیلا ہو جاتا تھا وہ اُسے کچوکے دیتا تھا کہ خرید لو.. پر اُس نے اُس کے مشورے پر کچھ دھیان نہ کیا اور اپنے آپ میں مسکراتی کیمسٹ شاپ سے اپنی خریداری سنبھالتی باہر نکل گئی..

کار میں داخل ہو کر وہ ابھی اپنی لامبی ٹانگیں سیدھی کر رہی تھی اور چابی گھما چکی تھی جب اسے کیمسٹ شاپ کے برابر میں جہاں کچھ عرصہ پیشتر تک ''اورئینٹل سرپرائز'' کا بورڈ آویزاں تھا وہاں اُسے اُس کی جگہ ''گفٹس فار بِی ز'' کا ایک نیا بورڈ نظر آیا.. اس انوکھے نام نے اُسے قدرے متجسس کیا اور وہ انجن آف کر کے کار سے پھر باہر آ گئی..

سٹور چھوٹے موٹے ان گنت تحائف اور دستکاریوں کے ملک ملک کے نمونوں سے اٹا پڑا تھا.. پولش، راجستھانی اور پنجابی گُڑیاں.. ویت نامی بانس کی مُرلیاں، اونٹ کے کھال کے ٹیبل لیمپ.. جیڈ کے مہاتما بدھ.. تہنیتی کارڈ، مصنوعی پھول، ہندو دیویاں اور دیوتا.. کشمیری شالیں.. مراکو کے چمڑے کی مصنوعات اور دیواروں پر آویزاں قرآنی آیات کے طغرے اور خانہ کعبہ کی بانس کی تیلیوں سے ترتیب شدہ شبیہیں اور ان میں تقریباً روپوش ایک ادھیڑ عُمر شخص جو کسی کتاب کے اوپر جُھکا غرق تھا اور اُس کے ماتھے پر بیزاری کی سلوٹیں بچھی ہوئی تھیں.. اُس کے موٹے ہونٹوں پر ایک شرمندہ سی مسکراہٹ جو اُس کی ذات تک محدود رہی پھیلی کہ وہ اُسے پہلی نظر میں برٹش کولمبیا میں پایا جانے والا ایک ڈھلتی عُمر کا بیزار گرزلی بیئر لگا تھا جو اپنے جنگلوں میں سے نکل کر یہاں آ براجمان ہوا تھا.. وہ قدرے فربہ تھا اور اُس کے بال چھدرے ہو رہے تھے.. وہ اُس کی جانب بڑھ رہی تھی جب ''پلیز پلیز'' کہتی ایک سری لنکن سیلز گرل اُس کے راستے میں حائل ہو گئی ''پلیز.. کیا میں آپ کی مدد کر سکتی ہوں؟''

''نو تھینک یو.. میں یونہی دیکھنے کے لیے چلی آئی ہوں.. ڈو یو مائنڈ؟''

''پلیز پلیز..'' اُس نے اپنے نیم سیاہ وفادار وجود کو پرے کر لیا.

اُس گرزلی بیئر نے اُس کی آمد کو محسوس کر کے کتاب سے آنکھیں اٹھائیں.. تو وہ سُرمے کی مانند کوئلہ سیاہ تھیں،

گہرے سیاہ ڈباؤ والی آنکھیں تھیں... عُمر کی اثر اندازی اُن پر حاوی نہ ہوئی تھی اور اُس کا چہرہ خزاں رسیدگی کے باوجود ایک روپوش ہو چکی بہار کی خبر کرتا تھا.. اُسے اُس روح میں ایک اور کھنچاؤ کا شائبہ ہوا جو بخت جہان کے خیال سے پاتال سے کھنچی جاتی تھی..

پر اُسے اُس گرزلی ریچھ ادھیڑ عمر شخص کو قطعی طور پر احساس نہ ہوا کہ اُس کے گفٹ سٹور میں پولش، راجستھانی اور پنجابی گڑیاؤں کے درمیان میں اونٹ کی کھال سے بنے ہوئے ایک روشن لیمپ کی مدھم روشنی میں ایک لامبی ٹانگوں والی لڑکی.. نیلی پھٹکی ہوئی جین' سیاہ بلاؤز میں اور بھدے جوگرز میں' شانوں تک آئے ہوئے سیاہ بنگالی بالوں میں ایک ایسی لڑکی کھڑی ہے جس نے ابھی ابھی گردن کو خم دے کر ایک عجیب انداز میں اپنے بالوں کو جھٹکا ہے..

اگر اُسے احساس ہوتا اور وہ دیکھ سکتا تو اُس کی نیلی جین کے اندر اُس کی لختئی بناوٹ کو قابو کرتا ایک سیاہ رنگ کا زیر جامہ تھا جس پر ''آئی لَو یُو'' کی ایک جھالر جھلماتی تھی..

وہ قریب ہوئی اور اُس کی کتاب سے اُٹھی ہوئی گہرے سیاہ ڈباؤ والی آنکھوں سے مخاطب ہو کر کہنے لگی ''کیا آپ کے پاس ہاتھی ہیں؟''

''آئی ایم پریگننٹ..''

اس اطلاع سے نہ تو وہ ہراساں ہوا اور نہ ہی اُس کے بدن اور حواس پر کوئی ردِ عمل مرتّب ہوا.. عام طور پر کسی لڑکی کی جانب سے ملنے والی ایسی اطلاع ایک دھماکے کی مانند اعصاب کو منتشر کر دیتی ہے لیکن اس کے پہلو بہ پہلو مردانگی کا ایک تفاخر بھی جنم لیتا ہے کہ میں اس قابل ہوں.. میرے مرد ہونے میں کُچھ شک نہیں' میں نتیجہ خیز ثابت ہو سکتا ہوں..

انعام نے جولیا کا فون بند ہوتے ہی فوراً اُسے ری ڈائل کر دیا اور وہ بدستور ہنس رہی تھی ''یہ تم نے کیا کہا تھا؟..''

''جو تم نے سُنا تھا وہی کہا تھا نیمی..'' اُس کی ہنسی رکنے میں نہ آ رہی تھی ''کیا تم اس اطلاع سے نروس ہو گئے ہو.. یار میں تمہیں شادی کرنے کے لیے مجبور نہیں کروں گی اور میں اس سے چھٹکارہ بھی حاصل نہیں کروں گی نیمی جو میرے لیے ایک روزمرہ کا کھیل ہے.. میں اسے نہائت پیار سے پالوں گی اور جب یہ بڑا ہو گا تو یہ بھی ایک ناول لکھے گا جس کا عنوان ہو گا ''آٹو بایوگرافی آف اے باسٹرڈ''.. کیونکہ وہ بھی تو تمہاری طرح ایک باسٹرڈ ہو گا.. کیوں نیمی..''

''شٹ اپ جولیا.. شٹ اپ..'' اُس کی آواز بھرا گئی.. اُس میں طیش کا کُچھ عمل دخل نہ تھا.. ایک گہرا قدیمی دُکھ تھا..

جولیا کو وہاں ''محلی'' میں پاپا ہمینگوے کے سائے میں بیٹھے ہوئے احساس ہوا کہ وہ ایک جان لیوا اذیّت میں چلا گیا ہے اور اُس کی ہنسی یکدم تھم گئی.. گستاف نے بھی محسوس کیا کہ اُس کے چہرے کا رنگ نچڑ گیا ہے.. ''نیمی.. میں تو.. پلیز مجھے معاف کر دو.. محض مذاق کر رہی تھی.. مجھ جیسی عورتیں کیسے پریگننٹ ہو سکتی ہیں.. میں تم سے بے حد اداس تھی.. نیمی.. اِٹ واز جسٹ اے جوک.. پلیز..''

''میں تمہارے اس جوک سے کُچھ زیادہ محظوظ نہیں ہوا جولیا.. گُڈ بائے..''

''آئی ایم سوری نیمی..''

اُس نے فون بند کر دیا..

فوراً ہی پھر سے اُس کی گھنٹی گونجنے لگی..اُس نے چونگا اُٹھا کر تپائی پر رکھ دیا.

کیا اُسے تھوڑا سا قلق ہوا کہ وہ سچ مچ پریگننٹ نہیں تھی محض اپنی حماقت میں مبتلا اُس سے مذاق کر رہی تھی..

وہ کتاب جس کے مطالعے میں وہ غرق دکھائی دے رہا تھا' وہ اُس کے نام سے بھی آگاہ نہ تھا' یہ محض ایک پردہ پوشی تھی اُس صورت حال کے بارے میں غور کرنے کے لیے جو اُسے درپیش ہوئی تھی..اُسے جولیا کے پریگننٹ نہ ہونے سے جو تھوڑا سا قلق ہوا تھا صرف اس لیے ہوا تھا کہ واقعی اگر اُس کے بطن سے اُس کا ایک بچّہ ہوتا تو وہ بڑا ہو کر ایک اور ''آٹو بایوگرافی آف اے باسٹرڈ'' اُس کی نسبت زیادہ کھرے پن اور حقیقت پر مبنی لکھ سکتا تھا کہ وہ تو بنیادی طور پر ایک لاوارث ترک شدہ بچہ تھا جس کے والدین شادی شدہ بھی ہو سکتے تھے اور محض غربت کی بنا پر اُسے مسجد کی سیڑھیوں پر چھوڑ گئے جب کہ وہ..اگر وہ ہوتا..تو اُس کا باسٹرڈ ہونے کا دعویٰ برحق ہوتا..اور یہ کتنی خارج از عقل بات تھی کہ وہ صرف اس لیے دکھی ہو جائے کہ جولیا پریگننٹ ہو جاتی تو اُس کی نسبت ایک کیسی سچّی سرگزشت وجود میں آ سکتی تھی..اور جب وہ اس ادھیڑ بُن میں مبتلا بظاہر مطالعے میں غرق نظر آ رہا تھا اور اُس نے آنکھیں اٹھائی تھیں تو ایک لامبی ٹانگوں والی میلی کچیلی جین' سیاہ بلاؤز اور بھدے جوگرز میں ملبوس ایک مشرقی شباہت کی لڑکی اُس کے سامنے کھڑی پوچھ رہی تھی..کیا آپ کے پاس ہاتھی ہیں؟..اور انگریزی میں نہیں اردو میں پوچھ رہی تھی..

''یو مِین ایلی فنٹس؟'' انعام اللہ اپنی خود ساختہ غرقابی سے باہر آ گیا.

''جی..ایلی فنٹس..'' اُس نے اپنے طنز کو کچھ پوشیدہ نہ کیا..

''کس قسم کے ہاتھی؟''

''کسی بھی قسم کے..''

اُس نے کتاب بند کر کے اُسے دونوں ہاتھوں سے تھام کر کچھ دیر سینے سے لگائے رکھا جیسے وہ کوئی آسمانی صحیفہ ہو جس سے وہ یہ گیان حاصل کرنا چاہتا ہو کہ اگر ہاتھی تو کس قسم کے ہاتھی..کتاب کو کاؤنٹر پر رکھ کر وہ بادل نخواستہ اٹھا اور اپنے سٹور پر ایک طائرانہ نظر ڈالی اور پھر اُسے یاد آیا کہ دروازے کے پہلو میں ایک شوکیس ہے جہاں ہاتھیوں کی ورائٹی ہونی چاہیے تھی.''ہوں..'' اُس نے سر جھٹکا جیسے اُسے گیان حاصل ہو گیا ہو اور ہولے ہولے چلتا اُس شوکیس کے پاس جا کھڑا ہوا.''میرا خیال ہے کہ ہمارے پاس انواع و اقسام کے خاصے ہاتھی موجود ہیں..جو بہت مناسب تحفے ہو سکتے ہیں....کانچ میں اُبھرے ہوئے ہاتھیوں کی شبیہیں..بلور کے ہاتھی..صندل کی لکڑی سے تراشے ہوئے جنہیں سونگھئے تو مہک آتی ہے..اور کیا آپ جانتی ہیں کہ صندل کے درخت سے خوشبو نہیں آتی جب اُسے کاٹ دیا جاتا ہے تو اُس کی بے جان لکڑی میں سے مہک پھوٹنے لگتی ہے..وہ شوکیس میں سجے ہاتھیوں کی جانب اشارے کرتا اپنے آپ کو ایک اچھا دکاندار ثابت کر رہا تھا۔ جب اُس کی نظر گنیش مہاراج کے ایک سبز پتھر سے تراشے ہوئے مجسّمے پر ٹھہر گئی جو کہ ایک اور مقدس ہاتھی

تھا.''یہ دیکھئے'' اُس نے وہ مجسمہ شوکیس میں سے نہائت احتیاط سے برآمد کر کے اُس کے سامنے کیا.'' شائد آپ اسے پسند کریں. معاف کیجئے گا کیا آپ ایک ہندو لیڈی ہیں؟''

''استغفر اللہ...''

اُس لمحے وہ سبز پتھر سے تراشیدہ گنیش کی مورتی کو نہائت اُلفت سے تکتا' اُسے نہائت نزاکت سے سنبھالتا اُسے یوں دیکھتا تھا جیسے وہ اُس کی متوقع فروخت کی جدائی سے ابھی سے اداس ہو رہا ہے.. ''رین بو سٹور'' کے تجربے نے اُسے کسی بھی شے کو فروخت کرنے کا ایک زرّیں ڈھنگ سکھایا تھا کہ جونہی گاہک کسی بھی شے میں تھوڑی سی دلچسپی ظاہر کرے آپ نے اُسے فوراً ہاتھوں میں تھام کر نہ صرف اُسے پورے سٹور کی سب سے نایاب اور کم قیمت شے قرار دینا ہے بلکہ یہ بھی ظاہر کرنا ہے کہ اُس کی جُدائی سے آپ کو صدمہ ہوگا.. گاہک اس ڈرامائی اداکاری کی تاب نہ لا سکے گا اور فوراً اُسے خریدنے پر مائل ہو جائے گا.. لیکن جونہی اُس لڑکی کے حلق میں سے ایک قطعی غیر متوقع ''استغفر اللہ'' خارج ہوا' گنیش مہاراج اُس کے ہاتھوں سے گرتے گرتے بچے..

''سوری...'' وہ شدید طور پر گڑبڑا گیا..

شباہت نے نوٹ کیا کہ وہ گرزلی اس بوکھلاہٹ میں ڈولتا نہائت معصوم لگتا ہے ''آپ تو آگاہ ہوں گی کہ اس نئی آبادی میں زیادہ تر ہندو اور سکھ لوگ آباد ہیں تو... آپ.. یُو آر اے مُسلم؟''

''ہاں... شائد..'' اُس نے گردن کو بل دے کر سر جھٹکا' اُس کے لامبے سیاہ بال پل بھر کے لیے شانوں سے بے گھر ہوئے اور اُن پر گر کر ساکت ہو گئے.. ''کیا اس سے کوئی فرق پڑتا ہے..''

''ہاں.. اس سے فرق تو پڑتا ہے ینگ لیڈی.. پہلے تو نہیں پر اب ان زمانوں میں پڑتا ہے.. جب چڑیوں کے ننھے منے دل تھم جائیں اور وہ کسی شجر سے مردہ ہو کر ٹپ ٹپ یوں گرنے لگیں جیسے وہ اُس شجر کا بے جان پھل ہوں. تب فرق پڑتا ہے..''

یہ گرزلی بیئر اتنا عمر رسیدہ تو نہیں کہ ایسی بہکی باتیں کرے ''سوری..'' اُس نے پھر سر جھٹکا ''کونسی چڑیاں؟''

انعام اللہ اپنی اس بے وجہ بے اختیاری پر جھنجھلا گیا' اپنے آپ کو مطعون کرنے لگا کہ اگر یہی چلن رہے تو چل نکلا تمہارا یہ کاروبار.. اور ابھی فی الحال تم نے اپنے رویّے اور آئندہ کے عزائم کو پوشیدہ رکھنا ہے ''سوری.. وہ.. دراصل میں ابھی تک اُس کتاب کے زیر اثر تھا.. میں اُس کی نُبت میں اُلجھا ہوا تھا.. سوری.. تو یہ گنیش مہاراج تو یقیناً آپ کا چناؤ نہیں ہو سکتے.. تو آپ..''

''اِٹس او کے..'' اُس نے پھر لاشعوری طور پر اپنی گردن میں ایک خفیف سا خم دے کر سر جھٹکا اور جونہی اُس کے بال شانوں سے پل بھر کے لیے اُٹھے تو انعام اللہ کو اُس کے بازو پر ابھی تک ڈھکا ہوا ایک عجیب لمبوترا سا مسخرہ ہاتھی گُندھا ہوا نظر آیا اور پھر بالوں میں اوجھل ہو گیا... شائد یہ ایک سراب تھا.. شباہت کی ایک مصری کولیگ خانم نصیرہ نے اُن شاموں میں سے کسی ایک شام میں جب وہ سب اپنے چہرے فروغِ مے سے گل رنگ کیے ہوئے تھیں اور وہ اُن میں سے عُمر میں سب سے بڑی تھی اُسے اپنے تجربے میں شریک کیا تھا.. شیبی.. محض دل کے ہاتھوں بے بس ہو جانے والے ہمیشہ گھاٹے

میں رہتے ہیں.. سوچ سمجھ کر حساب کتاب کر کے اور ایک بینکر ہونے کی حیثیت سے تمہیں ایسا حساب کتاب کرنے میں چنداں دشواری نہ ہوگی.. کسی ایسے شخص کو اپنے قریب آنے دینا جو تم سے شادی کر لے.. عمر بھر کے لیے تمہیں معاشی آسودگی مہیا کر سکے.. اور تمہیں پتہ ہے کہ اس عشق کے ڈھکوسلے فریب سے کیسے بچا جا سکتا ہے.. جب تم.. اگر کبھی ایسا ہو جائے.. اور یہ اکثر نہیں ہوتا.. کہ تم ایک اجنبی شخص پر نظر کرتی ہو.. کسی ہجوم میں.. کسی فٹ پاتھ پر.. بینک میں.. کسی محفل میں اور یکدم اُسے دیکھنے سے تمہارا دل تھم جاتا ہے.. تمہارے مُنہ کا لعاب خشک ہو جاتا ہے' ٹانگوں میں جان نہیں رہتی' تب اُسے دیکھ کر تمہارے تن بدن میں فوراً خطرے کا ایک الارم بجنے لگتا ہے' تمہیں خبردار کرنے لگتا ہے کہ اس پر دوسری نظر نہ ڈالو.. نظر بچا کے نکل جاؤ.. فرار ہو جاؤ.. رَن فار یور لائف.. ورنہ.. تم اس سراب میں جکڑی جاؤ گی... میں نے بھی ایک مرتبہ خطرے کے الارم پر کُچھ دھیان نہ کیا تھا اور ابھی تک پچھتا رہی ہوں.. شیلف پر پڑی ہوں اور تنہا ہوں..

بخت جہان پر جب اُس نے پہلی نظر ڈالی تھی تو اسے یہ اقرار کرنے میں کچھ عار نہ تھا کہ اُس کی تیکھی ناک' ٹیڑھی گردن اور نیلی آنکھیں اُس پر یوں اثر انداز ہوئی تھیں کہ اُس کا دوسرا ناف تلے کا ہاتھی نم ہونے لگا تھا.. پر اُس کے اندر خطرے کا کوئی الارم برپا نہ ہوا تھا.. ایک سناٹا تھا جس میں بدنی خواہش کے سندیسے تو تھے پر اس عشق وغیرہ کی بے اختیاری کی کوئی واضح علامت نہ تھی..

اور اب شباہت پر ایک ناگہانی آفت آن پڑی تھی.. یہ لاپرواہ' اُس کے وجود سے غافل ایک گرزلی بیئر اُسے ایسا دکھائی دیا تھا کہ اُس کے اندر خطرے کے جتنے بھی الارم تھے اُنہوں نے گرر گرر' ٹن ٹاٹن آسمان سر پر اُٹھا لیا.. اتنا شور ہوا.. اور اس شور میں کُچھ گھنٹیاں بجتی تھیں گئے زمانوں کے کسی ایسے مندر میں جہاں کرشن کے سامنے ایک میرابرا جمان بھجن گاتی یہی گھنٹیاں بجاتی تھی.. اُس کے بس میں نہ رہا کہ وہ اُس پر ایک اور نظر نہ ڈالے.. فرار ہو جائے.. کہ اُس دوسری نظر نے اُسے محبت کے سراب کے شکنجے میں کس لینا تھا..

وہ پھڑ پھڑائی بھی نہیں.. گسی گئی.

اُس کی دراز قامتی کے اندر جتنی بھی شریانیں اور رگیں تھیں اُن میں گردش کرتے خون کے ہر خلیے میں اپنے سامنے کھڑے گرزلی بیئر کے سینے کے ساتھ لگ کر رو دینے کی آرزو بلکنے لگی۔ اُس کے گلے سے لگ کر وہ کُچھ کہہ دینے' شکائت کرنے اور محبت کرنے کو جی چاہا جو وہ آج تک نہ کبھی کہہ سکی تھی اور نہ کر سکی تھی. اُس کے باپ نے اُسے کبھی نہ کُچھ کہنے دیا اور نہ اُسے گلے لگا کر پوچھا کہ شباہت.. تم خوش تو ہو..

اُسے آگے بڑھ کر اُس کے کے گلے لگ کر رونے سے اپنے آپ کو روکنے کے لیے اسے اپنے آپ پر بہت ظلم کرنا پڑا.. بظاہر بے پروائی سے اگرچہ اُس کا دل تھما جاتا تھا' مُنہ کا لعاب خشک ہوا جاتا تھا اور ٹانگوں میں سے جان نکلتی تھی اُس نے پوچھا ''کیا میں انہیں.. اِن ہاتھیوں کو سُونگھ سکتی ہوں؟''

اگر وہ چڑیوں کی موت کو نہ سمجھ سکی تھی تو انعام اللہ کو بھی یہ درخواست سمجھنے میں دشواری پیش آئی.. ''یقیناً'' اُس نے بے یقینی سے کہا..

اُس نے ایک ایک کر کے.. چھوٹے موٹے.. بڑے ٹھگنے' پتھر' مٹی' کانچ' لکڑی کے ہاتھی اٹھائے' انہیں اپنے

سُوجے ہونٹوں کے اوپر ناک سے لگا لگا کر سونگھا اور پھر اُس کی جانب دیکھے بغیر ایک انگشت بھر کے شیشے کے ہاتھی کو پسند کر لیا..

مر چکی ماؤں کی شکلیں بھولتی جاتی ہیں' فنا کی سیاہ دُھند اُنہیں ہولے ہولے دھندلاتی جاتی ہے پر یہ عجب قصّہ ہے کہ اُن کی آواز کبھی نہیں دُھندلاتی' قبر کی مٹّی کا ایک ذرہ بھی اُس کے کھرے پن پر اثر انداز نہیں ہوتا' وہ جب کبھی سنائی دیتی ہے تو یوں جیسے وہ تمہارے برابر میں آن بیٹھی ہوں.. انعام اللہ کے پاس نہ تو کوئی دھندلاتی ہوئی شکل تھی اور نہ ہی کوئی آواز.. وہ ایک خلاء میں تھا.. آج تک تھا پر آج اُس خلاء میں ایک شکل ابھرتی تھی.. وہ بھی.. جس کے بدن میں اُس کے وجود کی کونپل پھوٹی تھی.. تب شائد اتنی ہی عُمر کی ہوگی.. ایسی ہی پُرکشش آنکھوں والی' شائد اسی طرح کے لامبے بالوں والی ہوگی.. اگر نہیں تھی تو اُس خلاء میں آج ایک چہرہ کہاں سے آ گیا تھا.. وہ اس خلاء کے اندر اُتر کر اُس کے گلے لگ جانا چاہتا تھا کہ تم مجھے ترک کر کے کہاں چلی گئی تھیں.. اُس کے پسند کردہ ہاتھی کو گفٹ ریپر میں پیک کرتے ہوئے اُس نے اُس کی جانب دیکھنے سے اجتناب کیا کہ کہیں کہ مغلوب ہو کر اُس کے گلے نہ لگ جائے..

وہ اپنے دھیان میں تھا' اُس کی جانب نہیں دیکھ رہا تھا.. وہ ایک لاپرواہ انداز میں ایک شوکیس پر یوں جُھکی کہ اُس کی ناک اُس کے کاندھے کے قریب ہوگئی اور اُس نے ایک گہرا سانس لیا.. اُسے سُونگھا.. اُس کی مہک میں بھی خطرے کی گھنٹیوں کا شور تھا..

•

''ایک اور ہاتھی..'' ماں نے اُس کے پُرشوق جذبے کی کُچھ تحسین نہ کی کہ میرے پاس ابھی تک شیشے کا کوئی ایسا ہاتھی نہ تھا.. اگر اُس کے کولیگ اُسے ''ایلی فنٹ گرل'' کہہ کر چھیڑتے تھے تو اُس کی ماں اس عجیب سے جذبے کو کیسے سمجھ سکتی تھی.. ''تم نے بخت جہان کے بارے میں کُچھ فیصلہ کیا ہے.. کُچھ سوچا ہے..''

''نہیں..''

''شباہت میں تم سے دوبارہ نہیں کہوں گی.. تم اپنے فیصلوں میں آزاد ہو.. اگر تم نے حیات کا یہ کٹھن سفر تنہا طے کرنا ہے.. تو تمہاری مرضی..''

''ناراض نہیں ہونا ماں..'' وہ اُس سے لپٹ کر لاڈ کرنے لگی.. ماں مصنوعی خفگی میں اُسے پرے کرتی اور وہ اُس کے بدن کے گرد اپنے بازوؤں کی گرفت ڈھیلی نہ کرتی.... ''تم جو کہو..''

''تو پھر؟''

''اگر آپ چاہتی ہیں تو.. وہ مجھ سے دوبارہ پوچھے گا تو.. تم جو چاہو..''

''جاؤ.. وہ کانٹے دار مچھلی کا سالن لے کر آؤ جو تم خاص طور میرے لیے خرید کر لائی تھیں.. چاول میں نے اُبال رکھے ہیں'' اُس نے اُسے پیار اور ایک گہرے اطمینان کے ساتھ پرے دھکیلا..

مائیکرو ویو اَوَن کی ہلکی سی سرسراہٹ کچن میں سنائی دے رہی تھی.. اُن تین منٹوں میں.. جو خوراک کو گرم کرنے کے لیے متعیّن تھے اُس کے اندر وسوسے جنم لیتے تھے.. وہ.. گرزلی بیئر جسے دیکھ کر اُس کے اندر خطرے کے الارم بجے تھے.. ایک وقتی اُبال تھا.. ایک لمحے کا جذباتی سراب تھا.. اور ٹھوس زمینی حقیقت صرف بخت جہان تھا.. ایک وقتی اُبال کی خاطر.. ایک

شکنجے میں جکڑے جانے کے بے نتیجہ جذبات سے مغلوب ہوکر عمر بھر کی معاشی آسودگی اور طے شدہ زندگی سے انحراف کر جانا ذہنی پس ماندگی کے سوا اور کیا تھا..

اُس نے اپنے آپ کو ڈھارس دینے کی خاطر ایک گہرا سانس بھرا..اس سانس میں جہاں مائیکرو ویو کی پلیٹ میں ہولے ہولے گھومتی گرم ہو چکی مچھلی کی گرم خوشبو تھی وہاں....ایک موٹے گرزلی کے کاندھوں میں سے آنے والی ایک بے اختیار کر دینے والی مہک بھی تھی..

✦.......✦

فریج کے اندر مجرّد زندگی کے وہی آثار تھے..

اور خوراک کے اُن منجمد آثار میں کُچھ اشتہا نہ تھی.. بے روح سینڈوچ. پنیر کے قتلے.. منجمد چکن.. سرد سلاد.. سٹرابیری ذائقے والے دودھ کی بوتلیں.. اُس نے فریج کے کھلے ہوئے دروازے کو ہاتھ کی بجائے پاؤں سے دھکیل کر بند کر دیا اور اُس کھڑکی کے سامنے آ بیٹھا جس میں سے وہ اکتاہٹ بھرا کیلگری ٹاور مسلسل نظر آتا چلا جاتا تھا.. کُچھ دیر یونہی بے مقصد خالی الذہن ہو کر بیٹھا رہا.. اُسے کچھ نہ کچھ تو اپنے شکم میں اُتارنا تھا.. پھر اُٹھا اور دو انڈوں کو ایک پیالے میں گھول کر، اُن پر کالی مرچ چھڑک کر اُن کا ایک ملغوبہ آملیٹ بنالیا اور ڈبل روٹی بغل میں داب کر پھر سے کیلگری ٹاور کے بیزار منظر کے سامنے آ بیٹھا..

وہ اُسے کیوں سونگھ رہی تھی.

اُسے.. اُس میلی کچیلی نیلی جین اور بھدّے جوگرز والی دراز قامت لڑکی کی سادگی پر بہت ترس آیا.. اُس نے جان بوجھ کر شوکیس میں جھانکنے کے بہانے اُس کے کاندھوں کے قریب ہو کر اُنہیں یوں چھوا تھا جیسے یہ محض اتفاق ہو اور وہ نہیں جانتی تھی کہ وہ ایک ساٹھ برس کا حیات کی کڑواہٹ سے آشنا، تجربہ کار اور زندگی کو پرکھ چکا ایک شخص ہے جسے جُل نہیں دیا جاسکتا.. وہ محسوس کر گیا کہ وہ لڑکی اُسے اُسی طرح سونگھ رہی تھی جیسے اُس نے متعدد ہاتھیوں کو سونگھا تھا.. جیسے ایک جانور چارے پر مُنہ مارنے سے پیشتر اُس پر اپنی تھوتھنی رکھ کر اُسے سونگھتا ہے کہ یہ کھانے کے لائق ہے بھی یا نہیں.

لیکن وہ اُسے کیوں سونگھ رہی تھی..

کیا وہ بھی زندگی کو پرکھ چکی ایک لڑکی تھی جو اُس کا بھید جان گئی تھی کہ اس شخص کے اندر جو ایک خلا تھا اُس میں میری شکل ظاہر ہو رہی ہے اور یہ مجھ میں.. ایک عمر رسیدہ شخص ایک نوجوان لڑکی میں.. اپنی ماں کے وجود کی آنچ محسوس کرتا ہے اور اگر یہ اجتناب نہ کرے، اپنے آپ پر قابو نہ رکھے تو میرے گلے لگ کر بلک بلک کر رونے لگے....

صد شکر کہ ایسا نہ ہوا تھا.. ورنہ وہ مجھے ایک جنس زدہ بے غیرت بوڑھا جان کر پرے دھکیل دیتی اور پھر کیسی شرمندگی ہوتی.

عمروں کا تفاوت بھی اتنا تھا کہ وہ آسانی سے اُس کی اکلوتی شادی کے نتیجے میں پیدا ہونے والی ایک بیٹی ہو سکتی تھی.. اُسے شرمندگی ہونے لگی.. کیا وہ ایک ڈرٹی اولڈ مین ہو چکا تھا جو اپنی ماں کی شکل کے بہانے اُس کے گلے

لگ جانا چاہتا تھا..

ٹیلی ویژن کی سکرین ایک مدّت سے اجاڑ پڑی تھی، بیوہ ہو کر سیاہ پوش ہو چکی تھی..اُسے مزید شواہد دیکھنے کی کُچھ تمنّا نہ تھی..وہ کب کا اپنے فیصلے پر پہنچ چکا تھا..

یہ ''گفٹس فار بِز''، تو محض ایک وقتی ڈھکوسلا تھا..ایک گوراپ تھا....اور یہ شکل تو یونہی اُس کے راستے میں حائل ہو گئی تھی..

وہ ہندسوں کا چور تھا..وہ اُس کی یادداشت میں ٹھہرتے نہ تھے، کبھی تیرتے ہوئے دور نکل جاتے تھے اور کبھی سارے تو نہیں کُچھ ایک ڈوب جاتے تھے اور یوں جو یاد رہتے تھے وہ بیکار ہو جاتے تھے.دوستوں کے فلیٹ نمبر، بینک اکاؤنٹ..دوسروں کے فون نمبر تو کیا اُسے اپنا سیل نمبر بھی یاد نہ رہتا تھا لیکن روشن کا سیل نمبر گویا اُس کے پپوٹوں میں درج تھا..چند گھنٹیوں کے ارتعاش کے بعد اُسے اُس کی قدرے بھاری آواز سنائی دی ''جی روشن''..اور اُس نے فوراً فون بند کر دیا..وہ اُسے اُس سونگھنے والی لڑکی سے ملاقات کے بارے میں بتانا چاہتا تھا جو شکل سے بہت بیزار سی لگتی تھی پر اُس نے یکدم یہ ارادہ اس لیے ترک کر دیا کہ وہ روشن کے مزاج سے واقف تھا..اُس نے اُس کی بات تحمل سے کہاں سننی تھی، اُس نے فی الفور ہنسنا شروع کر دینا تھا کہ نیمی اولڈ بوائے..اس عُمر میں ایک شعلۂ عشق..پہلے وہ ایک مرد دیدہ جُولیا اور اب..ایک ٹین ایجر معصوم لڑکی..اُسے ورغلا رہے ہو..شرم کرو نیمی..

وہ اُسے یہ تو ہرگز نہیں بتا سکتا تھا کہ اُس کے دائمی سنّاٹے میں وہ ایک ماں کی صُورت میں ظاہر ہوئی تھی..

اُس کے نتھنے اُسے ایک جانور کی مانند اشتیاق سے سونگھتے تھے اور اُس نے اپنے کاندھوں پر اُن میں سے خارج ہوتی گرم ہواڑ محسوس کر لی تھی..

اُس نے آنے میں دیر کر دی تھی..

جینے کے دن تھوڑے رہ گئے تھے..

✦.......✦

ہاتھی بنا شک جتنے بھی ہوں.. بے انت ہوں.. اگر اُنہیں مسلسل خرید اجائے تو بالآخر ایک ایسا دن آ جاتا ہے جب شوکیس میں ایک آخری ہاتھی رہ جاتا ہے..

وہ اُس روز بھی آئرش گھوڑوں کے سُموں ایسے جوگرز میں ٹھپ ٹھپ کرتی سٹور میں داخل ہوئی' جین میں کسی ہوئی اور اپنے سیاہ بلاؤز میں پوشیدہ.. اُسے حسب عادت کھینچ کر اپنی ناف کو ڈھکنے کی کوشش میں ناکام ہوتی ہوئی آئی. اُس آخری.. ہاتھی دانت سے تراشیدہ سفید ہاتھی کو خرید کر باہر جانے کو تھی جب انعام اللہ نہ رہ سکا..

''معاف کیجئے گا..''

اُس نے پلٹ کر نہائت ناراض نظروں سے اُسے دیکھا..''جی.''

انعام اللہ اُس کی ناراض نظر سے جھجک گیا اور پھر ہمّت کر کے بولا''آپ بُرا نہ مانئے گا' میں یونہی متجسس ہوں.. مجھے وہ دن اچھی طرح یاد ہے جب آپ پہلی بار میرے سٹور پر تشریف لائی تھیں اور آپ نے پتھر سے تراشا ہوا ایک ہاتھی خریدا تھا..''

''شیشے کا''اُس نے فوراً ٹوک دیا..

''جی.. غالباً.. تو آپ نے تمام ہاتھیوں کو باری باری سونگھا تھا.. اور وہ یہ کہتا کہتا رُک گیا کہ مجھے بھی..''صرف ایک.. شیشے کے ہاتھی کو پسند کیا تھا اور باقیوں کو رد کر دیا تھا.. تو پھر.. آپ نے اُنہی رد کردہ بقیہ ہاتھیوں کو بھی ایک ایک کر کے خرید لیا.. میں بے وجہ متجسّس ہوں کہ.. کیوں..''

''صرف اسی لیے کہ جب میں آپ کے سٹور کا آخری ہاتھی خرید لوں گی تو آپ میرے شکر گزار ہوں گے کہ ایسے اور ان سے بہتر ہاتھی کیلگری کے درجنوں گفٹ سٹورز میں میسّر ہیں اور میں یہ بھی جانتی ہوں کہ اس نوعیّت کے ہاتھیوں میں منافع کی شرح نہائت معقول ہے تو آپ شکر گزار ہو کر کہ میں نے آپ کے سارے ہاتھی خرید لیے مجھے کم از کم نزدیکی ''سٹار بک''میں کافی کے ایک کپ کی پیشکش کر دیں گے..''شباہت دل کڑا کر کے وہ سب کچھ کہہ گئی جسے ایک لڑکی ہونے کی حیثیت میں اُسے اصولاً ہرگز نہیں کہنا چاہیے تھا.. لیکن وہ کہہ گئی اور فوراً ہی پچھتانے لگی کہ اُسے یوں بے دھڑک ایسی فرمائش نہیں کرنی چاہیے تھی..

''شیور.. کیوں نہیں..''وہ ہکلاتا ہوا بڑبڑایا کہ اُسے بھی ایسی فرمائش کی توقع نہ تھی.. اور وہ اُس کے سامنے اپنے

دونوں ہاتھ اُس مقام پر رکھے جہاں سے اُس کی لامبی ٹانگوں کا آغاز ہوتا تھا ایک ایسے طالب علم کی مانند کھڑی تھی جو اپنے کلاس ٹیسٹ کے نتیجے کا منتظر تھا..ایک ایسے بچّے کی مانند جو ایک آئس کریم کا خواہش مند ہو۔

''سٹار بک''میں بھی وہ نہائت خاموشی سے کافی کے گھونٹ یوں بھرتی رہی جیسے وہ اُس کی نیم کڑواہٹ سے پہلی مرتبہ آشنا ہوئی ہو..اُس کے وجود سے غافل نظریں جھکائے کافی کے کپ کو تکتی رہی..

''آپ کیا کرتی ہیں؟''

''میں ایک بینکر ہوں..کبھی کبھار وال مارٹ میں پارٹ ٹائم کام بھی کرتی ہوں' اضافی آمدنی کے لیے نہیں بلکہ مجھے طرح طرح کے لوگوں سے میل ملاپ پسند ہے..''

''میرے بارے میں تو آپ جانتی ہی ہیں..''وہ سخت بے آرام محسوس کر رہا تھا اور بے وجہ پہلو بدلتا مسکراتا تھا..

''جی ہاں..''اُس نے پہلی بار اپنی سیاہ آنکھوں کو کافی کے اُس کپ ''سٹار بک''میں بیٹھے ہوئے تمام چہروں اور آس پاس کے سارے منظر سے خالی کیا اور صرف اُس پر مرکوز کر دیں''میں آپ کے بارے میں..سب کچھ جانتی ہوں..''

یہ میرے بارے میں سوائے اس کے کہ میں ''گفٹس فار بیِ ز''کے کیش کاؤنٹر پر بیٹھتا ہوں اور کیا جان سکتی ہے..اور..کیسے جان سکتی ہے....''آپ..اور کیا کرتی ہیں؟''

''کُچھ بھی نہیں..''

وہ کُچھ زیادہ خوشگوار رفاقت نہ تھی..سلسلۂ کلام کو طول دینے کی بجائے مختصر کر دینے پر یقین رکھتی تھی..

''اور ہاں..''شائد اُسے شباہت کو بھی احساس ہو گیا کہ کافی کا ایک کپ یونہی بیزاری اور بے اعتنائی کی کیفیت میں نہیں پیا جا سکتا''شائد اگلے ایک دو ہفتوں میں میری شادی ہو جائے..''

''واقعی؟''اُس نے اپنے آپ کو تعجب خیز ظاہر کرنے کی کوشش کی اور خواہ مخواہ حیرانی کی اداکاری کرنا اُسے اچھا تو نہ لگا''بیسٹ آف لک..''

''تھینک یو'جواب میں شکر گزاری کی اداکاری تھی..

''اینڈ ہُو از دے لکّی مین؟''اگرچہ اُسے کیا دلچسپی ہو سکتی تھی کہ وہ کمبخت کون تھا..

''وہ بقول ایک مقامی محاورے کے..ایک ٹی ڈی ایچ ہے..ٹال'ڈارک اینڈ ہینڈسم..''

''لکّی گرل..''

''تھینک یو..اور کیا آپ اس ویک اینڈ پر مجھے کافی کا ایک اور کپ پلانے کی پیشکش کریں گے..''

یوں اتنی پستی میں تو نہیں گرا کرتے..وہ اپنے آپ کو ملامت کرنے لگی لیکن اس کے سوا اور کوئی چارا نہ تھا..وہ ایسا شخص نہ تھا جو صنفِ نازک کو دیکھ کر کھل اٹھتا اور منڈلانے لگتا' اُسے گھیرنا پڑتا تھا..اگرچہ وہ میز کے پار ایک نادان سی حالت میں بے خبر' کسی حد تک تذبذب میں بیٹھا تھا لیکن اُس کے نتھنوں میں اُس کی گرزلی بیئر مہک آ رہی تھی جو اُسے گھیرنے پر مجبور کرتی تھی..

''کیوں نہیں..'' وہ خوشگوار ہونے کی اداکاری میں کیسا ناکام اور مزاحیہ ہو رہا تھا ''کیوں نہیں..آپ میرے سٹور کی ایک باقاعدہ اور معتبر گاہک ہیں..لیکن..شہر کے نواح میں ایک ریسٹ ہوم میں میرے ایک نزدیکی عزیز قیام پذیر ہیں اور بہت دن ہو گئے ہیں اُن سے ملاقات کیے ہوئے تو میں اس وِیک اینڈ پر اُن کے ہاں جانے کے بارے میں سوچ رہا تھا..''

''یہ کون ہے؟'' شباہت کے بدن میں کُچھ پگھلا..کیلگری کے نواح میں صرف وہی ایک ہوم تو نہیں ہے..اور اگر صرف وہی ہے تو اُس میں قیام پذیر وہی ایک تو نہیں ہو سکتا. وہاں تو درجنوں کی تعداد میں ایسے ہیں جو ایک حواس باختہ حیات کے آخری لمحات بسر کرتے ہیں ''ٹھیک ہے، مجھے آپ کے ساتھ چلنے پر کُچھ اعتراض نہ ہوگا..ہفتے بھر کی ہلاک کر دینے والی مشقت کے بعد کھلی فضا میں چند سانس لینا کیسی خوش بختی ہوگی..اگر آپ بُرا نہ مانیں تو..''

''شیور..'' انعام اللہ کو صدمہ سا ہوا اور اُسے اُس کی دماغی حالت پر بھی کُچھ شک سا ہوا کہ وہ خواہ مخواہ اُس کے ساتھ نتھی ہو رہی تھی، وہ اُسے ساتھ نہیں لے جانا چاہتا تھا۔

یوں اتنی پستی میں تو نہیں گرا کرتے شباہت..اُسے بھی اپنی دماغی حالت پر کُچھ شک سا ہوا..اُسے فرار ہو جانا چاہیے تھا..

ٹیلی ویژن لاؤنج کے ایک کونے میں، وہیل چیئر میں سمٹے ہوئے. وہ پھر بے خبر ہو چکا تھا..وہ ابھی کُچھ دیر پہلے اپنی وہیل چیئر ڈرائیو کرتا لاؤنج میں داخل ہوا تھا تو باخبر تھا کہ وہ کہاں ہے..اس کشادہ لاؤنج میں جتنے بھی چہرے تھے جو اس مقیّد حیات کے سفر میں اُس کے رفیق تھے وہ سب اُس کی پہچان میں تھے..اُن میں سارا بھی تھی..

برف سفید بالوں والی ایک ادھیڑ عمر عورت جس کی نیلی آنکھیں ابھی تک کانچ کی مانند شفاف اور نوخیز تھیں جو ہر ویک اینڈ پر باقاعدگی سے آنے والے اپنے وفادار خاوند کو کبھی تو پہچان کر لپٹ جاتی اور کبھی اُسے سراسر غیریت سے دیکھتی ہوئی ڈانٹ دیتی کہ تم کون ہو، میں ایک بہت مطمئن شادی شدہ عورت ہوں اور تم میرے ساتھ فلرٹ کرتے ہو، میرے لیے پھول لے کر آ گئے ہو..اور اُس کا خاوند ایک عجیب اُلفت بھری سوگواری میں اُسے تکتا اور پھر اُس سے معذرت کر کے چلا جاتا..

لاؤنج میں جتنے بھی چہرے تھے وہ اُسے دیکھ کر مسکراتے تو تھے پر اب کھنچے کھنچے رہنے لگے تھے..وہ اُس کے ساتھ خوش گپیاں تو کرتے پر اُن کا کھوکھلا پن بہت نمایاں ہوتا..

لیکن سارا تو اُسے دیکھ کر موم ہو جایا کرتی تھی..اُس سے لپٹ جایا کرتی تھی..اور آج شب جب وہ اُس کی جانب بڑھی اور وہ اپنے رخساروں پر اُس کے بوسے کی توقع کر رہا تھا تو اُس نے اُس کی وہیل چیئر کو درشتگی سے پرے دھکیل کر کہا تھا ''یو بلڈی مسلم'' اور بڑبڑاتی ہوئی چلی گئی تھی..

چھ ستمبر نے اس ہوم کو جو ٹریڈ ٹاورز سے بہت طویل مسافتوں پر تھا..ایک اور ہوم کر دیا تھا جہاں اب ایک اجتناب اور سرد مہری تھی..وہاں اور کوئی نہ تھا جو اسے جھیلتا..بس وہی ایک تنہا نشانہ تھا..

اُسے دُکھ صرف سارا کی منافرت کا ہوا تھا..اُس نے ایک یک طرفہ فیصلہ سنا کر مطعون کر دیا تھا کہ یو بلڈی مُسلم..

اور وہ اپنے آپ میں سب سے الگ ہو کر ایک شُودھر کی مانند کہ کہیں وہ ان براہمنی لوگوں سے چھُو نہ جائے مسکراتا رہا کہ میں..ایک بلڈی مُسلم..میں ایک مردار کھانے والے لا مذہب سروسانسی کا بیٹا جسے بچپن میں نیولے کا آگ پر سلگتا..محلہ قادر بخش کی چھت پر سلگتا گوشت اتنا مرغوب تھا کہ وہ اُس کی ہڈیاں بھی چبا گیا تھا اور..ابھی کچھ زیادہ مدت تو نہ ہوئی تھی کہ جب وہ لومڑیوں اور خرگوشوں کو کھا جانے کی پاداش میں ملازمت سے نکالا گیا تھا تو میں ایک بلڈی مُسلم..

ثابت یہ ہوا کہ صرف عقیدہ نہیں بلکہ نسل تاوان ادا کرتی ہے..

موجو سیانا نکلا' اپنی آبائی شناخت ترک کر کے' معاشرے کی منفعت' منافقت کے سامنے سرنگوں ہو کر سلمان شاہ ہو گیا۔

اور اگر وہ قائم رہا تھا اپنی آبائی سرشت میں گردش کرتے سانسی پن پر تو اسی لیے اُسے سزا مل رہی تھی..تو پھر کیوں نہ انسان ایک ایسی خود فراموشی میں ڈوب جائے جہاں سے کسی کی اور اپنی بھی کچھ خبر نہ آئے.

انعام اللہ نے آگے بڑھ کر وہیل چیئر کو تھامتے ہوئے اُس کے بازو پر تھپکی دے کر کہا ''بھائی موتی..میں انعام ہوں'' وہ اس کی جانب دیکھ تو رہا تھا پر اُس کی آنکھوں میں پہچان کی کوئی شکل نہ تھی..''اور یہ..'' اُس نے ذرا پیچھے کھڑی شباہت کی جانب اشارہ کیا ''یہ...''

یادداشت کے سارے کے سارے ورق کورے تھے..کسی ایک ورق پر بھی شناسائی کا کوئی ایک حرف خط کشیدہ نہ تھا جو پہچان کا سبب بنتا' صرف دو سیاہ آنکھیں تھیں جن میں ناریل اور سپاری کے پیڑ کہیں گہرے سمندروں اور خلیجوں میں سے آنے والی شُوکتی تُند ہواؤں کے زور سے دوہرے ہوتے تھے..اور ایک شائبہ سا آواز تھی ٹیلی فون میں سے برآمد ہوتی..چاچا موتی..میں بخت جہان ہوں..چاچی مقدس کو کچھ اعتراض نہیں..لیکن شباہت کی شرط تھی کہ آپ کو بھی مطلع کیا جائے..آپ سے بھی اجازت طلب کر لی جائے..

وہ کیسے اُس پر یُوں..ہمیشہ اُس سے اجتناب کرنے والی بیٹی یُوں مہربان ہو گئی تھی کہ اُس کی اجازت کے بغیر شادی نہیں کرنا چاہتی تھی.

تو اُس کے دل میں..ایک بیٹی کے دل میں اُس کے لیے....جیسا کیسا بھی وہ باپ رہا تھا..جگہ تھی..

لیکن اس کے برابر میں کون کھڑا ہے..بخت جہان تو نہیں ہے.کون ہے.

شباہت کی آنکھیں بھر آئیں..اپنے اُس باپ کی بے چارگی اور بے بسی کو برداشت نہ کر سکیں جس نے اُسے اور اُس کی ماں کو اذیّت اور دکھ کے سوا اور کچھ نہ دیا تھا..اُس کی آنکھیں ایک لاعلم انعام اللہ کے سامنے اپنے باپ کے لیے یوں متاثر ہوئیں کہ اُن سیاہ تتلیوں کے پَر نمی سے بھیگنے لگے اور وہ گیلی ہو کر اُڑان کے قابل نہ رہیں.

✦.......✦

''ایسے مقامات جہاں کچھ لوگ محض مرگ کے منتظر زندگی کرتے ہیں آپ کی عُمر کے لوگوں کے لیے آزردگی اور پژمردگی کا سبب بنتے ہیں' مجھے یقین ہے کہ آپ نے پہلی بار ایک ایسے ہوم میں قدم رکھا ہے جہاں ہر سُو زوال کی بُو ہے..موت کی منتظری ہے..لیکن آپ نے خود ہی تو اصرار کیا تھا..''

''جی..'' شباہت نے تاریک شاہراہ پر سے نظر ہٹا کے ایک لمحے کے لیے اُس کی جانب دیکھا..وہ اپنے آپ میں گم تھا یا تھک گیا تھا' اگر اُس کی جانب دیکھتا تو شائد اُسے احساس ہوتا کہ سیاہ تتلیوں کے پَر گیلے ہو چکے ہیں اور وہ اڑان کے قابل نہیں رہیں۔

''یہ..میٹ سینسی آپ کے عزیز ہیں..''

''جی..''

''قریبی عزیز ہیں؟''

''جی..''

سارے دھاگے اُلجھتے جا رہے تھے..اُس ہوم کے قریب ہوتے ہوئے ہی وہ جان گئی تھی کہ یہ وہی عمارت ہے لیکن وہ چپ رہی..کیونکہ وہاں اُس کے باپ کے علاوہ بھی تو درجنوں مریض تھے..اُن میں سے کوئی بھی اُس کا عزیز ہو سکتا تھا..لیکن جب لونگ روم کے کونے میں اپنی وہیل چیئر پر تنہا بیٹھے شخص کی جانب وہ بڑھتا گیا اور اس سے پیشتر کہ وہ اُسے یہ بتاتی کہ یہ تو میرا ابھی عزیز ہے وہ اُس کے بازو پر تھپکی دے کر کہہ رہا تھا..بھائی موتی..میں انعام ہوں اور یہ..اُس نے پیچھے کھڑی شباہت کی جانب اشارہ کر دیا تھا..اور یہ..اور ڈیڈی کی نظریں پہچان سے عاری تھیں تو پھر اُس نے خاموش رہنا ہی مناسب جانا..اُس کا نام ایسا تھا جو اُس نے کہیں نہ کہیں سُن رکھا تھا' پر کہاں..یہ ایک اور اُلجھاؤ تھا..

''میں نے آپ سے ویک اینڈ پر ایک معمولی سی فرمائش کافی کے ایک کپ کی..کی تھی جو آپ اب پوری کر سکتے ہیں'' اُس نے بظاہر بے دھیانی میں اپنی آنکھوں میں ابھی تک ٹھہری ہوئی نمی کو بلاوز کی آستین سے پونچھ لیا..

وہ ایک حنوط شدہ انداز میں ڈرائیو کرتی چلی جا رہی تھی..کہ یہ اُس کی کار تھی جس میں وہ دونوں سفر کر رہے تھے..انعام اللہ ابھی تک مقامی ذرائع آمدورفت پر انحصار کرتا چلا آیا تھا' مصروفیت کے سوا اور اس میں اُس کی سستی کا بھی بہت عمل دخل تھا کہ وہ اپنے بجٹ میں رہ کر کوئی مناسب سیکنڈ ہینڈ کار خرید سکے..اور جب وہ رینٹ اے کار سروس کا نمبر گھما رہا

تھا تو اُس نے فوراً پیشکش کر دی تھی کہ نہیں.. میں آپ کو ساتھ لے جاؤں گی' میں بہت اچھی ڈرائیور ہوں..

''رات کے اس پہر؟ ویسے کیلگری میں اگر کوئی کافی سپاٹ ابھی تک کھلا ہو تو میں آپ کی فرمائش پوری کر سکتا ہوں..'' وہ اُس کے زیرِ احسان تھا اُس کی کار میں ایک ہچ ہائکر کی مانند مسکین سا بنا بیٹھا تھا اس لیے انکار کی گنجائش نہ تھی..

''کیلگری تو آپ اب تک جان گئے ہوں گے زیادہ دیر تک جاگنا پسند نہیں کرتا.. سرِ شام اجڑ جاتا ہے..''

''تو پھر.. اگلے ویک اینڈ پر سہی.. اگر تب بھی آپ کی خواہش ہوئی..'' انعام اللہ کے زوال پذیر ہوتے رگ و پے میں ایک اطمینان کا سانس اُترا.. اس طویل مسافت نے اُسے تھکا دیا تھا اور وہ قطعی طور پر ایک کافی ہاؤس میں جا کر اس خاموش طبع لامبی ٹانگوں والی لڑکی کے ساتھ کافی پینے کی کیفیت میں نہ تھا..

''اگلے ویک اینڈ کے آس پاس عین ممکن ہے کہ میں ایک شادی شدہ عورت ہو جاؤں..'' اُس نے اُس جذبات سے عاری حنوط شدہ چہرے کے ساتھ کہا ''اور میں اپنے خاوند کے ساتھ بے وفائی نہیں کروں گی.. ویسے میں ایک ایسے مقام کو جانتی ہوں جہاں ہمیں رات کے اس پہر بھی گرم کافی میسّر ہو سکتی ہے.'' شباہت نے یہ منصوبہ بہت پہلے سے طے کر رکھا تھا..

''کہاں؟''

''آپ کو کچھ صبر کرنا ہوگا.. کیونکہ انَّ اللہ مَعَ الصَّابرین..''

''جی'' وہ چونک گیا' یہ عجیب غیر متوقع اظہار کی لڑکی تھی.. جیسے اُس روز جب اُس نے اُسے ایک ہندو لیڈی سمجھا تھا تو اس نے اسی طور نہائت عربی مخرج سے ''استغفر اللہ'' ادا کیا تھا..

انعام اللہ کے بدنی اور حسیّاتی نظام نے اُسے کب کی خبر کر دی تھی کہ وہ اُن راستوں پر نہیں ہیں جن پر وہ آئے تھے.. آس پاس گزرتے تاریکی میں ڈوبے ہوئے منظر وہ نہ تھے.. لیکن اُس نے اظہار نہ کیا کہ اُسے صبر کی تلقین کر دی گئی تھی.. ایک گیس سٹیشن کی زرق برق روشنیاں اندھیرے میں جھلملائیں' کار کے اندر بے دھڑک چلی آئیں' اُن دونوں کے چہروں کو.. ایک تشویش کی سلوٹوں سے بھرا اور دوسرا حنوط شدہ.. لمحہ بھر کے لیے روشن کیا اور پھر بجھ کر پیچھے رہ گئیں.. اُس نے مرکزی شاہراہ سے کار کو نہائت دھیرج سے موڑا تو اردگرد کے گھنے جنگل اُس میں یوں در آئے کہ اس سے پیشتر اگر کار کے اندر کچھ سُجھائی دیتا تھا تو وہ بھی نابینائی کی مزید تاریکی میں چلا گیا.. سرد موسموں میں پنپنے والے بلند شجروں کے ہجوم تھے جو اُن پر اُمڈے چلے آتے تھے.. وہ اُسے پہلے تو ایک لاابالی' کسی قدر عجیب اور انوکھے جذبے رکھنے والی.. یعنی جسے ہاتھیوں سے اس قدر لگاؤ تھا کہ اُس کے بازو پر بھی ایک لمبوترا مسخرہ ہاتھی گندھا ہوا تھا.. لڑکی سمجھا تھا لیکن اُسے شک ہونے لگا کہ وہ ایک فتور شدہ ذہن کی مالک ہے.. اور اُس نے اُس کے ساتھ.. راہ و رسم بڑھا کر شدید غلطی کی ہے.. اس عُمر میں اُسے احتیاط کرنی چاہیے تھی..

وہ انہی وسوسوں میں گم تھا جب اُس نے یکدم اتنی شدّت سے بریک لگائی کہ اس کا سر ونڈ سکرین سے ٹکراتا ٹکراتا بچا' جنگل کی سیاہ سائیں سائیں کار کے اندر چلی آئی کہ ہر جانب ایک ایسا سکوت تھا جس میں اگر اُس گھنے جنگل میں ایک ٹہنی بھی ٹوٹتی تو اُس کی آواز سنائی دے جاتی..

''ریچھ..'' وہ اُس کے بہت قریب ہو کر.. اتنی قریب کہ وہ اُس کے بدن کے کچّے پن کی سوندھی مہک سونگھ سکتا تھا، سرگوشی میں بولی..

کیا وہ اُن کانچ، پتھر، لکڑی یا جیڈ سے ساختہ ہاتھیوں میں سے کسی ایک کا حوالہ دے رہی ہے جو وہ اُس کے سٹور سے باقاعدگی سے خریدتی رہی ہے ''ریچھ؟''

''ہاں.. بیئرز..'' اُس کی پرشوق آواز میں ایک گہرا جنسی تلذذ سرگوشیاں کرتا تھا ''دم روکے رہو.. اور حرکت کیے بغیر اپنی آنکھیں سڑک کے کناروں پر جو گھنی جھاڑیاں ہیں اُن تک لے جاؤ.. وہاں ایک نہیں، تین ریچھ ہیں.. ایک ماما ریچھ اور اُس کے ہمراہ دو چھوٹے چھوٹے بچّہ ریچھ.. حرکت نہ کرنا.. اُنہیں خبر ہو گئی کہ ہم اُنہیں دیکھتے ہیں تو وہ ہراساں ہو کر جنگل میں غائب ہو جائیں گے.. کیا تم اُنہیں دیکھ سکتے ہو انعام؟''

انعام... اس لڑکی میں صدمہ پہنچانے کی کیسی بدتمیز صلاحیت تھی کہ وہ کیسے بے دریغ نہ صرف ''تم'' پر اُتر آئی تھی بلکہ اُس کا نام بھی یوں بے حجاب لیتی تھی جیسے وہ اُس کا کوئی ہم عمر لنگوٹیا ہو..

سڑک کے کناروں پر اُمڈتی جھاڑیوں کے اندر کچھ سیاہ سے ہیولے حرکت کرتے تھے اور وہ کچھ بھی ہو سکتے تھے پر اُس کا کہنا تھا کہ وہ ریچھ ہیں تو ریچھ بھی ہو سکتے تھے.. اُس میں شائد تاریکی میں بھی دیکھنے کی ایک تشویش ناک صلاحیت تھی جو اُسے وہ صاف نظر آتے تھے..

''کیا تم اُنہیں دیکھ رہے ہو انعام؟'' وہ بے تاب ہوئی جاتی تھی اور اس ہیجان میں مبتلا ہو کر وہ اُس کے بازو کو تھام کر اُسے جھنجھوڑتی تھی..

''آں.. ہاں..''

''وہاؤ..'' وہ جو ابھی حنوط شدہ حالت میں تھی ان ریچھوں کے نظر آ جانے کے سرور میں زندگی سے اُبلتی تھی ''کیا وہ پیارے نہیں ہیں، میں انہیں آغوش میں لے کر انہیں چُوم سکتی ہوں.. کچّا چبا سکتی ہوں..''

اُس میں کچھ فتور تو بہر حال تھا..

کچھ دیر اُس سیاہ رات کے جنگلوں کے سنّاٹے میں اُن کی کار ساکت کھڑی رہی اور وہ اُس کے اندر ونڈ سکرین پر نظریں جمائے اُن تین بمشکل نظر آتے ہیولوں کو تکتے رہے اور پھر شائد اُس جنگل کے گھنے پن میں کوئی ٹہنی ٹوٹی اور ریچھ چوکنے ہو کر جھاڑیوں میں تاریک ہو گئے.. اُن میں روپوش ہو گئے..

بے شک اللہ تعالیٰ صبر کرنے والوں کے ساتھ ہے پر اُس سے مزید صبر نہ ہو سکا ''ہم کہاں جا رہے ہیں؟''

''جہاں کافی کا ایک گرم کپ مل سکتا ہے..''

پچھلی رات کی دھیمی اور پُر فریب روشنی والی ایک مکر چاندنی جھیل لوئیس کے پُر سکون گہرے پانیوں کی چادر پر بچھی ہوئی تھی اور جب کبھی اُس کے پس منظر میں اُبھرتے جو برفانی انبار تھے اُدھر سے کوئی بھولا بھٹکا سرد جھونکا ادھر چلا آتا تو اُس چادر پر چاندنی کی سلوٹیں کسمسانے لگتیں..

انعام اللہ کی اُنگلیوں کی پوروں میں کافی کے گتّے کے کپ میں سے سرائت کرتی گرمی اُترتی تھی اور اُس کی مسافت کی تھکن اُتارنے میں معاون ثابت ہوتی تھی.

جھیل لوئیس کے کنوارپن کو مجروح کرنے والا ایک.. کثیر المنزلہ ہوٹل اُس کے کناروں پر ایک ناسور کی مانند بلند ہو رہا تھا جس کی بے انت بے ڈھبی ڈربہ نما کھڑکیوں میں سے کچھ ایک ابھی تک روشن تھیں اور اُن کے پیچھے بے انت ڈالروں سے حصول کردہ آسائشیں تھیں اور وہاں بیشتر سیّاح جاپانی تھے جن میں سے اکثر اپنے ہمراہ لائی ہوئی رائس وائن سے مخمور ہو کر کب کے سو چکے تھے.

اُس ہوٹل میں جو شب بھر کھلا ریستوران تھا وہیں سے دستیاب گرم کافی ان دونوں کی ہتھیلیوں کو گرماتی تھی..

ہوٹل کے پہلو میں سے نکلتی ہوئی بےفکرے سیّاحوں کے لیے جو ایک باقاعدہ سیرگاہ تھی اُس سے ذرا دور جہاں تک سیّاح نہ جاتے تھے کہ وہاں سے جھیل کے ویران ریتلے کناروں کا آغاز ہوتا تھا.. وہاں.. وہ دونوں ذرا جداگانہ سے پرے پرے.. بیٹھے تھے اور پانیوں پر اُترتی مکر چاندنی سلوٹوں میں بدلتی تھی..

''آٹو بایوگرافی آف اے باسٹرڈ'' کے بعد تمہارا نیا ناول کب آ رہا ہے؟''

اُس کی اُنگلیوں میں جکڑا ہوا کافی کا کپ چھوٹ سکتا تھا پر وہ سنبھل گیا.. جیسے کسی نے یکدم اُس کے غسل خانے کا دروازہ کھول دیا ہو اور اُسے اپنے برہنہ بدن کو تولیے سے ڈھکنے کی بھی مُہلت نہ ملی ہو.. وہ اس قدر ہراساں ہو گیا ''آپ.. یہ سب کچھ کیسے جانتی ہیں؟''

''اگر آپ میں جاننے کا تجسّس ہو تو گُوگل ایک ایسی سائٹ ہے کہ ایک کِلک کرنے سے ہم اُن ریچھوں کا شجرہ نسب اور شائد نام بھی جان سکتے ہیں جو ہمیں ابھی ابھی نظر آئے تھے.. اور اگر آپ انعام اللہ کو کلک کر دیں تو اس پاکستانِ میں معتوب مفرور مصنف کے اُس ناول کے کچھ حصے سکرین پر پڑھ بھی سکتے ہیں.. میں آپ کو ایسے جانتی ہوں..''

انعام اللہ کی ریڑھ کی ہڈی کے منکے جہاں جہاں آپس میں پیوست ہوتے تھے وہاں ایک انجانے خوف کے سرد پسینے پھُوٹے جو رینگتے ہوئے اُس کی کمر تک آئے اور پتلون کے کپڑے کی موٹائی میں جذب ہونے لگے.. اُس نے جب اُن ریچھوں کی جانب بے پناہ ملتفت ہو کر کہا تھا کہ وہ اتنے پیارے ہیں کہ وہ انہیں کچّا چبا سکتی ہے تو دانت کچکچاتے ہوئے جیسے وہ سچ مچ اُن کے گوشت کو چباتی ہو کہا تھا.. فتور بہر حال طے تھا.. وہ کیسے ایک خفیہ ایجنٹ کی مانند اُس کے بارے میں معلومات اکٹھی کر رہی تھی اور اگر کر رہی تھی تو کیوں.. ''آپ میرے بارے میں اور کیا کیا کچھ جانتی ہیں۔''

''تم اُس شخص.. میٹ سینسی یا موتی سے ملنے کے لیے خصوصی طور پر اُس ہوم میں کیوں گئے تھے..'' اُس کا سوال اُس نے نظر انداز کر دیا..'' وہ محض تمہارا عزیز نہیں ہے، کوئی قریبی رشتہ ہے..''

اس لڑکی کو شائد اُس کے ازل سے ابد تک کی آگاہی ہے اور اُس سے کچھ بھی پوشیدہ رکھنا لاحاصل ہے'' موتی.. میرے بڑے بھائی لگتے ہیں.. معاشرے کے لگے بندھے رشتوں کے معیار کے مطابق سگے تو نہیں پر بھائی لگتے ہیں.. کیسے.. ان کے باپ سروسانسی نے مجھے فنا کے پاتال سے نکال کر زندگی عطا کی تھی.. اُن کے علاوہ میں امیر بخش، عزیز جہان اور سوہن سنگھ کا بیٹا بھی ہوں.. کیا آپ بہت اُلجھ گئی ہیں..''

''بلکہ اس کے برعکس..'' اُس کے موٹے ہونٹ ایک بے اختیار مسکراہٹ میں پھیل گئے کہ سب گتھیاں سلجھ گئی تھیں..تو یہ وہ..انعام اللہ تھا..

جھیل لوئیس کے پس منظر میں برف کے جو انبار اس مکر چاندنی میں ایک سفید سراب لگتے تھے اُن کے سائے میں ایک جھونپڑے کی قربت میں سے سُرخ رنگ کا ایک کینوٗ پانیوں میں اُترا اور ہولے ہولے چاندنی کی سلوٹوں پر اٹکتا ڈولنے لگا..وہاں کناروں کی بھربھری ریت پر بیٹھے ہوئے اور اُس کی انگلیوں میں کافی کی حدّت کب سے معدوم ہو چکی تھی اُس نے اپنے آپ کو مطعون کیا' شرمندگی محسوس کی کہ اُس لڑکی کی پھٹکی ہوئی نیلی جین میں کسی ران جب کبھی پہلو بدلتے ہوئے اُس کے بدن سے چھو جاتی تھی تو عُمر کا زوال اُس کے رگ و پے میں ایک سنسنی کی سراسیمگی تخلیق کر دینے کی راہ میں حائل نہ ہوتا تھا..

''آپ تب لاہور میں نہیں تھے..''

''کب؟'' اُسے ایک اور دھچکا لگا..

''جب میں..آج سے بارہ برس پیشتر لاہور گئی تھی..'' وہ محسوس کر سکتی تھی کہ اُس کے برابر میں براجمان تنے ہوئے اعصاب والا شدید اُلجھن میں مبتلا وہ گرزلی ریچھ شائد تنگ آ کر ابھی اچھل کر جھیل کے ساتھ شروع ہونے والے جنگل میں فرار ہو جائے لیکن وہ ابھی اپنے آپ کو عیاں نہ کرنا چاہتی تھی' کُچھ دیر اور اس صورت حال کی لایعنیت کے قریب ہوتی حقیقت سے لطف اندوز ہونا چاہتی تھی..''تمہیں پتہ ہے کہ ایک جوہڑ..جو میراثیوں کی بستی کے بڑے برگد کے قریب گرمی کی شدّت سے یوں سلگتا تھا کہ اُس میں سے ایک ناگوار مہک والی بھاپ اٹھتی تھی وہاں ایک ادھ مویا مینڈک تھا سورج کی آخری کرنوں میں..سرو سانسی میرے دادا ہیں اور م..تی..ظاہر ہے میرے باپ ہی ہو سکتے ہیں..''

وہ جو تھوڑی بہت مکر چاندنی جھیل پر کروٹیں بدلتی تھی وہ رخصت ہو رہی تھی..وہ صدمے پہنچانے کی باکمال ساحرہ تھی اور جب اُس کے خیال میں اُسے ایک اور صدمے سے دوچار کرتی اور یہ آخری ہی ہو سکتا تھا اُس کے لیے غیب سے حیرت کا ایک اور در کھل جاتا..اُسے سنبھلنے میں بہت دیر لگی..''آپ جب پہلی بار میرے گفٹ سٹور میں داخل ہوئی تھیں تو کیا آپ جانتی تھیں کہ بھائی موتی سے..سرو سانسی سے میرا بھی کُچھ رشتہ ہے؟''

''نہیں..قطعی نہیں..'' اُس کا چہرہ مسلسل اُس کے اُلجھ جانے کی لطف اندوزی سے مسکراتے ہوئے ایک بار پھر حنوط ہو چکا تھا۔'' شائد وہ ہاتھی ہمارے درمیان ربط کے اس دھاگے کی موجودگی سے آگاہ ہیں جو تمہارے شوکیس میں سجھے تھے..میں آگاہ نہ تھی..''

''آپ سرو سانسی کی پوتی ہیں..بھائی موتی کی سگی بیٹی ہیں؟''

''میں ہوں...''

''تو آپ نے مجھے بتایا کیوں نہیں؟''

''اب بتا رہی ہوں۔''

''تو آپ...اس رشتے کے حوالے سے کسی حد تک..میری بیٹی ہو سکتی ہیں..''

''نہیں..'' اُس تاریک شب میں کہ مکر چاندنی کب کی رخصت ہو چکی تھی اُس کی سیاہ آنکھوں کی تتلیاں جن کے پَر کُچھ دیر پہلے اتنے بھیگ گئے تھے کہ پرواز کے قابل نہ رہے تھے.. یوں سلگنے لگیں کہ شب دیجور میں الاؤ کی صورت بھڑکنے لگیں ''نہیں.. یہ ایک پس ماندہ ذہنیت ہے.. عُمروں کے تفاوت کا یہ کیا حساب کتاب ہے.. یہ کیسی تخصیص ہے.. ازل سے' آدم اور حوّا کے زمانوں سے صرف ایک مرد ہوتا ہے اور صرف ایک عورت.. اور اُن کے درمیان اس کے سوا اور کوئی رشتہ نہیں ہوتا اور نہ ہی برسوں کا کُچھ حساب ہوتا ہے..''

وہ ایک ششدر سناٹے میں ایک اپاہج شخص کی مانند جھیل لوئیس کی بھربھری ریت پر پڑا رہا.. وہ سرخ رنگ کا کینُو جھیل کے درمیان پہنچ کر وہاں ساکت ہو چکا تھا۔ برابر کے گھنے جنگل میں گیدڑوں کی آہ وفغاں کرتی آوازیں گونجنے لگیں.. پھٹکی ہوئی جین میں کسی رانوں کی حدّت اُس کے سُوجے ہوئے لگتے ہونٹوں میں سرائت کرتی انعام اللہ کے ششدر سناٹے سے بھرے ہونٹوں میں منتقل ہوتی گئی..

''میں تمہاری بیٹی ہرگز نہیں ہوسکتی.. میں ایک عورت ہوں..''

وہ اُسے کچّا چبا سکتی تھی..

✦ .... ✦

جن سے دیواریں سانجھی تھیں اُن کے سوا سڑک کے پار جو گھر تھے..وہاں کے مکین بلکہ سرشام فٹ پاتھوں پر فربہ ہو چکے مقامی لوگ سیر کرتے وہ بھی دبے لفظوں میں شکائت کرتے' شکائت تو خیر کیا ذرا مؤدب ہو کر کہتے کہ..شاہ جی آپ تو خود کرامت والے ہو پر آپ کی کوٹھی کے پچھواڑے سے عجیب سی حیوانی آوازیں آتی ہیں' گئی رات ہمیں نیند سے بیدار کر دیتی ہیں جیسے کُتّے رو رہے ہوں' یا جن بلّیوں کے بچّے مر جاتے ہیں وہ بین کر رہی ہوں تو آپ کُچھ دم درود کر کے دافع بلّیات کیجئے..آپ کے دم سے ہمارے اس ماڈل ٹاؤن میں بڑی برکت ہے پر..

اور سلمان شاہ دانت کچکچاتا اور اُسے یوں دانت کچکچانے میں کُچھ دُشواری پیش آتی کہ اُس کے کُچھ دانت وہسکی کی مسلسل زردی سے جھڑ چکے تھے' مسکراتا' اُن سے معذرت کر کے اُنہیں یقین دلاتا کہ غالباً یہ اُس کا وہ نانہجار بُل ٹیریئر ہے جو پچھلے ماہ وزیرستان کے ایک قبائلی سردار دوست نے اُسے تحفے کے طور پر دیا تھا جو ابھی تک نامانوس ماحول سے مفاہمت نہیں کر پایا اور راتوں کو روتا ہے.

کمبخت کُتّے کا بچّہ ہے..ناسمجھ ہے..سَوری..میں کُچھ بندوبست کرتا ہوں..اور وہ خوب آگاہ تھا کہ یہ کُتّے کا بچّہ کون ہے جو راتوں کو ہڑبڑا کر اُٹھ بیٹھتا ہے اور مُنہ اٹھا کر رونے لگتا ہے.

وہ اُس کا کیا کرے..مرتا بھی نہیں.اُس کی نصف زندگی تو اُسے سمجھانے..منت سماجت کرنے اور کبھی ڈانٹنے اور دھمکانے میں گزری تھی..

اطالوی بلیک ماربل کے فرش پر ڈرائنگ روم کے عین وسط میں شیشے کے ایک کیس میں روشن اُس کے زیرِ تعمیر ''ماشاءاللہ پلازا'' کا تفصیلی ماڈل یوں ابھرتا تھا جیسے سیاہ سمندر میں سے ایک جادو نگر نمودار ہو رہا ہو..تکمیل کے مراحل طے کر چکی منزلیں سبز روشنی سے منوّر تھیں کہ یہ رنگ برکت والا تھا اور زیرِ تکمیل منازل ایک ہلکی سرخی میں نمایاں ہوتی تھیں..
یہ اُس کے کثیر الجہت کاروبار کا ایک معمولی سا پرتو تھا جو لبرٹی مارکیٹ کے گول چکّر کے دائیں جانب جہاں ایک زمانے میں گلوکارہ نور جہاں کی رہائش گاہ ہوا کرتی تھی اُس کے برابر میں بلند ہو رہا تھا..اسے آسانی سے سونے کی ایک ایسی کان کہا جاسکتا تھا جو زیرِ زمین نہیں تھی بلکہ زمین کے اوپر اپنی ڈلیاں سنہری کرتی تھی..اگرچہ اس علاقے میں لاہور ڈویلپمنٹ اتھارٹی کے قوانین کے مطابق نہ تو کسی کمرشل تعمیر کی گنجائش تھی اور نہ ہی کوئی عمارت تین منزلوں سے بالا جاسکتی تھی..ان

قوانین کا سختی سے نوٹس لیا جاتا تھا اور فوری طور پر خلاف ورزی کرنے والی عمارت کو مسمار کرنے کے لیے اتھارٹی کے بُل ڈوزر آن پہنچتے تھے لیکن اس کے باوجود ''ماشاء اللہ پلازا'' اتھارٹی کی نظر بد سے بچا ہوا تھا.. اُس کی آخری اور بیسویں منزل کے نقشے میں جو پندرہ محلاتی وسعت کے پینٹ ہاؤس ڈیزائن کیے گئے تھے جو شیشے کے گھر لگتے تھے اور جہاں سے نہ صرف مین بلیوارڈ اور لبرٹی مارکٹ قدموں میں نظر آتی تھی بلکہ ڈیفنس کی آخری فیز کی روشنیاں بھی کھڑکیوں کے اندر چلی آتی تھیں یہ پینٹ ہاؤس سلمان شاہ نے نیشنل اسمبلی کے دو ممبران' پروونشل اسمبلی کے چار ممبروں' آئی جی صاحب' ایل ڈی اے کے ڈی جی' وزیراعظم اور صدر صاحب کے قریبی عزیزوں.. پرنسپل سیکرٹری' سیکرٹری داخلہ اور دفاع' کور کمانڈر صاحب اور مؤثر جرنیلوں کی خدمت میں حاضر ہو کر اُن کے بار بار انکار کرنے کے باوجود اصرار کر کے اُن کے نام کر دیئے تھے اور انہوں نے مجبوراً صرف اس لیے قبول کر لیے تھے کہ ایک سیّد بادشاہ کا دل توڑنا کسی طور جائز نہ تھا. صرف ایک بار تھوڑی سی بدمزگی پیدا ہوئی تھی جب ایک سر پھرا ہارورڈ سے تعلیم یافتہ سی ایس پی آفیسر ایل ڈی اے کے ڈی جی کے طور پر تعینات ہوا اور اُس نادان نے ''ماشاء اللہ پلازا'' کو قوانین کی صریحاً خلاف ورزی کرنے پر مسمار کر دینے کا حکم جاری کر دیا.. سلمان شاہ اگرچہ ایسے چھوٹے موٹے اہلکاروں کا محتاج نہ تھا لیکن وہ ایک وسیع القلب شخص تھا جو اپنی ذاتی انکساری کی وجہ سے کسی کو بھی حقیر نہ جانتا تھا.. چنانچہ وہ اس درمیانی عُمر کے ڈی جی صاحب کی خدمت میں بہ نفس نفیس حاضر ہوا اور اُسے بھی ایک پینٹ ہاؤس کی پیشکش کی.. وہ یقیناً کسی مڈل کلاس خاندان سے تھا اور اپنی لیاقت کے زور پر سول سروس کے لیے کوالی فائی کر گیا تھا اور ابھی تک ایک احساس کمتری کا شکار تھا.. اُس نے مسکراتے ہوئے اُسے پورا پروٹوکول دیا اور کہا کہ شاہ جی آپ مجھے حرام کی جانب راغب کر رہے ہیں' قانون سب کے لیے برابر ہے..

اس ناخوشگوار وقوعے کے صرف تین روز بعد اُس غیر معاون ثابت ہونے والے مڈل کلاسیے افسر کو ٹرانسفر کر کے اُسے آفیسر آن سپیشل ڈیوٹی لگا دیا گیا اور صوبے کے چیف منسٹر نے سلمان شاہ کو ذاتی طور پر معذرت کا فون کیا کہ شاہ جی آپ تو اس صوبے کی ترقی کی ایک درخشندہ مثال ہیں' ہمیں آپ جیسے محبّ الوطن لوگوں کی اشد ضرورت ہے.. میرے ایک عزیز جو مویشیوں کا کاروبار کرتے ہیں' وہ لاہور آتے جاتے رہتے ہیں اُن کے لیے اگر بیسویں منزل پر کسی قیام کا بندوبست ہو جائے تو میں ذاتی طور پر ممنون ہوں گا...

تو ایک ایسا شخص جس کے ایسے پُرخلوص مراسم ہوں.. جسے کور کمانڈر صاحب بھی گاہے بگاہے فون کر کے شکائت کریں کہ شاہ جی آپ سے ملاقات کیے بہت دن ہو گئے تو جب اُس کے ہمسائے یا سڑک پار کے گھروں والے شکائت کریں تو اُسے کس قدر کوفت ہوتی ہوگی' اس کا اندازہ لگانا مشکل ہے.

تنویر قاضی' اُس کا خصوصی نائب' ایک ویلے' ہمہ وقت ایک سایہ' نہائت خوش لباس اور خوش خوراک' لاہور کی معتبر یونیورسٹی لمز سے ایم بی اے ایک اعزاز کے ساتھ حاصل کرنے والا.. اُس کی دیکھ بھال کے لیے معمور تھا.. وہ اُسے اس معموری کے عوض میں اتنی رقم ادا کرتا تھا جو کسی بڑے سے بڑے بین الاقوامی ادارے کے بس میں بھی نہ تھی. تنویر قاضی کو اُس نے آسائشوں اور روپے پیسے کی کھلی فراوانی سے اپاہج کر دیا تھا اور اس کی ذمہ داریوں کی کوئی حد نہ تھی.. وہ اُس کے لیے نہ صرف سُوٹ اور ٹائی کا رنگ تجویز کرتا بلکہ گھر سے نکلتے ہوئے سیاہ بی ایم ڈبلیو میں قدم دھرتے اُس کے بالوں کو

سنوارتا اور مناسب کولون چھڑکتا.. کاروباری معاملات میں راز داں ہوتا اور ہفتے میں کم از کم ایک بار جوہر ٹاؤن میں واقع اُس کی فیکٹری کے ایک کونے میں خاموش بیٹھے سیف ہاؤس میں کسی ازبک یا رُوسی حشر سامانی کا بندوبست کرتا..

ہمسایوں اور سڑک کے پار جو گھر تھے اُن کے مکینوں کی شکائتوں سے بے مزہ ہوتے جب وہ اپنے ڈرائنگ روم میں داخل ہوا ماشاء اللہ پلازے کے ماڈل کے سامنے ایک صوفے پر ڈھیر ہوا اور اُس کے چہرے پر اُس کی سبز اور سُرخ روشنیاں عکس ہوتی تھیں تو تنویر قاضی نے نہائت دبے پاؤں آکر برابر کی تپائی پر کرسٹل کا ایک گلاس رکھ دیا جو اُس کی پسندیدہ وہسکی کے سنہرے پن سے جگمگا رہا تھا..

''قاضی..''

''جی سَر..'' وہ صرف دُم نہ ہلاتا تھا..

''بیگم صاحبہ کہاں ہیں؟''

''شاہ جی..وہ..آج دورۂ قرآن کا درس ہے..''

''آج پھر ہے..قاضی..''

''جی سَر..''

''بہت دن ہو گئے ہیں یہاں ایک محفل میلاد کا انعقاد نہیں ہوا..جو فہرست طے ہے وہاں دعوت نامے روانہ کرو اور خصوصی طور پر اپنے اُن مولانا ڈاکٹر صاحب کو مدعو کرو جو رمضان شریف میں ایک شہر اعتکاف کا بندوبست کرتے ہیں.. ہماری مغفرت کا وسیلہ ہیں اور..اُن کی جو تبلیغی سرگرمیاں ہیں اُن کی معاونت کے لیے..تم جانتے ہو کہ کیا کرنا ہے..''

''جی سَر..'' اگر دُم ہوتی تو وہ یقیناً ہلا دیتا بلکہ بعض اوقات اُسے خفت ہوتی کہ آخر یہ کیوں نہیں..

''اور وہ؟''

تنویر قاضی پہلی مرتبہ کچھ اُکھڑا..''سَر..اُن کا رونا نہیں تھمتا..''

اب بھی، جب کبھی اُس کے الگ تھلگ کمرے کے سامنے جو پچھواڑے کا لان تھا اُس کی کسی ایک جھاڑی میں کچھ سرسراہٹ ہوتی تو اُس کے مرجھا چکے ایک صدی سے موجود کان نوخیز اور چوکنے ہو جاتے..لیکن اب اُس میں اتنی سکت نہ رہی تھی کہ وہ کھوج کر سکے کہ اس سرسراہٹ کا ماخذ کیا تھا..وہ اتنا لاچار ہو چکا تھا..

ایک پھنیر تو سو برس تک زندہ نہیں رہ سکتا تھا..اگر وہ ہوتا تو سراغ لگا لیتا..شائد اُن جھاڑیوں میں ایک نیولا سرکتا تھا..

اُس کے اپنے موجو نے اُسے ایک پُر آسائش کوٹھڑی میں قید کر رکھا تھا..

جب موجو کے بڑے بیٹے کے لیے رشتہ آیا تو اُسے ایک بزرگ کی حیثیت سے پچھواڑے کے اس کمرے میں سے نکال کر نمائشی طور پر ڈرائنگ رُوم میں بٹھا دیا گیا اور اُسے تو کچھ یاد نہ تھا پر بعد میں موجو نے بہت گلا کیا تھا.اُس نے معزز مہمانوں کے سامنے اپنے قصے شروع کر دیئے تھے..کہ ہم تو سانسی لوگ ہیں، مردار کے حصول کے لیے گدھوں کے

ساتھ مقابلے میں آتے جیت جاتے تھے..کیا زمانے تھے جب ہم جنگلی بلّوں کو زیر کرتے تھے اور مینڈک دبوچا کرتے تھے.

ظاہر ہے وہ مہمان لوٹے تو پھر رابطہ نہ کیا.

تب سے..وہ قید کر دیا گیا تھا..

اور جب ایک رشتہ طے ہو گیا تو شادی کے موقع پر لڑکی والوں سے معذرت کر لی گئی کہ دولہا کے دادا جان کو ڈاکٹر شہریار نے اُن کے عمر رسیدہ دل کی وجہ سے کہ وہ کسی بھی لمحے تھم سکتا ہے..سختی سے منع کیا ہے کہ وہ نہ تو اپنے کمرے سے باہر قدم رکھیں اور نہ ہی اپنے پوتے کی شادی میں شریک ہوں کہ یہ ہیجان اُن کے لیے مُہلک ثابت ہو سکتا ہے.

تب سے وہ قید میں تھا..

وہ نہ زندہ تھا اور نہ مرتا تھا..اگر اب بھی سانس لیتا تھا تو اُس کی بجھتی ہوئی آنکھوں میں اس پوتی کی شکل تھی جو گئے زمانوں میں کناڈا سے سفر کرتی اُس کے ساتھ لپٹ گئی تھی..اور وہ شکل صرف اُن دو آنکھوں سے واضح اور پھڑ پھڑاتی ہوئی ماضی کے دھندلکوں میں سے نمودار ہوتی تھی جن کے بھنورے پن کی سیاہی میں ایک وحشت پن تھا جو صرف کسی سانسی عورت کی آنکھوں میں ہو سکتا ہے.

اُسے کُچھ پتہ نہ تھا کہ اب وہ کہاں ہے.

اوّل تو کئی کئی روز تک سوائے صفائی کرنے والوں کے اور کوئی اُس کے اس قید خانے میں جھانکتا تک نہ تھا اور اگر کوئی آتا تھا تو اُسے ڈانٹ ڈپٹ کر کے چلا جاتا تھا.

راتوں کو وہی روتا تھا..

اپنے موت سے ہمکنار ہو چکے چوہدریوں کو یاد کرتا، کُتوں کی مانند تھوتھنی اُٹھائے روتا تھا..

اُس کے سارے چوہدری چلے گئے تھے..بچھڑ گئے تھے اور وہ تنہارہ گیا تھا..

وہ راتوں کو اُٹھ اُٹھ کر اپنے بچھڑ چکے چوہدریوں کو نہ روئے..بین نہ کرے..بس وہی اُس کے سگے اور اپنے تھے اُن کے لیے ماتم نہ کرے تو کیا کرے، انہوں نے ہی اسے دھول سے اٹھا کر اپنے برابر میں بٹھا کر ایک پاؤں میں لوٹنے والے جانور سے ایک انسان میں بدل دیا تھا..سرو سانسی پر ہر شام اس لیے ڈھلتی کہ وہ اُس گرم دوپہر میں جا سانس لے جس میں لاہور سٹیشن سے باہر ایک گھنے برگد کے سائے میں ایک جستی ٹرنک سے ٹیک لگائے ایک چھریرا نیلی آنکھوں والا اور حیرت انگیز طور پر برف سفید بالوں والا نوجوان بیٹھا تھا..نہ اُسے اُس کی ایک مردار کھانے والے کی قربت سے کراہت ہوئی نہ اُسے پرے پرے کہا بلکہ اپنے برابر میں بٹھا کر کھانے میں شریک کیا..وہ ہر شام اُس گرم دوپہر میں چلا جاتا..نوکر چاکر جھانک کر چلے جاتے تھے.روٹی ٹکر اُس کے آگے ڈال کر چلے جاتے تھے اور یہ اُس کے چوہدری تھے جو سرِ شام اُس کے پاس چلے آتے تھے....وہ اُن سے بچھڑ کر یوں تنہارہ جانے پر اپنی طویل العمری پر لعن طعن کرتا، اپنے بڑھاپے کے سر پر سو سو جوتے لگاتا، راتوں کو اور کیا کرتا، اُن نیند سے اُجڑ چکی راتوں میں کتےّ بلّوں کی مانند نہ روتا تو اور کیا کرتا..ایک سانسی تو امڈتی گھٹا کی سیاہی سے پڑھ لیتا ہے کہ یہ اگر برسی تو کب اور کتنی برسے گی لُو کے ایک تھپیڑے کو اپنے جُثےّ پر پھنکتے ہوئے جان جاتا ہے کہ اس کے تعاقب میں کیسے موسم چلے آئیں گے، ایک جوہڑ کی سطح پر اٹھنے والے بلبلوں نے اُس کے پانیوں کی تہہ

میں جو کچھ کروٹیں بدلتا ہے اُس سے آگاہ ہو جاتا ہے تو ایک سانسی کے لیے ایک انسان کی آنکھوں کو پڑھ لینا تو معمولی سی بات ہے اور سلمان شاہ کی آنکھوں میں بھی وہ اُس کی اکلوتی تمنّا کی پرچھائیاں دیکھ سکتا تھا کہ یہ میرا بے دین باپ جو میرے لاکھ کہنے پر بھی منت سماجت کرنے پر بھی جھوٹ موٹ ہی سہی کلمہ نہیں پڑھ لیتا تو یہ مر کیوں نہیں جاتا..ڈاکٹر نسیم چوہدری سے اُس نے ایک بار تو ڈھکے چھپے الفاظ میں کہا تھا کہ مجھ سے اپنے باپ کی حالت دیکھی نہیں جاتی' یہ بہت اذیّت میں ہیں تو... پر وہ گاؤدی اشارہ سمجھا نہ تھا.. یہ میری جان چھوڑ دے تو میں اسے کیسی دھوم دھام سے اعزاز کے ساتھ رخصت کروں..شہر کے ہی نہیں ملک بھر کے اہم لوگ تعزیت کے لیے آئیں گے خاص طور پر وہ جو ''ماشاءاللہ پلازا'' کی بیسویں منزل پر واقع پینٹ ہاؤسز میں فروکش کبھی نہ کبھی ہوں گے..دورۂ قرآن ہوگا..اس کی قبر کے برابر میں ٹینٹ ایستادہ کر کے پورے چالیس روز تک دینی مدرسوں کے طلباء جھوم جھوم کر سپارے پڑھ کر اس پر پھونکیں گے اگرچہ قبر کے اندر اسے تو فرشتے اپنے بھاری ترین گرز مار رہے ہوں گے.. پر یہ مرے تو سہی..

بہت پژمردہ' تھکے ہوئے' ٹائی کی گرہ ڈھیلی کرتے' ہاتھ میں تھامے گلاس میں سے ایک طویل گھونٹ بھرتے اُس کے کمرے کی قید میں داخل ہوتے سلمان شاہ کی آنکھوں میں بس اسی اکلوتی تمنّا کی پرچھائیاں تھیں..''ابا..تو پچھلی رات پھر روتا رہا ہے..تجھے کتنی بار منع کروں..''

سروسانسی کی آنکھیں جو ڈھل چکے مردہ ماس کے پپوٹوں سے تقریباً ڈھک چکی تھیں اُن میں سے شرشر آنسو سرکتے اُس کے پچکے ہوئے رخساروں پر بہنے لگے ''میرے چوہدری چلے گئے موجو..''

کمرے میں ایک عجیب متلی آور مہک تھی جو باسی ہو چکے گوشت میں سے اٹھتی ہے اور سلمان شاہ کے نتھنے کراہت سے سکڑے..اُس کی ہدائت کے مطابق ہر صبح اُس کے باپ کو کمرے سے نکال کر باہر لان میں بٹھا دیا جاتا اور پھر اُس کمرے کی نہ صرف خوب جھاڑ پونچھ کی جاتی بلکہ فرش فینائل سے پوچے جاتے' چنبیلی کی خوشبو والے رُوم فریشنر کا بے دریغ چھڑکاؤ کیا جاتا اور اس کے باوجود وہ بُو بدستور موجود جو بدن میں اُترتی تو معدہ اُلٹنے کو آتا..یہ کہاں سے آتی تھی..

اگرچہ یہ سروسانسی کی زوال آثار بوسیدگی کی بھی ایک ناگوار ہمک ہوسکتی تھی لیکن..

کیا یہ امکان بھی کتابوں میں تھا کہ یہ بُو دراصل خود سلمان شاہ کے وجود میں سے اُٹھتی تھی..وہ اس امکان کو نظر انداز کر سکتا تھا..راتوں میں اکثر تو وہ خمار کی گھوک غنودگی میں بے خبر نیند میں اُترتا لیکن کبھی دو چار ہفتوں کے بعد یکدم بے خوابی اُس سے لپٹ جاتی..وہ اپنی گمشدہ نیند میں سے باہر آجاتا..اُسے محسوس ہوتا کہ اُس کے برابر میں اُس کی ادھیڑ عمر بیوی کا فربہ بدن یا کسی ازبک حسینہ کا تابناک حدّت دیتا سراپا نہیں ہے بلکہ..کسی مردار کا گلتا سڑتا ڈھانچہ ہے جس میں سے وہ بدبو اٹھتی ہے..اور اُس ڈھانچے کی مردہ ہو چکی شکل اُس کی اپنی ہے..اور پھر خوفزدہ ہو کر وہ گھنٹی کے بٹن پر اُنگلی رکھ کر تنویر قاضی کو طلب کر لیتا جو اس کے برابر کے بیڈروم میں سے اپنا ازار بند اُڑستا چلا آتا..

''تو مجھے موجو نہ کہا کر ابّا..میں سلمان شاہ ہوں..''

''میرے مُنہ پر یہی نام چڑھا ہوا ہے موجو..'' اُس کے آنسو اُن رخساروں پر بہتے تھے جو سکڑے ہوئے ماس کے ایسے تھے کہ اُن پر سے آنسو رُکتے اور پھر بہتے تھے ''یاد نہیں موجو جب تم دونوں موتی اور تم..''

''بس کرو ابّا..'' سلمان شاہ نے بیزار ہو کر کہا ''خدا کے واسطے پلیز وہ صدیوں پُرانے قصّے جو تم بیان کرتے رہتے ہو.. بالکل مجھے یاد ہے کہ محلّہ قادر بخش کے مکان کی تیسری منزل کی چھت پر.. تم چوری چھپے ایک نیولا بُھون رہے تھے اور ہم پہنچ گئے تھے.. میں' موتی اور ماں سوہنی.. اور ہم تمہارا ادھ کچّا نیولا بھنبھوڑتے نوچتے کھا گئے تھے اور تمہارے حصّے میں کُچھ بھی نہ آیا تھا سوائے ہڈیوں کے.. تو ابّا مجھے یاد ہے پر میں اس قصّے سے عاجز آ چکا ہوں.. بہت ہو گیا.. زمانے وہ نہیں رہے..''

''ہاں پتّر.. زمانے وہ نہیں رہے.. مجھے کیا پتہ تھا کہ کوئی ملک پاکستان نام کا بن جائے گا اور ساری ذاتیں اور پہچانیں آگے پیچھے ہو جائیں گی.. کم ذات معتبر ہو جائیں گے اور ذات والے ذلّت میں چلے جائیں گے.. اور تو.. ایک سانسی' کیا سے کیا ہو جائے گا''..

''ابّا'' سلمان شاہ نے ایک ڈرے ہوئے جانور کی مانند آس پاس دیکھا کہ کوئی سُن تو نہیں رہا اور پھر سرو سانسی کے ڈھلکے ہوئے کاندھوں کو زور سے جھنجھوڑا اور فوری طور پر اپنی گرفت ڈھیلی اس لیے کر دی کہ کہیں اُس کا بوسیدہ ماس اُس کی مٹّھی میں نہ آ جائے ''میں سانسی نہیں ہوں.. الحمدللہ ایک مسلمان ہوں اور...''

''اور.. ایک سیّد ہوں؟ تو لاکھ بھیس بدل لے موجو پر ایک سانسی ہمیشہ سانسی ہی رہتا ہے'' سرو اپنی وہیل چیئر دھکیلتا اُس کے قریب ہو گیا ''تیرا بھائی تجھ سے کیسا کھرا نکلا ہے.. اُس نے تیری طرح کوئی بہروپ نہیں بھرا..''

''تو اُس کا کیا حشر ہوا ابّا..'' وہ اس بھائی کے تذکرے سے بھی بہت عاجز آ چکا تھا' مواز نے سے بیزار ہو چکا تھا ''تو اُسے ہی یاد کرتا رہتا ہے' کبھی اُس نے بھی تمہاری خبر لی کہ تم زندہ ہو یا مر گئے ہو.. اور وہ خبر بھی کیسے لے.. اُس کی بنگالی بیوی اور اکلوتی بیٹی نے اُسے ایک پاگل خانے میں داخل کروا دیا ہے ابّا..''

''ہاں وہ مجھے ملنے آئی تھی..'' سرو سانسی کی سکڑی ہوئی جلد نکھرنے لگی ''خون تو جوش مارتا ہے اور اُس کی آنکھوں میں وہی وحشت پن اور بے دریغی تھی.. مجھ جیسی تھی.. اگرچہ کناڈا کی جم پل تھی.. تیرا بھائی انعام اللہ جسے میں گورومانگٹ کی مسجد کی سیڑھیوں سے اُٹھا کر لایا تھا وہ بھی تو وہیں کہیں ہے.. وہ کہاں ہے موجو..''

''میرے پاس اتنا فالتو وقت نہیں ہے ابّا کہ میں اُس حرامی کا سراغ لگاتا پھروں۔''

سرو سانسی کی مردہ ماس پپوٹوں سے ڈھک چکی آنکھوں میں سے جو پانی بہتے تھے وہ تھم گئے.. ''موجو..'' وہ ایک غضب کی کھولت زدہ بے چارگی میں لرزنے لگا ''تیری ماں.. ایک کوٹھے ٹپنی تھی.. مجھے کُچھ پتہ نہیں کہ تُو میرے بیج میں سے ہے بھی کہ نہیں.. پر انعام اللہ..''

ایک باپ اگر شک کا اظہار کر دے.. کہ میں تمہارا باپ نہیں بھی ہو سکتا تو اُس کے کمرے میں ٹھہرنے کا کیا جواز ہو سکتا ہے..

وہ اپنے کرسٹل گلاس کے خالی پن کو تھامتا سُلگتا درود شریف پڑھتا کمرے سے نکل گیا..

اُس کے وہ چوہدری جنہوں نے اُسے ایک جانور کے جنم پن سے اُٹھا کر انسانیت کے تخت پر متمکن کر دیا تھا' وہ مر گئے تھے..

سروسانسی نے سلمان شاہ کے رخصت ہوتے ہی، تنہا ہوکر اپنے پوپلے مُنہ کو جس کے اندر کوئی ایک دانت بھی سلامت نہ تھا، ایک اُمڈنے والی آفت کی بُو سونگھ جانے والے کُتّے کی تھوتھنی کے مانند اونچا کیا، مرگ کی بُو کو اپنے گیلے نتھنوں میں محسوس کرتے کسی گھنی جھاڑی میں روپوش ہوکر موت کے سامنے سرنگوں ہوجانے والے ایک جانور کی مانند اُس نے، سروسانسی نے.. اپنی تھوتھنی اونچی کی.. اور رونے لگا..

✦ .... ✦

نیل بھری نیلگوں آنکھوں میں لہو سے تر پرندے جاں کنی میں پھڑ پھڑاتے تھے..اُن کی چونچوں سے اُن کے ملوک جثّوں کے اندر جو چوٹیں لگی تھیں اُن میں سے رِسنے والا خون ٹپکتا تھا..اور اُن کے پَر خون کے بوجھ سے بھاری ہو رہے تھے..اُن میں سے کوئی ایک پرندہ جب آنکھوں کی نیلاہٹ کے کانچ خانے کی قید میں سے نکل کر کھلی فضا میں آتا تو خون آلود بدن کے بھار سے اُڑ نہ پاتا اور تارکول کی سڑک پر گر کر دم توڑ دیتا...اُس کے مردہ بدن کے گرد اُس کا لہو نچڑتا ٹھنڈا ہونے لگتا اور اُس لمحے جب اُس کا..روشن کا ایک رخسار سڑک کی سختی سے جڑا تقریباً بے جان ہو رہا تھا وہ اُنہی آنکھوں کی نیلی دھندلاہٹ کے پار اُنہی میں سے خون سے تر بتر نکلنے والے پرندے کو لمحے بھر کے لیے پھڑ پھڑاتے اور پھر تارکول کی سطح پر گرتے مردہ ہوتے لاچارگی سے تکتا جا رہا تھا..وہ اُس کے لیے کُچھ بھی نہ کر سکتا تھا..نہ تو ہاتھ بڑھا کر اُسے اٹھا سکتا تھا اور نہ ہی پروں کی اُس خون میں بھیگی پوٹلی کو تھپک کر اُس کی موت کو آسان کر سکتا تھا..

اُسے جتنے بھی زخم آئے تھے' جو بھی گھاؤ لگے تھے وہ سب اُس کے بدن میں بسیرا کرنے والے اُس کے دُکھ میں شریک اور سُکھ میں چہچہانے والے پرندوں نے اپنے نازک وجودوں پر سہے تھے..یہ وہ چھوٹی چھوٹی پروں کی پوٹلیاں روحیں تھیں جن سے اُس کی زندگی عبارت تھی اور وہ روحیں ایک ایک کر کے اُس کی نیلگوں آنکھوں میں سے برآمد ہوتی مردہ ہو رہی تھیں..

ہر پرندے کی موت کے ساتھ اُس کے بدنی نظام کا کوئی ایک کُنج جس میں وہ پرندہ بسیرا کرتا تھا' ویران ہو کر مردہ ہو جاتا تھا..

وہ پرندہ پرندہ..قسطوں میں' مرگ کے قریب ہوتا جاتا تھا..

اُس کے گھنگھریالے برف سفید بالوں میں گُل لالہ کے چھینٹے چھڑکے ہوئے تھے پر اُن پھولوں میں سوائے موت کی مہک کے اور کوئی مہک نہ تھی..گلوں میں خونِ ناحق کے رنگ بھرے ہوئے تھے..وہ تارکول کی سڑک پر اوندھا پڑا تھا اور اُس کی قربت میں اُس کی آنکھوں سے برآمد ہونے والی روحیں پھڑ پھڑاتی دم توڑتی مردہ ہوتی تھیں اور وہ اُن کے لیے کُچھ بھی نہ کر سکتا تھا..

وہ پرندے اپنے وجود کے اندر آئی ہوئی چوٹوں میں سے خون رِسنے سے ہی نہ مرتے تھے بلکہ جونہی وہ اُس کی آنکھوں کی نیلگوں پہنائیوں میں سے نکل کر کھلی فضا میں آتے تو اُس میں لاہور کی جلتی عمارتوں' نذرِ آتش کیے جانے والی

کاروں، موٹر سائیکلوں، سائیکلوں، قرآن کے بھسم ہوتے اوراق اور سلگتے ٹائروں کا کثیف دھواں بھی اُن کا دم گھونٹ دیتا..

اُس کے دماغ کے کُچھ خلیے ابھی تک زندہ تھے کہ ان میں بسیرا کرنے والے پرندے اگرچہ خون آلود ہو چکے تھے لیکن ابھی سانس لیتے تھے، آنکھوں کے راستے اس قید سے نکلے نہ تھے.. آنکھیں کھلی تھیں اور اُن میں بصارت کی کُچھ رمق ابھی باقی تھی اور وہ اُن کی نیلی دھندلاہٹ کے پار احساس کی ایک چُپ.. سنّاٹے بھری کیفیت میں تکتا آگاہ ہوتا تھا کہ مردہ ہونے والے پرندوں کی تعداد بڑھتی جاتی ہے.. کوئی دم جاتا تھا جب اُن چند خلیوں میں ابھی تک مقیم پرندے بھی رخصت ہو جائیں گے اور آخری پرندے کے ساتھ وہ بھی اپنے پنجرے سے نکل کر ہمیشہ کے لیے آزاد ہو جائے گا..

برف سفید بالوں میں گُل لالہ نمایاں ہوتے تھے..

کوئی ایک اُس کی نیلی آنکھوں کے کانچ میں دراڑیں ڈالتا پرندہ ظاہر ہوا اور وہ چونچ کھول کر جس میں سے لہو ٹپکتا تھا ایک عجیب سا مترنم گیت چہچہایا.. اُس گیت کی دُھن اُس کے کانوں میں ایک شناسا پہچان کے قطرے ٹپکاتی تھی..

چاندنی راتیں، سب جگ سوئے ہم جاگیں.. چاندنی راتیں..

یہ اُس کا سیل فون تھا یا وہ پرندہ، جو بھی تھا لگاتار بجتا تھا، چہچہاتا تھا.. تاروں سے کریں باتیں، چاندنی راتیں..

دماغ کے ایک خلیے میں ابھی تک مقیم ایک پرندے نے سندیسہ بھیجا کہ یہ تمہارا سیل فون ہے جس میں یہ دُھن جو تمہاری پسندیدہ ہے بھری ہوئی ہے اور باہر سے آنے والے فون کی پہلی گھنٹی کے بعد یہ خود بخود مترنم ہو جاتی ہے.. اور جب تک سبز رنگ کا بٹن دبا کر دوسری جانب کی آواز کو راستہ نہ دیا جائے یہ یونہی نغمہ گر رہے گی.. وہ اُسے سُن تو رہا تھا لیکن اُنگلیوں میں اتنی جان نہ رہی تھی کہ وہ اُس سبز بٹن کو دبا سکیں.. چاندنی راتیں.. سب جگ سوئے ہم جاگیں.. کس کا فون ہو سکتا ہے.. اور وہ کیسے آگاہ ہو سکتا ہے کہ اُس لمحے وہ اسے اٹینڈ کرنے کی حالت میں نہیں ہے.. اُس کے سفید بالوں میں گُل لالہ کی بہار ہے اور قربت میں مُردہ پرندے ڈھیر ہو رہے ہیں.. ہو سکتا ہے انعام اللہ ہو..

جیسے پرندوں کا دم گھٹتا تھا ویسے ہی اُس کے جتنے بھی دم باقی تھے اُنہیں ایک فائیو سٹار ہوٹل میں بھڑکتی آگ سے.. ایک سینما، درجنوں پٹرول پمپوں، پنجاب اسمبلی، پی آئی اے کے دفاتر، بینکوں اور لاہور کی قدیم کولونیل عمارتوں میں سے اٹھنے والا گاڑھا دھواں، اُنہیں، اُس کے جو دم باقی تھے اُنہیں گھونٹتا تھا..

کاروں اور موٹر سائیکلوں کو ناموس کے نام پر جلا ڈالنا تو نہائت جائز ٹھہرتا تھا لیکن صرف سائیکلوں کا الاؤ ایک انوکھا اور پُر تقدیس اشتعال تھا.. درجنوں سائیکلوں کے ڈھانچے بھڑکتی آگ میں ٹیڑھے میڑھے ہو رہے تھے اور اُس کی روشنی پُر جوش چہروں کو منوّر کرتی تھی.. ڈیوٹی پر سے گھر کو لوٹتا ایک مدقوق چہرے والا چپڑاسی اپنی سائیکل کے پیڈل مارتا، ہجوم کے جذبۂ ایمانی سے متاثر ہوتا، آس پاس جو عمارتیں جل رہی تھیں اُن کے مناظر سے کسی حد تک لطف اندوز ہوتا چلا جا رہا ہے جب اُس کی گردن کو دبوچ کر اُسے اپنی سواری سے نوچ پھینکا جاتا ہے اور اُس کی پُرانی سائیکل الاؤ میں جھونک دی جاتی ہے.. اہل ایماں کی سرفروشی کے راستے میں ایک پُرانی کھٹارہ سائیکل کیسے حائل ہو سکتی ہے..

سَیل فون چُپ نہ ہوتا تھا..

فنا کے نیلگوں پانیوں پر ''چاندنی راتیں'' تیرتی جاتی تھیں..

آغاز گڑھی شاہو کی جامعہ نعیمیہ سے ہوا تھا جس میں سے ناموس رسالت پر نثار ہونے کے آرزومند آبدیدہ پروانے ڈنمارک کے کسی اخبار میں شائع ہونے والے توہین آمیز کارٹونوں پر احتجاج کرنے کی خاطر دیوانہ وار نکل آئے تھے.. اور وہ اس شہر سنگدل کو کہ جس میں جذبۂ ایمانی کی ایک رمق بھی نہ تھی' جلا دینا چاہتے تھے اور پھر اس کی خاک کو بھی اُڑا دینا چاہتے تھے..

لکشمی چوک میں جہاں لاہوری مرغّن غذاؤں کی کیسی کیسی ترغیبیں ہیں وہاں سے ایک سرشار' نثار' نوجوان لُوٹے ہوئے چند روسٹ مُرغ سینے سے لگائے بھاگا چلا جا رہا ہے.. جاںنثاری بھی بُھوکے پیٹ سرانجام نہیں دی جاسکتی..

شہر میں بدامنی اور دُھواں تھا..

جیسے بہت مدت پہلے جب پاکستان وجود میں آنے کو تھا لاہور کا آسمان شاہ عالمی کی جلتی ہوئی حویلیوں اور بازاروں میں سے اُٹھنے والی راکھ سے نیم تاریک ہوا تھا.. آج بھی اُس آسمان پر ایک جلتے ہوئے شہر کی راکھ حاوی ہوتی تھی..

اُس کی ایف ایکس سوزوکی چھ سو سی سی کے آگے ایک ہجوم حائل ہو گیا..

مجرّد فلیٹ کی تنہائی میں انعام اللہ کے کان دُکھنے لگے' روشن کے سیل فون کی گھنٹی بجتی چلی جا رہی تھی اور پھر اُس میں سے ''چاندنی راتیں'' کا الاپ شروع ہو گیا.. اور وہ فون اٹینڈ نہ کرتا تھا.. وہ ابھی ابھی لوٹا تھا اور اُسے مکر چاندنی میں ڈوبی ہوئی لیک لوئیس کی رات کے بارے میں بتانا چاہتا تھا.. ایک لامبی ٹانگوں والی پھٹی ہوئی جین میں گسی رانوں والی لڑکی کی بابت بتانا چاہتا تھا جس کے سُوجے ہوئے ہونٹوں نے اُس کے عُمر کے زوال کو زائل کر دیا تھا.. پر وہ فون اٹینڈ نہ کرتا تھا..

شہر کے بام و در اور شاہراہوں میں سے ناموس کا دھواں اٹھتا تھا.. لوگ ماتم کناں تھے.. گڑھی شاہو' مال روڈ' داتا گنج بخش' میکلوڈ روڈ' ایجرٹن روڈ اور چیئرنگ کراس اس دھویں کے ملگجے میں دن کی روشنی میں بھی تاریک ہوتے تھے.. جن کے دل دُکھے ہوئے تھے وہ ٹریفک لائٹس' شورومز' سائن بورڈز پر یلغار کرتے تھے یہاں تک کہ مال روڈ پر سایہ فگن پیپل کے گھنے اشجار کے تنوں پر پٹرول چھڑک کر اُنہیں بھی جلا ڈالنے کی کوشش میں مصروف تھے.. یہ سب دنیا کے کھیل تماشے تھے' لہولعب تھے انہیں راکھ کر دینے سے اگر بخشش کا یقینی بندوبست ہو سکتا تھا تو یہ گھاٹے کا سودا نہ تھا.. جامعہ نعیمیہ کے سینکڑوں طالب علم جنہیں اپنے مدرسے سے باہر کی ساری کائنات عریانی اور فحاشی میں غرق نظر آتی تھی وہ اس کے آثار نابود کر دینے پر تُلے ہوئے تھے.. اُن کے رخساروں پر ابھی ایک نامعلوم سی سیاہ روئیدگی پھوٹ رہی تھی.. اُن میں سے بیشتر غُربت افلاس اور پس ماندگی کے مارے لوگوں میں سے تھے جنہیں معاشرے نے کبھی توقیر کے لائق نہ سمجھا تھا اور آج وہ اُسی معاشرے کے حکمران ہو کر اُس پر بے دریغ راج کرتے اپنا انتقام لے رہے تھے.. کسی میں' انتظامیہ' پولیس یا کسی بھی مسلح

کُن شخص کی یہ جرأت نہ تھی کہ وہ اُن کے راستے میں حائل ہو سکتا کہ اُن کے پاس ناموس کی ایک ایسی تلوار تھی جو ہر گلے کو عقیدے کے نام پر کسی بھی احساسِ جرم کے بغیر بے دریغ کاٹ سکتی تھی..

چیئرنگ کراس کے پہلو میں واپڈا ہاؤس کے سامنے ایک جہازی سائز کا بل بورڈ ایستادہ تھا جس پر ایک درمیانی عمر کی خاتون جس کے برابر میں ایک بچہ مسکراتا تھا دونوں ہاتھوں میں بناسپتی گھی کا ایک ڈبہ تھامے ہنستی ہوئی اس برانڈ کے گھی کو خریدنے کی ترغیب دے رہی تھی. پہلے تو اُس عورت کی شبیہہ کو سنگسار کرنے کی سعی کی گئی پر وہ قدرے بلندی پر واقع تھی اس لیے اُس سنگسار یلغار میں سے صرف ایک پتھر اُس کی ناک تک پہنچا اور اُسے مجروح کر دیا.. اس دوران ایک جی دار نوجوان غضب میں آیا ہوا کہ ایک عورت چاہے وہ ادھیڑ عمر کی ہی کیوں نہ ہو جذبۂ ایمانی کو متزلزل اور مشتعل کرنے کا باعث بن سکتی ہے ایک کوہ پیما کی مانند بل بورڈ کو سہارا دینے والے آہنی ستونوں پر چڑھا اور عورت کی شبیہہ پر پٹرول چھڑک کر اپنی جیب میں سے بمشکل ایک ماچس برآمد کر کے اُس پر ایک جلتی ہوئی دیا سلائی پھینک دی.. ادھیڑ عمر عورت' اُس کے ہاتھوں میں تھاما ہوا گھی کا ڈبہ اور وہ مسکراتا ہوا بچہ دھڑ دھڑ جلنے لگے.. بل بورڈ کے نیچے کھڑے ہوئے ہجوم نے فلک شگاف نعرے بلند کیے اور اُسی لمحے جب کہ وہ نہائت فخر سے آہنی ستون کا سہارا لیے اُن کے نعروں کا جواب دے رہا تھا بل بورڈ کی بھڑکتی آگ نے اُسے بھی اپنی لپیٹ میں لے لیا اور وہ یکدم اپنے سہارے سے جدا ہو کر بھڑکتا.. چیختا.. اُن سب کے درمیان میں آ گرا.. کچھ دیر سلگتا اور تڑپتا رہا اور پھر ٹھنڈا ہو گیا.. اُس کے سوختہ سیاہ ہو چکے بدن کو دیکھ کر ہجوم کے طیش میں مزید اضافہ ہو گیا اور وہ اُس کی قسمت پر رشک کرتے تھے کہ وہ نثار ہو گیا تھا..

روشن نے اپنے کولیگز کے مشورے پر کان نہ دھرا تھا. تمہارے گھر تک جو راستے ہیں وہ سب کے سب دھوئیں' آگ اور غضب کی لپیٹ میں ہیں.. اپنی کار اخبار کے دفتر کے احاطے میں پارک کر کے ذیلی گلیوں میں سے نکلتے شاہراہوں سے کترا کر گھر چلے جاؤ.. اسی میں عافیت ہے.. بھلا مجھے اور میری پُرانی کار کو اپنے لوگوں سے کیا خدشہ ہو سکتا ہے' اُس نے سوچا.. اور پھر وہ ایک صحافی کے طور پر اپنی آنکھوں سے ان مظاہروں کو دیکھ کر اخبار کے لیے ایک متوازن رپورٹ لکھنے کا موقع کیسے گنوا سکتا تھا.. وہ اس امر سے بھی بخوبی آگاہ تھا کہ یورپ میں لوگ.. بیشتر لوگ مذہب کو کچھ زیادہ سنجیدگی سے نہیں لیتے بلکہ اُس کا ٹھٹھا اُڑانے میں بھی کچھ قباحت نہیں سمجھتے.. عیسائیت کی بھی دھجیاں بکھیرتے رہتے ہیں یہاں تک کہ ''کرائسٹ اے ہوموسیکسوئل'' نام کا ڈرامہ سٹیج پر پیش کر دیتے ہیں' کچھ اہلِ کلیسا اور مذہب پرست اگر احتجاج کرتے ہیں تو وہ اُنہیں خاطر میں نہیں لاتے ''لاسٹ ججمنٹ آف کرائسٹ'' جس میں اولیاء کو برہنہ حالت میں دکھایا گیا ہے اور حضرت عیسیٰ کو صلیب پر چڑھانے کے منظر کے پس منظر میں نصرت فتح علی خان کا ایک پُرسوز الاپ ہے.. ایسی فلم بھی کھلے عام نمائش کے لیے پیش کر دی جاتی ہے.. کہ آزادیٔ اظہار کی اُن کے نزدیک کوئی سرحدیں نہیں.. وہ مذہب کو ایک فرسودہ کھیل تماشا جانتے ہیں پر وہ آگاہ نہیں تھے کہ صرف اُن کی محدود دنیا ہی دنیا نہیں ہے.. وہاں ایک اور نصف سے زیادہ دنیا ایسی ہے جو اپنے پیغمبروں اور اُن کی تقدیس کو دل و جان سے زیادہ عزیز جانتی ہے.. وہ یورپ کی مانند ابھی متزلزل نہیں ہوئے اور وہ برداشت ہی نہیں کر سکتے کہ اُن کی رگِ جاں سے قریب.. کسی ہستی کے کارٹون بنا کر اُس کی تضحیک کی جائے.. بلکہ وہ آگاہ تو

تھے.. ایسے لاعلم تو نہ تھے تو اُنہوں نے جان بوجھ کر آزادئ صحافت کی آڑ میں ذرا لطف لینے کے لیے یہ حرکت کی تھی..
روشن، انٹرنیٹ پر وہ کارٹون دیکھ چکا تھا. الف لیلیٰ کے کُچھ کردار بڑی بڑی پگڑیاں باندھے ہوئے، دہشت گردی کے منصوبے بناتے ہوئے اور اُن میں وہ ایک ہستی.. اُس کا دل بھی بہت دُکھا..

شاہراہوں پر وہاں سے گزر چکے مشتعل ہجوم کے شعلہ بار آثار ہویدا تھے.. قدیم کولونیل عمارتیں اور اُن کی وکٹورین کھڑکیاں.. یہاں تک کہ پیپل کے چند درخت بھی جل رہے تھے.. ٹریفک سگنل کبڑے ہو چکے تھے، ایک ٹریول ایجنسی جو عُمرے اور حج کے انتظامات کرنے میں نامور تھی اُس کے گودام میں سنبھالے ہوئے ہزاروں قرآن پاک.. کہ وہ اپنے ہر گاہک کو اس مقدس کتاب کی ایک جلد پیش کرتے تھے.. اور وہ بھی نذرِ آتش کر دی گئی تھی تو اُس کی آگ سے مسمار ہوتی عمارت میں سے جلتے ہوئے قرآنی اوراق لاہور کے آسمان پر راکھ ہوتے تھے..

اُسے اس خودکش الاؤ میں سے گزرتے ہوئے یوں محسوس ہوا جیسے شہر کی گردن پر.. شاہ رگ کی قربت میں ایک تیز دھار کا شیشہ پھر رہا ہے.. اُسے ایک آری کی مانند کاٹ رہا ہے اور اُس میں سے خون کے فوارّے اُبل رہے ہیں لیکن.. وہ شہر آگاہ ہی نہیں ہے کہ اُس کی جان نکل رہی ہے بلکہ وہ ایک شانت کیفیت میں مسکراتا ہے.. اچھّو شیخ کی مانند..

اُس کی ماں.. نور بی بی اُسے گزر چکے زمانوں کے قصّے سنایا کرتی تھی کہ دنیا پور کے شیخوں کے محلے کے آغاز میں ایک کاٹھ کباڑ کا ڈھیر ایک رُوڑھی ہوا کرتی تھی اور شکر دوپہروں میں اُس پر براجمان ایک فاترالعقل اچھّو شیخ ہوا کرتا تھا جو نہائت مزے سے انتہائی انہماک کے ساتھ کانچ کے تیز دھار ٹکڑے کو اپنی گردن پر پھیرتا تھا، گھاؤ لگاتا تھا اور کانچ کا وہ ٹکڑا اُس کی گردن میں سے پھوٹنے والے خون سے لتھڑ جاتا تھا اور اس کے باوجود وہ بے خبر رہتا تھا اور نہائت مزے سے اپنی گردن پر اُس تیز دھار کانچ کے ٹکڑے کو ایک آری کی مانند چلاتا جاتا تھا..

لاہور شہر بھی.. ایک اچھّو شیخ ہو چکا تھا..

ایک بہت خفیہ سا جیسے اپنے آپ کو پوشیدہ رکھنا چاہتا ہو.. ایک ملفوف سا دھما کا اُس کی کار کے اندر تک چلا آیا.. دائیں جانب دیال سنگھ مینشن کی نعل نما قدیم عمارت میں مدتوں سے آباد ''شیزان اورینٹل'' کی چھتیں مسمار ہو رہی تھیں.. آگ کی چھپکلیوں کی سرخ زبانوں نے اُسے چاٹ چاٹ کر ایک سلگتے ہوئے کھنڈر میں بدل دیا تھا. اس ریستوران کے ملبے تلے اُس کی بہت سی یادیں اور بہت سے یادگار لوگ دفن ہو گئے.. یاسر عرفات، فیض صاحب، اشفاق احمد، منیر نیازی، رحمان مزنب، تلمیذ حقانی، مقبول جہانگیر، احمد ندیم قاسمی.. اور اُن جیسے بہت سے یادگار زمانہ لوگ جو کبھی اُس کی پہلی منزل پر واقع شیشے کی بڑی کھڑکیوں میں عکس ہوتے تھے ملبے تلے دب گئے..

عین اُس لمحے جب وہ اُس ریستوران کے ملبے میں دفن ہو جانے والے چہروں کی سوگواری میں تھا.. اُس کے سوختہ ڈھانچے کو تکتا کار کو پہلے گیئر میں لے آیا تھا تا کہ وہ اُسے کُچھ دیر دیکھتا رہے تو اُس کی ونڈ سکرین پر عجیب سے، غضب میں بھرے اور بگڑے ہوئے چند چہرے.. نوخیز.. جن کے رخساروں پر ابھی ایک سیاہ روئیدگی پُھوٹ رہی تھی.. حاوی ہو گئے.. حائل ہو گئے..

انعام اللہ اپنے اُس فلیٹ میں جس کی کھڑکی کے پار اُس رات میں وہ واہیات کیلگری ٹاور اُبھرتا تھا.. سیل فون کانوں سے لگائے منتظر رہا' چاندنی راتیں' سب جگ سوئے ہم جاگیں.. اُس کے کان دُکھنے لگے..

روشن فون کیوں اٹینڈ نہیں کر رہا..

تاروں سے کریں باتیں..

ہجوم حائل ہو گیا..

ابھی ونڈ سکرین پچھلے پہر کی دھوپ میں صاف شفاف تھی اور اگلے لمحے ایک پتھر... وہ اپنی آنکھوں پر یقین نہ کر سکا کہ ایک پتھر بہت ہولے ہولے اتنی آہستگی سے اُس کی ونڈ سکرین کی جانب چلا آتا ہے کہ وہ نہائت اطمینان سے اُس کے حجم اور رنگ کو پرکھ سکتا ہے وہ اتنی آہستہ چال سے اُس کی جانب سفر کرتا آرہا ہے.. اتنی مدھم رفتار سے ونڈ سکرین کی طرف بڑھ رہا ہے اور وہ ایک بے یقین مسحور حالت میں اُس پر نظریں جمائے اُسے تکتا رہا کہ یہ میری جانب کیوں چلا آرہا ہے.. اور پھر چشم زدن میں صاف شفاف ونڈ سکرین دراڑوں میں بٹ گئی... اور اُن دراڑوں میں سے جو غضب ناک شکلیں دکھائی دے رہی تھیں وہ ابھی صاف شفاف دکھائی دی تھیں اور ابھی وہ بھی دراڑوں میں بٹ گئیں.. چہرے بگڑے ہوئے' نعرے لگاتے ہوئے مُنہ ٹیڑھے ہو گئے اور اُن کے سر جیسے پچک گئے ہوں..

''ٹھہرو' ٹھہرو'' اُس نے دونوں ہاتھ بلند کر کے پکارا اور اُسی لمحے کوئی بھاری شے.. شائد ایک ہتھوڑا.. اور یہ ہتھوڑا پہلے پتھر کی مانند مدھم رفتار میں نہ آیا بلکہ اُسے دکھائی ہی نہ دیا اور پوری ونڈ سکرین کرچیوں میں بدل کر ایک چھناکے سے اُس کی جھولی میں اور برابر کی نشست پر آ گری..

اُس کے دونوں ہاتھ ابھی ''ٹھہرو ٹھہرو'' کی حالت میں بلند تھے اور وہ ابھی اس غیر متوقع چھناکے کے صدمے میں تھا جب اُس کا بغلی دروازہ چوپٹ کھل گیا' متعدد ہاتھ ایک آکٹوپس کی ٹانگوں کی مانند لہراتے کار کے اندر آئے اور اُسے جکڑ کر باہر گھسیٹ لیا.. اُس کا ہاتھ چلاتا بے بس وجود سڑک پر گر گیا اور اُس کے اوپر غصیلے چہروں کا سایہ چھا گیا.. شائد وہی ہتھوڑا.. لیکن اس بار وہ بھی نہائت آہستگی سے.. مدھم رفتار سے اُس کے بدن پر اُتر رہا تھا.. وہ دیکھ سکتا تھا کہ اُس کا لوہا زنگ آلود ہے اور مدت سے استعمال نہیں ہوا.. ہتھوڑے کے برابر میں ایک جستی ڈیڑھ انچ موٹا پائپ ہے اور وہ بھی اُس کے پہلو بہ پہلو اُس کے چہرے کی جانب بڑھ رہا ہے اور اُن کے اوپر اُن چہروں کی چھاؤں تھی جن کی تاریکی میں سے برآمد ہو کر ایک ہتھوڑا اور ایک جستی پائپ اُس پر نہائت مدھم رفتار سے اُترتے آ رہے تھے.. اور پھر اگلی ساعت میں اُسے نہ کسی چوٹ کا احساس ہوا اور نہ ہی اُن کی آہنی ضرب کا.. اُسے یوں محسوس ہوا جیسے اُس کی آنکھوں سے نمی پھوٹنے لگی ہے.. یہی نمی اُس کی ناک میں سے پھوٹ نکلی اور جب حلق میں سے برآمد ہو کر ہونٹوں تک آئی تو اُنہیں سرخ کرتی باچھوں سے بہہ نکلی اور جہاں اُس کا چہرہ پڑا تھا اُس کے گرد کے تارکول کو سیاہ کرنے لگی.. ذائقہ نمکین تھا.. گورا ہے.. گورا ہے.. نعرۂ تکبیر.. عجیب نیلگوں اور سُرخ دُھند تھی جس کے پار وہ جو کُچھ کہتے تھے سنائی تو نہ دیتا تھا سوائے.. گورا ہے.. گورا ہے.. کون گورا ہے..

اُس کے لب دم توڑتے پرندوں کی مانند پھڑپھڑاتے تھے.. حرکت کرتے تھے پر اُن میں سے کوئی آواز برآمد نہ

ہوتی تھی اور جو آواز برآمد نہ ہوسکتی تھی وہ یہی بڑبڑاتی تھی کہ نہیں.. خدا کے لیے میں گورا نہیں ہوں.. تم میری شباہت سے دھوکا کھا گئے ہو.. دیکھو میں کوٹ ستارہ کے چوہدری امیر بخش کا اکلوتا بیٹا ہوں اور میری یہ سفید رنگت اور نیلی آنکھیں میری خاندانی وراثت ہیں اور اگر میرے بال جو سراسر سفید ہیں اور ڈھلتی دھوپ میں تمہیں سنہری نظر آئے ہیں تو یہ بھی مجھے میرے باپ کی جانب سے ملے ہیں.. اور اگر میرے پاس کچھ مُہلت ہوتی تو میں تمہیں خوشی محمد تھانیدار کے ان کتّوں کا قصہ سناتا جن کے دانتوں کے نشان میرے باپ کے سر کی سفیدی کا باعث بنے تھے.. تمہارا کچھ دوش نہیں ہے تم نہیں جانتے کہ تم کیا کر رہے ہو.. میں گورا نہیں ہوں..

اگر وہ کہنے اور سنانے کے لائق ہوتا تو یہی کہتا' یہی سناتا۔

اور کوئی سننے والا ہوتا تو وہ سناتا..

ایک اچھوت شیخ کو آپ کیسے سُنا سکتے ہیں' کیسے سمجھا سکتے ہیں کہ تم جو ایک تیز دھار شیشے سے اپنی گردن پر گھاؤ لگاتے ہو اور ذرّہ بھر درد محسوس نہیں کرتے تو اپنی ہی شہ رگ کو کاٹتے ہو..

تب اُس کے پھڑ پھڑاتے ہوئے ہونٹ بھی ساکت ہوگئے..

اُس پر امڈتے ہوئے چہرے چھَٹ گئے.. کہ اُنہوں نے ایک مقدس فریضہ ادا کر دیا تھا.. اُن کا سایہ ہٹا تو ڈھلتی دوپہر کی زرد کرنیں اُس کی آنکھوں میں اُتریں.. نیلاہٹ اور سُرخ نمی میں مدغم ہوکر عجیب گُل رنگ بہار کی صورت ہوگئیں اور تب اُن آنکھوں میں سے پہلا پرندہ پھڑ پھڑاتا' سرخی میں نہایا ہوا اگرچہ اُس کے پروں پر نیلاہٹ کے کچھ چھینٹے تھے' زردی کے چند دھبّے تھے.. باہر آیا اور اُس کے رخساروں کی قربت میں.. جہاں اُس کی ناک اور باچھوں سے بہنے والا خون ٹھنڈا ہوتا تھا وہاں گرا اور مردہ ہوگیا..

آس پاس مکمل ویرانی تھی.. دُھواں تھا اور وہ اُس شاہراہ پر جہاں اُس کی کار اکثر ٹریفک جیم میں پھنسی رہتی تھی.. تنہا پڑا تھا.. وہ ایسی آخری تنہائی کا تصور بھی نہ کر سکتا تھا..

روشن کی اندرونی جیب میں سبز رنگ کے پاسپورٹ کے ایک صفحے پر کینیڈا کا ویزا ثبت تھا اور اُس پر نقش اُس کی تصویر ہولے ہولے لہو میں بھیگ رہی تھی..

ہجوموں سے بہت ہی طویل فاصلے پر واقع سرحدوں کے پار ڈاک کے ٹکٹ جتنا ایک مختصر ملک ڈنمارک تھا جہاں اوڈنزے کے قصبے میں بچوں کی کہانیاں لکھنے والے ہانز کرسچن اینڈرسن کے گھر کے سامنے وہ جوہڑ تھا جہاں ایک بدشکل بطخہ تیرتا تھا.. کوپن ہیگن کے ساحل پر ایک بڑے پتھر پر ایستادہ ''لِٹل میر میڈ'' کا مختصر سا مجسمہ ایک شانت حالت میں براجمان سمندروں کی جانب چہرہ کیے ہوئے کیسے آگاہ ہوسکتا تھا کہ وہاں کہیں پُراسرار مشرق میں لاہور نام کا ایک شہر ہے جو صرف اس لیے جل رہا ہے کہ اُس کے ملک کے اخبار نے کچھ کارٹون شائع کر دیئے تھے..

اور ''لِٹل میر میڈ'' اگر یہ جان جاتی کہ وہاں اُس شہر کی ایک شاہراہ پر ایک شخص مردہ ہو رہا ہے محض اُن کارٹونوں کی پاداش میں.. صرف اس لیے کہ اُس کی رنگت سفید تھی' آنکھیں نیلگوں تھیں اور اُس کے بال ڈھلتی دھوپ میں سنہری ہونے لگے تھے اور وہ عقیدے' رنگ اور نسل سے ماورا صرف انسانیت کا پیروکار تھا تو اُس کے پتھر بدن میں

بھی جان پڑ جاتی.. وہ اپنی چٹان سے اُٹھ کر وہ درجنوں سرحدیں عبور کر کے اُس تک پہنچ جاتی اور اُس کے مردہ ہوتے بدن کو اپنی آغوش میں لے کر یوں سوگوار ہو جاتی جیسے بی بی مریم صلیب سے اُتارے جانے والے عیسیٰ کو اپنی بانہوں میں لے کر سوگوار ہوئی تھیں..

وہ آخری پرندہ بھی بالآخر دماغ کے آخری خلیے میں سے نکلا..

پھڑ پھڑاتا اُس کی نیلگوں آنکھوں کی جھیلوں میں سے اُبھرا اور اُس کے تارکول کی سڑک پر پچکے ہوئے رخساروں کی قربت میں گر کر.. جہاں مردہ پرندوں کا ایک ڈھیر لگ چکا تھا.. مردہ ہو گیا..

سیل فون کی گھنٹی سانس نہ لیتی تھی.. بجتی چلی جا رہی تھی..

سب جگ سوئے، ہم جاگیں، چاندنی راتیں..

تاروں سے کریں باتیں..

چاندنی راتیں..

''ہندوستان کی معدوم ہوتی قدیم نسلوں کی انسائیکلوپیڈیا'' کے آٹھویں باب میں جہاں برصغیر کے طول و عرض میں سمٹتی، نابود ہوتی.. بھیل، دراوڑ، گونڈ اور سانسی نسلوں کے تحقیقی تذکرے تھے جو آریاؤں کی آمد سے پیشتر اس قدیم دھرتی کے وارث اور باسی تھے' اُن کی زبانوں، رواجوں اور خصلتوں کی تفصیل تھی.. وہاں تقریباً ڈیڑھ سو برس پیشتر کی کسی سر پھرے انگریز محقق کی ترتیب شدہ اس انسائیکلوپیڈیا کے آٹھویں باب کے آغاز میں کسی انگریز ڈپٹی کمشنر بہادر کی کھینچی ہوئی ایک تقریباً برہنہ سانسی عورت کی مدھم بلیک اینڈ وہائٹ تصویر تھی...

وہ کیمرے کی جانب نرغے میں آچکے ایک جنگلی جانور کی مانند وحشت اور بے بسی سے گھورتی تھی..

نیم گھنگھریالے ایسے بال جو شاید کبھی دھوئے نہ گئے تھے' اُس کے مضبوط شانوں پر ڈھیر تھے.. آنکھوں کی سیاہی میں سفید پتلیاں تھرکتی لگتی تھیں اور ناک ایک دراوڑی پھیلاؤ میں تھی.. ہونٹ موٹے' بھرے بھرے' جیسے سوجے ہوئے ہوں اور گردن سے نیچے جو چھاتیاں تھیں وہ بہت نمایاں اور گوشت بھری نہ تھیں بلکہ ایک ہیجان آمیز انداز میں بدن کے ساتھ پیوست اور جُڑی ہوئی تھیں.. جیسے کہا جاتا ہے ویسے اُس کی کاٹھی بہت مضبوط لگتی تھی' بھاری سے بھاری بوجھ سہار سکتی تھی اور اُس میں خم آنے کا امکان نہ تھا.. کولہے کسے ہوئے' ٹانگیں لامبی ایسی جن کی حرکت سے جنگلوں اور ویرانوں کے فاصلے مختصر ہو جاتے ہیں.. کاٹھی کی مضبوطی کے نیچے جہاں ایک تکون کے آثار کا آغاز ہو جاتا ہے.. وہاں بھی وہی گھنگھریالے بال جو پوشیدگی کا باعث بنتے تھے..

شباہت کے سامنے کیمرہ نہ تھا واش روم کا قد آدم آئینہ تھا جس میں ایک بلیک اینڈ وہائٹ نہیں' قدرتی رنگوں والی ایک زندہ تصویر تھی جو ہو بہو اُسی قدیم سانسی عورت کی تھی جو ڈیڑھ سو برس پیشتر کی ترتیب شدہ ''ہندوستان کی معدوم ہوتی قدیم نسلوں کی انسائیکلوپیڈیا'' کے آٹھویں باب کے آغاز میں چھپی تھی.. ناک دراوڑی پھیلاؤ میں' ہونٹ موٹے جیسے سوجے ہوئے ہوں.. چھاتیاں بہت نمایاں نہیں بدن کے ساتھ پیوست' کاٹھی مضبوط' کولہے کسے ہوئے' ٹانگیں لامبی.. اور برہنہ حالت میں.. صرف ایک فرق تھا.. اُس کے بازو پر کاندھے کے قریب ایک لمبوترا مسخرہ سا ہاتھی تھا اور اس کی ناف تلے بھی ایک اور مختصر ہاتھی کی گندھی ہوئی شبیہہ تھی پر کیسی انہونی بات تھی کہ اس ہاتھی کا رنگ سیاہی مائل نہ تھا.. مہندی کے رنگ کا تھا..

ایک ہاتھی کبھی کبھار جینز کی اتھل پتھل سے سفید تو ہو سکتا ہے پر وہ حنائی تو ہرگز نہیں ہو سکتا اور یہ تھا.. کاٹھی کے تلے جہاں سے تکونے نشیب کا آغاز ہوتا تھا وہاں جو ہاتھی براجمان تھا مہندی کے رنگ کا تھا۔

اُس نے پچھلی شب اپنے ہاتھوں سے بڑی دِقت سے اُسے مہندی لگائی تھی.. کہ آج اُس کی شادی کا دن تھا..
وہ روبہ روتھی اپنی قدیم معدوم ہو جانے والی نسل کے تسلسل میں.. اگرچہ اُس میں بنگالی خون کی آمیزش تھی جس نے اُسے گھنے گھنگھریالے بالوں کے ڈھیر کی بجائے سیدھے شانوں پر گرتے لامبے بال عطا کیے تھے.. ناک کے درواڑی پھیلاؤ کو متناسب کر دیا تھا اور آنکھوں کو سیاہ کٹورے کر دیا تھا.. شہر کیلگری کے ٹیراوڈ لین گڑیا گھر میں ایک قد آدم آئینے میں دِکھتی تصویر اور اُس ڈیڑھ سو برس پیشتر کھینچی جانے والی تصویر میں کچھ زیادہ فرق نہ تھا.. سوائے اُن دو ہاتھیوں کے اور اُن میں سے بھی ایک مہندی رنگا..

بخت جہان کا چہرہ ایک ٹین ایجر کی مانند تمتماتا تھا' شرماتا تھا اور خوشی اُس کے ہر موئے بدن سے پھوٹتی تھی اور وہ اُسے پھولوں کے ایک انبار کے علاوہ کاٹھ کباڑ سے بھرا ایک سُوٹ کیس بھی دے گیا تھا' جس میں ایک نہایت تیز سُرخ رنگ کا جوڑا.. جس کے بارے میں اُسے شک تھا کہ وہ اسے پہن نہ پائے گی' کچھ زیورات' متعدد جوتے اور وہ بھی سُرخ.. ہینڈ بیگ اور وہ بھی اُسی واہیات رنگ کے' پرفیوم' میک اپ بوکس' ہیرے کی ایک انگوٹھی اور.. مہندی کے چند پیکٹ تھے..
اُس نے نہایت لجاجت سے اُس کی منت کی تھی کہ شباہت پلیز.. مہندی ضرور لگانا.. باقاعدہ پاکستانی دُلہن بننا..
پر اُس نے یہ تو نہیں کہا تھا کہ مہندی لگانی کہاں ہے..
وہ اپنی ہتھیلیوں اور اچھے بھلے ہاتھوں کو داغدار نہیں کرنا چاہتی تھی' اُن پر واہیات نوعیت کے بیل بوٹے بنا کر.. اور اُسے بنانے بھی نہیں آتے تھے' وہ ایک شرمائی لجائی اورینٹل برائیڈ کا رُوپ دھارنا نہیں چاہتی تھی تو پھر اُس مہندی کا کیا مصرف ہو سکتا تھا..
تو اُس نے پچھلی شب نہایت دِقت سے آئینے کے سامنے کھڑے ہو کر مہندی اپنے اُس ہاتھی پر تھوپ دی تھی جس کی مکمل گیلاہٹ کے دن آ گئے تھے اور وہ نکھر سکتا تھا.. اب مہندی کے ساتھ ایک اور مسئلہ تھا کہ لگانے کے بعد اسے تادیر لگا رہنے دیا جائے تا کہ وہ رنگ پکڑ لے.. چنانچہ پچھلی شب اُسی آئینے کے سامنے ہاتھی کو مہندی سے پوچ کر تادیر وہ نہایت خفت محسوس کرتی کھڑی رہی تھی تا کہ وہ سوکھ جائے اور اس دوران وقت گزارنے کی خاطر انسائیکلوپیڈیا کی ورق گردانی کرتی رہی تھی.. اور وہاں وہ تصویر تھی.. آخر وہ کتنی دیر یوں احمقوں کی مانند آئینے کے سامنے کھڑی رہ سکتی تھی.. وہ اس برہنہ حالت میں بستر میں جا لیٹی اور نیند نے اُسے فوراً ہی آ لیا.. آج سویرے ہاتھی پر پوچی ہوئی مہندی خشک ہو کر پپڑیوں میں بدل کر اُتر چکی تھی اور اُس کے بستر کی چادر پر دھبے ڈال چکی تھی..
پر یہ ہے کہ مہندی کا رنگ گوڑھا چڑھا تھا اور وہ ہاتھی حنائی ہو کر قدرے خوش نظر ہو گیا تھا..
وہ آئینے سے الگ ہوئی.. اُسے بہر طور قدرے شرمیلی اور ثقافتی طور پر درست ایک دلہن کا تاثر دینا تھا اور اس کے لیے کچھ نہ کچھ پہننا بہت ضروری تھا.. اُس نے تیز سرخ رنگ کے جوڑے کی جانب ایک نگاہ کی اور مصنوعی کراہت سے ناک چڑھائی.. اُس کا پہلا پہناوا وہی پسندیدہ جھالروں والا انڈرویئر تھا جس پر موتیوں کی لڑیوں میں ''آئی لو یُو'' کے حروف جھلملاتے تھے.. وہ سرخ قمیض تو آسانی سے اُس کے بدن پر پھسل گئی لیکن ریشمی شلوار کہیں نہ ٹھہرتی تھی.. بار بار ڈھلک

جاتی تھی، بہت مصیبت سے وہ اُس کے کولہوں پر ٹھہری کہ اُسے ازار بند کی عادت نہ تھی.. کبھی تو وہ بہت سختی سے کسا جاتا اور کبھی وہ اتنا ڈھیلا پڑ جاتا کہ شلوار گر کر اُس کے ٹخنوں کے گرد ایک ریشمی ڈھیر ہو جاتی.. ایک اورینٹل برائیڈ بننا بھی کیسا اے پین اِن دے آرس.. تھا۔

''نہیں ماں.. میں خود سے تیار ہو جاؤں گی، جیسے ہر صبح بینک جانے کے لیے تیار ہوتی ہوں.. نو پرابلم.. آپ کو میرے ہاں صرف اِس لیے رات بسر کرنے کی کوئی ضرورت نہیں..''

''تمہارا خیال ہے کہ تم نے کل صبح بھی ویسے ہی تیار ہونا ہے جیسے بینک جانے کے لیے ہوتی ہو شباہت..''

اُس نے جب کبھی اپنی ماں کی جانب نظر کی تو اُس کے چہرے پر سوگواری اور رنج کے سوا کُچھ نہ دیکھا.. البتہ جونہی اُسے احساس ہوتا کہ وہ اُسے دیکھ رہی ہے تو وہ فوراً.. اور وہ دیکھ سکتی تھی کہ ماں ایک کشمکش کے ساتھ، اپنے آپ کو آمادہ کر کے اُس کی خاطر اُس چہرے پر مسکراہٹ لے آتی ہے.. اجتماعی زیادتی کے بدن کے بخیے ادھیڑ دینے والے تجربے کے بعد.. پھر ایک ایسے بچے کی ماں ہونا جس کے باپ کا سراغ ممکن نہ ہو اور وہ بھی پیدا ہوتے ہی کسی نامعلوم گود میں چلا جائے اور بالآخر اپنی اقدار کی خصلت سے مجبور ہو کر ایک ایسے شخص کے ساتھ بیاہے جانا جس کے دل میں ازل سے محبت کا ایک بیج بھی نہ بویا گیا ہو اور پھر یہ کھلے کے اُس کا دین دھرم بھی کوئی نہ ہو.. لیکن کل شب اُس کے چہرے کی سوگواری جیسے کبھی تھی ہی نہیں.. یونہی ایک سراب تھا جو زائل ہو گیا اور جو رنج تھا وہ بھی ایک گمان تھا کہ اُس پر ایک بہار آمیز مسکراہٹ ایسی تھی جس کی کلیاں اُس کے تن بدن میں کھلتی اُسے یوں نوخیز کرتی تھیں کہ شباہت نے سوچا کہ دلہن تو میری ماں لگ رہی ہے..

''تم نے کل صبح دلہن بننا ہے شباہت..''

اُس کی نزدیکی دوستوں نے بھی بہت تقاضا کیا تھا.. اور اُن میں اُس کی فلسطینی کولیگ شانزے سب سے بلند آہنگ ادھم مچاتی تھی.. ''ہم تمہیں دلہن بنانے کے لیے آجائیں گی.. آخر تمہیں ایک برائیڈ کو.. میڈز کی بھی تو ضرورت ہو گی جو ہم ہوں گی.. اور تم اپنی شادی کا گلدستہ اپنے دولہا کے ساتھ چلتے ہوئے جب پیچھے مڑے بغیر پھینکو گی تو اُسے کون دبوچے گا..''

''یہ ایک مسلم ویڈنگ ہو گی.. وری ٹریڈیشنل..'' وہ اُن سے جان چھڑاتی تھی لیکن اُن کی چھیڑ چھاڑ سے لطف اندوز بھی ہوتی تھی..'' اور اس میں دُلہن سر جھکائے شرماتی بیٹھی رہتی ہے اور ہمارا پریسٹ یہ نہیں کہتا کہ..'' ناؤ یو کین کِس دے برائیڈ'' اور نہ ہی برائیڈ کار میں سوار ہونے سے پیشتر کوئی گلدستہ اپنے کاندھے پر سے عقب میں منتظر میڈز کی جانب اچھالتی ہے..''

اُس کی گوری دوستوں نے خوب ہاؤ ہو کر کے غل مچایا کہ اگر... میں تمہیں خاوند اور بیوی ڈیکلیئر کرتا ہوں.. کے اعلان کے بعد دولہا تمہارا بوسہ نہیں لے گا تو تمہارے درمیان محبت کا رشتہ مستحکم کیسے ہو گا.. کیا واقعی تم شرم کے مارے دوہری ہوتی جاؤ گی شیبی.. پر کیسے..

اور شباہت نے مسخرے پن سے پرانی پاکستانی اور ہندوستانی فلموں کی شرماتی لجاتی ہیروئنوں کی مانند تیزی

سے آنکھیں جھپک کر، منہ میں انگلی داب کر.. گردن ذرا لچکا کر کہا.. کہ ایسے.. اور پھر یکدم سنجیدہ ہو کر کہا.. ''تمہیں میرے ہاں، مجھے تیار کرنے کے لیے آنے کی کچھ ضرورت نہیں. تم لوگوں نے براہ راست، وہیں، اسلامک سنٹر میں پورے وقت پر پہنچ جانا ہے اور وہاں کچھ بکواس نہیں کرنی کہ ہم سب ہر ویک اینڈ پر ایک جتھے کی صورت میں کسی شراب خانے میں جا کر ادھم مچاتی ہیں..''

وہ پُرمسرت قہقہے لگاتا سہیلیوں کا ہجوم منتشر ہو گیا لیکن شانزے ٹھہری رہی.. وہی فلسطینی لڑکی جس کے ماں باپ اپنے زیتون کے باغ میں اپنی شادی کی سالگرہ منا رہے تھے تو غیب سے ایک اسرائیلی بل ڈوزر نمودار ہوا اور اُنہیں کچل کر چلا گیا اور وہ اُسے تلقین کیا کرتی تھی کہ شباہت تمہارا تو ایک باپ ہے.. بے شک اُس کا وجود محبت سے خالی ہے لیکن.. تم اُس سے ملنے چلی جایا کرو.. جب وہ سب ہنستی کھیلتی چلی گئیں تو شانزے ٹھہری رہی. ''شباہت.. کیا یہ واقعی ایک مسلم ویڈنگ ہو گی؟''

وہ چونک گئی.. ''میرا خیال ہے کہ.. ہاں.. تم کیوں پوچھتی ہو..؟''

''تمہارے شب و روز میں.. اگرچہ تم ایک خاص ضابطہ اخلاق میں پابند رہی ہو۔ پھر بھی کوئی ایسا واضح اشارہ نہیں ملتا کہ تم ایک مسلم ہو.. کیا تم ہو..؟''

وہ کیسے جان سکتی تھی کہ وہ کیا ہے..

اگر وہ اُس انسائیکلوپیڈیا میں چھپی ہوئی سانسی عورت کی قدیم تصویر سے حیرت ناک مشابہت رکھتی تھی تو وہ جس نسل کا تسلسل تھی کیا اُس کی روایات اور بے دھرم حیات کی پیروکار بھی تھی.. اُسی انسائیکلوپیڈیا میں سانسی لفظ کا لغوی معنی ایک تو ''جرأت مند'' درج تھا جو کسی حد تک اُن کی بے دریغ اور بے دھڑک زندگی پر منطبق ہوتا تھا.. اُس کے علاوہ کچھ محقق ایسے تھے جو اُس نتیجے پر پہنچے تھے کہ یہ سنسکرت کے لفظ سواستہ سے مستعار لیا گیا ہے یعنی.. سانس لینے والا یا الگ کر دیا جانے والا.. اور یہ بھی اُن کی حیات کی ترجمانی کرتا تھا کہ وہ معاشرے کے مروجہ اقدار، عقائد اور اخلاقیات کی نفی کرتے ہوئے اپنے راستے خود متعین کرتے تھے تو وہ جرأت مند تو تھے اور وہ الگ کر دیئے جانے والے بھی تھے، انسانی آبادیوں کے اندر ٹھکانہ نہ کرتے تھے، اُن سے الگ ذرا فاصلے پر اپنی بستیوں میں رہتے تھے.. وہ خود سے مروّجہ تہذیب سے الگ ہوئے تھے یا اُن کو حقارت سے الگ کر دیا گیا تھا، اِس کا تعین دشوار تھا..

لیکن اُسے، شباہت کو ان سب توجیہات میں سے ''سانس لینے والا'' ایک آفاقی سچائی کے طور پر دل کو لگتا تھا کہ سانسی واقعی وہ سانس لینے والے تھے جو اپنی آزاد خصلت کے تحت ہر عقیدے، رواج اور اخلاق سے ماورا ہو کر اپنی من مرضی سے سانس لیتے تھے..

اُس نے ہوش سنبھالا تو اُسے اپنی ماں کے عقیدے کا ایک مقدس اور طے شدہ ماحول ملا جس نے اپنی اخلاقی اقدار کو اس قدر اہم جانا کہ ان کی حفاظت کی خاطر اُس نے ایک بے محبت شخص سے شادی کر لی اور جب یہ کھلا کہ وہ تو کسی ایسی نسل کا تھا جس میں عقیدے کا عمل دخل ہی نہ تھا تو اُس نے اس سے علیحدگی اختیار کر لی.. شباہت باقاعدہ عمل پیرا تو نہ ہوئی تھی لیکن وہ اپنے مسلمان ہونے کی پہچان سے گریز نہ کرتی تھی.. کبھی کبھار اپنی ماں کو خوش کرنے کی خاطر روزے بھی

رکھ لیتی تھی اور نماز بھی پڑھ لیتی تھی.. اُسے اپنے باپ سے کچھ لگاؤ نہ تھا اور نہ ہی وہ اُس کی نسل یا رواجوں سے کچھ غرض رکھتی تھی اور زندگی معمول کے مطابق گزرتی جاتی تھی.. اس معمول میں انتشار نے تب جنم لیا جب وہ اپنے دادا سروسانسی کی شخصیت کے سحر میں مبتلا ہوئی اور پاکستان سے واپسی پر اُس نے اپنے آپ کو ایک مختلف انسان محسوس کرنا شروع کر دیا.. کھوجنے لگی کہ اُس کے دادا کی نسل کے لوگ کون تھے جو نا پید ہوتے چلے جا رہے ہیں اور مخمصے میں پڑ گئی کہ اُس کا اصل تشخص کیا ہے..

وہ کیسے جان سکتی تھی کہ وہ کیا ہے..

''ہاں..شاید میں ایک مسلم ہوں..میری ماں کا یہی عقیدہ ہے اور جس شخص سے میں شادی کر رہی ہوں اگرچہ وہ اس سرزمین میں پیدا ہوا اور پلا بڑھا لیکن وہ بھی اپنے آبائی عقیدے پر.. برائے نام ہی سہی قائم ہے..تو شانزے یہ کہا جا سکتا ہے کہ یہ ایک مسلم ویڈنگ ہے.''

شانزے کا گورا چہرہ دمکنے لگا.''سبحان اللہ..مجھے یہ اعزاز دینا شیبی کہ میں تمہیں قرآن پاک کے سائے میں رخصت کروں..پلیز..''اور اُس کی بھوری فلسطینی آنکھوں میں یہ درخواست کرتے ہوئے نمی کی دھاریں پھوٹنے لگی..

ایک اور ریئنٹل دلہن کے لیے ہار سنگھار' چہرے کو پوچنا ایک ناگزیر شرط تھی جس سے گریز کرنا ممکن نہ تھا..عام حالات میں بھی وہ میک اپ کرنے کی کچھ شوقین نہ تھی اور اگر کسی خصوصی میٹنگ کو اٹینڈ کرنے کے لیے یا کسی پارٹی میں شامل ہونے کے لیے ایسا کرنا ایک مجبوری ہو جاتا تو بھی وہ اپنے موٹے ہونٹوں پر ایک غیر جانب دار قسم کی لپ سٹک لگا لیتی جو واضح نہ ہوتی لیکن آج کے دن کے لیے تو ایک تیز' آتشیں اور بھڑکیلی سرخ لپ سٹک دلہن کے طے شدہ نصاب میں تھی جس سے روگردانی ممکن نہ تھی..

ایک سرخ لباس میں جس کی ریشمی شلوار بار بار اُس کے کولہوں سے کھسکتی تھی اور ہونٹ ایک خون آلود شوخ لپ سٹک سے لتھڑے ہوئے آئینے میں نظر آتی اِس لڑکی کو دیکھ کر اُس کی ہنسی قابو میں نہ آتی تھی..کہ یہ احمق اور مسخری لڑکی کون ہے جو سرکس میں کام کرنے والی ایک ایسی گڑیا لگتی ہے جسے تماشائیوں کو محظوظ کرنے کی خاطر ایک عجیب سا سرخ لباس پہنا دیا گیا ہے اور اُس کے ہونٹوں پر سُرخ لپ سٹک تھوپ دی گئی ہے..لگتا تھا کہ اُس کے ہونٹ مردار کھاتے ہوئے لتھڑ گئے تھے..

''شباہت' یہ تم تو نہیں ہو..''

صرف اُس کی ماں جانتی تھی..

اُس کی نزدیک ترین سہیلیوں یا کولیگز کو بھی کبھی شائبہ بھی نہ گزرا تھا..

اُس نے اپنے آپ پر جبر کر کے..بعض اوقات ضبط کر کے چیخنے سے گریز کرتے..اپنی کار کو مُشکل سے قابو کر کے پانیوں میں ڈوب جانے سے بچاتے..کبھی اپنی بے اختیار آبی دہشت کو منکشف نہ کیا تھا کہ کہیں اُسے بھی اپنے باپ

کی مانند ایک ذہنی مریض کے طور پر کسی ہوم میں داخل نہ کروا دیا جائے..

کسی کو، سوائے اُس کی ماں کے، کُچھ خبر نہ تھی کہ وہ پانیوں سے اور خاص طور پر شب کی تاریکی میں نظر آنے والے پانیوں سے ایک سگ گزیدہ کی مانند ڈرتی ہے..

وہ جھیلوں سے.. دریاؤں سے.. پانیوں کے کسی بھی ذخیرے سے نظریں چراتی تھی..وہ نہ صرف اُس کے اندر خوف اور دہشت بھر دیتے تھے بلکہ اُسے اپنے آپ پر کُچھ اختیار نہ رہتا تھا..ایک شب جب وہ کیلگری سے ایڈمنٹن اگلی سویر منعقد ہونے والی بینک کی ایک میٹنگ میں شامل ہونے کے لیے جا رہی تھی تو ہر سُو تاریکی تھی اور پھر کہیں گاڑھے بادلوں میں سے راہ پا کر تھوڑی سی چاندنی اُس کے سامنے سڑک پر آ گری..اور سڑک پر پگھلی ہوئی برف کا کُچھ پانی تھا.. چاندنی اُس میں یوں جھلکی کہ اُس کا بدن بے اختیار ہو گیا.. وہ ایک بچے کی مانند ہولے ہولے چیخنے لگی.. سٹیئرنگ اُس کے ہاتھوں سے چھوٹ گیا اور اُس کی کار برابر کے کھیت میں اُلجھتی چلی گئی..اور وہ مرتے مرتے بچی۔

دن کی روشنی میں تو وہ گزارہ کر لیتی پر تاریکی میں اگر اُسے کوئی چھوٹا سا تالاب بھی نظر آ جاتا تو وہ خوف سے فالج زدہ ہو جاتی۔

اُس نے پانیوں کے اس ڈر کو بمشکل پوشیدہ رکھا تھا.. نہ کسی سے تذکرہ کیا تھا اور نہ ہی کسی کو اس میں شریک کر کے مشورہ کیا تھا..وہ ایک دماغی مریضوں کے ہوم میں زندگی بسر کرنا نہیں چاہتی تھی..

لیک لوئیس کی رات میں انعام اللہ کو بھی کُچھ شک نہ ہوا تھا کہ وہ پانیوں سے منہ موڑ کر بیٹھی ہے.. اگر ڈرائیو کرتے ہوئے اُس کا چہرہ حنوط شدہ لگ رہا ہے تو صرف اس لیے کہ وہ آس پاس نگاہ نہیں کرتی.. گذرتی جھیلوں سے چشم پوشی کرتے صرف شاہراہ پر نگاہ رکھتی ہے..

بخت جہان بھی یہ کیسے گمان کر سکتا تھا کہ جب شادی پر آمادگی کے بعد وہ اُسے ایک تعارفی ملاقات کے لیے جہان آباد لے گیا تھا اور چھت تک پہنچنے والی شیشے کی ایک دیوار کھڑکی کے آگے سے پردہ سرکاتے ہوئے کہ جس کے پار دور دور تک جنگل تھے.. گھاس کے میدان تھے اور وہ جھیل تھی جس کے کناروں پر گئی رات اُس کا باپ اکبر جہان آ بیٹھتا تھا اور اُس کے پانیوں پر وہ چار مرغابیاں تیرتی تھیں، جن کا خوشی سے کوئی تعلق نہ تھا..تو شاہت کی آنکھیں اُس کا خیال تھا کہ ایسے منظر کو سامنے پا کر حیرت اور استعجاب سے پھیل جائیں گی، وہ ششدر رہ جائے گی..تو وہ کیسے گمان کر سکتا تھا کہ وہ اُس منظر سے آنکھیں چراتی ہے..

''یہ ہمارا بیڈ روم ہو گا..''

''صرف تبھی جب ہم کبھی کبھار ویک اینڈ پر یہاں آیا کریں گے..ورنہ ہمارا گھر تو کیلگری میں ہو گا.. جیسا کہ تم نے وعدہ کیا تھا..''

''ہاں..اگر تم یہی چاہتی ہو..''

''یہ طے شدہ ہے..کہ نہیں؟''

''جو تم چاہو..''

فی الحال وہ اقرار کیے جاتا تھا.. اُس کی ہر آرزو کے سامنے سر جھکائے چلا جاتا تھا.. اور بعد میں وہ جانتا تھا کہ لڑکیاں بدل جاتی ہیں.. اُنہیں اپنے کھونٹے پر باندھنے کے بعد مجبور بھی کیا جا سکتا ہے.. ''لیکن یہ بھی طے ہے کہ میں مسلسل کیلگری میں قیام نہیں کر سکوں گا' رچرڈ کے لیے یہ ممکن نہ ہوگا کہ وہ اتنے وسیع رقبے اور کیٹل فارمز وغیرہ کی نگہداشت تنہا کر سکے' اُس کا ہاتھ بٹانے کے لیے مجھے اکثر.. کبھی کبھار طویل مدت کے لیے بھی یہاں آنا پڑے گا.''

''بخت جہان.. اس کے لیے ہمیں کچھ منصوبہ بندی کرنی ہوگی.. مجھے بینک سے زیادہ دنوں کے لیے رخصت نہیں مل سکے گی..''

بخت جہان کے چہرے پر غصیلی ناگواری کا ایک ہلکا سا تأثر نمایاں ہوا.. شادی کے بعد بھی وہ ایک معمولی ملازمت جاری رکھنا چاہتی ہے.. اپنے آپ کو ایک عام کینیڈین لڑکی کی مانند دن رات ہلکان کرنا چاہتی ہے.. وہ ایک ریاست کی مالک ہوگی.. اور پھر بھی.. اُس نے ایک گہرا سانس لے کر اپنے آپ کو ضبط میں رکھنے کی کوشش کی.. وہ موجودہ توازن کو بگاڑنا نہیں چاہتا تھا.. ''جیسا کہ کہتے ہیں' جب پُل آئے گا تو ہم فیصلہ کریں گے کہ اُس کے پار کیسے جانا ہے..''

''ایک اور بات..'' وہ اُس کے قریب ہوگئی' اُسے احساس ہوا کہ ایک ہونے والے شریک حیات کے ساتھ اُس کا رویہ قدرے سرکاری سا تھا.. ''پلیز برا نہ ماننا.. اور تب.. جب ہم یہاں آئیں گے تو.. مجھ سے اس کا جواز نہ پوچھنا کہ میں خود بھی آج تک نہیں جان سکی.. یہ بیڈ روم ناقابل بیان حد تک شاندار اور تمہارے ذوقِ جمال کی گواہی دیتا ہوا.. میرا اگڑیا گھر تو پورے کا پورا اس میں سما جائے.. صرف یہ ہے کہ اس چھت تک پہنچتی کھڑکی کے آگے سے پردہ نہ ہٹانا.. اس کے پار جو حیرت ناک منظر ہے وہ ناقابل بیان ہے..'' وہ جھجکنے لگی.. اور پھر ہمت کر کے بولی.. ''میں پانیوں کو دیکھ نہیں سکتی.. میں اُس جھیل پر.. خاص طور پر رات کے وقت اگر ایک نگاہ کروں گی تو میں خوف اور دہشت سے اتنی سراسیمہ ہو جاؤں گی کہ تم.. تم مجھے سنبھال نہ پاؤ گے.. میں پانیوں سے ڈرتی ہوں.. پلیز..''

اگرچہ وہ کچھ زیادہ پرشوق نہیں تھی لیکن یہ بخت جہان تھا جس نے مناسب سمجھا تھا کہ شادی سے پیشتر وہ اُس ماحول کو ایک نظر دیکھ لے جہاں اُس نے بقیہ زندگی بسر کرنی تھی.. وہ اُس کے ملازمت ترک نہ کرنے کے ارادے کو تو سہہ گیا تھا لیکن.. یہ کیسے ممکن ہے کہ پانی کسی ذی ہوش شخص کے لیے دہشت کا باعث ہوں.. وہ اُن پر نگاہ ڈالنے سے خوفزدہ ہو جائے.. اُسے تھوڑی بہت تشویش پہلے سے تھی' اُس کا باپ ایک مدت سے ذہنی مریضوں کے ایک ہوم میں داخل تھا تو ہو سکتا ہے وہ بھی مکمل طور پر نارمل نہ ہو.. شاید اُسے بھی ورثے میں کچھ فتور مل گیا ہو.. بہر طور اب تو انحراف نہیں ہو سکتا تھا..

پیٹرو کینیڈا کے سامنے بہتی شاہراہ یکدم ایک زرّافے کی مانند گردن اُٹھا کر آہستگی سے بلند ہوتی تھی اور اُس بلندی پر فائز خوشنما اگرچہ ایک ہی شکل وصورت کے گھروں کی کھڑکیاں اُن کاروں' ٹریلروں اور ٹورسٹ کوچوں پر اُمڈتی تھیں جو بینف نیشنل پارک اور اُس سے پرے ایک طویل فاصلے پر واقع وینکوور کی جانب رواں تھیں.. لیکن اگر آپ اس پیٹرو کینیڈا کے گیس سٹیشن کے پہلو میں سے اُترتی بغلی سڑک پر اُتر جاتے تھے تو وہاں بھی شانہ بہ شانہ ایک ہی ڈیزائن کے گھروں کا سلسلہ دور تک چلا جاتا تھا.. اور جہاں اُن کا اختتام ہوتا تھا وہاں ابھی تک ایک مختصر ویرانہ تھا جس میں بُل ڈوزر

اُس کے نشیب وفراز کو ہموار کرتے ڈھول اُڑاتے تھے.. یہاں سے تقریباً سو میٹر کے فاصلے پر امپیریئل آئل کے نوخیز دمکتے دفاتر تھے، جن کے ساتھ مزید رہائش گاہوں کی قطاروں کا آغاز ہو جاتا تھا اور اُن کے آخر میں ایک رہائش گاہ ایسی تھی جس کے مقابل چوڑے فٹ پاتھ پر آج معمول سے بہت زیادہ رونق تھی..

اس رہائش گاہ کو ایک اسلامک سنٹر میں تبدیل کر کے اس کی چھت پر سبز رنگ کا ایک ہلال آویزاں کر دیا گیا تھا..

فٹ پاتھ پر کھڑے.. منتظر.. یونہی اِدھر اُدھر ٹہلتے لوگ جن کے ستھرے ملبوسات اور چال ڈھال سے واضح ہوتا تھا کہ وہ کسی خصوصی تقریب میں شرکت کے لیے آئے ہیں، قدرے مضطرب تھے..اُن کی نظریں امپیریئل آئل کے نئے نکور دفاتر سے چھوتی اُس سڑک پر تھیں اور وہ جس کار کی آمد کے منتظر تھے، اُسے اب تک آ جانا چاہیے تھا..وقت مقررہ سے پندرہ منٹ اوپر ہو چکے تھے..

اُس کی ٹانگوں کو ملفوف کرنے والی وہ ناشناسا ریشمی کھسکتی ہوئی کیفیت اُسے بہت بے آرام کرتی تھی.. یوں محسوس ہوتا تھا جیسے اُس کی وہ ٹانگ بھی جس کے آخر میں اُس کا جوگر ایکسلریٹر پر بوجھ ڈالتا تھا..ننگی تھی..ڈرائیونگ کرتے ہوئے کہ اُسے اس ریشمی پہناوے کی عادت نہیں ہو پا رہی تھی، وہ بار بار اُلجھتی تھی، شلوار کا ازار بند ڈھیلا ہو جاتا تھا اور اُسے محسوس ہوتا تھا کہ وہ اُس کے کولہوں سے ڈھلک کر جوگروں پر جا گرے گی..وہ ایک ہاتھ سے سٹیئرنگ سنبھال کر نشست سے اپنے آپ کو ذرا اوپر اُٹھا کر نیفے میں اُنگلیاں اُڑس کر اُسے اپنے کولہوں پر قائم رکھنے کی کوشش کرتی..

اُس کا فیصلہ درست ثابت ہوا تھا..

بخت جہان کے ویڈنگ سوٹ کیس میں سے برآمد ہونے والے متعدد ہائی ہیل شوز اگرچہ مختلف ڈیزائنوں کے تھے لیکن اُن سب کا رنگ وہی چمکیلا واہیات سا سرخ تھا جو کہ ایک مشرقی دُلہن کے لیے لازمی تھا..اُس نے اُن میں سے ایک نسبتاً کم بیہودہ سے شُو کو آزمایا لیکن جب اُسے پہن کر چلنا چاہا تو وہ ایک اپاہج کی مانند لڑکھڑاتی ہوئی چند قدم چلی اور پھر اُس نے اُنہیں اُتار پھینکا اور اپنے مرغوب بھدّے جوگر پہن کر شانت ہو گئی....اُس کی بلا سے اگر اُس کی شادی پر آئے ہوئے مہمان سُرخ جوڑے کے نیچے اُس کے آئرش گھوڑوں کے سموں ایسے جوگر دیکھ کر چہ میگوئیاں کرنے لگیں، شی ڈِڈ ناٹ گوائے ڈیم..

اگر وہ وہی ہائی ہیل سُرخ چمکدار شوز پہنے ہوتی تو کیا وہ اُن کی نوک سے ایکسلریٹر دبا سکتی..بریک لگا سکتی..اُس کی کار دھچکے کھاتی اٹکتی رہتی اور امکان رہتا کہ کار اُس کے بس سے باہر ہو کر یا تو کناروں سے اُتر جاتی اور یا کسی بجلی کے کھمبے سے جا ہم آغوش ہوتی..تو اُس کا فیصلہ درست ثابت ہوا تھا..

پیٹرو کینیڈا کے گیس سٹیشن تک تو وہ نہایت معمول کے میکانکی انداز میں ایک ایسے ٹھہراؤ کے ساتھ کار چلاتی رہی جیسے یہ بھی اُس کی باقاعدہ زندگی کا ایک اور معمول کا دن ہو اور اُسے بروقت بینک پہنچنا ہو..لیکن جونہی وہ اس گیس سٹیشن کے پہلو میں سے اُترتی سڑک پر مڑی تو اُس لمحے اُسے احساس ہوا کہ یہ ایک اور معمول کا دن نہیں ہے..اُس کی شادی کا دن ہے

تو اُس کے دل میں ایک عجیب کھُد بُد شروع ہوگئی.. بدن بے یقینی کے ایک غیر متوقع تناؤ میں آ گیا' ایک اضطراب اُس کی ہتھیلیوں کی پوروں میں سے پھوٹنے لگا اور اُس پھوٹتی ہوئی نمی کے باعث سٹیئرنگ پر اُس کی گرفت پھسلنے لگی..شاید یہ آخری لمحوں کی..ٹوبی آرناٹ ٹوبی..کی غیر یقینی کیفیت ہر دلہن کا مقدر تھی..اُس کے ہاتھ پاؤں پھولنے لگے..

سُرخ لپ سِٹک کے اندر اُس کے موٹے ہونٹوں کے مسام پھوٹنے لگے..اگر اُس کے ہمراہ اُس کی کوئی نزدیکی سہیلی ہوتی تو وہ اُسے ڈھارس دیتی کہ شباہت تمہاری یہ بے یقینی کی کیفیت کُچھ نئی اور انوکھی نہیں ہے..آج تک جتنی بھی دلہنیں بن سنور کر اپنے بیاہ کی جانب بڑھتی ہیں وہ سب اسی کیفیت سے دوچار ہوتی ہیں..

ویرانے کو ہموار کرنے والے بل ڈوزروں کی آہنی گڑگڑاہٹ سے اُٹھنے والی دھول کی ایک باریک تہہ اُس کی ونڈ سکرین پر بچھ گئی..

امپیریئل آئل کے دفاتر کے قریب ہوتے ہوئے اُس کی گھبراہٹ میں مزید اضافہ ہوگیا..کہ اُسے رہائش گاہوں کے آخر میں ایک ایسا چوڑا فٹ پاتھ نظر آنے لگا جہاں کُچھ چہل پہل تھی..ٹہلتے ہوئے منتظر لوگ تھے جن کی نظریں اُس کی اُن کی جانب بڑھتی کار پر مرکوز تھیں اور اُن میں بخت جہان ایک بلند قامت شجر کی مانند ممتاز دکھائی دے رہا تھا..وہ اُس کی نیلی آنکھوں میں اپنی کار کی بڑھتی ہوئی پرچھائیاں تصور کرسکتی تھی..اُس لمحے اُس کے..بخت جہان کے ہونٹوں پر..جو منتظر اضطراب سے خشک ہوئے جاتے تھے ایک مسکراہٹ پھیل گئی..وہ خلاف توقع..اگر وہ اُسے ایک اور یئیڈیل دلہن کے رُوپ میں دیکھنے کا متمنی تھا' اُس کے لیے ایک ویڈنگ سُوٹ کیس کا اہتمام کرتا تھا تو اُسے بھی ایک اور یئیڈیل برائیڈ گروم ہونا چاہیے تھا..شلوار اور بروکیڈ کی اچکن میں سر پر ریشم کی ایک پگڑی باندھے..لیکن وہ خلاف توقع نہایت ہی یبوست زدہ انگریزوں کی مانند باقاعدہ ایک ٹکسیڈو میں جکڑا ہوا تھا' اگرچہ اُس کی سیاہ بوٹائی قدرے ترچھی ہو رہی تھی' جیسے چارلی چپلن کی مونچھ ہو..وہ ٹیڑھی بندھی ہوئی تھی..شاید اس میں اُس کا کُچھ دوش نہ تھا کہ وہ اُس کی گردن سے مطابقت رکھتی تھی..وہ کیسا پُر وجاہت ناقابل حصول قسم کا مرد لگ رہا تھا..اُس کے برابر میں اُسی سیاہ لباس میں رچرڈ جہان کھڑا تھا جسے وہ جہان آباد میں سرسری طور پر مل چکی تھی..اُس کے قریب ایک خوشنما سی لینکی لڑکی تھی جو ایک نسوانی نوعیت کے شخص کے ساتھ جڑی کھڑی تھی..وہ سیرت کے سوا اور کون ہوسکتی تھی..

اُس کی بینک کولیگز اور روال مارٹ کی چند سہیلیاں..وہی جو ہر ویک اینڈ پر اُس کے ساتھ بے خود ہوتی تھیں' اپنی بہترین پوشاکوں میں' روشن اور چلبلی اور مسرت کی لگامیں ڈھیلی چھوڑتی ہوئیں..اُن میں شانزے اپنے حجاب کے باعث ممتاز پہچانی جارہی تھی اور وہ دیکھ سکتی تھی کہ اُس کے ہاتھوں میں سبز کپڑے میں ملفوف ایک کتاب ہے..

اُن سے ذرا الگ اُس کی ماں ایک سادہ سوتی ساڑھی میں ملبوس سر سے ڈھلکنے والے پلّو کو درست کرتی تھی اور اُن سیاہ آنکھوں سے اُس کی راہ دیکھتی تھی جنہیں اُس نے مکمل طور پر شباہت کے چہرے پر منتقل کر دیا تھا..وہ ایک عرصے کے بعد اپنے فلیٹ کی قید میں سے باہر کھلی فضا میں آئی تھی جس نے اُس کی سوگوار شخصیت کو ایک تر و تازہ رُوپ عطا کر دیا تھا..مقدّس بانو کے عقب میں عمارت کی سیڑھیوں کے قریب ایک وہیل چیئر نظر آ رہی تھی..شباہت کی آنکھیں جو ابھی تک اپنی ماں کے چہرے کو دیکھے جا رہی تھیں' اب اُس کے پار جا کر اُس وہیل چیئر پر مرکوز ہوگئیں..

اُس وہیل چیئر کے سوا بقیہ تمام لوگ جو فٹ پاتھ پر نظر آ رہے تھے یکدم دھندلا سے گئے اور اُسے اُس کے سوا اور کچھ نظر نہ آیا..وہ ابھی تک اتنے فاصلے سے تعین نہیں کر پا رہی تھی کہ اُس وہیل چیئر میں براجمان کون شخص ہے..

پر اُس کے سوا اور کوئی نہ ہو سکتا تھا..

بچپن سے لے کر اس لمحہ موجود تک محبت سے خالی جتنے بھی بنجر اور چٹیل ویرانے تھے جن میں کسی اُلفت کی گھاس کا ایک تنکا بھی نہ تھا اُن ویرانوں میں اُس وہیل چیئر کے نظر آنے سے یک بار بہار آ گئی..چٹختی زمین کی ایک مدت سے خشک دراڑوں میں سے رنگا رنگ کونپلیں پھوٹنے لگیں..پھولوں کے انبار یوں کھلے کہ وہ بنجر ویرانہ ڈھک گیا' کہ بچپن سے لے کر لمحۂ موجود تک اُس کے باپ نے اُسے کبھی محبت کی نظر سے نہ دیکھا..اگر آج وہ اتنے تردّد سے اُس حالت میں اُسے دلہن کے رُوپ میں دیکھنے کے لیے چلا آیا تھا تو یہ محبت کا کرشمہ تھا..اور وہ یہ بھی جانتا تھا کہ یہاں ماں بہر طور ہو گی اور پھر بھی چلا آیا تھا تو اُس کے دل میں اُس کے لیے محبت تھی تو چلا آیا..

شباہت کے سب شکوے شکائتیں اور نفرتیں دُھل گئیں..

وہ جتنے بھی منتظر تھے اُس کی کار کی پہچان کرتے ہوئے..اُسے اپنی جانب بڑھتے ہوئے دیکھ کر اپنے ملبوسات کو درست کرنے لگے..شانزے نے اپنے ہاتھوں میں تھامے ہوئے قرآن کو تھپکا' اُس کی کینیڈین دوستوں نے پھولوں کے گلدستوں کو ناک تک لا کر اُنہیں سونگھ کر اطمینان کیا کہ کیا وہ اب بھی مہک آور ہیں اور بے تابی سے ہاتھ ہلانے لگیں..ماں کو بھی کار کی ونڈ سکرین میں سے اپنی متلوّن مزاج بیٹی کی شکل دکھائی دینے لگی..البتہ اسلامک سنٹر کی سیڑھیوں کے قریب کھڑی وہیل چیئر میں کچھ حرکت نہ ہوئی..

اُس میں بیٹھا ہوا ایک گمشدہ تاثر والا شخص..اُس نے نہایت تردّد سے ہوم کے سٹاف اور خاص طور نرس پرکاش کور کو قائل کیا تھا کہ کیلگری تک کے سفر اور پھر اپنی بیٹی کی شادی میں شرکت سے اُس کی صحت پر مضر اثر نہیں پڑے گا..وہ خود ذمہ دار ہو گا..

اُس کے اندر ایک عجیب ہلچل تھی..

ایک طویل مدت کے بعد وہ اُسے دیکھ رہا تھا جو ایک سوتی ساڑھی میں ملبوس اُس سے منہ موڑے کھڑی تھی..

جب اُسے ہوم کی مہیا کردہ خصوصی کار میں سے اُتارا جا رہا تھا تو اُس نے اتفاقاً اُس کی جانب دیکھ لیا تھا' اور اُس کی سیاہ آنکھیں یکدم بجھ گئی تھیں' ان میں اُس کے لیے نہ تو نفرت کی کوئی چنگاری تھی اور نہ ہی اپنائیت کی کوئی پہچان اور پھر وہ منہ موڑ کر کھڑی ہو گئی تھی..جب کبھی اُس کے سر سے ساڑھی کا پلّو ڈھلکتا' اُس کے بال عیاں ہوتے تو جواب بھی بارشوں کی حبس بھری راتوں کی مانند سیاہ تھے تو ناریل کے تیل کی خوشبو سے لبریز ایک جھونکا اُس کی جانب چلا آتا..

اُس کے اندر نصیب کی شعبدہ بازیوں کا ایک اور تموّج بھی تھا..میری بیٹی..سرو سانسی کی پوتی آج چودھری بخت جہان کے سگے پوتے سے بیاہی جائے گی..

ایک سانسی کی اولاد ایک ایسے پرتکبر جاٹ کی اولاد کی گھر والی ہو جائے گی جو اس نسل کو پلید جان کر اُسے ہاتھ لگانے سے بھی گریز کرتا تھا..البتہ اُن کی کشید کردہ کیکر کی شراب کا شوقین تھا..وہ تو انہیں اُن مینڈکوں سے بھی حقیر جانتا تھا

جنہیں اپنے نشے میں مُخل ہونے کی پاداش میں اپنی ڈانگ سے ہلاک کر دیا کرتا تھا.. بچپن کی بچھڑتی ہوئی یادوں میں اُس کا باپ سروسانسی چودھری بخت جہان کے پاؤں میں ایک کتے کی مانند لوٹنے کی آرزو کر رہا ہے اور وہ اُسے ''پرے پرے مردار کھانے والے'' کہہ کر دھتکارتا ہے.. اُسی سروسانسی کی پوتی.. زمانے کیسے کیسے روپ دھارتے ہیں، مقدر کے کھیل کیسے بخت جہان کو مات دے کر اُسے بھی ایک سانسی بنا دیتے ہیں کہ شباہت سے جنم لینے والے بچے بہر طور کچھ نہ کچھ سانسی تو ہوں گے.. راجے داکھٹیا، چودھری بخت جہان داکھٹیا.. کیا؟ یہی کہ بخت جہان کی نسل میں سانسی خون کی گردش ہوگی..

اُس کے اندر ابھی ہلچل تھی، وہیل چیئر پر بیٹھے ہوئے ابھی ایک تموّج اُس کے بدن میں ٹھاٹھیں مارتا تھا.. امپیریئل آئل کے جدید دفاتر کی جانب سے نمودار ہونے والی کار کو دیکھ کر ابھی وہ ان کیفیتوں میں کھویا ہوا تھا کہ اگلی ساعت میں وہی کچھ ہوا جو اکثر ہوتا رہتا تھا.. نہ کوئی ہلچل رہی اور نہ کوئی تموّج.. نہ اُس کی جانب بڑھتی ہوئی وہ کار رہی جس میں اُس کی بیٹی دلہن بنی بیٹھی تھی اور نہ سوتی ساڑھی میں ملبوس اُس سے منہ موڑے ہوئے وہ عورت.. یادداشت کی تختی پر رشتوں اور زمانوں کے جتنے بھی حرف تھے وہ مٹ گئے.. جو رہی تو بے خبری رہی.. اور وہ ایک بچے کی مانند مسکرانے لگا، پہچان اور شناخت سے ماورا ہو گیا..

یہ کون لوگ ہیں جو ایک فٹ پاتھ پر بے وجہ بنے ٹھنے کھڑے ہیں.. اور وہ جو ایک لاتعلق منہ موڑے کھڑی ہے لگتی ہے کہ شناسا ہے پر نہیں ہے تو وہ کون ہے.. اور یہ سب منتظر دکھائی دیتے ہیں تو کس کے انتظار میں ہیں.. ناریل کے تیل کی مہک جو آتی ہے تو یہاں اس سرد سرزمین میں کہاں سے آتی ہے..

فٹ پاتھ پر بکھرے منتظر لوگ اسلامک سنٹر کی سیڑھیوں کی قربت میں کھڑی وہیل چیئر میں براجمان اُس شخص کے چہرے پر ابھی پہچان اور اگلے لمحے گمشدگی کی کیفیت سے اس لیے آگاہ نہ ہوئے کہ وہ سب اُس کار کی ونڈسکرین پر نظریں جمائے ہوئے تھے جو بالآخر خاصی تاخیر کے بعد امپیریئل آئل کی جدید عمارت کے پہلو میں سے نمودار ہو چکی تھی اور ونڈسکرین میں سے دلہن کی شکل نظر آنے لگی تھی.. وہ سب ہولے ہولے مسکراتے ہوئے آگے ہوئے.. اُس کے استقبال کے لیے اور بخت جہان اپنی دراز قامتی، خوش شکلی، نیلی آنکھوں اور اُس خم دار گردن کے ساتھ جس کی وجہ سے اُس کی بوٹائی بھی ٹیڑھی بندھی تھی، ایک پُرشوق اضطرابی حالت میں فٹ پاتھ کے کنارے کے قریب ہوا تا کہ اُس کے برابر میں اگلے چند لمحوں میں رُکنے والی کار کا دروازہ کھول سکے..

رُکنے سے پیشتر، بریک پر اپنے بھدّے جوگر جمانے سے ذرا پہلے آخری ساعت میں شباہت نے چہرہ اوپر کر کے.. بیک وِیو مرر کو ذرا نیچے کر کے اپنے آپ پر ایک آخری نگاہ ڈالی.. سُرخ لپ سٹک سے پُتے ہوئے موٹے ہونٹ آئینے میں یوں خون رنگ نظر آئے جیسے وہ ابھی ابھی کسی مردہ بیل کی انتڑیوں میں اُترے ہوں.. اور یہ کیسا اجاڑ اور رُوکھا سا چہرہ تھا جس پر سرخوشی کی کوئی ہریاول نہ پھوٹتی تھی بلکہ اُس پر گھنے جنگلوں کے اندرون میں جہاں سورج کی روشنی بھی سرایت نہیں کر سکتی وہاں کی گھپ تاریکی کی سیاہ پوشی تھی.. اُس کی آنکھیں مدتوں سے ویران ہو چکے ایک کنوئیں کی مانند تھیں جس کے اندر جھانکنے سے تہہ میں پوشیدہ پانیوں کی صدا نہ آتی تھی.. فنا کے ڈر کی ایک گونج سنائی دیتی تھی..

کیا وہ ایک آسائش، کی آسانی اور معاشی سہولت کے تابع اپنے آپ کو قربان کرنے کی خاطر اُس فٹ پاتھ کی

جانب بڑھ رہی تھی؟

جیسے اُس کی ماں نے یہ جانتے ہوئے بھی کہ یہ اُن دشمنوں کی نسل میں سے ہے جنھوں نے اُس کی آبرو کے چیتھڑے اپنی خاکی وردیوں پر بہادری کے تمغوں کی مانند سجائے تھے.. اُس کے باپ سے صرف اس لیے شادی کر لی تھی کہ وہ اس سرد سرزمین کے اطوار اور اخلاق کو قبول نہ کر سکتی تھی اور اُس کا باپ ایک سہولت تھا. محض اس لیے اور اس میں محبت کا کُچھ عمل دخل نہ تھا.. لیکن اُس کی ماں کا باپ تو ایک نمازی پرہیز گار چگی داڑھی والا اپنے عقیدے پر مستحکم اور حال پر قانع مچھیرا تھا.. اور اُس کا باپ.. جو ابھی اسلامک سنٹر کی سیڑھیوں کے برابر میں اپنی وہیل چیئر پر براجمان اُس کا منتظر تھا اور اب جانے کیوں مسکرانے لگا تھا بے دھرم تھا. سُرخ لومڑیوں اور جنگلی جانوروں کو بھون کر کھا جانے کے الزام میں برطرف کیا گیا تھا تو ان دونوں کے درمیان.. ماں اور اُس کے درمیان اخلاق اور عقیدے کا کُچھ اشتراک نہ تھا تو وہ مجبور نہ تھی.. بے شک اُس کی وجاہت کو دیکھ کر اُس کی ناف تلے جو ہاتھی تھا' مہندی میں رنگا ہوا وہ گیلا ہو جاتا تھا لیکن یہ محض بدن کی منہ زور جنسی مجبوری کے نم آلود آثار تھے.. کیا ان میں دائمی چاہت کا کُچھ عمل دخل تھا.. اُس کا دل بیٹھنے لگا جب اُس پر کہیں غیب سے یہ نازل ہوا کہ یہ محض ایک سہولت ہے..

بخت جہان کا دمکتا' پُر تمکنت' وجاہت سے بھرا چہرہ.. جس پر سہولت' دولت اور ریاست کا امتزاج نمایاں ہوتا تھا' مسکراتا ہوا اُس کی رکتی ہوئی کار کے دروازے کے قریب ہوا تا کہ اُسے کھول کر شباہت کو خوش آمدید کہے اور کلائی پر بندھی اُس کی نایاب سنہری گھڑی پچھلے پہر کی مدھم دھوپ میں جگمگاتی تھی.. وہ کھڑکی کے شیشے کے پار کیسا ناقابل حصول قسم کا خوش شکل مرد نظر آتا تھا..

تب وہ ایک بے اختیار کیفیت تھی.. ایک لمحے کا اشتعال تھا یا کیا تھا.. ایک اعصابی مضطرب پن تھا کہ جس کے زیر اثر جب کہ بخت جہان اُس کی کار کا دروازہ کھولنے کی خاطر مسکراتا آگے بڑھتا تھا' تب اُس کا وہ پاؤں جو ایک آئرش گھوڑے کے پاؤں ایسے بھدّے جوگر میں جکڑا ہوا تھا کار کو روکنے کی خاطر بریک پر بوجھ ڈالتا تھا' وہ پاؤں بریک پر سے یوں اٹھا جیسے اُسے کسی کرونڈیئے سانپ نے ڈس لیا ہو اور اُٹھ کر بلا جھجک دائیں جانب ایکسلریٹر پر ثبت ہو گیا اور اُس پر پورے بدن کا بوجھ اور دباؤ ڈال دیا.. اور کار یکدم اتنی تیزی سے نکلی جیسے اُسے سٹیئرنگ سمیت پیچھے چھوڑ جائے گی..

عقبی شیشے پر اُس نے نظر تو نہ ڈالی' اگر ڈالتی تو اُس میں کُچھ ششدر' صدمے کے دھچکے سے سنّاٹے میں آئے ہوئے کُچھ چہرے دکھائی دیتے جو تیزی سے پیچھے رہتے جاتے تھے..

✦.......✦

''پہلا باب''

''شاہراہ رشید کے قہوہ خانوں کے اندر زندگی کی بے ثباتی میں سے کچھ لمحے بے دریغ مسرت کے چھین لینے کی چاہت میں سرمست لوگ ہجوم کرتے تھے اور اُن کے باہر فٹ پاتھوں پر براجمان بوڑھے درمیان میں رکھی گول میزوں پر دھرے شیشہ حقوں کو گڑگڑاتے نتھنوں میں سے خوشبودار سیب کی مہک والے تمباکو کا دھواں نکالتے اُن زمانوں کو یاد کرتے تھے جب وہ بھی حیات کی مسرتوں کا پیچھا کیا کرتے تھے.. بین الاقوامی برانڈ کی کاروں کے شوروموں، فیشن ہاؤسز کی چکاچوند اور سرِشام نکلنے والے خاندانوں سے گھنے ہوتے فٹ پاتھوں اور بھڑکتے نیون سائنوں کے عقب میں.. اس بے حد مہنگے تجارتی علاقے میں ایک مختصر گھر اپنا وجود اب تک قائم رکھے ہوئے تھا اور اگر اُس کی تمام کھڑکیاں بند ہوتیں تو اُس کے اندر کسی مکین کو یہ گمان بھی نہ گزر سکتا تھا کہ محض چند سو میٹر کے فاصلے پر بغداد الف لیلیٰ کی کسی ایک رات کے تسلسل میں اب بھی زندگی سے حظ اٹھاتا، پرشور اور دھڑکتا ہے..

پر اب کسی ایسی بے دریغ مسرت کی رات کو گزرے ہوئے ایک زمانہ ہو چکا تھا.. اب یہ ایک تاریک ہو چکا.. اپنے جرم سے لاعلم ایک سہا ہوا چپ کے سنّاٹے میں آیا ہوا بغداد تھا..

اب اُس مختصر گھر کی تمام کھڑکیاں چوپٹ کھلی تھیں اور ان کے چوکھٹوں کے رنگین شیشے اُس گھر کے محدود سے باغیچے کی گھاس پر کرچیوں کی صورت میں یوں بکھرے ہوئے تھے کہ اگر کسی دھماکے سے جنم لینے والی تیز روشنی اُن پر پڑتی تو وہ پل بھر کے لیے ایک منتشر ہو چکی کہکشاں کی مانند دمک کر غروب ہو جاتے.. گھاس کا رنگ بھی آسمان سے مسلسل اُترنے والی ذرّہ ذرّہ سیاہی سے اپنی ہریاول کے دنوں کو فراموش کر چکا تھا..

باغیچے کے ایک کونے میں زیتون کا ایک تنہا قدرے خمیدہ لیکن گھنا پیڑ خود اپنی شاخوں کو نہ پہچان سکتا تھا کہ وہ بارود کے دھوئیں سے سیاہ ہونے لگی تھیں..

علی زید کے چار برس کے بدن میں مکمل خاموشی تھی..

جب سے وہ اپنی ماں زینب کی کوکھ میں سے باہر آیا تھا وہاں ازل سے ایک سنّاٹا تھا..

اُس کے دونوں کان محض نمائشی تھے، اُن کے پردوں کے پار کوئی آواز نہ جاتی تھی.. وہ سننے کی حِس سے محروم تھے.. دریائے فرات کے پانیوں پر جب صدام کی سالگرہ پر گل رنگ انار چھوٹتے پھلجھڑیاں بکھرتیں اور اُن کے رنگ دریا کی

سطح پر بھڑ کتے اُسے بھی رنگ رنگ کر دیتے تو علی زید مسکراتا رہتا.. غوں غاں کرتا اپنی مسرت کا اظہار کرتا اپنی ماں کا شکر گزار ہوتا کہ وہ اُسے یہ تماشا دکھانے کے لیے لے آئی ہے.. لیکن اُس کے اندر کے سناٹے میں کوئی ایک پھلجھڑی نہ پھوٹتی..

وہ ہر شب کی مانند اُس شب بھی اپنی ماں کے بدن کی گرمی میں آسودہ ہو کر نیند میں چلا گیا تھا.. وہ ہولے ہولے جھلانے سے سو جاتا تھا' بغداد کے دیگر بچوں کی مانند لوریاں سننے پر اصرار نہیں کرتا تھا اگرچہ وہ اپنی ماں کے ہلتے ہوئے لبوں کو دیکھ کر اندازہ کر سکتا تھا کہ وہ کچھ کہہ رہی ہے.. اُسے کچھ سنا رہی ہے..

''تم نے اے میرے بیٹے غافل نہیں ہو جانا..
تم میری کوکھ کی سپّی میں سے جنم لینے والے ایک موتی ہو..
تمہارا خمیر بے انت صحرا میں سے اٹھا ہے..
تم میرے ہی نہیں اُس صحرا کے بھی بیٹے ہو جو تمہارا منتظر ہے..
خدا کرے تمہاری جانب ہمیشہ بادِ نسیم چلے..
تمہارا کومل بدن کبھی بادِ سموم سے نہ جھلسے..
تم نے بالآخر اپنا خیمہ سمیٹ کر صحرا کو لوٹنا ہے..
غافل نہ ہو جانا..''

ماں کے جنبش میں آئے ہوئے ہونٹوں کو دیکھتے' مسکراتے اپنے سناٹے میں گم آسودہ ہو کر وہ اُس شب بھی نیند میں چلا گیا تھا..

اگلی سویر اُس کی آنکھ کھلی تو اُس کے پپوٹوں پر کچھ بوجھ تھا.. ماں کے بدن میں وہ حدت نہ تھی کہ وہ اُس میں آسودہ ہو کر دیر تک سوتا رہے.. ایک یخ ٹھنڈک تھی.. وہ ہمیشہ جاگ رہی ہوتی تھی اور پھر اُسے جگاتی تھی پر آج سویر وہ جاگی ہی نہ تھی.. متعدد بار جھنجھوڑنے کے باوجود اُس کی ماں نے جب بیدار ہونے سے انکار کر دیا تو اُس نے ایک اپنے دل کو لگتا حربہ آزمایا.. مٹھیاں بھینچ کر زور زور سے رونے لگا.. اگرچہ اُسے رونا نہ آ رہا تھا پر اُس نے اپنے آپ پر جبر کر کے نہایت دقّت سے اپنے آپ کو رونے پر مجبور کر لیا.. ماں پر مجال ہے کچھ اثر ہوا ہو.. وہ ٹھنڈی پڑی رہی.. ورنہ وہ تو فوری طور پر اُسے چپ کرانے کے لیے اُس کی بلائیں لینے لگتی تھی.. اُس کے گورے گالوں پر پٹاخ پٹاخ بہت گیلے بوسے ثبت کرنے لگتی تھی جن کی گیلاہٹ سے وہ سخت بیزار ہو جاتا تھا اور انہیں فوراً اپنی ہتھیلی سے پونچھ دیتا تھا.. پر اُس سویر وہ ٹھنڈی بے اثر پڑی رہی..

علی زید کا یہ آزمودہ حربہ بیکار گیا' وہ اپنی ماں کی توجہ حاصل نہ کر سکا تو مایوس ہو کر اپنی آنکھوں سے نیند پونچھتا اٹھا.. اُس کی ہتھیلی کی پشت پر کچھ خشک ہو چکی پپڑیاں سی تھیں.. وہ ابھی آگاہ نہ تھا کہ اُس کے پپوٹوں پر جو بوجھ سا محسوس ہو رہا تھا وہ برابر میں ٹھنڈی ہو چکی ماں کے ادھڑے ہوئے گوشت کا خون تھا جو ایک فوارے کی صورت پچھلی رات کے کسی پہر

پھوٹتا تھا اور اُس کے پپوٹوں پر جم گیا تھا.. وہ ذرا احتیاط سے بستر پر سے اُترا کہ اُس کے پاؤں ابھی فرش کو نہ لگتے تھے.. جب وہ اترتا تھا تو اُس نے محسوس کیا کہ آج گھر کے اندر روشنی تیرتی پھرتی ہے.. اور اس کے ساتھ ہوا کے چلنے کا احساس ہوتا ہے.. لان میں کھلنے والا دروازہ جو ہر شب اُس کی ماں باقاعدگی سے مقفل کرتی تھی چوپٹ کھلا تھا اور کھڑکیاں بھی بند نہ تھیں.. اپنے کواڑ وا کیے ہوئے تھیں اور اُن کے چوکھٹے رنگین شیشوں سے خالی تھے اور اسی لیے روشنی بے دریغ داخل ہوتی تھی اور ہوا کے آگے کوئی رکاوٹ نہ تھی..

ہر سویر یہی اُس کا معمول تھا کہ وہ بیدار ہونے کے بعد اپنی ماں کے بازوؤں سے الگ ہو کر نہایت احتیاط سے بستر پر سے فرش پر اترتا اور بیڈروم کا دروازہ دھکیل کر باغیچے میں چلا جاتا تا کہ وہ کمر خمیدہ زیتون کے پیڑ کی گھناوٹ میں پوشیدہ چڑیوں کو غل مچاتے ''سُن'' سکے.. وہ تو سن نہیں سکتا تھا پر اُس کی ماں اُسے اشاروں کی زبان میں ذہن نشین کرواتی تھی کہ علی زید تم جان لو کہ زیتون کا ہی شجر ایسا ہے کہ اس کا تذکرہ ہمارے آسمانی صحیفے میں ملتا ہے اور میں تمہیں بتاتی ہوں کہ اس سویر بھی اس کے پتوں کے اندر اور اُن میں سے کُچھ چڑیاں تو کبھی پھڑپھڑاتی ظاہر ہوتی ہیں اور بہت سی چڑیاں پوشیدہ ہیں اور انہوں نے اپنی چہچہاہٹ سے آسمان سر پر اٹھا رکھا ہے..

دروازہ چوپٹ کھلا تھا اور کھڑکیوں کے چوکھٹے رنگین شیشوں سے خالی ہو چکے تھے.. وہ اپنی آنکھوں سے نیند پونچھتا.. ذرا لڑکھڑاتا باغیچے کے کونے میں کمر خمیدہ زیتون کے پیڑ تک پہنچا' اُس کی آنکھیں اُس کے پتوں اور شاخوں میں پوشیدہ چڑیوں کی متلاشی تھیں جب اُسے احساس ہوا کہ وہ شجر بالکل ویران ہے.. اُس میں بسیرا کرنے والی جتنی چڑیاں تھیں وہ اُس کے تنے کے گرد ڈھیر ہو چکی تھیں.. ایک مُردہ حلقہ بنائے ہوئے تھیں..

ہاں.. زیتون کے اُس شجر میں سے جیسے کسی سرد سویر میں سورج کی اوّلین کرنوں کی حدّت سے ہار سنگھار کے کھردرے پتوں والے جھاڑی نما شجر کی شاخوں سے جدا ہو کر پیلے دل والے سفید پھول ٹپ ٹپ گرتے ہیں.. ایسے.. وقفوں سے زیتون کے گھنے پن میں سے کوئی ایک چڑیا ٹپ سے گر جاتی تھی..

علی زید کو اپنے پیدائشی سناٹے کے اندر ''آپریشن عراقی فریڈم..'' کے دوران پچھلی رات بغداد کے آسمانوں پر پرواز کرتے سند باز جہازی کے اُن عفریت جہازی پرندوں کی چونچوں میں سے اُگلنے والی جہاں سوز آتش کے دھماکوں کی آواز سنائی نہ دی تھی جس کے نتیجے میں زیتون کے کُل درختوں کے اندر پوشیدہ چہچہاتے پرندوں کے دل رُک گئے تھے..

ماؤں کی گود میں خوابیدہ بچوں کے دل تھم گئے تھے اور وہ علی زید ابھی تک زندہ اس لیے تھا کہ وہ ایک پتھر کی مانند بہرا تھا' دھماکوں کو سن نہ سکتا تھا..

زیتون کے پیڑ کے تنے کے گرد حصار کرتی مردہ چڑیوں میں ایک چڑیا ایسی تھی جس میں ابھی کُچھ جان باقی تھی.. اگرچہ اُس کا دل بھی تاب نہ لا سکا تھا' رُک چکا تھا پر وہ ابھی تڑپتی تھی.. اُس کا دَم بھی رُکنے کو تھا..

علی زید نے جھک کر اُس کی پھڑپھڑاہٹ کو اپنی ہتھیلیوں کے حصار میں لیا تو چڑیا نے چونچ کھول دی: ''مجھے مرنے دو..''

''لیکن.. تم کیوں مر رہی ہو چڑیا..''

''اس لیے کہ میں..'' اُس کا بدن اُس کی ہتھیلیوں نے محسوس کیا کہ ماں کی طرح ٹھنڈک میں اُتر رہا ہے..''ایک عراقی چڑیا ہوں..''

اور اُس کی چونچ کھلی کی کھلی رہ گئی..''

کیا یہ ایک نئے ناول کا آغاز ہو سکتا ہے..؟ عزتِ نفس کے مجروح پن سے گھائل ہو چکے' کھولتے ہوئے دل والے مصنف کے نئے ناول کا آغاز ہو سکتا ہے..؟

اگرچہ ایک ناول کا آغاز کہیں سے بھی ہو سکتا ہے..اس کے انجام سے..کسی مرکزی کردار کو پیش آنے والے کسی جذباتی حادثے سے..کسی کردار کی موت سے..ناول کی کہانی کے عین درمیان میں سے فلیش بیک کی تکنیک کا سہارا لیتے ہوئے' جواب تک بیت چکا اُسے بیان کر کے اور پھر درمیان سے آخر تک تخلیق کا یہ سفر طے کیا جا سکتا تھا..لیکن اس نئے ناول میں قباحت یہ تھی کہ اسے انجام سے ہرگز شروع نہیں کیا جا سکتا تھا کہ وہ ناول نگار کی صوابدید پر نہ تھا' اُس کے اختیار سے باہر تھا..جو ہو رہا تھا زمانے کی اس دھجی سکرین پر لمحۂ موجود میں' وہ تو اُس کے سامنے ہو رہا تھا..اخباروں میں' ٹیلی ویژن پر' دنیا بھر میں ہونے والے خلافِ جنگ احتجاجی مظاہروں میں' نیو یارک پبلک لائبریری کے سامنے آٹھ سیاہ پوش خواتین جیسے کسی تدفین میں آئی ہوں ''وومن اِن بلیک اگینسٹ وار'' کا بینر تھامے ہوئے..بوڑھے ریٹائر ہو چکے امریکی فوجی اپنی لرزتی ہوئی آواز میں مطالبہ کر رہے ہیں..برنگ بیک آور بوائز فرام عراق..وہائٹ ہاؤس کے سامنے ایک جم غفیر..بش ایک جنگی مجرم ہے' اُس پر جنگی جرائم کا مقدمہ چلایا جائے..یہ سب کچھ تو ناول نگار کی نظروں کے سامنے ہو رہا تھا لیکن کل کیا ہونا تھا..اس جنگ کا انجام کیا ہونا تھا..کیا ویت نام کی مانند بالآخر کوئی نئے برس کا ٹیٹ اوفنسو ہو گا جس کی شدت سے امریکی فوج کے قہر کی کمر ٹوٹ جائے گی اور اُن کے فرار کا واحد راستہ سائیگان کے امریکی سفارت خانے کی چھت رہ جائے گی' جہاں سے ہر دو سیکنڈ کے بعد ایک ہیلی کاپٹر امریکی افسروں اور اُن کے حواری ویت نامی جنرلوں کو اپنی پناہ میں لے کر اڑان بھرے گا..

شاید ایسا اس بار نہ ہو کہ وہ اپنے پچھلے تجربوں سے بہت کچھ سیکھ چکے تھے..شاید وہ کُرد اور شیعہ کارڈ کھیل کر وہاں کچھ عرصہ تک قدم جمائے رکھیں..

تو اس نئے ناول میں عہد موجود کا منظر نامہ تو بیان کیا جا سکتا تھا لیکن اس کے اختتام کے لیے اُسے عراقیوں اور افغانیوں کی مانند جانے کب تک انتظار کرنا تھا..اس کا انجام مستقبل کی ہواؤں میں کہیں رقم ہونا تھا اور کیا پتہ ناول نگار کی حیات تب تک اُس کا ساتھ دے یا نہ دے..اور اگر وہ تب تک زندہ نہیں رہتا تو یہ ایک ایسا نامکمل ناول ہو گا جس کے انجام کو آئندہ نسلیں ہی تحریر کر سکیں گی..

تو اس ناول کا آغاز بہر طور آغاز سے ہی ہونا ٹھہرتا تھا..

انعام اللہ نے جب اپنے نئے ناول کا پہلا باب مکمل کیا تو ایک اور مسئلہ کھڑا ہو گیا..چار سالہ علی زید نے جب اُس پھڑ پھڑاتی چڑیا کو ہاتھوں میں لے کر پوچھا کہ..تم کیوں مر رہی ہو چڑیا تو جواب آیا کہ اس لیے کہ میں..ایک عراقی چڑیا ہوں تو جونہی اُس نے قلم ہاتھ سے رکھا تو اُس کے کانوں کے اندر کچھ پھڑ پھڑاہٹ سی ہوئی..اور وہ اتنی بلند ہونے لگی کہ

اُسے خدشہ ہوا کہ اُس کے کانوں کے پردے پھٹ جائیں گے.. جیسے بے انت پرندے مرگ کی سیاہی میں مرتے جا رہے ہیں.. یہ پھڑ پھڑاہٹیں تاریخ کے جبر اور جرم ضعیفی کی لاچارگی کی صدائیں تھیں..

دھماکوں کی تاب نہ لاتے ہوئے دل رُک جانے سے ہلاک ہو جانے والی چڑیاں بغداد کے اُس مختصر گھر کے مختصر باغیچے کے زیتون کے کمر خمیدہ شجر کے تلے ہی نہیں تھیں.. وہ کابل قندھار کے اناروں کے باغوں میں بھی مری پڑی تھیں.. رملا اور غزہ میں بھی اُن کے مردہ بدنوں کے ڈھیر تھے..

صرف چڑیاں ہی نہیں.. علی زید کے علاوہ کچھ بچے بھی چلے آتے تھے کہ ذرا دیکھو تمہیں ہم جیسے ڈرامائی کردار ڈھونڈنے سے بھی نہ ملیں گے تو ہمیں بھی درج کر لو..

ان میں سے ایک بچہ بمشکل دس برس کا ہوگا، لنگڑاتا ہوا چلا آتا ہے اور صرف ایک بیساکھی کا سہارا لیے چلا آتا ہے کہ اُس کے پاس دوسرا بازو نہیں ہے جس کی بغل میں وہ دوسری بیساکھی جما سکتا اور وہ قندھار کے نواح میں بابر کے چہل زینہ کے دامن میں پھیلے ہوئے سُرخ رسیلے اناروں کے ایک جھنڈ میں آتا ہے.. اور انار کے ہر شجر تلے وہی مردہ چڑیوں کے ڈھیر ہیں.. وہ عراقی تھی، اس لیے موت سے ہمکنار ہوئی اور اگر ان میں سے کسی ایک ابھی تک پھڑ پھڑاتی چڑیا کو وہ اپاہج بچہ اٹھا کر پوچھتا کہ چڑیا تم کیوں مر رہی ہو تو وہ کہتی کہ.. اس لیے کہ میں ایک افغانی چڑیا ہوں.. ان تمام چڑیوں کے غول کے غول اُس کے کانوں میں پھڑ پھڑاتے مرتے تھے.. اس ناول کے صفحوں پر رقم ہونا چاہتے تھے..

ان دونوں.. پتھر بہرے علی زید اور اپاہج افغانی بچے کے پہلو بہ پہلو نیلی جین اور دھاری دار ٹی شرٹ میں ملبوس ایک اور بچہ بھی چلا آتا تھا.. کہ مجھے فراموش نہ کر دینا.. تاریخ، انسانی ضمیر اور انصاف مجھے فراموش کر چکے ہیں تم ذرا لحاظ کرنا.. اس بچے کی آمد میں قیامت یہ ہے کہ وہ اپنا حال بیان کرنے سے قاصر ہے کہ وہ مر چکا ہے.. ایک تصویر میں اُس کا سراسیمہ باپ اُسے اپنی گود میں لیے ہوئے فٹ پاتھ کے ساتھ ایک دیوار سے لگا اُسے اسرائیلی فائرنگ سے بچانے کی کوشش کر رہا ہے اور وہ دبکا ہوا ہے، سہما ہوا ہے، اس یقین میں ہے کہ بھلا باپ کی آغوش میں اُسے کیا خطرہ ہو سکتا ہے اور دوسری تصویر میں وہ اُس باپ کے ہاتھوں میں بے جان ہو چکا ہے.. ڈھلک چکا ہے.. وہ بھی چلا آتا ہے کہ مجھے فراموش نہ کر دینا..

کوئی ایک چڑیا تو نہ تھی.. کوئی ایک بچہ نہ تھا..

اس ناول کا عنوان "سپیروز آر ڈیڈ" مناسب اور پُرکشش ہو سکتا تھا..

برسوں پیشتر گئے زمانوں میں جب وہ نیا نیا امریکہ میں وارد ہوا تھا، نیو یارک شہر کے گناہوں کا بوجھ ڈھوتے ڈھوتے اُس نے اپنے آپ سے سوال کیا تھا کہ پورے شہر کی آلودگی اپنے کاندھوں پر اٹھائے رکھنا، یہ کیسی زندگانی ہے.. اور اب اتنے برسوں بعد جب کہ اُس کا "گفٹس فار بِز" سٹور منافع بخش ثابت ہو رہا تھا، اُس کے ایک کونے میں بیٹھے رسیدیں بناتے، رقم وصول کرتے، گاہکوں کی خوشامد کرتے، نہ چاہتے ہوئے بھی مسکراتے.. اور بقول روشن کھلونے فروخت کرتے تو اُس نے پھر اپنے آپ سے پوچھا تھا کہ کیا حیات کا یہی مقصد ہے.. بے شک اُس نے تہیہ کر رکھا تھا لیکن تب تک... روز و شب کے یہی لایعنی معمول رہیں گے.. اور تب اُس کے اندر کا چور ایک ناول نگار، اُسے ہیرا پھیری کرنے پر

اُکسانے لگا.. جونہی اُس نے اپنے سامنے چند سفید کاغذ رکھے' اُن پر مردہ چڑیاں گرنے لگیں.. بچوں کی شبیہیں ابھرنے لگیں.. وہ انعام اللہ قلم تھامے ساکت رہا اور چڑیاں اور بچے اُس ناول کو اپنی چونچوں سے اور اپنے کومل ہاتھوں سے اور اُن میں سے ایک ہاتھ مردہ تھا' رقم کرنے لگے..

کسی بھی کاروباری منفعت کے بغیر' صدق دل سے ہیری نورس اُس کا ادبی ایجنٹ اُس کی تحریر کا قائل تھا اور رابطے میں رہتا تھا.. اُس نے بہت اصرار کیا کہ وہ ''ٹیکسی ڈرائیور.. اسے پراسٹیوٹوٹ..'' کی اشاعت کے لیے رضامند ہو جائے اور انعام اللہ معذرت کرتے ہوئے شکرگزار ہوتا' اُسے کہتا کہ.. ہیری.. میں وہ انعام اللہ نہیں رہا جسے ایک ناول نگار ہو جانے کا خبط تھا.. میں جانتا ہوں کہ اس ناول کی اشاعت سے میں زندگی بھر کی معاشی الجھنوں سے آزاد ہو جاؤں گا لیکن نہیں.. اور ہیری ہتھیار ڈال دیتا کہ او کے.. یہ نہ سہی.. ایسے شاندار منافع بخش ناول کو ردّی کی ٹوکری میں ڈال دو.. لیکن.. لکھنا ترک نہ کرو.. کُچھ تو لکھو.. تب اُس کے ذہن میں اس ناول کا ایک موہوم سا خیال تھا..

''نیمی.. اسے لکھ ڈالو.. امریکی قوم اجتماعی طور پر ایک بڑے احساس جرم سے دوچار ہو چکی ہے لیکن قومی تفاخر اور عزت نفس حائل ہو کر اُسے اقرار نہیں کرنے دیتی.. اُس کی در پردہ آرزو یہی ہے کہ دوسرے لوگوں کی تحریروں میں یہی اقرار در آئے..''

''ہیری.. ابھی تک یہ ایک غیر واضح تصور ہے.. اس متوقع ناول میں کُچھ مردہ چڑیاں ہیں اور چند بچے ہیں جن میں سے ایک مر چکا ہے..''

''نیمی.. کیا تم خمار میں ہو..؟ مردہ چڑیاں اور بچے..؟ میرا خیال ہے کہ تم شدید خمار کی زد میں ہو.. میں تم سے دوبارہ رابطہ کروں گا.. اور اپنی ذہنی صحت کا خاص طور پر خیال رکھو..''

''سپیروز آرڈیڈ''

وہ ایک اطالوی لوک گیت تھا جو کہیں اُس کے ذہن کے نہاں خانوں میں پوشیدہ تھا جو اس عنوان کے لیے ایک تحریک ثابت ہوا تھا..

''وین دے سپیروز کم بیک ٹو کپیس ترانو.. دیٹ وِل بی دے ڈے وین یو وِل کم بیک ٹُو می..''

جب چڑیاں کپیس ترانو کو لوٹ آئیں گی.. یہ وہی دن ہو گا جب تم میرے پاس لوٹ آؤ گی..

✦ .... ✦

اور یہ وہی دن تھا جب وہ اُس کے پاس لوٹ آئی تھی..

کیلگری کے کیپس ترانو میں' اُس کے گفٹ سٹور میں وہ واپس آ چکی تھی اور اُس کے سامنے کھڑی تھی اور وہ کیا ہی ایک خون آشام چڑیا دکھائی دیتی تھی جو یوں لرزتی تھی جیسے اُس کا دل رکنے کو آ رہا ہو' آنکھیں بھیگی ہوئی سیاہ تتلیاں یوں پھڑ پھڑاتی جیسے تھوہر کے کانٹوں میں پروئی گئی ہوں.. چُپ تھی' ہونٹ نہ کھولتی تھی جو سُرخ لپ سٹک سے لتھڑے ہوئے تھے جیسے ایک مردار پر منہ مار کر آئی ہو اور وہ بھی لرزش میں' کُچھ کہنے کی سعی کرتے لرزش میں مبتلا..

یہ چڑیا کون سے شجر سے آ گری ہے..

اُس کے پس منظر میں ہندوستانی گڑیاؤں کی سجاوٹ تھی اور یوں لگ رہا تھا کہ ابھی کُچھ دیر پہلے تک وہ بھی شوکیس میں سجی برائے فروخت ایک راجستھانی گڑیا تھی' جو دلہن کے روپ میں تھی جو اپنی قید تنہائی اور سکوت سے تنگ آ کر بغاوت پر مائل ہو گئی اور اُس شوکیس سے باہر اُس کے سامنے آ کھڑی ہوئی..لیکن ایسی گڑیا سُرخ عروسی جوڑے کے ساتھ بھدّے اور میلے کچیلے جوگرز تو نہیں پہنتی..

وہ اپنے ہاتھی شوق کی تسکین کی خاطر ایک اور انوکھا ہاتھی خریدنے تو نہ آئی تھی' محض ایک چھوٹا سا ہاتھی خریدنے کی خاطر یوں تو بنا سنورا نہیں جاتا اور نہ ہی چہرے پر اضطراب اور دکھ سجائے جاتے ہیں..

انعام اللہ اپنے ناول کے پہلے باب کے اوراق سمیٹتے ہوئے جیسے وہ کسی جرم کے ارتکاب کے دوران پکڑا گیا ہو' ایک تذبذب میں اپنی نشست سے اٹھ کھڑا ہوا.. اُسے کہنے کے لیے اور کُچھ نہ سوجھا اور اُس کے لبوں سے دکانداروں والا وہی گھسا پٹا فقرہ خود بخود ادا ہو گیا.''میں آپ کے لیے کیا کر سکتا ہوں..''

''تم مجھ سے شادی کر سکتے ہو..''

اُس شب تو مگر چاندنی بھی نہ تھی جو دیپالپور جھیل کے پانیوں میں گُھل کر انہیں تاریکی میں کُچھ تو نمایاں کر دیتی.. پر وہ پانی جن میں تھوڑے دن پہلے یزمان منڈی سے آنے والے چولستان کی ریت کو اپنے بدن کے پسینے سے سینچنے والے ایک شکستہ دل بوڑھے اکبر جہان کا بدن ڈوبا تھا' وہ اس گھٹا ٹوپ رات میں اُس سے کلام کرتے' گویا ہوتے سرگوشیاں کرتے تھے..

اُس کے باپ نے اپنے دونوں بیٹوں کی موجودگی میں اپنے آپ کو اگران پانیوں میں ڈبو دیا تھا تو اُس کا سبب صرف سیرت کی اُس سکھ بھنگڑا سنگر کے ساتھ شادی کا قلق ہی نہ تھا.. سروسانسی کی بیٹی کو اپنی بہو کے رُوپ میں اس ریاست میں داخل ہونے کے خیال کی شدید ذلت بھی تھی.. کہاں راجہ بھوج اور کہاں گنگو تیلی..

گنگو تیلی کی پوتی نے اُسے ایک راجے کو' ایک چودھری کو مات دے دی تھی اور اُس کے سینے پر آ بیٹھنے والی تھی.. وہ گنگو تیلی جو اُس کے شاندار باپ کے قدموں میں ایک نجس جانور کی مانند لوٹتا تھا اور وہ اُسے دھتکارتا.. پرے پرے کرتا تھا.. اُس کی پوتی..

تب وہ ڈوب گیا تھا..

یہ ثابت ہو گیا ہے کہ کچھ ذاتیں رذیل ہوتی ہیں..

شباہت نے ثابت کر دیا ہے کہ وہ اُس نجس جانور کی مانند میرے باپ کے قدموں میں لوٹنے والے سروسانسی کی بیٹی ہی ہے.. مجھے ڈبو دیا ہے..

اُس نے اُس کے لیے کیسے کیسے ترڈد کیے تھے..

ٹورنٹو کے اُس نک چڑھے فرانسیسی انٹریئر ڈیکوریٹر موسیو لارین کو لاکھ منت سماجت کر کے ایک بلینک چیک کی پیشکش کر کے اس دورافتادگی میں چلے آنے پر مائل کیا تھا جو دیسی لوگوں کو منہ نہ لگاتا تھا.. فرانس' انگلستان اور سکاٹ لینڈ کے صرف اُن خاندانوں کے گھر سجانے کی حامی بھرتا تھا جو اپنا شجرۂ نسب ماضی کے نیلے خون والے شاہوں سے جوڑتے تھے اور جو کینیڈا منتقل ہو چکے تھے.. اور وہ بھی ششدر رہ گیا تھا جب اُس نے ڈرتے ڈرتے اُس سے درخواست کی تھی کہ بیڈروم کی سجاوٹ میں ایک ہاتھی تھیم کو غالب ہونا چاہیے..

''یو مین ایلی فنٹس'' اُس فرانسیسی انٹریئر ڈیکوریٹر نے ذرا لچک کر بازو لہرا کر محظوظ ہوتے ہوئے کہا تھا.. ''اوہ لالا.. یو مین انڈیا..؟''

''نو..'' اُس نے بھڑک کر کہا.. ''آئی مین پاکستان..''

''لیکن وہاں تو موا شیری ہاتھی نہیں ہوتے..''

''اب ہوں گے..''

وہ وسیع بیڈروم جس کی کھڑکیاں جنگلوں کی گھناوٹ.. گھاس کے ٹیلوں اور ایک جھیل پر کھلتی تھیں' رنگ رنگ کے ہاتھیوں سے سج گیا.. نیلے' پیلے' سبز' جامنی' سیاہ اور بھورے ہاتھی.. البتہ ملحقہ دونوں باتھ روموں میں جو ہاتھی ترتیب دیئے گئے تھے وہ سب کے سب گلابی رنگ کے تھے.. پنک ایلی فنٹس..

اُس نے اُس کے لیے کیسے کیسے ترڈد کیے تھے..

جہان آباد کی جنگلوں میں تقریباً پوشیدہ مختصر ایئر سٹرپ پر خوش آمدید کی پھریرے لہرا رہے تھے.. کھیت مزدور.. زرعی آلات کے مستری.. ٹریکٹر اور بُل ڈوزر ڈرائیور.. بھیڑوں اور بسون کی دیکھ بھال کرنے والے اور اُن کے اہل خانہ

ہاتھوں میں گلدستے تھامے منتظر تھے کہ اس دورافتادگی کے اکلاپے میں.. باہر کی دنیا سے کوئی بھی اجنبی کم ہی آتا تھا..اور اگر وہ اجنبی ایک عورت ہو.. بخت جہان کی بیوی ہو تو اُس کے استقبال کے لیے کُچھ کسر اٹھا نہ رکھنی چاہیے..وہ اُن میں شامل ہونے کے لیے آ رہی تھی..

وہ دونوں.. رچرڈ اور بخت جہان اپنے ایک انجن کے ذاتی جہاز سے اُترے..خوش آمدیدی پھریروں اور ہاتھوں میں تھامے ہوئے گل دستوں سے نظریں چراتے ایئرسٹرپ کے کنارے پر منتظر لینڈ کروزر میں سوار ہو کر چلے گئے..

اُس کی عزت نفس کو ایک جان لیوا دھچکا لگا تھا.. بخت جہان میں اگر اپنے باپ ایسی ذرّہ بھر غیرت ہوتی تو وہ بھی اس جھیل میں ڈوب مرتا..

کیسے وہ اُس کار کی جانب بڑھتا اُس کے استقبال کی خاطر دروازہ کھولنے کو تھا اور کیسے وہ کار یکدم متحرک ہو کر نکل گئی تھی اور اُس کا بڑھا ہوا ہاتھ فضا میں معلق رہ گیا تھا..اور کیسے خفت اور شرمندگی میں آیا ہوا مہمانوں سے طرح طرح کے بہانے کرتا تھا اور وہ کیسے بیہودہ اور واہیات بہانے تھے..

اور شباہت کی بڑھاپے میں بھی دل کش ماں کی آنکھوں میں کیسے اداسی کا ایک سمندر اُترا تھا اور وہ فٹ پاتھ پر مسمار ہو جاتی اگر وہ آگے بڑھ کر اُسے سہارا نہ دیتا..

صرف اسلامک سنٹر کی سیڑھیوں کے قریب وہیل چیئر پر براجمان اُس کا باپ.. جو انہونی ہو گئی تھی اُس سے غافل اور لاتعلق بے وجہ مسکراتا جاتا تھا..

وہ ایک ذلیل اور نیچ عورت تھی..

اب جا کر اُس پر کھلا کہ اُس کا باپ اگر سیرت کو قتل کر دینا چاہتا تھا تو اُسے موردالزام نہیں ٹھہرایا جا سکتا تھا..

یہ سب کُچھ..اپنے باپ کا ردعمل جو تب اُس کی سمجھ میں نہ آتا تھا اب سمجھ میں آنے لگا تھا..اُسے بھی شباہت نے ذلّت کے ایسے عمیق پاتال میں دھکیل دیا تھا کہ وہ اُس کا گلا گھونٹ کر اسے ہلاک کر دینے کی آرزو کر رہا تھا..بے شک وہ اس اداس اور سرد یلی سرزمین کی پیداوار تھی لیکن بالآخر ایک ذلیل، کم ذات سانسن ثابت ہوئی..

''تھوہ..'' اُس نے سیاہی کی چادر میں روپوش اُس جھیل کے پانیوں پر تھوکا..

دفع..چنگڑی..کُتّی سانسن..دفع دُور..

اور اُسی لمحے جب وہ اُس جھیل کے سیاہ پانیوں کے کنارے بیٹھا..دل گرفتہ اور ذلت سے شکستہ بیٹھا اُسے لعن طعن کرتا دشنام کرتا تھا تو اُس کے کل بدنی نظام میں سے ..رگوں شریانوں اور خون کی گردشوں میں سے ایک بگولے کی مانند ایک ہوک اٹھی جو پکارتی تھی..شباہت..شباہت..

✦•••••••✦

''میں آپ کے لیے کیا کرسکتا ہوں..؟''

''تم.....مجھ سے شادی کر سکتے ہو..''

''جی..'' انعام اللہ کو ایک شدید دھچکا لگا.. جیسے تھم چکی حرکت قلب کو پھر سے متحرک کرنے کی خاطر مریض کے سینے پر تکیے سے جما کر... اُسے بجلی سے جھٹکے دیئے جاتے ہیں اور وہ بستر پر اُچھلتا ہے ایسا جھٹکا لگا..

اُس سُرخ پوش چڑیا کا دل رُکنے کو تھا.. آنکھیں بھیگی ہوئی سیاہ تتلیاں یوں پھڑ پھڑاتی جیسے تھوہر کے کانٹوں میں پروئی گئی ہوں.. یہ کونسے شجر سے آ گری ہے.. گھونسلے میں سے گر جانے والے چڑیا کے بچے کی طرح اُس کے گفٹ سٹور میں آ گری ہے.. وہ ابھی اُس دھچکے سے سنبھلا نہ تھا جب وہ اُس کے بازوؤں میں آ گری.. آنکھوں میں گیلی تتلیاں اُس کے کندھے پر پھڑ پھڑاتی اُسے بھگونے لگیں.. اُس کا پورا بدن بے اختیار لرزش میں تھا.. انعام اللہ کے سکتے میں آئے بدن سے لپٹا دھک دھک کر رہا تھا.. وہ اُس کے سسکیاں بھرتے سانسوں کی ہواڑ اپنی گردن کی ڈھلوان پر محسوس کرتا تھا جس کی قربت میں اُس کے لپ سٹک سے لتھڑے تھرتھراتے ہونٹ تھے اور اُن میں ایک گمشدہ مہک تھی جو سانسوں کی مالا میں پروئی ہوئی اُس کے لرزتے بدن میں سے اُن ہونٹوں کے راستے اُس کی گردن پر پھیلتی اُس کی ناک تک آتی تھی.. اُس نے اس آشنائی کی سانسیں بھرتی مہک کا کھوج لگانے کے لیے کہ وہ کہاں سے چلی آئی ہے' اپنے بدن میں اُتارا تو وہ اُس کی پور پور کو ایک ماں کی مانند چومنے لگی اور اُس کا سراغ مل گیا.. آخری بار جب اُس نے اس مہک کو سونگھا تھا تو اُس کے نتھنے ابھی ابھی وجود میں آئے تھے' کچے اور تازہ اتنے تھے کہ اُن کے اندر جو نیلی رگیں تھیں وہ دکھائی دیتی تھیں.. اور ایک گود کی گرمی تھی جس میں اُس کی ناک ڈوبی ہوئی تھی اور وہ مہک اُسی عورت کے بدن میں سے اٹھتی تھی جو اسے سینے سے لگائے گورومانگٹ کی مسجد کی سیڑھیوں پر ایک سردسویر میں رکھ رہی تھی.. اور پھر وہ ہمیشہ کے لیے اُس مہک سے بچھڑ گیا تھا.. یہ وہی مہک تھی جو تقریباً ساٹھ برس بعد لوٹ آئی تھی.. اور شباہت کے ہونٹوں کے راستے اُس کی گردن پر پھیلتی اُس کی ناک تک آتی تھی.. اُس نے ضبط کرنا چاہا پر نہ کرسکا اور وہ بھی پھوٹ پھوٹ کر رونے لگا.... ایک لمبی جدائی کے ایک مختصر جھیل جتنے آنسو اُس کے سُرخ جوڑے کو بھگونے لگے..

وہ دونوں محرومی' نہ چاہے جانے کے دکھ اور ایک ازلی پیاس کے بیاباں میں تنہا ایک دوسرے سے لپٹے کھڑے تھے اور وہ اس ڈر کی لپیٹ میں تھے کہ کہیں یہ ملاپ ایک سراب نہ ہو.. اور اس بیاباں میں اُن سے کچھ فاصلے پر دونوں

سری لنکن سیلز گرلز بھی جیسے اپنے کہنہ بدن مالک کو ایک سُرخ پوش لڑکی کے بدن کے ساتھ لپٹتے ہوئے کھڑے دیکھ کر.. اور بچوں کی مانند بلکتے دیکھ کر سکتے میں آ چکی تھیں..

شباہت کی آنکھوں میں سے ساری بے اعتنائیاں' محبت سے عاری حیات کے سارے لمحے' کل دکھ' ساری کلفتیں بہتی جاتی تھیں اور انعام اللہ کے کندھے کو مزید بھگوتی جاتی تھیں.. اور اس کندھے میں سے اُس باپ کی خوشبو آتی تھی جس کے گلے لگ کر اپنے دکھ بیان کرنے کی آرزو کبھی پوری نہ ہوئی..

وہ اگر دیکھ سکتی تو شوکیس میں سجی دلہن کے روپ والی راجستھانی گڑیا کی آنکھوں میں بھی نمی کے شائبے تھے..

بہت زمانے گزر گئے.. اُس بیاباں میں کبھی بادِ نسیم کے جھونکے چلے آئے اور کبھی بادِ سموم چلی اور کبھی ریت کے ایسے غبار اُٹھے کہ اُن دونوں کو روپوش کر دیا.. جانے کتنی مدتیں بیت گئیں اور پھر وہ یکدم اُس سے الگ ہوگئی' ذرا ہوش میں آ کر اُس سے جدا ہو کر اُس کی جانب دیکھا تو پہلی نظر میں اُسے پہچان نہ پائی کہ یہ کون شخص ہے جس کے گلے لگ کر' جس کے ساتھ لپٹ کر میں اُس کا کاندھا بھگوتی رہی ہوں اور پھر اُسے احساس ہوا کہ اُس کے اندر اب ایک آسودگی اور اطمینان کا ٹھہراؤ ہے جو اس شخص کا عطا کردہ ہے.. اُس نے اپنے آپ پر قابو پالیا' اپنے آپ کو ایسے سنبھالا جیسے وہ بینک میں اپنی نشست پر براجمان ہو اور کاؤنٹر کے پار بیٹھے ایک کلائنٹ سے باتیں کر رہی ہو..

”مجھے افسوس ہے کہ میں قدرے جذباتی ہوگئی تھی.. سوری.. پلیز ڈو می اے فیور.. تم مجھے میرے گھر چھوڑ سکتے ہو.. میں.. کوئی حادثہ کر بیٹھوں گی.. تم چھوڑ سکتے ہو' پلیز..“

وہ ایک گڑیا گھر تھا..

ٹیرا وُڈ لین کے قطار اندر قطار یکساں شکل کے گھروں میں سے ایک گھر.. جیسے بہت سارے ہم نسل پرندے پہلو بہ پہلو دبکے بیٹھے ہوں' اُن میں سے کوئی ایک پرندہ اپنے ساتھیوں سے نمایاں نہ ہوتا تھا.. اُن میں شکل اور رُوپ کی یکسانیت تھی.. اگرچہ اُن آپس میں پیدائشی طور پر جڑے ہوئے بچوں کی مانند گھروں کے اندر جو مکین تھے' اُن کی شکلوں' مزاجوں اور نسلوں میں قطعی طور پر یکسانیت نہ تھی.. اپنی سرزمینوں سے بچھڑے ہوئے' مجبوراً نہیں خواہش سے تگ و دو کر کے قانونی اور اکثر غیر قانونی طریقوں سے اس سرد سلطنت میں ایک بہتر معاشی مستقبل کی خاطر داخل ہونے والے چینی' افغانی' سوڈانی' فلی پینو.. اور نہایت متشرع داڑھیوں والے سکھ اور چند ایک پاکستانی.. لیکن وہ سب اپنے گھونسلوں میں دبکے ہوئے یہ ہرگز نہ جانتے تھے کہ برابر کی شاخ پر کس کا گھونسلا ہے' اُس میں کون سے دیس کا پنچھی بسیرا کرتا ہے.. اُن کا پڑوسی کون ہے.. عافیت اسی میں تھی کہ یونہی روپوش رہا جائے.. کسی کی ذاتی زندگی میں مداخلت نہ کی جائے مبادا آپ جو کچھ پوشیدہ رکھنا چاہتے ہیں وہ ظاہر ہو جائے..

سو کسی کو کچھ خبر نہ ہوئی کہ کسی ایک گڑیا گھر کے آگے ایک کار کا انجن خاموش ہوا ہے.. اُس میں سے ایک دلہن برآمد ہوئی ہے جو ایک ادھیڑ عمر کا شخص ہاتھ تھامے اُسے اپنے گھر کے اندر لے گئی ہے..

گھر کے اندر داخل ہوتے ہی اُس نے اُسے ٹیلی ویژن کے سامنے رکھے صوفے میں تقریباً دھکیل دیا اور ایک

روکھاسا''ڈویومائنڈ''، کہہ کراپنے بھدّے جوگروں میں ٹھپ ٹھپ کرتی اوروہ دیکھ سکتا تھا کہ وہ اپنی ریشمی شلوارسنبھالتی تھی جو گرتی لگتی تھی..لکڑی کی سیڑھیاں طے کرتی اوپر کی منزل میں غالباً اپنے بیڈروم میں چلی گئی اور چند لمحوں کے بعد جس دوران اُس نے لِونگ روم کی آرائش میں متعدد ایسے ہاتھیوں کو شناخت کرلیا تھا جو اُس کے سٹور سے خریدے گئے تھے..وہ انہی سیڑھیوں سے اُترتی آتی تھی پر اب اُسے اپنی شلوار کے گرنے کا کُچھ خدشہ نہ تھا کہ وہ اپنی پسندیدہ پھٹکی ہوئی نیلی جین اور اُس جین کے پہلے بٹن سے سکڑتے ہوئے ناف کی جھلک دکھلاتے سیاہ بلاؤز میں ملبوس تھی اور..جوگرجن کے ساتھ شاید وہ پیدا ہوئی تھی اب اُس کے پاؤں میں نہ تھے..

اُس کا چہرہ دُھل چکا تھا..

تروتازہ اورسرد پانیوں سے دھویا ہوا لگتا تھا' جس پر تصور بھی نہیں کیا جاسکتا تھا کہ ابھی کُچھ دیر پہلے اذیت اور اداسی کے کوئی آثار تھے..

موٹے' سُوجے ہوئے لگتے ہونٹوں پر سے بھڑکیلی لپ سٹک پونچھی جاچکی تھی اور اُن کے مساموں میں سے ایک جنسی کشش کی نمی پھوٹتی لگتی تھی..

''تم پہلے مرد ہو جس نے اس گھر کی چوکھٹ کے اندر قدم رکھا ہے..''

''واقعی..؟ کوئی نہ کوئی تو یہاں آیا ہوگا..''

''تمہارے لہجے میں بے اعتباری ہے..'' اُس کے ہونٹ ایک کھلنڈری مسکراہٹ میں وا ہونے لگے..''یقین کرو کہ یہ گھر ابھی تک صرف میری دوستوں اور ماں کے سانسوں سے آشنا ہے..آج تک کسی مرد نے یہاں سانس نہیں لیا.. اگر بے یقینی ہے تو آس پاس نگاہ کرو تم یقین کرلوگے..''

اُس نے اپنے آپ کو قدرے بے وقوف محسوس کرتے ہوئے اُس کے کہنے پر آس پاس دیکھا..بھلا وہاں کیا تھا جو یہ گواہی دیتا کہ اُس گھر کے اندر داخل ہونے والا وہ پہلا مرد تھا..اور اگر وہ نہیں تھا تو بھی اس سے کیا فرق پڑتا تھا..

وہ فوراً اُس کے تذبذب سے آگاہ ہوگئی..اُسے توقع تھی کہ اُس کا ردعمل یہی ہوگا..''چلو..کیا یہ آتش دان یہ گواہی دیتا ہے کہ اسے سلگانے کے لیے کسی مرد کا ہاتھ آگے آیا تھا..اس صوفے پر بیٹھتے ہوئے تم نے یہ محسوس نہیں کیا کہ یہ ابھی تک ایک کنوارا صوفہ ہے' اس پر آج تک کوئی مرد نہیں بیٹھا..اور تمہارے گفٹ سٹور سے خرید کردہ ہاتھی جو تم نے بہت مہنگے فروخت کیے تھے جو یہاں اس لِونگ روم میں سجے ہیں اور یقیناً تم نے ان کو شناخت کرلیا ہے کیا ان میں سے کوئی ایک ہاتھی سونڈ اٹھا کر تم سے کہتا ہے کہ..یہ لڑکی جھوٹ بول رہی ہے..''

وہ بہکی ہوئی لگ رہی تھی..

''مجھے یاد پڑتا ہے کہ آج..تمہاری شادی تھی..''

''ہاں بھئی..تمہیں کیسے اندازہ ہوگیا..'' اُس کے لہجے میں ایک ناروا سا طنز کُچھ زیادہ پوشیدہ نہ تھا اور اُس نے ایک خاص انداز میں گردن ٹیڑھی کرکے اپنے بالوں کو جھٹکا..''اوہ ہاں..میرا سُرخ جوڑا دیکھ کر..تم کیسے اس نتیجے پر پہنچ گئے.. میں تو حیرت زدہ ہوں..''

''ہاں میں ایک جینئس ہوں..'' اُس کے لہجے میں بھی تلخی در آئی.. ''تمہارا سُرخ لباس دیکھ کر اس غیر متوقع نتیجے پر پہنچ گیا ہوں.. کہ آج تمہاری شادی تھی..''

''ہوں.'' وہ قدرے پشیمان سی دکھائی دی کہ اُس نے کیوں بے وجہ طنز کی حقارت کو اپنے لہجے میں گھول دیا تھا..

''ہاں.. آج میری شادی تھی.. میں نے اُس فٹ پاتھ کے کناروں پر رُکنے کی بجائے بریک لگانے کی بجائے ایکسلریٹر پر پاؤں رکھ دیا تھا اور عقبی شیشے میں منتظر لوگوں کے چہرے پیچھے رہتے جاتے تھے.. مجھے نہیں معلوم کہ میں نے کس ہیجان کے تحت ایسا کیا.. اور اس کے بعد مجھے راستے سجھائی نہ دیتے تھے.. میں ایک عجیب نابینائی اور بے بسی کی دُھند میں ڈرائیو کرتی رہی.. اور جب مجھے کچھ دکھائی دیا تو تم دکھائی دیئے اور میں تمہارے گفٹ سٹور میں کھڑی لرزتی تھی.. اس میں میرے شعور کا کچھ عمل دخل نہ تھا.. میں ابھی تک ایک ہولناک وسوسے میں گرفتار ہوں کہ کیا میں نے اپنی زندگی کا سب سے بیش قیمت لمحہ گنوا دیا.. ایک وقتی اضطراب سے ہراساں ہو کر میں.. اُسے بے پناہ پسند تو کرتی ہوں صرف سہولت اور آرائش کی خاطر.. لیکن شاید محبت نہیں کرتی.. میں نے وہ لمحہ ایک غیر واضح اور بے نشان مستقبل کی آرزو میں کھو دیا..''

نہ وہ اُس کے فیصلے کی تحسین کر سکتا تھا اور نہ ہی اتنی قربت تھی کہ وہ اس کی مذمت کرے.. تو ڈھارس بندھانے کی خاطر اُس نے کہا.. ''جو ہوتا ہے وہ بہتری کے لیے ہی ہوتا ہے..''

''کیا تمہاری زندگی میں ایسا ہوا..؟''

''نہیں..'' اُس نے جھجک کر کہا.. ''یہ محض اپنے آپ کو تسلی دینے کے لیے ایک بہانہ ہے.. لیکن آئی ایم سوری کہ ایسا ہوا.. میرا خیال ہے کہ مجھے جانا چاہیے..''

''ابھی نہیں.. میں ایک منتشر حالت میں ہوں اور مجھے رفاقت کی شدید حاجت ہے..'' وہ یہ کہتے ہوئے مسکرا رہی تھی.. ''تم اتنے کٹھور دل تو نہیں ہو سکتے کہ اپنے سٹور میں پناہ لینے والی ایک دلہن کو دھتکار کر چلے جاؤ..''

''بالکل..'' اُس نے سنجیدگی سے ہار مان لی' اُس کی آنکھوں کا سامنا کرنے سے کتراتا رہا اور جب اُسے کچھ نہ سوجھا تو کہنے لگا: ''ہاتھیوں سے آپ کو بہت لگاؤ ہے.. یہاں ہر جگہ ہاتھی ہیں..''

''ہاں ہیں..'' وہ اُس کے قریب ہو کر پاؤں کے پاس فرش پر آلتی پالتی مار کر بیٹھ گئی.. ''کچھ ہاتھی تم دیکھ سکتے ہو اور دو ایسے ہیں جو تم نہیں دیکھ سکتے.. نہیں..'' اس نے سر جھٹکا.. ''میرے بازو پر جو مسخرا سا لمبوترا ہاتھی ہے جو دراصل ہاتھی کا بچہ ہے وہ تم دیکھ چکے ہو لیکن اُس کے علاوہ ایک اور ہاتھی بھی ہے..'' اُس کی ہنسی میں ایک عجیب سی کھنک تھی جو قدرتی نہیں ہذیان میں گھلی ہوئی لگتی تھی.. ''کیا تم جاننا چاہو گے کہ وہ دوسرا ہاتھی کہاں واقع ہے.. تم بھوکے ہو گے..'' وہ ایک چوکڑی مار کے بیٹھے ہوئے ہرن کی مانند یکدم بدنی لچک اور پھرتیلے پن کے سبک انداز میں یکدم اُٹھی اور لونگ روم سے متصل کچن میں چلی گئی جو اگرچہ مختصر تھا لیکن اُس کی ایک پوری دیوار آئینہ تھی جس میں عکس ہو کر وہ وسعت کا تاثر دیتا تھا..

''تم کیا کھانا پسند کرو گے انعام..'' اُس کی آواز آئی.. ''میرے فریج میں وہ سب کچھ ہے جو ایک تنہا زندگی کرتی ملازمت پیشہ لڑکی کے فریج میں ہو سکتا ہے..''

''آپ پلیز تکلف نہ کریں..''

وہ منجمد خوراک کے کچھ پیکٹ تھامے یکدم کچن سے نکل کر اُس کے سامنے آ کھڑی ہوئی..

''تم نے آئندہ.. کبھی مجھے اس آپ جناب شِٹ سے مخاطب نہیں کرنا.. کیا تم سمجھ رہے ہو؟'' ہنسی کی کھنک میں ہذیان کا جو شائبہ تھا وہ ''کیا تم سمجھ رہے ہو؟'' میں دھمکی آمیز حد تک نمایاں ہو گیا.. وہ بظاہر طیش میں لگتی تھی.. ''میرا نام شباہت ہے اور بہت سے لوگ مجھے شیبی یا شوبی بھی پکارتے ہیں لیکن میں پسند کروں گی اگر تم میرا پورا نام لو.. کیا تم سمجھ رہے ہو؟'' اور اس دوسرے ''کیا تم سمجھ رہے ہو؟'' میں دھمکی نہ تھی کسی حد تک ایک درخواست تھی اور وہ مسکرا رہی تھی اور اُس کی مسکراہٹ میں ہذیان کا کوئی شائبہ نہ تھا.. ''میرے پاس چکن سٹیک ہے جو مائیکرو ویو میں پورے چار منٹ میں گرم ہو سکتی ہے.. کنگ پرانز.. پاستا.. نوڈلز.. اور بھگارے ہوئے بینگن.. ٹیک یور پک..''

''بھگارے ہوئے بینگن؟''

''ہاں.. یہ میری ماں کے ہاتھوں کے بینگن ہیں اور وہ کہتی ہے کہ یہ بہت ذائقہ دار ہوتے ہیں یعنی اگر انہیں کھایا جائے لیکن میں نہیں کھاتی محض اُس کا دل رکھنے کی خاطر انہیں رکھ لیتی ہوں.. اوہ..'' اُس نے چونک کر پھر اپنے بال گردن میں خفیف خم دے کر جھٹکے.. ''میں ایک اچھی میزبان ثابت نہیں ہو رہی' کیا تم ایک بیئر پسند کرو گے؟''

اُس نے اُسے اس قابل نہ سمجھا کہ اس کے انکار یا اقرار کا انتظار کرے اور اگلے لمحے اس کی ہتھیلی کو یخ کرتا بیئر کا ایک ٹن تھا جس کے ایک بٹن جتنے سوراخ میں سے جھاگ بہتی اُس کے بازو کو گیلا کر رہی تھی..

بیئر کاٹن تھما کر وہ پھر سے کچن میں غائب ہو گئی تھی..

صوفہ اُس کے بوجھ سے دھنستا تھا اور اُس میں سے اٹھنے میں اُسے کچھ دقت ہوئی.. وہ اپنے کُکنگ رینج کے آگے کھڑی فرائنگ پین کے بھڑکتے تیل میں کچھ الٹ پلٹ رہی تھی اور وہ دیکھ سکتا تھا کہ نیلی جین میں کسی ہوئی اُس کی پشت معصوم اور ایک نوخیز تختی کی مانند دلکش ہے اور اُس کے سیاہ بال کاندھوں سے اتر کر ایک ایسی کڑی سیدھی کمر پر اُتر رہے ہیں جس کے اندر ریڑھ کی ہڈی کے جتنے مہرے ہیں وہ ایک دوسرے کے ساتھ مقفل اور مضبوطی سے پیوست ہیں..

بیئر کے ٹن میں سے آخری گھونٹ بھر کر اُسے تو نہیں اُس کی معصوم پشت سے مخاطب ہو کر اُس نے کہا.. ''مجھے چلنا چاہیے.. وہ دونوں سیلز گرلز میری منتظر ہوں گی تاکہ میں سٹور مقفّل کروں اور وہ فارغ ہوں.. پلیز آپ کھانے کا تردّد نہ کریں..''

''آپ..'' وہ بپھر کر پلٹی.. ''پھر وہی آپ جناب شِٹ''

وہ اُس کے یوں یکدم پلٹنے سے بھونچکارہ گیا اور بے چارگی سے ہتھیار ڈالتے ہوئے بولا.. ''سوری.. تم شباہت.. تم..''

''دیٹ اِز بیٹر'' اور منہ موڑ کر فرائنگ پین میں انجماد سے پگھلاؤ کی جانب گرم ہوتی خوراک کو الٹنے پلٹنے میں مشغول ہو گئی..

''مجھے اب چلنا چاہیے.. شباہت..'' وہ واقعی کسی حد تک بیزار ہونے لگا تھا..

''تمہیں کہیں نہیں جانا..'' وہ بدستور فرائنگ پین میں سلگتی شوں شوں کرتی خوراک کو پلٹتی رہی پر خود نہ پلٹی..
''یہیں میرے پاس رہنا ہے..کیا تم سمجھ رہے ہو..؟''

وہ پہلے بھی کچھ زیادہ آرام محسوس نہیں کر رہا تھا لیکن اب اُسے خوف آنے لگا تھا..وہ نہایت نارمل انداز میں کچھ بیان کرتی جاتی لیکن جب وہ یہ کہتی کہ..کیا تم سمجھ رہے ہو..تو اُس کا لہجہ بدل جاتا..جیسے اُسے کوئی عارضہ لاحق ہو..

کھانے کے دوران اُس کے اندر اتنی تشویش تھی کہ اُسے کچھ احساس نہ ہوا کہ اُس کے حلق میں کیا اُتر رہا ہے.. وہ ایک خوفزدہ کتے کی مانند خوراک نگلتا گیا..

اُس کے پاؤں نہایت کومل تھے..نومولود سے لگتے تھے..

وہ مسلسل اُس سے نظریں دوچار کرنے سے کتراتا نیچے تکتا تھا اور نیچے اُس کے پاؤں تھے..وہ اپنے بائیں پاؤں کا انگوٹھا بار بار سکیڑتی تھی..

''انعام..'' وہ اُس کے عین سامنے ایک کرسی رکھ کر اُس پر براجمان ہوئی اور پھر اپنی لامبی ٹانگیں سیدھی کر کے اُس کے صوفے کے دائیں بازو پر اوپر نیچے رکھ کر اپنے پاؤں ہلانے لگی..''تم جانتے ہو کہ میں تمہاری جانب کیوں ملتفت ہوئی..اس لیے کہ مجھے تم سے بُو آتی تھی..'' وہ پھر ہنسی لیکن اس ہنسی میں ایک ریشمی ملائمت تھی جو انعام اللہ کے بدن پر سرسراتی زوال پذیر مساموں کو یوں نوخیز کرتی تھی کہ اُن میں سے خواہش کی کونپلیں پھوٹتی تھیں..''تم مجھے پہلی نظر میں ایک موٹے ریچھ ایک کڈلی گرزلی بیئر لگے تھے..اور تمہیں شاید نہیں پتہ کہ ایک گرزلی کی موجودگی کی بُو بہت دور دور تک جاتی ہے..یہ نہیں کہ میں حسب معمول اپنی ملازمت پر جا رہی تھی..ایک کپ میں سے کافی سُرکتی' سٹرابیری جیم والا بیگل ناشتے کے طور پر کھاتی اور مجھے اُس نئے شاپنگ سنٹر کے قریب سے ڈرائیو کرتے ''گفٹس فار دے..بِی ز'' کے سٹور میں سے جنم لیتی کسی گرزلی بیئر کی بُو آئی اور میں مست ہو کر اُسے سونگھتی لپکتی ہوئی اُس کے اندر چلی گئی..نہیں..میں تو محض اس تجسّس کے زیرِ اثر اُس کے اندر چلی گئی تھی کہ شاید مجھے اس نئے گفٹ سٹور سے کوئی ایسا ہاتھی دستیاب ہو جائے جو انوکھا ہو..اور وہاں تم تھے.. اور تم میں سے ایک گرزلی کی بُو آتی تھی جو مجھ سے سنبھالی نہ جا سکتی تھی..''

اُس کے ذہنی نظام میں کہیں نہ کہیں کوئی پیچیدگی تھی اور وہ اُسے سلجھانے میں ناکام ہو رہا تھا..''تمہیں برا تو نہیں لگا..کہ تم مجھے ایک گرزلی کی صورت بھلے لگے تھے..لیکن میں جھوٹ نہیں بول سکتی..مجھے تم ایسے ہی نظر آئے تھے..''

''نہیں..مجھے ہرگز برا نہیں لگا..'' بہت احتیاط کرنے کے باوجود اُس کے لہجے میں کڑواہٹ آ گئی..''ایک ادھیڑ عمر اور فربہ ہوتے شخص کی توصیف کے لیے بھلا اس سے بہتر کومپلی منٹ کیا ہو سکتا ہے کہ اُسے ایک موٹے ریچھ کا خطاب دے دیا جائے..تھینک یو..''

''یو آر ویلکم..اینی ٹائم..''

وہ احتیاط تو کر رہا تھا' کوئی ایسی بات نہ کرتا تھا جو اُسے ناخوشگوار لگ سکتی ہو' جو کہتی تھی مان رہا تھا لیکن یکدم وہ اپنے آپ کو خطرے میں محسوس کرنے لگا' جیسے وہ خدشوں کے ایک جنگل میں آ نکلا ہو' اُس کے مساموں میں سے ڈر کی وہ نمی پھوٹنے لگی جو ایک جانور کو خبردار کرتی ہے کہ تم اگلے لمحے شکار ہو سکتے ہو..تمہارے سامنے جو خوش نظر سیاہ آنکھوں والی

عورت نہایت فراغت سے براجمان تمہارے صوفے کے بائیں بازو پر اپنے پاؤں رکھے اُنہیں ہولے ہولے ہلاتی ہے.. کبھی نہایت متوازن اور سرد لگتی ہے اور اگلے ہی لمحے ہذیان کی کیفیت میں مبتلا ہو کر غیر متوازن یوں ہو جاتی ہے کہ اُس پر ایک ذہنی مریضہ ہونے کا شک ہونے لگتا ہے..تو اس کے اندر ایک جانور وجود پرورش پاتا ہے جو ہاتھیوں اور موٹے ریچھوں کی بُو کا شیدائی ہے اور کچھ دیر پہلے تک اُس کے ہونٹوں پر کسی مردہ جانور کا خون تھا، سُرخ لپ سٹک نہ تھی..اور اگر اُس کے اندر کے جانور وجود کے یہ ثبوت بھی ناکافی ہیں تو اُس کی ناک ایک تھوتھنی کی مانند سونگھتی پھرتی تھی..تو اس روز واقعی اس نے جان بوجھ کر اس کے کاندھے کے قریب اپنی ناک لے جا کر اُسے سونگھا تھا..

''تھینک یو فار دے ڈنر..'' اُس نے کوشش کی کہ اُس کے لہجے سے فرار کی خواہش کا گمان نہ ہو جائے.. ''مجھے واقعی جانا ہے..دن بھر کا حساب کتاب کر کے سیلز گرلز کو فارغ کر کے..سٹور مقفل کرنے کے بعد..''

''میں نے تم سے کہہ دیا ہے ناں کہ تم نے کہیں نہیں جانا..کیا تم سمجھ نہیں رہے..''

گڑیا گھروں کے سامنے..اس ٹیرا وُڈلین کی ایک بے روح تھکاوٹ میں لیٹی ہوئی سڑک روشن سٹریٹ لائٹس کے باوجود ایک سنسان صحرا لگتی تھی، کینیڈا کے پورے وجود میں اتنی ویرانی اور اداسی نہ تھی جتنی صرف اس سڑک کے حصّے میں آ گئی تھی..اتنی کہ اُس پر ترس آ رہا تھا، وہ اتنی لاچار اور اداس تھی..اور اس کے کناروں پر ایستادہ گڑیا گھروں میں رہتے لوگوں کو یہ کیسے شک ہو سکتا تھا کہ اُن کی قطار کے آخر میں ایک ایسا گھر ہے جس کے اندر..کوئی لڑکی جس کی خصلت میں ایک جانور پنہاں ہے ایک ادھیڑ عمر شخص کو گھیر کر لے آئی ہے اور اسے اپنے گڑیا گھر کے پنجرے میں قید کر لیا ہے..

''پلیز..'' اُس کی گھبراہٹ اُس پرندے کی تھی جو انجانے میں دام میں آ گیا تھا اور اب پھڑ پھڑاتا فرار ہونا چاہتا تھا..

''نیمی..اگر میں نے کہہ دیا ہے کہ تم نے نہیں جانا، تو نہیں جانا..پلیز ضد نہ کرو..'' نہ تو وہ ہذیانی کیفیت میں آئی تھی اور نہ ہی اُس کے لہجے میں دھمکی کا کوئی عنصر تھا بلکہ ایک درخواست تھی..لیکن یہ روّیہ عارضی بھی ہو سکتا تھا..اُس کے سانسی خون کی لاابالی کا کچھ اعتبار نہ تھا..اگر وہ عین آخری لمحے میں ایک پسند کی شادی کے باوجود اپنا ارادہ بدل کر فرار کی راہ اختیار کر کے اُس کے سٹور میں آ نکلتی تھی تو وہ کچھ بھی کر سکتی تھی..

انسانی نفسیات کا کوئی بھی اتارو ماہی گیر سمندر میں اُتر کر یہ طے نہیں کر سکتا کہ پانیوں کے نیچے اُس کی جانب بڑھتی ہوئی یہ مچھلی ایک شارک ہے جو اُس کا خون پینے کی خاطر اُسے ادھیڑنے کی نیّت سے چلی آ رہی ہے یا..یہ ایک چلبلی کھلنڈری ڈولفن ہے جو محض اُس کے ساتھ کھیلنے لاڈ کرنے کے لیے اُس کی جانب بڑھ رہی ہے..اپنی تھوتھنی آگے کر کے اُسے سونگھتی ہوئی اُسے صرف چومنا چاہتی ہے..

کبھی اُس کی جانب تکتے ہوئے اُسے واہمہ ہوتا کہ ایک شارک کی مانند اُس کے نوکیلے دانت ظاہر ہو رہے ہیں اور کبھی وہ ایک ڈولفن لگنے لگتی جو ایک بے دانت پوپلی مسکراہٹ کے ساتھ اُس کی جانب تیرتی چلی آتی تھی..

''کیا تمہاری کوئی بیٹی ہے؟''

''سوری..؟'' وہ چونک گیا..

''کیا تمہاری کوئی بیٹی ہے..؟'' اُس نے بیٹی کے لفظ کو خوب چبا کر ادا کیا..

''اگر ہے تو مجھے اُس کے وجود کا علم نہیں..'' اُس نے ایک خوفزدہ بیزاری سے اس موجودہ صورتِ حال سے قطعی طور پر غیر متعلق سوال کا لایعنی جواب دیا..

''سنو..'' اُس نے اُس کے صوفے کے بازو سے اپنی ٹانگیں سکیڑلیں اور پھر سے اُس کے سامنے فرش پر آلتی پالتی مار کر بیٹھ گئی اور بے چارگی سے تکنے لگی..''اگر ایک بیٹی ہو تو وہ پوری کائنات میں دوہائی دیتی ہے.. پکار کرتی ہے کہ میں ایک لاڈلی بیٹی ہوں، کبھی پوشیدہ نہیں رہتی... اُس نے.. تمہارے سوکالڈ بھائی موتی نے.. کبھی میرے رخسار پر ایک لاڈ بھری تھپکی نہ دی، بوسہ دینا تو دور کی بات ہے.. میرے ساتھی طالب علم کہا کرتے تھے کہ شباہت ایک روح کی مانند ٹیچرز کے دماغ میں اُتر کر اس سے پیشتر کہ وہ لیکچر دیں، جان جاتی ہے کہ انہوں نے کیا کہنا ہے.. یونیورسٹی میں مجھے اعزاز کی فہرست میں شامل کیا گیا تو میں نے کیسے کھلکھلاتے ہوئے کیسے پرجوش فخر کے ساتھ اس اخبار کو جس میں اُس کا چہرہ دفن تھا چھین کر پرے کر کے اعلان کیا تھا کہ ڈیڈی... تو وہ اپنے اخبار کے چھینے جانے پر برہم ہو گیا تھا.. اُس نے میری پشت پر ایک تھپکی دے کر یہ بھی نہ کہا کہ.. شاباش.. آئی ایم پراؤڈ آف یو.. اُس نے میری ماں کے ساتھ بھی جس نے محض ایک اخلاقی سہولت کی خاطر اُس سے شادی کی تھی، فریب کیا، اور میں انعام.. اُسی فریب کی پیداوار ہوں اور اسی لیے ایسی ہوں جیسی کہ تم دیکھ رہے ہو اور تم مجھ سے خوفزدہ ہوتے ہو.. اگر ماں کے بعد میں کسی شخص کے ساتھ بندھی ہوں، اُسے صرف ایک بار ملی ہوں تو وہ میرا دادا سروسانسی ہے....''

''میرے چاروں میں سے ایک باپ..''

''مجھے الجھاؤ مت..'' وہ فی الحال ایک ڈولفن تھی، اُس سے لاڈ کرتی معصومیت کے پانیوں میں تیرتی..''اگر تم یہ ثابت کرنا چاہتے ہو کہ یوں میں تمہاری کوئی پوتی یا بہن وغیرہ بھی ہو سکتی ہوں تو اس لایعنی عزیز داری کی بھول بھلیوں میں مجھے مت اُلجھاؤ.. اُس کا تعین صرف اس تخصیص سے کیا جاتا ہے کہ کوئی ایک مرد ہے.. اور کوئی ایک عورت.. اور اس میں عمروں کے تفاوت کا کچھ عمل دخل نہیں.. تمہیں جھیل لوئیس کے کناروں کی وہ رات یاد نہیں جب میں نے عمروں کے اس فرق کو قبول کرنے سے انکار کر دیا تھا... یہ ایک اتفاق یا وقتی اضطراب تو نہیں ہو سکتا کہ اگر میں ایک سُرخ جوڑے میں دلہن بنی راہِ فرار اختیار کرتی ہوں تو گھر نہیں جاتی.. سیدھی تمہارے گفٹ سٹور میں چلی آتی ہوں.. کہیں نہ کہیں، میرے لاشعور میں ایک پناہ گاہ تھی، اور وہ تم تھے.. کیا تم سمجھ رہے ہو..؟''

''ہاں..'' وہ پرسکون ہو گیا.. ایک ٹھہراؤ میں آ گیا..''ہاں شباہت میں سمجھ رہا ہوں..'' لیکن وہ اپنی جمائی پر قابو نہ پا سکا..

''تمہیں نیند آ رہی ہے.. سونا چاہتے ہو؟''

اس گڑیا گھر میں ماسٹر بیڈ روم تو صرف ایک تھا لیکن اس کے سوا ایک محدود سا کمرہ بھی تھا جسے شباہت نے اپنا گھونسلا بنا رکھا تھا، اُس کا مہنگا کمپیوٹر تھا جو اس لحاظ سے منفرد تھا کہ اُس سے مُنسلک ماؤس ایک ماؤس نہ تھا، ایک کھلونا ہاتھی تھا جو ماؤس کے فرائض سرانجام دیتا تھا.. ایک پوری دیوار شیلفوں سے ڈھکی ہوئی تھی، جن میں نفاست سے ترتیب شدہ سجی

ہوئی کتابوں میں سے بیشتر اردو اور پنجابی ادب سے متعلق تھیں.. البتہ "ہندوستان کی معدوم ہوتی قدیم نسلوں کی انسائیکلوپیڈیا" اپنی ضخامت کی وجہ سے اُن میں نمایاں نظر آتی تھی.. ایک مختصر سے شیلف میں جو کتاب تنہا پڑی دکھائی دیتی تھی وہ "آٹو بائیوگرافی آف اے باسٹرڈ" تھی... شیلفوں سے ملحقہ جو دیوار تھی وہاں ایک سوس ککو کلاک آویزاں ٹک ٹک کر رہا تھا اور اُسے بعد میں معلوم ہوا کہ ہر گھنٹے کے بعد وقت کا اعلان کرنے کے لیے اُس کے اندرون سے ایک ککو باہر سرک کر کوکو..کوکو نہیں کرتا بلکہ ایک رنگین چھوٹا سا ہاتھی برآمد ہوتا ہے اور سونڈ اُٹھا کر سلام کرتا ہے..

فرش پر.. کہ وہاں پر ایک باقاعدہ پلنگ کی گنجائش نہ تھی.. ایک سُرخ رنگ کا باریک پروں سے بھرا ہوا سلیپنگ بیگ بچھا ہوا تھا، جس کے تلے ایک دبیز میٹرس تھی..

جب اُس نے اقرار کر لیا تھا کہ ہاں وہ نیند سے مغلوب ہوا جاتا ہے.. تھکا ہوا ہے.. سونا چاہتا ہے تو وہ ایک فرض شناس خادمہ کی مانند متحرک ہو گئی تھی.. جب وہ تہہ خانے میں سے ایک بھاری میٹرس بمشکل گھسیٹتی اوپر آ رہی تھی تو انعام اللہ نے صوفے سے اُٹھ کر اُس کی مدد کرنا چاہی تو وہ ہانپ رہی تھی..

"نہیں گرزلی.. یہ کام میرے کرنے کے ہیں.. آج کے بعد تمہیں کچھ بھی نہیں کہنا پڑے گا اور جو تم چاہتے ہو خود بخود ہو جائے گا."

اور پھر وہ سانس درست کرتے ہوئے پلٹی.. "اور جو تم نہیں چاہتے، وہ بھی ہو جائے گا.." وہ ایک کھلنڈری ڈولفن تھی جو ایک پوپلی مسکراہٹ کے ساتھ مسکراتی تھی..

وہ کب کا سمجھوتہ کر چکا تھا.. اس حصار سے فرار ہونے کی خواہش کو ترک کر چکا تھا.. سلیپنگ بیگ میں سرک کر اُس میں داخل ہو کر سو جانا چاہتا تھا جب شباہت واجبی سی دستک دے کر کمرے کے اندر آ گئی.. وہ شب بسری کے لیے ایک نیلے رنگ کے مردانہ شلوار کُرتے میں ملبوس ہو چکی تھی اور اُس ڈھیلے ڈھالے پیراہن میں وہ کچھ سودائن سی لگتی تھی کہ اُس کے لامبے بال شاید کُرتہ پہنتے ہوئے بے ترتیب ہو گئے تھے.. اُسے یوں ایک کمرے کی مختصر تنہائی میں اپنے آس پاس حرکت کرتے دیکھ کر اُس کے اندر ایک گمشدہ ہوس نے جنم لیا جو اُس کے کھلے لباس کے اندر تحرک میں آئے اعضاء کو دیکھ کر بے چین ہونے لگی تھی.. نیویارک کے میٹروپولیٹن میوزیم میں ایک یونانی مجسمہ "پردہ پوش رقاصہ" نام کا نمائش پر تھا.. سیاہ پتھر سے تراشا ہوا ایک نسوانی بدن جو سر سے پاؤں تک ایک چادر میں روپوش ہے.. اور اس چادر کی سلوٹیں گویا زندہ ہیں، اُس کے اندر جو بدن پوشیدہ ہے اُس کی ہر سانس سے چادر میں سلوٹ پڑتی ہے اور اگر اسے کچھ دیر مسلسل دیکھا جائے تو چادر اوجھل ہو جاتی ہے اور رقاصہ کا بل کھاتا بے لباس بدن آپ کے سامنے آ جاتا ہے..

شباہت بھی اگرچہ اپنے شلوار کُرتے میں روپوش تھی لیکن جب وہ حرکت کرتی تھی تو اُس کا بدن سراسر ظاہر ہوتا لگتا تھا..

اور وہ گمشدہ ہوس جو اُس کے خیال میں اُس کے زوال پذیر بدن میں دم توڑ چکی تھی، اگر ایک نوخیز سنپولیے کی مانند سر سرانے لگی تھی تو اس کا سبب وہی ڈور تھی جس نے لوک ورثہ کے میلے میں ناچتے اُس لختئی لڑکے کے بدن کے ساتھ اُسے باندھ دیا تھا.. شباہت اُسے یوں حرکت کرتے وہی لختئی لڑکا لگی تھی..

''تم مُجھے ایسے کیوں تک رہے ہو..'' وہ اُس کے سر پر آ کھڑی ہوئی..

''میں..'' وہ پکڑا گیا تھا..ایک چڑیل کی مانند اُس نے اُس کی ہوس بھری نظروں کو بھانپ لیا تھا.''دراصل..وہ..سوتے ہوئے میرا حلق سوکھ جاتا ہے تو کیا..مجھے رات کے لیے کُچھ پانی چاہیے..''

''سلیپنگ بیگ کے برابر میں منرل واٹر کی ایک بوتل اور ایک پیپر کپ اگر تم دھیان کرو تو دیکھ سکتے ہو..اور کُچھ..؟''

''نہیں' تھینک یو..''

''تم اطمینان سے سونا گرز لی..میں راتوں کو اُٹھ کر تمہیں کھا جانے والی' تمہاری گردن میں دانت گاڑ کر تمہارا خون پی جانے والی شے نہیں ہوں..''

''نہیں نہیں..'' وہ اُس سے چھٹکارا حاصل کرنا چاہتا تھا جلد از جلد..''میں آپ سے یہ توقع نہیں کر سکتا..''

''آپ سے؟''

''نہیں.تم سے..''

''دیٹ از اے گڈ گرزلی..'' اُس نے خوش ہو کر اسے شاباش دی اور پھر ذرا جھکی..''اور کیا میں تمہیں شب بخیر کہتے ہوئے ذرا سا سونگھ سکتی ہوں..'' وہ اُسے اپنے فیصلے سے مطلع کر رہی تھی اجازت نہیں مانگ رہی تھی..اس نے اپنی ناک اُس کے کاندھے کے قریب میں لا کر ایک گہرا سانس بھرا اور ایک ڈولفن کی مانند معصومیت سے اپنے سُوجے ہوئے لگتے ہونٹ وا کر کے مسکراتی ہوئی سیدھی ہو گئی..

''سویٹ ڈریمز..''

✦.......✦

آپ کبھی اپنے کمرے میں تنہا خوابیدہ نہیں ہوتے' وہ تمام بے جان اشیاء جو اُس کمرے میں موجود ہوتی ہیں وہ بھی نیند میں اُترتی ہیں لیکن آپ کے سو جانے کا انتظار کرتی ہیں.. وہ منتظر رہتی ہیں کہ کب آپ کروٹیں بدلتے بالآخر ایک ایسی کروٹ لیتے ہیں جس کے بعد آپ کا بدن موت کے عارضی تجربے کے اندر اُتر کر سکوت میں چلا جاتا ہے' نتھنوں میں سے ایک ہلکی سرسراہٹ برآمد ہونے لگتی ہے.. دبیز پردے' صوفے' الماریاں اور اُن کے اندر ترتیب شدہ تمہارے انڈرویئر' جرابیں' سوٹ' قمیضیں' سب کے سب منتظر.. گندے کپڑے.. سائیڈ ٹیبل پر تاریک لیمپ اور اُس کے برابر میں دھرا پانی کا گلاس' بستر کے نیچے تمہارے بیڈروم سلیپر یہاں تک کہ منسلک باتھ روم کے اندر تمہارا ٹوتھ برش' ٹوتھ پیسٹ' شیونگ فوم' ناکارہ ہو چکے چند بلیڈ.. آفٹر شیو لوشن اور کموڈ.. یہ سب بھی انتظار میں ہیں کہ تم نیند میں اُترو تو وہ بھی آرام کریں' سو جائیں..

پر یہاں کوئی بھی منتظر نہ تھا.. آس پاس کوئی بھی شے اُس کے نیند میں چلے جانے کے انتظار میں نہ تھی کہ وہ سب ناآشنا اور پرائی تھیں.. اُن کا آپس میں کچھ تعارف نہ تھا' شاید انہوں نے پہلی بار ایک مرد کے بدن کو اپنے کنوار پن میں محسوس کیا تھا تو اُن میں اجنبیت کچھ زیادہ ہی تھی.. شیلفوں میں چپ کتابیں' درجنوں ہاتھی' ایک کمپیوٹر جس کی سیاہ سکرین مردہ پڑی تھی' ردّی کی ایک ٹوکری' کچھ فائلیں' دیوار پر آویزاں سوس کُکو کلاک البتہ ہولے ہولے ٹک ٹک کرتا کمرے کے سناٹے کو ایک مؤدب ارتعاش سے دوچار کرتا تھا اور وہاں ایک شیلف کے نصف حصّے میں مٹی کے چند دیئے تھے.. وہ سب اجنبی اشیاء منتظر نہیں تھیں بلکہ وہ انعام اللہ اُن کے سو جانے کے انتظار میں کروٹیں بدلتا تھا.. سویٹ ڈریمز..

پپوٹے نیند سے بھاری ہونے لگے اور اُن کے اندر تاریکی نہ تھی.. کچھ ہیولے جنم لیتے تھے.. جن میں سے بیشتر بے شکل تھے اور دھندلاتے ہوئے اِدھر اُدھر ڈولتے پھرتے اور اُن میں سے ایک دودھ کی مانند سفید ہیولا ایک گھوڑے کی شکل اختیار کرتا گیا جو ایک سیاہ چادر میں لپٹے ہوئے وجود کا پیچھا کر رہا تھا.. اُس چادر میں روپوش عورت پردہ پوش رقاصہ نہ تھی کہ اُس کی گود میں ایک نومولود بچہ تھا اور اگلے لمحے وہ گود خالی ہو چکی تھی اور وہ عورت پلٹ کر گلیوں اور تاریک مکانوں کے اندر چلی جا رہی تھی.. وہ سفید گھوڑا ایک براق کی مانند اُڑتا ہوا اُس کا تعاقب کر رہا تھا تا کہ جان سکے کہ وہ کون تھی' کہاں سے آئی تھی اور اُس بچے کا باپ کون تھا اور پھر اُس لمحے نہ سفید گھوڑا رہا اور نہ وہ اپنے آپ کو چھپاتی گلیوں اور تاریک مکانوں کے اندر چلتی عورت.. وہ ایک نابینا دھند میں تبدیل ہو گئے جہاں ایک سناٹا تھا جو تادیر نہ رہا' اُس میں سے دھنک

دھنک دِن کی تال پر ایک دُھن دھنکتی سنائی دینے لگی..

جب کبھی وہ..وہ اور روشن..یہ روشن کہاں مرگیا ہے اپنا سیل فون کیوں اٹینڈ نہیں کرتا..اُس نے اُسے چارج نہیں کیا ہوگا اس کے سوا اور کیا جواز ہو سکتا ہے..تو وہ اور روشن موسم سرما کی مختصر چھٹیوں میں اپنی ماں نور بیگم کے ہمراہ نہایت چاؤ سے دنیا پور جایا کرتے تھے..جوہڑ کی سطح پر منجمد برف کی باریک تہہ میں انگلی سے شگاف کر کے نیچے پانیوں میں ٹھٹھری ہوئی مچھلیاں اور مینڈک دیکھنے کے لیے..دھند آلود سویروں میں چوری چھپے شریکوں کے باغوں میں جا کر منجمد ہو چکے مالٹے توڑ کر انہیں چھیل کر ان کا سرد گودا اپنے حلق میں اتارنے کے لیے..سانسیوں کی بستی میں چاچا سروسانسی کے آخری عزیز کے گھٹنوں سے لگ کر مُردار کی بُو سونگھ کر گِدھوں سے پیشتر اُس تک پہنچ جانے کی محیر العقول داستانیں سننے کے لیے اور ماں کے سگے چاچے بخت جہان کے بوڑھے گلے میں ''اوئے کون اے کڑی یا ہوا'' سننے کے لیے..

تب اُن کے نانا محمد جہان کے آبائی گھر کے باہر ایک صدا سنائی دیتی' ایک کمر خمیدہ بوڑھا کاندھے پر ایک کمان سی..ایک ہل کی شکل کا اِک تارا سا ساز اٹھائے آواز لگاتا ''روئی دھنوالو..دھنک دھنک دِن..'' اور ماں نور بیگم بھاگتی ہوئی چوکھٹ کے پار چلی جاتی اور اُسے اندر بلوا لیتی..اُس صحن میں جہاں کبھی دھریک کا ایک شجر تھا جس کے زرد پتوں سے وہ صحن یوں اٹ جاتا تھا کہ ایک صاحب بہادر مرغ کے پیلے پنجے نظر نہ آتے تھے..اُس کے عقب میں جو کوٹھڑی تھی وہاں ان کی ماں' رضائیوں میں سخت ہو چکی روئی جو سانس نہ لیتی تھی اُس دُھنیے کے آگے ڈھیر کر دیتی..وہ کمر خمیدہ بوڑھا اپنی اُس کمان کو چھت کے کُنڈے میں ایک رسی باندھ کر اُس کے ساتھ ہوا میں معلق کر دیتا اور روئی اُس اِکتارے پر نچھاور کر کے اُسے پنجنے لگتا' دھنکنے میں مشغول ہو جاتا..پوری کوٹھڑی میں روئی کے روئیں اڑنے لگتے اور ان کے ساتھ اِکتارے سے برآمد ہونے والی دھنک دن دن..کی مدھر آواز اُس کوٹھڑی میں سے ظاہر ہو کر محلّہ مغربی کے در و دیوار پر دستک دینے لگتی..کمر خمیدہ بوڑھے کا وجود دھنکی ہوئی روئی کی لپیٹ میں آ کر سر سے پاؤں تک سفید ہو جاتا اور وہ خود روئی میں روئی ہو جاتا..

دھنک دھنک دِن..دھنک دِن دِن..

جیسے ایک اُندلسی گٹار کی غرناطہ کے خانہ بدوشوں کی غاروں میں سے ابلتی الم ناک سیاہ دُھن ہو..وِی آنا کے کسی تہہ خانے میں مدتوں سے فراموش شدہ کسی صدیوں پرانی وائلن میں سے جنم لینے والی ایک دل کو چیر دینے والی فریاد ہو..

اتنے برسوں بعد..روپوش ہو چکے زمانوں کے بعد جن کے حساب کتاب کا کھاتا وقت کی دیمک چاٹ گئی تھی اور اُس بہی کھاتے میں سوائے خسارے کے اور کچھ نہ تھا..تو اِن برسوں اور زمانوں کے کیلگری میں اِس شب دنیا پور کی کوٹھڑی میں اپنا اِک تارا دھنکتے کمر خمیدہ بوڑھے کی دھنک دھنک دِن اُسے سنائی دے رہی تھی..دھنکی ہوئی روئی کے بے وزن سفید گالے اُس کے چہرے پر بیئف کی برفوں کی مانند ہولے ہولے گرتے تھے..اور اُس مترنم دھنک دھنک دِن کی دُھن پر شباہت سلگتے سنگریزوں بھرے ویرانے میں ایک جانور وحشت کے ساتھ..لامبی ٹانگوں سے ڈگ بھرتی..چھاتیوں پر آئے ہوئے پسینے سے بے نیاز..لباس سے بے نیاز..بھاگتی تھی..اُس کی ناک کی تھوتھنی میں ایک مردہ بیل کے زوال پذیر مردہ بدن کی بُو دھو میں مچاتی داخل ہوتی تھی اور اُسے مست کرتی تھی..وہ بگٹٹ..جیسے یہ زندگی اور موت کی دوڑ ہو' بے دریغ بھاگتی چلی جاتی تھی اور اُس کے پاؤں میں وہ بھدّے جوگر زبھی نہ تھے جو اُس کے تلوؤں کو آبلوں سے بچا سکتے..

نہ صرف اُس کے تلوے سنگریزوں پر سلگتے تھے بلکہ اُس کا سارا بدن شکردوپہر کی حدّت سے جلتا تھا..حدّت کی اس ہوس بھری شدت سے اگر کوئی اور ہوتا تو جل کر راکھ ہو جاتا..

بے لگام..اِک عجب سرور کی بدمستی میں..اُس کے تالو میں سے وہ سواد پھوٹتا تھا جو ایک موئے ہوئے بیل کے ماس پر دانت گاڑ دینے سے وجود میں آتا ہے..

پسینے سے نچڑتی چھاتیاں اُس دہکتے میدان کی دھوپ میں گویا دو دل تھے جو دھڑکتے تھے..قابو سے باہر ہوتے یوں چھلکتے تھے کہ اُن پر سے پسینے کی بوندیں پھسل کر سلگتے سنگریزوں پر گرتی تھیں اور سنگریزوں میں سے اُن کے گرنے سے سُوں سُوں کرتی بھاپ اُٹھتی تھی..

یوں تو اُس کا سارا بدن بیل سے وصال کی منہ زور حدّت کی شدت میں سلگاہٹ میں دہکتا تھا لیکن ناف تلے کے ہاتھی کے نیچے تو ایک بھڑک تھی' ایک الاؤ' ایک تنور تھا جو صرف اُس بیل کے ملاپ سے سرد ہو سکتا تھا..

وہ ایک نوخیز ہرنی کی مانند زقندیں بھرتی یوں چلی جاتی تھی کہ اُس کی لامبی ٹانگیں پیچھے رہتی تھیں اور بدن کے بیچ کا الاؤ اُن سے الگ ہو کر آگے نکلتا جاتا تھا..

جب کبھی سانسیوں کی بستی میں کسی مردار کی بُو دھوپ کی گرمی میں گھلی ہوئی سرایت کرتی تھی تو مردار کے جثّے کا لذیذ ترین گوشت حاصل کرنے کے لیے ایک وحشی دوڑ کا آغاز ہو جاتا تھا..اور تب آسمان خالی نہ ہوتا تھا وہاں اُس کی بدرنگی میں درجنوں گدھ چونچیں کھولے' گردنیں سیدھی کیے اُس مردار کی بُو سونگھتے ہوئے زمین پر دوڑتے سانسیوں کے مقابلے پر اُتر آتے تھے..اور اُن میں ایک زمانہ تھا کہ سرو سانسی سب سے آگے ہوتا تھا..

لیکن آج آسمان خالی تھا..وہ اس مقابلے میں تنہا تھی..صرف وہ بیل تھا جو اُس کے ازل سے بھوکے اور خالی پیٹ کو بھر سکتا تھا..صرف اُس کے گوشت میں اپنے دانت گاڑنے کے لیے نہیں' اپنے آپ کو اُس کے سپرد کرنے کی خاطر کسمساتی' کبھی اپنی چھاتیوں پر ہتھیلیاں پھیر کر پسینہ پونچھتی اور اُن بھیگی ہوئی ہتھیلیوں سے اُس الاؤ کو ڈھانپتی کہ شاید اُس کی حدّت قدرے کم ہو جائے' سہی جا سکے۔ وہ ایک حیوان کی مانند دانت کچکچاتی بے دریغ بھاگتی چلی جاتی تھی..

سنگریزوں کے اس دہکتے صحرا میں کہیں کہیں آک کے بوٹے جھلستے تھے' اُن کی ہری شاخیں گرمائش کی شدت کو سہار نہ سکتی تھیں اور اپنی پوروں پر سے کچی ٹہنیوں کی مانند ٹوٹتی تھیں اور جہاں جہاں سے وہ ٹوٹتی تھیں' وہاں سے گاڑھا زہریلا دودھ پھوٹتا تھا جس کے بارے میں روایت تھی کہ اگر کوئی کرونڈیا سانپ پیاس سے بدحال ہو کر زبان سرسرا کر اُسے چاٹ لے تو اُسے اپنی سرسراتی زبان منہ میں واپس لے جانے کی بھی مہلت نہ ملے' مر جائے..آک کے پودوں کی ٹوٹتی ٹہنیوں میں سے گاڑھے دودھ کی بوندیں یوں نمودار ہوتی تھیں جیسے بچے کی پیدائش پر ایک عورت کی چھاتیاں سُوج جاتی ہیں اور اُن میں سے قدرتی طور پر دودھ پھوٹنے لگتا ہے..

آک کے ان بوٹوں کو پامال کرتی ہوئی جب وہ اُن کے درمیان میں سے گزرتی تو اس کے بدن کے سارے مسام منہ کھول کر ٹہنیوں میں سے پھوٹنے والے گاڑھے زہرناک دودھ کو چاٹ جاتے..ٹوٹی ہوئی ٹہنیاں منتظر رہتیں کہ جس دودھ کی ایک بوند کسی کرونڈیئے کو ہلاک کر دینے کے لیے کافی تھی جب اس نوخیز پشت اور لامبی ٹانگوں والی لڑکی کے

مساموں میں اترے گا تو یہ دم نہ مار سکے گی' پر وہ تو بے اثر بھاگتی جا رہی تھی بلکہ اُس کی رفتار میں اضافہ ہو چلا تھا..

آک کے بوٹوں کی ٹہنیاں ٹوٹنے سے پہلے تو اُن کے کچے پن میں سے دودھ پھوٹتا تھا اور پھر.. اُسی لمحے جیسے یہ ایک پیدائش کی نوید ہو اُن بوٹوں پر لگے ڈوڈے منہ کھول دیتے' کھل جاتے اور اُن میں سے روئی روئی سفید بے وزن پھول جنہیں بوڑھی مائیاں کہا جاتا تھا' گرم فضا میں اٹھ کر ڈولنے لگتے..وہ سینکڑوں کی تعداد میں تپتی لُو ستی ہوا میں اٹھنے لگیں..

اور اُن میں سے ایک مائی بوڑھی اُس کے ناف تلے ہاتھی پر چپک گئی اور اُس کے سفید ریشوں نے اُسے بہت بے آرام کیا..البتہ اُس سے نیچے اگر اتفاقاً کوئی روئی روئی سفید مائی بوڑھی جا نکلتی تو وہ ایک تکون میں بھڑکتے الاؤ میں ایک پل میں راکھ ہو جاتی..

وہ دور سے نظر آ گیا..

سینکڑوں مائی بوڑھیاں اپنے سفید ریشوں کی نزاکت میں ایک بے وزن کیفیت میں اُس کے اوپر ایک سفید چھاؤں کرتی اُس کے مردہ ہو جانے کے غم میں سیاہ ہو جانے کی آرزو کرتی تھیں کہ وہ ایک زمانے میں کیسا شاندار اور لشکیلا ہوتا تھا جو اگر ہل کے آگے جوتا جاتا تو اُس ہل کے ہتھی کو گرفت میں لینے والا کسان گھبرا جاتا کہ کہیں یہ نشیلی طاقت والا بیل ہل سمیت فضا میں پرواز نہ کر جائے..جس کی آنکھوں میں وہ اداس کشش تھی کہ جو کوئی بھی اُن میں جھانکتا اُن کے سحر میں آ جاتا اور وہی بیل آج عمر رسیدہ بے بس پڑا تھا..

اور بالآخر وہ مائی بوڑھیوں کے سفید ریشوں کے ڈولتے سایوں میں' دھوپ میں اکڑتے اُس بیل کے سر پر آن پہنچی' تو وہ اُس پر ٹوٹ پڑی..دیوانگی میں اُسے نوچنے لگی..بھنبھوڑنے لگی..اُس کے بدن میں دانت اتارتی..اُس کے لہو کی لذّت سے مدہوش ہونے لگی..بے سُدھ ہونے لگی..اور اس وصال کی نیم مدہوشی میں اُسے محسوس ہوا کہ وہ بیل مردہ نہیں ہے..کسمساتا ہے..اُس کا خون گرم ہے..اُس میں جان ہے..لیکن اُسے پروا نہ تھی..اُس کے اندر غاروں کے زمانوں کا جو خوابیدہ خون تھا وہ اُبلنے لگا..ایسے جوش مارنے لگا کہ وہ اُس بیل کے سینگ تھام کر اُس پر سوار ہو گئی..اُس میں یوں مدغم ہوتی گئی کہ جیسے اُس کے بھڑکتے الاؤ کو بجھانے کی خاطر چاندی کا ایک موٹا سرسراتا سانپ اُس کے اندر چلا آتا ہے..ایک کلی ایسی ہے جو اُس کے بدن میں اُتر کر کھلنے لگی ہے..ایک پھول کی صورت اسے بھرنے لگی ہے..اور وہ اس چاندی کے سانپ کو اپنے الاؤ میں سرسرانے کی تاب نہ لا کر لذت سے دوہری ہوتی ہے جب کہ اُس کی لختئی پشت اپنا معصوم ہونا ترک کر چکی تھی' ایک حیوان کی مانند غرّاتی تھی..سسکیاں بھرتی جیسے لذت میں نہ ہو شدید اذیت میں ہو' اُس بیل پر سوار جو مردہ نہ تھا محض زوال کے زمانوں میں تھا اور اُس میں زندگی کی رمق موجود تھی..وہ اُس کے ہر عضو کو کاٹتی' چاٹتی اپنی روپوش ہو چکے زمانوں کی ازلی پیاس بجھاتی تھی..

اور وہ..ایک صدمے میں آیا ہوا..حیرت کے سناٹے میں گم..کہ یہ میرے ساتھ کیا ہو رہا ہے..نہ تو کچھ مزاحمت کرتا تھا اور نہ ہی اپنی پامالی سے کچھ مفاہمت کرتا تھا..وہ کچھ بھی نہ کر سکتا تھا..

اُس کے خزاں آلود بدن پر درجنوں پیاسی زبانیں تھیں جو اُسے یوں چاٹتی تھیں جیسے ایک گائے اپنے نوزائیدہ بچھڑے کو چاٹتی ہے..اور اس دوران وہ اس کے بدن میں اپنے دانت بھی پیوست کر دیتی ہے اور پھر ہولے ہولے اُس کی

غرّاہٹ اور حیوانی سسکیوں میں وقفے آنے لگے.. اُس نے بالآخر بیل کو بخش دیا.. اُس کے سینگوں پر اپنی پسینہ آلود گرفت ڈھیلی کر دی اور سواری سے نیچے اتر آئی.. بیل کے پہلو میں گر گئی..

نہ پری رہی نہ جنوں رہا..

نہ تو کوئی سنگریزوں سے سلگتا ویرانہ تھا.. نہ آک کے بوٹوں میں سے جنم لینے والی سفید ریشوں والی مائی بوڑھیاں تھیں اور نہ ہی کوئی بھڑکتا ہوا تنور.. وہ سرد ہو چکا تھا.. بس وہی مختصر سا کمرہ تھا جس کی ایک دیوار پر آویزاں ککو کلاک میں سے وقت کا اعلان کرنے والا چھوٹا سا ہاتھی اُس میں سے برآمد ہو کر وہیں سونڈ اٹھائے تھم گیا تھا کہ جو کچھ اُس نے دیکھا تھا وہ اُس کی تاب نہ لا کر حیرت اور صدمے سے ساکت ہو گیا تھا..

یہ کیسی خوابیدگی تھی کہ جب وہ بیدار ہوا تو اُس کے بدن سے ٹیسیں اُٹھ رہی تھیں.. جیسے وہ نوچا گیا ہو.. اتنی خراشیں تھیں جیسے اُسے ایک شکار کی مانند بھنبھوڑا گیا ہو.. اور اس کے باوجود اذیت نہ تھی.. وہ خراشیں اور زخم ایک دوا کی مانند اُس کی کل حیات پر پھاہے رکھتے' اُسے ایک ابدی سکون اور شانتی سے ہمکنار کرتے تھے..

فرش پر.. دیواروں کے سائے سائے مٹی کے دیئے جلتے تھے اور اُن کی مدھم روشنی میں کتابوں کے شیلف کے عین نیچے کمپیوٹر کی میز کے ساتھ ٹیک لگائے' سمیٹی ہوئی لامبی ٹانگوں کے گرد وہ اپنے بازوؤں کا حلقہ کیے گھٹنوں پر سر رکھے ایک چھوٹی بچی کی مانند سسک رہی تھی.. ایک فریاد کرتی سرگوشی میں ''امی.. امی..'' پکار رہی تھی.. بے لباسی میں اُس کی ٹانگیں پہلے سے بھی لمبی لگتی تھیں اور اُس کے ہچکیاں بھرنے اور سسکنے سے بازو پر گندھا ہوا ہاتھی زندہ ہوتا لگتا تھا.. انعام اللہ متوجہ ہوا تو وہ فوراً اُٹھ کھڑی ہوئی اور ایک مجرم کی مانند سر جھکائے لبریز آنکھوں کو پونچھتی اُس کے قریب آ بیٹھی.. اُس کے موٹے سُوجے ہوئے لگتے ہونٹ واقعی سُوج چکے تھے..

''مجھے پلیز معاف کر دو..'' مٹی کے اُن دیوں کی مدھم روشنی میں جب کہ وہ بدن پر آئی ہوئی خراشوں اور زخموں کی اذیت کو بخوشی سہتا تھا' وہ اُس کی ہر خراش پر زخم پر اپنے لب رکھتی تھی' جس کی گیلاہٹ اُسے ایک قرار سے ہم کنار کرتی تھی..

اور تب اُس نے کراہتے ہوئے انعام اللہ کی پشت پر مندمل ہو چکے زخموں کی ابھری ہوئی چند دھاریاں دیکھیں اور وہ خوفزدہ ہو کر پیچھے ہٹ گئی.. ''انعام.. یہ تو.. میری درندگی کے نشان نہیں ہیں.. آئی ایم سوری..''

وہ کراہتے ہوئے بھی مسکرایا.. ''یہ ایک مردہ مینڈک ایسی آنکھوں والے کے درّوں کے نشان ہیں اور ٹکٹکی سے بندھے ہوئے میں نے کچھ آہ و فغاں' چیخ و پکار نہ کی تھی.. تم ذمہ دار نہیں ہو..'' اور پھر وہ ''گفٹس فار یو ز'' کے ایک دکاندار کے روپ میں جان بوجھ کر اُسے ستانے کی خاطر آ گیا.. ''میڈم میں آپ کے لیے کیا کر سکتا ہوں؟''

''تم مجھ سے شادی کر سکتے ہو..'' اُس نے گردن نیہوڑا کر اُسے ایک بچی کی مانند دیکھا جو ایک کھلونے کی خواہش کرتی ہو..

✦ .... ✦

گدلے پانیوں میں مردہ آنکھیں، تہہ میں سے پھوٹتی ٹھٹھرتی گھاس کے اندر تیرتی پھرتی تھیں..مردہ ہو چکی جھیل کے گدلے پانیوں میں گدلی ہو چکی آنکھیں کُچھ دیکھ نہ سکتی تھیں، نہ تہہ کے کیچڑ میں پوشیدہ کوئی گھونگھا اور نہ ہی دبکا ہوا کوئی مینڈک..ایک مچھلی جوان آنکھوں کو دیکھنے کی عادی تھی، جب یہ آنکھیں پانیوں میں اُتر کر اُس کے آس پاس تیرا کرتی تھیں اور چونکہ وہ محض ایک تصور ہوا کرتی تھیں، اس لیے وہ مچھلی اُن کے آر پار ہو جایا کرتی تھی پر اب وہی مچھلی تیرتی ہوئی اُن کے قریب ہوئی تو اُن کی مردنی سے ٹکرا گئی کہ وہ تصوّر نہ تھیں ایک مرچکا وجود تھیں..

اُبلتی گول آنکھیں جھپ جھپ کرتا دبکا ہوا مینڈک اِن آنکھوں سے خوفزدہ ہو جایا کرتا تھا، وہ اپنی بیری آنکھوں کو خوب پہچانتا تھا، یہ اُس شخص کی تھیں جو اکثر جھیل کنارے اپنی وہیل چیئر پر بیٹھا اُسے کھا جانے والی لالچی نظروں سے تکتا تھا اور کبھی ذرا سا آگے جھک کر اُسے دبوچ لینے کی کوشش بھی کیا کرتا تھا..

اور آج اُسی شخص کا بوڑھا بدن ”ڈارک واٹر لیک“ کے پانیوں میں بے بسی سے پھولتا تھا اور اُس کی کھلی مردہ آنکھیں جن میں اُسے دبوچ لینے کی کوئی ہوس نہ تھی اُس کے آس پاس تیرتی پھرتی تھیں..

اُسے دبکے ہوئے مینڈک کو اُس کے مرجانے کا دکھ ہوا تھا، کم از کم وہ ایک ایسا شخص تھا جو اُس میں دلچسپی رکھتا تھا..

وہیل چیئر کناروں پر اوندھی پڑی تھی، اُس کا بایاں پہیہ پانیوں میں اُترا ہوا تھا..جھیل کے پانیوں کی ہلکی لہروں کی زد میں آکر وہ وہیل چیئر ہولے ہولے ڈول رہی تھی جیسے وہ بھی غرقابی کی تمنا کرتی ہو..

اُس کی موت کا حتمی سبب طے نہ ہو سکا..امکان یہی تھا، شواہد سے یہی ظاہر ہوتا تھا کہ وہ حسب عادت نرس پرکاش کور کی غیر موجودگی کا فائدہ اٹھا کر ہوم سے فرار ہو کر اس جھیل کے کناروں تک چلا آیا تھا..پانیوں پر کُچھ دیکھنے کی خاطر، کُچھ تلاش کرنے کی جستجو میں ذرا زیادہ جھکا، توازن برقرار نہ رکھ سکا اور پانیوں میں گر گیا..شاید وہ اُس لمحے خود فراموشی کی اُس کیفیت میں تھا جس کا مرض اُسے یہاں اس ہوم میں لے آیا تھا، شاید اُس کے دماغ کا وہ آخری خلیہ بھی مر گیا تھا جو ابھی تک زندہ تھا اور جب وہ پانیوں میں گرا تو پہلے سے مرچکا تھا، اس لیے اُس نے اپنے بچاؤ کے لیے کُچھ تگ و دو نہ کی..

انتظامیہ کو یہ بھی علم تھا کہ جب سے وہ اس ہوم میں داخل ہوا تھا، بہت برس پہلے، تب سے اُس نے اس ہوم سے باہر جانے کی کبھی آرزو نہ کی تھی..پہلی بار ایسا ہوا تھا کہ اُس نے نہایت اشتیاق سے انتظامیہ سے درخواست کی تھی کہ وہ اپنی

اکلوتی بیٹی کی شادی میں شرکت کرنے کے لیے شہر جانا چاہتا ہے' دُلہن کے باپ کا وہاں ہونا ضروری ہے تا کہ وہ اُس کا ہاتھ دولہا کے ہاتھ میں دے کر اُسے رخصت کر سکے اور اُس لمحے اُس کے چہرے پر جو تمازت تھی وہ آس پاس کو بھی روشن کرتی تھی.. دیکھ بھال کی خاطر' کسی غیر متوقع صورت حال سے نمٹنے کے لیے اُس کی نرس پرکاش کور جو یقیناً اُس کے لیے دل میں ایک نرم گوشہ رکھتی تھی' اُس کے ہمراہ گئی تھی..

نرس پرکاش کور بھی ایک صدمے کی حالت میں آنسو پونچھتی تھی اور اُس کا بیان تھا کہ جب وہ دونوں اسلامک سنٹر کی سیڑھیوں کے قریب بقیہ مہمانوں اور اُن سے کچھ فاصلے پر لاتعلق کھڑی اُس کی بیوی مقدس بانو کے ہمراہ منتظر تھے دلہن کی کار نمودار ہوئی' پھر اُن کے نزدیک آئی' اور دولہا جو ایک نہایت دراز قامت' نیلی آنکھوں والا آئرش لگتا شخص تھا' اپنے ٹکسیڈو کی بوٹائی درست کرتا کار کا دروازہ کھولنے کے لیے آگے بڑھا تھا.. اور وہ کار آہستہ ہوئی' رُکنے کو تھی پر نامعلوم وجوہات کی بنا پر یکدم رفتار پکڑ کر نظروں سے اوجھل ہوگئی.. اُسے دلہن کی ایک جھلک نظر آئی تھی اور وہ اُسے دو تین بار پہلے بھی دیکھ چکی تھی' جب وہ اپنے باپ سے ملاقات کی خاطر اس ہوم میں آئی تھی لیکن وہ اُسے پہچان نہ سکی تھی کہ وہ سُرخ لباس میں کچھ اجنبی سی لگ رہی تھی.. بس ایک جھلک نظر آئی اور پھر وہ اوجھل ہوگئی.. وہ پورے یقین سے کہہ سکتی تھی کہ مریض مَیٹ سینسی یا موتی عین اُس لمحے یا ذرا پہلے اپنے آپ اور گردونواح اور وہاں موجود لوگوں سے غافل ہو گیا تھا' اور ایک مکمل خودفراموشی کے عالم میں.. اپنے آپ میں مگن مسکرانے لگا تھا.. اُسے چنداں خبر نہ تھی کہ کیا وقوعہ ہو گیا ہے.. البتہ کچھ فاصلے پر کھڑی اُس کی بیوی نے اُسے ایک عجیب سی شکایت آمیز نظر سے دیکھا تھا اور پھر منہ موڑ کر چلی گئی تھی.. جب اُسے مریض موتی کو اس طرح اپنے آپ میں مگن مسکراتے ہوم میں واپس لایا گیا تو اُس کے چہرے کا رنگ اجڑا ہوا تھا' اُس پر مردنی کی ایک پیلاہٹ سی تھی..

''اگر مجھے ذرّہ بھر بھی تشویش ہوتی کہ جونہی میں اُسے اُس کے کمرے میں چھوڑ کر.. وہیل چیئر سے اٹھا کر بستر میں آسودہ کر کے جاؤں گی تو وہ جانے کس طرح خود سے اُٹھ کر وہیل چیئر میں بیٹھ کر سٹاف سے چھپتا جھیل کی جانب چلا جائے گا تو میں اسے ہرگز تنہا نہ چھوڑتی..'' نرس پرکاش کور کے آنسو نہ تھمتے تھے..

شواہد سے تو یہی ظاہر ہوتا ہے..
یہ خودکشی تو نہ ہو سکتی تھی..
لیکن یہ بھی طے نہ ہو سکا کہ.. نہیں ہو سکتی تھی..

شب و روز کا شمار کچھ حساب نہ ہو سکتا تھا..

کب تھا جب مٹی کے اُن دیوں کی مدھم روشنی میں جب کہ بدن پر آئی ہوئی خراشوں اور زخموں کی اذیت وہ بخوشی سہتا تھا اور وہ اُس کی ہر خراش' ہر زخم پر اپنے لب رکھتی تھی جن کی گیلاہٹ اُسے قرار سے ہمکنار کرتی تھی اور وہ کہتی تھی..

''تم مجھ سے شادی کر سکتے ہو..''

کب تھا؟

شاید اب تھا..

وہ اُس کے دونوں ہاتھوں کو اپنی ہتھیلیوں کی کوکھ میں چھپائے اُن پر اپنے سوجے ہوئے ہونٹ رکھے' بے خبر کہ اُس کے انعام اللہ کے ہونٹوں میں بھی ایک لطف دینے والی سنسنی کی سوجن نمایاں تھی..ایک کنیز کی مانند سر جھکائے اپنے جرم کا اقرار کرتی اُس سے معافی کی خواستگار ہوتی تھی..

صرف اُن پر ہونٹ رکھ دینے سے' انہیں چومتے جانے سے خراشوں اور زخموں کو افاقہ نہیں ہوسکتا..ایک گھر میں اور وہ بھی ایک تنہا رہتی لڑکی کے گھر میں بینڈ ایج کا کتنا ذخیرہ ہوسکتا ہے..وہ مداوانہ ہوسکتے تھے..اُس نے اپنی برہنگی کے عیوب نہیں بلکہ بدن کے ہُنر پھٹی ہوئی نیلی جین اور سیاہ بلاؤز میں چھپائے بھدّے جوگر چڑھا کر ٹھپ ٹھپ کرتی گھر سے نکل گئی..

اُس نے چوبیس گھنٹے کھلی رہنے والی فارمیسی کے کاؤنٹر سے آیوڈین' ٹنکچر اور وٹامنز کی متعدد بوتلیں کُچھ اینٹی سپٹک ادویات اور ڈھیر ساری بینڈ ایج خریدیں..اور جب فارمسٹ نے اُس سے دریافت کیا کہ آپ کو کس نوعیت کی اینٹی سپٹک ادویات درکار ہیں تو اُس نے گردن میں بل دے کر بال جھٹکتے ہوئے کہا تھا.''کاٹے جانے کے توڑ کے لیے جو بھی دوائیں ہوتی ہیں..''

جیسے اکثر ڈاکٹروں کے کلینک کی دیواروں پر قدیم طبی تاریخ کی خیالی تصویریں آویزاں ہوتی ہیں' جن میں شمعوں کی روشنی میں تختے پر ایک نیم برہنہ مریض لیٹا ہوتا ہے اور چند نہایت سنجیدہ شکلوں اور تکونی داڑھیوں والے لوگ اُس پر جھکے اُس کے نیم برہنہ بدن کا معائنہ کر رہے ہوتے ہیں..تشخیص کر رہے ہوتے ہیں کہ آخر اس مرض کی دوا کیا ہے..

تو کُچھ ایسے ہی وہ ان چراغوں کی مدھم روشنی میں سلیپنگ بیگ پر آرام کرتے اپنے برہنہ مریض پر جھکی ہوئی اُس کا علاج کرتی تھی..خراشوں اور زخموں پر آئیوڈین چھڑک کر اُن پر بینڈ ایج چسپاں کرتی تھی..اور جب کبھی وہ درد سے کراہتا تھا تو وہ اُس کے مآخذ پر ہونٹ رکھ دیتی تھی..''مجھے معاف کردو..پلیز فارگومی..''

کُچھ حساب نہ تھا کہ اُسے اس مختصر سے کمرے کی قید میں کتنے روز ہوگئے تھے..''کیا میں تمہاری قید میں ہوں..''

''نہیں نہیں..تم سمجھ نہیں رہے..'' وہ اُس کے زخموں پر شرمندگی کے پھاہے رکھتی تھی..''تم نہیں..میں تمہاری قید میں ہوں..آئی ایم سٹوپڈ..پلیز فارگومی..''

''شباہت..میری حیات کا کُچھ اعتبار نہیں..میں تم سے شادی نہیں کرسکتا..''

''کسی بھی حیات کا کُچھ اعتبار نہیں ہوتا نیمی..اس کا عمر کی طوالت سے کوئی رشتہ نہیں ہوتا..میری ایک کولیگ کا بھائی جو ایک مدت سے جرمنی میں مقیم تھا' تم سے کہیں کم عمر تھا' ایک کاغذ پر دستخط کرنے کے لیے جھکا تو جھکا ہی رہا' مر گیا..وال مارٹ کی ایک پاکستانی سیلز گرل کا خاوند..نہیں نیمی موت صرف اُن پر نہیں اُترتی جو اُس کے منتظر ہوتے ہیں..کیوں انتظار کرتے ہو..محض بہانے..''

''ہاں..'' سلیپنگ بیگ پر لیٹا مریض بولا:''موت بے شک اکثر سال خوردہ اور اُن دروازوں پر جنہیں عمر کی گُھن چاٹ چکی ہوتی ہے دستک دیتی ہے..اگرچہ یہ کوئی حتمی اصول نہیں ہے..بعض اوقات وہ ایسے نوجوان وجود پر بھی ہاتھ رکھ

دیتی ہے جسے تخلیق کے شجر سے تراشے ہوئے کچھ زیادہ مدت نہیں گزری ہوتی لیکن شباہت.. میری حیات چند روز میں بہر طور اختتام تک پہنچنے والی ہے.. اور یہ میرا اپنا فیصلہ ہوگا کہ میں کب اس کی ڈور منقطع کردوں..''

''نیمی..'' وہ پھر ایک بچی کی مانند ڈرسی گئی.. کیا ایسا تو نہیں کہ اُس کی پُرتشدد محبت کے برتاؤ سے اُس کا ذہن ماؤف ہوگیا ہو.. کہیں وہ خودکشی پر مائل تو نہیں. ''نیمی.. میں تم سے محبت کرتی ہوں..''

''محبت کے ظہور کے لیے کچھ وقت درکار ہوتا ہے.. کچھ جذباتی چھان پھٹک ہوتی ہے.. کچھ پرکھ ہوتی ہے.. ہماری اس ہنگامی ملاقات کو کتنے دن بلکہ گھنٹے گزرے ہیں..؟''

اُس کے سُوجے ہوئے ہونٹ ایک یاسیت بھری تھرتھراہٹ سے کپکپائے. ''تم وقت کا تعین اُس لمحے سے کر رہے ہو جب لاوا اُبل پڑا تھا.. اُس لمحے سے نہیں کر رہے جب میں تمہارے سٹور میں داخل ہوئی تھی اور تمہیں دیکھ کر میرے اندر اُبال شروع ہوگیا تھا.. میرے اندر بے طرح خطرے کا الارم بجنا شروع ہوگیا تھا.. مجھے وارننگ مل گئی تھی لیکن میں فرار نہ ہوئی تو کیوں.. اور اگر فرار ہوئی تو اپنی شادی سے.. کیوں..؟ جب مجھے ہوش آیا تو میں کیوں اپنی ماں سے لپٹ کر روتی نہ تھی.. اپنے گھر واپس آ کر بستر پر اوندھی پڑی ایک زندگی بھر کی باوقار سہولت کو کھو دینے کے غم میں پچھتاتی نہ تھی.. میں.. تمہارے سٹور میں تمہارے سامنے آن کھڑی ہوئی تھی.. یہ ایک لمحے کا اُبال نہ تھا.. میں لاشعوری طور پر ایک ارادے کے ساتھ نہ آئی تھی لیکن کیا ایک کھنچاؤ نہ تھا میرے وجود کے اندر جس نے مجھے کھینچ کر تمہارے سامنے لا کھڑا کیا تھا.. تو یہ کیا تھا.. اضطراب تھا' اپنی مظلومیت پر تم سے ہمدردی کی بھیک مانگنے کا ایک بہانہ تھا..''

''ہوں..''

''اور تم ایسی بہکی بہکی باتیں کیوں کرتے ہو کہ تمہاری حیات.. یہ کیسا اندازِ گفتگو ہے..''

''محبت میرے مسائل کا حل نہیں ہوسکتی.. اس کی راہ میں ایسی چڑیاں ہیں جو زیتون کے درختوں تلے مردہ پڑی ہیں.. ماؤں کی گودوں میں دھماکوں سے مرجانے والے بچے حائل ہوجاتے ہیں.. محبت ایک مجروح ہوچکی عزت نفس کا مداوا نہیں ہوسکتی.. ایسے مجروح پن کی خراشوں اور زخموں پر آئیوڈین چھڑک کر ان پر بینڈ ایج چسپاں نہیں کیے جاسکتے.. ان سے نجات حاصل کرنے کے لیے وجود کو تلف کردینا ہی واحد علاج ہے..''

مکمل ٹھہراؤ اور طمانیت کی کیفیت میں جس میں جذباتی اشتعال یا بھڑکاؤ کا کچھ عمل دخل نہ تھا' وہ باتیں کرتا رہا.. گرین اِچ گاؤں کے تہہ خانے میں ٹیلی ویژن سکرین پر فک بیگڈاڈ.. بومب بیگڈاڈ کی آتش میں راکھ ہوتے شہر فرات کے پانیوں کے خوں رنگ بہاؤ' مسمار ہوتی عمارتوں کے ملبے تلے دب جانے والے بچّے اور عورتیں.. اور افغانستان کی دُھول میں سے برآمد ہوتی سیب رخساروں والی ایک بچی جس کا بایاں بازو اُس کے کندھے سے محض دو چار ریشوں کے رشتے سے ابھی تک لٹک رہا تھا اور وہ نہیں جانتی تھی کہ وہ کم از کم اس بازو کے آخر میں جو مردہ ہونے والی ہتھیلی ہے اس میں کبھی ایک گڑیا نہ تھام سکے گی.. اور یہ تصویریں اُس کے کینیڈا میں منتقل ہوجانے کا سبب بنی تھیں.. یہ.. ''دگفٹس فار دے.. بِی ز..'' تو محض ایک پردہ پوشی تھی.. اُسے کچھ نہ کچھ تو کرنا تھا.. بے شک میاں محمد بخش نے کہا تھا کہ ایک کمزور شخص اس کے سوا اور کیا کرسکتا ہے کہ یا تو بھاگ جائے اور یا پھر بیٹھ کر رونا شروع کردے.. لیکن وہ اتنا کمزور بھی نہ

تھا' نہ بھاگنے والا تھا اور نہ بیٹھ کر رونے والوں میں سے تھا.. وہ کم از کم تاریخ کے جبر کے بل ڈوزر کے آگے بے شک ایک معمولی کنکر کی صورت میں سہی' لیٹ کر ایک رکاوٹ تو بن سکتا تھا.. موت کو معانی تو دیتے ہیں..

اُن کے درمیان جو ایک حادثاتی رشتہ اور ربط استوار ہوا تھا' اگرچہ وہ وقت کے معیار پر چند ساعتوں کا تھا لیکن اُس کے باوجود وہ ایک روشن ہو گئی تھی.. ایک ٹین ایجر دکھائی دیتی لڑکی جس کی لامبی ٹانگیں اُس کے قابو میں نہ آتی تھیں.. وہ اُسے یوں اپنے اندر کے ہیجان اور قلق میں شریک کر رہا تھا جیسے وہ روشن سے باتیں کر رہا ہو..

روشن.. اتنا لاپروا ہو چکا تھا کہ اپنے سیل فون کو چارج نہ کرتا تھا کہ یہی توجیہہ ہو سکتی تھی.. اُس کی جانب سے خاموشی چلی آتی تھی..

وہ اُس کے ساتھ بحث تو کرتی تھی پر اندر سے ایک خوفزدہ فاختہ کی مانند سہمی جاتی تھی' وہ اس گرزلی بیئر کو کھونا نہیں چاہتی تھی اور وہ یہ بھی جان چکی تھی کہ اُس نے اپنے طے کردہ ہدف سے پلٹنا نہیں' اس لیے وہ سہمی جاتی تھی ''ازل سے جنگیں ہوتی رہتی ہیں' یہ سلسلے کبھی نہیں رُکے پر ان کے ساتھ ساتھ محبت بھی کبھی نہیں رُکی اور بالآخر وہ ان پر غالب آ جاتی ہے' ہمارا نہ تاریخ پر اور نہ انصاف پر کُچھ اختیار ہے.. پر محبت پر تو ہے اور ہم اس ہتھیار کو استعمال کر کے اپنے لیے ایک بہتر دنیا تشکیل دے سکتے ہیں.. یوں اپنے آپ کو فنا کر دینے سے تو کُچھ حاصل حصول نہیں..''

''بُل ڈوزر ایک کنکر کی رکاوٹ سے رُکے گا تو نہیں لیکن وہ یہ تو جان جائے گا کہ اُس کے آہنی اور ناقابل تسخیر وجود کے تلے ایک کنکر کچلا گیا ہے جس نے سمجھوتہ نہیں کیا۔ یوں اُس کے اندر شک کی ایک کونپل پھوٹے گی کہ اگر ایک کنکر نے اُس کے جبر کا راستہ روکنے کی سعی کی تھی تو شاید وہ اتنا ناقابل تسخیر بھی نہیں ہے..''

''نہیں.. شک کی کونپل کے لیے ایک زندہ ضمیر کی مٹھی بھر مٹّی چاہیے اور وہ اُس بل ڈوزر کے اندر نہیں ہے.. اپنے آپ کو.. اتنے نایاب اور قیمتی وجود کو یوں فنا کے سپرد کر دینا محض بے بسی اور کم ہمتی ہے.. تم کوئی معمولی شخص نہیں ہو.. تم صرف اپنی تحریر کے زور پر اُس کے آہنی وجود میں دراڑ ڈالنے میں کامیاب ہو سکتے ہو.. اپنی مجروح ہو چکی عزت نفس کا دفاع کرنے کا سب سے مؤثر حربہ لکھا ہوا حرف ہے..''

''یہ بھی محض خام خیالیاں ہیں شباہت کہ ادب ظلم کا راستہ روک سکتا ہے.. لکھے گئے حرف میں سے انصاف کے چشمے پھوٹ سکتے ہیں.. نہیں ادب بھی خود کو بری الذمہ قرار دینے کی ایک انٹلکچوئل ماسٹربیشن ہے.. جس سے فارغ ہو کر آپ ٹھنڈے ہو جاتے ہیں کہ میں نے اپنا فرض ادا کر دیا.. اور یہی تو وہ چاہتے ہیں کہ ہم اس نوعیت کی ماسٹربیشن میں مشغول رہیں' ناول تحریر کریں' مزاحمتی ادب تخلیق کریں' رُلا دینے والے مرثیے لکھیں.. یوں اُنہیں تو کوئی گزند نہیں پہنچتی لیکن ہم اس عمل کے نتیجے میں ناتواں ہوتے چلے جاتے ہیں اور میں.. انہیں گزند پہنچانا چاہتا ہوں.. کیا اب تم مجھے سمجھ رہی ہو..؟''

''میں تمہیں سمجھ رہی ہوں نیمی.. لیکن ایک بُل ڈوزر کے سامنے بچھ جانے والے ایک کنکر نظریے سے اتفاق نہیں کرتی.. فنا کی اس خواہش میں بھی مجھے انا کا ایک تکبر نظر آتا ہے.. ایک خودکش رومان نظر آتا ہے.. انعام.. اگرچہ میں کاروبار پر یقین نہیں رکھتی.. مجھے اس سے زیادہ فرق نہیں پڑتا کہ میرے احساسات سراسر یکطرفہ ہیں لیکن.. کیا تم بھی میرے لیے کُچھ محسوس کرتے ہو..؟''

''شاید محبت نہیں.. میں رسوائی اور عزت نفس کے مجروح پن کے جس اندھے کنوئیں میں گر چکا ہوں اُس کے پاتال میں مجھ تک کوئی انسانی جذبہ نہیں پہنچتا.. وہاں تک گرتے پہنچتے دم توڑ جاتا ہے.. اُس اندھی گہرائی میں مجھے کچھ سجھائی نہیں دیتا.. صرف بمبار طیاروں کی گرج، گن شپ ہیلی کاپٹروں کے پنکھوں کی کھٹ کھٹ اور میزائلوں کی شُوک سنائی دیتی ہے..''

''میرے لیے کچھ بھی محسوس نہیں کرتے..؟''

''بہت کچھ.. لیکن شاید محبت نہیں..'' انعام اللہ کا ہاتھ اُس کے یکدم سرد ہوتے رخسار پر تسلی کی خاطر آیا'' کیونکہ.. جیسا کہ میں کہہ چکا ہوں.. محبت مداوا نہیں..... ہاں.. تم جب پہلے روز میرے سر پر آن کھڑی ہوئی تھیں تو تمہارا جیسے بھوک سے سُتا ہوا چہرہ اور اُس میں نمایاں تمہاری آنکھیں مجھے بھلی لگی تھیں.. تمہیں دوبارہ دیکھنے کو جی چاہتا تھا اور تم اپنے ہاتھیوں کے لیے آتی جاتی رہیں لیکن میں پیش رفت نہ کر سکا کہ راستے میں عمر کی دیوار حائل ہوتی تھی.. شاید یہ پسندیدگی بھی نہ تھی، ہوس تھی جو ایک ڈھلتی عمر کے شخص کے اندر ایک نوجوان پُر کشش لامبی ٹانگوں والی لڑکی کے کنوارپن کو دیکھ کر نامردی سے سر اٹھاتی تھی، بہر طور محبت نہ تھی..''

شباہت زیر لب کچھ بڑبڑائی.. اپنے آپ کو کوسا، مطعون کیا کہ تم نے یکطرفہ طور پر کیسے یہ فرض کر لیا کہ اگر تم اُس کے حصول کی چاہت میں مبتلا ہو گئی ہو تو وہ بھی شدت کے یہی جذبات بہر صورت لوٹائے گا.... صرف میرا باپ ہی تو اس کائنات میں ایک ایسا شخص نہیں ہو سکتا جس کے اندر محبت بھرنے سے رہ گئی ہو.. یہ ایک اور شخص ہو سکتا ہے.. اور کیا یہ امکان ہے کہ وہ اُس کی جانب راغب ہی اس لیے ہوئی تھی کہ اُس کے اندر محبت ڈیرے ڈال ہی نہیں سکتی تھی.. وہ اُس کے باپ جیسا تھا..

اُس کی یکدم خاموشی نے انعام اللہ کو ایک احساس جرم میں مبتلا کر دیا کہ وہ اپنے اظہار میں بہت کھردرا اور سپاٹ ہو گیا تھا، وہ اُس کے دل کی دکھاوٹ کا سبب بنا تھا.. ''تمہیں مجھے معاف کرنا ہوگا.. تم نے ایک غلط شخص کا انتخاب کیا ہے.. تم تو ایسی محبت کرنے کے لائق لڑکی ہو کہ اگر تم مجھے اچھے وقتوں میں ملتی تو میں تم پر نچھاور ہو جاتا۔ عمر کے تفاوت کے باوجود، اپنے آپ کو دنیا کا سب سے خوش بخت شخص جانتا اور راو شکرانے کے طور پر خانقاہوں میں دیئے جلانے چلتا..''

''جو کہ میں نے تو جلا دیئے تھے..'' اُس کے لہجے میں کڑوا اجتناب آ گیا، جس کی ٹھنڈک نے انعام اللہ کے احساس جرم کو مزید کچوکے دیئے کہ عزت نفس کے سوا محبت بھی ایک جذبہ ہے.. جس کے مجروح کر دیئے جانے پر انسان اپنے آپ کو حقیر جاننے لگتا ہے، دکھ دریا میں ڈوبنے لگتا ہے تو اُس نے شباہت کی دل جوئی کی خاطر ذرا لاپروائی سے مسکراتے ہوئے کہا.. ''میں تم سے اس لیے بھی شادی نہیں کر سکتا کہ میں دوبارہ.. اور اپنی حیات کی ہر شب ایسا سلوک تو نہیں سہہ سکتا.. اتنی پٹیوں اور بینڈاج پر تو بہت خرچہ اٹھے گا..''

''ویری فنی..'' وہ قطعی طور پر محظوظ نہ ہوئی.. ''ایک گرزلی کی بھی حِس مزاح اتنی عامیانہ نہیں ہونی چاہیے..''

اُن دونوں کے درمیان خاموشی کا ایک اور تکلیف دہ وقفہ آ گیا.. کمپیوٹر کی میز پر دھرا سیل فون ایک جگنو کی مانند جلنے بجھنے لگا اور میز کی سطح پر ایک اضطراب سے مرتعش ہونے لگا..

''اوہ شِٹ..'' اُس نے سر جھٹکا.. ''میں نے تو اسے آف کر رکھا تھا..'' موبائل کی سکرین پر ایک نمبر روشن ہو رہا

تھا۔''وہ..یہ توامی کا ہے..''

فون مسلسل جلتا بجھتا اور میز پر سرکتا رہا..

''تم اٹینڈ کیوں نہیں کرتیں..''

''وہ مجھ سے ناراض ہیں..میں نے متعدد فون کیے لیکن وہ جواب نہیں دے رہی تھیں..ظاہر ہے میرا جرم قابل معافی نہیں ہے..اگر ایک لڑکی عین آخری لمحوں میں شادی سے فرار ہو جائے تو اُس کی ماں اسے کیسے معاف کر سکتی ہے.. .پتہ نہیں وہ مجھ سے کیا کہیں گی.'' وہ سکول سے بھاگی ہوئی ایک بچی کی مانند خوفزدہ ہو رہی تھی..

فون نہ بند ہوا..وہ دونوں اُسے گھورتے رہے اور بالآخر شباہت نے ہمت کر کے اُسے اٹھا کر سبز بٹن دبا دیا..

کمرے کی نیم تاریکی میں صرف شباہت کا رخسار تھا جو اُس کے ساتھ لگے سیل فون میں سے پھوٹتی روشنی میں آ کر نمایاں ہوتا تھا..اُس نے سیل فون کو اپنے رخسار سے الگ کیا تو وہ پھر سے کمرے کی نیم تاریکی میں چلا گیا..اُس کی بھرائی ہوئی آواز میں تھوڑا سا دکھ گھلتا تھا''نیمی..ڈیڈی ڈوب گئے ہیں..''

•

آج باہر غیر معمولی طور پر صُبح سے بہت رونق تھی۔

گہما گہمی کی بھنبھناہٹ آوازیں تھیں جو اُس کے کانوں میں آ رہی تھیں اور نتھنوں میں دیگی پلاؤ اور زردے کی لپٹیں چلی آ رہی تھیں' اگرچہ وہ اُس کے اندر اشتہا نہ بڑھاتی تھیں کہ باہر سے آنے والی خوراک کی خوشبو میں ایک ایسی سوگواری تھی جو قبرستانوں میں پکنے والی دیگوں کی بھاپ میں ہوتی ہے..

اور یہ سلمان شاہ کی جانب سے دی جانے والی کسی دعوت یا خصوصی محفل کا شور بھی نہ تھا جو اُس کے تقریباً بہرے ہو چکے کانوں میں اُترتا تھا' نہ اس میں قہقہے گھلتے تھے' نہ کانچ کی کھنک تھی اور نہ ہی نسوانی ترنّم کا کوئی پرتو تھا.. بلکہ گہما گہمی کی ان آوازوں میں وہ قرآن کے لہجے کی کچھ شناخت کر رہا تھا جس سے وہ سانسی ہونے کے باوجود واقف تھا' پہچان کر سکتا تھا... ویسے بھی ابھی تو دوپہر تھی اور وہ کھنکتی محفلیں تو ہمیشہ شب کی تاریکی اُترنے کے بہت دیر بعد ظہور میں آتی تھیں تو یہ صُبح سویرے سے جو رونق کے آثار سنائی دیتے تھے اور پلاؤ زردے کی خوشبوئیں چلی آتی تھیں تو جانے اس کا سبب کیا تھا..

وہ سر ہلاتا اندازے لگاتا رہا.. ہو نہ ہو یہ اُس کے کسی پوتے یا پوتی کا بیاہ ہو رہا تھا اور اُس حرام کے تخم سلمان شاہ نے حسب معمول اُسے بے خبر رکھا تھا.. وہ اُسے مہمانوں کے سامنے لانے سے کتراتا تھا آخر ایک کوٹھے ٹپنی گشتی کا بیٹا تھا..

ابھی سو برس کی سرحد کے پار جانے میں چار پانچ برس باقی تھے.. وہ بھی انعام اللہ کی مانند اب تک بے خبر تھا کہ اُس کے روپوش ہو جانے والے چودھری امیر بخش کی اکلوتی اولاد کب کی مردہ ہو چکی تھی اور اُس کی روشن کی نابینا ہو چکی ماں نور بیگم دنیا پور میں بھٹکتی پھرتی تھی..

بیداری اور نیند کا آپس میں کُچھ ناتا نہیں ہوتا' ایک دوسرے کی بیری ہوتی ہیں پر اس عُمر میں جا کر سگی بہنیں ہو جاتی ہیں' ایک دوسرے میں یوُں مدغم ہو جاتی ہیں کہ اُن میں کُچھ فرق باقی نہیں رہتا' نہ جاگتے ہوئے جاگنا ہوتا ہے اور نہ ہی سوتے میں سونا نصیب ہوتا ہے.. بس دونوں بہنوں میں آنا جانا لگا رہتا ہے اور اس کیفیت میں خوابوں کے آئینے میں بیت چکے دنوں کے ایسے پُھول کھلتے ہیں کہ اگر اُنہیں ہاتھ لگا کر چھونا چاہو تو ہاتھ لگانا مُشکل ہوتا ہے.. اور پچھلی شب خوابوں کے اُس دُھندلے آئینے میں اُس نے اپنی پوتی کو اُس سنگریزوں والے چٹیل میدان میں جہاں آک کے بوُٹے جھلستے تھے اور اُن کے ڈوڈوں میں سے مائی بوڑھیاں پھوٹ کر اپنے سفید بالوں کو ہوا سے پریشان کیے ڈولتی پھرتی تھیں.. ننگ دھڑنگ اُن کے درمیان بھاگتے دیکھا تھا.. وہ اُس کی نسل کی آخری شکل اور آخری خصلت کی نشانی تھی.. سنگریزوں

والے میدان میں معلّق گرمائش کی سلگتی جھلسا دینے والی جھلملاہٹ میں وہ ہولے ہولے معدوم ہوگئی تھی..

سروسانسی کے سکڑے ہوئے تقریباً بہرے ہو چکے کانوں میں دنیاپور کے محلّہ مغربی کی مسجد کے صحن میں سے بلند ہونے والی قرآن کی کچھ سُورتیں اور صُورتیں تھیں جو اُسے اُس گھما گھمی کے شور میں سے سنائی دے رہی تھیں..

بس وہی میری نسل اور خصلت کی تصویر ہے.. وہ آج سے.. کتنے برس پہلے؟.. جانے کتنے برس پہلے.. جب میں نے میراثیوں کے برگد کے قریب جو جوہڑ تھا اُس میں سے ایک مینڈک دبوچ کر اُس کی آنکھوں کے سامنے کیا تھا تو وہ کیسے ایک پُر اشتیاق ہیجان میں آ گئی تھی.. بس وہی ایک سانسن رہ گئی ہے.. جانے اُسے اپنا دادا یاد بھی ہے یا نہیں..

پلاؤ اور زردے کی مہک بدستور چلی آتی تھی..

پُرسا دینے والے چلے آرہے تھے..

اُن کے ہمراہ جو عورتیں تھیں وہ سیاہ رنگ کی شالوں میں رُوپوش تھیں اگرچہ اُن کے تلے نہایت ہیجان خیز برانگیختہ ملبوسات اور ہیرے جواہرات تھے جو نیویارک اور لندن کے معروف ڈیزائنرز کے کرشمے تھے..

وہ سب نہایت غمگین شکلیں بنائے چلے آرہے تھے..

''جی بس اللہ کی مرضی کے آگے کون دم مار سکتا ہے..... جی ہاں' مُجھ سے بڑے تھے' کینیڈا کے شہر کیلگری میں پٹرول اور گیس کی متعدد کمپنیوں کے سربراہ تھے.. ایک بزنس میٹنگ سے واپس آرہے تھے کہ کار کے سامنے ایک جنگلی بھینسا یا بسون آ گیا.. اور ڈرائیور کمبخت سٹیئرنگ کو سنبھال نہ سکا.. اُن کی سِلور رولز رائس کے پرخچے اُڑ گئے... اگرچہ ایک مدّت سے اُس بے دین معاشرے میں مجبوراً مقیم تھے اور اس کے باوجود اپنی روایات' اقدار اور عقیدے سے ایسے جُڑے ہوئے تھے کہ ماتھے پر محراب کا نشان.. جو اُن کی تدفین کے موقع پر روشن ہو رہا تھا.. ایک زخم کی صورت اختیار کرتا چلا جا رہا تھا.. سیّد بادشاہ جو تھے... کیلگری کا اسلامک سنٹر اُنہی کی مالی معاونت اور دینی جذبے کی ایک بے مثال کاوش ہے۔ آپ سب اُن کی بخشش کے لیے دعا کریں اور اللہ تعالیٰ مُجھے اس عظیم صدمے کو سہہ جانے کی توفیق عطا فرمائے...

آمین.. آمین.

سلمان شاہ لان کے طول وعرض کو ڈھکتی قناتوں میں جوق در جوق داخل ہونے والے سوگوار اور غمگین بنے چہروں سے تعزیت وصول کرتا آبدیدہ ہوا جاتا تھا اور اُس کے اندر ملامت کا ایک عمل بھی جاری تھا..

رُوپوش ہو چکے جہانوں کی تاریکی میں سے شناخت کے سنپولئے سرکتے چلے آتے تھے' وہ انہیں ذہن سے جھٹک کر کُچلنے کی کوشش کرتا لیکن وہ اُسے سلمان شاہ کو پھر سے موجو بناتے تھے.. اُن میں سے ایک سنپولیا ایسا تھا جو لاکھ کچلنے سے بھی کچلا نہ جاتا تھا' پل دو پل کے لیے مردہ سا ہو جاتا اور پھر فوراً ہی اپنا ننھا سا پھَن پھیلا کر اُس کے سامنے جھومنے لگتا.. اور یہ سنپولیہ جو اُس کی جان نہ چھوڑتا تھا بچپن کی اُس شب کا تھا جب وہ دونوں.. اپنی نیم وحشی ماں جو بولتی تھی تو لگتا تھا کوئی جانور غرا رہا ہے' چلتی ایسے تھی جیسے ایک کُتّا زمین کو سونگھتا چلا جا رہا ہے.. جب وہ دونوں اُس کے سیاہ جُبّے

کے ساتھ جونکوں کی مانند چمٹے ہوئے تھے جب اُس نے ڈھلتی شام میں اپنے گدلے ہو کر بھورے ہو چکے غلیظ بالوں والا سر اٹھایا' تھوتھنی اُٹھا کر کچھ سونگھا اور اُن دونوں کو باری باری اپنے جُثّے سے کھینچ کر الگ کرتی ہوئی غرائی ''تمہارا حرامی پیو.. اوپر شاید تیسری منزل کی چھت پر ہم سے چپ چپیتے مجھے یقین ہے کہ ایک نیولا بھون رہا ہے ہلکی آگ پر''..اور وہ دونوں بل دار سیڑھیوں پر اپنی غراتی' گالیاں بکتی ماں کے پیچھے پیچھے گھومتے چڑھتے گئے اور جب تیسری منزل پر پہنچ کر کھلی فضا میں آئے تو اپنی ماں کی فراست کے قائل ہو گئے' اُن کا حرامی پیو واقعی سیخ میں پروئے ہوئے نیولے کے ایک دھڑ کو چوری چھپے کوئلوں کی آگ پر سینکتا تھا..

وہ تو انہیں دیکھتا ہی رہ گیا تھا اور وہ تینوں اُس ادھ پکے نیولے پر پل پڑے اور اُس کی ہڈیاں بھی چبا گئے تھے..

سلمان شاہ نے دنیا بھر میں کیسے کیسے رسیلے اور ذائقے دار گوشت کھائے تھے پر محلّہ قادر بخش کے مکان کی چھت پر اُس شب اُس کے حلق میں جو کچا کچا ماس اُترا تھا اُس کا کوئی ثانی نہ تھا..تالو میں سے وہی سواد پھوٹنے لگا اور اُس نے گھبراہٹ کے ساتھ فوری طور پر نزدیکی میز پر دھرے ڈبے میں سے ایک ٹشو پیپر کھینچ کر اپنی باچھوں کو پونچھا کہ اُن کے کناروں سے وہ قدیم ذائقہ بہنے کو تھا..اور پھر اُس گیلے ہو چکے ٹشو پیپر کو آنکھوں سے یوں لگا لیا جیسے اپنے اکلوتے بھائی کے بچھڑنے پر اپنے آنسو پونچھتا ہو..

ایک معروف صنعت کار حاجی صاحب اُس کی سوگواری کو تسلی دیتے تھے..شاہ جی حوصلہ کریں..مرنے والوں کے ساتھ انسان مر تو نہیں سکتا..بھائیوں کے بغیر جوڑیاں نہیں ہوتیں..بھائی بچھڑ جائیں تو ہائے ہائے..آپ آگاہ ہیں کہ پچھلے کئی برس سے میں رمضان مبارک کا آخری عشرہ مکہ معظّمہ میں گزارتا ہوں..اس بار میں آپ کے بھائی صاحب کے لیے..اُن کا نام لے کر اُن کی بخشش کے لیے غلاف کعبہ تھام کر دعا کروں گا..اُنہیں شفاعت حاصل ہوگی انشاء اللہ..اور.. اُن کا نام کیا تھا؟..

حاجی صاحب کی بے لوث تعزیت ختم ہونے میں ہی نہ آ رہی تھی جب سلمان شاہ اُن سے پیچھا چھڑا کر ایک اور اُن سے کہیں اہم سوگوار شخصیت کی جانب اپنی آبدیدگی کو قائم رکھنے کی کوشش میں بڑھا تو ٹھٹک گیا..وہاں سامنے سے اُس کا حرامی پیو سر و سانسی کسی قدیم مقبرے میں سے برآمد ہونے والے ایک سیاہ ڈھانچے کی مانند اپنی ہڈیاں کڑکڑاتا' لڑکھڑاتا' اپنے آپ میں مسکراتا اُس کی جانب چلا آ رہا تھا..اُس کے پیچھے اُسے روکنے کی کوشش کرتا قاضی تھا..جسے صرف اُس کی نگہبانی پر تعینات کیا گیا تھا کہ وہ آج کے دن اُسے کمرے میں باہر نہ آنے دے..کسی نہ کسی بہانے' بے شک تھوڑی بہت زبردستی کر کے اُسے کمرے سے باہر قدم رکھنے نہ دے..

قاضی' سلمان شاہ کا لاڈلا ذاتی نائب جس کے بارے میں کہا جاتا تھا کہ وہ ایک بھینسے کو بھی دوہ کر اُس میں سے دودھ برآمد کرنے کی صلاحیت رکھتا تھا..نامور اور ثروت مند لوگوں کے سامنے نہائت مسکین اور بے چاری شکل بنا کر بچھ جاتا تھا اور اس سے پیشتر کہ وہ آگاہ ہو سکیں' وہ اُنہیں بھی دوہ لیتا تھا..لیکن آج اُس سے غفلت ہو گئی تھی' وہ دیگوں میں سے اُٹھنے والی پلاؤ اور زردے کی لپٹوں کی تاب نہ لا سکا تھا کہ نہ عورت نہ شراب صرف خوراک اُس کی کمزوری تھی اور وہ ایک صوفے پر صُبح سے ڈھیر سیاہ ڈھانچہ جس میں زندگی کی کُچھ رمق محسوس نہ ہوتی تھی اُس سے غافل ہو کر ذرا اُن دیگوں کے چاول چکھنے

چلا گیا تھا اور اُس کی غیر موجودگی میں کمبخت ڈھانچہ حرکت کر گیا تھا.. گھما گھمی کا سبب جاننے کے لیے ادھر آ نکلا تھا..

اس سے پیشتر کہ کوئی بڑا سانحہ ہو جاتا وہ اُس اہم سوگوار شخصیت کی جانب آبدیدگی سے بڑھتے ہوئے ٹھٹکا اور ہراساں اپنے باپ کی جانب لپک کر چلا آیا ''ابّا...''

''موجو.. آج کس کا بیاہ ہے؟''

''قاضی..'' اور وہ قاضی بے چارہ اس دوران گرم پلاؤ سے بھری ہوئی پلیٹ ترک کر کے فراٹے بھرتا سروسانسی تک پہنچ کر اُسے روکنے کی ناکام کوشش کر چکا تھا' سلمان شاہ کی دانت پیستی مسکراتی ہوئی دھیمی گرج سُن کر لرز گیا تھا کہ ایسی پر تعیش اور ہڈحرامی والی ملازمت بھلا اُسے اور کہاں مل سکتی تھی ''بدبخت... اسے.. انہیں ان کے کمرے میں لے جاؤ.. تمہیں نہیں معلوم کہ ڈاکٹرز ہوسپٹل کے بوڑھوں کے ماہر سپیشلسٹ نے کیا ہدایات دے رکھی ہیں..''

''اوئے موجو پُتّر..'' وہ بدستور لڑکھڑاتا اور مسکراتا تھا ''تو مجھے کبھی خبر نہیں کرتا.. چوری چھپے میرے پوتوں اور پوتیوں کو بیاہ دیتا ہے. آج تو میں بیاہ کے چاول کھا کے جاؤں گا.. کس کا بیاہ ہے؟''

حاجی صاحب ایک پُرتشویش چہرے کے ساتھ جان بوجھ کر فوراً قریب آ گئے ''والد صاحب ہیں؟''

''جی..'' اقرار کے سوا کوئی چارہ نہ تھا..

اور حاجی صاحب خوب جانتے تھے کہ وہ سلمان شاہ کے والد صاحب ہیں.. اُن کے یعنی حاجی صاحب کے والد دنیاپور میں ایک باکمال جولاہے تھے جو اپنی کھڈی پر بیٹھ کر کھیس بُنا کرتے تھے اور اب یورپ اور امریکہ کے بڑے شہروں میں اُن کی ذاتی قالینوں کے شوروم تھے.. وہ سلمان شاہ کے خاندانی پس منظر سے بخوبی واقف تھے لیکن کبھی کھل کر اظہار نہ کرتے.. دل ہی دل میں کڑھتے رہتے تھے کہ سروسانسی کا یہ بیٹا معاشرتی اور معاشی زینے پر اتنی بلندی پر جا کھڑا ہوا ہے اور وہ پہلی دو تین سیڑھیوں پر کھڑے اُسے اپنے سے بلند سطح پر حسرت سے دیکھتے ہیں لیکن کچھ اظہار نہ کرتے تھے کہ وہ شاہ صاحب سے تعلقات بگاڑنا افورڈ نہیں کر سکتے تھے اور اس کے باوجود کبھی کبھار ڈھکے چھپے انداز میں اُن کے پس منظر کی یاددہانی کروا ہی جاتے تھے... والد صاحب ہیں؟

''جی..'' اقرار کے سوا کوئی چارہ نہ تھا ''ڈاکٹروں نے ممانعت کر رکھی ہے.. انہیں اپنے کمرے سے باہر نہیں آنا چاہیے.. حاجی صاحب.. انہیں ابھی تک بھائی صاحب کی موت سے آگاہ نہیں کیا گیا کہ شاید وہ اس صدمے سے جانبر نہ ہو سکیں.. قاضی.. انہیں واپس لے جاؤ..''

اگر وہ محسوس کر سکتا تو صرف ایک بھائی موتی کی نہیں.. روشن کی موت بھی ہو چکی تھی..

سارے اخبار بھرے پڑے تھے اور ٹیلیویژن چینلز پر بار بار تارکول کی سڑک پر مردہ پڑا اُس کا وہ چہرہ دکھایا جا رہا تھا جس کے سفید بالوں میں سے کچھ گل لالہ پھوٹتے تھے اور اُس کی نیلی آنکھیں حیرت میں کھلی تھیں۔

اُسے ایک عارضی صدمہ تو ہوا تھا پر اُس کے رنج میں زیادہ دُکھ نہ تھا.. روشن کی موجودگی اُسے ہمیشہ ایک احساسِ کمتری سے دوچار کرتی تھی.. اُس کا باپ اکثر ایک ہذیان کی کیفیت میں اُس کے باپ امیر بخش کو یاد کرتے روتا تھا کہ وہ پہلا شخص تھا جس نے اُسے اپنے برابر میں ایک دسترخوان پر بٹھا کر ایک انسان کا رُتبہ عطا کیا تھا.. اگر روشن کی نیلی

آنکھوں میں کبھی بھی اُس کے لیے اُس کے پس منظر کی کمتری ذرّہ بھر بھی جھلکتی تو شاید اُس سے نفرت کرنا آسان ہو جاتا.. اُس نے کبھی اُسے یہ سہولت مہیا نہ کی تھی اور اسی لیے وہ اندر ہی اندر پیچ و تاب کھاتا اُسے پسند نہ کرتا تھا..

گھر کی چار دیواری کے باہر گھرے سبز رنگ کے آپس میں لپٹے ہوئے پتّوں والے اشوکا کے پیڑ اونچے ہو رہے تھے اور اُن میں سے ایک بقیہ پیڑوں میں سے سر نکالتے پیڑ کی بلند ترین شاخوں پر ایک لمبی گردن والا حریص گدھ اُترنے کی کوشش کر رہا تھا.. پر اُس کے بوجھ سے وہ شاخیں لچک جاتیں اُس کا بوجھ سہار نہ سکتیں اور وہ پھر سے اپنے پھیلے ہوئے پَر حرکت میں لا کر اُن پر اُترنے کو ملتوی کر کے اُٹھ جاتا..

اس ماڈل ٹاؤن کی.. سر گنگا رام کی عنایت سے ظہور پذیر ہونے والی برصغیر کی ایک جدید نقشے والی بستی میں جو ہزار ہا شجر ہائے سایہ دار تھے اُن پر پہلے کبھی کوئی گدھ اُترتے نہ دیکھا گیا تھا..

سلمان شاہ کا دھیان اُس ایک گدھ کی جانب گیا جو ابھی اشوکا کی بلند ترین شاخوں پر اُترنے کی کوشش میں پیڑ کے لچکنے سے پَر پھڑ پھڑا کر اونچا ہوا تھا اور پھر سے اُن پر اترنے کے لیے منڈلاتا تھا..

یہ کوئی اچھا شگون نہ تھا..

اور آبدیدہ آنکھوں کے ساتھ.. شہر کی مقتدر ہستیوں سے تعزیت کے کلام وصول کرتے ہوئے سلمان شاہ کے نتھنوں میں ایک کراہت آمیز بو آئی۔ جیسے ایک مردار کے بے ضمیر گلتے سڑتے جُثّے سے اُٹھتی ہو.. اُس نے اپنی بہشتی ماں سوہنی سانسن کی طرح ناک ایک تھوتھنی کی مانند اونچی کر کے سونگھا.. کہ یہ بُو کہاں سے آتی ہے..

اور وہ.. اُس کے بدن میں سے آتی تھی.

چوکھٹ اندر سے ایسی کھوکھلی ہو چکی، باہر سے تیلی ہو چکی، بوسیدہ کاغذ کی ایک جھلّی سی ہو چکی جس پر جانے کیوں ہوائیں ترس کھاتی تھیں اور اُس تک آتے ہی دم روک لیتی تھیں کہ کہیں وہ اُن کے سانس کی تاب نہ لا کر ڈھے نہ جائے۔

کواڑوں کو تو ایک مدت ہو چکی تھی بھربھری مٹی سی ہو کر چوکھٹ کے گرد بھس کا ایک ڈھیر ہوئے.. اور یہ بھس کواڑوں کا ہوا کے ہر جھونکے کی آہٹ پا کر جان جاتا تھا کہ جب وہ جھونکا گزرے گا تو اپنے ساتھ اُس کے چند ذرّے لے جائے گا اور کوئی دن جاتا تھا جب اُس کا وجود ختم ہو جائے گا اور اگر وہ ہوگا تو کہیں ہواؤں میں.. اُس بھس کے ڈھیر میں.. کواڑوں کے بُرادے میں وہ آہنی قبضے پڑے تھے جو کبھی اُنہیں چوکھٹ سے پیوست کرتے تھے، آہنی کوکے اور پھول پڑے تھے جو کبھی اُن کی سجاوٹ ہوا کرتے تھے اور یہ قبضے، کوکے اور آہنی پھول بھی اتنے شکستہ اور زنگ آلود ہو چکے تھے کہ ہاتھ لگانے سے بھی وہ بھرنے کو آویں..

صرف چوکھٹ بظاہر قائم تھی..

اُس کی لکڑی میں گُھدے ہوئے گل بوٹے اور سجاوٹیں ابھی تک نمایاں تھیں.. جس باکمال ترکھان نے آج سے تقریباً سو برس پیشتر انہیں چودھری بخت جہان کی حویلی کی چوکھٹ پر تراشا تھا، وہ آج بھی اُس کی ہنرمندی کی پہچان کرواتی تھیں.. یہ گل بوٹے اور سجاوٹیں بھی ہواؤں کی مہربانی سے ابھی تک دکھائی دے رہی تھیں ورنہ وہ بھی محض ایک جھونکے سے تحلیل ہو سکتی تھیں.. چوکھٹ اندر سے کھوکھلی، باہر سے تیلی پتنگ، بوسیدہ کاغذ کی جھلّی ہو چکی تھی کہ اُس کا اندرون دیمک چاٹ چکی تھی، دیمک کی رینگتی ہوئی بھوری بدرنگ سُنڈیاں اُسے اپنا گھر بنائے بیٹھی تھیں اور چوکھٹ کا ایک خالی لفافہ جو باقی رہ گیا تھا وہ تو اُن کی ایک دن کی خوراک بھی نہ تھا.. اگر کبھی اُن میں سے دیمک کی کوئی بے دھیان سُنڈی منہ مار لیتی تو چوکھٹ میں ایک سوراخ روشن ہو جاتا.. اور بقیہ سُنڈیاں اُسے بُرادے سے بھرنے کی کوششیں کرتیں کہ وہ ابھی کُچھ دن اور اس کھوکھلی چوکھٹ میں بسیرا کرنا چاہتی تھیں..

اگر یہ چوکھٹ بھی ہوا کے کسی جھونکے سے یا کھوکھلے پن کی نقاہت سے مسمار ہو جاتی تو اُس کے اندر وہ صحن سراسر ننگا ہو جاتا جس کے وسط میں کب کی ڈھے چکی ایک کوٹھڑی کے ملبے پر براجمان ایک چڑیل نما، مردہ ہو چکی، جانے اُس کا سانس چلتا بھی تھا یا نہیں، اتنی گنجی ہو چکی کہ اُس کی چُندیا دھوپ میں لشکتی تھی اور اُس پر جو چند بال تھے اور وہ بھی زندہ کہاں تھے.. گنے جا سکتے تھے.. ایک عورت دکھائی دینے لگتی.. جس ملبے پر وہ بے جان سی پڑی تھی اُس کی شکستہ اینٹوں اور

دیمک کے چاٹے ہوئے شہتیروں میں سے گراموفون کا ایک زنگ آلود بھونپو مٹی میں سے نمایاں ہوتا تھا..اور کہیں کہیں پلاسٹک کے سیاہ ٹکڑوں کی ٹوٹ پھوٹ کھنڈر میں دبی دکھائی دیتی تھی..بدریا برس گئی اُس پار..ہم گور کے دیئے ہیں، بجھتے ہی جا رہے ہیں..

چوکھٹ کے باہر گلی میں سے جو کوئی بھی گزرتا اُس کے اندر نظر ڈالنے سے گریز کرتا..اگر کوئی اجنبی ہوتا تو اُسے اپنی آنکھوں پر اعتبار نہ آتا کہ یہ کیا شے ہے جو ایک کھنڈر پر مردہ پڑی ہے..اور وہ ایک زرد چہرے کے ساتھ تیزی سے آگے بڑھ جاتا..اور اگر محلّہ مغربی کا کوئی باسی ہوتا..تو وہ اُدھر دیکھے بغیر امرت کور یا کنیز فاطمہ کے لیے صدق دل سے موت کی دُعا کرتا..تا کہ اُس کی یہ آزمائش تو ختم ہو..آج سے تینتیس برس پیشتر مشرقی پاکستان میں گم ہو چکے بیٹے گوبند سنگھ، فتح محمد کی واپسی کا انتظار تو اختتام تک پہنچے اور جب اُس میں سکت تھی تو وہ کیسے صبح سویرے ہانڈی چڑھایا کرتی تھی، اُس کے لیے پلنگ بچھایا کرتی تھی..یہ صرف بیٹے کا انتظار تھا جو اُس کے سکڑ چکے سو برس کے کھوکھلے تنے میں سانس کی ڈوری قائم رکھے ہوا تھا..

انتظار کے لیے بینائی درکار ہوتی ہے اور وہ ابھی تک اُس کی نیم مردہ آنکھوں میں کہیں ایک رمق کی صورت موجود تھی اور کنیز فاطمہ کو چوکھٹ میں سرسراتی دیمک کی سنڈیوں کے پار..چوکھٹ کی باریک ہو چکی ململ کے پار..نہ دن تھا نہ رات تھی ایک جھٹپٹا سا تھا، اُس کے پار اُسے ایک شائبہ سا نظر آتا تھا..جس کی آنکھوں میں سے نیلاہٹ کے جھرنے پھوٹتے تھے..رنگت بھینس کے کچے دودھ ایسی تھی، قدبُت میں شاندار تھا اور اُس کی پُر تکبر گردن قدرے ٹیڑھی سی لگتی تھی..

امرت کور کے سکڑے ہوئے ڈھانچہ بدن کے اندر جو دل ہر دم ٹھہرتا تھا اور پھر رُک رُک کر چلنے لگتا تھا وہ بے طرح دھڑکا..پر یہ بخت جہان تو نہیں ہو سکتا تھا..تو وہ کون تھا جو چوکھٹ کے پار کھڑا تھا..وہاں کوئی بھی نہیں ٹھہرتا تھا..

سبھی نظریں چراتے شتابی سے نکل جاتے تھے تو یہ کون تھا جو رُک گیا تھا..ٹھہر گیا تھا..اور پھر یکدم اُس جھٹپٹے کی سرمئی شام میں گھی کے سینکڑوں چراغ جل اُٹھے جن کی روشنی میں اُس کا برسوں کا انتظار تحلیل ہو گیا..اُس کی کھوپڑی پر ڈھیلے پڑ چکے ماس میں ہونٹوں کی جو خشک ہو چکی پپڑیاں تھیں وہ ایک مسکراہٹ میں بھیگیں..''گوبندیا..آ جاؤ پتر..چوکھٹ پر کیوں کھڑے ہو..ماں صدقے..''

اُس کی ڈھارس بندھتی نہ تھی..چین آتا تھا اور اگلے لمحے رخصت ہو جاتا تھا۔

اُسے برا بھلا کہہ کر، ایک رذیل سانسن قرار دے کر اُسے اپنے دل سے اُتارتا تو تھا پر وہ اُترتی نہ تھی..

مسلسل اپنے بھدّے جوگرز میں گردن کو ذرا خم دے کر بال جھٹکتی اُس کی جانب چلی آتی، اُس کی شریانوں میں داخل ہو کر وہاں اُدھم مچاتی ٹھپ ٹھپ کرتی چلتی جاتی تھی..

101-نائنتھ ایونیو کے جگر میں سے اُٹھتے 191 میٹر بلند کیلگری ٹاور کے ریستوران میں میز پر کُہنیاں ٹکائے اپنے چہرے کو ہتھیلیوں کے حصار میں لیے وہ اُسے تکتی جاتی تھی اور اُس کی سیاہ بھور آنکھوں میں سے گھنے بادل اُمڈتے آتے اسے بھگوتے تھے..

بخت جہان کو رُسوا ہونے کا کُچھ تجربہ نہ تھا..

دولت کے ساتھ وجاہت کی آمیزش ہو تو بھلا اس امتزاج کا سامنا رسوائی کہاں کر سکتی ہے..

وہ اُسے فراموش کرنے کی خاطر اپنی حیات کی پہلی اور بدترین رسوائی یاد کرنے لگتا کہ کیسے وہ اُس کی کار کی جانب بڑھ رہا تھا اور وہ ونڈ سکرین میں سے اپنے سرخ جوڑے میں کیسی انوکھی اور پر کشش لگ رہی تھی، جب اُس کا بڑھا ہوا ہاتھ وہیں کا وہیں رہ گیا اور وہ کار یکدم رفتار پکڑ کر منظر سے اوجھل ہو گئی..

سیرت جو اپنے بھنگڑا سردار کے ہمراہ.. نہایت مطمئن اور پرسکون زندگی گزار رہی تھی اور اپنے پھولے ہوئے پیٹ پر ہاتھ پھیرتے ہوئے اُس کا چہرہ پُرنور ہوتا تھا' اُس کی ڈھارس بندھاتی.. کم آن بختی..

اور وہ اپنی بہن کے ان پرخلوص مشوروں پر مسکرانے لگتا.. کہ ہمشیرہ آفٹر آل یہ تمہارا بھنگڑہ سردار تو مکمل طور پر ایک لڑکا بھی نہ تھا تو تم نے اس کے حصول کے لیے بغاوت کیوں کر دی.. ہمارا باپ اس صدمے کی تاب نہ لا کر ڈوب مرا.. اور تم مجھے مشورے دیتی ہو..

البتہ رچرڈ اُسے ڈھارس بندھانے یا مشورے دینے سے گریز کرتا.. اُس کے لیے اتنا رنجیدہ ہوتا کہ وہ مجرم محسوس کرنے لگتا.. رچرڈ مجھے کُچھ وقت درکار ہے.. اور ان دنوں تمہاری محبت کُچھ زیادہ ہی درکار ہے.. میں سنبھل جاؤں گا..

کبھی خمار آلودگی کی بے خوابی کی کوئی رات آ جاتی اور وہ فیصلہ کر لیتا کہ جونہی سویر ہوگی وہ کیلگری کو پرواز کر جائے گا اور اُس کے گڑیا گھر کے سامنے ایک گداگر کی مانند جا کھڑا ہوگا.. بے شک وہ بینک جانے کے لیے دروازے میں سے ظاہر ہو کر اُس کی موجودگی سے بے خبر اپنی کار میں سوار ہو کر چلی جائے.. اُسے ایک بار پھر دیکھنے کی ہُوک اُس کے دل میں سے یوں اُٹھتی.. اپنی عزت نفس کو مزید پائمال کر کے ایک روز بے اختیار ہو کر اُس نے اُس کے سیل فون کے ہندسوں کو دبا دیا.. گھنٹی مسلسل بجتی رہی اور پھر منقطع ہوئی اور ایک میکانکی ریکارڈ کی ہوئی آواز کے درمیان میں "شباہت ہیئر".. اُس آواز کو سن کر اُس کی نیلی آنکھوں میں پانی بھر گئے..

وہ اُس کی مسلسل اثراندازی کو اور اپنی پژمردگی کو سمجھ نہیں پا رہا تھا.. وہ اتنی معمولی تھی اور اُس کا دادا سر وسانسی بتایا جاتا تھا کہ اُس کے ہم نام دادے بخت جہان کے قدموں میں ایک جانور کی مانند لوٹتا تھا.. جسے وہ ہاتھ بھی نہ لگاتا تھا کہ کہیں اُس مردار کھانے والے کو چھو کر وہ پلید نہ ہو جائے اور اُس کی پوتی کے لیے ایک جنگلی ریاست کا مالک' صنف نازک کو موم کر دینے والی وجاہت والا مرد.. یوں نیم سودائی ہو سکتا تھا کہ اُس کے قدموں میں لوٹنے کی آرزو کرے.. اُسے ایک بار چھونے کے لیے اگر اُس جھیل میں ڈوب جانا ایک شرط ہو.. تو وہ قبول کر لے..

متعدد بطخیں اُس کے برابر میں جو سیاہ سیال گندی نالی بہتی تھی اُس میں چونچیں ڈبو ڈبو کر اُن میں کیچڑ بھرتیں اور پھر اُس میں سے کیڑے مکوڑے چھان کر بقیہ کیچڑ چونچوں کے سوراخوں میں سے خارج کر کے قیں قیں کرتی جاتی تھیں..

شیخوں کے محلے کے آغاز میں جو کوڑے کرکٹ کا متعفن ڈھیر تھا جس پر گئے زمانوں میں اچھو شیخ براجمان ہو کر

کانچ کے کسی تیز دھار ٹکڑے سے اپنا گلا کاٹا کرتا تھا.. وہاں بھوری رنگ کی دو مرغیاں فضلے کے ایک خشک ہو چکے ڈھیر میں چونچیں مارتی تھیں جس کے نتیجے میں جو بدبو خارج ہوتی تھی اُسے برداشت کرنا اُس کے لیے مشکل ثابت ہو رہا تھا..

اُس ڈھیر کے ایک کونے میں جو چھاؤں میں تھا اپنے آپ کو چھڑانے ایک دوسرے سے الگ کرنے کی تگ و دو میں ناکام ہو کر ایک کتا اور کتیا بیک ٹو بیک جُڑے کھڑے تھے..

کھلی چوکھٹ سے ذرا آگے جو کچا مکان تھا' اُس میں سے ایک بے چین ہوتا چھ سات برس کا دھوپوں کا مارا ہوا بچہ برآمد ہوا.. اُس نے اپنی چیتھڑا قمیض سمیٹ کر اوپر کی اور اُس نالی کے کنارے پر تلووں کے بوجھ پر بیٹھ گیا جس میں سے بطخیں اپنا رزق تلاش کرتی تھیں اور اُس کے نیم سیاہ چہرے پر زور لگانے کے آثار نمودار ہونے لگے..

یہ دنیا پور تھا..

محلّہ مغربی کی کیچڑ بھری نالیاں' تنگ گلیاں' کچے کوٹھے' غربت کے آثار.. اور نہ ہی وہ بطخیں یہ جانتی تھیں کہ چودھری بخت جہان کی چوکھٹ کے سامنے جو شخص ساکت کھڑا تھا.. جس کے چہرے پر گئے زمانوں کی کُچھ شباہتیں جھلکتی ہیں وہ اجنبی نہ تھا.. اسی سرزمین کا بوٹا تھا.. وہ کیسے جان سکتی تھی کہ کھلی ہو چکی چوکھٹ کے اندر کبھی دلاری بائی کے ملوک پاؤں میں بندھے گھنگھرو چھنکتے تھے اور وہ پلّا مار کے دیوا بجھا سکتی تھی اور اُس کے سامنے جو متکبر جاٹ دولہا بنا بیٹھا تھا' اس غیر ملکی دِکھتے دراز قامت نوجوان کا دادا تھا.. وہ کہیں دور دراز کی بستیوں میں پلا بڑھا تھا اور پہلی بار اس دھرتی پر قدم رکھتا تھا جس کی مٹی میں اُس کا دادا دفن تھا..

قبرستان میں نشانیوں کا فقدان تھا.. کچی ڈھے چکی ڈھیریاں.. اُن میں سے کُچھ بارشوں کی شدت سے بیٹھ چکی قبریں.. ایک دو گڑھے جن میں جھانکنے سے اُن میں کبھی نہایت اہتمام سے دفن کیے گئے مردے کی ایک آدھ ہڈی گڑھے میں اُگ چکی گھاس میں سے نمایاں ہوتی.

وہ اپنے چھپر تلے اونگھ میں' بوٹی کے دو تین پیالوں کے بعد اونگھتا ایک خستہ بدن گورکن اُسے یوں بھٹکتے' جھانکتے' ہر قبر پر ٹھہرتے.. اور اُس کی وضع قطع سے ظاہر ہوتا تھا کہ وہ دنیا پور کا نہیں ہے.. چھپر سے باہر دھوپ میں آ گیا.. اُس کے قریب ہو کر اُسے اپنی سُرخ ہو چکی آنکھوں سے گھورتا.. جیسے اُس سے نہیں قبروں سے مخاطب ہو کر کہنے لگا.. ایک آدھ قبر ہی کوئی ایسی ہوگی جو میں نے نہ کھودی ہو اور کوئی ایک آدھ مردہ ہی ہوگا جس کے اوپر میں نے گھڑے نہ رکھے ہوں اور اُس کا کفن کون سے لٹھے کا تھا اور نتھنوں میں ٹھونسی ہوئی روئی والا چہرہ مجھے یاد نہ ہو.. کس کی قبر کے لیے بھٹکتے پھرتے ہو..؟

''بخت جہان کی..''

''اوئے ہوئے اللہ کی پناہ.. چودھری بخت جہان کی.. ویسے خلق خدا نے کیسا سکھ کا سانس لیا تھا.. ہاں..'' اُس نے اُنگلیوں پر کُچھ حساب کیا.. ''71ء میں مرا تھا.. شریک کہتے ہیں کہ اپنی بھتیجی نور بیگم کے رانی کھیت کی وبا سے موئے ہوئے درجنوں مرغ اور مرغیاں کھانے کی وجہ سے مر گیا تھا شُہدا.. پر شریکوں کا کیا ہے یونہی زہر اگلتے رہتے ہیں.. موئے ہوئے مرغ تو اُس نے..'' اُس نے پھر کُچھ حساب کتاب کیا.. ''کوئی 1954ء میں کھائے ہوں گے تو پھر سترہ برس بعد کیسے مر گیا..

یہ جو تم قبرستان کے آگے آبادیوں اور مکانوں کے ڈھیر دیکھ رہے ہو نا ان کے نیچے شاید اب بھی وہ جوہڑ موجود ہو جس کے اُس پار جاٹوں کا چوپال ہوا کرتا تھا جہاں یہ چودھری اپنے سردار یاروں کے ساتھ کیکر کی شراب کے مٹکے کے مٹکے پی کر مست ہوا کرتا تھا اور کل گاؤں پناہ مانگتا تھا. تم اُس کے کچھ لگتے ہو..؟''

بخت جہان نے نیلی جین کی تنگ جیب میں سے چند نوٹ کھینچ نکالے اور اُس کی مٹھی میں منتقل کر دیئے.. ''کون سی قبر ہے..؟''

دِتہ گورکن گویا ابھی تک ایک مردہ تھا اور وہ نوٹ اُس کے لیے دم عیسیٰ ہوئے اور وہ زندہ ہو کر چہکنے لگا.. اُس کی مٹھی میں اتنی رقم کبھی نہ آئی تھی.. ''شکل سے چودھری لگتے ہو.. تو آپ اُس کے.. کچھ لگتے ہو..؟ یہاں کے نہیں ہو..''

''تمہیں اس سے کیا کہ میں اُس کا کیا لگتا ہوں..'' بخت جہان بیزار ہونے لگا.. ''قبر کہاں ہے؟''

''پیچھے پیچھے چلے آؤ چودھری.. وہ سارے سارے کے جو جہان تھے قبرستان کے شروع میں دفن ہیں، کمّی کمینوں کی قبروں سے پرے.. ادھر صرف جاٹ لوگ دفن ہوتے تھے، کسی کمہار یا تیلی میراثی کی مجال کہ اُن کے قریب دفن ہو جائے.. نہ جی.. اب تو ایسے برے زمانے آگئے ہیں کہ کوئی فرق ہی باقی نہیں رہا.. چودھریوں کی قبریں کچی اور کمّی کمینوں کے پکے گنبدوں والے مقبرے..'' وہ جھومتا اور اکثر لڑکھڑاتا چلتا ایک گڑھے کے کنارے جا کھڑا ہوا.. ''یہاں ماہلو دفن ہے..''

''ماہلو..''

''پینگ جھوٹتی تھی تو عرشوں پر جاتی تھی اور ایسی شکل والی تھی کہ فرشتے اُس پر عاشق ہو جاتے تھے، اُس کی سوکن نے اُسے زہر دے دیا.. نمبردار محمد جہان کی بیٹی تھی.. اور یہ قبر جو ابھی تک سالم ہے الف جہان کی ہے جو جوانی میں مر گیا تھا.. محمد جہان ذرا سا پرے ہے.. سنت صوفی تھا، گندم کے بوٹوں کو نظر بھر کر دیکھتا تھا تو اُن میں سے خود بخود دانے جھڑنے لگتے تھے.. اُس کے برابر میں بی بی نمبردارنی ہے.. اور یہ روشن ہے نمبردار کا نواسا..''

''اور یہ..'' بخت جہان نے ایک تازہ قبر کی جانب اشارہ کیا جس کی مٹی ابھی خشک نہ ہوئی تھی اور اُس پر پڑے گیندے کے پھول کسی حد تک تر و تازہ تھے..

''یہ تو ابھی آیا ہے.. محمد جہان نمبردار کا اکلوتا بیٹا عزیز جہان.. شہر لاہور میں بڑی حیثیت والا تھا پر بے اولاد تھا، نیند میں مر گیا، سویا اور پھر جاگا ہی نہیں.. اور اُس کی بیوی.. کوئی ہندو سا نام تھا اُس کا، ایسی بے وفا نکلی کہ راتوں رات غائب ہو گئی.. خاوند کی تدفین میں بھی شریک نہ ہوئی.. اور ذرا تصور کرو اُس کی میت کے ساتھ کون روتا پیٹتا چلا آیا... اسی دنیا پور کا مردار کھانے والا اسرو سانسی.. اپنے پلید ہاتھوں سے اُسے قبر میں اُتارا اور پھر بین کرنے لگا کہ میرے چودھری چلے گئے..''

اُس کی دنیا پور میں آمد کا ایک سبب یہی عزیز جہان تھا..

''اور یہاں..'' دتے گورکن کے بیانئے کی روانی یکدم تھم گئی.. ''یہاں..'' اُس نے آس پاس ایک متلاشی نگاہ دوڑائی.. ''یہیں بخت جہان ہوا کرتا تھا، کہاں گیا.. ویسے چودھری تمہارا نام کیا ہے..؟''

''بخت جہان..''

''ہیں..؟'' دتہ گورکن سکتے میں آ گیا.. یہ یقیناً بوٹی کے اُن تین پیالوں کے اثرات تھے کہ اُسے اُس کی متکبرانہ آواز میں اُس کا نام سنائی دیا تھا.. پھر وہ ذرا سنبھلا اور مسکرانے لگا.. ''اُسے بھی میں نے ہی قبر میں اتارا تھا.. ہاں 71ء میں.. اور میں اپنے ہاتھوں سے اُس کے چہرے سے کفن ہٹایا تھا تا کہ لوگ آخری بار اُس کا چہرہ دیکھ لیں پر وہاں کوئی چہرہ دیکھنے والا تو تھا ہی نہیں.. سکھ کا سانس لیا تھا خلق خدا.. اور ہاں تم بنا شک یقین کرو یا نہ کرو.. میں نے کفن ہٹایا ہے ناں تو مجھے اُس کے ہونٹ ہلتے ہوئے لگے.. اور مجھے یوں محسوس ہوا جیسے وہ مجھے گالیاں دے رہا ہو.. یہ یقین کرلو چودھری کے اس روز میں نے بوٹی نہیں پی تھی..''

''قبر ہے کہاں..'' بخت جہان باقاعدہ طیش میں آ گیا.. ''اگر نہیں معلوم تو بکواس نہ کرو.. مجھے بتا دو..''

''نہیں نہیں جناب معلوم کیوں نہیں.. میں نے تو ہمیشہ کی طرح.. کہ رَب کو میں نے بھی جان دینی ہے پوری ایمانداری سے ناپ تول کر وہ ذرا دراز قامت تھا قبر کھودی تھی.. قبلہ رُخ اُسے اپنے ہاتھوں سے کیا تھا پر.. اگلے روز کیا دیکھتا ہوں کہ قبر تھوڑی سی ٹیڑھی ہوگئی ہے.... یہیں کہیں تھی.. یقین کرو یا نہ کرو یہیں کہیں تھی..''

بخت جہان کی قبر راستے میں آ گئی تھی..

دنیا پور سے جو کچا راستہ اس قبرستان کے کناروں پر سے گزر کے پیر کوٹ تک جاتا تھا اُسے ایک پکی سڑک میں تبدیل کر دیا گیا تھا.. بخت جہان کے اوپر تارکول بچھ چکا تھا اور وہ اُس کے تلے گمنام ہو چکا تھا.. اُس کی قبر کا نام ونشان باقی نہ رہا تھا.. اُس کے بس میں ہوتا تو وہ اپنی بوسیدہ ہڈیوں کو مجتمع کر کے ایک بار تو گرج کر کہتا کہ اوئے کون اے کڑی یا ہوا.. جو میری ڈھیری کے اوپر ایک سڑک بچھاتا ہے..

البتہ ایک افواہ کے مطابق اُس کی قبر پر سے گزرنے والی پکی سڑک سیدھی چلی جارہی تھی اور پھر جانے یہ ٹھیکیدار کی غفلت تھی یا کوئی اور سبب تھا کہ وہ ذرا ٹیڑھی سی ہوگئی اور اُس کے اوپر سے گزرنے والی کم از کم تین ٹریکٹر ٹرالیاں نامعلوم وجوہات کی بنا پر اوندھی ہوگئی تھیں... کچھ موٹر سائیکل بھی بے وجہ اُلٹ گئے تھے اور اب لوگ احتیاط کرتے تھے.. کچّے پر اُتر کر سڑک کے اتنے حصے پر سے گزرنے سے گریز کرتے تھے..

ہر بھجن سنگھ لامبا.. اٹارنی......... بظاہر نہایت بشاشت سے مسکرا رہا تھا لیکن اندر ہی اندر اپنے سامنے کھڑے پاکستانی نژاد بخت جہان کے لیے غلیظ ترین گالیوں کا انتخاب بھی کر رہا تھا جنہیں معاشی مجبوری کی بنا پر وہ ہونٹوں تک نہ لا سکتا تھا.. ٹورنٹو سے کیلگری اور پھر ایڈمنٹن سے ایک واہیات دھچکے دینے والے پنکھوں والے جہاز میں ڈولتا وہ جانے کہاں پہنچا تھا اور وہ جانے کہاں بھی منزل نہ تھا.. جہان آباد وہاں سے بھی دو تین گھنٹے کی دل آزار مسافت پر واقع تھا اور اس مسافت نے اُس کے انجر پنجر ڈھیلے کر دیئے تھے.. یہ شخص فون اٹینڈ نہ کرتا تھا اور درجنوں پیغام ریکارڈ کروانے کے باوجود اُن کے جواب میں رابطہ نہ کرتا تھا.. اگر کر لیتا تو اُسے مارو مار کر کے مجبوراً یہاں نہ پہنچنا پڑتا.. یہ بخت جہان ایسا کلائنٹ تھا جس کے بیشتر معاشی اور جائیدادی امور کی نگہبانی کے عوض میں اُس کا بینک بیلنس یکدم کناروں سے بہنے لگتا تھا.. تو وہ اُسے کھو دینا افورڈ نہ کر سکتا تھا..

لامبا نے ایک فولیو کھول کر اُس میں محفوظ شدہ دستاویزات کا ایک پلندہ میز پر بچھا دیا.. آٹوا میں پاکستانی سفارت خانے نے کینیڈا کی امیگریشن بیورو سے رابطہ کیا ہے اور چونکہ قانونی معاملات میں مجھے آپ کی نمائندگی کا اعزاز حاصل ہے' اس لیے بیورو نے براہ راست یہ ذمہ داری مجھے سونپ دی ہے.. آپ اگر اپنا فون اٹینڈ کر لیتے یا میرے پیغامات کے جواب میں رابطہ کر لیتے تو.. مجھے یہ کمال کے حسن والا دُور افتادہ علاقہ دیکھنا نصیب نہ ہوتا..''

''میں ان دنوں کسی بھی نوعیت کا فون اٹینڈ نہیں کرتا اور نہ ہی اُس پر ریکارڈ شدہ پیغام سنتا ہوں لامبا..''

بخت جہان کے لہجے کی سردی نے اُسے پھر ظاہر ہے اندر ہی اندر پیچ و تاب کھانے پر مجبور کر دیا لیکن وہ ایک گھاگ پیشہ ور اٹارنی کی حیثیت میں ضبط کر گیا..

''اگرچہ ان کاغذات کی رُو سے آپ کے والد اکبر جہان.. اور مجھے اُن کا افسوس بھی کر لینے دیجیے کہ وہ بدقسمتی سے ڈوب گئے.. تو وہ کسی یزمان منڈی سے یہاں منتقل ہوئے تھے' کیا میں درست کہہ رہا ہوں..''

بخت جہان اُسے بدستور سرد مہری سے تکتا رہا..

''بہر حال آپ کا آبائی قصبہ.. کاغذات کے مطابق ایک دنیا پور تھا اور اُس کے پٹوار خانے میں وہاں کے رقبے کا جو ریکارڈ ہے.. اُس کے مطابق.. پٹواری صالح محمد نے چھان پھٹک کر کے یہ رپورٹ دی ہے کہ.. اب آپ ہی.. آپ اور آپ کے بھائی رچرڈ جہان اُس زمین کے وارث ہیں..''

''مائی ڈیئر لامبا.. کون سی زمین.. اور کس نوعیت کی وراثت..'' بخت جہان کو بالآخر اُس پر ترس آ گیا' اُس کی

طویل مسافت پر اور اس کے چہرے پر ایک مسکراہٹ نمودار ہو گئی..

لامبا نے اطمینان کا ایک گہرا سانس بھرا اور پھر سے رواں ہو گیا۔ ''پٹوار خانے میں نسل در نسل زمینوں کی ملکیت کے جو اندراج چلے آتے ہیں' اُن کے مطابق یہ رقبہ مشترکہ طور پر تین بھائیوں کی ملکیت میں تھا.. محمد جہان جو دنیا پور کا نمبردار تھا' الف جہان اور بخت جہان.. الف جہان جوانی ہی میں موت سے ہمکنار ہو گیا.. محمد جہان کا ایک ہی بیٹا تھا' عزیز جہان اور وہ بے اولاد رہا.. ابھی پچھلے دنوں غالباً طویل العمری کے باعث شاید دل کے یکدم رک جانے سے نیند میں ہی مر گیا.. اور باقی رہ گیا بخت جہان.. اُن کی نسل میں صرف آپ اور رچرڈ جہان حیات ہیں.. چونکہ روایت کے مطابق بیٹیاں ہمیشہ اپنے حصے سے دستبردار ہو جاتی ہیں.. اور ریکارڈ پر محمد جہان نمبردار کی ایک بیٹی نور بیگم اگرچہ ابھی حیات ہے لیکن اُن کا اکلوتا بیٹا روشن وہاں کسی مذہبی ہنگامے کے دوران مارا گیا اور وہ تقریباً نابینا ہو چکی ہیں اور وراثت کے معاملات میں کچھ دلچسپی ظاہر نہیں کرتیں تو اس ساری نہایت پیچیدہ صورتِ حال کو اگر مختصر کر دیا جائے تو اب آپ ان زمینوں کے قانونی طور پر مالک ہو چکے ہیں..''

''میری معلومات کے مطابق میرے دادا نے ایک سکھ عورت سے شادی کر لی تھی اور اُس کے دو بیٹے تھے' کیا اُن کی آل اولاد میں سے کوئی حصہ دار نہیں ہو سکتا..؟''

''نہیں جہان صاحب..'' لامبا کے لیے اپنی پیشہ ور کارکردگی ثابت کرنے کا یہ نہایت پر فخر موقع تھا.. ''وہ دونوں بیٹے جو گوبند سنگھ اور نونہال سنگھ سے فتح محمد اور غلام محمد ہو گئے تھے یوں بھی جائز وارث نہ ہو سکتے تھے کہ وہ کسی سردار لہناں سنگھ کی اولاد تھے اور نہ ہی آپ کے دادا نے اُن کے حق میں کوئی وصیت وغیرہ کی تو اب آپ دونوں بلا شرکت غیرے اُس آبائی رقبے کے وارث ہیں..''

ایک موہوم سی یاد تھی کہ اُن کا باپ اکبر جہان جب فارم ہاؤس میں مدعو اپنے یاروں کے ساتھ ویک اینڈ پر اُس کے تہہ خانے میں ادھم مچا کر ڈولتا ہوا لوٹتا تھا تو ان دونوں کو سوتے سے جگا کر زبردستی ایک قصہ سنایا کرتا تھا کہ کیسے اُس کی ماں اُسے اور اُس کی دونوں بہنوں کو سینے سے لگا کر اُس کے دادے کے گھر سے نکل آئی تھی جب ایک سکھ عورت نے اس کے اندر قدم رکھا تھا.. اور اُس نے اپنے باپ کو پہلی اور آخری بار دنیا پور کے قبرستان میں دیکھا تھا.. اُسے اُس پُر تکبر ٹیڑھی گردن والے بوڑھے کو شاید یاد بھی نہ تھا کہ وہ اُس کا بیٹا ہے.. اکبر جہان اس قصے کے آخر تک پہنچتے پہنچتے آبدیدہ ہو جاتا.. اُس نے آخری دموں تک اپنے باپ کو معاف نہ کیا. اُس سے نفرت کرتا رہا کہ اُس کی ماں اُس کے صحن میں سے یکدم بے آسرا اور رُسوا ہو کر نکل آئی تھی اور اُس نے کبھی اُس کی خبر نہ لی تھی.. تو اب ہربھجن سنگھ لامبا کے مطابق اُس پتھر دل اپنے بیٹے کے وجود سے بھی غافل بخت جہان کی زمین اُس کے پوتے کا پیچھا کرتے ہوئے کینیڈا کے اس جہان آباد میں آ گئی تھی کہ زمینوں نے اپنے آبائی بیج کو یاد رکھا تھا' دادے نے نہیں..

''مجھے یہاں شب بسر کرنی پڑے گی..'' لامبا نے بخت جہان کو تادیر خاموش پا کر کہا اور پھر خوشامد سے اُسے محظوظ کرنے کی خاطر ہنسا.. ''میں یہاں سے کسی انڈر گراؤنڈ ٹرین میں سوار ہو کر شام سے پہلے پہلے ٹورنٹو تو نہیں پہنچ سکتا..''

''لامبا.. مجھے ظاہر ہے رچرڈ سے مشورہ کرنا ہو گا' لیکن ہمیں کیا کرنا چاہیے.. تمہاری رائے کیا ہے..؟''

''پٹواری صالح محمد کی جانب سے ایک نہایت معقول پیشکش بھی ریکارڈ پر ہے..وہ آپ کے حصے میں آئی ہوئی زمین کو مناسب، مروّجہ قیمت پر فروخت کر کے اُسے کینیڈین ڈالرز میں تبدیل کر کے آپ کو یہیں.. آپ کو کہیں آنے جانے کی ضرورت نہیں.. باآسانی بھجوا سکتا ہے..اور میں سمجھتا ہوں کہ آپ کو یہ پیشکش قبول کر لینی چاہیے..آپ وہاں جا کر اُن زمینوں کی دیکھ بھال تو کرنے سے رہے..''

وہ زمینیں کتنی ہوں گی..جتنی زمین وہ کسی سری لنکن مزدور کو بلا سوچے سمجھے گھر بنانے کے لیے اور سبزیاں کاشت کرنے کے لیے تفویض کر دیا کرتا تھا، اُس کے مقابلے میں بھی محض مونگ پھلی کے کُچھ دانے..پی نٹس..اُن کی کُچھ وقعت نہ تھی لیکن..ابھی کُچھ دیر پہلے تک وہ اُن کے وجود سے آشنا بھی نہ تھا اور اب اگر اُسے خبر ملتی تھی کہ اُس دنیا پور میں زمین کا ایک رقبہ ہے جس میں ہل چلا کر اُس کے آباء نے اپنا رزق کشید کیا تھا تو وہ اُس سے متعلق ہو گیا تھا..وہ اُس کی مٹی میں سے پھوٹنے لگا تھا..

''لامبا..میں فی الحال وہ زمین فروخت نہیں کرنا چاہتا..''

اُس شب جب ہربھجن سنگھ لامبا ایک ایسے وسیع بیڈروم میں تھکاوٹ کے پرشور خرّاٹے لیتا تھا جو اُس کے ٹورنٹو کے سی این ٹاور کے بالمقابل انیسویں منزل پر واقع پینٹ ہاؤس سے بھی کئی گنا وسعت کا حامل تھا تو اُسی شب بخت جہان کُہرے سے سفید ہو چکی ان ڈھیریوں کے قریب بیٹھا تھا جن کے نیچے اُس کے ماں باپ کی ہڈیاں تھیں اور وہ برابر میں بہتی ندی کے پانیوں پر نیم تاریکی کے باوجود عکس ہوتی تھیں..پر اُن کے ساتھ بہتی ہوئی جنگل کی سیاہی میں گم نہ ہوتی تھیں بلکہ وہیں سطحِ آب پر ایک کروٹیں بدلتی تصویر ہوتی تھیں..یوں محسوس ہوتا تھا کہ زمین پر ابھری ہوئی کُہرے سے سفید ہو چکی قبریں ساکت ہیں لیکن اُن کے عکس جو پانیوں پر تھے، ہولے ہولے کروٹیں بدلتے زندگی کی جانب لوٹنے کی خواہش کرتے ہیں..کیا پتہ ندی کے بہاؤ میں یکدم ایسی شدت آجائے کہ وہ قبروں کی عکس پرچھائیوں کو بھی بہا لے جائے اور اُن کے اندر جو دفن ہیں اُن کے آثار ظاہر ہو کر پانیوں پر اپنے چہرے بچھا دیں..اُسے اپنے ماں باپ دکھائی دینے لگیں..

''بختی..'' وہ جانے کب سے اُس کی قربت میں اپنے آپ کو نمایاں کرنے سے گریز کرتا منتظر تھا کہ وہ پانیوں پر سے اپنا دھیان الگ کر لے..وہ اُسے اپنی آنکھوں سے اوجھل نہ ہونے دیتا تھا..ایک انتہائی معمولی لڑکی کے شادی سے فرار نے اُس کے حواس کو کیوں مفلوج کر دیا تھا..رچرڈ یہ سمجھنے سے قاصر تھا، اُسے دھڑکا لگا رہتا کہ کہیں وہ اُس جھیل کی جانب نہ نکل جائے..وہ اس پر ہمہ وقت نظر رکھتا تھا..''بختی تمہیں گزند پہنچ سکتی ہے..وہ ملک ایسا نہیں ہے جو ہوش میں ہو..خودکشی پر مائل اپنے آپ کو بخوشی ہلاک کر ڈالنے کی سرتوڑ کوشش میں مشغول، جہاں قدم رکھنا اپنی جان کو داؤ پر لگانے کے مترادف ہے..بہت شورش ہے..کوئی بلوچستان ہے کہیں کوئی وزیرستان ہے اور وہاں خانہ جنگی کے آثار ہیں..القاعدہ اور طالبان راج کرتے ہیں..اور ایک کمانڈو ہے جو آئے دن ٹیلی ویژن پر نہایت بے حسی سے جلتے ہوئے روم میں بانسری بجاتا نظر آتا ہے..تم ایک ایسے اجتماعی اور پرتقدس خودکشی کرتے ہوئے ملک میں صرف اس لیے جانے کا ارادہ رکھتے ہو کہ وہاں کسی گاڈ فارسیکن گاؤں میں زمین کے چند ایکڑ ہمارے نام نکل آئے ہیں..اس لیے اپنی جان کو داؤ پر لگانا چاہتے ہو..میں تمہیں

نہیں جانے دوں گا بختی..''

اور پانیوں پر اُن سفید ہو چکی ڈھیریوں کے پہلو میں اُن دونوں کے عکس بھی کروٹیں بدلتے تھے..

''تم آگاہ ہوناں رچرڈ کے ہم دونوں کا خمیر اُسی خودکشی پر مائل سرزمین کے ایک صحرائی قصبے یزمان منڈی سے اُٹھا ہے.. مجھے یاد ہے ڈیڈی جب میں بہت چھوٹا سا تھا تو وہ میرا ہاتھ پکڑ کر جھیل کے اردگرد جو جنگل ہماری ملکیت میں ہے اُس کے اندر لے جایا کرتے تھے.. تم تو قابو نہیں آیا کرتے تھے.. خرگوشوں اور لومڑیوں کو شکار کرنے کے لیے چپکے سے نکل جایا کرتے تھے اور میں قابو آ جاتا تھا.. وہ ہر پھول اور ہر بوٹے کا تعارف کرواتے.. کسی کو سونگھتے، کسی کے قریب آنکھیں لے جا کر اُس کی رگیں شمار کرتے.. مجھے اُن کے نام اور قسمیں ازبر کراتے.. اور ایک روز جب ہم دونوں اُن کی من پسند جھیل جسے انہوں نے دنیا پور جھیل کا نام دے رکھا تھا، کی جانب بڑھ رہے تھے اور وہ ہر بوٹے اور ہر رونمائی پر جھکتے مجھے ان کے نام بتاتے تھے تو یکدم سیدھے ہوئے اور پھر جھک کر میری آنکھوں کی سطح پر آ کر کہنے لگے.. بخت جہان.. آج تو نہیں لیکن کبھی آئندہ زمانوں میں تم جو کچھ میں کہنے والا ہوں سمجھ سکو گے.. بے شک اس سرد سرزمین پر جتنے بھی شجر ہیں اور اُن کے تلے جو جھاڑیاں، گل بوٹے، خودرو بیلیں اور گھاس کی روئیدگی ہے میں اُن سب سے واقف ہوں لیکن یہ مجھ سے واقف نہیں ہو سکے.. اجنبی رہے ہیں کہ یہ میرے بدن میں گھلتے نہیں، خون میں شامل ہو کر اپنی باس سے مجھے تروتازہ نہیں کر سکے.. بس جو فرق دیسی گھی اور بناسپتی گھی میں ہے.. وہی فرق ہے.. پوہ ماگھ کی راتوں میں اپنی ہتھیلی پر جما ہوا تھوڑا سا دیسی گھی رکھ لو.. اور وہ تمہاری نظروں کے سامنے ہولے ہولے پگھلنے لگے گا کہ تمہارے بدن میں جو حدت ہے وہ اُسے آسانی سے پگھلا دے گی جب کہ بناسپتی گھی تمہاری ہتھیلی پر منجمد پڑا رہے گا.. کیونکہ اُس کا ناتا تمہارے بدن کی حدت سے بندھا ہوا نہیں ہے.. کچھ اسی طور یہ گل بوٹے اور شجر میری قربت سے پگھلتے نہیں، بناسپتی گھی ہیں، منجمد رہتے ہیں.. بخت جہان ہم اِس اُداس اور سرد دھرتی کے آبائی بیٹے نہیں ہیں.. بے شک اس نے ہمیں اپنے سینے سے لگا کر اپنا بنا لیا لیکن.. اس کے سینے کی گرمی سے ہم پگھل نہیں سکے.. ہم پاکستان کی مٹّی کے بوٹے ہیں.. کس بوٹے کا جی چاہتا ہے کہ اپنی مٹی کے پاتال تک اتری اپنی جڑیں خود سے اکھاڑے اور پھر کسی دور دراز کے سرد خطے میں اپنے آپ کو بو دے.. جب کہ اس میں نابود ہو جانے کا خدشہ بھی موجود ہوتا ہے.. جڑوں کے سوکھ جانے کا مردہ ہو جانے کا امکان بھی ہوتا ہے لیکن جب اپنی دھرتی میں ہر جانب بھوک، ناداری اور ناانصافی بودی جائے، ہر جانب تھوہر اور آک کے زہرناک پودے تمہارا دم گھونٹنے لگیں تو بوٹا اپنے آپ کو اکھاڑنے پر مجبور ہو جاتا ہے.. میرے دونوں ماموں ایک حادثے میں ہلاک نہ ہو جاتے تو میں کبھی ادھر نہ آتا.. بھوک، ناداری اور ناانصافی کو بھی سہہ جاتا.. ماں بھاگ بھری کے مجبور کرنے پر آ گیا.. ہم نے اگرچہ یہاں اس مہربان سرزمین میں جڑیں پکڑ لی ہیں پر ان جڑوں کے ساتھ ابھی تک ہماری اپنی مٹی کے ذرّے چمٹے ہوئے ہیں اور وہی ہمارا اصل اور ہماری پہچان ہیں.. اپنی جڑوں سے پیوستہ اُس مٹی کے ذرّوں کو کبھی فراموش نہ کرنا.. تم ابھی نہیں سمجھ سکتے لیکن جب آئندہ زمانوں میں تمہیں ادراک ہو گا تو کبھی بے شک چند ساعتوں کے لیے ہی سہی اُس مٹی کی جانب لوٹ جانا.. رچرڈ میں ان آئندہ زمانوں میں ہوں.. میں وہاں ٹھہروں گا نہیں.. لوٹ آؤں گا..''

''بختی.. تمہیں جو ٹھیس پہنچی ہے.. تمہاری خودداری پر.. اُس بے حد معمولی شکل کی لڑکی نے جو گھاؤ لگایا ہے کیا تم

اُس کا مداوا کرنا چاہتے ہو‘ اپنے آپ کو خطرے میں ڈال کر‘ اُس سے فرار ہونے کے بہانے تلاش کرتے ہو..''

وہ اُس نیم تاریک شب میں ماں باپ کی سفید ڈھیریوں کی موجودگی میں پہلی بار مسکرایا.. یہاں تک کہ اُس کی نیلی آنکھیں اُس کی تاریکی میں ایک پھول جھڑی کے شراروں کی مانند بھڑکنے لگیں.. ''نہیں.. بلکہ اُس آبائی زمین نے تو مجھے اس قلق اور اذیت سے آزاد کر دیا ہے.. کہ یہ صرف زمین ہے جو تم سے ہمیشہ وفا کرتی ہے اور تم اُس پر بھروسہ کر سکتے ہو..''

بھورے گدلے رنگ کے پروں والی قدرے بدشکل سی بطخ کی چونچ کے اندر کیچڑ میں سے کشید کردہ شاید کوئی نہایت ہی لذیذ کیڑے مکوڑے آ گئے تھے کہ وہ انہیں یکسر تنہائی میں نگلنے کی خاطر قلقاریاں مارتی پھڑپھڑاتی بقیہ بطخوں سے الگ ہو کر کوڑے کرکٹ کے اُس ڈھیر کی جانب چلی گئی جس پر کبھی اچھو شیخ براجمان ہوا کرتا تھا..

اُس ڈھیر میں سے مرغیوں کے کریدنے سے جو تعفن اٹھتا تھا وہ برداشت سے باہر ہوتا تھا..

اُن مرغیوں نے اُس ایک حاملہ عورت کی مانند چلی آتی مسرور بطخ کو دیکھ کر ناپسندیدگی کا اظہار کیا اور کوڑے کے اُس ڈھیر کو ترک کیا اور مٹکتی ہوئی شیخوں کے محلے میں چلی گئیں..

''گوبندیا.. آ جاؤ پتر.. چوکھٹ پر کیوں کھڑے ہو.. ماں صدقے..''

بُھر چکے کواڑوں.. دیمک کی چاٹ سے کھوکھلی ہو چکی چوکھٹ کے پار اُس گنجی ہوتی ڈائن نما بوڑھی کی تقریباً نابینا ہو چکی آنکھوں نے اُسے پکارا.. اپنی مرگ گزیدہ ہڈیوں کو جو منتشر ہونے کو تھیں مجتمع کیا‘ اُٹھی اور ایک ڈھانچے کی مانند اُس کی جانب ڈولتی چلی آئی.. ''گوبندیا.. میں بناشک سودائن ہو چکی ہوں پر میں اپنے بیٹے کے بچھڑنے کے برسوں کا حساب کر سکتی ہوں.. کوئی چھتیس برس بعد لوٹے ہو اور اب بھی چوکھٹ پر کھڑے ہچکچا رہے ہو..''

بخت جہان اُسے اپنی جانب لڑکھڑاتے ہوئے بڑھتے دیکھتا رہا.. اور اُسے اتنا خوف آیا کہ وہ الٹے قدموں فرار ہو جانے کے بارے میں سوچنے لگا..

اُس کے پچکے ہوئے نیم مردہ ہونٹ ہلتے جاتے تھے.. ''لوکائی کہتی تھی تم ڈھاکے میں مارے گئے ہو کسی پلٹن میدان میں.. پر میرا جی کہتا تھا نہیں.. تم ہندوستان کی قید میں ہو‘ کسی نہ کسی دن آ جاؤ گے.. جی کا کہنا سچ ہو گیا.. باہر کیوں کھڑے ہو ماں صدقے ’اندر آ جاؤ‘ یہ تمہارا گھر ہے..''

بخت جہان نے چوکھٹ کے دوسری جانب قدم رکھا تو وہ بے روح ڈھانچہ اُس کے ساتھ لپٹ گیا اور سوکھ چکی ٹہنیاں بازو اُس کے بدن پر کپکپانے لگیں.. کچھ دیر بڑبڑانے اور بلیوں کی مانند ایک عجیب سی ڈراؤنی آواز میں ہولے ہولے رونے کے بعد وہ لرزتی ہوئی اُس سے الگ ہوئی اور یکدم اُس کی جون ہی بدل گئی.. ابھی وہ ایک مردہ سا ڈھانچہ تھی جو منتشر ہونے کو تھا اور ابھی وہ سنبھل کر یوں متحرک ہو گئی جیسے اوائل جوانی میں ہو‘ کنوارپن کے کچے صحرا میں چوکڑیاں بھرتی ہو..

جس ملبے پر وہ براجمان تھی اُس کے برابر میں ایک دھول بھرا پلنگ پڑا تھا‘ جس کی نواڑ ڈھیلی پڑ چکی تھی‘ برسوں سے پونچھا نہ گیا تھا.. وہ اُس کی جھاڑ پونچھ میں جت گئی اور مدتوں کی مٹی جو اُس کی نواڑ میں پوشیدہ تھیں دُھول کی صورت میں

اُٹھنے لگی اور صحن میں اُترتی دھوپ کو ملگجا کر دیا۔'' پتر.. بسم اللہ..اس پلنگ نے بھی بڑا انتظار کیا''..

جب وہ آگے نہ ہوا' ایک تحیر بھری جھجک میں کھڑا رہا تو وہ ایک نوخیز مٹیار کی مانند لپکتی آئی اور اُس کا بازو تھام کر پلنگ کے قریب لے گئی.. ''بڑا پینڈا کر کے آئے ہو' جھٹ آرام کر لو پتر.. میں ہانڈی ٹکر کا بندوبست کرتی ہوں..''

وہ نوخیز قدموں سے پل بھر میں کونے میں کب کے بجھ چکے چولہے کے پاس پہنچی اور اپنے تئیں اُپلوں کو سلگانے کی خاطر اُن میں پھونکیں مارنے لگی اور اُن کی راکھ اُس کے سیاہ ہو چکے سکڑتے مہاندرے پر ذرّہ ذرّہ اُترنے لگی..وہ مگن پھونکیں مارتی رہی اور پھر راکھ بھرا چہرہ اوپر کر کے بولی..لو سلگ گئے ہیں اور پھر چولہے پر دھری خالی ہانڈی کا ڈھکن اُٹھا کر اُس میں سونگھتی ہوئی کہنے لگی.. ''آخر کار ویریوں نے تمہیں قید سے چھوڑ دیا گوبندیا..ماں تو تمہیں دیکھ کر رَج گئی پتر..''

''میں..'' وہ اس ناقابلِ فہم صورتِ حال کی توقع نہ کر رہا تھا..دادا بخت جہان کی قبر تارکول تلے روپوش ہو جانے سے وہ قدرے رنجیدہ ہو گیا تھا اور وہ اپنے آبائی گھر کی کھوج کرتا محلّہ مغربی میں چلا آیا تھا صرف یہ دیکھنے کے لیے کہ اگر وہ گھر ابھی تک موجود ہے تو اُس کے وہ در و دیوار کیسے ہیں جو اُس کے باپ کے بوٹے کے پھوٹنے کے چشم دید گواہ تھے..

اُسے ہرگز علم نہ تھا کہ وہاں وہ عورت ابھی تک سانس لیتی ہے جس نے صحن میں قدم رکھا تو اُس کی دادی اپنے بچوں کو سینے سے لگا کر چوکھٹ سے نکل گئی تھی کبھی واپس نہ آنے کے لیے.. ''میں گوبند نہیں ہوں..''

''چلو..'' کیا اُسے اُس بوڑھی عورت کے پچکے ہوئے گالوں تک آتی ہوئی ایک مسکراہٹ سی نظر آئی ہے.. ''ختنے بٹھا کر تمہیں فتح محمد کر لیا گیا تھا..چلو..''

''میں تمہاری سوکن بھاگ بھری کا پوتا ہوں..بخت جہان..''

''بخت جہان....'' وہ ٹھٹک گئی..خالی ہانڈی میں ڈوئی چلانا بھول گئی..

''مجھ کرموں ماری سے مذاق کرتے ہو فتح محمد.. پر تو نے وہی قد بت نکالا ہے بخت جہان والا..جب میں نے تجھے چوکھٹ کے پار کھڑے دیکھا تو پتر ایک بار تو میرا دل رُک گیا کہ امرتے تو پھر سے اجڑ گئی جیسے لہناں سنگھ کی بیٹھک میں جب تم نے اسے پہلی بار دیکھا تھا تو اجڑ گئی تھی اور اب یہ قبروں سے اُٹھ کر چلا آیا ہے اور میری چوکھٹ پر آن کھڑا ہوا ہے.. آہو پتر تیرا باپ مر چکا ہے..میں تجھے کیسے اطلاع کرتی.. پر غم نہ کرنا..میں جو ہوں.. پر تم ننگے سر کیوں بیٹھے ہو پتر..حافظ صاحب کہتے تھے کہ ننگے سر پر شیطان ٹھونگے مارتا ہے..''

وہ اپنی ہانڈی کو بھول بھال کر پھرتی سے اُٹھتی' پچھلی کوٹھڑی کے کھنڈر میں روپوش ہوئی پھر خاصی دیر کے بعد نمودار ہوئی تو اُس کے ڈھانچہ ہاتھوں میں ایک بوسیدہ پگڑی تھی جس کا کلف ڈھیلا پڑ چکا تھا اور اُس کی بنت کے دھاگے ریشوں کی مانند بے جان لٹکتے تھے.. ''یہ تمہارے بہشتی باپ کی پگڑی ہے..یہ اُس سویر اُس کے سر سے ڈھلک گئی تھی جب میں نے بیدار ہو کر اُسے مردہ ہو چکا دیکھا تھا..''

وہ نہ انکار کی حالت میں ہو سکتا تھا اور نہ ہی اقرار کر سکتا تھا' اُس نے اُس کی سوتیلی دادی نے وہ بوسیدہ پگڑی اُس کے سر پر جما کر اُسے تھپکا اور پھر ذرا پیچھے ہٹ کر اُسے اُن مردہ آنکھوں سے دیکھا تو اُن میں جان پڑ گئی..

''تم بنا شک لہناں سنگھ کے بُوٹے ہو پر..ہو بہو بخت جہان لگ رہے ہو..میں تمہارے لیے حقہ تازہ کر کے لاتی ہوں..''

اُس اپنی بنیادوں پر گر جانے کو ڈھے جانے کو گھر کے صحن میں دھرے ڈھیلی ہو چکی نواڑ کے پلنگ پر بمشکل اپنے آپ کو قائم رکھے ہوئے' ایک نیلی جین اور شوخ زرد رنگ کی ٹی شرٹ میں.. جب اُس کی سوکھی ہوئی ٹہنیاں ہاتھوں نے اُس کے سر پر اُس کے دادے کی بوسیدہ پگڑی جما دی تو اُسے یوں محسوس ہوا جیسے کینیڈا سے یہاں تک کی مسافتوں کی ساری دھول اُس کے چہرے سے اُتر گئی ہے.. وہ ایک گمان سے پرے کے قرار میں چلا گیا. جیسے وہ ابھی تک ادھورا تھا اور جونہی اُس نے اپنے سر کو ڈھانکتی اس پگڑی کو محسوس کیا ہے تو وہ مکمل ہو گیا ہے.. اُس سر دسرزمین سے جہاں وہ پیدا ہوا تھا جس کے ساتھ اُس کا ناڑو بندھا ہوا تھا وہ کٹ گیا ہے اور اس کھنڈر ہوتے گھر اور اس میں ایک بدروح کی مانند منڈلاتے سوتیلے ڈھانچے سے جُڑ گیا ہے..

اگر چہ اُس کی گردن میں ایک ہلکا سا خم محسوس تو ہوتا تھا پر اُس بوسیدہ پگڑی میں کوئی اسرار پنہاں تھا جس کے زیر اثر اُس کی گردن میں ایک ٹیڑھا پن مزید نمایاں ہونے لگا' وہ ذرا سیدھا ہو کر بیٹھ گیا..

بخت جہان کے ہونٹ آج تک ایک سگرٹ کے لمس سے بھی آشنا نہ ہوئے تھے.. اور جب ایک تر و تازہ کیے ہوئے حقّے کی گیلی نال جو اُس کی سوتیلی دادی اُس کی جانب بڑھاتی تھی اور جب وہ نال اُس کے ہونٹوں میں دبی تو گویا اُس نے اپنے دادے کے ہونٹوں کا لمس محسوس کیا.. اُس نال میں ابھی تک اُس کے لبوں کی گیلاہٹ موجود تھی.. وہ پہلا کش جو اُس نے کھینچا تو تازہ کردہ حقّے کی ٹوپی میں سلگتے اپلوں میں سے ایک دم کشید ہوا جس میں دیسی کھبل تمبا کو کی کڑواہٹ ایسی تھی کہ وہ اُس کی شریانوں میں ایک آبِ حیات کی مانند گھلنے لگی..

حقّے کے اُس طویل کش کے باوجود اُس کے گلے میں کھانسی یا رکاوٹ کا کچھ ارتعاش پیدا نہ ہوا جیسے وہ ہمیشہ ہمیشہ سے اُس کی کڑواہٹ کا نہ صرف عادی ہو بلکہ اُس کے بدن میں اُترتے دھوئیں کا شیدائی ہو..

اُس نے.. بخت جہان نے اپنے سر پر جمی پگڑی کو ذرا درست کیا اور حقّے میں سے ایک اور طویل کش کھینچ کر اُس کا دھواں منہ سے زیادہ نتھنوں سے خارج کر کے قدرے پر تکبر سا محسوس کرنے لگا.. اور یہ وہ لمحہ تھا جب اُس کے سارے رابطے اُس سر دسرزمین سے کٹ گئے.. نہ تو شباہت کی پری رہی اور نہ ہی اس کا جنوں رہا..

اور یہی وہ لمحہ تھا جب اُس کھنڈر ہونے کو گھر کی چھت پر کوئی بچہ کودا.. اُس کے یوں دھم سے کودنے سے' اصطبل کے گھن سے چاٹے ہوئے شہتیروں میں سے کچھ بُرادہ گرا. مٹی گری تو اس نئے بخت جہان نے حقّے کی نال ہونٹوں سے جدا کر کے.. اپنی گردن کو ٹیڑھا کر کے ذرا سیدھا کیا اور ایک غضب ناک آواز میں بولا.. ''اوئے کون اے کُڑی یا ہوا.''

سانجھی دیوار کے پار نور بیگم اپنے نمبر دار باپ اور نمبر دارنی ماں کے ویران صحن میں بھٹکتی پھرتی یہ آواز سن کر ٹھٹک گئی.. وہ روشن کو یہیں لے آئی تھی.. اُسے اپنے باپ کے برابر میں قبر میں اتارا تھا.. اور اس کی آنکھوں میں روشنی کی آخری رمق بھی بجھتی جاتی تھی جب اُس نے یہ آواز سنی اور ٹھٹک گئی.. چاچا بخت جہان.. وہ تو کب کا مر چکا تھا.. اُس کی قبر بھی باقی نہ رہی تھی تو وہ.. یہ آواز اُسی کی تھی.. کیا وہ پھر سے لوٹ آیا ہے..؟

کوئی ایک درخت جس کے ساتھ لپٹ کر رویا جا سکے..

کوئی ایسا درخت جس کا تنا آپ کی بانہوں کے گھیرے میں آ جائے اور آپ اُس کی چھال پر رخسار رکھ کر اُس کی سبز مہک سُونگھتے ہوئے رو سکیں.. بے اختیار ہو کر نہیں' بدن کے ہر مُو سے جنم لینے والی سسکیوں پر قابو پا کر بے آواز رو لیں کہ برابر کے شجر کو بھی خبر نہ ہو کہ ان خطّوں میں سوگ بھی منظّم طریقے سے منایا جاتا تھا..

کوئی ایک ایسا درخت..

اگر وہ نیویارک میں ہوتا تو سنٹرل پارک کے بہت سے شجر ایسے تھے جن سے اُس کی شناسائی تھی پر اُسے وہاں اُن سے لپٹ کر رو دینے کی حاجت نہ ہوئی کہ وہاں جولیا اور گستاف تھے جنہیں وہ اپنے رنج میں شریک کر سکتا تھا.. پر یہاں کیلگری ایسے پژمردہ اور نیم جان شہر میں کوئی ایسا درخت نہ تھا جو اُس کا واقف ہوتا' اُس کے آنسو اپنے تنے میں جذب کر لیتا.. بلکہ یہ شہر بہ ذات خود پورے کا پورا اتنا اداس تھا کہ پورے شہر کے گلے لگ کر رویا جا سکتا تھا..

وہ شباہت کے گلے لگ کر ایک بار تو رویا تھا لیکن وہ ابھی اُس کی ذات کی پہنائیوں میں اتنی تو نہ اتری تھی کہ وہ اُس کے کاندھے کو پھر سے بھگو دے..

پورے شہر میں ایک جزیرہ ہو جانا.. سراسر تنہا ہو کر کسی کو اپنے غم میں شامل نہ کر سکنا.. اور آس پاس اجنبیت کے سرد سمندر جن میں اُس جزیرے کے چند آنسو گریں تو وہ اُن کی گرمی محسوس ہی نہ کر سکیں.. اُن کے سرد پن کو کچھ فرق نہ پڑے.. یہ شہر بھی اپنی گلیوں' بازاروں اور شاہراہوں کو نیویارک کی مانند کوئی نام دینے سے ہچکچاتا تھا.. ففتھ ایونیو.. نائنتھ ایونیو.. فورتھ.. یہاں بھی سب گلیاں بازار بے نام تھے محض نمبر تھے.. اگر بچوں کو نام دینے کی بجائے اُنہیں نمبروں سے پکارا جائے تو نام لینے سے اُلفت کی جو کونپلیں پھوٹتی ہیں وہ جنم نہیں لیتیں.. اسی طور آپ نمبروں والی گلیوں اور بازاروں سے جُڑ نہیں سکتے..

کیلگری بھی نمبروں کے حساب کتاب میں اُلجھاتا تھا.. سیونتھ ایونیو' فرسٹ سٹریٹ' فورتھ سٹریٹ.. وہ پچھلے دو گھنٹوں سے نمبروں کی بھول بھلیوں میں بھٹکتا پھرتا تھا.. اُس نے کہیں بھی نہیں جانا تھا.. اُس نے متعدد بار بَو رِور کے پُل عبور کیے.. ٹویلوتھ ایونیو کے سینے میں پیوستہ کیلگری ٹاور کے سائے میں سے گزرا جو اس شہر کا امتیازی نشان تھا جسے وہ اُسے اپنے فلیٹ کی کھڑکی میں سے مسلسل دیکھ دیکھ کر عاجز آ چکا تھا..

پرنس آئی لینڈ پارک بَو رِور کے پانیوں کے درمیان ایک جزیرہ تھا..
اوراس جزیرے کو گھنے شجر شب کی سیاہی کو مزید سیاہ کرتے تھے..
شاید وہاں کوئی شجر ہو..

اُس کا سیل فون مردہ ہو چکا لگتا تھا.. وہ اُسے اٹینڈ نہ کرتا تھا.. یا چارج نہ کرتا تھا یا شاید اپنی صحافتی بھاگ دوڑ میں اتنا الجھ چکا تھا کہ اسے بھی فون کرنے کا خیال نہ آتا تھا.. وہ اپنے تئیں بہت دن اُس کی غفلت سے خفا ہو کر روٹھا رہا.. اُسے کُچھ تشویش تو نہ تھی لیکن کبھی کبھار اُسے ایک دھڑکا سا لگ جاتا.. آج تک اتنی مدت تک تو رابطہ منقطع نہ ہوا تھا اور اُس نے مجبور ہو کر یہ طے کر کے کہ وہ روشن سے اپنی خفگی برقرار رکھے گا.. موجو.. سلمان شاہ کو فون کر دیا..
روشن کی قبر کی مٹی بھی خشک ہو چکی تھی، کفن بھی میلا ہو چکا تھا..
پرنس آئی لینڈ پارک کے اُس جزیرے میں غیر متوقع طور پر اتنے لوگ تھے کہ وہ اُن کی موجودگی میں کسی شجر سے لپٹ کر اپنی سوگواری کو مشتہر اور رسوا نہیں کرنا چاہتا تھا..
یہ کیسا شہرِ افسردگی تھا کہ وہاں کوئی ایک بھی ایسا شجر نہ تھا..

گڑیا گھر کے کولونیل سٹریٹ لیمپس سے نیم روشن ہوتی ویران سڑک پر کھلتی کھڑکی کو ڈھانپے دبیز پردوں کی بناوٹ میں سے روشنی کی ایک مدھم لو پھوٹتی تھی..
وہ اس گھر میں کُچھ عرصہ محبوس رہا تھا.. اس گھر میں زندگی جس ترتیب سے بسر ہوتی تھی، وہ اُس کے معمول سے واقف تھا..
وہاں ایک نیلے رنگ کی مردانہ شلوار قمیض میں، ایک لختئی لڑکے کی مائل کر دینے والی بدنی بناوٹ کی کشش کے ساتھ وہ اُس کے اندر حرکت کر رہی ہوگی.. رات کا کھانا.. زیادہ سے زیادہ پنیر اور ٹماٹر کا ایک سینڈوچ اور دودھ کا ایک گلاس.. کھا چکی ہوگی.. شاید کسی کتاب کے مطالعے میں محو ہو.. یا کمپیوٹر کی بورڈ پر انگلیاں چلا رہی ہو.. یا.. اب تک سو چکی ہو اور نیند میں اُس کے سُوجے ہوئے ہونٹ کھلے ہوں..
روزانہ.. اُسے اُس گھر میں چند شب و روز قید رکھ کر اپنے لگائے ہوئے زخموں کی تیمارداری کرنے کے بعد وہ روزانہ ایک مقدس فریضے کی ادائیگی کے آداب کے ساتھ اُس کے گفٹ سٹور پر حاضری دیتی.. جس طور وہ اپنی کار میں سے برآمد ہو کر اُس کا دروازہ دھاڑ سے یوں بند کرتی کہ ونڈ سکرین بھی ریزہ ریزہ ہونے کو آتی.. تو انعام اللہ کو سٹور کے اندر بیٹھے ہوئے علم ہو جاتا کہ شاہت ہے.. جب وہ سٹور کا دروازہ نہایت آہستگی سے مؤدب ہو کر کھول کر اندر آ جاتی تو اُس کے چہرے پر ایک ڈر ہوتا.. سیاہ آنکھیں پھڑ پھڑانے لگتیں اور اس کے ہونٹ مزید سُوجے ہوئے لگتے.. وہ کُچھ سلام دعا نہ کرتی، اُس کے کاؤنٹر کے سامنے آ کر اپنے دونوں ہاتھ ناف تلے جہاں سے اُس کے لختئی کولہوں پر نیلی جین کسی ہوتی، رکھ لیتی.. جیسے وہ اپنے اُس پوشیدہ ہاتھی کو چھپانا چاہتی ہو جو بالآخر گیلا ہو گیا تھا.. نہ وہ مسکراتی اور نہ ہی اُس کے چہرے پر اُلفت یا

معمولی اپنائیت کا کوئی تاثر ابھرتا..ایک روبوٹ کی مانند وہیں کھڑی حال احوال دریافت کر کے انہی بھدّے جوگرز میں جکڑے پاؤں پر گھوم کر چلی جاتی..

وہ جنازے میں شریک ہوا تھا..

وہاں جو سوگوار تھے تعداد میں قدرے قلیل تھے..ہوم کے عملے میں سے دو ڈاکٹر تھے..ایک چینی اور دوسرا آئرش نسل کا اور وہاں پرکاش کور تھی جو اُس مختصر اجتماع میں واحد فرد تھی جس کے آنسو تھمتے نہ تھے..بھوں بھوں کرتی ناک پونچھتی خواہ مخواہ اپنی مشرقی جذباتیت کی تشہیر کرتی تھی..لاتعلق کھڑی اُس کے تابوت سے ذرا دور کھڑی مقدس بانو تھی اور اُس کے برابر میں بُت بنی شباہت تھی اور اُن دونوں کی آنکھیں سوکھی پڑی تھیں..

علاوہ ازیں کچھ اور لوگ تھے جنہیں نہ مقدس بانو اور نہ ہی شباہت پہچانتی تھی..وہ اس اداس شہر میں کسی بھی مرنے والے ہم عقیدہ شخص کے جنازے میں شریک ہونا ایک فرض سمجھتے تھے' باعث ثواب جانتے تھے' قطعی طور پر بے خبر تھے کہ تابوت میں مقفل جو شخص ہے وہ ایک آزاد پنچھی تھا' اس کا عقیدہ کچھ بھی نہ تھا..اگر ہوتا تو وہ ایک مینڈک کو دبوچنے کی خاطر اپنی وہیل چیئر پر سے جھکتا اُس جھیل میں گر کر کیوں ڈوب جاتا..اور وہ بہر طور بے خبر تھے کہ ڈوبتے ہوئے جب اُس کے گلے میں موت کا گھنگھرو بجنے لگا تھا تو اُس کے ہونٹوں پر کلمہ شریف کا ورد نہیں آیا تھا..بلکہ اُس کے نتھنوں میں داخل ہوتے بڑبڑاتے پانیوں میں گھل کر ایک نیولے کے بُھنتے ہوئے ماس کی مہک آئی تھی اور اُسے..جب کہ مرگ اُس کے پاؤں کے راستے اُس کے بدن کی جانب سرایت کرتی تھی اپنی متوقع جنت میں حوروں کی بجائے..مردار ہو چکے دھوپ میں اکڑتے بیل..کچھوے..سرخ لومڑیاں اور خرگوش..مینڈک نظر آ رہے تھے..

یہ روشن تھا جس نے اُس کے اندر جستجو اور تخلیق کے بیج بوئے تھے..

اُسے شک کرنا' تحقیق کرنا اُس نے سکھایا تھا کہ آسمانی صحیفوں کو بھی پرکھو..اگر وہ تمہاری پرکھ پر پورے نہیں اترتے تو انہیں شک کی نظروں سے دیکھو..اور اس پرکھ کا پیمانہ کیا ہے..افتادگان خاک کے لیے معاشی اور معاشرتی انصاف کی جدوجہد اور جو دھتکارے ہوئے ہیں' ان کے لیے عزت نفس کی جستجو..کسی ایک چڑیا کا دل نہیں رُکنا چاہیے اور کسی ایک بچے کو ماں کی گود میں مرنا نہیں چاہیے..

روشن ایک برف سفید بالوں والا سایہ تھا جس کے سائے سائے وہ چلتا تھا..

اور وہ مر گیا تھا..

یونہی ایک بے مقصد بے جواز اور بے وجہ موت..نابینا عقیدے کی جہالت کی زہرناک جھاگ نے اُسے ہلاک کر ڈالا تھا..

گڑیا گھر کے دبیز پردے جن کی بُنت میں سے مدھم روشنی ایک ہلکی دھند کی مانند پھوٹتی تھی' شاید اُن کے پیچھے ایک شجر تھا جو اُس کو دلاسا دے سکتا تھا..

زوال آمادہ بدن کی تھکاوٹ میں غنودگی سرایت کرتی جاتی تھی..اور باہر ایک گھنی رات تھی جو عقیدے کی نابینائی جتنی تاریک بھی نہ تھی..

کار کے شیشے پر جیسے کوئی پرندہ چونچ مارتا تھا..ٹُک ٹُک دستک دیتا تھا..

باہر شب کی تاریکی کے سائے نہ تھے..روشنی تھی..دن نکل آیا تھا اور دھوپ کی اولین بجھی بجھی کرنیں شیشے میں جذب ہو کر غنودگی میں گم ایک زوال آمادہ چہرے پر نمودار ہونے والی جھرّیوں اور بھاری بے روح ہو چکے پپوٹوں پر پھیل رہی تھیں..

کار کے شیشے سے جُڑا ہوا شباہت کا متفکر چہرہ تھا اور یہ اس کی آنکھوں کی پُرتشویش تتلیاں تھیں جو اس پر پھڑپھڑاتی تھیں..

''تم..پوری رات میرے گھر کے سامنے کار پارک کیے بیٹھے رہے اور تم نے گھنٹی بجا کر مجھے اطلاع کرنے کی زحمت بھی گوارا نہ کی بے وقوف..تم گرتے ہوئے درجہ حرارت میں برف ہو سکتے تھے..مر سکتے تھے احمق شخص..''

شباہت کی ہذیان آمیز ڈانٹ ڈپٹ کرتی آواز کہیں دور سے آ رہی تھی..

وہ ابھی تک اپنی بے خود غنودگی میں سے مکمل طور پر باہر نہیں آیا تھا..لیکن نیند سے بوجھل آنکھوں کے پار دیکھ سکتا تھا کہ وہ ایک جلے پاؤں والی بلی کی مانند کہیں ٹکتی نہ تھی..بھاگی پھرتی تھی..کبھی اس کے منہ میں کسی بدذائقہ شیرے سے لبریز چمچہ گھسیڑتی تھی، بار بار اس کے ماتھے پر ہتھیلی جما کر اطمینان کرتی تھی کہ کہیں وہ بخار کی زد میں تو نہیں آ چکا اور کبھی اس کے بدن کے گرد کمفرٹر کو درست کرتی آبدیدہ ہوتی اس کے رخسار پر اپنے موٹے لب رکھتی تھی اور بھاگتی پھرتی تھی..

وہ حسب معمول بروقت اس سویر بھی تیار ہو کر بینک جانے کے لیے گھر سے باہر نکل آئی تھی اور وہاں سامنے فٹ پاتھ کے کنارے پر ایک کار میں سٹیئرنگ پر جھکا وہ ایک غنودہ حالت میں پڑا تھا..بے حس وحرکت، منہ کھلا ہوا..جیسا کہ یکدم مر جانے والے بوڑھے ہوتے ہیں اور وہ سکتے میں آ گئی..دونوں ہاتھوں سے کار کے شیشے کو پیٹنے لگی..

انعام اللہ ذرا سنبھلا تو اس پر وارد ہوا کہ وہ اپنی کار میں نہیں گڑیا گھر کے اندر ایک صوفے پر کمفرٹر میں لپٹا ہوا ہے اور ایک شناسا عورت اس کے آس پاس مسلسل متحرک ہے، ٹکتی نہیں..

''نیمی..'' وہ اس کے قریب ہوئی اور اس کے سیاہ بلاؤز پر چھڑکی ہوئی خوشبو بھی اس کے قریب ہوئی..''تم نے یہ کیا حماقت کی..اور تم کہتے ہو کہ میں بوڑھا ہو گیا ہوں لیکن حرکتیں بچوں ایسی کرتے ہو سٹوپڈ..''

وہ اسے زبردستی دھونس جما کر ناشتہ کرنے پر مجبور کر رہی تھی..''تمہارے پسندیدہ براؤن آلو اور چیز آملیٹ..سوری میں پراٹھا نہیں بنا سکتی..''

اُس نیم خبری میں اسے کبھی شائبہ سا ہوتا کہ وہ اس کی ماں ہے..جو اسے گورو مانگٹ کی مسجد کی سیڑھیوں پر چھوڑ کر چلی گئی تھی اور اب کہیں سے نمودار ہو کر اپنے گناہ کا کفارہ ادا کرنے کی خاطر اس پر نثار ہو رہی ہے اور کبھی گمان ہوتا کہ وہ اس

کی کوئی زر خرید باندی ہے، جس کا فرض ہے کہ وہ اپنے مالک کی خدمت میں کوئی کسر اٹھا نہ رکھے..

غنودگی مکمل طور پر زائل ہوگئی اور وہ اپنے حواس میں آ گیا..

ناشتے سے اسے کچھ تقویت حاصل ہوئی اور اس کے ساتھ ہی اس کے چہرے پر شرمندگی کی ایک کیفیت چھانے لگی اور وہ بے چارگی سے ایک ایسے بچے کی مانند جس نے کوئی ناروا حرکت کی ہو مجرم آنکھوں سے شباہت کو تکنے لگا.. پھر اس نے اپنے آپ کو کمفرٹر کی قید سے جدا کیا اور اپنے سامنے کھڑی شباہت.. جو اسے ایک ہمدرد شجر کی صورت نظر آ رہی تھی، اس کے گرد اپنے بازو لپیٹ کر اس کے کاندھے کو بھگوتا ہچکیاں بھرنے لگا..

''روشن مر گیا ہے شباہت..''

وہ کسی حد تک اس نادیدہ رقیب سے حسد کرتی تھی جس کا تذکرہ اس کی زبان پر اکثر رہتا تھا..

اس نے نہ اسے ڈھارس دی اور نہ ہی تسلی کا ایک حرف کہا، اسے رونے دیا..اور جب وہ اپنا آخری آنسو پونچھ چکا، دکھ کا مرغولا اس کے تن کے خس و خاشاک کو اڑاتا ہوا فلک تک لے گیا اور پھر دھیما ہوتا اس کے آس پاس بکھر گیا تو شباہت نے اپنے موٹے ہونٹ اس کے ہاتھ پر ثبت کر کے کہا.''نیمی..تم میرے بغیر کھو جاؤ گے..بھٹکتے پھرو گے کہ تم میں کبھی بھی اتنی اخلاقی جرأت نہ ہوگی کہ مجھ سے شادی کی درخواست کرو..میں کسی حد تک تمہاری بزدلی کے باعث پیش قدمی کر رہی ہوں..بلکہ پہلے بھی کر چکی ہوں..''

وہ دیر تک چپ رہا..

''کیا میں تمہاری نظروں کے سامنے گر گئی ہوں صرف اس لیے کہ میں پہل کرتی ہوں..اسے گداگری مت سمجھ بیٹھنا..میں کوئی گری پڑی شے نہیں ہوں..بس یہ ہے کہ میں ہر صبح اُس بستر پر بیدار ہونا چاہتی ہوں جس کے برابر کے تکیے میں تمہارا خوابیدہ چہرہ ہو..''

''مجھے..مجھے تمہارا ایک نوجوان بیوہ ہو جانا پسند نہیں..''

''وہی بُل شٹ..عمر کے تفاوت کے وہی حیلے بہانے..میں نے شاید کبھی تم سے کہا ہو کہ ایک مرد اور ایک عورت کی عمر، محبت میں حائل ہو جانے کی سکت نہیں رکھتی..عمروں کا فرق ایک مضحکہ خام خیالی ہے..ہاں اگر تمہارے اندر سے وہ ہُوک نہیں اٹھتی کہ میں بقیہ زندگی اس عورت کے برابر میں ہر سویر نیند سے بیدار ہوں تو تمہارے انکار سے مُجھے کُچھ دکھ نہ ہوگا..''

''اُس شبِ سپردگی میں..جب تمہارے ہونٹوں پر میرے بدن کی خراشوں سے رِستے خون کی لالی کے کُچھ آثار تھے اور تم ایک کونے میں اپنے پورے بدن کی رونمائی میں گھٹنوں پر سر رکھے ''امی امی'' پکارتی تھیں تو اس پکار کے پس منظر سے ناواقف ہونے کے باوجود میں تمہارے لیے پگھل گیا تھا..میری بھی یہی آرزو ہے کہ میں جتنی بھی حیات ہے تمہاری قربت میں بسر کروں..لیکن میرے پاس زندگی نہیں ہے..اگر کُچھ زندگی ہوتی.تو..''

''تمہارے سر سے وہ سودا ابھی تک نہیں گیا..اب تک..؟''

''جب تک درختوں تلے مردہ ہو چکی چڑیوں کے ڈھیر ہیں اور وہ بچے لاشیں ہو رہے ہیں جن کے دل دھما کے نہ

سہہ سکے..تب تک..''

شباہت کے لہجے میں نہ کوئی شکایت کی رمزتھی اور نہ ہی کسی حکایت کا شکوہ ''تمہیں اس سے کُچھ غرض ہے کہ ان مردہ چڑیوں کے ڈھیر میں ایک اور چڑیا کا اضافہ ہو جائے..میرا دل بھی رُک جائے..تمہیں کُچھ پرواہ ہے..؟''

''برا نہ مانو شباہت..اگر عزت نفس کو ٹھیس پہنچے تو انسان ہر محبت' ہر نفرت سے ماورا ہو جاتا ہے..یہ زمانے مجھے ایک گُھن کی مانند چاٹ رہے ہیں..نگلتے ہیں..چبا چبا کر حلق میں سے اتارتے مجھے معدوم کرتے ہیں..زمانوں کے سامنے تو پیغمبر اور اولیاء بھی نہیں ٹھہر سکے..وہ انہیں روندتے چلے گئے ہیں تو میں کس شمار میں ہوں..مُجھے ڈھارس دو شباہت..کہ میری یہ زندگی جو لمحۂ موجود میں ہے اس میں صرف تم ہی ایک شجر ہو..اگر اِس شہر ناپرساں میں..روشن کی موت پر رونے کے لیے میں تمہارے سائے میں آ گیا ہوں تو کیا تمہیں کُچھ اندازہ ہوا ہے کہ مُجھے پرواہ ہے..''

شباہت سب شکایتیں سب حکایتیں بھول گئی..اس کے بدن کی ساری ہڈیاں اس شخص کے لیے موم ہو گئیں اور وہ آگے ہو کر اس کے قدموں میں بیٹھ گئی..''جو تم چاہو..''

وہ یکدم اپنے اضطراب سے نجات پا کر سکون میں آ گیا..''میں نے نقشے پر نہ صرف تعین کر لیا ہے بلکہ راستے سے آگاہ ہونے کے لیے ایک بار وہاں تک ہو آیا ہوں..فورٹ میکلوڈ سے پرے..واٹرسن نیشنل پارک کے پانیوں کے کناروں پر چیف ماؤنٹین ہے جو کہ سرحد ہے..اس کے پار امریکہ ہے..اور وہاں امریکی سرحد کی نشاندہی کرتے کُچھ پتھر ایستادہ ہیں..سنگ میل ہیں اور ان کے تلے مردہ ہو چکی چڑیوں کے ڈھیر ہیں..گود میں مر چکے بچے ہیں..میں نے ایک مجروح ہو چکی عزت نفس کی خاطر ان میں سے کسی ایک پتھر کو مسمار کرنا ہے..''

''کیا اس سودائی پن کی تشفی کرنے کے بعد..میری حیات کی اگلی سویروں میں تم میرے برابر میں ایک تکیے میں اپنی ناک پوشیدہ کیے خوابیدہ ہو گے..؟''

''اگر میں موجود رہا ہو..''

''میں بھی تمہارے ساتھ چلوں گی..''

''خودکشی ہمیشہ تنہا ہوتی ہے..اس میں کوئی شریک نہیں ہو سکتا..''

''میں شریک ہوں گی..اگر تم نہ چاہو تو بھی..''

''کیوں..؟''

''اس لیے کہ تم ہو..اور اس لیے کہ میں بھی ہوں..اور ہم ہیں نیمی..''

آنکھیں جو اب خود سے بند نہیں ہو سکتی تھیں، کسی ہتھیلی نے اُن پر بچھ کر انہیں ہمیشہ کے لیے بند کرنا تھا، کھلی تھیں..

دائیں آنکھ کے ایک کونے میں موہوم سی روشنی کی ایک رمق موجود تھی..

بینائی کے جتنے بھی دیئے تقریباً سو برس تک.. پیدائش سے لے کر اب تک اس کی آنکھوں میں جلتے رہے تھے ایک ایک کر کے بجھتے چلے گئے تھے اور اب صرف ایک دیا ایسا تھا جس کی لَو دم توڑنے سے پیشتر پھڑ پھڑاتی رہی تھی اور مدھم لَو میں اسے کچھ تصویریں اور شکلیں اگرچہ دھندلی لیکن پہچان کی قربت میں نظر آ رہی تھیں.. کسی ایک تصویر پر اس آخری لو کا مدھم پرتو اسے واضح کرتا اور اس دم ایک اور تصویر اس کی جگہ لے لیتی.. جیسے آنکھوں کا معائنہ کرنے والا ڈاکٹر مریض کی ناک پر دھرے خالی فریم میں مختلف شیشے بدلتا جاتا ہے اور کبھی سامنے آویزاں چارٹ پر درج عبارت واضح ہو جاتی ہے اور کبھی دھندلا جاتی ہے.. دائیں آنکھ کے کونے میں موہوم سی روشنی کی رمق ابھی تک موجود تھی، اس کے سامنے وقفے وقفے سے تصویریں بدلتی تھیں..

مدھم لَو حیات کے اس طویل سفر کی مسافتوں کو روشن نہ کر سکتی تھی صرف ان کی پرچھائیاں شناخت کروا سکتی تھی..

تیز دھوپ میں سلگتے جوہڑ، کچے گھروندے، آسمانوں پر اڑان کرتے گدھ جو آج بہت ہی نیچے آ گئے تھے، گھروندں، چوباروں اور کوٹھوں کے ساتھ ان کے طویل پھیلاؤ والے پَر ٹکراتے تھے.. اور نیچے گلیوں میں گندی نالیوں کا کیچڑ نگلتی سفید بطخیں ان کے پروں کے ٹکرانے سے جو شُوک جنم لیتی تھی اس سے ہراساں ہو کر ٹھٹک جاتی تھیں کہ کہیں وہ گدھ جو ہمیشہ مردار پر جھپٹتے تھے، آج اپنی خصلت تبدیل کر کے انہیں تو مردار نہ کر دیں گے.. آخری دموں پر آئی ہوئی وہ پھڑ پھڑاتی لَو اس منظر کی روشنائی جذب کر کے اسے دھندلاتی مٹیالا کرتی تھی..

وہ ایک مدّت سے منتظر تھی..

پر وہ جانے کس مٹی کا بنا ہوا تھا کہ اس پر خدائی قوانین کا اطلاق نہ ہوتا تھا.. بہت ڈھیٹ تھا وہ اس کے آس پاس منڈلاتی رہتی پر اس پر اتر نہ سکتی، شاید یہ اس کے بدن میں رچی مردار کی بُو تھی جو اسے تقویت دیتی تھی.. اور اسے پرے رکھتی تھی..

موت مدّت سے منتظر تھی..

زمانے کے باب میں وہ آخری کردار تھا جو رخصت ہونے کا نام نہ لیتا تھا.. ان میں سے صرف نور بیگم تھی جو نابینائی کے بڑھتے اندھیروں میں ٹھوکریں کھاتی پھرتی تھی اور اس کے جینے مرنے سے کچھ فرق نہ پڑتا تھا.. موت نے ایک پرندے کے روپ میں امیر بخش کو جذب کر لیا تھا.. روشن کو نگل لیا تھا.. ماہلو کو ایک جھولا جھلا کر عرش پر لے گئی تھی.. محمد جہان تو

خود ہی اس کی آغوش میں آنے کے لیے بے چین تھا.. نمبردارنی نے بھی کچھ تعرّض نہ کیا تھا.. نونہال سنگھ نے تو خود اپنی جان اس کے حوالے کی تھی اور اپنی ماں امرت کور کی چوکھٹ کے اندر داخل ہو کر مر گیا تھا.. البتہ گوبند سنگھ کی روح قبض کرنے کی خاطر اسے ڈھاکہ کے پلٹن میدان تک جانا پڑا تھا.. اور وہ ٹیڑھی میڑھی کُبڑی عقیدے سے باغی بخت جہان اور امرت کور کی واحد اولاد.. صاحباں.. اس بے چاری نے کیا اعتراض کرنا تھا وہ تو اس سے بھی زیادہ اس کی منتظر تھی اور اپنی اپاہج اور ٹیڑھی بانہوں سے اسے آغوش میں لینے کی منتظر تھی.. عزیز جہان اگرچہ نیند میں تھا جب وہ اس پر اتری لیکن اسے بھی ایک بے ثمر حیات کے بعد جینے کی کچھ تمنا نہ تھی.. اور بخت جہان.. اپنے تئیں اپنی گھوڑی بکّی پر سوار آسمانوں کی سیر کرتا بنگال کی زمینوں پر اترتا اپنے شریکوں کو للکارتا تھا' پر یہ سب اس کے افیون زدہ' کیکر کی شراب سے غتربود ہو چکے ذہن کی اڑانیں تھیں.. وہ کہیں نہ گیا نہ وہاں سے آیا.. شریکوں کے غلبے کے غم کی شدت سے مر گیا.. اسے.. موت کو صرف ایک تأسف تھا.. بخت جہان پر غالب تو آ گئی لیکن اس کی ٹیڑھی گردن مُردنی کے باوجود ڈھیلی نہ پڑی.. اسے موتی کے لیے.. اور اکبر جہان کے واسطے ایک سرزمین تک کا سفر اختیار کرنا پڑا اور زمانوں کی کتاب کے باب میں یہ امرت کور تھی جو وقت کی سٹیج پر اپنا کردار ادا کر کے پردے کے پیچھے نہ جاتی تھی.. نونہال سنگھ کا انتظار اسے مرنے نہ دیتا تھا اور بالآخر چند روز پیشتر وہ بھی مطمئن.. ایک پلنگ بچھا کر اس پر بخت جہان کو بٹھا کر' اس کے سر پر ایک پگڑی جما کر اور تازہ کردہ حقّے کی نال اس کے منہ کے قریب لا کر اور جب اس نے پکارا تھا کہ ''اوئے کون اے کڑی یا ہوا..'' سن کر شانت ہوئی اور چند روز بعد مر گئی تھی..

بس یہی سروسانسی آخری کردار تھا..

اور بالآخر وہ موت اس پر بھی غالب آ رہی تھی..

بھلا اس سے فرار کس کو حاصل ہے چاہے وہ کسی رَبّ پر یقین رکھتا ہو یا نہ رکھتا ہو..

تو موت زمانے کے اس باب کو سمیٹنے کی خاطر اس کے آخری کردار کی پاؤں کی انگلیوں کے راستے داخل ہو چکی تھی.. وہاں سے سفر کرتی اس کی ٹانگوں کو مردہ کرتی وہ اس مقام تک پہنچ رہی تھی جہاں شریانوں اور رگوں کا ایک گنجلک جال تھا اور وہاں جو خون اٹکتا تھا' گاڑھا اور بے روح ہو چکا خون اس سست روانی سے اکتا چکا تھا' اس نے اسے خوش آمدید کہا اور ٹھہر گیا.. تب وہ خون کے اس سکوت میں سے راستہ بناتی سروسانسی کے سکڑ چکے دماغ تک پہنچی اور وہ بھی کب کا اس اجل کا منتظر تھا کہ وہ آئے اور اسے اس جہان سے نجات دلائے.. زمانے کے باب سے اُسے خارج کر دے.. وہ کب تک زندگی کی سٹیج پر اکیلا اداکاری کرتا رہے.. صرف اس لیے موت کا منتظر کہ اس کے چودھری نہ رہے تھے.. وہاں اس کے سکڑ چکے دماغ میں آنکھوں کی مانند بے انت دیئے نہ تھے بے حساب خلیئے تھے جو پیروں کی انگلیوں میں سے داخل ہو کر ان تک پہنچنے جانے والی مرگ کے انجماد سے سب کے سب یکدم فنا کی سرد آغوش میں اتر گئے.. بس ایک خلیہ باقی رہ گیا جو ابھی آنکھوں کی جانب زندگی کی رمق کا ایک سندیسہ بھیجتا تھا..

دائیں آنکھ کے ایک کونے میں سے ظاہر ہوتا وہ آخری سندیسہ تھا جس کی مدھم روشنی کے سامنے تصویریں بدلتی جاتی تھیں..

نمبردارنی کی چنبل سے خشک ہوتی خارش کی خواہش کرتی پنڈلی پر اس کی جمائی ہوئی لحہ بہ لحہ اس کے خون سے سیراب ہوتی پھولتی' پھر ٹپ ٹپ زمین پر گرتی جونکیں..

پہلے توڑ کی شراب میں ڈبوئی ہوئی انگلی ایک مشعل کی مانند بھڑکتی ہوئی..

بونوں والے کنویں کے سنگریزوں سے سلگتے میدان میں مردار کی مہک میں پاگل ہوتے ننگ دھڑنگ بھاگتا.. آسمان پر اسے مات دینے کی چاہت میں مبتلا کڑکڑاتی دھوپ میں سلگتے درجنوں گدھ..اور جب وہ موئے ہوئے بیل کے پھولے ہوئے بدن پر کلہاڑا مار کر اس میں سے رسنے والے مردہ خون پر اپنے ہونٹ رکھتا تھا اور اس کلہاڑے کی زد میں آنے والی چاچا لنگڑ سانسی کی ٹانگ جس کی پاداش میں اسے سوہنی سانسن کے ساتھ بیاہ کرنا پڑا تھا..

نمبردارنی اس کے جھونپڑے میں منت سماجت کرتی.....

کوئی ایک تصویر نہ تھی جو اس آخری لَو کے سامنے آخری دموں میں ماضی کی دھند میں ملفوف ظاہر ہوتی تھی..

سُلفے کی ایک بھڑکیلی لاٹ بھی تھی جو سائیں ٹلّی کے چنڈوخانے میں اس کے وجود میں سے برآمد ہو کر اس کی تاریکی کو چکا چوند کرتی تھی..

اور وہیں کہیں اس آخری رمق میں سر سراتا اس کا وفادار پھنیر بھی تھا....اور وہ نیولے بھی تھے جو اسے دبوچنے کی خاطر اپنے بلوں سے باہر آتے تھے..

لیکن ان سب تصویروں پر حاوی ہوتی ہوئی وہ تصویر تھی جس میں لاہور سٹیشن کے باہر برگد تلے ایک چھریرے بدن کا نیلی آنکھوں والا نوجوان جس کے سر کے بال سارے کے سارے سفید ہو چکے تھے' اسے اپنے دسترخوان پر بٹھا کر.. برابر میں جگہ دے کر اسے ایک جانور سے ایک انسان کے طور پر بحال کر دیتا ہے..

اور اس آخری لَو کے بھڑک کر بجھنے سے پیشتر جو آخری تصویر تھی وہ اس کی پوتی شباہت کی تھی..وہ نکتہ نکتہ یوں ابھرنے لگی جیسے ایک زمانے میں ڈارک روم میں کیمیائی محلول میں فلم کا فیتہ ڈبویا جاتا تھا تو اس کی سطح پر ہولے ہولے کھینچی گئی تصویر کے خدوخال نمایاں ہونے لگتے تھے..

بس وہی آخری سانسن تھی..اسے دیکھ کر اسے اپنی دادی مائی جھوری یاد آ گئی تھی..ویسا ہی قد بت..وہی مضبوط اور لامبی ٹانگیں اور آنکھوں میں وہی بھوک..صرف ایک فرق کے ساتھ کہ سانسیوں کی آنکھیں اتنی بڑی بڑی نہیں ہوتیں.. البتہ اس کے ہونٹ ایسے تھے کہ وہ کسی بھی مردہ بیل کے جَم چکے خون کے لوتھڑوں کو چوس سکتے تھے..کیا شباہت کے اندر کوئی ایسا بیج ٹھہرے گا جس میں سے ایک اور شاید آخری سانسی جنم لے گا جو ایک مروّجہ مذہب اور تہذیب سے ماورا ہو کر ایک آزاد انسان کی نمائندگی کرے گا..

وہ اس کی نسل کی آخری تصویر تھی..

دائیں آنکھ کے ایک کونے میں دیئے کی موہوم سی جو رمق بہت دیر سے جلتی بجھتی تھی..وہ اس کی نسل کی آخری تصویر شباہت کے چہرے پر آ کر بالآخر بجھ گئی..

سرو سانسی کا وجود لڑھکتا ہوا اتھاہ تاریکی کے ایک پاتال میں گرنے لگا..گُھپ اندھیروں کے گہرے سناٹے تھے جن میں وہ گرتا چلا جا رہا تھا تب اس نے ان کے آخر میں..اتھاہ تاریکیوں کے اس گہرے غار کے آخر میں ایک روشنی دیکھی جو اس کے قریب آتی گئی اور پھر اسے مکمل طور پر اپنی لپیٹ میں لے کر روشن کر دیا..اور وہاں وہ سب مینڈک عجیب عجیب

دمکتے سنہری، گلابی اور جامنی رنگوں کے اچھلتے تھے..وہ کچھوے رینگتے تھے اور ان کے خول جیسے چھوٹے چھوٹے سورج تھے کہ ان کی جانب نظر بھر کر دیکھا نہ جاسکتا تھا..وہ جنگلی بِلّے تھے جن کے بدنوں پر سلگتی آگ ایسی روشن دھاریاں تھیں اور وہ تمام نیولے تھے جو اس نے پوری حیات میں بھون کھائے تھے..میلہ لگا ہوا تھا اور اس میلے میں سب سے نمایاں وہ بانکے سجیلے بیل تھے جن کے بدن زندگی کی حرارت میں کسمساتے تھے اور ان کی جادو بھری نشیلی آنکھیں اس کی راہ تکتی تھیں اور ان کے گلے میں جو گھنٹیاں بندھی تھیں وہ گردن ہلا کر انہیں اس کے استقبال کے لیے چھنکاتے مسرت سے ڈکراتے تھے..

وہ انہیں پہلی بار یوں زندہ حالت میں دیکھ رہا تھا..وہ سارے بیل جو کبھی مردار تھے جن کی مہک اسے پاگل کرتی سنگریزوں والے میدان میں آسمان پر اڑتے رقیب گِدھوں کو مات دے دیا کرتی تھی..اپنی نشیلی آنکھیں اس کی راہ میں بچھاتے تھے..اور اس کے متعدد پھنیر تھے جو اپنی دُموں پر کھڑے جھومتے تھے..اور وہ سب ایک الوہی روشنی میں نہاتے ہوئے وہ دیوتا تھے جن کی اس نے پیچھے رہ گئی دنیا میں پرستش کی تھی، آرزو کی تھی..کیا بعد از موت ہر انسان اُسی فریب کو اپنے سامنے پاتا ہے جس میں وہ اس دنیا میں اپنے عقیدے کی قید میں پوجتا رہتا ہے..بس یہی جنت ہے، سروسانسی کے مردہ ہو چکے ہونٹوں پر ایک مسکراہٹ پھیل گئی..

دماغ کا وہ آخری خلیہ جو مردہ ہوا اور اس کی دائیں آنکھ میں جو ایک موہوم سی رمق تھی اس کے بھی بجھ جانے کا باعث بنا..مردہ ہونے سے ایک ساعت پیشتر اس نے سروسانسی کے کانوں میں سرسراہٹ کا ایک سندیسہ بھیجا، ایک پھڑ پھڑاہٹ جب کہ وہ اتھاہ تاریکی کے پاتال میں گرنے کو تھا اسے سنائی دے گئی..

وہ اس سرسراہٹ اور پھڑ پھڑاہٹ کے بھید سے آگاہ تھا کہ ان میں پوشیدہ میرے وہ بیلی ہیں جو کبھی میرے شریک ہوا کرتے تھے..

ماڈل ٹاؤن کے سید سلمان شاہ کے محل نما گھر کے پچھواڑے میں نفاست سے ترشے ہوئے لان کی گھاس پر وہ ہولے ہولے اتر رہے تھے..اشوکا..املتاس اور ایروکیریا کے پیڑوں پر وہ آہستگی سے بیٹھتے جاتے تھے اور ان کے بھاری وجود سے ان کی ٹہنیاں دوہری ہوتی جاتی تھیں..

وہ غُل نہ کرتے تھے..اپنی لامبی گردنیں ایک ملال میں جھکائے..چونچیں نیچی کیے پھڑ پھڑاتے سرسراتے اتر رہے تھے..یہاں تک کہ گھر کے باہر جو بجلی کے کھمبے تھے وہ ان پر براجمان ہو رہے تھے..اور ان کی دبیز تاروں پر جو چند چڑیاں اور کوّے بیٹھے تھے وہ انہیں اترتا دیکھ کر انہیں خالی کر گئے اور وہ ان تاروں پر اپنا بوجھ ڈالنے لگے..

وہ سب اپنی لامبی گردنیں جھکائے سوگ میں تھے..

لیکن وہ..ان کے غول کے غول..نہ تو اس گھر کے مکینوں کو اور نہ ہی باہر سے گزرنے والوں کو..نظر آتے تھے..وہ صرف یہ دیکھتے تھے کہ اشوکا..املتاس اور ایروکیریا کے درختوں کی ٹہنیاں قدرے جھکتی محسوس ہوتی ہیں..بجلی کی تاریں ذرا خمیدہ نظر آتی ہیں اور لان کی گھاس دبتی ہوئی دکھائی دیتی ہے..

وہ جو کبھی آسمانوں پر اس کے مقابلے میں اترتے اس کے اوپر اسے مات دینے کی جھنجھلاہٹ میں پرواز کیا کرتے تھے، اس کے شریک ہوا کرتے تھے، غم ناکی اور سیاہ سوگواری میں تھے کہ اگر حیات میں کوئی مقابلہ نہ رہے، شریک

مدمقابل نہ ہوتو ایسی حیات ایک پُھسپھسی موت ہے..

اور ان کا شریک رخصت ہو گیا تھا..

ان میں سے..جو خوش اسلوبی سے ترشے ہوئے لان کی گھاس پر..اشوکا' املتاس اور ایروکیریا کے پیڑوں پر اور تاروں پر اترتے تھے' ان میں سے وہ جو سب سے بزرگ اور برتر تھا' بہت عمر رسیدہ تھا' سروسانسی کی عمر کا تھا' جس کے پروں میں اڑان کی سکت نہ رہی تھی' جس کی چونچ بھربھری مٹی کی مانند بُھرنے کو تھی' وہ اپنے نیم مردہ بدرنگ پنجوں پر اپنے بڑھاپے کا بوجھ ڈالتا آگے ہوا اور کھڑکی کے دیوار شیشے پر اپنی چونچ سے ہولے ہولے دستک دی کہ اسے اس کے اندر وہ نظر آ رہا تھا جس کی آنکھیں کھلی تھیں اور جو گئے زمانوں میں اس کے پروں تلے سنگریزوں کے ایک میدان میں ننگ دھڑنگ بھاگا کرتا تھا..جب متعدد بار چونچیں مارنے کے باوجود اندر سے کُچھ جواب نہ آیا تو بزرگ گِدھ نے اپنی بُھرتی ہوئی چونچ میں اپنی پوری سکت بھر کر شیشے پر وار کیا اور وہ منہدم ہو کر کرچیوں کی صورت میں نہ صرف اس کے بے سکت پروں پر گرا بلکہ لان کی ہریاول پر بھی ان کا بکھراؤ دھوپ میں ہیروں کی مانند دمکنے لگا..

وہ بزرگ گِدھ نہایت متانت سے اس ریزہ ریزہ ہو چکی رکاوٹ کے پار گیا اور اس کے پیچھے پیچھے گردنیں جھکائے' چونچیں بند کیے متعدد سوگوار چلے آئے..

وہ اس کے مردہ ہو چکے سکڑے ہوئے بدن کے گرد تاً سف میں گردنیں ہلاتے ہجوم کرنے لگے..

یہ بزرگ گِدھ تھا جسے احساس ہوا کہ اس کی آنکھیں ابھی تک کھلی ہیں..تو وہ ذرا آگے سرکا اور اپنے ایک بے سکت پَر سے انہیں ڈھانپ کر بند کر دیا..کمرے میں اتنی گنجائش نہ تھی جتنے گدھ اس میں مسمار شدہ شیشے کی کھڑکی کے راستے چلے آ رہے تھے..

ان میں سے ہر ایک گردن جھکائے آگے آتا اور اس کے مردہ سکڑے ہوئے تقریباً سو برس کے موسموں کی شدت سہہ جانے والے بدن پر اپنی چونچ رکھ کر اپنی سوگواری کی تعزیت کرتا اور پیچھے ہو جاتا..

اور جب وہ رخصت ہونے کو تھے تو بزرگ گدھ نے چونچ گھما کر پیچھے دیکھا تو..اُسے اپنی شکل نظر آئی..سروسانسی کی ناک ایک چونچ کی شکل اختیار کر چکی تھی..اس کے بازو بے جان سے پَر تھے..وہ انسانی روپ ترک کر کے ایک گِدھ ہو چکا تھا..

اور یہی سچ تھا..

جب پردہ اٹھتا ہے تو چہرہ بہ چہرہ..رو بہ رو..تم خود ہوتے ہو..

بزرگ گِدھ نے اپنی لامبی گردن بلند کی اور اس کے بال و پر جھڑ چکے تھے اور کُرلانے لگا..کہ وہ اس کی شکل کا تھا..وہ خود تھا..

اور وہ اپنی ہی موت پر ماتم کرتا کُرلاتا تھا..

خس وخاشاک زمانے کی کتاب کے آخری باب کے آخری کردار کے رخصت ہو جانے پر اپنی چونچ بے سکت پروں پر مارتا ماتم کرتا کُرلاتا جاتا تھا..

تمام نقشے باطل ہو چکے تھے..

ان نقشوں پر نشان زدہ جتنی شاہراہیں اور بستیاں تھیں ان کا کوئی وجود نہ تھا اور ان کی جگہ اجنبی راہیں اور بے نام قصبے تھے جو آنکھ جھپکنے کے وقفے میں وجود میں آتے تھے اور اس مسافت میں تحلیل ہوتے جاتے تھے..

واٹرسن لیک نیشنل پارک کی جھیلوں کے خاموش پانیوں اور چیف ماؤنٹین کی سربلندیوں تک..امریکی سرحد تک..کا چند گھنٹوں کا سفر کائنات سے پرے تک وقت اور زمانوں کی قید سے ماورا ایک ایسے خلا میں بے آواز ایک چپ سناٹے میں گم چلا گیا جس کا کچھ انت نہ تھا' کوئی حساب نہ تھا..

شباہت کی کار گویا ایک اسپِ سفید تھی' جسے پَر لگ گئے تھے..ایک براق تھی جو عرشوں سے بھی اوپر..جہاں فرشتوں کے بھی پَر جلتے تھے ان سے بھی اوپر وہاں تک پہنچ جانے کی تمنا رکھتی ہو..جہاں وہ اپنے تخت پر براجمان ہو..اور وہ اس سے خود پوچھے کہ بتا تیری رضا کیا ہے..

اور اس کی شباہت کی رضا..تو صرف انعام اللہ تھا..ایک گرزلی بیئر..جو اس کے برابر کی نشست میں بیٹھا..خودکشی پر مائل اپنی عزتِ نفس کے مجروح پن کی تلافی کرنا چاہتا تھا..

اور وہ..اپنی اسی پھٹی ہوئی نیلی جین میں گسی ہوئی ٹانگوں پر پھیلے ہوئے..سی اے اے کے برٹش کولمبیا ڈرائیونگ چارٹ کے تفصیلی نقشے پر سٹیئرنگ سنبھالتی اس پر نظر کرتی تعین کرتی تھی کہ اس نے اب کون سی شاہراہ اختیار کرنی ہے اور کہاں سے ایک اور ذیلی سڑک کی جانب مڑ جانا ہے..وہ اس کی برابر کی نشست پر موجودگی سے بظاہر غافل لگتی سپاٹ چہرے کے ساتھ ایک میکانکی انداز میں ڈرائیو کرتی چلی جا رہی تھیں..

کیا وہ اس مختصر مسافت کے لیے اپنے گڑیا گھر کا سارا سامان' فرنیچر کے علاوہ اپنی کار میں ٹھونستی چلی جائے گی..وہ اسے کہیں اور امریکہ کی سرحد سے مخالف سمت میں طویل فاصلوں پر واقع یُوکان وادی کے گہرے اور تاریک جنگلوں میں تو نہیں لے جا رہی' جہاں وہ اسے ہمیشہ کے لیے روپوش کر دینے کا ارادہ رکھتی ہو..اس کے سفری انتظامات اتنے تفصیلی تھے جیسے وہ کسی ایسی کوہستانی مہم پر نکل رہے ہوں جس کی مسافت کا کیا پتہ..دنوں سے نکل کر ہفتوں اور مہینوں پر محیط ہو جائے..ایک خیمہ'سلیپنگ بیگز' خوراک کے ڈھیروں ٹن اور کارٹن' پنیر کا دو پاؤنڈ وزنی ایک کیک' چاکلیٹ اور ہر

موسم کے لیے کپڑے..ٹی شرٹس..جینیں..جیکٹیں..اور تو اور جوگرز کے فالتو جوڑے..

چونکہ اسے ممانعت تھی کہ وہ گھر کے اندر سے ایک ٹوتھ پیسٹ بھی اٹھا کر کار تک نہیں لا سکتا..اس نے اعلان کر دیا تھا کہ پیکنگ اور اس سامان کو ڈھونا اس کی ذمہ داری ہے اور نیمی پلیز میرا ہاتھ بٹانے کی کوشش ہرگز نہ کرنا تو وہ ہاتھ پر ہاتھ دھرے بیٹھا تھا اور اسے گھر کے اندر جاتے کچھ نہ کچھ گھسیٹتے' سامان کے وزن کو محسوس کرتے زور لگاتے اور یوں اس کی باچھیں قدرے کھنچ جاتی تھیں..باہر لاتے اسے کار کی پچھلی نشست پر ڈھیر کرتے دیکھتا رہا..

صرف ایک بار اس نے احتجاج کیا۔ ''شباہت..یہ سفر مختصر ہے..''

''تم کبھی نہیں جان سکتے کہ کون سا سفر مختصر ہے..''

تو کیا وہ آگاہ تھی..کیا اس کے رگ و پے میں کوئی ایسے نقشے ازل سے ثبت تھے جو اسے خبر کرتے تھے کہ یہ سفر مختصر نہیں ہوگا'..اس کے بدنی نظام میں شریانوں اور رگوں کا جو جال بچھا ہوا تھا' وہ دراصل شاہراہیں اور راستے تھے اور وہ جانتی تھی کہ انسان جب ایک بار ان پر چل نکلے تو سفر طویل ہو جاتے ہیں ورنہ اتنی تفصیلی تیاری کا تو کچھ جواز نہ تھا..

اس سفر پر نکلنے سے پیشتر انعام اللہ نے اپنی ساری حیات کو نہایت منظم طریقے سے سمیٹ لیا تھا..فلیٹ تو کرائے کا تھا' اسے خالی کر کے زندگی کے جتنے بھی سامان اس میں سجے تھے انہیں ایک مقامی چیریٹی کے دفتر میں ڈھیر کر دیا تھا..''گفٹ فار بی ز..'' اس کی واحد ملکیت تھی جسے اس نے اس سری لنکن کی مانند جو دو برس پیشتر صرف اپنے باپ سے ملنے کی خاطر اسے اونے پونے داموں میں بیچ گیا تھا..اس نے بھی جو پہلا گاہک آیا اس کی پہلی پیشکش قبول کر کے اس سے چھٹکارا حاصل کر لیا تھا..البتہ اس کا اٹارنی اس کی وصیت میں بار بار ردّ و بدل کرتا تنگ آ گیا تھا..جولیا کے علاوہ وہاں روشن کا نام درج تھا..اور اب اس کی جگہ اس نے شباہت کو اپنی وراثت کا حقدار ٹھہرا دیا تھا' اگرچہ وہ اس اندراج سے ابھی تک لاعلم تھی..

وہ کبھی کبھار اپنی گردن میں خم دے کر بال جھٹکتی..نہایت دل جمعی سے..ٹانگوں پر پھیلے نقشے کے توسط سے شاہراہوں کا تعین کرتی ڈرائیو کرتی چلی جا رہی تھی..انعام اللہ کو بعض اوقات یقین ہو جاتا کہ وہ اس کی موجودگی کو یکسر فراموش کر چکی ہے..

اور تب ان پر وہ وقت نازل ہوا وہ زمانہ اترا جس میں تمام نقشے باطل ہو گئے..

اس کی ٹانگوں پر پھیلے ہوئے سی اے اے..کے برٹش کولمبیا کے ڈرائیونگ چارٹ منسوخ ہو گئے..وہ چند گھنٹوں کا سفر اس نازل ہو چکے وقت اور اتر چکے زمانوں سے ماورا ہو کر اُس ابھی تک گمنام ستارے کی اُس روشنی کی مانند ہو گیا جو ہزاروں نوری برس طے کرتی ابھی تک زمین پر نہ پہنچی تھی..اور اس کی کار ایک ایسا اسپ سفید' وہاں سے بھی کہیں آگے اڑان کر جانے کا تمنائی ہو جہاں اس کا تخت بچھا تھا..بھلا ایک ایسا اسپِ سفید کسی انسانی نقشے کے مطابق پرواز کر سکتا تھا..وہ تو ان نقشوں کا پابند ہو جاتا ہے جو اس کے بدن کے اندر لوحِ محفوظ کی مانند ازل سے نقش ہوتے ہیں..

انسان کے ترتیب شدہ نقشوں میں تو چیف ماؤنٹین اور امریکی سرحد تک راستے میں کوئی وادی نہ پڑتی تھی لیکن.. اسپِ سفید کے بدن کے اندر وہ جو نقشوں کی لوح محفوظ تھی اس کے راستے میں یکے بعد دیگرے سات وادیاں نقش تھیں..

نہ سٹیئرنگ پر کچھ اختیار باقی رہا اور نہ کار کے میکانکی نظام پر.. وہ تو ایک اسپ سفید ہوئی جاتی ان دونوں کو ایک عالم بے خبری میں مبتلا کیے ایک ایسی وادی میں داخل ہو رہی تھی جس کے آغاز میں جو سنگ میل تھا اس پر فاصلے درج نہ تھے محض ''تلاش'' کندہ تھا.. وہ دونوں اگرچہ ایک عالم بے خبری میں مبتلا دکھائی دیتے تھے لیکن.. وہ جس نے گہرے تیقن سے کہا تھا کہ تم کبھی نہیں جان سکتے کہ کون سا سفر مختصر ہوگا تو شاید وہ خبر رکھتی تھی اور اسی لیے ایک بے انت مسافت کے سامان کر کے آئی تھی..

وہ دونوں جُھلسنے لگے.. لُو کے تھپیڑے کار کے شیشوں کو پگھلاتے ان کے بدن پر آتشی پھونکیں مارتے انہیں سلگانے لگے.. جس وادی میں سے وہ گزرتے تھے وہ پیاس.. طلب اور ہوس کا ایک دشت مرگ تھا.. کار کی ونڈ سکرین کو حدّت کی زبانیں چاٹتی تھیں اور وہ چٹخنے کو آتی تھی.. وہ دیکھ نہ سکتے تھے صرف محسوس کر سکتے تھے کہ رفتار گھٹتی ہوئی لگ رہی ہے کہ کار کے ٹائر بھی اس حدّت سے نرم ہو کر پگھلنے کو تھے اور ریڈی ایٹر کا پانی ایک آتش فشاں کی مانند ابل رہا تھا.. تلاش کی اس وادی میں جو شرر بار موسم تھے' ان کا عجیب اثر ہوا.. وہ دونوں ان محرومیوں.. اداسیوں اور دکھوں سے پھر سے دوچار ہوئے جو محض تلاش اور جستجو کے جرم میں ان پر نافذ کر دیئے گئے تھے.. باہر سلگتے بھڑکتے مرغولے تھے جو اس دشت مرگ میں سے قونیہ کے گھومتے درویشوں کی مانند بل کھاتے اٹھتے تھے اور ان میں سے ایک مرغولا جوان سب پر حاوی ہوتا غضبناک ہوتا اپنے طیش پر قابو نہ پا سکتا.. آسمانوں کو بلند ہوتا فریاد کرتا تھا اس کے گھومتے ہوئے بازوؤں پر چند مردہ چڑیاں اور بچے تھے جنہیں وہ اس تک لے جانا چاہتا تھا جو اپنے تخت پر براجمان بے پرواہ بیٹھتا تھا.. یہ ایک مجروح شدہ عزت نفس کا مرغولا تھا جو سب سے بلند جاتا آہ و فغاں کرتا تھا..

پھر ان کے جھلستے ہوئے بدن یکدم آسودہ ہو گئے جیسے ان پر ٹھنڈک بھری اوس چھڑک دی گئی ہو.. انہوں نے ابھی دم بھی نہ لیا تھا کہ وہ تلاش کی آتش میں سے نکل کر محبت کی وادی میں داخل ہو گئے.. اور انہیں.. جیسے بیمار کو بے وجہ قرار آ جائے.. قرار آ گیا کہ اس کے سارے شجر ایسے رنگ رنگ تھے کہ ان کا ہر پتہ ایک مختلف رنگ میں رنگا ہوا تھا.. وہ ہر موسم کے ہر پھول سے لدے ہوئے تھے اور ان کی گھنی رنگین شاخوں کے اندر پوشیدہ ایسے پکھیرو چہکتے تھے جو جنت تخلیق کرنے والے کے گمان میں بھی نہ تھے.. اگر ہوتے تو وہ کیوں اُس جنت کو بے رنگ اور بے نوا پرندوں سے بھرتا..

اور یہاں عمروں کا.. صورت شکل کا تفاوت کچھ معنی نہ رکھتا تھا.. یہاں محض ایک مرد ہونا اور ایک عورت ہونا کافی تھا.. اور اس وادی میں ان شجروں کے رنگین سایوں میں حافظ برخوردار کے مست ہاتھی جھومتے تھے.. حافظ ہاتھی عشق سندوریا پوش کریندا پوش.. اور اس وادیٔ محبت کی حیرانی میں انعام اللہ پر کھلا کہ شباہت کے حواس پر یہ ہاتھی کیوں سوار تھے.. اس کے گڑیا گھر میں اگر ہر نوعیت اور شکل کے.. لکڑی کے' کانچ کے' مٹی کے' ہاتھی دانت کے اور جیڈ کے پتھر کے ہاتھی سجے تھے اور

اس کے بازو پر اور ناف تلے جو ہاتھی نقش تھا جو اُس شب گیلا ہوا تھا تو یہ سب کے سب محض ایک لاابالی گرویدگی نہ تھے وہ سب عشق کے ہاتھی تھے..

اور شباہت.. اس کے لیے سٹیئرنگ سنبھالنا مشکل ہو گیا.. ایک نشے ایک خمار میں اترنے لگی.. سٹیئرنگ پر اس کی گرفت ڈھیلی پڑنے لگی.. اس کی کسی ہوئی نیلی جین کی قید میں آئی ہوئی تکون جو کبھی ایک الاؤ ہوا کرتی تھی' دھڑکنے لگی اور اس کے عین اوپر' ناف تلے جو ہاتھی تھا اسے پہلی بار احساس ہوا کہ وہ حافظ برخوردار کا.. عشق کا ہاتھی ہے اور وہ بھیگنے لگا.. انبساط کی ایک الوہی نم کیفیت اسے بے خود کرنے لگی اور اس کے موٹے سُوجے ہوئے لگتے ہونٹوں میں سے اذیت اور حظ سے بھیگی ایک حیوانی سسکی نے جنم لیا.. جس پر وہ قابو نہ پا سکی' کار لڑکھڑانے لگی.. پر فوراً ہی سنبھل گئی..

یہ جہان گویا ایک آئینہ خانہ تھا جس کے نقشوں پر رواں یہ کار عکس در عکس ہوتی چلی جاتی تھی اور ابھی ایک وادی سے نکلتی نہ تھی کہ اگلی وادی کے موسم اور عجائب اس پر اثر انداز ہونے لگتے تھے.. کیا وہ دونوں غیب سے ظہور میں آنے والی ان وادیوں میں اپنے آپ کو پا کر کسی سناٹے یا ڈر کی گرفت میں آ جاتے تھے کہ یہ ہم کہاں آ نکلے.. ہرگز نہیں.. وہ مطمئن اور شانت سفر میں تھے جیسے انہیں بھی غیب سے ان وادیوں کی توقع مل چکی تھی..

وہ جو الوہی نم کیفیت سے بے خود اور بے قابو ہونے لگی تھی.. عارفانہ اندیشوں کی وادی میں داخل ہوتے ہی سکون میں چلی گئی.. انعام اللہ کے بدن میں آسودگی کے وہ دیئے لو دینے لگے جو شباہت نے اس شب اس کے لیے جلائے تھے.. البتہ یہاں۔ کی جاناں میں کون... کا خوف اور سوال ہر سُو سرگوشیاں کرتا تھا اور دِیوں کی لو سے ہم آہنگ ہوتا عرشوں تک جاتا تھا کہ شاید اُدھر سے کُچھ جواب آ جائے.. پر وہاں سے جواب آنے تو صدیوں سے منقطع ہو چکے تھے اور اسی لیے ان زمانوں میں سب سوال لاجواب رہتے تھے اور شک ہونے لگتا تھا کہ وہاں کوئی ہے بھی یا نہیں.. طور کی جھاڑی بے نور پڑی تھی.. زمین کی کشش سے ماورا ہو جانے سے.. اپنے مدار سے نکل جانے سے ہی روح آزاد ہوتی ہے اور تب وہ کوئی سوال نہیں پوچھتی..

عارفانہ اندیشے یکدم ایک جہانِ حیرت میں گم ہو گئے.. حیرت کی اس وادی میں ہر گل بوٹا' ہر نقش' ہر چہرہ ششدر حیران.. ہم کون ہیں' کیا ہیں' کیوں ہیں.. ابر کیا چیز ہے' ہوا کیا ہے' یہ ماجرا کیا ہے.. ہر سُو حیرت کے نقش تھے اور یہاں بھی جو سوال مرغولوں کی مانند اُٹھتے تھے ان کا کُچھ جواب نہ آتا تھا..

اور تب آئینہ در آئینہ.. وادی در وادی.. وہ.. تلاش' محبت' عارفانہ اندیشوں اور حیرت کی وادیوں میں سے گزرتے لاتعلقی اور اتحاد کی وادیوں میں سانس لیتے بالآخر آخری اور ساتویں وادی جو کہ فنا کی تھی اس میں اترتے چلے گئے.. ایک ایسی مکمل اور نابینا تاریکی کی سیاہی نے انہیں اپنی لپیٹ میں لے لیا جس میں آج تک روشنی کی ایک کرن بھی داخل نہ ہوئی تھی.. اور یہ سیاہی سیّال تھی اور اس کے اندر ایک روح تھی جو چُپ تھی اور ازل سے لے کر آج تک جتنے بھی چرند پرند اور انسان فنا میں اترے تھے یہ ان کا ایک خاموش سانس تھی.. اس چپ میں کبھی کبھار انا الحق پکارتی ایک صدا اٹھتی اور فنا کی سیاہی اس کے منہ پر ہاتھ رکھ کر اسے خاموش رہنے کی تلقین کرتی کہ اگرچہ تم نے حق سچ کا بھید پا لیا ہے لیکن تمہیں اسے ظاہر نہیں کرنا چاہیے.. یہاں من تو شدی' تو من شدی کے موسم تھے جو فنا کی تاریکی میں فنا ہوتے تھے..

جو بھی پنکھ پکھیرو اور نفس اپنی طے شدہ حیات کے تانے بانے تیاگ کر سچ کی تلاش میں نکلتے ہیں اور جنہیں فنا کا کچھ خوف نہیں ہوتا بلکہ وہ اسے گلے لگانے کی آرزو کرتے ہیں تو انہیں لامحالہ ان سات وادیوں میں سے گزرنا پڑتا ہے اور اگر اس دوران وہ اپنے آپ کو قائم رکھ سکیں، بچ جانے والوں میں سے ہوں تو پھر قاف کے پہاڑوں میں سچ ان کا منتظر ہوتا ہے..عین ممکن ہے کہ یہ وہ سچ نہ ہو جس کی آس میں انہوں نے حیات کو ترک کر کے اپنے آپ کو فنا کی وادی کے سپرد کیا ہو.. اور یہ بھی ممکن ہے کہ وہ اُس سچ کو اپنے سامنے پائیں جو اُسی حیات میں اپنے بینک میں، اپنے گفٹ سٹور میں روزانہ ان کے سامنے آتا تھا اور وہ پہچان نہ کر سکے، یونہی دربدر ہوئے..ایک لاحاصل سفر اختیار کیا۔

فنا کی ساتویں وادی کے فریب میں سے وہ یوں باہر آئے کہ ان کے گرد پھر وہی جہان تھا..آس پاس سے کاریں اور ٹریلر فراٹے بھرتے نکلتے تھے، اُن کے ڈرائیور اُس ایک کار پر لعن طعن کرتے تھے جو شاہراہ کے درمیان میں نہایت سست رفتار سے حرکت کر رہی تھی جیسے اس میں سوار افراد غنودگی میں ہوں..

شاہراہ کے گرد چنار کا جو ایک گھنا جنگل زرد ہو رہا تھا وہاں سے ایک خزاں رسیدہ پتہ اڑتا ہوا آیا اور ان کی ونڈسکرین پر چسپاں ہو گیا..شاہت نے وائپر چلا کر اسے سمیٹ کر ونڈسکرین کو شفاف کیا..اور پھر اس نے حسب عادت بیک ویومرر پر نگاہ کی یہ جانچنے کے لیے کہ اس کے عقب میں سے کس نوعیت کی گاڑیاں چلی آ رہی ہیں تو اس عقبی آئینے میں اسے ایک پولیس کار کی پیلی جلتی بجھتی روشنیاں دکھائی دیں جو اسے رکنے کے لیے آمادہ کر رہی تھیں..

شاہت کے بھدّے جوگر..بریک کے پیڈل پر جمنے لگے..اس نے شاہراہ کے کناروں پر کار کو روک دیا..اور بیزاری سے منتظر ہو گئی..

''لیڈی..''پولیس آفیسر ایک خوش اطوار مسکراتا ہوا نوجوان تھا' وہ جھک کر نہایت مؤدبانہ اور دوستانہ لہجے میں مخاطب ہوا..''آپ شاہراہ کے عین درمیان میں مروّجہ رفتار سے کہیں سست روی سے یوں کار چلا رہی ہیں کہ دوسرے ڈرائیور آپ کے ساتھ حادثہ کر سکتے ہیں..کیا میں آپ کے کاغذات دیکھ سکتا ہوں..؟''

یہاں تک تو سب کچھ معمول کے مطابق رونما ہوا..سوائے اس کے کہ ڈرائیور نے نہ بحث کی اور نہ ہی کوئی درخواست کی بلکہ نہایت لاتعلقی سے ڈرائیونگ کاغذات اس کے حوالے کر دیئے..لیکن جب وہ جھکا ہوا انہیں وصول کر رہا تھا تو وہ خوش اطوار پولیس آفیسر یکدم ایک جھٹکے سے ٹھٹک کر رہ گیا کہ اس کار کے اندر..ڈرائیور کی نشست پر بیٹھی ہوئی لڑکی کی آنکھوں میں ایک عجیب وحشت ایسی تھی جو اس کی نیلی وردی میں چھید ڈال سکتی تھی اور اس کے سیاہ بال جھلسے ہوئے لگتے تھے..بدن پر کچھ بوسیدہ چیتھڑے تھے جن میں سے اس کے ابھار عریاں ہوتے تھے' اور اس کی نیلی جین بھی ادھڑی ہوئی تھی..اس کے برابر میں بیٹھا ہوا ادھیڑ عمر شخص ایک دیوانے کی مانند اپنے آپ میں مسکرا رہا تھا اور اس کے تن پر بھی جو کچھ تھا جھلسا ہوا تھا..جیسے وہ کسی ٹارنیڈو کی آنکھ میں سے گزر کر آئے ہوں..ہزاروں میل کی مسافت پر محیط کسی ویرانوں اور صحراؤں میں سے گزرنے والی کار ریلی کے دو شریک ہوں..کار کے پچھلے حصے میں اتنا کاٹھ کباڑ اور سامان تھا جیسے وہ منگولیا کے ہرے بھرے میدانوں اور وسیع ویرانوں میں سفر کرتے ابھی ابھی کینیڈا میں داخل ہوئے ہوں..

ڈیڑھ سو ڈالر کے جرمانے کا ٹکٹ کاٹتے ہوئے وہ خوش اطوار پولیس آفیسر قدرے مجرم محسوس کرتا رہا لیکن اس کے باوجود اس نے اپنی روایتی خوشگواری برقرار رکھی اور شباہت کو وہ ٹکٹ تھماتے ہوئے اس نے اس کے برابر میں بیٹھے ہوئے ادھیڑ عمر شخص کی جانب نگاہ کرتے ہوئے کہا.. ''سر.. آپ انہیں سمجھا سکتے ہیں کہ شاہراہ کے درمیان میں یوں سُست رفتاری سے ڈرائیو کرنا حادثے کا باعث بن سکتا ہے.. آپ.. ان کے باپ ہیں..؟''

اس سے پیشتر کہ انعام اللہ کچھ ہوں ہاں کرتا.. خجل ہو کر کچھ کہتا.. شباہت نے اس خوش اطوار جھکے ہوئے پولیس آفیسر کی آنکھوں میں آنکھیں ڈال کر کہا.. ''نہیں.. یہ میرا نہیں.. میرے ہونے والے بچے کا باپ ہے..''

سفر جو مختصر ہونا تھا طویل ہوتا پھر سے رواں ہو گیا..

شباہت کے چہرے پر بے انت مسافتوں کی دھول تھی جس میں سے اس کی سیاہ آنکھیں پھڑپھڑاتی تھیں، کلفتیں، حیرانیاں، تلاش اور عارفانہ اندیشے ثبت تھے اور اس کے دبیز ہونٹوں پر ایک ازلی پیاس کی پپڑیاں تھیں..

انعام اللہ شباہت کے چہرے کو پڑھ سکتا تھا..

مسافتوں کی دھول میں اٹے.. کبھی تلاش میں سرگرداں، کبھی محبت میں مبتلا، کبھی حیرت میں گم اور کبھی اندیشوں کے وسوسوں میں غرق.. اُس پر جو گزری تھی.. اس دوران اُس کے چہرے پر جو رونقیں اور ویرانیاں رونما ہوئی تھیں وہ انہیں.. پڑھ سکتا تھا.. وہ ایک کھلی کتاب کی مانند تھی..

وہ آگاہ تو نہیں تھا کہ گئے زمانوں میں حروفیہ فرقے کی ایک عجیب سی منطق نے جنم لیا تھا اور اس سے وابستہ افراد کے اندر ایک ایسی ولایت کا ظہور ہوتا تھا کہ وہ دنیا میں جتنے بھی.. جس نسل اور رنگت کے جو بھی انسان تھے وہ ان کے چہرے پڑھ سکتے تھے، ان کے نین نقش پر لکھے گئے کم از کم سات حروف تہجی پہچان کر ان کی ذات کی پنہائیوں میں اتر کر جو کچھ اس کے اندر روپوش ہوتا تھا، اسے جان جاتے تھے.. اگر ناک ایک ''الف'' تھی تو نچلا ہونٹ ''ب'' ہو سکتا تھا، رخسار ''ج'' کی شکل نمایاں کرتے تھے اور یوں ہر شخص کے چہرے پر اس کی زندگی کی کتاب کے حروف نقش ہوتے تھے، جنہیں حروفیہ فرقے کے لوگ پڑھ سکتے تھے.. اگرچہ وہ قطعی طور پر اس فرقے کے بارے میں لاعلم تھا اور نہ ہی ولایت کے اس درجے تک پہنچا تھا لیکن اس کے باوجود وہ شباہت کے چہرے پر لکھی عبارتوں کی تلاوت کر سکتا تھا..

شاہراہ سے صرف ایک پل کے لیے توجہ ہٹا کر شباہت نے اپنے برابر میں بیٹھے اس شخص کو ایک نظر دیکھا جس کے دماغ میں ایک سودا تھا جس کی راہ میں محبت بھی حائل نہ ہو سکی تھی.. اور وہ بھی کیا دیکھتی ہے کہ اس کا چہرہ بھی ایک عبارت ہے جسے وہ کیسی آسانی سے پڑھ سکتی ہے.. وہاں بھی ان سات وادیوں میں سے گزرنے کے سارے آثار نقش تھے.. دھول.. حیرتیں اور خدشے.. اور پہلی مرتبہ اس کے چہرے پر لکھی گئی عبارت کے بنجر پن میں اسے ایک کومل کونپل پھوٹتی نظر آئی.. اور ان طویل مسافتوں کی تھکن اور کلفت اُس پل دُھل گئی.. کہ وہ کونپل محبت کی تھی.. پر وہ اظہار سے گریزاں تھی.. اس کے سُوجے ہوئے لگتے ہونٹوں پر مسکراہٹ صرف اس ایک پل کے لیے عیاں ہوئی اور دوسرے پل اس نے جان بوجھ کر اسے بجھا دیا.. وہ زیادہ پرامید نہ ہونا چاہتی تھی..

اس کا مختصر سیاہ بلاؤز اور نیلی جین صدیوں کی مسافت سے بوسیدہ ہو چکے تھے اور یوں لگتا تھا جیسے اس کے بدن پر اُن کے سیاہ اور نیلے پیوند لگے ہوں جو اس کے سہانے پن کو جگہ جگہ جھلکاتے ہوں.. جو گرز کے بخیے ادھڑ چکے تھے اور ان کے تسمے نیم مردہ سنپولیوں کی مانند بے جان لٹکتے تھے..

تو وہ جانتی تھی کہ یہ ایک مختصر مسافت نہیں ہے.. اسی لیے وہ جوگرز کا ایک فالتو جوڑا بھی ہمراہ لے آئی تھی..

اگر وہ جانتی تھی تو یہ اس کی سانسی روح کا کرشمہ تھا جو ازل سے سانس لیتی چلی آئی تھی.. کائنات اور فاصلوں کے رموز سے اسی لیے واقف تھی کہ جو بھی ایک مخصوص عقیدے کی قید میں سانس لیتے ہیں' وہ ان رموز کا سراغ نہیں پا سکتے..

تو وہ جانتی تھی..

شباہت نے کچھ بحث نہ کی تھی..

جب وہ ایک شجر کی مانند ساکت کھڑی تھی اور وہ اپنی بانہیں اس کے وجود کے تنے کے گرد لپیٹے روشن کے بچھڑ جانے پر بلک رہا تھا تو وہ اس کی کمر پر ہاتھ پھیرتی ایک ماں کی مانند اسے ڈھارس دیتی تھی.. اور جب وہ اپنے سودائی پن میں کہتا تھا کہ نہیں شباہت خودکشی ہمیشہ تنہا ہوتی ہے.. تو اس نے کچھ منت سماجت نہ کی کہ وہ اپنے سودائی پن سے باز آ جائے.. نیمی.. میں جان چکی ہوں کہ تمہارے وجود کے اندر مجروح انا کی جو راکھ سلگتی ہے جب تک تم اس کی تشفی نہیں کرو گے تب تک باکار نہیں ہو گے.. میں تمہاری معاونت کروں گی.. کہ مجھے ایک نامکمل اور بے کار مرد درکار نہیں..

''شباہت..'' وہ بہت دیر بعد گویا ہوا..

''ہاں..'' گردن میں ایک خم آیا اور اس کے بال بے ترتیب ہو گئے..

''اس پولیس آفیسر سے.. تم نے کہا تھا کہ یہ میرا باپ نہیں ہے بلکہ..''

''کم آن نیمی..'' اس کے چہرے پر جو عبارتیں تھیں وہ یکدم ڈھل گئیں اور ان میں سے آج کی سویر میں جو ایک نارمل کینیڈین لڑکی تھی وہ ظاہر ہو کر کندھے سکیڑ کر کہنے لگی.. ''کیا ایک انسان قدرے غیر سنجیدہ ہو کر ایک مذاق بھی نہیں کر سکتا.. تم جو اُدھر سے آتے ہو اپنی تمام تر ذہنی بلوغت کے باوجود ایک ہلکے پھلکے فقرے کو بھی سنجیدگی سے لے لیتے ہو.. میں تو اس مسکراتے ہوئے باسٹرڈ پولیس آفیسر کو ایک صدمہ پہنچانا چاہتی تھی.. تم نے کیا اخذ کر لیا..''

''صرف اس پولیس آفیسر کو صدمہ پہنچانے کے لیے تم نے یہ کہا تھا..''

''ہاں.. محض ایک مذاق.. اس کے سوا کچھ بھی نہیں..''

ان کے درمیان خاموشی کی ایک چُپ اور مقفل وادی حائل ہو گئی اور ان دونوں نے اس کے قفل میں گویائی کی چابی گھما کر اسے نہ کھولا.. چُپ رہے..

✦•••••••✦

سفر کا انت نہ ہو رہا تھا..
مختصر فاصلے طے نہ ہوتے تھے..
وہ اس دستورِ زباں بندی سے عاجز آ کر بول اٹھا..''شباہت.. ہم نے کتنی مسافتیں طے کر لی ہیں.. اور کتنا سفر باقی ہے..؟''

''مسافت پر تم نکلے ہو اور پوچھتے مجھ سے ہو.. منزل کا تعین تم نے کیا تھا اور توقع مجھ سے رکھتے ہو کہ فاصلوں کا تعین میں کروں.. میں تو تمہارے بہاؤ میں بہنے والا ایک تنکا ہوں مجھے کیا خبر کہ مسافت کتنی طے ہو چکی ہے اور کتنا سفر باقی ہے..''

اس کے چہرے پر جو حروفیہ منطق نقش تھی جسے وہ ابھی کچھ دیر پہلے آسانی سے پڑھ سکتا تھا وہ غیر واضح ہونے لگی.. اُس کی آنکھیں، ابرو، موٹے ہونٹ، پھڑپھڑاتی آنکھیں، رخسار اور ناک آپس میں غلطاں و پیچاں ہونے لگے اور انہیں پڑھنے میں ایک گنجلک دشواری درمیاں آ گئی..

ابھی وہ اسے پڑھ سکتا تھا اور ابھی وہ ایک اُمّی ہو گیا تھا..
اگر اُس کی جگہ حروفیہ فرقے کا کوئی فرد ہوتا تو وہ بھی اپنی ولایت سے.. دستبردار ہو جاتا..
''تم کیسے جان گئی تھیں کہ یہ مسافت مختصر نہ ہو گی..''
''تمہارے سودائی پن کی شدت کے راستے میں جب میری محبت بھی حائل نہ ہو سکی تب میں نے جانا..''

ان کے وحشت آثار چہرے صدیوں پر محیط مسافتوں کے قصّے عیاں کرتے تھے.. دریدہ پیراہن جو پھٹے ہوئے چیتھڑوں کی صورت اختیار کر چکے تھے، وہ بھدے جوگرز بھی گواہی دیتے تھے کہ وہ ایسی کوہ نوردیوں میں تھے جن کی آخری منزل قاف کی پہاڑیاں ہیں جن میں سچ اگر ہے تو وہاں پوشیدہ ہے.. یہ سب مسافتیں اور وادی نوردیاں ایک گمان، ایک سراب، ایک فریب نظر بھی ہو سکتا تھا.. لیکن وہ گمان حقیقت، سراب حقیقت اور فریبِ نظر بھی حقیقت نظر تب ہوا جب آشکار ہوا کہ نہ صرف ان کے پیراہن اور جوگرز اپنی زبوں حالی کی پکار کرتے تھے کہ ہم کبھی اتنے دریدہ نہ ہوتے اگر ہم نے گمان سے پرے کی اتنی طویل مسافتیں نہ طے کی ہوتیں بلکہ شباہت نے سفر کے آغاز میں جو سامان سو برس کا، کیا تھا وہ سارے کا

سارا کام آ چکا تھا.. سلیپنگ بیگ جو نئے نکور تھے ایسے بوسیدہ صحیفے ہو چکے تھے جو ہاتھ لگانے سے بُھر تے تھے' انہوں نے موسموں کے اتنے مسلسل تغیر سہے تھے کہ اب دھجیوں میں بکھرنے والے تھے.. پنیر کے ڈبے.. خوراکوں کے ٹین.. شہد اور مارملیڈ کی بوتلیں.. بسکٹوں کے پیکٹ.. سب کے سب کھو کھلے ہو کر بے وزن حالت میں لڑھکتے پھرتے تھے.. وہ جن شب و روز میں ان کے شکم میں اترے ان کی یادداشت کا کوئی ایک خلیہ بھی ان کے ذہن میں زندہ نہ تھا.. شب و روز تو نقش تھے پر یہ خوراکیں ان کے کب کام آئیں اس کا تعین نہ ہو پاتا تھا.. اور تو اور جب وہ ایک نیا خیمہ اپنے پن میں لپٹا ہوا کار میں رکھ رہی تھی تو انعام اللہ کو تب بھی حیرت ہوئی تھی کہ اتنے مختصر' دو چار گھنٹوں کے سفر کے دوران بھلا رات کیسے آ سکتی ہے کہ انہیں خیمہ نصب کرنے کی حاجت ہو جائے اور اس خیمے کا نیلا آسمانی رنگ بھی پھیکا پڑ چکا تھا جیسے وہ برسوں سے ایک ایسی پناہ گاہ رہا ہو جس پر ہمیشہ موسم کی شدتیں اتری ہوں..

البتہ اس سارے استعمال شدہ' بوسیدہ اور کھو کھلے ہو چکے سامان میں صرف فالتو جو گرز کا وہ جوڑا ابھی تک جوں کا توں اور نیا نکور تھا..

مسافتوں اور موسموں کے مارے ہوئے شباہت کے دریدہ سیاہ بلاؤز میں سے کاندھے کے قریب جو لبوترا مسخرا سا ہاتھی تھا وہ عریاں ہو رہا تھا.. اور صرف وہ نہ تھا جو عیاں ہوتا تھا.. جو کچھ اور ہوتا تھا اس کے نشیب و فراز میں انعام اللہ کی آنکھیں بھٹکیں اور پھر وہ سنبھل گیا کہ ہوس نے ابھی تک اس کا دامن نہ چھوڑا تھا..

حیرت انگیز طور پر اتنی بے انت اور دشوار گزار مسافتوں کو طے کرنے کے باوجود کار کا انجن نہ احتجاج کرتا تھا اور نہ ہی اس کے اندر سے اٹک اور بوسیدگی کی کوئی آواز برآمد ہوتی تھی.. وہ ایک نخریلی بلی کی طرح ملائمت سے خرخر کرتا چلا جا رہا تھا..

''میرا خیال ہے کہ ہم پہنچنے والے ہیں..'' شباہت نے گھٹنوں پر پھیلے نقشے کو ایک نظر دیکھا اور پھر اس لمبے کار شاہراہ کے کناروں سے اتری اور اس کے ٹائر ایک گھاس بھرے میدان کی روئیدگی کو روندتے چلے گئے اور تب شباہت نے اپنا وہی پاؤں.. اگرچہ آج اس کے بھدے جوگرز کے بخیے ادھڑ چکے تھے' ان کے تسمے مردہ سنپولیوں کی مانند بے جان لٹکتے تھے.. وہی پاؤں جو اس نے بخت جہان کے ایک سیاہ ٹکسیڈو میں سے نمایاں ہوتے' کار کا دروازہ کھولنے کے لیے آگے بڑھتے وجاہت بھرے چہرے کو دیکھ کر بریک کی بجائے ایکسلریٹر پر رکھ دیا تھا' اسی پاؤں کو اگرچہ ادھڑ چکے جوگر میں ملفوف.. بریک پر جما کر اتنی شدت سے دبایا کہ انعام اللہ کا سر چھت سے جا ٹکرایا اور کار ایک جھٹکے کے ساتھ واٹرسن لیک کے پانیوں کے عین کنارے پر آ کر تھم گئی..

اس سے پیشتر کہ وہ باہر آتے' کانوں کے پردوں پر دھمکنے والا ایک سناٹا کار کے اندر آ گیا.. کیسی بے کراں اور ناقابل اعتبار خاموشی تھی جس میں ہوا کی سرسراہٹ تو کیا جھیل کے پانیوں کی کسی ایک کروٹ کا بھی شائبہ نہ تھا..

اس کا برسوں کے بوجھ تلے دبا بدن طویل مسافتوں نے پتھر کر دیا تھا.. وہ بمشکل باہر آیا اور جونہی گھاس پر اس کے قدم اترے وہ ذرا لڑکھڑایا کہ وہ اس کائناتی خلائی مسافت کے دوران ایک بے وزن حالت میں تھا اور اب برسوں کا بوجھ اس پر غالب آ رہا تھا اور زمین کے لمس کی اسے عادت نہ ہو رہی تھی..

شباہت ایک کچی عمر کی ہرنی کی مانند جس کے بدن پر صحراؤں کی مسافتوں کو کچھ اثر نہ ہوتا تھا' کود کر کار سے باہر آ گئی.. وہ انعام اللہ کو سہارا دینے کے لیے آگے بڑھی اور پھر جھجک گئی کہ کہیں اسے برا نہ لگے..

وہ جو اَن گنت زمانے اور وادیاں اور مسافتیں ان پر گزری تھیں.. ان کے سب پُر وحشت آثار ان کے چہروں سے ڈھل گئے.. وہ اس گھاس بھرے میدان میں قدم رکھتے ہی جو کچھ ان پر بیتا تھا اسے فراموش کر کے لمحۂ حال میں سانس لینے لگے..

ان کے سامنے جھیل کے مختصر پاٹ کے پار گویا قاف کی پہاڑیاں تھیں اور وہ سچ کی تلاش میں سرگرداں وہاں تک آن پہنچے تھے.. اگرچہ ان دونوں کا سچ جدا جدا تھا..

انعام اللہ اپنی عزت نفس کے مجروح پن کے سچ کا مداوا چاہتا تھا..

اور شباہت.. صرف اسے چاہتی تھی..

جھیل کے پار کناروں سے اٹھتی ہوئی ایک بلندی تھی جسے کہیں کہیں سرکنڈے اور جھاڑیاں ڈھکتی تھیں اور اس ڈھلوان کی اونچ نیچ پر مناسب فاصلوں پر ایستادہ بھدی اَن گھڑی چار بُرجیاں' کرسمس آئی لینڈ کی ڈھلوانوں پر ہزاروں برسوں سے ایستادہ مشرق کی جانب رخ کیے جدھر سے آفتاب ابھرتا تھا سپاٹ چہروں اور لمبی ناکوں والے مجسّموں کی مانند تنہا اور اداس دکھائی دے رہی تھیں.. وادیٔ کالاش کے قدیم قبرستانوں میں جو معتبر اور قدرت کے پجاری بزرگ ہوتے تھے ان کی قبروں کے سرہانے ان کی شبیہہ کے جو لکڑی کے تراشے ہوئے مجسّمے ایستادہ کیے جاتے تھے بس وہ اُن کی طرح نشاندہی کرتی تھیں کہ یہاں ان کے تلے بھی کُچھ دفن ہے.. شاید کُچھ بچے اور چڑیاں..

یہ سرحد تھی..

چار بُرجیاں اس ڈھلتی شام میں.. جھیل کے پار ڈھلوان کی اونچ نیچ کے مطابق اونچی نیچی' ایک دوسرے سے دو چار فرلانگ کے فاصلے پر ایستادہ نشاندہی کرتی تھیں کہ.. یہاں ایک سرد اور اداس سرزمین کا اختتام ہوتا ہے اور دوسری جانب امریکہ کا آغاز ہوتا ہے..

دور دور تک اس ڈھلتی شام میں کوئی ذی روح نہ تھا.. نہ کوئی بندہ بشر اور نہ کوئی چرند پرند.. صرف وہ سناٹا تھا جو ان کی کار میں اتر آیا تھا.. اور ظاہر ہے کہ دور دور تک ان پر نظر رکھنے والا بھی کوئی نہ تھا.. اگر وہ دونوں بے وجہ وہاں چیخنے لگتے' غُل کرتے گلے پھاڑنے لگتے تو بھی آس پاس کوئی بھی نہ تھا جو چوکنا ہو جاتا..

وہ کہاں تھا.. لاہور کے ایک بے آباد نواح میں واقع ایک گاؤں کی مسجد کی سیڑھیوں پر.. اور ایک نعت خواں اسے سنگسار کرنے کے لیے پتھر اٹھائے ہوئے تھا.. اور پھر کھیتوں میں فارغ ہونے کے بعد ان میں سے نمودار ہونے والے سروسانسی نے اسے اپنے سینے سے لگا لیا تھا تو وہ وہاں سے.. یہاں تک کیسے آن پہنچا تھا.. اور یہاں بھی اُسی سروسانسی کی پوتی اسے سینے سے لگائے رکھتی تھی تو یہ عمر کی کیسی گنجلک مسافت تھی کہ جس کے تانے بانے آپس میں ملتے تھے اور الجھتے تھے..

انعام اللہ ایک غیر جانب دار' لاتعلق زندگی بسر کر رہا تھا.... ایک حرامی کی حیثیت میں جس کا اقرار وہ اپنے ناول

میں کر چکا تھا.. اور پھر ٹیلی ویژن سکرین پر حرکت کرتی ہوئی چند تصویروں نے .. بومب بیگڈ اڈ.. فک بیگڈ اڈ اس کے لیے پُرتحقیر اور ان کے لیے پُرفخر نعروں نے.. اور چند بچوں اور چند چڑیوں کی موت نے اسے یکدم جانب دار کر دیا تھا..

گرین اِچ گاؤں کے اُس تہہ خانے میں بیٹھے ٹیلی ویژن سکرین پر متحرک تصویروں نے اسے یوں جانب دار کر دیا تھا کہ مذہب سے بیگانگی کے باوجود.. اگرچہ اس کا دل اس میں ٹھہرتا نہ تھا بھری پری مسجدوں میں کسی کونے میں سر جھکائے دیگر عبادت گزاروں کے تتبّع میں وہ یونہی لب ہلاتا رہتا تھا صرف ایک دعوت مبارزت دینے کی خاطر.. اسے اس تبدیلی ہیئت اور قلب پر مجبور کر دیا گیا تھا.. جیسے ایک رینگتا ہوا مکوڑا اپنی جون بدل کر ایک پھنیر سانپ میں بدل جائے.. جس کے لچکیلے بدن کو تحقیر کے بھاری بوٹ کچلنے کے درپے ہوں.. اور جب وہ اپنی سرسراتی زبان سے ان بوٹوں پر وار کرے تو ان پر کچھ اثر نہ ہو تو وہ جان جائے کہ وہ ایک سانپ نہیں' ایک کینچوا ہے.. صدیوں سے اس کی نالائق اور بے ایمان نسل کے کھوکھلے پن نے معروضی حالات سے چشم پوشی کرتے عظمت رفتہ کی افیون میں اونگھتے اسے ایک کینچوے میں بدل دیا ہے..

تو وہ کینچوا نہ تو تحقیر کے اس بُوٹ پر غالب آ سکتا تھا اور نہ ہی اسے کوئی گزند پہنچا سکتا تھا پر وہ اتنا لاچار اور مجروح ہو چکا تھا کہ اسے بہرطور اس بوٹ پر اپنے کچے دانت گاڑنے تھے چاہے اس بے مقصد عمل کے نتیجے میں وہ فوری طور پر کچلا جائے.. اسے کُچھ نہ کُچھ تو کر گزرنا تھا..

ڈھلوان پر وہ شام جھیل کے پار ہولے ہولے اترتی تھی جس پر سرکنڈوں اور لامبی گھاس کی سرسراہٹ میں نمایاں ہوتی چار بُرجیاں تھیں.. جو اُن بُوٹوں کی نمائندگی کرتی تھیں جنہوں نے اس کی عزت نفس کو کچل ڈالا تھا.. اور ان کے سائے میں مردہ بچے اور چڑیاں پڑی تھیں.. چار بُوٹ تھے.. اور ایک کینچوا انہیں کُچھ گزند نہ پہنچا سکتا تھا..

اور انہیں مسمار کرنے کے لیے اس کے پلّے کُچھ سامان نہ تھا.. نہ کوئی آتش گیر مادہ.. نہ کوئی آہنی ضرب لگانے والا اوزار.. صرف ہاتھ تھے اور وہ بھی بہت نازک جن میں صرف ایک قلم تھامنے کی سکت تھی.. عزت نفس کی بحالی کے لیے اگر وہ ان میں سے ایک بُرجی کو ڈھا بھی دیتا تو بھی یہ ایک ذاتی فریب کے سوا کُچھ نہ تھا.. ہمالہ کے ایک چھوٹے سے سنگریزے کو مسمار کرنے سے ہمالہ تو سرنگوں ہونے سے رہا.. پر اس کے بس میں اگر کُچھ تھا تو بس.. یہی تھا.. بس یہی کہ کہیں نہ کہیں کسی ورق پر جو آئندہ صدیوں میں پڑھا جائے تو اس پر درج ہو کہ بچوں اور چڑیوں کی موت مکمل طور پر رائیگاں نہیں گئی تھی..

وہ بُرجیاں گویا ایک تختۂ دار تھیں جن کی جانب حلاج اپنی من مرضی سے بڑھتا تھا.. یہ جاننے کے باوجود کہ وہ ان پر مصلوب کر دیا جائے گا.. ان میں سے کسی ایک بُرجی کو ڈھانے کے جرم میں وہ کسی گوانتانا موبے کی صلیب پر چڑھایا جا سکتا ہے.. جہاں پہلے اس کے ہاتھ پاؤں قلم کیے جائیں گے اور اس کا دھڑکتا دھڑ اپنے لہو سے اپنا چہرہ پونچھ کر گویا وضو کرے گا اور پھر اس کی لاش جلا کر اس کی راکھ زمانوں کے فرات میں بہادی جائے گی.. پر اس کی راکھ کے ہر سرمئی ذرّے کا قلب مطمئن اور شانت ہو گا' اس میں مجروح پن کی جو دراڑیں پڑ چکی تھیں وہ سب کی سب مندمل ہو جائیں گی اور ہر ذرّے کا قلب پھر سے دھڑکنے لگے گا..

شام.. دبے پاؤں کی ایک سرمئی بلی' محبوب سے چوری چھپے مل کر آنے والی' کوٹھے سے سیڑھیوں پر ڈھلتی ایک گندمی رنگت کی لڑکی.. اترتی آتی تھی..

ان چار برجیوں کے راستے میں صرف جھیل ہی نہ تھی جو حائل تھی' اس کے پہلو سے لگی' دریدہ سیاہ بلاؤز والی' جس کی لامبی ٹانگوں میں سے ایک حدّت اس کی بے جان رانوں میں سرایت کرتی تھی.. ایک لڑکی بھی تھی.. اور وہی اس کی راہ میں محبت کے روڑے اٹکانے کی سعی کرتی تھی.. اسے ڈگمگانے کی خاطر بولتی نہ تھی.. پہلو سے لگی چپ بیٹھی تھی..

اس سے پیشتر کہ رات کے اونٹ کے سیاہ بالوں والا خیمہ اس جھیل اور اس کے پار کے منظر کو ڈھانپ لے وہ رخصت ہو جانا چاہتا تھا..

''شباہت..''

''ہوں..''

''میں نے کہا تھا ناں کہ خودکشی ہمیشہ تنہا ہوتی ہے.. اس میں کوئی شریک نہیں ہوسکتا.. تم بھی نہیں.. ان مسافتوں میں میرا ساتھ دینے کا شکریہ.. مُجھے اب جانا ہے.. اور تمہیں اب واپس جانا ہے..''

''میں یہاں واپس جانے کے لیے نہیں آئی اور نہ ہی تمہاری منت سماجت کر کے تمہیں اپنے اس سودائی پن سے باز رکھنے کے لیے آئی ہوں.. اگر میری محبت حائل نہیں ہوسکی تو پھر اس کے سوا اور کیا درماں ہے..''

وہ محض ایک لامبی ٹانگوں' سیاہ گھنیری آنکھوں اور سُوجے ہوئے لگتے ہونٹوں اور آج تک اپنے بازوؤں پر عیاں اور ناف تلے پوشیدہ ایک ہاتھی والی.. آج سویرا اپنے گڑیا گھر میں سے ایک مختصر مسافت کے لیے سو برس کا سامان کرتی ایک معمولی سی لڑکی تھی.. کیلگری شہر کے ایک نمایاں بینک میں خون پسینہ ایک کرتی.. ویک اینڈز پر شراب خانوں میں اپنی کولیگز کے ہمراہ ہلاّ گلاّ کرتی.. رم کے گھونٹ بھرتی.. ایک عام سی لڑکی تھی.. پر جیسے کوئی گڈریا اپنی کھوج میں ایک جلتی جھاڑی کے سامنے جا کھڑا ہو اور وہاں سے ایک آواز آئے کہ جوتے اتار دو کہ تم ایک مقدس جگہ پر ہو تو اس گڈریئے کی جون بدل جائے.. ایسے اس کا معمولی پن.. ان سات وادیوں کی مسافت کے بعد اور ان گنت زمانوں اور موسموں میں سے گزرنے کے بعد ایک غیر معمولی صوفیانہ دانائی میں بدل چکا تھا.. اس کی گفتار اور لہجے پر اثر ہو چکا تھا.. اس پر ہر وادی کا انوکھا اور الوہی رنگ چڑھ چکا تھا.. وہ' وہ نہ رہی تھی' کُچھ اور ہو گئی تھی..

''نیمی.. عبادات.. ارادے اور عمل سب کے سب خام' رائیگاں اور بے مراد ہیں جب تک ان میں خلوصِ نیّت کا تڑکا نہ لگے.. اگر تم وہ ساتوں وادیاں پار کر کے' ان کی مصیبتیں' کلفتیں اور اذیتیں اور مرگ مسافتیں طے کر کے یہاں تک پہنچ گئے ہو.. تو صرف اس لیے کہ تمہاری نیّت کھری تھی' اگر نہ ہوتی تو تم کسی ایک وادی میں یا تو بھسم ہو گئے ہوتے یا منجمد ہو گئے ہوتے.. تو تمہاری نیّت میں کُچھ شک نہیں.. اگر نیّت درست ہو تو بے شک تم دمشق کے ایک غربت زدہ محلے میں جوتے گانٹھنے والے ایک موچی ہو.. گھر سے باہر قدم بھی نہ رکھا ہو اور اس کے باوجود تمہارا حج سب سے افضل ہو جاتا ہے اور.. اگر نیّت میں خلل ہو تو بے شک ساری عمر طواف کرتے رہو' کُچھ حاصل حصول نہ ہو گا.. تمہاری نیّت میں کُچھ شک نہیں.. تمہارا حج ہو چکا نیمی.. تم بے شک جھیل کے پار بُرجیوں کی صورت میں جو شیطان دکھائی دے رہے ہیں ان پر کنکریاں نہ پھینکو.. تمہارا حج ہو چکا.. کُچھ فرق نہیں پڑے گا.. صرف.. مجھے فرق پڑے گا نیمی.. اور میں تمہاری منّت نہیں کر رہی..''

انعام اللہ اُن بُرجیوں کی مانند اپنے ارادے پر مستحکم تھا.. اس نے گرین اِچ گاؤں سے.. جولیا اور گستاف سے..

اس لیے ترک وطن.. کیا تھا کہ وہ یہاں ایک گمنام حالت میں ہو کر.. کسی نہ کسی طور اس بُوٹ پر اپنے کچے دانت ایک کینچوے کی مانند گاڑ کر صرف اپنی نہیں ایک اجتماعی عزت نفس کے مجروح پن کا مداوا کرنا چاہتا تھا..

''تمہیں کیا فرق پڑے گا شباہت..''

''صرف مجھے ہی تو فرق پڑے گا نیمی.. صرف مجھے.. میں نہ تو تمہیں قائل کر کے باز رکھنے کی کوشش کر رہی ہوں اور نہ ہی محبت کی خود غرضی کا شکار ہو کر من گھڑت تاویلیں پیش کر رہی ہوں.. اگر تم ان وادیوں میں سے زندہ سلامت گزر آئے ہو جو کسی بھی نقشے پر نقش نہیں تھیں تو گویا وہ ایک امتحان تھیں.. اگر تمہاری نیت میں ذرّہ بھر فتور ہوتا تو تم کب کے مر گئے ہوتے اور اگر تم اس اِمتحان میں سرخرو ہوئے تو محض اپنی نیّت کی درستگی کے بل بوتے پر.. تو اگر اب جب کہ تمہارا حج قبول ہو چکا اس کے باوجود تم مُجھے ترک کر کے جھیل کے پار کسی ایک بُرجی کو مسمار کرنے کے لیے جاتے ہو تو آئی ایم سوری نیمی.. یہ محض ایک دکھاوا ہوگا' ایک دنیا داری.. تکبر کی تشفی کا ایک کھوکھلا مظہر ہوگا.. خود نمائی کا ایک تماشا ہوگا.. تم اپنے نفس کے کتّے کو ایک بُرجی کے مسمار پن کا گوشت کھلا کر موٹا کرنا چاہتے ہو..''

انعام اللہ اک عالم تحیر میں جیسے گنگ ہو چکا اس سے استفسار تو کرنا چاہتا تھا کہ تم نے صوفیانہ دانش کے یہ چلن کہاں سے سیکھ لیے.. میں بھی تو انہی ساتوں وادیوں میں سے گزرا ہوں تو یہ کرشمہ مجھ پر کیوں وارد نہیں ہوا.. یہ معجزہ جس نے تمہیں ایک دمِ عیسیٰ کی مانند زندہ کر دیا ہے مجھ پر کیوں نہیں اترا کہ میں تو جوں کا توں ہوں.. مجھ پر اثر کیوں نہیں ہوا..

''صرف مجھے ہی نہیں آنے والے زمانوں کو بھی فرق پڑے گا اگر تم اپنا ناول مکمل نہیں کرو گے.. وہ ایک دائمی شہادت ایک تاریخی گواہی ہوگی ہر چڑیا کی موت کی اور ہر بچے کے دل کے تھم جانے کی.. جو اِن زمانوں کی لوح محفوظ ہوگی جسے آئندہ زمانے ایک مقدس صحیفے کی مانند تلاوت کریں گے.. اور یوں تم اپنے حرف کی مسیحائی سے ان چڑیوں اور بچوں کو ازل تک زندہ رکھو گے.. انہیں مرنے نہ دو گے.. کیا ایسی مسیحائی ایک بے کار خودکشی سے بہتر عمل نہیں ہے.. اگر تم وہ ناول نہیں لکھو گے تو جان لو کہ وہ سب بچے اور چڑیاں واقعی ہمیشہ کے لیے مر جائیں گے.. تاریخ کے صفحوں پر ان کا کچھ تذکرہ نہ ملے گا اور.. ان کے یوں زمانوں کی راکھ میں گم ہو جانے کے ذِمہ دار تم ہو گے..''

جھیل کے پانیوں میں ڈوبتی گھاس جو ہولے ہولے سرکتی تھی' تاریکی اس گھاس میں جذب ہو کر اوپر کناروں تک چلی آئی اور ان کے آس پاس خاموشی سے بہنے لگی..

''چلو فرض کر لیتے ہیں کہ اُس پار جا کر تم ان میں سے ایک بُرجی مسمار کرنے میں کامیاب ہو جاتے ہو اور سرحد کی نگہبانی کرنے والے بارڈر پیٹرول کی دوربینوں کی زد میں نہیں آتے تو کیا اس صورت میں اپنے تکبر کی تشفی کرنے اور اپنے نفس کے کتے کو موٹا کرنے کے بعد تم واپس میرے پاس آ جاؤ گے..؟''

اس نے اپنے اندر اپنی عزت نفس کے مجروح پن کو ٹھنڈا کرنے کے لیے جو الاؤ بھڑکا رکھا تھا وہ اتنی آسانی سے.. ایسی دلیلوں سے بجھ جانے والا نہ تھا..

''مسافت کوئی بھی ہو.. صحرا نوردی کے قصے ہوں یا کوہ نوردی کی داستانیں ہوں' اس میں کوئی ایک نخلستان' کوئی ایک بلندی منزل ٹھہرتی ہے.. آپ صرف اس تک پہنچ جانے کی منصوبہ بندی کرتے ہیں.. اس دوران آپ کبھی یہ نہیں

سوچتے کہ واپسی کے امکانی راستے کیا ہوں گے..صرف منزل پر پہنچ جانے کی سودائی دُھن غالب رہتی ہے..تو شباہت واپسی کے بارے میں میرا ذہن بالکل کورا ہے..میں نے اس کے بارے میں کبھی سوچا ہی نہیں..میری سوچ صرف اس ایک بُرجی تک پہنچ کر ٹھہر جاتی ہے'اس کے بعد کیا ہوگا' میں نہیں جانتا..''

شام کی دبے پاؤں سرمئی بلی' کوٹھے پر سے محبوب کو چوری چھپے مل کر سیڑھیوں پر ڈھلتی گندمی رنگت کی لڑکی..کب کی اتر چکی تھی..

''ادھر..اپنا ہاتھ لاؤ ذرا..'' مسافتوں سے دھجیاں ہو چکا بوسیدہ بلاؤز ذرا اوپر کھسکا کر شباہت نے چیتھڑے ہو چکی نیلی جین کا بٹن کھول کر اسے اپنے لختئی کولہوں پر ڈھیلا کیا اور اس کا ہاتھ تھام کر ناف تلے جو ہاتھی تھا..جو اس کا ستواں پیٹ تھا وہاں رکھ دیا..''کچھ محسوس ہوا..''

انعام اللہ کی ہتھیلی اس کے نوخیز ماس کی ہلکی حدّت سے شناسا ہوئی..اور اس کی ہتھیلی پر شباہت کی ہتھیلی تھی جو اسے ہولے سے دباتی تھی..''کیا یہ لمس تمہیں کسی حرکت سے آگاہ کرتا ہے..''

''نہیں..''

''اس کے اندر ایک کونپل پھوٹ چکی ہے نیمی جو ابھی خون کی ایک پُھٹکی ہے..وہ ابھی دھک دھک نہیں کرتی..آئندہ دنوں میں اس کونپل کی رگیں..ہڈیوں کی صورت میں تخلیق ہوں گی اور یہ ایک شکل اختیار کر لے گی اور اس میں روح پھونکی جائے گی..ایک لوتھڑا ابتدائی طور پر بے شکل ہوگا لیکن دن گزرنے سے اس میں نین نقش ظاہر ہونے لگیں گے..اور وہ تمہارے ہوں گے..''

تلاش اور جستجو اس نے کی تھی..عارفانہ اندیشوں کی محبت کا آغاز بھی اسی کی جانب سے ہوا تھا پر انعام اللہ جیسے حیرت کی اُس وادی میں لوٹ گیا جہاں سے وہ ابھی ابھی واپس آئے تھے اور اس وادی میں جتنے بھی گل بوٹے تھے وہ اس کے ہم شکل دکھائی دے رہے تھے..اس نے اپنی حیرت کو روپوش کرنے کی سعی کی..''کیا تمہیں یقین ہے؟''

''اُس دوپہر..جب میں اپنی ماں کے لیے کچھ وٹامنز اور اپنے لیے کچھ روزمرہ کی دوائیاں خرید کر ڈرگ سٹور سے باہر آئی تھی تو میں نے ''گفٹس فار بِز'' کا عجیب سا نام ایک پرانے سٹور پر آویزاں دیکھا اور میں صرف تجسّس کی خاطر کہ شاید مجھے وہاں سے کوئی نیا ہاتھی دستیاب ہو جائے نہایت معمول کے مطابق اس سٹور کے اندر چلی گئی تھی اور تم وہاں کیش کاؤنٹر کے پیچھے ایک معصوم سے گرزلی بیئر کی مانند بیٹھے تھے اور میں..اگرچہ پہلی نظر کی محبت کی بُل شِٹ پر ایمان نہیں رکھتی تھی لیکن میرے ساتھ یہی وقوعہ ہو گیا اور میں موہی گئی..اور اس لمحے تمہاری شکل اور نین نقش جیسے میرے بدن کے اندر منتقل ہو کر پرورش پانے لگے اور مجھ پر نازل ہوا کہ یہ لکھا جا چکا ہے کہ ایک روز میں تمہارے بچے کی ماں بنوں گی..صرف ایک کی نہیں..پوری دنیا کو آباد کرنے کے لیے کافی بچے تم سے میری کوکھ میں سے جنم لیں گے..ہاں' مجھے یقین ہے کہ میں اس کونپل کی پھوٹ کو اپنے اندر سرسراتے اور ہمکتے محسوس کرتی ہوں..اب یہ تم پر منحصر ہے کہ تم یہاں سے اٹھ کر..نہ صرف مجھے بلکہ اپنے اس ناول کو ترک کر کے جس نے آئندہ زمانوں میں گواہی دینی ہے' ترک کر کے..اپنے تکبر کی تشفی کے لیے' نفس کے کتّے کو فربہ کرنے کے لیے..چلے جاتے ہو..اس کے باوجود کہ تمہارا حج قبول ہو چکا ہے تم چلے جاتے ہو اور پھر لوٹتے

نہیں تو پھر..وہ جو میری کوکھ سے جنم لے گا تمہاری طرح ایک اور سرگزشت تحریر کرے گا..ایک حرامی کی سرگزشت..کیا تم یہی تسلسل چاہتے ہو..انتخاب تم نے کرنا ہے..''

یہ عورت مجھے بلیک میل کرنا چاہتی ہے..

''نہیں نیمی..میں تمہیں بلیک میل نہیں کرنا چاہتی..''

اس نے لب تو نہیں کھولے تھے..محض ایک خدشہ تھا جو بدن کے کسی خلیے میں ایک سنپولیے کی مانند سرسرایا تھا اور یہ انہی وادیوں کی مسافت کی اثرانداز ی تھی جو اُسے اَن کہے کو بھی کہے جانے پر قادر کرتی تھی..''میں اتنی نیچ نہیں ہوں کہ تمہیں اپنے ارادے سے باز رکھنے کے لیے بلیک میل کروں..اگر سچ پوچھو تو میں کسی حد تک تم سے ماورا ہو چکی ہوں..مجھ میں اتنی برداشت اور سکت ہے کہ میں تمہارے بغیر بھی اس کونپل کو سنبھال سکتی ہوں..اور اسے ایک ایسا انسان بنا سکتی ہوں جو کسی روایت یا عقیدے کی بیڑیوں میں جکڑا ہوا نہ ہو..گناہ اور ثواب سے بالاتر ہو کر صرف ایک انسان ہونے کے ناتے سے آزاد..اپنی من مرضی سے سانس لے..ایک سانسی کی مانند..اور وہ اتنا ڈرپوک نہ ہو کہ چڑیوں اور بچوں کی موت کا بدلہ لینے کی خاطر جو آسان ترین راستہ خودکشی کا ہے اسے اختیار کرلے..''

اُس کی اُس ہتھیلی میں جو قسمت کی لکیریں ثبت تھیں ان میں سے کسی ایک لکیر پر ایک مدھم سی دستک ہوئی جو شباہت کے پیٹ پر ابھی تک جمی تھی..کیا یہ اس کا وہم تھا.

''مجھے بھٹکا دُ مت شباہت..'' اس نے اپنی ہتھیلی سمیٹ لی..اس کے پیٹ پر سے اٹھالی اور اس نے محسوس کیا کہ اس کی ہتھیلی میں ایک دھک دھک ہو رہی ہے..''شاید یہ اس طویل مسافت کا شاخسانہ ہے کہ میں بھٹکنے لگا ہوں لیکن تم جو اتنی دانا ہو رہی ہو تم ہی مجھے خبر کر دو کہ اگر میں اپنی عزت نفس کے مجروح پن کی بحالی کے لیے یہاں تک آ گیا ہوں..تو اس کے سوا میرے پاس اور کیا انتخاب ہے....''

''سچ ہے..''

''اگر ہے تو مجھ پر بھی آشکار ہو..مجھ پر بھی تو کھلے..کیا عزت نفس کے مجروح پن کے انتقام کے سوا کوئی اور سچ بھی ہے..مُجھے بھی تو حق سچ کی شکل نظر آئے..''

شباہت نے اس کا ہاتھ تھاما جیسے دنیا کے میلے میں ایک گمشدہ بچے کا ہاتھ تھامتے ہیں اور اسے تاریکی میں ڈھل چکی جھیل کے کناروں تک لے گئی..''ذرا ایک قدم آگے ہو کر پانیوں پر جھکو..ہم عطار کے وہ پرندے ہیں جو صدیوں کی اڑانوں کے بعد' کائناتوں کے فاصلے طے کر کے ان وادیوں کی سحرانگیزی اور ہلاکت خیزی سے بچ نکل کر بالآخر قاف کی پہاڑی تک پہنچ گئے ہیں اور اب ہمارے سامنے ایک پردہ ہے' سیاہی میں گھلتے پانیوں میں جھانک کر دیکھو کہ یہ بھی ایک پردہ ہیں..''

ایک آبی پردہ ایک کورے ورق کی مانند تنا ہوا تھا..

شباہت بے جھجک اُن پانیوں پر جُھکی اُنہیں دیکھتی تھی اور تب انعام اللہ پر ایک اور انکشاف ہوا کہ اُن سات وادیوں کی مسافت کے دوران شباہت کے اندر پانی کا جو خوف تھا' وہ بھی تحلیل ہو چکا تھا..

جھکے ہوئے وہ تکتے رہے، پھر گویا ان کی نظروں کی حدّت سے وہ آبی پردہ پگھل کر تحلیل ہو گیا اور پردہ ہٹا تو انہوں نے دیکھا کہ پانیوں پر ان کی اپنی شکلیں رات کی سیاہی میں بھی ظاہر ہوتی تھیں..

جیسے ان کے سامنے ایک آئینہ ہو..

وہ اپنے آپ کو دیکھتے تھے، روبہ رو تھے..

پانیوں پر سے جب وہ آبی پردہ اٹھا تو وہاں.. وہ خود تھے..

وہ یہ فیصلہ نہ کر پائے کہ کیا وہ دراصل اس اٹھ چکے پردے کے پار اُدھر ہیں اور اپنے آپ کو جھیل کے کناروں پر جھکے دیکھتے ہیں یا وہ تو اِدھر ہیں کناروں پر جھکے ہوئے اور اپنے عکس کو پانیوں پر تکتے ہیں.. کیا وہ ہمیشہ سے اس اٹھ چکے پردے کے پیچھے روپوش تھے اور وہ جو سامنے آ بیٹھے تھے طویل مسافتیں طے کر کے اپنے سچ کی تلاش میں آئے تھے.. وہ ان کی شکل کے تھے..

یقین معطّل ہو رہا تھا..

وہ جو پانیوں پر عکس تھے اور وہ جو کناروں پر جھکے ہوئے تھے ان میں سے کون کس کی تلاش میں آیا تھا.. بے یقینی گہری ہونے لگی اور اس پر رات کا سیاہ لیپ چڑھنے لگا تو عارفانہ اندیشوں کی وادی کی جانب سے ایک مُشک بھری ہوا کا جھونکا آیا جس کے دوش پر ایک سندیسہ سرگوشی کرتا تھا کہ.. وہ خود تم ہی ہو جو پانیوں پر نقش ہوتے ہو اور یہ بھی تم ہی ہو جو کناروں پر جھکے بیٹھے ہو.. تم میں کچھ فرق نہیں.. اُدھر بھی تم صدیوں سے منتظر تھے اور اِدھر بھی تم اپنے آپ سے ملاپ کرنے کی خاطر اتنے کشٹ کاٹ کر آئے ہو.. اور تم.. خود ہی سچ ہو.. اٹھ چکے پردے کے پیچھے بھی اور اس کے سامنے بھی.. اپنی پہچان کرو..

وہ دم بخود اک عالمِ تحیّر میں اپنے آپ کو دیکھتے رہے..

اتنی طویل مسافتوں کے بعد اُن پر کھلا کہ وہ خود ہی سچ اور حق کا پرتو تھے.. اپنے ہی آمنے سامنے، چہرہ بہ چہرہ، روبہ رو بیٹھے تھے..

وہ جو زمانے بیتے جن میں وہ اُدھر بیٹھے اپنے آپ کو دیکھتے تھے اور اِدھر بیٹھے بھی اپنے آپ کو دیکھتے تھے، ان کا کچھ حساب نہ تھا اور پھر ایک بے انت مدّت کے بعد پانیوں پر عکس ہوتی ان کی شکلیں معدوم ہونے لگیں.. وہ تحلیل ہو گئیں، ایک اور نا معلوم کا پردہ ان کے درمیان حائل ہو گیا اور وہ بھی شاید وقت کے حصار پار کر کے کسی معطّل ہو چکے زمانوں میں چلا گیا اور بالآخر وہ بھی جب اٹھا.. تو اس کے پیچھے وہ خود نہ تھے.. زیتون کے گھنے اور کبڑے درختوں کا ایک جنگل تھا جو بارود کی بُو سے پژمردہ ہو رہا تھا اور ان کے تلے مردہ چڑیوں کے ڈھیر تھے لیکن پردہ اٹھتے ہی ان میں ایک سرسراہٹ نے جنم لے لیا.. درختوں تلے جتنے بھی پرندے مردہ ہوئے تھے ان کے سرد ہو چکے جثّوں میں روح کی حدّت سرائت کرنے لگی.. اُن میں جان پڑنے لگی اور اُن کے پَر جیسے وہ ایک طویل نیند سے بیدار ہو رہے ہوں، ہولے ہولے پھڑکنے لگے.. جان کنی کا عالم ہو یا جان پڑنے کا دونوں کیفیتوں میں پرندوں کے پَر اسی طور پھڑ پھڑاتے ہیں..

سب سے پہلے ان پرندوں کے ڈھیر میں سے جن میں سے کچھ ازلوں سے مر چکے تھے اور کچھ ابھی حال کے

زمانوں میں موت سے دوچار ہوئے تھے' ان میں سے سب پہلے جی اٹھنے والا ہُد ہُد تھا.. اور وہ یوں زندہ ہوا جیسے وہ سلمان کے حکم کے تابع دور دراز کی سلطنتوں کی ایک ملکہ سبا کو اپنے مالک کا پیغام محبت پہنچانے کے لیے زندہ ہوتا ہو.. طوطے کے بدن کی ہریاول میں یوں جان پڑی کہ وہ اپنے گلے کے گرد سرخ ہار کی زیبائش کے تفاخر میں چہکنے لگا.. مرغابی جو اوندھی پڑی تھی' سیدھی ہوئی اور جھیل کے پانیوں میں اتر گئی.. اور وہ پر تکبر عقاب جو ناتواں اور بے بس پرندوں پر جھپٹتا تھا اپنی موت سے واپس آیا تو نادم ہوا اور اپنی چونچ کو خون آلود نہ کرنے کا عہد کر لیا..

تم خدا کی سلطنت کے دروازے پر اتنی زور زور سے دستک دو کہ وہ بیدار ہو کر اپنا در کھولنے پر مجبور ہو جائے..

اپنے نفس کے پہاڑ کو ریزہ ریزہ کر دو.. اور وہ زندہ ہوتی بلبل.. تم سلمان کے گیتوں کی آگ میں پگھل جاؤ اور ایک ایسا نغمہ گاؤ جو آج تک کسی نے نہ سنا ہو.. بلبل بھی ان مردہ ہو چکے پرندوں کے ڈھیر میں سے اٹھی اور نغمہ سرا ہو گئی..

اور اے مور.. تم تو سلمان کے رفیق تھے.. اپنے حسن کے تکبر میں مارے گئے تو اب زندہ ہو اور رقص کرو..

اور اے کبوتر.. تم تو یونس کی بے بسی کے شاہد تھے جب وہ مچھلی کے پیٹ میں چلے گئے تھے.. لیکن تمہارے نفس نے بھی تمہارے ساتھ دھوکا کیا تمہیں پگھلا دیا اور اب اگر جی اٹھے ہو تو خانقاہوں کے پرندے ہو جاؤ..

غرض کہ فرید الدین عطار کے جتنے بھی پکھیرو مردہ ہو چکے تھے وہ سب کے سب پھڑ پھڑاتے زندہ ہو رہے تھے.. کب کے خاک ہو چکے وہ نیشاپور اور بیت المقدس کی خاک کے ذروں میں سے اپنے آپ کو نمودار کرتے ظاہر ہو رہے تھے..

اور وہ سب چڑیاں جو بغداد کے زیتون کے درختوں اور قندھار کے اناروں کے شجروں میں سے دھماکوں سے ساکت ہو کر گر پڑی تھیں' شباہت اور انعام اللہ جھیل کے پانیوں پر جھکے دیکھ رہے تھے کہ ان میں بھی جان پڑ رہی ہے اور وہ ہرگز آگاہ نہیں تھیں کہ کبھی وہ مردہ بھی تھیں اپنے اپنے درختوں کی گھناوٹ میں روپوش ہو کر پھر سے چہکنے لگی تھیں..

تب ایک اور پردہ سطحِ آب پر سرکتا اٹھا.. اور اس کے پار وہ سب کے سب بچے' ماؤں کی گود میں آسودہ جن کے دل دھماکوں سے تھم چکے تھے زندہ ہونے لگے.. اگرچہ وہ اپنی ماؤں کی گود سے بچھڑ کر اپنی کھلونا نما چھوٹی چھوٹی قبروں میں کب کے خاک ہو چکے تھے لیکن ابھی ان کو مردہ ہوئے بہت مدت نہ گزری تھی اس لیے کچھ بال اور چند ہڈیاں ابھی تک مٹی میں نمایاں تھے تو وہ آپس میں جُڑنے لگے اور ان کے مختصر بدن وجود میں آنے لگے اور وہ زندہ ہوتے اپنی ماؤں کی گود میں ہمکتے' ازل سے بھوکے ان کی چھاتیوں پر منہ مارنے لگے..

ان سب کے چہروں پر.. عطار.. بغداد اور قندھار کے جی اٹھنے والے پرندوں اور اپنی ماؤں کی چھاتیوں پر منہ مارتے بچوں.. کے چہروں پر ان دونوں کی انعام اللہ اور شباہت کی شکلیں ثبت تھیں..

جیسے وہ سب ایک آئینہ ہوں..

اور اس آئینے میں کون ہے.. بس تو ہی تو ہے..

شباہت اس غرق آب آئینہ خانے میں سے اگر پہلے باہر آ گئی تو صرف اس لیے کہ اس نے اپنے تحیّر پر قابو پا لیا' اس کے اندر جو کونپل جڑیں پھیلاتی تھی وہ اسے انعام اللہ سے برتر کرتی تھی..

''ہم جو کچھ پانیوں کے پردے کے پار دیکھ رہے ہیں' موت کی وادی سے لوٹتے پھڑ پھڑاتے پنکھ پکھیرو اور مردہ پن سے واپس ماؤں کی گود میں آتے ہمکتے دیکھ رہے ہیں تو اس لمحۂ موجود میں وہ ابھی ایک خواب ہیں.. اگر تم اب بھی اپنے نفس کے کتے کو ایک بُرجی کو ڈھا دینے کا ماس کھلا کر فربہ کرنا چاہتے ہو تو وہ کبھی زندہ نہ ہوں گے.. چڑیاں اور بچے ہمیشہ کے لیے مردہ ہو جائیں گے.. وہ تمہاری پھونک کے منتظر ہیں..''

ان دونوں نے جیسے ایک آبی خواب کی آئینہ در آئینہ صورت دیکھی جو کروٹ کروٹ پانیوں میں تحلیل ہو گئی اور تب انہوں نے جھیل پر اپنے جھکاؤ کو ریڑھ کی ہڈی میں سکت بھر کر اپنے آپ کو سیدھا کیا اور اس خواب سے یوں باہر آ گئے کہ وہاں ایک شام سرمئی بلی اور گندمی رنگت کی لڑکی کب کی اتر چکی تھی' جس میں تلاش' محبت' عارفانہ اندیشوں' حیرت' لاتعلقی' اتحاد اور فنا کے سارے بھید ظاہر ہو رہے تھے..

پانیوں کے پار ڈھلوان پر ایستادہ بُرجیاں اس شام کی سیاہی میں بھی مکمل طور پر روپوش نہ ہوئی تھیں جیسے وہ پانیوں پر جھکے انہیں ایک گہرے استغراق میں تکتے تھے اب ان کی ساری توجہ ان بُرجیوں پر مرکوز ہو گئی جو دراصل انعام اللہ کی منزل تھیں اور شباہت کے لیے وہ اس کی ذات کے لوح مزار ثابت ہو سکتی تھیں وہ دونوں اپنے اپنے وسوسوں میں گم کہ ان میں سے ایک اپنا پہلا قدم اٹھانے کی جھجک میں تھا اور دوسرا اس کی جانب دیکھے بغیر احساس کی ایک غیر جانب دار حالت میں منتظر تھا..

ٹھنڈک بڑھتی جاتی تھی' پانیوں پر سے سرکتی ہوا میں ایک ایسی نمی گھلتی چلی آتی تھی جو بدن میں ایک بے چین یخ بستگی بھرتی تھی..

وہ ایک مدت تک جھجک اور انتظار میں مبتلا بیٹھے بُرجیوں کے ان شائبوں کو تکتے رہے..

شب کے دبیز سناٹے کے باوجود انہیں ان کے بھاری اور بوجھل پروں کی پھڑ پھڑاہٹ سنائی نہ دی.. وہ فلک کی سیاہی میں سے جیسے ایک سکوت میں چپ اترے اور ایک ایک کر کے چاروں بُرجیوں پر بیٹھتے چلے گئے.. نہ تو ان پر براجمان ہوتے ان کے بھاری وجود سے ان کا توازن بگڑا' نہ انہوں نے اپنے وسیع گھیر والے پَر پھڑ پھڑا کر اپنی بیٹھک درست کی' ان کے چوڑے پنجے برجیوں کی سنگلاخی میں یوں گڑ گئے جیسے وہ موم کی بنی ہوں..

انہوں نے اتنے وسیع وعریض اور گمبھیر شکلوں والے جو اگر سمندروں پر اڑان کریں تو ان پر سایہ کر دیں' ایسے گِدھ کبھی نہ دیکھے تھے.. وہ جانے کن دور دراز کے دیسوں کے تھے کہ ان تک ایک زوال کی.. ایک مُردار کی بُو پہنچ گئی تھی اور ان کے باریک نتھنوں میں کسی ایسی تہذیب کے بالآخر مردہ ہو جانے کی بُو اتری تھی جو بچوں اور چڑیوں کے دل روک دیتی ہے.. وہ جان گئے تھے کہ ان گناہوں کی پاداش میں تہذیب کا وہ منہ زور اور تنگڑا بیل بالآخر ایک مردار ہو جائے گا اور وہ اسے نوچنے کی خاطر اس کے پیٹ کا نرم ترین حصہ چونچوں سے بھنبھوڑنے کے لیے اس کی پُر تکبر مردہ ہو چکی آنکھیں اپنے شکم میں اتارنے کے لیے.. طویل اڑانیں کرتے یہاں پہنچ گئے تھے.. یہ بُرجیاں اس بیل کی جو ابھی تو منہ زور تھا اور اس کے مردار ہو جانے کا فی الحال کوئی امکان نظر نہ آتا تھا' نشاندہی کرتی تھیں.. لیکن وہ گِدھ مطمئن اور پُر سکون برسوں تک اس حالت میں انتظار کر سکتے تھے کہ ان سے بڑھ کر ایک متوقع مُردار کی بُو اور کون سونگھ سکتا ہے..

کیا یہ ان دونوں کا گمان تھا' انعام اللہ کی خواہش ایک شابے کا روپ اختیار کر کے اسے وہ گِدھ دکھلاتی تھی جب کہ وہاں کُچھ بھی نہ تھا' سیاہ رات میں برجیاں تنہا کھڑی تھیں.. جیسے حتمی طور پر یہ فیصلہ نہ ہو پایا تھا کہ کیا اس آبی پردے کے پار وہ خود تھے جو اپنے آپ کو پانیوں پر جھکا ہوا دیکھ رہے تھے یا یہ وہ آپ ہی تھے اور اس پردے سے پرے جو عکس تھے انہیں دیکھتے تھے.. چنانچہ اس کا تعین کرنا بھی محال تھا کہ ان بُرجیوں پر کیا حقیقت کے گدھ اتر چکے تھے جو ایک پُر تکبّر تہذیب کے زوال کی بُو سونگھ کر چلے آئے تھے یا یہ ان دونوں کا گمان تھا..

بہر طور وہ تو انہیں ان بُرجیوں پر براجمان دیکھتے تھے..

''نیمی..'' وہ پھر ایک خواب درخواب کیفیت میں گویا ہوئی.. ''تم دیکھ رہے ہو کہ وہ گِدھ کتنے بھاری بھرکم ہیں اور ان کی چونچیں ایسی نوکیلی اور تیز دھار ہیں کہ وہ بے شک ایک بیل ابھی سانس لیتا ہوا اسے بھی ادھیڑ کر سکتی ہیں.. اور ان کا بوجھ اتنا ہے کہ وہ برجیاں کب تک اُنہیں سہار سکتی ہیں انہوں نے بہر طور منہدم ہو جانا ہے.. شاید مستقبل قریب میں نہیں' لیکن بہر طور ڈھے جانا ہے... بہر طور منہ زور بیل کی ٹانگیں لڑکھڑانی ہے اور اس نے گر جانا ہے.. گِدھ بے سبب تو ادھر نہیں آنکلے.. مکافاتِ عمل کے ان پرندوں کی آمد کے باوجود' کیا تم اب بھی جھیل کے پار اتر کر ان میں سے کسی ایک برجی کو ڈھانے کی آرزو رکھتے ہو جس کے نتیجے میں وہ سب چڑیاں اور بچے واقعی ہمیشہ کے لیے مردہ ہو جائیں گے کہ جو تم چاہتے تھے اس کی تکمیل کے لیے ہی تو یہ گِدھ آسمانوں سے اترے ہیں..''

''میری مجروح عزتِ نفس کے سارے زخم اُس دم سِل گئے تھے' شفایاب ہو گئے تھے جب یہ گِدھ غیب سے ظہور میں آ کر ان بُرجیوں پر اتر گئے تھے اور اس کے ساتھ ہی میرے نفس کا کتا بھی مر گیا..'' ایک خواب درخواب کیفیت میں وہ گویا ہوا..

شباہت کو اگرچہ انعام کے ارادے کے متروک ہو جانے کی گویائی سے پُر مسرت ہونا چاہیے تھا لیکن وہ نہ ہوئی کیونکہ وہ ایک اور خواب کے اندر سفر کر گئی تھی' جس میں سنگریزوں سے دہکتا ایک ویرانہ تھا اور اس کی ناک میں مردار کی مہک اسے راستے دکھاتی تھی اور سلگتے سنگریزوں سے نہ تو اس کے ننگے پاؤں میں آبلے پڑتے تھے اور نہ ہی اس کا ننگا بدن جھلستا تھا اور اس کی نم آلود چھاتیاں چھلکتی نہ تھیں' بدن کے ساتھ پیوست پسینے سے بھیگتی تھیں اور وہ ایک ہرنی کی مانند اس تپتے ہوئے میدان میں مردار کی بُو سے مست ہوتی بھاگتی چلی جا رہی تھی اور اس کا دادا سروسانسی اس کے ہمراہ اور وہ بھی اس مہک سے دیوانہ ہوتا دوڑتا چلا جا رہا ہے.. اور آسمان پر.. گرمی سے نچڑتے تڑختے آسمان پر جس میں دراڑیں پڑ رہی ہیں کہ حدت ایسی ہے کہ وہ بھی کٹ پھٹ رہا ہے اس پر جو گِدھ اڑان کر رہے ہیں' ان دونوں کو مات دے کر اس مردار تک پہنچنے کے لیے اتنی قوت صرف کر رہے ہیں کہ ان کے اندر کی رگیں پھٹنے کو آتی ہیں تو وہ گِدھ بھی پیچھے رہتے جاتے ہیں.. اور تب اسے احساس ہوتا ہے کہ دادا اس کے برابر میں نہیں' بہت پیچھے رہ گیا ہے اور وہ تھم کر پلٹتی ہے تو وہ سنگریزوں کے میدان میں ایک سیاہ لوح کی مانند پڑا ہے اور وہ گِدھ جو مات کھا چکے تھے' وہ دھیرے دھیرے اس پر اتر رہے ہیں' اسے نوچنے کے لیے نہیں' اس کے گرد سوگواری کی حالت میں.. ٹہلتے اور اپنی لامبی گردنیں ماتم میں نیچی کرتے وہ اس کے گرد جمع ہو رہے ہیں..

''نیمی..'' اس نے ایک طویل سسکی بھری ایسی کہ جو دل کو چیرتی تھی..

اس نے پہلی بار ان طویل مسافتوں کے دوران پُرتشویش ہوکر شباہت کا ہاتھ تھام لیا۔ ''تم.. ٹھیک تو ہو..؟''

''میرا دادا.... مرگیا ہے نیمی..''

''ان طویل اور انہونی مسافتوں اور وادیوں نے تمہیں بوکھلا دیا ہے شباہت.. تم کیسے جان سکتی ہو کہ.... تم جانتی ہو کہ وہ میرے لیے ایک طرح کا آسمانی باپ ہے.. اگر وہ گورومانگٹ کی مسجد کی سیڑھیوں سے اٹھا کر مجھے اپنے گلے نہ لگاتا' اس نعت خواں کے پتھروں سے نہ بچاتا تو آج میں یہاں نہ ہوتا.. تو تم کیسے جان سکتی ہو کہ وہ نہیں ہے.. تمہارے واہمے ہیں جو تمہیں دھندلاتے ہیں..''

شباہت کے سُوجے ہوئے لگتے ہونٹوں پر ایک مسکراہٹ پھیلی۔ ''نہ تو یہ تعیّن ہو پایا ہے کہ جھیل کے پانیوں کے پردے کے پار اِدھر کون تھا اور اُدھر کس کا عکس ہے اور نہ ہی یہ طے ہے کہ ان برجیوں پر براجمان گِدھوں میں کُچھ حقیقت ہے لیکن نیمی.. یہ طے ہے کہ میرا دادا مر چکا ہے اور اس کے گرد ماتم کرتے منڈلاتے گدھ ہیں..''

ایک سوگ بھری خاموشی ان کے درمیان حائل ہوگئی..

وہ اپنے دادے کے لیے اور وہ اپنے روحانی باپ کی رخصتی پر سوگوار ہوا اس طویل سوگ بھری ناخوشی میں سے یہ شباہت ہی تھی جو حوصلہ کرکے باہر آگئی۔ ''بے شک میرا دادا مر چکا ہے.. وہی میرا واحد ربط تھا اپنی معدوم ہوتی نسل سے لیکن سروسانسی کی اس نسل کا تسلسل میرے پیٹ میں پرورش پاتا ہے.. میرے وجود کے اندر جس کونپل نے جنم لیا ہے.. جیسے آغاز میں پانیوں پر تاریکی اتری ہوئی تھی اور اس نے کہا کہ روشنی ہو جا.. اور روشنی ہوگئی.. ہم بھی چاہیں تو اس کونپل میں ایک نئی روح پھونک سکتے ہیں.. جو پژمردہ اور بارود کی بُو سے آلودہ نہ ہو اور ہم اُسے ایک نیا دل جو گوشت پوست کا دھڑکتا دل ہو عطا کرسکتے ہیں جو کبھی دھماکوں سے آشنا نہ ہو.. اس زمین کو جو تاریکیوں میں ڈوب کر ہمیشہ کے لیے معدوم ہو جانے کو ہے' ہم اسے پھر سے اپنے بچوں سے آباد کرکے اُسی طور روشن کرسکتے ہیں جیسی کہ یہ اس کے فرمان سے روزِ اول روشن ہوئی تھی کہ اس آبی پردے کے پار بھی تو ہم ہیں جو آخری سچ اور حق ہیں.. ہم ہی حق ہیں.. اگر اس نے ہمیں تخلیق کیا ایک بُت میں ڈھالا تو اس کمہار کے ہاتھوں کی حدّت ہماری مٹی میں بھی تو گندھی ہوئی ہے اور یوں ہم بھی تخلیق پر قادر ہیں.. اور وہ نئی دنیا جو ہمارے بچوں سے دوبارہ آباد ہوگی اس کا آسمان بھی نیا ہوگا جس پر وہ سب پنکھ پکھیرو پرواز کریں گے جو کبھی درختوں کے نیچے مردہ پڑے تھے اور ہم ان گودوں کو جنہیں سنسان کر دیا گیا ہے پھر سے بھر دیں گے.. اگر تم چاہو..''

وہ جو کسی عہدِ گم گشتہ میں محض ایک کل پرزہ تھی' ایک کارندہ تھی' ڈیلفی کے اوریکل کی مانند مستقبل کی پیش گوئیاں کسی بھی اندیشے کے بغیر کرتی چلی جارہی تھی.. ''اس دھرتی پر جتنے بھی آدم کے مٹی کے بُت ہیں ان کی مٹّی کو پھر سے گوندھ کر ایک نئے انسان کو ایک نئے آدم کو تخلیق کرنا ہے' اسے ایک نئے سانچے میں ڈھالنا ہے اور خیال کرنا ہے کہ اس مٹی میں کوئی ایک ذرّہ بھی بے انصافی' ستم اور غربت کا نہ ہو.. اس میں مذہبی' معاشرتی اور نسلی تنگ نظری کا شائبہ تک نہ ہو اور نیمی ایک ایسا انسان میرے بدن کے سانچے میں ڈھل رہا ہے.. ایک آدم.. تم کون سے آدم کی بات کرتے ہو.. وہاں تو بے انت تھے اور تم ان میں سے ایک ہو سکتے ہو.. اگر تم چاہو..''

لامبی ٹانگوں والی' گھنیری آنکھوں اور سُوجے ہوئے لگتے ہونٹوں والی یہ لڑکی اسے پیغمبری عطا کرنے پر کیسے

قادر ہو سکتی تھی.. اُسے جس کے حسب نسب کا کچھ اتہ پتہ نہ تھا.. معاشرے کی آنکھوں میں سنگساری کے لائق ایک غیر قانونی بچہ تھا تو وہ کیسے ایک نیا آدم ہو سکتا تھا..

''میرے چاہنے سے ایسا ہو جائے گا شباہت..''

''مجھے بھی اس سفر کے آغاز میں کچھ شعور نہ تھا میں بھی سیاسی اور سماجی حقیقتوں سے لاتعلق ایک ایسی بینکر تھی جس کے لیے ایک بڑا اکاؤنٹ حاصل کر لینا شب معراج میں عرشوں پر منتقل ہو جانے سے کہیں افضل تھا. لیکن ان سات وادیوں کی مسافت میں وہ ساری پچھلی حیات' اس کی لیاقت اور دانائی اور معاشی لالچ اور آسائش کے تابع دانش سب کے سب تحلیل ہو گئے.. میرا وجود سراسر خالی ہو کر بھائیں بھائیں کرنے لگا اور جب میں نے آبی پردے کے اٹھنے سے اپنے آپ کو ہی مقابل پایا تو میں پھر سے بھر گئی' وہ جو گزشتہ تھا وہ معطّل ہوا اور وہ جو غیب میں تھا اس نے میرے اندر گھر کیا.. جیسے تم نے نیت کر لی تو تمہارا حج ہو گیا ایسے ہی اگر تم چاہو تو یہ ہو جائے گا.. اور آخری کتاب میں آیا ہے کہ کیا تم دیکھ نہیں سکتے کہ اللہ نے زمین و آسمان تخلیق کیے ہیں اور اگر وہ چاہے.. تو وہ تمہیں موقوف کر کے تمہارا ایک قائم مقام ایک جانشین.. گویا ایک نیا آدم تخلیق کر دے.. وہ اپنا وعدہ پورا کرتا ہے. تم قائم مقام ہو سکتے ہو اگر تم چاہو..''

وہ شام جس میں وہ اس جھیل کنارے اپنی بے حساب مسافتوں کے بعد پہنچے تھے اور ان کی کار گھاس کو روندتی ہوئی اس کے پانیوں میں غرق ہونے سے بال بال بچی تھی' ایک گھٹا ٹوپ' جس میں ہاتھ کو ہاتھ سجھائی نہ دیتا تھا' نہ ظاہر کی نہ روپوش کی کچھ پہچان ہوتی تھی' ایک گھنی' نابینا' دبے پاؤں کی سیاہ بلی' کوٹھے سے اترتی سیاہ رنگت والی لڑکی' گونگی رات میں بدل چکی تھی..

گاہے بگاہے.. اُس سنسان سڑک پر جسے وہ ترک کر کے جھیل کناروں تک اتر آئے تھے کسی کار یا ٹریلر کی روشنیاں.. ایک عفریت کی مانند جو رات کی سیاہی میں اپنی آنکھیں بھڑکاتا چلا جا رہا ہو' آنکھوں کو چندھیاتی ظاہر ہوتی تھیں اور پھر چند لمحوں بعد تاریکی کے اتھاہ پن میں فنا ہو جاتی تھیں.. وہ روشنیاں ان کے چہروں پر سے سرسری گزر جاتیں اور وہ پھر سے کالی چڑیل رات کا ایک حصہ بن جاتے..

بخت کی تختی' کوکھ سے نمودار ہوتے' پھر اپنی آمد کا گلا پھاڑتے روتے اپنے کچے پھیپھڑے پھلاتے اعلان کرتے ہو.. اور جونہی وہ رطوبت سے بھری چپکی آنکھیں کھلتی ہیں تو وہ تمہارے سامنے ہوتی ہے.. بخت کی تختی سفید گاچی سے پوچی ہوئی صاف شفاف کوری اور کنواری.. گورومانگٹ کی مسجد کی سیڑھیوں پر ہمکتے ہوئے جب تمہاری کچی مندھی ہوئی آنکھیں کھلتی ہیں تو بخت کی تختی تمہارے سامنے آویزاں ہوتی ہے.. اس کے سوا کچھ غضب ناک چہرے سنگساری پر آمادہ اور پھر ایک آغوش ہوتی ہے جو اُس سروسانسی کی ہوتی ہے جو ایک غیر مرئی ڈور سے اپنی پوتی کے ساتھ بندھا تھا اور وہ ڈور ابھی ابھی ٹوٹنے سے اسے خبر ہو گئی کہ وہ مر چکا ہے.. کیا اس کی وہ آنکھیں جن کے پپوٹے گیلے اور چپکے ہوئے تھے اور بمشکل کھلتی تھیں تب یہ گمان کر سکتی تھیں کہ وہ جب دھندلانے کو ہوں گی' ان پر عمر کی مکڑی کا جالا گھنا ہونے لگے گا تو وہ ایک اداس اور سرد سرزمین کی ایک ایسی شام میں جا کھلیں گی کہ ایک جھیل کے پار ڈھلوانوں پر ایستادہ برجیوں پر بھاری وجود والے منتظر گدھ براجمان ہوں گے جن کے بدجسے بالآخر انہیں مسمار ہو جانا تھا.. آج نہیں تو کل.. اور یہ گدھ اس کی نیت کے پرتو

تھے اور صرف اس لیے وہاں اترے تھے کہ وہ خودکشی کرنے کی بجائے ایک نئی دنیا کی تخلیق کا سبب بنے.. بخت کی اس تختی پر اب اس کے مہ وسال کی عبارتیں درج ہو چکی تھیں، وہ کوری نہ رہی تھی.. اس پر اس کا پہلا ناول ''آٹو بائیوگرافی آف اے باسٹرڈ'' پورے کا پورا کندہ تھا.. ''ٹیکسی ڈرائیور، اے پراچی چیوٹ'' کی کچھ سطریں تھیں جو پڑھی نہ جاتی تھیں اور.. ''سپیروز آرڈیڈ'' کا اولین باب رقم تھا.. تختی کے آخر میں جو کوراپن ابھی کنوارا تھا وہ اس ناول کی تکمیل کا منتظر تھا جس نے آئندہ زمانوں میں مرچکوں کو زندہ رکھنا تھا، ان پر جو بیتی اس کی گواہی دینی تھی..

اس پر سب کچھ درج تھا.. غیب نے ان مہ وسال میں اس پر جو کچھ گزرا تھا اسے تفصیل سے رقم کر دیا تھا لیکن وہاں اس تختی پر اس کے برابر میں بیٹھی لامبی ٹانگوں اور لحتئی پشت والی لڑکی اور اس کے اندر اُس کے بیج کی جو پرورش ہو رہی تھی اس کا کہیں کچھ اندراج نہ تھا.. وہ شاید بخت کی کسی بھی تختی سے ماورا اپنے نصیب کو خود رقم کرنے پر قادر ہو چکی تھی..

تختی کے ایک کونے پر البتہ روشن کے سفید بالوں میں گل لالہ کی بوندیں نمایاں ہوتی تھیں.. امیر بخش، عزیز جہاں، سروسانسی اور سوہن سنگھ کے چہرے فضا کی تاریکیوں میں سے جھانکتے کبھی ظاہر ہوتے تھے اور کبھی روپوش ہو جاتے تھے اور ابا امیر بخش ایک پرندے کے روپ میں چھپا تا فنا کو مات دیتا تھا..

''میرے اندر عزت نفس کے مجروح ہو جانے کا جو طیش تھا وہ تم نے اور ان بھاری بھرکم گدھوں نے مکمل طور پر تحلیل کر دیا ہے.. اور میرا وجود خالی ہو کر ماضی سے ماورا ہو کر بھائیں بھائیں کرنے لگا ہے.. اب تم اسے جیسے چاہو بھر دو..''

وہ مختصر مسافت جو صدیوں پر محیط ہو گئی تھی.. ان سات وادیوں میں سے گزرتے وہ عام انسانوں کی طبعی عمر سے کئی گنا زیادہ زمانے بسر کر کے یہاں تک آن پہنچے تھے تو ان کے پیراہن تار تار تھے.. شباہت کے بازو پر گندھا مسخرہ ہاتھی اور اس کا ہم جنس جو ناف تلے پوشیدہ تھا وہ چیتھڑوں میں سے جھانکتے بے لباس تھے.. اُدھڑ چکے جو گرز کے اندر ٹخنوں تک آتی جو مختصر جرابیں تھیں وہ بھی دھجیاں ہو چکی تھیں.. انعام اللہ کا حال بھی ظاہر ہے کچھ جدا نہ تھا.. نیلی جین کے بخیے بوسیدہ ہو کر ادھڑ چکے تھے اور اس کی اب تک مضبوط اور توانا رانیں یوں ظاہر ہوتی تھیں کہ ان پر خنکی براہ راست اثر کرتی تھی.. اور اس کی ٹی شرٹ تو ایک دریدہ گریبان تھی..

ایک آدم.. تم کون سے آدم کی بات کرتے ہو.. وہاں تو بے انت تھے اور تم ان میں سے ایک ہو سکتے ہو..

اور یوں ہر آدم کی ایک حوّا تھی..

اور ان کے بدن تو پیراہنوں سے آزاد تھے..

وہ چند چیتھڑے پیراہن کے.. اور دھجیاں لباس کی.. وہ اُن کے بدنوں سے چنار کے خزاں رسیدہ پتوں کی مانند گرنے لگیں.. جیسے شجر کے تلے زرد پتوں کا ڈھیر ہو جاتا ہے ویسے ان دونوں کے پاؤں تلے وہ چیتھڑے اور دھجیاں ڈھیر ہو گئے.. جیسے وہ مٹی سے ماس میں ابھی ابھی ڈھلے ہوں اور ان کے بدن کی پوریں اولین تخلیق کے اس معجزے کے بعد پہلا آزاد سانس لیتی ہوں..

اُس سیاہ رات کی گھاس پر ان کے پیراہنوں کے چیتھڑے اور دھجیاں ایک متروک شدہ ماضی کی نشانیاں اُتر چکے تھے..

انعام اللہ کی... شباہت کے بے لباس پیٹ کی جانب بڑھتی ہتھیلی یہ جانتی تھی کہ جب وہ اس پر آرام کرے گی تو اس کے ماس کے اندر سے ایک دھک دھک اُس کی قسمت کی لکیروں پر دھک دھک کرتی دستک دینے لگے گی..

شب کی گھٹاٹوپ سیاہی میں وہ گدھ، برجیوں پر براجمان منتظر گدھ جھیل کے پار دیکھتے تھے کہ ایک ہتھیلی ہے جو ایک ستواں پیٹ کی جانب بڑھتی ہے اور وہ اپنے لامبے بھاری پر کھول کر ذرا پھڑپھڑاتے اور انہیں بھی وہ دھک دھک سنائی دی اور وہ مطمئن ہو کر ذرا پہلو بدل کر اس بیل کے مردہ ہونے کے منتظر ہو گئے جس کے بھاری سموں تلے کچھ مردہ چڑیاں اور بچے روندے گئے تھے..

انعام اللہ کی ہتھیلی شباہت کے فی الحال ہموار پیٹ پر اتری، اُس کے اندر ایک کونپل کی جو دھک دھک دھڑکن تھی اُسے محسوس کیا.. اور اُس نے کہا.. ''چلو اِس دنیا کو دوبارہ آباد کرتے ہیں..''

✦•••••••✦

CW01671702